Rolf Herber
Seehandelsrecht

Rolf Herber

Seehandelsrecht

Systematische Darstellung

2. neu bearbeitete Auflage

DE GRUYTER

Dr. Rolf Herber
Professor an der Universität Hamburg
Honorarprofessor an der Universität Frankfurt (M)
Ministerialdirigent a.D.
Rechtsanwalt in Hamburg

ISBN 978-3-89949-211-8
e-ISBN (PDF) 978-3-89949-825-7
e-ISBN (EPUB) 978-3-11-038705-6

Bibliografische Information der Deutschen Nationalbibliothek
Die Deutsche Nationalbibliothek verzeichnet diese Publikation in der Deutschen Nationalbibliografie; detaillierte bibliografische Daten sind im Internet über http://dnb.d-nb.de abrufbar.

Datenkonvertierung/Satz: jürgen ullrich typosatz, 86720 Nördlingen
Druck: CPI books GmbH, Leck
♾ Gedruckt auf säurefreiem Papier
Printed in Germany

www.degruyter.com

Vorwort

Als die erste Auflage dieses Buches erschien, war gerade das Transportrechtsreformgesetz von 1998 in Kraft getreten. Es hatte das 4. Buch des HGB grundlegend modernisiert, jedoch das Seehandelsrecht zunächst außer Betracht gelassen. Allerdings mit einer wichtigen Ausnahme: §§ 452 ff. in der Neufassung schufen bereits eine moderne Regelung des Multimodalvertrages, der auch Multimodalverkehre mit Seestreckeneinschluss erfasst.

Einige Jahre später, 2004, setzte das Bundesjustizministerium erneut eine Sachverständigenkommission ein, die nunmehr eine Reform des – ebenso veralteten – 5. Buches des HGB (Seehandel) vorbereiten sollte. Sie war kleiner als die erste Kommission von 1992 und arbeitete unter vergleichsweise bescheidenen Bedingungen. Dennoch ist es ihr gelungen, wiederum nach etwa vier Jahren einen Entwurf vorzulegen, der in seinem Kern letztlich 2013 Gesetz wurde: Das Seerechtsreformgesetz vom 20. April 2013.

Damit ist nun auch das deutsche Seehandelsrecht auf eine völlig neue gesetzliche Basis gestellt worden. Nach zwei Jahrzehnten intensiver Vorarbeit auch im Gespräch mit den beteiligten Kreisen ist das gesamte deutsche Transportrecht auf einem modernen Stand, der auch weltweit kaum Vorbilder hat. Das Handelsgesetzbuch, das viele „Reformer" der späten 60er Jahre des letzten Jahrhunderts als verstaubt und unmodern schon auf den Müll werfen wollten, gibt heute der Wirtschaft eine moderne, liberale Regelung an die Hand.

Der Verfasser, welcher den Vorsitz auch in der zweiten Kommission zur Reform des Seehandelsrechts führte, versucht nun mit der Neuauflage seines Buches, in das neue Recht einzuführen. Soweit sinnvoll, werden dabei die alten Regelungen noch zum Vergleich erwähnt.

Der Leser sollte sich bewusst sein, dass ein neues Gesetz – gerade auch aus der Sicht der an seiner Entstehung Beteiligten – noch manche Spielräume für Auslegungen bereithält, deren Ausfüllung durch Wissenschaft und Praxis noch nicht endgültig abzusehen ist. Deshalb ist diese Darstellung – ebenso wie die 3. Auflage des Bandes 7 (Transportrecht) des Münchener Kommentars zum HGB, der die erste umfassende Erläuterung des neuen Seehandelsrechts enthält – noch ein bescheidener Versuch, die endgültige Gestalt des neuen deutschen Seehandelsrechts im Konzert der Kommentatoren mitzuprägen.

Dank schulde ich den wissenschaftlichen Mitarbeiterinnen, die mich unterstützt haben, namentlich Eva-Maria Harm, Marie Kronberg, Constanze Nehring und Maria Weber. Ferner der Fritz-Thyssen-Stiftung, die diese Unterstützung ermöglicht hat.

Hamburg, im Juli 2015 *Rolf Herber*

Vorwort zur 1. Auflage

Nach dem – als „Grundriß für Studierende und Praktiker“ bezeichneten – Lehrbuch des Seehandelsrechts von *Wüstendörfer*, dessen zweite und letzte Auflage 1949 unten den widrigen Verhältnissen der damaligen Zeit erschien, und seit dem 1956 von *Abraham* begründeten und bis zur 4. Auflage (1974) fortgeführten Grundriß des Seerechts fehlt eine moderne Einführung in das deutsche Seehandelsrecht. Der ausgezeichnete Grundriß von *Richter-Hannes/Richter/Trotz*, dessen zweite Auflage erst 1987 erschien, vermag die heutigen Bedürfnisse nur unvollkommen zu erfüllen; er wurde in der früheren DDR verfaßt und ist deshalb trotz der nach wie vor lesenswerten Einführung in das internationale Einheitsrecht in weiten Teilen durch die Aufhebung des DDR-Rechts – das durch das Seehandelsschiffahrtsgesetz das Seehandelsrecht modern neu geregelt hatte – überholt.

Kürzlich hat *Puttfarken* eine Darstellung des Seehandelsrechts vorgelegt, die leider im vorliegenden Manuskript nicht mehr berücksichtigt werden konnte. Seine Arbeit stellt jedoch offenbar die kritische Auseinandersetzung mit dem geltenden deutschen Seehandelsrecht – dessen Überalterung unzweifelhaft Anlaß hierzu gibt – in den Vordergrund und dürfte sich deshalb weniger für die Einführung in die ungemein unübersichtlichen Rechtsgrundlagen und eigenständigen Rechtsinstitute des Seehandelsrechts im einzelnen eignen.

Das vorliegende Buch will diese Lücke durch eine systematische Darstellung zu schließen versuchen. Dabei steht im Mittelpunkt der Darstellung das private Seerecht, also das Seehandelsrecht. Hinweise auf das öffentliche Seerecht sind nur insoweit aufgenommen, als dieses Rahmenbedingungen für das private Seerecht enthält. Auf Details hierzu konnte um so leichter verzichtet werden, als seit 1991 mit dem Werk von *Beckert/Breuer* erstmals eine systematische Darstellung des öffentlichen Seerechts zur Verfügung steht.

Das Seehandelsrecht und darüber hinaus das Seerecht im allgemeinen haben sich in den letzten zwei Jahrzehnten in wesentlichen Punkten verändert. Das gilt nicht nur für das öffentliche Seerecht, in dem das Seerechtsübereinkommen der Vereinten Nationen von 1982 zum ersten Mal in der Geschichte des Völkerrechts eine umfassende kodifizierte Ordnung des Seerechts geschaffen hat, und wo durch eine Vielzahl neuer Übereinkommen das Netz der die Schifffahrt reglementierenden Vorschriften enger geworden ist. Auch das private Seerecht wurde durch neue internationale und nationale Vorschriften nachhaltig umgestaltet.

Das deutsche Seehandelsrecht ist durch das Zweite Seerechtsänderungsgesetz von 1986 erneut in wichtigen Teilbereichen modernisiert worden. Neue technische und wirtschaftliche Entwicklungen wie namentlich der kombinierte Verkehr und der Betrieb von Schiffen unter fremder Flagge haben neue Probleme hinzutreten lassen oder zumindest bestehende verschärft. Rechtsprechung und Rechtswissenschaft haben versucht, mit den zur Verfügung stehenden veralteten Gesetzen Lösungen zu finden, die den modernen Fragestellungen gerecht werden. Die Übersichtlichkeit des Rechtsgebietes ist durch zahlreiche internationale Übereinkommen beeinträchtigt worden, die oft auch dem Spezialisten kaum bekannt sind, deren Kenntnis aber für das Verständnis des geschriebenen – an sich schon völlig veralteten – Seehandelsrechts des HGB unverzichtbar ist; diese Übereinkommen, ihre Bedeutung und Vorgeschichte, versucht das Buch sichtbar zu machen.

Nicht ganz ohne Einfluß auf das Seehandelsrecht ist in jüngster Zeit die Neuregelung des deutschen Land-, Binnenschiffahrts- und Luftfrachtrechts durch das Transportrechtsreformgesetz v. 25.6.1998 geblieben. Einmal durch einige, allerdings sehr wenige unmittelbare Eingriffe in das Seerecht oder die benachbarten Gebiete, namentlich die gesetzliche Regelung des Multimodalvertrages. Sodann auch dadurch, daß nun das Seefrachtrecht ein Sonderrecht der Schifffahrt geworden ist, welches nicht mehr eines von vielen Spezialrechten des Transports ist, vielmehr das einzige neben dem für alle anderen Transporte geltenden allgemeinen Frachtrecht des HGB. Dies wird auf längere Sicht wohl auch die Auslegung mancher seerechtlicher Institutionen beeinflussen.

Eine neue systematische Darstellung des deutschen Seehandelsrechts erscheint aber nicht nur im Hinblick auf die Entwicklung der letzten Zeit, sondern auch deshalb geboten, weil das Seerecht – wie darüber hinaus das gesamte Transportrecht – im letzten Jahrzehnt in Deutschland eine wesentlich intensivere Behandlung durch die rechtswissenschaftliche Literatur erfahren hat als in der Zeit zuvor. Dies ist vor allem auf die Gründung des Instituts für Seerecht und Seehandelsrecht an der Universität Hamburg zurückzuführen, aus dessen Arbeit seit 1984 eine große Zahl von Dissertationen und sonstigen wissenschaftlichen Arbeiten hervorgegangen ist; ferner auf die intensive Behandlung aktueller Fragen auch des Seehandelsrechts in der Zeitschrift „Transportrecht", die auch die vollständige und schnelle Veröffentlichung der deutschen Gerichtsentscheidungen – und vieler Schiedssprüche – auf diesem Rechtsgebiet gewährleistet.

Deshalb steht heute eine Fülle zeitnaher rechtswissenschaftlicher Veröffentlichungen zur Verfügung, welche die Orientierung über Einzelprobleme des Seehandelsrechts in einer noch vor kurzem unvorstellbaren – und auch in ausländischen Rechten in dieser Form nicht vorhandenen – Dichte ermöglicht. Damit ist die Benutzung älterer Literatur weitestgehend entbehrlich und wegen der Veränderung der Verhältnisse nur für historische Zwecke von Interesse. Andererseits macht gerade die Vielfalt der Literatur den Versuch besonders notwendig, die Grundlinien ohne Eingehen auf allzuviele Details und ohne ausführliche Beleuchtung weniger wichtiger Meinungsverschiedenheiten darzustellen und zugleich die weiterführende Literatur zu erschließen.

Das Buch kann trotz des so angewachsenen Materials nur eine Einführung sein, die dem Studierenden ebenso wie dem mit der Spezialmaterie nicht vertrauten Juristen eine Orientierung über das System und die wesentlichen Inhalte des Seehandelsrechts vermittelt. Deshalb war eine straffe Beschränkung auf das Wesentliche geboten, die der kundige Leser an vielen Stellen bedauern oder auch kritisieren mag; diesem sollen aber jedenfalls die Hinweise auf neuere Entwicklungen eine rasche Unterrichtung über den aktuellen Stand der deutschen und internationalen Gesetzgebung ermöglichen. Einzelfragen müssen und können mit Hilfe der Literaturangaben vertieft werden; außer dem deshalb sehr weitgehend aufgeführten Spezialschrifttum steht hierfür mit dem hervorragenden, aber wegen seines Umfangs für die Einarbeitung wenig geeigneten Kommentar zum Seehandelsrecht von *Prüßmann/Rabe* ein wertvolles und modernes Werk zur Verfügung, das in seiner Vollständigkeit und Zuverlässigkeit selbst in dem für das Seehandelsrecht besonders wichtigen englischen Rechtsraum – der zugleich weitgehend mit erschlossen wird – seinesgleichen sucht.

Ausländisches Recht – auch das für die Schiffahrt besonders wichtige englische – konnte nur gelegentlich erwähnt werden, um die Darstellung so einfach und klar wie möglich zu halten. Hinweise auf das Recht anderer Verkehrsmittel mußten aus denselben Gründen in aller Regel unterbleiben: Eine übergreifende Darstellung des Rechts auch anderer Transportmittel als der Seeschiffahrt muß einer Gesamtdarstellung des Transportrechts vorbehalten bleiben.

Für die Durchsicht des Manuskripts, zahlreiche hilfreiche Hinweise und die Erstellung des Sachverzeichnisses danke ich herzlich Herrn Referendar Jacobus Bracker.

Hamburg, im September 1998 *Rolf Herber*

Inhaltsübersicht

KAPITEL 5: Außervertragliche Haftung und Haftungsbeschränkung

KAPITEL 6: Beförderungsverträge

Kapitel 7: Der Seefrachtvertrag

KAPITEL 8: Der Personenbeförderungsvertrag

KAPITEL 9: Schiffsüberlassungsverträge

KAPITEL 10: Reisenotlagen

Kapitel 11: Internationales Privatrecht

Kapitel 12: Benachbarte Rechtsgebiete

Inhaltsverzeichnis

KAPITEL 3: Das Schiff 93

Abkürzungsverzeichnis

aA	andere(r) Ansicht
aaO	am angegebenen Ort
abl.	ablehnend
ABl. EG	Amtsblatt der Europäischen Gemeinschaft
abgedr.	abgedruckt
Abs.	Absatz
Abt.	Abteilung
ADHGB	Allgemeines Deutsches Handelsgesetzbuch
ADS	Allgemeine Deutsche Seeversicherungsbedingungen
ADSp	Allgemeine Deutsche Spediteurbedingungen
AEUV	Vertrag über die Arbeitsweise der Europäischen Union ABl. EG 2008 NV. C 115
aE	am Ende
aF	alte Fassung
AfS	Arkiv for Sjörett
AG	Amtsgericht
AGB	Allgemeine Geschäftsbedingungen
AGBG	Gesetz zur Regelung des Rechts der Allgemeinen Geschäftsbedingungen
AJCL	American Journal of Comparative Law
All. E. R.	All England Law Reports
allgM	allgemeine Meinung
AL	Ad Legendum (Zeitschrift)
ALR	Allgemeines Landrecht
Anm.	Anmerkung
ArchVR	Archiv des Völkerrechts
ArrestÜ	Internationales Übereinkommen vom 10.5.1952 zur Vereinheitlichung von Regeln über den Arrest in Seeschiffe
Art.	Artikel
AthenÜ	Athener Übereinkommen vom 13.12.1974 über die Beförderung von Reisenden und ihrem Gepäck auf See
AthenÜ 2002	AthenÜ in der Fassung der Änderungen durch das Protokoll vom 1.11. 2002
AtomG	Atomgesetz
Aufl.	Auflage
AWD	Außenwirtschaftsdienst des Betriebs-Beraters, heute: RIW
BAG	Bundesarbeitsgericht
BAnz.	Bundesanzeiger
BB	Betriebsberater (Zeitschrift)
Bd.	Band
Bek.	Bekanntmachung
BerSV	Abschlussbericht der Sachverständigengruppe zur Reform des Seehandelsrechts vom 27.8.2009, abgedruckt bei *Czerwenka*, Geplante Reform S. 265 ff. und TranspR 2009, 417 ff. (Auszug)
BFH	Bundesfinanzhof
BGB	Bürgerliches Gesetzbuch
BGBl.	Bundesgesetzblatt
BGH	Bundesgerichtshof
BGHZ	Entscheidungen des Bundesgerichtshofes in Zivilsachen (Amtliche Sammlung)

BIMCO	The Baltic and International Maritime Council
BinSchÄndG	Gesetz zur Änderung des Haftungsbeschränkung in der Binnenschiffahrt v. 25.8.1998
BinSchG	Gesetz betreffend die privatrechtlichen Verhältnisse der Binnenschiffahrt – Binnenschiffahrtsgesetz
BinSchVerfG	Gesetz über das gerichtliche Verfahren in Binnenschiffahrtssachen
B/L	Bill of Lading
BMJ	Bundesministerium der Justiz
BMV	Bundesministerium für Verkehr
BR	Bundesrat
BRT	Bruttoregistertonne
BRZ	Bruttoraumzahl
BT	Bundestag
BT-Drucks.	Bundestagsdrucksachen
Buchst.	Buchstabe
BVerfG	Bundesverfassungsgericht
BVerfGE	Entscheidungen des Bundesverfassungsgerichts (Amtliche Sammlung)
bzw.	beziehungsweise
CIF	cost, insurance, freight (Incoterms)
CIM	Einheitliche Rechtsvorschriften für den Vertrag über die internationale Eisenbahnbeförderung von Gütern (Anhang B zum COTIF-Übereinkommen)
CISG	United Nations Convention on Contracts for the International Sale of Goods vom 11. April 1980
CLNI	Straßburger Übereinkommen v. 4.11.1988 über die Beschränkung der Haftung in der Binnenschiffahrt
CMI	Comité Maritime International
CMLM	Übereinkommen v. 6.5.1993 über Schiffsgläubigerrechte und Schiffshypotheken
CMR	Übereinkommen v. 19.5.1956 über den Beförderungsvertrag im internationalen Straßengüterverkehr
COTIF	Übereinkommen v. 9.5.1980 über den internationalen Eisenbahnverkehr
C/P	Charterparty
CRISTAL	Contract regarding an Interim Supplement to Tanker Liability for Oil Pollution
CRTD	Übereinkommen v. 10.10.1989 über die zivilrechtliche Haftung für Schäden bei der Beförderung gefährlicher Güter auf der Straße, auf der Schiene und mit Binnenschiffen
Czerwenka GeplaneReform	Die geplante Reform des Seehandelsrechts, Köln 2011
Czerwenka	Das Gesetz zur Reform des Seehandelsrechts, Köln 2014
Czerwenka Textslg.	Textssammlung Transportrecht, Köln 2014
DB	Der Betrieb (Zeitschrift)
DDR	Deutsche Demokratische Republik
Denkschrift	Denkschrift der Bundesregierung
– CLNI	– zur CLNI (BT-Drucks. 13/8220)
– HBÜ	– zum HBÜ (BT-Drucks. 10/3553)
ders.	derselbe
DGTR	Deutsche Gesellschaft für Transportrecht
dh.	das heißt
dies.	dieselbe
DirMar.	Il Diritto Marittimo (Zeitschrift)
Diss.	Dissertation
DJ	Deutsche Justiz (Zeitschrift)

DMF	Le Droit Maritime Français (Zeitschrift)
Drucks.	Drucksache
DTV	Deutscher Transport-Versicherungsverband
DVIS	Deutscher Verein für Internationales Seerecht
DVO	Durchführungsverordnung
DZWiR	Deutsche Zeitschrift für Wirtschaftsrecht
ECE	Wirtschaftskommission der Vereinten Nationen für Europa
ECOSOC	Wirtschafts- und Sozialrat der Vereinten Nationen
EG	Europäische Gemeinschaft
EGBGB	Einführungsgesetz zum Bürgerlichen Gesetzbuch
EGHGB	Einführungsgesetz zum Handelsgesetzbuch
EGV	Vertrag zur Gründung der Europäischen Gemeinschaft
Einf.	Einführung
Einl.	Einleitung
Erl.	Erläuterung
ETR	Europäisches Transportrecht (Zeitschrift, Antwerpen)
EU	Europäische Union
EuGH	Europäischer Gerichtshof
EuGVÜ	Europäisches Übereinkommen v. 27.9.1968 über die gerichtliche Zuständigkeit und die Vollstreckung gerichtlicher Entscheidungen in Zivil- und Handelssachen (idF v. 26.5.1989)
EuZW	Europäische Zeitschrift für Wirtschaftsrecht
EWG	Europäische Wirtschaftsgemeinschaft
f.	folgende
FAS	free alongside ship (Incoterms)
FG	Festgabe
FIO	free in and out
FIOS	free in and out, stowed
FIOST	free in and out, stowed and trimmed
FlRG	Flaggenrechtsgesetz
FlRV	Flaggenrechtsverordnung
FMC	Federal Maritime Commission (USA)
FOB	free on board (Incoterms)
FONASBA	The Federation of National Associations of Ship Brokers and Agents
FS	Festschrift
G	Gesetz
geänd.	geändert
GG	Grundgesetz
GGVSee	Gefahrgutverordnung See
GS	Gedächtnisschrift
Halbs.	Halbsatz
HambR	Übereinkommen der Vereinten Nationen v. 31.3.1978 über die Beförderung von Gütern auf See (Hamburg-Regeln)
Hansa	Hansa (Zeitschrift)
HBÜ	Londoner Übereinkommen v. 19.11.1976 über die Beschränkung der Haftung für Seeforderungen in der Fassung des Protokolls vom 2.5. 1996 (LLMC 1996)
Hdb.	Handbuch
Herber, Haftungsrecht	Das neue Haftungsrecht der Schiffahrt, Kehl 1989
HGB	Handelsgesetzbuch
hL	herrschende Lehre

hM	herrschende Meinung
HNS-Übk.	Internationales Übereinkommen von 1996 über Haftung und Entschädigung für Schäden bei der Beförderung gefährlicher und schädlicher Stoffe auf See – Protokoll von 2010
HR	Internationales Übereinkommen v. 25.8.1924 zur Vereinheitlichung von Regeln über Konnossemente (sog. Haager Regeln)
hrsg.	herausgegeben
Hrsg.	Herausgeber
HVR	HR idF der VR (sog. Haag/Visby-Regeln)
IACS	International Association of Classification Societies
ICC	International Chamber of Commerce
idF	in der Fassung
IHK	Internationale Handelskammer
IJSL	International Journal of Shipping Law
IMCO	Inter-Governmental Maritime Consultative Organization
IMDG-Code	Internationaler Code für die Beförderung gefährlicher Güter mit Seeschiffen
IMO	International Maritime Organization
IMO-Nr.	Schiffsidentifikationsnummer
InsO	Insolvenzordnung
IOPC-Funds	International Oil Pollution Compensation Fund
IPR	Internationales Privatrecht
IPRax	Praxis des internationalen Privat- und Verfahrensrechts (Zeitschrift)
ISGH	Internationaler Seegerichtshof, Hamburg
ISR	Internationales Seeschifffahrtsregister
IÜB	Internationales Übereinkommen v. 28.4.1989 über Bergung
IÜS	Internationales Übereinkommen v. 23.9.1910 zur einheitlichen Feststellung von Regeln über Hilfsleistung und Bergung in Seenot
IÜZ	Internationales Übereinkommen v. 23.9.1910 zur einheitlichen Feststellung von Regeln über den Zusammenstoß von Schiffen
iVm	in Verbindung mit
IWF	Internationaler Währungsfonds
JBl.	Juristische Blätter
JBL	Journal of Business Law
JIGE	Joint International Group of Governmental Experts
JMLC	The Journal of Maritime Law and Commerce
JurBüro	Juristisches Büro
JW	Juristische Wochenschrift
KG	Kommanditgesellschaft
Koller	Transportrecht, Kommentar zum Speditions-, Straßentransport- und Lufttransportrecht, 8. Aufl. München 2013
Komm.	Kommentar
KVR	Kollisionsverhütungsregeln
L/C	Letter of Credit
LoI	Letter of Indemnity
LG	Landgericht
Lit.	Literatur
LLR	Lloyd's Law Reports
LMCLQ	Lloyd's Maritime and Commercial Law Quarterly
LOF	Lloyd's Open Form
MARPOL	Internationales Übereinkommen v. 2.11.1973 zur Verhütung der Meeresverschmutzung durch Schiffe

MDR	Monatsschrift für deutsches Recht
Mio.	Million(en)
Mitt.	Mitteilung
mN	mit Nachweisen
MTO	Multimodal Transport Operator
MTV	Manteltarifvertrag
MüKoHGB	Münchener Kommentar zum HGB, Bd. 7 (Transportrecht) 3. Aufl. 2014
mwN	mit weiteren Nachweisen
nF	neue Fassung
NJW	Neue Juristische Wochenschrift
NordÖR	Zeitschrift für Öffentliches Recht in Norddeutschland
Nr.	Nummer
NZA	Neue Zeitschrift für Arbeitsrecht
o.	oben
oä.	oder ähnlich
ODAS	Ocean Data Acquisition System
oHG	offene Handelsgesellschaft
ÖlFÜ	Übereinkommen v. 18.12.1971 über die Errichtung eines Internationalen Fonds zur Entschädigung für Ölverschmutzungsschäden
ÖlFÜ 1992	ÖlFÜ idF v. 1992
OLG	Oberlandesgericht
ÖlHÜ	Übereinkommen v. 29.11.1969 über die zivilrechtliche Haftung für Ölverschmutzungsschäden
ÖlHÜ 1992	ÖlHÜ idF v. 1992
ÖlmeldeVO	Verordnung zur Ermittlung der zum Internationalen Entschädigungsfonds für Ölverschmutzungsschäden nach dem Ölschadensgesetz beitragspflichtigen Ölmengen v.10.6.1996
ÖlSG	Gesetz über die Haftung und Entschädigung für Ölverschmutzungsschäden durch Seeschiffe (Ölschadengesetz) v. 30.9.1988
P&I	Protection and Indemnity
P&I Int.	P & I International (Zeitschrift)
ProdHG	Produkthaftungsgesetz
Rabe	Seehandelsrecht. Kommentar, 4. Aufl. München 2000
RabelsZ	Rabels Zeitschrift für ausländisches und internationales Privatrecht
RdA	Recht der Arbeit (Zeitschrift)
Records HambR	Official Records United Nations Conference on the Carriage of Goods by Sea, Hamburg 6–31 March 19978, VN-Dokument A/Conf. 89/14
Records HBÜ	Official Records on the International Conference on the Limitation of Liability for Maritime Claims, London 1976, Hrsg. IMO, London 1983
RefE	Referentenentwurf des Bundesministeriums der Justiz für ein SRG vom 24.5.2011, abgedruckt bei Czerwenka, Geplante Reform S. 33 ff. und TranspR 2011, 277 ff. (nur Entwurfstext, ohne die Begründung)
RegBegr.	Regierungsbegründung
– 1. SÄG	– zum 1. SÄG (BT-Drucks. VI/2225)
– 2. SÄG	– zum 2. SÄG (BT-Drucks. 10/3852)
– SeeVertO	– zur Seerechtlichen Verteilungsordnung 1986 (BT-Drucks. 10/3853)
– TRG	– zum TRG (BT-Drucks. 13/8445)
– SRG	– zum SRG (BT-Drucks. 17/10309)
RegE-SRG	Regierungsentwurf eines Gesetzes zur Reform des Seehandelsrechts (SRG), BT-Drucks. 17/10309 vom 12.7.2012, abgedruckt in TranspR 2012, 165 ff.

RG	Reichsgericht
RGBl.	Reichsgesetzblatt
RGZ	Rechtsprechung des Reichsgerichts in Zivilsachen
RhSchOG	Rheinschiffahrtsobergericht
RIW	Recht der Internationalen Wirtschaft, früher: AWD
RJM	Reichsjustizministerium
Rn.	Randnummer
RR	Übereinkommen der Vereinten Nationen vom 11.12.2008 über Verträge über die internationale Beförderung von Gütern ganz oder teilweise auf See (Rotterdam-Regeln)
Rs.	Rechtssache
Rspr.	Rechtsprechung
RuW	Recht und Wirtschaft (Zeitschrift)
s.	siehe
S.	Seite
1. SÄG	1. Seerechtsänderungsgesetz v. 21.6.1972
2. SÄG	2. Seerechtsänderungsgesetz v. 25.7.1986
3. SÄG	3. Seerechtsänderungsgesetz vom 16.5.2001
SBG	Seeberufsgenossenschaft
SchBesV	Schiffsbesetzungsverordnung
SchOffzAusbV	Schiffsoffizier-Ausbildungsverordnung
SchRegDV	Verordnung zur Durchführung der Schiffsregisterordnung
SchRegO	Schiffsregisterordnung
SchRG	Gesetz über Rechte an eingetragenen Schiffen und Schiffsbauwerken
SchSV	Schiffssicherheitsverordnung
SeelotsG	Gesetz über das Seelotswesen
SeemG	Seemannsgesetz
SeeSchStrO	Seeschiffahrtsstraßen-Ordnung
SeeUG	Seeunfalluntersuchungsgesetz
SFrG	Seefrachtgesetz 1937
SJZ	Schweizerische Juristenzeitung
SOLAS	Internationales Übereinkommen v. 1.11.1974 über den Schutz des menschlichen Lebens auf See
SRG	Gesetz zur Reform des Seehandelsrechts vom 20.4.2013, BGBl. I S. 831
SRÜ	UN-Seerechtsübereinkommen v. 10.12.1982
STCW	Übereinkommen v. 7.7.1978 über Normen für die Ausbildung, die Erteilung von Befähigungszeugnissen und den Wachdienst von Seeleuten
stem	subject to enough merchandise being available
str.	streitig
stRspr.	ständige Rechtsprechung
StVG	Straßenverkehrsgesetz
SVertO	Gesetz über das Verfahren bei der Errichtung und Verteilung eines Fonds zur Beschränkung der Haftung in der See- und Binnenschiffahrt (Schiffahrtsrechtliche Verteilungsordnung) v. 25.7.1986
SZR	Sonderziehungsrecht des Internationalen Währungsfonds
TMLJ	Tulane Maritime Law Journal
TOVALOP	Tanker Owners Voluntary Agreement concerning Liability for Oil Pollution
TranspR	Transportrecht (Zeitschrift)
TRG	Transportrechtsreformgesetz v. 25.6.1998
u.	unten
ua.	unter anderem
Übk.	Übereinkommen

UN	United Nations
UNCITRAL	United Nations Commission on International Trade Law
UNCLOS	United Nations Convention on the Law of the Sea (englisch für SRÜ)
UNCTAD	United Nations Conference on Trade and Development
UNIDROIT	Römisches Institut für die Vereinheitlichung des Privatrechts
VkBl.	Verkehrsblatt
VersR	Versicherungsrecht (Zeitschrift)
VersWissArch	Versicherungswissenschaftliches Archiv (Zeitschrift)
vgl.	vergleiche
VN	Vereinte Nationen, (Zeitschrift)
VO	Verordnung
VR	Brüsseler Protokoll v. 23.2.1968 zur Änderung der HR (sog. Visby-Regeln)
VVG	Versicherungsvertragsgesetz
VW	Versicherungswirtschaft (Zeitschrift)
VwVfG	Verwaltungsverfahrensgesetz
WA	Warschauer Abkommen
WaStrG	Bundeswasserstraßengesetz
WBl.	Wirtschaftsrechtliche Blätter (Österreich)
WG	Wechselgesetz
WHG	Wasserhaushaltsgesetz
WM	Wertpapier-Mitteilungen (Zeitschrift)
YAR	York-Antwerp-Rules
Yb.	Yearbook
zB	zum Beispiel
ZfB	Zeitschrift für Binnenschiffahrt und Wasserstraßen
ZG	Zeitschrift für Gesetzgebung
ZHR	Zeitschrift für das gesamte Handelsrecht und Wirtschaftsrecht
ZIEV	Zeitschrift für den internationalen Eisenbahnverkehr
ZIP	Zeitschrift für Wirtschaftsrecht
zit.	zitiert
ZLW	Zeitschrift für Luft- und Weltraumrecht
ZPO	Zivilprozessordnung
ZUR	Zeitschrift für Umweltrecht
zust.	zustimmend
ZVG	Gesetz über die Zwangsversteigerung und die Zwangsverwaltung
ZVglRWiss	Zeitschrift für Vergleichende Rechtswissenschaft

§§ ohne Gesetzesangabe sind solche des HGB.

§§ ohne Gesetzesangabe, jedoch mit vorangestelltem o. (oben) oder u. (unten) sind solche dieses Buches.

Allgemeine deutsche Literatur zum Seehandels- und Transportrecht

Abraham,	Das Seerecht, 4. Aufl., 1978
Andresen/Valder	Speditions-, Fracht- und Lagerrecht, 2013
Basedow	Der Transportvertrag, Tübingen 1987
Czerwenka	Das Gesetz zur Reform des Seehandelsrechts, Köln 2014
dies.,	Textsammlung Transportrecht, Köln 2014
H.-C. Engel/ Schwampe	Transportversicherung, 4. Aufl., 2012
Goette	Binnenschifffahrtsfrachtrecht, München 1995
Hartenstein/ Reuschle	Handbuch des Fachanwalts Transport- und Speditionsrecht, 3. Aufl., Köln 2015
Herber	Das neue Haftungsrecht der Schifffahrt, Kehl 1989
Herber/Piper	Kommentar zur CMR (mit Anh. europ. Rechte), München 1996
Koller, I.	Transportrecht, Kommentar zum Speditions-, Straßentransport- und Lufttransportrecht, 8. Aufl., München 2013
Mankowski, P.	Seerechtliche Vertragsverhältnisse im Internationalen Privatrecht, Tübingen 1995
Münchener Kommentar zum HGB	Bd. 7 (Transportrecht); 3. Aufl. München 2014
Oetker (Hrsg.)	Kommentar zum HGB, 3. Aufl., München 2013
Piper/Pokrant/Gran	Höchstrichterliche Rechtsprechung und Vertragsgestaltung, 2007
Puttfarken, H.-J.	Seehandelsrecht, 1997
Rabe	Seehandelsrecht, Kommentar, 4. Aufl., 2000
Ruhwedel, E.	Der Luftbeförderungsvertrag, 3. Aufl., 1998
Schadee/ Claringbould	International Transport Treaties, (Loseblatt), Deventer
Schaps/Abraham	Seehandelsrecht (4. Aufl. von Schaps/Abraham, Seerecht), Kommentar, 2 Bde., 1978
Schmidt, Karsten	Handelsrecht, 6. Aufl. 2014
Thume, (Hrsg.)	Kommentar zur CMR, 3. Aufl., Heidelberg 2013
Thume/de la Motte Ehlers (Hrsg.)	Transportversicherungsrecht 2. Aufl. 2012
Thume/Fremuth	Frachtrecht, Heidelberg 1996
Vortisch/Bemm	Binnenschifffahrts- und Flößereirecht, 4. Aufl., 1991
v. Waldstein/Holland	Binnenschifffahrtsrecht, 5. Aufl., Berlin 2007
Wüstendörfer	Neuzeitliches Seehandelsrecht, 2. Aufl., 1950

KAPITEL 1: Grundlagen des Seehandelsrechts

§ 1 Begriffe, Gliederung und Eigenart

Lit.: *Basedow*, Seerecht als internationales Wirtschaftsrecht, ZHR 147 (1983), 340 ff.; *Czerwenka*, Das neue Allgemeine Frachtrecht nach der Reform des Transportrechts und des Seehandelsrechts. Wechselwirkungen und Vorbildfunktion, FS Herber 1999, 45 ff.; *Freise*, Das Transportrecht – Stand und Entwicklungslinien, RdTW 2013, 41; *Hartenstein*, Haftungsfragen im Budapester Binnenschifffahrtsübereinkommen (CMNI), TranspR 2012, 441; *Koller*, Die Auswirkungen der Reform des deutschen Schuldrechts auf das Transportrecht, TranspR 2001, 425 ff.; *Otte/Thyes*, Die Entwicklung des deutschen Binnenschifffahrtsrechts in den Jahren 1999 bis 2002, TranspR 2003, 221–231; *Rabe*, Grundbegriffe des BGB – ihre Anwendung im Seefrachtrecht, TranspR 1987, 369; *ders.*, Seerecht – Richterrecht? Rückblick und Ausblick, MDR 1984, 881; *Ramming*, Zur Abgrenzung zwischen Binnenschiffahrts- und Seefrachtrecht nach § 450 HGB – Die fragwürdige Konnossements-Alternative der Nr. 1, TranspR 2005, 138–145; *Tournaye*, Adoption of the CLNI 2012 – What has changed compared with CLNI 1988?, TranspR 2013, 213

I. Seehandelsrecht und Seerecht

1. Seehandelsrecht

Das **Seehandelsrecht** ist das Sonderprivatrecht der Handelsschifffahrt.

Der Begriff ist unscharf sowohl in seiner Abgrenzung zum Seerecht im Übrigen als auch zu anderen Gesetzen. Darauf hat schon *Wüstendörfer*[1] zum alten 5. Buch des HGB hingewiesen, in welchem unter der Überschrift „Seehandel" privatrechtliche und öffentlich-rechtliche Vorschriften zusammengefasst waren. Deshalb reicht die Bezeichnung kraft Tradition über die Grenzen des Privatrechts hinaus. Zwar hat das Seerechtsreformgesetz vom 20. April 2013 (SRG) die früher im HGB enthaltenen prozess- und arbeitsrechtlichen Vorschriften (vgl. etwa §§ 482, 738, 738a aF; §§ 517 f. aF) aus der Kodifikation entfernt, doch sind auch die in Ergänzung des HGB erlassenen privatrechtlichen und sogar prozessrechtlichen Bestimmungen dem Seehandelsrecht zuzurechnen. So etwa die Vorschriften des Schiffrechtsgesetzes (SchRG) und des BGB (§ 929a) über dingliche Rechte an Schiffen, das Arrestübereinkommen von 1952, das Übereinkommen über die zivilgerichtliche Zuständigkeit bei Schiffszusammenstößen von 1952 sowie die Ölhaftungsübereinkommen und selbst das Ölfondsübereinkommen von 1971. Andererseits erfasst das Seehandelsrecht auch Nichterwerbsschiffe (Art. 7 EGHGB), selbst solche im öffentlichen Dienst und – in einzelnen Aspekten – Kriegsschiffe.

Das Seehandelsrecht ist Bestandteil des weiteren Begriffs des **Seerechts**. Beide Begriffe werden in der Praxis wegen ihrer Unschärfe oft synonym verwendet. Für eine umfassende moderne Systematik des Gesamtgebietes muss jedoch vom allgemeineren Begriff des Seerechts ausgegangen werden, um auch die nicht privatrechtlichen Gebiete systemgerecht einordnen zu können.

1 In: Ehrenbergs Hdb., S. 2.

2. Seerecht

Als Seerecht wird das Sonderrecht der Schifffahrt auf See bezeichnet.

Diese Definition legt die Betonung auf die Schifffahrt, sie ist deshalb gleichbedeutend mit dem Begriff des **Seeschifffahrtsrechts**. Im öffentlich-rechtlichen Verständnis geht das Seerecht allerdings über die schifffahrtsrechtlichen Aspekte der Nutzung der See hinaus; Seevölkerrecht und Seestaatsrecht haben auch andere Formen der Nutzung der See zum Gegenstand, so etwa den Meeresbergbau und das Recht zum Überfliegen des Meeres und der Kabelverlegung durch das Meer. Deshalb ist der Blick auf die schifffahrtsrechtlichen Bereiche hier zu eng; gleichwohl kann er für die Zwecke dieses Buches verwendet werden, weil die darüber hinausgehenden Aspekte sicher nicht dem See**handels**recht zuzurechnen sind.

Nicht Oberbegriffe, sondern sich mit dem Seerecht überschneidende – jedoch recht unscharf konturierte – Kategorien sind das **Verkehrsrecht** und das **Transportrecht**.

Als **Verkehrsrecht** pflegt man vorwiegend die öffentlich-rechtlichen Regelungen des Verkehrsgeschehens anzusehen, namentlich das Ordnungsrecht der Wegebenutzung und die Vorschriften über die Sicherheit des Verkehrs. Der mehr privatrechtlich ausgerichtete, auch in Deutschland spätestens mit dem Transportrechtsreformgesetz von 1998 populär gewordene Begriff des **Transportrechts** erfasst demgegenüber alle Regelungen, welche die Beförderung von Personen und Gütern im weitesten Sinne betreffen, gleichgültig mit welchem Transportmittel; ihm gehören jedoch auch bei großzügiger Auslegung nicht alle Gegenstände des privaten Seerechts an, so etwa nicht die dinglichen Rechte am Schiff, das Recht des Zusammenstoßes und der Bergung, das Recht der Haftung für Umweltschäden und sonstige Drittschäden.

Das Seerecht ist in Deutschland nicht in einem einheitlichen Gesetz enthalten. Es findet sich vielmehr in einer Vielzahl verstreuter Vorschriften und Regeln verschiedenen Rechtscharakters: Gesetzen, Verordnungen, internationalen Übereinkommen und Allgemeinen Geschäftsbedingungen. Nur das **private Seerecht** hat eine gewisse **Kodifizierung im 5. Buch des HGB** gefunden, die seit der Reform von 2013 – im Gegensatz zu der bis dahin geltenden, lückenhaften und inhaltlich weitgehend überholten Fassung – als modern bezeichnet werden kann (dazu im Einzelnen u. § 3 IV). Sie schließt sich, soweit sie das Seefrachtrecht betrifft, an die **Neukodifizierung des allgemeinen Frachtrechts im 4. Buch des HGB** durch das Transportrechtsreformgesetz (TRG) von 1998 an.

Soweit das Seerecht Handelsrecht ist, gelten subsidiär die allgemeinen Vorschriften des HGB, insbesondere des ersten, dritten und vierten Buches; im Übrigen sind wie im gesamten Handelsrecht die Vorschriften des BGB ergänzend heranzuziehen (Art. 2 EGHGB).

II. Gliederung des Seerechts

Das Seerecht enthält also Vorschriften, die systematisch verschiedenen Rechtsgebieten zuzuordnen sind. Sie haben teils privatrechtlichen, teils öffentlich-rechtlichen Charakter. Auch soweit sie nicht dem Seehandelsrecht zuzurechnen sind, haben sie für den Seehandel regelmäßig mittelbar Bedeutung und müssen deshalb hier zumindest erwähnt werden.

Privates und öffentliches Seerecht sind wie in den Sonderrechten der anderen Verkehrsmittel, bei denen die ordnungspolitischen Eingriffe des Gesetzgebers in das Transportgeschehen durchweg noch stärker ausgebildet sind, häufig eng miteinander verwoben.

Folgt man der modernen Einteilung der Rechtsgebiete, so kann man auch im Seerecht unterscheiden:

1. Das Seeprivatrecht

Hierzu gehören vor allem die im 5. Buch des HGB geregelten Materien. Ferner sind hierzu die sachenrechtlichen Sonderbestimmungen des Gesetzes über Rechte an eingetragenen Schiffen und Schiffsbauwerken (SchRG) zu zählen. Im Übrigen finden sich seeprivatrechtliche Normen verstreut in anderen Gesetzen, etwa in §§ 578a, 648 Abs. 2, 929a, 932a BGB und in öffentlich-rechtlichen Seegesetzen.

2. Das öffentliche Seerecht

Hierzu rechnen:

a) **Das Seevölkerrecht.** Es regelt die völkerrechtlichen Rahmenbedingungen der Schifffahrt, etwa das Recht und die Grenzen der Freiheit der Schifffahrt auf der Hohen See und in den Territorialgewässern sowie das Recht zum Anlaufen fremder Häfen. Seit dem – allerdings wenig erfolgreichen – Verhaltenskodex für Linienkonferenzen[2] bestehen auch völkerrechtliche Regeln über den Zugang der Seebeförderer zur Ladung.

Bestandteil des Seevölkerrechts ist des Weiteren das **Seekriegsrecht** (das Recht der Blockade, der Konterbande, das Prisenrecht).

Zum Völkerrecht gehören außer dem **UN-Seerechtsübereinkommen (SRÜ) v. 1982** regionale multilaterale und bilaterale Abkommen, die völkerrechtliche Fragen, etwa die Erleichterung der Schifffahrt, die Einräumung der Meistbegünstigung oder die Reinhaltung der Meere (zB durch das Ostseeschutz-Abkommen) zum Gegenstand haben.

Nicht dem Seevölkerrecht zuzurechnen sind dagegen internationale rechtsvereinheitlichende Übereinkommen, welche Gegenstände anderer Rechtsgebiete (namentlich des Seeprivatrechts) regeln. Sie werden häufig als **Internationales Einheitsrecht** bezeichnet; ihre Auslegung folgt anderen Grundsätzen als die normaler völkerrechtlicher Verträge.[3]

Das folgt schon daraus, dass der Geltungsgrund der Regeln, die durch diese Übereinkommen vorgegeben werden, allein in den diese Regeln in innerstaatliches Recht umsetzenden („transformierenden") nationalen Rechtsvorschriften liegt;[4] daran ändert nichts, dass die Transformation in Deutschland regelmäßig – wenn dies nicht durch einen Vorbehalt im Vertragsgesetz ausgeschlossen wird – auch ohne besondere Einarbeitung in die deutschen Gesetze nach Art. 59 GG erfolgt und deshalb den Vertragstext als solchen zu innerstaatlichem deutschem Gesetz erhebt. Rein völkerrechtlicher Natur sind allerdings die (sog. diplomatischen) Schlussklauseln der rechtsvereinheitlichenden Übereinkommen, die sich vor allem mit dem Inkrafttreten, der Zulässigkeit und Wirkung von Vorbehalten der Vertragsstaaten, der Kündigung und der Revision befassen. Auch die Auslegung des materiellen Inhalts ist in gewisser Weise durch das Wiener Übereinkommen v. 23.5.1963 über das Recht der Verträge[5] berührt, das jedoch gegenüber der Auslegung von Gesetzen nach deutscher Rechtstradition keine nennenswerten Besonderheiten enthält. Vgl. dazu im Einzelnen u. § 4 I 4.

b) **Das Seestaatsrecht.** Zum Seestaatsrecht zählen etwa die Verfassungsrechtssätze über die Zuordnung der Bundeswasserstraßen in die Hoheitsgewalt von Bund und

---

2 Dazu § 8 IX 2.

3 Vgl. dazu *Kropholler*, Internationales Einheitsrecht, 1975; MüKoBGB/*Sonnenberger*, IPR, 2. Aufl. 1990, Einl. Rn. 230 ff.

4 Vgl. etwa BVerfGE 1, 396, 411; 29, 348, 369; Maunz/Dürig/Herzog/*Scholz*, Komm. z. GG, Art. 59 Rn. 22.

5 BGBl. 1985 II 926.

Ländern, die Regel des Art. 27 GG, vor allem aber die Vorschriften des Flaggenrechts, welches die Staatszugehörigkeit der Schiffe bestimmt.

c) **Das Seeverwaltungsrecht.** Hierzu rechnen die zahlreichen der öffentlichen Ordnung und Sicherheit des Schiffsverkehrs dienenden Bestimmungen, wie etwa die SeeSchStrO, die Hafenordnungen, die Vorschriften über die Sicherheit der Seeschiffe, über die Schiffsvermessung und über die Untersuchung von Seeunfällen. Ein großer Teil dieser Bestimmungen hat internationalen Charakter, wie etwa MARPOL und SOLAS.

d) **Das Seewirtschaftsrecht.** Dem – auch sonst wenig scharf umrissenen – Gebiet des Wirtschaftsrechts sind die die Seeschifffahrt betreffenden Bestimmungen des Außenwirtschaftsrechts sowie die Vorschriften über die finanzielle Förderung der Seeschifffahrt zuzurechnen.

Dem Seewirtschaftsrecht sind ferner die neuerdings – namentlich unter dem Einfluss der auch auf diesem Gebiet ausufernden **Europäischen Gesetzgebung** – immer zahlreicher werdenden Regelungen des **Kartellrechts** zuzurechnen.

e) **Das Seearbeitsrecht.** Es ist vornehmlich im Seearbeitsgesetz[6] niedergelegt und enthält – wie das Arbeitsrecht im allgemeinen – öffentlich-rechtliche und privatrechtliche Vorschriften (Arbeitsschutz, Arbeitszeit, Tarifvertragsrecht, Individualarbeitsrecht); es wird regelmäßig auch insoweit, als es privatrechtlicher Natur ist, nicht dem Seehandelsrecht zugerechnet. Das Seearbeitsgesetz beruht auf der Umsetzung des Internationalen (ILO-)Seearbeitsübereinkommens vom 23. Februar 2006[7] und ist an die Stelle des Seemannsgesetzes getreten. Wegen Einzelheiten vgl. § 18.

f) **Das Seestrafrecht.** Es findet sich außer in einigen grundsätzlichen Bestimmungen über den Geltungsbereich des deutschen Strafrechts (vgl. § 4 StGB und das Übereinkommen über die strafrechtliche Zuständigkeit bei Schiffszusammenstößen von 1952[8]) als Nebenstrafrecht verstreut in einer Reihe von seerechtlichen (meist öffentlich-rechtlichen) Gesetzen.

g) **Das Seeprozessrecht.** Neben den verfahrensrechtlichen Vorschriften der Schiffregisterordnung (SchRegO) und dem besonderen Verfahren der Schifffahrtsrechtlichen Verteilungsordnung (SVertO) findet sich eine Reihe prozessualer Sondervorschriften in allgemeinen prozess- und materiellrechtlichen Gesetzen, so etwa §§ 305a, 786a, 917 Abs. 2 Satz 2 ZPO; §§ 162 ff. ZVG.

Bei der Internationalität des Seehandelsrechts liegt es auf der Hand, dass Fragen des **internationalen Zivilprozessrechts**, besonders auch der (deutschen und internationalen) **Schiedsgerichtsbarkeit** große Bedeutung in der Praxis haben. Diese Gebiete sind gleichwohl nicht speziell dem Seerecht zuzurechnen. Das gilt eher für das Recht des **Arrestes in Seeschiffe**, das seit dem SRG eine Sonderregelung gegenüber dem allgemeinen Arrestrecht erfahren hat (§ 917 Abs. 2 Satz 2 ZPO; vgl. u. § 14 III) und Gegenstand eigener Rechtsprechung und internationaler Übereinkommen ist.

3. **Das Seeversicherungsrecht** wird herkömmlich als ein Sondergebiet gegenüber dem Seerecht angesehen. Es ist überwiegend privatrechtlicher Natur und seit der Neuregelung des Versicherungsvertragsrechts nicht mehr im 5. Buch des HGB geregelt; es

6 Vom 20.4.2013, BGBl. I S. 868, geändert durch Artikel 3 des Gesetzes vom 26.6.2013, BGBl. 2013 II 763.

7 BGBl. 2013 II S. 763, 765, in Kraft getreten am 16.8.2014, BGBl. I 605.

8 BGBl. 1972 II 653, 668.

wird nunmehr ausschließlich durch das VVG und weitestgehend durch AGB, wie namentlich die Allgemeinen Deutschen Seeversicherungsbedingungen (ADS), bestimmt.

III. Eigenarten des Seerechts

Das Seerecht ist durch Besonderheiten gekennzeichnet, die vor allem auf die Eigenart der zu regelnden tatsächlichen Verhältnisse, aber auch auf die lange historische Entwicklung zurückgehen.

1. Die **besonderen Gefahren der See**, denen Schiff und Ladung mit – namentlich in jüngerer Zeit – großen Werten (die Ladung hat heute oft den vielfachen Wert des Schiffes) ausgesetzt sind, sowie die früher – ohne die modernen Nachrichtenmittel – bestehende **Isolierung des Schiffes auf hoher See** haben zur Ausprägung einer ganzen Reihe rechtlicher Eigenarten des Seehandelsrechts geführt.

Das aus der Seegefahr entstehende Haftungsrisiko ließ ein eigenartiges System von gesetzlichen Haftungseinschränkungen und -begrenzungen sowie von Vertragsklauseln entstehen, das in dieser Form in den Rechten anderer Transportmittel nicht bekannt ist. Das hohe wirtschaftliche Risiko führte früh zu dem Gedanken an seine Verteilung auf Gemeinschaften, so auf eine Mehrheit von Reedern (Partenreederei) und auf die Eigentümer von Schiff und Ladung (Große Haverei). Besondere Formen des Seedarlehens (Bodmerei), die sich auch im deutschen Recht noch bis 1972 erhalten haben, ermöglichten die Abwälzung des Risikos auf den Darlehensgeber. – Die weitgehende Isolierung des Schiffes auf der Reise hat zu einer rechtlichen Heraushebung der Stellung des Kapitäns sowohl in verwaltungsrechtlicher und arbeitsrechtlicher Hinsicht (Befehlsgewalt), als auch bei der Vertretung des Reeders (Kapitänsvertretungsmacht; früher sogar Recht zur Verfügung über die Ladung und Möglichkeit der Aufnahme dinglich bevorrechtigter Darlehen sowie zur Zeichnung von Konnossementen für den Verfrachter) und schließlich zur Herausbildung besonderer Haftungsbestimmungen geführt.

2. Die Seeschifffahrt ist **international**. Das gilt besonders in Deutschland mit seiner verhältnismäßig unbedeutenden Küstenschifffahrt. Deshalb gehört das Seerecht zu den Rechtsgebieten, auf denen die internationale Rechtsvereinheitlichung am frühesten begann und am weitesten entwickelt ist. Aber auch schon vor Beginn der Rechtsvereinheitlichung im letzten Jahrhundert sowie in den Bereichen, die bisher nicht Gegenstand internationaler Übereinkommen sind, ist das Seerecht durch starke ausländische und internationale Einflüsse geprägt und dadurch bis zu einem gewissen Grade auch vereinheitlicht. Es hat sich frühzeitig als ein Weltrecht – wenn auch mit starken nationalen Abweichungen – entwickelt. Die jahrhundertelange Vorherrschaft Englands in der Schifffahrt und die weltweite Verwendung der englischen Sprache haben dabei zu einer **starken Dominanz des englischen Rechts** geführt.

Begriffe und Einflüsse des *common law* setzen deshalb die Praxis auch des deutschen Seehandelsrechts in einen deutlichen Gegensatz zu anderen handelsrechtlichen Sondergebieten. Englische Kautelarpraxis bestimmt auch in Deutschland weitgehend die Bedingungen der Konnossemente und Charterparties – nicht zum Vorteil ihres Verständnisses für einen kontinentaleuropäischen Juristen. Werden in einem Vertrag, namentlich in AGB, englische Rechtsbegriffe verwendet, so ist auch bei Anwendung deutschen Rechts auf den Vertrag die rechtliche Bedeutung des Begriffs im angloamerikanischen Sprachgebrauch festzustellen.[9] Das gilt allerdings nicht ohne weiteres für englische Rechtsbegriffe in internationalen Übereinkommen, weil diese häufig von Konferenzteilnehmern formuliert werden, deren Heimatrecht nicht das englische ist.

---

9 OLG Hamburg TranspR 1993, 194.

Die Versuchung, angesichts der Lückenhaftigkeit und Überalterung des bisherigen deutschen Seehandelsrechts auf englische Rechtsbegriffe oder Grundsätze des anglo-amerikanischen Fallrechts zurückzugreifen, wird in Zukunft jedoch auf der Grundlage des modernisierten deutschen Rechts abnehmen. Das SRG hat allerdings durchaus auch international geprägte, vom klassischen deutschen Handelsrecht abweichende Rechtsinstitute übernommen, diese jedoch in eine für den kontinentalen Juristen verständlichere Form gefasst.

3. Mit der starken Verbreitung des **internationalen Einheitsrechts** im Seerecht sind besondere Schwierigkeiten der Rechtsanwendung verbunden, die in dieser Form nur auf wenigen Rechtsgebieten bekannt sind. Diese sind umso größer, als die deutsche Gesetzgebung bisher keine überzeugende oder auch nur einheitliche Methode der Übernahme des völkervertraglich vereinbarten Seehandelsrechts in die innerstaatliche Gesetzgebung entwickelt hat. Vgl. dazu u. § 4 I 1.

4. Die **eigenständige**, länderübergreifende und weitgehend durch **spezialisierte Juristen betriebene Entwicklung des Seerechts** hat vielfach zu eigenwilligen Regelungen geführt, die sich oft von den Lösungen ähnlicher Probleme bei anderen Transportmitteln unterscheiden, ohne dass stets sachliche Gründe dies zwingend erforderten. Das SRG hat diese Eigenarten zwar vermindert, indem es eine Reihe von vertragsrechtlichen Bestimmungen an das allgemeine deutsche Frachtrecht angeglichen hat, doch bleiben zahlreiche Besonderheiten, zumal wenn sie international festgeschrieben sind.

Dadurch werden Verständnis und Anwendung des Seehandelsrechts weiter erschwert. Dies vor allem deshalb, weil die wachsende Bedeutung des sog. kombinierten oder multimodalen Transports – namentlich im Gefolge des Containers – es zunehmend erforderlich macht, das Recht der anderen Transportmittel auch bei der Beurteilung seerechtlicher Tatbestände mit in Betracht zu ziehen.

IV. Abgrenzung von See- und Binnenschifffahrtsrecht

1. Das Seerecht ist abzugrenzen vom Binnenschifffahrtsrecht, das die Schifffahrt auf den Binnengewässern regelt und vom Seerecht erheblich abweicht.

Nachdem die öffentlich-rechtlichen marktordnenden Regeln des Gesetzes über den gewerblichen Binnenschiffsverkehr – die vor allem eine Tarifbindung der Frachten vorsahen – durch das Tarifaufhebungsgesetz v. 13.8.1993[10] mit Wirkung v. 1.1.1994 aufgehoben wurden und die Kabotage innerhalb der EG nicht mehr eingeschränkt ist, ist der Marktzugang ähnlich frei wie in der Seeschifffahrt. Der Zugang zu dem wichtigsten deutschen Binnenwasserweg, dem Rhein, war allerdings für die Angehörigen von Vertragsstaaten der Mannheimer Akte von 1868[11] schon seit langer Zeit uneingeschränkt offen.

2. Das **Binnenschifffahrtsprivatrecht** ist immer noch grundlegend in dem **Gesetz über die privatrechtlichen Verhältnisse der Binnenschifffahrt (BinSchG)** v. 5.6.1895[12] geregelt, obwohl das **Frachtrecht** der Binnenschifffahrt seit dem TRG aus diesem Spezialgesetz ausgenommen und dem **allgemeinen Frachtrechts des HGB** unterstellt wurde.

Die Vorschriften des BinSchG sind teils dem Seerecht, teils dem Landfrachtrecht nachgebildet, waren jedoch bis zu der Modernisierung durch das Gesetz v. 25.8.1998 zur Änderung

---

10 BGBl. I 1489.

11 IdF v. 11.3.1969, BGBl. II 597; geändert durch Zusatzprotokolle v. 17.10.1979, BGBl. 1980 II 871, 876.

12 BGBl. 301; idF der Bek. RGBl. 1898, 369, 868, zuletzt geänd. BGBl. 1998 I 2489.

der Haftungsbeschränkung in der Binnenschifffahrt[13] vollständig veraltet und unzulänglich. Durch dieses Gesetz ist das antiquierte System der auf **Schiff und Fracht beschränkten Haftung** des Binnenschiffseigners (§ 4 aF BinSchG) – endlich, nachdem ein erstes internationales Übereinkommen über ein moderneres Haftungssystem schon 1973 abgeschlossen, aber nicht in Kraft gesetzt wurde – auf der Grundlage des Straßburger Übereinkommens v. 4.11.1988 über die Beschränkung der Haftung in der Binnenschifffahrt (CLNI 1988)[14] auf das in der Seeschifffahrt seit dem 1. SÄG von 1972 geltende und schon mehrfach modernisierte **Summenhaftungssystem** umgestellt worden. Allerdings bleiben Unterschiede zur seerechtlichen Haftungsbeschränkung nach HGB und HBÜ bestehen, schon weil die Haftungssummen wegen der unterschiedlichen Konstruktion von See- und Binnenschiffen anders zu bemessen und zu berechnen sind. Wegen der geringen Akzeptanz des Übereinkommens von 1988 in den Donaustaaten ist auf einer von der ZKR einberufenen Diplomatischen Konferenz ein neues (Straßburger) Übereinkommen vom 27.9.2012 (CLNI 2012) abgeschlossen worden,[15] das jedoch noch nicht in Kraft getreten ist; die vier Staaten, die das alte CLNI-Übereinkommen von 1988 ratifiziert haben,[16] müssen dieses zuvor noch kündigen, Deutschland wird im Vertragsgesetz die §§ 4 ff. BinSchG an das neue Überkommen anpassen müssen.[17]

a) Das Privatrecht der Binnenschifffahrt weist grundlegende **Verschiedenheiten gegenüber dem Seeprivatrecht** auf. Zwar bestehen in mancher Hinsicht Ähnlichkeiten, weil das Binnenschifffahrtsrecht – begünstigt durch den Umstand, dass nur wenige Rechtsordnungen den Unterschied zwischen See- und Binnenschifffahrt überhaupt kennen, vielmehr vielfach die Binnenwasserfahrt einfach als Seeschifffahrt behandeln (zB England und Kanada) – in Teilen dem Seerecht nachgebildet ist. Das gilt etwa für die Regeln über den Schiffszusammenstoß (§§ 92 ff. BinSchG); hier ist schon das dem BinSchG zugrunde liegende Genfer Übereinkommen v. 15.3.1960 zur Vereinheitlichung von Regeln über den Zusammenstoß von Binnenschiffen[18] dem IÜZ von 1910 nachgebildet. Auch Bergung und Große Haverei entsprechen dem Seerecht. In den Zentralbereichen des Frachtrechts und der Haftungsbeschränkung bestehen jedoch signifikante Unterschiede, die durch zwei Gesetze im Jahr 1998 teils (hinsichtlich des Frachtrechts) verschärft, teils (hinsichtlich der Haftungsbeschränkung) vermindert worden sind. Auch für das gerichtliche Verfahren in Binnenschifffahrtssachen gelten nach dem BinSchVerfG v. 27.9.1952[19] Besonderheiten.

b) Das **Frachtrecht der Binnenschifffahrt** bestimmt sich seit dem TRG nach den Vorschriften des **allgemeinen deutschen Frachtrechts**, den §§ 407 ff. (§ 26 BinSchG).

Die gegenseitigen Rechte und Pflichten der Vertragsparteien sind darin ausführlich, jedoch dispositiv geregelt. Sie werden in der Regel durch Bedingungswerke überlagert.

In beschränktem Umfang zwingend ist die Haftung des Frachtführers für Güterschäden in §§ 425 ff. geregelt. Danach haftet der Frachtführer für Verlust und Beschädigung des beförderten Gutes sowie für Verspätung, es sei denn, der Frachtführer konnte den Schaden auch bei Anwendung größter Sorgfalt nicht vermeiden oder seine Folgen nicht abwenden (§ 426). Er haftet auch für Verschulden seiner Erfüllungsgehilfen einschließlich der Schiffsbesatzung, und zwar ohne die in der Schifffahrt traditionell übliche Freistellung von einem Verschulden der Besatzung bei der

---

13 BinSchÄndG, BGBl. I 2489.

14 BGBl. 1998 II 1643; auch abgedr. TranspR 1989, 36 ff.

15 Dazu eingehend *Tournaye*, TranspR 2013, 2013 ff., auch *Czerwenka*, TranspR 2005, 133 ff.; und Textslg. S. 32, 33, 424.

16 Deutschland, Luxemburg, die Niederlande und die Schweiz.

17 Vgl. dazu *Czerwenka*, TranspR 2005, 133 ff.

18 BGBl. 1972 II 1005.

19 BGBl. I 641, zuletzt geänd. BGBl. 1976 I 3281.

Führung und Bedienung des Schiffs (sog. Nautisches Verschulden). Die Haftung ist begrenzt auf 8,33 SZR. Sie ist durch individuelle Vereinbarung abdingbar, durch AGB jedoch nur in dem beschränkten von § 449 Abs. 2 Satz 1 Nr. 1 zugelassenen Rahmen der Abänderung der Haftungssumme innerhalb einer Marge von 2 bis 40 SZR je kg.

Durch das TRG hat die Binnenschifffahrt erstmals ein zumindest teilweise zwingendes Frachtrecht erhalten. Dadurch gewinnt die Abgrenzung zwischen Seefrachtrecht und Binnenschifffahrtsfrachtrecht an Bedeutung.

Die zuvor gebräuchliche Vereinbarung von Seerecht für die Binnenschifffahrt (mit der Haftungsfreistellung für nautisches Verschulden der Besatzung) ist danach nicht mehr zulässig, soweit sie – wie üblich – durch AGB erfolgt. Die Unterschiede wurden zwar wiederum etwas abgemildert durch das SRG, welches das Seefrachtrecht näher an das allgemeine Fracht annährte: Auch im Seerecht wird jetzt grundsätzlich für nautisches Verschulden der Schiffsbesatzung gehaftet, doch kann diese Haftung durch AGB abbedungen werden (§ 512 Abs. 2 Nr. 1) – eine Anleihe aus dem internationalen Binnenschifffahrtsfrachtrecht, bei dem eine solche AGB-Freistellung, anders als im innerdeutschen Binnenschifffahrtsfrachtrecht, ebenfalls möglich ist. Auch die Haftungssummen und das Kriterium für deren Durchbrechung sind im See- und Binnenschifffahrtsfrachtrecht nach wie vor verschieden: Nach § 507 Nr. 1 entfällt die Begrenzung der Güterschadenshaftung, insbesondere die auf die Beträge von 2 SZR je kg oder 667,67 SZR je Stück oder Einheit nur bei Leichtfertigkeit des Verfrachters selbst, nach § 435 entfällt die Haftungsbegrenzung, insbesondere die auf 8,33 SZR je kg, auch bei Leichtfertigkeit der Erfüllungsgehilfen des Frachtführers.

c) Das SRG hat auch eine weitere Veränderung des deutschen Binnenschifffahrtsrechts im Bereich des Vertragsrechts gebracht: Der wie im Seerecht vor dem SRG auch im BinSchG nicht geregelte **Zeitchartervertrag** wurde durch Verweisung im BinSchG in das Binnenschifffahrtsrecht übernommen. Diese Regelung ist, auch hinsichtlich der Haftung, jedoch voll dispositiv.

Damit ist auch im Binnenschifffahrtsrecht die Abgrenzung von Frachtverträgen und Schiffsüberlassungsverträgen klarer als zuvor ausgeprägt. Für den Reisefrachtvertrag, der hier wie dort eine Unterform des Frachtvertrages ist und grundsätzlich der jeweiligen frachtvertraglichen Haftungsregelung unterliegt, bleibt jedoch ein wichtiger Unterschied: Die Haftungsregelung ist im Binnenschifffahrtsrecht gegen Abmilderung durch AGB geschützt, nicht im Seerecht.

d) International ist das Frachtrecht der Binnenschifffahrt seit 2007 durch das **Budapester Übereinkommen** vom 22.6.2001 über den Vertrag über die Güterbeförderung in der Binnenschifffahrt (CMNI) geregelt.[20] Die Haftung ist danach für den Frachtführer günstiger ausgestaltet als nach deutschem Recht; insbesondere kann er die – auch nach der CMNI nicht als Regel vorgesehene – Freistellung von seiner Haftung für nautisches Verschulden der Besatzung auch durch AGB vereinbaren.[21]

3. Die **Abgrenzung zwischen See- und Binnenschifffahrtsrecht** ist deshalb schwer zu vollziehen, weil Seeschiffe häufig auch Binnengewässer und Binnenschiffe gelegentlich Seegewässer befahren, auch durchgehend ohne Umladung (sog. gemischte Reisen).

Problematisch ist dabei schon die **Grenzlinie zwischen See- und Binnengewässern**. Eine gesetzliche Abgrenzung findet sich nur für das Flaggenrecht in § 1 FlRV (dazu u. § 11 II 1); danach ist mit näherer Definition im Detail die Küstenlinie maßgebend. Soweit die Vorschrift nicht

---

20 BGBl. 2007 II 298; dazu *Hacksteiner*, TranspR 2009, 145 ff.

21 Zur Haftungsregelung der CMNI eingehend *Hartenstein*, TranspR 2007, 385 ff. und TranspR 2012, 414; ferner *Ramming*, Handbuch Binnenschifffahrt, S. 83 ff.

gilt, wird – recht unscharf – auf die Verkehrsanschauung abgestellt, insbesondere darauf, ob ein Gewässer bereits den eigentümlichen Gefahren der See ausgesetzt ist.[22] Der BGH[23] wendet die Abgrenzung der FlRV mit Recht analog auf die Beurteilung an, ob ein Schiff – je nach Einsatz auf diesen oder jenen oder beiden Gewässern – als See- oder Binnenschiff anzusehen ist (dazu u. § 10 III 1) und ob dementsprechend das **Wattenmeer** der See zuzurechnen ist. Die Definition der FlRV sollte soweit wie irgend möglich verwendet werden, da sie allein – worauf der BGH (aaO) hinweist – Rechtsklarheit schafft; sie stimmt zudem mit der natürlichen Betrachtung überein. Die völkerrechtliche Einordnung der Gewässer ist jedenfalls für das Seehandelsrecht grundsätzlich unerheblich.

Für die Bestimmung der jeweils anzuwendenden Rechtsordnung muss **auf das einzelne Rechtsverhältnis abgestellt** werden; eine einheitliche Anknüpfung etwa dergestalt, dass Seerecht für Seeschiffe und Binnenschifffahrtsrecht für Binnenschiffe gilt, lässt sich selbst als Grundsatz nicht aufstellen.

a) Auszugehen ist zunächst davon, dass alle **Rechtsverhältnisse, welche das Schiff betreffen** und nicht von der einzelnen Reise abhängig sind, nach dem das jeweilige Schiff regierenden Recht zu beurteilen sind. So namentlich das Schiffssachenrecht und die Heuerverhältnisse (sofern man diese nicht an die Niederlassung des Reeders anknüpft, dazu u. § 18). Dies gilt insbesondere auch für die **Haftungsbeschränkung nach §§ 611** ff. oder §§ 4 ff. BinSchG,[24] insoweit finden sich neuerdings auch gesetzliche Vorschriften über die Abgrenzung (vgl. Art. 15 HBÜ, § 5l BinSchG). Für **Schiffsgläubigerrechte** ist die Anknüpfung zweifelhaft; die Problematik hat in dieser Hinsicht eine gewisse Ähnlichkeit mit der früher – vor der gesetzlichen Regelung des Art. 45 EGBGB – ebenfalls streitigen Anknüpfung im Internationalen Privatrecht (dazu u. § 42 IV).

b) Dagegen richtet sich das Recht des Frachtvertrages nach der vereinbarten Beförderungsstrecke:

Für einen Vertrag über die Beförderung von Gütern (nur) über See gilt Seerecht, unabhängig von dem dafür eingesetzten Schiff (§ 481). Umgekehrt gilt Binnenschifffahrtsrecht für einen Vertrag über die Beförderung auf Binnengewässern, auch wenn diese durch ein Seeschiff erfolgt.

Der Anknüpfung des Vertrages folgt – als dessen Bestandteil – das **Recht der großen Haverei, nicht** ohne weiteres jedoch das der **Schiffsgläubigerrechte.**[25]

Da es sich beim Schiffsgläubigerrecht um eine sachenrechtliche Institution handelt, kann der Charakter des Schiffes nicht außer Betracht bleiben. Entsteht auf der Binnenreise eines Seeschiffes ein Anspruch wegen eines Ladungsschadens, der bei einem Binnenschiff nach § 102 Nr. 4 BinSchG (auch nach der Neufassung der Vorschrift) durch ein Schiffsgläubigerrecht gesichert wäre, so sollte dieses an einem Seeschiff – da das Seerecht ein entsprechendes Schiffsgläubigerrecht nicht mehr kennt – nicht anerkannt werden. Diese Abgrenzung weicht allerdings von dem durch Art. 45 Abs. 2 EGBGB vorgeschriebenen Grundsatz des internationalen Privatrechts ab, wonach sich die Entstehung eines Schiffsgläubigerrechts ausschließlich nach dem Recht bestimmt, das für den Frachtvertrag gilt, sodass an deutschen Seeschiffen etwa ein – vom deutschen Gesetzgeber seit 1972 nicht mehr anerkanntes – Schiffsgläubigerrecht für Ladungsschäden entstehen kann, wenn sich der Frachtvertrag nach einer Rechtsordnung bestimmt, die ein solches Schiffsgläubigerrecht kennt, etwa der USA oder der Niederlande.[26]

Folgt man für das deutsche Recht der hier vertretenen Meinung, dass an einem Seeschiff auch auf einer Binnenreise ein Schiffsgläubigerrecht wegen Ladungsschäden nicht entstehen

22 Vgl. etwa *Rabe*, Einf. Rn. 37.
23 BGHZ 76, 201, 204.
24 BGHZ 76, 201, 203.
25 So jetzt auch *Rabe*, Einf Rn. 42.
26 Vgl. zu dieser Regelung kritisch *Herber*, TranspR 1999, 294, 295.

kann, so kann im umgekehrten Fall bei einer Seereise eines Binnenschiffes ebenfalls keine Sicherung durch ein Schiffsgläubigerrecht entstehen, weil das Seefrachtrecht eine solche nicht vorsieht. Das Schiffsgläubigerrecht muss also sowohl im Sachenrecht des Schiffes als auch im anwendbaren Schuldrecht angelegt sein; dies ist allerdings nicht unzweifelhaft. Zu der Anknüpfung im IPR vgl. u. § 42 IV.

c) Das genannte Prinzip führt jedoch nur bei reinen Seereisen oder reinen Binnenreisen eines Schiffes zu klaren Ergebnissen. Führt eine Beförderung teils über See- und teils über Binnengewässer (**sog. gemischte Reisen**), so gilt Seerecht, sofern die zurückzulegende Strecke auf See die größere ist oder über die gesamte Strecke ein Konnossement[27] ausgestellt wurde (§ 450). Die Größe der Strecke ist dabei ausschließlich nach der geographischen Länge der See- und Binnenstrecke zu beurteilen.

So gilt etwa für die Reise eines Seeschiffes von Rotterdam nach Basel Binnenschifffahrtsfrachtrecht (jedoch die Haftungsbeschränkung nach § 611 ff.) und für die Reise eines Binnenschiffes von Lübeck nach Flensburg Seefrachtrecht (jedoch die Haftungsbeschränkung nach § 4 BinSchG).

Wird das Gut beim Übergang von einer Seereise zu einer Binnenreise umgeladen, so finden die Regeln über den multimodalen Vertrag Anwendung, der im deutschen Recht durch das TRG ein klare Regelung erfahren hat (§§ 452 ff.; vgl. dazu u. § 32).

Vor der Einfügung des § 450 durch das TRG war die Beurteilung gemischter Reisen streitig. Nach damals hM sollte bei gemischten Reisen das Seerecht – als das „stärkere“ – auf die gesamte Strecke anzuwenden sein.[28] Vorsichtiger hatte der BGH[29] formuliert: Dies gelte jedenfalls dann, „wenn bei einem Binnenschiff das Schwergewicht auf der Seestrecke liegt“. *Abraham*[30] wollte dagegen mit dem Überfahren der Seegrenze das Rechtsregime wechseln. Übereinstimmung bestand allerdings immer schon darüber, dass untergeordnete Binnenstrecken auf einer Seereise den Charakter der letzteren nicht verändern sollten; Seeschiffe laufen regelmäßig auf der Reise Häfen an oder benutzen Flüsse (Elbe) oder Kanäle (Nord-Ostsee-Kanal); *Abraham*[31] spricht hier anschaulich von einem „verlängerten Arm des Seewegs“.

Obgleich § 450 mit dem Zweck konzipiert wurde, die Anwendung des im Verhältnis zum Seefrachtrecht schärferen Binnenschifffahrtsrechts sicherzustellen,[32] muss man der Vorschrift auch die umgekehrte Aussage entnehmen: Erfolgt eine durchgehende Beförderung mit einem Schiff ohne Umladung auf einer Strecke, die zum größeren Teil über Binnengewässer verläuft, so gilt einheitlich Binnenschifffahrtsrecht, also ebenfalls nicht das Recht des Multimodalvertrages.

3. **Manche Sondervorschriften bestimmen ihren Anwendungsbereich selbst**, so etwa die über den **Zusammenstoß von Schiffen** (§§ 570, 573; § 92 BinSchG; vgl. dazu u. § 38) und über die **Bergung** (dazu u. § 40). Die **Deliktshaftung** im Allgemeinen richtet sich auch im Seerecht nach der *lex loci*, also regelmäßig dem Recht der Strecke.

---

27 Zu der Problematik der Konnossmentsalternative vgl. MüKo/*Herber*, § 450 Rn. 12 ff.; ferner *Ramming*, TranspR 2005, 138 ff.
28 *Wüstendörfer*, S. 45 f.; *Prüßmann/Rabe*, 3. Aufl., Einf. I C 2a.
29 BGHZ 25, 244.
30 S. 3 ff. und bei *Schaps/Abraham*, Vor § 476 Rn. 15.
31 S. 3.
32 Vgl. RegBegr. TRLG, S. 88 f.

§ 2 Geschichte

Lit.: Abschlussbericht der Sachverständigengruppe zur Reform des Seehandelsrechts (Auszug), TranspR 2009, 417; *Czerwenka*, Der Referentenentwurf zur Reform des Seehandelsrechts – Abweichungen vom Sachverständigenbericht, TranspR 2011, 249; *Deutscher Verein für Internationales Seerecht*, Reform des Seehandelsrechts, Berichte der drei Arbeitskreise an den Bundesminister der Justiz, Schriften des DVIS B 14–16, 1985; *Deutsche Gesellschaft für Transportrecht*, Stellungnahme zu dem Referentenentwurf für ein Gesetz zur Reform des Seehandelsrechts, TranspR 2011, 309; *Eilenberger-Czwalinna*, Die Haftung des Verfrachters nach dem Zweiten Seerechtsänderungsgesetz, Schriften zum Seehandelsrecht Bd. 6, 1998; *Frentz*, Seerechtsentwicklung durch Seerechtsprechung; Der Beitrag des Hamburgischen Admiralitätsgerichts, in: The Courts and the Development of Commercial Law, hrsg. von Piergiovanni; *Glockauer*, Das Seeschiffahrtsanpassungsgesetz: Rettungsanker für die deutsche Handelsschiffahrt? TranspR 2004, 45; *Herber*, Die Vorschläge der Sachverständigengruppe zur Reform des Seehandelsrechts – Einführung, Vorgeschichte und Grundzüge –, TranspR 2009, 445; *ders.*, Die Reform des deutschen Seehandelsrechts – Balance zwischen Rechtsfortbildung und Schifffahrtstradition, TranspR 2012, 269; *Landwehr*, Stichwort „Seerecht (Seehandelsrecht)", in: Handwörterbuch zur deutschen Rechtsgeschichte, hrsg. von Erler und Kaufmann; *ders.*, Die Bedeutung des Lübischen Seerechts während des 18. Jahrhunderts, in: Schiffe und Seefahrt in der südlichen Ostsee, hrsg. von bei der Wieden, Wien 1986; *ders.*, Das Preußische Seerecht vom Jahre 1727 im Rahmen der europäischen Rechtsentwicklung, Zeitschrift für Neuere Rechtsgeschichte 1986, 113; *Pardessus*, Collection de Lois Maritimes antérieures au XVIII siècle, 6 Bd., Paris 1828–1845; *Paschke*, Die Bedeutung der Wissenschaft und Verbände für die Entwicklung des Seerechts, in: 20 Jahre Seerechtswissenschaft, hrsg. von Lagoni/Paschke, 2005, 89; *Rabe*, Seerecht in Hamburg, in: Recht und Juristen in Hamburg; *ders.*, Das Seehandelsrechtsreformgesetz in der Kritik – einige wesentliche Aspekte TranspR 2014, 309; *Ramming*, Reform des Seehandelsrechts – eine erste Stellungnahme zum Abschlussbericht der Sachverständigengruppe, Hamburger Zeitschrift für Schifffahrtsrecht 2009, 357; *Stödter*, Geschichte der Konnossementsklauseln, 1954; *ders.*, Am Tor zur Welt, 1979; *Tschiltschke*, Kolloquium zur Reform des Seehandelsrechts in Rostock-Warnemünde am 20. und 21. Juni 2011, TranspR 2011, 318; *Wagner*, Handbuch des Seerechts, 1884, S. 33 ff.; *Wüstendörfer*, Das Seeschiffahrtsrecht, in: Ehrenberg, Handbuch des gesamten Handelsrechts, 7. Bd., II. Abt., 1923, S. 11 ff.

I. Allgemeines

Das Seehandelsrecht ist das älteste Sonderrecht eines Transportmittels. Seine Entwicklung reicht zurück bis in das **Altertum**, aus dem bereits erste gesetzliche Vorschriften überliefert sind. Im **Mittelalter** erlebte es eine Blüte zunächst im Mittelmeerraum und dann in der Hanse. In der **Neuzeit** gehörte es – mit dem sonstigen Handelsrecht – zu den ersten Rechtsmaterien, die durch Kodifikationen feste, übersichtliche Gestalt annahmen.

Beim Blick auf diese Entwicklung muss man sich allerdings vor Augen halten, dass die betriebswirtschaftlichen Verhältnisse des Schifffahrtsbetriebes sich stets und nachhaltig gewandelt haben. Während im Altertum bereits eine Trennung der Funktionen von Reeder und Ladungsinteressenten bekannt, wenn auch noch die Ausnahme war, fand im frühen Mittelalter – vor allem im Zuge der Ersetzung der früher aus Sklaven bestehenden Schiffsbesatzung durch freie Seeleute – ein Übergang zu genossenschaftlichen Betriebsformen statt, bei denen Risiken und Gewinne unter allen Beteiligten (Reeder, Ladungsinteressenten, Besatzung) nach im Einzelnen verschiedenen Regeln geteilt wurden.[1] Seit dem Consulat del mar (vgl. dazu u.

1 Vgl. dazu anschaulich *Wagner*, S. 8 ff.

III 1) löst sich zunächst die Besatzung aus dieser Interessengemeinschaft, indem ihre Heuer vom Gewinn der Reise unabhängig wird. Der Übergang vom gesellschaftsähnlichen Verhältnis zwischen Reeder und Ladungsinteressenten (soweit diese überhaupt vom Reeder verschieden waren) zum Einzelbetrieb durch den Reeder, der die Güter für die Ladungsinteressenten auf Grund eines Frachtvertrages beförderte, vollzog sich erst im 15. Jahrhundert. Dieser Wandel wurde begünstigt, ja ermöglicht durch das Aufkommen der Seeversicherung, die es entbehrlich werden ließ, dass – wie zuvor – der Kaufmann selbst oder zumindest ein durch ihn Beauftragter („supercargo" – „Kargadör") die Reise begleitete.

II. Altertum

Aus **griechischer Zeit** sind erste gewohnheitsrechtliche seerechtliche Grundsätze überliefert, von denen besonders das **Seerecht der Insel Rhodos** bekannt geworden ist. Im **römischen Recht** finden sich erstmals geschriebene Rechtsquellen; sie bilden zwar nicht eine in sich geschlossene gesetzliche Regelung und übernehmen die griechischen Rechtsgrundsätze, doch wurden – zunächst durch prätorianische Edikte – einzelne Rechtsinstitute herausgebildet und später kodifiziert, die seerechtliche Tatbestände regeln und deren Grundgedanken zum Teil noch heute von Bedeutung sind.

Das wichtigste dieser Institute ist die ***lex Rhodia de iactu*** (Dig. 14, 2), welche das Prinzip festlegte, dass Opfer, die zur Errettung von Schiff und Ladung aus gemeinsamer Gefahr gebracht wurden, von allen Beteiligten anteilig getragen werden müssen. Der Gedanke lebt bis heute im Rechtsinstitut der Großen Haverei fort.

Von nur noch geringer praktischer Bedeutung sind dagegen heute andere römische Rechtsgrundsätze. So etwa das ***foenus nauticum***; es war ein Darlehen, bei dem der Geldgeber die Seegefahr trug und das in den verschiedenen Formen der Bodmerei durch das Mittelalter bis zur Neuzeit eine große wirtschaftliche Bedeutung hatte, bis es schließlich infolge der größeren Sicherheit der Seetransporte zurücktrat; in Deutschland wurde die Bodmerei 1972 abgeschafft.

Zu erwähnen ist schließlich das ***receptum nautarum***, eine **frachtvertragliche Haftung des Schiffers** für Verlust und Beschädigung der Ladung auch für Zufall; sie trat im Mittelalter durch die genossenschaftlichen Reedereistrukturen in den Hintergrund und gewann dann mit der Herausbildung des Frachtvertrages – noch bis zu § 607 ADHGB – wieder an Bedeutung, wurde aber zunächst durch das HGB und dann weiter durch die Haager Regeln abgeschwächt. Doch lebte die eigene (quasi-)vertragliche Haftung des Kapitäns für Ladungsschäden trotz der völlig veränderten wirtschaftlichen Verhältnisse bis zum SRG in § 512 aF noch fort. Die Bedeutung der Haftung des Kapitäns (als „magister navis") zeigt sich auch noch in der darauf beruhenden sog. „adjektizischen" Mithaftung des Reeders für Ansprüche gegen den Kapitän (§ 480); diese ist eine Nachwirkung der römischen „actio exercitoria" und weicht vom normalen Schuldvertragsrecht mit seiner Einstandspflicht für Erfüllungsgehilfen (§ 278 BGB) systematisch (freilich kaum praktisch) grundlegend ab.

III. Mittelalter

Im Mittelalter entstand eine Reihe von Sammlungen von Seegebräuchen. Sie enthielten sowohl Rechtssprüche als auch Rechtssatzungen von Seehandelsgilden.[2]

Im **Mittelmeergebiet** hat Bedeutung erlangt vor allem das **Consolat del mar**, eine in Barcelona (um 1370) zusammengefasste Sammlung von Rechtsprechung Spaniens und der französischen Westküste. Da es auf älteren Sammlungen aufbaute und sich durch große Kasuistik auszeichnete, hatte es lange Zeit das Gewicht eines Gesetzbuches.

---

2 Vgl. zu den einzelnen mittelalterlichen Seerechtsquellen eingehend *Landwehr*, Handwörterbuch, und *Wagner*, S. 57 ff.

In den Jahrhunderten davor waren in **italienischen Häfen** kleinere, oft auf das öffentliche Seerecht beschränkte Sammlungen vorausgegangen, von denen die in Venedig, Amalfi, Pisa und Genua besonders zu erwähnen sind.[3]

Schon im 12. Jahrhundert war auf der **Insel Oléron** die Rechtsprechung des dortigen Seegerichts aufgezeichnet worden („Rôles des jugements d'Oléron"). Diese Sammlung gewann – auf dem Umweg über das „Waterrecht" in Brügge – Einfluss auf die gesamte Hanse: Auf Grund eines Beschlusses des Hansetages von 1407 in Lübeck wurden in den Hansestädten weitgehend gleiche Rechtsbücher (**„Lübsches Seerecht"**) verwendet, die nach und nach erweitert wurden. Da eines dieser Exemplare, welches beim Seegericht in Visby Anfang des 16. Jahrhunderts in Gebrauch war, überliefert wurde, spricht man – fälschlich verallgemeinernd – auch vom **„Visbyschen Seerecht"**.

IV. Neuzeit

Im 16. Jahrhundert entwickelte sich eine selbständige **Seerechtswissenschaft,**[4] die den Boden bereitete für die bald danach beginnende **staatliche Seegesetzgebung.**

Nachdem früher schon in einzelnen Regionen (etwa im Hamburger Stadtrecht von 1603 und im Hansischen Seerecht von 1614) Seerechtsnormen niedergelegt worden waren, ist die erste umfassende Seerechtskodifikation der Neuzeit die **Ordonnance touchant la marine**, die in Frankreich 1681 – zurückgehend auf frühere, mehr öffentlich-rechtliche Ordonnanzen für die Admiralität – in Ergänzung zu der **Ordonnance sur le commerce von 1673** erlassen wurde.

In Deutschland begann die Kodifikation mit dem preußischen Seerecht von 1727,[5] dessen Inhalt sodann in die seerechtlichen Bestimmungen des **Preußischen Allgemeinen Landrechts von 1794** (II 8 §§ 1398 ff.) einging. In den anderen deutschen Gebieten, insbesondere den Hansestädten, wurde das Seerecht durch eine Vielzahl verschiedener **Rezesse** geregelt.

Ein **gemeines deutsches Seerecht** wurde durch das 5. Buch des **ADHGB von 1861** geschaffen. Diesem lagen preußische Entwürfe von 1856 und 1857 zu Grunde, die 1858 bis 1860 in Hamburg von Vertretern deutscher Staaten beraten wurden.[6]

Das Seerecht des ADHGB ging 1897 im Wesentlichen unverändert in das **4. Buch des HGB** ein, in dem es seit 1986 – nach Einfügung des 3. Buches über Handelsbücher – 5. Buch ist. Als solches wurde es durch das **Seerechtsreformgesetz von 2013** erstmals seit seiner Konzipierung im ADHGB einer grundlegenden Neufassung und Modernisierung unterzogen.

V. Fortentwicklung des Seehandelsrechts vor der Reform von 2013

Das Seehandelsrecht des HGB war schon zur Zeit seines Erlasses am Beginn des 20. Jahrhunderts veraltet.

Es wurde vor dem tiefgreifenden Wandel Ende des 19. Jahrhunderts konzipiert, der bereits Mitte des 20. Jahrhunderts durch die Ersetzung der Segelschiffe durch Dampfschiffe, die Verdrängung der freien Frachtfahrt der „Trampschiffe", durch die Einrichtung von Liniendiensten, die Zunahme der Stückgutbeförderung von Industrieprodukten gegenüber der Ganzfracht von Rohstoffen und durch eine Verbesserung der Nachrichtenmittel gekennzeichnet war.[7] In den letzten Jahrzehnten haben die Verbreitung des Containers als Lademittel und die

---

3 *Landwehr*, aaO.
4 *Landwehr*, aaO, S. 1607 f.
5 Dazu eingehend *Landwehr*, Zeitschrift für Neuere Rechtsgeschichte 1986, 113 ff.
6 Vgl. *Landwehr*, aaO.
7 Vgl. dazu die temperamentvollen, von der „neuzeitlichen" Dampfschifffahrt begeisterten Ausführungen *Wüstendörfers*, S. 22 f.

elektronische Übermittlung von Erklärungen und Dokumenten weitere, umwälzende Veränderungen des Seehandels gebracht.

1. Fortentwicklung durch Wissenschaft und Praxis

Das überkommene Seerecht des HGB musste unter diesen Umständen während des letzten Jahrhunderts bis zur Reform von 2013 durch die Rechtsprechung – bei der das Hanseatische Oberlandesgericht in Hamburg eine hervorragende Rolle spielte – und die Rechtswissenschaft den wirklichen Lebensverhältnissen angepasst werden. Die Rückständigkeit des Gesetzes förderte zugleich die Gestaltung der Rechtsverhältnisse durch AGB der Wirtschaft. Dabei kam es naturgemäß zu weitgehenden „Freizeichnungen" der Verfrachter von der sie nach dem Gesetz treffenden – nach dem HGB zunächst sehr weitgehenden, aber nicht zwingend ausgestalteten – Haftung. Deshalb musste schon bald eine Beschränkung der Vertragsfreiheit erwogen werden.

2. Fortentwicklung durch internationale Rechtsvereinheitlichung

Da die Situation in anderen Schifffahrtsstaaten nicht wesentlich besser war und sich um die Wende zum 20. Jahrhundert die Erkenntnis durchsetzte, dass der internationale Seehandel möglichst einheitliche Regeln benötigt, wurde die notwendige Modernisierung der nationalen Rechtsordnungen zunehmend durch Instrumente internationaler Rechtsvereinheitlichung angestrebt. Der damit eingeleitete Prozess einer Vereinheitlichung der nationalen Gesetze, dessen Notwendigkeit eine Folge der regionalen Kodifizierung des zuvor als ungeschriebenes Recht wirkenden grenzüberschreitenden Handelsbräuche ist, erwies sich allerdings als schwieriger und letztlich bis heute weniger erfolgreich als zunächst erwartet.

Die Arbeiten wurden zunächst getragen vom **Comité Maritime International** (**CMI**), einer 1897 in Antwerpen gegründeten privaten Vereinigung von Seerechtsinteressenten. Die Ergebnisse der CMI-Konferenzen wurden **Diplomatischen Seerechtskonferenzen** vorgelegt, die seit Beginn des 20. Jahrhunderts in unregelmäßigen Abständen von der belgischen Regierung nach Brüssel einberufen wurden. Die **Brüsseler Seerechtsübereinkommen** haben bis 1968 das Bild des internationalen Seehandelsrechts praktisch ausschließlich bestimmt.

Erste greifbare Ergebnisse bildeten die beiden heute noch das internationale Recht auf diesen Gebieten weitgehend bestimmenden **Übereinkommen von 1910 über den Zusammenstoß von Seeschiffen** und über die **Bergung und Hilfeleistung.**[8] Arbeiten zu der sehr viel schwierigeren Vereinheitlichung des Seefrachtrechts wurden durch den Ersten Weltkrieg unterbrochen, führten dann aber 1924 zu dem **Internationalen Übereinkommen zur Vereinheitlichung gewisser Regeln über Konnossemente** (den sog. Haager Regeln; vgl. dazu u. § 4 II 1c, § 29 I 1a), welches die Haftung des Verfrachters in stark begrenztem Umfang zwingend ausgestaltete, sofern sie in einem Konnossement verbrieft ist.

Das Brüsseler Konnossement-Übereinkommen von 1924 wurde durch das **Seefrachtgesetz von 1937,**[9] die erste bedeutende Novelle zum Seefrachtrecht des HGB, in das deutsche Recht übernommen, nachdem die Reeder der Haftungsverschärfung über ein Jahrzehnt heftig Widerstand geleistet hatten.[10] Es trat schließlich 1939 in Kraft, nachdem England, auf Druck namentlich der USA, seinen Widerstand aufgegeben hatte.

Nach dem Zweiten Weltkrieg nahmen die Arbeiten zur internationalen Vereinheitlichung des Seerechts sprunghaft zu (vgl. dazu im Einzelnen u. § 4). Nachdem auf der Grundlage von

---

8 Beide Übereinkommen wurden zwar inzwischen durch neuere ersetzt (vgl. dazu § 4), doch sind die alten noch in vielen Staaten in Kraft und haben den sachlichen Inhalt vorgegeben.

9 RGBl. I 891.

10 Vgl. dazu im Einzelnen *Eilenberger-Czwalinna*, aaO, S. 17.

Arbeiten des CMI Brüsseler Seerechtskonferenzen 1952, 1957, 1961 und 1967 noch einige bedeutende Übereinkommen verabschiedet hatten, kam ein **Protokoll zu den Haager Regeln** – die sog. **Visby-Regeln** – erst nach einer Verlängerung der erfolglosen Beratungen auf der Konferenz von 1967 – im Jahre 1968 – zustande. Die Revision des veralteten Übereinkommens von 1924 blieb jedoch hinter den Wünschen vieler Staaten zurück. Die verbreitete Unzufriedenheit der Regierungen über den von einseitigen Interessen geprägten Verlauf der Konferenz von 1968 und ihr beschränktes Ergebnis führten dazu, dass die Staaten begannen, die Vorbereitung der Diplomatischen Konferenzen in die eigenen Hände zu nehmen. Dabei kamen ihnen die verstärkten Bemühungen der VN zugute, das Handelsrecht weltweit zu harmonisieren; sie fanden vor allem in der Gründung einer besonderen Kommission für Internationales Handelsrecht (United Nations Commission on International Trade Law – UNCITRAL) Niederschlag. Auch die Welthandelskonferenz (UNCTAD) setzte um diese Zeit einen eigenen Ausschuss für Schifffahrtsgesetzgebung ein, der sich allerdings sehr stark als wirtschaftspolitische Vertretung der Interessen der Entwicklungsländer verstand und entwickelte. Als Folge dieser Entwicklung war die belgische Regierung forthin nicht mehr bereit, eigene Seerechtskonferenzen auszurichten.

Bevor seerechtliche, rechtsvereinheitlichende Arbeiten in UNCTAD und UNCITRAL aufgenommen wurden, wandte sich innerhalb der VN zunächst eine Sonderorganisation, die **Zwischenstaatliche Beratende Seeschifffahrtsorganisation** (**IMCO** – später umbenannt in **Internationale Seeschifffahrts-Organisation, IMO**) in London, auch dem Seehandelsrecht zu. Die IMCO setzte 1967 einen Rechtsausschuss ein, der sich – trotz grundsätzlich öffentlichrechtlicher Zielrichtung der Organisation – nunmehr auch des Privatrechts annahm.

Einen willkommenen Anlass hierzu boten die Bemühungen der Staaten, nach dem Unfall des Tankers „Torrey Canyon“ schnell zu einer effektiven, weltweiten Haftungsregelung für Schäden durch das zunehmend in großen Mengen auf See beförderte Rohöl zu kommen. Diese Regelung konnten und wollten die Staaten wegen des öffentlichen Interesses nicht den Beteiligten überlassen, die in verschiedenen Gremien, auch im CMI, bereits begonnen hatten, Entwürfe auszuarbeiten.

Das Ergebnis der Arbeiten des Rechtsausschusses der IMCO führte zu zwei Diplomatischen Konferenzen der IMCO (die aus Gründen der Tradition noch in Brüssel abgehalten, jedoch nicht mehr von der belgischen Regierung einberufen wurden), auf denen die beiden **Ölhaftungsübereinkommen von 1969 und 1971** verabschiedet wurden (vgl. u. § 4 II 2c aa und bb und § 22 VI 2). Diese inzwischen durch Protokolle modernisierten Vertragswerke gehören zu den großen Erfolgen der internationalen Seerechtsvereinheitlichung und begründeten die Stellung der IMCO auf diesem Gebiet; sie wären allerdings kaum möglich gewesen ohne die aktive Mitwirkung der Verbünde der Ölindustrie, welche eine dirigistische staatliche Regelung des maritimen Öltransports durch großzügige Haftungszusagen vermeiden wollten.

Die IMCO hat allerdings diese starke Stellung nicht allein behaupten können. Zwar wurden in ihrem Rahmen in der Folgezeit noch bedeutende seerechtliche Übereinkommen (das **Athener Übereinkommen von 1974 über die Haftung für Passagiere** und das **Londoner Übereinkommen von 1976 über die Haftung für Seeforderungen**) abgeschlossen, doch erwies sich bald, dass die Organisation ihren Ursprung und Hauptzweck in der Gewährleistung der Schiffssicherheit hat. Die Anfangserfolge waren in Wahrheit auch weniger auf die Institution selbst als auf das Engagement der im Rechtsausschuss vertretenen Beamten der interessierten Regierungen in dem besonders bedrohten Nordseeraum und deren intensiven Meinungsaustausch auch außerhalb der offiziellen Sitzungen zurückzuführen; diesen stand allerdings in der IMCO erstmals ein organisatorischer Rahmen für ihre Arbeit zur Verfügung.

Als Anfang der siebziger Jahre – nach dem Scheitern der Modernisierungsbemühungen im CMI und auf der Brüsseler Konferenz von 1967/68 – eine Neuordnung vor allem noch des Seefrachtrechts dringend notwendig erschien und von dem Ausschuss für internationale Schifffahrtsgesetzgebung der UNCTAD empfohlen wurde, übertrugen die VN diese Aufgabe der 1966 neu gebildeten und mit einem hochqualifizierten Sekretariat ausgestatteten **VN-Kommission für internationales Handelsrecht** (**UNCITRAL**). UNCITRAL setzte eine Arbeitsgruppe ein, die das Seefrachtrecht einer jahrelangen umfassenden Überprüfung unterzog. Der daraus hervorgehende Übereinkommensentwurf wurde auf einer auf Einladung der Bundesregierung in Hamburg abgehaltenen Diplomatischen Konferenz der VN beraten und – als **UN-Übereinkommen über die Beförderung von Gütern auf See** (**Hamburg-Regeln**) – verabschiedet.

Obgleich dieses Übereinkommen auf der Hamburger Konferenz von mehr als 70 Staaten – darunter konservative Schifffahrtsstaaten wie England und die Niederlande – mit getragen und (bei vier Enthaltungen[11]) einstimmig angenommen wurde, wurde es bis heute nur von 34 Staaten ratifiziert. Die großen Schifffahrtsstaaten sind ihm auf Druck der Reeder und Versicherer bis heute ferngeblieben (dazu u. § 4 II 2b ff. und § 29 I 1a).

Der Misserfolg dieses Übereinkommens hat dazu geführt, dass UNCITRAL sich dem Seehandelsrecht zunächst nicht weiter gewidmet hat. Vielmehr bildete sich eine Übung der **Zusammenarbeit zwischen IMO und UNCTAD** (unter starker beratender Teilnahme des CMI) heraus, die durch einen gemeinsamen Ausschuss und auf einer gemeinsam abgehaltenen Konferenz 1993 ein **Übereinkommen über Schiffsgläubigerrechte und Schiffshypotheken** verabschiedet haben. Auch die IMO hat weiterhin in eigener Zuständigkeit wichtige seerechtliche Übereinkommen beschlossen, die von der Sache her dem technischen Schiffsbetrieb näher stehen und weniger rechts- und wirtschaftspolitische Bedeutung haben: so das **Übereinkommen von 1989 über Bergung** und ein **Übereinkommen von 1996 über die Haftung für andere gefährliche Stoffe als Öl**, welches die beiden Ölhaftungsübereinkommen von 1969 und 1971 ergänzen sollte. Im Jahre 2001 kam das **Übereinkommen über die zivilrechtliche Haftung für Bunkerölverschmutzungsschäden** hinzu. Zu diesen Übereinkommen im Einzelnen u. § 4.

Nachdem UNCITRAL 1991 ein **Übereinkommen über die Haftung der Umschlagbetriebe im internationalen Handelsverkehr** beschlossen hatte, das wegen sehr unterschiedlicher wirtschaftlicher Interessen der Konferenzstaaten kaum Aussicht auf Annahme hatte, wandte sich die Kommission dann doch wieder dem Seefrachtrecht zu. Das CMI hatte sich unter starkem anglo-amerikanischen Einfluss erneut mit den seevertraglichen Haftungsfragen befasst, da es die Hamburg-Regeln – die es als ein Werk vor allem kontinentaleuropäischer Regierungsvertreter ansah – ablehnte. UNCITRAL ging nur zögernd auf diese Anregungen ein und beschloss zunächst, sich mit einer Vereinheitlichung der Rechtsfragen zu befassen, die in den Hamburg-Regeln – wie auch in den früheren Seefrachtrechtsübereinkommen – offen geblieben waren. Als eine solche Frage erwies sich schnell die Haftung für multimodale Beförderungen durch Seeverfrachter, welche nach Auffassung der Schifffahrt anders als in dem UNCTAD-Übereinkommen von 1980 gelöst werden sollte, nämlich durch Erstreckung des Seerechts auf die Landstrecken. Unvermeidlich führten die folgenden Verhandlungen zu neuen Beratungen über die Haftung für Güterschäden und schließlich – unter maßgeblichem Einfluss des CMI, das mit Prof. *Berlingieri* einen hervorragenden Sachkenner in die Verhandlungen einbringen konnte – am 11.12.2008 zu einem **Übereinkommen über die internationale Beförderung von Gütern ganz oder teilweise auf See**, das auf Einladung der Niederlande, die auf die Gestaltung besonderen Einfluss genommen hatten, am 23.9.2009 in Rotterdam zur Zeichnung aufgelegt wurde und deshalb den Namen „**Rotterdam-Regeln**" erhielt. Dieses Übereinkommen ist von 25 Staaten gezeichnet und bisher nur von Spanien, Togo und Kongo ratifiziert worden. Es begegnet sachlich erheblichen Bedenken, schon weil es mit der Rückkehr zur angloamerikanischen Gesetzgebungstechnik eine Fülle von unklaren Regeln enthält, die weniger zur Vereinheitlichung als zu Auslegungsstreitigkeiten führen würden.

3. Fortentwicklung durch Einzelgesetze

Vor der grundlegenden Reform sind einige begrenzte **Reformen des deutschen Seehandelsrechts, Seerechtsänderungsgesetze von 1972, 1986 und 2001,**[12] vorgenommen worden, die im Wesentlichen durch die Übernahme internationaler Rechtsregeln veranlasst waren.

Das **1. Seerechtsänderungsgesetz** von 1972 diente der Anpassung des deutschen Rechts an das Brüsseler Haftungsbeschränkungsübereinkommen von 1957. Das zuvor geltende Exekutions-

11 Japan, Russland, Griechenland un die Schweiz.

12 Gesetz v. 21.6.1972 zur Änderung des Handelsgesetzbuchs und anderer Gesetze – 1. SÄG BGBl. I 966 ff.; Gesetz v. 25.7.1986 zur Änderung des Handelsgesetzbuchs und anderer Gesetze – 2. SÄG –, BGBl. I 1120; Gesetz vom 16.5.2001 zur Änderung des Handelsgesetzbuchs und anderer Gesetze – 3. SÄG – BGBl. I S. 898.

system wurde durch das international heute allgemein angewendete Summenhaftungssystem ersetzt; zugleich wurden die Schiffsgläubigerrechte – in weitestgehender Anlehnung an die Regelung des Brüsseler Übereinkommens von 1967 über Schiffsgläubigerrechte und Schiffshypotheken – neu geordnet. Das neue Haftungssystem machte ein gerichtliches Verfahren erforderlich, das mit der **Seerechtlichen Verteilungsordnung** von 1972[13] geschaffen wurde. Bei Gelegenheit dieser Änderungen wurden auch die Brüsseler Übereinkommen von 1952 über den Arrest in Seeschiffe und über die zivilgerichtliche und strafgerichtliche Zuständigkeit bei Schiffszusammenstößen ratifiziert.

Bereits 1986 musste das 1972 neu geschaffene Haftungsbeschränkungsrecht durch das **2. Seerechtsänderungsgesetz** wieder modifiziert werden, weil das Brüsseler Haftungsbeschränkungsübereinkommen von 1957 im Jahre 1976 durch ein moderneres (Londoner) **Übereinkommen über die Beschränkung der Haftung für Seeforderungen** (HBÜ) ersetzt worden war, das nun – im Gegensatz zu dem Übereinkommen von 1957 – ohne Einarbeitung in das HGB übernommen wurde. Wegen der Veränderungen des materiellen Haftungsrechts bedurfte auch das Verfahrensrecht einer Änderung, die in der **Seerechtlichen Verteilungsordnung von 1986**[14] enthalten ist. Zugleich wurde durch das 2. SÄG das **Recht der Passagierbeförderung auf See** – in Anlehnung an das Athener Übereinkommen von 1974, das wegen zu geringer Haftungssummen jedoch nicht ratifiziert wurde – in § 664 und einer Anlage hierzu neu geregelt. Ferner wurden die Regeln des **Brüsseler Protokolls von 1968 zu den Haager Regeln** (der sog. Visby-Regeln) in das HGB eingearbeitet; auch diese internationale Übereinkunft wurde – im Hinblick auf die Aussicht, die nur unzureichende Modernisierung des Seefrachtrechts durch dieses Protokoll durch Übernahme der Hamburg-Regeln von 1978 erweitern zu können – nicht völkerrechtlich ratifiziert.

Ein **3. Seerechtsänderungsgesetz** diente vor allem der Einführung der durch das Bergungsübereinkommen von 1989 geänderten Grundsätze der Bergung (dazu u. § 40).

Das **Transportrechtsreformgesetz** v. 25.6.1998,[15] welches das Seerecht wegen seiner besonderen internationalen Bezüge nicht in die Neuregelung einbezogen hat, hat ebenfalls in Randbereichen Einfluss auf das Seehandelsrecht genommen: Die Regelung des multimodalen Vertrages (§§ 452f.) erfasst auch Verträge mit Seestreckeneinschluss.

4. Fortentwicklung außerhalb des HGB

Durch das 3. Rechtsbereinigungsgesetz[16] sind einige Randfragen des Seerechts aufgegriffen und das **FlRG** sowie das **WaStrG** neu gefasst und die **Strandungsordnung,**[17] die seit langem überholt war und zuletzt durch die beiden Seerechtsänderungsgesetze erheblich verändert werden musste, aufgehoben worden.

Das Gesetz v. 25.8.1998 zur Änderung der Haftungsbeschränkung in der Binnenschifffahrt[18] hat die Seerechtliche Verteilungsordnung (SeeVertO) in **Schiffahrtsrechtliche Verteilungsordnung (SVertO)** umbenannt, jedoch das Seerechtliche Verteilungsverfahren als (Ersten) Teil der SVertO sachlich unverändert gelassen und in diesem Bereich nur einige rechtstechnische Änderungen vorgenommen.

Weitere punktuelle Änderungen sind bei den einzelnen Sachkapiteln aufgeführt.

---

13 BGBl. I 953.
14 BGBl. I 1130.
15 BGBl. I 1588.
16 BGBl. 1990 I 1221.
17 RGBl. 1874, 73.
18 BGBl. I 2489.

VI. Die Reform von 2013

Eine grundlegende Modernisierung brachte nach mehr als anderthalb Jahrhunderten seit der Konzipierung des im HGB kodifizierten Seehandelsrechts erst das **Gesetz vom 20.4.2013 zur Reform des Seehandelsrechts (SRG)**. Vgl. dazu im Einzelnen u. § 3 IV).

Nachdem die Hamburg-Regeln nicht die Zustimmung der großen Schifffahrtsstaaten fanden und sich weltweit akzeptierte neue Regeln in absehbarer Zeit nicht abzeichneten, setzte die Bundesministerin der Justiz 2004 eine Sachverständigengruppe ein, die Vorschläge für eine Modernisierung und Neufassung des 5. Buches des HGB erarbeiten sollte. Diese Reform schließt sich an die Neuregelung des allgemeinen deutschen Frachtrechts durch das TRG von 1998 an, welches das Recht aller anderen Transportmittel bereits auf einen modernen Stand gebracht und eine moderne Regelung des Multimodalvertrages in das deutsche Recht eingeführt hatte: sie **vollendet damit die Modernisierung des gesamten deutschen Transportrechts.**

Die Sachverständigengruppe legte im Jahre 2008 ihren Bericht mit einem Formulierungsvorschlag vor, der nach Stellungnahmen von Wirtschaft und Wissenschaft im Mai 2011 zu einem Referentenentwurf führte. Nach erneuten eingehenden Beratungen brachte die Bundesregierung noch 2011 einen Gesetzentwurf ein, der am 20.4.2013 verabschiedet wurde. Das SRG trat – mit einigen Einschränkungen – am 25.4.2013 in Kraft.[19]

Das Gesetz stellt das deutsche Seefrachtrecht auf eine neue Grundlage. Es verkennt nicht, dass eine internationale Rechtsangleichung geboten ist, geht aber davon aus, dass diese in praktisch befriedigender Form in absehbarer Zukunft nicht erreichbar erscheint. Die gleichwohl notwendige Modernisierung des deutschen Rechts nimmt auf Tendenzen der internationalen Rechtsentwicklung Rücksicht, soweit diese irgend feststellbar und sachlich vertretbar erschienen. Deshalb weicht die Regelung des Seefrachtrechts von der des allgemeinen deutschen Frachtrechts nicht unerheblich ab, obgleich – wo immer möglich – eine Übereinstimmung angestrebt wurde, schon im Hinblick auf den multimodalen Verkehr. Zugleicht hat die eingehende Erörterung der Seehandelsrechtsreform in der Sachverständigengruppe in einzelnen Punkten auch zu kleineren anpassenden Änderungen des 1998 durch das Transportrechtsgesetz ebenfalls völlig neu konzipierten deutschen allgemeinen Frachtrechts geführt.

Deshalb kann man heute feststellen, dass das gesamte deutsche privatrechtliche Transportrecht, welches im 4. und 5. Buch des HGB kodifiziert ist, auf einem modernen, der technischen und wirtschaftlichen Entwicklung gemäßen Stand ist. Darin liegt naturgemäß angesichts der Tatsache, dass sich der weitestgehend grenzüberschreitende Transport auch deutscher Beteiligter vielfach nach fremden Rechtsregeln vollzieht, auch die Gefahr divergierender Beurteilung eines Sachverhaltes in verschiedenen Rechtsordnungen. Der deutsche Gesetzgeber hat dem entgegenzuwirken versucht, indem er die wirtschaftlichen Unterschiede zu internationalen Übungen so gering wie möglich gehalten hat.[20] Ferner besteht vielleicht eine gewisse Hoffnung, dass einige Lösungen des neuen deutschen Rechts – wie namentlich seine größere Liberalität – von anderen Ländern, die sich heute anschicken, ihr Recht in ähnlich

---

19 BGBl. 2013 I 831. Zu Einzelheiten und Vorgeschichte vgl. RegBegr. SRG, S. 40; MüKoHGB/*Herber*, Einl. Rn. 30 ff.; *Czerwenka*, Das Gesetz zur Reform des Seehandelsrechts, Köln 2014, S. 16 ff.

20 Vgl. zu dieser Problematik, die sich schon der Sachverständigenkommission stellte, ausführlich *Herber*, Die Reform des deutschen Seehandelsrechts – Balance zwischen Rechtsfortbildung und Schifffahrtstradition, TranspR 2012, 269.

selbständiger Weise zu modernisieren,[21] übernommen werden könnten. Nachdem die internationale Rechtsvereinheitlichung praktisch an dem Egoismus von Interessenvertretungen und Staaten gescheitert ist, kann wohl nur noch ein Wettbewerb nationaler Rechtssetzungen zur Modernisierung beitragen, die sich so weit wie irgend möglich im Rahmen feststellbarer allgemeiner Anschauungen bewegen sollten. Der deutsche Gesetzgeber hat sich die Entscheidung nicht leicht gemacht, sondern das SRG – ebenso wie schon das TRG – sehr sorgfältig unter Heranziehung des verfügbaren Sachverstandes aus Wissenschaft und Praxis ungewöhnlich sorgfältig vorbereitet[22].

VII. Das öffentliche Seerecht

Auch das **öffentliche Seerecht** hat bereits **in der Zeit vor und zwischen den beiden Weltkriegen** wichtige Regelungen erfahren, auf die hier nur am Rande eingegangen werden kann (vgl. auch u. § 8).

Zunächst standen sozialpolitische Maßnahmen im Vordergrund. Missständen auf Auswanderungsschiffen wurde durch die zwingenden Schutzvorschriften des **Gesetzes über das Auswanderungswesen** begegnet. Der seemännische Arbeitsvertrag wurde durch die **Seemannsordnung von 1902** ebenfalls zwingend geregelt, die später durch die **Tarifordnung für die deutsche Seeschiffahrt von 1918** ergänzt wurde.

Auf der Grundlage von Vorarbeiten für eine umfassendere Reform des deutschen Seehandelsrechts[23] wurde noch zu Beginn des Zweiten Weltkrieges das Schiffssachenrecht neu geregelt durch das **Gesetz über Rechte an eingetragenen Schiffen und Schiffsbauwerken** v. 15.11. 1940.[24] Verfahrensrechtlich ergänzt wurde das neue Recht durch die **Schiffsregisterordnung** v. 19.12.1940.[25]

Das schon vor dem HGB in Kraft getretene **Flaggenrechtsgesetz** von 1899 wurde 1935 geändert. Das **Gesetz über die Untersuchung von Seeunfällen** von 1935[26] führte die öffentliche Untersuchung bestimmter Schifffahrtsunfälle ein.[27]

Hinzu traten die ersten Gesetze, welche die Ergebnisse der beginnenden internationalen Rechtsvereinheitlichung – die sich nach dem Zweiten Weltkrieg zum weitaus wichtigsten Antrieb für die vom Gesetzgeber in der Bundesrepublik Deutschland im übrigen nur sehr zögernd erwogene Modernisierung des Seehandelsrechts entwickelt hat – in deutsches Recht umsetzten. Die Neuregelung des Rechts des Zusammenstoßes und der Bergung und Hilfeleistung durch Gesetz v. 7.1.1913[28] und die schon erwähnte Übernahme der Haager Regeln durch das Gesetz v. 10.8.1937 zur Änderung von Vorschriften des HGB über das Seefracht-

---

21 Abgeschlossen sind inzwischen die Modernisierungsgesetze in der Türkei und in Spanien (vgl. u § 5); Vorbereitungen laufen in Belgien und Japan.

22 Eine besondere Rolle haben dabei die Deutsche Gesellschaft für Transportrecht, welche schon die Transportrechtsreform durch das TRG auf ihrer Tagung in Wiesbaden 1991 angestoßen und künftig ständig begleitet hat, sowie der Deutsche Verein für internationales Seerecht gespielt.

23 Vgl. dazu *Wüstendörfer*, S. 25 f.

24 RGBl. I 1499; amtliche Begründung in: DJ 1940, 1329 ff.; dazu DVO v. 21.12.1940, RGBl. I 1609.

25 RGBl. I 1591; dazu die Schiffsregisterverfügung des Reichsministers der Justiz v. 23.12.1940, DJ 1941, 42 ff.

26 RGBl. I 1183; amtliche Begründung in: Deutscher Reichsanzeiger 1935 Nr. 244.

27 Es gilt heute in einer an die verfassungsrechtliche Lage in der Bundesrepublik Deutschland angepassten Form v. 6.12.1985, BGBl. I 2146, zuletzt geänd. BGBl. 1990 I 2809; dazu auch DVO v. 5.6.1986, BGBl. I 860 mit späteren Änderungen.

28 RGBl. 1913, 90.

recht[29] berührten dabei unmittelbar den Text des HGB, während andere Übereinkommen nur als solche – also ohne Einarbeitung in das HGB – rezipiert und angewendet wurden.

Die **Zeit nach dem Zweiten Weltkrieg** war zunächst durch den Wiederaufbau der in Krieg und Nachkriegszeit zerschlagenen deutschen Handelsflotte gekennzeichnet.[30]

Hierfür bedurfte es auf der rechtlichen Seite, nachdem das Besatzungsrecht wieder eine deutsche Flagge zuließ, zunächst eines neuen Flaggenrechts, welches dem Kapitalbedarf der neuen Handelsschifffahrt – insbesondere durch die Möglichkeit, gecharterte Auslandstonnage unter die Bundesflagge zu bringen und damit in die langsam wieder entstehende Handelsflotte (Art. 27 GG) einzugliedern – Rechnung trug. Es wurde durch das **Gesetz über das Flaggenrecht der Seeschiffe und die Flaggenführung der Binnenschiffe** (**FlRG**) v. 8.2.1951 (dazu u. § 11 II 1) geschaffen. Auch das Seelotswesen und das Seearbeitsrecht wurden durch das **Gesetz über das Seelotswesen** v. 13.10.1954[31] und das **Seemannsgesetz** v. 26.7.1957[32] auf neue Grundlagen gestellt. Vgl. dazu die speziellen Kapitel.

---

29 RGBl. 1937 I 891; amtliche Begründung in: Deutscher Reichsanzeiger 1937 Nr. 186; dazu DVO v. 5.12.1939, RGBl. I 2501.

30 Vgl. dazu *Stödter*, Am Tor zur Welt.

31 BGBl. II 1035.

32 BGBl. II 713.

§ 3 Rechtsquellen des Seehandelsrechts

Lit.: Abschlussbericht der Sachverständigengruppe zur Reform des Seehandelsrechts, abgedr. bei *Czerwenka*, Geplante Reform, S. 285; Entwurfstext s. auch TranspR 2009, 417; *Brehmer*, Seehandelsrecht – Made in Germany? RdTW 2014, 100; *Czerwenka*, Die geplante Reform des Seehandelsrechts, Köln 2011 und TranspR 2011, 249; *dies.*, Der Referentenentwurf zur Reform des Seehandelsrechts – Abweichungen vom Sachverständigenbericht, TranspR 2011, 249; *dies.*, Das Gesetz zur Reform des Seehandelsrechts – Einleitung – Erläuterungen – Synopsen, Köln 2014; Gesetzentwurf der Bundesregierung zur Reform des Seehandelsrechts, abgedr. TranspR 2012, 166; *Frantzioch*, Vorschläge der Sachverständigengruppe zur Reform des Seehandelsrechts zur Haftung für Güterschäden, TranspR 2010, 8; *Herber*, Das Zweite Seerechtsänderungsgesetz, TranspR 1986, 249 und 326; *ders.*, Das neue Haftungsrecht der Schifffahrt, 1989; *ders.*, Die Neuregelung des deutschen Transportrechts, NJW 1998, 3297; *ders.*, Die Vorschläge der Sachverständigengruppe zur Reform des Seehandelsrechts, TranspR 2009, 445; *ders.*, Die Reform des deutschen Seehandelsrechts – Balance zwischen Rechtsfortbildung und Schifffahrtstradition, TranspR 2012, 269; *Furrer*, Das neue Seehandelsrecht im Kontext internationaler und privater Rechtsvereinheitlichung, RdTW 2014, 85; *Klingsporn*, Überblick über das Zweite Seerechtsänderungsgesetz v. 25.7.1986, WM 1991, 1105; *ders.*, Das neue Haftungsrecht der Schiffahrt, WM 1991, 1105; *Nöll*, Zur Modernisierung des deutschen Seehandelsrechts, Hansa 1986, 1309 und 1717; *ders.*, 60 Jahre Flaggenrechtsgesetz – Hat Deutschland noch ein geeignetes Flaggenrecht? TranspR 2012, 91; *Paschke*, Wie hältst Du's mit dem internationalen Seehandelsrecht?, RdTW 2013, 457; *Paschke/Ramming*, Reform des deutschen Seehandelsrechts, RdTW 2013, 1; *Rabe*, Seerecht – Richterrecht? Rückblick und Ausblick, MDR 1984, 881; *ders.*, Das Zweite Seerechtsänderungsgesetz, Schriften des DVIS A 63, 1987; *ders.*, Das Zweite Seerechtsänderungsgesetz, VersR 1987, 429; *ders.*, Das Seehandelsrechtsreformgesetz in der Kritik – einige wesentliche Aspekte, TranspR 2014, 309; *Ramming*, Der zeitliche Anwendungsbereich des SHR-ReformG, RdTW 2013, 303; *Tschiltschke*, Kolloquium zur Reform des Seehandelsrechts in Rostock-Warnemünde am 20. und 21. Juni 2011, TranspR 2011, 318.

I. Vorbemerkung

Das Seehandelsrecht hat eine große Zahl besonderer Rechtsquellen, neben denen ergänzend die allgemeinen Bestimmungen, insbesondere des BGB heranzuziehen sind. Es handelt sich dabei um **Gesetze, Verordnungen** und **Gewohnheitsrecht**. Daneben ist das Seehandelsrecht stark von **Allgemeinen Geschäftsbedingungen** geprägt, die das Gesetzesrecht ergänzen, zum Teil allerdings auch – nicht selten zugunsten der Reeder – modifizieren; hier sind die Beschränkungen zu beachten, die das BGB für AGB vorsieht (vgl. dazu u. VI).

Besondere Bedeutung kommt daneben auf dem Gebiet des gesamten Seerechts **internationalen Übereinkommen** als Rechtsquellen zu, die teils unmittelbar anwendbares deutsches Recht sind, teils in deutsche Gesetze Eingang gefunden haben. Vgl. dazu u. § 4.

Im Einzelnen kann hier nur eine Auswahl der vielfältigen Sondervorschriften angeführt werden. Wegen der **öffentlich-rechtlichen Bestimmungen** vgl. u. § 8.

II. Gesetze und Verordnungen

1. Im Mittelpunkt des Seehandelsrechts steht das **5. Buch des Handelsgesetzbuchs**, welches den größten Teil des kodifizierten Seeprivatrechts enthält. Es wurde durch das Gesetz vom 20.4.2013 zur Reform des Seehandelsrechts[1] vollständig neugefasst und grundlegend modernisiert. Dazu u. IV.

---

1 BGBl. 2013, I 831.

Diese Reform war überfällig, nachdem das Seehandelsrecht des HGB seit seinem Inkrafttreten am 1.1.1900 (damals, bis zum Bilanzrichtliniengesetz von 1986, war es das 4. Buch) zwar mehrfach geändert worden war,[2] eine grundlegende Anpassung an die modernen Verhältnisse jedoch immer wieder zurückgestellt wurde (dazu § 2).

2. Zu dem im HGB kodifizierten Seehandelsrecht besteht auch nach der Reform weiterhin eine Reihe von **Nebenbestimmungen.** Diese haben unterschiedliche rechtliche Qualität.

Ein wichtiges, die Durchführung der allgemeinen (globalen) Haftungsbeschränkung nach §§ 611 ff. HGB und dem HBÜ regelndes Verfahrensgesetz ist die **Schifffahrtsrechtliche Verteilungsordnung (SVertO).**

Sie wurde bei Einführung des Summenhaftungssystems durch das 1. SÄG zunächst als **Seerechtliche Verteilungsordnung (SeeVertO)** erlassen und enthält das gerichtliche Verfahren bei der Beschränkung der Haftung. Bei der Anpassung des deutschen Rechts an das HBÜ von 1976 wurde sie durch das 2. SÄG 1986 neu gefasst und 1998 im Zusammenhang mit der Modernisierung der Haftungsbeschränkung in der Binnenschifffahrt umbenannt in **Schifffahrtsrechtliche Verteilungsordnung (SVertO).** Vgl. dazu im Einzelnen u. §§ 24, 25.

Durch das SRG gegenstandslos geworden sind einige das HGB unmittelbar ergänzenden Nebenbestimmungen:

Durch die Beseitigung des Verklarungsverfahrens (dazu §§ 17 II 3c) entfällt die Verordnung über die Bestimmung der zur Aufnahme von Verklarungen berechtigten Auslandsvertretungen (Verklarungsverordnung – VerklV) vom 28. Mai 2007.[3]

Aufgehoben worden ist ferner die **Anlage (zu § 664 aF) zum HGB.** Sie betraf die Haftung aus dem Passagierbeförderungsvertrag und bediente sich einer ungewöhnlichen, überraschenden Gesetzgebungstechnik, die nur vor dem Hintergrund zu verstehen ist, dass zunächst die Verweisung auf das Athener Übereinkommen von 1974 (vgl. dazu u. § 4 II 2 d) dd)) beabsichtigt war, dessen Ratifizierung dann jedoch im Gesetzgebungsverfahren – bis zur inzwischen erfolgten Revision – zurückgestellt wurde. Diese Überlegungen sind durch das Einschreiten des EU-Gesetzgebers inzwischen überholt; vgl. dazu u. § 33 III 2, § 34.

Die den (internationalen und sachlichen) Geltungsbereich des deutschen Seeprivatrechts betreffenden Fragen, die bisher im **EGBGB** (Art. 27ff.) geregelt waren, sind heute außerhalb der deutschen Gesetze in **den EG-VOen Rom I und Rom II** geregelt. Ergänzend sind Art. 6, 8 EGHGB heranzuziehen (dazu u. § 42).

3. Nicht im HGB geregelt ist das **Schiffssachenrecht;** es findet sich vor allem im **Gesetz über Rechte an eingetragenen Schiffen und Schiffsbauwerken (SchRG)** v. 15.11.1940[4], zu dem am 21.12.1940 eine DVO[5] erging.

Die amtliche Begründung zum SchRG findet sich in DJ 1940, 1329.

Die Verfahrensvorschriften hierzu sind in der **Schiffsregisterordnung (SchRegO)** v. 19.12. 1940[6] enthalten.[7]

Die SchRegO wurde zunächst durch die Schiffsregisterverfügung[8] ergänzt. An deren Stelle ist eine die Formalien der Eintragungen im einzelnen festlegende VO zur Durchführung der SchRegO (**SchRegDV**) v. 24.11.1980[9] getreten.

---

2 Namentlich durch das Seefrachtgesetz von 1937, das 1. SÄG von 1972, das 2. SÄG von 1986 und das 3. SÄG von 2001, vgl. dazu o. § 2.

3 BGBl. 2007 I 1005.

4 RGBl. I 1499, zuletzt geänd. BGBl. 1994 I 2911.

5 RGBl. I 1609, zuletzt geänd. BGBl. 1986 I 560.

6 RGBl. 1591, idF der Bek. BGBl. 1994 I 1133, zuletzt geänd. BGBl. 2013 I 3786.

7 Dazu *v. Spreckelsen*, Hansa 1951, 966f. sowie u. § 12 II.

8 V. 29.5.1951, BAnz. Nr. 109; geändert am 7.1.1969, BAnz. Nr. 7.

9 BGBl. I 2169, idF der Bek. BGBl. 1994 I 3631; 1995 I 249, zuletzt geänd. BGBl. 1997 I 1808.

Das Gesetz zur Einführung eines zusätzlichen Registers für Seeschiffe unter der Bundesflagge im internationalen Verkehr[10] – häufig ungenau als sog. **„Zweitregistergesetz"** bezeichnet – sieht kein zusätzliches Seeschiffsregister vor, welches in Konkurrenz zu dem von den Gerichten geführten Register nach der SchRegO stünde; es gewährt vielmehr nur die Möglichkeit, im internationalen Dienst eingesetzte Seeschiffe in ein besonderes **Verzeichnis** (Internationales Seeschifffahrtsregister – ISR) **bei der Schifffahrtsverwaltung** einzutragen mit der Folge bestimmter Wirkungen für das auf die Arbeitsverhältnisse der Besatzungsmitglieder anzuwendende Recht (vgl. dazu u. § 12 IV, § 18 IV).

4. Die **Staatszugehörigkeit** eines Schiffes wird durch die Flagge bestimmt, über die Näheres im **Flaggenrechtsgesetz** (**FlRG**) v. 8.2.1951[11] geregelt ist. Dazu u. § 11.

Das FlRG ist, nach früher nur marginalen Änderungen, durch das Gesetz über das Internationale Seeschifffahrtsregister (vgl. o. 2.) und vor allem das Dritte Rechtsbereinigungsgesetz v. 28.6.1990[12] umfassend umgestaltet und deshalb 1990 in Neufassung bekanntgemacht worden.[13] Zugleich wurden die bisherigen vier DVOen zum FlRG[14] aufgehoben und durch eine neue **FlRV** v. 4.7.1990[15] ersetzt.[16] Eine weitere Änderung, die sich bereits in der Novellierung von 1990 abzeichnete, erfolgte 1994; sie führte zu der **Neufassung v. 26.10.1994**[17] und zu der 1. VO zur **Änderung der FlRV v. 26.10.1994.**[18] Gegenstand dieser Änderung war nunmehr die Gleichstellung der Angehörigen anderer Mitgliedstaaten der EU, die durch die Rechtsprechung des EuGH zur Flaggenzulassung insbesondere von Fischereifahrzeugen[19] für veranlasst gehalten wurde.

5. Das Seelotswesen ist durch das **Seelotsgesetz** v. 13.10.1954[20] geordnet. Hierzu besteht eine Reihe von Ausführungsvorschriften. Vgl. auch u. § 19.

6. Das **Seearbeitsrecht** ist neuerdings im **Seearbeitsgesetz (SeeArbG)** vom 20.4. 2013[21] geregelt, welches das internationale Seearbeitsübereinkommen 2006[22] in deutsches Recht umsetzt und das **Seemannsgesetz** v. 26.7.1957[23] ersetzt. Näheres u. § 18.

7. Die **Verordnung über die Küstenschifffahrt vom 5. Juli 2002**[24] ist handelsrechtlich insofern von Bedeutung, als es die nationale Küstenschifffahrt Schiffen unter deutscher Flagge und – seit der Neufassung – unter der Flagge von anderen EU-Staaten vorbehält. Einzelheiten vgl. u. § 8 IX 1.

8. Gewisse Bedeutung für das Handelsrecht hat schließlich noch das **Verfahren über die Untersuchung von Seeunfällen.** Es ist geregelt im Seesicherheits-Untersuchungs-Gesetz – SUG) v. 16.6.2002.[25] Näheres u. § 37.

---

10 BGBl. 1989 I 550.
11 IdF der Bek. BGBl. 1994 I 3140, zuletzt geänd. BGBl. 2013 I 3154.
12 BGBl. I 1221.
13 BGBl. I 1343.
14 BGBl. 1951 II 19, 65, 155 und 403.
15 BGBl. I 1389.
16 Zu der Neuregelung im Einzelnen vgl. *Werbke*, TranspR 1990, 317 ff.
17 BGBl. I 3140.
18 BGBl. I 3176.
19 Vgl. dazu EuGH v. 25.7.1991 – Rs. C-221/89 – Factortame, EuZW 1991, 764 ff.
20 BGBl. II 1035; idF der Bek. BGBl. 1984 I 1213, zuletzt geänd. BGBl. 1997 I 1832.
21 BGBl. 2013 I 868 idF der Bek. BGBl. 2014 I 605.
22 BGBl. 2013 II 763, 765.
23 BGBl. II 713, zuletzt geänd. BGBl. 1997 I 2390.
24 BGBl. I 2555, zuletzt geänd. BGBl. 2013 I 1926.
25 BGBl. I 1815, 1817; neu gefasst durch Bek. vom 1.3.2012 (BGBl. I 390); zuletzt geänd. BGBl. 2013 I 3836.

9. Das **Transportrechtsreformgesetz** v. 25.6.1998,[26] hat das Seerecht wegen seiner besonderen internationalen Bezüge nicht in die Neuregelung des gesamten übrigen Transportrechts einbezogen. Gleichwohl hat es in Randbereichen Einfluss auf das Seehandelsrecht: Die Regelung des multimodalen Vertrages (§§ 452 ff.) erfasst auch Verträge mit Seestreckeneinschluss; ferner ist nunmehr die Anwendung des Seehandelsrechts auf durchgehende Schiffsbeförderungen auf See- und Binnengewässern geregelt worden (§ 450).

III. Internationale Übereinkommen

Wichtige materiell-rechtliche Fragen sind – auch für den innerdeutschen Rechtsverkehr – in **internationalen Übereinkommen** geregelt, die nicht in das HGB inkorporiert wurden, sondern kraft bloßer Transformation neben dem HGB anzuwenden sind.

Dies gilt namentlich für das HBÜ (vgl. u. § 4 II d) aa)) und das ÖlHÜ (u. § 4 II d) ee)). Auf diese Übereinkommen wird jedoch seit dem 2. SÄG – durch welches die zuvor, nach dem 1. SÄG in das HGB eingearbeiteten Bestimmungen des Brüsseler Haftungsbeschränkungsübereinkommens von 1957 aufgehoben wurden – im HGB hingewiesen (vgl. § 611 und dazu u. § 24).

Das Verhältnis unmittelbar anwendbarer internationaler Übereinkommen zum kodifizierten deutschen Recht ist nicht immer klar; so namentlich bei dem Übereinkommen von 1910 über den Zusammenstoß von Schiffen; dazu u. § 38 VI. Bei schwierigeren Übereinkommen hat der deutsche Gesetzgeber deshalb in der Vergangenheit die Einarbeitung in das HGB unter ausdrücklichem Ausschluss der Transformation des Übereinkommens vorgezogen; so etwa bei den Haager Regeln (u. § 4 II 1c) und bei dem – allerdings nicht von Deutschland ratifizierten – Visby-Protokoll hierzu. Wegen der Grundsätze für die Einarbeitung internationaler Übereinkommen in die deutschen Gesetze vgl. auch RegBegr. SRG S. 41 f. und *Herber*, ZG 1987, 17 ff.

IV. Das Gesetz zur Reform des Seehandelsrechts (SRG)

Das SRG[27] hat die Kodifikation des deutschen Seehandelsrechts im 5. Buch des HGB vollständig neu gefasst und in eine klarere Gliederung gebracht. Es hat trotz der komplizierteren modernen Verhältnisse den Umfang der Vorschriften schon rein äußerlich auf etwa die Hälfte reduziert.

Gliederung und Inhalt des SRG, das auch anpassende Änderungen anderer Gesetze – insbesondere des allgemeinen Frachtrechts im 4. Buch des HGB und des Binnenschifffahrtsgesetzes – vorsieht, können im Folgenden nur kursorisch wiedergegeben werden. Bei den einzelnen von der Reform berührten Kapiteln wird einleitend auf wesentliche Änderungen durch das SRG hingewiesen. Ergänzend ist zu verweisen auf die RegBegr. SRG, die Erläuterungen der zuständigen Referatsleiterin im BMJ, *Czerwenka* und MüKo/*Herber* Einf. Rn. 46 ff.

1. Wie bisher behandelt das 5. Buch in einem **ersten Abschnitt** die **Personen der Schifffahrt: Reeder, Ausrüster** und **Schiffsbesatzung**. Die Vorschriften über den **Kapitän** sind stark vereinfacht und von dem überkommenen Bild eines mit großen Vollmachten ausgestatteten, früher sogar selbstständigen Unternehmers gelöst worden. Bei Unfällen findet eine **Verklarung** im Seerecht künftig nicht mehr statt; dieses besondere Beweissicherungsverfahren hat sich gerade bei Unfällen im Ausland – für die es primär gedacht war – nicht bewährt und die deutschen

---

26 BGBl. I 1588; dazu auch *Herber*, NJW 1998, 3297.

27 Gesetz zur Reform des Seehandelsrechts vom 20.4.2013, BGBl. I 831; zur Entstehung vgl. § 2 VI.

Auslandsvertretungen vor schwierige organisatorische Aufgaben gestellt. Der Kapitän hat allerdings auch künftig Unfälle in das Tagebuch einzutragen, sofern auf dem Schiff ein solches nach öffentlich-rechtlichen Vorschriften zu führen ist.

Nicht beibehalten worden ist das besondere Rechtsinstitut der **Partenreederei**, dessen es heute wegen der modernen gesellschaftsrechtlichen Organisationsformen der GmbH und der KG nicht mehr bedarf. Allerdings bleiben die bestehenden Partenreedereien erhalten; auf diese sind die §§ 489 bis 509 aF weiterhin anwendbar.

Im ersten Abschnitt findet sich auch – wie bisher – eine zentrale Vorschrift über die **Haftung des Reeders für Ansprüche**, die **gegen Mitglieder der Schiffsbesatzung** im Rahmen des Schifffahrtsbetriebs geltend gemacht werden (§ 480); hier ist das Prinzip der sogenannten „adjektizischen Haftung" beibehalten, jedoch im Detail modernisiert worden.

2. Der **zweite Abschnitt** regelt die **Beförderungsverträge.** In einem **ersten Unterabschnitt** werden die verschiedenen, im bisherigen Recht nicht klar unterschiedenen Vertragstypen der **Seefrachtverträge – Stückgutvertrag** und **Raumfrachtvertrag** – in verschiedenen Titeln behandelt. Im Rahmen der Regelung des Stückgutfrachtvertrages werden einzelne Vorschriftenkomplexe in Untertiteln ausführlich geregelt, die beim Raumfrachtvertrag mit Modifikationen in Bezug genommen werden.

a) Die ausführliche Regelung des Stückgutfrachtvertrages enthält zunächst in einem **ersten Untertitel „Allgemeine Vorschriften"** Bestimmungen über die **gegenseitigen Rechte und Pflichten der Vertragsparteien.** Diese sind eingehender und übersichtlicher als im früheren Recht geregelt; dabei konnten die modernen Regelungen des allgemeinen Frachtrechts in §§ 407 ff. weitgehend als Vorbild herangezogen werden, so dass auch die hierzu bereits reichhaltig entstandene Literatur und Rechtsprechung für die Anwendung des neuen Seefrachtrechts vielfach herangezogen werden kann. Geklärt und einer modernen Regelung unterworfen wurden insbesondere die Rechte und Pflichten des Empfängers sowie das Pfandrecht.

b) In einem **zweiten Untertitel** ist die **„Haftung für Schäden bei der Ausführung der Beförderung"** geregelt. Sie hat naturgemäß schon im Hinblick auf ihren teils zwingenden Charakter zentrale wirtschaftliche Bedeutung.

Nach längeren Kontroversen in der Sachverständigengruppe und bei den Erörterungen mit den beteiligten Kreisen hat sich das Gesetz auf der Basis des RegE dafür entschieden, im Grundsatz an dem **Haftungsregime der HR in der Fassung der VisbyR** festzuhalten. Allerdings geht das Gesetz nunmehr – in Anlehnung an das allgemeine Frachtrecht und die HambR und abweichend von den HVR – von einer allgemeinen Obhutshaftung als Generalklausel aus (§ 498 Abs. 1). Jedoch findet sich bei den Anforderungen an die Entlastung durch den Verfrachter eine Zweispurigkeit, die durch die Zwiespältigkeit der internationalen Diskussion und damit auch der deutschen Vorüberlegungen bedingt ist: Auf der einen Seite kann sich der Verfrachter durch den Nachweis des Fehlens eines von ihm zu vertretenden Verschuldens entlasten (§ 498 Abs. 2); daneben kann er sich auf bestimmte, nach dem Vorbild des bisherigen Rechts und der HR enumerativ aufgeführte Tatbestände zur Entlastung berufen (§ 499). Diese komplizierte und im Detail problematische Regelung findet eine Parallele in den RR, die sich ebenfalls – im Hinblick auf internationale Kontroversen – nicht klar für das System einer normativen Umschreibung des Haftungstatbestands einerseits und der Aufzählung bestimmter Haftungstatbestände andererseits entscheiden konnten.

Abweichend vom bisherigen Recht und den HR hat der Verfrachter nach neuem Recht allerdings auch **ein nautisches Verschulden der Besatzung** zu vertreten; insoweit sieht das Gesetz jedoch die Möglichkeit einer abweichenden Vereinbarung auch durch AGB vor. Ebenfalls hinausgehend über die HR – und im Rahmen der abgemilderten Regeln über den zwingenden Charakter (dazu u. § 29 I 2) auch zwingend – gilt die Haftung auch für sogenannte **Landschäden**, also für Schäden, die sich vor dem Einladen und nach dem Löschen der Ladung, jedoch im Obhutsbereich des Verfrachters ereignen.

Eine Neuerung für das Seerecht, die dem allgemeinen deutschen Frachtrecht entlehnt wurde, besteht darin, dass die **Haftung für Güterschäden insgesamt nicht mehr zwingend** ausgestaltet ist, vielmehr durch Vereinbarung der Parteien beliebig verändert werden kann. Dies gilt allerdings nicht für allgemeine Geschäftsbedingungen, für die bestimmte Grenzen vorgesehen sind.

Einen neuen Akzent im Güterschadensrecht stellt sodann die gesetzlich – nach dem Vorbild des § 437 – vorgeschriebene Mithaftung des **ausführenden Verfrachters** dar.

c) Schließlich sind in einem **dritten Untertitel** die **Beförderungsdokumente** eingehender als nach bisherigem Recht geregelt. Dabei hat neben dem **Konnossement** auch der **Seefrachtbrief** als modernes Transportdokument Erwähnung gefunden, und es wurde eine rechtliche Basis für – bisher nicht praktizierte – **elektronische Konnossemente** geschaffen.

Die Regelungen über das Konnossement sind stärker an das Wertpapierrecht angepasst, die Haftung für unrichtige Konnossementsangaben – die sich bisher namentlich bei falschen Angaben über die Qualität der Güter auf allgemeine Prinzipien der Vertragsverletzung stützen musste – sind klar und modern geregelt.

Im Zweiten Titel ist der **Reisefrachtvertrag** weitgehend unter Bezugnahme auf die Detailregelungen des Stückgutfrachtvertrages – unter Ergänzung der für den Chartervertrag praktisch wichtigen Regeln vor allem über die Ladezeit und die Fehlfracht – geregelt.

d) Einen **eigenen Unterabschnitt** im Abschnitt **„Beförderungsverträge"** bilden die **Personenbeförderungsverträge.** Die bisherige Anlage zu § 662 aF ist in die gesetzliche Regelung einbezogen worden. Diese wird jedoch im Haftungsbereich überlagert von der EG-VO Athen, welche das HGB nicht in ihrem Inhalt aufnimmt, weil dies nach EG-Recht nicht zulässig ist. Die Regelung des HGB gilt also lediglich insoweit, wie die EG-VO Athen keine Anwendung findet.

3. Streng geschieden von den Beförderungsverträgen sind in einem **dritten Abschnitt** die **Schiffsüberlassungsverträge** geregelt. Neben der Schiffsmiete – der sogenannten **Bareboat-Charter** – hat erstmals der **Zeitchartervertrag** in einem besonderen Unterabschnitt eine eingehende Regelung erfahren. Sie stützt sich weithin auf die Praxis der Schifffahrt, beschränkt sich jedoch auf wenige grundsätzliche Regeln. Dabei geht das Gesetz davon aus, dass weiterhin die international üblichen Charterformulare die Praxis beherrschen werden.

4. Bei den in einem **vierten Abschnitt** zusammengefassten **Schiffsnotlagen – Schiffszusammenstoß, Bergung** und **Große Haverei –** finden sich keine wesentlichen Änderungen gegenüber dem international weitgehend vorgezeichneten bisherigen Recht. Lediglich die Große Haverei ist vom Gesetzgeber einer starken Vereinfachung unterzogen worden. Dies hat seinen Grund darin, dass die bisherige Regelung außerordentlich eingehend und kompliziert war, dass sie aber in der Praxis im Hinblick auf die übliche Vereinbarung der **York-Antwerp-Rules** wenig Bedeutung hatte. Das Gesetz kann jedoch nicht auf jede Regelung der Großen Haverei verzichten, weil namentlich im Hinblick auf die zunehmende Übung formlos abgeschlossener kleinerer Seefrachtverträge die Vereinbarung der York-Antwerp-Rules unterbleiben könnte und dann eine sachgerechte Regelung für den Notfall fehlt. Eine Bezugnahme des Gesetzes auf die York-Antwerp-Rules ist nach deutschem Verfassungsrecht nicht möglich.

5. Das **Schiffsgläubigerrecht** ist ebenso wie das **allgemeine Haftungsbeschränkungsrecht** im Wesentlichen sachlich unverändert geblieben. Von der Wiedereinführung eines Schiffsgläubigerrechts für Ladungsschäden, das in vielen Ländern – wenn auch häufig mit Nachrang gegenüber den Schiffshypotheken – noch besteht, wurde abgesehen. Als wirtschaftlicher Ersatz hierfür dient die Mithaftung des ausführenden Frachtführers.

6. Das **Recht der allgemeinen Haftungsbeschränkung** (umgangssprachlich oft als „globale Haftungsbeschränkung" bezeichnet) ist in einem eigenen Abschnitt nach den vertraglichen Regelungen zusammengefasst. Gleiches gilt für die **Verjährung** sowie für die **Verfahrensvorschriften.** Bei letzteren ist von besonderer Bedeutung, dass der **Arrest in Seeschiffe** durch eine Änderung des § 917 ZPO wesentlich erleichtert worden ist (dazu u. § 14 III).

7. Beibehalten worden ist leider **Artikel 6 EGHGB,** der nach den Änderungen zwar etwas vereinfacht werden konnte, jedoch auf erhebliche Verständnisprobleme bei der Auslegung stößt. Es bedarf seiner lediglich deshalb, um die Verpflichtungen Deutschlands gegenüber den wenigen noch verbliebenen Vertragsstaaten der HR in ihrer ursprünglichen Fassung zu wahren. Die dadurch entstehenden und beibehaltenen Probleme könnten durch eine Kündigung der HR vermieden werden, die jedoch aus politischen Gründen nicht gewollt ist. Es ist zu hoffen, dass sie bald nachgeholt wird und dass dadurch Artikel 6 EGHGB gegenstandslos wird.

V. Handelsbräuche

Ergänzend sind, wie im Handelsrecht allgemein, die **Handelsbräuche** (§ 346) heranzuziehen. Im Seehandelsrecht haben sie oft die spezielle Form des **Seemannsbrauchs** (vgl. etwa § 514 aF).

VI. Allgemeine Geschäftsbedingungen

Ferner finden sich im Seehandelsrecht ebenso wie allgemein im Handelsrecht häufig Allgemeine Geschäftsbedingungen.

Sie sind teils – wie etwa Konnossementsbedingungen – von Unternehmen zu Unternehmen verschieden, häufig jedoch national oder auch international einheitlich. Ein Beispiel für innerstaatliche Bedingungen sind die **Allgemeinen Deutschen Seeversicherungs-Bedingungen** (**ADS**), Beispiele für internationale Bedingungen die **York-Antwerp-Rules** für die Große Haverei und **Lloyd's Open Form** (LOF) für die Bergung; diese Bedingungen verdrängen praktisch die entsprechenden (dispositiven) Rechtsvorschriften der §§ 574–587, §§ 588–595.

Allgemeine Geschäftsbedingungen sind, sofern deutsches Recht auf den Vertrag anzuwenden ist, an §§ 305 ff. BGB zu messen.

Das gilt grundsätzlich auch für international einheitliche Bedingungen. Nach § 310 Abs. 1 BGB sind im kaufmännischen Verkehr jedoch großzügigere Maßstäbe anzulegen. Nach § 310 Abs. 1 Satz 2 ist auf die im Handelsverkehr geltenden Gewohnheiten und Gebräuche angemessen Rücksicht zu nehmen; das bedeutet insbesondere, dass außer der Beachtung der besonderen Eigenarten und Übungen des Seetransports bei internationalen Bedingungen auch zu berücksichtigen ist, dass deutsche Rechtsvorstellungen bei deren Gestaltung nur in beschränktem Umfang zur Geltung gebracht werden können.

Allgemeine Bedingungen im Sinne der §§ 305 ff. BGB sind namentlich die Bedingungen der Konnossemente, Seefrachtbriefe und – soweit sie nicht im Einzelfall verhandelt und modifiziert werden (also in der Regel hinsichtlich der Haftungsbestimmungen) – der Charterparties (letzteres ist str.; im Einzelnen dazu u. § 29 IX).

§ 4 Internationales Einheitsrecht

Lit.: *Alcántara*, Coordination between maritime conventions – a pathological survey, DirMar. 1999, 260; *Atamer*, Construction Problems in the Rotterdam Rules Regarding the Performing and Maritime Performing Parties, JMLC 2010, 469; *Baatz/Debattista/Lorenzon/Serdy/Staniland/Tsimplis*, The Rotterdam Rules: A Practical Annotation, London 2009; *Berlingieri*, The Role of the CMI for the International Unification of Maritime Law, FS Walter Müller, Zürich 1993, S. 167; *ders.*, Uniformity in Maritime Law and Implementation of International Conventions, JMLC 1987, 317; *ders.*, Unification and harmonization of maritime law revisited, DirMar. 2007, 28; *ders.*, A review of some recent analyses of the Rotterdam Rules, DirMar. 2009, 955; *ders.*, Revisiting the Rotterdam Rules, LMCLQ 2010, 583; *ders.*, Some reflections on the carrier's liability for loss other than loss of or damage to goods or delay under the Rotterdam Rules, DirMar. 2010, 701; *Brandi-Dohrn*, Auslegung internationalen Einheitsprivatrechts durch die internationale Rechtsprechung, TranspR 1996, 45; *Conférences Diplomatiques de Droit Maritime*, Dokumente und Verhandlungen der Brüsseler Diplomatischen Seerechtskonferenzen, hrsg. v. belgischen Außenministerium; *Czerwenka*, Textsammlung Transportrecht, 2014; *Deutsche Gesellschaft für Transportrecht*: UNCITRAL's Attempt towards Global Unification of Transport Law – The CMI Draft Convention on the Carriage of Goods by Sea and its Impact on Multimodal Transport-, Symposium Hamburg 1. April 2004, TranspR 2004, 273; *dies.*, United Nations Convention on Contracts for the International Carriage of Goods Wholly or Partly by Sea („Rotterdam Rules"), Symposium Hamburg 25 June 2009, TranspR 2009, 345; *Diamond*, The next sea carriage Convention? LMCLQ 2008, 135; *ders.*, The Rotterdam Rules, LMCLQ 2009, 445; *Herber*, Gedanken zur internationalen Vereinheitlichung des Seehandelsrechts, FS Rolf Stödter, 1979, S. 55; *ders.*, Gesetzgebungsprobleme bei der internationalen Zivilrechtsvereinheitlichung, ZG 1987, 17; *ders.*, Internationale Transportrechtsübereinkommen und deutsche Einheit, TranspR 1990, 253; *ders.*, Das internationale Seefrachtrecht der neunziger Jahre, TranspR 1990, 173; *ders.*, Das Transportrecht im vereinten Deutschland, TranspR 1991, 1; *Herber/Kienzle*, German Unification and International Maritime Conventions, DirMar. 94 (1992), 381; *Hosseus*, Die Rolle bilateraler Schifffahrtsverträge, TranspR 2006, 151; *Kozubovskaya-Pelle*, Le contrat de volume et les Règles de Rotterdam, DMF 2010, 175; *Kropholler*, Internationales Einheitsrecht, Allgemeine Lehren, 1975; *Lagoni*, Die seerechtlichen Verträge nach der Herstellung der deutschen Einheit, Schriften des DVIS A 76, 1990; *P. Müller*, Die Vorbehalte in Übereinkommen zur Privatrechtsvereinheitlichung, 1979; *Peter*, Internationales Seeprivatrecht, SJZ 1991, 37; *Pötschke*, CMI 2001 – Konferenz des Comité Maritime International in Singapur, TranspR 2001, 206; *Rabe*, Die Transformation internationaler Übereinkommen im Seehandelsrecht in das deutsche Recht, FS Herber 1999, 215; *Ramming*, Das Bunkeröl-Übereinkommen, VersR 2007, 306; *ders.*, Zum Anwendungsbereich der Rotterdam Regeln, Hamburger Zeitschrift für Schifffahrtsrecht 2009, 414; *Schadee/Claringbould*, International Transport Treaties (Loseblatt), den Haag, 2007; *Thomas*, A New Convention for the Carriage of Goods by Sea, Oxfordshire 2009; United Nations Convention on contracts for the International Carriage of Goods Wholly or Partly by Sea – „Rotterdam Rules 2009", ETL 2009, 367; *Wersel*, Das Übereinkommen über Schiffsgläubigerrechte und Schiffshypotheken vom 6. Mai 1993", Diss. Hamburg 1996; *Zhu*, Compulsory Insurance and Compensation for Bunker Oil Pollution Damage, Hamburg Studies on Maritime Affairs 2007; *van der Ziel*, The UNCITRAL/CMI Draft for a New Convention Relating to the Contract of Carriage by Sea, TranspR 2002, 265.

I. Begriff und Bedeutung

Das Seerecht gehört zu den Rechtsgebieten, auf denen die internationale Rechtsvereinheitlichung am frühesten als notwendig erkannt wurde und Erfolge verzeichnen konnte (dazu o. § 2 V 2). Deshalb ist auch das deutsche Seerecht durch eine große Anzahl internationaler Übereinkommen geprägt, die teils unmittelbar anwendbar sind, teils in das deutsche Recht eingearbeitet wurden. Die Gesamtheit dieser Normen bezeichnet man heute als **Internationales Einheitsrecht**.

Die internationalen Rechtsnormen werden vielfach ergänzt durch international vereinbarte Geschäftsbedingungen und Empfehlungen internationaler Organisationen, so etwa die York-Antwerp-Rules und die CMI-Rules über Sea Waybills. Hierher gehören auch die Empfehlungen der BIMCO für die Gestaltung von Seefrachtpapieren.

1. Transformation in nationales Recht

Die Vorschriften des Internationalen Einheitsrechts sind in unterschiedlicher Form in das deutsche Recht übernommen worden. Während sie im öffentlichen Recht durchweg und im Seehandelsrecht oft durch bloße Zustimmung und Ratifikation in deutsches Recht transformiert wurden, sodass der Übereinkommenstext als solcher – in seinem Originaltext und nur im Rahmen seines völkerrechtlichen Geltungsbereichs – Gesetzeskraft hat, ist eine Reihe von Übereinkommen in bestehende deutsche Gesetze eingearbeitet worden, in manchen Fällen auch unter ausdrücklichem Ausschluss der Transformation des Übereinkommens selbst.

Welches Verfahren sich empfiehlt, hängt von der Materie ab: Hat das Übereinkommen einen in sich abgeschlossenen Bereich zum Gegenstand und ist es nur auf die darin geregelten Tatbestände mit Auslandsberührung im Verhältnis zu den Vertragsstaaten anwendbar, so würde eine Einarbeitung in das deutsche Gesetz nur zu vermeidbarer Unübersichtlichkeit führen. Betrifft der Inhalt dagegen ein Rechtsgebiet, das innerdeutsch bereits eine Regelung in einer Kodifikation gefunden hat und soll das Übereinkommensrecht auch über seinen völkerrechtlichen Geltungsbereich hinaus angewendet werden, so ist eine Einarbeitung in das deutsche Gesetz geboten, soll nicht die Einheit und Verständlichkeit des deutschen Rechts verloren gehen.[1] Im Seehandelsrecht finden sich Beispiele für beide Methoden. Die bloße Ratifikation wurde gewählt etwa beim ArrestÜ von 1952 (vgl. u. II 1g) und bei den Ölhaftungsübereinkommen von 1969 und 1971 (vgl. u. II 2b aa und bb). Dagegen wurden die Regeln der Übereinkommen von 1910 über Bergung und Hilfeleistung und des Bergungsübereinkommens von 1989 sowie die Bestimmungen des Übereinkommens von 1910 über den Zusammenstoß von Schiffen und das Seefrachtrecht der Haager Regeln in das HGB eingearbeitet. Letztere Methode wurde zunächst auch bei der Übernahme der internationalen Regeln über die globale Haftungsbeschränkung auf der Basis des Haftungsbeschränkungsübereinkommens von 1957 durch das 1. SÄG angewendet; die – nicht durchdachte und ungerechtfertigte – Kritik von Wissenschaft und Praxis an der Einarbeitung hat dazu geführt, dass bei der Übernahme des Londoner Haftungsübereinkommens durch das 2. SÄG anders verfahren wurde – mit dem Ergebnis, dass die Regelung nunmehr nur noch für Spezialisten verständlich ist.[2] Das BMJ hat deshalb, nach dieser Erfahrung, wiederum vorgeschlagen, die dem HBÜ entsprechende binnenschifffahrtsrechtliche CLNI von 1988 in das Binnenschifffahrtsgesetz einzuarbeiten;[3] der Bundestag ist dem im BinSchÄndG gefolgt.

2. Rechtsnatur und Geltungsgrund

Das Internationale Einheitsrecht ist – gleichgültig, ob als solches unmittelbar anwendbar oder eingearbeitet – materielles Recht, also weder Völkerrecht noch IPR. Sein Geltungsgrund liegt allein in den diese Regeln in innerstaatliches Recht umsetzenden („transformierenden") nationalen Rechtsvorschriften;[4] dies gilt auch, wenn ein Übereinkommen ohne besondere Einarbeitung in ein deutsches Gesetz nur nach Art. 59 GG transformiert wird und deshalb der Vertragstext als solcher unmittelbar anzuwenden ist.

---

1 Vgl. im Einzelnen dazu *Herber*, ZG 1987, 17 ff.

2 Vgl. hierzu jetzt auch die kritischen Bemerkungen bei *Rabe*, Vor London HBÜ 1976 Rn. 2.

3 BT-Drucks. 13/8446; vgl. o. § 1 IV 1.

4 BVerfGE 1, 396, 411; 29, 348, 369; Maunz/Dürig/Herzog/*Scholz*, Komm. z. GG, Art. 59 Rn. 181 ff.

Das schließt jedoch nicht aus, dass die Teile der Übereinkommen, welche Verpflichtungen der Vertragsstaaten zum Gegenstand haben (vor allem die Schlussklauseln) völkerrechtlichen Charakter haben. Auch Rechtsanwendungsfragen – also IPR – können ausnahmsweise in materiell-rechtlichen Übereinkommen enthalten sein, wenn etwa wegen einzelner, im Übereinkommen selbst nicht geregelter Fragen auf ein bestimmtes nationales Recht verwiesen wird. Grundsätzlich aber schließt materielles Einheitsrecht im Rahmen des von ihm selbst definierten Anwendungsbereichs die Vorfrage nach dem anwendbaren Recht – also die Anwendung des IPR – aus: Es ist als deutsches materielles Recht für internationale Sachverhalte anzuwenden.

3. Rang

Das Internationale Einheitsrecht hat grundsätzlich keinen höheren Rang als allgemeines deutsches Gesetzesrecht. Ein solcher folgt weder aus Art. 25 GG (außer wenn das Übereinkommen ganz ausnahmsweise allgemeine Regeln des Völkerrechts enthält)[5] noch aus Art. 3 Nr. 2 EGBGB (der nur für kollisionsrechtliche Übereinkommensnormen, nicht für materielles Einheitsrecht gilt).[6]

Art. 3 Nr. 2 EGBGB würde zudem, wollte man ihn anwenden, als einfaches Recht dem Gesetzgeber stets die Möglichkeit lassen, die unmittelbare Anwendung des Übereinkommens auszuschließen, was ausdrücklich geschehen kann, aber auch – stillschweigend – anzunehmen ist, wenn der Weg der Einarbeitung gewählt worden ist, ohne die unmittelbare Anwendung der Übereinkommensregeln ausdrücklich anzusprechen (wie häufig bei älteren Übereinkommen, etwa den beiden Brüsseler Übereinkommen von 1910).[7]

Das Verhältnis von Einheitsrecht zu sonstigem nationalen Gesetzesrecht bestimmt sich deshalb nach den allgemeinen Regeln der Gesetzeskonkurrenz, wird also insbesondere von den Grundsätzen des Vorrangs des späteren und des spezielleren Gesetzes bestimmt.[8]

4. Anwendung und Auslegung

Gleichwohl folgt die Anwendung des Einheitsrechts besonderen **Auslegungsregeln**, die durch seinen Zweck und seine Eigenart bedingt sind.[9]

a) Der Zweck der Rechtsvereinheitlichung erfordert es, soweit wie irgend möglich auf einen **Entscheidungseinklang bei der Anwendung der international vereinbarten Normen** zu achten.

Neuere UN-Übereinkommen (Art. 3 HambR; Art. 2 RR; Art. 7 Abs. 1 CISG) legen ausdrücklich fest, dass bei der Anwendung des Übereinkommens „auf den internationalen Charakter der Regelung und die Notwendigkeit einer einheitlichen Anwendung in den Vertragsstaaten Rücksicht zu nehmen" sei. Dieser Grundsatz ist schon zuvor vom BGH[10] ausdrücklich anerkannt worden, jedoch praktisch nicht leicht zu verwirklichen. Er bedeutet, dass Gerichtsentscheidungen in den anderen Vertragsstaaten möglichst zu berücksichtigen sind, denen sie jedoch praktisch nur sehr begrenzt zur Verfügung stehen. Hier liegt eine Aufgabe der Rechtswissenschaft und der Fachzeitschriften, die Divergenzen sichtbar machen sollten. Bei UNCITRAL und bei UNIDROIT werden gegenwärtig Systeme für den Austausch von Entscheidungen zu Einheitsrecht aufgebaut.[11] Von einer Verpflichtung der deutschen Gerichte, Ent-

---

5 Vgl. Maunz/Dürig/Herzog/*Scholz*, Komm. z. GG, Art. 25 Rn. 181 ff.

6 Palandt/*Thorn*, 73. Aufl. (2014), EGBGB Art. 3 Rn. 11.

7 Bei dem Zusammenstoßübereinkommen nimmt die hM allerdings an, dass der Übereinkommenswortlaut im Geltungsbereich des IÜZ den deutschen Gesetzeswortlaut verdrängt; dazu u. § 38 VI.

8 Palandt/*Thorn*, aaO.

9 Dazu eingehend MüKoBGB/*Säcker*, 5. Aufl., Einl. Rn. 196 ff. (auf EG-Recht bezogen).

10 BGHZ 52, 216, 220.

11 Vgl. dazu *Herber*, RIW 1995, 502 ff.

scheidungen in anderen Vertragsstaaten zu berücksichtigen (wie *Happ*, RIW 1997, 376, 380 annimmt), kann jedoch keine Rede sein; sie müsste auch an der Praktikabilität scheitern.

b) Die Auslegung hat wie bei Gesetzen vom **Wortlaut** auszugehen.

Dieser Grundsatz stößt bei internationalen Übereinkommen auf Schwierigkeiten. Die meisten Übereinkommen sind in mehreren Sprachen abgefasst, die „gleichermaßen verbindlich" sind. Bei den UN-Übereinkommen sind es zumeist vier (Englisch, Französisch, Spanisch, Russisch), oft auch weitere (Chinesisch und Arabisch); Deutsch ist in aller Regel nicht dabei. Die Gerichte haben dann die Originalfassung(en) anzuwenden; die im BGBl. mit dem Übereinkommenstext veröffentlichte deutsche Übersetzung ist eine die Gerichte nicht bindende bloße Anwendungshilfe, die jedoch – da sie in der Regel von den Verhandlungsführern angefertigt und bei neueren Übereinkommen zwischen den deutschsprachigen Staaten abgestimmt wurde – eine starke Vermutung der Richtigkeit für sich hat. Weichen die verbindlichen Sprachen voneinander ab – was praktisch schon wegen der unterschiedlichen Rechtsbegriffe im Detail oft unvermeidlich ist –, so muss nach Zweck und Entstehung ein mittlerer Weg gesucht werden; dabei wird zu berücksichtigen sein, in welcher Sprache – im Seerecht in aller Regel Englisch – Verhandlungen und Redaktion auf der Konferenz geführt wurden.

Ist das Übereinkommen in deutsches Recht eingearbeitet worden, so gilt die deutsche Fassung. Man wird jedoch dem Gesetzgeber nicht die Absicht unterstellen können, von dem Übereinkommensinhalt abzuweichen; dabei können sich Abweichungen von dem Übereinkommen auch noch später ergeben, wenn die Auslegung in den anderen Vertragsstaaten nach der Einarbeitung andere Wege geht als vom deutschen Gesetzgeber vorhergesehen. Soweit der Wortlaut das zulässt, ist deshalb die deutsche, auf dem Übereinkommen basierende Bestimmung abkommenskonform auszulegen – andernfalls bedarf es einer Gesetzesänderung. Ein Beispiel für letztere ist etwa die durch das 2. SÄG geänderte Übersetzung des Begriffes *„package"* aus Art. 4 § 5 Buchst. a HVR in § 660 Abs. 1 HGB aF (und übernommen in § 504 Abs. 1) von „Packung" in „Stück", nachdem die internationale Auslegung unverpackte Stücke einbezogen hatte.

c) Führt der Wortlaut nicht weiter, so kann auch bei Übereinkommen – soweit ihr Text unmittelbar angewendet wird oder zur Auslegung inkorporierten Rechts herangezogen werden kann – das **System der Vorschriften** berücksichtigt werden. Dabei ist jedoch Vorsicht geboten, weil internationale Übereinkommen wegen der Vielfalt der Vorstellungen und Wünsche der Verhandlungspartner und im Hinblick auf fehlende systematische Denkweise vor allem im *common law* nicht von derselben systematischen Qualität sein können, die innerstaatliche Gesetze haben oder doch zumindest haben sollten. In diesem Zusammenhang stellt sich vor allem die Frage der **Lückenfüllung**, die in neueren internationalen Übereinkommen oft ausdrücklich angesprochen ist (vgl. etwa Art. 7 Abs. 2 CISG): Nur wenn ein Gegenstand im Übereinkommen erkennbar überhaupt geregelt werden sollte, kann beim Fehlen einer ausdrücklichen oder klaren Bestimmung auf die aus dem System zu entnehmenden Grundsätze zurückgegriffen werden; andernfalls muss das – dann nach allgemeinem Kollisionsrecht zu bestimmende – jeweilige nationale Recht angewendet werden.

d) Weiteres Auslegungskriterium ist vor allem die **Geschichte der Vorschriften**. In der Regel stehen – mehr oder weniger ausführliche – Konferenzprotokolle zur Verfügung, aus denen sich ein übereinstimmender Wille der Konferenzparteien gelegentlich ermitteln lässt; häufig allerdings ist nicht ersichtlich, weshalb ein Antrag gestellt oder abgelehnt wurde.

Die Berücksichtigung der Vorgeschichte, die in Deutschland bei der Auslegung von Gesetzen selbstverständlich ist, wird – in Anlehnung an die Regeln des Wiener Übereinkommens v. 23.5.1963 über das Recht der Verträge[12] – bei internationalen Übereinkommen auch in den Ländern (Großbritannien!) anerkannt, in denen diese Auslegungsmethode sonst nicht angewendet wird.

e) Außerordentliche Vorsicht ist bei **rechtsvergleichenden Überlegungen** geboten, wenn diese dahin verstanden werden, dass der Bedeutung eines im Übereinkommen verwendeten Begriffs im Ursprungsland nachgegangen werden soll.

---

12 BGBl. 1985 II 926.

Die Konferenzparteien bedienen sich in der Regel bei ihren Anträgen und Verhandlungen einer fremden Sprache, zumeist der englischen. Es kann nicht ohne weiteres davon ausgegangen werden, dass sie einen im englischen Recht definierten Begriff auch in diesem Sinne gemeint haben. Konferenzen und Übereinkommen haben ihre eigene Begriffswelt, die aus dem Zusammenhang zu ermitteln ist.

5. Anwendungsbereich internationaler Übereinkommen

Während über die Anwendung von Übereinkommen, die in deutsche Gesetze eingearbeitet worden sind, allein das deutsche IPR entscheidet, dessen Übereinstimmung mit den Anwendungsregeln des Übereinkommens der deutsche Gesetzgeber bei der Übernahme der Übereinkommensregeln prüfen muss, bestimmt sich der Anwendungsbereich der nicht in deutsche Gesetze transformierten Übereinkommen nach deren jeweiligen Schlussklauseln. Nach diesen ist – in Verbindung mit den Bekanntmachungen des Auswärtigen Amts über den Geltungsbereich des Übereinkommens im Bundesgesetzblatt (Teil II) – zu prüfen, ob es auf den Einzelfall anwendbar ist.

a) Das macht häufig die Beantwortung **völkerrechtlicher Vorfragen** durch das Zivilgericht erforderlich, so namentlich über die Anwendbarkeit eines Übereinkommens auf Nachfolgestaaten (etwa der früheren Sowjetunion oder des früheren Jugoslawien) und über die Wirkung von Vorbehalten, die von Vertragsstaaten erklärt worden sind. Wichtiges, aber rechtlich nicht verbindliches Hilfsmittel hierfür ist das Fundstellenverzeichnis B zum Bundesgesetzblatt; Vorbehaltserklärungen sind hierin jedoch nicht wiedergegeben; insoweit muss die Bekanntmachung der Erklärung des jeweils interessierenden Vertragsstaates im Bundesgesetzblatt selbst – in der Regel BGBl. Teil II – zu Rate gezogen werden.

b) Eine besondere, allerdings durch Zeitablauf nur noch theoretisch interessante Problematik hat sich für Deutschland aus dem Beitritt der **neuen Bundesländer** zur Bundesrepublik Deutschland ergeben.[13] Für den Bereich des Seerechts konnten sich insoweit Probleme vor allem hinsichtlich des Athener Übereinkommens von 1974 über die Beförderung von Passagieren auf See (vgl. u. II 2b dd) ergeben, das von der DDR ratifiziert worden war, während die Bundesrepublik seine Regeln im Wesentlichen, jedoch mit Abweichungen namentlich hinsichtlich der Haftungssätze durch die Anlage zu § 664 aF in das innerstaatliche Recht übernommen hatte; ab dem 3.10.1990 galt die Regelung des HGB auch für das Gebiet der früheren DDR.[14]

II. Seehandelsrechtliche Übereinkommen

Im Folgenden sollen die wichtigsten internationalen Übereinkommen auf dem Gebiet des Seehandelsrechts aufgeführt werden. Dabei ist nur eine kurze Charakteristik möglich. Soweit die Übereinkommen von besonderer Bedeutung sind, werden sie im jeweiligen Sachzusammenhang behandelt.

Die Darstellung ist gegliedert nach den Institutionen, in denen die Übereinkommen ausgearbeitet worden sind. Die Übereinkommen sind, soweit sie für Deutschland gelten, mit ihrer Fundstelle im Bundes- (bzw. Reichs-)Gesetzblatt zitiert. Soweit sie dort nicht veröffentlicht sind, können die Texte aus der Sammlung transportrechtlicher Übereinkommen entnommen werden, welche die Deutsche Gesellschaft für Transportrecht auf ihrer Webseite

---

13 Insoweit muss verwiesen werden auf *Herber*, TranspR 1990, 253 ff.; 1991, 1 ff.; *Lagoni*, Die seerechtlichen Verträge nach der Herstellung der deutschen Einheit, Schriften des DVIS A 76, 1990.

14 *Herber*, TranspR 1991, 1, 5; aA *Rabe*, Vor § 664 HGB Rn. 3; *Lagoni*, aaO, S. 8 f.

www.transportrecht.org[15] zur Verfügung stellt; deutsche Übersetzungen der meisten transportrechtlichen Übereinkommen auch bei *Czerwenka*, Textsammlung Transportrecht, Köln 2014 (Bundesanzeiger-Verlag); neuere Übereinkommen sind oft auch in der Zeitschrift Transportrecht abgedruckt und entsprechend zitiert. Wegen des Standes der Vertragsstaaten muss auf das Fundstellenverzeichnis B zum Bundesgesetzblatt Teil II (Völkerrechtliche Verträge) verwiesen werden.

1. Comité Maritime International und Brüsseler Seerechtskonferenzen

Die internationale Vereinheitlichung des Seerechts begann auf dem Gebiet des Privatrechts und ging zunächst vom **Comité Maritime International (CMI)** aus, einer 1897 in Antwerpen gegründeten privaten Vereinigung zur Förderung der Rechtsvereinheitlichung.

Die Organisation hat heute 53 Landesgruppen;[16] in Deutschland ist dies der **Deutsche Verein für Internationales Seerecht (DVIS)** in Hamburg. Das CMI hat bisher mehr als 40 Konferenzen in allen Teilen der Welt abgehalten,[17] auf denen eine Vielzahl von Übereinkommensentwürfen ausgearbeitet wurde.

Infolge enger persönlicher und räumlicher Verbindungen mit der belgischen Regierung vermochte das CMI diese zu veranlassen, in unregelmäßigen Abständen **Diplomatische Seerechtskonferenzen** nach Brüssel einzuberufen, auf denen von 1910 bis 1979 auf der Grundlage von Entwürfen des CMI zahlreiche internationale Übereinkommen verabschiedet wurden, die das internationale Seerecht noch heute prägen.

Insgesamt haben dreizehn Brüsseler Diplomatische Seerechtskonferenzen stattgefunden. Die letzte kleine Konferenz v. 19. bis 21.12.1979 war allerdings nur der Verabschiedung einiger Goldklausel-Protokolle gewidmet. Sachlich war die (XII.) Brüsseler Konferenz von 1967/68 die letzte.

Aus den Brüsseler Konferenzen sind folgende **Internationale Übereinkommen** hervorgegangen:

a) **Übereinkommen v. 23.9.1910 zur einheitlichen Feststellung von Regeln über den Zusammenstoß von Schiffen** (Convention Internationale pour l'Unification de Certaines Règles en Matière d'Abordage – damals wurden die Übereinkommen noch ausschließlich in französischer Sprache abgefasst![18])

Das Übereinkommen legt die Schadensersatzpflicht beim Zusammenstoß fest. Gehaftet wird danach nur für Verschulden, bei beiderseitigem Verschulden für Personenschäden gesamtschuldnerisch, für Sachschäden pro rata. Das Übereinkommen wurde durch G v. 7.1.1913[19] in das HGB eingearbeitet[20] und hat heute 49 Vertragsstaaten. Näheres u. § 38.

b) **Übereinkommen v. 23.9.1910 zur einheitlichen Feststellung von Regeln über die Hilfsleistung und Bergung in Seenot** (Convention Internationale pour l'Unification de Certaines Règles en Matière d'Assistance et de Sauvetage Maritimes[21])

---

15 Mit Hinweisen auch auf die Veröffentlichungen der jeweiligen Depositare und anderer Institutionen.
16 Vgl. CMI-Yearbook 2013.
17 Vgl. die Übersicht im CMI-Yearbook 2013, S. 715 ff.
18 RGBl. 1913, 49, 89.
19 RBGl. 1913, 49.
20 Seit dem SRG §§ 570–573.
21 RGBl. 1913, 66, 89.

Das Übereinkommen enthält Regeln über die Bemessung des Bergelohns. Es geht von dem Grundsatz „no cure – no pay" aus. Es wurde durch G v. 7.1.1913[22] in das HGB eingearbeitet, ist aber am 8.10.2002 für Deutschland außer Kraft getreten,[23] weil es durch das (**IMO-**) **Übereinkommen vom 18.4.1989 über die Bergung**[24] (vgl. u. 2 ii)) ersetzt wurde. Näheres u. § 40.

Ein Protokoll v. 27.5.1967[25] zu dem Übereinkommen von 1910 bezieht Kriegsschiffe in die Regelung ein, ist jedoch nur für wenige (10) Staaten in Kraft getreten.

c) **Übereinkommen v. 25.8.1924 zur Vereinheitlichung von Regeln über Konnossemente** (Convention Internationale pour l'Unification de Certaines Règles en Matière de Connaissement (informell zumeist genannt „Règles de la Haye" – „Hague Rules" – „Haager Regeln"[26])

Die Haager Regeln sind die bedeutendste Schöpfung des CMI und bestimmen in ihren Grundprinzipien das internationale Seefrachtrecht bis heute. Das Übereinkommen legt die Haftung des Verfrachters für Ladungsschäden und ihre Begrenzung fest, sofern ein Konnossement ausgestellt wurde. Es wurde mit Wirkung v. 1.1.1940 vom Deutschen Reich ratifiziert, sein Inhalt wurde – unter Ausschluss der unmittelbaren Anwendung des Übereinkommenstextes – durch das Seefrachtgesetz v. 10.8.1937[27] in das HGB aF eingearbeitet. Es wird nach dem SRG in der innerstaatlichen Rechtsanwendung noch gem. Art. 6 EGHGB berücksichtigt. Das Übereinkommen hat heute 40 Vertragsstaaten; dabei ist jedoch zu bedenken, dass viele Staaten, welche das Protokoll v. 1968 ratifiziert haben, das Übereinkommen gekündigt haben und nun im Verhältnis zu den Vertragsstaaten des Protokolls auch das Hauptübereinkommen als dessen Bestandteil anwenden.

Das Übereinkommen wurde durch das **Protokoll v. 23.2.1968** zur Änderung des Übereinkommens v. 25.8.1924 zur Vereinheitlichung von Regeln über Konnossemente (sog. „Visby-Regeln"[28]) revidiert, das durch das 2. SÄG 1986 vollständig in das 5. Buch des HGB aF eingearbeitet, jedoch von Deutschland nicht ratifiziert wurde. Dazu u. q.

Durch ein weiteres **Protokoll v. 21.12.1979**[29] wurden die im Brüsseler Protokoll von 1968 noch in Poincaré-Franken festgesetzten Haftungsbeträge auf Sonderziehungsrechte umgestellt. Im Einzelnen vgl. u. § 29.

d) **Übereinkommen v. 25.8.1924 über die Beschränkung der Haftung der Eigentümer von Seeschiffen** (Convention Internationale pour l'Unification de Certaines Règles concernant la Limitation de la Responsabilité des Propriétaires de Navires de Mer)[30]

Dieses erste Haftungsbeschränkungsübereinkommen war nur ein mäßiger Erfolg; es hat heute noch acht Vertragsstaaten, sieben weitere – die für die Schifffahrt bedeutenderen – haben ihre Mitgliedschaft zugunsten der späteren Haftungsbeschränkungsübereinkommen gekündigt. Deutschland hat das Übereinkommen nicht ratifiziert.

Die Überarbeitung nach dem Zweiten Weltkrieg führte zu dem erfolgreicheren Brüsseler Übereinkommen v. 10.10.1957 über die Beschränkung der Haftung der Eigentümer von Seeschiffen (u. k)), das inzwischen bereits wieder durch das HBÜ (u. 2b) ee)) ersetzt wurde.

---

22 RGBl. S. 49.
23 Bek. 2002 II 33.
24 International Convention on Salvage, 1989 BGBl. 2001 II 510; dazu *Schrock*, TranspR 1989, 301 ff.
25 Abgedr. bei *Schadee/Claringbould*, I – 118.
26 RGBl. 1939 II 1049.
27 RGBl. I 891.
28 Vgl. *Czerwenka*, Textslg. S. 481.
29 Vgl. *Czerwenka*, Textslg. S. 485.
30 Abgedr. bei *Schadee/Claringbould*, I – 27.

e) **Übereinkommen v. 10.4.1926 zur einheitlichen Feststellung von Regeln über die Immunitäten der Staatsschiffe** (Convention Internationale pour l'Unification de Certaines Règles concernant les Immunités des Navires d'Etat)[31]

Das Übereinkommen, dessen Bedeutung für den Handelsverkehr in der Feststellung besteht, dass **Staatshandelsschiffe keine Immunität** genießen, ist von Deutschland ratifiziert worden; es hat 25 Vertragsstaaten.

f) **Übereinkommen v. 10.4.1926 über Schiffsgläubigerrechte und Schiffshypotheken** (Convention Internationale pour l'Unification de Certaines Règles relatives aux Privilèges et Hypothèques Maritimes)[32]

Es war der erste Versuch, die Schiffsgläubigerrechte zugunsten des hypothekarischen Schiffskredits zu beschränken. Da er nicht allzu erfolgreich war – das Übereinkommen hat zwar noch 24 Vertragsstaaten, darunter jedoch nur wenige bedeutende Schifffahrtsstaaten –, wurde nach dem Zweiten Weltkrieg ein neues Übereinkommen mit dem gleichen Gegenstand ausgearbeitet und am 27.5.1967 beschlossen (u. n)). Deutschland hat das Übereinkommen nicht ratifiziert. Im Einzelnen vgl. u. § 13 V.

g) **Übereinkommen v. 10.5.1952 zur Vereinheitlichung von Regeln über den Arrest in Seeschiffe** (ArrestÜ; International Convention relating to the Arrest of Sea-Going Ships)[33]

Das Übereinkommen schränkt die Sicherungsbeschlagnahme von Schiffen im Interesse der Freizügigkeit der Schifffahrt dadurch ein, dass sie nur wegen bestimmter sog. Seeforderungen zulässig ist und dass die Stellung ausreichender Sicherheit in einem Vertragsstaat die Beschlagnahme auch in allen anderen ausschließt. Die Bundesrepublik Deutschland hat es ratifiziert, jedoch – da es nur für den Arrest in Schiffe unter der Flagge anderer Vertragsstaaten gilt – nicht in das HGB eingearbeitet. Es hat heute 82 Vertragsstaaten. Näheres u. § 14 III.

Im Zusammenhang mit der Revision des Übereinkommens von 1967 über Schiffsgläubigerrechte und Schiffshypotheken durch das IMO-Übereinkommen von 1993 (vgl. u. 2b) jj)) wurde auch eine Neufassung des ArrestÜ ausgearbeitet; das (IMO) Übereinkommen vom 12.3.1999 über den Arrest in Schiffe (vgl. u. 2b) ee))[34] ist seit dem 14.9.2011 für elf Staaten in Kraft, wurde jedoch von Deutschland nicht ratifiziert.

h) **Übereinkommen v. 10.5.1952 zur Vereinheitlichung von Regeln über die zivilgerichtliche Zuständigkeit bei Schiffszusammenstößen** (International Convention on Certain Rules Concerning Civil Jurisdiction in Matters of Collision)[35]

Das Übk. ergänzt das Zusammenstoßübereinkommen von 1910 (o. a) durch prozessrechtliche Bestimmungen. Es wurde von der Bundesrepublik Deutschland ratifiziert und zunächst in das HGB eingearbeitet, gilt jedoch nach dem SRG neben dem HGB in seiner Originalform. Es hat heute 35 Vertragsstaaten. Näheres u. § 38 VII.

i) **Übereinkommen v. 10.5.1952 zur Vereinheitlichung von Regeln über die strafgerichtliche Zuständigkeit bei Schiffszusammenstößen und anderen mit der Führung eines Seeschiffes zusammenhängenden Ereignissen** (International Convention for the Unification of Certain Rules relating to Penal Jurisdiction in Matters of Collisions or other Incidents of Navigation)[36]

---

31 RGBl. 1927 II 483 mit Protokoll von 1934, RGBl. 1936 II 303.
32 Abgedr. bei *Schadee/Claringbould*, I – 35.
33 BGBl. 1972 II 653, 655.
34 Vgl. *Czerwenka*, Textslg. S. 787.
35 BGBl. 1972 II 653, 663.
36 BGBl. 1972 II 653, 668.

Das Übereinkommen soll Schiffe und Besatzungen bei bestimmten, mit der Führung des Schiffes zusammenhängenden Straftaten vor den Gefahren mehrfacher strafrechtlicher Verfolgung schützen. Für auf Hoher See begangene Straftaten klärt es die Zuständigkeit zugunsten der des Flaggenstaates; daneben besteht – subsidiär – eine Verfolgungszuständigkeit des Staates, dem der Täter angehört. Es wurde von der Bundesrepublik Deutschland ratifiziert; heute hat es 37 Vertragsstaaten.

j) **Übereinkommen v. 10.10.1957 über blinde Passagiere** (International Convention relating to Stowaways)[37]

Das Übereinkommen sieht die Pflicht des Staates, in dem der blinde Passagier (sog. **Einschleicher**) an Bord gegangen ist, zur Rücknahme vor. Es ist nicht in Kraft getreten.

k) **Übereinkommen v. 10.10.1957 über die Beschränkung der Haftung der Eigentümer von Seeschiffen** (International Convention relating to the Limitation of the Liability of Owners of Sea-Going Vessels)[38]

Das Übereinkommen wurde von der Bundesrepublik Deutschland 1972 ratifiziert und war Anlass zur Umstellung des Systems der beschränkten Reederhaftung auf das angloamerikanische Summenhaftungssystem durch das 1. SÄG; dazu u. § 24. Da sich das Übereinkommen im Hinblick auf die darin noch vorgesehene Verwendung des Poincaré-Franken als Wertmaßstab, auf die durch Geldwertverschlechterung zu gering gewordenen Haftungssummen und das schwierige Verhältnis zu dem späteren Ölhaftungsübereinkommen schon bald als überholt erwies, wurde das **HBÜ** abgeschlossen (dazu u. 2b) ee)), das in der Bundesrepublik Deutschland mit Wirkung v. 1.9.1987 an die Stelle des Brüsseler Übereinkommens von 1957 trat.

Deshalb hat das **Protokoll v. 21.12.1979 zu dem Haftungsbeschränkungsübereinkommen von 1957**,[39] welches die Haftungsbeträge auf SZR umstellte, für die Bundesrepublik Deutschland keine Bedeutung mehr erlangt; es gilt nur für sechs der heute immerhin noch 39 Vertragsstaaten des Übereinkommens von 1957.

l) **Übereinkommen v. 29.4.1961 über die Beförderung von Passagieren auf See** (International Convention for the Unification of Certain Rules Relating to the Carriage of Passengers by Sea)[40]

Das Übereinkommen, das nur zwischen zwölf, für die Schifffahrt zumeist nicht bedeutenden Staaten in Kraft ist (nicht für Deutschland), stellte den ersten Versuch dar, eine zwingende Haftungsregelung für die Beförderung von Reisenden auf See zu schaffen.

Die Schifffahrtsstaaten verweigerten die Ratifizierung vor allem mit dem Hinweis, es bedürfe auch einer Gepäckhaftungsregelung. Als diese mit dem Gepäckhaftungsübereinkommen von 1967 geschaffen war, ergaben sich wiederum Rückwirkungen auf das Übereinkommen von 1961. Die Zusammenfassung beider Gegenstände in einem Übereinkommen gelang dann erst 1974 der IMCO (dazu u. 2b) dd)). Näheres u. § 33 III 1.

m) **Übereinkommen v. 25.5.1962 über die Haftung der Inhaber von Reaktorschiffen** (Convention on the Liability of Operators of Nuclear Ships)[41]

Das Übereinkommen, das eine Gefährdungshaftung mit Deckungspflicht für zivile atomgetriebene Schiffe anordnet, ist nicht in Kraft getreten.

Der deutsche Gesetzgeber hat der Ratifikation durch die Bundesrepublik Deutschland zwar durch G v. 8.7.1975[42] zugestimmt, doch ist diese aus politischen Gründen nicht erfolgt. Die

---

37 Abgedr. bei *Schadee/Claringbould*, I – 86.
38 BGBl. 1972 II 672.
39 Abgedr. bei *Schadee/Claringbould*, I – 309.
40 Abgedr. bei *Schadee/Claringbould*, I – 92.
41 BGBl. 1975 II 977.
42 BGBl. II 957.

sieben Ratifikationen bzw. Beitritte, die das Übereinkommen erhalten hat, reichten nicht aus, weil zumindest ein Staat mit einem Atomhandelsschiff für das Inkrafttreten erforderlich ist. Gegenwärtig besitzt wohl kein Staat mehr ein ziviles Reaktorschiff; das letzte war der 1989 stillgelegte russische Eisbrecher „Lenin“, schon zuvor wurden das amerikanische Atomschiff „Savannah“ und das deutsche Atomschiff „Otto Hahn“ wegen Unwirtschaftlichkeit, die nicht zuletzt auf der fehlenden Rechtsgrundlage für die Haftung bei ihrem Einsatz beruhte, eingestellt.

n) **Übereinkommen v. 27.5.1967 zur Vereinheitlichung bestimmter Regeln über Schiffsgläubigerrechte und Schiffshypotheken** (International Convention for the Unification of Certain Rules Relating to Maritime Liens and Mortgages)[43]

Das Übereinkommen stellte nach dem Übereinkommen von 1926 (vgl. o. f)) einen weiteren Versuch dar, die Schiffsgläubigerrechte zu vereinheitlichen und zugleich zu reduzieren, um den vertraglichen Schiffskredit zu fördern. Es ist jedoch nicht in Kraft getreten. Die Bundesrepublik Deutschland hat das Übereinkommen durch das 1. SÄG 1972 mit geringen Abweichungen zugunsten der Schiffsgläubigerrechte der Sozialversicherung und der Hafenverwaltungen (auf die erst verzichtet werden sollte, wenn das Übereinkommen zu einer entsprechenden Reduzierung der Privilegien auch in anderen Staaten geführt hätte) in das HGB eingearbeitet, jedoch nicht ratifiziert. Vgl. dazu u. § 13 V.

Später wurde auf der Basis der Arbeiten eines von IMO und UNCTAD eingesetzten Gemeinsamen Internationalen Ausschusses ein neues (UNCTAD-/IMO-)Übereinkommen über Schiffsgläubigerrechte vom 6.3.1993 abgeschlossen[44] (vgl. u. 2 b) jj)), das am 5.9.2004 in Kraft getreten ist. Es hat 18 Mitgliedstaaten, Deutschland hat auch dieses Übereinkommen bisher nicht ratifiziert.

o) **Übereinkommen v. 27.5.1967 über die Eintragung dinglicher Rechte an Schiffsbauwerken** (Convention Relating to Registration of Rights in Respect of Vessels under Construction)[45]

Das Übereinkommen ist nicht in Kraft getreten. Es geht noch mehr als das Übereinkommen über Schiffsgläubigerrechte und Schiffshypotheken (o. n) davon aus, dass die Registereintragungen international übertragen werden können, was praktisch kaum erreichbar sein wird.

p) **Übereinkommen v. 27.5.1967 über die Haftung für Reisegepäck auf See** (International Convention for the Unification of Certain Rules Relating to Carriage of Passenger Luggage by Sea)[46]

Das Übereinkommen ist nicht in Kraft getreten. Vgl. dazu o. l) und u. § 33.

q) **Protokoll v. 23.2.1968 zur Änderung des Übereinkommens v. 25.8.1924 zur Vereinheitlichung von Regeln über Konnossemente** (Protocol to amend the International Convention for the Unification of Certain Rules of Law relating to Bills of Lading – „Visby Rules“ – „Visby-Regeln“)[47]

Durch das Änderungsprotokoll wurden die Haager Regeln (o. c)) revidiert. Es wurde von Deutschland nicht ratifiziert, jedoch durch das 2. SÄG 1986 vollständig in das HGB eingearbeitet (vgl. dazu u. § 29 I 1). Das Protokoll hat 30 Vertragsstaaten.

---

43 Vgl. *Czerwenka*, Textslg. S. 759.
44 Vgl. *Czerwenka*, Textslg. S. 768.
45 Abgedr. bei *Schadee/Claringbould*, I – 132.
46 Abgedr. bei *Schadee/Claringbould*, I – 138.
47 Vgl. *Czerwenka*, Textslg. S. 481.

2. Vereinte Nationen

Die Weigerung des CMI und der Brüsseler Konferenz von 1967/68, das Konzept der Haager Regeln weitergehend als im Hinblick auf die vorgenommenen kleineren Änderungen zur Erörterung zu stellen, führte zu einem Unmut vieler Regierungen, der bewirkte, dass die Rechtsvereinheitlichung von den Brüsseler Konferenzen auf zwischenstaatliche Organisationen überging. Dieser Übergang vollzog sich in zwei Richtungen:

a) Einmal begann die **Zwischenstaatliche Beratende Seeschifffahrtsorganisation** (Inter-Governmental Maritime Consultative Organization – IMCO), eine Sonderorganisation der UN in London, sich der Ausarbeitung seehandelsrechtlicher Übereinkommen zuzuwenden. Die Aufnahme dieser Arbeiten – und die Gründung eines Rechtsausschusses, der bis heute ständig das internationale Seerecht auf dem Gebiet des Privatrechts verfolgt, obgleich die IMCO (seit 1982: **International Maritime Organization – IMO**[48]) primär eine der Schiffssicherheit gewidmete technische Behörde ist – wurde eingeleitet durch die Notwendigkeit eines schnellen Aufbaus eines wirkungsvollen **Haftungs- und Entschädigungssystems für Ölschäden** (vgl. dazu o. § 2 V 2; u. § 22 VI 2).

Im Rahmen der IMCO/IMO wurden nach dem Ölhaftungsübereinkommen von 1969 und dem Ölfondsübereinkommen von 1971 – außer Protokollen hierzu von 1984 und 1992 – einige Übereinkommen auf zentralen seerechtlichen Gebieten beschlossen, nämlich über die **Passagierhaftung** (Athen, 1974), über die **Beschränkung der Reederhaftung** (London, 1976), über die **Bergung** (London, 1989), über die **Haftung für andere gefährliche Stoffe als Öl** (London, 1996) und über die **Haftung für Bunkeröl** (London 2001).

b) Staatliche Arbeiten begannen aber – auf dem eigentlich handelsrechtlich bedeutsamen Feld des Seerechts, dem Frachtrecht – auch auf einer anderen Schiene: Bei der gerade erst (1966) ins Leben gerufenen **Kommission der UN für internationales Handelsrecht (United Nations Commission on International Trade Law – UNCITRAL)**, die mit einem qualifizierten Sekretariat begann, unter weltweiter Staatenbeteiligung das Welthandelsrecht auf Verbesserungs- und Vereinheitlichungsmöglichkeiten hin zu überprüfen. Obgleich das Seehandelsrecht naturgemäß zu den wichtigsten Gegenständen gehörte, die den Welthandel interessieren müssen, ging ein weiterer Anstoß zugleich von einer anderen, älteren und mehr wirtschaftspolitisch orientierten Organisation aus:

c) Schon einen Monat nach Verabschiedung der Visby-Regeln setzte die **II. Welthandelskonferenz in Neu Delhi** mit Blick auf eine Überprüfung des internationalen Seefrachtrechts einen **Ausschuss für Internationale Schifffahrtsgesetzgebung** ein, dessen Beratungen noch im gleichen Jahr zu einer Resolution der UN-Generalversammlung (2421 (XXIII) v. 18.12.1968) und zur Aufnahme von Arbeiten durch **UNCITRAL** führten.[49]

Das Sekretariat der Welthandelskonferenz (UNCTAD) erstellte eine umfangreiche **Studie über die wirtschaftlichen Auswirkungen der Haager Regeln,**[50] auf deren Grundlage UNCITRAL durch eine besondere Arbeitsgruppe eine Neuregelung des geltenden internationalen Seefrachtrechts vorbereitete. Aus den Arbeiten ging der Entwurf eines neuen Übereinkommens (1976) hervor.[51] Der Entwurf wurde nach Anhörung aller Staaten einer von ECOSOC einberufenen Staatenkonferenz in Hamburg unterbreitet, die am 31.3.1978 ein neues **Seefrachtrechtsübereinkommen („Hamburg- Regeln“)** verabschiedete.

---

48 Dazu im Einzelnen *Herber*, FS Stödter, S. 61 ff.; *Lampe*, Hansa 1983, 737 ff.

49 Vgl. zu den Beratungen der UNCTAD-Arbeitsgruppe *Herber*, Hansa 1971, 981; auch *Stieper*, Hansa 1968, 1278; 1970, 335; 1971, 539. Zu UNCITRAL und seiner Arbeit im Allgemeinen *Herber*, RIW 1974, 577 ff.; 1976, 125 ff.; 1977, 314 ff.; 1980, 81 ff.

50 Doc. TD/B/C.4/ISL/6/Rev.1 (1971).

51 Vgl. hierüber den ausführlichen Bericht von *Sweeney*, JMLC 1975, 69 ff., 327 ff., 487 ff., 615 ff.; 1977, 167 ff.; zur Vorgeschichte der Hamburg-Regeln vgl. auch *Richter-Hannes*, Die Hamburger Regeln 1978, S. 15 ff.

Auf dieser neuen seerechtlichen Grundlage konnte im Rahmen der UNCTAD schon zwei Jahre später, 1980, ein **Übereinkommen über den multimodalen Transport** abgeschlossen werden, nachdem dort seit dem Scheitern der Konferenz von 1972 Verhandlungen über diesen Gegenstand nicht weitergekommen waren; die Annäherung des Seerechts an die Grundsätze der Rechte anderer Transportmittel erleichterte die Lösung dieser schwierigen Problematik.[52]

Nachdem beide Übereinkommen bisher keine Akzeptanz bei den Schifffahrtsstaaten gefunden haben (dazu näher u. §§ 29, 32), wandte sich **UNCITRAL** – mit großen Erfolgen namentlich auf den Gebieten des Kaufrechts und der Schiedsgerichtsbarkeit – anderen Aufgaben zu, verabschiedete allerdings 1991 nochmals ein transportrechtliches **Übereinkommen über die Haftung der Umschlagbetriebe**; dieses Übereinkommen wurde bisher nur von vier Staaten (Ägypten, Gabun, Georgien, Paraguay) ratifiziert und ist deshalb nicht in Kraft getreten.

Nachdem die Hamburg-Regeln nicht die erhoffte – und nach dem Konferenzverlauf zu erwartende – Beteiligung auch der bedeutenden Schifffahrtsstaaten fanden, nahm UNCITRAL in Zusammenarbeit mit dem CMI erneut Arbeiten an einem revidierten Übereinkommen zum Seefrachtrecht auf. Nach mehreren vorbereitenden Tagungen entstand daraus ein neues Übereinkommen, das am 11.12.2008 vom 6. Ausschuss der UN verabschiedete **Übereinkommen über Verträge über internationale Beförderung von Gütern ganz oder teilweise auf See (United Nations Convention on Contracts for the International Carriage of Goods Wholly or Partly by Sea, New York 2008)**, das wegen seiner späteren Unterzeichnung in Rotterdam als **„Rotterdam-Regeln"** bezeichnet wird. Es redigierte den von den Hamburg-Regeln nicht allzu verschiedenen Gehalt in einer vom *common law* vorgegebenen, weit ausholenden und daher vielfach unklareren Sprache, enthält jedoch sachlich vor allem eine entscheidende Erweiterung: Das Übereinkommen schließt die Haftung auf der See-Teilstrecke einer multimodalen Beförderung ein. Näheres u. § 29.

Die **UNCTAD** arbeitete ein weiteres seerechtliches Übereinkommen aus, das durch eine gemeinsame Arbeitsgruppe (Joint International Group of Governmental Experts – JIGE) mit der IMO vorbereitet wurde: Das **Übereinkommen von 1993 über Schiffsgläubigerrechte und Schiffshypotheken.**[53]

In **IMO und UNCTAD** wurde schließlich ein neues **Arrestübereinkommen vom 12.3.1999** (International Convention on Arrest of Ships, 1999) ausgearbeitet, welches das ArrestÜ von 1952 ersetzen soll.[54] Es ist zwar am 1.12.2011 in Kraft getreten, hat bisher jedoch nur elf Vertragsstaaten gefunden.[55]

d) Aus dem Bereich der UN sind danach insbesondere folgende erwähnenswerten Übereinkommen hervorgegangen:

aa) (IMCO-)Übereinkommen v. 29.11.1969 über die zivilrechtliche Haftung für Ölverschmutzungsschäden (ÖlHÜ; International Convention on Civil Liability for Oil Pollution Damage – CLC)[56]

Das Übereinkommen, welches auf Vorüberlegungen des CMI (Tokioter Entwurf von 1969) zurückgeht, legt eine Gefährdungshaftung für Ölverschmutzungsschäden durch Rohöl befördernde Tanker fest und schreibt eine Haftpflichtversicherung hierfür vor. Die Haftung ist weitgehend auf den Eigentümer kanalisiert und kann in Abhängigkeit von der Schiffsgröße auf bestimmte Beträge beschränkt werden, die zunächst – nach Umstellung der in Poincaré-Franken ausgedrückten Beträge in SZR durch ein Protokoll von 1976[57] – im Regelfall 133 SZR je BRZ bis max. 41 Mio. SZR betrugen.

Das ÖlHÜ hat sich trotz anfänglicher Skepsis selbst der (aus Tradition noch in Brüssel abgehaltenen) Konferenz hervorragend bewährt; dies ist außer auf die heute dem Umweltschutz

52 Vgl. dazu *Grönfors*, RabelsZ 1978, 696, 702.
53 Vgl. dazu *Czerwenka*, Textslg. S. 768.
54 Zu Text und Vorgeschichte *Herber*, TranspR 2000, 136.
55 Vgl. *Czerwenka*, Textslg. S. 43.
56 BGBl. 1975 II 301, 305; dazu *Herber*, RabelsZ 34 (1970), 223 ff.
57 Sog. Goldklauselprotokoll vom 19.11.1976, BGBl. 1980 II 721, 724.

gewidmete politische Aufmerksamkeit auf die Unterstützung durch das parallel zu den Staatenverhandlungen entstandene (private) Tanker Owners' Voluntary Agreement on Liability for Oil Pollution (TOVALOP)[58] und auf die Haftpflichtversicherungsform der P&I-Clubs (dazu u. § 43 V 3) zurückzuführen. Vor allem aber haben die besondere Schwierigkeit des neuen Gegenstandes und der Umstand, dass die Vorbereitung des Übereinkommens erstmals in der Hand allein der Regierungsvertreter lag, zu besonders wirksamen Formen der Zusammenarbeit der europäischen Regierungen geführt.[59] Das ÖlHÜ hatte in seiner Fassung vor der Revision, die nun zum Ausscheiden der Vertragsstaaten, welche das Protokoll von 1992 ratifizieren, aus dem alten ÖlHÜ führte, 109 Vertragsstaaten (nach dem Inkrafttreten des revidierten Übereikommens von 1992 sind es noch 35) – eine für ein seehandelsrechtliches Übereinkommen ganz ungewöhnlich große Zahl.

Durch ein weiteres **Protokoll v. 25.5.1984**[60] zum ÖlHÜ 1969 wurde eine grundlegende Umgestaltung vorgenommen, die vor allem die Berechnung der Haftungssummen, deren vereinfachte Revision sowie die Ausdehnung des sachlichen und räumlichen Anwendungsbereichs betrifft.[61] Das Protokoll ist jedoch nicht in Kraft getreten, weil insbesondere Japan – wegen seiner abzusehenden zu großen Belastung durch Beiträge zum begleitenden Fondsübereinkommen – Bedenken hatte, es zu ratifizieren. Deshalb ist am **27.11.1992 ein neues**, das Protokoll von 1984 ersetzendes **Protokoll**[62] verabschiedet worden,[63] das von Deutschland ratifiziert worden und am 30.5.1996 in Kraft getreten ist.

Dieses **Protokoll** hat das Übereinkommen schließlich modifiziert. Das revidierte Übereinkommen ist unter dem neuen Namen **Internationales Übereinkommen über die zivilrechtliche Haftung für Ölverschmutzungsschäden (Haftungsübereinkommen von 1992)** neu verkündet worden.[64] Es hat heute 133 Vertragsstaaten.

Schon das Vertragsgesetz zum ÖlHÜ v. 18.3.1975[65] hat die Regelung des ÖlHÜ zugleich auf innerstaatliche Sachverhalte erstreckt; auch die Regelungen des Goldklauselprotokolls von 1976 gelten allgemein.[66] Das Haftungsbeschränkungsverfahren ist in der **SVertO**[67] geregelt.

Durch das Änderungsprotokoll von 1992 ist eine Umgestaltung des Ölhaftungsrechts eingetreten, die schon aus Anlass der deutschen Ratifikation des Protokolls von 1984 innerstaatlich durch das Ölschadengesetz von 30.9.1988[68] und eine Neufassung des ÖlHÜ[69] vorbereitet worden war. Diese Änderungen konnten, da das Protokoll von 1984 nicht in Kraft trat, erst bei Inkrafttreten des Protokolls von 1992 in etwas veränderter Form zum 30.5.1996 in Kraft gesetzt werden. Die jetzt geltende **Neufassung des ÖlHÜ idF des Protokolls v. 1992** ergibt sich danach aus der Bek. v. 23.4.1996,[70] die geltende Fassung des **Ölschadengesetzes (ÖlSG)**[71] aus dem G zur Änd. des ÖlSG v. 25.7.1994.[72]

---

58 Vgl. dazu *Klumb*, S. 227; ferner *Clark*, LMCLQ 1978, 572 ff.; *Stutz*, VersR 1981, 898.

59 Dazu *Herber*, in: Aktuelle Probleme der Haftung für Schäden aus der Meeresverschmutzung (1. Rostocker Gespräch zum Seerecht), Schriften des DVIS A 84, 1994.

60 BGBl. 1989 II 705.

61 Dazu *Ganten*, Schriften des DVIS B 17; *Schneider*, TranspR 1985, 41 ff.

62 BGBl. 1994 II 1150; TranspR 1993, 153 ff.

63 Vgl. zu dieser Entwicklung insbes. *Renger*, TranspR 1993, 132 ff.; *ders.*, in: Aktuelle Probleme der Haftung für Schäden aus der Meeresverschmutzung (1. Rostocker Gespräch zum Seerecht), Schriften des DVIS A 84, 1994; *Ganten*, TranspR 1997, 397 ff.

64 BGBl. 1996 II 670.

65 BGBl. II 301, 305 ff.

66 Vgl. G v. 9.6.1980, BGBl. II 721, 724; dazu *Klingsporn*, WM 1978, 918 ff.

67 BGBl. 1986 I 1130 idF des G v. 23.3.1999 BGBl. I 530, BGBl. 2000 I 149. Dazu u. § 25.

68 BGBl. I 1770.

69 Vgl. Bek. v. 8.9.1988, BGBl. II 824.

70 BGBl. II 670.

71 BGBl. 1988 I 1770.

72 BGBl. I 1802 iVm den Bek. BGBl. 1995 II 972, 2084; zuletzt geänd. BGBl. 2013 I 3154.

In der Folgezeit ist die durch **Beschluss des Rechtsausschusses der IMO vom 18.10.2000** vorgenommene **Änderung der Höchstbeträge** des Haftungsübereinkommens 1992 durch die VO vom 22.3.2002[73] mit Wirkung vom 1.11.2003 in Deutschland in Kraft gesetzt worden.

Der übereilte Erlass der Änderungsgesetzgebung nach dem Protokoll von 1984 hat wenig zur Klarheit der ohnehin schwer verständlichen Gesetzgebung auf diesem Spezialgebiet beigetragen; ebenso die irreführende Bezeichnung des ÖlHÜ als „Haftungsübereinkommen von 1992“, die durch das ÖlSG zunächst in § 486 Abs. 2 bis 5, § 487e Abs. 1 aF übernommen wurde, doch dort mangels eines Hinweises auf den auf Ölschäden beschränkten Anwendungsbereich kaum verständlich ist; bei der – inzwischen eingeführten – Bezeichnung ist es auch nach dem SRG geblieben (§ 611 Abs. 2).

Der Durchführung der Regelung des Ölhaftungsübereinkommens dient die VO über die Ausstellung von Bescheinigungen nach dem Ölschadengesetz (**ÖlhaftungsbescheinigungsVO**) v. 30.5.1996.[74] Sie ermöglicht den Nachweis der im ÖlHÜ vorgeschriebenen Versicherung oder sonstigen Sicherheit und ersetzt die vor der Änderung des Übereinkommens geltende ÖlhaftungsbescheinigungsVO v. 10.6.1975.[75]

Vgl. im Einzelnen u. § 22 VI 2.

bb) **(IMCO-)Übereinkommen v. 18.12.1971 über die Errichtung eines Internationalen Fonds zur Entschädigung für Ölverschmutzungsschäden** (ÖlFÜ; International Convention on the Establishment of an International Fund for Compensation for Oil Pollution Damage)[76]

Das ÖlFÜ stellt eine Ergänzung zum ÖlHÜ dar, die bereits bei dessen Abschluss durch eine Entschließung der Konferenz von 1969 gefordert wurde. Ein durch Beiträge der Rohöl über See empfangenden Unternehmen gespeister Internationaler Fonds (International Oil Pollution Compensation Fund – IOPC-Fund) mit Sitz in London übernimmt die Regulierung der (in Vertragsstaaten eingetretenen) Schäden, die vom Tankereigentümer nicht ersetzt werden, sei es wegen Überschreitung der Haftungsgrenzen, wegen bestimmter Haftungsausnahmen nach dem ÖlHÜ oder wegen Zahlungsunfähigkeit von Reeder und Versicherer. Neben der Aufgabe der Entschädigung kommt dem Fonds in gewissem Umfang die Funktion zu, den Reeder aus den (von der Ladungsseite aufgebrachten) Mitteln des Fonds wegen seiner Versicherungsbeiträge zu entlasten; dies ist eine recht komplizierte Korrektur der Reederhaftungslösung im ÖlHÜ, die jedoch Basis der Konferenzentscheidung von 1969 war. Das ÖlFÜ 1992 hat sie mit Recht nicht übernommen.

Auch das ÖlFÜ hat eine private Entsprechung in einem **Fonds der Ölgesellschaften (CRISTAL)**.

Das Übereinkommen, welches vor Wirksamwerden der Kündigungen infolge der Revision 1992 74 Mitgliedsstaaten hatte, verleiht dem Fonds eine eigene Rechtspersönlichkeit. Er hat Organe (Versammlung, Direktor und Exekutivausschuss[77]) und kann von den Geschädigten – vor den Gerichten des Unfallstaates – verklagt werden.

Auch zum ÖlFÜ sind ein **Goldklauselprotokoll** v. 19.11.1976[78] und sachliche **Änderungsprotokolle**, zunächst v. 25.5.1984[79] und später v. 27.11.1992[80] beschlossen worden. Die Übernahme des Protokolls von 1984 wurde – wie die des Protokolls zum ÖlHÜ – bereits durch das ÖlSG von 1988 vorbereitet (dazu o. aa)). Das Goldklauselprotokoll ist am 22.11.1994 in Kraft getreten und gilt für 31 Staaten. Zur Entwicklung bis zur Revision 1992 vgl. die o. aa) angegebene Literatur.

---

73 BGBl. 2002 II 943.
74 BGBl. I 707.
75 BGBl. I 1337.
76 BGBl. 1975 II 301, 320; dazu *Ganten*, Schriften des DVIS B 11.
77 Der vom ÖlFÜ 1992 nicht übernommen wurde, vgl. § 22 VI 2 a.
78 BGBl. 1980 II 729.
79 BGBl. 1988 II 724.
80 BGBl. 1994 II 1150.

Das ÖlFÜ ist ebenso wie das ÖlHÜ durch ein Änderungsprotokoll von 27.11.1992 modifiziert worden. Das Übereinkommen ist in seiner geänderten Fassung unter der Bezeichnung **Internationales Übereinkommen von 1992 über die Errichtung eines Internationalen Fonds zur Entschädigung für Ölverschmutzungsschäden (Fondsübereinkommen von 1992)** neu bekanntgemacht worden.[81] Das revidierte Übereinkommen gilt für Deutschland seit dem 30.5.1996 und hat heute 114 Vertragsstaaten.

Das ÖlFÜ 1971 ist für Deutschland am 15.5.1998 (Bek. BGBl. 1997 II 1546), für alle Vertragsparteien am 24.5.2011 (Bek. BGBl. 2011 II 617) außer Kraft getreten.

Zur Durchführung der Regelung des Ölfondsübereinkommens dient die VO zur Ermittlung der zum Internationalen Entschädigungsfonds für Ölverschmutzungsschäden nach dem Ölschadengesetz beitragspflichtigen Ölmengen (**ÖlmeldeVO**) v. 10.6.1996.[82] Sie ermöglicht die Erfassung der Ölimporte, die Beiträge zum Ölfonds zu leisten haben, und ersetzt die vor der Änderung des Übereinkommens geltende MeldeVO v. 16.12.1976.[83]

Ebenso wie das ÖlHÜ ist auch das ÖlFÜ durch **Beschluss des Rechtsausschusses der IMO vom 18.10.2000** geändert worden, der durch die VO v. 22.3.2002[84] mit Wirkung vom 1.11.2003 in Deutschland in Kraft gesetzt wurde; dadurch wurde die Höchstsumme für Entschädigungen um mehr als 50% angehoben.

Da sich herausgestellt hatte, dass auch die hohen Entschädigungssummen des ÖlFÜ bei den zunehmend teuren Tankerunfällen trotz der Erhöhung nicht immer ausreichten, wurde am 16.5.2003 ein weiteres **Protokoll**[85] zu dem Übereinkommen beschlossen, durch das ein **Zusatzfonds** für die die Entschädigung nach dem modifizierten OlFÜ übersteigenden Beträge geschaffen wurde. Dieser Zusatzfonds tritt bis zu 750 Millionen SZR ein, gilt seit dem 3.3.2005 und ist für 31 Staaten in Kraft, darunter Deutschland.

Vgl. im Einzelnen zu dem komplizierten Zusammenspiel der Ölhaftungs- und Ölfondsübereinkommen auch u. § 22 VI 2 und *Czerwenka*, Textsammlung, Einf. S. 38 ff.

cc) **(IMCO-)Übereinkommen v. 17.12.1971 über die zivilrechtliche Haftung bei der Beförderung von Kernmaterial auf See** (Convention relating to Civil Liability in the Field of Maritime Carriage of Nuclear Material)[86]

Das Übereinkommen stellt klar, dass das allgemeine atomrechtliche Prinzip der (ausschließlichen) Haftung des Inhabers einer Reaktoranlage auch während des Seetransports gilt. Deshalb schließt das Übereinkommen eine Haftung des Seebeförderers – sofern er nicht ausnahmsweise Inhaber der Anlage (etwa des Schiffsreaktors) ist – aus. Das Übereinkommen hat 13 Vertragsstaaten. Näheres u. § 22 VII.

dd) **(Athener IMCO-)Übereinkommen v. 13.12.1974 über die Beförderung von Reisenden und ihrem Gepäck auf See** (Convention relating to the Carriage of Passengers and their Luggage by Sea)[87]

Auf der Grundlage der verschiedenen Versuche des CMI und der Brüsseler Konferenzen (vgl. o. 1 l) und p) und u. § 33) verabschiedete eine von der IMCO nach Athen eingeladene Staatenkonferenz 1974 endlich ein Übereinkommen, das eine zwingende Haftung des Seebeförderers im Rahmen bestimmter Haftungshöchstbeträge vorsieht.

---

81 BGBl. 1996 II 685.
82 BGBl. I 812.
83 BGBl. I 3462.
84 BGBl. 2002 II S. 943.
85 BGBl. 2004 II 1291.
86 BGBl. 1975 II 957, 1026; geändert durch G v 9.6.1980, BGBl. II 721 und G v. 9.9.2001 BGBl. I 2331. Zu dem Übk. *von Welck*, VersR 1972, 313 ff.
87 Abgedr. bei *Schadee/Claringbould*, I – 229 ff.; dazu *Herber*, ZIEV 1976, 150 ff.; 1977, 2 ff.

Die Haftungsbeträge, welche zunächst in Poincaré-Franken festgesetzt waren und durch ein **Protokoll v. 19.11.1976**[88] auf SZR umgestellt wurden, erschienen vielen Staaten zu niedrig. Deshalb haben die Bundesrepublik Deutschland und die skandinavischen Staaten das Übereinkommen nicht ratifiziert, seine Regelung jedoch mit höheren Haftungssätzen in das innerstaatliche Recht übernommen; in Deutschland galt sie seit dem 2. SÄG als Anlage zu § 664 aF (vgl. dazu u. § 33). Das Übereinkommen ist seit 1987 in Kraft und gilt für 35 Staaten, von denen einige – namentlich England nach dem Unfall der „Herald of Free Enterprise" – innerstaatlich höhere Beträge festgesetzt haben.

Auf Betreiben insbesondere der Bundesrepublik Deutschland hat der Rechtsausschuss der IMO mehrere Protokolle ausgearbeitet. Nach einem nicht in Kraft getretenen Protokoll von 1990[89] führte endlich das **Protokoll vom 1.11.2002** zu einem **revidierten Übereinkommen (AthenÜ 2002)**, welches am 23.4.2014 in Kraft getreten ist und von Deutschland demnächst ratifiziert werden soll. Es hat 18 Vertragsstaaten.

Auch die EU ist dem AthenÜ 2002 beigetreten und hat eine eigene Verordnung hierzu erlassen (sog. VOAthen). Näheres u. §§ 33, 34.

ee) **(Londoner IMCO-)Übereinkommen v. 19.11.1976 über die Beschränkung der Haftung für Seeforderungen** (HBÜ; Convention on Limitation of Liability for Maritime Claims,[90] LLMC)

Das Übereinkommen stellt eine Fortentwicklung des Brüsseler Haftungsbeschränkungsübereinkommens von 1957 dar (dazu o. 1. k)). Es wurde durch das 2. SÄG in das deutsche Recht übernommen; das Übereinkommen wird jedoch in seinem Originaltext angewendet, §§ 486–487e HGB aF enthielten lediglich einige ergänzende Vorschriften, welche durch das SRG in §§ 611–617 übertragen wurden.

Im Zusammenhang mit der Verabschiedung des Übereinkommens v. 3.5.1996 über die Haftung und Entschädigung für Schäden im Zusammenhang mit der Beförderung gefährlicher und giftiger Stoffe auf See (u. kk)) wurde ein **Protokoll v. 2.5.1996 zur Änderung des Übereinkommens von 1976 über die Beschränkung der Haftung für Seeforderungen**[91] beschlossen, das die Haftungssummen erheblich anhebt. Es ist heute für 49 Staaten in Kraft, darunter Deutschland. Das durch das Protokoll modifizierte HBÜ (international LLMC) ist im Verhältnis seiner Vertragsstaaten zueinander anzuwenden, nicht jedoch im Verhältnis zu den Vertragsstaaten des ursprünglichen Übereinkommens von 1976, das von Deutschland mit Wirkung vom 13.5.2004 gekündigt wurde.[92]

Durch einen **Beschluss des Rechtsausschusses der IMO vom 19.4.2015**[93] wurden die Haftungssummen des Übereinkommens wiederum erheblich angehoben; die Änderungen sind am 8.6.2015 in Kraft getreten.[94]

Näheres u. § 24 I 1.

ff) **UN-Übereinkommen v. 31.3.1978 über die Beförderung von Gütern auf See** (United Nations Convention on the Carriage of Goods by Sea – „Hamburg Rules" – **„Hamburg-Regeln"**)[95]

---

88 Abgedr. bei *Schadee/Claringbould*, I – 272 ff.; es gilt für 18 Staaten.
89 Abgedr. TranspR 1990, 170.
90 BGBl. 1986 II, 787; vgl. dazu *Richter*, Schriften des DVIS B 13; *Herber*, Haftungsrecht der Schiffahrt, S. 43 ff.
91 BGBl. 2000 II 790, 791.
92 BGBl. II 189; *Czerwenka*, Textslg. S. 41.
93 Vgl. *Czerwenka*, Textslg. S. 749.
94 Vgl. Seehaftungsbeschränkungsverordnung (SeeHBV) v. 7.5.2015 BGBl. II 506; *Czerwenka*, Textslg. S. 41.
95 Abgedr. TranspR 1992, 430 ff.; dazu eingehend *Richter/Hannes*, Die Hamburger Regeln 1978; *Herber*, Schriften des DVIS B 12.

Dieses Übereinkommen ist am 1.11.1992 in Kraft getreten, allerdings zunächst ohne Beteiligung bedeutender Schifffahrtsstaaten.

Seebeförderer und Transportversicherer haben sich in den bedeutenden Schifffahrtsstaaten mit ihren Bedenken wegen erhöhter Kosten für die schärfere – aber im Verhältnis zu anderen Transportmitteln immer noch sehr gemäßigte – Haftung bisher durchsetzen können. Das CMI hat sich auf einem Symposium 1979 und auf seinen Konferenzen 1990, 1994 und 1997 mit dem neuen Übereinkommen befasst und sich ebenfalls insgesamt zurückhaltend geäußert. Zur Problematik, die für die gesamte Fortentwicklung des internationalen Seerechts von großer Bedeutung ist, vgl. auch o. b) sowie § 2 V und u. § 31. Das Übereinkommen hat heute 34 Vertragsstaaten.

Näheres u. § 29.

gg) Mit über das Seerecht hinausgreifender Wirkung wurde im Rahmen der UNCTAD 1980 ein **UN-Übereinkommen über die Haftung beim multimodalen Transport** (United Nations Convention on International Multimodal Transport of Goods)[96] verabschiedet, dessen – recht komplizierte – Lösung wegen der Gefahr der Überschneidung mit den Übereinkommen, zu den Teiltransportrechten nach jahrelangen erfolglosen Verhandlungen in IMCO und ECE (dazu u. § 33) erst infolge der Vereinfachung des Seehandelsrechts durch die Hamburg-Regeln möglich wurde. Auch dieses Übereinkommen ist bisher nicht in Kraft,[97] es wurde von elf Staaten ratifiziert, zu denen Deutschland nicht gehört.

hh) Auf der Basis von Vorarbeiten bei UNIDROIT und UNCITRAL wurde von einer Diplomatischen Konferenz der UN am 19.4.1991 ein **(UN-)Übereinkommen über die Haftung der Umschlagbetriebe im internationalen Handelsverkehr** (United Nations Convention on the Liability of Operators of Transport Terminals in International Trade)[98] beschlossen.[99]

Das Übereinkommen dürfte wenig Chancen haben, in absehbarer Zeit in Kraft zu treten, da sich Staaten, deren Beteiligung schon wegen ihres Wettbewerbs mit deutschen Häfen wichtig wäre – Großbritannien, Niederlande, Belgien –, im Hinblick auf die ihnen zu streng erscheinende Haftung bei der Schlussabstimmung der Stimme enthalten haben.[100] Es ist von vier Staaten ratifiziert worden.

ii) **(IMO-)Übereinkommen v. 28.4.1989 über Bergung** (International Convention on Salvage, 1989)[101]

Das Übereinkommen ersetzt das Bergungsübereinkommen von 1910 (dazu o. 1b). Es ist seit 8.10.2002 für Deutschland in Kraft[102] und hat 62 Vertragsstaaten.

---

96 Abgedr. bei *Schadee/Claringbould*, VI –152.

97 Zur Entstehung vgl. *Balz*, ZLW 1980, 303ff.; *Herber*, TranspR 1981, 37ff.; *Richter-Hannes*, Die UN-Konvention über die internationale multimodale Güterbeförderung, Wien 1982.

98 Abgedr. TranspR 1991, 461 ff.

99 Dazu eingehend *Harten*, Das internationale Übereinkommen über die Haftung der Terminal Operator im internationalen Handelsverkehr und seine Anwendbarkeit auf die deutschen Güterumschlagsbetriebe, Schriften zum Transportrecht Bd. 7, 1993.

100 Im Einzelnen dazu *Herber/Harten*, TranspR 1991, 401 ff.

101 BGBl. 2001 II 510, 511. Vgl. dazu *Bahnsen*, Internationales Übereinkommen von 1989 über Bergung, Schriften zum Seehandelsrecht Bd. 5, 1997; *Schrock*, TranspR 1989, 301 ff.

102 Bek. BGBl. 2002 II 1202.

Es bleibt zwar bei dem Grundsatz – der auch die Vertragsbedingungen der Wirtschaft über Bergung (LOF) bestimmt –, dass Bergelohn nur bei Erfolg geschuldet wird. Doch ist im Interesse einer stärkeren Berücksichtigung von Umweltinteressen vorgesehen, dass dem Berger auch bei ganz oder teilweise ausbleibendem Erfolg ein Anspruch gegen den Reeder auf eine Sondervergütung zusteht, die seine Aufwendungen bei der Abwendung eines drohenden Umweltschadens deckt. Näheres u. § 40.

jj) **(UNCTAD/IMO-)Übereinkommen v. 6.5.1993 über Schiffsgläubigerrechte und Schiffshypotheken** (International Convention on Maritime Liens and Mortgages – CMLM, 1993)[103]

Das Übereinkommen stellt eine Neufassung des Brüsseler Übereinkommens von 1967 dar. Es geht auf einen Revisionsentwurf des CMI v. 1985 (Lissabon)[104] zurück. Es ist am 5.9.2004 in Kraft getreten und hat 18 Vertragsstaaten. Deutschland hat es bisher nicht ratifiziert.

kk) **(IMO-)Übereinkommen v. 3.5.1996 über die Haftung und Entschädigung für Schäden im Zusammenhang mit der Beförderung gefährlicher und giftiger Stoffe auf See (HNS)** (International Convention on Liability and Compensation for Damage in Connection with the Carriage of Hazardous and Noxious Substances by Sea, 1996)[105]

Nachdem eine Diplomatische (IMO-)Konferenz über diesen Gegenstand im Jahre 1984 scheiterte,[106] hat der Rechtsausschuss der IMO den Gegenstand weiter beraten. Der Abschluss eines entsprechenden Übereinkommen für Land- und Binnenschiffstransporte im Rahmen der ECE im Jahre 1989 (CRTD)[107] hat den Überlegungen neuen Auftrieb gegeben. Das Übereinkommen überträgt die Grundsätze des OlHÜ und des ÖlFÜ auf andere gefährliche Stoffe als Öl. In diesem Zusammenhang ist von der Konferenz zugleich ein **Protokoll v. 2.5.1996 zur Änderung des Übereinkommens von 1976 über die Beschränkung der Haftung für Seeforderungen** (vgl. o. ee)) beschlossen worden.[108] Wegen der komplizierten Regelung im Einzelnen vgl. u. § 22 VI 4.

Zur Verbesserung der schwierigen Beitragsberechnung, die das Inkrafttreten des Übereinkommen hinderte, wurde am 30.4.2010 ein Protokoll zu dem Übereinkommen (**HNS Prot. 2010**) abgeschlossen, das die Regelung vereinfachen soll. Auch dieses ist bisher nicht in Kraft getreten, soll aber von Deutschland ratifiziert werden.

ll) **Übereinkommen vom 12.3.1999 über den Arrest in Schiffe (International Convention on Arrest of Ships, 1999)**

Das Übereinkommen soll das Arrestübereinkommen von 1952 ersetzen. Es ist am 14.9.2011 in Kraft getreten und gilt gegenwärtig für elf Staaten, darunter jedoch nicht Deutschland.

mm) (IMO-)**Übereinkommen v. 23.3.2001 über die zivilrechtliche Haftung für Bunkerölverschmutzungsschäden (BunkerölÜ)** (International Convention on Civil Liability for Bunker Oil Pollution Damage, 2001)[109]

---

103 Vgl. *Czerwenka*, Textslg. S. 768, auch TranspR 1994, 253 ff.; vgl. dazu *Czerwenka*, TranspR 1994, 213 ff.; *Wersel*, Das Übereinkommen über Schiffsgläubigerrechte und Schiffshypotheken v. 6.5.1993, Schriften zum Seehandelsrecht Bd. 2, 1996.

104 Abgedr. in TranspR 1985, 366 ff.; dazu *Richter*, TranspR 1985, 324 ff.

105 Abgedr. TranspR 1997, 450; dazu *Ganten*, TranspR 1997, 397 ff.

106 Vgl. dazu *Schneider*, TranspR 1985, 41 ff.; zur weiteren Entwicklung nach der Konferenz *Trotz*, Schriften des DVIS A 62.

107 Abgedr. TranspR 1990, 83 ff.

108 BGBl. 2000 II 790, 791.

109 BGBl. 2006 II 578.

Das Übereinkommen ist dem ÖlHÜ 1992 in vielerlei Hinsicht nachgebildet. Es soll die Lücke schließen, die das ÖlHÜ hinsichtlich der Verschmutzung durch Bunkeröl durch andere Schiffe als Tanker offen gelassen hatte. Haftungstatbestand und Haftungsentlastungstatbestände stimmen mit dem ÖlHÜ 1992 weitgehend überein.

Anders als das ÖlHÜ 1992 enthält das BunkerkölÜ keine eigenen Regelungen über eine Haftungsbeschränkung, sondern bestimmt lediglich, dass die Vorschriften über die Haftungsbeschränkung unberührt bleiben; deshalb richtet sich die Beschränkung nach dem HBÜ.

Das Übereinkommen ist am 21.11.2008 völkerrechtlich – zugleich auch für Deutschland – in Kraft getreten[110] und hat gegenwärtig 78 Vertragsstaaten.

Dazu näher u. § 22 VI 3.

oo) (UN-)Übereinkommen vom 11.12.2008 über Verträge über die internationale Beförderung von Gütern ganz oder teilweise auf See (Rotterdam-Regeln) (United Nations Convention for Contracts on the International Carriage of Goods wholly or partly by Sea, 11.12.2008)[111]

Das Übereinkommen, das zunächst als eine Revision der Hamburg-Regeln gedacht war, greift in seinem Anwendungsbereich insofern über diese hinaus, als es Multimodalverträge mit Seestreckeneinschluss erfasst. Inhaltlich weicht es kaum grundsätzlich, wohl aber in seiner umständlichen und schwerfälligen – und dadurch eine Menge von Zweifeln fördernder – Redaktion von den Hamburg-Regeln ab. Das Übereinkommen ist bisher nur von drei Staaten ratifiziert worden (Kongo, Spanien, Togo) und tritt in Kraft, wenn 20 Ratifikationen vorliegen. Näheres dazu u. § 29.

III. Verkehrsrechtliche Übereinkommen

Zahlreicher noch als die privatrechtlichen Übereinkommen sind die öffentlich-rechtlichen. Sie betreffen alle Gebiete des Seerechts. Soweit sie eng mit dem Handelsrecht verbunden sind – wie etwa Übereinkommen auf den Gebieten des Prozessrechts –, werden sie im Rahmen des Handelsrechts behandelt. Im Übrigen sind Übereinkünfte auf dem Gebiet des Völkerrechts u. § 7, auf dem Gebiet des Verwaltungsrechts (also etwa im Bereich des allgemeinen Seeverwaltungsrechts, des Schiffssicherheitsrechts, der Verkehrsordnung, der Seewirtschaft, des Meeresumweltschutzes und der Fischerei) u. § 8 behandelt. Dies rechtfertigt sich systematisch auch aus der Überlegung, dass diese Übereinkommen regelmäßig nicht als „Internationales Einheitsrecht" bezeichnet werden; sie enthalten vielmehr verwaltungsmäßige Verpflichtungen der Staaten, die in der Regel durch innerstaatliche – oft den Übereinkommen keineswegs genau entsprechende – Vorschriften umgesetzt werden, so dass Übereinkommen und innerstaatliches Recht meist in schwer erkennbarer Relation nebeneinander anwendbar sind.

110 Bek. BGBl. 2008 II 786.

111 *Czerwenka*, Textslg. S. 512.

§ 5 Ausländisches Recht

Hier können nur einige Hinweise auf ausländisches Seerecht und ausländische Literatur gegeben werden. Die Literaturangaben beschränken sich auf die wichtigsten, für Studium und Praxis geeigneten allgemeinen Werke und eine Auswahl von Zeitschriftenbeiträgen, die keinen Anspruch auf Vollständigkeit erheben kann. Ältere Werke sind nur angegeben, soweit sie noch von besonderer Bedeutung sind. Ausländische Spezialliteratur ist, soweit möglich, bei den einzelnen Sachgebieten berücksichtigt. Zeitschriften sind nur insoweit aufgeführt, als sie internationale Verbreitung gefunden haben.

Das Seerecht der meisten Staaten ist – vor allem auch, weil es sehr stark durch Rechtsprechung geprägt ist – einem raschen Wandel unterworfen. Neuere Entwicklungen werden deshalb häufig, bevor sie in Kommentare und Monographien Eingang finden, in Aufsätzen zusammengefasst. Solche **Länderberichte** finden sich regelmäßig in den Zeitschriften LMCLQ, JMLC und DirMar. Das seit 1981 in Barcelona von *Arroyo* herausgegebene Anuario de Derecho Marítimo enthält regelmäßig Beiträge über die Entwicklung von Gesetzgebung, Rechtsprechung und Schrifttum in den wichtigsten Staaten. Seit 2002 erscheint bei *Lloyd's*, London, das International Maritime and Commercial Law Yearbook, welches ebenfalls regelmäßig Übersichten über die Entwicklung des Seerechts anhand der Rechtsprechung in verschiedenen Staaten enthält.

In Teilen des Seehandelsrechts haben internationale Übereinkommen eine gewisse Vereinheitlichung der nationalen Rechtsordnungen bewirkt, doch ist dies auf dem zentralen Gebiet des Seefrachtrechts bisher nur sehr bedingt gelungen. Allerdings bilden für die Mehrzahl der nationalen Seegesetze immer noch die Haager Regeln die Grundlage, die jedoch von Anbeginn an keine wirkliche Rechtseinheit herbeigeführt haben, weil beträchtliche Abweichungen im Detail bestanden. Hinzu kommen die Divergenzen durch die spätere Entwicklung. Gleichwohl bietet die Zusammenstellung von *Markianos* (Die Übernahme der Haager Regeln in die nationalen Gesetze über die Verfrachterhaftung, Hamburg 1960) immer noch einen guten Überblick.

Bei einem Blick auf die nationalen Seerechtsordnungen ist gegenwärtig von besonderem Interesse das Seefrachtrecht; auf diesem praktisch wichtigen Gebiet tritt eine zunehmende Diversifizierung der nationalen Rechte ein, weil die fast erreichte Rechtseinheit durch die hartnäckige Weigerung von Schifffahrt und Versicherern, auch nur geringfügige Haftungsverschärfungen hinzunehmen, gefährdet ist. Zu der Auflösung der Rechtseinheit vgl. *Tetley*, Package & Kilo Limitation and the Hague Rules, Hague/Visby and Hamburg Rules & Gold, JMCL 1995, 133 ff.; *Sturley*, Uniformity in the law governing the carriage of goods by sea, JMLC 1995, 553 ff.; *Meyer-Rehfueß*, Zwischen Hamburg und Haag/Visby – aktuelle Entwicklungen im internationalen Seefrachtrecht, TranspR 1998, 236 ff.

Australien

Australien hat durch den Carriage of Goods by Sea Act 1991 (Gesetz Nr. 160/1991 – „COGSA 91“) das Seefrachtrecht der HVR eingeführt. Das Gesetz sah jedoch zugleich vor, dass nach einer Übergangsfrist von drei Jahren die HambR gelten sollten, sofern nicht die Regierung deren Inkrafttreten aufschiebt. Letzteres ist geschehen, und zwar 1994 für weitere drei Jahre. Als die Frist erneut ablief, wurde

1997 der Carriage of Goods by Sea Amendment Act 1997 erlassen; danach sollten die HambR nicht mehr automatisch nach Ablauf einer bestimmten Zeit in Kraft treten, vielmehr sollte die Regierung die weitere internationale Entwicklung beobachten und ggf. die HambR durch Verordnung einführen, was jedoch nicht geschehen ist. Da der zuständige Minister die Einführung der Hamburg-Regeln bis zum 15.9.2007 nicht befürwortet hat, wurden die entsprechenden ermächtigenden Normen des COGSA 91 automatisch aufgehoben (vgl. *Davis*, Int.M.L. 1998, 223 ff., 226).

Mit der neuen Konzeption ist jedoch zugleich eine Reihe von sachlichen Änderungen des Seefrachtrechts vorgenommen worden: Es werden alle Seefrachtverträge – nicht nur solche unter einem Konnossement – von der zwingenden Haftung erfasst, und zwar von der Übernahme bis zur Ablieferung der Güter. Für Decksladung gilt keine Sonderregelung. Für Verspätungsschäden wird zwingend gehaftet, jedoch nur bis zum 2,5fachen der Fracht. Diese Änderungen sind durch Ausführungsvorschriften der Regierung (Carriage of Goods by Sea Regulations 1998, Commonwealth of Australia Gazette 30.6.1998) zum 1.7.1998 in Kraft gesetzt worden. Einen Überblick über Inhalt und Entwicklung des COGSA 98 gibt *Davis*, Int.M.L. 1998, 223 ff.

Die Haltung gegenüber den RR ist noch unklar, doch finden diese in der Literatur Kritik. So sagt *Wood* (The Journal of International Maritime Law 2011, 147 ff.), die RR brächten keine Verbesserungen, die eine Änderung des ausgefeilten und etablierten Australischen Rechts rechtfertigen würden. Er wünscht zudem ein unkomplizierteres Beweislastregelung und mehr Vertragsfreiheit für Mengenkontrakte.

Lit.: *Bordahandy*, Chronique de droit maritime Australien, DMF 2010, 920 ff.; DMF 2011, 446 ff.; *Butler/Duncan*, Maritime Law in Australia, 1992; *Crawford*, The Australian Admiralty Act: project and practice, LMCLQ 1997, 519 ff.; *Davies/Dickey*, Shipping Law, 3. Aufl., 2004; *Davies*, Australian Maritime Law Decisions 1990, LMCLQ 1991, 326 ff.; 1994, LMCLQ 1995, 88 ff.; 1996, LMCLQ 1997, 432 ff.; 1999, LMCLQ 2000, 404 ff.; 2000, LMCLQ 2001, 491 ff.; 1997, LMCLQ 1998, 394 ff.; 1998, LMCLQ 1999, 406 ff.; 2000,; *ders.*, Australian Maritime Law, International maritime and commercial law yearbook 2003, 1 ff.; 2004, 1 ff.; 2005, 1 ff.; 2006, 1 ff.; 2008, 1 ff.; 2009, 1 ff.; 2010, 1 ff.; *ders.*, COGSA 98: The Australian Carriage of Goods by Sea Act, International Maritime Law 1998, 223 ff.; *Derrington*, Maritime insurance law in Australia: the Australian Law Reform Commission Proposals, LMCLQ 2002, 214 ff.; *Derrington/White*, Australian maritime law update 1996, JMLC 1997, 449 ff.; 1997, JMLC 1998, 391 ff.; 1999, JMLC 2000, 435 ff.; 2001, JMLC 2002, 275 ff.; 2002, JMLC 2003, 363 ff.; *Makins*, The Hamburg Rules: A Casuality? DirMar 1994, 637 ff.; *White/Weeks*, Australian maritime law update 2000, JMLC 2001, 349 ff.; *White/Knight*, Australian maritime law update 2003, JMLC 2004, 313 ff.; *White/Goss*, Australian maritime law update 2004, JMLC 2005, 253 ff.; *White/Forrest*, Australian maritime law update 2005, JMLC 2006, 299 ff.; 2006, JMLC 2007, 293 ff., 309 ff.; 2007 General Maritime Issues, 2008, 333 ff.; *White/Glover*, Australian maritime law update 2008, JMLC 2009, 337 ff.; *White/Molloy*, Australian maritime law update 2009, JMLC 2010, 283 ff.; *White/Molloy*, Australian Maritime Law Update 2010, JMLC 2011, 315 ff.; *White*, Australian Maritime Law, 3. Ed., Leichhardt, Sydney, NSW 2014; *Wood*, An Australian perspective on the Rotterdam Rules, The Journal of International Maritime Law 2011, 147 ff.

Zeitschrift: MLAANZ – Australian and New Zealand Maritime Law Journal, frei verfügbar unter: http://ssl.law.uq.edu.au/journals/index.php/maritimejournal/.

Belgien

Die belgische Regierung hat im Jahre 2007 eine Kommission zur Reform des belgischen Seerechts mit dem Ziel einer umfassenden Modernisierung eingesetzt, deren Arbeiten noch andauern. Vgl. Arrêté royal vom 27.4.2007, Moniteur Belge S. 28431.

Die Zusammensetzung wurde durch Arrêté ministériel vom 29.5.2007, Moniteur Belge, S. 41619 bestimmt.

Lit.: *div. Autoren*, La saisie conservatoire et exécutoire de navire (Actes du colloque franco-belge 2010 ABDM-AFDM), DMF 2010, 545 ff.; *Larijssen*, Force Majeure and Frustration of the Voyage under Belgian Maritime Law, TranspR 2005, 458 ff.; *Putzeys*, Notes pour le cour de droit des transports et de droit maritime, 2. Aufl. 1991; *Putzeys/Rosseels*, Droit des transports et droit maritime, Brüssel 3. Aufl. 1993; *Smeesters/Winkelmolen*, Droit maritime et droit fluvial, Bruxelles 1933; *Verstrepen*, Arrest and judicial sale of ships in Belgium, LMCLQ 1995, 131.

Zeitschrift: Europäisches Transportrecht (ETR)/European Transport Law (ETL).

Brasilien

Lit.: *Costa*, Direito commercial maritimo, fluvial e aereo, 3. Aufl. 1935; *Tavares/Essinger*, Leis maritimas remissivas, 2. Aufl., Bd. 1–3, Rio de Janeiro 1977.

China (Volksrepublik)

Die Volksrepublik China hat, nachdem ihr früheres Recht (dazu etwa *Kan, Chi-Shou*, Law of Ships, 1962) im Zuge der Kulturrevolution aufgehoben worden war, durch Verordnung des Präsidenten Nr. 64 v. 7.11.1992 mit Wirkung v. 1.7.1993 ein Seehandelsgesetz[1] erlassen. Die Regelung des Seefrachtvertrages basiert auf den HVR, lehnt sich jedoch in vielen Punkten – namentlich hinsichtlich des Haftungszeitraums und der Haftung auch des ausführenden Frachtführers – an die HambR an. China gehört beiden Übereinkommen nicht an. Innerstaatlich gilt schärferes Recht als international. Unterschieden wird ferner zwischen der Beförderung von Containern und anderen Gütern; bei Containern gilt die zwingende Haftung von der Übernahme bis zur Ablieferung, sonst nur für die Bordphase der Beförderung.

Zu aktuellen Entwicklungen im chinesischen Seerecht wie etwa delivery of goods without an original B/L, collision of ships, limitation of liability for maritime claims, oil pollution from ships and maritime arbitration vgl. *Huijie Lou*, The Journal of International Maritime Law 2010, 150. Von Interesse für die Diskussion in Deutschland zu dieser Frage ist auch der Artikel von *Han/Jinlei Zhang/Jun Yan* (The Journal of International Maritime Law 2010, 226 ff.) zur chinesischen Rechtspraxis im Hinblick auf Incorporationsklauseln in Konnossementen, insbesondere auch bei Schiedsklauseln.

Reformprozesse im Seehandelsrecht scheinen in China schneller voranzugehen als in anderen Bereichen. Dabei orientiert sich China auch an internationalen Grundsätzen, ohne sich jedoch zu binden. Gegenüber den RR hat es eine abwartende Haltung. Im Einzelnen dazu *He*, DMF 2014, 551 ff.

Mit dem Beitritt Chinas zur WTO im Jahre 2001 wurden insbesondere die Beschränkungen für ausländische Investoren reduziert und die Hafengesetze geändert; dazu *Li/Cullinane/Yan/Cheng*, JMLC 2005, 77 ff.; sowie *Liu*, TranspR 2005, 429 ff.

Ferner wurde am 25.12.1999 ein Verfahrensgesetz, das Maritime Procedure Law, mit Wirkung vom 1.7.2000 erlassen, welches ua. die Regelungen des internationalen Arrestrechts umsetzt, vgl. dazu *Li*, JMLC 2001, 655 ff., zugleich mit einem Ver-

---

1 Abgedruckt in *Mo*, Shipping Law in China, Hongkong 1999, 429 ff. Dazu auch *Lou/Miao*, JMLC 2010, 403 ff.

gleich zum englischen Recht. Interessante Ausführungen zu Funktion, Instanzenzug und Verfahren der chinesischen Seehandelsgerichte, insbesondere bei Fällen mit Auslandsbezug, finden sich bei *Li Henry*, International Journal of Shipping Law 1999, 21 ff.

Lit.: *Fante*, Die Haftung des Verfrachters im Seehandelsgesetz der Volksrepublik China, TranspR 1995, 99 ff.; *He*, Le régime du contrat de transport maritime de marchandises dans le cadre du code maritime chinois, DMF 2014, 551 ff.; *Hou*, Nouveauté concernant la responsabilité du transporteur en cas de livraison sans connaissement en Chine, DMF 2010, 322 ff.; *Huang*, The Chinese maritime law of salvage, LMCLQ 1995, 269 ff.; *Huijie Lou*, Recent developments in Chines maritime law, The Journal of International Maritime Law 2010, 150 ff.; *Jim Mi Jimmy Ng/Sik Kwan Tai*, Chinese Maritime Law Update 2010, JMLC 2011, 385 ff.; JMLC 2013, 379 ff.; *Li Henry*, A brief introduction to maritime litigation in China, International Journal of Shipping Law 1999, 21 ff.; *Li K.X.*, Maritime Jurisdiction and Arrest of Ships under China's Maritime Procedure Law (1999), JMLC 2001, 655 ff.; *ders.*, Review of Chinese Maritime Law 2006, JMLC 2007, 369 ff.; *Li K.X./Cullinane/Hong Yan/Jin Cheng*, Maritime Policy in China after WTO: Impacts and Implications for Foreign Investment, JMLC 2005, 77 ff.; *Li L.*, The Maritime Code of the People's Republic of China, LMCLQ 1993, 204 ff.; *Liu Hongyan*, China's International Maritime Legislation after its Accession to the WTO, TranspR 2005, 429 ff.; *Liu Shujian*, The new rules governing the arbitration in China, JMLC 1990, 129 ff.; *Lixin Han/Jinlei Zhang/Jun Yan*, A study on the validity of incorporating arbitration clauses in charterparties into bills of lading under Chinese Law, The Journal of International Maritime Law 2010, 226 ff.; *Lou/Miao*, Reviewing Recent Developments in Chinese Maritime Law, JMLC 2010, 403 ff.; *Shum*, Maritime arbitration in the People's Republic of China, LMCLQ 1990, 114 ff.; *Trappe*, Chinesisches Seerecht und chinesische Seeschiedsgerichtsbarkeit, TranspR 1998, 336 ff.; *Zhang*, Le Code Maritime Chinois, DMF 1994, 73 ff.; *Zhengyu Tang*, Maritime Jurisdiction of the People's Republic of China: Legal Framework, Recent Developments, and Future Prospects, JMLC 1994, 251 ff.; *Zhu Zhengjie*, The Maritime Code of the People's Republic of China, DirMar. 1993, 1 ff.; *Zhengling/Huybrechts*, The underlying principles and highlights of the Maritime Code of the P. R. China, ETR 1995, 287; *Zou Keyuan*, Piracy at sea and China's response, LMCLQ 2000, 364 ff.

China, Republik (Taiwan)

Lit.: *Hsu*, Haftungsprobleme beim Containerseeverkehr im Seefrachtrecht Taiwans (= Republik China) im Vergleich mit der Bundesrepublik Deutschland, Diss. Hamburg 1995.

Finnland

Das finnische Seegesetz ist 1994 durch ein gemeinschaftliches Gesetz der skandinavischen Staaten modernisiert worden (s. unter Skandinavien).

Lit.: *Wetterstein*, Arrest of Vessels in Finland, International Maritime Law 2000, 183 ff.

Frankreich

Grundlage ist noch immer das II. Buch des Code de Commerce von 1808, natürlich mit wichtigen Änderungen. Größere Reformen wurden in den Jahren 1966–1969 vorgenommen, und zwar durch die Gesetze v. 18.6.1966 (und Dekret dazu v. 31.12. 1966 über „l'affrètement et transport" das erstmals Charter- und Frachtvertrag sowie Personenbeförderungsvertrag gesondert regelt), v. 3.1.1967 (und Dekret v. 27.10.1967 über das „statut de navire" [Schiffssachenrecht, (Mit-)Eigentum, Haftungsbeschränkung, Arrest]), v. 7.7.1967 (und Dekret v. 19.1.1968 über „l'événements de mer" [Reisenotlagen]), v. 3.7.1967 (und Dekret v. 19.1.1968 über „assurance maritime") und v. 3.1.1969 (und Dekret v. 19.6.1969 über „l'armement et les ventes maritimes").

Durch weitere Gesetze und Dekrete v. 24.2.1971, v. 29.4.1975, v. 21.12.1979, v. 21. und 22.12.1984, v. 15. und 23.12.1986, v. 26.6. und 12.11.1987 und v. 1.12.1988 ist das französische Recht vor allem an die wesentlichen internationalen Übereinkommen angepasst worden.

Das Seefrachtrecht basiert noch auf den HVR. Die Ratifikation der HambR wird seit längerer Zeit erwogen, ist aber bisher nicht erfolgt. Die Französische Seerechtsvereinigung wollte schon zur Jahrtausendwende einen neuen in sich geschlossenen Gesamtentwurf des Seerechts vorlegen, der bisher jedoch noch aussteht. Hinsichtlich des Seefrachtrechts möchte die Seerechtsvereinigung einige, mehr technische Änderungen der HambR durch eine Revisionskonferenz erreichen; sie strebt jedoch keine grundsätzliche Änderung des Haftungssystems – insbesondere nicht die Beibehaltung der Regel der HR über nautisches Verschulden – an.

Lit.: *Bieber*, Das neue französische Seefrachtrecht, Diss. Frankfurt 1972; *Bonassies*, L'appplication des Règles de la Haye/Visby par le droit français, FS Walter Müller (1993), S. 187–195; *Bonassies*, Le droit positif français en 1996, DMF 1997, 5 ff.; *Chauveau*, Traité de droit maritime, Paris 1958; *ders.*, La nouvelle loi française sur les affrètements et transports maritimes, ETR 1967, 596 ff.; *Hiblot*, Neue Kabotageregeln in Frankreich, TranspR 2009, 500; *Liesecke*, Neues französisches Seefrachtrecht, VersR 1967, 917 ff.; *Remond-Gouilloud*, Droit Maritime, 2. Aufl., Paris 1993; *Ripert/Rodière*, Droit maritime, Paris 1963; *Rodière*, Précis de Droit Maritime, 9. Aufl. Paris 1982; *ders.*, Le droit positif français en 1979, DMF 1980, 3 ff.; *Rodière/Auchter*, Traité Général de Droit Maritime, Paris 1967–1978 (5 Bde.); *Rodière/du Pontavice*, Droit maritime, Paris 1997; *Du Pontavice*, Droit et pratique des Transports Maritime et Affrètements, 1970; *Tassel*, Is French Maritime Law in Need of Modification? FS Hugo Tiberg (1995), S. 613 ff.; *div. Autoren*, La saisie conservatoire et exécutoire de navire (Actes du colloque franco-belge 2010 ABDM-AFDM), DMF 2010, 545 ff.

Zur Einführung ist das Lehrbuch von *Remond-Gouilloud* besonders geeignet.

Zeitschrift: Le Droit Maritime Français (DMF).

Griechenland

Das Seehandelsrecht ist im Seehandelsgesetzbuch von 1958 mit zahlreichen späteren Änderungen geregelt.

Lit.: *Timagenis*, Greece acceded to Hague and Hague/Visby-Rules, ETR 1993, 535 ff.

Italien

Das italienische Seerecht beruht noch auf dem Codice della Navigazione von 1942, mit vielfachen Anpassungen. Das Seefrachtrecht ist das der VR (Italien gehört zu den Staaten, die – rechtlich einwandfrei – die HR gekündigt haben). Das italienische Parlament hat durch Gesetz v. 25.1.1983 den HambR zugestimmt; die Regierung hat jedoch die Ratifikation bisher nicht vollzogen, da sie – wie Frankreich – die Entwicklung in anderen Staaten abwartet.

Lit.: *Achard*, Chronique de droit maritime italien, DMF 1996, 1034 ff.; 1998, 394 ff., 508 ff.; 1999, 56 ff.; *Achard*, Chronique de jurisprudence maritime italienne, DMF 1999, 547 ff.; 2000, 257 ff.; *Berlingieri*, Il trasporto marittimo, Genua 1975; *ders.*, Chronique de droit maritime italien en 2002, DMF 2003, 858 ff.; 2003, DMF 2004, 923 ff.; *Boglione*, The new law on the „International Vessel Register" in Italy, International Journal of Shipping Law 1998, 203 ff.; *Carbone*, La disciplina giuridica del traffico marittimo internazionale, Bologna 1982; *ders.*, Contratto di trasporto marittima di cose, in: Cicu/Messineo/Mengoni, Trattato di Diritto Civile e commerciale, Bd. XXVI, 2 I, Mailand 1988; *Grigoli*, Diritto della navigazione, Turin 1982; *Lefebrve d'Ovidio/Pescatore*, Manuale de diritto della navigazione, 11. Aufl., Mailand 2008; *Malintoppi*, Diritto uniforme e diritto internazionale privato in tema di trasporto, Mailand 1955; *Righetti*, Trattato di diritto marittimo, Mailand, I (1987), II (1990), III (1994), IV (1999), V (2001); *Zunarelli*, Trasporto Marittimo, in: Enciclopedia del Diritto (1992).

Zeitschrift: Il Diritto Marittimo (DirMar.).

Kanada

Kanada hat 2001 den Canada Shipping Act 2001 erlassen, der eine komplette Überarbeitung des bisherigen Gesetzes, des Carriage of Goods by Water Act 1993 darstellt. Der Maritime Liability Act vereint alle bestehenden Haftungsregelungen in einem Gesetz; es sind jedoch bisher nur einzelne Regelungen in Kraft.

Die HVR gelten für internationale und nationalen Transporte, für letztere jedoch dispositiv.

Nachdem das Gesetz von 1993 – ähnlich wie in Australien – die Vorbereitung der Übernahme der HambR durch eine Überprüfung in 5-Jahres-Abständen vorsah, ist im Maritime Liability Act 2001 die Möglichkeit der Einarbeitung der HambR nur noch allgemein vorgesehen.

Lit.: *Gold*, Maritime Transport, 3. Aufl. 1986; *O'Connor*, Expanding Admiralty Jurisdiction in Canada's Federal Courts, JMLC 2013, 291 ff.; *Tetley*, Marine Cargo Claims, 4. Aufl. Cowansville 2008; *ders.*, Canadian maritime decisions 1995–1996, LMCLQ 1997, 270 ff.; *ders.*, Canadian maritime legislation and decisions 1997–1998, LMCLQ 1999, 278 ff.; 1998–1999, LMCLQ 2000, 254 ff.; 1999–2001, LMCLQ 2001, 551 ff.; *ders.*, Canadian Maritime Law, International maritime and commercial law yearbook 2003, 16 ff.; 2004, 18 ff.; 2005, 14 ff.; 2006, 12 ff.; 2008, 13 ff.; 2009, 14 ff.; 2010, 14 ff.; *Wooder/Southcott/Strickland/Walsh/Sladic/Moreira/Henley*, Canadian Maritime Law Update: 1992–1993, JMLC 1994, 421 ff.; 1994, JMLC 1995, 413 ff.; 1995–1996, JMLC 1997, 469 ff., 1997, JMLC 1998, 411 ff.; 1999, JMLC 2000, 447 ff.; 2000, JMLC 2001, 399 ff.; 2001, JMLC 2002, 293 ff.; 2002, JMLC 2003, 391 ff.; 2003, JMLC 2004, 341 ff.; 2004, JMLC 2005, 279 ff.; 2005, JMLC 2006, 331 ff.; 2006, JMLC 2007, 335 ff.; 2007, JMLC 2008, 361 ff.; 2008, JMLC 2009, 367 ff.; 2009, JMLC 2010, 317 ff.; *Southcott/Walsh/Druhan/Scruton*, Canadian Maritime Law Update 2010, JMLC 2011, 349 ff.; *Southcott/Walsh/Scruton/Breneman*, Canadian Maritime Law Update 2013, JMLC 2013, 501 ff.

Korea

Das Seehandelsrecht ist im Korean Commercial Code (KCC) geregelt, welcher in seiner ursprünglichen Fassung von 1961 an das Japanische Handelsgesetzbuch angelehnt war, im Jahre 1991 aber an die HVR angepasst wurde; auch einige wenige Regelungen der HambR wurden eingefügt. Anders als nach den HVR wird auch für Verspätungsschäden gehaftet.

Eine Reform des KCC ist seit dem 4.8.2008 in Kraft; es wurden insbesondere Regelungen zu elektronischen Transportdokumenten und zum Multimodaltransport sowie eine Erhöhung der Haftungsbegrenzungssummen eingeführt, vgl. dazu *Kim*, JMLC 2008, 433 ff.

Korea steht den HambR und den RR abwartend gegenüber, vgl. *Kim*, JMLC 2005, 447 ff.

Seit April 2010 hat eine Kommission einen Entwurf für ein „Multimodal Transport Law" erarbeitet, welches die koreanische Regierung dem Parlament 2011 vorgelegt hat; dabei handelt es sich um Verweisungsvorschriften, die anzeigen, welches bereits bestehende Recht je nach Fallkonstellation zur Anwendung gelangen soll.

Lit.: *Hyeon Kim*, An Introduction to Korean Law Governing Carriage of Goods by Sea, JMLC 2005, 447 ff.; *ders.*, (South) Korean Maritime Law Update 2004, JMLC 2005, 363 ff.; 2005, JMLC 2006, 391 ff.; 2006, JMLC 2007, 403 ff.; 2007 – Focused on the Revised Maritime Law Section in the Korean Commercial Code, JMLC 2008, 433 ff.; 2008, JMLC 2009, 429 ff.; 2009, JMLC 2010, 369 ff.; *Hyeon Kim/Se Ryoun Choi*, Korean Maritime Law Update 2010, JMLC 2011, 421 ff.; *Hyeon Kim*, Korean Maritime Law Update 2011–2012, JMLC 2013, 363 ff.; *Hyeon Kim*, Warranty and the Pay-to-be-Paid Rule in Korea, JMLC 2012, 565 ff.; *Rok Sang Yu/Peck*, The revised maritime section of the Korean Commercial Code, LMCLQ 1993, 403 ff.

Neuseeland

Neuseeland, das bisher weder HR noch VR angehörte, hat deren Regime durch den Maritime Transport Act 1994 und den Mercantile Law Amendment Act 1994 übernommen und zugleich die HVR (mit dem SZR-Protokoll) ratifiziert (sie sind 1995 in Kraft getreten). Eine Option für die HambR ist, obgleich vom Transportministerium vorgeschlagen, in den Gesetzen nicht enthalten. Das besondere Gewicht der Neuregelung hat offenbar auf einer sachgerechten Regelung der Ansprüche der Empfängerrechte gelegen, die zuvor – wie in Großbritannien vor COGSA 1992 – wegen des Grundsatzes der privity of contract im common law nur schwer zu begründen waren.

Lit.: *Nicoll*, Significant Carriage of Goods by Sea Reform in New Zealand, JMLC 1995, 443 ff.

Niederlande

Die Niederlande haben in Buch 8 des Zivilgesetzbuches den Seetransport im Rahmen des allgemeinen Transportvertrages neu und eingehend geregelt. Zugleich wurde ein Gesetz über das IPR des See- und Binnenschifffahrtsrechts (v. 18.3.1993) erlassen.

Seefrachtverträge unterliegen nunmehr – anders als nach früherem niederländischen Recht, das die völkerrechtlichen Regeln wie in Deutschland in das nationale Recht eingearbeitet hatte – der unmittelbaren Anwendung der HVR. Damit ist zugleich außerhalb des Anwendungsbereichs der HVR, insbesondere im internen Verkehr, Vertragsfreiheit eingetreten.

Lit.: *Cleton*, Hoofdlijnen van het vervoerrecht, Zwolle 1994; *ders.*, in: v. Delden (Hrsg.), Hoofdstukken handelsrecht, 4. Aufl. 2001; *Cleveringa*, Zeerecht, 4. Aufl., Zwolle 1961 (Erg. 1966); *Empel*, Goederenvervoer over zee, binnenwater en over de weg, Deventer 6. Aufl. 2007; *Haak*, Hoofdlijnen Boek 8 NBW, Zwolle 1987; *Loeff*, Vervoer ter zee, Zwolle 1981; *Wulfmeyer*, Der Gütertransportvertrag im niederländischen Neuen Gesetzbuch, TranspR 1993, 261 ff.; *dies.*, Elemente des Transportvertrages im niederländischen Recht, TranspR 1993, 405 ff.; *van Leeuwen*, The Dutch Bareboat Registry, International Maritime Law 1998,

320 ff.; *ders.*, Salvage in the Netherlands: Theory and Practice in 2000, International Maritime Law 2000, 8 ff.

Luxemburg

Lit.: *Peguet/Rapp/Clever*, Die luxemburgische Flagge, TranspR 1991, 338 ff.

Lateinamerika

Venezuela hat am 9.11.2001 ein neues Seehandelsgesetz erlassen, welches den bisherigen Abschnitt zum Seehandelsrecht im Handelsgesetzbuch (Buch 2) aus dem 19. Jahrhundert ersetzt. Das Seehandelsrecht wurde modernisiert und an Grundprinzipien der internationalen Übereinkommen angepasst. Dazu *Cova Arria* DMF 2004, 863 ff.

In **Mexiko** ist seit dem 5.1.1994 das Ley de Navegación in Kraft und regelt das Seehandelsrecht nun größtenteils in einem einheitlichen Gesetz, wobei auch internationalen Übereinkommen Rechnung getragen wird, ua. den HVR. Dazu *Pinedo/López*, International Maritime Law 1999, 239 ff.

Lit.: *Cova Arria*, The Latin American Uniform Code, FS Walter Müller (1993), S. 359 ff.; *ders.*, The Venezulean legislative treatment of maritime law, JMLC 1990, 251 ff.; *ders.*, La nouvelle loi maritime vénézuelienne et la procédure du forum non conveniens en matière d'abordage, DMF 2004, 863 ff.; *Gelpi*, The Maritime Law of Puerto Rico, JMLC 1997, 647 ff.; *Leech*, Maritime claims in Latin America, International Journal of Shipping Law 1998, 58 ff.; *Pinedo/López*, The Mexican Law of Navigation, International Maritime Law 1999, 239 ff.

Polen

Nach 1989 fand eine Reform des polnischen Seerechts in drei Etappen statt. Sie begann 1991 mit einer ersten Änderung des noch aus dem Jahr 1961 stammenden und unter dem Eindruck des Sozialismus stehenden Seegesetzes; weitere Änderungen und Ergänzungen erfolgten 1995 und 1996. Am 4.12.2001 wurde das neue Seegesetz verkündet, welches am 4.6.2002 in Kraft getreten ist. Dabei wurden auch die HVR berücksichtigt. Dazu *Zuzewicz* DMF 2003, 975 ff.

Lit.: *Kwasniewski*, Das neue polnische Transportgesetz, TranspR 1986, 334; *Zuzewicz*, Le nouveau Code maritime polonais, DMF 2003, 975 ff.

Österreich

In Österreich galt bis 2006 noch das 5. Buch des deutschen HGB über den Seehandel. Es wurde 1981 ergänzt durch ein – vorwiegend öffentlich-rechtliches – Seeschiffahrtsgesetz v. 19.3.1981 (BGBl. 174), welches die Seeschifffahrt unter der österreichischen Flagge ermöglicht. Das österreichische Handelsgesetzbuch wurde mit dem Handelsrechts-Änderungsgesetz am 1. Januar 2007 umfassend novelliert und in Unternehmensgesetzbuch (UGB) umbenannt. Durch das Unternehmensrechts-Änderungsgesetz wurde es 2009 noch einmal angepasst. Der Seehandel wird weiterhin im 5. Buch (§§ 474–905 UGB) behandelt. Bemerkenswert ist, dass

Österreich die HambR ratifiziert hat, sie sind dort am 1.8.1994 in Kraft getreten.

Lit.: *Csoklich/Jesser*, Austria in: Blanpain, International Encyclopedia of Laws – Transport Law (Den Haag, 1997); *Roth*, Sechs Jahre österreichisches Seeschiffahrtsgesetz, WBl 1987, 260 ff.

Russland

Das neue Seehandelsgesetzbuch ist seit 1.5.1999 in Kraft und ersetzt das Seehandelsgesetz der UdSSR von 1968. Damit hat der Übergang von der Plan- zur Marktwirtschaft auch im Seehandel stattgefunden.

Lit.: *Litvinski*, Le Nouveau Code de la navigation commercial de la Fédération de Russie, DMF 2000, 142 ff.

Saudi-Arabien

Lit.: *Bernaerts/Nader*, Saudi Maritime Law, Schriften des DVIS A 72, 1990.

Schweden

Das schwedische Seegesetz ist 1994 durch ein gemeinschaftliches Gesetz der skandinavischen Staaten modernisiert worden (s. unter Skandinavische Staaten).

Lit.: *Tiberg*, Transport Law, in: Swedish Law, S. 226 ff. (1994); *ders.*, Swedish maritime law 1995–1996, LMCLQ1997, 550 ff., 1998–1999, LMCLQ 2000, 421 ff.; 1999–2000, LMCLQ 2002, 116 ff.; 2000–2001, LMCLQ 2002, 544 ff.; *ders.*, Evolution du droit maritime suédois en 2000–2001, DMF 2004, 54 ff.; *ders.*, Chronique de droit maritime suédois 1998–1999, DMF 2000, 568 ff.; DMF 2001, 724 ff.

Ein regelmäßig aktualisierter Überblick über das schwedische See- und Transportrecht findet sich auf der Homepage des Stockholm Maritime Law Institute unter www.juridicum.su.se/transport.

Schweiz

Nachdem die Schweiz während des Zweiten Weltkrieges zur Sicherstellung ihrer Versorgung durch Bundesratsbeschluss v. 9.4.1941 über die Seeschifffahrt unter der Schweizerflagge die Grundlage für ein eigenes Seerecht gelegt hatte, erließ sie am 23.9.1953 ein Bundesgesetz über die Seeschifffahrt unter der Schweizer Flagge (Seeschifffahrtsgesetz SSG), in Kraft getreten am 1.1.1957, und am 20.11.1956 zusätzlich die Seeschiffahrtsverordnung (SSV). Darin und in den darauffolgenden Änderungsgesetzen wird vielfach auf internationale Übereinkommen verwiesen.

Soweit diese eine Regelung nicht enthalten – wie etwa beim Multimodalverkehr (vgl. dazu *Erbe/Schlienger*, TranspR 2005, 421 ff.) – muss mit einem Rückgriff auf das allgemeine Obligationenrecht (Art. 440–457 OR) gerechnet werden.

Lit.: *Erbe/Schlienger*, Der Multimodal-Vertrag im schweizerischen Recht, TranspR 2005, 421 ff.; *Hosner*, La responsabilité du transporteur maritime – Etude de droit suisse, Thèse Lausanne 1956; *Jametti-Greiner*, Das neue schweizerische Transportgesetz, TranspR 1987, 5; *Müller*, Seerecht, in: Schweiz. Juristische Kartothek, Genf; *ders.*, Die Entwicklung des schweizerischen Schiffahrtsrechts, ZfB 1991, 766 ff.; *von Ziegler*, Helvetia und das Meer, TranspR 2007, 429 ff.

Singapur

Lit.: *Fan-Respondek*, Die Haager/Visby-Regeln im Seefrachtrecht Singapurs im Vergleich mit der BR Deutschland, Diss. Hamburg 1992; *Reynolds*, Singapore and the Visby Rules, Singapore L.Rev. 1985, 163 ff.; *Lee Meng*, The Law in Singapore on Carriage of Goods by Sea, Singapore 1986.

Skandinavische Länder

Dänemark, Finnland, Norwegen und **Schweden** haben 1994 ein einheitliches Seegesetz (Text – auch in englischer Übersetzung –: Sjölagen 1994, Skrifter utgivna av Axel Ax:son Johnson Institut för Sjörätt, Juristförlaget Stockholm 1995) eingeführt, welches die letzte große Kodifikation von 1891 ersetzt.

Das Gesetz beruht im Seefrachtrecht weiterhin auf den HVR. Es übernimmt jedoch, soweit dies völkerrechtlich für damit vereinbar angesehen wurde, Elemente der HambR. So gilt die zwingende Haftung nach HVR – bei der die Freistelllung für nautisches Verschulden der Besatzung beibehalten werden musste – auch ohne Ausstellung eines Konnossementes und für die gesamte Dauer der Obhut (von der Übernahme bis zur Ablieferung). Es wird auch für Verspätungsschäden gehaftet. Die unübersichtliche Haftungsbefreiungsregelung der HR ist durch die kontinentaleuropäischem Recht entsprechende Generalklausel der HambR ersetzt worden. In Anlehnung an die HambR sind Regeln über die gerichtliche und schiedsgerichtliche Zuständigkeit eingeführt worden. Schon vor dem Gesetz war – gelegentlich der Abschaffung des Schiffsgläubigerrechts für Ladungsschäden bei Ratifikation des Übereinkommens von 1967 (vgl. dazu u. § 13 V) – in den skandinavischen Ländern die jetzt in den HambR angeordnete Mithaftung des ausführenden Verfrachters eingeführt worden; diese wurde jedoch verschärft und an die HambR angepasst.

Lit.: *Beckman*, Handbok i Sjörätt, 6. Aufl., Helsingfors 1971; *Corra Solaguren*, Haftung im Seefrachtrecht und ihre gesetzliche Fortentwicklung in den skandinavischen Staaten, Hamburg 2004; *Honka*, New Carriage of Goods by Sea – the Nordic Approach, in: Honka (Hrsg.) New Carriage of Goods by Sea, Abo 1997; *Grönfors*, The Scandinavian Law Reform concerning Carriage of Goods by Sea, FS Walter Müller (1993), 197 ff.; *Philip*, Scope of application, choice of law and jurisdiction in the new nordic law of the carriage of goods by sea, DirMar. 1996, 309 ff.; *Ramberg*, New Scandinavian Maritime Code, DirMar. 1994, 122 ff.; *Rune*, Rätt till skepp, 2. Aufl., Göteborg 1991; *Selvig*, Revision of the Uniform Scandinavian Maritime Codes, Schriften des DVIS A 25, 1976; *Solvang*, The Nordic Maritime Code again, LMCLQ 1996, 406 ff.; *Tiberg*, The Nordic Maritime Code, JMLC 1995, 527 ff.; *ders.*, The Nordic Maritime Code once again, LMCLQ 1996, 413 ff.

Spanien

In Spanien ist das Seerecht durch Gesetz No 14/2014 vom 24.7.2014 über die Seefahrt vollständig neu geregelt worden. Eine (amtliche) englische Übersetzung des Gesetzes findet sich im Internet unter http://www.aedm.es/english-version-of-thenew-spanish-maritime-navigation-act/ (vgl. TranspR 2015, 131). Zuvor war der Seetransport durch das Seebeförderungsgesetz (Ley de Transporte marítimo de mercancías en régimen de conocimiento de embarque) v. 22.12.1949 geregelt, dessen Geltung jedoch nicht unbestritten war. Zum neuen Gesetz vgl. *Lubach*, TranspR 2014, 414 ff.

Bemerkenswert ist, dass Spanien, welches als einziges europäisches Land die RR ratifiziert hat, gleichwohl eine neues Gesetz auf der Basis der HVR erlassen hat.

Lit.: *Álvarez Rubio*, Los foros de competencia judicial internacional en materia marítima, 1993; *Arroyo*, Curso de Derecho Marítimo, Barcelona, 2. Aufl. 2005; *ders.*, Chronique du droit maritime espagnol en 1996, DMF 1999, 743 ff., 844 ff.; *ders.*, Chronique de législation, de jurisprudence, bibliographie de droit maritime espagnol en 1999, DMF 2003, 179 ff.; *ders.*, Espagne: Regard sur le projet de loi générale sur la navigation maritime, DMF 2009, 54 ff.; *Bulling*, Das spanische Seefrachtrecht, Hamburg 2001; *de Ros/Lubach*, Bergung und Hilfeleistung im spanischen Recht, TranspR 2002, 231 ff.; *Diez Ramos/Garcia Villar*, The new Spanish Law of Maritime Navigation 14/2014: The Contract of Marine Insurance – an Overview. TranspR 2014, 417; García-Pita y Lastres, La limitación de la responsabilidad civil del naviero, 1996; *González Lebrero*, La saisie conservatoire de navires en Espagne, ETR 1997, 183 ff.; *Green*, Marine insurance in Spain, The Journal of International Maritime Law 2011, 390 ff.; *Hernández Yzal*, Derecho marítimo, Bd. 1 1984, Bd. 2 1988, Bd. 3 1995; *ders.*, El flete en el transporte marítimo. Contratación y tarificación, 2. Aufl. 1986; *Lubach*, Das neue spanische Gesetz über die Seefahrt, TranspR 2014, 414; *Matilla Alegre*, Contratos de utilización del buque, 1988; *Morán Bovio*, Extremos del periodo de aplicación minimo en la Convención de Bruselas – Protocolo de Visby, 1998; *Pulido Begines/Alba Fernandez*, Chronique de jurisprudence espagnole, DMF 2010, 759 ff.; *Ruiz Soroa/Zabaleta Sarasúa/González Rodríguez*, Manual de derecho del transporte marítimo, 2. Aufl. 1997; *Sánchez Calero*, El Contrato de transporte marítimo de mercancías, 1957; *Schlicht*, Das spanische Zweitregister – „El Registro Especial de Buques y Empresas Navieras", TranspR 1996, 96 ff.

Jahrbuch: Anuario de Derecho Marítimo, hrsg. von *Arroyo*, Barcelona.

Südafrika

Der South African Carriage of Goods by Sea Act 1986 beruht im Wesentlichen auf den HVR. Trotz dieser umfassenden neuen Gesetzgebung und anwendbarer internationaler Übereinkommen sieht ein Jurisdiction Regulation Act (Section 6) immer noch vor, dass in vielen Fällen das Recht anzuwenden ist, welches der High Court of Justice of the United Kingdom in einem solchen Fall anwenden würde; dies kritisiert *Wagener*, JMLC 2005, 61 ff.

Lit.: *Bradfield*, Guilt by association in South African admiralty law, LMCLQ 2005, 234 ff.; *Dyason*, South African maritime law – an overview of some developments, JMLC 2001, 475 ff.; *Forrest*, South African Maritime Law, International maritime and commercial law yearbook 2008, 104 ff.; 2009, 260 ff.; 2010, 207 ff.; *Staniland*, The new Carriage of Goods by Sea Act in South Africa, LMCLQ 1987, 305 ff.; *Wagener*, South African Admiralty and its English Origins – Will it Jump or Must it be Pushed? JMLC 2005, 61 ff.; *ders.*, South African Maritime Law Update 2004, JMLC 2005, 343 ff.; 2005, JMLC 2006, 403 ff.; 2006, JMLC 2007, 415 ff.; 2008, JMLC 2009, 453 ff.; 2009, JMLC 2010, 385 ff.

Türkei

Die Türkei hat am 13.1.2011 ein neues Handelsgesetzbuch erlassen, das im vierten Abschnitt des 5. Buchs auch die Seehandelsverträge regelt: Die Schiffsmiete (Art. 1119–1130), die Zeitcharter (Art. 1131–1137), den Frachtvertrag (Art. 1138–1246) und den Vertrag zur Beförderung von Passagieren (Art. 1247–1271). Hierzu und zum Vergleich mit dem (neuen) deutschen Recht eingehend *Damar*, Transp 2013, 178ff. Die Regelung des Frachtvertrages beruht weitgehend auf den HVR.

Lit.: *Atamer*, Introduction to the Turkish law of ship arrest, International Journal of Shipping Law 1998, 144ff.; *ders.*, Reform des türkischen Transport- und Seefrachtrechts, TranspR 2010, 50ff.; *ders.*, Das neue türkische Handelsgesetzbuch, TranspR 2011, 141; *Damar*, Neues türkisches Handels- und Transportrecht, TranspR 2013, 178; *Günay*, Turkish Law of Ship Arrest and the Draft Turkish Commercial Code, JMLC 2007, 83ff.; *Hatem/Ünan*, La nouvelle réglementation du droit maritime en Turquie, DMF 2011, 1008ff.; *Karan*, The Carrier's Liability For Breach of The Contract of Carriage of Goods by Sea Under Turkish Law, JMLC 2002, 91ff.; *ders.*, Turkish Maritime Law Update, JMLC 2002, 371ff.; 2005, JMLC 2006, 417ff.; 2006, JMLC 2007, 427ff.; *ders.*, The Draft Turkish Maritime Law, JMLC 2005, 477ff.; *Yazicioglu*, Konflikt zwischen den Haager Regeln und dem türkischen Handelsgesetzbuch bei der Anwendung bestimmter Regeln, TranspR 2003, 286ff.

Vereinigtes Königreich

Das englische Seerecht wird zunehmend durch Gesetze gestaltet, eine Folge insbesondere der zunehmenden Einbindung in die internationale Rechtsetzung. So sind nach dem grundlegenden Merchant Shipping Act 1894 eine Reihe ergänzender Merchant Shipping Acts und ergänzender Shipping Regulations ergangen (Übersicht bei *Hill*, aaO, S. XXXVIIff.); der letzte für das Seehandelsrecht bedeutsame ist der Carriage of Goods by Sea Act (COGSA) 1992, der insbesondere die Dokumente unter Einbeziehung der Seefrachtbriefe neu geregelt hat; er findet Anwendung auf *bills of lading*, *sea waybills* und *ship's delivery orders*, bei denen das Recht, auf der Grundlage des Frachtvertrages zu klagen, nicht mehr an Eigentum, sondern an Stellung als Inhaber des Papiers anknüpft. Im Einzelnen dazu *Julga/Stumm*, TranspR 2005, 269ff.

Lit.: *Asariotis*, Der englische Carriage of Goods by Sea Act 1992, Schriften des DVIS A 85, 1994; *Howard*, The Carriage of Goods by Sea Act 1992, JMLC 1993, 181ff.; *Reynolds*, Further Thoughts on the Carriage of Goods by Sea Act 1992 (UK), JMLC 1994, 143ff.

Der führenden Rolle des englischen Seerechts entspricht die Vielzahl von grundlegenden englischen oder doch in englischer Sprache in England erschienenen Werken, die namentlich in der Behandlung von Detailproblemen weltweit beachtet werden.

An moderneren Lehrbüchern sind besonders zu nennen:

Astle, Shipping and the Law, London 1980; *Chorley/Giles*, Shipping Law, 8. Aufl. durch *Gaskell/Debattista/Swatton*, London 1987; *Girvin*, Carriage of Goods by Sea, Oxford 2007; *Grime*, Shipping Law, 3. Aufl., London 2009; *Hill*, Maritime Law, 6. Aufl., London 2003; *Wilson*, Carriage of Goods by Sea, 7. Aufl., Harlow 2010.

Auf Teilgebieten haben namentlich Bedeutung:

Ambrose/Maxwell, London Maritime Arbitration, 3. Aufl., London 2009; *Asariotis*, Haftungsbegrenzung und deren Durchbrechung im Seehandelsrecht: die englische Auffassung, TranspR 2004, 147ff.; *Becher*, Englisches Transportrecht, TranspR 2010, 127ff.; *Bennett*, English Maritime Insurance and General Average Law, International maritime and commercial law yearbook 2010, 54ff.; *Carver* on Carriage bySea, 13. Aufl. durch *Colinvaux*, London 1982; *Cooke/Young/Taylor/Kimball/Martowski/Lambert*, Voyage Charters, 3. Aufl., London 2007; *Curtis*, Shipbuilding Contracts, 3. Aufl., London 2002; *Jackson*, Fitting English maritime jurisdiction into Europe – or vice versa? LMCLQ 2001, 219ff.; *Julga/Stumm*, Das englische Konossementsrecht unter Berücksichtigung der Leitentscheidungen, TranspR 2005, 269ff.; *Saville*, The arbitration Act 1996, LMCLQ 1997, 502ff.; *Scrutton* on Charterparties and Bills of Lading, 20. Aufl. durch *Boyd/Burrows/Foxton*, London 1996; *Tiberg*, Law of Demurrage, 3. Aufl., London 1979; *Todd*, Modern Bills of Lading, Oxford 1990; *Wilford* on Time Charters, 5. Aufl. durch *Coghlin/Kimball*, London 2003.

Zu neueren Entwicklungen wird in den folgenden Zeitschriften regelmäßig berichtet. Vgl. etwa: *Andrewartha*, English Maritime Law Update 1999, JMLC 2000, 471 ff.; 2000, 2001, 439 ff.; 2001, JMLC 2002, 329 ff.; 2002, JMLC 2003, 413 ff.; 2003, JMLC 2004, 369 ff.; 2004, JMLC 2005, 307 ff.; 2005, JMLC 2006, 359 ff.; 2006, JMLC 2007, 379 ff.; 2007, JMLC 2008, 389 ff.; 2008, JMLC 2009, 395 ff.; 2009, JMLC 2010, 345 ff.; JMLC 2011, 399 ff.; *Besnard*, Chronique de jurisprudence anglaise en 2004, DMF 2005, 65 ff.; *Girvin/Bennett*, English maritime law 2000, LMCLQ 2002, 76 ff. *Girvin*, English Shipping Law, International maritime and commercial law yearbook 2003, 97 ff.; 2004, 107 ff.; 2005, 97 ff.; 2006, 88 ff.; 2008, 62 ff.; 2009, 56 ff.; 2010, 78 ff.; *Tassel*, Chronique de jurisprudence maritime anglaise, DMF 2000, 740 ff.; *ders.*, Chronique de droit maritime anglais, DMF 2002, 138 ff.; *ders.*, Apercu de la jurisprudence maritime anglaise, DMF 2002, 463 ff.; *Walser*, Sentences arbitrales maritimes anglaises: résumés et observations, DMF 2003, 398 ff.

Zeitschrift: Lloyd's Maritime and Commercial Law Quarterly (LMCLQ).

Seerechtliche Entscheidungen finden sich vor allem in **Lloyd's Law Reports** (LLR) sowie im International Maritime and Commercial Law Yearbook.

Vereinigte Staaten

In den USA galt lange Zeit der Harter Act von 1893, der – nach wechselvoller Vorgeschichte und nach erheblichen internationalen Auseinandersetzungen – das Vorbild für die Kompromissformel der einerseits zwingenden, andererseits auf kommerzielles Verschulden der Besatzung begrenzten Verfrachterhaftung – lieferte (Namensgeber war der Kongressabgeordnete *Harter* aus dem Getreide-Exportstaat Ohio.). Die USA haben 1936 die HR ratifiziert, jedoch keine späteren Änderungsprotokolle einschließlich der VR. Soweit die HR nicht gelten, fand bei Anwendung US-amerikanischen Rechts der Harter Act – mit einer häufig strengeren Haftung – Anwendung. Vgl. dazu eingehend *Meckel*, aaO. Im Jahr 1999 verabschiedete der Congress den U.S. Carriage of Goods by Sea Act (COGSA), welcher vor allem die HR umsetzt.

Die USA haben verschiedene Versuche unternommen, die HambR in Kraft zu setzen, machten dies jedoch stets von hinreichender Beteiligung anderer Staaten abhängig, mit denen sie Seehandel treiben. 1995 hat die amerikanische Seerechtsvereinigung mit großer Mehrheit vorgeschlagen, eine an die HambR angepasste Reform des innerstaatlichen Rechts vorzunehmen. Der Entwurf sieht eine zwingende Haftung auf dem Niveau der HVR vor, jedoch unabhängig von der Ausstellung eines Konnossements und für die gesamte Zeit der Obhut. Die Haftungsausnahme für nautisches Verschulden soll entfallen, jedoch die Beweislast für solches Verschulden beim Ladungsbeteiligten liegen. Eine interessante Neuerung liegt in der vorgeschlagenen Regelung, dass bei Unaufklärbarkeit der Schadensursache der Schaden zwischen Verfrachter und Ladungsbeteiligten geteilt werden soll. Die Haftung erstreckt sich nicht nur auf den ausführenden Frachtführer, der Seeverfrachter ist, sondern – da die Regelung weit in den multimodalen Transport hineinreicht – auch auf Landtransportunternehmer, Spediteure, Umschlagunternehmer und Lagerhalter. Zu Einzelheiten vgl. *Meyer-Rehfueß*, TranspR 1998, 236, 240 f.

Lit.: *Allen*, Federalism in the Era of International Standards: Federal and State Government Regulation of Merchant Vessels in the United States, JMLC 1998, 335 ff.; *Benedict* on Admiralty; *Cohen*, Current law and practice of maritime arbitration in New York, DMF 1996, 131 ff.; *Carasso Bulow*, A User's Experience of London and New York Maritime Arbitration, ETR 1998, 293 ff.; *Davies*, Legal and practical aspects of salvage in the United States,

LMCLQ 2009, 28 ff.; *Force/Davies*, United States Maritime Law, International maritime and commercial law yearbook 2003, 151 ff.; 2004, 191 ff.; 2005, 174 ff.; 2006, 175 ff.; 2008, 113 ff.; 2009, 168 ff.; 2010, 214 ff.; *Force*, The position in the United States on foreign forum selection and arbitration clauses, LMCLQ 2011, 249 ff.; *Gilmore/Black*, The Law of Admiralty, 2. Aufl., New York 1975; *Healey/Sharpe*, Cases and Materials on Admiralty, St. Paul, Minn., 1986; *Hopkins*, American Maritime Cases: Seventy-Five Years (Plus) of Admiralty Reporting, JMLC 2002, 205 ff.; *Kimball*, Mainstreams of American maritime law, Journal of International Maritime Law 2006, 112 ff.; *Meckel*, Der US Harter Act und die Haftung des Verfrachters für Ladungsschäden im internationalen Seetransportrecht der USA, Schriften zum Seehandelsrecht Bd. 7, 1998; *Moraist*, Admiralty, 2. Aufl., Minnesota 1988; *Papavizas/Kiern*, 1995–1996 US Maritime Legislative Developments, JMLC 1997, 37 ff.; 1999–2000, JMLC 2001, 349 ff.; 2001–2002, JMLC 2003, 451 ff.; 2003–2004, JMLC 2005, 379 ff.; 2005–2006, JMLC 2007, 267 ff.; 2007–2008, JMLC 2009, 59 ff.; 2011–2012, JMLC 2013, 347 ff.; *Schönbaum*, Admiralty and Maritime Law, Minnesota 3. Aufl. 2001, *Sharpe*, Jurisdiction and choice of law issues relating to the direct action against the insurer: the position under U.S. law, The Journal of International Maritime Law 2011, 41 ff.; *Sweeny*, The Silver Oar and Other Maces of Admiralty: Admiralty Jurisdiction in America and the British Empire, JMLC 2007, 159 ff.

Zeitschriften: Journal of Maritime Law and Commerce (JMLC). Tulane Law Review (Tulane LR).

§ 6 Literatur

In jüngerer Zeit ist in Deutschland eine Belebung der wissenschaftlichen Behandlung des Transportrechts zu verzeichnen, von der auch das Seehandelsrecht nicht unberührt geblieben ist. Deshalb ist ältere Literatur, trotz der in weiten Teilen unverändert gebliebenen Problematik, weithin nicht mehr brauchbar. Das galt schon vor dem SRG infolge des Wandels der tatsächlichen Verhältnisse, der neueren Rechtsprechung und zahlloser neuer internationaler Übereinkommen. Seit dem SRG ist jedoch die Gesetzeslage im Seehandelsrecht so grundlegend verändert, dass die Heranziehung älteren Schrifttums nur noch zu Spezialfragen und mit großer Vorsicht und in Kenntnis der systematischen und rechtspolitischen Neuausrichtung des Gesetzes anzuraten ist.

Neben den zahllosen Beiträgen zu dem durch das SRG modernisierten 5. Buch des HGB in den Fachzeitschriften, namentlich den Zeitschriften *Transportrecht (TranspR)* und *Recht der Transportwirtschaft (RdTW)* stehen bisher nur wenige Kommentare zum neuen Seehandelsrecht zur Verfügung.

Für die Einarbeitung in die Neuerungen des SRG sind vor allem zu empfehlen die Werke von *Beate Czerwenka*, der Referatsleiterin im BMJ. Sie hat – unter starker Betonung der Entstehungsgeschichte – eine erste zusammenhängende Kommentierung des neuen Gesetzes unternommen (*Czerwenka*, Das Gesetz zur Reform des Seehandelsrechts, Köln 2014). Bereits zuvor hatte sie das Reformmaterial zugänglich gemacht (*Czerwenka*, Die geplante Reform des Seehandelsrechts, Köln 2011). Beide Werke zeichnen sich durch vielfältige Synopsen aus, die Außenstehenden die Entstehung und den Ursprung der einzelnen Bestimmungen sowie die Änderungen gegenüber dem alten Recht deutlich machen, namentlich im Zusammenspiel von Entwürfen der Sachverständigengruppe und des Ministeriums sowie der Stellungnahmen von Wirtschaft und Wissenschaft. Schließlich hat *Beate Czerwenka* eine modernisierte Textsammlung vorgelegt, welche die zahllosen internationalen Übereinkommen, deren Inhalt, Zweck und Stand nur noch wenigen Eingeweihten verständlich ist, zugänglich macht und in einer Einleitung in ihrer Bedeutung und hinsichtlich ihrer Erfolgsaussichten einordnet (*Czerwenka,* Textsammlung Transportrecht, Köln 2014).

Von den Großkommentaren hat der Münchener Kommentar zum HGB (Bd. 7, 3. Aufl. 2014) eine erste zusammenhängende Kommentierung des neuen Gesetzes vorgelegt. Sie ist verbunden mit der Kommentierung des 4. Buches (schon in zweiter Auflage), mit dem das neue Seehandelsrecht enge Beziehungen hat und sie ist darüber hinaus eingebettet in die Erläuterung des gesamten Transportrechts aller Transportmittel einschließlich der internationalen Bezüge. Hier findet sich auch reiches Material an internationalen Übereinkommen und Geschäftsbedingungen.

Eine kommentierende Erläuterung findet sich ferner bei *Oetker/Paschke*, Handelsrecht, 2. Aufl. 2014, die naturgemäß infolge des geringeren Umfanges des Werkes kürzer und straffer ausfallen musste. Zu erwähnen ist auch *Hartenstein/Reuschle*, Handbuch des Fachanwalts Transport- und Speditionsrecht, Köln 2015.

Bei den Lehrbüchern hat *Karsten Schmidt*, Handelsrecht, 4. Aufl. 2014, bereits das neue Seehandelsrecht behandelt, zwar auf knappem Raum in der Gesamtdarstellung, aber vor allem unter starker Betonung der Entwicklungslinien.

Die beiden traditionell im Vordergrund stehenden Großkommentare von *Rabe* (Seehandelsrecht 4. Aufl. 2000) und *Schaps/Abraham* (Das Seerecht, 4. Aufl. 1978) befinden sich zur Zeit noch in der Überarbeitung; mit ihrem Erscheinen ist jedoch bald zu rechnen.

Im Übrigen sind Einzelfragen des Seehandelsrechts in einer Vielzahl guter **Monographien und Vorträge** behandelt worden. Diese sind namentlich in der Schriftenreihe des *Deutschen Vereins für Internationales Seerecht* und, seit 1987, in den *Veröffentlichungen des Instituts für Seerecht und Seehandelsrecht*, beide in Hamburg, sowie in den Reihen *Schriften zum Transportrecht* und *Schriften zum Seehandelsrecht* zu finden. Die meisten Teilprobleme des Seehandelsrechts sind in diesen Monographien, zumeist herausragende Hamburger Dissertationen, eingehend unter Berücksichtigung des modernen Standes von Gesetzgebung und Wissenschaft behandelt. Sie werden in diesem Buch bei der Literatur zu den einzelnen Spezialfragen aufgeführt.

Eine besondere **Zeitschrift** für Schifffahrtsrecht gibt es in Deutschland nicht. Die von *Ramming* herausgegebene Hamburger Zeitschrift für Schifffahrtsrecht hat sich trotz enormen Einsatzes des Herausgebers leider am Markt nicht behaupten können und ist mit der RdTW verschmolzen worden. Die deutsche seerechtliche Rechtsprechung, zunehmend auch der Schiedsgerichte, wird jedoch im größeren Rahmen des gesamten Transportrechts seit 1986 wiedergegeben in der Zeitschrift *Transportrecht*; dort finden sich auch Aufsätze und Berichte sowie Materialien zur deutschen und internationalen Seegesetzgebung. Insbesondere ist die ausgezeichnete Erschließung des gesamten Inhaltes der Zeitschrift *Transportrecht* seit 1994 durch eine Archiv-CD von großem Nutzen. Seit 2013 ist die Zeitschrift *Recht der Transportwirtschaft* hinzugekommen. Seerechtliche Aufsätze und Entscheidungen enthalten ferner vor allem die Zeitschriften *Versicherungsrecht* und *Hansa*; die letztere – und als Tageszeitungen besonders die *Deutsche Verkehrs-Zeitung und der Tägliche Hafenbericht* – bringt auch wirtschaftliche Informationen über die Seeverkehrswirtschaft. Daneben erscheinen seerechtliche Beiträge gelegentlich auch in den allgemeinen juristischen Zeitschriften.

Eine verlässliche Sammlung der **Rechtsquellen des Seerechts** besteht gegenwärtig in der Bundesrepublik Deutschland nicht. Eine Reihe wichtiger seerechtlicher Gesetze ist wiedergegeben bei *Czerwenka* Textsammlung Transportrecht, sowie auf der Webseite der Deutschen Gesellschaft für Transportrecht (www.transportrecht.org). Im Übrigen finden sich Vorschriften, Übereinkommen und Geschäftsbedingungen in den o. erwähnten Kommentaren.

Über Texte, Ratifikationsstand und Vorbehalte von internationalen Übereinkommen unterrichten auch die Webseiten der Organisationen, welche die jeweiligen Übereinkommen betreuen, so namentlich UNCITRAL, IMO und ECE; vgl. dazu die Angaben o. § 4.

Außerhalb des Seehandelsrechts sind besonders erwähnenswert die Kommentare zum neuen **Seearbeitsgesetz** von *Bubenzer/Noltin/Peet/Mallach* (München 2015) und von *Thume/de la Motte/Ehlers* **Transportversicherungsrecht**, 2. Aufl. (München 2011).

Das **öffentliche Seerecht** wird in Gesamtdarstellungen nach wie vor stiefmütterlich behandelt. Die Darstellungen des Seeverwaltungsrechts bei *Schaps/Abraham*, Das Seerecht, bis zur 3. Aufl. 1959 (Bd. I) bzw. 1964 (Bd. III) sowie von *Beckert/Breuer*, Öffentliches Seerecht, 1991, haben leider keine Fortsetzung erfahren.

Wegen **ausländischer Literatur** vgl. die Hinweise o. § 5.

KAPITEL 2: Öffentlich-rechtliche Rahmenbedingungen

§ 7 Seevölkerrecht

Lit.: *Baughen*, International Maritime Law, International maritime and commercial law yearbook 2010, 128 ff.; *Becker/Marx*, Der Internationale Seegerichtshof in Hamburg, Mitt. der Bundesrechtsanwaltskammer 1995 I 7 ff.; *Beckert/Breuer*, Öffentliches Seerecht, 1991; *Bernaerts*, Bernaerts' Guide of the Law of the Sea, 1988; *ders.*, Zum Seerechtsübereinkommen der Vereinten Nationen, RIW 1991, 209 ff.; *Colombos*, Internationales Seerecht, 1963; *Dörr*, Die deutsche Handelsflotte und das Grundgesetz, 1988; *Graf Vitzthum*, Handbuch des Seerechts, 2006; *Hasselmann*, Die Freiheit der Handelsschifffahrt, 1987, Veröffentlichungen des Instituts für Seerecht und Seehandelsrecht der Universität Hamburg, Bd. 1; *Herber*, Das Seerechtsübereinkommen der Vereinten Nationen – Ansatz zu einer neuen Weltwirtschaftsordnung? RIW 1984, 337 ff.; *Jenisch*, Wie geht es mit der UN-Seerechtskonvention weiter? Schriften des DVIS A 86, 1988; *ders.*, Das UN-Seerechtsübereinkommen tritt in Kraft – Verfahrensstand und deutscher Beitritt, Schriften des DVIS A 86, 1994; *Kühl*, Die Nutzung deutscher Gewässer durch ausländische Schiffe, TranspR 1993, 9; *Lagoni*, Der Hamburger Hafen, die internationale Handelsschiffahrt und das Völkerrecht, ArchVR 26 (1988), 261 ff.; *ders.*, Das Wrackbeseitigungs-Abkommen und das Völkerrecht, TranspR 2008, 352; *von Laun*, Die Konvenienzflaggen und das „genuine link" im Seevölkerrecht, GS Ludwig Marxer, Zürich (1963), 327 ff.; *Lindemann*, Hafenstaatkontrolle und internationale Seearbeitsnormen, ArchVR 26 (1988), 387 ff.; *Matz-Lück*, Das moderne Seevölkerrecht. Eine Einführung, AL 2013, 237 ff.; *von Münch*, Der diplomatische Schutz von Schiffen, FS R. Stödter zum 70. Geburtstag (1979), 231 ff.; *Nussbaum/Berenbrock*, Der internationale Seegerichtshof in Hamburg und der Tiefseebergbau, RIW 1994, 910 ff.; *Platzöder/Grunenberg*, Internationales Seerecht (Text), 1990; *Seidel*, Zuständigkeit und Verfahren des Internationalen Seegerichtshofs in Angelegenheiten der Schiffahrt, Schriften des DVIS A 56, 1986; *Skourtos*, Die Billig-Flaggen-Praxis und die staatliche Flaggenverleihungsfreiheit, 1990; *Schiedermair/Dörr*, Der Schutz der deutschen Handelsflotte, 1984; *Schillhorn*, Rechtssache M/V Saiga – der erste Fall des Internationalen Seegerichtshofs, NJW 1998, 2955 f.; *Schulte*, Die „billigen Flaggen" im Völkerrecht, 1962; *Verdross/Simma*, Universelles Völkerrecht, 1984; *Wasum*, Der Internationale Seegerichtshof im System der obligatorischen Streitbeilegungsverfahren der Seerechtskonvention, 1984; *v. Wedel*, Der geplante Seegerichtshof der Vereinten Nationen, RIW 1982, 634 ff.; *Wolfrum*, Recht der Flagge und „Billige Flaggen", in: *Drobnig/Basedow/Wolfrum*, Recht der Flagge und „Billige Flaggen", 1990, 121 ff.; *ders.*, Die Internationalisierung staatsfreier Räume, 1984; Das Seerechtsübereinkommen der Vereinten Nationen und die deutschen Wirtschaftsinteressen, Symposium, Schriften des DVIS A 50, 1984.

I. Vorbemerkung

Der rechtliche Status des Meeres ist kein einheitlicher; vielmehr schwächt sich die Herrschaft der Küstenstaaten über die an ihr Gebiet angrenzenden Teile des Meeres in verschiedenen Stufen ab: über die **Eigengewässer** und das **Küstenmeer**, die **Anschlusszone**, die **Ausschließliche Wirtschaftszone** bis hin zur **Hohen See**. Wie diese Zonen zu bemessen sind und welche Rechte den Küstenstaaten einerseits und anderen Staaten – namentlich deren Schifffahrt – andererseits zuzuerkennen sind, wird vom Seevölkerrecht bestimmt.

In der Geschichte ist schon früh – im römischen Recht – der Rechtsgrundsatz entwickelt worden, dass das Meer allen Völkern offenstehe. Zwar haben bedeutende Seemächte – Byzanz, Venedig – immer wieder versucht, das (damals beherrschbare) Meer unter ihre Herrschaft zu zwingen, doch musste sich dieses Bestreben schon aus praktischen Gründen auf einzelne Randzonen oder Fahrtgebiete beschränken (Spanien, England). 1608 stellte *Hugo Grotius* in seinem Buch „De Mare Liberum" dann erneut den Grundsatz auf, dass die Hohe See jedermann zur freien Nutzung offen sei. Dieses Prinzip hat das Seevölkerrecht der Neuzeit bestimmt und gilt noch heute, wird allerdings durch die zunehmenden Ansprüche der Küstenstaaten immer mehr eingeschränkt.[1]

Versuche einer internationalen Regelung des Seevölkerrechts wurden seit langem unternommen, haben jedoch erst mit dem SRÜ 1982 zu einem gewissen Konsens geführt. Das ist verständlich, wenn man sich das vitale Interesse vieler Staaten an einer intensiven Nutzung der See vor Augen führt.

Nach dem Misslingen einer Staatenkonferenz in Den Haag 1930 gelang es der 1. UN-Seerechtskonferenz in Genf 1958, vier internationale Übereinkommen zu verabschieden: über das **Küstenmeer und die Anschlusszone**, über die **Hohe See**, über die **Fischerei** und die Erhaltung der lebenden Schätze der Hohen See, und über den **Festlandsockel**.

Von den Genfer Seerechtsübereinkommen hat nur das Übereinkommen vom 29.4.1958 über die Hohe See – das allein auch von der Bundesrepublik Deutschland ratifiziert wurde[2] – Bedeutung erlangt. Das Übereinkommen über das Küstenmeer und die Anschlusszone, welches von der Bundesrepublik Deutschland zwar unterzeichnet, jedoch nicht ratifiziert wurde, vermochte die wichtigste Frage hierzu, die Breite des zu beanspruchenden Küstenmeeres, nicht zu regeln. Eine zur Ergänzung des Übereinkommens 1960 nach Genf einberufene 2. UN-Seerechtskonferenz scheiterte erneut, vor allem an den Interessen der Staaten, die eine weitergehende als die ihnen zugestandene ausschließliche Fischereizone von 12 sm wünschten.

II. Das UN-Seerechtsübereinkommen von 1982

Lit.: *Pedrozo*, Is it Time for the United States to Join the Law of the Sea Convention?, JMLC 2010, 151 ff.; *Platzöder*, Seerechtsübereinkommen der Vereinten Nationen, Kommentar, 2001; *Song/Blood-Patterson*, Likelihood of U.S. Becoming a Party to the Law of the Sea Convention During the 112th Congress, JMLC 2012, 447 ff.

Namentlich die Gefahr einer zunehmenden „Nationalisierung" des Meeres durch einseitige Ausdehnung der Hoheitsgewässer (vorwiegend im Fischereiinteresse) durch die Küstenstaaten, die bis zu 200 sm reichte, sowie das aufkommende Interesse am Meeresbergbau führten zur 3. UN-Seerechtskonferenz, die von 1973 bis 1982 in mehreren Sitzungsperioden (insgesamt 93 Wochen!) an verschiedenen Orten tagte und am 10.12.1982 in Montego Bay/Jamaika das UN-Seerechtsübereinkommen (SRÜ; United Nations Convention on the Law of the Sea – UNCLOS)[3] verabschiedete, welches die 4 Genfer Seerechtskonventionen von 1958 ersetzt.

Dem Übereinkommen sind vier Entschließungen beigefügt. Von besonderer Bedeutung sind die Resolution I über die Vorbereitungskommission für die Internationale Meeresbodenbehörde und den ISGH und die Resolution II über Pionierinvestitionen im Zusammenhang mit dem Tiefsee-Bergbau.[4]

Das Übereinkommen ist ein Jahr nach Hinterlegung der 60. Ratifikationsurkunde am 16.11.1994 in Kraft getreten, nachdem ein (Zusatz-)Übereinkommen v. 28.7.1994 zur Durchführung des Teiles XI des Seerechtsübereinkommens der Vereinten Nationen v. 10.12.1982 geschlossen wurde, das den Teil XI (Meeresboden) von der Anwendung ausgenommen hat. Dem Durchführungsübereinkommen sind bisher (Stand: 15.1.2015) 147 Staaten beigetreten.

---

1 Zur Geschichte im Einzelnen vgl. *Beckert/Breuer*, Rn. 2 ff.
2 BGBl. 1972 II 1089, 1091.
3 BGBl. 1994 II 1798; Text auch bei *Platzöder/Grunenberg*.
4 Vgl. auch *Beckert/Breuer*, Rn. 1452–1455.

Am 11.12.2001 trat zudem das Übereinkommen über die Erhaltung und Bewirtschaftung grenzüberschreitender und weit wandernder Fischarten v. 4.8.1995 in Kraft, dem die Bundesrepublik Deutschland und alle anderen Mitgliedstaaten der EU am 19.12.2003 beigetreten sind. Das Übereinkommen zählt zur Zeit 82 Vertragsparteien.

Das SRÜ hat heute (Februar 2015) 167 Vertragsstaaten. Wichtige Staaten, namentlich die USA, fehlen jedoch noch;[5] für diese Staaten gelten die Genfer Seerechtskonventionen (soweit sie ihnen beigetreten sind) und die völkergewohnheitsrechtlichen Regeln des Seerechts weiter. Die EG ist dem Übereinkommen 1998 beigetreten. Im Vorfeld der Ratifizierung hatte sich weltweit und auch in Deutschland lebhafter Streit darüber entwickelt, ob die Industrieländer das Übereinkommen annehmen sollten. Anlass zu Bedenken gab vor allem das Meeresbodenregime, welches namentlich den USA als eine nicht akzeptable planwirtschaftliche Reglementierung erschien; es sieht vor, dass Meeresbergbau im Bereich der Tiefsee (des sog. „Gebietes") nur mit Erlaubnis einer zu errichtenden Meeresbergbaubehörde gestattet ist, der nicht nur eine Gebühr (die den Entwicklungsländern zum Ausgleich für die ihnen entgehenden Rohstofflieferungen zugutekommen soll) zu entrichten, sondern auch die verwendete Technik offenzulegen ist, um die Entwicklungsländer langfristig in den Stand zu setzen, selbst Meeresbergbau zu betreiben. Die Vertreter der Industriestaaten beriefen sich schon auf der Konferenz auf den hergebrachten Grundsatz der Freiheit des Meeres, während die Entwicklungsländer beanspruchten, die künftig erreichbaren Tiefsee-Erz-Vorkommen als „gemeinsames Erbe der Menschheit" (common heritage of mankind) anzusehen. Da der Meeresbergbau auf noch längere Zeit technisch ohnehin nicht möglich ist und später wohl zunächst nur mit sehr hohen Kosten betrieben werden kann, einigte man sich darauf, das Meeresbodenregime zunächst nicht anzuwenden, um die im Übrigen sinnvollen Regeln des Seevölkerrechts in Kraft setzen zu können.

Das SRÜ ist die erste umfassende Kodifizierung des Seevölkerrechts, dessen Bereiche nahezu alle geregelt werden: Abgrenzung der verschiedenen Meereszonen, Nutzung dieser Gebiete, Schutz der Meeresumwelt, Meeresbodenregime zur Regulierung des Tiefseebergbaus, sowie ein eigenes Streitbeilegungssystem. Es übernimmt dabei zu einem großen Teil bestehendes Gewohnheitsrecht. Deshalb ist auch bereits vor dem Inkrafttreten des Übereinkommens die Frage aufgeworfen worden, ob es zur Anwendung der Regeln überhaupt ihrer Ratifizierung bedürfe; diese – von den Gegnern des Meeresbodenregimes zur Entkräftung der Auffassung, dass das Übereinkommen überwiegend für die Schifffahrt wichtige Klarstellungen und Garantien enthalte und deshalb ratifiziert werden solle, vorgebrachte – Prüfung bleibt für das Verhältnis zu Nichtvertragsstaaten von großer Bedeutung.[6]

Neue Regelungen wurden vor allem auf dem Gebiet des Meeresumweltschutzes getroffen, sowie durch die Schaffung dreier neuer Institutionen: des Internationalen Seegerichtshofes (ISGH) in Hamburg, der Internationalen Meeresbodenbehörde in Kingston/Jamaika und der Kommission zur Begrenzung des Festlandsockels, die in der Regel in New York zusammentritt.

III. Die Einteilung des Meeres

Lit.: *Costonis*, The Macondo Well Blowout: Taking the Outer Continental Shelf Lands Act Seriously, JMLC 2011, 511 ff.

Die See und die an sie grenzenden Gewässer werden im Lichte des Übereinkommens – vom Lande her gesehen – eingeteilt in die folgenden Zonen:

1. Eigengewässer

a) Zu den Eigengewässern (innere Gewässer, internal waters) gehören Flussmündungen, Buchten, Golfe, sowie Reeden und Seehäfen, deren Küsten zu dem Gebiet

5 Zur Frage, ob die USA dem SRÜ beitreten sollten, vgl. etwa *Pedrozo*, JMLC 2010, 151 ff.; *Song/Blood-Patterson*, JMLC 2012, 447 ff.

6 Dazu im Einzelnen *Beckert/Breuer*, Rn. 103–109.

eines bestimmten Staates gehören und nicht mehr als eine gewisse Anzahl von Seemeilen voneinander entfernt sind.

Die Terminologie ist hier im Völkerrecht nicht zweifelsfrei. Oft werden als Eigengewässer nur die reinen Binnengewässer, die Meeresgebiete zwischen Küste und Basislinie dagegen als **innere Gewässer** bezeichnet.[7] Die Unterscheidung ist weder sprachlich überzeugend noch für das Seerecht erheblich.

Die **maritimen Eigengewässer** liegen zwischen dem Ende des trockenen Landes und der sog. **Basislinie,** von der aus die Breite des Küstenmeeres gemessen wird.

Für die Bestimmung der Basislinien und damit auch der maritimen Eigengewässer hat sich bisher Gewohnheitsrecht nicht entwickelt. Insbesondere im Zusammenhang mit **Buchten** treten immer wieder Probleme auf. Ob eine Bucht zu den Eigengewässern eines Staates gehört, hängt davon ab, ob die Öffnungsbreite ein bestimmtes Maß nicht überschreitet. Die überwiegende Staatenpraxis lässt eine maximale Öffnungsbreite zwischen 6 und 10 sm zu. Das **UN-Übereinkommen über das Küstenmeer von 1958**[8] hat diese Höchstbreite auf 24 sm (Art. 7 Abs. 4 SRÜ) ausgedehnt; diese Vorschrift ist in Art. 10 Abs. 4 SRÜ übernommen worden.

Eine Ausnahme besteht bei den sog. **„historischen Buchten“** (Art. 10 Abs. 6 SRÜ), die traditionell zu den Eigengewässern zählen, obwohl die Öffnungsbreite größer als 24 sm ist (so die Chesapeake Bay, die Hudson Bay und der Golf von Syrte). Insbesondere der Golf von Syrte ist als historische Bucht umstritten, da namentlich die USA den Anspruch Libyens, diesen Golf als Eigengewässer zu bezeichnen, zurückweisen.[9]

b) Die Eigengewässer unterstehen der vollständigen Souveränität des Uferstaates. Andere Staaten können in diesen Gewässern eines Küstenstaates – ohne besondere Vereinbarung – keine Rechte für ihre Schiffe oder Staatsangehörigen beanspruchen. Dies gilt grundsätzlich auch für den Zugang ausländischer Schiffe zu den Eigengewässern. Hieraus folgt weiter, dass fremde Schiffe in den Eigengewässern eines anderen Staates dem Recht des jeweiligen Küstenstaates unterliegen.

c) Von diesem Grundsatz werden durch bi- und multilaterale Verträge sowie aufgrund internationalen Gewohnheitsrechts Ausnahmen gemacht:[10]

Das **Genfer Übereinkommen vom 9.12.1923 über den Status und die internationale Rechtsordnung der Seehäfen**[11] sowie eine Reihe bilateraler Verträge sehen den freien Zugang von Seeschiffen zu Häfen und Eigengewässern vor.

Eine weitere Ausnahme betrifft die **Staatsschiffe.** Diese gelten auch in fremden Eigengewässern als exterritorial und besitzen deshalb Immunität. Umstritten ist der Begriff der Staatsschiffe, zu denen nach dem **Übereinkommen von 1926 über die Immunität der Staatsschiffe**[12] und nach westlicher Ansicht nur solche Schiffe rechnen, die hoheitlichen Zwecken dienen, während staatseigene Handelsschiffe nicht unter diesen Begriff fallen. Die sozialistischen Staaten betrachteten bisher auch die dem Handel dienenden Staatsschiffe als immun;[13] wie sie sich in Zukunft verhalten werden, bleibt abzuwarten.

Besonderheiten sind auch bei solchen Eigengewässern zu beachten, die eine **Durchfahrt für die internationale Schifffahrt** zwischen zwei Meeren bilden (vgl. Art. 34–45 SRÜ über Meerengen, die der internationalen Schifffahrt dienen).

Die Grundsätze über den Status der Eigengewässer – insbesondere des Rechts, die Einfahrt von fremden Schiffen in diese Gewässer zu verbieten – gelten hier nur eingeschränkt. Solche Eigengewässer (zB die Dardanellen) werden rechtlich dem Küstenmeer gleichgestellt, so dass

---

7 Vgl. etwa *Verdross/Simma*, §§ 1057, 1058; die (unverbindliche) deutsche Übersetzung des Art. 8 SRÜ spricht von „inneren Gewässern“.

8 *Platzöder/Grunenberg*, S. 684.

9 Vgl. zu diesem Konflikt: *Mattes*, in: Nord-Süd aktuell 1988, 198 ff.

10 *Colombos*, S. 60 f.; *Beckert/Breuer*, Rn. 364 f.

11 RGBl. 1928 II 22.

12 RGBl. 1927 II 483.

13 Vgl. hierzu *Graf Vitzthum*, in: Lexikon des Rechts (VölkerR), S. 64.

die friedliche Durchfahrt von Handelsschiffen und in Friedenszeiten auch von Kriegsschiffen zu dulden ist.[14]

d) Im internationalen Recht hat sich abweichend von dem oben genannten Grundsatz der Gewohnheitssatz entwickelt, dass die Hoheitsgewalt des Küstenstaates nicht in Angelegenheiten ausgeübt wird, die nur die innere Ordnung des Schiffes betreffen.

2. Küstenmeer

Lit.: *Hofmann*, Das Küstenmeer im Völkerrecht, 2008; *Petersen/Sönke*, Deutsches Küstenrecht, 1989.

a) Das Küstenmeer („territorial sea") schließt sich seewärts an die Basislinie an.

Im Allgemeinen entspricht diese **Basislinie** der Niedrigwasserlinie, die in den Seekarten vieler Länder eingezeichnet ist. Die Basislinien werden nur dann von der Küste weg verschoben, wenn der Küstenstaat nach den o. genannten Grundsätzen Anspruch auf maritime Eigengewässer hat. Eine Regelung findet sich in Art. 5–14 SRÜ.

b) Heute ist eine Küstenmeerbreite von 12 sm völkerrechtlich anerkannt. Viele Küstenstaaten beanspruchen nur eine geringere Breite, erkennen jedoch stillschweigend bei anderen Staaten die Breite von 12 sm an.[15] Eine entsprechende Regelung findet sich in Art. 3 SRÜ; durch dessen Formulierung wurde klargestellt, dass die Breite des Küstenmeeres nicht zwingend in Anspruch genommen werden muss. Deutschland beansprucht ein Küstenmeer von 12sm Breite.[16]

Ein Staat kann die Breite des Küstenmeeres auch an verschieden Stellen seiner Küste unterschiedlich – bis zur Höchstgrenze von 12 sm – festlegen. Dies hat die Bundesrepublik Deutschland früher getan, als sie nur für ein bestimmtes Gebiet zwischen Elbe und Jade zur besseren Lenkung der Verkehrsströme eine sog. „Box" bis zur Höchstbreite – ja sogar geringfügig darüber hinaus – eingerichtet hatte.[17]

c) Eine Besonderheit bilden die **Archipelgewässer**, die in ihrer Rechtsnatur dem Küstenmeer vergleichbar sind.[18] Trotz längerer Vorüberlegungen hat erst das SRÜ dem Sonderstatus der Archipelgewässer Rechnung getragen.

Anerkannt war von jeher, dass eine Gruppe von Inseln, die ein Archipel bilden, als Einheit betrachtet wird, so dass die Ausdehnung der Territorialgewässer von dem Mittelpunkt dieses Archipels zu messen ist.[19] Doch war die Staatenpraxis teilweise anders. So legte beispielsweise die ecuadorianische Regierung die Basislinien rund um die Galapagos-Inseln und maß von diesen aus das Küstenmeer. Damit behandelte Ecuador das Archipel wie eine zusammenhängende Landmasse. Gegen diese Praxis Ecuadors protestierten die USA 1951.[20]

Nach Art. 46 SRÜ handelt es sich bei einer Gruppe von Inseln um ein Archipel, wenn diese so eng verbunden sind, dass sie eine echte geographische, wirtschaftliche und politische Einheit bilden. Nach Art. 47 SRÜ werden die Basislinien an den äußeren Grenzen des Archipels gezogen. Es ist zu erwarten, dass sich diese Grundsätze auch unabhängig von der Geltung des SRÜ durchsetzen werden, also auch von den Staaten anerkannt werden, die dem SRÜ aus anderen Gründen fernbleiben.

d) Das Küstenmeer gehört wie die Eigengewässer zu dem Hoheitsgebiet des Küstenstaates. Auch gilt in den Küstengewässern regelmäßig das Recht des Uferstaates. Der

---

14 Vgl. *Beckert/Breuer*, Rn. 104, 37 ff.
15 *Beckert/Breuer*, Rn. 103; *Abraham*, S. 31.
16 Vgl. Proklamation der BReg v.11.11.1994, BGBl. I 3428.
17 Vgl. Bek. BGBl. 1984 I 1366; *Beckert/Breuer*, Rn. 26.
18 *Beckert/Breuer*, Rn. 34.
19 *Colombos*, S. 90.
20 Vgl. hierzu: *Colombos*, S. 91.

rechtliche Status von Schiffen in fremden Küstengewässern ist jedoch freier als in den Eigengewässern. Namentlich besteht das **Recht auf friedliche Durchfahrt** (Art. 17ff. SRÜ).

Im Gegensatz zu den maritimen Eigengewässern kann der Küstenstaat die Zufahrt zu seinen Küstengewässern nicht verwehren, es sei denn, dass berechtigte Zweifel an der friedlichen Durchfahrt bestehen.

Die Souveränität des Küstenstaates erstreckt sich auch auf den Luftraum über und den Meeresboden unter dem Küstenmeer.

e) Der Grundsatz, dass in den Küstengewässern das Recht des Küstenstaates gilt, unterliegt gegenüber fremden Schiffen einigen Ausnahmen.

Straftaten auf fremden Schiffen soll der Küstenstaat nur verfolgen, wenn diese auch die Interessen des Küstenstaates berühren. Dies ist insbesondere der Fall, wenn die Tat geeignet ist, Sicherheit und Ordnung des Küstenstaates zu stören, oder wenn der Küstenstaat um Amtshilfe gebeten wird. Das Übereinkommen von 1952 zur Vereinheitlichung von Regeln über strafgerichtliche Zuständigkeit bei Schiffszusammenstößen und anderen mit der Führung eines Seeschiffes zusammenhängenden Ereignissen (vgl. o. § 4 II 1 i)) behält im Küstenmeer (nicht in inneren Gewässern und Häfen) die Strafhoheit grundsätzlich dem Flaggenstaat vor.

Vollstreckungs- und ähnliche Maßnahmen sind während der Durchfahrt nur wegen eines Anspruchs zulässig, der während der Durchfahrt entstanden ist.[21]

3. Anschlusszone

An das Küstenmeer schließt sich die Anschluss- oder Außenzone („Contiguous Zone“) an. In diesem Gebiet übt der Küstenstaat nicht die vollständige Souveränität aus. Ihm steht aber eine Reihe von Rechten auf den Gebieten des Zoll-, Finanz-, Einreise- und Gesundheitsrechts zu (Art. 33 Abs. 1 SRÜ).

Nach dem SRÜ erstreckt sich die Anschlusszone bis zu 24 sm ab der Basislinie (Art. 33 Abs. 2 SRÜ). Nach Art. 24 des UN-Übereinkommens über das Küstenmeer beträgt die Entfernung ab Basislinie lediglich 12 sm. Die Bundesrepublik Deutschland nimmt eine solche Anschlusszone nicht in Anspruch. Ergreift sie dennoch außerhalb ihres Küstenmeeres polizeiliche Maßnahmen, so beruhen ihre Befugnisse nicht auf der Inanspruchnahme der Anschlusszone, sondern auf besonderen völkerrechtlichen Verpflichtungen oder Befugnissen,[22] insbesondere dem Recht der sog. „Nacheile“ (Art. 111 SRÜ).[23]

4. Ausschließliche Wirtschaftszone

Lit.: *Attard*, The Exclusive Economic Zone in International Law, 1987; *Gündling*, Die 200 Seemeilen-Wirtschaftszone, 1983; *Kwiatkowska*, The 200 mile Exclusive EconomicZone in International Law, 1989.

a) Die Schaffung des Wirtschaftszonenregimes durch Art. 55–75 SRÜ bedeutet eine gravierende Änderung des traditionellen Meeresvölkerrechts. In der ausschließlichen Wirtschaftszone („Exclusive Economic Zone“) werden dem Küstenstaat Rechte eingeräumt, die ihm zuvor nur im Küstenmeer oder eingeschränkt in den Gewässern oberhalb des Festlandsockels zustanden.

Nach Art. 55 SRÜ schließt sich die Wirtschaftszone seewärts an das Küstenmeer an und hat eine Maximalbreite von 200 sm. Gemäß Art. 57 SRÜ wird die Breite der Wirtschaftszone von den Basislinien aus gemessen, die auch für die Bemessung der Breite des Küstenmeeres maßgebend sind.

---

21 *Seidl-Hohenveldern*, in: Lexikon des Rechts, S. 174.
22 *Beckert/Breuer*, Rn. 43 mwN.
23 *Beckert/Breuer*, Rn. 300ff.

Aus diesen beiden Vorschriften ergibt sich, dass die ausschließliche Wirtschaftszone keine 200-sm-Zone ist, da sie immer um die Breite des Küstenmeeres verringert ist, das nicht zur Wirtschaftszone gehört. Zu einer Überschneidung kommt es nur bei Anschluss- und Wirtschaftszone. Es handelt sich hierbei aber lediglich um eine Überschneidung, die die Autonomie und den Rechtsstatus beider Zonen nicht berührt.[24] In der Wirtschaftszone werden dem Küstenstaat Rechte eingeräumt, die seinen wirtschaftlichen Interessen in diesem Gebiet dienen, während die Anschlusszone einen polizei- und ordnungsrechtlichen Charakter besitzt.

Die Breite der Wirtschaftszone von 200 sm – ab der Basislinie gemessen – ist nicht zwingender Natur. Art. 57 SRÜ stellt klar, dass es sich auch insoweit um eine Höchstbreite handelt, die ein Küstenstaat beanspruchen darf, wenn es seine geographische Lage erlaubt.[25] Aus dem Umstand, dass der Küstenstaat die Breite der Wirtschaftszone bestimmt, folgt, dass diese Zone nicht eo ipso existiert, sondern durch **Proklamation** geschaffen wird.[26] Deutschland hat eine Wirtschaftszone in Anspruch genommen.

b) Die ausschließliche Wirtschaftszone gehört nicht zum Hoheitsgebiet des Küstenstaates und ist nach dem SRÜ auch nicht Teil der Hohen See. Sie muss vielmehr als Zone sui generis bezeichnet werden.

Die Rechtsnatur der Wirtschaftszone war auf der Seerechtskonferenz höchst umstritten. Zum SRÜ hat sich nunmehr aber die Ansicht durchgesetzt, dass diese neue Zone nicht Teil der Hohen See, sondern eine eigenständige Zone ist. Dies folgt vor allem aus Art. 86 SRÜ, der feststellt, dass die Vorschriften über die Hohe See in der Ausschließlichen Wirtschaftszone keine Anwendung finden. Zwar bleiben klassische Freiheiten der Hohen See auch in der Wirtschaftszone erhalten (Art. 58 Abs. 1 SRÜ), doch ist entscheidend, dass in Art. 55, 56 SRÜ dem Küstenstaat souveräne Rechte und Hoheitsbefugnisse eingeräumt werden, die er sonst nur im Küstenmeer ausüben darf.[27]

Die Rechte des Küstenstaates in der ausschließlichen Wirtschaftszone werden in Art. 56 SRÜ aufgeführt. Der Küstenstaat hat souveräne Rechte zum Zweck der Erforschung, Ausbeutung, Erhaltung und Bewirtschaftung sämtlicher Ressourcen des Meeres, des Meeresbodens und des Meeresuntergrundes. Darüber hinaus stehen dem Küstenstaat bestimmte Hoheitsrechte zu, die die Errichtung künstlicher Anlagen und Inseln, die wissenschaftliche Meeresforschung und die Verschmutzungskontrolle betreffen.

Diesen Rechten des Küstenstaates stehen nach Art. 58 SRÜ die Rechte anderer Staaten gegenüber. So dürfen Küstenstaaten nicht die Freiheit der Schifffahrt und des Überflugs beschränken und auch nicht die Verlegung von Rohrleitungen und Kabeln unterbinden. Jedoch sind Angehörige von Drittstaaten verpflichtet, die Gesetze des Küstenstaates, die dieser in Übereinstimmung mit dem SRÜ erlassen hat, zu befolgen.

In Fällen, in denen Rechte und Interessen des Küstenstaates mit denen anderer Staaten kollidieren, hat die Streitbeilegung nach den in Teil XV des SRÜ bestimmten Grundsätzen zu erfolgen (vgl. Art. 59 SRÜ).

Sollten künftig alle Küstenstaaten eine 200-sm-Zone beanspruchen, so würde das bedeuten, dass 90% der heute genutzten Fischbestände küstenstaatlicher Kontrolle und 35% der Weltmeere einer funktional begrenzten Hoheitsgewalt der Küstenstaaten unterstellt wären.[28] Die Möglichkeit dieser Entwicklung birgt die Gefahr in sich, dass Binnen- und geographisch benachteiligte Staaten keine Chancen mehr hätten, an der Nutzung des Meeres in ausreichendem Maße beteiligt zu sein. Aus diesem Grund bestimmen Art. 69, 70 SRÜ, dass Binnenstaaten in gewissem Umfang vorrangig an der Ausbeutung der lebenden Ressourcen zu beteiligen sind.

Trotz dieser Schutzvorschriften kann die Freiheit der Handelsschifffahrt in der Wirtschaftszone durch die Möglichkeit des Küstenstaates, Sicherheitszonen um künstliche Inseln oder Anlagen zu errichten, nachhaltig beeinträchtigt werden (Art. 60 Abs. 4–6 SRÜ).[29]

---

24 *Attard*, S. 128.
25 *Gündling*, S. 304.
26 *Gündling*, S. 203 f.
27 Vgl. insges. hierzu *Gündling*, aaO, S. 296 ff.
28 *Gündling*, S. 279.
29 Dazu *Hasselmann*, S. 165 ff.

5. Festlandsockel und Meeresbodenregime

Lit.: *Hauser*, Die rechtliche Gestaltung des Tiefseebergbaus nach der Seerechtskonvention, 1982; *Hinrichs*, Tätigkeiten im Tiefseeboden außerhalb einzelstaatlicher Souveränität, AL 2013, 244 ff.; *Jenisch*, Tiefseebergbau und Umweltschutz. Die Gesetzgebung der Internationalen Meeresbodenbehörde IMB, NordÖR 2014, 421 ff.; *Jessen*, Staatenverantwortlichkeit und seevölkerrechtliche Haftungsgrundsätze für Umweltschäden durch Tiefseebodenbergbau, ZUR 2012, 71–81; *Klemm*, Die seewärtige Grenze des Festlandsockels, 1976; *Stalp*, Das Seerechtsübereinkommen der Vereinten Nationen und die deutschen Wirtschaftsinteressen aus der Sicht der deutschen Meerestechnik und des deutschen Meeresbergbaus, in: Schriften des DVIS A 50, S. 58; *Wildberg*, Die internationale Meeresbodenbehörde, 1979.

Das SRÜ hat zwei neue Raumbegriffe in das Seevölkerrecht eingefügt, die keine Meereszonen im engeren Sinne darstellen: den Festlandsockel (continental shelf) und den Meeresboden (sea bed).

a) Festlandsockel

Historisch geht das Festlandsockelregime auf eine Proklamation des US-amerikanischen Präsidenten *Truman* v. 28.9.1945 zurück. *Truman* erklärte, dass die Regierung der Vereinigten Staaten die Naturschätze des Meeresbodens und des Meeresuntergrundes des an die Küsten der Vereinigten Staaten angrenzenden Kontinentalsockels unter dem offenen Meer als zu den USA gehörend und ihrer Kontrolle und Staatsgewalt unterliegend betrachte.[30]

In Art. 76 Abs. 1 SRÜ wird nun klargestellt, dass der Festlandsockel eines Küstenstaates den Meeresboden und den Meeresuntergrund der Unterwassergebiete umfasst, die sich jenseits des Küstenmeeres über die gesamte natürliche Verlängerung seines Landgebietes bis hin zum **Tiefseegebiet** erstrecken.

Im geologisch-ozeanographischen Sinn reicht der Festlandsockel von der Niedrigwasserlinie an der Küste bis zu dem Punkt, an dem der Meeresboden bis zu einer Wassertiefe von etwa 200 Metern absinkt.[31] Diese Definition ist weder in das Übereinkommen über den Festlandsockel von 1958 noch in das SRÜ übernommen worden. Völkerrechtlich liegt die Außengrenze des Festlandsockels jenseits der 200-Meter-Tiefenlinie. Während die Außengrenze des Festlandsockels nach dem Übereinkommen von 1958 von der **Ausbeutbarkeit** (exploitability) des Meeresbodens abhängen sollte, hat das SRÜ Kriterien geschaffen, mit denen sich die Außengrenze berechnen lässt. Gemäß Art. 76 Abs. 1 SRÜ reicht der Festlandsockel bis zum Festlandrand, der gemäß Art. 76 Abs. 3 SRÜ aus dem Meeresboden und -untergrund des Sockels, des Abhangs und des Anstiegs besteht. Aus Abs. 4 ergibt sich eine fiktive Mindestbreite von 200 sm, die von den Basislinien aus berechnet wird. Sollte der Sockel über diese Linie hinausgehen, so hat der Küstenstaat die Möglichkeit, die Außengrenze entweder nach der sog. **irischen Formel** zu bestimmen oder eine Linie festzulegen, die bis zu 60sm vom Fuß des Festlandsockels entfernt ist.[32] Die Außengrenze darf aber nicht mehr als 350sm von den Basislinien entfernt sein oder nicht weiter als 100 sm seewärts der 2500-Meter-Tiefenlinie liegen. Sind der Küste unterseeische Bergrücken vorgelagert, so gilt nur die 350-sm-Grenze.

Der Festlandsockel gehört nicht zum Staatsgebiet des jeweils angrenzenden Küstenstaates, sondern ist grundsätzlich ein Teil der Hohen See, so dass die Prinzipien der Freiheit der Meere gelten. Mit Ausnahme an der Wassersäule und dem Luftraum über dem Sockel stehen dem Küstenstaat funktional begrenzte Hoheitsrechte an den Naturschätzen zu; vgl. im Einzelnen Art. 77, 78 SRÜ.

---

30 Vgl. *Colombos*, §§ 84 ff. mwN.
31 *Beckert/Breuer*, Rn. 49; *Verdross/Simma*, § 1112.
32 Vgl. *Verdross/Simma*, § 1117.

Anders als bei der ausschließlichen Wirtschaftszone stehen dem Küstenstaat der Festlandsockel und die damit verbundenen Hoheitsrechte ipso facto und ab initio zu. Einer besonderen Proklamation bedarf es somit nicht.[33] Drittstaaten dürfen ohne Genehmigung des Küstenstaates nicht auf dem Festlandsockel tätig werden.

b) Meeresbodenregime

Der Meeresbergbau auf dem Tiefseeboden (im SRÜ als „das Gebiet", „the area" bezeichnet) unterliegt einem besonderen Regime. Zwar ist das Meer über dem Tiefseeboden gemäß Art. 147 SRÜ frei, doch ist der Boden der Hohen See nach dem SRÜ der freien Nutzung entzogen.

Zuständig für Organisation, Durchführung und Überwachung des Abbaus mineralischer Bodenschätze ist nach dem SRÜ eine **Internationale Meeresbodenbehörde.** Ein Abbau ist danach nur zulässig, wenn die Meeresbodenbehörde eine entsprechende Konzession erteilt hat.[34] Neben diesen ordnungspolitischen Aufgaben der Meeresbodenbehörde wurden in dem SRÜ auch Regelungen über Abgaben für den Tiefseebergbau sowie über den Technologietransfer geschaffen. Danach sind Unternehmen verpflichtet, Abgaben an die Behörde zu zahlen und technologisches Know-how an sie abzutreten, wenn sie Tiefseebergbau betreiben wollen.[35] Zur Anwendung dieses Teils des SRÜ vgl. jedoch o. II.

Diese Regelung ist der Hauptgrund dafür, dass viele Industriestaaten das SRÜ lange abgelehnt haben.[36]

6. Hohe See

Lit.: Vgl. die Literaturangaben o. vor I.

Die Hohe See (High Sea) umfasst all jene Teile des Meeres, die nicht den Souveränitätsrechten eines Küstenstaates unterstehen. Dies bedeutete in der Vergangenheit, dass die Hohe See an die Küstengewässer eines Staates angrenzte (so noch Art. 1 des Übereinkommens über die Hohe See von 1958). Das hat sich in der Folgezeit geändert, weil die Küstenstaaten immer mehr Rechte am Meer für sich in Anspruch nahmen. Diese Entwicklung hat schließlich auch ihren Niederschlag im SRÜ von 1982 gefunden, so dass die Hohe See heute nur noch die Wassermassen oberhalb des Meeresbodens zwischen den Grenzen der ausschließlichen Wirtschaftszonen der Küstenstaaten umfasst (vgl. Art. 86 SRÜ).

Das Regime der Hohen See geht zurück auf den Grundsatz der **Freiheit der Meere**, der schon im Mittelalter anerkannt war. In der Rechtsliteratur fand er vor allem Ausdruck in dem berühmten Werk „De Mare Liberum" von *Hugo Grotius* (1608). Danach stand das Meer, mit Ausnahme der Territorialgewässer, der Gemeinschaft aller Staaten zur freien Nutzung zur Verfügung. Die Hohe See hat den Status einer **„res communis omnium"**, so dass die Aneignung einzelner Teile der Hohen See durch Staaten unmöglich ist. In der Geschichte – auch in der jüngeren – haben allerdings Küstenstaaten immer wieder versucht, sich Teile der Hohen See, oft auch nur hinsichtlich bestimmter Funktionen (etwa Fischfang) anzueignen.

Zu den Freiheiten der Hohen See zählen die klassischen Freiheiten der Schifffahrt und des Überflugs sowie der Fischerei. Ferner besteht die Freiheit, unterseeische Kabel und Rohrleitungen zu verlegen, künstliche Inseln und andere völkerrechtlich zulässige Anlagen zu errichten sowie wissenschaftliche Forschungen zu betreiben

---

33 *Hasselmann*, aaO, S. 131.

34 Vgl. dazu *Hauser*, aaO, S. 92 ff.

35 S. dazu insbes. die Kritik von *Stalp*, aaO, S. 58 ff.

36 Vgl. zu dieser Problematik: *Beckert/Breuer*, Rn. 100 ff.; zum Meeresbodenregime insbes. *Wolfrum*, aaO, S. 328 ff.; *Hauser*, aaO, S. 129 ff. und S. 158 ff.

(Art. 87 SRÜ). Diese Freiheiten werden gemäß Art. 87 Abs. 2 SRÜ durch die Interessen anderer Staaten an der Nutzung der Hohen See (sog. „due regard"-Klausel) sowie durch das Festlandsockelregime begrenzt, wenn der Sockel über die 200-sm-Wirtschaftszone hinausreicht.

Da die Freiheit des Meeres sowohl für Küsten- als auch für Binnenstaaten gilt, haben Binnenstaaten grundsätzlich ein Recht auf Zugang zum Meer. Dieses Transitrecht ist jetzt in Art. 125 SRÜ festgelegt worden.

IV. Der Internationale Seegerichtshof

Lit.: *von Brevern/Blum*, The first decision of the International Tribunal for the Law of the Sea (The Saiga), International Journal of Shipping Law 1998, 197 ff.; *von Brevern/von Carlowitz*, Die erste Hauptsacheentscheidung des Internationalen Seegerichtshofs, RIW 1999, 856 ff.; *von Brevern*, Die Wogen glätten: Der Internationale Seegerichtshof, Anwalt 2002, 21–23; *Froehlich*, Zu zwei Entscheidungen des Internationalen Seegerichtshofs, TranspR 2007, 395 ff.; *Lagoni*, Rechte natürlicher oder juristischer Personen vor dem Internationalen Seegerichtshof, FS Herber (1999), 375 ff.; *Lagoni/Leopold*, Der Fall „Juno Trader" des Seegerichtshofs und die Bestimmung einer angemessenen Sicherheitsleistung, TranspR 2005, 246 ff.; *Rao/Gautier*, The rules of the International Tribunal for the law of the sea. A commentary, 2006; *Talmon*, Der Internationale Seegerichtshof in Hamburg als Mittel der friedlichen Beilegung seerechtlicher Streitigkeiten, JuS 2001, 550–556; *Vitzthum*, Die Organisation der Welt. Der Internationale Seegerichtshof im Horizont von Walther Schückings Weltstaatenbund mit Obligatorium, FS Meinhard Schröder (2003), 133 ff.; *Wolfrum*, Verfahren zur Freigabe von Schiffen vor dem Internationalen Seegerichtshof, FS Herber (1999), 567 ff.; *ders.*, Der Internationale Seegerichtshof, DRiZ 2006, 188–189; *ders.*, Gastkommentar: Der Internationale Seegerichtshof, WM 2000, 810; *ders.*, Der Internationale Seegerichtshof – eine erste Bilanz, VN 2000, 127–132.

Das SRÜ sieht die Bildung eines Internationalen Gerichtshofes für Seestreitigkeiten vor, der im Oktober 1996 in Hamburg errichtet worden ist. Rechtsgrundlage ist Art. 287 Abs. 1 Buchst. a SRÜ in Verbindung mit dem als Anhang VI dem Übereinkommen beigefügten Statut des Internationalen Seegerichtshofes (ISGH).

Der ISGH ist eines von mehreren Instrumenten zu der im SRÜ vorgesehenen obligatorischen Streitbeilegung. Nach Art. 287 Abs. 1 SRÜ kann eine Streitpartei – nach erfolglosem Versuch gütlicher Einigung in den Formen der Art. 279 ff. SRÜ – wählen, ob sie ein Verfahren einleitet

- vor dem ISGH,
- vor dem Internationalen Gerichtshof in Den Haag,
- vor einem Schiedsgericht nach Anhang VII zum SRÜ,
- vor einem besonderen Schiedsgericht, welches nach Anhang VIII zum SRÜ gebildet wird.

Der Gerichtshof hat 21 Richter und mehrere Kammern. Grundsätzlich entscheidet das Plenum, das mit mindestens elf Richtern besetzt ist. Näheres bestimmen die vom Gericht im Rahmen des Statuts festgelegten Verfahrensregeln v. 28.10.1997, rev. am 15.3. und 21.9.2001.[37]

Gegenstand von Streitigkeiten können grundsätzlich alle im SRÜ geregelten Fragen sein, jedoch mit wichtigen Ausnahmen für Fälle, welche in die Souveränität der Küstenstaaten eingreifen würden (Art. 297 ff. SRÜ). So sind Streitigkeiten wegen Maßnahmen innerhalb der ausschließlichen Wirtschaftszone nur in bestimmten Fällen – namentlich bei Verletzung der Schifffahrtsfreiheit – zulässig. Klageberechtigt sind grundsätzlich nur Staaten und internationale Organisationen.[38] Dies gilt insbesondere auch für den Antrag im Verfahren auf Freigabe

37 Vgl. dazu *Rao/Gautier*, The rules of the International Tribunal for the law of the sea, commentary, Leiden 2006.

38 Vgl. dazu *Lagoni*, Rechte natürlicher oder juristischer Personen vor dem Internationalen Seegerichtshof, FS Herber 1999, 375 ff.

eines von einem Vertragsstaat festgehaltenen Schiffes (Art. 292 SRÜ – Prompt release of vessels); hierfür hat nur der Flaggenstaat Antragsbefugnis; allerdings kann dieser auch einer Einzelperson Vollmacht erteilen, für ihn zu handeln (Art. 292 Abs. 2 SRÜ). Zur völkerrechtlichen Problematik der Freigabe vgl. *Lindemann*, Untersuchung, Festhalten und sofortige Freigabe ausländischer Seehandelsschiffe, Veröffentlichungen des Instituts für Seerecht und Seehandelsrecht der Universität Hamburg Bd. 11, 1997, und *Wolfrum*, Verfahren zur Freigabe von Schiffen vor dem Internationalen Seegerichtshof, FS Herber (1999), S. 567 ff.

Die Freigabe wird vom ISGH gegen Sicherheitsleistung angeordnet; eine sachliche Nachprüfung der Vorwürfe findet nicht statt. Zumindest theoretisch könnte auch der betroffene Reeder selbst von seinem Flaggenstaat bevollmächtigt werden, die Freigabe zu beantragen. Voraussetzung des Verfahrens ist, dass der Staat selbst das Schiff festhält; die Beschlagnahme auf Grund eines Arrestes durch ein Zivilgericht auf Betreiben des Gläubigers eines privatrechtlichen Anspruchs fällt deshalb nicht in die Kompetenz des ISGH.

Mittlerweile wurden dem ISGH 23 Fälle[39] zur Entscheidung vorgelegt, in 21 Fällen hat er bereits eine Entscheidung getroffen. Ein Großteil davon betraf Schiffsfreigabeverfahren gemäß Art. 292 SRÜ. Seine erste Entscheidung hat der ISGH am 4.12.1997 erlassen. Das Gericht ordnete auf Antrag des Staates St. Vincent und die Grenadinen die Freigabe eines von dem Staat Guinea festgehaltenen Öltankers (MS „Saiga“[40]) gegen Sicherheit an. Um dieselbe Problematik, insbesondere um die Bestimmung der Sicherheitsleistung, ging es auch in der Entscheidung „Juno Trader“[41] vom 18.12.2004. Diese Rechtsprechung wurde in den Fällen „Hoshinmaru“ und „Tominmaru“[42] vom 6.8.2007 weiterentwickelt, in denen es um japanische Fischfangschiffe ging, die von der russischen Küstenwache in ihrer ausschließlichen Wirtschaftszone festgesetzt wurden. Zu erwähnen ist schließlich noch ein Verfahren der Einstweiligen Anordnung zur Freigabe eines von Russland beschlagnahmten Schiffes („Arctic Sunrise“).[43]

Weitere wichtige Entscheidungen betrafen ein Rechtsgutachten zu Umwelt- und Haftungsstandards bei Aktivitäten auf dem Meeresboden im Februar 2011, und die Bestimmung des Verlaufs der Seegrenze zwischen Bangladesch und Myanmar im Golf von Bengalen im Februar 2012.[44]

V. Sonstiges Völkerrecht

Lit.: *Lagoni*, Das Wrackbeseitigungs-Übereinkommen und das Völkerrecht, TranspR 2008, 352 ff.; *Parameswaran*, Die WTO, das GATS und die Seeschifffahrt: Eine Einführung, TranspR 2005, 18 ff.

Einzelfragen des Völkerrechts werden durch eine Vielzahl bilateraler und multilateraler Staatsverträge geregelt. Soweit diese Gegenstände des Schifffahrtsrechts, namentlich der Schiffssicherheit betreffen, sind sie u. § 8, soweit sie Gegenstände des Seearbeitsrechts betreffen, u. § 18 erwähnt. Die das Zivilrecht vereinheitlichenden Übereinkommen sind nur in ihren formalen Schlussbestimmungen, nicht jedoch inhaltlich dem Völkerrecht zuzurechnen (dazu o. § 4 I 2, § 1 II 2a).

---

39 Vgl. die Liste der Fälle unter http://www.itlos.org/index.php?id=35&L=0.

40 Dazu *von Brevern/Blum*, The first decision of the International Tribunal for the Law of the Sea (The Saiga), International Journal of Shipping Law 1998, 197 ff.

41 Dazu *Lagoni/Leopold*, Der Fall „Juno Trader“ des Seegerichtshofs und die Bestimmung einer angemessenen Sicherheitsleistung, TranspR 2005, 246 ff.

42 Dazu *Froehlich*, Zu zwei Entscheidungen des Internationalen Seegerichtshofs, TranspR 2007, 395 ff.

43 Dazu *Zengerling/Verheyen*, Seegerichtshof beschließt die Freilassung von Crew und Schiff im Fall „Arctic Sunrise“. Ein Bericht über Verfahren und Entscheidung, ZUR 2014, 147 ff.

44 Vgl. zur maritimen Grenzziehung zwischen Staaten: *Jessen*, Internationale seerechtliche Streitbeilegung im Lichte jüngerer Rechtsprechung, AL 2013, 250 ff.

Durch die Kodifikation, welche das Seevölkerrecht durch das SRÜ erfahren hat, sind zahlreiche multilaterale ältere Übereinkommen gegenstandslos geworden, die Einzelfragen regelten; so etwa das Übereinkommen und Statut v. 20.4.1921 über die Freiheit des Durchgangsverkehrs.[45]

Erwähnt werden sollten noch

- die – lediglich einen Satz umfassende – **Erklärung v. 20.4.1921 über die Anerkennung des Flaggenrechts der Staaten ohne Meeresküste**;[46]
- das **Übereinkommen und Statut v. 9.12.1923 über die internationale Rechtsordnung der Seehäfen** (RGBl. 1928 II 22), durch das sich die Vertragsstaaten die gleiche Behandlung ihrer Handelsschiffe in Seehäfen zusichern (vgl. auch o. III 1 c));
- das **Internationale Abkommen v. 10.4.1926 zur einheitlichen Feststellung von Regeln über die Immunitäten der Staatsschiffe**[47] sowie Zusatzprotokoll v. 24.5.1934.[48] Durch die Bestimmungen dieses Übereinkommens werden „Staatshandelsschiffe“ den gleichen Regeln unterworfen, die auf private Kauffahrteischiffe zur Anwendung kommen[49] (auch o. III 1 c), § 4 II 1e));
- das **(IMO-)Übereinkommen v. 9.4.1965 zur Erleichterung des internationalen Seeverkehrs**;[50]
- die **Pariser Vereinbarung vom 26.1.1982 über die Hafenstaatkontrolle**;[51]

Nach dem Inkrafttreten des SRÜ wurden in erster Linie weitere Übereinkommen in Bezug auf den Meeresumweltschutz geschlossen, ua.:

- das **IMO-Protokoll zur Vorsorge, Bekämpfung und Zusammenarbeit bei Verschmutzungen durch gefährliche und schädliche Stoffe** von 2000;[52]
- das **IMO-Übereinkommen zur Überwachung und Behandlung von Ballastwasser und Sedimenten von Schiffen** v. 13.2.2004.[53]

Besonderes Gewicht für die Schifffahrt hat das mit einer Versicherungspflicht verbundene **IMO-Wrackbeseitigungsübereinkommen v. 18.5.2007.**[54] Es ist für Deutschland am 14.4.2015 in Kraft getreten. Ihm gehören zur Zeit erst neun weitere Staaten an, von denen nur zwei (Dänemark und das Vereinigte Königreich) größere Schifffahrtsbedeutung haben. Das Abkommen sieht eine Pflicht zur Versicherung der Haftung für abkommengemäße Wrackbeseitigung für Eigentümer eingetragener Seeschiffe mit über 300 BRZ vor. Das BSH prüft das Bestehen ausreichender Versicherung und stellt eine Wrackbeseitigungshaftungsbescheinigung aus.

Zahllose **bilaterale Handels-Abkommen** enthalten Bestimmungen auch über die Schifffahrt.

---

45 RGBl. 1924 II 387.

46 RGBl. 1932 II 93; vgl. auch *Dehnert*, Das Recht der Binnenstaaten auf Zugang zum Meere unter besonderer Berücksichtigung der 3. Seerechtskonferenz der Vereinten Nationen, S. 61 ff.

47 RGBl. 1927 II 483.

48 RGBl. 1936 II 303.

49 Vgl. dazu auch: *Menzel*, Die Immunität der Staatsschiffe, Schriften des DVIS A 7; *Klein*, Staatsschiffe und Staatsfahrzeuge im Völkerrecht, 1934.

50 BGBl. 1967 II 2434; mit späteren Änderungen BGBl. 1971 II 1377, 1978 II 1445, 1983 II 576, 1986 II 1141, 1989 II 70, 1993 II 170, 2000 II 1343, 2000 II 1355, 2000 II 1485, 2002 II 2913, 2004 II 1487, 2007 II 1494, 2011 II 980.

51 BGBl. 1982 II 585 mit zahlreichen Änderungen, neugefasst BGBl. 2004 II 190, mit Änderungen BGBl. 2005 II 1205, 2007 II 748, 2007 II 1058, 2009 II 1227, 2013 II 187, 2014 II 140.

52 BGBl. 2007 II 1434.

53 Bislang nicht in Kraft. In Deutschland gilt seit 14.2.2013 das Ballastwassergesetz vom 5.2.2013, BGBl. 2013 II 42.

54 Nairobi International Convention on the Removal of Wrecks, 2007, BGBl. 2013 II, 530. Dazu *Lagoni*, Das Wrackbeseitigungs-Übereinkommen und das Völkerrecht, TranspR 2008, 352 ff.

§ 8 Seeverwaltungsrecht

Lit.: *Beckert/Breuer*, Öffentliches Seerecht, 1991.

I. Gliederung

Das öffentliche Seerecht, das in diesem Buch nur gestreift werden kann, enthält Regelungen zu praktisch allen die Schifffahrt berührenden Gegenständen: Es regelt den Status der Wasserflächen, auf denen sich die Schifffahrt vollzieht, ferner Bau, Ausstattung, Besetzung der Schiffe, Verkehrsregelungen, den Status der Häfen, den Schutz der Meeresumwelt.

Ein Teil der dem öffentlichen Recht zuzurechnenden Bestimmungen wird wegen der besonderen Bedeutung in eigenen Kapiteln behandelt: so das Flaggenrecht, das Registerrecht, das Seevölkerrecht. Auch Teilbereiche des Verwaltungsrechts – wie etwa die Seeunfall-Untersuchung – sollen an anderer Stelle im Zusammenhang betrachtet werden. Hier kann lediglich ein Überblick über einige besonders wichtige Bereiche des Seeverwaltungsrechts gegeben werden. Diese lassen sich grob – aber ohne Anspruch auf Vollständigkeit – untergliedern in die Bereiche **Allgemeines Seeverwaltungsrecht, Schiffssicherheit, Verkehrsordnung, Seewirtschaft, Meeresumweltrecht** und **Fischerei**. Auf allen diesen Gebieten sind nationale und internationale Vorschriften zu beachten, die in ihrem Zusammenwirken – und noch mehr in ihrer zumindest rechtssystematisch meist nicht deckungsgleichen Umsetzung in das innerstaatliche Recht – oft schwer zu überblicken sind.

II. Schifffahrtsverwaltung und allgemeine Ordnung

1. Behörden, Zuständigkeiten

Das **Gesetz über die Aufgaben des Bundes auf dem Gebiet der Seeschiffahrt** (sog. **Seeaufgabengesetz** v. 24.5.1965[1]) enthält die Zuweisung von Seeschifffahrtsaufgaben an den Bund, die Art. 89 Abs. 2 GG erfordert. Zugleich grenzt das Seeaufgabengesetz die Kompetenzbereiche von Behörden ab. Es ist gewissermaßen das Grundgesetz der Seeverkehrsverwaltung.

Das Seeaufgabengesetz ist auch die Grundlage für den Behördenaufbau der Schifffahrtsverwaltung. Oberste Verkehrsbehörde ist das **Bundesministerium für Verkehr und digitale Infrastruktur**. Mittelbehörden sind die **Wasser- und Schifffahrtsdirektionen**, denen – als Unterbehörden – die **Wasser- und Schifffahrtsämter** nachgeordnet sind; ihnen kommt vor allem die Aufgabe zu, die Sicherheit und Ordnung auf den Bundeswasserstraßen zu gewährleisten, wofür das Seeaufgabengesetz eigene polizeirechtliche Bestimmungen enthält (§§ 3 ff. Seeaufgabengesetz).

Als Bundesoberbehörde im Geschäftsbereich des Bundesministeriums für Verkehr hat das **Bundesamt für Seeschifffahrt und Hydrographie** (früher: **Deutsches Hydrographisches Institut**) insbesondere bestimmte Aufgaben im Rahmen der Überwachung der Verkehrs- und Betriebssicherheit der Wasserfahrzeuge (§ 5 Nr. 1, § 1 Nr. 4 Seeaufgabengesetz), der Schiffsvermessung (§ 5 Nr. 2; § 1 Nr. 5 Seeaufgabengesetz), des hydrographischen Dienstes und der Herausgabe von Seekarten (§ 5 Nr. 4; § 1 Nr. 9, 10 Seeaufgabengesetz) sowie der Forschung und Statistik.

---

1 BGBl. II 833 idF der Bek. BGBl. 2002 I 2876, zuletzt geänd. BGBl. 2013 I S. 3836.

Die **Berufsgenossenschaft für Transport und Verkehrswirtschaft** (BGVerkehr) (früher: **See-Berufsgenossenschaft**) nimmt als öffentlich-rechtliche Körperschaft die Aufgaben des Bundes zur Gewährleistung der Sicherheit der Seeschiffe, insbesondere hinsichtlich des Arbeitsschutzes wahr (§ 6 Seeaufgabengesetz). Die **Bundeslotsenkammer** gewährleistet die Zurverfügungstellung sachkundiger Lotsen (dazu u. § 19).

Neben den Behörden und öffentlich-rechtlichen Körperschaften sind im Seeverkehr auch beliehene Verbände tätig, so namentlich DNV GL als **Klassifikationsgesellschaft** (dazu u. § 21 III); diese nimmt außer der Klassifizierung der Schiffe – einer auf privatrechtlicher Basis erfolgenden Sicherheitsüberprüfung im Auftrage des Reeders – auch öffentlich-rechtliche Funktionen bei der Ausstellung des Schiffssicherheitszeugnisses wahr.

2. Seewasserstraßen, Seeschifffahrtsstraßen

Der Begriff der **Seewasserstraße** ist ein wegerechtlicher. Nachdem mangels Klärung des **Eigentums an den Wasserstraßen** im Grundgesetz zunächst Unklarheit über die Rechtslage, insbesondere die Eigentums- und Hoheitsrechte von Bund und Ländern an den Wasserstraßen herrschte,[2] hat das **Bundeswasserstraßengesetz (WaStrG)** v. 2.4.1968[3] hierüber Klarheit geschaffen.[4]

Für das Schifffahrtsrecht wichtiger ist die Einteilung der (Binnen- und See-)Wasserstraßen in **Seeschifffahrtsstraßen** und Binnenschifffahrtsstraßen. Diese Begriffe sind verkehrstechnischer Natur. Seeschifffahrtsstraßen schließen auch Teile der Binnenwasserstraßen ein, so etwa auf der Unterelbe.

3. Schifffahrtspolizei

Lit.: *Bartlsperger*, Die Aufwendungsersatzansprüche der Wasserstraßenverwaltung für Schiffs- und Ankerbergungen, ZfB 1975, 439ff.; *Laubinger*, Die öffentlich-rechtliche Haftung des Schiffseigners bei Wrackbeseitigung, Ankerbergung und nach § 22 Wasserhaushaltsgesetz, ZfB 1982, 9ff.

Aus dem Seeaufgabengesetz ergibt sich auch die Grundlage für die **Schifffahrtspolizei.** Daneben bestehen vielfältige Spezialnormen für polizeiliche Maßnahmen, so etwa § 24 WaStrG. Da die Mittel der Bundesverwaltung nicht ausreichen, diese polizeilichen Aufgaben wahrzunehmen, hat der Bund mit den Küstenländern besondere Vereinbarungen über die Ausübung der schiffahrtspolizeilichen Vollzugsaufgaben durch deren Polizeibehörden getroffen.[5]

Besondere Bedeutung für die Schifffahrtspolizei haben die **strompolizeilichen Maßnahmen** nach dem WaStrG. Das WaStrG enthält außer den Kompetenzen für Bau und Planung von Wasserstraßen auch die Rechtsgrundlage für Maßnahmen zur Abwehr von Gefahren und Beseitigung von Störungen im Interesse der Erhaltung der Schiffbarkeit der Bundeswasserstraßen.

Diese Eingriffsnorm ist namentlich dann von Bedeutung, wenn die Voraussetzungen der allgemeinen polizeirechtlichen Normen der § 1 Nr. 2, §§ 3ff. Seeaufgabengesetz – oder, dementsprechend, § 1 Abs. 1 Nr. 2 Binnenschiffahrtsaufgabengesetz v. 15.2.1956[6] – nicht vorliegen, weil keine unmittelbare Gefahr von der Störung ausgeht.

§§ 24ff. WaStrG geben dem Wasser- und Schifffahrtsamt die Möglichkeit, von dem Eigentümer oder Störer (insbes. also auch dem Kapitän oder – bei einem Binnenschiff – dem Schiffs-

---

2 Dazu *Beckert/Breuer*, Rn. 121ff., 138.

3 BGBl. II 173 idF der Bek. BGBl. 2007 I 962; 2008 I 1980, zuletzt geänd. BGBl. 2013 I 3154.

4 Im Einzelnen muss auf *Beckert/Breuer*, Rn. 142ff. verwiesen werden.

5 Vgl. etwa VerkBl. 1985, 1285 und die weiteren Angaben bei *Beckert/Breuer*, Rn. 816ff.

6 BGBl. II 317 idF der Bek. BGBl. 2001 I 2026, zuletzt geänd. BGBl. 2013 I 3154.

führer) die Beseitigung eines Schifffahrtshindernisses zu verlangen, wenn dieses nur eine abstrakte Gefahr für die Schifffahrt darstellt; so etwa eines Wracks, das zwar gesichert ist, jedoch die Schiffbarkeit der Wasserstraße einschränkt. Die Behörde kann entweder eine strompolizeiliche Verfügung erlassen, die notwendigen Maßnahmen durchzuführen, oder diese selbst vornehmen oder von einem Dritten vornehmen lassen (§ 28 Abs. 2, 3 WaStrG). Als Entschädigung kann sie – nur – die Kosten der Ersatzvornahme verlangen (§ 28 Abs. 3 WaStrG). Nur wenn ein sofortiges Einschreiten der Behörde geboten erscheint und der zur Störung Verpflichtete nicht oder nicht rechtzeitig zur Beseitigung in der Lage ist, kann die Behörde die Beseitigung des Hindernisses, insbesondere eines Wracks oder Schiffsteiles (Ankers), selbst vornehmen (§ 30 Abs. 1 WaStrG); sie hat dann Anspruch auf Kostenersatz, jedoch nur bis zur Höhe des Wertes des geborgenen Gegenstandes (§ 30 Abs. 3 WaStrG).[7]

Im Hinblick auf die – vor allem hinsichtlich der Kostenerstattung – begrenzten Möglichkeiten der Verwaltung, öffentlich-rechtlich einzuschreiten, versucht die Behörde immer wieder, diese Regeln dadurch zu umgehen, dass sie sich bei der Beseitigung von Hindernissen auf zivilrechtliche Grundlagen stützt. Dafür bieten sich Ansprüche aus § 1004 BGB, aus Geschäftsführung ohne Auftrag (§§ 677, 683, 670 BGB), aus Bereicherung oder – wenn man den Bund als Besitzer des Wracks ansehen will – auch aus §§ 994, 985 BGB an. Die praktische Bedeutung dieser Umgehungsmöglichkeit ist geringer geworden, seitdem § 7 Abs. 2 EGHGB die Haftungsbeschränkung nach §§ 611 ff. HGB (zuvor §§ 487 ff. aF) auf alle Ansprüche der Behörde – gleich, ob auf öffentliches oder privates Recht gestützt – erstreckt hat.[8]

III. Schiffsvermessung

Lit.: *Corkhill*, The Tonnage Measurement of Ships, 1980; *Killmer*, Hansa 1965, 353 ff., 515 ff., 601 ff., 961 ff.; *Klüver*, Hansa 1981, 1317 ff., *Münnich*, Wie groß ist das Schiff? 1975; *ders.*, Ergebnisse der Schiffsvermessungskonferenz London 1969, Hansa 1996, 1936 ff.

International ist die Vermessung der Seeschiffe in dem Übereinkommen v. 10.6.1947 über ein einheitliches System der Schiffsvermessung[9] geregelt. Da dem Übereinkommen nur relativ wenige Staaten beigetreten sind (insbes. blieben ihm England und die USA fern), hat es international kaum Bedeutung erlangt. – Anders verhält es sich dagegen mit dem **Internationalen Schiffsvermessungs-Übereinkommen v. 23.6.1969,**[10] das für über hundert Staaten in Kraft getreten und heute für die Schiffsvermessung bestimmend ist.

Das Übereinkommen von 1969 hat die Vermessung auf eine neue Basis gestellt und vereinfacht. Die bisherige Vermessung in Brutto- (und Netto-)Registertonnen (BRT) ist umgestellt worden auf Brutto-(Netto-)Raumzahlen (BRZ).

In Deutschland wurde die Schiffsvermessung in Übernahme des internationalen Rechts in der **Verordnung v. 5.7.1982 über die Schiffs- und Schiffsbehältervermessung**[11] geregelt. Die SchiffsvermessungsVO wurde jedoch durch Art. 3 der Ersten Verordnung zur Änderung der Binnenschiffsuntersuchungsordnung und sonstiger schifffahrtsrechtlicher Vorschriften vom 20.12.2012 mit Wirkung zum 1.1.2013 ersatzlos aufgehoben.[12] Die Vermessung, die sich seitdem nur nach dem Übereinkommen richtet, ist für alle Seeschiffe mit einer Länge über 24m vorgeschrieben. Zur Bestätigung dieser Vermessung erteilt das Bundesamt für Seeschifffahrt und Hydrographie einen internationalen **Schiffsmessbrief** („International Tonnage Certificate 1969" – ITC 69). Das Amt bestätigt durch den Schiffsmessbrief, dass Brutto- und Net-

7 Wegen der Einzelheiten vgl. *Bartlsperger* und *Laubinger*, aaO.
8 Zur Vorgeschichte vgl. *Herber*, Haftungsrecht, S. 230 ff.
9 BGBl. 1957 II 1469; 1958 II 67.
10 BGBl. 1975 II 65.
11 BGBl. I 916, 1169; zuletzt geänd. BGBl. 2002 I 3322 – aufgehoben BGBl. 2012 I 2802.
12 BGBl. 2012 I 2802.

toraumzahl sowie Länge und Breite des Schiffes gemäß dem Internationalen Schiffsvermessungsübereinkommen von 1969 ermittelt worden sind. Nach einer Übergangszeit (bis 18.7.1994), für Schiffe, deren Bau vor dem 18.7.1982 (dem Tage des Inkrafttretens des Übereinkommens von 1969) begonnen wurde, gelten die neuen Regeln heute für alle Schiffe.

IV. Schiffssicherheitsrecht

Lit.: *Boisson*, Politiques et Droit de la Securité Maritime, Paris 1998; *Looks/Kraft*, Die zivilrechtlichen Auswirkungen des ISM-Code, TranspR 1998, 221ff.; *de la Motte*, Die Auswirkungen des ISM-Codes auf das Seehaftungsrecht, Diss. Hamburg 1998.

Einen umfangreichen Vorschriftenkomplex – internationalen und nationalen Charakters – bildet das Schiffssicherheitsrecht. Im weiteren Sinne gehören auch die Vorschriften über die Schiffsbesetzung und über die Schifffahrts-Verkehrsordnung dazu, dienen doch auch sie der Sicherheit. Doch sollen hier nur die Bestimmungen über Bau und Unterhaltung der Schiffe darunter verstanden werden (im Übrigen s. u. V und VI).

1. International sind die Anforderungen an die Sicherheit der Seeschiffe vor allem in zwei Übereinkommen niedergelegt,

- dem **Internationalen Übereinkommen v. 1.11.1974 über den Schutz des menschlichen Lebens auf See (International Convention and Regulations for the Safety of Life at Sea – SOLAS**[13]) mit Protokoll v. 17.2.1978[14] und
- dem **Internationalen Freibord-Übereinkommen (Loadline-Convention)** v. 5.4. 1966[15] mit Protokoll v. 11.11.1988.[16]

Dazu wird ferner oft das MARPOL-Übereinkommen gezählt, das jedoch primär nicht der Sicherheit des Schiffes selbst, sondern – wie das Kollisionsverhütungsrecht – mehr dem Schutz Dritter dient. Es wird deshalb heute unter dem eigenständigen (und modischen) Begriff des „Meeresumweltrechts" geführt (dazu u. VII).

Das **SOLAS-Übereinkommen** enthält umfangreiche Anlagen, die Verwaltungsgrundsätze (Kap. I), technische Anforderungen an den Bau des Schiffes hinsichtlich Stabilität, Maschinen, elektrischer Anlage, Brandschutz (Kap. II), Rettungsmittel (Kap. III), Funkanlagen (Kap. IV), das Verhalten auf See und die mitzuführende Ausrüstung (Kap. V) sowie die sichere Beförderung der Ladung (Kap. VI), speziell auch von gefährlichen Gütern (Kap. VII) betreffen. – Für Fischereifahrzeuge enthält das **Übereinkommen von Torremolinos** (Protokoll vom 2.4.1993[17]) über die Sicherheit von Fischereifahrzeugen v. 2.4.1977[18] ähnliche Regeln.

Das **Freibord-Übereinkommen** regelt die Beladungsfähigkeit der Schiffe.

Das SOLAS-Übereinkommen idF von 1978 und das Freibord-Übereinkommen sehen vor, dass auch andere Vertragsstaaten als der Flaggenstaat geeignete Hafenkontrollen vornehmen können.

---

13 BGBl. 1979 II 141. Neufassung BGBl. 1998 II 2579.
14 BGBl. 1980 II 525.
15 BGBl. 1969 II 246; 1977 II 164.
16 BGBl. 1994 II Nr. 24 mit Anlagenband.
17 BGBl. 2003 II 1330.
18 BGBl. 1983 II 659.

Diese Übereinkommen werden in Deutschland durch die VO über die Sicherheit der Seeschiffe (SchiffssicherheitsVO; SchSV[19]) – bisher leider nicht deckungsgleich – umgesetzt. Nach dem Schiffssicherheitsgesetz v. 9.9.1998[20] und der Neufassung der SchSV v. 18.9.1998 (Fn. 17) sollen Divergenzen durch unmittelbare Anwendung des internationalen Rechts vermieden werden.

Die Überprüfung der Einhaltung der Sicherheitsvorschriften obliegt danach dem Bundesamt für Seeschifffahrt und Hydrographie (§ 5 Abs. 1 Nr. 1 SeeaufgabenG) und der BGVerkehr (§ 6 Abs. 1 SeeaufgabenG). Die BGVerkehr kann sich zur Erfüllung dieser Aufgaben auch des DNV GL (oder, nach neuerem EU-Recht, einer anderen europäischen Klassifikationsgesellschaft) bedienen.

Die Überprüfung der Anforderungen hinsichtlich der Ausrüstung und der Festlegung des Freibords wird unter der Aufsicht des Bundesamtes für Seeschifffahrt und Hydrographie vom DNV GL wahrgenommen.

Die SchSV enthält auch Vorschriften zur Gewährleistung eines Mindestsicherheitsstandards ausländischer Schiffe, die deutsche Hoheitsgewässer befahren (§ 12 SchSV). Die BGVerkehr kann auch Schiffe unter fremder Flagge überprüfen und bei schweren Verstößen festhalten.

3. Von besonderer Bedeutung ist die Einführung des **ISM (International Safety Management)-Code,**[21] durch den nach mehreren Katastrophen der vorangegangenen Zeit nunmehr wirksamere Maßnahmen als bisher ergriffen werden sollen, um die Schiffsicherheit zu verbessern. Der Code wurde von der IMO schon 1993 beschlossen, nachdem mehrere große Unfälle (Untergang der „Herald of Free Enterprise“, Brand auf der „Skandinavian Star“, Strandung des Öltankers „Braer“) gravierende Sicherheitsmängel erkennen ließen. Diese zunächst als bloße Empfehlung gefasste Entschließung wurde 1994 in die SOLAS aufgenommen und ist für deren Vertragsstaaten zum 1.7.1998 verbindlich geworden. Nachdem die EU die zwingende Anwendung des ISM-Codes zunächst nur für Ro/Ro-Fährschiffe vorgeschrieben hat,[22] wurde sein Anwendungsbereich durch die Verordnung (EG) Nr. 336/2006[23] auf alle Schiffe, die ausschließlich in der Inlandfahrt oder im Linienverkehr von oder nach Häfen der Mitgliedstaaten eingesetzt werden, erweitert (Art. 3 der VO).

Der ISM-Code verfolgt ein neues Konzept, das dem Gedanken der ISO-Zertifizierung nachgebildet ist: Der Unternehmer (Schiffseigentümer oder Person, welche den Betrieb übernommen hat – damit wird erneut ein neuer Begriff eingeführt, der über den des Reeders und Ausrüsters hinausgehen dürfte) hat danach die Pflicht, ein umfassendes und lückenloses System für die Organisation von Sicherheitsmaßnahmen (Safety Management System) einzurichten und seine Einhaltung (durch einen hierfür besonders zu ernennenden Beauftragten) sicherzustellen. Der Unternehmer wählt – für seinen Betrieb und jedes Schiff – das sog. Qualitätsmanagement selbst und legt seine Ziele sowie die Mittel, durch die er sie erreichen will, in einem Handbuch nieder.

Dieses System, das Grundlage einer Zertifizierung durch den Flaggenstaat ist, unterscheidet sich von den bekannten Systemen dieser Art dadurch, dass es den Unternehmen zur Pflicht gemacht wird und dass es im Grundsatz sowie in regelmäßigen Abständen auch in seiner Einhaltung durch die Verwaltung des Flaggenstaates geprüft wird; diese bestätigt – in Form eines Safety Management Certificate – selbst oder durch beliehene Organisationen die Einhal-

19 V. 8.12.1986, BGBl. I 2361 idF der VO v. 18.9.1998, BGBl. I 3013 zuletzt geänd. BGBl. 2014 I 1371.

20 BGBl. 1998 I 2860, zuletzt geänd. BGBl. 2014 I 78.

21 BAnz. Nr. 53 v. 16.3.1995, S. 2732 ff.

22 VO Nr. 3051/95 v. 8.12.1995 – inzwischen außer Kraft.

23 ABl. EG Nr. L 64, S. 1; zuletzt geänd. durch VO (EG) Nr. 1137/2008 v. 22.10.2008 (ABl. Nr. L 3111, S. 48).

tung. Handbuch und Zertifikat sind an Bord mitzuführen und können vom Hafenstaat geprüft werden.[24]

Demgegenüber beruhten die bisher angewendeten Zertifizierungs-Systeme (DIN ISO 9002[25]) und – mehr auf die Bedürfnisse der Schifffahrt zugeschnitten – ISMA (International Ship Managers' Association) – Codes auf freiwilliger Einhaltung, die nur vom Wettbewerb erzwungen wird.

Die zivilrechtlichen Auswirkungen des Systems sind bis heute unklar, werden jedoch wohl vielfach überschätzt. Allerdings wird ein Gericht dazu neigen, Verstöße gegen die selbstgesetzten Verhaltensregeln zugleich als Verletzung der vom Reeder und Verfrachter geschuldeten Sorgfalt (§ 498 Abs. 2, § 507) anzusehen; gleichwohl bleibt es zumindest theoretisch bei dem objektiven Fahrlässigkeitsmaßstab des Gesetzes, auch wenn das ISM-System weitergehende Gebote enthält. In gewissem Umfang kann sich die Haftung des Reeders oder Verfrachters dadurch erweitern, dass er durch erweiterte Berichtspflichten der Schiffsführung über Vorkommnisse an Bord (etwa technische Probleme mit der Maschine) verstärkt und nachweisbar unterrichtet wird, die ihn zu Weisungen hätten veranlassen müssen; dadurch kann sowohl die Haftungsfreistellung bei fehlerhafter Bedienung des Schiffes durch die Besatzung (sofern vereinbart, § 512 Abs. 2 Nr. 1) gegenstandslos werden als auch die Haftungsbegrenzung oder -beschränkung nach § 507, Art. 4 HBÜ entfallen. Vor allem aber wird man die Nichteinhaltung der Unterrichtungspflichten – sofern der Reeder nach früheren Unterlassungen damit rechnen musste – als eigenes, zumeist auch schweres Verschulden des Reeders selbst anzusehen haben, welches seine Haftungsprivilegien entfallen lassen kann.[26]

Die angestrebte Verbesserung der Sicherheit kann nur sehr begrenzt durch eine – wie euphorisch gesagt wird – neue „Sicherheitskultur" erreicht werden. Den Betreibern der Schiffe sind die Mängel in der Regel nicht unbekannt. Sicher ist hilfreich, wenn sich der Reeder über die zur Einhaltung der Sicherheitsstandards erforderlichen Maßnahmen selbst klar werden und diese in einer Handlungsanweisung für sein Personal niederlegen muss. Eine Verbesserung der Sicherheit kann aber letztlich nur erreicht werden, wenn Flaggen- und Hafenstaaten ihre Pflicht zur Überprüfung wirklich erfüllen und Zuwiderhandlungen ahnden: Dies ist bei der großen Zahl zu prüfender Schiffe, dem erheblichen Prüfungsaufwand und den kurzen Liegezeiten nicht – schon gar nicht von ärmeren Ländern – leicht zu verwirklichen. Zudem hindern eigene wirtschaftliche Interessen die Staaten oft an wirksamen Maßnahmen.

4. Neben dem ISM-Code ist besonders der im Jahre 2002 durch Kapitel XI-2 in das SOLAS-Übereinkommen eingeführte **ISPS-Code (International Ship and Port Facility Security Code)** erwähnenswert.[27] Er wurde auf europäischer Ebene durch die Verordnung (EG) Nr. 725/2004 umgesetzt.[28] Der Zweck des Codes besteht darin, die Gefahren auf Schiffen, die im internationalen Handel betrieben werden, sowie der dazugehörigen Hafenanlagen durch bestimmte Sicherheitsmaßnahmen zu verbessern. Insbesondere umfassen diese Maßnahmen die Pflicht für Schiffe und Hafenanlagen, einen Plan zur Gefahrenabwehr zu entwickeln und vorzuhalten (Abschnitte 9.1 und 16.1 Teil A des ISPS-Codes) sowie Sicherheitsbeauftragte einzusetzen (Abschnitte 12 und 17 Teil A des ISPS-Codes).

Der ISPS-Code besteht aus einem verbindlichen Teil A, dessen einheitliche Auslegung durch die EU-Verordnung sichergestellt werden soll, sowie einem Teil B, der bloße Empfehlungen an die Vertragsstaaten umfasst, deren Umsetzung jedoch teilweise durch die Verordnung vorgeschrieben wird.[29] Durch die Richtlinie zur Erhöhung der Gefahrenabwehr in Häfen vom

---

24 Wegen der Einzelheiten vgl. insbes. *Looks/Kraft*, TranspR 1998, 221 ff.; *de la Motte*, aaO.

25 Das heute, seit 2000, nicht mehr verwendet wird.

26 Wegen der Rechtsfolgen im Einzelnen vgl. *Looks/Kraft*, aaO; *de la Motte*, aaO.

27 BGBl. 2003 II 2018.

28 ABl. EG 2004 Nr. L 129, S. 6.

29 Vgl. Erwägungsgrund Nr. (4) der VO (EG) Nr. 725/2004.

26.10.2005[30] hat die EU den Anwendungsbereich der Sicherheitsbestimmungen auf alle Häfen innerhalb der Mitgliedsstaaten erweitert, in denen eine unter die Verordnung (EG) Nr. 725/2004 fallende Hafenanlage besteht.[31]

5. Neben der Anlage VII zur SOLAS besteht ein Internationaler **Code für die Beförderung gefährlicher Güter mit Seeschiffen (IMDG-Code**[32]**)**; ihm entspricht innerstaatlich – für Schiffe unter deutscher Flagge – die **GefahrgutVO See (GGVSee)** v. 4.3.2003.[33]

V. Schiffsbesetzungsrecht

Lit.: *Murphy*, Das Recht der Schiffsbesetzung für Kauffahrteischiffe (Handelsschiffe) unter deutscher Flagge, Schriften zum See- und Hafenrecht Bd. 3, 1998.

Zum Sicherheitsrecht im weiteren Sinne gehören die Vorschriften über die Besetzung der Seeschiffe.

International gilt das **Übereinkommen v. 7.7.1978 über Normen für die Ausbildung, die Erteilung von Befähigungszeugnissen und den Wachdienst von Seeleuten** (International Convention on Standards of Training, Certification and Watchkeeping for Seafarers – STCW[34]). Das Übereinkommen ist mehrfach geändert worden.[35]

Das STCW-Übereinkommen regelt nur die Qualifikationen und den Wachdienst, nicht die genaue Besetzung der Schiffe. Innerstaatlich sind die Besetzung von Diensten im Offiziers- und Mannschaftsbereich, die Befähigungsnachweise für Kapitäne und Offiziere sowie die Regelbesatzungen für die verschiedenen Schiffsgrößen und Fahrtgebiete in der **SchiffsbesetzungsVO** v. 18.7.2013 (**SchBesV**[36]) geregelt.

Wegen der Ausbildungsvoraussetzungen für Kapitäne und Schiffsoffiziere vgl. u. § 17, wegen arbeitsrechtlicher Vorschriften zugunsten der Schiffsmannschaft u. § 18.

VI. Schifffahrtsverkehrsrecht

Die Vorschriften über die Verkehrsordnung sind wenig übersichtlich. Sie haben mit der Neufassung der **Seeschiffahrtsstraßen-Ordnung** v. 3.5.1971 (**SeeSchStrO**[37]) gem. Bek. v. 15.4.1987[38] eine grundlegende Neuregelung erfahren.

Daneben gelten die **Internationalen Regeln (der IMO) von 1972 zur Verhütung von Zusammenstößen auf See**, die schon durch die VO v. 13.6.1977[39] – in deutscher Übersetzung und unter der Bezeichnung „Seestraßenordnung" – in Kraft gesetzt und durch die VO v. 14.6.1989[40] an die internationale Fassung von 1987 an-

---

30 RL 2005/65/EG, ABl. EG Nr. L 310, S. 28.
31 Vgl. Erwägungsgrund Nr. (4) der RL 2005/65/EG.
32 BAnz. v. 6.12.1990, zuletzt geänd. VkBl. 2014, 810.
33 BGBl. I 2286, Neugefasst durch Bek. BGBl. 2014 I 301.
34 BGBl. 1982 II 297.
35 Zuletzt BGBl. 2013 II 934. Zu der Änderung von 1995 vgl.: *Young*, Comprehensive Revision of the StCW-Convention; An Overview; JMLC 1995, 1 ff.
36 BGBl. I 2575, zuletzt geänd. BGBl. 2013 I 3565.
37 BGBl. I 641.
38 BGBl. I 1266, zuletzt geänd. BGBl. 2012 I 2802.
39 BGBl. I 816, zuletzt geänd. BGBl. 2012 I 112.
40 BGBl. I 1107, zuletzt geänd. BGBl. 2012 I 112.

gepasst und mit der geänderten Kurzbezeichung „**Kollisionsverhütungsregeln – KVR**" versehen wurden;[41] nach § 2 der VO von 1977 idF der VO von 2012 hat bei Abweichungen die SeeSchStrO den Vorrang vor den KVR (der durch Regel Ib der Internationalen Regeln von 1972 zugelassen ist).[42]

Für eine Reihe von Fahrtgebieten finden sich besondere schiffahrtspolizeiliche Anordnungen, die im BAnz. veröffentlicht sind.

Nicht bundesgesetzlich geregelt ist der Zugang der Schiffe zu und deren Behandlung in den **Seehäfen**. Hier gilt weitgehend **Landesrecht**.[43]

Die privatrechtlichen Rechtsverhältnisse zwischen Seehäfen und deren Benutzern richten sich nach allgemeinem bürgerlichen Recht, soweit sie nicht – wie in der Regel – durch Kaibetriebsordnungen (die als Allgemeine Geschäftsbedingungen in die privatrechtlichen Verträge eingehen) geordnet sind.

VII. Meeresumweltrecht

Lit.: *Edom/Rapsch/Veh*, Reinhaltung des Meeres, 1986.

Dem Meeresumweltschutz dient vor allem das **Internationale Übereinkommen v. 2.11.1973 zur Verhütung der Meeresverschmutzung durch Schiffe (MARPOL[44])** mit Protokoll v. 17.2.1978.[45]

Daneben besteht eine Vielzahl regionaler Übereinkommen, etwa die v. 9.6.1969 zur **Zusammenarbeit bei der Bekämpfung von Ölverschmutzungen der Nordsee,**[46] v. 23.10.1969 zur **Erhaltung der lebenden Schätze des Südostatlantiks,**[47] v. 29.11.1969 über **Maßnahmen auf Hoher See bei Ölverschmutzungsunfällen,**[48] v. 15.2.1972 zur **Verhütung der Meeresverschmutzung durch das Einbringen durch Schiffe und Luftfahrzeuge,**[49] v. 29.12.1972 über die **Verhütung der Meeresverschmutzung durch das Einbringen von Abfällen und anderen Stoffen,**[50] (Protokoll) v. 2.11.1973 über **Maßnahmen auf Hoher See bei Fällen von Verschmutzung durch andere Stoffe als Öl,**[51] v. 9.4.1992 über den Schutz der Meeresumwelt des Ostseegebietes [52]

VIII. Fischerei

Lit.: *Dust*, Theorie und Praxis internationaler Fischereipolitik, 1984.

---

41 Vgl. dazu *Weber*, Hansa 1990, 225 f.

42 Wegen der Verkehrsvorschriften im Einzelnen, auch im Übrigen, vgl. *Graf/Steinicke*, Seeschiffahrtsstraßenordnung, 5. Aufl., 2012.

43 Vgl. etwa für den Hamburger Hafen *Lagoni*, Hafenrecht, in: *Hoffmann-Riem/Koch*, Hamburgisches Staats- und Verwaltungsrecht, 2006, 447 ff.

44 BGBl. 1982 II 2.

45 BGBl. 1983 II 632; Neufassung der amtl. deutschen Übersetzung des Übk. und des Prot. in der seit 1995 geltenden Fassung BGBl. 1996 II 399.

46 BGBl. 1969 II 2066; 1971 II 970.

47 BGBl. 1976 II 1542.

48 BGBl. 1975 II 137.

49 BGBl. 1977 II 165.

50 BGBl. 1977 II 165, 180.

51 BGBl. 1994 II 1355, 1397; BGBl. 2000 II 23.

52 BGBl. 1979 II 1229.

Nur erwähnt werden können hier einige der zahlreichen fischereirechtlichen Bestimmungen, die namentlich einer Überfischung der Meere durch moderne Fangmethoden Grenzen zu setzen versuchen:

Konvention v. 5.4.1946 der Internationalen Überfischungskonferenz;[53] Internationales Übereinkommen v. 2.12.1946 zu **Regelung des Walfangs** und Protokoll v. 19.11.1956;[54] **Fischerei-Übereinkommen** v. 9.3.1964;[55] Übereinkommen v. 1.6. 1967 über das **Verhalten beim Fischfang im Nordatlantik**;[56] Übereinkommen v. 24.10.1978 über die **künftige multilaterale Zusammenarbeit auf dem Gebiet der Fischerei im Nordwestatlantik** (VO [EWG] Nr. 3179/78 des Rates v. 28.12.1978);[57] dem Übereinkommen gehören außer den EU-Mitgliedstaaten 52 weitere Staaten an.

IX. Seewirtschaftsrecht

Lit.: *Basedow*, Wettbewerb auf den Verkehrsmärkten, 1989, S. 24 f.; *Brinkmann*, Der UNCTAD-Verhaltenskodex für Linienkonferenzen, Veröffentlichungen des Instituts für Seerecht und Seehandelsrecht der Universität Hamburg, Bd. 8 (1993); *Herman*, Shipping Conferences, London 1983; *Jürgensen*, Der Rationalisierungseffekt von Linienkonferenzen in Fahrtgebieten von besonderem Interesse für die kontinentaleuropäische Schiffahrt, 1971; *Packard*, Shipping Pools, London 1989; *Tostmann*, Containerkonsortien im Seelinienverkehr, Veröffentlichungen des Instituts für Seerecht und Seehandelsrecht der Universität Hamburg Bd. 12, 1998.

Schifffahrt ist im Allgemeinen genehmigungsfrei.

Es finden sich allerdings in nationalen Gesetzen und bilateralen Abkommen vieler Staaten Vorbehalte für die Beförderung von Ladungen von oder nach diesen Staaten; innerhalb der EU und im Verkehr der Mitgliedstaaten mit Drittstaaten sind sie nicht mehr zulässig (dazu u. § 9 I).

Außer den durch allgemeine Sicherheitsvorschriften bedingten Einschränkungen sind aus dem Seewirtschaftsrecht drei Komplexe besonders zu erwähnen, aus denen sich allgemeine Einschränkungen des wirtschaftlichen Handelns im Seeverkehr ergeben: Der **Kabotage-Vorbehalt** des nationalen Rechts, das **Übereinkommen über Linienkonferenzen** und das (vor allem: EU-)**Kartellrecht**.

1. Nach § 2 der Verordnung über die Küstenschiffahrt v. 5.7.2002[58] – die das Gesetz über die Küstenschifffahrt[59] ersetzt hat – darf Küstenschifffahrt nur betrieben werden mit Seeschiffen, welche die Bundesflagge führen, mit Binnenschiffen, welche in einem deutschen Register eingetragen sind (und die Sicherheitsvoraussetzungen für die Küstenfahrt erfüllen) sowie mit Schiffen, die in einem Mitgliedstaat der EU registriert sind und die Flagge eines solchen Staates führen (**Vorbehalt der Kabotage**).

Als Küstenschifffahrt ist die Beförderung von Fahrgästen oder Gütern von einem Ort in Deutschland zu einem anderen unter Benutzung des Seeweges gegen Entgelt definiert (§ 1 KüSchV), wobei für die Begrenzung des Seeweges auf § 1 FlRV verwiesen wird.

---

53 BGBl. 1954 II 469.
54 BGBl. 1982 II 558.
55 BGBl. 1969 II 1897.
56 BGBl. 1976 II 1.
57 ABl. EG 1978 Nr. L 378/1.
58 BGBl. 2002 I 2555, zuletzt geänd. BGBl. 2008 I 2868.
59 BGBl. 1957 II 738; zuletzt geänd. BGBl. 1994 I 2809, 3499.

Die Zulassung von Schiffen anderer EU-Staaten ist in der Seekabotage-VO (EWG) Nr. 3577/92[60] grundsätzlich vorgeschrieben, doch bestehen insoweit noch einige Vorbehalte in den Mittelmeerstaaten zum Schutz für deren Inselschifffahrt.[61]

Liegen diese Voraussetzungen nicht vor, so kann die zuständige Wasser- und Schifffahrtsdirektion eine Ausnahmegenehmigung erteilen, wenn ein Schiff, das eine dieser Voraussetzungen erfüllt, nicht oder nur zu erheblich ungünstigeren Bedingungen zur Verfügung steht (§ 2 Abs. 2 KüSchV).

Bedient sich die Kabotage nur der Binnengewässer, so bedarf sie der Erlaubnis nach dem Gesetz über die Aufgaben des Bundes auf dem Gebiet der Binnenschifffahrt (BinnenschiffahrtsaufgabenG). Auch insoweit regelt eine VO (EWG) Nr. 3921/91[62] die Zulassung der Schiffe aus anderen EU-Staaten. Die Erlaubnis wird mangels gesetzlicher Umschreibung des Ermessensspielraums der auch hier zuständigen Wasser- und Schifffahrtsdirektion nach denselben Grundsätzen zu erteilen sein wie nach § 2 Abs. 2 KüSchV.

Auf die Art des Schiffes kommt es dabei nicht an: Ein Seeschiff, welches Kabotage auf der Elbe oder dem Rhein betreibt, unterliegt der Binnenschifffahrtsregelung; ein Binnenschiff, das Ladung von Cuxhaven nach Helgoland befördert, der Seekabotageregelung.

2. Im internationalen Seeverkehr sind Kartellabsprachen üblich und in gewissem Umfang unverzichtbar. Das gilt vor allem für die sog. **Linienkonferenzen,** durch welche mehrere Reedereien einen regelmäßigen Liniendienst auf bestimmten Strecken mit festen Abfahrtszeiten und zu einheitlichen Frachtraten sicherstellen (vgl. auch u. § 29 I 2). Sie werden häufig ergänzt durch Absprachen über sog. **Konsortien;** diese betreffen den internen schifffahrts- und betriebstechnischen Ablauf der Zusammenarbeit, etwa die Aufteilung von Stellplatzeinheiten auf den Containerschiffen der Konferenzpartner und die Bildung von Containerpools.[63]

Die Linienkonferenzen sind in verschiedener Hinsicht Gegenstand rechtlicher Behandlung. Völkerrechtlich versucht der **Verhaltenskodex für Linienkonferenzen,** der 1974 von einer UNCTAD-Konferenz verabschiedet und 1983 in Kraft getreten ist, vor allem negative Auswirkungen der Linienkonferenzen auf die Beteiligung der Handelsflotten der am Außenhandel beteiligten Staaten einzuschränken.

Es handelt sich allerdings bei diesem in die Form einer Staatenübereinkunft gekleideten Regelungswerk nicht um bindende, die Vertragsstaaten verpflichtende Vorschriften, vielmehr um Empfehlungen für die beteiligten Reedereien. Gegenstand ist einmal die Offenlegung der Tarife und anderer Angaben sowie ein offeneres Verhalten gegenüber Außenseitern. Für Poolverträge soll die Regel gelten, dass die nationalen Linien der Länder, deren gegenseitiges Handelsaufkommen befördert wird, etwa zu gleichen Teilen berücksichtigt werden und dass daneben Außenseitern etwa 20% des Aufkommens belassen werden (40:40:20-Regel). Die Regelung soll den Maßstab für das Wohlverhalten der Konferenzen geben; Verstöße können jedoch nur zum Gegenstand eines im Übereinkommen vorgesehenen Schlichtungsverfahrens gemacht werden.

Das Übereinkommen hat nur sehr beschränkte Bedeutung gewonnen – auch deshalb, weil zu den heute 80 Vertragsstaaten weder die USA noch Japan zählen und der

---

60 ABl. EG Nr. L 364, S. 7.

61 Im einzelnen zur EU-Regelung *Basedow*, TranspR 1994, 85 ff. und *Gronemeyer*, TranspR 1994, 267 ff.

62 ABl. EG Nr. L 373, S. 1.

63 Zu den Begriffen eingehend *Kühn*, TranspR 1993, 321 ff.; allgemein auch *Beckert/Breuer*, aaO, Rn. 382 ff.

moderne Containerverkehr die Zuordnung der Ladung kaum noch möglich macht. Eine Revisionkonferenz 1988/1991 blieb erfolglos.

Aus den USA werden immer wieder Bestrebungen der FMC (Federal Maritime Commission) laut, die Konferenzen zumindest zu mehr Publizität ihrer internen Verhältnisse zu zwingen.

Auf **europäischer Ebene** hob die Union die bis dahin geltende Gruppenfreistellung für Linienkonferenzen[64] durch die Verordnung VO (EG) Nr. 1419/2006[65] auf. Daran geknüpft war auch die Empfehlung an die Mitgliedsstaaten, die den Verhaltenskodex für Linienkonferenzen gezeichnet hatten, diesen zu kündigen. Dieser Empfehlung kam Deutschland nach und kündigte das Übereinkommen zum 26.9.2008.[66] Weiterhin ist es nach der Kündigung der Verordnung VO (EWG) Nr. 954/74[67] durch die VO (EG) Nr. 1490/07[68] den Mitgliedsstaaten versagt dem Übereinkommen beizutreten, es zu ratifizieren oder anzunehmen. Dementsprechend werden Linienkonferenzen bzw. die daraus resultierenden Absprachen unter den Reedern seitdem vom Verbot des Art. 101 Abs. 1 AEUV erfasst.

Für **Konsortien** besteht die Gruppenfreistellung nach Art. 81 Abs. 3 EG Vertrag (jetzt Art. 101 Abs. 3 AEUV) durch Verordnung VO (EG) Nr. 209/2009,[69] deren Geltungsdauer durch VO (EG) Nr. 697/2014[70] bis 25. April 2020 verlängert wurde.

Naturgemäß werfen die Linienkonferenzen sei jeher **kartellrechtliche Probleme** auf. Diese sind heute vor allem unter dem Blickwinkel des – das deutsche Kartellrecht weitgehend verdrängenden – Europarechts zu betrachten. Vgl. hierzu deshalb u. § 9 II.

---

64 Vgl. VO (EWG) Nr. 4056/86.
65 ABl. EG 2006 Nr. L 269 S. 1–3.
66 BGBl. 2009 II 712.
67 ABl. EG 1979 Nr. L 121, S. 1.
68 ABl. EG 2007 Nr. L 332.
69 ABl. EU 2009 Nr. L 256/31.
70 ABl. EU 2014 Nr. L 184/3.

§ 9 Europäisches Recht

Lit.: *Aussant*, Cabotage and the liberalisation of the maritime services sector, ETR 1993, 347ff.; *Basedow*, Europäische Seeverkehrspolitik, Dienstleistungsfreiheit und Seekabotage, TranspR 1994, 85ff.; *ders.*, Abschnitt Verkehr in: Immenga/Mestmäcker, EG-Wettbewerbsrecht, 1997; *Basedow/Dolfen*, Verkehrs- und Transportrecht, in: Dauses, Handbuch des EG-Wirtschaftsrechts, 1993; *Baughen*, European Union Maritime Law, Int. mar. and comm. law yearbook 2010, 122ff.; *Blonk*, EC Maritime Policy: An Overview, ETR 1995, 393ff.; *Bott*, EC Maritime Policy: An Overview, A Carrier's Reaction, ETR 1995, 735ff.; *Eftestøl-Wilhelmsson*, The Rotterdam Rules in a European multimodal context, The Journal of International Maritime Law 2010, 274ff.; *Erdmenger*, Auswirkungen der EG-Schiffahrtspolitik auf das internationale Seerecht, 1990, Schriften des DVIS A 73; *Graf Vitzthum*, Europäisches Seerecht, FS Badura (2004), 1189ff.; *Greaves*, The provision of maritime transport services in the European Community, LMCLQ 2004, 104ff.; *Jenisch*, EU Maritime Transport – Maritime Policy, Legislation and Administration, WMU Journal of Maritime Affairs 2004, 67ff.; *Jung*, Der europarechtliche Rahmen der Verkehrspolitik, TranspR 1998, 133ff.; *Marten*, Multimodal Transport Reform and the European Union: A Minimalist Approach, ETL 2012, 129ff.; *Milbradt*, Liberalisierung der Seekabotage unter völkerrechtlichen und europarechtlichen Aspekten, 1999; *Mukherjee/Bokareva*, Multimodal maritime plus: some European perspectives on law and policy, The Journal of International Maritime Law 2010, 221ff.; *Nesterowicz*, Freedom to Provide Maritime Transport Services in European Community Law, JMLC 2003, 629ff.; *Nöll*, Europäisches Recht in der Seeschifffahrt. Die Rechtsetzung der Gemeinschaft und ihre Grenzen, FS Herber (1999), 463ff.; *Power*, EC Shipping Law, London 1992, mit Supplement 1994; *Schmid*, EG-Binnenmarkt: Der Kommissions-Vorschlag zur Abschaffung von Gepäckkontrollen auf innergemeinschaftlichen Flug- und Seereisen, TranspR 1991, 90ff.; *Soames*, EC Maritime Policy: An Overview; A Lawyer's Reaction, ETR 1995, 747ff.; *Vanheule*, Current E.U. News on Maritime Law, ETR 1998, 3ff., 155ff., 287ff.; *ders.*, Current EU news on maritime law, ETL 2000, 3ff.; *ders.*, EU Maritime Update, ETL 2004, 579ff., 2005, 3ff., 157ff., 289ff., 449ff., 605ff., 765ff., 2007, 147ff., 451ff.; *Volz/Ehm*, Die EU-Verordnung zur Liberalisierung der Seekabotage, TranspR 2009, 393ff.; *Vos*, EC Maritime Policy: An Overview; A Shipper's Reaction, ETR 1995, 817ff.

I. Allgemeines

Das Europarecht hat zunehmend Einfluss auch auf das Seehandelsrecht. Dies gilt einmal ganz allgemein ebenso wie für das gesamte Zivilrecht. Sodann und speziell für das Kartellrecht, das für die international tätige und im Linienbereich in großem Maße kartellierte Schifffahrt naturgemäß besondere wirtschaftliche Bedeutung hat.

Das für die Schifffahrt bedeutsame EU-Recht kann hier nicht im Einzelnen behandelt werden. Zu verweisen ist insbesondere auf die eingehenden Darstellungen von *Basedow*, aaO, *Basedow/Dolfen*, aaO, *Power*, aaO, und *Vanheule*, aaO.

Die Gebote des AEUV über die Niederlassungsfreiheit (Art. 49ff. AEUV) und über die Dienstleistungsfreiheit[1] (Art. 56ff. AEUV, die allerdings wegen des Vorbehaltes in Art. 58 Abs. 1 AEUV für den Verkehr durch die VO (EWG) Nr. 4055/86[2] nochmals besonders festgelegt werden musste) haben in einer Reihe von Fällen dazu geführt, dass EU-Angehörige deutschen Staatsangehörigen gleichgestellt wurden.

1 Vgl. dazu ua. *Nesterowicz*, Freedom to Provide Maritime Transport Services in European Community Law, JMLC 2003, 629ff.

2 ABl. EG 1986 Nr. L 378, S. 1, zuletzt geändert durch VO (EWG) Nr. 3573 des Rates vom 4.12.1990, ABl. EG 1990 Nr. L 353, S. 16.

Dies gilt etwa für das Recht, die Bundesflagge zu führen (dazu u. § 11 II), und für das Recht, auf deutschen Schiffen zu arbeiten (dazu u. § 18).

Der **grenzüberschreitende Seeverkehr** zwischen EU-Mitgliedstaaten und zwischen Mitgliedstaaten und Drittstaaten ist durch die VO (EWG) Nr. 4055/86 liberalisiert worden. Deshalb sind Vereinbarungen der Staaten über Ladungsaufteilung insoweit nicht mehr zulässig.[3]

Die **Kabotagefreiheit** ist im Seeverkehr seit 1999 faktisch verwirklicht; EU-Angehörige („Gemeinschaftsreeder") können in Deutschland nach Maßgabe der SeekabotageVO Nr. 3577/92[4] Küstenschifffahrt betreiben, wenn ihr Schiff die Flagge eines EU-Mitgliedstaates führt oder wenn es in einem EU-Register eingetragen ist (dazu im Einzelnen o. § 8 IV 1). Einzelheiten zu dieser Verordnung und ihrer Anwendung bei *Volz/Ehm*, Die EU-Verordnung zur Liberalisierung der Seekabotage, TranspR 2009, 393 ff.

II. EU-Kartellrecht

Lit.: *Chuah*, Liner conferences in the EU and the proposed review of EC Regulation 4056/86, LMCLQ 2005, 207 ff.; *Dreyer*, Informationsaustausch zwischen Wettbewerbern und Kartellrecht im Seeverkehr – Die neuen Leitlinien der Europäischen Kommission für die Anwendung von Artikel 81 EU auf Seeverkehrsdienstleistungen nach der Aufhebung der VO (EWG) Nr. 4056/86, TranspR 2008, 225 ff.; *Fouquet/Diederichsen*, Die Kartellentscheidung der Kommission zum Trans-Atlantic Conference Agreement (TACA), TranspR 2000, 154 ff.; *Ginderachter/Durande*, EC Regulation 870/95: The Consortia Block Exemption, ETR 1996, 24 ff.; *Hootz*, Seeschiffahrt im deutschen und im EWG-Kartellrecht, 1988, Schriften des DVIS A 67; *Jacobs*, Zur Vereinbarkeit von Kartellabsprachen der internationalen Linienschiffahrt mit Art. 85 EWG-Vertrag, 1991; *Klemme*, Pools in der Schifffahrt: Vertragliches Konzept und kartellrechtliche Relevanz, TranspR 2004, 235 ff.; *Kreis*, European Competition Policy and International Shipping, ETR 1992, 155 ff.; *ders.*, Consortia in Liner Shipping, ETR 1995, 849 ff.; *Kröger*, Europäisches Kartellrecht und Seeschiffahrt, TranspR 1994, 7 ff.; *Kühn*, Wettbewerbsrechtliche Bestimmungen in der Linienschiffahrt, TranspR 1993, 321 ff.; *Liu*, Liner Conferences in Competition Law, Hamburg 2010; *Munari*, Das Europäische Wettbewerbsrecht des Seeverkehrs, RabelsZ 1990, 627 ff.; *ders.*, Liner Shipping and antitrust after the repeal of Regulation 4056/86, LMCLQ 2009, 42 ff.; *H.-J. Rabe*, Wettbewerbs- und Schiffahrtspolitik der EG: Ein ungelöster Widerspruch? TranspR 1994, 1 ff.; *L. Schmidt*, EU-Kartellrecht für die Schiffahrt, TranspR 1995, 238 ff.; *ders.*, EU-Kartellrecht im globalen Seeverkehr, TranspR 1996, 60 ff.; *ders.*, Formalisierte Ineffizienz – Globaler Seeverkehr in der Brüsseler Zwangsjacke? TranspR 2003, 336 ff.; *ders.*, Europäisches Kartellrecht im globalen Kontext – Grenzen exterritorialer Anwendung am Beispiel der internationalen Linienschifffahrt, TranspR 2004, 247 ff.; *ders.*, Wunderdroge oder Büchse der Pandora – EG-Kartellrecht pur im globalen Linienschifffahrtsverkehr? TranspR 2005, 65 ff.; *ders.*, Totale „Deregulierung" des internationalen Seeverkehrs mit der EU? TranspR 2006, 111 ff.; *ders.*, EU-Kartellrecht nunmehr pur im internationalen Seeverkehr, TranspR 2007, 18 ff.; *ders.*, Im Netzwerk der Unwägbarkeiten, TranspR 2008, 25 ff.; *ders.*, Maritime Kooperation unter Generalverdacht – Wettbewerbshüter der Kommission auf dünnem Eis, TranspR 2009, 73 ff.; *ders.*, Mangelnde Rechtssicherheit gefährdet maritime Kooperation – Versuch einer Kosten-Nutzen-Analyse der EU-Kartellrechtspolitik angesichts drastischer Einbrüche des globalen Seehandelsvolumens, TranspR 2010, 69 ff.; *ders.*, Planwirtschaft oder echter Wettbewerb? Europäische Kartellrechtspolitik wird der Dynamik, dem strukturellen Wandel und dem Wachstum der globalen Seeverkehrsmärkte nicht gerecht, TranspR 2011, 356 ff.; *Tostmann*, Containerkonsortien im Seelinienverkehr, Veröff. des Inst. für Seerecht und Seehandelsrecht

---

3 Vgl. im Einzelnen *Basedow/Dolfen*, Rn. 268 ff.
4 ABl. EG 1992 Nr. L 364, S. 7.

der Univ. Hamburg Bd. 12, 1998; *Werner*, Die Wettbewerbsordnung der EG für den Seeverkehr, NJW 1988, 2159ff.

Wegen ihrer den Wettbewerb einschränkenden Wirkung sind aus der Sicht des EU-Rechts die **Linienkonferenzen, Konsortien** und **Pools** der Reeder (vgl. dazu o. § 8 IX 2 und u. § 29 I 2) von besonderem Interesse.

Das EU-Recht trug den besonderen Verhältnissen und Bedürfnissen der Schifffahrt dadurch Rechnung, dass die allgemeinen kartellrechtlichen Bestimmungen der Art. 101, 102 AEUV in ihrer Anwendung auf die Seeschifffahrt konkretisiert wurden, und zwar für Linienkonferenzen durch die VO (EWG) Nr. 4056/86,[5, 6] für Konsortien durch die VO (EWG) Nr. 479/92[7] (ersetzt durch VO (EG) Nr. 246/2009[8]) und die VO (EWG) Nr. 870/95[9] (ersetzt durch die VO (EG) Nr. 823/2000[10], geändert durch VO (EG) Nr. 611/2005[11], dann ersetzt durch die VO (EG) Nr. 906/2009[12]).

Diese Verordnungen sahen Gruppenfreistellungen vor, welche die Linienkonferenzen im Rahmen bestimmter Vorgaben von dem Verbot wettbewerbsbeschränkender Vereinbarungen grundsätzlich freistellen. Die Freistellung galt insbesondere für die gemeinsame Wahrnehmung eines Seeverkehrsdienstes, befristete Kapazitätsanpassungen, gemeinsamen Betrieb oder Nutzung von Hafenumschlagsanlagen, Teilnahme an Fracht-, Einnahmen- oder Ergebnispools, gemeinsame Ausübung von Stimmrechten, sowie für die Ausstellung eines gemeinsamen Frachtbriefs. All dies jedoch nur, wenn der Marktanteil des Konsortiums unter 30–35 % lag, und es weitere Voraussetzungen erfüllte.

Die VO (EWG) Nr. 4056/86 wurde durch die VO (EG) 1419/06 v. 25.9.2006[13] ersatzlos gestrichen, womit die Gruppenfreistellung für Linienkonferenzen mit Wirkung 2008 aufgehoben wurde.[14, 15] Nach Ende der generellen Freistellung unterliegen alle Linienkonferenzen damit einer direkten Anwendung der Art. 101 und 102 AEUV und der DurchführungsVO 1/2003[16]. Die DurchführungsVO 1/2003 macht eine Selbsteinschätzung[17] der Unternehmen bezüglich der Freistellungskriterien des Art. 101 Abs. 3 AEUV erforderlich, welche die EU-Kommission vom Vorliegen der Voraussetzungen für eine Individualfreistellung überzeugen muss. Dabei kommt es insbesondere auf die „Spürbarkeit" der Wettbewerbsbeeinträchtigung bzw. positive Auswirkungen in der Gesamtabwägung an. Damit geht zwar einerseits eine gewisse

5 ABl. EG 1986 Nr. L 378f., zuletzt geändert durch VO (EWG) Nr. 3573 des Rates vom 4.12.1990, ABl. EG 1990 Nr. L 353, S. 16.

6 Ausführlich und kritisch dazu *L. Schmidt*, TranspR 2000, 304ff.; TranspR 2003, 336ff.; TranspR 2004, 247ff.; TranspR 2005, 65ff.; TranspR 2006, 111ff.

7 ABl. EG 1992 Nr. L 55, S. 3.

8 ABl. EG 2009 Nr. L 79, S. 1.

9 ABl. EG 1995 Nr. L 89, S. 7.

10 ABl. EG 2000 Nr. L 100, geändert durch VO (EG) Nr. 463/2004, ABl. EG Nr. L 77, und VO (EG) Nr. 611/2005, ABl. EG 2005, Nr. L 101; ersetzt VO (EWG) Nr. 870/95, ABl. EG 1995 L 89, S. 7.

11 ABl. EG 2005, Nr. L 101, S. 10.

12 ABl. EG 2009, Nr. L 256, S. 31; gültig bis zum 25.4.2015.

13 ABl. EG 2006, Nr. L 269, S. 1.

14 Dazu und zu den zu erwartenden Auswirkungen vgl. *L. Schmidt*, TranspR 2008, 25ff.; *Munari*, LMCLQ 2009, 42ff.

15 Die Gruppenfreistellung für Konsortien ist – zunächst – bis 2020 verlängert worden.

16 Verordnung (EG) Nr. 1/2003 des Rates vom 16.12.2002 zur Durchführung der in Artikel 81 und 82 des Vertrages niedergelegten Wettbewerbsregeln, ABl. EG 2003, Nr. L 001, S. 1ff.

17 Kritisch dazu *L. Schmidt*, TranspR 2009, 73ff.

Rechtsunsicherheit[18] einher, andererseits entfallen langwierige Prüfungsverfahren durch die Kommission. Wegen Einzelheiten zu den dazu von der EU-Kommission verabschiedeten Leitlinien[19] vgl. *Dreyer*, TranspR 2008, 225 ff.

III. Beihilfen

Lit.: *Badoreck*, Sind privatisierte See- und Schifffahrtshäfen öffentliche Auftraggeber im Sinne der europarechtlichen Vorschriften? TranspR 2001, 117 ff.; *Chuah*, EU Commission undertakes not to change Maritime State Aid Guidelines, The Journal of international Maritime Law 2013, 353 ff.; *Ready/Claudet*, European Commission Guidelines on State Aid to Maritime Transport, Int.Mar.L. 1998, 228 ff.

Erwähnt werden müssen die Vorgaben des EU-Rechts hinsichtlich von Subventionen und Beihilfen, die in der Schifffahrt in verschiedener Form – als Finanzbeihilfen, aber auch durch mittelbare Förderung etwa in Häfen – vorkommen. Solche Beihilfen sind, sofern nicht ausnahmsweise ein Ausnahmetatbestand nach Abs. 2 vorliegt, nach Art. 107 Abs. 1 AEUV grundsätzlich verboten, doch kann hiervon im Rahmen des Abs. 3 Befreiung erteilt werden. Dies ist vor allem für den Schiffbau geschehen, da die Werftindustrie im Hinblick auf die internationale Konkurrenz längerfristig Erhaltungsbeihilfen braucht.[20] Im Übrigen muss auch insoweit auf die europarechtliche Literatur verwiesen werden.

IV. EUROS-Flagge

Lit.: *Frendo*, The future of open registers in the European Union, LMCLQ 2000, 383 ff.; *Heldring*, The EUROS flag and related issues, ETR 1993, 389 ff.; *Nuytemans*, Revival of a European shipping registry, ETL 2005, 83 ff.

In der EU-Kommission werden seit längerem Überlegungen angestellt, eine eigene EU-Flagge (EUROS) einzurichten;[21] sie sind jedoch wegen des Widerstandes der großen Schifffahrtsländer, vor allem Englands, nicht weiter gediehen. Das hat zu der wenig erfreulichen Entwicklung geführt, dass die nationalen Register für EU-Angehörige geöffnet werden.

V. Weiteres Europarecht

Lit.: *Brandt*, Die europäische Hafenstaat-Kontrolle nach der Reform, TranspR 2010, 205 ff.; *De Bruyne/Vanleenhove*, An EU perspective on the liability of classification societies: selected current issues and private international law aspects, The Journal of International Maritime Law 2014, 103 ff.; *Chlomoudis/Pallis*, European Port Policy: Movement Towards a Long-Term Strategy, Northampton 2002; *Chuah*, EU – Short sea shipping – the Blue Belt package, The Journal of International Maritime Law 2013, 256 ff.; *ders.*, EU – The scale and impact of

---

18 Kritisch dazu *L. Schmidt*, TranspR 2010, 69 ff.

19 ABl. EG 2007 Nr. C 215, S. 3.

20 Vgl. etwa „Rahmenbestimmungen für Beihilfen an den Schiffbau" der Europäischen Kommission v. 14.12.2011, ABl. EU 2011, Nr. C 364, S. 6; darauf beruhende nationale Richtlinien sind zunächst bis 31.12.2013 befristet.

21 Vgl. dazu eingehend *Power*, aaO, S. 176 ff. und Supplement, S. 20 f.

maritime spatial planning in coastal and marine management, The Journal of International Maritime Law 2013, 525 ff.; *Czerwenka*, Neue Haftungs- und Entschädigungsregelungen in der Schifffahrt – Harmonisierung durch Europarecht, TranspR 2010, 165 ff.; *v. Hooydonk*, European Seaports Law: EU Law of Ports and Port Services and the Ports Package, Antwerpen 2003; *Katsivela*, International Carriage of Goods: Ocean Carrier Liability and the European Union, ETL 2008, 3 ff.; *Lorenzon*, Harmonization of European contract law: friend or foe to the shipping industry? The Journal of International Maritime Law 2004, 504 ff.; *Maguire*, EC Law and ports – plotting a new course? Int. Journal of Shipping Law 1998, 63 ff.; *ders.*, Ports and Brussels – an oxymoron no longer, Int. Journal of Shipping Law 1998, 154 ff.; *McMeel*, Forum selection in contracts for the carriage of goods by sea: the European dimension, LMCLQ 2011, 208 ff.; *Nengye/Maes*, The European Union and the International Maritime Organisations: EU's External Influence on the Prevention of Vessel-Source Pollution, JMLC 2010, 581 ff.; *dies.*, Legal Constraints to the European Union's Accession to the International Maritime Organization, JMLC 2012, 279 ff.; *Nesterowicz*, The application of the Environmental Liability Directive to damage caused by pollution from ships, LMCLQ 2007, 107 ff.; *Noussia*, The ports policy of the European Union: Current status and future prospects, DirMar. 2009, 644 ff.; *Ovie*, Entwicklung des Zollschuldrechts durch die Rechtsprechung des EuGH und den Modernisierten Zollkodex, TranspR 2008, 357 ff.; *Pallis*, The Common EU Maritime Transport Policy: Policy Europeanisation in the 1990s, 2002; *Pamborides*, The Shipping Policy of the European Union, International Journal of Shipping Law 1998, 216 ff.; *Pulido Begines*, The EU Law on Classification Societies: Scope and liability issues, JMLC 2005, 487 ff.; *Selkou/Roe*, Globalisation, Policy and Shipping: Fordism, Post-Fordism and the European Maritime Sector, 2005; *Tsimplis*, The effect of European regulations on the jurisdiction and applicable law for limitation of liability proceedings, LMCLQ 2011, 307 ff.; *ders.*, Recycling of EU ships: from prohibition to regulation? LMCLQ 2014, 415 ff.

Die Europäische Kommission bemüht sich um eine weitergehende Harmonisierung und Integration der europäischen Meerespolitiken, und hat dazu im Jahr 2007 einen **Aktionsplan für eine integrierte Meerespolitik v. 10.10.2007**[22] verabschiedet, um **„optimale Bedingungen für eine nachhaltige Nutzung der Ozeane und Meere zu schaffen** und gleichzeitig **Wachstum in der maritimen Wirtschaft und in den Küstenregionen** zu ermöglichen" sowie zum Aufbau einer Wissens- und Innovationsgrundlage für die Meerespolitik.

Ein weiterer **Aktionsplan vom 21.1.2009 zur Errichtung eines Seeverkehrsraums ohne Grenzen**[23] umfasst die **Vereinfachung der Zollförmlichkeiten** für Schiffe, die ausschließlich zwischen europäischen Häfen verkehren; die Erarbeitung von Leitlinien zur effizienteren und beschleunigten Kontrolle tierischer Erzeugnisse in Häfen; die **Vereinfachung der Melde- und Verwaltungsformalitäten** für Schiffe, die zwischen EU-Häfen verkehren; die Einführung elektronischer Systeme für den Seeverkehr zur **Verbesserung der elektronischen Datenübermittlung**; die Einrichtung einer einzigen nationalen Anlaufstelle (**„Ein-Schalter-Konzept"**), um die Zahl der beteiligten Hafenstellen am Güterumschlag zu verringern; sowie die **Vereinfachung der Vorschriften für die intermodale Beförderung gefährlicher Güter**.

In diesen Zusammenhängen verabschiedete Regelungen umfassen ua.:

- die Verordnung (EG) Nr. 1406/2002 des Europäischen Parlaments und des Rates v. 27.6.2002 zur **Errichtung einer Europäischen Agentur für die Sicherheit des Seeverkehrs**;[24]

---

22 KOM (2007) 575 endg., nicht im ABl. veröffentlicht.
23 KOM (2009) 10 endg., nicht im ABl. veröffentlicht.
24 ABl. EG 2001 Nr. L 208, S. 1; geändert durch VO (EG) Nr. 1644/2003 (ABl. EG 2003, Nr. L 245, S. 10), VO (EG) Nr. 724/2004 (ABl. EG 2004, Nr. L 129, S. 1), VO (EG) Nr. 1891/2006 (ABl. EG 2006, Nr. L 394, S. 1).

- die Richtlinie 2002/59/EG des Europäischen Parlaments und des Rates v. 27.6.2002 über die **Einrichtung eines gemeinschaftlichen Überwachungs- und Informationssystems für den Schiffsverkehr;**[25]
- die Richtlinie 2005/35/EG des Europäischen Parlaments und des Rates v. 7.9.2005 über die **Meeresverschmutzung durch Schiffe und die Einführung von Sanktionen für Verstöße;**[26]
- die Richtlinie 2009/16/EG des Europäischen Parlaments und des Rates v. 23.4.2009 über die **Hafenstaatkontrolle;**[27]
- die Richtlinie 2009/20/EG des Europäischen Parlaments und des Rates v. 23.4.2009 über die **Versicherung von Schiffseigentümern für Seeforderungen;**[28]
- die Richtlinie 2010/65/EU des Europäischen Parlaments und des Rates v. 20.10.2010 über **Meldeformalitäten für Schiffe beim Einlaufen in und/oder Auslaufen aus Häfen der Mitgliedstaaten** und zur Aufhebung der Richtlinie 2002/6/EG;[29]
- die Verordnung (EU) Nr. 1177/2010 des Europäischen Parlaments und des Rates v. 24.11.2010 über die **Fahrgastrechte im See- und Binnenschiffsverkehr.**[30]

VI. Zivilrechtliche Übereinkommen

Sowohl seitens der Kommission als auch im europarechtlichen Schrifttum werden immer wieder Bestrebungen laut, Europa solle eigene Regeln auch auf Rechtsgebieten schaffen, die in weltweiten Konventionen geregelt sind. Zwar spricht theoretisch wenig dagegen, dass die EU ihren Einfluss in weltweit tätigen Organisationen – wie etwa durch einen Beitritt zur IMO[31] – geltend macht. Die Erfahrung zeigt jedoch, dass sich dabei erhebliche Reibungen mit den meist verschiedenen Auffassungen der Mitgliedstaaten ergeben; deshalb ist eine Koordinierung innerhalb der EU-Gremien vorzuziehen. Eine andere Frage ist, wie weit ergänzende Regelungen, die in weltweiten Übereinkommen dem nationalen Rechten vorbehalten werden, durch EU-Recht vereinheitlichend ausgefüllt werden könnten; das gilt etwa für das Verfahren der Haftungsbeschränkung nach dem HBÜ,[32] bei dem jedoch die verschiedene Struktur des Gerichtsaufbaus der Mitgliedstaaten ein Hindernis darstellen würde. Der Eingriff der EU in die internationale Personenbeförderungsregelung des AthenÜ hat jedenfalls nicht zu ermutigenden Ergebnissen geführt, jedenfalls was die Klarheit anbetrifft (vgl. dazu u. §§ 33, 34). Diese Erfahrung sollte dazu führen, dass bei den RR allenfalls eine Koordinierung versucht wird, die allerdings auch an den verschiedenen Interessen der Mitgliedstaaten scheitern dürfte.[33]

---

25 ABl. EG 2002, Nr. L 208, S. 10; Berichtigung ABl. EG 2009, Nr. L 51, S. 14.
26 ABl. EG 2005, Nr. L 255, S. 11.
27 ABl. EG 2009, Nr. L 131, S. 57.
28 ABl. EG 2009, Nr. L 131, S. 128.
29 ABl. EG 2010, Nr. L 283, S. 1.
30 ABl. EG 2010, Nr. L 334, S. 1.
31 Dazu mit Recht kritisch, etwa *Nengye/Maes*, JMLC 2010, 581 ff. und JMLC 2012, 279 ff.
32 Wofür sich *Tsimplis*, LMCLQ 2011, 307 ff. ausspricht.
33 Gegen eine EU-Reglung insbesondere auch des Multimodalverkehrs *Eftestøl-Wilhelmsson*, The Journal of International Maritime Law 2010, 274 ff. und *Mukherjee/Bokareva*, The Journal of International Maritime Law 2010, 221 ff.

KAPITEL 3: Das Schiff

§ 10 Begriff des Seeschiffs

Lit.: *Breuer*, Zum Begriff „Seeschiff", Hansa 1953, 393 ff.; *Oward*, Personification of the Vessel – Fact or Fiction? JMLC 21 (1990), 319 ff.; *Bühling*, Zum Begriff des wesentlichen Bestandteils bei Schiffen, Hansa 1954, 1333 ff.; *Butz*, Das Recht der Seefahrt mit Yachten in vergleichender Darstellung, Bern 1969; *Eckholdt*, Der Container: ein Teil des Schiffes? TranspR 2008, 244 ff.; *Jessen*, Was ist ein „Schiff"? VersR 2014, 670 ff.; *Menzel*, Die Immunität der Staatsschiffe, Schriften des DVIS A 7; *Ringdal*, Offshore mobile craft, DirMar. 1994, 419 ff.

I. Definition

Eine allgemeine Definition des Schiffes findet sich weder im deutschen Recht noch in den meisten ausländischen Rechtsordnungen. Rechtsprechung und Lehre stellen deshalb, soweit nicht spezielle Begriffsbestimmungen einzelner Gesetze eingreifen, auf die Verkehrsanschauung ab.

Als Schiff ist danach anzusehen ein schwimmfähiger Hohlkörper von nicht ganz unbedeutender Größe, der fähig und bestimmt ist, auf oder unter dem Wasser fortbewegt zu werden und Personen oder Sachen zu tragen.[1] Die Begriffsbestimmung bedarf jedoch im Einzelnen ständiger Anpassung an die sich mit der Technik wandelnde Verkehrsanschauung.

1. Ein **schwimmfähiger Hohlkörper** ist regelmäßig erforderlich, um dem Schiff den nötigen Auftrieb zu geben, doch nicht wesensnotwendig.

So waren wohl die in der Anfangszeit des massenweisen Öltransports verwendeten schwimmenden Plastikbehälter („floating sausages") als Schiffe anzusehen. Auch können etwa die Auftriebskammern aus Sicherheitsgründen mit leichterer Substanz ausgefüllt („ausgeschäumt") sein. **Flöße** fielen schon bisher nicht stets unter die Sondervorschriften des – durch das BinSchÄndG v. 25.8.1998[2] aufgehobenen – Flößereigesetzes von 1895; dieses war auf die heute in Deutschland nicht mehr betriebene Frachtflößerei zugeschnitten: Die Isar-Flöße dienen nicht mehr dem Transport der Stämme, sondern werden als (Binnen-)Schiffe eingesetzt.

2. Das korrigierende Merkmal der **nicht ganz unbedeutenden Größe** hat nur bei Binnenschiffen praktische Bedeutung; Seeschiffe werden es wohl stets erfüllen. Es dient namentlich zur Abgrenzung der Schiffe von den Sportgeräten.

Der BGH[3] hat einen Jollenkreuzer mit 20 qm Segelfläche noch als Schiff angesehen. Die Abgrenzungsproblematik ist allerdings dadurch entschärft, dass Segelschiffe häufig Binnenschiffe sind, für die jetzt – in Anlehnung an die frühere, bereits rechtsfortbildende Auslegung des BinSchG durch den BGH[4] – gesetzlich[5] klargestellt ist, dass die privilegierende Haftungsvor-

---

1 *Schaps/Abraham*, Vor § 476 Rn. 1 in Anlehnung an BGH, NJW 1952, 1135; *Rabe*, Einf. Rn. 2.

2 BGBl. I 2489.

3 BGHZ 57, 309; anders die Vorinstanz KG, VersR 1970, 122.

4 BGHZ 35, 150 ff.

5 § 4 Abs. 1 aE BinSchG.

schrift des § 4 BinSchG auf Sportboote nicht anwendbar ist. Für das Seerecht ist eine solche Interpretation allerdings durch § 613 HGB ausgeschlossen.

3. Das Erfordernis der **Fähigkeit und Bestimmung, sich** auf oder unter dem Wasser **fortzubewegen oder fortbewegt zu werden**, schließt stationäre schwimmende Einrichtungen wie Bojen, Pontonbrücken, Gaststättenschiffe, aber auch fest verankerte Bohrinseln vom Schiffsbegriff aus. Auch **Schwimmdocks** sind keine Schiffe, diesen jedoch sachen- und registerrechtlich in mancher Hinsicht gleichgestellt (§ 81a SchRG, §§ 73a, 73b SchRegO[6]).

Es genügt die **Bestimmung zu gelegentlicher Ortsveränderung**, auch wenn diese nicht regelmäßig erfolgt.[7] So etwa bei einem Schwimmkran,[8] einem Getreideheber[9] oder einem Schwimmbagger.[10] Auch Feuerschiffe dürften diese Voraussetzung erfüllen,[11] ferner transportable oder nicht fest verankerte **Bohrinseln.**[12] Deshalb schadet auch die **vorübergehende Verwendung zu stationären Zwecken** (etwa als Gaststätte, Lager) oder die **zeitweise Stillegung** nicht. Mit dauernder Beendigung der Absicht zur Teilnahme am Schifffahrtsverkehr endet jedoch die Schiffseigenschaft.

Ein **eigener Antrieb ist nicht erforderlich**; auch Leichter, Kähne, Schuten sind Schiffe. Unerheblich ist deshalb für die allgemeine Schiffseigenschaft erst recht, welches Antriebsmittel gewählt worden ist; für dampf-, motor-, segel- oder reaktorgetriebene Schiffe gelten allerdings im Seeverkehrsrecht, im Haftungsrecht und im Registerrecht oft Sonderregeln.

4. Das Schiff muss zur Fortbewegung **auf oder unter dem Wasser bestimmt** sein. Gelegentliche Benutzung des Wassers als Medium – wie bei Wasserflugzeugen und Amphibienautos – genügt nicht. **Luftkissenfahrzeuge** (hovercraft) sind jedoch ebenso wie **Tragflügelboote** Schiffe, auch wenn sie sich während der Fahrt mehr oder weniger hoch aus dem Wasser heben.

Internationale Überlegungen (bei UNIDROIT), Luftkissenfahrzeuge als Transportmittel sui generis anzusehen und deshalb ein eigenständiges Haftungsregime für sie zu konzipieren, sind deshalb aufgegeben worden.

5. **Fähigkeit und Bestimmung, Personen oder Sachen zu tragen.** Dieses Merkmal wird praktisch stets gegeben sein, weil Schifffahrt ohne diesen Zweck wenig Sinn hat. Dennoch ist es theoretisch in Zweifel zu ziehen (verneinend deshalb auch BFH, Hansa 1956, 1052). Jedenfalls muss es genügen, dass eine Besatzung an Bord ist und mit befördert wird, so etwa bei einem Schwimmbagger.

Schwimmenden Seezeichen, die mit diesem Erfordernis vom Schiffsbegriff ausgeschlossen werden sollen,[13] fehlt es schon an der Fortbewegung. Andererseits sollten die in moderner Zeit aufgekommenen unbemannten Messfahrzeuge (Ocean Data Acquisition Stations – ODAS) dem Schiffsbegriff unterfallen; allerdings tragen sie Messgeräte, also Sachen.

---

6 Vgl. dazu *Hornung*, Rpfleger 2003, 232.
7 *Rabe*, Einf. Rn. 6.
8 BGH NJW 1952, 1135.
9 OLG Hamburg, VersR 1977, 813.
10 BGHZ 76, 201.
11 So auch *Rabe*, Einf. Rn. 6.
12 Dazu LG Kiel, VersR 1969, 236; vgl. ferner *Graebner*, Die Rechtsstellung der Bohrinsel, Diss. Frankfurt 1970; ebenso Staudinger/*Nöll*, § 1 SchiffsRG Rn. 6.
13 *Rabe*, Einf. Rn. 11.

6. Problemaisch ist neuerdings vor allem die Schiffseigenschaft von **Bohrinseln.**[14] Auf dem Weg von und zu dem jeweiligen Einsatzort sind sie, ebenso wie andere Fahrzeuge für Meeresarbeiten, zB Schwimmbagger, als Schiffe anzusehen.[15] Beim stationären Einsatz bleibt ihnen jedenfalls dann, wenn sie nicht auf eigenen Füßen stehen, sondern nur mit flexiblen Leitungen mit dem Meeresboden verbunden sind, eine gewisse Navigationsmöglichkeit; sie sollten auch dann als Schiffe angesehen werden, etwa im Hinblick auf die Anwendung des HBÜ sowie des Zusammenstoß- und Bergungsrechts.

II. Beginn und Ende der Schiffseigenschaft

Die Schiffseigenschaft beginnt mit dem **Stapellauf.**[16]

Dem steht nicht entgegen, dass sachen- und registerrechtliche Bestimmungen eine andere Grenzziehung vornehmen; nach §§ 71 ff. SchRegO kann bis zur **Fertigstellung** des Schiffes eine Schiffsbauwerkshypothek eingetragen werden. Für den Schiffsbegriff muss genügen, dass das Schiff in einzelnen Beziehungen dem Schifffahrtsrecht unterfallen kann, etwa dem Seeverkehrsrecht und dem Schiffssicherheitsrecht.

Die Schiffseigenschaft endet, wenn das Schiff eines der erforderlichen Merkmale endgültig verliert. Dies ist namentlich der Fall, wenn es **gesunken** ist. Ein bergungsfähiges oder ein beschädigtes, reparaturfähiges Schiff behält die Schiffseigenschaft[17]; ist es dagegen nicht mehr reparaturfähig oder kann es nicht gehoben werden, so verliert es die Eigenschaft als Schiff und ist Wrack.

Solange ein gesunkenes Schiff gehoben werden kann, bedarf es nicht einer besonderen äußeren Willensbekundung des Eigentümers;[18] gibt allerdings der Eigentümer diese Absicht (erkennbar) auf, so endet – wie bei jeder Aufgabe der Zweckbestimmung (vgl. o. I3) – die Schiffseigenschaft. Das schließt nicht aus, dass dingliche Rechte an dem Wrack fortbestehen.[19] Bei Totalverlust, also unrettbarem Untergang, enden jedoch alle dinglichen Rechte am Schiff.[20]

III. Arten von Schiffen

Die Schiffsarten werden nach verschiedenen Kriterien untergliedert:

1. See- und Binnenschiffe

Ein Schiff ist **Seeschiff,** wenn es **regelmäßig für die Fahrt auf See verwendet** wird; das entspricht stRspr.[21] Bauart und die Eintragung des Schiffes im See- oder Binnen-

---

14 Hierzu. eingehend *Jesssen*, VersR 2014, 670 ff.

15 Davon gehen offenbar auch die EU-Richtlinie 90/684 und die VO (EG) Nr. 3094/95 über Beihilfen für den Schiffbau aus (ABl. L 332, S. 1), die Bohrinsel für diesen Zweck ausdrücklich aus dem Begriff der „Fahrzeuge für Meeresarbeiten" ausnehmen.

16 So auch *Wüstendörfer*, S. 39; *Breuer*, Hansa 1953, 394; aA *Rabe*, Einf. Rn. 8; *Abraham*, S. 43.

17 Zum Begriff des Wracks vgl. Staudinger/*Nöll*, Neubearb. 2009, § 1 SchiffRG Rn. 8, der auch darauf hinweist, dass das IMO-Übk. von 2007 über die Beseitigung von Wracks einen weiteren Begriff verwendet; auch ein nur gestrandetes Schiff gilt danach als Wrack.

18 So *Rabe*, Einf. Rn. 12.

19 Dazu *Breuer*, MDR 1955, 453.

20 *Rabe*, Einf Rn. 14.

21 Vgl. etwa BGH, VersR 1978, 712; BGHZ 76, 201; OLG Hamburg, Hansa 1960, 1800; RhSchOG Köln, Hansa 1964, 1991.

schiffsregister können einen Anhalt bieten,[22] sind jedoch nicht maßgebend (vgl. § 5, jedoch auch § 6 SchRegO).

Beckert/Breuer (Rn. 420) wollen für die Abgrenzung die staatlich zu testierende Erfüllung der Sicherheitsanforderungen, die für die Seefahrt vorgeschrieben sind, stärker heranziehen. Dem ist jedenfalls darin zuzustimmen, dass ein Schiff, welches diese Anforderungen offenbar nicht erfüllt – ohne dass sie aber testiert sein müssten –, nach der Verkehrsanschauung kaum als Seeschiff angesehen werden kann. Dies schließt jedoch nicht aus, dass es gelegentlich dennoch Seereisen unternimmt (dazu o. § 1 IV).

Problematisch ist der Fall, dass ein Schiff **sowohl für Fahrten auf See als auch für Fahrten auf Binnengewässern** eingesetzt wird. Geschieht dies nur gelegentlich, wird dadurch der Charakter des Schiffes nicht beeinflusst. Ist dagegen **regelmäßig** die Verwendung hier und dort beabsichtigt und findet sie tatsächlich statt, so kommt es für die Einordnung als See- oder Binnenschiff auf die jeweilige Reise an, da die Eigenschaft nicht generell festgelegt ist.[23]

Die frühere allg. Auffassung,[24] dass es sich bei regelmäßiger Verwendung **auch** auf See stets um ein Seeschiff handele, ist auf ältere Rspr. gestützt und lässt sich angesichts der erwähnten neuen Judikatur des BGH nicht halten. Auch auf die überwiegende Eigenschaft[25] kann in diesen Fällen nicht mehr entscheidend abgehoben werden.

2. Handelsschiffe und Nichterwerbsschiffe

Handels- oder Kauffahrteischiffe (vgl. Art. 27 GG, § 1 FlRG, § 3 Abs. 1 SchRegO) sind solche, die **zum Erwerb durch die Seefahrt bestimmt** sind. Dies entspricht ebenfalls der Definition des Reeders in § 476 HGB.

Zum Erwerb durch Seefahrt wird ein Schiff nicht nur durch die entgeltliche Seebeförderung fremder Güter oder Personen verwendet, sondern auch durch den gewerbsmäßigen Einsatz für Fischfang, Lotsendienst, Schlepp-, Bugsier- oder Bergungsdienst.

Den Gegensatz hierzu bilden die **Nichterwerbsschiffe**. Hierzu rechnen vor allem die Staatsschiffe im hoheitlichen Dienst, aber auch private Yachten, Forschungsschiffe oä. Staatseigene Schiffe dienen allerdings vielfach – insbesondere in den Staatshandelsländern – Handelszwecken und sind dann wie Kauffahrteischiffe zu behandeln.

Sonderbestimmungen für Registereintragung, Arrest und Zwangsvollstreckung gelten nur für Staatsschiffe im öffentlichen Dienst (vgl. u. 3).

Das Seehandelsrecht des HGB gilt zwar grundsätzlich nur für Handelsschiffe. Doch erstreckt **Art. 7 EGHGB** bestimmte Vorschriften auf Nichterwerbsschiffe, nämlich § 480 über die Haftung des Reeders für das Verschulden einer Person der Schiffsbesatzung oder eines Lotsen, §§ 611 bis 617 über die Haftungsbeschränkung, §§ 570 bis 573 über Haftung bei Schiffszusammenstößen und §§ 574 bis 587 (letztere jeweils mit den entsprechenden Verjährungsvorschriften). Die Anwendung der sachenrechtlichen Bestimmungen des SchRG ergibt sich aus der Eintragung im Schiffsregister (§ 1 SchRG).

Schiffsgläubigerrechte (u. § 13 V) entstehen an Nichterwerbsschiffen jedoch nicht; dies wurde allerdings vor dem 1. SÄG aus der Anwendung der §§ 486 ff. aF (jetzt §§ 611 ff.) gefolgert, doch ist das Schiffsgläubigerrecht seit der Gesetzesänderung von 1972 nicht mehr notwendiges Korrelat der Haftungsbeschränkung (dazu u. § 13 V 1).

Zur Rechtsstellung von **Privatyachten** vgl. *Butz*, aaO.

---

22 RGZ 10245.

23 BGHZ 76, 201, 203 (Schwimmbagger); BGH, VersR 1978, 712, 713 (Schwimmkran).

24 So etwa *Prüßmann/Rabe*, 3. Aufl., Einf. I B 1a; jetzt zutreffend *Rabe*, Einf. Rn. 17.

25 So *Breuer*, Hansa 1953, 393.

3. Staats- und Privatschiffe

Für staatseigene Schiffe im öffentlichen Dienst besteht kein Zwang zur Eintragung im Register (§ 10 Abs. 3 SchRegO). Arrest und Zwangsversteigerung sind nicht zulässig; dies ist für ausländische Staatsschiffe (und für die auf Privatschiffen für staatliche Zwecke beförderte Ladung) in dem Internationalen Übereinkommen von 1926 über die Immunitäten der Staatsschiffe niedergelegt, welches gleichzeitig klarstellt, dass **Staatshandelsschiffe** solche Immunitäten nicht genießen.[26]

4. Eingetragene und nicht eingetragene Seeschiffe

Die Unterscheidung wirkt sich vornehmlich hinsichtlich der Übereignung (bloße Einigung nach § 3 SchRG bei eingetragenen, Einigung und Übergabe nach §§ 929a, 932a BGB bei nicht eingetragenen Schiffen) sowie der Verpfändung (Schiffshypothek nach § 8 SchRG bei eingetragenen, Pfandrecht nach §§ 1204 ff. BGB bei nicht eingetragenen Schiffen) aus. Näher dazu u. § 13.

IV. Schiffsbestandteile und Schiffszubehör

Dem Schiffsbetrieb dient eine Vielzahl von Gegenständen, bei denen die rechtliche Einordnung als (wesentlicher oder nicht wesentlicher) Bestandteil oder als Zubehör oft zweifelhaft ist. Die Beurteilung ist nach §§ 93, 94 Abs. 2, § 97 BGB vorzunehmen; § 478 aF enthielt lediglich eine Klarstellung für die Schiffsboote und eine Auslegungsregel.

Die Einordnung ist bedeutsam, weil wesentliche Bestandteile nicht Gegenstand besonderer Rechte sein können, sodass insbesondere ein Eigentumsvorbehalt mit dem Einbau erlischt; auf unwesentliche Bestandteile und Zubehör kann sich andererseits der Verkauf, die Übereignung oder Belastung sowie die Haftung für dingliche Rechte am Schiff erstrecken.

1. **Wesentliche Schiffsbestandteile** sind Bestandteile, die entweder nicht ohne Zerstörung oder Wesensveränderung voneinander getrennt werden können (§ 93 BGB) oder die – in analoger Anwendung des § 94 Abs. 2 BGB[27] – zur Herstellung des Schiffes eingefügt sind, also das Schiff erst „schiffsfähig" oder „bewegungsfähig" machen.[28]

Danach sind wesentliche Schiffsbestandteile etwa der Motor eines Motorschiffes, auch wenn nicht speziell angefertigt und wenn das Schiff eine Hilfsbesegelung hat;[29] dies gilt ferner bei später eingebautem, serienmäßig hergestelltem Motor,[30] jedoch nicht bei einem Segelschiff mit bloßem Hilfsmotor. Des weiteren Schiffsschraube, Ruderanlage, Masten; Taue und Trossen, soweit zur Befestigung anderer Schiffsteile erforderlich.[31] Die Radaranlage ist dagegen nicht wesentlicher Bestandteil,[32] ebenso Anker und Ankerkette;[33] diese Vorrichtungen werden zwar von allen Schiffen benötigt, sind aber nicht fest eingebaut.

---

26 Vgl. im Einzelnen *Menzel*, Die Immunität der Staatsschiffe, Schriften des DVIS A 7.
27 Vgl. BGHZ 26, 225.
28 Dazu im Einzelnen *Bühling*, Hansa 1954, 1333.
29 RGZ 152, 96.
30 BGHZ 26, 225; *Schaps/Abraham*, § 478 Rn. 3; aA OLG Köln, JW 1936, 466 und *Graue*, BB 1959, 1282.
31 Vgl. im Einzelnen *Rabe*, § 478 Rn. 6 ff.
32 LG Hamburg, Hansa 1959, 696.
33 *Schaps/Abraham*, § 478 Rn. 4; aA Rabe, § 478 Rn. 7.

2. **Schiffszubehör** sind Sachen, die – gleichgültig, ob sie im Eigentum des Schiffseigentümers oder eines anderen stehen – dem wirtschaftlichen Zweck des Schiffes zu dienen bestimmt sind und nicht Bestandteil sind.

Sie können generell für die Seefahrt nötig oder dienlich sein – wie etwa Rettungsboote, Seekarten, Schiffspapiere, Schiffsapotheke, Signalgeräte, loses Tauwerk, Anker –, oder nur einem besonderen wirtschaftlichen Zweck der Seereise dienen, wie etwa Fanggerät der Fischereifahrzeuge, Schlepptrossen der Schlepper, loses Ladegerät und Garnier bei Frachtschiffen, Messgeräte bei Forschungsschiffen, Kabineneinrichtung. Der Zubehöreigenschaft steht nicht entgegen, dass die Gegenstände zum Verbrauch bestimmt sind. Deshalb sind die – oft wertvollen – **Treibstoff- und Proviantvorräte** Zubehör;[34] sie dienen nicht nur vorübergehend (§ 95 Abs. 2 BGB), sondern bis zu ihrem Untergang dem Schiffszweck.

Nicht Zubehör sind Container oder LASH-Leichter, weil sie – jedenfalls in aller Regel – nicht einem bestimmten Schiff zugeordnet sind.

Das Zubehör teilt bis zu einem gewissen Grade das rechtliche Schicksal des Schiffes. Ein Kaufvertrag über das Schiff erstreckt sich hierauf (§ 311c BGB). Die Übereignung des eingetragenen Schiffes durch bloße Einigung, die auch das Zubehör umfasst, lässt auch das Eigentum an diesem in gleicher Weise übergehen (§ 4 SchRG). Das Zubehör im Eigentum des Schiffseigentümers haftet für Schiffshypothek (§ 31 Abs. 1 SchRG) und Schiffsgläubigerrechte (§ 598 Abs. 1).

34 So auch *Rabe*, § 478 Rn. 15 aA *Schaps/Abraham*, § 478 Rn. 6.

§ 11 Flaggenrecht

Lit.: *Beckert/Breuer*, Öffentliches Seerecht, Rn. 452 ff.; *Caron*, Ships – Nationality and Status, in: Encyclopedia of Public International Law, Instalment 11: Law of the Sea, Air and Space, Amsterdam 1989, 289 ff.; *Däubler*, Wahl des anwendbaren Rechts durch Tarifvertrag? NZA 1990, 673 ff.; *Deutsch*, Der Schutz von Schiffsnamen im deutschen Recht, TranspR 2000, 113 ff.; *Dörr*, Die deutsche Handelsflotte und das Grundgesetz, 1988; *Drobnig/Basedow/Wolfrum*, Recht der Flagge und „Billige Flaggen" – Neuere Entwicklungen im Internationalen Privatrecht und Völkerrecht, 1990; *Geffken*, Internationales Seeschiffahrtsregister verstößt gegen geltendes Recht, NZA 1989, 88 ff.; *Glockauer*, Das Seeschifffahrtsanpassungsgesetz: Rettungsanker für die deutsche Handelsschifffahrt? TranspR 2004, 45 ff.; *Grau*, Das „German majority"-Problem im deutschen Flaggenrechtsgesetz und die Verwaltungspraxis des BSH, TranspR 2008, 305 f.; *Hartley*, Flag choice – a comparative study, IJSL 1998, 12 ff.; *Hoog*, Deutsche Flaggenhoheit, Schriften des DVIS A 38; *ders.*, Deutsches Flaggenrecht, 1982; *Kröger*, Praktische Erfahrungen mit Bareboat-Charter-Registern, TranspR 1988, 173 ff.; *Laborde*, La nationalité du navire, DMF 2005, 803 ff.; *Nöll*, 60 Jahre Flaggenrechtsgesetz – Hat Deutschland noch ein geeignetes Flaggenrecht? TranspR 2012, 91 ff.; *Núñez-Müller*, Die Staatszugehörigkeit von Handelsschiffen im Völkerrecht, 1994; *Meyers*, The Nationality of Ships, Den Haag 1967; *Müller*, Le transfer de pavillon et ses effets sur les droits privés, in: Studi in onore di G. Berlingieri, Genua 1964, 393 ff.; *Özcayir*, Flags of Convenience and the Need for International Co-operation, Int.Mar.Law 2000, 111 ff.; *Pamperin-Herbst*, Das Schiffsvorzertifikat, RPfleger 2009, 76 f.; *Pötschke*, Probleme der Schiffsfinanzierung und Ausflaggung, in: Lagoni/Paschke, 20 Jahre Seerechtswissenschaft, 2005, 55 ff.; *Reinhold*, Der Rechtsstatus des Seeschiffes, 1970; *Skourtos*, Billig-Flaggen-Praxis und staatliche Verleihungsfreiheit, 1990; *Schellhammer*, Das Flaggenrechtsgesetz, TranspR 2011, 173 ff.; *Stöckel*, F 121. Flaggenrechtsgesetz, in Erbs/Kohlhaas, Strafrechtliche Nebengesetze, Stand 178. EL 2010; *Verdross/Simma*, Universelles Völkerrecht, 3. Aufl. 1984, unveränd. Nachdr. 2010; *Werbke*, Neue Akzente im Seerecht: Flaggenrecht, Rechtsbereinigung, Rechtsüberleitung, TranspR 1990, 317 ff.; *ders.*, Höchstrichterlich bestätigt: Das Rechtsmodell ISR als Basis der maritimen Standortsicherung, TranspR 1995, 405 ff.

I. Bedeutung der Flagge

Seeschiffe bewegen sich nicht nur im Bereich einer Rechtsordnung, sondern sowohl im hoheitsfreien Raum der Hohen See als auch in fremden Staatsgebieten. Deshalb bedarf es einer festen Zuordnung zu einer bestimmten Rechtsordnung. Diese wird durch die Flagge eines Staates geschaffen.

Die Befugnis der Staaten, Schiffen das Recht zur Führung ihrer Flagge zu verleihen, findet **völkerrechtlich** heute ihre Grundlage in Art. 4 ff. des (Genfer) UN-Übereinkommens von 1958 über die Hohe See und in Art. 92 ff. SRÜ. Nach diesen Vorschriften ist der Flaggenstaat auch verpflichtet, die Bedingungen für den Zugang zu seiner Flagge festzulegen.

Die in den genannten Übereinkommen (Art. 4, 5 Übk. 1958; Art. 91 Abs. 1 Satz 3 SRÜ) genannte Voraussetzung, dass zwischen dem Flaggenstaat und dem Schiff eine „echte Verbindung" („***genuine link***") bestehen muss, hat nicht verhindern können, dass eine Reihe von Staaten ihre Register und damit ihre Flagge praktisch jedem Schiff öffnen; durch Vergünstigungen namentlich bei den Anforderungen an die Schiffsbesetzung (Personalkosten!), bei den arbeitsrechtlichen Schutzvorschriften und bei den Steuern haben solche Register Schiffe aus Industrieländern mit hohem Heuer- und Steuerniveau angezogen („billige Flaggen"; „*flags of conve-*

nience“).[1] Ein **UN-Übereinkommen v. 7.2.1986 über die Bedingungen für die Registrierung von Schiffen** (UN-Convention on Conditions for Registration of Ships[2]) versucht, diese Entwicklung zu steuern; es ist jedoch noch nicht in Kraft und wird wohl auch von den Staaten, die es betrifft, kaum ratifiziert werden.

Die **rechtliche Natur der Flaggenhoheit** ist im Völkerrecht nicht unstreitig. Die frühere Auffassung, dass das Schiff „ein schwimmender Gebietsteil“ des Flaggenstaates sei,[3] ist kaum haltbar.

Dies zeigt schon die Tatsache, dass das Schiff in fremden Hoheitsgewässern der dortigen Territorialgewalt untersteht. Auch eine personelle Hoheit des Flaggenstaates besteht nicht generell. Deshalb ist sowohl die Auffassung von der Territorialhoheit als auch die von der Personalhoheit abzulehnen.[4] Die Flagge bezeichnet eine eigene Rechtszuständigkeit, die Art. 5 Übk. 1958 – von der Staatsangehörigkeit natürlicher Personen unterschieden – als „**Nationalität des Schiffes**“ bezeichnet. Damit ist allerdings über den Inhalt noch wenig gesagt.

Sachlich handelt es sich um eine **besondere Form der hoheitsrechtlichen Zuordnung,**[5] die völkerrechtlich bestimmte Verantwortlichkeiten des Flaggenstaates für das Schiff und sein Verhalten mit sich bringt, aber auch Rechte des Schiffes gegen den Flaggenstaat (namentlich auf Schutz) zum Inhalt hat. Im Einzelnen definiert der Flaggenstaat sein Verhältnis zum Schiff durch den Geltungsbereich seiner Gesetze (vgl. für das deutsche Recht etwa § 21 Abs. 3, 4 FlRG; § 4 StGB). Die Flaggenhoheit des Staates ist also eine **Rechtshoheit eigener Art.**[6]

Für die praktische Rechtsanwendung auf dem Gebiet des Seehandelsrechts ist festzuhalten, dass **für jedes einzelne Rechtsverhältnis gesondert geprüft** werden muss, ob für die Anwendung einer Bestimmung an die Flagge des Schiffes anzuknüpfen ist. Die Flaggenhoheit des Staates gewährt diesem nur eine Befugnis, die Anwendung seiner Rechtsordnung auf Tatbestände, die mit dem Schiff zusammenhängen, vorzuschreiben; ob dies im Einzelfall geschehen ist, bedarf deshalb jeweils der Feststellung.

Die Flagge ist – außer für die in § 21 Abs. 3 FlRG genannten öffentlich-rechtlichen Vorschriften – auf dem Gebiet des Privatrechts etwa maßgebend für die sachenrechtlichen Verhältnisse des Schiffes; bereits dabei ist zweifelhaft, ob und in welchem Umfang dies auch für die Schiffsgläubigerrechte (§§ 596ff. HGB) gilt (vgl. dazu u. § 13 V). Schwierig ist heute auch die Anknüpfung der Heuerverhältnisse; vgl. dazu u. § 18. Zu beachten ist schließlich, dass die früheren Vorstellungen über die Anknüpfung an die Flagge von der grundsätzlichen Identität von Flagge, Registerort und Heimathafen ausgingen; diese Übereinstimmung ist heute häufig nicht mehr gegeben, so dass insofern – namentlich bei ausgeflaggten Schiffen – eine genauere Unterscheidung geboten ist.

---

1 Eine Übersicht zu den Kriterien für die Auswahl eines geeigneten Flaggenstaates mit Untersuchung der sechs damals beliebtesten Flaggenstaaten (Panama, Liberia, Griechenland, Bahamas, Zypern, Malta) findet sich bei *Hartley*, Flag choice – a comparative study, IJSL 1998, 12ff.

2 Vgl. *Schadee/Claringbould*, I – 387ff.

3 So noch *Abraham*, S. 54; *Schaps/Abraham*, vor § 476 Rn. 37.

4 So mit Recht und eingehender Begründung *Hoog*, S. 13f.

5 Zu der notwendigen Verbindung zwischen Schiff und Staat vgl. *Laborde*, DMF 2005, 803ff.

6 So mit Recht *Mankowski*, RabelsZ 1989, 501.

II. Berechtigung zur Führung der Bundesflagge

1. Im deutschen Recht sind Befugnis und Pflicht zur Führung der Bundesflagge in dem **Gesetz über das Flaggenrecht der Seeschiffe und die Flaggenführung der Binnenschiffe (Flaggenrechtsgesetz – FlRG)** v. 8.2.1951[7] geregelt.[8] Dazu auch o. § 3 II 3.

Das FlRG aus dem Jahre 1951 wurde zunächst am 4.7.1990 neu gefasst;[9] seit der Neufassung wird das FlRG ergänzt durch die FlRV v. 4.7.1990,[10] die an die Stelle von DVOen zum FlRG 1951 getreten ist. Die Änderungen von 1990 hatten vor allem Gründe der Rechtsbereinigung und der Anpassung an völkerrechtliche Bestimmungen über die Pflichten des Flaggenstaates namentlich hinsichtlich Kontrolle und Dokumenten; geändert wurde auch etwa die in § 1 der 3. DVO zum FlRG von 1951 sehr kasuistisch geregelte Abgrenzung von See- und Binnengewässern (§ 1 FlRV).[11] Eine weitere Änderung, die sich bereits in der Novellierung von 1990 abzeichnete, erfolgte 1994; sie führte zu der **Neufassung v. 26.10.1994**[12] und zu der 1. VO zur **Änderung der FlRV v. 26.10.1994.**[13] Gegenstand dieser Änderung war nunmehr die Gleichstellung der Angehörigen anderer Mitgliedstaaten der EU, die durch die Rechtsprechung des EuGH zur Flaggenzulassung insbesondere von Fischereifahrzeugen[14] für veranlasst gehalten wurde.

Nach der Neufassung von 1994 hat das FlRG eine Ergänzung erfahren durch G v. 6.6.1995:[15] Ein neuer § 1 Abs. 4 stellt Binnenschiffe, auf welche die SchSV Anwendung findet, den Seeschiffen gleich, wenn sie Seegewässer befahren; dies gilt jedoch nur „hinsichtlich der Vorschriften dieses (des Flaggenrechts-) Gesetzes".

Durch G v. 25.6.2004[16] wurden die Änderungen des Internationalen Übereinkommens von 1974 zum Schutz des menschlichen Lebens auf See (SOLAS) sowie des damit verbundenen Internationalen Codes für die Gefahrenabwehr auf Schiffen und in Hafenanlagen umgesetzt, nämlich die Bestimmungen über die IMO-Schiffsidentifikationsnummer und die lückenlose Stammdatendokumentation (§§ 9a und 13 FlRG)[17]. Mit G v. 20.12.2012[18] wurde das Recht zur Führung der Bundesflagge weiter an europarechtliche Vorgaben angepasst; außerdem wurden die Regelungen zur Ausflaggung dahin verschärft, dass die Genehmigung einen Ausgleich durch den begünstigten Reeder voraussetzt im Hinblick auf die Aufrechterhaltung der ausgeflaggten Schiffe als Ausbildungsplatz. Weitere Änderungen sind am 25.7.2013[19] (Aufhebung von § 22c FlRG) und am 7.8.2013[20] (Aufhebung von § 22a FlRG) erfolgt.

2. Das **Recht**, aber **auch die Pflicht**, die **Bundesflagge zu führen**, haben alle Kauffahrteischiffe und sonstigen zur Seefahrt bestimmten Schiffe, deren **Eigentümer Deutsche sind und ihren Wohnsitz im Geltungsbereich des GG haben** (§ 1 Abs. 1, § 6 Abs. 1 FlRG).

---

7 BGBl. I 79, idF der Bek. BGBl. 1994 I 3140, zuletzt geänd. BGBl. 2013 I 3154.

8 Zu Aufbau und Inhalt des FlRG *Schellhammer*, TranspR 2011, 173 ff.; zur Geschichte ausführlich *Nöll*, TranspR 2012, 91 ff.

9 BGBl. I 1343.

10 BGBl. I 1389, zuletzt geänd. BGBl. 2013 I 1926.

11 Vgl. im Einzelnen zu Inhalt und Gründen der Neufassung *Werbke*, TranspR 1990, 317 ff.

12 BGBl. I 3140.

13 BGBl. I 3176.

14 Vgl. dazu EuGH v. 25.7.1991 – Rs. 221/89 – Factortame –, EuZW 1991, 764 ff.

15 BGBl. I 778.

16 BGBl. I 1389.

17 Dazu *Schellhammer*, TranspR 2011, 173 ff.

18 BGBl. I 2792.

19 BGBl. I 2749.

20 BGBl. I 3154.

Deutschen Staatsangehörigen stehen hierbei gleich (§ 1 Abs. 2 FlRG):

a) **Offene Handelsgesellschaften und Kommanditgesellschaften**, wenn die **Mehrheit** sowohl der persönlich haftenden als auch der zur Geschäftsführung und zur Vertretung berechtigten **Gesellschafter aus Deutschen besteht** und außerdem nach dem Gesellschaftsvertrag die deutschen Gesellschafter die Mehrheit der Stimmen haben, sowie

b) **juristische Personen**, wenn **Deutsche im Vorstand oder in der Geschäftsführung** die **Mehrheit** haben.

3. In gewissen Fällen besteht nach § 2 FlRG **nur das Recht**, die Bundesflagge zu führen.

Dies gilt nach § 2 FlRG[21] für Seeschiffe, deren Eigentümer

a) Deutsche ohne Wohnsitz im Geltungsbereich des GG oder Angehörige anderer EU-Staaten oder aus dem EWR-Raum mit Wohnsitz im Geltungsbereich des GG sind;

b) Gesellschaften sind, die nach den Rechtsvorschriften eines der Mitgliedstaaten der Europäischen Union gegründet worden sind, ihre Hauptniederlassung in einem Mitgliedstaat der Europäischen Union haben und die eine oder mehrere verantwortliche Personen mit Wohnsitz oder Sitz im Inland ständig beauftragt haben, zu gewährleisten,

aa) dass in technischen, sozialen und verwaltungsmäßigen Angelegenheiten die in der Bundesrepublik Deutschland für die Seeschiffe geltenden Rechtsvorschriften eingehalten werden und,

bb) sofern es sich um Fischereifahrzeuge handelt, dass der Einsatz der Schiffe zum Fischfang durch eine oder mehrere solcher Personen geleitet, durchgeführt und überwacht wird.

c) Erbengemeinschaften von deutschen und ausländischen Eigentümern, wenn Deutsche zu mehr als der Hälfte am Nachlass beteiligt sind und zur Vertretung ausschließlich Deutsche bevollmächtigt sind, die ihren Wohnsitz oder Sitz im Inland haben.

Die Gleichstellung von Angehörigen anderer EU-Staaten geht auf eine Entscheidung des EuGH (s. o. 1.) zurück, bei der es darum ging, dass ein Mitgliedstaat Fischereifahrzeugen anderer EU-Angehöriger eine Beteiligung an den auf die eigene Flagge entfallenden Fischfangquoten nicht vorenthalten darf. Die Folgerung, die der deutsche Gesetzgeber – weniger klar der EuGH – aus dieser fischereirechtlichen Problematik gezogen hat, erscheint jedoch wenig überzeugend. Es wäre nicht Sache des Flaggenrechts, sondern des Fischereirechts gewesen, sicherzustellen, dass Schiffe anderer EU-Flaggen an den Fischfangquoten partizipieren können. Die Flagge ist, ähnlich der Staatsbürgerschaft, ein Staatszuordnungsmerkmal, dessen Aufweichung – solange es (noch) fortbesteht und die „Euro-Flagge" nicht verwirklicht ist – nur zu Unklarheiten und Verunsicherung führen kann: Staatsangehörige und Schiffe eines Staates müssen gleiche Rechte in allen Mitgliedstaaten haben, sollten jedoch zunächst als einem solchen zugehörig gekennzeichnet bleiben.

Macht der Eigentümer von dem Recht, die deutsche Flagge zu führen, Gebrauch und wird ein Schiffszertifikat, ein Schiffsvorzertifikat oder ein Flaggenzertifikat er-

---

21 Der auch nach der Neufassung im Jahre 2012 nach wie vor ein Musterbeispiel für unklare Gesetzesformulierung ist.

teilt (dazu u. III), so darf eine andere Flagge nicht mehr geführt werden (§ 6 Abs. 1 Buchst. a FlRG).

4. Anderen Schiffen **kann** unter besonderen Voraussetzungen das **Recht** zur Führung der Bundesflagge vom Bundesamt für Seeschifffahrt und Hydrographie **verliehen werden** (§§ 10 ff. FlRG).

a) Nach § 10 FlRG kann Seeschiffen, die in Deutschland gebaut worden sind, für ihre **erste Überführungsreise** in einen anderen Hafen einschließlich der hierfür erforderlichen vorausgehenden Fahrten das Flaggenrecht verliehen werden.

b) Nach § 11 Abs. 1 Satz 2 FlRG kann die Befugnis zur Führung der Bundesflagge einem in ausländischem Eigentum stehenden Schiff verliehen werden, das von einem **Ausrüster, der zu dem Personenkreis der §§ 1 und 2 FlRG gehört, zur Bereederung im eigenen Namen** für wenigstens ein Jahr überlassen ist. Voraussetung ist dabei, dass es gemäß den deutschen Vorschriften besetzt wird, dass der Eigentümer dem Flaggenwechsel zustimmt und dass das fremde Recht der Führung der Bundesflagge nicht entgegensteht. Diese Regelung wurde 1951 geschaffen, weil der Wiederaufbau der im Zweiten Weltkrieg zerschlagenen deutschen Handelsflotte zunächst auf der Basis von Bareboat-Charterung fremden Schiffsraums vorgenommen werden musste. Diese sog. **Einflaggung** („*bareboating in*") ist heute praktisch nicht mehr von Bedeutung. Anders dagegen der umgekehrte Vorgang, die Befreiung von der Pflicht zur Führung der Bundesflagge nach § 7 FlRG (sog. **Ausflaggung** („*bareboating out*"), vgl. dazu u. IV.).

c) Im Zuge der Neuregelung des Flaggenrechts in den Jahren 1989/90[22] ist eine weitere Verleihungsmöglichkeit hinzugetreten: Nach § 11 Abs. 1 Satz 1 FlRG **kann ausländischen Eigentümern „aufgrund internationaler Vereinbarungen"** die Befugnis zur Führung der Bundesflagge **verliehen werden**. Hinter dieser etwas dunklen und weiten Formulierung verbirgt sich insbesondere das Bestreben, einer noch schwer abzusehenden Entwicklung innerhalb der EU Rechnung zu tragen.[23] Diese Entwicklung ist durch das Urteil des EuGH v. 25.7.1991[24] deutlich geworden, die inzwischen zu der späteren Änderung des FlRG von 1994 geführt hat (s. o. 1.).

III. Nachweis der Berechtigung. Flaggenführung. Heimathafen

1. Die materielle Flaggenführungsbefugnis muss formell nachgewiesen werden. Dies geschieht regelmäßig durch das **Schiffszertifikat** (§ 3 Buchst. a FlRG), das nach § 60 Abs. 1 SchRegO vom Registergericht ausgestellt wird.

Das Schiffszertifikat gibt den vollständigen Inhalt der Eintragungen im Schiffsregister wieder (§ 60 Abs. 1 S. 1 SchRegO). Ferner ist darin „zu bezeugen", dass das Schiff das Recht hat, die Bundesflagge zu führen (§ 60 Abs. 2 SchRegO). Veränderungen der Eintragungen sind „sobald als tunlich" auf dem Schiffszertifikat zu vermerken (§ 61 SchRegO).

Das Recht zur Führung der Bundesflagge kann in bestimmten Fällen, in denen das Schiff nicht im deutschen Register eingetragen ist oder eingetragen zu sein braucht, **durch eine andere Urkunde** als das Schiffszertifikat nachgewiesen werden:

22 Vgl. dazu *Werbke*, TranspR 1990, 317 ff.
23 Dazu *Werbke*, aaO, S. 321 f.
24 EuZW 1991, 764 ff.

- Bei Schiffen, deren Recht zur Führung der Bundesflagge im Ausland entsteht (etwa durch Übereignung an einen Deutschen) oder dem die Befugnis nach § 7 FlRG verliehen wird, durch ein **Schiffsvorzertifikat** (§ 3 Buchst. a, § 5 FlRG, §§ 2 ff. FlRV): Dieses wird vom zuständigen **deutschen Konsulat** ausgestellt (§ 2 FlRV) und gilt nur ein halbes Jahr (§ 5 Abs. 2 FlRG); es ist namentlich dann erforderlich, wenn ein Schiff im Ausland gebaut und nach Deutschland überführt wird, wo es die Originalpapiere erst nach Eintragung im Schiffsregister erhalten kann;[25]
- bei Schiffen, denen das Flaggenführungsrecht nach § 10 FlRG für die Überführungsreise verliehen wird oder bei Schiffen, die zwar im Eigentum eines Ausländers stehen, denen jedoch das Flaggenführungsrecht nach § 11 FlRG wegen Überlassung an einen deutschen Ausrüster oder auf Grund internationaler Übereinkommen verliehen wird, durch einen **Flaggenschein** (§ 3 Buchst. b, §§ 10, 11 FlRG; §§ 6 ff. FlRV); dieser wird vom Bundesamt für Seeschifffahrt und Hydrographie ausgestellt (§§ 6, 27 FlRV);
- bei Schiffen, die im öffentlichen Dienst stehen, wahlweise (wenn sie nicht im Register eingetragen sind und kein Schiffszertifikat vorlegen können) durch eine **Flaggenbescheinigung** (§ 3 Buchst. c FlRG); diese wird für Schiffe der Bundeswehr vom Bundesminister der Verteidigung, für sonstige Schiffe im öffentlichen Dienst vom Bundesamt für Seeschifffahrt und Hydrographie ausgestellt (§§ 12, 27 FlRV);
- bei Schiffen, die wegen geringer Größe (Rumpflänge unter 15 m, vgl. § 10 Abs. 1 SchRegO) nicht registerpflichtig sind, wahlweise (wenn sie nicht im Register eingetragen sind und kein Schiffszertifikat vorlegen können) durch ein **Flaggenzertifikat** (§ 3 Buchst. d FlRG; §§ 14 ff. FlRV); dieses wird vom Bundesamt für Seeschifffahrt und Hydrographie ausgestellt (§§ 14, 27 FlRV).

2. Die Flagge ist in der für Seeschiffe der betreffenden Gattung üblichen Art und Weise zu führen (§ 8 Abs. 2 S. 1 FlRG), regelmäßig am Heck. Andere Flaggen – insbesondere Reedereiflaggen – dürfen an dieser Stelle nicht gesetzt werden (§ 8 Abs. 2 S. 2 FlRG).

3. Ein Schiff, für welches ein Schiffszertifikat, ein Schiffsvorzertifikat oder ein Flaggenschein erteilt ist, muss seinen **Namen** an jeder Seite des Bugs und am Heck führen (§ 9 Abs. 1 FlRG). Am Heck ist ferner der **Heimathafen** zu führen. Außerdem muss bei Fahrgastschiffen ab 100 BRZ und bei Frachtschiffen ab 300 BRZ die IMO-Identifikationsnummer am Schiff angebracht werden (§ 9a FlRG).[26]

Der **Schiffsname**[27] kann frei gewählt werden; im deutschen Recht ist nicht erforderlich, dass er von Namen anderer eingetragener Schiffe unterscheidbar ist. Wahl und Änderung des Namens sind jedoch der Bundesverkehrsverwaltung anzuzeigen, die die Führung des beabsichtigten Namens im öffentlichen Interesse untersagen kann (§ 9 Abs. 3 FlRG). Dass der Name zumindest auch eine Wortbildung enthalten muss,[28] dürfte schon deshalb im öffentlichen Interesse liegen, weil eine Zahlenkombination vom Verkehr im Hinblick auf die Übung nicht als Schiffsname erkannt würde.

Heimathafen ist der Hafen, von dem aus die Seefahrt mit dem Schiff betrieben wird. Da das Schiff in das Schiffsregister des Heimathafens einzutragen ist (§ 4 Abs. 1

25 Dazu näher *Pamperin-Herbst*, Das Schiffsvorzertifikat, RPfleger 2009, 76 f.
26 Dazu *Schellhammer*, TranspR 2011, 173, 176.
27 Vgl. zum Schutz von Schiffsnamen *Deutsch*, TranspR 2000, 113 ff.
28 So *Schaps/Abraham*, Vor § 476 Rn. 22.

SchRegO), sind Heimathafen und Registerhafen regelmäßig identisch. Hiervon bestehen jedoch Ausnahmen: Hat das Schiff keinen Heimathafen im Inland (weil es vom Ausland aus betrieben wird oder die Geschäftsleitung sich an Bord befindet), so kann der Eigentümer das Schiffsregister wählen. Es ist anerkannt, dass der so gewählte Registerort zugleich der (fingierte) Heimathafen ist (§ 9 Abs. 1 S. 2 FlRG).[29] Hat das Schiff auch keinen Registerort im Inland – weil es die Flaggenführungsbefugnis nach § 10 FlRG erhalten hat und nicht von einem inländischen Hafen aus betrieben wird – so ist der ausländische Heimathafen anzugeben.[30] – Bei **ausgeflaggten Schiffen** (§ 7 FlRG) (vgl. u. IV) bestimmt das Recht des Flaggenstaates, welcher Heimathafen anzugeben ist; regelmäßig wird dies der Hafen des (Bareboat-)Registers im Flaggenstaat sein.

IV. Gestattung der Führung einer fremden Flagge (Ausflaggung)

1. Das FlRG enthält eine bedeutsame Ausnahme von der Pflicht eines Deutschen mit Sitz im Inland, die deutsche Flagge zu führen (s. o. II 2): Nach § 7 FlRG kann das Bundesamt für Seeschifffahrt und Hydrographie die Führung einer anderen Nationalflagge für einen Zeitraum von längstens zwei Jahren gestatten.[31] Voraussetzung ist, dass das maßgebliche fremde Recht die Führung seiner Flagge erlaubt, und dass der Antragsteller nachweist, dass er die durch den Flaggenwechsel hervorgerufenen Nachteile für den Schifffahrtsstandort ausgeglichen hat.

Ein solcher Ausgleich beinhaltet die Verpflichtung, während eines von der Größe des Schiffes abhängigen Zeitraums mindestens einen Platz zur seefahrtbezogenen Ausbildung ständig besetzt zu halten. Wenn der Antragsteller dieser Verpflichtung nicht nachkommen kann, kann anstelle dessen auf Antrag die Zahlung eines Ablösebetrages an eine Einrichtung zur Aus- und Fortbildung von Besatzungsmitgliedern zugelassen werden.

Die damit vorgesehene – der Verleihung der Flaggenführungsbefugnis nach § 11 FlRG umgekehrt entsprechende – Möglichkeit der **Ausflaggung** deutscher Schiffe hat in den letzten Jahrzehnten erhebliche Bedeutung erlangt. Heute fährt weit mehr als die Hälfte der Deutschen gehörenden Seeschiffstonnage unter fremder Flagge, regelmäßig sog. *„flags of convenience"*.[32] Bevorzugte Flaggenstaaten sind Liberia, Antigua und Barbuda, Malta, Marshallinseln, Singapur, Zypern, Gibraltar.

Der wirtschaftliche Vorteil für deutsche Reeder lag vor allem in der Anfangszeit der Ausflaggungswelle in den 70er Jahren im Zugang zum ausländischen Arbeitsmarkt: Die Vorschriften des deutschen Schiffsbesetzungsrechts standen der Beschäftigung von Ausländern im Wege; deutsche Seeleute fehlten und waren zu teuer. Mit der Ausflaggung vermeidet der Reeder auch die deutschen Schiffsbesetzungs- und Arbeitszeitvorschriften, denn auf die ausgeflaggten Schiffe ist das öffentliche Recht des Flaggenstaates anzuwenden. Heute ist anerkannt, dass sich die Arbeitsverhältnisse nicht notwendig nach dem Flaggenrecht bestimmen (vgl. dazu u. § 39 VI).[33] Die Schiffsbesetzungsvorschriften sind heute in Deutschland so weit gelockert

---

29 BGHZ 58, 170; *Schaps/Abraham*, § 480 Rn. 1; *Rabe*, § 480 Rn. 2.

30 So auch *Rabe*, aaO.

31 Wegen des Verfahrens vgl. §§ 20 ff. FlRV und *Schellhammer*, TranspR 2011, 173, 175.

32 Vgl. dazu die Angaben bei *Drobnig*, Recht der Flagge und „Billige Flaggen", S. 33 ff.; *Kröger*, TranspR 1988, 173.

33 Zum Arbeitsrecht bei der Beschäftigung ausländischer Seeleute auf Schiffen unter deutscher Flagge nach der Einfügung des § 21 IV FlRG vgl. etwa *Däubler*, NZA 1990, 673 ff.

worden (vgl. dazu den Fall „Heidberg", u. § 18 II 1), dass die „flags of convenience" häufig einen höheren Sicherheitsstandard gewährleisten.

Ähnliche Regeln und Übungen bestehen auch in anderen Industriestaaten. Ebenso wie diese – jedoch im Detail sehr unterschiedlich – hat auch Deutschland versucht, durch die Einrichtung eines sog. **Internationalen Seeschifffahrtsregisters** den Anreiz zur Ausflaggung – welche dem Reeder immerhin steuerliche Nachteile im Inland bringt – zu vermindern. In das durch Gesetz v. 23.3.1989[34] geschaffene Register (vgl. § 12 FlRG) (bei dem es sich nicht um ein dem Seeschiffsregister vergleichbares, von einem Gericht geführtes Register, sondern um ein bloßes Verzeichnis handelt) werden Kauffahrteischiffe, die zur Führung der Bundesflagge berechtigt sind, auf Antrag des Eigentümers eingetragen, wenn sie im internationalen Verkehr betrieben werden (dazu u. § 12 IV); wegen der Rechtsfolgen vgl. § 21 Abs. 4 FlRG und u. §§ 18 IV, 39 VI.

2. § 7 FlRG zeigt allerdings nur einen Weg der Ausflaggung auf, den der sog. „kleinen Ausflaggung". Daneben besteht die Möglichkeit, das Eigentum an einem wirtschaftlich von Deutschland aus betriebenen Schiff in das Ausland zu verlagern, sodass das Schiff nicht der Flaggenführungspflicht nach § 1 FlRG unterliegt (sog. „große Ausflaggung").[35]

Bei der „**kleinen Ausflaggung**" wird das Schiff einem ausländischen Ausrüster – der wiederum gesellschaftsrechtlich oder vertraglich mit dem Reeder verbunden sein kann – als **Bareboat-Charterer** überlassen. Der Flaggenstaat wird das Schiff regelmäßig in ein sog. „Bareboat-Register" eintragen, wie es auch umgekehrt – als ein bloßes Verzeichnis der nach § 10 FlRG erteilten Flaggenscheine – in Deutschland von der Bundesverkehrsverwaltung geführt wird. Trotz der Eintragung in einem solchen fremden „Register" bleibt das Schiff jedoch im deutschen Schiffsregister eingetragen; in diesem ist lediglich zu vermerken, dass und wie lange das Recht zur Führung der Bundesflagge nicht ausgeübt werden darf (§ 17 Abs. 2 Satz 1 SchRegO). Für die privatrechtlichen Rechtsverhältnisse, für die Eintragungen im Schiffsregister bedeutsam sind, bleiben allein die im deutschen Register maßgebend; anders für öffentlich-rechtliche Verhältnisse. Wegen praktischer Erfahrungen mit der Ausflaggung und den sog. Bareboat-Registern der Flaggenstaaten im Einzelnen vgl. anschaulich *Kröger*, TranspR 1988, 173 ff.

Bei der sog. „**großen Ausflaggung**" – die natürlich als Rechtswahl auch sogleich beim Bau des Schiffes, also ohne Flaggen"wechsel", erfolgen kann – wird das Schiff an einen Eigentümer mit Sitz im Ausland veräußert oder der Sitz des Eigentümers in das Ausland verlegt. In einem solchen Fall besteht keine Pflicht zur Führung der deutschen Flagge nach § 1 FlRG (mehr), das Schiff kann ohne weiteres – nach Löschung im deutschen Register und Eintragung in das fremde – die ausländische Flagge führen. Das gilt auch dann, wenn der Eigentümer Deutscher ist, weil bei Sitz im Ausland eine **Pflicht**, die deutsche Flagge zu führen (§ 1 FlRG), für das Schiff nicht besteht. Wirtschaftlich kann der Einfluss des ausländischen Eigentümers durch vertragliche Gestaltung auf den eines Treuhänders reduziert werden. Häufig wird – auf der Basis einer Bareboat- oder Zeitcharter – die wirtschaftliche Verwendung im Inland (weiterhin) ermöglicht. Auch durch entsprechende gesellschaftsrechtliche Verbindung (Konzern) kann der Einfluss auf das Schiff gesichert werden.

---

34 BGBl. I 550.
35 Zu den verschiedenen Arten der Ausflaggung auch *Nöll*, TranspR 2012, 91, 94.

Daraus ergibt sich in der Praxis eine breit gefächerte Palette von Ausflaggungsmustern. Die wohl am häufigsten gewählte Form ist die der Übertragung des Eigentums an einen Treuhänder im Ausland.[36]

Pötschke[37]unterscheidet als zwei Formen der Schiffsregistrierung die sog. Vollregistrierung von Schiff und Eigentum im Ausland (etwa als Treuhandlösung oder durch Registrierung deutscher Eigentumsgesellschaften), und die Registrierung von Eigentum im Inland und Schiff im Ausland (Bareboat-Charter-Registrierung, § 7 FlRG).

36 Zu den Formen der Ausflaggung vgl. auch *Pötschke*, Probleme der Schiffsfinanzierung und Ausflaggung, in: Lagoni/Paschke, 20 Jahre Seerechtswissenschaft, Hamburg 2005, 55, 63 ff.
37 Fn. 36.

§ 12 Schiffsregister

Lit.: *Beckert/Breuer*, Öffentliches Seerecht, Rn. 432 ff.; *Deutsch*, Der Schutz von Schiffsnamen im deutschen Recht, TranspR 2000, 113 ff.; *Dörr*, Das Zweitregistergesetz, ArchVR 26 (1988), 366 ff.; *Geffken*, Internationales Seeschiffahrtsregister verstößt gegen geltendes Recht, NZA 1989, 88 ff.; *Grau*, Anmerkung zu OLG Oldenburg, Urteil vom 11.9.2000 (9 W 25/00), TranspR 2001, 144; *Heinerici/Gilgan*, Das deutsche Schiffsregisterrecht, 1942; *Holtappels*, Anmerkung zu BFH, Gerichtsbescheid vom 19.10.2000 (IV R 49/99), TranspR 2001, 51 f.; *Krause*, Praxishandbuch Schiffsregister, Berlin 2012, *Kröger*, Praktische Erfahrungen mit Bareboat-Charter-Registern, TranspR 1988, 173 ff.; *Kühl*, Das Gesetz zum deutschen „internationalen Schiffahrtsregister", TranspR 1989, 89 ff.; *Polic Curcic*, Registration of Ships under Bareboat Charter with Particular Reference to Dual Registration, DirMar. 91 (1989), 415 ff.; *Prause*, Das Recht des Schiffskredits, 3. Aufl. 1979; *ders.*, Schiffsregisterprobleme, MDR 1957, 6; *Stöckel*, F121 (Flaggenrechtsgesetz, in Erbs/Kohlhaas, Strafrechtliche Nebengesetze, Stand 178. EL 2010; *Werbke*, Die neue Rechtslage nach der Einführung des Internationalen Seeschiffahrtsregisters, Schriften des DVIS A 69, 1989; *ders.*, Höchstrichterlich bestätigt: Das Rechtsmodell ISR als Basis der maritimen Standortsicherung, TranspR 1995, 405 ff.

I. Verschiedene Register

Der Publizität der Rechtsverhältnisse an Schiffen und Schiffsbauwerken dienen öffentliche Register (Schiffsregister), die bei den Amtsgerichten (als Schiffsregistergerichten) geführt werden.

Getrennt voneinander werden ein **Seeschiffsregister** und ein **Binnenschiffsregister** geführt, die von jedermann eingesehen werden können (§ 1 Abs. 1, § 3 Abs. 1, § 8 SchRegO). Ferner besteht ein Register für **Schiffsbauwerke** (Schiffsbauregister), das bei berechtigtem Interesse eingesehen werden kann (§ 65 Abs. 2 SchRegO).

Das **Seeschiffsregister** hat eine **doppelte Funktion**: Eine **öffentlich-rechtliche**, indem es die Staatszugehörigkeit des Seeschiffes verlautbart; die Eintragung im Register, die durch einen Registerauszug (Schiffszertifikat, § 60 Abs. 3 SchRegO) nachgewiesen wird, dient zugleich als Grundlage für die Ausübung des Rechtes zur Führung der Bundesflagge, § 3 Buchst. a FlRG. Sodann eine **privatrechtliche**, indem es einen wesentlichen Teil der sachenrechtlichen Rechtsverhältnisse am Schiff verlautbart.

Das **Schiffsbauregister** dient ausschließlich der Verlautbarung privater Rechtsverhältnisse.

Dem doppelten Zweck des Registers entsprechend folgt seine Führung unterschiedlichen verfahrensrechtlichen Grundsätzen: Soweit es sich um Eintragung und Löschung privater Rechtsverhältnisse handelt, gilt in der Regel – wie beim Grundbuch – das Antragsprinzip; Eintragungen erfolgen also grundsätzlich nur auf Antrag (§ 23 SchRegO) sowie bei Bewilligung des Betroffenen (§ 29 SchRegO). Anders für die Eintragungen mit öffentlich-rechtlicher Bedeutung: Insoweit bestehen weitgehend ein Anmeldezwang sowie eine materielle richterliche Prüfungs- und Ermittlungspflicht.[1] Dadurch ist das Verfahren im Einzelnen oft kompliziert und uneinheitlich.[2]

Seit dem Gesetz v. 23.3.1989[3] wird vom Bundesminister für Verkehr ein sog. **„Internationales Seeschifffahrtsregister"** geführt (vgl. § 12 FlRG), das häufig irreführ-

1 Vgl. §§ 10, 13, 15, 17, 19, 21 SchRegO; auch *Prause*, MDR 1956, 139.
2 Vgl. die Kritik von *Wüstendörfer*, S. 53, 59.
3 BGBl. I 550.

rend als **„Zweitregister"** bezeichnet wird, obgleich es keine dem Schiffsregister vergleichbare Funktion hat. Dazu u. IV.

II. Das Schiffsregister

1. Führung

Die Führung des Schiffsregisters und des Schiffsbauwerksregisters ist durch die **Schiffsregisterordnung** (SchRegO) v. 19.12.1940[4] geregelt. Änderungen dieses Gesetzes sind parallel zu denen des FlRG erfolgt, mit welchem es naturgemäß eng verbunden ist (vgl. dazu u. 4. a)). Zu den Gründen für die erste wesentliche Änderung durch G v. 28.6.1990[5] vgl. *Werbke*, TranspR 1990, 317ff.

Die SchRegO wird ergänzt durch eine die Formalien der Eintragungen im Einzelnen festlegende **Durchführungsverordnung zur Schiffsregisterordnung (SchRegDV)** v. 24.11.1980.[6] Sie ist an die Stelle der früheren Schiffsregisterverfügung getreten und regelt (ähnlich wie in Handelsregister- und Grundbuchsachen die Handelsregister- und Grundbuchverfügungen) die Formalien der Registereintragung im Einzelnen. Nach § 89 Abs. 4 SchRegO haben die Landesjustizverwaltungen die Freiheit, eine elektronische Registrierung einzuführen

2. Registerblatt und Abteilungen

Beim Schiffsregister wird, ähnlich wie beim Grundbuch für jedes Grundstück, ein besonderes Registerblatt für jedes Schiff angelegt (sog. **Realfoliensystem**, § 7 SchRegO)[7]. Die Eintragungen sind in **drei Abteilungen** gegliedert:

In die **erste Abteilung** werden die **tatsächlichen Angaben** über das Schiff eingetragen. Dazu rechnen Name, Gattung und Hauptbaustoff, Heimathafen, Bauort, die Schiffsidentifikationsnummer (IMO-Nummer) und, sofern feststellbar, das Jahr des Stapellaufes und die Ergebnisse einer amtlichen Vermessung und die Maschinenleistung (§ 11 Abs. 1 Nrn. 1–5 SchRegO).

Aus der Registereintragung folgt jedoch kein Schutz des Schiffsnamens etwa gegen die Verwendung desselben Namens durch andere Reedereien; die Wirkung der Eintragung der tatsächlichen Angaben erschöpft sich vielmehr in der Aufzählung der Information.[8]

In die **zweite Abteilung** wird der **Eigentümer** eingetragen. Hier finden sich auch das Eigentum betreffende Vormerkungen, Widersprüche und Verfügungsbeschränkungen. Einzutragen sind auch der Rechtsgrund des Erwerbs sowie die das Recht zur Führung der Bundesflagge begründenden Tatsachen (§ 11 Abs. 1 Nrn. 7, 8 SchRegO). Bei einer Partenreederei sind die Mitreeder sowie die Größe ihrer Schiffsparten, bei einer oHG die Gesellschafter, bei einer KG die persönlich haftenden Gesellschafter zu vermerken.

In die **dritte Abteilung** werden **Belastungen** des Schiffes eingetragen, soweit sie eintragungsfähig sind. Dies sind Schiffshypotheken, Nießbrauchsrechte, Vertragspfandrechte an Schiffsparten, richterliche Pfandrechte. Nicht eintragungsfähig sind Schiffsgläubigerrechte.

---

4 RGBl. I 1591, idF der Bek. BGBl. 1994 I 1133, zuletzt geänd. BGBl. 2009 I 2713.

5 BGBl. I 1221; zuletzt geändert durch G. v 10.10.2013, BGBl. 2013 I S. 3786.

6 BGBl. I 2169, idF der Bek. BGBl. 1994 I 3631; 1995 I 249, zuletzt geänd. BGBl. 2010 I 880.

7 Der durch G vom 11.8.2009 (BGBl. I 2713) eingefügte § 89 Abs. 4 SchRegO ermöglichst den Landesjustizverwaltungen, eine elektronische Registrierung einzuführen.

8 *Deutsch*, TranspR 2000, 113.

3. Eintragung

In das **Seeschiffsregister** werden Kauffahrteischiffe und andere zur Seefahrt bestimmte Schiffe (Seeschiffe) eingetragen, die nach §§ 1, 2 FlRG die Bundesflagge zu führen haben oder führen dürfen (§ 3 Abs. 2 SchRegO).[9] Vgl. dazu im Einzelnen o. § 11.

Eine Pflicht zur Eintragung besteht nicht, wenn das Schiff eine Rumpflänge von 15 m nicht überschreitet oder im Eigentum und Dienst einer öffentlich-rechtlichen Körperschaft steht (§ 10 Abs. 1, 3 SchRegO).

Die Eintragung erfolgt im Schiffsregister des **Heimathafens** (§ 4 Abs. 1 SchRegO); hat das Schiff keinen Heimathafen im Inland, so hat der Eigentümer die Wahl des Registerortes (§ 4 Abs. 2 SchRegO).

Heimathafen im Sinne des Registerrechts ist der Hafen, in dem sich der geschäftliche Mittelpunkt der Reedertätigkeit des Eigentümers befindet. Es kann (anders als im Handelsrecht – vgl. bisher § 480 aF) nicht darauf ankommen, von welchem Hafen aus jeweils die Seefahrt mit dem Schiff betrieben wird; andernfalls würde dieser Ort, etwa bei verschiedenen Chartern, häufiger wechseln.[10]

Wird nach § 4 Abs. 2 SchRegO ein Registerort gewählt, dann ist dieser grundsätzlich auch handelsrechtlich als Heimathafen anzusehen sein, doch kann bei der Kompliziertheit heutiger Bereederungs- und Charterverhältnisse der Heimathafen für verschiedene Rechtsverhältnisse unterschiedlich zu beurteilen sein. Auf die praktisch wichtige Differenzierung der gesetzlichen Vertretungsmacht des Kapitäns für den Reeder (§§ 526, 527 aF) hat das SRG jedoch verzichtet.

4. Wirkungen der Eintragung

Dem doppelten Zweck des Schiffsregisters entsprechend haben die Eintragungen sowohl **öffentlich-rechtliche** als auch **privatrechtliche** Wirkung.

Nicht zuletzt kann die Eintragung auch steuerliche Auswirkungen haben. So gewährt zB § 82f EStDV die Möglichkeit von Sonderabschreibungen für den Erwerb von Schiffen, die in das deutsche Schiffsregister eingetragen sind.[11]

a) Die Eintragung in das Seeschiffsregister bildet die Grundlage für die **Ausübung des Rechts zur Führung der Bundesflagge** (§ 3 FlRG); sie wird nachgewiesen durch das **Schiffszertifikat**, eine vom Registergericht ausgestellte Urkunde über die Eintragungen im Register (§ 60 SchRegO).

Materiell besteht das Flaggenführungsrecht nach §§ 1, 2 FlRG schon vor der Eintragung; es stellt eine sachliche Eintragungsvoraussetzung dar (§ 3 Abs. 2 SchRegO).

Entfällt nur das Recht zur Führung der deutschen Flagge infolge der Erlaubnis nach § 7 FlRG, eine fremde Flagge zu führen, so wird dies im Register vermerkt (§ 17 Abs. 2 SchRegO); für die privatrechtlichen Rechtsverhältnisse bleibt das Registerblatt voll wirksam.

b) **Die Eintragung privater Rechtsverhältnisse**, ihrer inhaltlichen Veränderungen sowie zumeist auch ihres Erlöschens haben in der Regel rechtsbegründende Wirkungen, sofern sie rechtsgeschäftliche Veränderungen betreffen.

---

9 Die Kosten der Eintragung richten sich nach dem Eintragungswert, nicht nach dem Verwaltungsaufwand, OLG Oldenburg TranspR 2001, 142. m. Anm. *Grau*.

10 So mit Recht *Prause*, zu § 4 SchRegO.

11 Vgl. BFH TranspR 2001, 49 m. Anm. *Holtappels*.

Dies gilt für Bestellung, Übertragung und Erlöschen der Schiffshypothek und des Nießbrauchs, die neben dem Eigentum als einzige eintragungsfähige Rechte am Schiff bestehen können (dazu u. § 13).

Eine wichtige **Besonderheit gilt für das Eigentum**: Da der Eigentumsübergang sich außerhalb des Registers vollzieht (§ 2 SchRG; dazu u. § 13 II 2), hat die Eintragung nur rechtserklärende Bedeutung, nimmt jedoch am öffentlichen Glauben des Registers teil.

aa) Die privatrechtlichen **Eintragungen** im Schiffsregister werden **nur auf Antrag** des Betroffenen oder desjenigen, zu dessen Gunsten sie erfolgen sollen (§ 23 SchRegO), sowie auf Grund einer **Bewilligung des Betroffenen** (§ 29 SchRegO) vorgenommen.

Ausnahmsweise besteht ein **Antragszwang** bei **Veränderungen hinsichtlich der das Schiff individualisierenden Tatsachen** (§§ 17ff. SchRegO) sowie bei **Eigentumsveränderungen** (§ 33 SchRegO).

In diesen Fällen kann die Antragstellung – durch **Zwangsgeld** (§§ 33, 19 SchRegO) – vom Registergericht erzwungen werden, welches bei Zweifeln Ermittlungen von Amts wegen zu führen hat. Der Grund für diese Ausnahme vom Grundsatz der Freiwilligkeit der Anmeldung privatrechtlicher Rechtsverhältnisse liegt darin, dass die Eintragungen für das Flaggenrecht von Bedeutung sind, an ihrer Richtigkeit also ein öffentliches Interesse besteht.

bb) Für die **Richtigkeit bestimmter Eintragungen** besteht eine **Vermutung** (§ 15 SchRG). Es sind dies die Eintragung als Eigentümer sowie als Berechtigter aus einer Schiffshypothek oder einem Nießbrauch; in diesen Fällen spricht bei Löschung auch eine Vermutung dafür, dass das Recht nicht mehr besteht.

Die Vermutung bezieht sich bei der Hypothek lediglich auf das dingliche Recht, nicht auch auf die zugrundeliegende Forderung. Eine solche enge Auslegung ist nicht nur durch den Wortlaut geboten, sondern auch deshalb, weil die Schiffshypothek stets Sicherungshypothek ist (§ 8 Abs. 1 Satz 3 SchRG; vgl. u. § 13 II 3[12]). – Die Vermutung des § 15 SchRG erfasst auch nicht die Eintragungen über eine Schiffspart, weil diese im Gesetz nicht aufgeführt ist.[13]

Die Vermutung des § 15 SchRG gilt grundsätzlich nur im privatrechtlichen Rechtsverkehr; in der Praxis wird sie auch zur Legitimation gegenüber Behörden benutzt, die jedoch nicht daran gebunden sind.

cc) Das Schiffsregister genießt **öffentlichen Glauben** (§ 16 Abs. 1 Satz 1 SchRG): Zugunsten desjenigen, der das Eigentum an einem Schiff, eine Schiffshypothek oder ein Recht an einer solchen oder einen Nießbrauch an einem Schiff durch Rechtsgeschäft erwirbt, gilt der Inhalt des Schiffsregisters hinsichtlich dieser Rechte als richtig, es sei denn, dass ein Widerspruch gegen die Richtigkeit eingetragen ist oder dass dem Erwerber die Unrichtigkeit bekannt ist.

Vermutung und öffentlicher Glaube bestehen – wie nach § 5 – nur gegenüber dem gutgläubigen Dritten, der allerdings keine Nachforschungspflicht hat.[14]

Den Schutz des guten Glaubens genießt auch derjenige, der gutgläubig an den im Schiffsregister fälschlich Eingetragenen eine Leistung bewirkt oder mit diesem ein anderes Verfügungsgeschäft vornimmt (§ 17 SchRG). – Wegen der Wirkung nicht eingetragener relativer Verfügungsbeschränkungen vgl. § 16 Abs. 1 Satz 2 SchRG.

Der öffentliche Glaube des Registers bezieht sich grundsätzlich nicht auf die tatsächlichen Angaben über das Schiff.[15] Eine Sondervorschrift findet sich insoweit jedoch in § 6 Abs. 1 SchRegO: Der **Eigentümer eines im Seeschiffsregister eingetragenen Schiffes kann sich nicht**

---

12 Auch *Wüstendörfer*, S. 61.

13 Vgl. *Krieger*, DJ 1941, 98f.; *Prause*, zu § 15 SchRG; *Ruhwedel*, Die Partenreederei, S. 383; *Bote*, Partenreederei, § 85 Rn. 11; aA *Wüstendörfer*, S. 61; *Abraham*, S. 52.

14 Dazu *Baumbach/Hopt*, § 5 HGB Anm. 2 D.

15 *Breuer*, MDR 1956, 68.

darauf berufen, dass es ein Binnenschiff sei (gleiches gilt nach § 6 Abs. 2 SchRegO für den umgekehrten Fall). Auch die Vermutung des § 6 SchRegO wirkt nur zugunsten des Dritten, nicht des eingetragenen Eigentümers; der Dritte hat deshalb grundsätzlich ein Wahlrecht, ob er sich auf die Eigenschaft als Seeschiff oder auf die abweichende wahre Rechtslage berufen will.[16] Die Vermutung des § 6 SchRegO gilt andererseits nicht nur im rechtsgeschäftlichen Verkehr.[17]

Auf andere Verlautbarungen, die für den Rechtsverkehr erheblich sein können, bezieht sich der öffentliche Glaube des § 16 SchRG nicht. So etwa auf die Eintragung des Korrespondentreeders (§ 11 Nr. 9 SchRegO) oder des – für die Gerichtszuständigkeit erheblichen – Heimathafens. Insoweit sind aber die allgemeinen handelsrechtlichen Grundsätze über **Haftung für einen veranlassten oder schuldhaft nicht beseitigten Rechtsschein** anzuwenden: Veranlasst der Eigentümer oder die Partenreederei eine unrichtige Eintragung oder erhalten sie von einer irrtümlich unrichtigen Eintragung Kenntnis, ohne eine Berichtigung herbeizuführen, so können sie sich im rechtsgeschäftlichen Verkehr gegenüber einem gutgläubigen Dritten nicht auf die Unrichtigkeit berufen.[18]

dd) Ansprüche aus den im Schiffsregister eingetragenen Rechten unterliegen nicht der Verjährung (§ 23 Abs. 1 SchRG; vgl. auch § 902 BGB).

ee) Wie das Grundbuchrecht, so kennt auch das Schiffsregisterrecht die Institute der **Berichtigung** (§ 18 Abs. 1 SchRG, § 29 SchRegO), des **Widerspruchs** (§ 21 Abs. 1 SchRG) und der **Vormerkung** (§§ 10–14 SchRG).

5. Gesamtlöschung

Geht das **Schiff verloren** oder wird es **reparaturunfähig** oder verliert es endgültig das Recht zur Führung der Bundesflagge, so führt dies – nach Anmeldung zum Register (§ 17 Abs. 2, 4 SchRegO), die nach § 19 SchRegO durch Zwangsgeld herbeigeführt werden kann – zur Löschung des Schiffes im Register (sog. **Gesamtlöschung**[19]).

Wird das Schiff nur **ausbesserungsunfähig**, so hat das Registergericht zuvor die eingetragenen Hypothekengläubiger von der beabsichtigten Löschung zu benachrichtigen und ihnen eine angemessene Frist zur Geltendmachung eines Widerspruchs zu setzen (§ 20 Abs. 1 SchRegO).

Die eingetragenen **Schiffshypotheken** – und eingetragene Inhaber von Rechten an Schiffshypotheken – müssen der Löschung auch zustimmen, wenn das Schiff nicht nur vorübergehend das Recht zur Führung der Bundesflagge verliert. Geschieht dies nicht, so ist in das Register nur einzutragen, dass das Schiff das Recht zur Führung der Bundesflagge verloren hat (§ 21 Abs. 4 SchRegO), so dass die privatrechtliche Funktion des Schiffsregisters fortdauert.

Eine Gesamtlöschung des Schiffes erfolgt auch in einigen weiteren Fällen:

- auf Antrag des Schiffseigentümers, wenn keine Pflicht zur Eintragung bestand (§ 20 Abs. 2 Satz 2 SchRegO); für die Rechte der Schiffshypothekengläubiger gilt dann dasselbe wie im Fall des Verlustes des Flaggenrechts;
- wenn 30 Jahre lang keine Eintragung im Schiffsregister erfolgt und anzunehmen ist, dass das Schiff nicht mehr vorhanden oder zu Schifffahrtszwecken verwendbar ist und weder eine Schiffshypothek noch ein Nießbrauch an dem Schiff eingetragen wurde (§ 22 SchRegO);
- wenn die Eintragung wegen Fehlens einer Voraussetzung unzulässig war oder die Anmeldung des Schiffsuntergangs oder des endgültigen Schiffsverlustes nicht erfolgt und nicht nach § 19 SchRegO herbeigeführt werden kann (§ 21 SchRegO).

---

16 Ebenso *Rabe*, Einf. Rn. 18; aA *Wüstendörfer*, S. 66.
17 Vgl. auch *Wüstendörfer*, aaO.
18 Dazu auch *Wüstendörfer*, S. 64 f.
19 Vgl. *Abraham*, S. 51; §§ 20, 17 Abs. 4, §§ 21, 22 SchRegO.

6. Umregistrierung von Schiffen

Ein Wechsel des Registerortes in das Ausland oder vom Ausland in das Inland ist gegenwärtig nur in der Weise möglich, dass das Schiff zuvor in dem früheren Register gelöscht wird (vgl. § 14 SchRegO). Eine internationale Übereinkunft über das Zusammenwirken der Registerbehörden in den beiden beteiligten Staaten besteht noch nicht. Zwar enthalten die Übereinkommen von 1967 und von 1993 über Schiffsgläubigerrechte und Schiffshypotheken (vgl. o. § 4 II 1. n), 2. b) jj)) Ansätze für ein geregeltes internationales Umschreibungsverfahren,[20] doch sind beide bisher nicht in Kraft getreten.

Deshalb ist bei einer Umregistrierung von Schiffen in das Ausland oder vom Ausland nach Deutschland in der Regel eine Ablösung der dinglichen Rechte oder die Stellung von Sicherheiten für die Inhaber eingetragener Rechte erforderlich, damit diese ihre Bewilligung zur Löschung ihrer Rechte geben und damit die Umregistrierung ermöglichen.

Von der Umregistrierung zu unterscheiden ist die Eintragung in ein (fremdes, nach deutschem Recht bisher nicht bestehendes) sog. **Bareboat-Register**. Hier handelt es sich um die Eintragung eines Bareboat-Charterers in ein Register – namentlich in sog. „Billigflaggen"-Ländern –, welches allein die öffentlich-rechtliche Funktion der Begründung und des Nachweises des Rechts zur Führung der jeweiligen Flagge hat. Das Schiff bleibt im deutschen Schiffsregister eingetragen, doch wird in dieses und in das Schiffszertifikat der Wegfall des Rechts zur Führung der Bundesflagge eingetragen (§ 7 Abs. 2 FlRG, § 20 Abs. 4 SchRegO); hinsichtlich der privatrechtlichen Rechtsverhältnisse bleibt es (allein) bei den Wirkungen der Eintragungen im deutschen Schiffsregister.[21]

III. Das Schiffsbauregister

Schon vor der Fertigstellung des Schiffes kann dieses, wenn es sich auf einer Werft im Bau befindet, (nur) in ein besonderes Schiffsbauregister (§§ 65 ff. SchRegO) eingetragen werden.

Ein Zwang zur Eintragung besteht nicht. Die Eintragung ist nur möglich, wenn zugleich eine Schiffshypothek eingetragen wird oder die Zwangsversteigerung des Schiffsbauwerks beantragt ist (§ 66 SchRegO). Sie hat nur privatrechtliche Bedeutung und folgt in ihren Verfahrensvorschriften und Rechtswirkungen weitgehend denen des Schiffsregisters.

Die Eintragungen im Schiffsbauregister sichern die Inhaber der eingetragenen Rechte auch über die Fertigstellung hinaus; sie müssen der Löschung des Schiffsbauwerks im Register zustimmen (§ 73 SchRegO). Das Registergericht hat vor der Eintragung des fertiggestellten Schiffes im Seeschiffsregister zu ermitteln, ob eine Eintragung im Schiffsbauregister bestand.

Seit 1968 können auch **Schwimmdocks** in das Schiffsbauregister eingetragen werden (§ 73a SchRegO).

---

20 Vgl. dazu *Czerwenka*, TranspR 1994, 213, 216 f.
21 Vgl. dazu auch *Kröger*, TranspR 1988, 173 ff.

IV. Internationales Seeschifffahrtsregister

Durch Gesetz v. 23.3.1989[22] ist ein Internationales Seeschifffahrtsregister geschaffen worden (§ 12 FlRG), in welches Kauffahrteischiffe, die zur Führung der Bundesflagge berechtigt sind, auf Antrag des Eigentümers einzutragen sind, wenn sie im internationalen Verkehr betrieben werden. Bei diesem Register handelt es sich nicht um ein dem Seeschiffsregister vergleichbares, von einem Gericht geführtes Register. Vielmehr ist das ISR ein beim Bundesminister für Verkehr (delegiert auf das Bundesamt für Seeschifffahrt und Hydrographie) geführtes Verzeichnis der im internationalen Verkehr eingesetzten Schiffe, deren Flaggenführungsrecht und Rechtsverhältnisse weiterhin ausschließlich nach SchRegO und FlRG zu beurteilen sind.

Die Eintragung im ISR hat lediglich Wirkungen für die Entscheidung darüber, ob die Arbeitsverhältnisse der auf solchen Schiffen beschäftigen Besatzungsmitglieder nach deutschem Recht oder nach anderen Vorschriften zu beurteilen sind.[23]

Die damit geschaffene Möglichkeit der Vereinbarung von Heimatheuern ausländischer Seeleute auf deutschen Schiffen ist politisch umstritten,[24] entspricht jedoch im wirtschaftlichen Ergebnis vergleichbaren Regelungen in anderen Industriestaaten mit hohem Lohnniveau.

---

22 BGBl. I 550.

23 Vgl. dazu im Einzelnen *Werbke*, Schriften des DVIS A 69; *ders.*, TranspR 1995, 405 ff.; vgl. auch u. §§ 18, 39.

24 Vgl. insbesondere *Geffken*, NZA 1989, 88 ff., der darin namentlich einen Verstoß gegen das verfassungsrechtliche Sozialstaatsgebot und gegen Art. 3 Abs. 1, Art. 9 Abs. 3 und Art. 12 Abs. 1 GG sieht.

§ 13 Schiffssachenrecht

Lit.: *Abraham*, Die Schiffshypothek im deutschen und ausländischen Recht, 1950; *Alcantara*, A Short Primer on the International Convention on Maritime Liens and Mortgages 1993, JMLC 1996, 219 ff.; *Atamer*, Ursprung und historischer Zweck des Schiffsgläubigerrechts: Vortrag, 29. Oktober 2002, Deutscher Verein für Internationales Seerecht, Hamburg 2003; *Auchter*, La Convention internationale de 1993 sur les privilèges et hypothèques maritimes, DMF 1993, 595, 675; *Bahls*, Schiffsgläubigerrechte nach deutschem und amerikanischem Recht, Diss. Speyer 1971; *Berlingieri*, The 1993 Convention on Maritime Liens and Mortgages, LMCLQ 1995, 57; *Czerwenka*, Internationales Übereinkommen von 1993 über Schiffsgläubigerrechte und Schiffshypotheken, TranspR 1994, 213 ff.; *Fischer*, Verschuldenshaftung und Schiffsgläubigerrechte bei Begegnungshavarie, 2011; *Gorton*, Ship Financing Agreements, FS Kurt Grönfors (Stockholm 1991), 197 ff.; *Herber*, Beschränkte Reederhaftung und Schiffsgläubigerrechte, DB 1962, 629 ff.; *ders.*, Der Entwurf des Comité Maritime International für ein internationales Übereinkommen über Schiffsgläubigerrechte und Schiffshypotheken, Hansa 1965, 2222 ff.; *ders.*, Die Brüsseler Seerechtskonferenz 1967, Hansa 1967, 1350 ff.; *ders.*, Protection of maritime creditors by maritime liens, in: 1. International Conference of Maritime Law, Piraeus May 1992, 1994; *ders.*, Die wundersame Wiederauferstehung der Schiffsgläubigerrechte für Ladungsschäden und Kapitänsgeschäfte, TranspR 1999, 294 ff.; *Knorr*, Das Internationale Brüsseler Übereinkommen über Schiffsgläubigerrechte von 1967 im künftigen deutschen Recht, Diss. Hamburg 1969; *Lechner*, Die rechtsgeschäftliche Übertragung des Eigentums an See- und Binnenschiffen, TranspR 2006, 440 ff.; *Mattis*, Maritime Liens for „Necessaries": A Tale of Statutory Misinterpretation, JMLC 1990, 331 ff.; *Meeson*, Ship and Aircraft Mortgages, 1989; *Prause*, Das Recht des Schiffskredits, 3. Aufl. 1979; *Regel*, Schiffsgläubigerrechte im deutschen, englischen und kanadischen internationalen Privatrecht – Zugleich eine Darstellung des englischen und kanadischen materiellen Rechts des „maritime lien", Diss. Bonn 1983; *Puttfarken*, Neues vom Schiffsgläubigerrecht, RabelsZ 62 (1998), 787 ff.; *Richter*, Zum Entwurf des Comité Maritime International für die Revision des Übereinkommens von 1967 zur Vereinheitlichung von Regeln über Schiffsgläubigerrechte und Schiffshypotheken, TranspR 1985, 324 ff.; *Ringstmeier*, Das Recht der Schiffshypotheken, Hansa 1985, 1444; *Schmidt-Vollmer*, Schiffsgläubigerrechte und ihre Geltendmachung: eine rechtsvergleichende Darstellung unter Berücksichtigung des deutschen, englischen, US-amerikanischen und niederländischen Rechts, Diss Hamburg 2003; *Soergel/Winter*, Komm. z. BGB, Bd. 6 (Erl. z. SchRG), 12. Aufl. 1990; Staudinger/*Nöll*, (Erl. z. SchRG), 2009; *Tetley*, Maritime Liens and Claims, 2. Aufl. 1998; *Walker*, The Personification of the Vessel in United States Civil In Rem Actions and the International Law Context, TMLJ 15 (1991), 177 ff.; *v. Wedel*, Schiffsgläubigerrechte nach neuem Recht, Hansa 1976, 1643; *Wersel*, Das Übereinkommen über Schiffsgläubigerrechte und Schiffshypotheken v. 6.5.1993, Schriften zum Seehandelsrecht Bd. 2, 1996; *Würdinger*, Das Brüsseler Haftungsbeschränkungsübereinkommen und seine Bedeutung für die Schiffsgläubigerrechte, in: Eranion in honorem G.S. Maridakis (Athen 1963), II 677 ff.; *Würdinger/Sotiropoulos*, Schiffsgläubigerrechte und Schiffshypothek, Hamburg 1961.

I. Vorbemerkung

Schiffe sind bewegliche Sachen und werden sachenrechtlich grundsätzlich als solche behandelt. Doch bestehen Besonderheiten. Diese ergeben sich zum Teil aus der Eintragung der dinglichen Rechte im Schiffsregister. Ferner verlangen Verkehrsbedürfnisse eine größere Flexibilität bei Eigentumswechsel und Begründung gewisser dinglicher Sicherheiten am Schiff.

Die Regeln für eingetragene und nicht eingetragene Seeschiffe sind verschieden; sie weichen ferner von den Vorschriften über Binnenschiffe ab. Das gilt zunächst für den Erwerb des Eigentums, der sich zwar bei eingetragenen und nicht eingetragenen

Seeschiffen formlos vollzieht, jedoch – zumindest theoretisch – in etwas unterschiedlicher Weise (dazu u. II 2a)). Eine dingliche Belastung durch eine Schiffshypothek, die zu ihrer Entstehung die Eintragung im Schiffsregister voraussetzt, kann naturgemäß nur an eingetragenen Schiffen begründet werden.

Außer dem SchRG enthalten auch andere Gesetze sachenrechtliche Besonderheiten für Schiffe. Besonders zu erwähnen sind hier die §§ 596ff. über **Schiffsgläubigerrechte**; diese sind ebenfalls dingliche Rechte am Schiff, jedoch nicht eintragungsfähig. Von Bedeutung sind ferner die Bestimmungen des § 931 ZPO über das **Arrestpfandrecht**. Schließlich spielt die **Schiffspart** (der Anteil eines Mitreeders einer Partenreederei, § 491 aF[1]) eine Rolle im Schiffssachenrecht (vgl. dazu u. § 16 VIII). Für nicht eingetragene Schiffe enthält § 929a BGB eine Sondervorschrift über die Eigentumsübertragung.

II. Sachenrechtliche Besonderheiten bei eingetragenen Schiffen

1. Allgemeines

Die sachenrechtlichen Verhältnisse von eingetragenen See- (und Binnen-)schiffen sind im Wesentlichen in einem Sondergesetz geregelt, dem **Gesetz über Rechte an eingetragenen Schiffen und Schiffsbauwerken (Schiffsrechtegesetz – SchRG)** v. 15.11.1940.[2] Dessen Bestimmungen gelten nur für im Schiffsregister eines deutschen Gerichts eingetragene Schiffe (§ 1 SchRG); es genügt nicht, dass eine Pflicht zur Eintragung besteht. Seit dem Gesetz v. 4.12.1968[3] gilt das SchRG auch für **Schwimmdocks.**

Das SchRG regelt den **rechtsgeschäftlichen Erwerb des Eigentums** sowie die **Aufgabe des Eigentums** und die **Aneignung;** letztere Tatbestände spielen naturgemäß bei Schiffen eine größere Rolle als im allgemeinen Rechtsverkehr. Der Inhalt des Eigentums bestimmt sich nach den Vorschriften des BGB.

Als weitere – eintragungsfähige – dingliche Rechte an eingetragenen Schiffen lässt das SchRG die **Schiffshypothek** und den **Nießbrauch** zu. Während die Hypothek im SchRG eingehend geregelt ist (dazu u. 3.), verweist das Gesetz hinsichtlich des Nießbrauchs auf die Bestimmungen des BGB (§ 82 Abs. 1 SchRG); dies entspricht auch seiner geringen Bedeutung: Ein Nießbrauch kann an einem Schiff nur bestellt werden, wenn damit eine Pflicht zur Bestellung des Nießbrauchs am ganzen Vermögen des Eigentümers oder an einer Erbschaft oder Teilen davon erfüllt werden soll (§ 9 Abs. 1 SchRG), deren Erfüllung das SchRG nicht durch eine zu starke Beschränkung des *numerus clausus* unmöglich machen wollte.

2. Das Eigentum an eingetragenen Schiffen[4]

a) Erwerb

§ 2 SchRG regelt den rechtsgeschäftlichen Erwerb eines im Seeschiffsregister eingetragenen Schiffes. Danach geht das Eigentum **allein mit der Einigung von Veräuße-**

---

1 Fortgeltend für Partenreedereien aus der Zeit vor dem SRG.

2 RGBl. I 1499, zuletzt geänd. durch Art. 29 Bundesrecht-BereinigungsG vom 8.12.2010 (BGBl. I S. 1864).

3 BGBl. I 1295.

4 Vgl. ausführlich zur Eigentumsübertragung bei Seeschiffen und Binnenschiffen *Lechner*, TranspR 2006, 440ff.

rer und Erwerber über den Eigentumswechsel über. Es bedarf also weder einer Eintragung (wie bei Grundstücken oder der Begründung einer Hypothek oder eines Nießbrauchs oder dem Erwerb des Eigentums an eingetragenen Binnenschiffen), noch auch nur einer Übergabe (wie bei der Eigentumsübertragung beweglicher Sachen nach § 929 BGB).

Der Eigentumserwerb vollzieht sich also außerhalb des Registers. Die Einigung ist formlos gültig. Jedoch können **beide Parteien** – auf ihre Kosten – eine **öffentlich beglaubigte Urkunde** über die Veräußerung verlangen (§ 2 Abs. 2 SchRG); eine solche Urkunde wird in der Praxis regelmäßig errichtet, denn der Erwerber ist wegen der Gefahr eines gutgläubigen Erwerbes durch einen Dritten (§ 16 SchRG) an einer raschen Berichtigung des Schiffsregisters, zumindest an der Eintragung einer Vormerkung oder eines Widerspruchs interessiert. Für die Umschreibung im Register ist die Bewilligung des bisherigen Eigentümers (§ 29 SchRegO) und die Zustimmung des neuen (§ 31 Abs. 2 SchRegO) beizubringen, und zwar in öffentlich beglaubigter Form (§ 37 SchRegO); für die Eintragung der Vormerkung oder des Widerspruchs bedarf es ebenfalls der Bewilligung des bisherigen Eigentümers oder einer einstweiligen Verfügung (§§ 11, 21 SchRG), für welche der Nachweis des Übertragungsanspruchs erforderlich ist.

Die Regelung ist auf den ersten Blick erstaunlich, stellt sie doch bei dem wichtigsten Recht eine Abweichung von dem auch das SchRG beherrschenden Prinzip dar, dass der Rechtserwerb – wie bei Grundstücken – durch Einigung und Eintragung geschieht und steht sie in einem dogmatischen und praktischen Widerspruch zum öffentlichen Glauben des Registers. Gleichwohl entspricht sie einem **Verkehrsbedürfnis.**

Allerdings vermag die Begründung *Wüstendörfers* (S. 75f.) kaum zu überzeugen; er verweist auf die Notwendigkeit, in Notfällen – namentlich bei Kriegsausbruch oder bei Unfällen – rasch über das Schiff verfügen zu können. Vielleicht hat hier doch der Zeitpunkt des Erlasses des SchRG – 1940! – hineingespielt, obgleich das Gesetz sonst in keiner Weise durch die Kriegs- oder politischen Verhältnisse beeinflusst ist.

Die Anerkennung formloser Eigentumsübertragung findet sich jedoch auch in Auslandsrechten (zB England) und dürfte ihren praktischen Grund darin haben, dass das Erfordernis der Umschreibung im Register – wie es dem Grundbuchrecht und dem Recht der Schiffshypotheken entspräche – bei den im Seerecht häufigen Verkäufen über die Grenze praktisch nicht durchführbar wäre. Es gibt nur nationale Register, bei denen für das Schiff jeweils neu ein Blatt angelegt werden muss, nachdem festgestellt ist, dass das Schiff in dem fremden Register gelöscht wurde (wozu die Hypothekengläubiger zustimmen müssen – vgl. o. § 12 II 6.). Dieses Verfahren ist außerordentlich zeitraubend und zudem – da von der Ausgestaltung des jeweiligen fremden Rechtes abhängig – unzuverlässig.

Die Eintragung des Eigentümers im Register genießt öffentlichen Glauben. Deshalb kann der gutgläubige Erwerber vom eingetragenen Nichteigentümer wirksam durch bloße Einigung Eigentum erwerben (§ 16 SchRegO). Ein gutgläubiger Erwerb nach § 932 BGB scheidet bei einem eingetragenen Schiff daneben aus; er ist jedoch bei einem eintragungspflichtigen Schiff bis zur tatsächlichen Eintragung möglich.

b) Verlust

Der Eigentümer kann das Eigentum an einem eingetragenen Schiff – wie bei einem Grundstück (§ 928 BGB) nur durch **Verzichtserklärung** gegenüber dem Registergericht und Eintragung des Verzichts im Register aufgeben (§ 7 Abs. 1 SchRG). Dies kann praktische Bedeutung haben für eine nach wirtschaftlichem Totalverlust etwa fortbestehende Haftung (wobei der Eigentümer natürlich der polizeirechtlichen Störerhaftung nicht entgehen kann). Eine **Aneignung** des nunmehr herrenlosen Schiffes ist dem Fiskus vorbehalten, der das Eigentum durch (hier ausnahmsweise konstitutive) Eintragung in das Register erwerben kann (§ 7 Abs. 2 SchRG).

3. Die Schiffshypothek

a) Die Schiffshypothek ist die einzige Form der rechtsgeschäftlichen Pfandbestellung an einem eingetragenen Schiff; die Fahrnisverpfändung (§ 1205 BGB) ist nur bei nicht eingetragenen Schiffen möglich. Allerdings kann die Sicherung des Gläubigers auch durch **Sicherungsübereignung** des Schiffes vorgenommen werden, die – weil § 2 Abs. 1 SchRG (und beim nicht eingetragenen Schiff § 929a BGB ebenfalls) eine Übergabe nicht erfordert (und deshalb kein Übergabesurrogat verlangt[5]) – leicht zu bewerkstelligen ist.

b) Die Schiffshypothek ist in §§ 8ff. SchRG eigenständig geregelt: Das Schiff kann zur Sicherung einer Forderung in der Weise belastet werden, dass der Gläubiger berechtigt ist, wegen einer bestimmten Geldsumme Befriedigung aus dem Schiff zu suchen (§ 8 Abs. 1 Satz 1 SchRG).

Die Ausgestaltung im Einzelnen (§§ 24ff. SchRG) entspricht der Grundstückshypothek, weist jedoch folgende Besonderheiten auf:

aa) Die Schiffshypothek ist stets **Sicherungshypothek** und als solche **Buchhypothek.** Deshalb bezieht sich der öffentliche Glaube des Registers nicht – wie der des Grundbuches im Falle des § 1138 BGB – auch auf das Bestehen der gesicherten Forderung. Geschützt wird ein Erwerber nur in seinem Vertrauen auf den Bestand des dinglichen Rechts; fehlt es an einer Forderung (weil sie nicht wirksam entstanden oder erloschen ist), so ist die Hypothek unwirksam. Sie steht zudem – nach Erlöschen der gesicherten Forderung – nicht (wie eine Eigentümergrundschuld) dem Eigentümer zu; vielmehr erlischt die Rangstelle und nachstehende Rechte rücken nach.

Eine Ausnahme von diesem Grundsatz besteht insofern, als eine für eine zukünftige oder bedingte Forderung bestellte Schiffshypothek (§ 8 Abs. 1 Satz 2 SchRG) nach der Eintragung bis zur Valutierung den Rang wahrt (§ 25 Abs. 1 Satz 2 SchRG). Das ist besonders von Bedeutung bei der (zulässigen, § 75 SchRG) **Höchstbetragshypothek.**

Die Schiffshypothek kann nicht als Briefhypothek ausgestaltet werden.

Der Grund für die restriktive Ausgestaltung der Schiffshypothek wurde vom Gesetzgeber darin gesehen, dass ein Handel mit Schiffshypothekenbriefen nicht erwünscht sei, weil die faktische Kreditgrundlage – das Schiff – nicht in gleicher Weise sicher sei wie ein Grundstück. Das erscheint in heutiger Sicht nicht mehr überzeugend; der in Kapitalmarktfragen aufgeklärtere Anleger weiß, dass er nur das Schiff als Kreditgrundlage hat und sollte nicht zur Abschreckung in der rechtlichen Durchsetzbarkeit seines Anspruchs auch noch schlechter gestellt werden.

bb) Die **Bestellung der Hypothek** erfolgt durch Einigung und Eintragung. Die Einigung bedarf keiner besonderen Form. Einzutragen sind wenigstens der Gläubiger, der Geldbetrag der Forderung, der etwaige Zinssatz und der Geldbetrag etwaiger Nebenleistungen (§ 24 Abs. 1 SchRG).

cc) Bei derivativem Erwerb genießt der Erwerber hinsichtlich des Bestehens des dinglichen Rechts den Schutz des § 16 SchRegO. Der Schuldner kann jedoch auch

5 Vgl. *Rabe*, Vor § 476 Rn. 32.

dem gutgläubigen Erwerber entgegenhalten, dass die gesicherte Forderung nicht besteht.

dd) Für die Hypothek haftet nicht nur das Schiff, sondern auch das Zubehör, welches im Eigentum des Schiffseigentümers steht (§ 31 Abs. 1 SchRG).

Dies sind etwa Rettungsboote, Tauwerk, Seekarten, Treibstoffvorräte.[6]

Auch Bestandteile, die nur zu einem vorübergehenden Zweck vom Schiff entfernt worden sind, haften weiter (§ 31 Abs. 3 SchRG), so etwa die zur Reparatur ausgebaute Schiffsmaschine.[7] Von großer praktischer Bedeutung ist die Mithaftung der (Kasko-)Versicherungsforderung (§§ 32ff. SchRG). Das Schiffsgläubigerrecht erstreckt sich auf die Versicherungsforderung nicht (§ 598 Abs. 3), so dass hinsichtlich dieser die Hypothekengläubiger durch später begründete Schiffsgläubigerrechte nicht beeinträchtigt werden.

Andererseits erstreckt sich das Schiffsgläubigerrecht auf Ersatzansprüche, die dem Reeder wegen Verlusts oder Beschädigung des Schiffes gegen einen Dritten zustehen und auf Vergütungsansprüche aus großer Haverei (§ 598 Abs. 2), die wiederum nicht für die Hypothek haften.

4. Der Nießbrauch

An einem eingetragenen Seeschiff kann ein Nießbrauch bestellt werden, wenn damit eine Pflicht zur Bestellung des Nießbrauchs am ganzen Vermögen des Eigentümers oder an einer Erbschaft oder Teilen davon erfüllt werden soll (§ 9 Abs. 1 SchRG). Die Bestellung geschieht nach § 9 Abs. 2, 3 SchRG durch Einigung und Eintragung in das Schiffsregister, der öffentliche Glaube des Registers (§ 16 SchRG) wirkt auch zugunsten des gutgläubigen Erwerbers eines Nießbrauchs.

5. Übertragung und Belastung der Schiffspart[8]

Die Schiffspart wird bei der Eintragung eines einer Reederei gehörenden Seeschiffs in das Schiffsregister eingetragen (§ 11 Nrn. 6, 7, 9, 58 SchRegO). Ihre Übertragung ist jedoch nicht im SchRG, sondern im HGB (§ 503 Abs. 1 Satz 2 aF[9]) geregelt: Es bedarf für die Übertragung („Veräußerung" ist im Sinne des Verfügungsgeschäftes zu verstehen, allgM) der Einigung und Eintragung im Schiffsregister. Am guten Glauben des Registers nimmt die Eintragung nach hM nicht teil (dazu u. § 16 VIII). Belastet werden kann die Schiffspart jedoch nur mit einem Pfandrecht, nicht mit einer Hypothek (§ 503 Abs. 3 aF[10]).

Ist das Schiff nicht im Register eingetragen, so wird die Schiffspart durch bloße Einigung übertragen und belastet,[11] selbst wenn das Schiff eintragungspflichtig ist.

6 Vgl. *Rabe*, § 478 Rn. 10f. sowie o. § 10 IV 2.
7 *Wüstendörfer*, S. 88.
8 Fortgeltend für Partenreedereien aus der Zeit vor dem SRG.
9 Fortgeltend für Partenreedereien aus der Zeit vor dem SRG.
10 Fortgeltend für Partenreedereien aus der Zeit vor dem SRG.
11 Vgl. *Rabe*, § 503 Rn. 3 (B. 2.).

III. Sachenrechtliche Besonderheiten bei nicht eingetragenen Schiffen

Auch für nicht eingetragene Seeschiffe kennt das Gesetz Sondervorschriften hinsichtlich der Eigentumsübertragung. Nach § 929a BGB genügt bloße Einigung über den Eigentumsübergang. Damit bleibt die Regelung hinter den Erfordernissen für die Übereignung von Fahrnis zurück, weil sie keine Übertragung des Besitzes (auch nicht in der Form mittelbaren Besitzes) verlangt, vielmehr nur bloße Einigung. Streng dogmatisch gesehen allerdings eine doppelte: Über den Eigentumsübergang (§ 929 BGB) und darüber, dass die Besitzübergabe durch bloße Einigung ersetzt werden soll (§ 929a BGB).

IV. Sachenrechtliche Besonderheiten für Schiffsbauwerke und Schwimmdocks

Besonderheiten gelten auch für Schiffsbauwerke und Schwimmdocks.

1. Ein **Schiffsbauwerk,** also ein im Bau befindliches Schiff (§ 76 SchRG) kann in ein besonderes Schiffsbauregister (§§ 65 ff. SchRegO) eingetragen werden, wenn eine Schiffshypothek daran bestellt werden soll (§ 76 SchRG). Bis zur Eintragung unterliegt es den Bestimmungen über bewegliche Sachen, kann also nur mit einem (besitzgebundenen) Pfandrecht belastet oder durch Sicherungsübereignung übertragen werden.

Ist das Schiffsbauwerk eingetragen, so gelten nicht nur für die eingetragene Hypothek (§ 77 Satz 2 SchRG), sondern auch für das Eigentum die besonderen Vorschriften des SchRG, also nicht mehr die §§ 929 ff. BGB (§ 78 SchRG). Die Übertragung des Eigentums vollzieht sich jedoch nicht nach den Regeln für (eingetragene oder nicht eingetragene) Seeschiffe, sondern nach denen für Binnenschiffe (§§ 3 ff. SchRG): Sie bedarf der Einigung und Eintragung im Schiffsbauregister.

Damit gilt die für registrierte Rechte naheliegende Übertragungsform nur für Binnenschiffe und Schiffsbauwerke, nicht für alle Seeschiffe.

Da § 16 SchRG in § 78 SchRG nicht in Bezug genommen ist, ist zweifelhaft, ob auch der Gutglaubensschutz beim Erwerb des Eigentums an einem Schiffsbauwerk eingreift; die hM nimmt dies jedoch mit Recht an.[12]

Das Schiffsbauwerk geht nicht schon beim Stapellauf, sondern erst nach Fertigstellung in ein Schiff über;[13] in diesem Zeitpunkt kann es (und muss es, sofern die Voraussetzungen dafür vorliegen) im Schiffsregister eingetragen werden. Das schließt nicht aus, dass schon vorher bestimmte öffentlich-rechtliche Vorschriften anzuwenden sind, etwa des Seeverkehrsrechts beim Verbringen an den Ausrüstungskai. – Eingetragene Rechte am Schiffsbauwerk gehen bei Fertigstellung des Schiffes in Rechte an diesem über (§ 78 SchRG); der Eigentumsübergang vollzieht sich erst nach Eintragung des Schiffes im Schiffsregister außerhalb des Registers.[14]

2. **Schwimmdocks** (fertige oder im Bau befindliche) können ebenfalls im (Schiffsbau-)Register eingetragen werden, wenn an ihnen eine Schiffshypothek bestellt werden soll. Es gilt dann dieselbe Regelung wie für Schiffsbauwerke (§ 81a SchRG). Damit können auch diese Einrichtungen, die nicht den Schiffsbegriff erfüllen, mit einem nicht besitzgebundenen Pfandrecht belastet und damit beliehen werden.

---

12 Vgl. etwa *Schaps/Abraham*, 3. Aufl., Anm. zu § 78 SchRG.
13 Vgl. *Rabe*, Einf. Rn. 8 (I. A. 1.c) cc)); *Abraham*, S. 43.
14 Staudinger/*Nöll*, § 78 Rn. 2.

V. Schiffsgläubigerrechte

1. Eine Besonderheit des Seerechts sind die Schiffsgläubigerrechte (§§ 596ff.). Es handelt sich um dingliche, nicht an den Besitz des Schiffes gebundene Rechte am Schiff, die den Gläubiger zur Befriedigung aus dem Schiff nach den Regeln der Zwangsvollstreckung berechtigen. Sie entstehen – nur – kraft Gesetzes und gehen im Rang den eingetragenen Hypotheken vor. Die Schiffsgläubigerrechte können nicht im Schiffsregister eingetragen werden.

Schiffsgläubigerrechte (maritime liens, privilèges maritimes) bestehen in allen Rechtsordnungen, jedoch ist der Katalog der gesicherten Forderungen sehr verschieden; auch haben in anderen Rechtsordnungen manche Schiffsgläubigerrechte keinen Vorrang vor (früher entstandenen) Schiffshypotheken. In Deutschland war ein Mindestinhalt des Katalogs bis 1972 dem Gesetzgeber dadurch vorgegeben, dass die Haftung des Reeders für eine Reihe von Ansprüchen auf Schiff und Fracht beschränkt war und dass diese Ansprüche – war es dem Gläubiger schon gesetzlich verwehrt, sich aus dem sonstigen Vermögen des Reeders zu befriedigen – durch ein Recht am Schiff gesichert werden mussten, das ihm eine Befriedigungsmöglichkeit mit Rang vor anderen, insbesondere rechtsgeschäftlichen Gläubigern einräumt. Mit dem Übergang zum Summenhaftungsprinzip durch das 1. SÄG verlor dieser sog. Korrelatsgedanke seine Berechtigung; der Katalog der Forderungen, die ein Schiffsgläubigerrecht begründen (§ 754 aF, jetzt § 596) konnte deshalb gekürzt und auf die Forderungen beschränkt werden, welche rechtspolitisch besonders sicherungsbedürftig erschienen. Dabei fand zugleich eine Anpassung an das Übereinkommen über Schiffsgläubigerrechte und Schiffshypotheken von 1967 statt (dazu o. § 4 II 1.n) und sogleich).

Schiffsgläubigerrechte sind historisch auch in den Rechtsordnungen entstanden, die nie eine dinglich beschränkte Haftung des Reeders kannten. Sie gehen auf die „Rôles des jugements d'Oléron" (vgl. o. § 2 III 2.) zurück, haben sich jedoch in den einzelnen Rechten unterschiedlich entwickelt.[15] Versuche zu internationaler Vereinheitlichung hatten bisher wenig Erfolg. Zwar besteht schon seit 1926 ein Internationales Übereinkommen über Schiffsgläubigerrechte und Schiffshypotheken, doch hat dieses unter den großen Schifffahrtsstaaten nur wenig Beteiligung gefunden (dazu o. § 4 II 1.f)).

Da nach dem Zweiten Weltkrieg das Bedürfnis nach Sicherung des vertraglichen Schiffskredits zunahm und einige Schiffsgläubigerrechte – namentlich die für Bunkeröllieferungen außerhalb des Heimathafens – eine gewillkürte Sicherung bestimmter Ansprüche aus dem Betrieb des Schiffes zum Nachteil der Hypothekengläubiger ermöglichten, wurde durch ein neues Übereinkommen von 1967 (o. § 4 II 1.n)) versucht, den Katalog der gesicherten Ansprüche drastisch einzuschränken. Dieses Übereinkommen ist von den nordischen Staaten ratifiziert und in ihr Recht umgesetzt worden; die Bundesrepublik Deutschland hat die Regelung – mit der Ausnahme des Schiffsgläubigerrechts für Sozialversicherungsbeiträge, die nach dem Übereinkommen nicht zweifelsfrei gesichert sind, jedoch in Deutschland zunächst in der Liste beibehalten werden sollten, bis sich das Übereinkommen weltweit durchgesetzt hat – 1972 in das deutsche Recht übernommen. Das Übereinkommen hat jedoch nur geringe Beteiligung gefunden und ist nicht in Kraft getreten. Deshalb hat das Comité Maritime International eine Revision eingeleitet, die zu einem Lissaboner Entwurf von 1985 und dann – nach längeren Verhandlungen auf dieser Basis im Rahmen einer von IMO und UNCTAD gemeinsam eingesetzten Arbeitsgruppe (JIGE) zu einem neuen Internationalen Übereinkommen von 1993 (CMLM; vgl. o. § 4 II 2.b) jj)) geführt hat.[16] Dieses Übereinkommen unterscheidet sich jedoch hinsichtlich des Katalogs der Schiffsgläubigerrechte nicht wesentlich von dem Übereinkommen von 1967, so dass die Aussicht, dass es eine wirksame, restriktive Vereinheitlichung des Katalogs herbeiführen wird, eher gering sein dürfte. Denn die meisten Staaten sind, trotz dahingehender Erklärungen auf den Konferenzen, offensichtlich nicht bereit, die Schiffsgläu-

---

15 Dazu im Einzelnen *Tetley*, S. 5ff.; *Bahls*, S. 35ff.

16 Dazu eingehend *Wersel*, Das Übereinkommen über Schiffsgläubigerrechte und Schiffshypotheken v. 6.5.1993; *Czerwenka*, TranspR 1994, 213.

bigerrechte nennenswert einzuschränken. Das neue Übereinkommen lässt allerdings für die Forderungen, welche nicht in den Katalog aufgenommen wurden, Schiffsgläubigerrechte mit Nachrang gegenüber den Hypotheken zu (Art. 6 CMLM). Immerhin ist das neue Übereinkommen 2004 in Kraft getreten und gilt für 18 Staaten, darunter jedoch nur wenige bedeutende Schifffahrtsstaaten und nur drei Mitgliedsstaaten der EU.[17]

2. Der **Katalog der durch Schiffsgläubigerrecht gesicherten Ansprüche** ist in § 596 enthalten. Danach gewähren folgende Ansprüche die Rechte eines Schiffsgläubigers:

- **Heuerforderungen des Kapitäns und der übrigen Personen der Schiffsbesatzung** (**§ 596 Abs. 1 Nr. 1**).

  Da zweifelhaft ist, ob unter diese – durch Art. 4 I i des Übereinkommens von 1967 vorgegebene – Umschreibung auch Sozialversicherungsbeiträge des Arbeitgebers fallen, werden diese durch Nr. 5 gesondert privilegiert.

  Das neue Übereinkommen (Art. 4 I a CMLM) begünstigt diese ausdrücklich; es stellt ferner fest, dass Rückführungskosten mit gesichert sind. Neben den Heuerforderungen erwähnt es „other sums due to the master“. Obgleich auf der Konferenz die Meinung vorherrschte, dass hierunter nur arbeitsrechtliche Nebenansprüche zu verstehen seien,[18] besteht die Befürchtung, dass Ersatzansprüche für Aufwendungen – etwa den Kauf von Treibstoff – auf diesem Umweg wieder privilegiert werden könnten. Dagegen wäre vielleicht nichts einzuwenden, doch sollte jedenfalls vermieden werden, dass die Vertragsstaaten infolge der Unklarheit in dieser praktisch wichtigen Frage unterschiedliche Grundsätze anwenden. Der Gesetzgeber des SRG hat allerdings die Wiedereinführung eines Schiffsgläubigerrechts für Ansprüche der sog. Schiffsausrüster – wie es vor dem 2. SÄG bis 1972 (damals § 754 Nr. 8) bestand und zu weit gefasst war – ausdrücklich abgelehnt.[19]

- **Öffentliche Schiffs-, Schifffahrts- und Hafenabgaben sowie Lotsgelder** (**§ 596 Abs. 1 Nr. 2**).

  Diese Ansprüche sind auch nach der CMLM privilegiert, allerdings mit anderem Rang. Nicht darunter fallen privatrechtliche Ansprüche, so etwa wegen Benutzung der (öffentlichen oder privaten) Umschlagsanlagen.

- **Schadensersatzforderungen wegen der Tötung oder Verletzung von Menschen sowie wegen des Verlustes oder der Beschädigung von Sachen, sofern diese Forderungen aus der Verwendung des Schiffes entstanden sind; ausgenommen sind jedoch Forderungen wegen des Verlustes oder der Beschädigung von Sachen, die aus einem Vertrag hergeleitet werden oder aus einem Vertrag hergeleitet werden können** (**§ 596 Abs. 1 Nr. 3**).

  Die Ersatzansprüche wegen Personen- und Sachschäden, welche beim Betrieb des Schiffes entstehen, gehören seit jeher und in allen Rechtsordnungen zum Kernbestand der Schiffsgläubigerrechte. Das Übereinkommen von 1967 hat hier jedoch eine bedeutende Einschränkung vorgenommen: Nicht mehr privilegiert sind danach Ansprüche wegen Ladungsschäden (und Schäden am Reisegepäck), die auf Vertrag gestützt werden, selbst wenn der Anspruch daneben auch auf Delikt gestützt werden kann. Die Bundesrepublik Deutschland hat diese Einschränkung, der sie auf der Konferenz erfolglos widersprochen hatte, im Vertrauen darauf innerstaatlich vorgenommen, dass andere Staaten – die sich auf der Konferenz für die Regelung eingesetzt hatten – folgen würden. Das ist leider nicht geschehen; Ladungsschäden begründen in fast allen anderen Rechten ein Schiffsgläubigerrecht, wenn auch hier und da mit dem Rang nach den Hypotheken. Dies hat nicht nur wegen des Ranges Bedeutung, sondern vor allem wegen der Möglichkeit, den Reeder wenigstens dinglich für Ansprüche aus Verfrachterkonnossementen in Anspruch zu nehmen. Im Hinblick auf diese wichtige Funktion des Schiffsgläubigerrechts bei Konnossementsansprüchen haben die skandinavischen Staaten, als sie das Übereinkommen von 1967 ratifizierten, zum Ausgleich die (schuldrechtliche) Mithaftung des ausführenden Verfrachters (also beim Verfrachterkonnossement des Reeders) eingeführt. Diese Ersatzlösung gilt nach dem SRG auch im deutschen Recht, nachdem die Haftung des ausführenden Verfrachters allgemein eingeführt wurde (§ 509).

---

17 Vgl. *Czerwenka*, Textslg. S. 42.
18 So auch MüKoHGB/*Eckardt*, § 596 Rn. 2.
19 RegBegr. SRG S. 131.

Das Übereinkommen von 1993 hat es – trotz erneuter deutscher, nur von den USA unterstützter Bedenken – bei der Einschränkung belassen, jedoch allgemein den Vertragsstaaten die Möglichkeit eingeräumt, über den Katalog hinaus Schiffsgläubigerrechte mit Nachrang gegenüber den Hypotheken vorzusehen. Davon sollte in der innerstaatlichen Gesetzgebung alsbald Gebrauch gemacht werden. Dass sich die jetzige Regelung „bewährt" habe,[20] kann man wirklich nicht sagen; es handelt sich hier nicht um eine Frage der Praktikabilität, sondern der gerechten Regelung.

Ausgenommen von der Privilegierung sind weiterhin bestimmte Ansprüche wegen nuklearer Schäden (§ 596 Abs. 2), die durch das Atomrecht in anderer Weise gesichert werden.

- **Forderungen auf Bergelohn, auf Sondervergütung und auf Bergungskosten; Forderungen gegen den Eigentümer des Schiffes und gegen den Gläubiger der Fracht auf einen Beitrag zur Großen Haverei; Forderungen wegen der Beseitigung des Wracks (§ 596 Abs. 1 Nr. 4).**

  Die Bestimmung ist sachlich unverändert aus § 754 Abs. 1 Nr. 4 aF übernommen, doch redaktionell neu gefasst worden; die Umformulierung verdeutlicht, dass für Beitragsforderungen der Eigentümer des Schiffes und der Gläubiger der Fracht persönlich und nicht mehr – wie vor dem 2. SÄG – nur dinglich mit Schiff und Fracht haften.[21]

  Bergungskosten begründen ein Schiffsgläubigerrecht auch dann, wenn ein anderes Schiff desselben Reeders die Bergung durchgeführt hat; ausnahmsweise kann hier also ein Schiffsgläubigerrecht am eigenen Schiff bestehen.[22]

  Die Privilegierung der Wrackbeseitigungskosten macht die schwierige Abgrenzung unnötig, ob es sich bei der Hebung eines gesunkenen Schiffes um eine Bergung oder eine Wrackbeseitigung handelt.

- **Forderungen der Träger der Sozialversicherung einschließlich der Arbeitslosenversicherung (§ 754 Abs. 1 Nr. 5).**

  Begünstigt werden hier die Ansprüche auf den Arbeitgeberanteil, den der Reeder schuldet.

3. Voraussetzung der Haftung ist nicht, dass sich der Anspruch gegen den Eigentümer des Schiffes richtet. Fällt die Forderung unter den Katalog, so ist auch dann, wenn für die Forderung ein anderer als der Reeder – also etwa der Bareboat-Charterer als Ausrüster nach § 477 HGB – haftet, der dingliche Zugriff auf das Schiff gegeben.

Deshalb hatte das bis 1972 bestehende Schiffsgläubigerrecht für Ansprüche wegen Ladungsschäden eine wichtige Funktion: Es ergänzte die Haftung des Zeitcharterers aus einem von diesem (oder für diesen) ausgestellten Verfrachterkonnossement durch die (dingliche) Haftung des Schiffes für etwaige Schadensersatzansprüche des Konnossementsinhabers. Diese Funktion ist heute – zumindest schuldvertraglich – zum Teil ausgeglichen worden durch die Mithaftung des Schiffseigentümers als ausführendem Verfrachter (§ 509). Dazu auch o. 2.

4. Für das Schiffsgläubigerrecht haftet das Schiff mit dem Zubehör (dazu o. § 10 IV 2.), soweit es im Eigentum des Schiffseigentümers steht (§ 598 Abs. 1).

Ferner haften Ersatzansprüche, die dem Reeder wegen des Verlustes oder der Beschädigung des Schiffes gegen einen Dritten zustehen sowie Ansprüche des Schiffes auf Vergütung in großer Haverei (§ 598 Abs. 1, 2).

Schon das 1. SÄG hat die **Mithaftung der Fracht** beseitigt: Die Fracht spielt regelmäßig eine untergeordnete Rolle, so dass es des privilegierten Zugriffs hierauf wegen der Haftung des gesamten Vermögens des Reeders nicht mehr bedurfte. Der moderne Schiffseinsatz hatte es zudem zunehmend schwieriger gemacht, die Fracht einer bestimmten „Reise" zuzuordnen, für deren Unfälle sie herangezogen werden konnte; deshalb war schon vor Beseitigung der Mithaftung die Regel, dass infolge Wiederaussendung des Schiffes „auf eine neue Reise" das Schiffsgläubigerrecht insoweit durch eine (begrenzte) persönliche Haftung des Reeders ersetzt wurde (§ 774 idF vor dem 1. SÄG[23]).

---

20 So aber der Arbeitskreis III des DVIS, Schriften des DVIS B 16, 1985.
21 RegBegr. SRG S. 131.
22 So auch MüKoHGB/*Eckardt*, § 596 Rn. 15.
23 Vgl. auch *Wüstendörfer*, S. 144.

Das **Zubehör** haftet nur insoweit, als es in das Eigentum des Reeders gelangt ist (§ 598 Abs. 1); das Eigentum muss sowohl im Zeitpunkt der Entstehung des Schiffsgläubigerrechts als auch im Zeitpunkt seiner Geltendmachung bestehen.[24]

Deshalb haftet in der Regel der oft wertvolle Treibstoff (die sog. „Bunker") nicht für die Schiffsgläubigerrechte; er ist zwar Zubehör des Schiffes,[25] verbleibt aber zumeist im Eigentum des Charterers.

Während die Zubehörhaftung damit ebenso geregelt ist wie bei der Schiffshypothek (§ 31 SchRG), haften die **Schadensersatzforderungen** nur für Schiffsgläubigerrechte, nicht auch für die Hypothek. Andererseits haften Forderungen aus einer **(Kasko-) Versicherung** nach ausdrücklicher Klarstellung in § 598 Abs. 3 nicht für das Schiffsgläubigerrecht, sondern nur für die Hypothek (§ 32 SchRG).[26] Damit ist sichergestellt, dass die – regelmäßig von den Schiffshypothekenbanken zur Sicherung ihrer Darlehen vorgeschriebene – Schiffskaskoversicherung nur diesen und nicht anderen Gläubigern zugutekommt, die zur Sicherung ihres gesetzlichen Pfandrechtes nur auf gesetzliche Ansprüche als Surrogate für das Schiffsvermögen zugreifen können.

5. Das Schiffsgläubigerrecht lastet auf dem Schiff, ohne dass der Gläubiger Besitz daran haben müsste.

Es ist deshalb von besitzgebundenen Pfandrechten scharf zu scheiden. Im Ausland wird die Unterscheidung – zumindest begrifflich – nicht so strikt durchgeführt; so kennt etwa das englische Recht einerseits sog. possessory liens für manche Seeforderungen, andererseits aber auch besitzlose Pfandrechte an beweglichen Sachen, ja sogar an Sachgesamtheiten mit wechselndem Bestand.

Schiffsgläubigerrechte können nicht in das Schiffsregister eingetragen werden. Deshalb gehen sie durch Eigentumsübergang auch nicht unter, ohne dass es auf guten Glauben des Erwerbers ankäme.

6. Das Gesetz schreibt eine **Rangordnung der Schiffsgläubigerrechte** untereinander und im Verhältnis zu anderen Belastungen des Schiffes vor. Danach gilt folgendes:

Die Schiffsgläubigerrechte gehen allen anderen Pfandrechten am Schiff vor (§ 602), auch wenn diese früher begründet wurden. Untereinander rangieren sie in der Reihenfolge, in der sie in § 596 aufgeführt sind (vgl. o. 2; § 603 Abs. 1). Eine Sonderreglung gilt nur für die Schiffsgläubigerrechte wegen Bergelohns, Havereibeiträgen und Wrackbeseitigungskosten (§ 596 Abs. 1 Nr. 4); sie gehen allen anderen Schiffsgläubigerrechten vor; im Verhältnis dieser Rechte zueinander hat das später entstandene Vorrang vor dem früher entstandenen (§ 603 Abs. 2, § 604 Abs. 3). Der Grund für die Sonderregelung liegt darin, dass alle anderen Rechte die Erhaltung ihres Haftungsgegenstandes demjenigen verdanken, der das Schiff aus einer Notlage rettet; diesem soll zugleich ein Anreiz zur Hilfe gegeben werden.

7. Das Schiffsgläubigerrecht erlischt mit der gesicherten Forderung, ist also streng **akzessorisch** (§ 599). Mit Rücksicht auf die Gefahren für den Rechtsverkehr, die von dieser unsichtbaren Belastung ausgehen, sieht das Gesetz – in Anlehnung an das Übereinkommen von 1967 – vor, dass das Recht stets **ein Jahr nach seiner Entstehung erlischt**, sofern nicht vorher eine Beschlagnahme des Schiffes erfolgt (§ 600 Abs. 1, 2); der Lauf dieser Frist wird praktisch nie unterbrochen oder gehemmt,

---

24 *Schaps/Abraham*, § 756 Rn. 1.
25 MüKoHGB/*Eckardt*, § 598 Rn. 4.
26 Dazu eingehend Staudinger/*Nöll*, aaO, Rn. 4.

da – vielleicht mit Ausnahmen bei Insolvenz im Ausland[27] – der Gläubiger in aller Regel nicht rechtlich gehindert ist, das Schiffsgläubigerrecht geltend zu machen (§ 600 Abs. 3).

8. Die Befriedigung des Schiffsgläubigers erfolgt im Wege der Zwangsvollstreckung. Dafür bedarf es eines vollstreckbaren Titels, der durch **Klage auf Duldung der Zwangsvollstreckung in das Schiff** erwirkt wird (§ 601 Abs. 1, 2). Das Gesetz erleichtert die Geltendmachung, indem es einmal zugunsten des Gläubigers eine (unwiderlegliche) Vermutung aufstellt, dass der im Schiffsregister eingetragene Eigentümer wirklich Eigentümer ist (§ 601 Abs. 3) und indem es dem Ausrüster eine Prozessstandschaft für die Klage einräumt (§ 601 Abs. 2). Der Gläubiger kann also den ihm bekannten Ausrüster verklagen, ohne den Eigentümer feststellen zu müssen.

Die im alten Recht vorgesehene weitere Prozessstandschaft des Kapitäns (§ 760 Abs. 2 aF) ist nach dem SRG entfallen; doch kann die Klage gegen den Schiffseigentümer oder Ausrüster dem Kapitän zugestellt werden (§§ 479, 619).

An **Nichterwerbsschiffen** – insbesondere solchen im hoheitlichen Dienst – entstehen keine Schiffsgläubigerrechte. Das ergibt sich rechtstechnisch schon daraus, dass § 596 in Art. 7 Abs. 1 EGHGB nicht in Bezug genommen worden ist.

VI. Internationales Privatrecht

Seit dem Gesetz vom 1.6.1999 zum Internationalen Privatrecht für außervertragliche Schuldverhältnisse und Sachen[28] ist das – von der EU-VO Rom II ausgesparte – Sachenrecht der Transportfahrzeuge in Art. 45 EGBGB geregelt.[29]

Danach bestimmt sich der Erwerb und die Übertragung von dinglichen Rechten an eingetragenen Schiffen – also sowohl des Eigentums als auch von Hypotheken und Nießbrauch – nach dem Recht des Registerortes (Art. 45 Abs. 1 Nr. 2 EGBGB).

Das entspricht praktisch der früheren Regelung des § 1 Abs. 2 SchRG.

Bei nicht im Register eingetragenen Seeschiffen kommt es auf den Heimathafen des Schiffes an (Art. 45 Abs. 1 Nr. 2 EGBGB).

Art. 45 Abs. 2 regelt nunmehr auch die – vor dem Gesetz von 1999 offene und daher streitige[30] – Frage nach welchem Recht **Schiffsgläubigerrechte** anzuknüpfen sind. Nach dem neuen Gesetz sind sie nach dem Recht der *lex causae* anzuknüpfen. Das hat für die Praxis erhebliche Folgen. Denn angesichts der erwähnten Verschiedenheit der nationalen Kataloge von Schiffsgläubigerrechten können danach an deutschen Schiffen auch Schiffsgläubigerrechte entstehen, die nach deutschem Recht beseitigt wurden, namentlich also solche für Ladungsschäden und für Bunkeröllieferungen.[31]

Unterliegt etwa ein Frachtvertrag oder ein Treibstoffkaufvertrag US-amerikanischem Recht, so ist er auch an deutschen Schiffen durch ein Schiffsgläubigerrecht gesichert. Allerdings ist dieses in der Zwangsvollstreckung in Deutschland nur mit Nachrang hinter allen anderen Rechten zu berücksichtigen (Art. 45 Abs. 2 Satz 2, Art. 43 Abs. 1 EGBGB). Vgl. im Einzelnen dazu u. § 42 IV.

---

27 Vgl. RegBegr. 1. SÄG, S. 38.

28 BGBl. I 1026.

29 Im Einzelnen dazu Staudinger/*Nöll*, 13. Aufl., § 1 SchRG Rn. 58 ff.

30 Vgl. Voraufl. S. 410 ff.

31 Dazu *Herber*, Die wundersame Wiederauferstehung der Schiffsgläubigerrechte für Ladungsschäden und Kapitänsgeschäfte, TranspR 1999, 294 ff.

§ 14 Zwangsvollstreckung und Arrest in Seeschiffe

Lit.: *Arroyo Martínez*, Implementation of the arrest convention, Dir.Mar 2007, 681 ff.; *Bardewyk*, Sicherungsbeschlagnahme von Seeschiffen, 1976; *Berlingieri*, Arrest of Ships, A commentary on the 1952 Arrest Convention, 5. Aufl., London 1996; *v. Bernstorff*, Einstweiliger Rechtsschutz in England mit Hilfe der Mareva-Injunction, RIW 1983, 161; *Ehricke*, Auswirkungen des Gemeinschaftsrechts auf § 917 II ZPO, IPRax 1993, 380; *Eilers*, Maßnahmen des einstweiligen Rechtsschutzes im europäischen Zivilrechtsverkehr, Schriften z. Deutschen und Europäischen Zivil-, Handels- und Prozeßrecht 133, 1991; *Gonzales Lebrero*, La saisie conservatoire de navires en Espagne, ETR 1997, 183 ff.; *Gruendel*, Maritime arrest and attachment procedures in the United States, Schriften des DVISA 88; Hagberg (Hrsg.), Arrest of Vessels, Deventer 1976; *Hill*, Arrest of Ships, London 1985 ff. (mehrere Bände mit Darstellung verschiedener Länder); *Herber*, Internationales Übereinkommen über den Arrest in Seeschiffe von 1999 (Einleitung), TranspR 2000, 136; *Hoefler*, Die drohende Konkurrenz anderer Gläubiger als Arrestgrund, Diss. Nürnberg 1991; *Hoyle*, The Mareva injunction and related orders, London 1985; *Jackson*, Enforcement of Maritime Claims, London 1985; *Kaum*, Ausländersicherheit und Europarecht, IPRax 1994, 180; *Kerameus*, Subjektive Anwendungsgrenzen des Brüsseler Übereinkommens vom 10.Mai 1952 über den Arrest in Seeschiffe, FS Nagel (1987), 132 ff.; *Kienle*, Arreste im internationalen Rechtsverkehr, Diss. Tübingen 1991; *Kienzle*, Arrest in Seeschiffe, FS Herber (1999), 69 ff.; *Liesecke*, Schiffsgläubigerrecht und Arrest, MDR 1967, 625 ff.; *Looks*, Die Arrestierung eines ausländischen Seeschiffes, TranspR 1989, 345; *ders.*, Neue Aspekte bei der Arrestierung eines ausländischen Seeschiffes, TranspR 2006, 133 ff.; *McArdle*, International Ship Arrest, London 1988; *Mankowski*, Zum Arrestgrund der Auslandsvollstreckung in § 917 II ZPO, RIW 1991, 181; *ders.*, Der Arrestgrund der Auslandsvollstreckung und das Europäische Gemeinschaftsrecht, TranspR 1993, 182; *ders.*, Der Arrestgrund der Auslandsvollstreckung und das europäische Gemeinschaftsrecht, NJW 1995, 306; *Nieschulz*, Der Arrest in Seeschiffe. Eine rechtsvergleichende Untersuchung des deutschen, niederländischen und englischen Rechts, Diss Hamburg 1997; *Owen*, U.S. maritime liens and the new arrest and attachment jules, LMCLQ 1985, 424 ff.; *Price*, Arrest of Vessels in the States of the Arab Gulf, LMCLQ 1985, 392 ff.; *Rabe*, Nochmals: Die Arrestierung eines ausländischen Seeschiffes, TranspR 1990, 185; *Ramming*, Der Arrest von Schiffen, RdTW 2014, 177 ff.; *Rohart*, La saisie des navires apparentés, DMF 1994, 339; *Schlichting*, The Arrest of Ships in German and South African Law, 1991; *Schuhmann*, Kein Arrestgrund der Auslandsvollstreckung im Bereich des EuGVÜ, IPRax 1992, 302 ff.; *Schulze*, Der Arrest von Seeschiffen im englischen Recht, TranspR 1987, 409; *Schwampe/Salander*, Arrest von Seeschiffen in England – Möglichkeiten der Abwehr und Aufhebung, TranspR 1986, 220; *Spieß*, Der Wegfall des Arrestgrundes bei Schiffen, RdTW 2013, 301; *Stahl*, Die „Mareva"-Verfügung und ihre Bedeutung für die Schiffahrt, Hansa 1984, 453 und 542; *Strube*, Die Arrestpfändung ausländischer Seeschiffe, Hansa 1981, 1294; *Tettenborn*, The time charterer, the one-ship company and the sister-ship action in rem, LMCLQ 1981, 507; *Trappe*, The law of a ship's arrest in Germany, ETR 1991, 329; *Verhoeven*, Ships Arrests, Registration and Mortgages, Enforced Sales in the Netherlands, Den Haag 1995; *Vialard*, La saisie conservatoire du navire pour dettes de l'affrèteur à temps, DMF 1985, 579 ff.; *Walker*, The Personification of the Vessel in United States Civil In Rem Actions and the International Law Context, TMLJ 15 (1991), 178 ff.; *Walther*, Die Mareva Injunction, 1986; *Weyand*, Arrest in Seeschiffe zur Sicherung von Seeforderungen gegen einfache Zeitcharterer, TranspR 1991, 56.

I. Allgemeines

Zwangsvollstreckung und Arrest in ein Seeschiff unterliegen zum Teil eigenständigen Regeln. In der Zwangsvollstreckung sind Seeschiffe rechtlich einem Grundstück gleichgestellt. Da sie jedoch praktisch so beweglich sind wie kaum eine andere Mobilie, enthält das **Zwangsversteigerungsgesetz Sondervorschriften für die Vollstreckung in Schiffe.** Auch für den **Arrest gelten seit dem SRG Sondervorschriften für Schiffe,** weil diese leichter als andere Vermögenswerte dem Zugriff von Gläubigern entzogen werden können.

Eine alle vollstreckungsrechtlichen Maßnahmen einschränkende Sonderregel, die bisher einheitlich in § 482 aF enthalten war, ist durch das SRG in die ZPO überführt und dort für Zwangsvollstreckung und Arrest aus systematischen Gründen in verschiedenen Bestimmungen ausgesprochen worden: Die Anordnung der Zwangsvollstreckung in ein Seeschiff und die Vollziehung eines Arrestes sind nicht zulässig, wenn sich das **Schiff auf der Reise befindet** und nicht in einem Hafen liegt (§§ 870a, 930, 931 ZPO).

Diese Regel besteht für alle Seeschiffe – ob eingetragen oder nicht –, gilt jedoch nicht für Binnenschiffe.[1] Die Beschlagnahmefreiheit besteht vom Ablegen des Schiffes bis zum Anlegen am Liegeplatz im Hafen; die Beschlagnahme ist bei Zwischenaufenthalten nur zulässig, wenn das Schiff in einem Hafen anlegt, nicht etwa beim Liegen in einer Schleuse.[2]

II. Zwangsvollstreckung

1. Die Zwangsvollstreckung in **eingetragene Schiffe** folgt den Regeln über die Zwangsvollstreckung in Grundstücke, geschieht also im Wege der Zwangsversteigerung (§§ 162ff. ZVG). Gleiches gilt für **Schiffsbauwerke,** die eingetragen sind oder eingetragen werden können; letztere Voraussetzung ist nach § 66 SchRegO stets gegeben, weil ein Schiffsbauwerk im Falle der Zwangsversteigerung auch dann eingetragen werden kann, wenn nicht zugleich eine Hypothek eingetragen wird.

Für die Zwangsversteigerung von Schiffen bestehen jedoch einige Besonderheiten (§§ 162ff. ZVG). So namentlich, dass bei der Anordnung der Zwangsversteigerung stets zugleich die Bewachung und Verwahrung des Schiffes anzuordnen ist (§ 165 ZVG); diese geschieht in der Regel dadurch, dass das Schiff „in die Kette gelegt" und durch Mitteilung an den Hafenkapitän oder Wegnahme der Schiffspapiere am Auslaufen aus dem Hafen gehindert wird. Das Gericht kann auch einen Treuhänder einsetzen, der das Schiff für Rechnung und im Namen des Schuldners nutzt (§ 165 Abs. 2 ZVG).

2. Weitere Besonderheiten finden sich für **ausländische Schiffe,** die – wären sie deutsche Schiffe – eintragungspflichtig wären: Hier richtet sich die gerichtliche Zuständigkeit nach der Belegenheit des Schiffes. Die Bestimmungen über das geringste Gebot gelten nicht; das Meistgebot ist alsbald durch Zahlung voll zu berichtigen. Ferner sind verstärkte Mitteilungspflichten zum Schutz der beteiligten anderen Gläubiger vorgeschrieben, die sich bei solchen Schiffen besonders häufig im Ausland befinden werden. Im Einzelnen vgl. § 171 ZVG.

3. **Ausgeflaggte Schiffe,** welche die Befugnis zur Flaggenführung infolge Vercharterung in das Ausland verloren haben (§ 7 FlRG), jedoch im deutschen Schiffsregister eingetragen bleiben, fallen unter die normalen Versteigerungsregeln der §§ 162ff. ZVG. Dagegen ist auf solche Schiffe, wenn sie an einen Eigentümer im Ausland – auch treuhänderisch oder an eine Tochtergesellschaft – übertragen wurden, die Regelung des § 171 ZVG anzuwenden.

4. In eine **Schiffspart** wird nach Maßgabe der §§ 857, 858 ZPO vollstreckt.

---

1 *Ramming,* RdTW 2014, 177, 188.
2 Vgl. im Einzelnen auch *Rabe,* § 482 Rn. 3.

5. **Nicht im Register eingetragene (deutsche) Schiffe** werden im Wege der Mobiliarzwangsvollstreckung versteigert (§§ 803ff. ZPO). Der Gerichtsvollzieher nimmt sie – durch Pfändung, in der Regel ebenso wie bei Beschlagnahme oder Arrestvollziehung – in Besitz und versteigert sie (§§ 808, 814 ZPO). Dies gilt auch, wenn das Schiff eingetragen sein könnte oder müsste (anders beim Schiffsbauwerk, s.o. 1.).

6. Wird die **Zwangsvollstreckung in ein deutsches Schiff im Ausland** betrieben und werden bei der Versteigerung die Rechte der Schiffshypothekengläubiger und Schiffsgläubiger nicht entsprechend dem deutschen Rangverhältnis berücksichtigt, so stehen den Gläubigern untereinander **Bereicherungsansprüche** nach deutschem Recht zu;[3] der Rangverlust nach §§ 162, 110 ZVG tritt in diesem Fall nur ein, wenn die Versteigerung nach § 37 Nr. 4, § 167 Abs. 2 ZVG bekanntgemacht worden ist.[4]

7. Zur **Berücksichtigung von fremden Schiffsgläubigerrechten** bei Versteigerung von – deutschen und ausländischen – Schiffen in Deutschland vgl. o. § 13 VI und u. § 39 IV.

III. Arrest

1. Allgemeines

Der Arrest in Seeschiffe folgt grundsätzlich den allgemeinen Vorschriften der §§ 916ff. ZPO. Das Schiff (auch das eingetragene) wird hinsichtlich der Anordnung und Vollziehung des Arrestes **wie eine bewegliche Sache** behandelt (§ 931 Abs. 1 ZPO); Abweichungen bestehen jedoch im Hinblick auf die Rechtsfolgen der Pfändung (§ 931 Abs. 2 bis 4 ZPO).

Eine internationale Vereinheitlichung des Arrestrechts besteht bisher praktisch nicht.

Zwar werden durch das **ArrestÜ** (vgl. o. § 4 II 1g) Arreste in ausländische Seeschiffe (nicht in deutsche, vgl. Art. 8 Abs. 4 ArrestÜ) dahingehend eingeschränkt, dass sie nur wegen bestimmter, in Art. 1 ArrestÜ aufgeführter (sog. See-)Forderungen ausgebracht werden dürfen. Die Liste dieser Seeforderungen ist jedoch so lang, dass sie nur in seltenen Ausnahmefällen – etwa beim Zugriff der geschiedenen Ehefrau des Reeders wegen ihrer Unterhaltsforderungen – eine Einschränkung darstellt. Wesentlich ist jedoch, dass sich nach dem – etwas versteckten und daher oft übersehenen – Art. 6 Abs. 2 ArrestÜ das Verfahren beim Arrest in ein Schiff, insbesondere bei Erwirkung des Arrestbefehls, nach dem innerstaatlichen Recht des Vertragsstaates richtet, in dem der Arrest vollzogen oder beantragt wird; das bedeutet praktisch, dass die **Arrestvoraussetzungen des deutschen Vollstreckungsrechts für einen in Deutschland ausgebrachten Arrest zunächst gegeben sein müssen** und dass das Arrestübereinkommen lediglich einen zusätzlichen Filter darstellt, der jedoch wegen der in Deutschland strengen Arrestvoraussetzungen selten ein Rolle spielt. Die Einschränkungen des Arrestübereinkommens gelten zudem nur für den Arrest in Schiffe anderer Vertragsstaaten des ArrestÜ, also nicht für den Arrest in deutsche Schiffe oder Schiffe unter der Flagge von Nichtvertragsstaaten. Verdeutlicht wird dies noch durch Art. 9 Satz 1 ArrestÜ, der ausdrücklich klarstellt, dass das ArrestÜ keinen materiellrechtlichen Anspruch begründet, der nicht nach nationalem Recht gegeben wäre.

Allerdings enthält das Arrestübereinkommen auch einige Grundsätze für das Arrestverfahren, die jedoch im deutschen Recht ohnehin selbstverständlich gelten: So namentlich die Bestimmung, dass **Sicherheitsleistung** stets zur Aufhebung des Arrestes führen muss; nach dem Übereinkommen genügen Sicherheiten in anderen Vertragsstaaten, die jedoch – wenn sie dem

3 BGH, NJW 1961, 1672ff.; MüKoHGB/*Eckardt*, Vorbem. 596 Rn. 4.
4 BGH, aaO.

Gläubiger tatsächlich zur Verfügung stehen (und nur dann können sie auch unter dem ArrestÜ berücksichtigt werden) – auch nach deutschem Recht zu beachten sind. Ferner wird durch den Arrest in bestimmten Fällen eine **Zuständigkeit zur Hauptsache** begründet (Art. 7 ArrestÜ); dies geschieht im deutschen Recht bereits durch § 23 ZPO. Zur Rechtslage in anderen Staaten vgl. u. 9.

Das ArrestÜ 1999 hat an dieser Situation wenig geändert. Durch die Reform sollte das ArrestÜ von 1952 an Übereinkommen über Schiffsgläubigerrechte und Schiffshypotheken von 1993 (vgl. dazu o. § 13 V 1) angeglichen werden; das Anpassungsbedürfnis bestand nur in den Common-law-Staaten (dazu u. 9b), und die Anpassung hat nicht zu einer wesentlichen Änderung des Konzepts des ArrestÜ geführt.

2. Arrestanspruch

Ein Arrest wird vom Gericht zur **Sicherung einer Geldforderung** – oder einer Forderung, die in eine solche übergehen kann – angeordnet (§ 916 Abs. 1 ZPO).

Der Anspruch muss gegen den Eigentümer des Schiffes gerichtet sein, und dessen Haftung muss sich auf das Schiff erstrecken. Es genügt, dass der Anspruch die Duldung der Zwangsvollstreckung in das Schiff zum Gegenstand hat, wie etwa bei einem Schiffgläubigerrecht. Anders als vor allem im englischen Recht braucht der zu sichernde Anspruch jedoch kein dinglicher zu sein, namentlich also nicht ein durch Schiffsgläubigerrecht gesicherter. Im Gegenteil, steht dem Gläubiger bereits ein dingliches Recht am Schiff zu, so ist in Deutschland sogar zweifelhaft, ob ein Arrest (der neben der Pfandverstrickung eine dingliche Sicherung des Arrestanspruchs erstrebt) überhaupt noch möglich ist. Die vom OLG Hamburg in älteren Entscheidungen[5] vertretene Auffassung, in einem solchen Fall sei nur eine einstweilige Verfügung gerechtfertigt, wird jedoch allgemein abgelehnt;[6] wollte man, wofür sicher die Logik spricht, der Auffassung des OLG Hamburg folgen, so müsste man aber jedenfalls den Antrag auf Arrest in einen solchen auf einstweilige Verfügung umdeuten, was das Gericht im entschiedenen Fall nicht getan hat.

Das Schiff kann auch wegen einer Forderung gegen den Ausrüster (§ 477) arrestiert werden, etwa wegen eines gegen den Bareboat-Charterer gerichteten Schadensersatzanspruchs, sofern diese durch ein Schiffsgläubigerrecht gesichert ist. Dabei ist jedoch zu beachten, dass der Ausrüsterbegriff eng ausgelegt wird, so dass namentlich der Zeitcharterer nicht als Ausrüster im Sinne von § 477 anzusehen ist (dazu u. § 15 III 3). Im deutschen Recht besteht – im Gegensatz zu vielen Auslandsrechten – seit dem 1. SÄG keine dingliche Haftung des Schiffes für Ersatzansprüche wegen Ladungsschäden aus Frachtverträgen des Zeitcharterers oder Stückgutverfrachters mehr; das zuvor hierfür bestehende Schiffsgläubigerrecht wurde damals beseitigt (dazu o. § 13 V 2).

Allerdings wird der Zeitcharterer häufig als „ausführender Frachtführer" (§ 509) für Ansprüche aus Seefrachtverträgen, die der Zeitcharterer abgeschlossen hat, haften; ist er zugleich Eigentümer des Schiffes, eröffnet dieser Anspruch den Ladungsbeteiligten den Zugriff auch auf das Schiff, ohne allerdings einen bestimmten Rang im Verhältnis zu bestehenden Belastungen beanspruchen zu können.

3. Arrestgrund

a) Voraussetzung für den Arrestbefehl ist im **allgemeinen Arrestrecht** neben einem zu sichernden Anspruch gegen den Arrestschuldner ein **Arrestgrund**: Es muss zu besorgen sein, dass ohne die Arrestverhängung die Vollstreckung eines späteren Urteils über den zu sichernden Anspruch vereitelt oder wesentlich erschwert werden würde (§ 917 Abs. 1 ZPO). Müsste das Urteil (ohne den Arrest) im Ausland vollstreckt werden, so ist dies stets als ein zureichender Arrestgrund anzusehen (§ 917 Abs. 2).

---

5 Hansa 1967, 1805; zuvor schon MDR 1967, 51.

6 *Liesecke*, MDR 1967, 625; *Stein/Jonas/Grunsky*, § 917 Rn. 21; *Rabe*, § 482 Rn. 10.

Zu dem erforderlichen Arrestgrund hat sich in Deutschland eine reiche Kasuistik entwickelt,[7] die dazu geführt hat, dass Arreste in Schiffe nur schwer zu erlangen waren und dass deshalb auch von deutschen Parteien oft ein Arrest im benachbarten Ausland – namentlich in den Niederlanden – bevorzugt wurde. Deshalb hat das SRG den Arrest in ein Schiff erleichtert.

b) **Eines Arrestgrundes bedarf es nicht, wenn der Arrest nur zur Sicherung der Zwangsvollstreckung in ein Schiff stattfindet** (§ 917 Abs. 2 Satz 2).

Die genannten Kriterien für den Arrestgrund – Vollstreckungsvereitelung und drohende Auslandsvollstreckung –, die gerade im Seerecht zu vielfältigen Auslegungsproblemen geführt haben, spielen seit dem SRG für den Arrest in Schiffe keine Rolle mehr. Der Arrest in ein Schiff – eingetragen oder nicht, See- oder Binnenschiff – setzt nunmehr allein voraus, dass ein Arrestanspruch glaubhaft gemacht wird. Ob die Vollstreckung aus einem künftigen Urteil erschwert werden würde, ob ein solches Urteil überhaupt erwirkt werden könnte und wo eine gerichtliche Zuständigkeit für den Hauptsachestreit bestände, braucht nicht geprüft zu werden. Der Gesetzeswortlaut und sein Zweck sind eindeutig. Sowohl der allgemeine als auch der besondere Arrestgrund sind entbehrlich. Es genügt das Bestehen eines Anspruches gegen den Arrestschuldner.

Das gilt grundsätzlich auch für das Vorhandensein anderen Vermögens des Arrestschuldners. Ist allerdings offensichtlich, dass dieser mit seinem Landvermögen die Verbindlichkeiten abdecken kann, mag ausnahmsweise ein Mangel des Rechtsschutzinteresses angenommen werden; doch kann es sich dabei nur um krasse Sonderfälle handeln. Im Grundsatz wollte der Gesetzgeber die Prüfung sonstiger Vollstreckungsmöglichkeiten im Interesse einer schnellen, einfachen Arrestentscheidung für entbehrlich erklären.

Der zu sichernde Anspruch kann auf jedem Grund beruhen, es braucht sich nicht um einen seerechtlichen Anspruch zu handeln – schon gar nicht, wie Zöller/*Vollkommer*[8] meinen – um einen durch ein Schiffsgläubigerrecht gesicherten; für eine Einschränkung auf diesen – sicher wichtigen – Fall geben weder Gesetzeswortlaut noch Entstehungsgeschichte einen Anhalt.

Allerdings kann bei Auslandsfällen, die vom ArrestÜ erfasst werden, ein Arrest nur ausgebracht werden, wenn die zu sichernde Forderung unter die Liste der Seeforderungen iS des § 1 ArrestÜ fällt.

Ein Arrestbefehl, der nach § 917 Abs. 2 Satz 2 ZPO ohne Prüfung eines Arrestgrundes ergeht, darf jedoch **nur zur Arrestierung eines (bestimmten) Schiffes** berechtigen. Der Tenor ist deshalb entsprechend einzuschränken.

Das Arrestgericht kann den Arrestbefehl von einer **Sicherheitsleistung des Antragstellers** abhängig machen (§ 921 ZPO). Bei einem ohne Prüfung eines Arrestgrundes ergehenden Arrest in ein Schiff sollte das Gericht von dieser Möglichkeit – die natürlich auch weiterhin besteht[9] – Gebrauch machen, sofern es auch nur leichte Zweifel am Bestehen des Arrestanspruchs hat.

4. Gegenstand des Arrestes

Gegenstand des Arrestes können alle Schiffe des Schuldners sein. Staatsschiffe jedoch nur, wenn sie Handelszwecken dienen; deren Arrest wird nur insoweit durch

7 Vgl. die Vorauflage; ferner Zöller/*Vollkommer*, 30. Aufl., § 717 ZPO Rn. 2 ff.
8 § 917 Rn. 19.
9 Die abweichende Meinung von *Spiess*, RdTW 2013, 301 ff. ist haltlos; sie ist allein auf eine missverständliche Passage in einem vorbereitenden Papier zum Referentenentwurf gestützt.

Art. 1 des Übereinkommens von 1926 über die Immunität der Staatsschiffe (vgl. o. § 4 II 1e) und die allgemeinen Regeln des Völkerrechts zugelassen.

Deshalb ist es für das deutsche Recht selbstverständlich, dass **Schwesterschiffe** – also andere Schiffe als das, auf welches sich die Forderung bezieht – im Eigentum des Schuldners ebenfalls arrestiert werden können. Art. 2 ArrestÜ hebt dies ausdrücklich hervor, weil es nach englischem Rechtsverständnis nicht selbstverständlich ist; für das deutsche Recht hat die Vorschrift insofern Bedeutung, als sie klarstellt, dass der numerus clausus des Art. 1 ArrestÜ nicht dahin verstanden werden muss, dass sich die dort genannten Seeforderungen auf das arrestierte Schiff selbst beziehen müssen.

5. Zuständigkeit. Verfahren

Wegen der gerichtlichen **Zuständigkeit** und des **Verfahrens** und dessen Einzelheiten muss hier auf die Literatur zum Zivilprozessrecht verwiesen werden.

6. Vollziehung des Arrestes

Für die **Vollziehung des Arrestes** gelten im Seerecht Besonderheiten.

Dabei ist aus der Sicht der Praxis vorab zu bemerken, dass die Vollziehung nur selten vorkommt. Die hohen, vom Gläubiger vorzuschießenden Kosten ebenso wie das in Deutschland im Hinblick auf § 945 ZPO bestehende Haftungsrisiko lassen den Gläubiger zumeist davon absehen. Ist der Schifffahrtsbetrieb des Schuldners wirtschaftlich noch intakt, so veranlasst ihn die Gefahr eines gravierenden Eingriffs mit Verlusten für den Ertrag und seine Reputation in aller Regel Sicherheit zu stellen. Damit hat der Gläubiger sein Ziel – Sicherstellung und Begründung eines Gerichtsstandes am Arrestort (§ 23 ZPO; vgl. auch Art. 7 Abs. 1 ArrestÜ) – zumeist erreicht.

Die Vollziehung des Arrestes geschieht in unterschiedlicher Weise je nachdem, ob es sich um im (deutschen) Register eingetragene oder nicht eingetragene Schiffe handelt.

a) **Eingetragene Schiffe** werden – anders als bei der Zwangsvollstreckung, die den Regeln über die Vollstreckung in Grundstücke folgt (§ 864 Abs. 1 ZPO; o. II 1) – grundsätzlich nach den Vorschriften über die Pfändung beweglicher Sachen arrestiert (§ 931 Abs. 1 ZPO), wobei jedoch im Hinblick auf den öffentlichen Glauben des Registers Besonderheiten gelten (vgl. im Einzelnen § 931 Abs. 2–6 ZPO). Gleiches gilt für **eingetragene Schiffsbauwerke.**

Die Pfändung des Schiffes wird vom Arrestgericht als Vollstreckungsgericht angeordnet, welches zugleich das Registergericht um die Eintragung einer Vormerkung zur Sicherung des Arrestpfandrechts in das Schiffsregister ersucht (§ 931 Abs. 3 ZPO). Die Pfändungsanordnung ist dem Schuldner innerhalb der Frist des § 929 Abs. 3 ZPO zuzustellen.

Die anschließende Pfändung durch den Gerichtsvollzieher (§ 931 Abs. 4 ZPO) geschieht nicht nur durch Anbringung eines Pfandsiegels (wie bei beweglichen Sachen im Allgemeinen, § 808 Abs. 2 ZPO), sondern stets durch Inbesitznahme des Schiffes durch den Gerichtsvollzieher. Sie begründet die Pfandverstrickung; dadurch entsteht ein Arrestpfandrecht des Gläubigers (§ 931 Abs. 2 ZPO); es kann auf Antrag des Gläubigers (deklaratorisch) in das Schiffsregister eingetragen werden.

Der Gerichtsvollzieher übernimmt mit der Pfändung die Bewachung und Verwahrung des Schiffes. Er sichert das Schiff gegen unbefugtes Auslaufen aus dem Hafen durch Benachrichtigung der Hafenbehörde, der Wasserschutzpolizei und, soweit Lotsenzwang besteht, auch der Lotsen. Symbolisch wird zumeist noch eine Kette mit dem Pfandsiegel um den Mast gelegt oder an einem anderen Teil des Schiffes befestigt; daher spricht man immer noch davon, dass das Schiff „**in** die Kette gelegt" wird. Die Mannschaft kann an Bord bleiben; sie wird in der

Regel auf eine Notbesatzung vermindert und ist weiterhin vom Reeder zu bezahlen.[10] Droht eine erhebliche Wertminderung des Schiffes oder kann die Bewachung – etwa, weil die Besatzung das Schiff verlassen hat – nur mit unverhältnismäßigen Kosten gewährleistet werden, so kann das Arrestgericht das Schiff versteigern lassen; der Erlös wird dann hinterlegt (§ 930 Abs. 3 ZPO).

Das Arrestpfandrecht erstreckt sich auf wesentliche Bestandteile und Zubehör (vgl. o. § 10 IV), die auch für die Schiffshypothek haften (§ 931 Abs. 2 ZPO; dazu o. § 13 II 3b dd). Zubehör haftet danach nur, soweit es in das Eigentum des Schiffseigentümers gelangt ist (§ 31 Abs. 1 SchRG): Deshalb können Treibstoffvorräte eines vercharterten Schiffes nicht mit verwertet werden; sie stehen aber dem Arrestzugriff eines Gläubigers des Charterers offen.[11]

b) **Nicht** im deutschen Register **eingetragene Schiffe** – also auch Schiffe, die in einem ausländischen Register eingetragen sind – werden ohne Einschränkung wie Fahrnis behandelt (§§ 930, 808f. ZPO).

Der Gerichtsvollzieher nimmt das Schiff ebenso in Besitz wie ein eingetragenes; der Gläubiger erwirbt ein Arrestpfandrecht nach § 804 ZPO. Bei ausländischen Schiffen ist die konsularische Vertretung des Flaggenstaates zu benachrichtigen (§ 134 Nr. 4, § 193 Nr. 2 der Geschäftsanweisung für Gerichtsvollzieher).

7. Sicherheitsleistung zur Abwendung des Arrests

Im Arrestbefehl ist ein Geldbetrag anzugeben, durch dessen Hinterlegung die Vollziehung des Arrestes gehemmt und der Schuldner zum Antrag auf Aufhebung des vollzogenen Arrestes berechtigt wird (**„Lösungssumme“**; § 923 ZPO).

Auch das ArrestÜ (Art. 5 Abs. 1) sieht vor, dass ein Arrest gegen Sicherheitsleistung – in einem Vertragsstaat des ArrestÜ – aufgehoben werden muss; insoweit ist allerdings die Arrestaufhebung nicht geboten, wenn die Klage zur Hauptsache in einem anderen Staat als dem Arreststaat erhoben werden kann, ein dort ergangenes Urteil jedoch nicht zur Verwertung der Sicherheit führt (Art. 7 Abs. 2 ArrestÜ).

Die **Hinterlegung einer Sicherheit** führt zur **Begründung eines Gerichtsstandes** zur Hauptsache. Für das deutsche Recht ergibt sich das aus § 23 ZPO; soweit ausländische Rechtsordnungen diesen Gerichtsstand des Vermögens (der wegen seiner Manipulierbarkeit international im allgemeinen zu den unerwünschten Gerichtsständen gehört) nicht anerkennen, schreibt Art. 7 Abs. 1 ArrestÜ eine Reihe von Gerichtsständen vor, in denen die Vertragsstaaten wenigstens die Hauptsacheklage zulassen müssen.

In der Begründung dieses Gerichtsstandes liegt oft der wirtschaftliche Antrieb für die Erwirkung eines Arrestes, weil der Gläubiger auf diese Weise einen ihm genehmen Gerichtsstand für den Hauptsacheprozess wählen kann („forum shopping“).

8. Schadensersatzpflicht des Antragstellers

Haben die materiellen Voraussetzungen des Arrestes zur Zeit des Erlasses des Arrestbefehls nicht vorgelegen, so ist der Gläubiger – auch wenn ihn kein Verschulden trifft – dem Schuldner zum **Ersatz des diesem durch den Arrest entstandenen Schadens** verpflichtet (§ 945 ZPO).

Entscheidend ist, ob die Voraussetzungen – bei Schiffen also nur der Arrestanspruch – vorlagen; fehlte es an verfahrensmäßigen Erfordernissen, waren etwa die materiellen Voraussetzun-

---

10 *Noack*, JurBüro 1982, 165, 172.
11 So mit Recht *Rabe*, § 478 Rn. 15.

gen nicht hinreichend glaubhaft gemacht und wird der Arrestbefehl deshalb aufgehoben, so tritt die Haftung nicht ein.[12]

Die hM nimmt an, dass eine rechtskräftige Entscheidung des Arrestgerichts bei der Entscheidung über den Schadensersatzanspruch hinsichtlich des Arrestanspruchs nicht binde.[13] Natürlich bindet aber ein anderes Hauptsacheverfahren das Schadensersatzgericht hinsichtlich des Arrestanspruches (nicht des -grundes, der nicht Gegenstand dieses Verfahrens war).[14]

So folgerichtig diese Auslegung ist – soll doch nach dem Willen des Gesetzgebers der Antragsteller das volle wirtschaftliche Risiko eines zu Unrecht ergangenen Arrestes tragen, auch wenn dieser vom Gericht sachlich unrichtig beurteilt wurde –, so deutlich zeigt sie doch, wie sehr sich das deutsche Recht von den Auslandsrechten unterscheidet, die – wenn überhaupt – einen Ersatzanspruch des Gläubigers nur bei Verschulden vorsehen.

9. Auslandsrechte

Im Hinblick auf die große praktische Bedeutung des Arrestes erscheint es angezeigt, einen kurzen vergleichenden Blick auf das Recht zweier für die Schifffahrt besonders wichtiger Nachbarländer zu werfen: Das der Niederlande und das Großbritanniens. Der Blick auf das englische Recht macht zugleich verständlich, weshalb sich bei der Ausarbeitung und Anwendung des ArrestÜ so erhebliche Missverständnisse aufgetan haben. Wegen ausländischer Arrestrechte vgl. im übrigen *Eilers*, S. 61 ff.; *Nieschulz*, S. 111, 133.

a) In den **Niederlanden**, die schon geographisch für einen Arrest durch deutsche Gläubiger am ehesten in Betracht kommen und im Hinblick auf ihr Recht von diesen sehr häufig gewählt werden, bestanden bis zum SRG schon bei den Arrestvoraussetzungen geringere Anforderungen als in Deutschland: Wie im deutschen Recht kann ein Arrest wegen jeder Forderung gegen den Schiffseigentümer erlassen werden; auch hier gelten allerdings für ausländische Schiffe die Einschränkungen des ArrestÜ. Dagegen bedarf es keines besonderen Arrestgrundes; Art. 728 I 2 Wetboek van Burgerlijke Rechtsvordering sieht für Schiffe im Hinblick auf ihre besondere Beweglichkeit von der Prüfung eines speziellen Gefährdungsgrundes ausdrücklich ab. Als ein gewisses Korrelat ordnet das Gericht regelmäßig eine – meist recht kurze – Frist zur Erhebung der Hauptsacheklage an, nach deren fruchtlosem Ablauf (oder nach deren Abweisung) der Arrest kraft Gesetzes erlischt. Eine Ersatzpflicht für Schäden, die der Eigentümer durch den unbegründeten Arrest erleidet, ist im Gesetz nicht vorgesehen.

Der Hoge Raad, das oberste Gericht der Niederlande, vertritt die Auffassung, dass der Arrestierende grundsätzlich nur aus unerlaubter Handlung, also nur bei Verschulden, hafte;[15] er nimmt jedoch neuerdings eine (verschuldensunabhängige) Gewährleistungshaftung an, wenn der Arrestanspruch vollständig unbegründet war.[16]

Im Hinblick auf diese Erleichterungen für den arrestierenden Gläubiger im Verhältnis zu einem Arrestverfahren in Deutschland beantragten deutsche Gläubiger

---

12 BGH NJW-RR 1992, 1001.

13 OLG Stuttgart WRP 1992, 518, 520; Stein/Jonas/*Grunsky*, § 945 Rn. 29 ff.; *Jauernig*, Zwangsvollstreckungsrecht, S. 157.

14 BGH NJW 1993, 2686.

15 Hoge Raad v. 13.1.1995, Rechtspraak van de Week 1995, Nr. 29 C, 68 f.; *Nieschulz*, S. 126 ff.

16 Hoge Raad v. 11.4.2003, Nederlandse Jurisprudentie (NJ) 2003, 440; v. 5.12.2003, NJ 2004, 150; *Berlingieri*, Arrest of Ships, Anm. 16.26; *Margetson/Margetson*, Arrest of Ships in the Netherlands to Obtain Securitiy, 2008, S. 10.

Arreste in Schiffe, wenn irgend möglich, in den Niederlanden. Um diese Bevorzugung zu beenden und den Rechtsstandort Deutschland zu stärken, hat der deutsche Gesetzgeber die niederländische Regelung zum Vorbild genommen, als er mit dem SRG auf das Erfordernis eines Arrestgrundes verzichtet hat.[17]

Die Zurückhaltung der deutschen Rechtsprechung bei der Annahme der Arrestvoraussetzungen, welche diese Praxis verstärkt, mag auch dadurch begünstigt werden, dass bei der wegen der Eile regelmäßig erforderlichen Entscheidung durch Beschluss ohne mündliche Verhandlung bei Fehleinschätzungen eine Haftung des Richters wegen Amtspflichtverletzung (§ 839 BGB, Art. 34 GG) droht, da insoweit das sog. „Richterprivileg“ (§ 839 Abs. 2 BGB) nicht eingreift.

Wegen der Rechtslage in den Niederlanden im Einzelnen vgl. *Nieschulz*, S. 111ff.

b) In **Großbritannien** herrscht ein völlig anderes Verständnis des Arrestes. Er dient nicht der Sicherung einer beliebigen oder auch nur aus dem Schifffahrtsbetrieb entstandenen Forderung gegen den Schiffseigentümer, sondern allein der Verwirklichung der dinglichen Haftung des Schiffes selbst. Der Arrest ist eine Sonderform der *„action in rem“*, also eines Verfahrens gegen die Sache – das Schiff – selbst, welche auch prozessual Beklagte in dem Verfahren ist. Deshalb kann ein Arrest nur in Betracht kommen, wenn das Schiff selbst für einen Anspruch haftet, praktisch also nur, wenn ein Schiffsgläubigerrecht (oder ein possessory lien) besteht. Das Gericht hat in diesem Fall kein Ermessen, prüft also keine besondere Gefährdung des Schiffsgläubigerrechtes, sondern **muss** den Arrest erlassen.

Dieser Zusammenhang erklärt das starke Gewicht, welches England – und damit auch die anderen Common-law-Länder – der Angleichung des Arrestübereinkommens an das Übereinkommen über Schiffsgläubigerrechte von 1993 (dazu o. III 1, § 13 V 1) beigemessen haben: In der Sicht des common law muss der Forderungskatalog beider Übereinkommen identisch sein, während die Länder des kontinentalen Systems lediglich anstreben müssen, dass der Katalog des ArrestÜ nicht enger ist als der des Schiffsgläubigerübereinkommens, damit nicht für dinglich gesicherte – also vom Gesetzgeber privilegierte – Ansprüche gegen den Eigentümer eine Sicherungsmöglichkeit durch gerichtliche Beschlagnahme fehlt. Die Vollstreckung des aus dem Schiffsgläubigerrecht hervorgehenden Duldungsanspruchs jedoch folgt den Regeln der Zwangsvollstreckung, nicht – wie in England – denen des Arrestes.

Verständlich macht der enge Zusammenhang zwischen Arrest und dinglicher Schiffshaftung auch die internationale Debatte um die **Haftung der Schwesterschiffe** (o. 4.). Während ein anderes, im Eigentum derselben Person stehendes Schiff im deutschen Recht selbstverständlich für eine gegen diese gerichteten Forderung arrestiert werden kann, ist es im common law nicht selbstverständlich und bedarf gesonderter gesetzlicher Anordnung, dass ein gewissermaßen anderes Rechtssubjekt, welches lediglich derselben Familie angehört, in Anspruch genommen werden kann. Es besteht dort also vom Arrestanspruch her gesehen grundsätzlich dieselbe Situation wie im deutschen Recht bei einem nur auf die dingliche Mithaftung des Schiffes für einen nicht gegen den Eigentümer gerichteten Anspruch gestützten Arrest; in diesem Fall kann naturgemäß ein anderes, nicht mit einem Schiffsgläubigerrecht oder einer Hypothek belastetes Schiff nicht arrestiert werden, obgleich das ArrestÜ dies zuließe.

Eine Pflicht, einen dem Eigentümer entstehenden Schaden zu ersetzen, besteht nach englischem Recht nur, wenn der Gläubiger böswillig gehandelt hat; das ist verständlich, wenn man sich vor Augen hält, dass es allein auf die dingliche Haftung des Schiffes ankommt und dass diese – allerdings mit den formalisierten Mitteln des englischen Verfahrensrechts (Affidavit) – im Arrestverfahren festgestellt wird.

Da jedoch auch in England in den Fällen der Gefährdung einer dinglich nicht gesicherten Seeforderung ein Sicherungsinteresse des Gläubigers besteht, das durch die Zielrichtung und die dieser entsprechenden engen Voraussetzungen des Arrestes nicht befriedigt werden kann,

17 RegBegr. SRG, S. 143 (Zu Nummer 6).

hat die englische Rechtsprechung über den dinglichen Arrest hinaus in jüngerer Zeit ein Rechtsinstitut entwickelt, das der einstweiligen Verfügung des deutschen Rechts vergleichbar ist, die sog. „**mareva injunction**“, die heute allgemein als „freezing order“ bezeichnet wird.[18] Sie ermöglicht unter bestimmten Voraussetzungen ein gerichtliches Verbot an den Eigentümer, das Schiff aus dem Bereich der englischen Gerichtshoheit zu entfernen.[19]

---

18 *Heward*, Arrest of Vessels, S. 32, in: Maritime Law Handbook, England and Wales, Stand: November 2012.

19 Vgl. dazu im Einzelnen *v. Bernstorff*, RIW 1983, 161; *Stahl*, Hansa 1984, 453, 542; *Walther*, Die Mareva Injunction, Frankfurt/Main 1986.

KAPITEL 4: Der Reeder und seine Hilfspersonen

§ 15 Reeder und Ausrüster

Lit.: *Dabelstein*, Die Demise-Klausel, Diss. Hamburg 1968; *Ramming*, Internationalprivatrechtliche Fragen der Haftung des Reeders – Die Rom-I- und Rom-II-Verordnungen, TranspR 2010, 284 ff.; *Lorenz-Meyer*, Reeder und Charterer, Übersee-Studien zum Handels-, Schiffahrts- und Versicherungsrecht Bd. 29, 1962; *K. Schmidt*, Reeder, Schiffseigner und Verfrachter – Systemfragen des kodifizierten Seehandelsrechts, in: In Memoriam of Demetrios Markianos, Miscellanea of Maritime Law, Bd. 1, Athen 1988; *Singh/Colinvaux*, Shipowners, London 1967; *Würdinger*, Zur Rechtsnatur der Zeitcharter, MDR 1957, 257; *Zschoche*, Die Rechtsnatur der Zeitcharter, VersR 1994, 389 ff.

I. Vorbemerkung

Zentrale Person des Seehandelsrechts ist der **Reeder**. § 476 definiert ihn als den Eigentümer eines von ihm zum Erwerb durch Seefahrt betriebenen Schiffes.

Damit stellt das Gesetz weder das Schiff noch das Unternehmen in den Mittelpunkt, sondern den Reeder. Dieser enge Begriff wird zwar häufig wegen der Koppelung an das Eigentum kritisiert.[1] Das SRG hat ihn gleichwohl beibehalten, weil bei der heutigen Vielfalt der am Betrieb eines Schiffes mitwirkenden Personen jedenfalls der Eigentümer am leichtesten festzustellen ist.[2] Allerdings bedarf es dann – wie bisher – der Ergänzung des Reederbegriffs durch die Rechtsfigur des Ausrüsters.

Wer ein ihm nicht gehörendes Schiff zum Erwerb durch Seefahrt betreibt, ist **Ausrüster** (§ 477), der im Verhältnis zu Dritten als Reeder angesehen wird (§ 477 Abs. 2).

Schon hier sei hervorgehoben, dass der Ausrüsterbegriff praktische Bedeutung vor allem für die Passivlegitimation bei gesetzlichen Ansprüchen aus der Schiffsverwendung hat.[3] Denn bei vertraglichen Ansprüchen, die im Zusammenhang mit der Verwendung des Schiffes entstehen, ergibt sich die Verpflichtung des Verwenders in der Regel aus entsprechender Vertragsgestaltung oder, wenn ein anderer wie ein Reeder auftritt, aus dem Gedanken des Schutzes des Vertrauens auf zurechenbaren Rechtsschein („Scheinreeder"); vgl. dazu u. III 2.

Das SRG hat die Stellung des Gläubigers weiterhin dadurch gestärkt, dass es dem Eigentümer eine **Obliegenheit zur Offenlegung eines Ausrüstungsverhältnisses** auferlegt, wenn er von einem Dritten in Anspruch genommen wird, der den Eigentümer für den Reeder hält, obgleich dieser das Schiff einem Ausrüster zum Erwerb durch Seefahrt überlassen hat. Teilt der Eigentümer dem Dritten nicht unverzüglich Name und Anschrift des Ausrüsters mit, so gilt er dem Dritten gegenüber als Reeder im Sinne von § 476 HGB.[4]

Neben den Begriffen des Reeders und Ausrüsters hat auch der des **Eigentümers** eine selbständige Bedeutung, weil gesetzliche Bestimmungen oft an das bloße Eigentum anknüpfen. Dieses ist klarer definiert und leichter feststellbar als die für Dritte nicht

---

1 Vgl. schon *Wüstendörfer*, S. 114; ähnlich *K. Schmidt*, Handelsrecht, 4. Aufl., S. 968.
2 Dazu steht neben dem Schiffsregister die von der IMO vergebene Schiffsidentifikationsnummer zur Verfügung, vgl. RegBegr. SRG, S. 62.
3 Vgl. auch *Rabe*, § 510 Rn. 1.
4 Vgl. RegBegr. SRG, S. 63.

ohne weiteres erkennbare Zuordnung des Schiffsbetriebs zu einer bestimmten Person. So stellen nicht nur das ohnehin mehr schiffsbezogene Registerrecht und Flaggenrecht, sondern auch das Ölhaftungsrecht im Interesse des Verkehrsschutzes bewusst auf das bloße Eigentum ab.

II. Reeder

1. Der Reeder muss **Eigentümer** des Schiffes sein. Gehören ihm mehrere Kauffahrteischiffe, so ist er mehrfacher Reeder. Er kann natürliche oder juristische Person sein; im letzteren Fall spricht der Handelsverkehr oft ungenau von „Reederei", unter der das Gesetz jedoch nur die Partenreederei als besondere seerechtliche Organisationsform (§ 489 ff. aF; dazu u. § 16) versteht.

2. Das Schiff muss von dem Eigentümer **zum Erwerb durch Seefahrt** betrieben werden.

Zum Erwerb durch Seefahrt gehören nicht nur die **Beförderung von Gütern oder Personen auf See**, sondern auch das **Schleppen** fremder Schiffe und die **Seefischerei**.

Die Verwendung braucht nicht gewerbsmäßig zu sein, es genügt gelegentliche Verwendung zum Erwerb. Deshalb trifft die Auffassung *Wüstendörfers*,[5] es müsse sich stets um ein Handelsschiff handeln, nicht zu; auch der Eigentümer einer Privatyacht, der ausnahmsweise Passagiere gegen Entgelt befördert, ist Reeder.[6]

Das Merkmal des Erwerbs durch Seefahrt wird **weit ausgelegt**: Reeder ist nicht nur, wer das Schiff selbst verwendet, um Güter oder Personen aufgrund von durch ihn abgeschlossenen Verträgen gegen Entgelt zu befördern, sondern auch der Eigentümer eines Seeschiffs, der das Schiff einem Charterer zu diesem Zweck gegen Entgelt überlässt.

Erforderlich ist aber, dass der Eigentümer noch an der unternehmerischen Tätigkeit teilnimmt, was nicht der Fall ist, wenn der Eigentümer das Schiff so weitgehend aus der Hand gibt (namentlich im Fall der Bareboat-Charter), dass ein anderer Ausrüster im Sinne von § 477 wird.

Beim **Zeitchartervertrag** mit Employment-Klausel stellt der Eigentümer nicht nur das Schiff, sondern eine Transportleistung zur Verfügung und bleibt deshalb Reeder; der Zeitcharterer wird nicht Ausrüster (dazu u. III 3).

Der Reeder als natürliche Person ist **Kaufmann**, wenn sein Unternehmen nach Art oder Umfang einen in kaufmännischer Weise eingerichteten Geschäftsbetrieb erfordert oder wenn er im Handelsregister eingetragen ist.

Seit der Neuregelung des Kaufmannsrechts zum 1.7.1998[7] gilt Folgendes: Einerseits bedarf es als Voraussetzung für die Kaufmannseigenschaft nicht mehr der engeren Erfordernisse des § 1 Abs. 1, 2 Nr. 5 aF (gewerbsmäßige Beförderung von Gütern oder Reisenden zur See oder Schleppschifffahrt); es genügt jede gewerbliche Betätigung. Andererseits unterliegt aber der kleine Reeder, dessen Unternehmen nach Art oder Umfang einen in kaufmännischer Weise eingerichteten Geschäftsbetrieb nicht erfordert (was allerdings bei Unternehmen der Seeschifffahrtrecht selten sein wird), ohne Eintragung im Handelsregister überhaupt nicht mehr, nach Eintragung dagegen voll den Vorschriften des HGB. Hierin können für kleine Reeder Gefahren liegen; als sog. „Minderkaufleute" konnten sie sich nach alter Rechtslage auf viele ihnen günstige Regeln (Handelsbräuche wie etwa kaufmännisches Bestätigungsschreiben, kaufmän-

---

5 S. 114.
6 So auch *Rabe*, § 484 Rn. 4.
7 § 1 Abs. 2, § 2 HGB idF des Handelsrechtsreformgesetzes vom 22.6.1998, BGBl. I 1474.

nische Fälligkeitszinsen) berufen, waren jedoch andererseits gesetzlich gegen bestimmte, besonders gefährliche Regeln geschützt. Ist ein kleiner Reeder nunmehr als Kaufmann im Register eingetragen, so fehlt ihm der bisherige Schutz etwa des § 351 aF, er kann sich also nicht gerichtlich gegen überhöhte Vertragsstrafen schützen und haftet für Bürgschaften formfrei und selbstschuldnerisch; Gerichtsstandsvereinbarungen kann er ausgesetzt sein, auch wenn sie stillschweigend getroffen wurden (§§ 29 Abs. 2, 38 ZPO).

Im allgemeinen Frachtrecht (wo kleine Unternehmen allerdings sehr viel häufiger sind) ist diese Abgrenzung bei der Neuregelung in § 407 Abs. 3 Satz 2 flexibler gelöst.

Eine Handelsgesellschaft, die Reeder ist, ist stets Kaufmann, § 6.

Nichterwerbsschiffe haben keinen Reeder. Art. 7 EGHGB stellt diese jedoch hinsichtlich der wichtigsten Haftungsvorschriften den Handelsschiffen gleich; an die Stelle des Reeders tritt hier der Eigentümer.

Erstreckt werden die Vorschriften über die Haftung (§ 480), über die Beschränkung der Haftung (§§ 611 bis 617 und über die Verweisung in § 617 auch das Verfahren nach der SVertO), über den Zusammenstoß (§§ 570 bis 573, 606 Nr. 2) und über die Bergung (§§ 574 bis 587, 606 Nr. 3). Die Regelung kann nicht auf die §§ 596 ff. analog angewendet werden; ein Bedürfnis für die Annahme von Schiffsgläubigerrechten oder einer aus diesen abgeleiteten begrenzten persönlichen Ersatzhaftung bei Nichterwerbsschiffen ergab sich nur vor dem 1. SÄG, als eine persönliche Haftung des Eigentümers grundsätzlich nicht bestand.[8]

Die Gleichstellung gilt auch für Nichterwerbsschiffe, die im **hoheitlichen Dienst** beschäftigt sind. Für diese gelten allerdings nicht die Bestimmungen über den Gerichtsstand bei Zusammenstößen. Nachdem diese nicht mehr im HGB (wie in §§ 738 f. aF) enthalten sind, bedurfte es insoweit keiner Ausnahme in der Verweisung wie noch in Art. 7 EGHGB aF.[9] Die Anwendung des § 480 auf Kriegsschiffe und andere Hoheitsschiffe hat auch zur Folge, dass der Staat sich insoweit nicht auf § 839 Abs. 1 Satz 2 BGB berufen kann, wenn das Schiff von einem Beamten bedient wurde, der etwa schuldhaft eine Kollision herbeiführt.[10]

III. Ausrüster

Nach § 477 wird derjenige, der ein ihm nicht gehörendes Schiff zum Erwerb durch Seefahrt betreibt, im Verhältnis zu Dritten als der Reeder angesehen.

Das neue Recht verwendet nunmehr auch im Gesetzeswortlaut den seit langem üblichen Begriff „Ausrüster." Er darf nicht verwechselt werden mit dem „Schiffsausrüster", der Schiffszubehör und Vorräte für die Reise liefert.

1. Der Ausrüster muss ein Schiff betreiben, das in **fremdem Eigentum** steht. Dabei kommt es nicht darauf an, ob dies mit Zustimmung des Eigentümers geschieht; das Innenverhältnis zwischen Eigentümer und Ausrüster ist für die Stellung nach außen unerheblich.

2. Die Betrieb des Schiffes muss zum **Erwerb durch Seefahrt im eigenen wirtschaftlichen Interesse** geschehen.

Wegen des Erwerbs durch Seefahrt vgl. o. II 2. – Wird ein fremdes Schiff zu anderen als Erwerbszwecken verwendet, etwa für Segelsport, Vergnügungsfahrten oder öffentliche Aufgaben, so findet § 477 entsprechende Anwendung;[11] man spricht dann von einem **Quasi-Ausrüster.**[12] Wie beim Reeder braucht die Verwendung keine dauernde zu sein; so handelte es sich etwa

8 Vgl. dazu *Schaps/Abraham*, Art. 7 EGHGB Rn. 4.
9 Vgl. die Voraufl.
10 BGHZ 3, 321, 328 ff.
11 Vgl. BGHZ 3, 321; 25, 244 f. (für § 510 aF).
12 *Rabe*, § 510 Rn. 17.

bei der Entscheidung BGHZ 25, 244 um die Überführungsfahrt (eines Nichterwerbsschiffes) durch die Werft.

Das Gesetz fordert nicht mehr – wie § 510 aF – ausdrücklich, dass die Verwendung des Schiffes „für eigene Rechnung" geschieht und dass der Ausrüster es entweder „selbst führt oder die Führung einem Kapitän anvertraut, der ausschließlich seinen Weisungen unterworfen ist." Der allgemeinere und flexiblere Ausdruck des „Betreibens" erschien besser geeignet, den eigenen wirtschaftlichen Einsatz des Schiffes durch den Ausrüster hervorzuheben.[13] Insbesondere das bisherige Erfordernis, dass der Ausrüster (selbst) die Führung des Schiffes einem Kapitän anvertraut haben muss, wird den modernen Verhältnissen nicht mehr gerecht; häufig stellt der Ausrüster die Besatzung nicht mehr selbst ein, sondern lässt sie durch eine *crewing agency* stellen.

Das Abstellen auf den Betrieb macht auch deutlicher als die frühere Umschreibung („Verwendung für eigene Rechnung"), dass es auf das eigenständige Auftreten nach außen ankommt.[14] Das darf allerdings nicht (nur) rechtsgeschäftlich verstanden werden. Sofern der Ausrüster rechtsgeschäftliche Handlungen vornimmt, kommt es für die Person des Verpflichteten allein auf sein Auftreten im Rechtsverkehr an: Wer bei einem Rechtsgeschäft Partei ist, richtet sich nach den allgemeinen Regeln des BGB über die Stellvertretung. Ein Auftreten des Nichteigentümers als Reeder kann dabei auch nach allgemeinen Rechtsscheinsgrundsätzen des Handelsrechts durchaus dazu führen, dass er sich als Reeder behandeln lassen muss.

Die Gleichstellung mit dem Reeder nach § 477 hat vielmehr praktische Bedeutung vor allem für außervertragliche Ansprüche. Bei den engeren Voraussetzungen des alten Rechts für das interne Verhältnis (eigene Rechnung, Direktionsrecht über die Besatzung) konnte sich dabei die Situation ergeben, dass ein Schiffsverwender, bei dem diese Voraussetzungen nicht vorlagen, der aber gleichwohl wie der Reeder oder Ausrüster auftrat, als sog. **Scheinreeder** dem wirklichen Reeder oder Ausrüster gleichgeachtet werden musste – allerdings, wie stetes bei Haftung auf Grund eines bloßen Rechtsscheins, nur zu seinem Nachteil. Er wurde dadurch nicht wirklich Ausrüster.[15] Dieser Rechtsscheinsschutz besteht theoretisch auch in Zukunft, doch wird das Auftreten nach außen in diesen Fällen häufiger schon den Begriff des „Betreibens" erfüllen.

Das Gesetz gewährt dem Eigentümer nicht mehr, wie § 510 Abs. 2 aF, gegen vom fremden Verwender des Schiffes begründete Verbindlichkeiten den Einwand, dieser habe das Schiff widerrechtlich verwendet und der Gläubiger hätte dies erkennen müssen. Diese Einschränkung war bei deliktischen Ansprüchen auch nach altem Recht problematisch. Ist die Haftung des Schiffes eine gesetzliche – etwa aus Kollision –, so fehlt es an einer Basis für einen Vertrauensschutz[16] und damit auch an einer Rechtfertigung, dem Gläubiger seine Kenntnis der wahren Sachlage entgegenzuhalten. Bei anderer Auslegung würde man dem Kollisionsgegner die dingliche Haftung des schuldigen Schiffes verwehren; die Folgen der unerlaubten Verwendung im Verkehr sind eher dem Eigentümer als einem unbeteiligten Dritten zuzurechnen.[17]

3. Der Verwender muss das **Schiff betreiben.**

Obgleich die frühere Formulierung, dass er es „selbst führen oder die Führung einem Kapitän anvertraut" haben müsse, entfallen ist, drückt diese Umschreibung nach wie vor den Hauptfall der Übernahme tatsächlicher Gewalt über das Schiff aus.

---

13 Reg.Begr. SRG S. 63.

14 So schon bisher die hM, die das Abstellen auf die „eigene Rechnung" deshalb durch ein Auftreten „im eigenen Namen" ersetzt sehen wollte; vgl. Voraufl. S. 132, *Schaps/Abraham*, Einl. zu § 510 mN; *Rabe*, § 510 Rn. 5.

15 So zutreffend *Schaps/Abraham*, aaO; auch OLG Hamburg, VersR 1978, 560 f.

16 Vgl. § 510 Abs. 2 aF.

17 So schon bisher *K. Schmidt*, in: Gedächtnisschrift Demetrius Markianos (Athen 1988), S. 44 ff.

Der Verwender muss, wie *Schaps/Abraham*[18] anschaulich formulieren, die tatsächliche Gewalt, die Verfügung über das Schiff haben. Das ist nicht zweifelhaft, wenn der Verwender das Schiff persönlich führt, etwa in der Küstenschifffahrt oder bei einem Vergnügungsboot (hier als Quasi-Ausrüster). Gleiches gilt, wenn der Verwender das Schiff ohne Besatzung gemietet hat (sog. **Bareboat-Charter**) und den Kapitän selbst anstellt; dann unterliegt der Kapitän allein den Weisungen des Charterers. Ausrüster ist aber auch, wer einen Vertragsreeder beauftragt, das Schiff wirtschaftlich für ihn zu betreiben.[19]

Der **Zeitcharter ist dagegen nicht Ausrüster.** Er erhält das Schiff zur wirtschaftlichen Verwendung für eine bestimmte Zeit mit der unter dem Befehl des Eigentümers stehenden Besatzung. Wenn er das fremde Schiff mit der fremden Besatzung wie ein eigenes einsetzt und nach außen nicht erkennbar macht, dass er nicht der Reeder ist – etwa, indem er seine Schornsteinmarke anbringt –, kann das im rechtsgeschäftlichen Verkehr zu seiner Verpflichtung führen („Scheinreeder"). Deliktisch bleibt jedoch der Eigentümer der „Betreiber" weil er durch das Direktionsrecht über die Besatzung allein über deren Verhalten bestimmt.

Der Streit, ob der Zeitchartervertrag ein Ausrüsterverhältnis begründet, wurde schon früh vom BGH[20] in dem Sinne entschieden, dass dies auch dann nicht der Fall ist, wenn eine sog. Employment-Klausel dem Charterer eine direkte Weisungsbefugnis gegenüber dem Kapitän für den wirtschaftlichen Einsatz des Schiffes einräumt.[21] Denn sie umfasst nicht die technische Bedienung („management") und nautische Führung („navigation"), etwa die Entscheidung über das Auslaufen bei Sturm, über das Verhalten bei Eisgang oder über die Lotsenannahme.[22] Der Eigentümer bleibt also hinsichtlich des – die Beförderungsleistung ausmachenden – Schiffsbetriebs allein weisungsbefugt gegenüber dem Kapitän.

Dem Bedürfnis, § 510 aF im Hinblick auf den Schutz Dritter gleichwohl anders zu interpretieren,[23] trägt in gewisser Weise der neu eingefügte § 477 Abs. 3 Rechnung: Danach kann der Ditte aus dem Schiffsbetrieb stets den Eigentümer in Anspruch nehmen, solange dieser nicht das Bestehen eines Ausrüsterverhältnisses behauptet und notfalls beweist sowie dem Ditten unverzüglich die Anschrift des Ausrüsters mitteilt.

4. Der Ausrüster wird nach § 477 Dritten gegenüber als Reeder angesehen. Er ist hinsichtlich der Rechtsverhältnisse, die während der Verwendung des Schiffes durch ihn entstehen, nicht nur – alleiniger – Gläubiger,[24] sondern auch Schuldner.

Ansprüche, die während des Ausrüsterverhältnisses entstanden sind, können deshalb nur gegen den Ausrüster, nicht gegen den Eigentümer geltend gemacht werden. Allerdings besteht häufig eine dingliche Mithaftung des Eigentümers wegen der Begründung eines Schiffsgläubigerrechts, so zB bei Ansprüchen geschädigter Dritter aus einer Schiffskollision (§ 596 Abs. 1 Nr. 3).

Die dingliche Haftung des Eigentümers tritt nach neuem Recht auch ein, wenn der Ausrüster das Schiff **widerrechtlich verwendet**; die Ausnahmevorschrift des § 510 Abs. 2 aF wurde vom SRG nicht übernommen. Sie erschiene auch nicht gerechtfertigt, weil die Folgen der unerlaubten Verwendung im Verkehr eher dem Eigentümer als einem unbeteiligten Dritten anzulasten sind.[25]

Die Haftung nach § 477 trifft auch den sog. **Quasi-Ausrüster**, dh. den Ausrüster eines nicht dem Erwerb durch Seefahrt dienenden (Nichterwerbs-)Schiffes (Art. 7 EGHGB muss insoweit analog angewendet werden[26]).

---

18 § 510 Rn. 4 in Anlehnung an RGZ 25, 113.

19 RegBegr. SRG, S. 62 f.

20 BGHZ 26, 152; vgl. ferner BGHZ 22, 197 ff. und 56, 300 ff.

21 Vgl. etwa Baltime-C/P-Klausel 9 I: „The master to be under the orders of the Charterers as regards employment, agency, or other arrangements".

22 Dazu *Stahl*, Die Zeitcharter nach englischem Recht, S. 79.

23 Zurückgehend auf *Wüstendörfer*, S. 119, der die Vorschrift auf den Zeitchartervertrag zumindest analog anwenden will; zu anderen Stimmen vgl. *Schaps/Abraham*, aaO.

24 *Rabe*, § 510 Rn. 21.

25 Dazu kritisch schon die Voraufl.

26 *Rabe*, § 510 Rn. 17.

Mehrere Ausrüster können ein Schiff gemeinsam betreiben und haften dann nach einschlägigem Gesellschaftsrecht, also als oHG oder BGB-Gesellschaft. Eine Reederei im Sinne der §§ 489 ff. aF liegt nicht vor, weil sie Miteigentum am Schiff voraussetzt.

Der Ausrüster steht auch hinsichtlich der **Haftungsbeschränkung** dem Reeder gleich (Art. 1 Abs. 2 HBÜ); er wird allerdings in der Regel Charterer sein, für den ganz allgemein – unabhängig davon, ob durch den Chartervertrag ein Ausrüsterverhältnis begründet wird – das Beschränkungsprivileg gilt. Dagegen steht das Haftungsbeschränkungsrecht demjenigen, der nur als Scheinreeder haftet, nicht zu. Wie allgemein beim Verkehrsschutz im Handelsrecht steht es dem Vertragspartner frei, ob er sich auf den von seinem Partner gesetzten Rechtsschein oder auf die wirkliche Rechtslage berufen will; deshalb kann er hinsichtlich der Haftungsbegründung auf das Auftreten des Nicht-Reeders oder -Ausrüsters abstellen, sich jedoch bei dessen Beschränkungsbegehren auf die wahre Rechtslage – die ihm ein Beschränkungsrecht nicht einräumt – berufen.

IV. Vertragsreeder

Weder Reeder noch Ausrüster ist der sog. Vertragsreeder. Dieser – auch als **managing owner** oder **ship's husband** bezeichnet – bereedert das Schiff als Vertreter des Eigentümers, der deshalb Reeder im Rechtssinne ist; der Vertragsreeder ist nicht Ausrüster, weil er das Schiff nicht in eigenem Namen und für eigene Rechnung einsetzt. Er wird in der Praxis oft falsch als Korrespondentreeder bezeichnet (zu diesem u. § 16 V); die Bezeichnung kann darauf hinweisen, dass der vereinbarte Umfang der Vertretungsmacht des Vertragsreeders dem einer solchen des Korrespondentreeders (§ 493 aF) entsprechen soll.[27]

V. Ausländisches Recht

In anderen Rechtsordnungen wird der Reederbegriff teilweise weiter verstanden und umfasst auch die Verwendung durch den Nichteigentümer, also nach deutschem Recht die Funktion des Ausrüsters.

Das galt etwa für das moderne Seehandelsschiffahrtsgesetz der DDR (§ 82). Auch die Schweiz kennt einen vom Eigentum unabhängigen Reederbegriff (Art. 44 des Schw. Seeschiffahrtsgesetzes).

In den meisten fremden Rechten findet sich jedoch eine ähnliche Abgrenzung wie im deutschen Recht. So ist in England neben dem owner der **charterer by demise** anerkannt, der dem deutschen Ausrüster entspricht; im amerikanischen Recht ist dies der **owner pro tempore**, in Frankreich der **armateur-affrèteur**. Ähnlich Italien und Griechenland.[28]

Allerdings erfüllt in den ausländischen Rechten regelmäßig jeder Eigentümer – also nicht nur derjenige, der sein Schiff zum Erwerb durch Seefahrt verwendet – die Voraussetzungen des Reederbegriffs. Da das deutsche Recht den Eigentümer eines Nichterwerbsschiffes in Art. 7 EGHGB dem Reeder gleichstellt, besteht aber in der Sache Übereinstimmung, nur in der Bezeichnung nicht. Eine Vereinheitlichung brächte deshalb nur terminologische Vorteile. Das wichtigste praktische Problem, die Einordnung des Zeitcharterers, wird weitgehend einheitlich gelöst.

---

27 Im Einzelnen dazu *Rabe*, § 492 Rn. 1.

28 Im Einzelnen vgl. die Nachweise bei *Schaps/Abraham*, § 510 Rn. 14 ff.

§ 16 Die Partenreederei

Lit.: *Bote*, Die Partenreederei, in: Riegger/Weipert (Hrsg.), Münchener Handbuch des Gesellschaftsrechts, Bd. 1, 2. Aufl. 2004; *Bünz/Neubauer*, Die Haftung des Mitreeders einer Partenreederei, TranspR 1983, 85 ff.; *Dißars*, Die Vererbung der Schiffspart, TranspR 1997, 143 ff.; *Dißars/Dißars*, Die Partenreederei als Gesellschaftsform in handels- und steuerrechtlicher Hinsicht, RIW 1997, 754 ff.; *Kaempfe*, Die Partenreederei als Kaufmann – Gedanken zu einer Reform, MDR 1982, 975 ff.; *Kienzle*, Die zeitliche Haftungsbegrenzung der Mitreeder einer Partenreederei, in: Lagoni/Paschke, 20 Jahre Seerechtswissenschaft, 2005, 47 ff.; *Ruhwedel*, Die Partenreederei, 1973; *ders.*, Besprechung von K. Schmidt, Die Partenreederei als Handelsgesellschaft, in: DZWir 1996, 393 f.; *K. Schmidt*, Die Partenreederei als Handelsgesellschaft, 1995; *ders.*, Die Partenreederei, Stiefkind des Unternehmensrechts? Schriften des DVIS A 89, 1996.

I. Vorbemerkung

Die **Partenreederei** als besondere gesellschaftsrechtliche Rechtsform des Seerechts wurde **durch das SRG beseitigt**. Seit dem 25.4.2013 können Partenreedereien nicht mehr entstehen;[1] **vor diesem Zeitpunkt bestehende Partenreedereien leben** nach den bisherigen gesetzlichen Bestimmungen (§§ 489 bis 509 aF[2]) **fort** (Art. 71 Abs. 1 SRG).

Die schon lange revisionsbedürftige Partenreederei hat ihre Daseinberechtigung verloren.[3] Heute stehen die Rechtsformen der Handelgesellschaften zur Verfügung, die nach der Entstehung der Partenreederei geschaffen wurden und nicht mehr auf dem überholten mittelalterlichen Modell gemeinschaftlichen Eigentums mehrerer sich oft nur für eine Reise zusammenfindender Eigentümer beruhen. Zwar ist die Partenreederei nach dem Zweiten Weltkrieg trotz ihrer gesellschaftsrechtlichen Mängel aus steuerlichen Gründen wieder belebt worden. Doch entfällt auch dieser Grund, nachdem die Partenreederei 2001 steuerlich mit den Personengesellschaften gleichgestellt wurde; seitdem besteht für die Gesellschafter kein Anreiz mehr, die persönliche Haftung als Partenreeder in Kauf zu nehmen.

Künftig wird man, wenn sich mehrere Personen zum Betrieb oder zum Bau eines Schiffes zusammentun, **in der Regel eine oHG** anzunehmen haben. Diese ist nicht mit einem Bruchteilseigentum am Schiff verbunden, dessen Begründung es auch nicht mehr bedarf, weil haftungsrechtliche Konsequenzen (§ 507 aF) bei der gesamtschuldnerischen Haftung der Gesellschafter nicht mehr an einen Anteil am Schiff geknüpft sind. Auch die oHG kann unter den Voraussetzungen des § 123 Abs. 2 ebenfalls schon vor der Eintragung im Handelsregister im Außenverhältnis bestehen.

Weggefallen ist auch die **Baureederei.** Sie wird künftig – wie bisher schon im Grundsatz, allerdings mit reedereirechtlichen Einschlägen – in der Regel als Gesellschaft bürgerlichen Rechts anzusehen sein. Ist der Zweck der Gesellschaft bereits bei Beginn des Baus auf den späteren Betrieb des Schiffes durch die Gesellschafter gerichtet, kann auch schon in der Bauphase im Außenverhältnis eine oHG bestehen (§ 123 Abs. 2). Durch Darlehen für die Beschaffung von Mitteln für den Bau oder durch Käufe von Material werden die Gesellschafter dann bereits gesamtschuldne-

1 Ein für eine Gesellschaftsgründung ungewöhnlicher Terminus, der zum Ausdruck bringt, dass die Reederei kraft Gesetzes entstanden ist, vgl. u. II 1.
2 Vgl. MüKo/HGB *Herber*, Art. 71 EGHGB Anhang.
3 Vgl. RegBegr. SRG S. 43.

risch unbegrenzt verpflichtet; dieser Gefahr können sie nur durch frühzeitige Gründung einer KG und deren Eintragung in das Handelsregister entgehen.

II. Begriff

1. Verwenden mehrere Personen ein ihnen gemeinschaftlich zustehendes Seeschiff für gemeinschaftliche Rechnung zum Erwerb durch die Seefahrt, so bilden sie eine Reederei (§ 489 Abs. 1 aF).

Hieraus lassen sich zwei Grundvoraussetzungen entnehmen:

- Ein Schiff muss mehreren Personen gehören. Der unbestimmte Ausdruck des Gesetzes „zustehen" wird allgemein als sachenrechtliche Eigentumsbeziehung verstanden, wobei jedoch höchst streitig ist, ob es sich dabei um – gesellschaftsrechtlich begründetes – Gesamthandseigentum oder um – primär sachenrechtlich begründetes – Bruchteilseigentum handelt (dazu u. II 1).
- Das Schiff muss für gemeinschaftliche Rechnung verwendet werden (dazu u. III 2).

Liegen diese Voraussetzungen vor, so besteht kraft Gesetzes eine Reederei. Sie ist als solche nicht Handelsgesellschaft (§ 489 Abs. 2 aF).

Das schließt nicht aus, dass ein Schiff von einer Handelsgesellschaft – sei es eine Kapital- oder Personengesellschaft – betrieben wird, doch ist diese dann „Reeder" im Sinne des § 476, nicht „Reederei" im Sinne der §§ 489ff. aF. Da sich jedoch gerade für juristische Personen mangels einer anderen geeigneten Kurzform die unrichtige Bezeichnung „Reederei" durchgesetzt hat, wird die Reederei der §§ 489ff. aF heute zur Abgrenzung regelmäßig als Partenreederei bezeichnet.

2. Die Partenreederei wird als solche nicht in ein Register eingetragen. In das Handelsregister nicht, weil sie nicht Handelsgesellschaft ist.[4] In das Schiffsregister wird nicht die Reederei, sondern werden die einzelnen Mitreeder mit ihren Schiffsparten eingetragen, sofern – was allerdings für die Entstehung einer Reederei nicht wesensnotwendig ist – das Schiff im Register eingetragen ist.

3. Die Rechtsverhältnisse der Partenreederei sind im Gesetz im Einzelnen geregelt, jedoch in der Form dispositiven Rechts; deshalb kommt dem Gesellschaftsvertrag in der Praxis große Bedeutung zu. Nach der gesetzlichen Regelung hat entscheidenden Einfluss auf die Rechte und Pflichten der Mitreeder die Größe ihrer jeweiligen Schiffspart (vgl. § 491 aF); sie bestimmt etwa über das Stimmgewicht bei Beschlüssen (§ 491aF), über die Beitragspflicht (§ 500 aF), über die Gewinn- und Verlustverteilung (§ 502 aF) und – besonders wichtig! – über die Haftung für Reedereischulden im Außenverhältnis (§ 507 aF).

III. Geschichte und Bedeutung

1. Die Partenreederei ist ein Relikt aus dem mittelalterlichen Seerecht. *Wüstendörfer*[5] hat sie in der ihm eigenen blumigen Sprache als „kleinkapitalistische Organisa-

4 AA insofern *K. Schmidt*, Partenreederei, S. 131.
5 S. 147.

tionsform von typisch mittelalterlichem Gepräge" bezeichnet. Sie bildete die logische Ergänzung zum grundlegenden seerechtlichen Institut des Reeders, der in gleicher Weise durch Eigentum am Schiff und dessen Verwendung zur Seefahrt definiert wird: Auch mehrere Eigentümer sollten die Möglichkeit haben, gemeinschaftlich ein Schiff auszurüsten und auf eine Reise zu senden; das Gesetz ermöglichte es den Mitreedern sogar, das Schiff in dieser Rechtsform bereits zu bauen (als Baureederei, § 509 aF, dazu u. III 1).

Das Gesetz geht davon aus, dass die Partenreederei grundsätzlich nur für eine Reise eines einzigen Schiffes besteht. Nach Beendigung der Reise ist der Gewinn (oder Verlust) zu berechnen und auszuzahlen (§ 502 Abs. 2 aF). Jeder Mitreeder kann sich dem Beschluss zur Wiederaussendung des Schiffes auf eine neue Reise widersetzen (§ 501 aF, dazu u. VI). Diese Betrachtung entsprach dem bis 1972 geltenden Prinzip der dinglich-beschränkten Reederhaftung, die ja gerade auch dem Mitreeder zugute kam und entscheidend auf die einzelne Reise abstellte.

Mit dieser grundsätzlich begrenzten Zweckbestimmung der Reederei hängt zusammen, dass der Gesetzgeber eine Frage von erheblicher wirtschaftlicher Bedeutung nicht geregelt hat, die sich bei einem längerdauernden Einsatz des Schiffes notwendig stellt: Wie verhält es sich mit sonstigem Vermögen der Reederei, das neben dem Schiff für dessen gemeinschaftliche Verwendung benötigt oder doch erworben wird, etwa Büroausstattung, Kraftfahrzeuge oder sonstiges Landvermögen? Hier musste, will man zu einer vernünftigen Lückenfüllung gelangen, offenbar der Gesamthandsgedanke des Gesellschaftsrechts aushelfen, der dem historischen Gesetzgeber fremd war, den wir heute aber vielfach ergänzend bei allen Arten gemeinschaftlicher Zweckverfolgung heranziehen.

An dieser Stelle setzt die Lehre an und versucht, die aus der Zeit vor der heutigen, vielfach übersteigerten Ausgestaltung unseres Gesellschaftsrechts stammende unvollkommene Rechtsform in das System des Gesellschaftsrechts zu integrieren. Jüngster und dogmatisch glänzender Versuch hierzu ist die Schrift von *K. Schmidt* (Die Partenreederei als Handelsgesellschaft, 1995), nachdem schon *Ruhwedel* (Die Partenreederei) den Grund für die These gelegt hatte, man habe den Anteil der Mitreeder (die Schiffspart) als gesellschaftsrechtlich fundierten gesamthänderischen Anteil – auch am Schiff – anzusehen. Ist man hier erst einmal angelangt, so ist es nur ein kleiner Schritt – den *K. Schmidt* dann auch folgerichtig gegangen ist –, die Vorschriften über die oHG weithin (bis hin zur Eintragung in das Handelsregister) lückenfüllend anzuwenden und – als wohl praktisch wichtigste Konsequenz (der allerdings niemand gefolgt ist),[6] – die Beteiligung einer Reederei an mehreren Schiffen zuzulassen. In der Tat ist nicht einzusehen, weshalb nicht eine Partenreederei, die ein umfangreiches Vermögen einschließlich Grundbesitz zur gesamten Hand besitzen kann, nicht in dieser Form auch noch weitere Schiffe haben dürfte. Diese Folgerung zeigt jedoch, dass der beschrittene Weg falsch ist: Die Partenreederei ist als Beteiligung an (nur) einem Schiff konzipiert. Es ist nicht Aufgabe der Wissenschaft, sondern allein der Gesetzgebung, sie – wenn nötig – an moderne Verhältnisse anzupassen.

Der Gesetzgeber des SRG hat sich mit Recht gegen eine Modernisierung oder Weiterentwicklung der Partenreederei, sondern für ihre Beseitigung entschieden.

Es wäre kaum vertretbar gewesen, mit der erweiterten Partenreederei neben der oHG eine Gesellschaftsform von fast gleicher Ausgestaltung jedoch mit unterschiedlicher Haftung zu schaffen. Entscheidend war aber, dass ein wirtschaftliches Be-

---

6 Vgl. etwa die Kritik von *Ruhwedel*, DZWirR 1996, 393, 394.

dürfnis für eine zusätzliche Rechtsform neben den Personengesellschaften nicht mehr gegeben ist. Es bestehen heute noch Partenreedereien, die mit der absehbaren Außerdienststellung ihrer Schiffe aufgelöst sein werden.[7]

Für die fortbestehenden Partenereedereien stellen sich natürlich die bisherigen Zweifelsfelsfragen weiter. Nach dem letzten Stand der Meinungen spricht vieles dafür, im Hinblick auf die gesetzliche Struktur, vor allem der maßgeblichen Bedeutung der Größe der Schiffspart, der Auffassung zu folgen, dass die Partenreederei Bruchteilseigentum am Schiff voraussetzt.

Hieran kann auch eine oberflächliche Gesetzesänderung aus dem Jahre 1940 nichts ändern und schon gar nicht deren private Auslegung durch den zuständigen Referenten im RJM. Damals wurde der Reichsjustizminister zur Neuregelung der Rechtsverhältnisse der Reederei ermächtigt (§ 83 SchRG), machte hiervon aber – wegen der Kriegsverhältnisse – nur sehr beschränkt Gebrauch: Insbesondere wurde die Definition der Schiffspart geändert (§ 491: „Anteile der Mitreeder" statt „Anteil an einem zum Erwerb durch die Seefahrt bestimmten Schiff", § 474 aF). Damit sollte sichergestellt werden, dass nicht nur jene, sondern auch das Schiff selbst verpfändet werden könne. Der Referent, *Krieger*, vertrat in einem Aufsatz die Meinung, dass – da zu dem Vermögen der Reederei auch, aber nicht allein das Schiff gehöre – nunmehr davon auszugehen sei, dass „das Schiff deshalb nicht mehr im Bruchteilseigentum, sondern als Teil des Gesellschaftsvermögens im Gesamthandseigentum der Mitreeder" stehe.[8]

Wüstendörfer,[9] *Abraham*,[10] Schlegelberger/*Liesecke*[11] und *Prüßmann*,[12] haben diese Folgerung nicht geteilt. *Prüßmann* ist darin zuzustimmen, dass die bloße – zumal so farblose – Änderung der Definition ohne Änderung der auf diesem Begriff aufbauenden sonstigen Vorschriften des Gesetzes das Wesen einer geschichtlich gewachsenen Rechtsfigur nicht ändern kann. Erst mit der grundlegenden Arbeit von *Ruhwedel*[13] wurde ein Wechsel der hM eingeleitet, der *Rabe* in der Neubearbeitung von *Prüßmann* zu einer Meinungsänderung bewog, der außer *K. Schmidt* namentlich auch die heute umfassendste und modernste Darstellung der Partenreederei von *Bote*[14] folgt.

2. Nachdem die Partenreederei vor dem Zweiten Weltkrieg in ihrer Bedeutung stark zurückgegangen war, nachdem andere und flexiblere Gesellschaftsformen zur Verfügung standen, besann man sich nach Kriegsende auf dieses Finanzierungsinstrument zum Wiederaufbau der zerstörten deutschen Handelsflotte. Zur Unterstützung der Kapitalsammelfunktion wurde die Partenreederei steuerrechtlich massiv gefördert.[15] Nach den Angaben von *Bote*[16] gehörten 1994 etwa 16% der deutschen Hochseeschiffe Partenreedereien.

Bemerkenswert ist allerdings, dass nach dieser Quelle über 50% im Besitz von Ein-Schiff-KGen waren. Dies dürfte darauf zurückzuführen sein, dass die Rechtsform der KG wegen der größeren Fungibilität der Anteile sowie der Vermeidung des Haftungsrisikos – das zwar bei der Partenreederei quotenmäßig, aber nicht der Höhe nach begrenzt ist – vor allem für schifffahrtsfremde Kapitalanleger attraktiver ist.

---

7 An die Auflösung schließt sich dann eine Liquidation an, für die allein es der Weiteranwendung des alten Rechts der §§ 489 ff. aF bedarf.

8 *Krieger*, DJ 1941, 211; mit der amtlichen Begründung, DJ 1940, 1331, wiedergegeben auch bei *K. Schmidt*, Partenreederei, S. 24; zur Gesetzesgeschichte auch *Bote*, aaO § 80 Rn. 13 ff.

9 S. 149 f.

10 *Schaps/Abraham*, § 489 Rn. 3 und Seerecht, S. 84 f.

11 § 489 Rn. 1.

12 Seehandelsrecht, 1. Aufl., § 489 Anm. B 1.

13 AaO, insbes. S. 124.

14 § 80 Rn. 16.

15 Wegen Einzelheiten vgl. *Bote*, aaO § 80 Rn. 32; *K. Schmidt*, S. 109 ff.

16 AaO, Rn. 33.

IV. Die Voraussetzungen im Einzelnen

1. Die Mitreeder müssen **gemeinschaftliches Eigentum** am Schiff haben. Dieses ist nach der hier vertretenen Auffassung (s. o. III) notwendig Bruchteilseigentum.

Eine Partenreederei kann **nur ein Schiff** besitzen. Sind die Miteigentümer zugleich – auch mit gleichen Anteilen – Miteigentümer eines weiteren Schiffes, bestehen zwei Partenreedereien. Geht das Schiff verloren, ist die Partenreederei aufgelöst[17] und muss liquidiert werden.

Das Miteigentum muss an einem Schiff bestehen. Eine Ausnahme bildet nur die Baureederei (§ 509 aF): Auf die Vereinigung mehrerer Personen, ein Schiff für gemeinschaftliche Rechnung zu erbauen und zur Seefahrt zu verwenden, finden die Bestimmungen über die Reederei nach Maßgabe des § 509 aF Anwendung. Sobald das Schiffsbauwerk entsteht, haben die Mitreeder hieran (Bruchteils-)Eigentum, das in das Schiffsbauregister eingetragen wird und ohne Übertragung in das (Bruchteils-)Eigentum am Schiff übergeht.

Wird das Schiff veräußert, so liegt hierin eine Auflösung der Partenreederei (§ 506 Abs. 1 aF); diese Regelung ist zwingend, weil die Partenreederei damit ihre Grundlage verliert. Das gilt auch dann, wenn die Partenreederei ihr Schiff an eine Tochtergesellschaft – etwa in einem Billigflaggenstaat zum Zweck der Ausflaggung – überträgt. Die Innehabung des wirtschaftlichen Einflusses über die Innehabung von Anteilen an der Tochtergesellschaft erfüllt die Voraussetzungen der Eigentümerbeteiligung nicht.

2. Das Schiff muss für **gemeinschaftliche Rechnung** zum Erwerb durch die Seefahrt eingesetzt werden. Zum Erwerb durch die Seefahrt vgl. o. § 15 II 2.

Das setzt eine Vereinbarung voraus, die in aller Regel ein **Gesellschaftsvertrag** („Reedereistatut“) sein wird. Eine Form ist nicht vorgeschrieben. Da die Miteigentümer auch in der Form der oHG tätig werden könnten, ohne dass es hierzu einer besonderen Form bedürfte, kommt die hM bei der Abgrenzung in Schwierigkeiten: *Bote*[18] will verlangen, dass die Miteigentümer sich ausdrücklich für die Form der Partenreederei entscheiden, schon weil dies für die Festlegung der Quoten – die, wie dargelegt, von grundlegender Bedeutung sind – notwendig sei. Geht man vom Bruchteilseigentum am Schiff aus, genügt jede einverständliche Verwendung, die nach § 490 Satz 2 aF kraft Gesetzes zur Anwendung der (freilich weitgehend dispositiven) Gesetzesregeln führt.

Allerdings muss die Partenreederei im Rechtsverkehr als solche auftreten; dies kann sie, weil nicht Kaufmann, nicht unter einer Firma, jedoch unter einer gemeinsamen Bezeichnung tun (üblich etwa: „Partenreederei MS Anna“). Eine Stille Partenreederei oder bloße Innengesellschaft kennt das Gesetz nicht.[19] Wird nach außen nicht erkennbar, dass die Partenreederei im Rechtsverkehr als solche handelt, so haften je nach der Art des Auftretens die Handelnden oder die Miteigentümer (wenn sie ohne Hinweis gemeinsam erscheinen) wie die Gesellschafter einer oHG (also gesamtschuldnerisch) kraft Rechtsscheins.

Die Eintragung der Schiffsparten in das Schiffsregister ist nicht konstitutiv.[20] Auch ein nicht eingetragenes Schiff kann Grundlage einer Partenreederei sein.

---

17 *Rabe*, § 506 Rn. 2.

18 § 80 Rn. 3.

19 *Wüstendörfer*, S. 150; *Bote*, aaO § 80 Rn. 20f.; aA *Rabe*, § 489 Rn. 22, dem natürlich zuzugeben ist, dass die Miteigentümer vereinbaren können, die Regeln über die Partenreederei auf ihr Verhältnis zueinander – das dann eine BGB-Gesellschaft ist – anzuwenden.

20 *Bote*, § 81 Rn. 27.

V. Vermögensfähigkeit der Partenreederei

Die Partenreederei ist nicht juristische Person, kann jedoch nach allgM – wie die Personenhandelsgesellschaften – Träger von Rechten und Pflichten sein; das ist durch die Neufassung des § 507 Abs. 1 aF durch das 1. SÄG ausdrücklich klargestellt worden.[21] Sie ist im Prozess parteifähig; über ihr Vermögen kann das Insolvenzverfahren eröffnet werden.[22]

Auch wenn man der Auffassung folgt, dass Bruchteilseigentum am Schiff bestehen muss, steht dies der Annahme eines Gesamthandsvermögens der Mitreeder am sonstigen Reedereivermögen nicht entgegen. Insoweit ist infolge des Schweigens des Gesetzes Gesellschaftsrecht ergänzend anzuwenden. Ob dies eher das Recht der oHG oder der BGB-Gesellschaft ist, dürfte eine weitgehend theoretische Frage sein. Denn jedenfalls sind die Regeln über Vertretung und Haftung – die den wesentlichen Unterschied der beiden Gesellschaftsformen darstellen – durch die Sondervorschriften über die Partenreederei verdrängt.

Die Partenreederei ist nicht zugleich oHG – eine Annahme, auf welche die Auffassung *K. Schmidts*,[23] sie sei in das Handelsregister einzutragen, hinauslaufen muss. Sie ist ein einheitlicher Rechtsträger mit unterschiedlicher Zuordnungsform des Vermögens. Eine andere Sicht führte nicht nur zur Verdoppelung des Rechtsträgers, sondern auch – bei Eintragung der Gesellschaft und der Gesellschafter im Handelsregister und der Mitreeder mit ihren Schiffsparten im Schiffsregister – zu einer Überschneidung mit großen Gefahren für den Rechtsverkehr.

VI. Geschäftsführung und Vertretung

Zu Geschäftsführung und Vertretung der Partenreederei ist die Gesamtheit der Mitreeder berufen (§ 491 aF); Beschlüsse über die Angelegenheiten der Reederei werden regelmäßig mit der Mehrheit der Stimmen gefasst, die sich nach der Größe der Schiffsparten berechnet.

Da dieses Verfahren für die Vertretung zu schwerfällig ist, machen die Reedereien regelmäßig von der Möglichkeit Gebrauch einen – Mitreeder oder Dritten als – Korrespondentreeder zu bestellen (§ 492 aF). Er führt die Geschäfte (§ 496 aF) und vertritt die Partenreederei (nicht die Mitreeder persönlich) gegenüber Dritten (§ 493 aF). Für die Vertretungsmacht legt das Gesetz einen typisierten Umfang fest (§ 493 aF), der mit Wirkung gegenüber Dritten nicht durch das Reedereistatut eingeschränkt werden kann (§ 495 aF); dies entspricht im Prinzip der Prokura, doch ist die Vertretungsmacht des Korrespondentreeders etwas abweichend und spezieller definiert.

Die Bestellung des Korrespondentreeders wird in das Schiffsregister eingetragen (§ 11 Abs. 1 Nr. 9 SchRegO). Die Eintragung genießt nicht – wie die des Prokuristen – guten Glauben, kann jedoch einen der Partenreederei zuzurechnenden Rechtsschein begründen.

Neben dem Korrespondentreeder ist stets auch der Kapitän im Rahmen seiner gesetzlichen Vertretungsbefugnis zur Vertretung der Partenreederei befugt (vgl. dazu §§ 526ff. aF und u. § 17 II 3b).

Der Korrespondentreeder hat Bücher zu führen und den Mitreedern Rechnung zu legen (§§ 498, 499 aF). Die steuerrechtlichen Pflichten gehen bei der Buchführung auch hier weiter als die nach Handelsrecht.

---

21 Dazu RegBegr. 1. SÄG, S. 20.
22 Im Einzelnen vgl. *Bote*, aaO § 80 Rn. 27ff. mN.
23 Partenreederei, S. 131.

VII. Rechte und Pflichten der Mitreeder

Gewinn und Verlust werden grundsätzlich nach Beendigung der Reise festgestellt (§ 502 aF). Ein Gewinn wird nach dem Verhältnis der Größe der Schiffsparten ausgezahlt. Bei einem Verlust haben die Mitreeder – ebenfalls entsprechend der Größe ihrer Parten – den über die zuvor geleisteten Beiträge hinaus noch erforderlichen Betrag nachzuschießen (§ 500 aF).

Jeder Mitreeder kann sich der Beitragspflicht durch – entschädigungslose – Aufgabe seiner Schiffspart (Abandon) entziehen, wenn diese auf einem Beschluss (dem er nicht zugestimmt hat) beruht, wonach

- eine neue Reise,
- eine Reparatur des Schiffes nach Beendigung der Reise oder
- die vollständige Befriedigung von Gläubigern, denen gegenüber ein Recht der Haftungsbeschränkung (§§ 486 ff. aF) besteht,

vorgenommen werden soll (§ 501 aF).

VIII. Haftung der Mitreeder für die Verbindlichkeiten der Reederei

Wie bei der oHG haften die Mitreeder für Verbindlichkeiten der Partenreederei persönlich mit ihrem gesamten Vermögen. Im Unterschied zur oHG haften sie jedoch nur nach dem Verhältnis der Größe ihrer Schiffsparten (§ 507 aF); sie sind also Teilschuldner, nicht Gesamtschuldner.

Soweit es sich um Ansprüche aus Seeforderungen im Sinne des HBÜ handelt, kann nicht nur die Partenreederei – mit Wirkung auch zugunsten der persönlichen Haftung der Mitreeder –, sondern auch jeder einzelne Mitreeder seine Haftung beschränken (§ 616 Abs. 2 analog; der Mitreeder ist Reeder im Sinne des Art. 1 Abs. 2 HBÜ[24]). Jedoch schließt ein schweres Verschulden im Sinne des Art. 4 HBÜ sowohl des Korrespondentreeders als auch des haftenden Mitreeders die Beschränkungsmöglichkeit aus.

IX. Übertragung der Schiffspart

Ein Mitreeder kann jederzeit seine Part veräußern; dazu bedarf er der Zustimmung aller anderen Mitreeder nur, wenn das Schiff durch die Veräußerung das Recht verliert, die Bundesflagge zu führen (§ 503 Abs. 1, 2 aF). Zulässig ist auch die Belastung, insbesondere Verpfändung der Schiffspart (§ 503 Abs. 3 aF), nicht jedoch die Bestellung einer Schiffshypothek an der Part.

Die Veräußerung ist in das Register einzutragen (§ 503 Abs. 1 Satz 2 aF), sofern das Schiff (und damit der veräußernde Mitreeder) eingetragen ist. Die Eintragung ist – anders als bei der Übertragung des (Allein-)Eigentums an einem Seeschiff – Formerfordernis der Übertragung.[25] Wegen der Folgen der Veräußerung für die Rechte und Pflichten vgl. § 504 aF.

---

24 Vgl. auch *Bote*, § 84 Rn. 15.
25 *Bote*, aaO § 85 Rn. 8; *Rabe*, § 503 Rn. 3.

Zweifelhaft ist, ob die Schiffspart vom eingetragenen Nichtberechtigten gutgläubig erworben werden kann. Die hM[26] lehnt dies ab. Die Begründung hierfür, dass es sich bei der Schiffspart nicht um einen Eigentums-, sondern um einen Gesellschaftsanteil handele, überzeugt jedoch nicht; sie wird nur im Hinblick auf die Verkörperung des Miteigentums im Schiffsregister (und nicht im Handelsregister) eingetragen.

Ist das Schiff nicht im Register eingetragen, so wird die Schiffspart durch bloße Einigung übertragen. Eine vorherige Eintragung ist, auch wenn sie zulässig oder gar vorgeschrieben ist, nicht zu verlangen.[27]

Die Schiffspart ist vererblich.[28]

X. Auflösung der Partenreederei

Nach § 506 Abs. 1 aF führen ein Auflösungsbeschluss der Mitreeder sowie der Beschluss, das Schiff zu verkaufen, zur Auflösung der Partenreederei. Damit geht sie in das Stadium der Liquidation über, bleibt also bis zur Abwicklung als Rechtsträger bestehen. Der Korrespondentreeder ist Liquidator, das zu verwertende Vermögen wird an die Mitreeder entsprechend der Größe ihrer Schiffsparten verteilt.

§ 506 Abs. 2 aF enthält Sondervorschriften über die Verwertung des Schiffes; im Übrigen gilt allgemeines Gesellschaftsrecht.

Neben den im Gesetz genannten Auflösungsgründen ergeben sich weitere aus der Natur der Sache: Außer der Insolvenz[29] der Verlust des Schiffes und die Vereinigung aller Parten in einer Hand, weil damit der Miteigentumsanteil als Grundlage der Reederei erlischt. Dasselbe gilt, wenn die Partenreederei beschließt, das Schiff nicht mehr zum gemeinschaftlichen Erwerb durch die Seefahrt zu verwenden;[30] dann findet jedoch nicht notwendig eine Liquidation statt, die Partenreederei wird vielmehr zur BGB-Gesellschaft.[31]

Wegen der Bereinigung des Schiffsregisters vgl. *Bote*, aaO §86 Rn. 18.

XI. Reedereivertrag

Das Gesetz geht in § 490 Satz 1 aF davon aus, dass die Mitreeder ihre Rechtsverhältnisse im Innenverhältnis nach ihren Bedürfnissen eingehend regeln. Das geschieht in der Praxis und ist schon im Hinblick auf die wenig zeitgerechte und lückenhafte Ausgestaltung des Rechtsinstituts zu empfehlen. Dabei ist jedoch zu beachten, dasss nur die gesetzlichen Vorschriften über das Innenverhältnis, nicht die im Interesse des Verkehrsschutzes getroffenen Bestimmungen für das Außenverhältnis dispositiv sind.[32] Häufig enthält das Reedereistatut eine Schiedsabrede; deshalb gibt es kaum veröffentlichte Entscheidungen.

---

26 *Bote*, § 85 Rn. 11; *Soergel/Winter*, § 15 SchRG Rn. 1; Staudinger/*Nöll*, § 2 SchRG Rn. 20; aA *Wüstendörfer*, S. 64; *Schaps/Abraham*, 3. Aufl., § 16 SchRG Rn. 5.

27 Vgl. auch *Rabe*, § 503 Rn. 3.

28 Vgl. dazu in einzelnen *Bote*, aaO § 85 Rn. 15 ff.; *Dißars*, TranspR 1997, 143 ff.

29 Vgl. *Bote*, § 86 Rn. 7.

30 *Rabe*, § 506 Rn. 4; im Ergebnis wohl ebenso *Bote*, § 86 Rn. 10.

31 *Ruhwedel*, S. 435.

32 *Rabe*, § 490 Rn. 9.

§ 17 Kapitän

Lit.: *Bemm/Lindemann*, Seemannsgesetz, 4. Aufl. 1999; *Bubenzer*, Das deutsche Seearbeitsgesetz, TranspR 2014, 393ff.; *Hanses*, Die rechtliche Stellung des Kapitäns auf deutschen Seeschiffen unter besonderer Berücksichtigung der historischen Entwicklung, 1983; *Looks*, Der Kapitän – Repräsentant des Reeders in der Seekaskoversicherung? VersR 2003, 1509ff.; *Maczeyzik*, Die Kapitänsvertretungsmacht, Diss. Hamburg 1990; *Schäffer*, Das Seearbeitsübereinkommen der Internationalen Arbeitsorganisation (2006), TranspR 2008, 290ff.; *K. Schmidt*, Die seerechtliche Kapitänsvertretungsmacht – Normative Unstimmigkeiten und tatsächlicher Wandel, ZHR 1977, 209ff.; *Segelken*, Kapitänsrecht, 2. Aufl. 1974; *Sieg*, Der Kapitän im Spannungsfeld der Interessen von Reeder und Charterer, TranspR 1997, 209ff.; *Wodrich*, Ist die strenge Haftung des Kapitäns heute noch zeitgemäß? Hansa 1971, 820.

Der Kapitän ist nach der Legaldefinition des § 478 **Mitglied der Schiffsbesatzung**; zu dieser rechnen ferner die Schiffsoffiziere, die Schiffsmannschaft und bestimmte andere im Rahmen des Schiffsbetriebs tätige Personen (vgl. dazu u. § 18).

Für den Kapitän (den das HGB bis zum 1. SÄG „Schiffer" nannte) gelten nicht nur Besonderheiten im Seearbeitsrecht; er hat vielmehr im Hinblick auf seine Stellung öffentlich-rechtliche und seehandelsrechtliche Rechte und Pflichten, die unabhängig von der arbeitsrechtlichen Stellung (vgl. dazu u. § 18) gesondert darzustellen sind.

I. Stellung

Nach § 5 SeeArbG ist der Kapitän das vom Reeder **zur Führung des Schiffes bestellte Besatzungsmitglied.** Seine Stellung ist also gegründet auf das Anstellungsverhältnis zum Reeder, doch gesetzlich ausgebaut durch einen an die Funktion geknüpften Katalog von öffentlich-rechtlichen Rechten und Pflichten als Schiffsführer sowie handelsrechtlichen Rechten und Pflichten, insbes. nach § 479.

Geschichtlich hat die Stellung des Kapitäns im Laufe der letzten hundert Jahre beträchtliche Wandlungen erfahren, denen die Rechtsvorschriften nur zögernd gefolgt sind.

Vor dem Auftreten der Linienschifffahrt war der Schiffer oft Mitreeder, zumindest Mitunternehmer und deshalb am Gewinn der Reise beteiligt. Sein wirtschaftliches Interesse wurde insbesondere durch weitreichende Möglichkeiten des Nebenverdienstes bestimmt, die sogar in festen Handelsbräuchen ihren Ausdruck fanden: So etwa in dem Recht auf „Führung", welches den Kapitän berechtigte, eine bestimmte Menge von Frachtgütern auf eigene Rechnung zu befördern; ferner in dem Recht, vom Ladungsempfänger eine zusätzliche Vergütung (sog. Kaplaken) entgegenzunehmen. Schon §§ 543, 544 aF haben mit dieser Übung gebrochen. Danach wurde der Kapitän verpflichtet, Zuwendungen durch die Ladungsbeteiligten an den Reeder abzuführen, und die Verladung von Gütern auf eigene Rechnung wurde ihm untersagt.[1]

Im Laufe der Entwicklung, namentlich durch die Linienschifffahrt, die eine regelmäßige Beschäftigung auch für die Kapitäne mit sich brachte, änderte sich die Stellung des Mitunternehmers in die eines Arbeitnehmers. Die herausgehobene Funktion bringt zwar gesteigerte Rechte und Pflichten mit sich, doch findet auch insoweit – wenn auch zögernd (s. u. II 2) – eine Angleichung an die Stellung anderer leitender Angestellter in der Wirtschaft statt.

Die Besonderheiten der Rechtsstellung des Kapitäns sind einerseits darin begründet, dass ihm Menschen und wertvolle Güter in oft gefährlichen Situationen anvertraut sind, in welchen

1 Diese Regeln bestehen auch weiterhin, obgleich das Gesetz sie als für einen Arbeitnehmer selbstverständlich nicht mehr ausdrücklich hervorhebt.

nur nautische und technische Kenntnisse, Erfahrung und eine klare Entscheidungsstruktur Schäden vermeiden können. Dies bedingt, dass an den Kapitän besondere Ausbildungsanforderungen zu stellen sind und dass er ein klar definiertes Weisungsrecht an Bord haben muss. Diese Erfordernisse zu gewährleisten, ist vor allem Aufgabe des öffentlichen Seerechts.

Handelsrechtlich ist die Stellung des Kapitäns dadurch gekennzeichnet, dass er häufig auf sich gestellt nicht nur nautische, sondern auch wirtschaftliche Entscheidungen im Hinblick auf das Schiff und auf die Ladung zu treffen hat.

Um seinen umfassenden Interessenwahrungspflichten insbesondere gegenüber dem Reeder und dem Verfrachter gerecht werden zu können, hat er eine der Handlungsvollmacht (§ 54) nachgebildete umfassende gesetzliche Vertretungsmacht für den Reeder (§ 579 Abs. 1) und eine – ebenfalls gesetzliche – Vertretungsmacht zur Ausstellung von Konnossementen für den Verfrachter (§ 513 Abs. 1 Satz 2). Ihn trifft bei Unfällen eine besondere Form der Rechenschaftslegung und Beweissicherung: Er hat Unfälle in das Schiffstagebuch einzutragen.

Die nach altem Recht bestehenden weitergehenden, aus der früheren selbständigen Stellung des Kapitäns hervorgegangenen Rechte und Pflichten wurden jedoch durch das SRG stark eingeschränkt: Die früheren eigenständigen Rechte und Pflichten auch gegenüber den Ladungsbeteiligten wurden als nicht mehr zeitgemäß gestrichen: Der Kapitän haftet ihnen nicht mehr, wie nach § 512 Abs. 1 aF, bei Pflichtverletzungen neben dem Verfrachter quasivertraglich auf Schadenersatz. Ferner ist die ausgeprägte Pflicht zur Wahrung der Interessen der Ladungsbeteiligten bis hin zu Prozessführung für diese, wie sie in § 535 aF niedergelegt war, entfallen. An weiteren Neuerungen des SRG[2] sind vor allem zu nennen: Die Pflicht, den in das Schiffstagebuch einzutragenden Unfall in einer **Verklarung** festzuhalten, ist weggefallen. Auf der anderen Seite ist die Vertretungsmacht für den Reeder auf Rechtshandlungen im Zusammenhang mit dem Betrieb des Schiffes im Heimathafen erweitert worden, jedoch die Befugnis, Rechtsstreitigkeiten für den Reeder zu führen, entfallen.

II. Rechte und Pflichten des Kapitäns

1. Öffentliches Recht

Der Kapitän ist als Schiffsführer Inhaber der **Schiffsgewalt**. Er trägt die Verantwortung für die nautische und administrative Führung des Schiffes.[3]

§ 121 SeeArbG gewährt dem Kapitän zur Erfüllung seiner Aufgaben weitreichende Befugnisse: Er ist Vorgesetzter aller Besatzungsmitglieder und hat die oberste Anordnungsbefugnis gegenüber der Besatzung und den sonstigen an Bord befindlichen Personen. Droht Menschen oder dem Schiff eine unmittelbare Gefahr, so kann der Kapitän die zur Abwendung der Gefahr gegebenen Anordnungen notfalls sogar mit Zwangsmitteln bis zur körperlichen Gewalt und sogar vorübergehenden Festnahme durchsetzen.

Zugunsten dieser Regelung sind durch § 121 Abs. 3 Satz 2 SeeArbG die Grundrechte aus Art. 2 Abs. 2 Satz 1 und 2, Art. 13 Abs. 1, 2 GG eingeschränkt worden; hier handelt es sich offenbar um eine – schon aus dem SeemG, dem Vorläufer des SeeArbG überkommene – gesetzgeberische Vorsichtsmaßnahme aus der Anfangszeit der Anwendung des Grundgesetzes, der es zumindest aus heutiger Sicht nicht bedurft hätte, da die Rechte kaum mehr als allgemein im Zivilrecht erlaubte Notmaßnahmen beinhalten.

---

2 Vgl. im Einzelnen auch RegBegr. SRG S. 63 f.; *Czerwenka*, § 479.

3 *Segelken*, S. 24; im Einzelnen *Bemm/Lindemann*, § 2 Rn. 19 ff.

Dem Kapitän steht die alleinige Bestimmung darüber zu, welche Personen und Sachen an Bord gebracht werden dürfen; er ist Inhaber des **Hausrechts.**[4] Dieses Recht ist durch § 125 SeeArbG[5] für Gegenstände der Besatzung eingeschränkt, gilt jedoch auch etwa gegenüber Gewerkschaftsvertretern (im Gegensatz zu deren allgemeinem Recht, im Betrieb Informations-, Werbe- und Betreuungstätigkeit auszuüben).[6]

Das **Hausrecht** des Kapitäns hat besondere Bedeutung in Seenotfällen. Außer zur Rettung von Menschenleben (also insbesondere gegenüber den Vertretern des Vereins zur Rettung Schiffbrüchiger) kann der Kapitän das Anbordgehen oder Hilfsmanöver durch Berger untersagen (arg. § 576 Abs. 1). Primär ist das Hausrecht jedoch privatrechtlicher Natur.[7] Deshalb gilt es nicht gegenüber dem Reeder, von dem es sich ableitet.[8] Es hat nur insofern einen öffentlich-rechtlichen Einschlag, als seine Ausübung für die Sicherheit der Schiffsführung erforderlich ist. Ähnlich verhält es sich mit anderen Befugnissen, die in erster Linie privatrechtliche Eingriffe in fremde Rechte ermöglichen: Das Recht etwa, im Falle gegenwärtiger Gefahr für Schiff, Treibstoff und Ladung diesen Schaden zuzufügen (§ 588 Abs. 1).

Dem öffentlichen Recht gehört auch die **Vertretungsregel** des § 5 Abs. 3 SeeArbG an, wonach der Kapitän bei Verhinderung vom ersten Offizier des Decksdienstes oder vom Alleinsteuermann vertreten wird.

Im Übrigen ergeben sich vielfältige öffentlich-rechtliche Verpflichtungen aus dem SeeArbG oder Einzelgesetzen; so ua. die Pflicht, auf die Einhaltung der Vorschriften der SchBesVO zu achten[9] und ein Schiffstagebuch zu führen.[10] Personenstandsrechtliche Rechte und Pflichten stehen dem Kapitän heute nicht mehr zu.[11]

Die **Berufsvoraussetzungen** sind im Schiffsbesetzungs- und -ausbildungsrecht geregelt. Nach § 2 Abs. 2 SchBesV muss der Kapitän Inhaber eines deutschen Befähigungszeugnisses nach den Bestimmungen der Seeleute-Befähigungsverordnung v. 8.5.2014 (SeeBV)[12] sein oder die erforderlichen Kenntnisse der einschlägigen deutschen Seerechtsvorschriften durch die Teilnahme an einem vom BSH zugelassenen Lehrgang sowie Kenntnis der deutschen Sprache nachweisen.

Während das Befähigungszeugnis nach der bis zum 30.11.2006 geltenden Fassung des § 7 SchOffzAusbV aF[13] nur **deutschen Staatsangehörigen** erteilt wurde, kann heute jedermann – nach entsprechender Ausbildung – die Befähigung erlangen. Demnach können auch Ausländer nach der SeeBV ein Befähigungszeugnis für den nautischen Dienst erhalten, das grundsätzlich dazu berechtigt, Schiffe unter deutscher Flagge zu führen. Jedoch muss der Kapitän eines Schiffes unter deutscher Flagge Unionsbürger sein (§ 4 Abs. 1 SchBesV). Daran ändert auch die Tatsache nichts, dass das BSH bestimmte ausländische Befähigungszeugnisse zulassen kann und muss (§§ 20, 21 SeeBV), und dass Befähigungszeugnisse einer Vertragspartei des STCW-Übereinkommens[14] ohne behördliche Anerkennung als Befähigungsnachweis iSd

---

4 So auch *Rabe*, Vor § 511 Rn. 13.

5 Welcher das Hausrecht nicht erwähnt, jedoch nach der Gesetzesbegründung (BT-Drs. 17/10959, S. 104 dem § 111 SeemG entsprechen soll.

6 Vgl. dazu BVerfG, BB 1981, 1150; *Bemm/Lindemann*, § 111 Rn. 6.

7 So mit Recht *Hanses*, S. 159; auch *Rabe*, Vor § 511 Rn. 13; wohl aA *Wüstendörfer*, S. 183.

8 So auch *Rabe*, aaO; aA *Schaps/Abraham*, Vor § 511 Rn. 10.

9 § 21 SeeArbG.

10 Vgl. § 13 Abs. 1 Nr. 11 SchSV, BGBl. 1998 I 3013, 3023; MüKoHGB/*Pötschke* § 479 Rn. 11.

11 Zur früheren Rechtslage vgl. etwa *Wüstendörfer*, S. 185.

12 BGBl. 2014 I 460.

13 BGBl. 1985 I 323.

14 Internationales Übereinkommen vom 7.7.1978 über Normen für die Ausbildung, die Erteilung von Befähigungszeugnissen und den Wachdienst von Seeleuten BGBl. 1982 II 297, 298, zuletzt geänd. BGBl. 2013 II 934.

SeeBV gelten (§ 22 SeeBV). Daher sind EU-Ausländer noch immer von der Führung eines Schiffes unter deutscher Flagge ausgeschlossen.

Die Entziehung des Befähigungszeugnisses sowie dessen Ruhen können vom BSH ausgesprochen werden (§§ 56, 57 SeeBV). Dazu auch u. § 37.

2. Dienstverhältnis

Der Kapitän wird – wie die gesamte Besatzung – vom Reeder oder Ausrüster angestellt oder diesen von einem Dritten (etwa einer *crewing agency*) zur Arbeitsleistung im Rahmen des Schiffsbetriebs überlassen. Sein Anstellungsverhältnis ist Dienstvertrag (§ 611 BGB) mit teilweise sondergesetzlicher Ausgestaltung durch das SeeArbG und den einschlägigen Tarifvertrag (Kapitäns-MTV). Nach § 121 Abs. 1 SeeArbG steht dem Kapitän das Direktionsrecht gegenüber der Schiffsbesatzung zu; er ist deshalb leitender Angestellter.

Für das Arbeitsrecht ist dies anerkannt,[15] sodass er zB kein Streikrecht hat.[16] In der handelsrechtlichen Literatur wird allerdings eine andere Auffassung vertreten.[17] Der BGH[18] hat lediglich entschieden, dass – vor Erlass des AGBG – die Freizeichnung des Binnenschiffsbeförderers vom Verschulden des sog. Sitzschiffers nicht bedenklich sei; dieser ist jedoch mit einem Kapitän in der Seeschifffahrt nicht vergleichbar. Unabhängig von der überwiegend wertenden Entscheidung in der Freizeichnungsfrage – die heute auch anders zu beurteilen sein dürfte – ist es mit der herausgehobenen Stellung des Kapitäns schlechterdings nicht vereinbar, ihn nicht als leitenden Angestellten des Reeders anzusehen.

Auch unter neuem Recht – trotz Abschaffung der quasi-vertraglichen Haftung des Kapitäns gegenüber den Ladungsbeteiligten nach §§ 511 ff. aF – stellt sich angesichts der besonderen Haftungsrisiken des Kapitäns die Frage, ob die allgemeinen arbeitsrechtlichen Grundsätze über die **gefahrgeneigte Arbeit** auf ihn anzuwenden sind. Sie könnten zur Folge haben, dass die vertragliche **Haftung** gegenüber dem Reeder abgemildert ist und dass der Kapitän gegen den Reeder einen Anspruch auf **Freistellung** von Verbindlichkeiten hat, die gegen ihn aus dieser Tätigkeit entstanden sind.

Die Frage ist umstritten und spielt, wie *Rabe*[19] mit Recht sagt, angesichts der durch die beiden SÄG von 1972 und 1986 eingeführten Erstreckung der Haftungsbeschränkungen des Reeders auf die Schiffsbesatzung keine so wichtige Rolle mehr wie früher: Seit dem 1. SÄG konnten auch die Mitglieder der Schiffsbesatzung ihre Haftung nach Maßgabe der §§ 486 ff. aF beschränken; seit dem 2. SÄG kommt die Begrenzung der vertraglichen Haftung bei Schäden von Gütern und Reisenden auch der Besatzung zugute (§ 607a Abs. 2 aF; Art. 8 der Anlage zu § 664. Zuvor hatte die Rechtsprechung allerdings bereits Ansätze zu einem solchen Schutz entwickelt[20]). Gleichwohl bleibt die Problematik im Rahmen dieser Haftungsgrenzen erhalten, hat allerdings deshalb praktisch wenig Bedeutung, weil es sich – jedenfalls in der Seeschifffahrt – „nicht gehört", einen Kapitän persönlich in Anspruch zu nehmen und ein Anreiz, ein solches Tabu zu brechen, nur gegeben sein könnte, wenn die Inanspruchnahme des Kapitäns und der Zugriff auf dessen Freistellungsanspruch gegen den Reeder letztlich eine Überschreitung der diesen schützenden Haftungsgrenzen verspräche. Zudem kommt die Errichtung eines Haftungsfonds nach dem HBÜ durch den Reeder oder Charterer automatisch auch dem Kapitän zugute, so dass dieser dann, wenn der Reeder (oder seine Versicherung) den Haftungs-

---

15 Vgl. *Bemm/Lindemann*, § 2 Rn. 26.

16 *Bemm/Lindemann*, aaO; aA *Hanses*, S. 162 f.

17 Vgl. *Rabe*, § 663 Rn. 17 mwN.

18 VersR 1974, 131, 132.

19 § 511 Rn. 15.

20 Vgl. *Herber*, Haftungsrecht, S. 199.

fonds errichtet, nicht mehr in Anspruch genommen werden kann, also die Haftungssumme regelmäßig nicht selbst aufbringen muss.

Dennoch bleibt die Haftung aus dem Dienstvertrag weiterhin rechtlich relevant. So fragt sich etwa, ob der Kapitän, der eine Kollision schuldhaft verursacht hat, seinem Reeder für die von diesem dem Kollisionsgegner zu ersetzende Ersatzsumme regresspflichtig ist; wenn auch der Kapitän nach §§ 611 ff. seine Haftung beschränken kann, stellt sich bis zur Höhe der hiernach maßgebenden Haftungssumme das Problem, ob der Reeder wegen der Summen, die er als Gesamtschuldner an den Geschädigten oder zur Errichtung des Haftungsfonds gezahlt hat, beim Kapitän Rückgriff nehmen kann.

Nach den Grundsätzen, welche die arbeitsgerichtliche Rechtsprechung heute allgemein anwendet,[21] findet bei Schäden, die der Kapitän in Ausführung seiner Dienstverrichtungen ohne grobe Fahrlässigkeit zufügt (und für die der Reeder nach § 480 haftet), ein Ausgleich nach Billigkeits- und Zumutbarkeitserwägungen statt, die zu einer quotenmäßigen Herabsetzung des Regressanspruches führen. Für grobe Fahrlässigkeit haftet der Kapitän dagegen stets voll; Gründe, welche die Rechtsprechung zu Ausnahmen auch hiervon bewogen haben,[22] liegen hier nicht vor. Die Haftungsmilderung gilt seit der Entscheidung des Gemeinsamen Senats der Obersten Gerichtshöfe v. 21.9.1993 (NJW 1994, 856) nicht mehr nur für besonders gefahrgeneigte Tätigkeiten wie etwa die nautische Führung des Schiffes, sondern für alle Dienstverrichtungen. Im Rahmen der Haftungsmilderung steht dem Kapitän ein Anspruch gegen den Reeder auf Freistellung von Ansprüchen Dritter zu, die aus der Verwirklichung solcher Risiken entstanden sind.[23]

Dieselbe Problematik stellt sich im Binnenschifffahrtsrecht, wo sie jetzt in einer dem Seerecht entsprechenden Ausweitung des Schutzes des Eigners auf den Schiffer auch gesetzlich verankert ist (§ 5c Abs. 1 Nr. 3 BinSchG; § 436); schon bisher hatte die Rechtsprechung entsprechende Regeln entwickelt.[24]

3. Handelsrecht

a) Pflicht zur Wahrnehmung der Interessen von Reeder und Ladungsbeteiligten

Obwohl das Gesetz dies nicht mehr (wie in § 511 Satz 1 aF) ausdrücklich hervorhebt, hat der Kapitän bei allen Dienstverrichtungen die Sorgfalt eines ordentlichen Kapitäns anzuwenden (§ 511 Satz 1 aF); er hat insbesondere dafür zu sorgen, dass das Schiff zu Beginn der Reise seetüchtig, gehörig eingerichtet und ausgerüstet sowie gehörig bemannt und verproviantiert ist und dass die erforderlichen Papiere an Bord sind (§ 513 aF). Ferner obliegt ihm die Sorge für die Tüchtigkeit der Gerätschaften zum Laden und Löschen sowie für die gehörige Stauung nach Seemannsbrauch, auch wenn die Stauung durch besondere Stauer bewirkt wird (§ 514 Abs. 1 aF). Der Kapitän hat also die **Reise sorgfältig vorzubereiten und durchzuführen.** Dafür trifft ihn die alleinige Verantwortung, auch wenn andere, selbständige Personen mitwirken (Lotsen, Stauer).

Diese Verpflichtungen treffen den Kapitän nach neuem Recht jedoch nur noch auf Grund seines Anstellungsverhältnisses gegenüber seinem Dienstherrn. Verletzt er sie, so haftet dieser den Ladungsbeteiligten für das Verhalten seines Gehilfen. Der Kapitän ist dagegen **nicht mehr,** wie nach altem Recht (§ 512 Abs. 1 aF) **auch den Ladungsbeteiligten und der Schiffsbesatzung**

---

21 Vgl. BAG NJW 1988, 2816 ff.
22 BAG NJW 1990, 468; NJW 1990, 468.
23 *Rabe*, aaO; *Basedow*, ETR, 1979, 749; aA *Schaps/Abraham*, § 511 Rn. 16.
24 Vgl. etwa BGH VersR 1980, 572 ff.

für die Verletzung vertraglicher Pflichten, die nicht ihn, sondern den Reeder oder Verfrachter treffen, **persönlich verantwortlich**. Diese Besonderheit des alten Seehandelsrechts, eine gesetzliche (Mit-)Haftung des Kapitäns für fremde vertragliche Verbindlichkeiten, wurde seit langem als ein Relikt aus der früher selbständigeren Stellung des Kapitäns kritisiert[25] und vom SRG beseitigt.

b) Vertretungsmacht des Kapitäns

Zur Erfüllung seiner Geschäftsführungspflichten räumt das Gesetz dem Kapitän besondere Befugnisse ein, Reeder und Verfrachter rechtsgeschäftlich zu vertreten.

Der Kapitän hat nach § 479 die Befugnis, den Reeder bei allen Geschäften und Rechtshandlungen, welche der Betrieb des (dieses!) Schiffes gewöhnlich mit sich bringt, zu vertreten. Es handelt sich um eine gesetzlich umschriebene Vertretungsmacht,[26] deren Grundlage das Anstellungsverhältnis ist.

Der Umfang der Vertretungsmacht ist der Handlungsvollmacht (§ 54) nachgebildet. Wie diese kann er nicht mit Wirkung gegenüber gutgläubigen Dritten beschränkt werden (§ 479 Abs. 1 Satz 3).

Die Vertretungsmacht des Kapitäns ist nicht mehr unterschiedlich ausgestaltet je nachdem, ob sich das Schiff im Heimathafen befindet (wie nach §§ 526, 527 aF), sondern besteht unabhängig von dem Aufenthaltsort des Schiffes. Die Differenzierung erschien dem Gesetzgeber weder zeitgemäß noch praktikabel;[27] andererseits wollte er im Hinblick auf besondere Notfälle, in denen der Kapitän den Reeder nicht erreichen und eigenständig handeln muss, die Vertretungsmacht erhalten. Sie umfasst allerdings nicht mehr die Befugnis zur Prozessführung.

Der Kapitän kann für den Reeder Frachtverträge abschließen (§ 579 Abs. 1 Satz 2), jedoch nicht vom Reeder abgeschlossene Verträge kündigen oder aufheben.[28]

Letzterer Grundsatz erleidet jedoch Ausnahmen, wenn die Änderung im Interesse des Reeders geboten ist; das kann etwa der Fall sein, wenn sich Befrachter und Kapitän zur Klärung einer Leerfrachtforderung nach § 578 vergleichsweise auf die Feststellung einigen, dass die vom Charterer geladene Ladungsmenge vertragsgemäß ist.

Die **Vertretungsmacht** des Kapitäns schließt die **Zeichnung von Konnossementen** für den Reeder ein (§ 479 Abs. 1 Satz 2). Insofern wird die Regelung **ergänzt** durch eine (gesetzliche, § 513 Abs. 1 Satz 2) **Vertretungsmacht auch für den Verfrachter**, Konnossemente in dessen Namen zu zeichnen (dazu u. § 30 II 3c).

Dem Kapitän ist also kraft seiner Anstellung durch den Reeder zugleich eine gesetzliche Vertretungsmacht auch gegenüber dem Verfrachter (etwa dem Zeitcharterer) eingeräumt, mit dem ihn kein unmittelbares Dienstvertragsverhältnis verbindet. Zu der Problematik, wann die Konnossementszeichnung dem Charterer und wann sie dem Reeder zuzurechnen ist, vgl. u. § 30 II 3.

c) Schiffstagebuch und Verklarungsverfahren

Sofern auf dem Schiff ein Tagebuch zu führen ist, hat der Kapitän alle Unfälle einzutragen, die sich während der Reise ereignen und die das Schiff, Personen oder die Ladung betreffen oder sonst einen Vermögensnachteil zur Folge haben können (§ 479 Abs. 2).

---

25 *Wüstendörfer*, S. 193 f.; vgl. ferner die Voraufl.
26 *K. Schmidt*, S. 212.
27 RegBegr. SRG, S. 63 f.
28 *Rabe*, § 527 Rn. 13.

Die Eintragungen im Tagebuch müssen eine vollständige Beschreibung der Unfälle unter Angabe der zur Abwendung oder Verringerung der Nachteile angewendeten Mittel enthalten. Die Betroffenen – also insbesondere geschädigte Ladungsbeteiligte oder der Schiffseigentümer bei einer Kollision unter einer Bareboat-Charter – können eine Abschrift verlangen.

Das **Verklarungsverfahren,** welches bisher als besonderes Beweissicherungsverfahren in §§ 522–525 aF geregelt war, ist im neuen Recht entfallen. Den Betroffenen bleibt danach im Inland nur das selbständige Beweisverfahren nach der ZPO und im Ausland allenfalls ein Seeprotest vor einer ausländischen diplomatischen Vertretung.

Das Verklarungsverfahren hat sich als überflüssig erwiesen, weil die Betroffenen in der Praxis wegen der heutigen Verkehrsverbindungen nach einem Unfall alsbald Sachverständige zur Beweissicherung an den Unfallort zu entsenden pflegen. Zudem waren nur wenige deutsche Auslandsvertretungen zur Aufnahme von Verklarungen in der Lage.

§ 18 Schiffsbesatzung

Lit.: *Becker*, Kommentar zur Schiffsbesetzungsverordnung v. 4.4.1984, 1984; *Bemm*, Die arbeitsrechtliche Bedeutung der neuen Schiffsbesetzungsverordnung, RdA 1985, 158 ff.; *Bemm/Lindemann*, Seemannsgesetz und Tarifverträge für die deutsche Seeschiffahrt, 4. Aufl. 1999; *Bubenzer*, Das deutsche Seearbeitsgesetz, TranspR 2014, 393 ff.; *Däubler*, Das Widerspruchsrecht des Arbeitnehmers bei Betriebsübergang, NZA 1991, 134 f.; *Dörr*, Das Zweitregistergesetz, ArchVR 26 (1988), 366 ff.; *Drobnig/Puttfarken*, Arbeitskampf auf Schiffen fremder Flagge, Veröffentlichungen des Instituts für Seerecht und Seehandelsrecht der Universität Hamburg Bd. 2, 1989; *Franz*, Die Schiffsbesetzungsverordnung, Hansa 1984, 1161 ff.; *Friedrichs*, Das Zweitregister aus arbeitsrechtlicher Sicht, Hansa 1990, 805 ff.; *Junker*, Die „zwingenden Bestimmungen" im neuen internationalen Arbeitsrecht, IPRax 1989, 69 ff.; *Lagoni*, Koalitionsfreiheit und Arbeitsverträge auf Seeschiffen, JZ 1995, 499 ff.; *Lindemann*, Das Übereinkommen Nr. 147 der Internationalen Arbeitsorganisation v. 29.10.1976 über Mindestnormen auf Handelsschiffen, 1983; *Murphy*, Das Recht der Schiffsbesetzung für Kauffahrteischiffe (Handelsschiffe) unter deutscher Flagge, Schriften zum See- und Hafenrecht Bd. 3, 1998; *Puttfarken*, Anm. zu OLG Hamburg v. 7.11.1974, VersR 1975, 801; *Schäffer*, Das Seearbeitsübereinkommen der Internationalen Arbeitsorganisation (2006), TranspR 2008, 290–296; *Schelp/Fettback*, Seemannsgesetz, 1961; *Schwedes/Franz*, Seemannsgesetz, 1984; *Strecker*, Arbeitsrecht in der Binnenschiffahrt, RdTW 13, 346; *Wosnik*, Das Heuerverhältnis im seerechtlichen Arbeitsrecht und das Mitspracherecht der Schiffsbesatzung, Diss. Würzburg 1972.

I. Begriff

Zur Schiffsbesatzung gehören der Kapitän, die Schiffsoffiziere, die Schiffsmannschaft und alle sonstigen im Rahmen des Schiffsbetriebs tätigen Personen, die vom Reeder oder Ausrüster des Schiffes angestellt sind oder dem Reeder oder Ausrüster von einem Dritten zur Arbeitsleistung im Rahmen des Schiffsbetriebes überlassen werden und die den Anordnungen des Kapitäns unterstellt sind (§ 478).

Der Begriff ist etwas enger als der des § 3 Abs. 1 SeeArbG, welcher alle Personen, die an Bord des Schiffes tätig sind, als Besatzungsmitglieder einordnet, unabhängig davon, ob sie vom Reeder oder einer sonstigen Person beschäftigt werden oder selbständig sind. Damit gehört – anders als noch nach § 3 SeemG – auch der Kapitän zu der Besatzung.[1] Allerdings wird der weite Begriff des § 3 Abs. 1 SeeArbG durch § 3 Abs. 3 SeeArbG eingeschränkt, der einen abschließenden Katalog an Personen enthält, die zwar an Bord eines Schiffes beschäftigt sind, aber nicht zu der Schiffsbesatzung gehören, etwa weil sie sich nur vorübergehend an Bord befinden oder ihre Tätigkeit nicht originär mit dem Schiffsbetrieb in Verbindung steht.

Gemeinsames Merkmal der Besatzungsmitglieder ist, dass sie im Rahmen des Schiffsbetriebs[2] tätig und hierfür angestellt worden sind, dass also ein Arbeitsverhältnis (Heuerverhältnis, § 28 Abs. 1 SeeArbG) mit ihnen besteht.

Dieses braucht nicht mit dem Reeder oder Charterer abgeschlossen zu sein; es genügt, dass ein Dritter (praktisch: eine *crewing agency*) die Arbeitsverträge schließt und die Besatzungsmitglieder dem Reeder oder Ausrüster überlässt, vorausgesetzt, dass sie dem Weisungsrecht des

---

1 *Bubenzer*, TranspR 2014, 393 (394, Fn. 17).

2 Nicht notwendig an Bord, sondern auch etwa in einem Leichter oder am Kai der Reederei, vgl. *Czerwenka*, § 478 Rn. 4.

Kapitäns[3] unterstellt ist. Arbeitnehmer anderer Unternehmer, die auf Passagierschiffen häufig an Bord sind (etwa Angestellte im Duty-free-shop auf einer Fähre) gehören deshalb nicht zur Besatzung. Ferner nicht der Lotse (vgl. § 3 Abs. 3 Nr. 1 SeeArbG, § 1 Abs. 1 SeelotsG, § 480).

Zur Stellung des **Kapitäns** vgl. o. § 17.

Die **Schiffsoffiziere** werden eingeteilt in solche des (nautischen) Deck- und des Maschinendienstes. Weiter gehören zu den Schiffsoffizieren Schiffsfunker und Schiffsärzte. Die Aufgaben und Befugnisse der Schiffsoffiziere sind in § 122 SeeArbG – für die Organisation auf privaten Handelsschiffen recht eingehend – gesetzlich geregelt.

Gelegentliche Versuche, den Begriff im Hinblick auf die Haftung nach § 480 auf Personen und deren Bedienstete auszudehnen, die Arbeiten verrichten, welche früher einmal der Besatzung oblagen (sog. „historischer Begriff der Schiffsbesatzung"), sind abzulehnen;[4] es könnte sich allenfalls um eine analoge Anwendung der Haftungsregeln handeln (vgl. dazu aber u. § 23 III).

II. Öffentlich-rechtliche Vorschriften über die Bemannung der Schiffe

1. Schiffsbesetzungsrecht

Für Kauffahrteischiffe ist die Zahl der Mitglieder der Schiffsbesatzung und deren Zusammensetzung nach Funktionen und Qualifikation seit etwa Beginn dieses Jahrhunderts durch verwaltungsrechtliche Bestimmungen verschiedenen Charakters vorgeschrieben.

Die Schiffsbesetzungsverordnung (**SchBesV**) von 18.7.2013[5] regelt die Besetzung der Schiffe mit **Besatzungsmitgliedern des Decks- und Maschinendienstes,** einschließlich des Kapitäns. Die Besetzung mit **Funkoffizieren** ist in der Schiffssicherheitsverordnung (SchSV)[6] geordnet. Für die Besetzung mit **Schiffsärzten** und Krankenpflegepersonal gelten die §§ 107ff. SeeArbG, wonach der „Ausschuss für medizinische Ausstattung in der Seeschifffahrt" den Maßstab für eine ausreichende medizinische Ausstattung an Bord anhand des aktuellen Standes der medizinischen Erkenntnisse festlegt (§ 108 Abs. 1 SeeArbG).[7] Küchen- und Bedienungspersonal ist lediglich Gegenstand von Unfallverhütungsvorschriften der SBG.

Die deutschen Besetzungsvorschriften gelten nur, aber auch immer für **Kauffahrteischiffe unter deutscher Flagge.** Diese werden in **verschiedene Klassen** unterteilt: Fahrgastschiffe, Frachtschiffe, Fischereifahrzeuge und Spezialfahrzeuge; für sie gelten wegen der verschiedenen Anforderungen an die Besatzung unterschiedliche Besetzungsregeln.[8] Die Definitionen der Schiffsklassen folgen zum Teil aus der SchSV, zum Teil sind sie in der SchBesV modifiziert. Die Eintragung in das ISR hat keinen Einfluss auf die Anwendung der deutschen Vorschriften über die Schiffsbesetzung.

Die Bestimmungen über die Besetzung der Kauffahrteischiffe sind bisher nicht völkerrechtlich oder europarechtlich vereinheitlicht; dies gilt lediglich in gewissem

---

3 Wenn dieser ebenfalls einen Vertrag mit einem Dritten hat; dem des Reeders oder Ausrüsters.

4 So mit Recht *Rabe*, § 481 Rn. 22.

5 BGBl. I 2575; zuletzt geänd. BGBl. 2013 I 3565.

6 BGBl. I 3013, 3023; vgl. o. § 8 V 2.

7 BGBl. I 734, zuletzt geänd. BGBl. 1996 I 631.

8 *Beckert/Breuer*, Rn. 424.

Umfang für die Ausbildung.[9] Der Grund liegt darin, dass die Besetzung für die Reeder unter der jeweiligen Flagge in erheblichem Maße für die Betriebskosten relevant ist und deshalb auch einen Wettbewerbsvorteil darstellen kann, auf den die dadurch begünstigten Staaten ungern verzichten. In völkerrechtlichen Verträgen finden sich deshalb nur allgemeine Floskeln über die Pflicht der Flaggenstaates, Vorschriften über eine ausreichende Besetzung zu erlassen.[10]

2. Ausbildungsvorschriften

Die Ausbildung der Schiffsoffiziere und der übrigen Besatzungsmitglieder ist in der Seeleute-Befähigungsverordnung vom 8.5.2014[11] geregelt, auf welche die SchBesV hinsichtlich der Qualifikationen verweist.

Anders als das Schiffsbesetzungsrecht geht das Ausbildungsrecht auf internationale Quellen zurück, die jedoch Mindestnormen darstellen. Zu nennen sind insbesondere das STCW-Übereinkommen (vgl. o. § 8 VI) und eine EG-Richtlinie v. 19.11.2008.[12]

Die Schiffsoffiziere müssen grundsätzlich im Besitz eines deutschen Befähigungszeugnisses sein. Ausländische Zeugnisse können anerkannt werden, berechtigen jedoch nur EU-Bürger dazu, ein Schiff unter deutscher Flagge als Kapitän oder Erster Offizier zu führen. Hierzu vgl. o. § 17 II 1.

III. Das Arbeitsrecht der Schiffsbesatzung

1. Rechtsgrundlagen

Das Heuerverhältnis unterliegt grundsätzlich den allgemeinen arbeitsrechtlichen Vorschriften, also den §§ 611 ff. BGB in Verbindung mit den vielfältigen Einzelgesetzen wie namentlich dem Kündigungsschutzgesetz und dem Betriebsverfassungsgesetz. Diese Regeln werden jedoch überlagert durch das Seearbeitsgesetz (**SeeArbG**) vom 20.4.2013,[13] welches das internationale Seearbeitsübereinkommen 2006[14] in deutsches Recht umsetzt.

Das SeeArbG enthält Sonderbestimmungen sowohl des privaten als auch des öffentlichen Arbeitsrechts, insbesondere über die Anmusterung und Abmusterung an Bord, über das Heuerverhältnis einschließlich der Vorschriften über Unterbringung und Krankenfürsorge, über Urlaub und Landgang, über die Kündigung und Heimschaffung. Es finden sich ferner Arbeitsschutzbestimmungen über den Schutz gegen Betriebsgefahren und über die Arbeitszeit an Bord und an Land. Schließlich finden sich eingehende Regeln über die Ordnung an Bord.

2. Abschluss des Heuervertrages, Dienstbescheinigungen, Besatzungsliste

Der Seearbeitsvertrag bedarf der Schriftform, elektronische Form genügt nicht (§ 28 Abs. 1 S. 4 SeeArbG).

Die aufzunehmenden Angaben sind in § 28 Abs. 2 bis 4 SeeArbG eingehend geregelt. Der noch unter dem SeemG erforderliche Heuerschein wird dadurch entbehrlich und entfällt künftig; ebenso das Seefahrtbuch, welches jedes Besatzungsmitglied nach § 11 SeemG besitzen musste. Die Fahrtzeiten an Bord von Seeschiffen werden nunmehr in die vom Reeder auszu-

---

9 Vgl. vor allem das Übereinkommen STCW v. 1982, o. § 8 VI.
10 Dazu im Einzelnen *Murphy*, aaO S. 54 ff.
11 BGBl. I 460.
12 ABl. Nr. L 323, 22, zuletzt gänd. ABl. EG 2012 Nr. L 343, 78.
13 BGBl. 2013 I 868 idF der Bek. BGBl. 2014 I 605.
14 BGBl. 2013 II 763, 765.

stellenden Dienstbescheinigungen eingetragen (§ 33 SeeArbG), mit denen die Seeleute den für ihre Befähigungszeugnisse erforderlichen Nachweis der Seefahrtzeiten erbringen können.

Die Besatzungsmitglieder werden in einer **Besatzungsliste** aufgeführt (§ 22 SeeArbG).

Sie wird von dem Kapitän erstellt und muss dem von der Berufsgenossenschaft im Verkehrsblatt oder Bundesanzeiger veröffentlichten Muster entsprechen. Die Besatzungsliste enthält neben Angaben über Namen, Geburtsdaten und -orte sowie Nationalitäten der Besatzungsmitglieder Informationen über ihre Funktion an Bord oder ihre Dienststellung (vgl. § 22 Abs. 1 SeeArbG). Damit dient die vom Schiff mitzuführende Besatzungsliste zugleich dem Nachweis, dass das Schiff entsprechend den Vorschriften der SchBesV besetzt ist. Auf Schiffen in nationaler Fahrt kann der Kapitän anstelle der Besatzungsliste wahlweise die Zusammensetzung der Besatzung in das Seetagebuch eintragen (§ 22 Abs. 2 SeeArbG).

3. Schutzvorschriften

Die Vorschriften über die Verpflegung und Unterbringung an Bord ergeben sich aus §§ 93 ff. SeeArbG, die über die Krankenfürsorge aus §§ 99 ff. SeeArbG, die über den Urlaub aus §§ 56 ff. SeeArbG iVm dem Bundesurlaubsgesetz, die über die Kündigung aus §§ 65 ff. SeeArbG iVm § 24 KündigungsschutzG und dem BGB. Betriebsverfassung und Mitbestimmung bestimmen sich nach §§ 114 ff. BetriebsverfassungsG, § 34 MitbestimmungsG.

Ein spezielles arbeitsrechtliches Institut des Seerechts ist der Anspruch des Besatzungsmitglieds auf kostenlose Rückbeförderung („**Heimschaffung**") an seinen Wohnort, an den Ort, an dem der Heuervertrag abgeschlossen worden ist oder an einen im Tarif- oder Heuervertrag festgelegten Ort bei Vertragsbeendigung durch Kündigung oder bei Krankheit oder Verletzung (vgl. §§ 73, 75 SeeArbG).

Darüber hinaus bestehen arbeitsrechtliche Sondergesetze und eine große Zahl von internationalen Übereinkommen zu einzelnen Aspekten des Seearbeitsrechts.

Hier sind namentlich die **Übereinkommen der International Labour Organisation** in Genf (ILO)[15] zu nennen, etwa die Übereinkommen Nr. 8 v. 9.7.1920 über die Gewährung einer **Entschädigung für Arbeitslosigkeit infolge von Schiffbruch,**[16] Nr. 9 v. 10.7.1920 über die **Stellenvermittlung von Seeleuten,**[17] Nr. 22 v. 24.6.1926 über den **Heuervertrag der Schiffsleute,**[18] Nr. 23 v. 23.6.1926 über die **Heimschaffung der Schiffsleute,**[19] Nr. 92 v. 18.6.1949 über die **Quartierräume der Besatzung an Bord von Schiffen**[20] sowie das gleichlautende Übereinkommen Nr. 133 v. 30.10.1970[21] mit zusätzlichen Bestimmungen; Nr. 126 v. 21.6.1966 über die **Quartierräume an Bord von Fischereifahrzeugen,**[22] Nr. 147 v. 29.10.1976 über **Mindestnormen auf Handelsschiffen,**[23] Nr. 134 v. 30.10.1970 über den **Schutz der Seeleute gegen Arbeitsunfälle.**[24] Diese Übereinkommen wurden jedoch durch das Internationale Seearbeitsübereinkommen von 2006 in einem Vertragstext zusammengefasst und sind deshalb für Deutschland mit dem Inkrafttreten dieses Übereinkommens nicht mehr anzuwenden.[25]

---

15 Vgl. hierzu: *Peruzzo*, NJW 1981, 496 f.
16 RGBl. 1929 II 759.
17 RGBl. 1925 II 166.
18 RGBl. 1930 II 987.
19 RGBl. 1930 II 12.
20 BGBl. 1974 II 841.
21 BGBl. 1974 II 862.
22 BGBl. 1974 II 881.
23 BGBl. 1980 II 606.
24 BGBl. 1974 II 900.
25 Bek. vom 10.9.2014 BGBl. II 891.

4. Tarifverträge

Wie Arbeitsverträge im Allgemeinen sind besonders auch Seearbeitsverhältnisse durch **Tarifverträge** bestimmt. Sie wirken unmittelbar auf die Arbeitsverhältnisse, gehen aber zwingendem Recht nach; deshalb können sie von den Vorschriften des SeeArbG nur zugunsten des Besatzungsmitglieds abweichen (§ 9 SeemG).

Für die deutsche Seeschifffahrt besteht ein **Mantel-Tarifvertrag** v. 11.3.2002, für die Hochseefischerei ein ähnlicher v. 6.4.1987, der mehrfach novelliert wurde. Diese Mantel-Tarifverträge werden durch Heuertarifverträge ergänzt, die in kürzeren Abständen revidiert werden.[26]

Mit einzelnen Unternehmen werden häufig **Firmentarifverträge** für besondere Geschäftszweige abgeschlossen.

Da das **deutsche Arbeitsrecht nur auf Schiffen deutscher Flagge gilt** (§ 1 SeeArbG; vgl. auch u. IV), verliert das Besatzungsmitglied bei einem Flaggenwechsel den Schutz des deutschen Arbeitsrechts einschließlich der Arbeitsschutzbestimmungen, auch der Schiffsbesetzungsvorschriften. Vor allem gelten die Heuertarifverträge auf solchen Schiffen nicht mehr.

Da diese Situation in anderen Industriestaaten ähnlich ist und gerade die Absenkung der mit arbeitsrechtlichen Garantien verbundenen Kosten ein wesentlicher Grund für die Ausflaggung ist, hat die Internationale Transportarbeiter-Gewerkschaft (ITF), der weltweit hunderte von Gewerkschaften angehören und die etwa fünf Millionen Einzelmitglieder hat, Mindeststandards für Schiffe unter Billigflagge aufgestellt; um die Reeder zum Abschluss entsprechender Tarifverträge zu zwingen, unternimmt sie punktuell Boykottmaßnahmen gegen das Be- und Entladen der Schiffe in Häfen, vor allem in Nordeuropa. Diese Boykotte sind nach deutschen Rechtsvorstellungen in der Regel mangels Verhältnismäßigkeit der Mittel rechtswidrig, doch stehen den Reedern wenig Gegenmittel zu Gebote, solange nicht die Hafenstaaten gegen die Praktiken einschreiten.

5. Betriebsübergang

Eine für die Seeschifffahrt wichtige Folge der subsidiären Geltung der §§ 611 ff. BGB ist die Anwendung des § 613a BGB auf Schiffsübertragungen. Sie führt besonders wegen der häufig grenzüberschreitenden Übertragungen zu schwierigen Problemen.

Zwar ist nicht das einzelne Schiff, sondern die Gesamtheit der Schiffe eines Schifffahrtsunternehmens Betrieb iSd Betriebsverfassungsrechts (§ 114 BetrVerfG), doch ist das Schiff zumindest Betriebsteil iSd § 613a BGB, so dass der Übernehmer in die Arbeitsverträge eintritt.[27] Die hM nimmt an, dass dies auch dann gilt, wenn das Schiff in das Ausland verchartert oder gar verkauft wird und künftig eine ausländische Flagge führt.[28]

Mit einen Flaggenwechsel oder einer Änderung des Heimathafens verändert sich regelmäßig der Arbeitsort des Seemanns und damit das nach Art. 8 Rom-I-VO auf das Arbeitsverhältnis anzuwendende Recht. Den Erwerber treffen die Pflichten aus § 613a HGB deshalb nur dann, wenn das neue anzuwendende Arbeitsrecht eine entsprechende Verpflichtung beim Betriebsübergang kennt.[29]

Wegen der arbeitsrechtlichen Folgen im Einzelnen muss hier auf den Kommentar von *Bubenzer/Noltin/Peetz/Mallach*, SeeArbG, vor § 28 Rn. 29 ff. verwiesen werden.

---

26 Dazu im Einzelnen *Bemm/Lindemann*, Vorbem. vor § 23 SeemG Rn. 6 ff., 16 ff.

27 Bubenzer/Noltin/Peetz/Mallach/*Noltin*, SeeArbG, 2015, vor § 28 Rn. 29; *Bemm/Lindemann*, § 62 Rn. 37.

28 Bubenzer/Noltin/Peetz/Mallach/*Noltin*, aaO Rn. 32; *Bemm/Lindemann*, aaO, Rn. 40 mwN.

29 Bubenzer/Noltin/Peetz/Mallach/*Noltin* aaO mNachweisen aus der Rechtspr. des BAG.

IV. Internationales Seearbeitsrecht

Die Arbeitsverhältnisse (Heuerverhältnisse) auf einem Schiff sind bis zur Entwicklung der Billig-Flaggen nach dem Recht der Flagge beurteilt worden.[30] Seitdem Flagge und Register häufig auseinanderfallen, ist in diese Auslegung Unsicherheit gekommen.

Für die Entscheidung über das auf Arbeitsverhältnisse auf Schiffen deutscher Flagge anwendbare Recht sind heute Art. 8 Rom-I-VO, § 21 Abs. 4 FlRG und §§ 1, 9 SeeArbG maßgebend.

Danach gilt folgendes: Für Schiffe deutscher Flagge ohne Eintragung im sog. „Zweitregister" (vgl. o. § 12 IV) gelten nach wie vor §§ 1, 9 SeeArbG: Alle Heuerverträge unterliegen zwingend deutschem Recht, unabhängig von Nationalität und Wohnsitz der Besatzungsangehörigen. Ist das Schiff – deutscher Flagge – im „Zweitregister" eingetragen, so findet nach § 21 Abs. 4 Satz 1 FlRG das allgemeine Anknüpfungsprinzip des § 1 SeeArbG für Heuerverträge von Besatzungsmitgliedern, die keinen Wohnsitz in Deutschland haben, keine Anwendung; diese Heuerverhältnisse sind deshalb nach Art. 3, 8 Rom-I-VO anzuknüpfen, also in der Regel nicht nach deutschem Recht zu beurteilen. Vgl. im Einzelnen dazu u. § 39 VI.

Andererseits ist oft fraglich, ob Heuerverträge auf Schiffen fremder Flagge dem Flaggenrecht oder deutschem Recht unterliegen. Die Anwendung deutschen Rechts kommt hier dann in Betracht, wenn das Schiff zwar – wirtschaftlich von Deutschen – unter fremder Flagge betrieben wird, jedoch eine Niederlassung der (formal ausländischen) Reederei mit Sitz im Inland die Heuerverträge abschließt.[31] International-privatrechtliche Probleme ergeben sich dabei häufig auch daraus, dass sog. „crewing agencies" Besatzungen selbständig zusammenstellen und unter Vertrag nehmen, die sie dann an den Reeder „entleihen"; vgl. dazu auch die Regelung der Leiharbeitsverhältnisse im Arbeitnehmerüberlassungsgesetz.[32]

---

30 Vgl. *Rabe*, § 481 Rn. 4.
31 Vgl. die Fälle bei *Bemm/Lindemann*, Vorbem. vor § 23 SeemG Rn. 72a.
32 V. 3.2.1995, BGBl. I 185.

§ 19 Lotsen

Lit.: *Graf/Steinicke*, Gesetz über das Seelotswesen, 1984; *Ilgner*, Die Rechtsordnung des deutschen Seelotswesens, 1993; *Segelken*, Seelotsensrecht, 1965; *Ramming*, Die beschränkte Haftung der Lotsen, RdTW 2014, 301 ff.

Nach § 1 des **Gesetzes über das Seelotswesen v. 13.10.1954**[1] ist Seelotse, „wer nach behördlicher Zulassung berufsmäßig auf Seeschifffahrtsstraßen außerhalb der Häfen oder über See Schiffe als orts- und schiffahrtskundiger Berater geleitet".

Das Gesetz gilt für **Seelotsen.** In den Häfen werden Schiffe von **Hafenlotsen** geleitet, deren öffentlich-rechtliche Stellung sich nach Landesrecht richtet (so etwa dem Hamburger Hafenlotsgesetz von 1981 idF von 1985[2]) und mit der der Seelotsen weithin übereinstimmt. Haftungsrechtlich werden See- und Hafenlotsen im Wesentlichen gleich behandelt.

Der Lotse ist – nach deutschem Recht stets – **Beratungslotse**; er übernimmt also nicht – wie der sog. Führungslotse – die Führung des Schiffes, sondern berät den Kapitän. Dieser behält die nautische Verantwortung für das Schiff[3] und ist in der Entscheidung frei, ob er Ratschlägen des Lotsen folgen will. Folgt die Schiffsführung den Ratschlägen, so wird sie allerdings regelmäßig mangels Verschuldens von eigener Verantwortung entlastet sein.

Für bestimmte Reviere ist **Lotszwang** öffentlich-rechtlich festgelegt;[4] so etwa für die Unterelbe, die Unterweser und den Nord-Ostsee-Kanal. Man spricht dann von Zwangslotsen.

Die Zulassung der Seelotsen geschieht durch eine **Bestallung.** Sie setzt nicht nur die fachlichen Kenntnisse (die durch eine Prüfung festgestellt werden) und die Erfahrungen (wenigstens sechs Jahre als Kapitän auf großer Fahrt) voraus, sondern auch die Annahme eines Bedürfnisses.

Nach § 8 Abs. 3 SeelotsG lassen die Aufsichtsbehörden im Benehmen mit den Lotsenbrüderschaften unter Berücksichtigung des Verkehrsaufkommens und des Personalbestandes die erforderliche Zahl von Seelotsenanwärtern zu.

Mit der Bestallung wird der Lotse in die **Lotsenbrüderschaft** für das jeweilige Revier aufgenommen; in Deutschland gibt es derzeit sieben Brüderschaften. Die Lotsenbrüderschaft ist Körperschaft des öffentlichen Rechts; sie überwacht die Ausübung der Lotstätigkeit und regelt den Dienstbetrieb.

Das Entgelt (Lotsgeld) bestimmt sich nach der Lotstarifordnung des BMV.[5] Die Vergütung ist damit vertraglicher Vereinbarung entzogen; der Anspruch ist durch ein Schiffsgläubigerrecht gesichert (§ 596 Abs. 1 Nr. 2).

Die Lotsen werden von der Behörde auf die zu lotsenden Schiffe verbracht und von diesen wieder abgeholt. Für diesen sog. Lotsbetrieb ist eine (zusätzliche) Lotsgebühr zu zahlen.

Nach § 21 Abs. 1 SeelotsG übt der Lotse seine Tätigkeit als **freien, nicht gewerblichen Beruf** aus. Ob dies trotz der starken Einbindung in verwaltungsmäßige Reglementierungen zweckmäßig ist und wieweit einzelne Vorschriften des SeelotsG –

1 BGBl. II 1035 idF v. 13.9.1984, BGBl. I 1213, zuletzt geänd. BGBl. 1997 I 1832.
2 GVBl. S. 293.
3 BGHZ 35, 111, 118.
4 § 5 SeelotsG; VO über die Seelotsreviere und ihre Grenzen v. 11.8.1972 idF der VO v. 10.3.1982, BGBl. I 319.
5 BAnz. v. 7.6.1991.

namentlich die Bedürfnisprüfung nach § 8 Abs. 2 und die Ehrengerichtsbarkeit der Brüderschaften – mit der Verfassung vereinbar sind, muss heute in Frage gestellt werden.[6]

Der Lotse ist nicht Mitglied der Schiffsbesatzung (§ 1 Satz 2 SeelotsG). Dieser selbstverständliche Satz wurde in das SeelotsG aufgenommen, weil bei der Auslegung des § 485 aF – haftungsrechtlich – eine gegenteilige Auffassung vertreten wurde (dazu u. § 23 III). Einer so extensiven Auslegung des Besatzungsbegriffs bedarf es heute schon deshalb nicht mehr, weil der Lotse (jetzt auch der Hafenlotse) in § 480 der Besatzung ausdrücklich gleichgestellt worden ist.

Der **Lotse haftet** dem Eigentümer des gelotsten Schiffes für Schäden, die durch schuldhafte Verletzung seiner Beratungspflicht entstehen sowohl aus dem Lotsvertrag (der ein Dienstvertrag privaten Rechts ist) als auch aus Delikt. Die Haftung kann durch ein Mitverschulden der Schiffsführung gemildert sein; ein solches kann namentlich in falschen Angaben über Eigenschaften des Schiffes liegen, die für sein Manövrieren bedeutsam sind, wie etwa die erreichbare Geschwindigkeit.

Die Haftung besteht auch gegenüber Dritten. Soweit es sich bei solchen Schäden um Personen- oder Sachschäden handelt (Passagiere, Besatzung, Ladung, Kollisionsgegner), bedarf es nicht der Überlegung, ob die Geschädigten in die Schutzwirkung das Lotsvertrages einbezogen sind und deshalb vertragliche Ansprüche geltend machen können,[7] weil stets eine Haftung aus § 823 BGB gegeben sein wird; diese Frage stellt sich jedoch bei reinen Vermögensschäden etwa des Zeitcharterers (durch Ausfall des beschädigten Schiffes), wo sie unbedenklich zu bejahen ist.

Seit der Neufassung des SeelotsG von 1984 und dem 2. SÄG ist die **Haftung des Seelotsen** jedoch in doppelter Hinsicht **eingeschränkt**.

Gegenüber dem Reeder oder einem anderen Auftraggeber (etwa dem Zeitcharterer, wenn der Lotsvertrag von diesem und nicht vom Kapitän für den Reeder abgeschlossen wird) haftet der Lotse (aus Vertrag und Delikt) nur für Vorsatz und grobe Fahrlässigkeit (§ 21 Abs. 3 Satz 1 SeelotsG). Hinsichtlich der Haftung gegenüber Dritten bleibt es bei der Haftung für jede Fahrlässigkeit nach § 823 BGB, doch hat der Lotse bei gesamtschuldnerischer Haftung auch des Reeders (die wegen § 480 in aller Regel begründet ist) oder des anderen Auftraggebers im Innenverhältnis zu diesem einen Ausgleichsanspruch, sofern ihm nicht Vorsatz oder grobe Fahrlässigkeit zur Last fällt (§ 21 Abs. 3 Satz 2 SeelotsG). Der Reeder trägt also stets die Folgen leicht fahrlässiger Schadensverursachung durch den Lotsen.

Ferner hat der Seelotse seit dem 2. SÄG ein eigenständiges Recht, die Haftung nach dem HBÜ und der deutschen Ausführungsgesetzgebung hierzu zu beschränken (dazu u. § 24).[8]

Zu beachten ist, dass sich die Haftung des Lotsen auch dann, wenn der Frachtvertrag dem Seerecht unterliegt, nach Binnenschifffahrtsrecht richtet, wenn der Lose nur auf einer Binnenwasserstraße tätig wird.[9]

---

6 Vgl. kritisch hierzu *Ilgner*, S. 261 f.

7 Dazu *Rabe*, § 485 Rn. 13 ff.

8 Vgl. dazu eingehend *Ramming*, RdTW 2014, 301 ff.

9 OLG Hamburg TranspR 1996, 33.

§ 20 Schiffsmakler, Schiffsagenten

Lit.: *Anderson*, Shipbrokers' Commissions: Entitlement, Standing, and Jurisdiction, Tulane Maritime Law Journal 24 (1999), 55 ff.; *ders.*, Shipbrokers' Authority and Ability to Bind Principals: At the Juncture of Chartering and Agency, JMLC 2000, 89 ff.; *Bemm*, Die Haftung des Schiffsmaklers, TranspR 1997, 6 ff.; *Blaschczok*, Funktionale Substitution im Haftungsrecht. Die Haftung des Schiffsagenten als Beispiel, Hamburger Beiträge zum Handels-, Schiffahrts- und Wirtschaftsrecht, Bd. 9, 1982; *Gorton*, Ship Management Agreements, JBL 1991, 562 ff.; *Gorton/Ihre/Sandevärn*, Shipbroking and Chartering Practice, London 1990; *Schmidt/Blaschczok*, Schiffsmaklerhaftung und Schiffsagentenhaftung im Spiegel der Rechtsprechung, VersR 1981, 393 ff.; *Trappe*, The Duties, Obligations and Liabilities of the Ship's Agent to his Principal, LMCLQ 1978, 595 ff.; *ders.*, Der Schiffsagent, TranspR 1995, 321 ff.

I. Vorbemerkung

Während früher – und noch in der Vorstellung des HGB – der Kapitän sowohl als Vertreter des Reeders (und seit dem Seefrachtgesetz von 1937 auch des Verfrachters) sowie in eigener Verantwortung (dazu o. § 17) die Seefrachtgeschäfte weitgehend selbständig abwickelte, haben die modernen Nachrichtenverbindungen, die großen Ladungsmengen und vor allem die große Zahl von abzufertigenden Sendungen beim Stückgutverkehr sowie die kurzen Hafenliegezeiten infolge verbesserter Umschlagsmethoden dazu geführt, dass viele der alten Kapitänsfunktionen auf Beauftragte des Reeders oder Verfrachters an Land übergegangen sind. Der Vielfalt dieser Aufgaben entspricht der der Tätigkeiten und Begriffe.

Dabei wird auch hier besonders deutlich, dass der Verkehr die rechtliche Würdigung der jeweiligen Tätigkeit nur sehr unvollkommen in der Bezeichnung berücksichtigt.[1] Dies und das verständliche Bemühen, den Interessen der Beteiligten möglichst weitgehend zu entsprechen, führt gelegentlich dazu, dass die allgemeinen Grundsätze des Schuldrechts in den Hintergrund treten. Die verbreitete Verwendung schillernder englischer Begriffe (wie namentlich des der „agency“) in den Verträgen trägt weiter zur Rechtsunklarheit bei.

II. Begriffe

Hauptgestaltungsformen der Geschäftsbesorgung für das Schiff an Land sind die des Schiffsagenten und des Schiffsmaklers.

1. **Schiffsagent** ist, wer ständig damit betraut ist, für einen anderen Unternehmer des Seeverkehrs (Reeder, Verfrachter, Befrachter) Geschäfte zu vermitteln oder in dessen Namen abzuschließen. Soweit er in der Gestaltung seiner Tätigkeit selbständig ist, ist er Handelsvertreter im Sinne der §§ 84 ff.; für Schiffsagenten gelten jedoch die Vorschriften des Handelsvertreterrechts (insbesondere über den Ausgleichsanspruch) nicht zwingend (§ 92c Abs. 2).

Schiffsagenten werden namentlich eingesetzt, um Fracht- oder Passagierverträge abzuschließen (Befrachtungsagenten) oder abzuwickeln (insbes. als sog. Linienagen-

1 Kritisch hierzu etwa *Trappe*, TranspR 1995, 321 ff.; *Bemm*, TranspR 1997, 6 ff.; *Grau*, TranspR 2004, 223.

ten) oder die mit dem Anlaufen von Häfen verbundenen Aufgaben wie Klarierung, Beauftragung von Umschlags- und Stauereiunternehmen wahrzunehmen (Klarierungsagenten).

2. **Schiffsmakler** ist, wer gewerbsmäßig für andere Personen, ohne von ihnen aufgrund eines Vertragsverhältnisses ständig damit betraut zu sein, Verträge über die Güterbeförderung, die Schiffsmiete oder sonstige Gegenstände des Handelsverkehrs vermittelt. Er ist Handelsmakler im Sinne der §§ 93 ff., soweit die vermittelten Geschäfte in diese Kategorien fallen oder auch die Anschaffung oder Veräußerung von Waren (etwa der Schiffsausrüstung) betreffen; sonst gelten die Vorschriften über den Zivilmakler (§§ 652 ff. BGB). Nicht zu den Gegenständen des Handelsverkehrs wird in der Regel die Vermittlung von Schiffsverkäufen oder -käufen gehören.

Der Handelsmakler ist regelmäßig für beide Parteien des anzubahnenden Geschäfts tätig, er ist unparteiischer Schlichter zwischen den widerstreitenden Interessen.[2] Die Vermittlung beschränkt sich nicht auf bloßen Nachweis der Abschlussgelegenheit, sondern schließt die aktive Förderung des Vertragsschlusses ein; in diesem Rahmen kann sogar die Rechtsberatung, etwa der Entwurf eines Vertragstextes, notwendig und zulässig (Art. 1 § 5 Nr. 1 RBerG) sein.[3]

III. Tatsächliche Funktion

1. Ist danach schon die gesetzliche Abgrenzung von Makler- und Agententätigkeit im Einzelnen unsicher, so weist die Gestaltung in der Praxis noch fließendere Grenzen auf. Entscheidendes Abgrenzungskriterium ist, ob der Beauftragte dauernd mit der Vermittlung (oder dem Abschluss) von Geschäften betraut ist, oder ob er nur gelegentlich und dann in der Regel nicht primär für eine der Parteien tätig wird. Im ersten Falle ist er Schiffsagent, also Handelsvertreter. Das ist in der Praxis der Normalfall.

Die in der Praxis häufig pauschale Berufsbezeichnung „Schiffsmakler“ kann nur als unpräzise Sammelbezeichnung angesehen werden;[4] sie sollte, dem Regelfall entsprechend, eher durch „Schiffsagent“ ersetzt werden. Jedenfalls entbindet die Bezeichnung den Juristen nicht von der Notwendigkeit, das einzelne Geschäft jeweils rechtlich einzuordnen;[5] es verhält sich ähnlich wie beim Spediteur, der heute in aller Regel weitgehend nicht Speditions-, sondern Frachtverträge abschließt.

Schiffsagenten werden heute zur Abwicklung des Seefrachtgeschäftes vielfältig eingesetzt. Sie vermitteln im ausgehenden Verkehr die Frachtverträge und schließen sie für den Verfrachter ab. Sie erstellen die erforderlichen Dokumente, zeichnen vor allem die Konnossemente. Im einkommenden Verkehr liefern sie das Gut an den Empfänger aus, dessen Legitimation sie zu prüfen haben. Sie führen die Verhandlungen mit Kaianstalten und Lagerhäusern. Müssen Güter ohne Vorlage eines Konnossements ausgeliefert werden, so tragen sie Sorge für entsprechende Garantieerklärungen (letters of indemnity). Kommt es zu Güterschäden, so wahren sie die Verfrachterinteressen bei der Schadensabwicklung, namentlich auch bei der Einforderung von Havariebonds (vgl. dazu u. § 41). Auch die Klarierung des Schiffes ge-

---

2 *Baumbach/Hopt*, § 93 HGB Rn. 13, 33.
3 *Baumbach/Hopt*, aaO, Rn. 29.
4 So besonders deutlich LG Bremen TranspR 2004, 220 ff.
5 So mit Recht *Trappe*, TranspR 1995, 321.

genüber den Hafenbehörden und die Beschaffung von Treibstoff und Proviant gehört zu diesen Aufgaben.

Entsprechend der Verpflichtung, sich um die Durchführung der Frachtreise zu kümmern, bestellt beim Reisechartervertrag – ebenso wie beim Stückguttransport – regelmäßig der Verfrachter (vgl. Klausel 7 GENCON-C/P), beim Zeitchartervertrag der Zeitcharterer (vgl. Klausel 4 BALTIME-C/P, Klausel 2 NYPE-C/P) den Agenten.[6]

2. Diese Aufgaben versieht der Schiffsagent in der Regel im Namen und mit Vollmacht des Reeders, die ihm – als Untervollmacht – auch vom Kapitän aufgrund dessen gesetzlicher Vertretungsmacht (dazu o. § 17 II 3b) erteilt werden kann. Im Rechtsverkehr haben sich bestimmte Gruppen von Geschäften herausgebildet, für die der Schiffsagent nach der Übung stillschweigend Vertretungsmacht hat.[7]

Soweit der Agent Vollmacht hat, verpflichtet er den Vertretenen, also den Reeder oder Verfrachter. Fehlt es an einer wirksam erteilten (uU auch Anscheins- oder Duldungs-) Vollmacht, so haftet der Agent persönlich auf Erfüllung des Vertrages (§ 179 BGB). Handelt der Agent nicht (ausdrücklich oder aus den Umständen ersichtlich) erkennbar in fremdem Namen, so ist er selbst unmittelbar – nicht auf dem Umweg über § 179 BGB – aus dem Vertrag verpflichtet (§ 164 Abs. 2 BGB).

Zweifelhaft kann allerdings sein, was gilt, wenn er – wie sehr häufig – „as agent“ auftritt, jedoch ohne Angabe des Vertretenen; lässt sich der Geschäftspartner hierauf ein, ohne den Hintermann zu kennen, so dürfte der Vertrag mit dem zunächst noch unbekannten Vertretenen zustande kommen;[8] der Agent hat jedoch Vertretenen und Vertretungsmacht zu offenbaren, wenn er die Eigenhaftung nach § 179 BGB vermeiden will.

Diese verhältnismäßig klaren Grundsätze des deutschen Stellvertretungsrechts sind im Seerecht durch vielfältige Kasuistik zurückgedrängt worden. Es kann jedoch nicht Aufgabe des Verkehrs sein, die wirklichen Vertretungsverhältnisse zu ermitteln, wenn – wie häufig – ein Makler oder Agent „as agent“ handelt und fraglich ist, ob er für den Reeder oder den Verfrachter handeln will und kann.

Besonders deutlich wird diese Unklarheit im Beispiel des sog. „charterer’s agent“. Nach der GENCON-C/P (Klausel 14) hat der Verfrachter den Hafenagenten zu bestellen, doch schreibt der Chartervertrag häufig vor, dass er den vom Befrachter zu benennenden (nämlich in der Regel sonst für diesen tätigen) Agenten bestellen muss.[9] Im Verhältnis der Vertragsparteien des Chartervertrages mag er dann als „charterer’s agent“ bezeichnet werden; tritt er jedoch im Verkehr als solcher auf (und kennt der Vertragspartner die wahren Verhältnisse nicht), so haftet er als Vertreter ohne Vertretungsmacht (für den Charterer) selbst nach § 179 BGB.

3. Häufig wird vom Schiffsmakler ein für eine Vertragspartei (bei deren Annahme) bindender Frachtvertrag abgeschlossen, der die andere Partei noch offen lässt („Aufgabe vorbehalten“; „subject to approval of the charterer“ – auch: „subject first class charterer“) (§ 95 Abs. 1). Benennt in einem solchen Fall der Makler nicht alsbald einen geeigneten Partner oder lehnt die gebundene Partei diesen begründet ab, so haftet der Makler selbst auf Erfüllung des Vertrages (§ 95 Abs. 3).[10]

---

6 Wegen weiterer Einzelheiten vgl. *Blaschczok*, S. 8 ff.; *Schaps/Abraham*, § 663b Anh. VI Rn. 18 ff.

7 Vgl. etwa *Schaps/Abraham*, § 663b Anh. VI Rn. 28 ff.

8 Vgl. dazu MüKoBGB/*Schramm*, § 164 Rn. 20.

9 Dazu *Trappe*, TranspR 1995, 321, 322.

10 Vgl. hierzu *Rabe*, Vor § 556 Rn. 21.

4. Schiffsmakler und Schiffsagent haben für ihre (erfolgreiche) Tätigkeit Anspruch auf Provision. Der Maklerlohn ist nach § 99 von jeder Partei zu Hälfte zu zahlen, doch wird hiervon vertraglich oder durch Übung häufig abgewichen; so etwa in Klauseln gängiger Charterparties,[11] nach denen der Verfrachter allein die Provision schuldet. Der Makler hat dann einen direkten Anspruch gegen den Verfrachter, da die Klausel – als Vertrag zugunsten Dritter – gegen ihn wirkt.

Dies steht im Gegensatz zum englischen Recht: Der *broker* hat auch dann, wenn er in der Charterparty genannt ist, keinen Anspruch aus dem Chartervertrag, weil das englische Recht einen Vertrag zugunsten Dritter (allgemein, ohne besondere gesetzliche Grundlage) nicht kennt; er kann deshalb nur den jeweils anderen Vertragspartner veranlassen, die Provision für ihn treuhänderisch („as agent") einzufordern, wozu dieser wiederum vertraglich verpflichtet sein kann.[12]

IV. Haftung

Der Schiffsagent haftet seinem Auftraggeber für diesem durch Verletzung seiner Pflichten schuldhaft zugefügte Schäden (§ 86 Abs. 3), der Schiffsmakler beiden Parteien (§ 98).

Auch dem Vertragspartner, mit dem er im Namen seines Auftraggebers verhandelt, kann der Agent quasi-vertraglich ersatzpflichtig werden, wenn er bei den Verhandlungen unrichtige Angaben macht, auf die sich der Geschäftspartner offenbar verlässt.

Zwar haftet er grundsätzlich nicht aus dem Vertrag, wenn er mit Vollmacht für seinen Auftraggeber verhandelt und abschließt.

Die Auffassung *Blaschczoks* (S. 76), der Schiffsagent hafte, da er in kaufmännischer Hinsicht die Funktionsnachfolge des Kapitäns angetreten habe, wie dieser entsprechend § 511 f. aF allen Reiseinteressenten, war schon bisher abzulehnen.[13] Sie ist jedenfalls durch die Aufhebung der unmittelbaren Kapitänshaftung gegenüber den Ladungsbeteiligten überholt.

Der Schiffsagent haftet jedoch einem Geschäftspartner nach der neueren Rechtsprechung dann quasi-vertraglich (im Allgemeinen gestützt auf *culpa in contrahendo* und entwickelt vor allem im Fall der Prospekthaftung) selbst auf den Vertrauensschaden, wenn er „besonderes Vertrauen für sich in Anspruch nimmt".[14] So etwa, wenn er dem Vertragspartner schuldhaft unrichtige Angaben über die Art der Ladung (insbes. der hiervon für das Schiff ausgehenden Gefahren) oder über andere Tatsachen macht, auf welche sich dieser offenbar verlässt. Diese Sorgfaltspflicht gegenüber dem Dritten ist bei einem Schiffsagenten um so eher anzunehmen, als seine Tätigkeit sehr eng mit der des Schiffsmaklers verwandt ist, der schon nach seinem gesetzlichen Normalbild beiden Parteien haftet; tritt ein Agent im Verkehr unter der Bezeichnung „Makler" auf, ist deshalb durchaus auch an eine Rechtsscheinhaftung aus § 98 zu denken.

---

11 Vgl. *Rabe*, Vor § 556 Rn. 23.

12 *Cooke/Young/Tailor*, Voyage Charters, S. 499 ff.; *Rabe*, aaO.

13 *Herber*, TranspR 1984, 303, 304.

14 Vgl. *Trappe*, TranspR 1995, 321, 324 f.; *Rabe*, Vor § 556 Rn. 34; ablehnend LG Bremen TranspR 2004, 220.

§ 21 Sonstige Hilfspersonen

Lit.: *Hübsch*, Haftung des Güterbeförderers und seiner selbständigen und unselbständigen Hilfspersonen für Güterschäden, Schriften zum Transportrecht Bd. 19, 1997; *Knöfel*, Die Haftung des Güterbeförderers für Hilfspersonen, Schriften zum Transportrecht Bd. 13, 1995; *Kronke*, Seevertragsrechtliche Gehilfenhaftung, TranspR 1988, 89 ff.; *Von Wurm*, Die Haftung des Verfrachters für das Verschulden seiner Helfer mit einem Überblick über die Lösungen im anglo-amerikanischen Recht, 1965 (Heft 34 der Überseestudien).

I. Vorbemerkung

Außer der Schiffsbesatzung, den Schiffsagenten und -maklern und den Lotsen sind am Seeverkehr eine Reihe weiterer Personen beteiligt, die je nach Gestaltung der Vertragsverhältnisse als Hilfspersonen des Reeders, des Ver- oder des Befrachters tätig werden können. Unternehmen sehr unterschiedlicher Art verdienen hier Erwähnung: Die mit dem **Güterumschlag** in den Häfen befassten Einrichtungen, die **Klassifikationsgesellschaften** und die **Werften**. Andere Leistungen, die für den Schifffahrtsbetrieb erbracht werden – etwa Bewachung von Schiffen – weisen weniger typische Besonderheiten auf, ihre rechtliche Beurteilung richtet sich nach allgemeinem bürgerlichen Recht. Auch **Seehafenspediteure** werden vielfältig – in der Regel vom Ablader und Empfänger – in die Durchführung des Gütertransports eingeschaltet; die rechtliche Beurteilung ihrer Tätigkeit (die entsprechend der Vielfalt ihrer Aufgaben variiert) folgt dem allgemeinen Speditionsrecht, soll hier aber doch wegen der besonderen Bedeutung der Spedition im gesamten Transportrecht wenigstens kurz erwähnt werden.

II. Kaiumschlagunternehmen

Lit.: *Drews*, Der Umschlag von Waren unter dem neuen Seehandelsrecht, TranspR 2013, 253 ff.; *Figert*, Die Himalaya-Klausel in der US-amerikanischen Rechtsprechung und das Übereinkommen der Vereinten Nationen über die Haftung der Terminal Operator im internationalen Handelsverkehr, VersR 1995, 1281 ff.; *Harten*, Das internationale Übereinkommen über die Haftung der Terminal Operator im internationalen Handelsverkehr und seine Anwendbarkeit auf die deutschen Güterumschlagbetriebe, Schriften zum Transportrecht Bd. 7, 1993; *ders.*, Die Haftung des Terminal Operators, TranspR 1990, 54 ff.; *Herber*, Wer ist ausführender Verfrachter? – Bemerkungen zum Referentenentwurf, TranspR 2011, 359; *ders.*, Die Haftung des Unterfrachtführers gegenüber den Ladungsbeteiligten des Hauptfrachtvertrages TranspR 2013, 1 ff.; *Herber/Harten*, Die Diplomatische Konferenz der Vereinten Nationen über die Haftung der Umschlagbetriebe im internationalen Handelsverkehr, TranspR 1991, 401; *Koller*, Der Entwurf eines Übereinkommens über die Haftung von Umschlagbetrieben im internationalen Handel, TranspR 1990, 89 ff.; *Larsen/Sweeney/Falvey/Zavitowski*, The Treaty on Terminal Operator Liability in International Trade, JMLC 1994, 339 ff.; *Thume*, Haftung für Umschlagschäden – wer haftet wem und wie? TranspR 2014, 179 ff.; *Wright/Bradley/Biller*, The Ship, Stevedore and Longshore Worker Triangle 1917–1995, JMLC 1995, 503 ff.

1. Allgemeines

Der Güterumschlag in den Seehäfen wird von den Kaiumschlagunternehmen vorgenommen. Ihrer häufig öffentlich-rechtlichen Organisation wegen wurden sie früher als Kaianstalten bezeichnet, doch sind sie heute meist privatrechtlich verfasst, wenn auch oft zumindest mittelbar in der Hand des Staates.

Die Kaiumschlagunternehmen besorgen das Ein- und Ausladen der Güter in das Seeschiff und aus diesem einerseits, und landseitig das Ausladen aus dem die Güter anliefernden Fahrzeug (Lkw, Bahn, Binnenschiff) und das Einladen in das die Güter übernehmende Fahrzeug andererseits. Regelmäßig ist damit eine Zwischenlagerung verbunden. Darüber hinaus übernehmen die Umschlagunternehmen heute – insofern ähnlich den Spediteuren – vielfältige sog. Logistikaufgaben, etwa Verpackung (hier besonders: Um-Verpackung in seefeste Verpackung, Zusammenfassung in größere Transporteinheiten), Sortieren, Verteilen, Auspacken von Containern, Kennzeichnen von Gefahrgut (hier besonders: Anpassung der Kennzeichnung an die höchst unterschiedlichen Gefahrgutvorschriften für die einzelnen Transportmittel).

Zu den eigentlichen Umschlagstätigkeiten gehört auch das Stauen der Güter auf dem Schiff und, wenn nötig, die Befestigung der Ladung zur Sicherung gegen ladungs- und stabilitätsgefährdende Bewegungen bei Seegang. Diese Arbeiten werden in manchen Häfen (so in der Regel in Rostock) durch die Kaiumschlagunternehmen mit versehen, während sie in anderen Häfen (Hamburg und Bremen) durch selbständige Stauereiunternehmen vorgenommen werden, die zum Teil sogar (Hamburg) das Sichern der Ladung durch sog. Garnier oder durch Trimmen bei Massengut besonderen Schiffszimmerern und Ladungsbefestigern überlassen.[1]

Die Kaiumschlagunternehmen schließen – ebenso wie die Stauerei- und andere genannte Unternehmen – mit dem Verfrachter oder einem Ladungsbeteiligten einen eigenen, vom Frachtvertrag verschiedenen Vertrag über den Umschlag ab, der regelmäßig durch AGB der Umschlagunternehmen geprägt ist. Diese AGB sind in den großen Seehäfen oft vereinheitlicht oder zumindest aneinander angenähert, so in Hamburg durch die Kaibetriebsordnung des Unternehmensverbandes Hafen Hamburg eV (KBO).[2]

Bis zum TRG enthielten diese Bedingungen[3] meist starke Einschränkungen der Haftung der Umschlagsunternehmen für Güterschäden, die etwa an das Entgelt geknüpft waren oder einen sehr niedrigen Betrag (etwa 1,- DM) je kg des Gewichts zugrunde legten.[4] Die Rechtsprechung hat dieser Freizeichnungspraxis jedoch zunehmend Grenzen gesetzt.[5] Allerdings sollte bei den relativ niedrigen Entgelten eine starke Beschränkung der Haftung, die dem Kunden die Versicherung überlässt[6], unter Kaufleuten grundsätzlich nicht zu beanstanden sein.

Im Ausland ist die Haftung der Kaiunternehmen oft gesetzlich sehr stark eingeschränkt.[7]

2. Das Übereinkommen von 1991

Auf einer diplomatischen Konferenz der UN in Wien wurde am 19.4.1991 ein **Übereinkommen über die Haftung der Terminal Operator im internationalen Verkehr** beschlossen.[8] Es dürfte jedoch wenig Aussicht haben, in Kraft zu treten.[9] Einer der Gründe liegt darin, dass es nicht gelungen ist, die erfassten Tätigkeiten klar zu definieren. Der wesentliche Grund für die mangelnde Bereitschaft der Staaten, einheitliche und strengere Haftungsregeln für Hafenbetriebe zu akzeptieren, ist jedoch

---

1 Vgl. hierzu im Einzelnen *Harten*, S. 13 ff.
2 Abgedruckt MüKoHGB Anh. B 17 mit Einführung von *Hesse*.
3 Vgl. die Beispiele bei *Harten* im Anhang.
4 *Harten*, aaO, S. 133 f.
5 Vgl. namentlich BGH v. 19.1.1984, NJW 1984, 1350 f. – Kaltlagerung.
6 Der Verweis auf eine die Möglichkeit einer ergänzenden Güterversicherung wird vom BGH neuerdings – allerdings noch in engen Grenzen – berücksichtigt, vgl. BGH 17.10.2013, TranspR 2014, 200; unbedingter wohl noch BGH 19.2.1998, TranspR 1998, 372 ff.
7 Vgl. dazu den Bericht von *Harten* über ein Symposium in Hamburg, TranspR 1990, 54 ff.
8 TranspR 1991, 461 ff.
9 Dazu *Herber/Harten*, TranspR 1991, 401, 410.

darin zu sehen, dass die meisten Kaiumschlagunternehmen in – unmittelbarem oder mittelbarem – Staatsbesitz stehen und sich deshalb besonders wirkungsvoll gegen sie belastende gesetzliche Haftungsregeln wehren können.

3. Die Haftung der Umschlagunternehmen seit TRG und SRG

a) Haftung aus dem Umschlagvertrag

Nach dem Transportrechtsreformgesetz von 1998 ist davon auszugehen, dass die Umschlagstätigkeit nach Landfrachtrecht, die Haftung des Umschlagunternehmens für Güter- und Verspätungsschäden also nach §§ 425 ff. zu beurteilen ist. Denn es handelt sich nicht um einen reinen Werkvertrag des BGB, vielmehr um einen im HGB spezialgesetzlich geregelten Frachtvertrag.

Diese Einordnung des Umschlagvertrages hat kürzlich auch der BGH ausdrücklich anerkannt.[10] Denn jeder Umschlag hat notwendig eine – wenn auch manchmal geringfügige – Ortsveränderung zum Gegenstand. Selbst wenn er wegen sonstiger eingeschlossener Leistungen – etwa kurzzeitiger Zwischenlagerung – als gemischter Vertrag anzusehen ist, überwiegen regelmäßig doch die frachtrechtlichen Elemente.

Allerdings kann der Umschlag eine unselbständige Nebenleistung zu einem Lagervertrag oder auch zu einem Transportvertrag sein, wenn der Umschlagunternehmer diese Leistungen in einem einheitlichen Vertrag als untergeordnete Nebenleistung selbst mit anbietet; dann unterfällt auch der Umschlag den Regeln des anderen Vertrags.[11]

Andererseits kann die Tätigkeit des Umschlagunternehmens beschränkt sein auf bloße Leistungen ohne Ortsveränderung, etwa auf das Stauen oder Befestigen der Ladung an Bord oder das seefeste Verpacken. Dann handelt es sich um einen reinen Werkvertrag, der nach BGB zu beurteilen ist.

Auf dieser Grundlage sind auch die meisten AGB der Umschlagunternehmen nach dem TRG umgestaltet worden. So sieht etwa die KBO jetzt eine Haftung für Umschlagleistungen vor, die den §§ 425 ff. nachgebildet ist, allerdings die Güterschadenshaftung auf 2 SZR je kg begrenzt.[12]

Diese Haftung wird in den Bedingungen regelmäßig auch für die Leistungen vereinbart, die nach dem Gesetz nicht den frachtrechtlichen Sondervorschriften unterfallen und deshalb eine unbegrenzten Haftung nach Werkvertragrecht ausgesetzt wären. Gegen eine solche Begrenzung auch in AGB dürften keine Bedenken bestehen, weil die rechtliche Einordnung dieser Nebentätigkeiten, die normalerweise im Gesamtkomplex des gemischten Vertrages untergehen, zweifelhaft ist und weil die Abgrenzung so problematisch erscheint, dass eine einheitliche Regelung für die verschiedenen Teilaktivitäten angestrebt werden sollte.

Die Haftung des Umschlagsunternehmens besteht demjenigen gegenüber, der den Vertrag mit ihm abgeschlossen hat. Das ist im ausgehenden Seeverkehr regelmäßig der Versender (Befrachter oder Ablader), im einkommenden Seeverkehr regelmäßig der Verfrachter.

Je nach Art des Seefrachtvertrages kommen aber auch andere Gestaltungen vor; so wird etwa bei Vereinbarung der Klausel fio, die den Empfänger zum Ausladen der Güter aus dem Schiff verpflichtet, regelmäßig dieser die Kaianstalt mit dem Aus- und Umladen beauftragen. Dann hat er, ebenso wie der Ablader im ausgehenden Verkehr, bei Vertragsverletzungen einen eigenen unmittelbaren vertraglichen Anspruch gegen das Umschlagsunternehmen.

---

10 BGH TranspR 2014, 283.

11 Diese Abgrenzung war Gegenstand des Beschlusses BGH TranspR 2014, 283.

12 Nach § 449 Abs. 2 zulässig.

b) Haftung aus Frachtverträgen der Auftraggeber

Das Umschlagunternehmen muss nach der Seerechtreform nicht nur die Haftung aus dem Umschlagvertrag gewärtigen, sondern kann auch einer Haftung der Ladungsbeteiligten aus dem von diesem mit dem Verfrachter oder dem Frachtführer geschlossenen Vertrag ausgesetzt sein. Wenn dieser Vertrag deutschem Recht unterliegt, ist eine in den Frachtvertrag eingeschlossene Umschlagsleistung unselbständiger Bestandteil des Seetransports oder eines anschließenden Landtransports, nach Meinung des BGH bei einem Multimodalvertrag stets Teil des Seetransports.[13] Das hat zur Folge, dass das Umschlagunternehmen für Güterschäden, die es im Rahmen eines solchen Vertrages schuldhaft verursacht, als ausführender Verfrachter wie der vertragliche Verfrachter, also nach § 498 (oder, soweit die Umschlagsleistung in einen Landtransport eingeschlossen ist, nach §§ 425 ff.) haftet (§§ 509, 437). Vgl. dazu auch u. § 29 VII 1. Diese Haftung ist rechtlich verschieden und unabhängig von der aus dem Umschlagvertrag mit dem Auftraggeber; sie besteht vor allem nicht nur gegenüber dem Auftraggeber des Umschlagunternehmens – regelmäßig also dem Verfrachter-, sondern auch gegenüber dessen Ladungsbeteiligten. Sie kann auch weitergehen, wenn das Schiff nicht seetüchtig war oder wenn die – im Landfrachtrecht nicht vorgesehene – alternative Berechnung der Haftungsbeschränkung je Stück oder Einheit insbesondere in Verbindung mit der sog. Containerklausel (§ 504 Abs. 1) zu einer höheren Haftung führt (vgl. dazu u. § 29 III 3c) als nach §§ 425 ff.

Das Umschlagunternehmen kann einer direkten Inanspruchnahme durch die Ladungsbeteiligten auch dann ausgesetzt sein, wenn entweder seine Haftung gegenüber dem auftraggebenden Verfrachter infolge vertraglicher Gestaltung weiter geht als die des Verfrachters aus dem Frachtvertrag; dann kann der Geschädigte im Wege der Drittschadensliquidation von dem Umschlagunternehmen den Mehrbetrag verlangen.[14] Denkbar wäre schließlich, dass das Umschlagunternehmen gegenüber dem Empfänger des Frachtvertrages als Drittbegünstigtem aus dem Umschlagvertrag haftet; diese Möglichkeit besteht nach der neueren Rechtsprechung des BGH zur Haftung des Unterfrachtführers.[15]

Zur Haftung beim Güterumschlag eingehend MüKoHGB/*Herber*, § 509 Rn. 57 ff.

III. Klassifikationsgesellschaften

Lit.: *Basedow/Wurmnest*, Die Dritthaftung von Klassifikationsgesellschaften, 2004; *Boisson*, Responsabilité des societés de classification: faut-il remettre en cause les principes du droit maritime? DMF 1995, 109 ff.; *A. Drobnig*, Tätigkeit und Haftung von Klassifikationsgesellschaften in der Bundesrepublik Deutschland am Beispiel des Germanischen Lloyd, Diss. Hamburg 1995; *Holtappels*, Haftung von Klassifikationsgesellschaften in der Handelsschifffahrt, TranspR 2002, 278–282; *Honka*, The Classification System and its Problems with Special Reference to the Liability of Classification Societies, ETR 1996, 619 ff.; *Horrmann*, Classification Societies – What is their role, What is their future? WMU Journal of Maritime Affairs 2006, 5–16; *Kraft/Schlingmann*, Die Dritthaftung von Klassifikationsgesellschaften, VersR 2004, 1095 ff.; *Jessen*, Neues zur Dritthaftung privater Klassifikaionsgesellschaften nach „Erika“ und „Prestige“? RdTW 2013, 387; *Kraft/Schlingmann*, Die Dritthaftung von Klassifikationsgesellschaften, VersR 2004, 1095 ff.; *Machale A. Miller*, Liability of Classifica-

13 Vgl. u. § 32.
14 Vgl. u. § 29 VII 2.
15 Für den Umschlagvertrag jedoch mit Recht zurückhaltend OLG Hamburg TranspR 2014, 284.

tion Societies from the Perspective of United States Law, Tulane Maritime Law Journal 22, 75–115; *Pulido Begines*, The EU Law on Classification Societies: Scope and liability issues, JMLC 2005, 487ff.; *Zehetbauer*, Zur Frage der fehlenden Klassifikation eines Seehandelsschiffes in der Transportversicherung unter Zugrundelegung der Allgemeinen Österreichischen Transportversicherungsbedingungen (AÖTB 1988 idF 1992), TranspR 2008, 197–201.

Seeschiffe werden „klassifiziert". Das bedeutet, dass eine Klassifikationsgesellschaft prüft und in einem Zertifikat bestätigt, dass das Schiff nach Bauart und Unterhaltung einer bestimmten – in den Regeln der Klassifikationsgesellschaft näher definierten – (Qualitäts-)Klasse entspricht.

Das Klassezeugnis ist also Sachverständigengutachten, das seinen Ursprung in der englischen Versicherungswirtschaft hat: Die Londoner Seeversicherer begründeten 1834 eine erste Institution, **„Lloyd's Register of Shipping"**, mit dem Ziel, Bauvorschriften für hölzerne und stählerne Schiffe aufzustellen und deren Einhaltung zu überwachen und zu bestätigen. Dadurch wurde die Abschätzung des versicherten Risikos erleichtert. Die Klassen sind im Laufe der Zeit weiter diversifiziert und vor allem auch durch staatliche Sicherheitsvorschriften (namentlich SOLAS) beeinflusst worden.

Neben Lloyd's Register sind Gesellschaften in anderen Ländern getreten, so vor allem des Bureau Veritas in Frankreich, das lange Zeit eine beherrschende Stellung auf dem Kontinent hatte. Später kamen ua. der Germanische Lloyd (GL) in Deutschland, das Registro Italiano Navale in Italien und Det Norske Veritas (DNV) in Skandinavien hinzu. Die bedeutenden Gesellschaften sind in der International Association of Classification Societies (IACS) zusammengeschlossen.

Die deutsche Klassifikationsgesellschaft, der Germanische Lloyd in Hamburg, ist seit 1889 eine (gemeinnützige) Aktiengesellschaft. Sie fusionierte kürzlich mit der norwegischen Klassifikationsgesellschaft und firmiert nun unter DNV-GL.

Die Tätigkeit der Klassifikationsgesellschaften ist teils privatrechtlicher, teils öffentlich-rechtlicher Natur.

Schon im privatrechtlichen Bereich sind die Aufgaben heute umfassender als die Abschätzung des Versicherungsrisikos, obgleich die Versicherungen wohl immer noch die wichtigsten Interessenten der Klassifikation sind. Ebenso wichtig ist jedoch das Klassezertifikat als Gutachten beim Verkauf eines Schiffes oder bei seiner Vercharterung.

Von besonderer Bedeutung ist jedoch, dass die Gesellschaften zunehmend auch im öffentlichen Interesse zur Gewährleistung der Schiffssicherheit eingesetzt werden. Das Bundesamt für Seeschifffahrt und Hydrographie und die SBG, der als Trägerin der gesetzlichen Unfallversicherung die Verhütung von Arbeitsunfällen obliegt, bedienen sich zur Erfüllung ihrer Aufgaben nach der SchSV (dazu o. § 8 V 2) auch des DNV-GL oder einer anderen Klassifikationsgesellschaft in der EU. In diesem Aufgabenbereich prüft die Klassifikationsgesellschaft nach anderen Maßstäben als denen ihrer eigenen Klasseregeln: Sie prüft die zur Ausstellung des **Schiffssicherheitszeugnisses** erforderliche Einhaltung der Vorschriften der SchSV. Zwar sind diese Sicherheitsvorschriften auch Bestandteil der Klasseregeln, doch müssen naturgemäß bei einer primär und allein der öffentlichen Sicherheit dienenden Prüfung schärfere Anforderungen gestellt werden.

Noch wenig geklärt ist die **Haftung** der Klassifikationsgesellschaften. Soweit sie auf die Verletzung einer privatrechtlichen Vertragspflicht gestützt wird, gelten die allgemeinen Grundsätze über Vertragsverletzungen. Auch der Schutz Dritter, denen das Gutachten eine Beurteilungsgrundlage geben soll (Versicherung, Käufer), lässt sich über die Rechtsfigur des Vertrages mit Schutzwirkung für Dritte ohne große

Schwierigkeiten begründen.[16] Allerdings kann insoweit die Haftung auch durch Vereinbarung im Gutachtervertrag ausgeschlossen oder gemildert werden.

Problematisch ist jedoch die Haftung der Klassifikationsgesellschaft für Schäden, die entferntere Dritte infolge nachlässiger Prüfung der Schiffssicherheit erleiden. Eine Haftung für Personen- oder Sachschäden Dritter kann entweder über deren Einbeziehung in die Schutzwirkung des Vertrages oder über den Gedanken einer Einstandspflicht gegenüber der Öffentlichkeit begründet werden. Soweit der Anspruch auf Delikt gestützt werden muss, kommt den Klassifikationsgesellschaften bei Fehlverhalten ihrer Inspektoren die Exculpationsmöglichkeit des § 831 BGB zugute.

Diese Fragen sind noch weitgehend ungeklärt. Im Zusammenhang mit den schweren Unfällen der letzten Jahre – „Erika" und „Prestige" – sind sie jedoch intensiver als zuvor wissenschaftlich und rechtsvergleichend beleuchtet worden.[17]

Wegweisend war schon in den neunziger Jahren des letzten Jahrhunderts eine englische Entscheidung, die zugleich die Problematik einer zu starken Haftungsbelastung der Klassifikationsgesellschaften aufzeigt, die (auch) im öffentlichen Interesse tätig werden. Es ist hier ähnlich wie bei den Wirtschaftsprüfern oder auch dem Wetterdienst, die bei einer gewissen Anfälligkeit ihrer Tätigkeit für Fehleinschätzungen mit der vollen Haftung gegenüber jedermann überfordert wären.

Die Haftung einer Klassifikationsgesellschaft für Sachschäden Dritter ist in der viel beachteten Entscheidung des House of Lords nach englischem Recht verneint worden.[18] Die Ladung eines Frachters war mit dem Schiff verlorengegangen, weil die Klassifikationsgesellschaft das Schiff nicht wegen seiner Seeuntüchtigkeit am Auslaufen gehindert hatte. Die erste Instanz hatte der Klage der Ladungseigentümer stattgegeben. In der Berufungsinstanz wurde dieses Urteil aufgehoben, vor allem mit der Begründung, die Inanspruchnahme der Gesellschaft wegen eines Ladungsschadens widerspreche der in den HR vorgesehenen Risikoverteilung zwischen Reeder und Ladungsbeteiligten. Das House of Lords beließ es – mit einer beachtlichen *dissenting opinion* von Lord Lloyd of Berwick – bei der Aufhebung des Urteils. Es folgte zwar nicht der Auffassung, dass die Risikoverteilung der HR im Deliktsrecht maßgebend sein könne, verschloss sich jedoch nicht dem Argument, dass es „*unfair*" und „*unreasonable*" sei, die Klassifikationsgesellschaft als einen nur neben dem Vertragspartner des Geschädigten verantwortlichen Verursacher haften zu lassen. Dabei wies es darauf hin, dass die Reeder die Kosten solcher Haftung durch höhere Gebühren letztlich doch zu tragen hätten sowie darauf, dass die Gesellschaften im öffentlichen Interesse handelten und dass deshalb ihre Tätigkeit nicht durch ein Haftungsrisiko behindert werden dürfe.

Die Entscheidung des House of Lords ist nicht nur in der *dissenting opinion*, sondern auch in der Literatur[19] kritisiert worden. Französische Gerichte haben auch anders entschieden.[20] Die entscheidende Frage liegt darin, ob man eine Rechtspflicht der Klassifikationsgesellschaft zur Schadensverhütung gegenüber Dritten annimmt (im englischen Recht „*duty to care*").

Für das deutsche Recht könnte über die zur Prospekthaftung entwickelten Grundsätze,[21] also über die Rechtskonstruktion der *culpa in contrahendo*, auch eine quasivertragliche Haftung der Klassifikationsgesellschaft gegenüber dem Kreis künftiger Benutzer des Schiffes angenommen werden; gegenüber diesen nimmt die Gesellschaft „Vertrauen für sich in Anspruch".[22] Besatzungsmitglieder, Passagiere und Ladung benutzen das Schiff auch mit Rücksicht auf das Klassezertifikat, selbst wenn

---

16 OLG Hamburg TranspR 1990, 345 ff.; *Welsch*, TranspR 1991, 230, 232.
17 Vgl. nur *Kraft/Schlingmann*, VersR 2004, 1095 ff.; *Jessen*, RdTW 2013, 387 ff.
18 Vgl. 2 LLR 1995, 299 ff. – „Nicholas H".
19 Vgl. ua. *France*, IJML 1996, 67 ff.
20 Nachweise bei *France*, aaO.
21 Vgl. etwa BGHZ 71, 286.
22 Vgl. dazu *A. Drobnig*, S. 182 ff.

sie es im Einzelfall nicht kennen (sog. typisiertes Vertrauen).[23] Regelmäßig wird in Zeitcharterverträgen, aber auch in Kaufverträgen eine bestimmte Klasse für das Transportmittel vorgeschrieben. Die Ladungsversicherung verlangt Klassifizierung des Schiffes bei einer der IACS-Gesellschaften.[24] Reiseveranstalter werben gelegentlich zumindest implicite damit. Deshalb muss die Klassifikationsgesellschaft, mit deren Wissen und Willen auf ihre Sachkunde und Sorgfalt verwiesen wird, für Fehler gegenüber denen einstehen, die darauf vertrauen.[25] Soweit die Gesellschaft Dritten gegenüber aus dem Gesichtspunkt des Vertrauensschutzes haftet, hat sie für ihre Inspektoren nach § 278 BGB einzustehen.

Eine Haftung besteht bei solcher Begründung allerdings nicht gegenüber Kollisionsgegnern oder sonst dem Schiff ferner Stehenden sowie bei reinen Vermögensschäden. Werden hier die Ansprüche auf Delikt gestützt, bedarf es jedenfalls bei Schäden durch Unterlassung einer Rechtspflicht, die man nur aus einer Garantenstellung gegenüber der Öffentlichkeit herleiten könnte.

Entscheidend wird aber bei beiden Rechtskonstruktionen – ob vertragliche und deliktische Ansprüche – letztlich sein, ob zwischen Klassifikationsgesellschaft und Drittem ein „Näheverhältnis“[26] besteht, das diesen entweder in den Schutzbereich des Gutachtenvertrages einbezieht oder doch wenigstens sein Vertrauen auf die Richtigkeit der Beurteilung rechtfertigt. Die Abgrenzung wird – zumindest nach geltendem Recht – eine Frage der Abwägung der beiderseitigen Interessen sein.

Wichtig erscheint mir noch eine andere Überlegung: Dritte verlassen sich nicht nur auf die Einhaltung der Klasseregeln, vielmehr in der Regel auf die Beachtung der gesetzlichen Vorschriften über Bau und Unterhaltung des Schiffes. Soweit eine fehlerhafte Prüfung durch die Gesellschaft bei einem Passagierschiff – vielleicht sogar unmittelbar – zur Ausstellung eines unrichtigen Schiffssicherheitszeugnisses führt, bestehen Bedenken gegen eine Haftung der Gesellschaft aus einem ganz anderen Grund: Soweit die Klassifikationsgesellschaft im Auftrage des Staates tätig wird, nimmt sie delegierte hoheitliche Aufgaben wahr. Das führt zu einer Staatshaftung nach Art. 34 GG, § 839 BGB. Die Frage kann hier also nur sein, ob der Staat oder (nach § 839 Abs. 1 Satz 2 BGB dessen Haftung ausschließend) die Klassifikationsgesellschaft haftet. Vieles spricht dafür, den Staat selbst in Anspruch zu nehmen: Er schreibt die gesetzlichen Anforderungen an die Schiffssicherheit vor und übernimmt – national und international – die Verpflichtung, für ihre Einhaltung zu sorgen (vgl. dazu auch o. § 8 IV 2). Delegiert er diese Pflicht auf eine private Gesellschaft (die sich zudem meist noch im Anteilsbesitz der zu prüfenden Reeder befindet!), so hat er für die Folgen einzustehen.

Das Argument der englischen Rechtsprechung, dass eine Dritthaftung der Klassifikationsgesellschaft im Hinblick auf die Haftungsbeschränkung des Reeders nicht angemessen sei, kann jedenfalls nicht überzeugen. Allerdings kann dieser Gedanke, wenn man die Klassifikationsgesellschaft für haftbar hält, zu einer anderen, weniger weitgehenden Folgerung führen: Durch die extreme Begünstigung des Reeders im Haftungsrecht können auch sonst Verwerfungen im Verhältnis zu anderen Haftpflichtigen entstehen, die noch dadurch verschärft werden, dass nach Art. 2 Abs. 2

---

23 BGHZ 83, 226.

24 Vgl. *Enge*, Transportversicherung, 3. Aufl., S. 117.

25 Es mehren sich in jüngster Zeit die Stimmen, die für eine solche Haftung eintreten, vgl. etwa *Holtappels*, TranspR 2002, 278ff.; etwas zurückhaltender *Kraft/Schlingmann*, VersR 2004, 1095.

26 *Jessen*, aaO, S. 395.

HBÜ auch deren etwaige Rückgriffsansprüche gegen den Reeder aus einem Gesamtschuldverhältnis der Haftungsbeschränkung unterworfen sind. Diese Tatsache kann – und sollte – dazu führen, dass die Haftung anderer Gesamtschuldner neben dem Reeder nach den Grundsätzen des sog. gestörten Gesamtschuldnerausgleichs[27] – beschränkt ist; ein völliger Haftungsausschluss lässt sich mit diesem Argument aber nicht begründen.

Natürlich liegt bei dieser Lage der Wunsch der Klassifikationsgesellschaften nahe, ihre Haftung gesetzlich zu beschränken. Entsprechende Überlegungen waren Gegenstand der Konferenz des CMI in Antwerpen 1997.[28] Der Gesetzgeber sollte jedoch einer Ausweitung dieses überholten Rechtsinstituts widerstehen; eher wäre die Privilegierung im Übrigen einzuschränken. Sie kann heute, wie in allen anderen Geschäftszweigen, durch die Wahl einer entsprechenden Rechtsform (etwa einer AG) leicht ersetzt werden.

IV. Werften

Für Bau- und Reparaturwerften gelten ebenfalls grundsätzlich keine seerechtlichen Besonderheiten. Wegen der Vertragsgestaltung und vertraglichen Haftung vgl. u. § 46 III. Die Werft ist in aller Regel nicht Erfüllungsgehilfin des Reeders bei der Ausführung der Fracht- oder Charterverträge, da sie von ihm normalerweise nicht zur Erfüllung seiner Vertragspflichten eingeschaltet wird.

Die Haftung der Werft für Sach- und Personenschäden Dritter bestimmt sich ebenso wie die der Klassifikationsgesellschaften grundsätzlich nach §§ 823ff. BGB. Eine quasi-vertragliche Haftung aus culpa in contrahendo gegenüber Dritten kommt hier wohl nur sehr ausnahmsweise in Betracht, da die Werft diesen gegenüber nicht „Vertrauen für sich in Anspruch nimmt".

Neuerdings kommt jedoch die Haftung nach dem ProdHG hinzu. Danach hat die Werft Dritten gegenüber für Fehler der von ihr in den Verkehr gebrachten Schiffe einzustehen.

Ein Fehler liegt vor, wenn Konstruktion oder Herstellung nicht dem Stand von Wissenschaft und Technik entspricht. Diese – neben die in Deutschland schon zuvor auf § 823 BGB gestützte Haftung des Herstellers tretende – Produkthaftung verlangt von der Werft nicht nur die Einhaltung der öffentlich-rechtlichen Bauvorschriften (SOLAS), sondern darüber hinaus die Vermeidung aller Gefahren, die aus praktischen Erfahrungen oder theoretischen, allgemein zugänglichen Untersuchungen erkennbar sind. Im Einzelnen muss hier auf das ProdHG verwiesen werden. Diese Haftung geht außerordentlich weit und birgt vor allem dann Gefahren für die Werft in sich, wenn das Schiff leichtfertig betrieben wird, bei einem Unfall aber dennoch ein Fehler der Werft mitgewirkt hat: Im Regress gegen den Reeder stößt die von den Geschädigten als Gesamtschuldner in Anspruch genommene Werft auf die Beschränkung des Art. 2 Abs. 2 HBÜ, der sie nur durch den Nachweis persönlicher bewusster grober Fahrlässigkeit des Reeders entgehen kann.

Die durch den extremen Reederschutz gestörte Balance im Ausgleich unter mehreren Gesamtschuldnern kann auch hier vielleicht am ehesten dadurch gefunden werden, dass die Haftungsbeschränkung des – als Vertragsschuldner regelmäßig primär verantwortlichen – Verfrachters im Außenverhältnis etwa zu geschädigten

---

27 Vgl. etwa *Medicus*, Schuldrecht AT, 6. Aufl., S. 369.
28 Vgl. CMI-Yearbook Antwerp II, S. 179ff.

Passagieren, welche dieser Beschränkung vertraglich zugestimmt haben, auch zugunsten der Werft angewendet wird (sog. gestörtes Gesamtschuldverhältnis, vgl. o. III). Dabei muss man sich allerdings im Klaren darüber sein, dass diese dogmatisch komplizierten, nur der deutschen Rechtswissenschaft eigenen Überlegungen in den meisten Auslandsrechten kaum anerkannt werden dürften. International zeichnet sich eine andere Lösung ab: Die Beseitigung oder doch zumindest Einschränkung der Haftungsbeschränkung des Reeders für Personenschäden. Diese gehören zu dem Teil der Risiken auch der Werft, der – auch seiner Höhe nach – am schwersten abzuschätzen ist.

V. Seehafenspediteure

Wie allgemein im Transportrecht hat auch im Seefrachtrecht der Spediteur eine wichtige Stellung. Er besorgt für den Befrachter die Versendung von Gütern über See, aber auch – als Empfangsspediteur im einkommenden Verkehr – über Land. Daneben übernimmt er speditionelle Leistungen wie Zollklarierung, Sorge für seefeste Verpackung und ähnliches.

Schließt der Spediteur für seinen Auftraggeber Seefrachtverträge ab, so geschieht dies – im Gegensatz zur allgemeinen Praxis der Spedition, bei welcher der Spediteur die Besorgung der Versendung in aller Regel gegen eine bestimmte Vergütung übernimmt, welche die Kosten für die Beförderung einschließt und bei der er deshalb nach § 459 regelmäßig als Frachtführer anzusehen ist – im ausgehenden Verkehr heute normalerweise noch auf Provisionsbasis, weil die genauen Kosten einer Seebeförderung häufig nicht im Voraus abzuschätzen sind. Die Haftung richtet sich dann nach §§ 461f.: Sie ist modifiziert gegebenenfalls durch die ADSp, die in ihrer neuen Form jedoch nicht mehr, wie die bis zum 30.6.1998 geltenden ADSp, eine Haftungsersetzung durch den Versicherungsschutz des SVS/RVS vorsehen (dürfen), vielmehr lediglich noch eine Herabsetzung der Haftungsgrenzen im Rahmen des Spielraums von § 466.

Es kann jedoch auch eine Haftung nach Frachtrecht in Betracht kommen, wenn die Tatbestände der §§ 458, 459, 460 Abs. 2 vorliegen, namentlich also bei Vereinbarung fester Kosten für die Beförderung. Dann gilt – mit Vorrang auch vor den ADSp, soweit es zwingend ist – das Frachtrecht des jeweiligen, in die Kosten eingeschlossenen Transports; insoweit hat der Spediteur dann die Rechte und Pflichten eines Frachtführers oder Verfrachters.

Soweit der Speditionsvertrag die Kosten für einen innerstaatlichen Transport im Sinne des § 407 (also Landtransport, Binnenschiffstransport oder Lufttransport) zum Gegenstand hat, gelten die Haftungsregeln der §§ 425ff. mit den Möglichkeiten abweichender vertraglicher Vereinbarungen im Rahmen des § 449. Ist eine internationale Landbeförderung in die Kosten eingeschlossen, findet insoweit die CMR oder die CIM, bei einer Luftbeförderung das Warschauer Abkommen (in seiner jeweils anwendbaren Fassung) Anwendung. Diese Regelungen sind absolut (CMR und CIM) oder jedenfalls einseitig zugunsten des Versenders (WA) zwingend.

Schließt der fest vereinbarte Preis eine Seebeförderung ein, so hat der Spediteur ebenfalls die Rechte und Pflichten des Verfrachters.

Der Spediteur wird bei Besorgung einer Seeverfrachtung häufig im Konnossement als Ablader („Shipper“) mit dem Zusatz „as agents only“ angegeben, weil der Auftraggeber nicht in Erscheinung treten will oder es sich um ein Sammelkonnossement für mehrere Absender handelt. Dann ist er aus dem Frachtvertrag, für dessen Identität mit den Konnossementsangaben die Vermutung spricht,[29] gleichwohl persönlich zur Frachtzahlung verpflichtet und zur Geltendmachung von Ersatzansprüchen berechtigt, wenn er nicht den Absender, den er vertreten wollte, unverzüglich offenbart.[30]

---

29 Vgl. LG Bremen TranspR 2004, 220.

30 § 179 BGB; *Rabe*, § 643 Rn. 6; vgl. auch o. § 20 III 2.

KAPITEL 5: Außervertragliche Haftung und Haftungsbeschränkung

§ 22 Besondere Normen des Seerechts über die außervertragliche Haftung

I. Allgemeines

Das Seerecht kennt neben der besonderen Ausgestaltung seerechtlicher Vertragsverhältnisse mit ihren besonderen Haftungsregeln auch eine Reihe von Sondervorschriften über die außervertragliche Haftung der am Seetransportgeschäft Beteiligten. Solche bestehen in erster Linie für den **Reeder** und den diesem haftungsrechtlich gleichgestellten **Ausrüster** (dazu o. § 15 III 4), jedoch auch für andere am Seeverkehr Beteiligte wie namentlich den **Kapitän** und den **Lotsen**. Für andere Seeverkehrsbeteiligte gelten zwar nur die allgemeinen Haftungsbestimmungen, doch werfen diese im speziellen Zusammenhang besondere Probleme auf; so etwa bei **Hafen- und Umschlagsbetrieben, Klassifikationsgesellschaften** und **Werften**.

Im Folgenden sollen nur die besonderen Bestimmungen dargestellt werden, welche die außervertragliche Haftung aus der Verwendung des Schiffes – also die des Reeders, des diesem gleichgestellten Ausrüsters und des Eigentümers – betreffen. Die seerechtlichen Besonderheiten der Haftung anderer Seeverkehrsbeteiligter – vor allem des Kapitäns, des Schiffsagenten, des Lotsen, der Klassifikationsgesellschaft und der Werft – werden jeweils im Zusammenhang mit deren Funktion behandelt (o. §§ 17, 19, 20, 21). Die Möglichkeiten der Haftungsbeschränkung werden im Rahmen der Darstellung der §§ 611 ff. (u. §§ 24, 25) erörtert.

Der Begriff **Haftung** wird hier synonym mit dem der Verpflichtung verwendet. Dies ist, weil das deutsche Recht zwischen „Schuld" und „Haftung" unterscheidet, ungenau, doch mehr noch als im allgemeinen, juristischen Sprachgebrauch[1] im Transportrecht üblich. Der Grund liegt in der Kürze dieses Ausdrucks[2] für einen zentralen, häufig zu verwendenden Begriff; ferner in dem starken Einfluss ausländischer Rechte, die den scharfen Unterschied zwischen Verpflichtung und Haftung nicht kennen (engl.: liability; franz.: responsabilité). Man muss sich allerdings dabei dessen bewusst bleiben, dass auch und gerade im Seerecht Fälle der Haftung für fremde Schuld (Schiffshypothek, Schiffsgläubigerrecht, Haftung für Ansprüche gegen die Leute) ebenso wie vor allem Beschränkungen der Haftung für eigene Verbindlichkeiten (sowohl dem Umfang als auch dem Gegenstand nach) häufig sind, der Begriff also doppeldeutig ist.

Schuldner der außervertraglichen Haftung aus der Schiffsverwendung ist regelmäßig der Reeder oder, wenn ein Ausrüstungsverhältnis besteht, der Ausrüster. Manche Vorschriften definieren die Passivlegitimation jedoch anders: So stellt etwa das internationale System der Ölhaftung auf den (eingetragenen) Eigentümer des Schiffes ab.

---

1 Vgl. dazu *Medicus*, Schuldrecht I, S. 9; auch *Schlechtriem*, Schuldrecht BT, Rn. 729.
2 Gegenüber etwa „Verantwortlichkeit" bei *Richter-Hannes/Richter/Trotz*, S. 62 ff.

II. Haftung nach allgemeinen Vorschriften

Die außervertragliche Haftung des Reeders und des Ausrüsters bestimmt sich grundsätzlich nach den allgemeinen Vorschriften, also insbesondere nach §§ 823ff. BGB über die unerlaubte Handlung.

Das Seehandelsrecht enthält daneben eigenständige – teils weitergehende, teils einschränkende – Haftungsregeln, so für die Haftung bei besonderen Schifffahrtsereignissen wie Zusammenstoß und Schiffsverlust (Wrackbeseitigung) oder für die Haftung bei Schäden Dritter durch Gefahrguttransporte.

Der Rückgriff auf die allgemeinen Bestimmungen kann, soweit er durch die Spezialnorm nicht ausgeschlossen ist, in der Praxis vor allem im Hinblick auf die gegenüber Sonderbestimmungen häufig längere Verjährungsfrist (§ 853 BGB) sinnvoll sein. Andererseits bringen es besondere seerechtliche Haftungseinschränkungen oft mit sich, dass deren Umgehung durch Berufung auf allgemeines Deliktsrecht vom Gesetzgeber ausgeschlossen werden musste. Das gilt etwa für die deliktische Haftung des Beförderers, die mit der vertraglichen Haftung aus Seefracht- und Passagierbeförderungsverträgen konkurriert (§ 480 S. 2; § 506).

Die Haftung des Reeders oder Ausrüsters unterliegt den Einschränkungen nach §§ 104ff. SGB VII (früher §§ 636ff. RVO), nach denen Ansprüche wegen eines Arbeitsunfalls gegen Arbeitgeber und einige andere Personengruppen grundsätzlich ausgeschlossen sind; hier finden sich speziell auf seerechtliche Ansprüche zugeschnittene erweiterte Befreiungsgründe (§ 107 SGB VII).

Eine Haftung nach allgemeinen Vorschriften kann sich ausnahmsweise auch ohne eine Rechtswidrigkeit der Schadenszufügung aus **§ 904 BGB** ergeben. Wird zur Abwendung einer Gefahr auf eine fremde Sache eingewirkt, so folgt ebenso im Seerecht eine Ersatzpflicht aus § 904 S. 2 BGB.[3]

Von besonderer praktischer Bedeutung ist, dass die **Zurechnungsnorm des § 831 BGB** hinsichtlich der Schiffsbesatzung und bestimmter anderer Personen **durch § 480 praktisch verdrängt** wird. Obgleich dogmatisch Unterschiede zu der Haftung nach § 831 BGB bestehen, führt die seerechtliche Regelung im Ergebnis zu einer **Einstandspflicht des Reeders für fremdes Verschulden ohne Entlastungsmöglichkeit auch außerhalb von Vertragsverhältnissen**, allerdings mit Einschränkungen gegenüber der Ladung (dazu im Einzelnen u. § 23 I).

III. Haftung aus Schiffszusammenstößen

Sondergesetzlich geregelt ist die Haftung für Schäden, die durch den Zusammenstoß von Schiffen entstehen (§§ 570ff.). Die Regelung entspricht jedoch im Wesentlichen der Verschuldenshaftung des § 823 BGB. Eine Besonderheit stellt lediglich die **Haftungserleichterung** des § 571 Abs. 1 Satz 1 dar: Abweichend von dem Grundsatz des § 840 Abs. 1 BGB und im Gegensatz zu der auch im Seerecht gesamtschuldnerischen Haftung bei Personenschäden aus Zusammenstößen (§ 571 Abs. 2) haftet der Reeder bei Verschulden beider beteiligten Schiffe für Sachschäden nur nach dem Verhältnis der Schwere des auf jeder Seite obwaltenden Verschuldens, also *pro rata*.

Die Vorschriften des deutschen Rechts beruhen insoweit auf dem internationalen Übereinkommen von 1910 zur einheitlichen Feststellung von Regeln über den Zusammenstoß von Schiffen;[4] die innerstaatliche Regelung wurde durch das Vertragsgesetz v. 7.1.1913 an das Übereinkommen angepasst.

---

3 BGHZ 6, 102; 19, 82.
4 RGBl. 1913, 49ff.

Übereinkommen und deutsches Recht regeln ausschließlich die außervertragliche Verpflichtung zum Schadensersatz. Eine Haftung aus Vertrag bleibt deshalb daneben bestehen, wird jedoch – soweit gesetzlich zulässig – in der Regel durch die sog. *„both-to-blame-collision-clause"* an die *pro-rata*-Sachschadenshaftung des § 571 angepasst (dazu u. § 38 IV 2).

Die Einzelheiten der Regelung sind u. § 38 dargestellt, da es rechtssystematisch üblich ist, den Schiffszusammenstoß unter dem Oberbegriff der „Reisenotlagen" zu behandeln.

IV. Haftung für Wrackbeseitigung

Lit.: *Bartlsperger*, Die Aufwendungsersatzansprüche der Wasserstraßenverwaltung für Schiffs- und Ankerbergungen, ZfB 1975, 439 ff.; *Laubinger*, Die öffentlich-rechtliche Haftung des Schiffseigners bei der Wrackbeseitigung, Ankerbergung und nach § 22 WHG, ZfB 1982, 9 ff.; *Looks*, Neuere Rechtsfragen bei der Wrackbeseitigung, Schriften des DVIS A 29, 1977; *Ramming*, Das Wrackbeseitigungsabkommen und seine Umsetzung im deutschen Recht, RdTW 2014, 129 ff.

Besondere Vorschriften finden sich im Seerecht auch für die Beseitigung von Wracks und die Haftung für die Beseitigungskosten.

Gesetzliche Grundlage des behördlichen Tätigwerdens und des Kostenerstattungsanspruchs ist nunmehr allein noch das Bundeswasserstraßengesetz (WaStrG) v. 2.4. 1968[5], nachdem die Strandungsordnung – welche in § 25 weitergehende Besonderheiten enthielt – durch das Dritte Rechtsbereinigungsgesetz[6] aufgehoben wurde.

Beeinträchtigt ein Wrack oder hilflos treibendes Schiff die Sicherheit oder Leichtigkeit des Verkehrs auf einer Bundeswasserstraße, so kann das zuständige Wasser- und Schifffahrtsamt nicht nur eine strompolizeiliche Verfügung gegen den Zustandsstörer und den Eigentümer mit dem Ziel der Beseitigung erlassen (§§ 25, 26, 28 WaStrG), sondern auch selbst die Beseitigung vornehmen (§ 28 Abs. 3, § 30 WaStrG).

Stützt die Behörde die von ihr selbst unternommene oder in Auftrag gegebene Maßnahme der Beseitigung eines Wracks oder seines Zubehörs (Ladung, Anker!) auf das WaStrG, so regelt § 30 Abs. 3 bis 12 eingehend die Kostenerstattung: Die Behörde kann sich nach Androhung aus den geborgenen Gegenständen im Wege des Verwaltungszwangsverfahrens befriedigen. Die Habe der Besatzung, das Reisegut von Reisenden und Post sind von dieser dinglichen Haftung[7] ausgenommen.

Über die dingliche Haftung hinaus besteht eine persönliche Haftung des Eigentümers und des Störers (vgl. § 30 Abs. 12 WaStrG) zur Kostenerstattung. Dieser Anspruch unterliegt jedoch der Haftungsbeschränkung nach §§ 611 ff., obgleich er öffentlich-rechtlicher Natur ist (vgl. § 30 Abs. 12 Satz 3 WaStrG; Art. 7 Abs. 2 EGHGB).

Mit der Klarstellung der Haftungsbeschränkungsmöglichkeit gegenüber dem öffentlich-rechtlichen Erstattungsanspruch wurde durch das 2. SÄG eine Gesetzeslücke geschlossen, die es bis dahin der Behörde erlaubte, durch die Wahl der Eingriffsgrundlage das Beschränkungsrecht zu umgehen, das dem Schuldner gegenüber privatrechtlichen Ansprüchen zusteht.[8]

Außer auf dem öffentlich-rechtlichen Weg des § 30 WaStrG kann die Behörde die Kosten der Wrackbeseitigung oder der Kennzeichnung des Wracks auch unter dem privatrechtlichen Gesichtspunkt der **Störung des Eigentums an der Wasserstraße** (§ 1004 BGB) ersetzt verlangen.[9] Auch in diesem Fall unterliegt der Ersatzanspruch der Behörde jedoch der Haftungsbeschränkung nach §§ 611 ff.; Art. 7 EGHGB.

---

5 BGBl. II 173 idF der Neufassung v. 23.5.2007 BGBl. I 962, zuletzt geänd. durch G v. 7.8.2013 BGBl. I 3154.

6 BGBl. 1990 I 1221.

7 Vgl. für das Schiff auch § 754 Nr. 4.

8 Vgl. dazu und eingehend zur – inzwischen allerdings durch Wegfall der Strandungsordnung vereinfachten – neuen Rechtslage *Herber*, Das neue Haftungsrecht der Schifffahrt, S. 229 ff.

9 Vgl. BGH VersR 1964, 484.

V. Haftung nach dem Produkthaftungsgesetz

Auch der Reeder kann nach dem ProdHG für Schäden verantwortlich sein, die anderen durch einen Fehler des Schiffes entstehen: Führt er das Schiff zum „Vertrieb mit wirtschaftlichem Zweck im Rahmen seiner wirtschaftlichen Tätigkeit", insbesondere zur Vermietung in das Gebiet der EU ein, so gilt er als Hersteller und haftet Geschädigten wie die Werft (§ 4 Abs. 2 ProdHG); zur Werfthaftung vgl. o. § 21 IV.

Obgleich bei der Ausarbeitung der Produkthaftungs-Richtlinie der EU an Schiffe in diesem Zusammenhang nicht gedacht worden ist, ist heute klar, dass Schiffe dem Gesetz unterfallen. Deshalb wird die Einfuhr eines im EU-Ausland gebauten Schiffes zum Zweck des Vercharterns ebenso erfasst wie die zum Zweck der Weiterveräußerung. Doch wird man nach Wortlaut und Zweck der Vorschrift verlangen müssen, dass diese Absicht bei der Einfuhr bestanden hat; führt der Reeder das Schiff zur eigenen Verwendung ein und entschließt er sich später, es zu verchartern, so ist die Voraussetzung des § 4 ProdHG nicht erfüllt.

Die Haftung ist jedoch unter den Voraussetzungen der §§ 611 ff. iVm dem HBÜ beschränkbar. Diese Regelung geht dem ProdHG als lex specialis vor. Wollte man daran im Hinblick darauf zweifeln, dass das später erlassene ProdHG einen Vorbehalt zugunsten der seerechtlichen Haftungsbeschränkung nicht enthält, muss jedenfalls der Zweck des – über § 611 unmittelbar anwendbaren – HBÜ zu dieser Auslegung führen: Das HBÜ erfasst bewusst alle im Zusammenhang mit dem Betrieb des Schiffes entstehenden Ansprüche – sogar wie o. IV gesehen öffentlich-rechtliche –, ohne auf die jeweilige, vom nationalen Recht abhängige Anspruchsgrundlage abzustellen.

VI. Haftung für Schäden bei der Beförderung gefährlicher Güter

Lit.: *Bremer*, Die Haftung beim Gefahrguttransport, 1992; *Edye*, Die Haftung des Reeders für Dritt- und Umweltschäden beim Seetransport gefährlicher Güter, Veröffentlichungen des Instituts für Seerecht und Seehandelsrecht der Universität Hamburg Bd. 7, 1993; *Ganten*, Internationale Gefahrguthaftung beim Seetransport, TranspR 1997, 397 ff.; *Hole/Busch*, Internationale und nationale Vorschriften für die Beförderung gefährlicher Güter, TranspR 1986, 401 ff.; *M. Schmidt*, Haftung beim Transport gefährlicher Güter, 1995; *Schünemann*, Zivilrechtliche Haftung bei der Gefahrgutbeförderung. Schadensersatzrechtliche Grundfragen unter besonderer Berücksichtigung der Umwelthaftung, TranspR 1992, 53 ff.; *Trappe*, Haftung beim Transport gefährlicher Güter im Seeverkehr, VersR 1986, 942 ff.

Beim Transport gefährlicher Güter können unterschiedliche Haftungsfragen auftreten: Handelt es sich um die Haftung des Abladers oder Befrachters für Schäden am Schiff oder dessen anderer Ladung, greift § 483 ein. Wird Ladung durch beigeladenes Gefahrgut beschädigt oder erleidet ein Passagier durch an Bord befindliches Gefahrgut Schaden, haftet der Verfrachter, sofern ihn ein Verschulden trifft.

Während sich diese Fälle vertraglicher Haftung nach dem Gesetz und durch Vereinbarungen verhältnismäßig leicht lösen lassen, liegt der Kern der Problematik und die enorme rechtspolitische Relevanz der Frage in der Haftung für Schäden unbeteiligter Dritter: Erleiden etwa Dritte einen Schaden durch die Explosion eines Tankers oder die Giftladung eines Trockenfrachters, so besteht nur die Haftung nach § 823 BGB. Sie ist im Seerecht allerdings gegenüber dem allgemeinen Deliktsrecht (§ 831 BGB) hinsichtlich des Einstehenmüssens für Gehilfenverschulden durch § 480 verbessert, unterliegt jedoch andererseits der Beschränkung nach dem HBÜ.

Arbeiten für ein allgemeines Übereinkommen über die Haftung bei Gefahrgutunfällen liefen seit langer Zeit. Sie begannen parallel für das Landtransportrecht (in der ECE) und das Seerecht (in der IMCO). Das Bedürfnis für eine Regelung war beim Landtransport größer, weil dort – auf Straße und Binnenschiffen – Gefahrguttransporte in sehr viel engeren Kontakt mit dicht besiedelten Gebieten kommen, während Seeschiffe nur in Häfen eine größere Zahl von Menschen gefährden. Andererseits sind hier die rechtlichen Probleme wegen eines bereits bestehenden, verhältnismäßig dichten Netzes internationaler Haftungsabkommen besonders groß. Gleichwohl wurde ein erster Durchbruch im Seerecht erzielt, und zwar schon 1969 und 1971. Damals wurden zwei Übereinkommen für einen wichtigen Sonderfall geschaffen: Die Haftung für Ölverschmutzung der See. Dem **ÖlHÜ von 1969** folgte zwei Jahre später das ergänzende **ÖlFÜ von 1971**. Beide bilden ein seitdem fast weltweit verbreitetes, funktionierendes Haftungs- und Entschädigungssystem, das in dieser Form für andere Fälle nicht wiederholt werden konnte. Zwar wurde 1996 – nach langen Verhandlungen in der IMO – endlich auch ein Übereinkommen über die **Haftung für andere gefährliche Stoffe als Öl** abgeschlossen,[10] doch sind dessen Chancen, in Kraft zu treten, nicht vergleichbar groß, weil die Rahmenbedingungen nicht dieselben sind; Deutschland beabsichtigt jedoch die Ratifizierung.

Ein Übereinkommen über die **Haftung für den Landtransport** ist bereits – deutlich klarer und besser als das seerechtliche von 1996 – im Jahre 1989 abgeschlossen worden (CRTD).[11] Seine Inkraftsetzung ist jedoch bisher gescheitert am Widerstand der Binnenschifffahrt, die bis vor kurzer Zeit noch das Privileg dinglicher Haftungsbeschränkung (§ 4 BinSchG) auch für Schäden durch schwerstes Verschulden hatte, nach dem Gesetz zur Änderung der Haftungsbeschränkung in der Binnenschifffahrt v. 25.8.1998 jetzt immerhin mit einer nach der Schiffsgröße bemessenen Summe, die für Gefahrgutunfälle erhöht worden ist, haftet. Auch die Versicherer lehnen die in der CRTD vorgeschriebene Haftpflichtversicherung mit Direktanspruch ab.[12]

Da es deshalb gegenwärtig noch an einer allgemeinen Haftungsregelung für Gefahrgutschäden fehlt, können im Folgenden nur die bestehenden Haftungssysteme für spezielle Gefahrgutarten dargestellt werden. Wegen des Inhalts des noch nicht in Kraft getretenen HNS-Übereinkommens vgl. u. 4.

1. Haftung für Gewässerschäden nach § 89 WHG

Lit.: *Aschenberg*, Gewässerhaftung, Haftung für Gewässerschäden nach allgemeinem Recht und nach § 22 WHG, 1967; *Reinhardt/Gieseke/Wiedemann/Czychowski*, Wasserhaushaltsgesetz, Kommentar, 11. Aufl. 2014; *Gieseke*, Die Haftung für Veränderungen der Wasserbeschaffenheit nach dem neuen deutschen Wasserrecht, ZfW 1964, 179 ff.; *Köhler*, Zur Schadenshaftung nach § 22 WHG, DRiZ 1972, 17 ff.; *Larenz*, Die Schadenshaftung nach dem Wasserhaushaltsgesetz im System der zivilrechtlichen Haftungsgründe, VersR 1963, 593 ff.; *Otto*, Zum Schadensbegriff des § 22 WHG, VersR 1963, 118 ff.; *Wassermeyer*, Die Bedeutung des § 22 WHG für die Binnenschifffahrt, ZfB 1973, 483 ff.; *Wüsthoff/ Kumpf*, Handbuch des deutschen Wasserrechts (Loseblatt).

Nach § 89 Abs. 2 WHG (früher § 22 WHG) haftet der **Inhaber einer Anlage**, die zur Beförderung wassergefährdender Stoffe bestimmt ist, für Schäden, die dadurch entstehen, dass solche Stoffe in ein Gewässer gelangen. Die Haftung ist unabhängig von einem Verschulden. Die Haftung ist nach § 611 ff. beschränkbar, vgl. dazu u. d).

a) **Schiffe** sind **Anlagen** im Sinne dieser Haftungsbestimmung, sofern sie für die Beförderung wassergefährdender Stoffe bestimmt sind.[13]

Das gilt nicht nur für Tankschiffe und Massengutfrachter, sondern auch für Stückgutfrachter und Passagierschiffe, sofern sie wassergefährdende Ladung befördern.[14]

Wird die Ladung an Bord des Schiffes durch einen als Anlage zu qualifizierenden Behälter aufgenommen, so kann zudem der Inhaber dieser Anlage – neben dem Inhaber des Schiffes (dazu u.) – haften.

---

10 HNS-Übk., vgl. TranspR 1997, 450 ff.

11 Abgedr. TranspR 1990, 83 ff.

12 Zur CRTD vgl. etwa *Herber*, TranspR 1990, 51 ff.; *ders.*, ETR 1991, 161 ff.; *M. Schmidt*, Haftung beim Transport gefährlicher Güter, Hamburg 1995.

13 Vgl. BGHZ 76, 35, 39.

14 *Aschenberg*, S. 392 f.; aA – nur besonders für den Transport eingerichtete Schiffe – *Larenz*, VersR 1963, 593, 604.

Es ist nicht erforderlich, dass die Anlage die Stoffe selbständig befördert.[15] Deshalb sind etwa Container (namentlich Flüssigkeitscontainer), aber auch Trailer, Tankauflieger oä. auf einem Stückgutschiff als Anlagen anzusehen. Sie müssen jedoch geeignet sein, eine gewisse Eigenständigkeit der Verfügungsgewalt zu begründen; das ist nicht der Fall bei bloße Verpackung darstellenden Fässern oder Kisten.[16]

Anlage in diesem Sinne ist auch der Treibstofftank des Schiffes.[17] Insofern gehen jedoch das **ÖlHÜ** und das **Bunkerölübereinkommen** (vgl. dazu u. 2 und 4) im Rahmen ihres Anwendungsbereichs dem § 89 WHG vor; sie schließen die Anwendung des § 89 WHG aus.

Dass der Treibstoff nicht um seiner selbst willen befördert wird, ist nach § 89 Abs. 2 WHG unbeachtlich. Verneint man deshalb jedoch die Alternative „befördern", so wäre jedenfalls das Tatbestandsmerkmal „lagern" erfüllt.

b) Haftender **Inhaber** ist bei einem Schiff der Reeder. Diesem steht der Bareboat-Charterer gleich, nicht jedoch der Zeit- oder Reisecharterer.

Ob die Haftung nach §§ 611 ff. und §§ 4 ff. BinSchG beschränkt werden kann, ist bestritten, aber nach richtiger Meinung wohl zu bejahen.[18] Der historische Gesetzgeber des § 22 WHG hat aus rechtpolitischen Gründen eine (spezielle, auf diesen Anspruch bezogene) Beschränkung abgelehnt; die allgemeine (sog. globale) Haftungsbeschränkung sollte aber greifen, ebenso wie bei den gleichartigen Ansprüchen nach dem Bunkeröl-Übereinkommen.[19]

Das folgt nicht ohne weiteres aus § 477. Doch führen dieselben Kriterien, die für die Ausrüster-Eigenschaft maßgebend sind, in der Regel zu entsprechender Beurteilung der Inhaber-Stellung: Soweit der Eigentümer Herr des technischen Schiffsbetriebs bleibt, wird er auch die Sachherrschaft über die „Anlage" Schiff haben.

c) **Gewässer** im Sinne des WHG sind alle schiffbaren deutschen Gewässer einschließlich des Küstenmeeres.

d) Die Haftung, welche nach dem WHG nicht beschränkt ist, **unterliegt im Seerecht der Beschränkung nach** § 611 iVm dem HBÜ (vgl. dazu u. § 24).[20]

2. Haftung für Ölverschmutzungsschäden durch Tankschiffe

Lit.: *Abecassis/Jarashow*, Oil Pollution from Ships, International United Kingdom and United States Law and Practice, 2. Aufl. London 1985; *Anderson*, Recent developments in the Exxon Valdez Case, DirMar. 1995, 528 ff.; *Bussek*, Schutz der Meere vor Verschmutzung, 1993; *Ganten*, Internationales Übereinkommen über die Errichtung eines Internationalen Fonds zur Entschädigung für Ölverschmutzungsschäden, Schriften des DVIS B 11, 1973; *ders.*, Entschädigung für Ölverschmutzungsschäden aus Tankerunfällen, Schriften des DVIS A 41, 1980; *ders.*, Die Regulierungspraxis des internationalen Ölschadensfonds, VersR 1989, 329 ff.; *ders.*, Die Protokolle von 1984 zum Ölhaftungsübereinkommen von 1969 und zum Fondsübereinkommen von 1971, Schriften des DVIS B 17, 1986; *ders.*, Internationale Gefahrguthaftung

---

15 Vgl. BGHZ 57, 257, 260.

16 Vgl. eingehend dazu *Edye*, S. 87 ff.

17 Anders allerdings die hM, vgl. *Edye*, S. 83 Fn. 21 mwN.

18 Verneinend BVerwG TranspR 2012, 300; dagegen *Ramming*, HambSchRZ 2012, 219 (Nr. 91).

19 Letztere sind zwar in § 611 Abs. 1 Satz 2 ausdrücklich genannt, doch hat dies nur klarstellende Bedeutung, vgl. RegBegr. SRG S. 135; MüKoHGB/*Eckardt*, § 611 Rn. 16.

20 Von der Haftungsbeschränkung nach §§ 4 ff. BinSchG sind die Ansprüche aus § 89 WHG durch § 5 Nr. 4 BinSchG ausdrücklich ausgenommen. Vgl. auch BVerwG, TranspR 2012, 300 und *Ramming*, HambSchRZ 2012, 219 (Nr. 91).

beim Seetransport, TranspR 1997, 397 ff.; *Gauci*, The Abandonment of an Oil Tanker: Compensation and Insurance Implications, JBL 1995, 105 ff.; *Gerhard*, Umwelthaftung im Transportbereich – was könnte das Umweltgesetzbuch bringen? TranspR 1996, 92 ff.; *Herber*, Das internationale Übereinkommen über die Haftung für Schäden durch Ölverschmutzung auf See, RabelsZ 34 (1970), 223 ff.; *Hwang*, Die Reederhaftung für Ölverschmutzungsschäden, Diss. Hamburg 1978; *International Oil Pollution Fund*, Annual Reports, hrsg. v. IOPC Fund, 4 Albert Embankment, London SE1 7SR; *Jacobsson*, Entwicklung des Schadensbegriffs im Recht der Haftung für Ölverschmutzungsschäden, Schriften des DVIS A 70; *Jacobsson/Trotz*, The Definition of Pollution Damage in the 1984 Protocols to the 1969 Civil Liability Convention and the 1971 Fund Convention, JMLC 17 (1986), 467 ff.; *Klumb*, Rechtliche Probleme der Ölverschmutzung der See, Diss. Frankfurt 1974; *Looks/Sinkus*, Die Kosten für Ölbekämpfungsmaßnahmen und die Haftungsbeschränkung unter der Londoner Konvention von 1976, TranspR 1994, 263 ff.; *Pfennigstorf*, „Amoco Cadiz" vor Gericht. Zehn Jahre und kein Ende, VersR 1988, 1201 ff.; *Renger*, Haftung und Entschädigung für Ölverschmutzungsschäden auf See, TranspR 1993, 132 ff.; *Schneider*, Die Diplomatische Konferenz der Internationalen Seeschiffahrtsorganisation (IMO) von 1984, TranspR 1985, 41 ff.; *Stutz*, Aktuelle Rechtsprobleme im Zusammenhang mit der internationalen Haftungs- und Entschädigungsregelung bei Ölschäden durch Tankerunfälle, VersR 1981, 897 ff.; *ders.*, Ölverschmutzungsschäden bei Tankerunfällen, RIW 1982, 90 ff.; *Trotz*, Die Revision der Konventionen über die zivilrechtliche Haftung für Schäden aus der Ölverschmutzung des Meeres und über die Errichtung eines Entschädigungsfonds, 1987; *ders.*, Admissibility and assessment of claims for pollution damage, DirMar. 1994, 298 ff.

a) Allgemeines und Vorgeschichte

aa) Eine Sonderregelung eigener Art besteht für Ölschäden, die durch Tankerunfälle verursacht werden. Sie beruht auf zwei internationalen Übereinkommen, nämlich dem **Internationalen Übereinkommen v. 29.11.1969 über die zivilrechtliche Haftung für Ölverschmutzungsschäden – ÖlHÜ**[21] und dem dieses ergänzenden **Internationalen Übereinkommen v. 18.12.1971 über die Errichtung eines Internationalen Fonds zur Entschädigung für Ölverschmutzungsschäden – ÖlFÜ**.[22]

Durch Protokolle von 1976[23] wurden die in den Übereinkommen in Poincaré-Franken festgelegten Haftungs- und Entschädigungsbeträge auf SZR umgestellt.

Beide Übereinkommen sind durch **Protokolle von 1992**[24] revidiert worden, um die Haftungssummen zu erhöhen und einige Zweifelsfragen zu klären. **Die Übereinkommen gelten seit dem 30.5.1996 für Deutschland in der durch diese Protokolle revidierten Fassung, die im BGBl. 1996 II 670 und 685 bekannt gemacht worden ist.** Sie werden in der revidierten Fassung (amtlich) als **Haftungsübereinkommen von 1992** und **Fondsübereinkommen von 1992** bezeichnet, abgekürzt **ÖlHÜ 1992** und **ÖlFÜ 1992.**

Sachlich sind die Protokolle von 1992 bereits auf einer Konferenz im Jahre 1984 beschlossen worden;[25] es bedurfte jedoch zu ihrer Inkraftsetzung einer Änderung der Schlussklauseln, um eine zu starke Belastung Japans zu vermeiden. Japan trägt wegen seines großen innerstaatlichen Öltransports die Hauptlast der Beiträge zum Fonds und wollte deshalb die beitragserhöhenden Protokolle von 1984 in der bisherigen Form nicht ratifizieren, nachdem sich herausstellte, dass die USA trotz der weitgehend auf sie zurückgehenden Revision mit dem Oil

21 BGBl. 1975 II 305.
22 BGBl. 1975 II 320.
23 BGBl. 1980 II 721, 724.
24 BGBl. 1994 II 1150; abgedr. in TranspR 1993, 153 ff.
25 Dazu *Schneider*, TranspR 1985, 41 ff.

Pollution Act 1990 einen eigenen Weg zu national schärferer Haftung gehen und dem internationalen Haftungs- und Entschädigungssystem weiterhin fernbleiben.

Die Bundesrepublik Deutschland hat bereits 1988 die Protokolle von 1984 ratifiziert[26] und die sich danach ergebende gesamte Neuregelung des Ölhaftungsrechts in einem **Ölschadengesetz – ÖlSG** von 1988[27] konsolidiert. Dieses Gesetz konnte jedoch erst in Kraft treten, als die Protokolle – nunmehr in der Fassung von 1992 – völkerrechtlich wirksam wurden (vgl. im Einzelnen § 14 ÖlSG).

Auch die Neufassung von ÖlHÜ und ÖlFÜ war bereits in der alten, nicht in Kraft getretenen Fassung im BGBl. 1994 II 1150 bekanntgemacht worden. Wegen der weiteren Änderungen durch die Protokolle von 1992 mussten das ÖlSG geändert und die Neufassungen der Übereinkommen erneut bekanntgemacht werden (s. o.).

bb) Durch das verzögerte Inkrafttreten und die übereilte und dadurch wenig übersichtliche Umsetzungsgesetzgebung ist dieses an sich schon schwierige und spezielle Rechtsgebiet kaum ohne einen **Blick auf die Vorgeschichte** verständlich (vgl. dazu auch o. § 4 II 2 b).

Nach dem ersten spektakulären Ölunfall des Tankers „Torrey Canyon“ vor der Küste von Cornwall im Jahre 1967 nahm die IMCO Arbeiten für eine angemessene Haftungsregelung auf. Schon 1969 wurde auf einer Diplomatischen Konferenz in Brüssel 1969 – neben einem öffentlich-rechtlichen, wenig kontroversen sog. Interventionsabkommen, das den Staaten die Möglichkeit gibt, Gefährdungen ihrer Küsten durch havarierte Tanker auch außerhalb ihrer Küsten zu bekämpfen – das ÖlHÜ verabschiedet. Das war möglich, weil die Vertreter der Staaten unter erheblichem politischen Druck standen, weil die zu regelnde Haftung von einem homogenen Risiko ausgeht und weil die Tankerflotte praktisch weltweit wenigen großen Gesellschaften gehört, die an einer staatlichen Haftungsregelung interessiert waren, um dirigistische Eingriffe in ihr Geschäftsgebaren zu vermeiden. Die Ölgesellschaften hatten schon zuvor einen privaten Haftungsfonds (Tanker Owner's Agreement concerning Liability for Oil Pollution – TOVALOP) gegründet, der Entschädigung aus Beiträgen der Ölindustrie leistete. TOVALOP und der später ergänzend zum ÖlFÜ geschaffene revidierte CRISTAL (Contract Regarding an Interim Supplement to Tanker Liability for Oil Pollution) arbeiteten von vornherein eng mit der IMCO und den Staatenvertretern zusammen.

Zwei Jahre später, 1971, wurde in Verfolg eines Beschlusses der Konferenz von 1969 das ÖlFÜ abgeschlossen, welches eine Ergänzung der Reederhaftung nach dem ÖlHÜ durch einen Internationalen Entschädigungsfonds (und eine etwas komplizierte Entlastung der Reeder für die ihnen durch das ÖlHÜ auferlegte Versicherung) vorsieht, der durch Beiträge der ölimportierenden Industrie gespeist wird.

Das ÖlHÜ ist 1975, das ergänzende ÖlFÜ 1978 in Kraft getreten. Die den Verfassern zunächst problematisch erscheinende Kontrolle der obligatorischen Haftpflichtversicherung funktioniert reibungslos, weil die Tankerflotte durchweg in P&I-Clubs versichert ist. Der International Oil Pollution Compensation Fund (IOPC) wird von einer kleinen Behörde der Vertragsstaaten in London verwaltet, die sich regelmäßig bereits an den Haftungsverfahren nach dem ÖlHÜ beteiligt und zudem den Staaten Hilfe bei Ölbekämpfungsmaßnahmen leistet. Dass sie klein und effektiv geblieben ist, ist vor allem dem ersten Direktor, *Ganten*, zu verdanken.

Zu dem Erfolg des Haftungssystems hat auch das besondere Engagement der mit der Ausarbeitung der Entwürfe befassten Regierungsvertreter beigetragen (vgl. auch o. § 4 II 2 b). Das besondere Gewicht, welches die Regierungen der westeuropäischen Staaten dem Problem beimaßen, ermöglichte es den Beamten der westeuropäischen Justizministerien, abseits der schwerfälligen und wenig effektiven diplomatischen Kanäle eine Arbeitsgruppe zu bilden, welche die schnelle Ausarbeitung der beiden Übereinkommen vorbereitete und auf den Konferenzen begleitete. Nur so konnte trotz der Kompliziertheit der rechtlichen Probleme – die

---

26 BGBl. 1988 II 705.

27 BGBl. I 1770, das Gesetz ist in der Folgezeit oft geändert worden, vgl. BGBl. 1994 I 1802, BGBl. 2001 I 2785, BGBl. 2003 I 2304, BGBl. 2005 I 1952, BGBl. 2008 I 2070, BGBl. 2006 I 2407, BGBl. 2013 I 3154.

nicht zuletzt in der Einbettung der neuen Regelung in das bestehende seerechtliche Haftungsbeschränkungssystem bestanden – eine gesetzestechnisch für ein internationales Übereinkommen ungewöhnlich klar durchdachte Regelung zustande kommen.[28]

Die **Revisionen von 1984/92** haben eine Reihe kleinerer Unstimmigkeiten beseitigt.[29] Wesentliches Ziel war aber vor allem die Anhebung der Haftungs- und Entschädigungsbeträge. Diese sind nicht nur erheblich erhöht worden (was nach den alten Übereinkommen nur beschränkt möglich war und geschehen ist); sie können in Zukunft in einem **vereinfachten Verfahren** durch einen besonderen Ausschuss erhöht werden,[30] ohne dass die Übereinkommen insgesamt revidiert werden müssten. Dies ist ein im vereinheitlichten Privatrecht neuerdings häufiger praktiziertes Verfahren, das schon deshalb große Vorteile bietet, weil eine Gesamtrevision schwer zu erreichen ist und regelmäßig zur Rechtszersplitterung führt, da nicht alle Staaten das neue Übereinkommen ratifizieren; es besteht zudem stets die Gefahr, dass weitere Punkte revidiert werden, wenn nur eine Erhöhung der Haftungssummen beabsichtigt ist (wie zB das Recht der Haftungsbeschränkung bei Revision des Übereinkommens von 1957 von der Londoner Konferenz von 1976 ohne Not völlig umgestaltet wurde). Die völkerrechtlichen Bedenken, die daraus hergeleitet werden können, dass hier eine supranationale Entscheidungsbefugnis auf die (zufällige) Mehrheit der Vertragsstaaten eines multilateralen, offenen Übereinkommens übertragen wird, werden praktisch durch die Möglichkeit jedes Vertragsstaates beseitigt, das Übereinkommen bei einer rechtsgestaltenden Änderung zu kündigen.

b) Grundzüge des Ölhaftungsübereinkommens

Die folgende kurze Darstellung geht von dem ÖlHÜ 1992 aus, der heute für Deutschland geltenden Fassung.

aa) Das **ÖlHÜ 1992**, dessen Regelung schon durch das Vertragsgesetz zum ÖlHÜ v. 18.3.1975[31] auf innerstaatliche Tatbestände erstreckt worden ist, enthält besondere **Haftungsvorschriften für Verschmutzungsschäden**, die aus **Unfällen von Tankern** entstehen, welche beständige Öle als Massengut (in bulk) befördern.

Diese Regelung verdrängt im Rahmen ihres Anwendungsbereichs alle anderen Haftungsvorschriften, also insbesondere § 823 BGB und das WHG (Art. III Abs. 4 ÖlHÜ 1992). Das ist bedeutsam vor allem wegen der im ÖlHÜ vorgesehenen Haftungsbeschränkung; diese folgt zwar in der Systematik dem HBÜ, weicht jedoch hinsichtlich der Haftungsbeträge und – da das ÖlHÜ vor dem HBÜ verabschiedet wurde – in einigen Details von der allgemeinen Haftungsbeschränkungsregelung des Seerechts ab. Durch das 2. SÄG von 1986 ist die Beschränkungsregelung des ÖlHÜ in §§ 486 ff. aF (jetzt §§ 611 ff.) und die SeeVertO (jetzt: SVertO, vgl. u. § 25) eingearbeitet worden, um die Übersichtlichkeit der sich zuvor nur aus dem Vertragsgesetz zum ÖlHÜ ergebenden Sonderregelung zu verbessern.

Der Vorrang der Übereinkommensregelung gilt nur im Rahmen ihres Anwendungsbereichs. Wird ein anderer Schaden als die vom ÖlHÜ 1992 erfassten Verschmutzungsschäden geltend gemacht, etwa ein zugleich entstandener Sachschaden aus einer Explosion, so gelten die allgemeinen Vorschriften.

Das ÖlHÜ 1992 schützt jedoch auch andere Personen als den nach dem Übereinkommen haftenden Eigentümer, wenn gegen sie Ansprüche aus einem Ölunfall geltend gemacht werden. Denn nach Art. III Abs. 4 Satz 2 ÖlHÜ 1992 sind auch andere, mit dem Betrieb des Schiffes verbundene Personen von jeder Haftung für die vom ÖlHÜ 1992 erfassten Schäden befreit; das ÖlHÜ 1992 enthält also eine **rechtliche „Kanalisierung" der Haftung auf den Eigentümer.**

---

28 Zur Vorgeschichte im Einzelnen vgl. *Ganten*, Schriften des DVIS B 11, 17 und TranspR 1997, 397 ff.; *Herber*, Schriften des DVIS A 84.

29 Vgl. dazu im Einzelnen *Ganten*, Schriften des DVIS B 17 und TranspR 1997, 397 ff.; *Renger*, TranspR 1993, 132 ff. und in: 1. Rostocker Gespräch zum Seerecht, Schriften des DVIS A 84.

30 Das ist inzwischen auch geschehen vgl. VO v. 22.3.2002 BGBl. II 943.

31 BGBl. II 301.

Nach dem ÖlHÜ 1969 kam dieses Privileg nur den Bediensteten und Beauftragten (*servants or agents*) des Eigentümers zugute. Das ÖlHÜ 1992 hat diesen Schutz noch ausgedehnt: Begünstigt sind nun auch Lotsen, Charterer, Berger, sonstige Personen, die Schutzmaßnahmen treffen und deren Bedienstete. Es war als ein Mangel erschienen, dass Charterer und Berger in Fällen, in denen der Eigentümer nur beschränkt haftet, nach den allgemeinen Haftungsregeln darüberhinaus in Anspruch genommen werden konnten (wie im Falle des Tankers „Tanio").[32]

bb) Nach dem ÖlHÜ 1992 ist der **Eigentümer eines Seeschiffs**, welches Öl als Bulkladung befördert oder auf einer früheren Reise befördert hat, für Verschmutzungsschäden verantwortlich, die durch Ausfließen oder Ablassen des Öls infolge von Schifffahrtsereignissen entstehen (Art. III Abs. 1 ÖlHÜ 1992).

Eigentümer ist nach der Definition des Art. I Nr. 3 ÖlHÜ 1992 stets der sachenrechtliche Eigentümer, bei Eintragung im Schiffsregister der als solcher Eingetragene. Ausrüster oder Charterer sind seit der Revision 1992 in den Schutz einbezogen (s. o.).

Öl im Sinne des ÖlHÜ 1992 ist nur beständiges Öl (Art. I Nr. 5 ÖlHÜ 1992), als dessen Hauptarten Rohöl, Heizöl, schweres Dieselöl und Schmieröl ausdrücklich genannt sind; nur von solchen Ölen geht eine **Verschmutzungsgefahr** aus.

Als ein der Haftungsregelung unterliegendes **Schiff** ist nach dem ÖlHÜ 1969 nur ein Seeschiff anzusehen, welches **tatsächlich** Öl als Bulkladung befördert (Art. I Nr. 1 ÖlHÜ). Dies können vor allem Tanker, aber auch Kombischiffe sein.[33] Die Beförderung von **Bunkeröl** genügte nicht. Das **ÖlHÜ 1992** geht weiter, indem es alle zur Beförderung von Öl der genannten Art gebauten oder hergerichteten Schiffe nicht nur dann erfasst, wenn sie tatsächlich Öl befördern, sondern auch dann, wenn sie sich – in Ballast – auf einer Reise befinden, die einer Öltransportfahrt folgt (Art. I Nr. 1 ÖlHÜ 1992); insoweit werden also auch Ölrückstände von der Haftungsregelung erfasst. Führt auf einer dem Übereinkommen unterliegenden Reise Bunkeröl zu Verschmutzungsschäden, so sind diese von der Haftung gedeckt; denn eine Trennung der durch Ladung und Bunkeröl verursachten Schäden ist praktisch kaum möglich. Schäden durch Bunkeröl von Trockenfrachtern fallen jedoch weder unter das ÖlHÜ noch unter das ÖlHÜ 1992, sind aber nunmehr durch das BunkerölÜ abgedeckt (vgl. u. d).

cc) Der Eigentümer haftet für alle **Verschmutzungsschäden**, die durch Ausfließen oder Ablassen des Öls im **Hoheitsgebiet einschließlich des Küstenmeeres** entstehen (Art. II a) i), III Abs. 1 ÖlHÜ 1969).

Das ÖlHÜ 1992 schließt in das geschützte Gebiet auch die – erst nach der Verabschiedung des ÖlHÜ 1969 durch das SRÜ geschaffene – **ausschließliche Wirtschaftszone** ein (Art. II a) ii) ÖlHÜ 1992). Ferner ist klargestellt worden, dass **Verhütungsmaßnahmen** auch dann zu erstatten sind, wenn sie **außerhalb des räumlichen Anwendungsbereichs** der Übereinkommen vorgenommen worden sind, um Schäden innerhalb des Anwendungsbereichs zu verhindern (Art. II b) ÖlHÜ 1992). Ebenso, wenn sie Erfolg hatten und deshalb ein Schaden überhaupt nicht entstanden ist; dieser Fall war aufgrund eines Redaktionsversehens im ÖlHÜ 1969 nicht erfasst.[34]

Die **Haftung ist unabhängig von einem Verschulden**, tritt jedoch nicht ein bei Kriegs- oder Bürgerkriegshandlungen, bei einem „außergewöhnlichen, unvermeidbaren und unabwendbaren Naturereignis", bei ausschließlicher Verursachung durch einen Dritten in Schädigungsabsicht und schließlich bei Verursachung „durch Fahrlässigkeit oder eine andere rechtswidrige Handlung einer Regierung oder einer anderen für die Unterhaltung von Lichtern oder sonstigen Navigationshilfen verantwortlichen Stelle" (Art. III Abs. 2 ÖlHÜ 1992). Navigationshilfen in diesem Sinn sind

---

32 Vgl. dazu IOPC Fund Annual Reports 1981 ff.; *Abecassis*, S. 10 ff.
33 Vgl. *Schaps/Abraham*, Anh. II § 485 zu Art. I Nr. 1.
34 Vgl. *Ganten*, Schriften des DVIS, Heft B 17, S. 10.

insbesondere Seezeichen und Tonnen, aber auch Seekarten; so zutreffend der Schwedische Oberste Gerichtshof im Fall des russischen Tankers „Tsesis“, der in schwedischen Gewässern auf einen in der offiziellen Seekarte nicht vermerkten Felsen gelaufen war.[35]

Zweifelhaft kann sein, ob das Ausfließen von Öl bei einem Lade- oder Entladevorgang dem Tanker oder der Terminal-Einrichtung zuzurechnen ist. Das ÖlHÜ 1992 stellt in Art. I Nr. 1 nur auf die Beförderung ab, ohne deren Beginn und Ende zu bestimmen.[36] Man wird in Übereinstimmung mit der Rspr. zum WHG[37] darauf abzustellen haben, ob das verursachende Leck im Schiff oder einer schiffsseitig gestellten Installation oder in der Landeinrichtung aufgetreten ist.

Haftungsgrundlagen und Befreiungsgründe blieben im ÖlHÜ 1992 unverändert. Allerdings war auf der Konferenz versucht worden, den Befreiungsgrund staatlichen Verschuldens zu streichen. Dieser Antrag verfehlte (mit einer Stimme!) die – im Plenum erforderliche – ⅔-Mehrheit; mit Recht, denn das Übereinkommen sollte kein Freibrief für nachlässige Staaten sein, deren Entschädigung – nicht Haftung – hier in Rede steht.

dd) Zu ersetzen sind nur **Verschmutzungsschäden.** Eine nähere Definition des Schadensbegriffes ist der Konferenz von 1969 trotz intensiver Bemühungen nicht gelungen. Die Auslegung muss sich deshalb in Deutschland weitgehend an der Rspr. zu § 89 (und § 22 aF) WHG orientieren. Das ÖlHÜ 1992 enthält nun immerhin eine klarere Bestimmung des zu ersetzenden **Umweltschadens,** bei dessen Auslegung die verschiedenen Auffassungen der Vertragsstaaten besonderes wirtschaftliches Gewicht haben.

Wenig problematisch sind Sachschäden, die konkretes Eigentum betreffen. So etwa Schäden an Hafenanlagen, im Eigentum bestimmter Personen stehenden Küstenabschnitten oder Fischkulturen. Auch soweit – wie bei Umweltschäden häufig – materielle Gegenstände betroffen werden, die nicht im Eigentum einer privaten Person oder öffentlichen Körperschaft stehen (etwa Seevögel), werden die tatsächlich und sachgerecht aufgewendeten Mittel zur Wiederherstellung der Natur regelmäßig den Schaden bestimmen; denn geschuldet wird letztlich Naturalrestitution. So ist auch die Verwaltung des Ölfonds verfahren; seine Praxis hat zur Normierung einer entsprechenden Bestimmung im Protokoll 1992 geführt (s. u.). Schwieriger ist die Beurteilung der Frage, ob reine Vermögensschäden, also namentlich entgangener Gewinn wie zB der finanzielle Verlust eines Fischers oder eines Hoteliers, zu ersetzen sind. Während die Rspr. des BGH und die ihr weitgehend folgende Literatur zum WHG eine unmittelbare Verursachung durch die Wasserverschlechterung verlangen,[38] erscheint nach dem ÖlHÜ 1992 eine großzügigere Entschädigung angebracht, welche die erwähnten wirtschaftlichen Verluste einschließt. Entscheidend sollte dafür ins Gewicht fallen, dass der Schutzzweck des ÖlHÜ 1992 über den des WHG hinausreicht. Das Übereinkommen soll nicht nur der Reinhaltung der Gewässer, sondern allgemein dem Schutz gegen Verschmutzungen durch Öl dienen. Die bei Ölunfällen auftretenden typischen Gefahren waren bei der Ausarbeitung des Übereinkommens bekannt. Die Konferenzteilnehmer gingen davon aus, dass die Aufwendungen zum Ausgleich aller Arten von Schäden erstattet werden sollten, wobei der Entscheidung des jeweiligen Staates über Hilfsmaßnahmen und Entschädigungen eine wesentliche Rolle zufällt. Deshalb hat auch die Ölfondsverwaltung ihrer Entschädigungspraxis nach dem ÖlFÜ – welches den Schaden durch Verweisung auf das ÖlHÜ definiert – diese weite Auslegung zugrunde gelegt;[39] sie ist dann im Protokoll 1992 eindeutig sanktioniert worden.

---

35 Dazu *Abecassis/Jarashow*, Par. 10–39.

36 Anders etwa Art. 3 Abs. 3 CRTD, abgedr. in TranspR 1990, 83 ff., wo der Lade- und Entladevorgang in die Haftung des Beförderers einbezogen sind.

37 Vgl. BGHZ 76, 35, 40; *Edye*, S. 21 Fn. 58.

38 Vgl. *Edye*, S. 30 f. mwN.

39 Vgl. dazu etwa *Ganten/Trotz*, JMLC 1986, 478; *Ganten*, VersR 1989, 329, 333.

Die Einbeziehung ökologischer Schäden als solcher – also ohne die Notwendigkeit der Zuordnung des Schadens an einen bestimmten Träger – ist nach dem alten ÖlHÜ wohl nicht möglich.[40] Das ÖlHÜ 1992 hat solche Umweltschäden einbezogen, jedoch bewusst in begrenztem Umfang: Ersetzt werden nur finanzielle Aufwendungen zur Wiederherstellung der Umwelt, nicht ein (zu schätzender) Schaden als solcher.[41] Die letztere Lösung liegt dem US Oil Pollution Act 1990 zugrunde, der deshalb und im Hinblick auf das Fehlen einer Begrenzung der Haftung zu nur schwer versicherbaren Haftungsrisiken der Tankschifffahrt in amerikanischen Gewässern geführt hat.[42]

Angesichts der Schwierigkeiten, welche namentlich die Auslegung des Schadensbegriffes mit sich bringt, hat das ÖlHÜ 1992 eine ausschließliche (internationale und örtliche) Zuständigkeit der Gerichte am Schadensort vorgeschrieben (Art. IX Abs. 1). Hierin liegt natürlich eine Gefahr, die jedoch in Kauf genommen werden musste. Häufig wird der Schadensumfang auch stark beeinflusst von Verhütungs- und Säuberungsmaßnahmen, die der betroffene Staat selbst ergreift. Obgleich Umweltschutz und auch der Aufbau geeigneter Einrichtungen zur Ölschadensbekämpfung – bei dem der Ölfonds bedürftigen Staaten sogar Unterstützung gewährt – das eigentliche und immer wieder erklärte politische Ziel des Übereinkommens ist, darf nicht übersehen werden, dass die Schadensbekämpfung inzwischen auch zu einem Geschäft geworden ist und dass die Reinigungsmaßnahmen nicht selten ebenso Schäden anrichten wie die eigentliche Verschmutzung.

ee) Die **Haftung** des Eigentümers nach dem ÖlHÜ 1992 kann durch **die Errichtung eines Haftungsfonds** nach dem Vorbild des allgemeinen Haftungsbeschränkungsrechts der Übereinkommen von 1957 und 1976 **beschränkt** werden (§ 611 Abs. 2; Art. V ÖlHÜ 1992). Die Errichtung des Fonds geschieht in Deutschland durch Einleitung eines gerichtlichen Verteilungsverfahrens nach der SVertO (§ 617 Abs. 1); anders als nach allgemeinem Haftungsbeschränkungsrecht (vgl. § 617 Abs. 2) ist eine einredeweise Geltendmachung der Beschränkung ohne Fondserrichtung nicht möglich, da das ÖlHÜ 1992 sie nicht zulässt.

Dieser „Fonds“ darf nicht mit dem Ölfonds nach dem ÖlFÜ verwechselt werden. Er ist das Instrument für die Haftungsbeschränkung des Reeders und der ihm gleichgestellten Schuldner und folgt den Regeln der SVertO (vgl. u. § 25). Der „Fonds“ nach dem ÖlHÜ ist eine durch eine zwischenstaatliche Behörde verwaltete Kasse (ein „Entschädigungs-Fonds“), die von den Ölimporteuren gespeist wird und zur Entschädigung bei Unfällen dient, für welche Ersatz vom Schädiger nicht erlangt werden kann.

Der **Haftungsbetrag** bestimmt sich nach der Größe des Schiffes und beträgt für die Vertragsstaaten des ÖlHÜ 1969 und des Goldklauselprotokolls von 1979 133 SZR je BRT, höchstens jedoch 14 Mio. SZR für jedes Ereignis. Die durch das ÖlHÜ 1992 bereits erhöhten Beträge[43] wurden durch Beschluss des Rechtausschusses der IMO vom 18.10.2000 erneut erhöht, nämlich auf 4,51 Mio. SZR für ein Schiff mit bis zu 5000 BRZ, zuzüglich 631 SZR für jede weitere BRZ, wobei der Gesamtbetrag 89 770 000 SZR nicht überschreiten darf.[44]

Die **Durchbrechung der Haftungsgrenzen** für die Reederhaftung, die bisher bei jedem (persönlichen) Verschulden des Eigentümers möglich war, ist nach dem ÖlHÜ 1992 beschränkt auf den Fall, dass die schädigende Handlung von dem Eigentümer „selbst entweder in der Absicht,

40 Dazu eingehend und mit demselben Ergebnis *Edye*, S. 38 ff.

41 Vgl. dazu *Ganten*, TranspR 1997, 437, 399.

42 Zum Oil Pollution Act 1990 eingehend *Schmuck*, Der Oil Pollution Act, Schriften zum Transportrecht Bd. 17, 1996; ferner *Wagner*, JMLC 21 (1990), 569 ff.; *Healy/Paulsen/Marion*, The United States Oil Pollution Act of 1990, DirMar. 1991, 244 ff.

43 3 Mio. SZR für Schiffe bis zu einer Größe von 5000 BRZ zuzüglich 420 SZR für jede darüber hinausgehende BRZ, höchstens jedoch 59,7 Mio. SZR.

44 In Deutschland umgesetzt durch VO v. 22.3.2002 BGBl. II 943.

solche Schäden herbeizuführen, ober leichtfertig und in dem Bewusstsein begangen wurde, dass solche Schäden wahrscheinlich eintreten würden" (Art. III Abs. 4 S. 2 aE; Art. V Abs. 2 aE ÖlHÜ 1992). Dieser Begriff, den man vereinfacht als bewusste grobe Fahrlässigkeit bezeichnen kann, wird heute im internationalen Transportrecht bei der Durchbrechung von gesetzlichen Haftungsbeschränkungen allgemein verwendet.[45] Er hat mit dem TRG auch in das allgemeine deutsche Frachtrecht Eingang gefunden (§ 435).

ff) Das ÖlHÜ schreibt schließlich vor, dass der Eigentümer eines unter die Haftung nach dem ÖlHÜ fallenden Schiffes, das mehr als 2.000 t Öl als Bulkladung befördert, eine **Haftpflichtversicherung** oder eine andere finanzielle Sicherheit unterhalten muss. Die Vertragsstaaten haben das Bestehen einer solchen Versicherung beim Anlaufen ihrer Hoheitsgewässer zu prüfen, auch bei Schiffen unter der Flagge von Nichtvertragsstaaten.

Der Nachweis des Bestehens der Versicherung geschieht durch die Bestätigung eines Vertragsstaates, in Deutschland nach der ÖlhaftungsbescheinigungsVO v. 30.5.1996.[46] Die Geschädigten können die **Versicherung unmittelbar in Anspruch nehmen** (Art. VII Abs. 8 ÖlHÜ 1992). Das gilt auch und gerade für die P&I-Clubs, welche die Ölversicherung weltweit übernommen haben. Das steht im Gegensatz zu ihrer sonstigen Geschäftspolitik, die stets Vereinbarungen über eine unmittelbare Inanspruchnahme ablehnt.[47] Die starre Haltung der Versicherer hat wesentlich dazu beigetragen, dass bis heute die dringend gebotene Haftungsregelung für Gefahrgutschäden bei Landtransporten fehlt (die CRTD – s. o. – schreibt, wie das ÖlHÜ 1992, eine Versicherung mit Direktanspruch gegen den Versicherer vor).

gg) Die Regelung des ÖlHÜ gilt auch für rein **innerstaatliche Tatbestände.**

Das war im Vertragsgesetz von 1975 ausdrücklich gesagt. Das ÖlSG hat das Vertragsgesetz zu den alten Übereinkommen aufgehoben und an die Stelle eine – hinsichtlich des Geltungsbereichs unklare, weil als rein deklaratorisch angesehene[48] Verweisung auf die Übereinkommen in § 1 ÖlSG gesetzt. Dass das Übereinkommen auch für Schäden gilt, die deutsche Schiffe im Inland verursachen, erschließt sich nun erst über den Anwendungsbereich des Übereinkommens, der ebenfalls nicht sehr klar ausgedrückt ist.

c) Grundzüge des Ölfondsübereinkommens

aa) Das ÖlHÜ wird ergänzt durch das Internationale Übereinkommen über die Errichtung eines **Internationalen Fonds zur Entschädigung von Ölverschmutzungsschäden** v. 18.12.1971 (ÖlFÜ). Auch dieses Übereinkommen ist durch ein Protokoll von 1992 neu gefasst worden, vgl. dazu o.a. Das ÖlFÜ 1992 gilt für Deutschland seit 1996. Hier kann nur auf einige Details hingewiesen werden.

bb) Der Entschädigungsfonds (International Oil Pollution Compensation Fund – IOPC-Fund), der seine Verwaltung in London hat, übernimmt die **Entschädigung von Ölschäden, für welche eine Ersatzleistung nach dem ÖlHÜ nicht erlangt werden kann.** Er wird durch Beiträge der Personen gespeist, die Öl im Sinne der Definition des ÖlHÜ über See erhalten. Die Empfänger von Öl-See-Transporten müssen die erhaltenen Mengen den Behörden ihres Staates melden.

---

45 Vgl. insbesondere Art. 4 HBÜ und u. § 24 II 4; eingehend dazu *Stachow*, Schweres Verschulden und Durchbrechung der beschränkten Haftung in modernen Transportrechtsabkommen, Schriften zum Seehandelsrecht Bd. 7, 1998.

46 BGBl. I 707.

47 Nur in Norwegen haben sie sich für Ansprüche gegen norwegische Reeder gegenüber dem Gesetzgeber nicht durchsetzen können.

48 Vgl. RegBegr. zum ÖlSG, BT-Drucks. 11/1108, S. 8.

In Deutschland geschieht dies nach Maßgabe der ÖlmeldeVO v. 10.6.1996.[49] Die Staaten leiten die Daten an die Fonds-Verwaltung weiter, welche die auf die Importe aufgrund der Beschlüsse der Fonds-Organisation zu erhebenden Beiträge unmittelbar von den Beitragspflichtigen einzieht.

Der IOPC-Fonds ist eine **juristische Person**, die kraft des ÖlFÜ als solche in den Vertragsstaaten anzuerkennen ist (Art. 2 II ÖlFÜ 1992). Sie kann die Beitragspflichtigen auf Zahlung verklagen und von Geschädigten – vor den Gerichten des Vertragsstaates, in dem der Schaden eingetreten ist – auf Entschädigung verklagt werden.

Die Organisation des Fonds ist im ÖlFÜ 1992 eingehend geregelt. Organe sind: Die **Versammlung** (Art. 16 ff. OlFÜ 1992), in der alle Vertragsstaaten vertreten sind, sowie ein **Sekretariat**, dem ein **Direktor** vorsteht (Art. 16, 28 ff. ÖlFÜ 1992). Der Direktor ist gesetzlicher Vertreter des Fonds (Art. 28 Abs. 2 ÖlFÜ 1992). Das ÖlFÜ 1992 hat Organisation und Verwaltung gestrafft, wobei die Erfahrungen der bisherigen Direktoren in die Beratungen der Konferenz eingeflossen sind: Dabei ist der im ÖlFÜ 1971 (Art. 21 ff.) vorgesehene Exekutivausschuss, in den eine bestimmte, von der Gesamtzahl der Vertragsstaaten abhängige Zahl von Staaten gewählt wurden und der eine ausgewogene Vertretung größten Beitragszahlerstaaten sowie regionaler Interessen sicherstellen sollte, gestrichen worden; das ÖlFÜ 1992 schreibt (Art. 18 Nr. 9 ÖlFÜ 1992) nunmehr nur noch vor, dass bei der Ernennung der Mitglieder von Unterorganen, die bestimmten, ihnen übertragenen Aufgabenbereichen nachgehen, für eine ausgewogene geographische Verteilung zu sorgen und sicherzustellen ist, dass die Vertragsstaaten, in denen die größten Mengen beitragspflichtigen Öls in Empfang genommen werden, angemessen vertreten sind.

cc) Der Fonds tritt für Schäden ein, für die der Geschädigte nach dem ÖlHÜ eine volle und angemessene Entschädigung nicht erhalten konnte, weil nach dem ÖlHÜ keine Haftpflicht besteht oder weil der nach dem ÖlHÜ 1992 haftpflichtige Eigentümer finanziell nicht in der Lage ist, den Schaden zu erstatten und die finanzielle Sicherheit nach dem ÖlHÜ 1992 dazu auch nicht ausreicht, oder weil die Haftungsgrenzen des ÖlHÜ 1992 überschritten sind (Art. 4 Abs. 1 ÖlFÜ 1992).

Voraussetzung ist stets, dass es sich um Schiffe, Öl und Schäden nach dem ÖlHÜ 1992 handelt, zu dessen Ergänzung das ÖlFÜ 1992 geschaffen wurde und auf dessen Definitionen es in Art. 1 ÖlFÜ 1992 verweist. Der Entschädigungsfonds nach dem ÖlFÜ 1992 tritt also nur für Schäden in Vertragsstaaten des ÖlHÜ 1992 ein, die ihrerseits wiederum dafür zu sorgen haben, dass die Schiffe – auch wenn sie die Flagge anderer Staaten führen – nach dem ÖlHÜ 1992 versichert sind.

Der Fonds tritt bis zu einem Betrag **von 300,74 Mio SZR** ein. Dieser Betrag wurde durch Beschluss des Rechtsausschusses der IMO vom 18.10.2000[50] festgesetzt; zuvor betrug er, ursprünglich nach dem ÖlFÜ 1971, 60 Mio. SZR, nach dem Protokoll von 1992 135 Mio. SZR.

dd) Die in Art. 5 des ÖlFÜ 1971 niedergelegte **zweite Funktion des Fonds**, den Tankereignern einen Teil ihres Haftungsrisikos nach dem ÖlHÜ 1969 zu Lasten der den Fonds speisenden Ladung auszugleichen, ist vom ÖlFÜ 1992 mit Recht nicht übernommen worden. Die skurrile Regelung war allein die Folge einer Entschließung der Konferenz von 1969, auf welcher die Schiffseigentümer dieses Zugeständnis durchgesetzt hatten (vgl. dazu die Voraufl.).

---

49 BGBl. I 812.
50 In Deutschland umgesetzt durch VO vom 22.3.2002 BGBl. II 943.

ee) Der Fonds kann den gerichtlichen Verfahren gegen den Eigentümer nach dem ÖlHÜ als Nebenintervenient beitreten (Art. 7 Abs. 4 ÖlFÜ 1992).

Dies geschieht bei Unfällen, die eine Inanspruchnahme des Fonds erwarten lassen, regelmäßig (vgl. die interessanten Berichte über die Abwicklung von Ölunfällen in den IOPC Annual Reports). Der Prozess gegen den Eigentümer entscheidet nicht nur über die Anwendbarkeit des ÖlHÜ 1992 – und damit regelmäßig des ÖlFÜ – auf den Unfall, sondern auch darüber, ob der Eigentümer das Recht, sich auf die Haftungsbeschränkung nach dem ÖlHÜ 1992 zu berufen, wegen eigenen (persönlichen) Verschuldens verloren hat (Art. V Abs. 2 ÖlHÜ 1992).

3. Haftung für Ölverschmutzung durch andere Schiffe nach dem Bunkerölübereinkommen

Das **Übereinkommen v. 23.3.2001 über die zivilrechtliche Haftung für Bunkerölverschmutzungsschäden (BunkerölÜ)**[51] schließt die Lücke, welche das ÖLHÜ hinsichtlich der Verschmutzung durch **andere Schiffe als Tanker** gelassen hat, deren oft erhebliche Mengen an Bunkeröl ebenfalls bemerkenswerte Schäden anrichten können.

Das Übereinkommen ist dem ÖlHÜ 1992 nachgebildet. Wie dieses sieht es eine verschuldensunabhängige Gefährdungshaftung des Schiffseigentümers vor, die für Schiffe mit einer Größe von mehr als 1.000 BRZ durch eine Haftpflichtversicherung abgesichert werden muss. Die Versicherung wird durch eine vom Flaggenstaat ausgestellte Bescheinigung nachgewiesen; ihr Bestehen soll in den Häfen der Vertragsstaaten geprüft werden. Bemerkenswert ist, dass der Geschädigte auch bei dieser Versicherung – wie nach dem ÖlHÜ 1992 – einen Direktanspruch gegen den Versicherer hat.

Anders als das ÖlHÜ 1992 enthält das BunkerölÜ keine eigenen Regelungen über eine Haftungsbeschränkung,[52] sondern bestimmt lediglich, dass die Vorschriften über die Haftungsbeschränkung unberührt bleiben. Deshalb richtet sich die **Beschränkung der Haftung in Deutschland nach dem HBÜ.**

4. Haftung bei der Beförderung anderer gefährlicher Güter (HNS-Übereinkommen)

Lit.: *Ganten*, Internationale Gefahrguthaftung beim Seetransport, TranspR 1997, 397 ff.; *Trotz*, Haftung für Schäden aus dem Transport gefährlicher Güter auf See – hat die internationale Regelung noch eine Chance? Schriften des DVIS A 62; *Wilde*, Die HNS-Konvention – Kann das System optimiert werden? TranspR 1995, 278 ff.

Am 3.5.1996 wurde nach mehr als einem Jahrzehnt der Beratungen im Rechtsausschuss der IMO das Internationale Übereinkommen über die Haftung und Entschädigung für Schäden bei der Beförderung gefährlicher und schädlicher Stoffe auf See (International Convention on Liability and Compensation for Damage in Connection with the Carriage of Hazardous an Noxious Substances by Sea – HNS)[53] abgeschlossen. Es regelt die Haftung des Schiffseigentümers für andere gefährliche Stoffe als Öl in Anlehnung an das ÖlHÜ und sieht, zusammengefasst in einer einzigen Konvention, eine über die Haftung des Reeders hinausgehende Entschädigung durch einen dem IOPC nachgebildeten HNS-Fonds vor.

Ein erster Entwurf wurde bereits auf einer Diplomatischen Konferenz der IMO 1984 behandelt, die jedoch scheiterte.[54] Danach wurde die angestrebte Koordination zwischen einem seerechtlichen Übereinkommen und einem entsprechenden Übereinkommen für den Landtransport gefährlicher Güter, welches im Rahmen der ECE parallel vorbereitet wurde, aufge-

---

51 BGBl. 2006 II 578.
52 *Czerwenka*, Textsl. Einf. S. 40.
53 Abgedr. TranspR 1997, 450.
54 Vgl. dazu *Schneider*, TranspR 1985, 41 ff.

geben.[55] In der ECE wurde sodann am 10.10.1989 ein Übereinkommen über die Haftung bei der Beförderung gefährlicher Güter auf der Straße, auf der Schiene und auf Binnengewässern (Convention on Civil Liability for Damage caused during Carriage of Goods by Road, Rail and Inland Navigation Vessels – CRTD[56]) abgeschlossen.[57] Die innerstaatliche Umsetzung war beabsichtigt,[58] stößt aber zunehmend auf Bedenken vor allem im Hinblick auf Schwierigkeiten, die Haftung der Binnenschifffahrt zu angemessenen Bedingungen zu versichern.[59] Auch die Vereinbarkeit des vorgesehenen Haftpflichtversicherungszwanges mit der Mannheimer Akte wird in Frage gestellt.[60]

Die CRTD sieht eine (Allein-)Haftung des Eigentümers oder Besitzers des Transportmittels vor. Eine solche Lösung wurde in den seerechtlichen Verhandlungen von Anfang an nicht akzeptiert. Die Beteiligung der Ladungsbeteiligten an der Drittschadenshaftung bereitete dort jedoch große Schwierigkeiten, weil eine Fonds-Lösung nach dem Vorbild des ÖlFÜ wegen der unterschiedlichen Arten und Gefährlichkeit der Ladungen schwer praktikabel ist.

a) Das HNS-Übereinkommen schreibt in seinem Haftungsteil (Kapitel II, Art. 7 bis 12) eine **Gefährdungshaftung des Schiffseigentümers** für Personen- und Sachschäden durch beförderte gefährliche Güter vor. Dabei sind Verschmutzungsschäden durch Öl, die unter das ÖlHÜ fallen, ebenso ausgenommen wie Atomschäden. Die Definition der gefährlichen Stoffe geschieht durch Verweisungen auf verschiedene öffentlich-rechtliche Gefahrgutregelungen (Art. 1 Nr. 5 HNS).

Diese Definition war lange umstritten. Sie konnte nicht durch eine erwogene Generalklausel vermieden werden, weil im Hinblick auf die vorgeschriebene Haftpflichtversicherung Klarheit darüber bestehen muss, ob eine Substanz dem Übereinkommen unterfällt.

Erfasst von der Haftungsregelung sind nicht nur Bulkladungen, sondern auch gefährliche Güter in verpackter Form. Insofern wurde jedoch ein Vorbehalt zugelassen, nach dem die Beförderung verpackter Güter auf Schiffen unter 200 BRZ, die nur innerhalb eines Staates verkehren oder zwischen benachbarten Staaten, die beide den Vorbehalt erklären, von der Anwendung des Übereinkommen ausgenommen wird.

Zu den Haftungsbefreiungsgründen des ÖlHÜ tritt der Fall, dass der Ablader dem Reeder die gefährliche Eigenschaft der Güter nicht mitgeteilt hat und dieser sie auch nicht erkennen konnte (Art. 7 Abs. 2 Buchst. d).

Wie nach dem ÖlHÜ kann die Haftung durch **Errichtung eines Haftungsfonds beschränkt** werden, und zwar auf – von der Tonnage des Schiffes abhängige – Beträge zwischen (mindestens) 10 Mio. SZR bis (höchstens) 100 Mio. SZR. Vorgeschrieben ist ebenfalls eine Haftpflichtversicherung, die wie beim ÖlHÜ nachzuweisen ist und gegen welche die Geschädigten ihren Anspruch direkt geltend machen können.

b) Im Entschädigungsteil (Kapitel III, Art. 13 bis 36 HNS-Übereinkommen) wird ein dem IOPC entsprechender **HNS-Fonds** aufgebaut. Er leistet Entschädigungen bis zu 250 Mio. SZR.

Angesichts der verschiedenen Gefährlichkeit der erfassten Stoffe arbeitet der Fonds mit mehreren Konten, und zwar einem allgemeinen, einem für Öl im Sinne des Übereinkommens über die Verhütung der Verschmutzung der See, einem für Flüssiggas und einem für Leichtöl (Art. 16 HNS-Übereinkommen). Entsprechend kompliziert ist die Regelung der Beiträge, die von den Empfängern der erfassten gefährlichen Güter zu leisten sind (Art. 16 Abs. 2–6, Art. 17–20 HNS-Übereinkommen).

c) Da die Haftungsbeschränkungsregelung des HNS-Übereinkommen mit dem HBÜ nicht vereinbar ist, hat die Konferenz von 1996 zugleich mit dem HNS-Übereinkommen ein **Protokoll zum HBÜ**[61] beschlossen, das den Mitgliedstaaten dieses Übereinkommens erlaubt, die

---

55 Zur Vorgeschichte vgl. *Richter-Hannes*, RabelsZ 1987, 357ff.

56 Abgedr. TranspR 1990, 83ff., deutsche Übersetzung VersR 1992, 806ff.

57 Vgl. dazu *Mutz*, ZIEV 1990, 32ff.; *Herber*, ETR 1991, 161ff.

58 Vgl. *Renger*, VersR 1992, 778ff.

59 Vgl. dazu *Brunn*, VW 1991, 315ff.

60 Vgl. *Müller*, Strom und See 1983, 118ff.; *Pabst*, ZfB 1983, 465ff. und TranspR 1988, 138ff., 140; dagegen *Basedow*, TranspR 1986, 94ff. und *Herber*, TranspR 1987, 253ff., 263.

61 Abgedr. TranspR 1997, 462.

allgemeine Haftungsbeschränkungsregelung nicht auf die des HNS-Übereinkommen anzuwenden; eine entsprechende Ausnahme für die vom ÖlHÜ erfassten Öle ist bereits 1976 in das HBÜ aufgenommen worden, doch hat sich die damalige Konferenz nicht bereit gefunden, eine Ausnahme für das zukünftige HNS-Übereinkommen aufzunehmen. Das Protokoll von 1996 sieht zugleich eine Erhöhung der Haftungsbeschränkungsbeträge nach dem HBÜ vor, eine Folge davon, dass zunächst andere Lösungen erwogen wurden, welche die Haftungsbeschränkung nach beiden Übereinkommen zu einer – als zu kompliziert verworfenen – besonderen Konstruktion verbinden sollten.

Das Protokoll zum HBÜ ist gesondert ratifiziert worden, auch wenn das HNS-Übereinkommen voraussichtlich noch längere Zeit nicht die nötige Zahl von Beitrittsstaaten (zwölf, mit bestimmten Anforderungen an Schiffstonnage und Gefahrgutimport, Art. 46 HNS-Übereinkommen) finden wird.

VII. Haftung nach Atomrecht

Lit.: *Fischer*, Haftung bei Nukleartransporten, TranspR 1989, 4 ff.; *Fischerhof*, Deutsches Atomgesetz und Strahlenschutzrecht, 2. Aufl. 1978; *Ganten*, Seetransport von Kernmaterial, Hansa 1972, 440 f.; *Haedrich*, Atomgesetz mit Pariser Atomhaftungs-Übereinkommen, 1986; *Huck*, Haftung und Deckung beim Transport radioaktiver Stoffe unter besonderer Berücksichtigung des atomrechtlichen Genehmigungsverfahrens, TranspR 1994, 129 ff.; *Kanno*, Gefährdungshaftung und rechtliche Kanalisierung im Atomrecht, 1967; *Mohr*, Die Kanalisierung der Haftung unter besonderer Berücksichtigung des Atomrechts, 1970; *Pedrozo*, Transport of Nuclear Cargo by Sea, JMLC 1997, 207 ff.; *von Welck*, Die Haftung für nukleare Schäden beim Seetransport von Kernmaterial nach der Londoner Konvention v. 17.12.1971, VersR 1972, 313 ff.

Die Sonderregeln für die Haftung nach Atomrecht sind schon deshalb vorrangig zu berücksichtigen, weil das Atomrecht eine sehr weitgehende sog. „rechtliche Kanalisierung" der Haftung auf den Inhaber der Atomanlage enthält.

Dieser, aufgrund des Pariser Übereinkommens v. 29.7.1960 und seines Zusatzprotokolls v. 26.1.1964 in das deutsche Recht eingeführte Grundsatz bedeutet, dass für alle nuklearen Schäden nur der Inhaber der Kernanlage, von der die Ursache ausgeht, einzustehen hat und dass alle anderen Personen, die nach allgemeinen Rechtsregeln schadensersatzpflichtig sein würden, von der Haftung für diese Schäden freigestellt werden.

1. Inhaber von **kernreaktorgetriebenen Schiffen** haften für die von dem **Schiffsreaktor** ausgehenden Gefahren nach § 25a AtomG. Diese Vorschrift verweist auf das Übereinkommen v. 25.5.1962 über die Haftung der Inhaber von Reaktorschiffen,[62] welches bisher völkerrechtlich nicht in Kraft getreten ist und deshalb nur in Deutschland als innerstaatliches Recht gilt.

Die Regelung ist praktisch gegenstandslos, weil reaktorgetriebene Handelsschiffe, die allein den Gegenstand des Übereinkommens bilden, im Anwendungsbereich des deutschen Rechts nicht betrieben werden. Lediglich Russland unterhält noch zivile Atomschifffahrt, die sich jedoch auf Eisbrecher in den eigenen Gewässern beschränkt.

2. Das Seerecht wird jedoch beim **Transport von Kernmaterial** von atomrechtlichen Regelungen berührt.

a) Soweit es sich um **Kernmaterialien im Sinne von Art. 1 des Pariser Übereinkommens** über die Haftung gegenüber Dritten auf dem Gebiet der Kernenergie v. 29.7.1960 idF des Zusatzprotokolls v. 28.1.1964[63] handelt, haftet für Unfälle, die auf die radioaktiven Eigenschaften dieser Stoffe zurückzuführen sind, grundsätzlich ausschließlich der Inhaber der Kernanlage, von der oder zu der die Kernmaterialien befördert werden.

---

62 IdF eines Zusatzprotokolls, BGBl. 1975 II 957, 977.
63 BGBl. 1975 II 959, 1007; BGBl. 1976 II 310.

Kernmaterialien in diesem Sinne sind Kernbrennstoffe (ausgenommen natürliches und angereichertes Uran) sowie radioaktive Erzeugnisse und Abfälle.

Die Haftung des Inhabers der Anlage schließt die Haftung aller anderen Personen – nach nationalen oder internationalen Rechtsvorschriften – aus (Grundsatz der **rechtlichen Kanalisierung**).

Diese gesetzliche Freistellung von der Haftung für nukleare Schäden durch Kanalisierung auf den Inhaber der Kernanlage kommt grundsätzlich auch dem **Beförderer** zugute. Hiervon bestehen jedoch Ausnahmen: Nach Art. 6b des Pariser Übereinkommens bleiben ältere internationale Übereinkommen über die Haftung bei der Beförderung anwendbar; dies sind auf dem Gebiet des Seerechts das Übereinkommen von 1910 über den Zusammenstoß von Schiffen und das Konnossementsübereinkommen (Haager Regeln) von 1924.

Bei Schäden, die unter das Zusammenstoßübereinkommen von 1910 fallen (dazu u. § 36), bleibt der Reeder des schuldigen Schiffes nach diesem Übereinkommen verantwortlich.

Das Konnossementsübereinkommen von 1924 geht dem Atomrecht nur vor, soweit es noch in seiner ursprünglichen Fassung anzuwenden ist; denn das Visby-Protokoll hat in Art. 4 den Vorrang des Atomrechts hergestellt, der für die Vertragsstaaten des Protokolls die Ausnahme des Art. 6b des Pariser Übereinkommens unanwendbar macht. Deutschland ist nach wie vor – trotz Einarbeitung der VR in das HGB (vgl. dazu u. § 31 I 1) – völkerrechtlich nur an die Haager Regeln in ihrer Urfassung gebunden, muss also im Geltungsbereich der letzteren die Haftung des Verfrachters auch für Atomschäden anerkennen. Solche Schäden können namentlich durch die Beiladung radioaktiver Substanzen schuldhaft verursacht werden. Der Verfrachter haftet hierfür dann nur in dem engen Haftungsrahmen der Haager Regeln. Dabei können jedoch neue Vorschriften des deutschen Rechts, die nur obsolete Regeln des alten Übereinkommens klarstellen, angewendet werden; so ist der Haftungsbetrag je Stück oder Einheit mit 666,67 SZR anzusetzen, die Begrenzung je Gewichtseinheit ist dagegen nicht anwendbar.

Wird der Reeder oder Verfrachter nach diesen Übereinkommen für einen Atomschaden in Anspruch genommen, so kann er beim Atomanlageninhaber Rückgriff nehmen.

Die nach Art. 6b des Pariser Übereinkommens vorbehaltene Haftung des Beförderers nach den genannten seerechtlichen Übereinkommen auch für nukleare Schäden wird wiederum ausgeschlossen durch das Internationale Übereinkommen über die zivilrechtliche Haftung bei der Beförderung von Kernmaterial auf See v. 17.12.1971.[64] Soweit es anwendbar ist, entfällt die Haftung des Beförderers vollständig, wenn eine Haftung des Anlageninhabers nach dem Pariser Übereinkommen oder nach innerstaatlichem Recht, das dem Geschädigten ebenso günstig ist, eingreift.

Das Brüsseler Übereinkommen von 1971 gilt allerdings nur für wenige Staaten, nämlich Argentinien, Belgien, Dänemark, Deutschland, Finnland, Frankreich, Gabun, Italien, Jemen, Liberia, Norwegen, Schweden, Spanien.

b) Für Schäden, die durch die radioaktiven Eigenschaften anderer nuklearer Stoffe entstehen, die nicht einer bestimmten Kernanlage zuzuordnen sind, haftet nach § 26 AtomG der **Besitzer**.

Hierbei handelt es sich insbesondere um natürliches und angereichertes Uran, Radioisotope (künstlich radioaktiv gemachte Substanzen vor allem für die medizinische Forschung und Therapie) sowie um sonstige strahlende Gegenstände.

Die Haftung des Stoffbesitzers nach § 26 AtomG ist eine Haftung für (vermutetes) Verschulden, hinsichtlich des Versagens von Schutzeinrichtungen eine Gefährdungshaftung. Sie ist nach § 31 Abs. 2 AtomG auf die Höhe des gemeinen Wertes der beschädigten Sache zuzüglich der Kosten für die Sicherung gegen die von ihr ausgehende Strahlengefahr begrenzt.

Die Haftung nach § 26 AtomG trifft **nicht** den **Beförderer**, der die Stoffe für einen anderen befördert (§ 26 Abs. 6 AtomG); für beförderte Stoffe haftet vielmehr der Absender, bis die Haftung bei Übergabe der Güter an den Empfänger auf diesen übergeht.

Der Beförderer – und jeder andere, der mit solchen Substanzen umgeht – haftet jedoch auch für nukleare Unfälle nach allgemeinen Vorschriften. Denn die Haftung für die unter § 26 AtomG fallenden Stoffe unterliegt keiner Kanalisierung.

---

64 BGBl. 1975 II 957, 1026.

Diese Haftung kann sich namentlich aus dem Frachtvertrag, aus §§ 823 BGB, 735 ff. HGB oder § 89 WHG ergeben. Sie ist nach Maßgabe des § 611 iVm dem HBÜ beschränkbar; zwar sind nach Art. 3 Buchst. c HBÜ bestimmte atomrechtliche Ansprüche von der Haftungsbeschränkung ausgenommen, doch betrifft diese Einschränkung gerade nicht die Haftung nach allgemeinen zivilrechtlichen Vorschriften, von denen hier die Rede ist.

§ 23 Haftung für die Schiffsbesatzung

Lit.: *Hübsch*, Haftung des Güterbeförderers und seiner selbständigen und unselbständigen Hilfspersonen für Güterschäden, Schriften zum Transportrecht Bd. 19, 1997; *Janzen*, Die Haftung von Reeder und Seeversicherer für durch Besatzung und Hilfspersonen verursachte Schäden, Diss. Hamburg 1977; *Knöfel*, Die Haftung des Güterbeförderers für Hilfspersonen, Schriften zum Transportrecht Bd. 13, 1995; *Kronke*, Seefrachtvertragsrechtliche Gehilfenhaftung, TranspR 1988, 89 ff.

I. Bedeutung des § 480

Das Seerecht enthält in § 480 eine besondere Vorschrift über die Haftung des Reeders für Schäden, welche Mitglieder der Schiffsbesatzung oder ein an Bord tätiger Lotse Dritten in Ausübung ihrer Tätigkeit zufügen.

Die Bestimmung gilt sowohl für die Verletzung vertraglicher Pflichten als auch für die außervertragliche Haftung.

Rechtsdogmatisch wird die Haftung des Reeders nach § 480 Satz 1 als eine „**adjektizische**" bezeichnet.[1] Das bedeutet, dass zunächst einmal eine Schadenersatzverpflichtung des Handelnden begründet sein muss, zu der dann die Haftung des Reeders hinzutritt, so dass beide als Gesamtschuldner haften.

Die Haftung des Reeders als Geschäftsherr unterscheidet sich damit in ihrer rechtlichen Konstruktion von anderen Zurechnungsnormen. Es wird nicht etwa ein Verschulden oder ein Verhalten des Besatzungsmitglieds dem Reeder für die Begründung seiner Haftung zugerechnet; vielmehr tritt er eher nach Art eines Bürgen zur Verstärkung der finanziellen Sicherheit hinter die Haftung seiner Leute.

Diese Regelung führt eine alte Tradition des Seerechts fort, die bisher in § 485 aF ihren Ausdruck fand. Sie geht im Kern auf die Rechtslage vor der Seerechtsreform von 2013 zurück, die heute nicht mehr in gleicher Weise besteht: Noch nach § 512 aF haftete der Kapitän für die ordnungsgemäße Erfüllung der Frachtverträge, die er in grauer Vorzeit in der Regel selbst abgeschlossen hatte, persönlich. Machte er sich wegen Pflichtverletzungen gegenüber den Ladungsbeteiligten ersatzpflichtig, so bestand die Gefahr mangelnder Solvenz, die durch die Mithaftung des Reeders ausgeglichen werden sollte. Dieser kann sich gegenüber der adjektizischen Haftung auf alle Einwendungen des primär haftenden Beatzungsmitglieds – insbesondere, soweit für die Begründung des Anspruchs erforderlich, dessen fehlendes Verschulden – berufen; er kann sich jedoch nicht durch den Nachweis eigener Sorgfalt bei der Auswahl und Beaufsichtigung entlasten.

Nachdem Kapitän und Besatzungsmitglieder heute eigene vertragliche Verpflichtungen aus dem Schiffsbetrieb in aller Regel nicht mehr treffen, hat die Bestimmung des § 480 praktische Bedeutung nur noch für deliktische Ansprüche gegen die Besatzungsmitglieder und Lotsen.

Das SRG hat die Anwendung auf außervertragliche Ansprüche sogar erweitert, indem es das Erfordernis schuldhafter Schadensverursachung gestrichen und damit Fälle schuldloser oder gar rechtmäßiger schadenersatzbegründender Maßnahmen (wie zB Notstand, § 904 BGB) einbezogen hat.

Die Haftung des Reeders nach § 480 führt im Ergebnis zu einem Einstehenmüssen für Pflichtverletzungen der Beatzung oder Lotsen ohne die Entlastungsmöglichkeit

---

1 Vgl. RegBegr. SRG, S. 64; *Wüstendörfer*, S. 177.

nach § 831 BGB, der allerdings daneben konkurrierend anwendbar bleibt. Das Gesetz begrenzt die Haftung des Reeders jedoch auf andere Weise.

Historisch, bis zur Reform des allgemeinen Haftungsbeschränkungsrechts durch das 1. SÄG, war die Haftung des Reeders stets auf Schiff und Fracht beschränkt (§ 486 Abs. 1 Nr. 3 aF) und deshalb nur über das hierfür vorgesehene Schiffsgläubigerrecht (§ 754 Abs. 1 Nr. 9 aF) zu realisieren. Fiel dem Reeder selbst ein – auch leichtes – persönliches (Auswahl- oder Aufsichts-) Verschulden zur Last, so haftete er stets unbeschränkt persönlich. Die vom allgemeinen (allerdings mit vielen ausländischen Rechten nicht übereinstimmenden und rechtspolitisch nicht unumstrittenen) Recht abweichende uneingeschränkte Deliktshaftung des Reeders für seine Leute nach § 485 aF bildete zugleich die Rechtfertigung für das Institut der beschränkten Reederhaftung in seiner damaligen Ausgestaltung. Dieses Institut hat sich jedoch über seine internationale Kodifizierung von der ursprünglichen ratio gelöst: Während noch das Übereinkommen von 1957 über die Beschränkung der Haftung der Eigentümer von Seeschiffen dem Reeder die Berufung auf die – nunmehr auf das Summenhaftungsprinzip umgestellte – Beschränkung der Haftung versagte, wenn ihn ein persönliches Verschulden gleich welcher Art traf, genießt er seit dem HBÜ – allerdings bei gleichzeitiger, inzwischen jedoch durch den Wertverfall der Währungen aufgezehrter Erhöhung der Haftungsbeträge – den Schutz auch bei eigenem Verschulden, sofern dieses nicht die schwere Form der bewussten groben Fahrlässigkeit (Art. 4 HBÜ) annimmt.

Soweit eine adjektizische Haftung wegen der Verletzung von Frachtverträgen in Betracht kommt, stellt § 480 Satz 2 zudem sicher, dass der Reeder nicht weitergehend haftet als der Verfrachter nach dem Seefrachtvertrag. Auch diese, aus § 485 aF übernommene Einschränkung hat zwar an Bedeutung verloren, nachdem die gesetzliche Freistellung des Verfrachters für nautisches Verschulden der Besatzung (§ 607 Abs. 2 aF) entfallen ist, doch ist die Vertragshaftung des Verfrachters immer noch sowohl wert- und summenmäßig (§§ 502, 504), als auch bei entsprechender Vereinbarung (§ 512 Abs. 2 Nr. 1) hinsichtlich des Einstehens für nautisches Verschulden stark eingeschränkt. § 480 Satz 2 verhindert, dass der Reeder über die adjektizische Haftung für einen gegen den Kapitän, ein anderes Besatzungsmitglied oder einen Lotsen gerichteten Deliktsanspruch wegen Beschädigung oder Verlust der Ladung weitergehend in Anspruch genommen wird.

Es wird allerdings nur selten Fälle geben, in denen diese Bestimmung zur Begrenzung der Haftung des Reeders herangezogen werden muss. Denn in aller Regel ist der Reeder ausführender Verfrachter, der sich auf die Begrenzungen aus dem Frachtvertrag berufen kann (§ 509 Abs. 3); diese Begrenzungen schlagen auch auf seine Haftung für deliktische Ansprüche durch (§§ 509 Abs. 1, 506). Die RegBegr. SRG[2] nennt zwar andere Gestaltungen im Zusammenhang mit dem Laden und Löschen durch Zeitcharterer, doch bedarf es hier angesichts der Kompliziertheit der Besitzverhältnisse in den Häfen näherer Betrachtung (vgl. u. § 27 II 5; vgl. auch MüKoHGB/*Herber* § 509 Rn. 59).

II. Mitglieder der Schiffsbesatzung

Die **Mitglieder der Schiffsbesatzung** sind in § 478 definiert: Es sind Kapitän, Schiffsoffiziere, Schiffsmannschaft sowie alle sonstigen im Rahmen des Schiffsbetriebs tätigen Personen, die vom Reeder oder Ausrüster des Schiffes angestellt sind oder dem Reeder oder Ausrüster von einem Dritten zur Arbeitsleistung im Rahmen des Schiffsbetriebs überlassen werden und die den Anordnungen des Kapitäns unterstellt sind. Hinzu kommt der an Bord tätige Lotse; da er einen freien Beruf ausübt, gehört er nicht zur Schiffsbesatzung (§ 1 Abs. 1 Satz 2 SeelotsG).

---

2 S. 64.

Literatur und Rechtsprechung haben den Begriff der Schiffsbesatzung nach altem Recht (§ 485 aF) zu weit ausgelegt und auch selbständige Unternehmer einbezogen.

Diese Auslegung wurde gelegentlich auf Gewohnheitsrecht gestützt („Schiffsbesatzung im historischen Sinne“).[3] Als Begründung für die Einbeziehung auch selbständiger, nicht ständig auf dem Schiff angestellter Personen in die Haftungsnorm – mit der Folge, dass der Reeder für deren Verschulden ohne Entlastungsmöglichkeit haftet – käme jedoch allenfalls eine Analogie in Betracht. Eine solche wurde von der Rechtsprechung und der überwiegenden Meinung vorgenommen, wenn es sich um Dienste für das Schiff handelt, die, wenn auch nur vorübergehend, unter Überwachung und Weisung des Reeders (oder der Schiffsführung) erbracht werden.[4] Dabei spielte der Gedanke eine wesentliche Rolle, dass solche Dienste früher von der Besatzung wahrgenommen wurden, heute jedoch auf selbständige Unternehmen verlagert worden sind. Zwar hob die Rechtsprechung immerhin noch darauf ab, dass die selbständige Person, welche Schiffsdienste leistet, der Auswahl, Überwachung und Weisung des Reeders untersteht.[5] § 485 wurde jedoch angewendet auf die Besatzung eines Assistenzschleppers, auf Stauer und Schiffsbewacher.[6]

Gegen diese weite Auslegung wurden schon vor dem SRG Bedenken erhoben.[7] Das SRG hat sie mit Recht nicht übernommen, weil es nicht gerechtfertigt erschien, den Reeder für selbständige Unternehmer haften zu lassen, auf die er nur einen beschränkten Einfluss hat.[8]

Die **Haftung für den Lotsen** stellt eine gewisse Härte dar, die dem Reeder im Interesse der Lotsen – und der sonst für diese haftbaren Verwaltung – auferlegt wird; denn die Haftung tritt auch dann ein, wenn Lotsenpflicht besteht und der Reeder auf die Auswahl des Lotsen keinen Einfluss hat. Das SRG hat sich jedoch nicht entschließen können, die Haftung des Reeders für den Zwangsloten – nach dem Vorbild des internationalen Binnenschifffahrtsrechts[9] – zu beseitigen. Die Begründung, dass der Reeder seine Haftung nach dem HBÜ beschränken könne, überzeugt schon deshalb wenig, weil es eine solche Beschränkung auch im Binnenschifffahrtsrecht gibt. Wichtiger wäre wohl die Übereinstimmung mit der internationalen Übung.

III. In Ausübung der Tätigkeit

Die Schädigung muss von den Besatzungsmitgliedern oder dem Lotsen **in Ausübung ihrer Tätigkeit** verursacht worden sein. Erforderlich ist ein Verhalten, das mit dem zu leistenden Schiffsdienst in innerem Zusammenhang steht.[10]

Die neue Formulierung soll besser als die Fassung des § 485 aF („in Ausführung von Dienstverrichtungen“) zum Ausdruck bringen, dass es sich nicht um Verrichtungen handeln muss, die dem Handelnden ausdrücklich übertragen wurden. Entscheidend ist, dass er im Rahmen des Schiffsbetriebs tätig geworden ist. Deshalb fällt etwa auch ein Diebstahl bei Gelegenheit einer mit dem Schiffsbetrieb zusammenhängenden Verrichtung des Besatzungsmitglieds unter § 480.

---

3 *Abraham*, S. 95; dagegen zutreffend *Knöfel*, S. 146.
4 Vgl. eingehend hierzu RegBegr.SRG S. 64 f.; *Knöfel*, S. 146 ff.
5 BGHZ 70, 113, 116.
6 Vgl. die Nachweise bei *Rabe*, § 485 Rn. 18 ff.
7 Vgl. *Knöfel*, aaO, S. 155; Voraufl. S. 205 f.
8 RegBegr. SRG S. 65.
9 § 17 Abs. 1 CLNI, vgl. RegBegr. SRG S. 65.
10 BGHZ 50, 238.

IV. Haftung des Bareboat-Charterers

Wird das Schiff von einem **Bareboat-Charterer** betrieben, so haftet dieser als Ausrüster (§ 477) für die Besatzung; für Ansprüche gegen ihn haftet das Schiff, sofern ein Schiffsgläubigerrecht begründet ist (§§ 596ff.).

V. Himalaya-Klauseln und entsprechende gesetzliche Regelungen

Zu erwähnen ist hier, dass die – auch außervertragliche – **Haftung der Leute der Schiffsbesatzung** selbst oft ausgeschlossen ist durch sog. **Himalaya-Klauseln** in Konnossementen oder Passagebedingungen. Dann entfällt naturgemäß auch eine adjektizische Haftung des Reeders.

Die Bezeichnung dieser Vertragsklauseln, welche die Freistellung der Besatzungsmitglieder (und sonstigen Leute) des Verfrachters von der deliktischen Haftung für von ihnen schuldhaft verursachte Sach- und Personenschäden entweder ganz vereinbart,[11] oder doch zumindest die Haftungsbegrenzungsprivilegien des Verfrachters auf die Leute erstreckt, geht auf eine Entscheidung des House of Lords im Falle des Schiffes „Himalaya“[12] zurück. Im entschiedenen Fall hatte eine Reisende (die durch den Fall berühmt gewordene Mrs. Adler) eine Schaden auf der Gangway erlitten und verklagte – da die Reederei sich, wie damals absolut üblich und nach Ansicht des House of Lords zulässig, völlig von jeder Haftung freigezeichnet hatte – mit Erfolg den Kapitän auf Schadenersatz. Die Entscheidung gab sofort Anlass zu Vertragsklauseln, welche auch die Besatzungsmitglieder von der Haftung freistellten; dabei dachten die Verfrachter nicht nur und kaum in erster Linie an deren Interesse, als vielmehr an die Gefahr, auf diesem Umweg selbst (über den arbeitsrechtlichen Freistellungsanspruch) mittelbar zur Haftung herangezogen zu werden.

Die rechtliche Konstruktion dieser vertraglichen Freistellung ist vor allem im englischen Recht umstritten, bietet für das deutsche Recht jedoch an sich keine Schwierigkeiten: Es handelt sich um einen begünstigenden Vertrag zugunsten Dritter.[13]

Der deutsche Gesetzgeber hat, in Übereinstimmung mit den maßgeblichen internationalen Übereinkommen, diese Übung aufgegriffen. Nach §§ 508, 547, 436 können sich die Bediensteten des Beförderers auf dessen vertragliche Haftungsprivilegien (die kraft Gesetzes auch für die gegen diesen gerichteten konkurrierenden Deliktsansprüche gelten, §§ 506, 548, 434) berufen.

Zweifelhaft bleibt allerdings weiterhin, in welchem Umfang die – in den meisten gesetzlichen Bestimmungen[14] auf die Bediensteten beschränkte – Begünstigung von Erfüllungsgehilfen des Verfrachters vertraglich weitergehend auf selbständige Erfüllungsgehilfen erstreckt werden kann.[15] Dies ist weniger ein dogmatisches, als ein Billigkeitsproblem, das sich vorwiegend unter dem Aspekt der AGB-Kontrolle stellt.

---

11 So etwa im Fall des OLG Hamburg, VersR 1960, 607, 608.

12 2 LLR 1954, 267.

13 Zu den Einzelheiten und ausführlich zur Geschichte der Klausel vgl. *Rabe*, § 607a Rn. 7f.; zur Dogmatik auch *Blaurock*, ZHR 1982, 238ff.; *K. Schmidt*, ETR 1984, 675ff.

14 Abweichend die COTIF/CIM, Art. 41 § 2; die ebenfalls abweichende – auf selbständige „Beauftragte“ erstreckte – Regelung des Art. 8 der Anlage zu § 664 aF wurde von § 547 nicht übernommen.

15 Vgl. dazu *Hübsch*, aaO, S. 244.

§ 24 Beschränkbarkeit der Haftung für Seeforderungen

Lit.: *Czempiel*, Das IPR der seerechtlichen Haftungsbeschränkung und das Zweite Seerechtsänderungsgesetz, VersR 1987, 1069ff.; Denkschrift der Bundesregierung zum Haftungsbeschränkungsübereinkommen von 1976 (BT-Drucks. 10/3553); *Czerwenka*, Limitation of Liability in Maritime Law and in Inland Navigation, DirMar. 1992, 981ff.; *dies.*, Zum Inkrafttreten des Protokolls von 1996 zur Änderung des Übereinkommens von 1976 über die Beschränkung der Haftung von Seeforderungen, TranspR 2004, 212f.; *Dörfelt*, Das Internationale Privatrecht der beschränkten Haftung, Schriften des DVIS A 105, 61; *Freise*, Die summenmäßige Beschränkung der Reederhaftung nach kommendem Recht, Schriften zum deutschen und europäischen Zivil-, Handels- und Prozeßrecht Bd. 66, 1971; *ders.*, Die Reform der Reederhaftung und das allgemeine Haftpflichtrecht, VersR 1972, 123ff.; *Helm*, Das Brüsseler Abkommen von 1957 über die Beschränkung der Reederhaftung und das deutsche Recht, RabelsZ 1959, 639ff.; *ders.*, Probleme des Rechts der beschränkten Reederhaftung nach dem Brüsseler Abkommen von 1957, ZHR 123, 68ff.; *Herber*, Das Zweite Seerechtsänderungsgesetz, TranspR 1986, 249ff. und 226ff.; *ders.*, Das neue Haftungsrecht der Schiffahrt, Veröffentlichungen des Instituts für Seerecht und Seehandelsrecht der Universität Hamburg Bd. 4, 1989; *Institute of Maritime Law, Southampton*: The Limitation of Shipowners' Liability: The New Law, London 1986; *Jessen*, Die beschränkte Haftung im Seerecht nach §§ 486ff. HGB; HBÜ 1996, Schriften des DVIS A 105, 1; *Looks/Sinkus*, Die Kosten für Ölbekämpfungsmaßnahmen und die Haftungsbeschränkung unter der Londoner Konvention von 1976, TranspR 1994, 263; *Oksaar*, Die seerechtliche Haftungsbeschränkung nach den skandinavischen Rechtsordnungen, 1994; *Popp*, Limitation of Liability in Maritime Law – An Assessment of its Viability from a Canadian Perspective, JMLC 1993, 335ff.; *Puttfarken*, Beschränkte Reederhaftung – Das anwendbare Recht, Hamburger Beiträge zum Handels–, Schiffahrts- und Wirtschaftsrecht Bd. 3, 1981; *Ramming*, Die beschränkte Haftung der Lotsen, RdTW 2014, 301; *Ramming*, Das Recht der Haftungsbeschränkung im Verhältnis der Berechtigten untereinander, DVIS A 105, 99; *Rittmeister*, Das Seerechtliche Haftungsbeschränkungsverfahren nach neuem Recht, Veröffentlichungen des Instituts für Seerecht und Seehandelsrecht der Universität Hamburg Bd. 10, 1995; *dies.*, MOL Comfort – Haftungsbeschränkung – nach Frachtrecht und nach Londoner Übereinkommen, TranspR 2014, 356; *Schwörbel*, Die Beschränkung der Reederhaftung nach dem Brüsseler Abkommen v. 10.10.1957, eine Erläuterung der aus der englischen Rechtspraxis in das Abkommen übernommenen Rechtsbegriffe, Diss. Hamburg 1967; *Sotiropoulos*, Die Beschränkung der Reederhaftung, eine rechtshistorische und rechtsvergleichende Studie, Überseestudien Heft 30, 1962; *Stahl*, Seerechtliche Haftungsbeschränkung ohne Haftungsfonds – Probleme des neuen § 487e Abs. 2 HGB, TranspR 1987, 205ff.; *Trotz*, Zur internationalen Konvention von 1976 über die Haftungsbeschränkung für Forderungen aus der Seeschiffahrt, Aktuelle Beiträge der Rechts- und Staatswissenschaft Heft 214, 1980; *Vogeler*, Seerechtsänderung 1972, Schriften des DVIS A 18, 1973; *Wietoska*, Die beschränkbare Haftung nach dem ÖlHÜ 1992 und dem HNS-Ü 1996, Schriften des DVIS A 105, 20; *Würdinger*, Das Brüsseler Haftungsabkommen von 1957 und seine Bedeutung für die Schiffsgläubigerrechte, Schriften des DVIS A 8, 1962; *Zarth*, Die Mesquer-Entscheidung des EuGH – Hebt europäisches Abfallrecht das System der Haftungsbeschränkung aus den Angeln? Schriften des DVIS A 105, 151.

I. Grundsätze, Entstehung

1. Für Ansprüche, die aus dem Schifffahrtsbetrieb entstehen, haften der Reeder und alle anderen Verantwortlichen grundsätzlich wie jedermann unbeschränkt und mit ihrem gesamten Vermögen. Sie haben jedoch die Möglichkeit, ihre Haftung auf bestimmte, von der Schiffsgröße abhängige Beträge zu beschränken; dies kann – gegenüber allen Gläubigern aus einem bestimmten Ereignis – durch Errichtung eines besonderen Haftungsfonds (in Deutschland: durch Einleitung eines Seerechtlichen

Verteilungsverfahrens) oder – gegenüber einem einzelnen Gläubiger – durch Einrede im Prozess geschehen.

2. Das Privileg der Haftungsbeschränkung besteht im Seerecht praktisch aller Staaten, allerdings in verschiedener rechtlicher Ausgestaltung.

Im deutschen Seerecht galt bis zum 1. SÄG – wie bis zum 31.8.1998 noch im deutschen Binnenschifffahrtsrecht (§ 4 Abs. 1aF BinSchG) – das sog. **Exekutionssystem**; danach haftete der Reeder nur mit dem Schiffsvermögen, dh. mit dem Schiff und der auf der jeweiligen Reise verdienten Fracht, lediglich in Ausnahmefällen (namentlich bei persönlichem Verschulden sowie bei Wiederaussendung des Schiffes auf neue Reise) auch persönlich. Seit dem 1. SÄG von 1972 gilt in Deutschland das aus dem englischen Recht stammende und durch das Brüsseler Übereinkommen von 1957 (vgl. o. § 4 II 1k) in das internationale Recht eingeführte **Summenhaftungssystem**. Danach wird für die Haftung eine nach der Schiffsgröße bemessene, vom wirklichen Wert des Schiffes unabhängige Haftungshöchstsumme festgelegt. Weitere Formen der Haftungsbeschränkung sind das nordamerikanische **Werthaftungssystem**, bei welchem mit dem gesamten Vermögen, jedoch begrenzt auf den Wert des jeweiligen Schiffsvermögens gehaftet wird; ferner ist das früher in Frankreich geltende **Abandonsystem** zu erwähnen, bei dem sich der Reeder durch Preisgabe von Schiff und Fracht von der Haftung befreien konnte.

3. Nach dem **alten, bis zum 1. SÄG geltenden deutschen Recht** (§§ 486ff. aF) haftete der Reeder in den Fällen, in welchen er für fremdes Verschulden einzustehen hatte, nur mit Schiff und Fracht. § 486 Abs. 1aF führte die Tatbestände der Haftungsbeschränkung enumerativ auf.

Es handelte sich um Ansprüche aus Kapitänsgeschäften sowie um Ansprüche wegen Vertragsverletzung oder unerlaubter Handlung durch die Schiffsbesatzung. Die Rechtsprechung hatte in Analogie hierzu eine Haftungsbeschränkung angenommen, soweit der Reeder auch ohne Verschulden haftet (§ 904 BGB).[1] Bei eigenem Verschulden (auch in der Form des § 831 BGB)[2] haftete der Reeder dagegen persönlich und unbeschränkt.

In den Fällen der nur beschränkten Haftung des Reeders nach früherem Recht bestand stets auch ein Schiffsgläubigerrecht; das Fehlen jeder persönlichen Haftung musste vom Gesetzgeber durch einen Vorrang der so benachteiligten Gläubiger bei der Befriedigung aus dem Schiff ausgeglichen werden (sog. **Korrelatsgedanke**).

Eine Erstreckung des Beschränkungsprivilegs auf andere am Schifffahrtsbetrieb Beteiligte, insbesondere die **Besatzung**, sah das frühere Recht nicht vor. Die Rechtsprechung versuchte deshalb, durch Auslegung vertraglicher Vereinbarungen soweit wie möglich auch die Besatzungsmitglieder gegen eine die Haftungsbeschränkung des Reeders umgehende, weitergehende Inanspruchnahme zu schützen.[3]

Auch im deutschen **Binnenschifffahrtsrecht** ist das Exekutionssystem, welches den Grundsätzen des früheren deutschen Seerechts folgte, durch das BinSchÄndG[4] mit Wirkung v. 1.9.1998 auf das Summenhaftungssystem umgestellt werden. Grundlage hierfür bildet das – nach mehreren gescheiterten Versuchen – am 4.11.1988 zwischen den Rheinanliegerstaaten in Straßburg abgeschlossene Übereinkommen CLNI (dazu o. § 1 IV 1b).[5]

4. Durch das 1. SÄG wurde das Haftungsbeschränkungsrecht der §§ 486ff. unter Umstellung auf das Summenhaftungsprinzip in Übernahme des Brüsseler Übereinkommens von 1957 grundlegend geändert.[6] Die Regeln des Übereinkommens von 1957 wurden dabei – unter ausdrücklichem Ausschluss ihrer unmittelbaren innerstaatlichen Anwendung – vollständig in das HGB und einige Nebengesetze eingear-

---

1 Vgl. BGHZ 6, 103.
2 Vgl. RGZ 151, 296.
3 Vgl. BGH, VersR 1980, 572ff.; vgl. dazu *Rabe*, MDR 1984, 884.
4 BGBl. 1998 I 2489; ausführliche RegBegr. BT-Drucks. 13/8446.
5 BGBl. 1998 II 1634.
6 Vgl. dazu die eingehende Begründung des Regierungsentwurfs in RegBegr. 1.SÄG und in RegBegr. SeeVertO.

beitet. Dadurch blieb die Einheitlichkeit des deutschen Haftungsbeschränkungsrechts – bis auf wenige Fälle, in denen nach Art. 3 des 1. SÄG das Übereinkommen kraft deutschen Gesetzes unmittelbar anzuwenden war – unter Kodifizierung im HGB gewahrt.

Anders als das alte deutsche Recht machte das HGB in der Fassung des 1. SÄG die Haftungsbeschränkung nicht von bestimmten Anspruchsgrundlagen, sondern von Schadensarten abhängig. Danach konnten der Reeder und andere ihm nunmehr haftungsrechtlich gleichgestellte Personen (namentlich der Charterer und die Schiffsbesatzung) die Haftung für Schadensersatzansprüche beschränken, die aus der Verwendung des Schiffes entstanden sind. Der Haftungsbeschränkung unterlagen vor allem Personen- oder Sachschäden aus Schifffahrtsunfällen, wobei eine besondere Abgrenzung für Landschäden vorgesehen war. Gleichgestellt waren Ansprüche wegen reiner Vermögensschäden, die jedoch nach deutschem Haftungsrecht in aller Regel nicht entstehen.

Das 1. SÄG stellte erstmals eine Reihe anderer Personen hinsichtlich der Haftungsbeschränkung dem Reeder gleich (§ 487 aF); es führte in diesem Zusammenhang erstmals den Begriff des **Charterers** in das HGB ein, obgleich dieser keine präzise Umschreibung hat. Ferner wurden die Personen der Schiffsbesatzung und sonstigen Bediensteten des Schiffseigentümers in den Schutz der Haftungsbeschränkung einbezogen (sog. Himalaya-Klausel, benannt nach dem Urteil des House of Lords wegen Inanspruchnahme des Kapitäns aus einem Unfall auf dem Schiff „Himalaya" durch eine Reisende).[7] Der Seelotse war durch das Übereinkommen nicht begünstigt, wurde jedoch – mit gewissen, der Vereinbarkeit mit der Übereinkommensregelung dienenden, praktisch jedoch nicht erheblichen Einschränkungen – durch § 487 Abs. 3 aF innerstaatlich der Besatzung gleichgestellt.

Die Haftung konnte nur durch ein Seerechtliches Verteilungsverfahren (oder die Errichtung eines Haftungsfonds nach den Verfahrensregeln eines anderen Vertragsstaates des Übereinkommens von 1957) bewirkt werden; eine einredeweise Geltendmachung der Beschränkung war nach deutschem Recht – anders nach dem Recht anderer Vertragsstaaten[8] – nicht möglich.

Die Haftungssummen waren zunächst, entsprechend dem Übereinkommen von 1957, in Poincaré-Franken festgesetzt und wurden durch das Goldfranken-Umrechnungsgesetz von 1980[9] auf **SZR** umgestellt.[10] Danach waren bei Unfällen, aus denen (zumindest auch) Personenschäden entstanden sind, 206 2/3 SZR, bei Unfällen, aus denen nur Sachschäden entstanden sind, 66 2/3 SZR je Raumtonne des Schiffes bei der Berechung der Haftungssumme anzusetzen.

Zur Durchführung der Haftungsbeschränkung wurde ein besonderes gerichtliches Verfahren, das Seerechtliche Verteilungsverfahren, durch die SeeVertO v. 21.6.1972[11] geschaffen.

5. Das **geltende deutsche Recht der Haftungsbeschränkung** wurde auf der Grundlage des **HBÜ von 1976** (s. o. § 4 II 2b ee) durch das **2. SÄG** (s. o. § 2 V 3) eingeführt. Dieses Übereinkommen hat international das Reederhaftungsübereinkommen von 1957 abgelöst.

Für die relativ rasche Änderung des internationalen Haftungsregimes waren namentlich folgende Gründe maßgebend: Die Umstellung der Haftungssummen auf SZR, die durch Protokoll hätte geschehen können, genügte nicht, um den zwischenzeitlichen Geldwertverfall auszugleichen; deshalb mussten die Haftungssummen zugleich erhöht werden. Damit verbunden war der Wunsch, die Durchbrechbarkeit der Haftungsbeschränkung bei persönlichem Verschulden des Beschränkungsberechtigten einzuschränken, was im Übereinkommen von 1976 dadurch geschehen ist, dass unbeschränkbare Haftung nur eintritt, wenn den Reeder oder sonstigen Beschränkungsberechtigten (selbst) der Vorwurf bewusster grober Fahrlässigkeit

7 Vgl. 2 LLR 1954, 267 ff.
8 Vgl. *Müller*, DMF 1964, 198 ff.; *Herber*, DMF 1967, 270 ff.
9 BGBl. II 721.
10 Vgl. dazu *Klingsporn*, WM 1978, 918 ff.
11 BGBl. I 953.

trifft. Sodann musste bei der Berechnung der Haftungssummen dem neuen Schiffsvermessungsübereinkommen von 1969[12] Rechnung getragen werden. Schließlich sollte auch den Berger, der nicht von einem Bergungsschiff aus operiert – und deshalb nach Auffassung der englischen Rechtsprechung[13] nicht in den Genuss der Haftungsbeschränkung kam – dem Reeder gleichgestellt werden.

Die Umsetzung des Übereinkommens von 1976 in das deutsche Recht ist in anderer technischer Form vorgenommen worden als bei dem Übereinkommen von 1957: Das Übereinkommen wird kraft Transformation als solches angewendet, im HGB (§§ 486 ff. aF) blieben nur noch einige ergänzende Vorschriften.[14] In die Haftungsbeschränkungsregelung des HGB ist dabei zugleich die Haftungsbeschränkung für **Ansprüche aus Öltankerunfällen** eingebaut worden, die zuvor im Vertragsgesetz zum ÖlHÜ[15] geregelt war.

Die Haftungsbeschränkungsregelung ist durch das ÖlSG v. 30.9.1988,[16] welches auch die materielle Ölhaftungsregelung für die vom ÖlHÜ nicht erfassten Fälle aus dem Vertragsgesetz herausgenommen hat, nochmals ergänzt worden (§ 486 Abs. 2, 3; vgl. dazu o. § 22 VI 2a e).

Die SeeVertO ist, weil sie sowohl im Hinblick auf die größere Kompliziertheit des Übereinkommens von 1976 als auch auf die förmliche Einbeziehung der Ölschadensansprüche differenzierter ausgestaltet werden musste, als **Gesetz über das Verfahren bei der Errichtung und Verteilung eines Fonds zur Beschränkung der Haftung für Seeforderungen (SeeVertO) v. 25.7.1986**[17] in einer sog. „konstitutiven Neufassung“ neu erlassen worden.

Im Zusammenhang mit der Änderung der Haftungsbeschränkung in der Binnenschifffahrt durch BinSchÄndG (vgl. o. § 1 IV 1) wurde die SeeVertO in **Schifffahrtsrechtliche Verteilungsordnung (SVertO)** umbenannt, weil sie nunmehr auch die Vorschriften über das durch das Gesetz neu geschaffene Binnenschifffahrtsrechtliche Verteilungsverfahren (§§ 34 bis 49 SVertO) enthält. Das Seerechtliche Verteilungsverfahren bildet nunmehr den Ersten Teil der Schifffahrtsrechtlichen Verteilungsordnung (§§ 1 bis 33 SVertO); es ist **sachlich** – bis auf einige bei dieser Gelegenheit in § 1 Abs. 1 Nr. 2, 3 und in § 10 Abs. 1 Satz 2 vorgenommene Änderungen (vgl. Art. 2 Nr. 3, 5 des BinSchÄndG) – **unverändert** geblieben. Zu dem Verfahren im Einzelnen u. § 25.

6. Das HBÜ 1976 wurde im Zusammenhang mit der Verabschiedung des Übereinkommens v. 3.5.1996 über die Haftung und Entschädigung für Schäden im Zusammenhang mit der Beförderung gefährlicher und giftiger Stoffe auf See (o. § 4 II 2 d) kk)) durch ein **Protokoll v. 2.5.1996** modifiziert, welches die Haftungssummen erheblich anhob. Das so geänderte Übereinkommen – **HBÜ 1996** – ist heute für 49 Staaten in Kraft, darunter seit 2004 für Deutschland. Es ist von den Vertragsstaaten des Protokolls von 1996 untereinander anzuwenden, nicht mehr aber im Verhältnis zu den verbliebenen Vertragsstaaten des HBÜ 1976, welches von Deutschland gekündigt wurde. Da das HBÜ 1996 ein **vereinfachtes Revisionsverfahren** eingeführt hat, um die Haftungssummen ohne förmliche diplomatische Konferenz und ohne Ratifikationsvorbehalt durch Beschluss des Rechtsausschusses der IMO an die Geldentwertung anpassen zu können, konnten die Summen des Protokolls von 1996 bereits zum 8.6.2015 durch Beschluss der IMO vom 19.4.2015 erneut angehoben werden.

---

12 BGBl. 1975 II 65.
13 Vgl. die Entscheidung 1 LLR 1971, 341 – Tojo Maru.
14 Wegen der Kritik an diesem Verfahren, welches die Übersichtlichkeit des deutschen Rechts stark beeinträchtigt, vgl. *Herber*, Haftungsrecht, S. 16 ff.
15 BGBl. 1975 II 301.
16 IdF der Bek. v. 8.12.1995 – BGBl. I 2084.
17 BGBl. I 1130.

Danach betragen die Haftungssummen (Art. 6 HBÜ 1996):

a) für Ansprüche wegen Tod oder Körperverletzung;
 i) für ein Schiff mit einem Raumgehalt bis zu 2.000 Tonnen 3,02 Millionen Rechnungseinheiten;
 ii) für ein Schiff mit einem darüber hinausgehenden Raumgehalt erhöht sich der unter Ziffer i genannt Betrag wie folgt:
 1.208 Rechnungseinheiten je Tonne von 2.001 bis 30.000 Tonnen;
 906 Rechnungseinheiten je Tonne von 30.001 bis 70.000 Tonnen;
 604 Rechnungseinheiten je Tonne über 70.000 Tonnen;

b) für sonstige Ansprüche:
 i) für ein Schiff mit einem Raumgehalt bis zu 2.000 Tonnen 1,51 Million Rechnungseinheiten;
 ii) für ein Schiff mit einem darüber hinausgehenden Raumgehalt erhöht sich der unter Ziffer i genannte Betrag wie folgt:
 604 Rechnungseinheiten je Tonne von 2.001 bis 30.000 Tonnen;
 453 Rechnungseinheiten je Tonne von 30.001 bis 70.000 Tonnen; 302 Rechnungseinheiten je Tonne über 70.000 Tonnen;

Die Erhöhung der Haftungssummen ist in Deutschland durch die Seehaftungsbeschränkungsverordnung (SeeHBV) vom 7.5.2015[18] rechtzeitig umgesetzt worden; viele Vertragsstaaten scheinen die Umsetzung jedoch nicht zügig vorgenommen zu haben, so dass bei der Beurteilung der Haftungssummen in anderen Mitgliedsländern Vorsicht geboten ist.

7. Das **SRG** hat die mit einigen Ergänzungen auf das HBÜ verweisende Regelung der §§ 486 bis 487e aF im Wesentlichen unverändert **in §§ 611 bis 617 übernommen.**

II. Das seit 1986 geltende und vom SRG übernommene Recht der Haftungsbeschränkung

Nach dem durch das 2. SÄG geschaffenen, und vom SRG im Wesentlichen unverändert übernommenen deutschen Recht gelten für die Haftungsbeschränkung folgende Grundsätze:

1. Beschränkbarkeit der Haftung

Die **Haftung** ist zunächst unbeschränkt, **kann** jedoch von dem Beschränkungsberechtigten durch die Errichtung eines Haftungsfonds (in Deutschland: durch die Einleitung eines Seerechtlichen Verteilungsverfahrens) oder durch bloße Einrede **beschränkt werden** (§ 617).

2. Anspruchsarten

Beschränkbar ist die Haftung für **Ansprüche**

a) wegen **Todes oder Körperverletzung** oder wegen **Verlusts oder Beschädigung von Sachen**, die **an Bord** oder in unmittelbarem Zusammenhang mit dem Betrieb des Schiffes oder mit Bergungs- oder Hilfeleistungsarbeiten eintreten (Art. 2 Abs. 1 Buchst. a HBÜ, § 611 Abs. 1);

Diese beiden wichtigsten Anspruchsgruppen werden in einer Vorschrift gemeinsam aufgeführt, jedoch bei der Bemessung des Haftungshöchstbetrages (Art. 6 Abs. 1 Buchst. a HBÜ) und der Verteilung des Fonds (Art. 6 Abs. 2, Art. 12 HBÜ) unterschiedlich behandelt.

---

18 BGBl. II 506.

Der Schaden muss an Bord oder in unmittelbarem Zusammenhang mit dem Betrieb des Schiffes eingetreten (nicht notwendig verursacht) sein. Als Betrieb ist der technische Einsatz des Schiffes, nicht seine wirtschaftliche Verwendung anzusehen, so dass eine Parallelität zu § 7 StVG besteht.

b) wegen Schäden infolge **Verspätung** der Beförderung auf See (Art. 2 Abs. 1 Buchst. b HBÜ, § 611 Abs. 1);

Ansprüche wegen Verspätungsschäden spielen im deutschen Recht keine große Rolle, weil zum einen feste Ankunftstermine selten vereinbart werden, zum anderen aber die Haftung für Verspätung dispositiver Natur ist und deshalb in aller Regel abbedungen wird. Eine zwingende Haftung besteht nach Art. 23 HambR, die jedoch für Deutschland nicht in Kraft sind.

c) wegen sonstiger Schäden aus der **Verletzung nichtvertraglicher Rechte** (Art. 2 Abs. 1 Buchst. c HBÜ, § 611 Abs. 1);

Diese Auffangnorm hat für das deutsche Recht praktisch keine Bedeutung, weil deliktische Ersatzansprüche aus sonstigen Rechtsverletzungen im Schifffahrtsbetrieb kaum vorstellbar sind. Sie dient der Absicherung des Reeders für den Fall, dass eine Rechtsordnung so weitgehende Ersatzpflichten vorschreibt. Zugleich stellt sie klar, dass die Verletzung vertraglicher Rechte – insbesondere also die Nichterfüllung einer Vertragspflicht – der Haftungsbeschränkung nicht unterfällt; diese gilt vielmehr nur für Schadensersatzpflichten, was sich allerdings auch schon aus Art. 2 Abs. 1 Buchst. a und b HBÜ ergibt.

d) wegen Beseitigung von Wracks und deren Ladung (§ 612);

Insoweit sind die Bestimmungen des HBÜ, welches eine Haftungsbeschränkungsmöglichkeit nach Art. 2 Abs. 1 Buchst. d, e vorsieht, nicht anzuwenden; die Bundesrepublik Deutschland hat bei der Ratifizierung des HBÜ den Vorbehalt nach Art. 18 Abs. 1 erklärt.[19] An die Stelle der Übereinkommensregelung tritt die – hiervon sachlich abweichende – Haftungsbeschränkung nach § 612. Danach kann die Haftung für Ansprüche auf Erstattung der Kosten für die Hebung, Beseitigung, Vernichtung oder Unschädlichmachung eines Wracks oder dessen Ladung nach den Übereinkommensgrundsätzen beschränkt werden. Es ist jedoch ein eigener – bei Vorliegen auch anderer Sachschäden, **zusätzlicher – Haftungshöchstbetrag** zu bilden, welcher der Höhe nach dem übereinkommensgemäßen Haftungshöchstbetrag für Sachschäden entspricht, jedoch nur für Ansprüche aus Wrackbeseitigung zur Verfügung steht.

Diese gesetzliche Regelung stellt einen Kompromiss dar zwischen den Befürwortern einer unbeschränkten Haftung für diese, regelmäßig dem Staat zustehenden Ansprüche einerseits und der durch das Übereinkommen vorgezeichneten Beschränkungsregelung andererseits. Sie bringt dem Reeder den Vorteil einer – wenn auch höheren als der übereinkommensgemäßen – Haftungsbeschränkung, die zudem auf öffentlich-rechtliche Erstattungsansprüche ausdrücklich erstreckt worden ist (vgl. § 612 Abs. 1; Art. 7 Abs. 2 EGHGB).

e) eines anderen als des Haftpflichtigen wegen **Maßnahmen zur Abwendung von Schäden** (Art. 2 Abs. 1 Buchst. f HBÜ; § 611 Abs. 1);

Voraussetzung ist, dass der Dritte – Aufwendungen des Schädigers selbst können (anders als nach Art. V Abs. 8 ÖlHÜ) nicht berücksichtigt werden – nach anwendbarem nationalem Recht einen Aufwendungsersatzanspruch hat.

f) nach dem **ÖlHÜ** (§ 611 Abs. 2, 3).

Diese Ansprüche, für die schon bisher die allgemeine seerechtliche Haftungsbeschränkungsregelung – mit den durch das ÖlHÜ vorgegebenen Modifikationen – galt (Art. 2 Abs. 1 und 3 des Vertragsgesetzes zum ÖlHÜ),[20] sind durch das 2. SÄG (§ 486 Abs. 2, 3 aF) und diesem

19 Vgl. Bek. BGBl. 1987 II 407.
20 BGBl. 1975 II 301.

folgend § 611 Abs. 2, 3 in die Haftungsbeschränkungsregelung des HGB und der SeeVertO ausdrücklich integriert worden. Im Seerechtlichen Verteilungsverfahren sind sie Gegenstand einer eigenen Anspruchsklasse (§ 1 Abs. 4 Satz 4 SVertO), weil sie durch die Vorgaben des ÖlHÜ teilweise Sonderbestimmungen unterliegen.[21]

3. Klarstellungen und Ausnahmeregelungen

Übereinkommen und deutsches Gesetz sehen zu dieser Liste der der Haftungsbeschränkung unterliegenden Forderungen, die man – in Anlehnung an das ArrestÜ von 1952, mit dem diese Ansprüche jedoch nicht identisch sind – als **Seeforderungen** bezeichnen könnte, **Klarstellungen und Ausnahmen** vor:

a) An der Beschränkbarkeit der Haftung ändert sich nichts, wenn Ansprüche der in der Liste genannten Art als **Rückgriffs- oder Entschädigungsansprüche** geltend gemacht werden (Art. 2 Abs. 2 HBÜ).

Diese Erstreckung des Haftungsbeschränkungsprivilegs geht sehr weit und schützt den Reeder auf Kosten anderer. Sie ist berechtigt, wenn der der Haftungsbeschränkung unterliegende Anspruch auf einen anderen Gläubiger – etwa die Versicherung – übergegangen ist; insoweit hätte es jedoch einer besonderen Regelung nicht bedurft. Erfasst werden jedoch auch Regressansprüche aus Gesamtschuldverhältnissen (§ 426 BGB); das führt zu dem unsachgerechten Ergebnis, dass bei Verursachung eines Schadens durch ein Schiff, die auf grobes Verschulden der Besatzung zurückzuführen ist, für die jedoch daneben ein anderer (etwa die Werft aus Produkthaftungsrecht) als Gesamtschuldner haftet, der voll in Anspruch genommene andere Gesamtschuldner beim internen Ausgleich auf die Grenzen der Haftungsbeschränkung stößt. Dieses Ergebnis kann nur vermieden werden, indem der Anspruch gegen den an sich seerechtlich unbeschränkt haftenden Gesamtschuldner nach den Grundsätzen des gestörten Gesamtschuldverhältnisses ebenfalls reduziert wird (vgl. dazu o. § 21 III) – eine Lösung, die dann allerdings zu Lasten des Gläubigers geht und deren Vereinbarkeit mit der ausdrücklichen Anordnung des HBÜ und dessen Tendenz, vorrangig (nur) den Reeder zu schützen, kaum vereinbar ist.

b) **Ausnahmen** sind vorgesehen (Art. 3 HBÜ) für Ansprüche aus **Bergung oder Hilfeleistung** sowie auf **Beitragsleistung in großer Haverei** (Buchst. a), wegen **nuklearer Schäden** (Buchst. c, d) sowie der Bediensteten (insbes. also der **Heuerforderungen der Besatzung**, (Buchst. e). Ausgenommen sind ferner Ansprüche wegen **Ölverschmutzungsschäden** (Buchst. b); da diese vom HBÜ auch dann von der Beschränkungsregelung ausgenommen werden, wenn das ÖlHÜ im Einzelfall nicht eingreift, werden sie insoweit durch § 486 Abs. 3 wiederum der Beschränkungsregelung des HBÜ unterworfen.

c) Eine Modifikation besonderer Art sieht § 614 für die Verteilung des Sachschadensfonds vor: In Ausnutzung der Möglichkeit des Art. 6 Abs. 3 HBÜ ist vorgeschrieben, dass beim Zusammentreffen von Ansprüchen wegen der **Beschädigung von Hafenanlagen, Hafenbecken, Wasserstraßen und Navigationshilfen** mit Ansprüchen wegen anderer Sachschäden die ersteren den **Vorrang bei der Verteilung** der Haftungssumme nach Art. 6 Abs. 1 Buchst. b haben.

4. Beschränkungsberechtigte

Die Haftungsbeschränkung kann von folgenden **Personen** in Anspruch genommen werden:

---

21 Vgl. dazu auch das ÖlSG IdF der Bek. v. 8.12.1995 – BGBl. I 2084.

a) Primär dient sie dem Schutz des **Schiffseigentümers.** Der Begriff ist in Art. 1 Abs. 2 HBÜ dahin definiert, dass ihm Eigentümer, Charterer, Reeder oder Ausrüster unterfallen. Da im deutschen Recht der bloße Eigentümer (der nicht auch Reeder nach § 476 ist) bereits nach Art. 7 EGHGB und der Ausrüster nach § 477 gleichgestellt sind, hat die Definition praktische Bedeutung für Reeder und Charterer. Der Begriff des Charterers ist im deutschen Recht nicht definiert, ist jedoch entsprechend der Verkehrsanschauung sowohl als Bareboat-Charterer als auch als Zeit- oder Reisecharterer zu verstehen.

Der Zeitcharterer oder Reisebefrachter kann seine Haftung auch beschränken für Ansprüche, die gegen ihn in seiner Eigenschaft als (Unter-)Verfrachter von seinen Frachtvertragspartnern erhoben werden. Dieses Privileg kommt jedoch **nicht** dem **Spediteur** zugute, der nach §§ 458 bis 460 als Verfrachter haftet (vgl. u. § 27 II 1a); die Ausnahmeregelung verträgt insoweit keine Analogie.

b) Ausdrücklich erstreckt worden ist das Haftungsbeschränkungsprivileg durch das HBÜ auf den **Berger** (Art. 1 Abs. 3).

Diese Regelung hat Bedeutung, wenn der Berger nicht von einem (Bergungs-)Schiff aus arbeitet, sondern etwa – abgesetzt durch einen Hubschrauber – von dem zu bergenden Schiff aus. Dann ist zweifelhaft, ob das Haftungsbeschränkungsrecht, das bei Bergung vom Schiff aus nach Maßgabe der Tonnage des Bergungsschiffes angenommen wird, ohne die Regelung gegeben wäre;[22] für den **nicht vom eigenen Schiff aus operierenden Berger** sieht das HBÜ einen eigenen Haftungshöchstbetrag vor (Art. 6 Abs. 4).

c) Nachdem das Übereinkommen v. 10.10.1957 die Bediensteten des Reeders enumerativ hinsichtlich der Haftungsbeschränkung gleichstellte, räumt das HBÜ das Haftungsbeschränkungsrecht allen **Personen** ein, **für die der Schiffseigentümer oder Berger verantwortlich ist** (Art. 1 Abs. 4).

Diese Personen haben ein selbständiges Recht auf Haftungsbeschränkung. Es setzt nicht mehr eine Arbeitnehmerstellung des Begünstigten voraus; der Vorschrift unterfallen ebenso Lotsen wie selbständige Gewerbetreibende (etwa Kaianstalten). Die Haftung des Reeders für den – dadurch beschränkungsberechtigten – Dritten kann sich sowohl aus vereinheitlichtem Recht, etwa dem Zusammenstoßübereinkommen von 1910, als auch aus nationalem Recht ergeben; für das deutsche Recht kommen besonders §§ 480, 501, 47 sowie §§ 278, 831 BGB in Betracht. Für Arbeitnehmer hat das Haftungsbeschränkungsrecht vor allem dann wirtschaftliche Bedeutung, wenn der Reeder oder Berger selbst das Seerechtliche Verteilungsverfahren einleitet, dessen Beschränkungswirkung ohne weiteres auch den beschränkungsberechtigten Gesamtschuldnern zugute kommt (§ 8 Abs. 1 SVertO).

Unter die neue Regelung fällt auch der **an Bord tätige Lotse** (gleichgültig, ob Zwangs- oder Beratungslotse, ob See- oder Hafenlotse), weil der Reeder nach § 485 stets für dessen Verschulden einzutreten hat.

Damit ist die kompliziert erscheinende, durch das alte internationale Recht bedingte Gleichstellungsregelung für Lotsen nach § 487 Abs. 3 aF entbehrlich geworden. Für einen **nicht von Bord aus tätigen Lotsen** – etwa einen vom Land aus arbeitenden Radar-Berater – ist durch eine noch nach dem 2. SÄG eingefügte Sondervorschrift (jetzt § 615 Abs. 4) eine Gleichstellung auf der Ebene des deutschen innerstaatlichen Rechts erfolgt.

22 Verneinend nach dem HBÜ 1957 House of Lords 1 LLR 1971, 341 ff. – Tojo Maru.

5. Entfallen des Haftungsbeschränkungsrechts

Das Recht zur Haftungsbeschränkung **entfällt**, wenn der Haftpflichtige den Schaden entweder vorsätzlich oder leichtfertig und in dem Bewusstsein verursacht hat, dass ein solcher Schaden mit Wahrscheinlichkeit eintreten werde (Art. 4 HBÜ). Der Terminus, welcher aus dem Luftrecht übernommen wurde (vgl. Art. 25 WA idF des Haager Protokolls von 1955) ist im Sinne eines Erfordernisses bewusster grober Fahrlässigkeit zu verstehen (vgl. u. § 31 III 4).[23] Der Begriff hat seit dem TRG auch Eingang in das allgemeine deutsche Frachtrecht des HGB (§ 435) gefunden.

6. Haftungshöchstbetrag

Der für die Haftung aller in Art. 9 HBÜ genannter, in bestimmter Beziehung zu einem Schiff stehender Schuldner, die ihre Haftung beschränken können, maßgebliche **Haftungshöchstbetrag** ist für jedes schadensstiftende Ereignis zu ermitteln. Er bestimmt sich – außer für Passagierschäden, bei denen die Passagierbeförderungskapazität maßgebend ist – nach dem Raumgehalt des Schiffes. Die Einzelheiten ergeben sich aus Art. 6 HBÜ und § 612.

Die Beträge sind im Übereinkommen in SZR festgelegt, die nach ihrem Wert im Zeitpunkt der Errichtung des Haftungsfonds oder – wird ein solcher nicht errichtet – der Zahlung in die Landeswährung umzurechnen sind.

Je nach Art des Schadens kommen unterschiedliche Haftungsbeträge zur Anwendung. Für jeden Betrag ist – sofern beantragt – ein selbständiges Verteilungsverfahren durchzuführen. Die verschiedenen Haftungshöchstsummen sind am deutlichsten aus der Klassifizierung in § 1 Abs. 4 SVertO ersichtlich; es handelt sich um

- Ansprüche wegen Personen- und Sachschäden (Art. 6 Abs. 1 Buchst. a, b HBÜ) – Anspruchsklasse A –;
- Ansprüche der Reisenden (Art. 7 HBÜ) – Anspruchsklasse B –;
- Ansprüche wegen Wrackbeseitigung (§ 487) – Anspruchsklasse C –;
- Ansprüche nach dem ÖlHÜ – Anspruchsklasse D –.

Die Anspruchsklasse A – Ansprüche wegen Personen- und Sachschäden – besteht wie nach früherem Recht aus zwei Teilbeträgen; sie werden zunächst in einem einheitlichen Verfahren zusammengefasst und nur für die Verteilung wieder getrennt. Dies ist notwendig, weil die Ansprüche wegen Personenschäden, die bei der Verteilung des für sie bestimmten Teils der Haftungssumme nicht voll befriedigt werden, an der Verteilung der Teilsumme für Sachschäden teilnehmen (sog. *spill-over*).

Bemessungsgrundlage für den Raumgehalt des Schiffes ist die **Bruttoraumzahl (BRZ)**, die nach AnlageI des Internationalen Schiffsvermessungsübereinkommens von 1969 zu bestimmen ist.

Dies gilt auch für ältere Schiffe, die noch nach früheren Vorschriften vermessen worden sind; bei solchen Schiffen ist die fehlende Raumzahl-Berechnung nach den neuen Vorschriften nachzuholen.

Für **kleine Schiffe** gilt nach § 613 – der durch Art. 15 Abs. 2 Buchst. b HBÜ gedeckt ist – eine **Sonderregel:** Bei Schiffen mit einem Raumgehalt bis zu 250 BRZ ist bei Sachschäden die Hälfte des Betrages für Schiffe mit einem Raumgehalt von 500 BRZ – der Untergrenze des HBÜ – anzusetzen. Diese Sonderregelung dient dem Schutz kleinerer (insbes. Fischerei-)Schiffe.

7. Geltendmachung der Haftungsbeschränkung

Die Haftungsbeschränkung kann, wie schon nach dem 1. SÄG, durch **Errichtung eines Haftungsfonds** bewirkt werden. Das HBÜ gibt in Art. 11–13 einige grund-

---

23 Ähnlich zum WA BGHZ 74, 162. Dazu eingehend *Stachow*, aaO.

legende Vorschriften für das Verfahren vor. Soll der Fonds in Deutschland errichtet werden, geschieht dies in der Form eines Antrags auf Eröffnung eines **Seerechtlichen Verteilungsverfahrens nach der Schifffahrtsrechtlichen Verteilungsordnung**. Daneben besteht – auch ohne Einleitung eines Verteilungsverfahrens – die Möglichkeit, die Haftungsbeschränkung durch **Einrede** im Prozess geltend zu machen.

a) Die Eröffnung eines **Seerechtlichen Verteilungsverfahrens** (oder die **Errichtung eines Haftungsfonds** in einem anderen Vertragsstaat des HBÜ) hat die Rechtsfolge, dass sich die Haftung aller Personen für Ansprüche aus demselben Ereignis, für welche die Haftung beschränkt werden kann, auf die eingezahlte Haftungssumme (oder, wenn diese – wie im Regelfall – noch nicht eingezahlt worden ist, auf die hierfür geleistete Sicherheit) beschränkt (§ 8 Abs. 1 SVertO). Das kommt darin zum Ausdruck, dass nach Eröffnung des Verteilungsverfahrens Einzelprozesse und -zwangsvollstreckungen wegen der am Verfahren teilnehmenden Ansprüche unzulässig sind oder unterbrochen werden (§ 8 Abs. 2 und 3 SVertO); die Befriedigung der Ansprüche geschieht – soweit die Haftungssumme hierfür ausreicht – ausschließlich im Verteilungsverfahren, das insoweit dem Konkursverfahren nachgebildet ist.

Die Wirkung, welche das deutsche Recht damit dem Verteilungsverfahren beilegt, geht über die des Übereinkommens hinaus. Im Gegensatz zu dem Übereinkommen v. 10.10.1957 – auf dem Konzept und Fassung des § 8 SVertO beruhen – legt das HBÜ der Fondserrichtung nur die Wirkung bei, dass „derjenige, der einen Anspruch gegen den Fonds geltend gemacht hat, für diesen Anspruch kein Recht mehr gegen das sonstige Vermögen (des Schuldners) geltend machen kann“ (Art. 13 Abs. 1 HBÜ). Diese Einschränkung der Fondswirkung, die dem Gläubiger praktisch ein Wahlrecht gewährt, ist zu bedauern;[24] sie konnte allerdings von der Londoner Konferenz beschlossen werden, weil nunmehr – anders als nach dem Übereinkommen v. 10.10.1957 – die Haftungsbeschränkung auch außerhalb des Fonds-Verteilungsverfahrens geltend gemacht werden kann (dazu u. b), sodass dem Schuldner zumindest theoretisch kein Schaden dadurch entsteht, dass der Gläubiger den ihm genehmeren Durchsetzungsort wählt. Obgleich nicht unzweifelhaft ist, ob die Regelung des § 8 Abs. 2 und 3 SVertO mit dem HBÜ vereinbar ist,[25] ist sie aber jedenfalls für das deutsche Recht uneingeschränkt anwendbar.[26] Allerdings führt die engere Fassung des internationalen Rechts dazu, dass die Einleitung des Verteilungsverfahrens in Deutschland den Gläubiger nicht mehr vor Klagen und Vollstreckungen in anderen Vertragsstaaten schützt, wenn der Gläubiger seine Ansprüche nicht zum Verteilungsverfahren anmeldet; ob ein im Ausland errichteter Fonds im Inland die Wirkungen des § 8 SVertO entfaltet, hängt davon ab, ob das jeweilige Recht ihm ebenfalls so weitgehende Wirkungen beimisst (vgl. § 34 Satz 2 SVertO).

Wegen der Einzelheiten des Seerechtlichen Verteilungsverfahrens vgl. u. § 25.

b) Abweichend von dem früheren Recht kann sich der Schuldner – außer bei Ansprüchen nach dem ÖlHÜ – **auf den Haftungshöchstbetrag auch einredeweise berufen**, ohne dass er (oder ein Mitschuldner) ein Verteilungsverfahren eingeleitet hat (Art. 10 Abs. 1 HBÜ).

---

24 Dazu eingehend *Rittmeister*, S. 65 ff.
25 *Herber*, Haftungsrecht, S. 129; *Rittmeister*, S. 123 f.
26 *Herber*, aaO; *Rittmeister*, aaO; *Rabe*, Art. 13 LondonÜ 1976 Rn. 1.

Die **Einrede** stellt – jedenfalls nach deutschem Recht, das insoweit keine näheren Vorschriften enthält – eine der Verjährungseinrede verwandte Willenserklärung dar. Sie kann innerhalb oder außerhalb eines Prozesses abgegeben werden.[27] Im Prozess kann die Einrede nur bis zum Schluss der letzten mündlichen Verhandlung, nicht mehr in der Revisionsinstanz erhoben werden; anders die Berufung auf die – rechtsgestaltende – Einleitung des Seerechtlichen Verteilungsverfahrens.[28] Verzicht ist möglich, auch stillschweigend (dies war in § 486 Abs. 4 Satz 2 aF ausdrücklich gesagt).

Die Erhebung der Einrede hat die Wirkung, dass die Haftung des Schuldners sich auf die im HBÜ vorgesehene Summe beschränkt.

Sachlich bedeutet dies eine **Begrenzung der Schuld**, § 617 Abs. 2 und Art. 10 HBÜ sind hier begrifflich ungenau, die Einrede wirkt konstitutiv.

Der Schuldner kann deshalb schon im Erkenntnisverfahren nicht auf einen höheren Betrag als den seiner „Haftung" nach dem HBÜ verurteilt werden. Im Gegensatz zur Wirkung des Seerechtlichen Verteilungsverfahrens (§ 8 SVertO) bleibt jedoch sein gesamtes Vermögen – für den so summenmäßig eingeschränkten Schuldbetrag – der Vollstreckung ausgesetzt.

Die Einrede bezieht sich stets nur auf einen einzelnen Anspruch, während das Seerechtliche Verteilungsverfahren für alle Ansprüche wirkt, die derselben Anspruchsklasse (§ 1 Abs. 4 SVertO) angehören.

Deshalb kann auch nach Erhebung der Einrede noch ein Seerechtliches Verteilungsverfahren eingeleitet werden. Der Schuldner eines der Beschränkung unterliegenden Anspruchs nimmt mit Ansprüchen, die er vor Eröffnung des Verteilungsverfahrens (in dem summenmäßig beschränkten Umfang oder voll) befriedigt hat, am Verteilungsverfahren teil (§ 15 SVertO); hat er den Anspruch voll oder über die spätere Quote hinaus befriedigt, so erhält er im Verteilungsverfahren gleichwohl nur die auf ihn entfallende Quote.

Im Prozess führt die Erhebung der Einrede in der Regel zu einer Verurteilung auf den beschränkten Betrag; ist Verurteilung auf den Betrag des vollen Anspruchs beantragt, erfolgt Klageabweisung im übrigen.

Das Prozessgericht hat also inzident die Voraussetzungen der Haftungsbeschränkung und deren Umfang zu prüfen. Dies kann, wenn aus dem schadensstiftenden Ereignis mehrere Ansprüche hervorgegangen sind, zu einer außerordentlichen Komplizierung des Verfahrens führen. Denn es ist, sofern hierüber Streit besteht, gegebenenfalls Beweis zu erheben über das Bestehen, die Höhe und die Beschränkbarkeit der Haftung aller konkurrierenden Ansprüche. Gleichwohl wirkt die Rechtskraft des Urteils für die anderen Ansprüche nicht ohne weiteres; wieweit eine Streitverkündung zulässig ist, erscheint jedenfalls fraglich.[29]

Deshalb ermöglicht es § 305a ZPO dem Gericht, die Frage der Haftungsbeschränkung durch ein **Vorbehaltsurteil** unberücksichtigt zu lassen, wenn aus demselben Ereignis mehrere Ansprüche hervorgegangen sind, für welche die Haftung beschränkt werden kann und wenn die Erledigung des Rechtsstreits durch deren Berücksichtigung erschwert wäre. Der Schuldner wird dann auf die volle Summe verurteilt, ihm bleibt jedoch die Haftungsbeschränkung durch Einleitung eines Seerechtlichen Verteilungsverfahrens vorbehalten.

Ein solches Urteil ergeht stets nur von Amts wegen, es beruht auf einer Ermessensentscheidung des Gerichts. Das Prozessgericht sollte jedenfalls dann großzügig von der Vorbehaltsmöglichkeit Gebrauch machen, wenn dem Gläubiger – infolge der Notwendigkeit, sich mit der Beurteilung der konkurrierenden Forderungen zu befassen – Gefahren drohen oder das Gericht eine unzumutbare (weil letztlich nicht zur Rechtskraft führende) Abwägung mehrerer am Prozess nicht unmittelbar beteiligter, streitiger Ansprüche in einem dafür nicht geeigneten Verfahren vorzunehmen hätte. Gefahren für den Schuldner (die natürlich stets bestehen, weil

---

27 *Herber*, Haftungsrecht, S. 88 f.

28 BGH VersR 1988, 625 ff.

29 Dazu *Herber*, Haftungsrecht, S. 93 f.

er das Risiko der Geltendmachung und des Nachweises der konkurrierenden, den Klaganspruch mindernden Ansprüche trägt) können nur ausnahmsweise Gewicht haben; denn er hätte es in der Hand, das Verteilungsverfahren nach der SVertO einzuleiten.[30]

8. Praktische Würdigung

Das Seerechtliche Verteilungsverfahren ist kompliziert. Es lässt sich gleichwohl angesichts der (u. § 25 I skizzierten) rechtlichen Problematik kaum einfacher gestalten, war allerdings in der Urfassung von 1972 deshalb übersichtlicher, weil die materiell-rechtlichen Vorgaben durch das HBÜ 1957 geringere Anforderungen stellten. Das Verfahren ist geschaffen worden für die Fälle, in denen eine Vielzahl von Beteiligten vorhanden – und oft nicht bekannt – ist; denn es gibt dem Schuldner die Möglichkeit, durch ein Aufgebot Klarheit über seine Haftung zu schaffen. Bei einfachen Sachverhalten, in denen die Zahl der Beteiligten bekannt ist, kann eine einvernehmliche Regelung oder auch die Einrede im Erkenntnisverfahren das Bedürfnis nach Rechtssicherheit vollauf befriedigen. Jede einvernehmliche Lösung wird zugleich erleichtert durch das Vorhandensein einer funktionsfähigen Verfahrensregelung für den Fall, dass sich die Parteien nicht einigen oder dass sich der oder die Schuldner nicht darauf verlassen wollen, dass sie alle Ansprüche kennen und richtig einschätzen.

Gerade wenn das Verfahren deshalb nur verhältnismäßig selten durchgeführt zu werden braucht, ist es umso wichtiger, dass dem Richter in dieser schwierigen Rechtsmaterie eine ausführliche und praktikable Verfahrensregelung an die Hand gegeben worden ist. Dies ist für das Binnenschifffahrtsrechtliche Verteilungsverfahren (§§ 34 ff. SVertO) noch wichtiger als für das Seerechtliche Verteilungsverfahren, weil dort eine Konzentration auf nur ein Gericht – wie das AG Hamburg für das Seerechtliche Verteilungsverfahren –, das damit eine gewisse Erfahrung sammeln kann, nicht möglich ist.

Man kann sich allerdings fragen, ob die Haftungsbeschränkung in dieser Form, die letztlich doch zu wenig internationaler Einheit geführt hat, ständiger Revision bedarf und einen erheblichen Regelungsaufwand erfordert, noch sinnvoll ist. Große Risiken bestehen auch in anderen Wirtschaftszweigen; selbst die Teilnehmer am Seeverkehr sind nicht alle in das Privileg einbezogen (wie etwa Werften, Umschlagsbetriebe und Klassifikationsgesellschaften), obgleich der Schutz von Übereinkommen zu Übereinkommen ausgedehnt wurde. Andere Wirtschaftsteilnehmer schützen sich heute gegen untragbare Haftungsrisiken durch die Rechtsform der Kapitalgesellschaft, die zur Zeit der Entwicklung des Instituts der beschränkten Reederhaftung noch nicht verbreitet war.

---

30 Zur Problematik im Einzelnen *Stahl*, TranspR 1987, 205 ff.; *Herber*, Haftungsrecht, S. 139 ff. Zum Vorbehaltsurteil nach § 305a ZPO vgl. auch § 786a ZPO.

§ 25 Das Seerechtliche Verteilungsverfahren

Lit.: Siehe auch vor § 24. Besonders zum Verfahren: *Boye/Heine*, Der Sachwalter im neuen seerechtlichen Verteilungsverfahren, MDR 1972, 908; *Czempiel*, Das IPR der seerechtlichen Haftungsbeschränkung und das Zweite Seerechtsänderungsgesetz, VersR 1987, 1069; *Dörfelt*, Das Internationale Privatrecht der beschränkten Haftung, DVIS A 105, 61; *Herber*, Zur Neuregelung der Reederhaftung, insbesondere zur Seerechtlichen Verteilungsordnung, VersR 1973, 981 ff.; *ders.*, Das neue Haftungsrecht der Schiffahrt, Veröffentlichungen des Instituts für Seerecht und Seehandelsrecht der Universität Hamburg Bd. 4, 1989; *Klingsporn*, Erläuterungen zur Seerechtlichen Verteilungsordnung, in: Das Deutsche Bundesrecht, II D 16, S. 21 ff.; *Looks/Kraft*, Sind Schiedsgerichtsverfahren „legal proceedings" im Sinne des Artikels 11 des Haftungsbeschränkungsübereinkommens von 1976? TranspR 1997, 266 f.; RegBegr. SeeVertO 1986 (BT-Drucks. 10/3853); RegBegr. SeeVertO 1972 (BT-Drucks. BVI/2226); *Richter*, Bemerkungen zum Entwurf einer Seerechtlichen Verteilungsordnung, Schriften des DVIS A 12; *Rittmeister*, Das Seerechtliche Haftungsbeschränkungsverfahren nach neuem Recht, Veröffentlichungen des Instituts für Seerecht und Seehandelsrecht der Universität Hamburg Bd. 10, 1995; *Schön*, Praktische Aspekte des Seerechtlichen Verteilungsverfahrens, Schriften des DVIS A 39, 1979; *Sinkus*, Die grenzüberschreitende Haftungsbeschränkung des Reeders, Diss. Hamburg 1995; *Stahl*, Seerechtliche Haftungsbeschränkung ohne Haftungsfonds – Probleme des neuen § 487e Abs. 2 HGB, TranspR 1987, 205 ff.

I. Allgemeines

Die Beschränkung der Haftung (dazu materiell-rechtlich o. § 24) kann – wenn sie nicht nur einredeweise gegenüber jedem einzelnen Gläubiger geltend gemacht, sondern durch die **Errichtung eines Haftungsfonds** i.S. der Art. 11 HBÜ, Art. V Abs. 3 ÖlHÜ gegenüber allen Gläubigern (und für alle Schuldner) aus demselben Ereignis wirken soll –, nur durch die Einleitung eines **Seerechtlichen Verteilungsverfahrens** bewirkt werden (§ 487e). Dieses ist in dem **Gesetz über das Verfahren bei der Errichtung und Verteilung eines Fonds zur Beschränkung der Haftung in der See- und Binnenschiffahrt (Schiffahrtsrechtliche Verteilungsordnung – SVertO)** v.25.7.1986[1] geregelt. (Vgl. zur Entstehung o. § 24 I 5).

Das Seerechtliche Verteilungsverfahren ist dem Konkursverfahren nachgebildet. Seit deren Ersetzung durch die InsOrdnung tritt diese an die Stelle der KO, soweit in einzelnen Vorschriften darauf verwiesen wird.

Wie das Insolvenzverfahren gehört des Schifffahrtsrechtliche Verteilungsverfahren der streitigen Gerichtsbarkeit an; deshalb gilt die ZPO subsidiär (§ 3 SVertO). Nur in wenigen Vorschriften verweist die SVertO ausdrücklich auf die InsO; im Großen und Ganzen ist sie so formuliert, dass sie auch bei der zu erwartenden relativ seltenen Anwendung möglichst leicht handhabbar ist.

Dabei war zu berücksichtigen, dass die Ausgangssituation sehr viel komplizierter als beim Konkurs – und nunmehr der Insolvenz – ist: Das Verfahren kann sich nicht darauf beschränken, die gleichmäßige Verteilung einer vorhandenen Vermögensmasse zu regeln. Es muss vielmehr diese Masse – die Haftungssumme – zunächst in einer für alle Beteiligten rechtliches Gehör gewährenden Weise feststellen und ihre Aufbringung sichern. Die Ermittlung der an der Verteilung Teilnahmeberechtigten ist schwerer zu vollziehen, weil das Teilnahmerecht von oft schwierigen rechtlichen Überlegungen abhängt. Schließlich wirft das Verhältnis der Ansprüche, für welche die Haftung beschränkt werden kann und die deshalb (allein) an der

1 BGBl. I 1130, zuletzt geändert durch G v. 10.10.2013 BGBl. I 3786.

Verteilung teilnehmen dürfen, zu den daneben weiterhin gegen den Schuldner geltend zu machenden Ansprüchen mit unbeschränkter Haftung Probleme auf, für die das Gesetz Vorsorge treffen musste. Da die Entscheidung darüber, ob die Haftung beschränkt werden kann, ua von der Beurteilung des Grades von Verschulden des Schuldners abhängt, wird sie häufig lange Zeit in Anspruch nehmen, so dass der Fortgang des Verfahrens im übrigen ermöglicht werden musste.

II. Das Verfahren im Einzelnen

1. Allgemeines

Das Seerechtliche Verteilungsverfahren (§§ 1–33 SVertO) gliedert sich in drei Hauptabschnitte: Das **Eröffnungsverfahren**, das **Feststellungsverfahren** und das **Verteilungsverfahren.** §§ 1–3 enthalten allgemeine Bestimmungen und Regeln über die Zuständigkeit.

a) Das Verteilungsverfahren wird beim **Amtsgericht** durchgeführt. **Örtlich zuständig** ist das Gericht des Schiffsregisters oder, in Ermangelung eines solchen im Inland, der gewerblichen Niederlassung oder des gewöhnlichen Aufenthalts. Fehlen letztere, so kann das Verfahren bei dem Gericht beantragt werden, das für eine Klage wegen eines der Beschränkung unterliegenden Anspruchs zuständig ist oder bei dem wegen eines solchen Anspruchs die Zwangsvollstreckung betrieben wird (§ 2 Abs. 1 SVertO).

Praktische Bedeutung haben diese Zuständigkeitsregeln jedoch deshalb nicht, weil die Bundesländer von der ihnen durch § 2 Abs. 3, 4 SVertO eingeräumten Möglichkeit Gebrauch gemacht haben, die Zuständigkeit durch Staatsvertrag auf Hamburg und durch Konzentration innerhalb des Landes Hamburg für alle Verteilungsverfahren auf das **Amtsgericht Hamburg** zu konzentrieren. Eine solche Ländervereinbarung war schon für die SeeVertO 1972 getroffen worden und ist für die Neufassung von 1986 – nach einigen Zweifeln über die Fortgeltung für diese[2] – am 6.11.1991[3] erneuert worden; die landesinterne Konzentration auf das AG Hamburg ergibt sich aus der Hamb. VO v. 18.7.1972.[4]

b) Ein Verteilungsverfahren bezieht sich jeweils auf alle der Haftungsbeschränkung unterliegenden Ansprüche, die **aus demselben Ereignis entstanden** sind, derselben **Anspruchsklasse** zugehören und sich gegen Schuldner richten, die einer der in § 1 Abs. 3 SVertO aufgeführten **Personengruppe** angehören.

Als **Ereignis** („*distinct occasion*") ist ein einheitlicher anspruchsbegründender Lebenssachverhalt zu verstehen, etwa ein Zusammenstoß.[5] Sind aus einem solchen Ereignis Ansprüche entstanden, die verschiedenen Anspruchsklassen zugehören (etwa wegen Personenschäden Reisender und Dritter) oder sich gegen Schuldner in verschiedenen Gruppen richten (etwa gegen die Reeder beider am Zusammenstoß beteiligter Schiffe), so finden mehrere Verteilungsverfahren statt.

Die **Anspruchsklassen** (§ 1 Abs. 4 SVertO – vgl. o. § 24 II 6) fassen die den verschiedenen materiellen Haftungsgrundsätzen unterliegenden Ansprüche zusammen.

Die wichtigste Anspruchsklasse (A) enthält allerdings Ansprüche wegen Personen- und Sachschäden in einer gemeinsamen Gruppe, obgleich für diese (materiell-rechtlich) verschiedene Haftungsbeträge gelten (Art. 6 HBÜ); dies ist notwendig, weil unter diesen Ansprüchen bei nicht voller Befriedigung der Personenschäden ein Ausgleich erfolgt. Außer der Anspruchs-

2 Vgl. *Rittmeister*, S. 82 ff.
3 Hamb. GuVBl. 1992, 91.
4 GuVBl. 149.
5 Wegen der Einzelheiten vgl. *Herber*, Haftungsrecht, S. 76 f.

klasse A, in welche Ansprüche wegen Todes und Körperverletzung sowie wegen Sachschäden (einschließlich Vermögensschäden, soweit für solche eine Haftung überhaupt besteht) fallen, kennt die SVertO die Anspruchsklassen B (Ansprüche der Reisenden iSd Art. 7 HBÜ), C (Ansprüche wegen Wrackbeseitigung nach § 487) und D (Ansprüche nach dem ÖlHÜ).

Die Personen, für welche die Haftung durch ein Verteilungsverfahren beschränkt werden kann, sind in **Gruppen** zusammengefasst (§ 1 Abs. 3 SVertO), die sich aus dem materiellen Beschränkungsrecht, namentlich aus Art. 9 HBÜ ergeben.

Neben den nach dem HBÜ beschränkungsberechtigten Personengruppen – also Eigentümer, Charterer und deren Erfüllungsgehilfen, Berger oder Retter und deren Erfüllungsgehilfen –, sind in § 1 Abs. 3 SVertO auch die nach dem ÖlHÜ sowie nach deutschem Recht (Lotse, der nicht an Bord des Schiffes tätig ist) gleichgestellten Schuldner aufgeführt; durch das BinSchÄndG ist die Vorschrift noch genauer auf die Begriffe des deutschen Rechts abgestimmt worden, indem Reeder und Ausrüster ausdrücklich als antragsberechtigt genannt sind.

c) Jedes Verfahren wirkt für alle Schuldner, die einer solchen Gruppe angehören. Praktisch wichtig ist, dass das vom Reeder eingeleitete Verteilungsverfahren auch für die Besatzung und den Charterer wirkt.[6]

2. Das Eröffnungsverfahren

a) Den **Antrag auf Eröffnung des Verteilungsverfahrens** können alle Schuldner stellen, welche nach der materiellen Regelung ihre Haftung beschränken können, also – verfahrensrechtlich gesehen – einer der in § 1 Abs. 3 SVertO aufgeführten Gruppen angehören.

In dem Antrag auf Eröffnung des Verteilungsverfahrens sind das Ereignis, aus dem die Ansprüche entstanden sind, sowie der Personenkreis und die Anspruchsklasse, für welche das Verfahren eröffnet werden soll, anzugeben. Ferner bedarf es der in § 4 Ab. 1 SVertO weiter geforderten formalen Angaben; insbesondere sind die zur Berechnung der Haftungssumme notwendigen Angaben über den Raumgehalt des Schiffes oder – bei Anspruchsklasse B – über die Anzahl der nach dem Schiffszeugnis zu befördernden Reisenden zu machen. Dem Antrag sind beglaubigte Abschriften der Eintragungen in Schiffsregister und Schiffstagebuch beizufügen (§ 4 Abs. 2 SVertO).

b) Der Antragsteller hat **glaubhaft zu machen**, dass die sachlichen Voraussetzungen des Verteilungsverfahrens vorliegen, sofern hieran Zweifel bestehen.

Dies ist nicht mehr, wie in § 1 Abs. 3 SeeVertO 1972, allgemein, sondern nur noch für den Sonderfall des § 1 Abs. 5 ausdrücklich gesagt (§ 4 Abs. 3 SVertO), folgt jedoch aus dem allgemeinen prozessualen Erfordernis eines Rechtsschutzinteresses.

Danach ist **Voraussetzung des Verfahrens, dass die Gesamtheit der Ansprüche, die aus dem Ereignis gegen die Schuldner geltend gemacht werden können, voraussichtlich die Haftungssumme übersteigen wird.** Nur wenn die Einleitung des Verfahrens nur für Sachschäden (und deshalb unter Berechnung nur nach den für diese geltenden Haftungssätzen) beantragt wird, ist glaubhaft zu machen, dass Personenschäden aus dem Ereignis nicht entstanden sind (§ 1 Abs. 5, § 4 Abs. 3 SVertO); sonst genügt Darlegung im Antrag.[7]

Das Verteilungsgericht hat im Rahmen der Prüfung der Voraussetzungen für die Verfahrenseröffnung selbständig zu entscheiden, ob die materiell-rechtlichen Vor-

---

6 Einzelheiten vgl. *Herber*, Haftungsrecht, S. 84 ff.

7 So auch *Rabe*, Anh. 487e § 1 SVertO Rn. 5.

7 So auch *Rittmeister* und *Rabe*, aaO.

aussetzungen einer Haftungsbeschränkung vorliegen. Seine Entscheidung erwächst jedoch nur für das Verteilungsverfahren, nicht aber für ein späteres Prozessverfahren in Rechtskraft.

Dies gilt insbesondere auch hinsichtlich der Frage, ob für die dem Antrag zugrunde liegenden Ansprüche die Haftung nach dem HBÜ beschränkt werden kann. Das hängt auch davon ab, ob es sich bei dem Schiff um ein Seeschiff handelt, was oft zweifelhaft ist. Hat das Verteilungsgericht angenommen, dass es sich um ein Seeschiff handelt, so ist diese Feststellung für das Prozessgericht nicht bindend;[8] eine unrichtige Annahme des Schiffscharakters führt – wie auch sonst eine zu großzügige Annahme der sachlichen Voraussetzungen des Verteilungsverfahrens – nur dazu, dass das Verfahren praktisch ins Leere geht, also keine Haftungsbeschränkung bewirkt. Verneint dagegen das Verteilungsgericht die Eigenschaft als Seeschiff, so lehnt es das Verteilungsverfahren ebenso ab, wie wenn es eine Forderung für nicht begründet oder die Haftung (etwa wegen groben Verschuldens des Schuldners) für nicht beschränkbar hält; in diesen Fällen hat der Antragsteller die Möglichkeit, gegen den die Eröffnung ablehnenden Beschluss des Verteilungsgerichts Beschwerde einzulegen. Zudem bleibt ihm, wenn auch das Rechtsmittel erfolglos ist, stets die Möglichkeit der Einrede der Haftungsbeschränkung in den dann gegen ihn geführten Einzelverfahren.[9]

Nach dem seit 1998 geltenden neuen Recht, welche eigenständige Verteilungsverfahren für Seeschiffe und Binnenschiffe vorsieht, kann sich im Verhältnis zur Binnenschifffahrt auch eine andere Frage stellen: Lehnt das Gericht die Eröffnung eines seerechtlichen Verteilungsverfahrens ab, weil es das Schiff zu Unrecht für ein Binnenschiff hält, und beantragt der Antragsteller danach die Einleitung eines binnenschifffahrtsrechtlichen Verteilungsverfahrens, so hat dessen Eröffnung und Durchführung nicht die Wirkungen des § 617 Abs. 1. Dies folgt schon daraus, dass die Wirkungen des § 8 SVertO nur durch ein seerechtliches Verfahren ausgelöst werden können, in dessen Rahmen sie geregelt sind; § 41 SVertO verweist darauf nur mit den Modifikationen für die binnenschifffahrtsrechtliche Wirkung. Auch sachlich kann das binnenschifffahrtsrechtliche Verteilungsverfahren nicht etwa über eine unmittelbare Anwendung der Art. 11, 13 HBÜ als eine nach § 611 anzuerkennende Fondserrichtung angesehen werden. Die unmittelbare Anwendung der Vorschriften des HBÜ ist durch die Spezialregelung des § 617 Abs. 1 und die SVertO ausgeschlossenen. Es kommt hinzu dass ein Verteilungsverfahren unter der Bezeichnung als binnenschifffahrtsrechtliches Verfahren die Gläubiger schon beim Aufgebot irreführen würde.

Allgemein darf das Verteilungsgericht die Eröffnung eines beantragten Verfahrens wegen im materiellen Recht liegender rechtlicher oder wegen tatsächlicher Zweifel nur ausnahmsweise ablehnen, wenn ein Rechtsschutzinteresse **offensichtlich** fehlt. Ob durch das eröffnete Verfahren eine Beschränkungswirkung eingetreten ist, ist allein vom Prozessgericht zu entscheiden.

c) Als **besondere Verfahrensvoraussetzung** ist nach Art. 11 Abs. 1 Satz 1 HBÜ, § 1 Abs. 3 Satz 3 SVertO vorgeschrieben, dass gegen einen aus dem Ereignis beschränkt haftenden Schuldner (nicht notwendig den Antragsteller) **in der Bundesrepublik Deutschland ein gerichtliches Verfahren eingeleitet** ist.

Der Begriff des gerichtlichen Verfahrens ist weit auszulegen,[10] wofür auch der englische Wortlaut („*legal proceedings*") spricht. Deshalb steht ein Schiedsgerichtsverfahren (maßgeblicher Zeitpunkt: Benennung des Schiedsrichters durch den Kläger) dem gerichtlichen gleich.[11] Auch ein Arrestantrag oder das Betreiben der Vollstreckung eines ausländischen Urteils im Inland genügen. Selbst die Vollstreckung im Verwaltungszwangsverfahren sollte als ausreichend

---

8 BGHZ 76, 206; *Rittmeister*, S. 93 f; jetzt auch *Rabe*, Anh. 487e § 1 SVertO Rn. 8.

9 So auch *Rittmeister* und *Rabe*, aaO.

10 RegBegr. SeeVertO 1986, S. 19.

11 So mit Recht schon *Rittmeister*, S. 79; jetzt auch *Looks/Kraft*, TranspR 1997, 266 f.; aA noch *Herber*, Haftungsrecht, S. 127.

angesehen werden. Doch kann ein Schuldner das Verteilungsverfahren nicht mehr – wie nach der SeeVertO 1972 – einleiten, wenn eine Klage gegen ihn nur möglich wäre.

d) Das Gericht entscheidet über den Antrag durch **Beschluss.** Hält es den Antrag für begründet, so setzt es zunächst (durch **Festsetzungsbeschluss**) die einzuzahlende Haftungssumme und – sofern beantragt – die Zulassung einer dafür (zunächst) zu leistenden Sicherheit – fest. Ist die Summe eingezahlt oder die Sicherheit geleistet, so beschließt es über die Eröffnung des Verfahrens durch **Eröffnungsbeschluss.** Beide Beschlüsse können verbunden werden, was regelmäßig geschieht.

Ein gesonderter Festsetzungsbeschluss wird namentlich ergehen, wenn zweifelhaft ist, ob eine anstelle der sofortigen Einzahlung der Haftungssumme angebotene Sicherheit nach Auffassung des Gerichts ausreichend ist. Das Gericht muss diese im Festsetzungsbeschluss ausdrücklich zulassen; die Entscheidung hierüber ist einem gesonderten Rechtsmittel zugänglich. Mit der Festsetzung der Haftungssumme kann das Gericht bereits Zwangsvollstreckungen vorübergehend einstellen, bis die Haftungssumme eingezahlt ist und die Außenwirkungen des Verfahrens nach § 8 SVertO eintreten.

e) Nach Einzahlung der Haftungssumme oder Leistung der Sicherheit (für die § 6 Abs. 2 SVertO nähere Vorschriften trifft) wird das Verfahren eröffnet. Die **Wirkungen der Eröffnung** sind weitestgehend denen des Insolvenzverfahrens nachgebildet:

Mit der Eröffnung beschränkt sich die Haftung aller Schuldner der von dem Verfahren betroffenen Ansprüche, für welche die Haftung beschränkt werden kann, auf die Haftungssumme.

Dementsprechend können diese Ansprüche nur noch nach den Vorschriften der SVertO verfolgt werden. Sie werden mit der ihnen zustehenden Quote befriedigt und können auch nach Aufhebung des Verfahrens nur dann weiterverfolgt werden, wenn vor Eröffnung des Verteilungsverfahrens ein rechtskräftiger Titel erwirkt worden ist; dieser wird nur ausnahmsweise über die Quote hinausgehen, weil die Haftungsbeschränkung auch einredeweise bereits vor Eröffnung des Verteilungsverfahrens geltend gemacht werden kann.

Durch die Eröffnung des Verteilungsverfahrens werden deshalb **Rechtsstreitigkeiten** wegen der vom Übereinkommen erfassten Ansprüche **unterbrochen,** bis sie im Rahmen des Feststellungsverfahrens etwa wieder aufgenommen werden oder das Verteilungsverfahren aufgehoben oder eingestellt wird (§ 8 Abs. 3 SVertO).

Ebenso ist die **Zwangsvollstreckung** wegen solcher Ansprüche unzulässig (§ 8 Abs. 4 SVertO). Die Unzulässigkeit ist im Wege einer der Klage nach § 767 ZPO nachgebildeten Klage nach § 8 Abs. 4 Satz 2 SVertO beim erstinstanzlichen Prozessgericht geltend zu machen. Die Frage, ob ein bestimmter Anspruch durch das Verteilungsverfahren beeinflusst worden ist, wirft oft schwierige rechtliche Probleme auf.

Das Verteilungsgericht kann eine bereits begonnene Zwangsvollstreckung einstweilen einstellen, § 8 Abs. 4 Satz 3 SVertO; die endgültige Einstellung geschieht nach Feststellung des Rechts auf Teilnahme (§ 21 SVertO).

Diese Wirkungen treten unabhängig davon ein, ob der Gläubiger den Anspruch im Verfahren geltend macht oder nicht. Wegen der **Abweichung dieser Regelung von Art. 13 Abs. 1 HBÜ** vgl. o. § 24 II 7a.

f) Das Gericht bestimmt einen **Sachwalter,** der sowohl das Verteilungsgericht entlastet als auch die Gläubiger angemeldeter Ansprüche unterstützt. Zu dessen Stellung und Aufgaben vgl. § 9 SVertO und *Boye/Heine.*[12] Er verwertet insbesondere auf Anordnung des Gerichts eine statt der Haftungssumme hinterlegte Sicherheit.

---

12 MDR 1972, 908 ff.

g) Das Eröffnungsverfahren wird abgeschlossen mit einer **öffentlichen Aufforderung** an alle Gläubiger der von dem Verfahren erfassten Ansprüche sowie an die Schuldner, die neben dem Antragsteller für Ansprüche aus demselben Ereignis beschränkbar haften, sich am Verfahren zu beteiligen (näheres § 10 SVertO).

Bekannt gemacht wird auch der Eröffnungsbeschluss und der wesentliche Inhalt des Beschlusses über die Festsetzung der Haftungssumme (§ 11 SVertO). Die Bekanntmachung geschieht im Bundesanzeiger und einem weiteren Blatt (§ 11 Abs. 2 SVertO).

Die Frist zur Anmeldung der Ansprüche soll mindestens 2 Monate, bei abzusehender Beteiligung ausländischer Gläubiger 6 Monate betragen (§ 10 Abs. 1 SVertO).

h) Die **Rechtsmittel** gegen die beiden das Verfahren tragenden Beschlüsse sind in § 11 SVertO eingehend geregelt; die gesetzgeberische Schwierigkeit lag dabei darin, die Rechtsmittel der verschiedenen Verfahrensbeteiligten so zu verbinden, dass eine Entscheidung praktisch für und gegen alle wirken kann.

i) Nach der Eröffnung ist in Ausnahmefällen, die in § 17 Abs. 1 SVertO abschließend geregelt sind, eine **Einstellung** des Verfahrens möglich (Regelfall ist die Aufhebung nach Durchführung der Verteilung, § 29 SVertO); dann entfallen die Wirkungen des Verfahrens, doch enthalten § 17 Abs. 5 und § 20 Abs. 3, 4 SVertO Sondervorschriften zur Vermeidung von Härten für die Gläubiger.

Die Einstellung erfolgt, wenn die Haftungssumme auf einen höheren Betrag festgesetzt, der Mehrbetrag jedoch nicht innerhalb der vom Gericht bestimmten Frist eingezahlt wird (§ 17 Abs. 1 Nr. 1 SVertO); dies kann geschehen auf Erinnerung eines Gläubigers gegen den Festsetzungsbeschluss (§§ 12, 5 Abs. 4 SVertO) oder – von Amts wegen –, wenn sich später noch Personenschäden herausstellen (§ 16 Abs. 1, 2 SVertO). Ferner ist das Verfahren einzustellen (§ 17 Abs. 1 Nr. 2 SVertO), wenn eine an Stelle der Einzahlung der Haftungssumme geleistete Sicherheit unzureichend und nicht ergänzt wird (§ 6 Abs. 5 SVertO). Schließlich wird das Verfahren bei Rücknahme des Antrags eingestellt (§ 17 Abs. 1 Nr. 3 SVertO); diese ist jedoch nur bis zum Beginn des Prüfungstermins zulässig (§ 4 Abs. 4 SVertO), um Manipulationen im Hinblick auf die Sicherheiten (die mit der Feststellung des Anspruchs im Prüfungstermin erlöschen, § 20 SVertO) auszuschließen.

Wird das Verfahren eingestellt, nachdem Haftungssumme oder entsprechende Sicherheit eingezahlt sind, und wird der Rückzahlungs- oder Freigabeanspruch des Einzahlers (der nicht notwendig der Antragsteller ist!) (§ 17 Abs. 5 SVertO) von mehreren Gläubigern gepfändet, so sind diese anteilig zu befriedigen; diese – den normalen vollstreckungsrechtlichen Rangprinzipien widersprechende – Regelung erschien notwendig, um die am Verfahren teilnehmenden Gläubiger, die vor der Einstellung an der – hilfsweisen – Pfändung des eventuellen Rückzahlungsanspruchs gehindert sind (§ 8 Abs. 4 SVertO), vor der Konkurrenz der nicht teilnehmenden Gläubiger, für die solche Beschränkungen nicht gelten, zu schützen. Diese Regelung kann jedoch nur zum Zuge kommen, wenn nicht Rechte am Rückgewähranspruch nach § 20 Abs. 3, 4 SVertO (dazu u. 3e) bestehen, die vorgehen (§ 20 Abs. 3 Satz 3 SVertO).

3. Das Feststellungsverfahren

An das Eröffnungsverfahren schließt sich der Teil des Verfahrens an, in welchem die Ansprüche und ihre Berechtigung zur Teilnahme an der Verteilung im Seerechtlichen Verteilungsverfahren festgestellt werden.

a) Dies setzt zunächst eine **Anmeldung** der Ansprüche voraus.

Angemeldet werden können alle Ansprüche, für die einer der Schuldner aus dem Ereignis, das im Eröffnungsbeschluss genannt ist, beschränkbar haftet. Über den Gegenstand der Anmeldung und die Bewertung enthält § 14 nähere Bestimmungen. Ansprüche, deren genauer Wert noch nicht feststeht, sind mit dem Schätzwert anzugeben. Ausnahmsweise ist die Anmeldung nur dem Grunde nach zulässig, wenn im Zeitpunkt der Anmeldung auch eine Schätzung noch nicht möglich ist; dann ist jedoch eine Obergrenze anzugeben, die den Wert nicht übersteigen darf, der dem Anspruch voraussichtlich zukommen wird. Einer solchen Sonderregelung bedurfte es – abweichend vom Insolvenzrecht –, weil es sich hier typischerweise um Schadenersatzansprüche aus Unfällen handelt.

Zinsen und Kosten können im Verteilungsverfahren nur geltend gemacht werden, soweit sie vor diesem entstanden sind (§ 14 Abs. 2, 3 SVertO). Der Ausschluss der Berücksichtigung im Verfahren hat nur den praktischen Zweck, Feststellung des Anspruchs und Verteilung nicht durch ständiges Anwachsen der Summe zu erschweren; der Nachteil trifft im Allgemeinen alle Gläubiger in gleichem Maße.

Der Anspruch kann nur bis zur Feststellung zurückgenommen werden (§ 13 Abs. 4 Satz 1 SVertO); die Beschränkung ist geboten, damit sich der Gläubiger der Einschränkung des § 24 SVertO – wonach er nach Feststellung entscheiden muss, ob er die Verteilungsquote entgegennehmen oder die persönliche Haftung außerhalb des Verfahrens verfolgen will – nicht durch Rücknahme des Antrags entziehen kann.

b) Auch Schuldner können Ansprüche anmelden, soweit sie sie bereits befriedigt haben (§ 15 SVertO).

Dies kann auch noch im Laufe des Verfahrens geschehen (etwa, wenn sich ein Schuldner der Zahlung außerhalb des Verfahrens nicht entziehen kann – zB wegen drohender Vollstreckung in einem Nichtvertragsstaat des HBÜ), doch tritt der Schuldner dann in die verfahrensmäßige Stellung des Gläubigers ein, muss sich also insbesondere dessen Versäumnisse zurechnen lassen.

c) Bei der Anmeldung kann sich herausstellen, dass bei einem nur wegen Ansprüchen der Klasse A wegen Sachschäden eröffneten Verfahren auch Ansprüche wegen Personenschäden aus demselben Ereignis gegen den Antragsteller geltend gemacht werden. Dann hat das Gericht – von Amts wegen – die Haftungssumme neu unter Berücksichtigung der Personenschäden nach Art. 6 Abs. 1 Buchst. a, b HBÜ festzusetzen und eine Frist für die Einzahlung des Mehrbetrages zu setzen (§ 16 SVertO).

In dem Erweiterungsbeschluss können – auf Antrag – Sicherheiten zugelassen werden. Nach Zahlung oder Sicherheitsleistung wird das Verfahren durch Abänderung des Eröffnungsbeschlusses auf Personenschäden erweitert. Bleibt die Sicherheit aus, so stellt das Gericht das Verfahren insgesamt ein.

Die Erweiterung unterbleibt, wenn bereits der allgemeine Prüfungstermin bestimmt ist, weil mit der Einstellung in einem so späten Stadium des Verfahrens Nachteile für die Gläubiger verbunden wären.

Werden Ansprüche wegen Personenschäden gegen andere Schuldner als den Antragsteller geltend gemacht, so erfolgt die Erweiterung nicht von Amts wegen, kann jedoch von dem Schuldner dieser Ansprüche beantragt werden (§ 30 SVertO).

d) Die eigentliche **Feststellung der Ansprüche** vollzieht sich im Wesentlichen wie im Insolvenzrecht:

Zur Prüfung der angemeldeten Ansprüche findet ein **Prüfungstermin** statt.

Die Ansprüche werden einzeln erörtert. Einem angemeldeten Anspruch kann sowohl von dem Schuldner als auch von Gläubigern und Schuldnern anderer am Verfahren beteiligter Ansprüche **widersprochen** werden; alle diese Verfahrensbeteiligten haben ein wirtschaftliches Interesse daran, dass ein unberechtigt angemeldeter Anspruch nicht quotenmindernd bei der Verteilung berücksichtigt wird. Da die Schuldner aber im Hinblick auf ihre Haftungsbeschränkung regelmäßig kein wirtschaftliches Interesse haben und die konkurrierenden Gläubiger häufig die anspruchsbegründenden Tatsachen schwer werden beurteilen können, räumt das Gesetz darüber hinaus dem **Sachwalter** ein Widerspruchsrecht ein.

Der Widerspruch kann sowohl auf das Nichtbestehen des Anspruchs als auch auf dessen mangelnde Teilnahmeberechtigung (wegen unbeschränkbarer Haftung) gestützt werden.

Wird ein Widerspruch gegen den Anspruch nicht erhoben, so ist dieser festgestellt. Er wird in eine Tabelle eingetragen.

Die Tabelle hat allerdings nicht, wie in der Insolvenz, die Bedeutung eines Vollstreckungstitels, da die Feststellung nicht die persönliche Haftung, sondern nur die Teilnahmeberechtigung im Verfahren betrifft.

Wird dem Anspruch dagegen widersprochen, so muss der **Widerspruch** durch ein Verfahren vor dem Prozessgericht ausgeräumt werden. Dabei sind verschiedene Konstellationen möglich:

Im Regelfall muss der anmeldende Gläubiger auf Feststellung klagen, dass er wegen seines Anspruchs berechtigt ist, an der Verteilung teilzunehmen (§ 19 Abs. 3 SVertO; §§ 179 Abs. 1, 184 InsO).

Schwebte bereits vor Eröffnung des Verfahrens ein Prozess, der nach § 8 Abs. 3 SVertO unterbrochen wurde, so ist dieser aufzunehmen; der Klageantrag ist in diesem Fall auf Feststellung zu ändern. Der Widersprechende kann in Ausnahmefällen die Einlassung auf den unterbrochenen Rechtsstreit verweigern (und Erhebung einer neuen Klage verlangen), wenn der Schuldner den Rechtsstreit zuvor arglistig oder nachlässig geführt hat (vgl. dazu im Einzelnen § 19 Abs. 6 SVertO).

Hatte der Gläubiger bereits vor Eröffnung des Verfahrens einen rechtskräftigen Titel erwirkt, so muss der Widersprechende den Widerspruch verfolgen (§ 19 Abs. 3 SVertO, § 179 Abs. 2 InsO).

§ 19 Abs. 5 SVertO gestaltet die Situation des Widersprechenden dabei günstiger als nach der Insolvenzordnung, weil die Interessenlage unterschiedlich ist: Der Widersprechende braucht den Titel nicht nur dann, wenn die Prozessparteien zum Vorteil des Gläubigers arglistig zusammengewirkt haben, sondern bereits dann nicht gegen sich gelten zu lassen, wenn der Schuldner den Prozess nachlässig geführt hat. Diese Regelung ist wegen der vom Konkurs abweichenden Rechtslage im Seerechtlichen Verteilungsverfahren geboten: Der Schuldner kann hier seine Gläubiger endgültig auf die Haftungssumme verweisen; er ist also an der Verteilung der Summe selbst nicht unmittelbar interessiert, kann aber durchaus im Einzelfall einzelne Gläubiger bevorzugen wollen.

Diese Erleichterungen gelten sachlich, jedoch in prozessual angepasster Form, wenn der Prozess durch Aufnahme eines anhängigen (und nach § 8 Abs. 3 SVertO unterbrochenen) Verfahrens geführt werden müsste.

In dem Sonderfall der Anmeldung eines Anspruchs nur dem Grunde nach (§ 14 Abs. 5 SVertO) wird, sofern die Gründe für die Unmöglichkeit der Angabe eines (Schätz-)Wertes auch im Prüfungstermin noch bestehen, nur das Recht auf Teilnahme und die Angemessenheit der verlangten Obergrenze geprüft und festgestellt. Die Feststellung des Betrages bleibt dann einer späteren Prüfung vorbehalten, bis zu der ein der festgestellten Obergrenze entsprechender Betrag von der Verteilung zurückgestellt wird (vgl. §§ 29 Abs. 2, 26 Abs. 4 Satz 2 SVertO).

e) **Sicherungsrechte**, welche für die angemeldeten Ansprüche bestehen, **erlöschen** mit der Feststellung der Teilnahmeberechtigung (§ 20 Abs. 1 SVertO).

Dadurch können sich für die Gläubiger gesicherter Ansprüche Härten ergeben, wenn das Verfahren noch nach der Feststellung eingestellt wird. Dies wird jedoch nur ganz ausnahmsweise vorkommen; denn von den Fällen des § 17 Abs. 1 SVertO kommt praktisch nur der in Betracht, dass eine Sicherheit nachträglich unzulänglich wird. Die Rücknahme des Antrags (§ 17 Abs. 1 Nr. 3 SVertO) ist – deshalb! – nur bis zum Beginn des allgemeinen Prüfungstermins zulässig (§ 4 Abs. 4 SVertO). Die Festsetzung einer höheren Haftungssumme auf Erinnerung scheidet ebenfalls in der Regel aus; ist die Haftungssumme streitig, so wird das Verteilungsgericht den Prüfungstermin nicht vor Entscheidung über die Erinnerung ansetzen. Ein Verfall der Sicherheit wird im Hinblick auf die Bonitätsprüfung durch das Verteilungsgericht und die Art der in Betracht kommenden Sicherheiten (namentlich Bankbürgschaft) aber die ganz seltene Ausnahme bilden. Da die Einstellung nach Feststellung eines Anspruchs trotzdem nicht auszuschließen ist, sichert § 20 Abs. 3, 4 SVertO die Rechte der Gläubiger, welche eine Sicherheit verloren haben, in eigenartiger Weise:

Gläubiger, die im Verlauf eines später eingestellten Verfahrens für ihren Anspruch bereits eine Sicherheit (namentlich ein Schiffsgläubigerrecht, § 754) dadurch verloren haben, dass diese durch Feststellung des Anspruchs und seiner Teilnahmeberechtigung kraft Gesetzes erloschen ist (§ 20 Abs. 1 SVertO) oder auf Verlangen des Schuldners als Sicherheit für alle Gläubiger in das Verfahren eingebracht wurde (§ 6 Abs. 3 SVertO), haben ein Pfandrecht an dem Anspruch des Einzahlers (gegen den Justizfiskus) auf Rückzahlung der Haftungssumme oder auf Freigabe der Sicherheit. Wegen der Rangverhältnisse und der Geltendmachung vgl. § 20 Abs. 3, 4 SVertO.

In engem Zusammenhang damit steht die Sondervorschrift des § 17 Abs. 5 SVertO über die gleichrangige Befriedigung aller Gläubiger, welche den Rückzahlungsanspruch des Einzahlers gepfändet haben. Deren Rechte gehen jedoch denen der Gläubiger, die im Verfahren ein Sicherungsrecht aufgeopfert haben, nach (§ 20 Abs. 3 Satz 3 SVertO).

f) Die endgültige **Einstellung der Zwangsvollstreckung** ist die prozessuale Folge der Feststellung.

Nachdem die Zwangsvollstreckung nach § 8 Abs. 4 SVertO schon seit der Eröffnung einstweilen eingestellt war, sind jetzt Vollstreckungsmaßnahmen (Pfändungen) aufzuheben; ihnen ist durch den Wegfall des Pfandrechts materiell die Grundlage entzogen.

g) Die Vorschriften über das Erlöschen der Sicherungsrechte und über die endgültige Einstellung der Zwangsvollstreckung (§§ 20, 21 SVertO) gelten auch für Ansprüche, die nicht zum Verfahren angemeldet worden sind (§ 22 SVertO).

Auch diese aus der SeeVertO 1972 unverändert übernommene Bestimmung dürfte mit Art. 13 Abs. 1 HBÜ nicht vereinbar sein, doch kommt es darauf für die innerstaatliche Rechtsanwendung nicht an (dazu o. II 1e und o. § 24 II 7 a). Das Erlöschen muss durch Vollstreckungsgegenklage geltend gemacht werden, da ein Tabellenauszug (der bei angemeldeten Ansprüchen zum Nachweis der Voraussetzungen genügt, § 20 Abs. 2 SVertO) nicht zur Verfügung steht. Über die Beendigung des Prüfungstermins erteilt das Verteilungsgericht eine Bescheinigung (§ 22 Abs. 3 SVertO).

4. Das Verteilungsverfahren

Den letzten Abschnitt des Verfahrens stellt des **Verteilungsverfahren** dar: Die Haftungssumme wird an die Gläubiger der festgestellten Ansprüche ausgekehrt.

a) Bei der Verteilung sind die festgestellten Ansprüche grundsätzlich nach dem **Verhältnis ihrer Beträge** zu berücksichtigen (§ 23 Abs. 1 SVertO). Davon sind jedoch zwei bedeutsame Ausnahmen vorgeschrieben:

- Innerhalb der Ansprüche wegen Sachschäden haben Ansprüche wegen Beschädigung von Hafenanlagen, Hafenbecken, Wasserstraßen und Navigationshilfen Vorrang vor allen anderen Ansprüchen (§ 23 Abs. 2 SVertO; § 487b). Damit hat der deutsche Gesetzgeber im Interesse der öffentlichen Hand von dem Wahlrecht des Art. 6 Abs. 3 HBÜ Gebrauch gemacht.
- Sind aus dem Ereignis sowohl Ansprüche wegen Personenschäden als auch Ansprüche wegen Sachschäden hervorgegangen (und erstreckt sich das Verfahren auf diese), so nehmen die Ansprüche wegen Personenschäden mit dem durch die Verteilung nicht gedeckten Teil – in gleichem Rang – an der Verteilung für die Ansprüche wegen Sachschäden teil; Einzelheiten vgl. § 23 Abs. 3 SVertO).

b) Aus der Haftungssumme sind vorab bestimmte **Kosten** zu berichtigen (§ 23 Abs. 4 SVertO).

Dies sind zunächst die Kosten aus der Prozessführung des Sachwalters sowie aus der der Haftungssumme zugute kommenden Prozessführung einzelner Gläubiger (§ 31 Abs. 2 SVertO). Sodann können hierzu auch die – primär vom Antragsteller zu tragenden, doch hilfsweise (und nur ausnahmsweise, weil sie durch einen Kostenvorschuss gedeckt sein sollen) der Haftungssumme zur Last fallenden – Kosten für Vergütung und Auslagen des Sachwalters einschließlich seiner Aufwendungen für Verwaltung und Verwertung von Sicherheiten gehören (§ 31 Abs. 1, § 32 Abs. 3 SVertO).

c) Die **formellen Verteilungsgrundsätze** entsprechen weitgehend dem Insolvenzrecht. Die Verteilung wird jedoch vom Gericht vorgenommen, das auch ein Verzeichnis der zu berücksichtigenden Ansprüche erstellt und bekanntmacht (§ 26 Abs. 1, 2 SVertO).

Anders als im Insolvenzverfahren befindet sich die Haftungsmasse nicht im Besitz des Verwalters, sondern bei der Gerichtskasse. Allerdings müssen Sicherheiten, die anstelle der Haftungssumme bestellt worden sind, vom Sachwalter (auf Anordnung des Gerichts, § 26 Abs. 1 Satz 3 SVertO) verwertet werden.

Die Bekanntmachung des Verteilungsplanes erfolgt in gleicher Weise wie die der Eröffnung des Verfahrens (§§ 26 Abs. 2, 11 Abs. 1–4 SVertO). Einwendungen können entsprechend § 194 InsO erhoben werden.

d) Die Verteilung kann in mehreren Etappen erfolgen; an die erste Verteilung (§ 16 Abs. 1 Satz 1 SVertO) können sich weitere anschließen (§ 28 SVertO). Auch nach Aufhebung des Verfahrens sind in Sonderfällen noch Nachtragsverteilungen möglich (§ 29 Abs. 1 SVertO).

Der Fortgang des Verfahrens hängt im Verteilungsverfahren nicht – wie im Insolvenzverfahren – vom Verlauf der Versilberung der Masse ab, sondern von der Klärung der zu berücksichtigenden Ansprüche. Diese kann langwierig und – da es sich um Unfallschäden handelt – in Ausnahmefällen (etwa bei Körperschäden, deren Folgen noch unklar sind) für längere Zeit nicht möglich sein. Deshalb sieht die SeeVertO ausdrücklich einen Katalog von Fällen vor, in denen Anteile von der Verteilung (zunächst, bis zur Klärung der Rechtslage) zurückzubehalten sind.

e) Von der Verteilung sind die Anteile **zurückzubehalten** (§ 26 Abs. 4, 5 SVertO), die auf Ansprüche entfallen

aa) über deren Teilnahmerecht noch prozessiert wird; der Gläubiger hat den Nachweis binnen zwei Wochen nach der Bekanntmachung des Verteilungsplans zu führen;

bb) bei denen nur das Recht auf Teilnahme am Verfahren, nicht jedoch schon der Betrag festgestellt ist (§ 19 Abs. 4 SVertO);

cc) deren Teilnahmerecht zwar festgestellt ist, bei denen der Gläubiger jedoch die persönliche Haftung in Anspruch nimmt (§ 24 Abs. 2 SVertO);

dd) wegen derer einem Schuldner die Zwangsvollstreckung im Ausland droht; der Schuldner hat dies glaubhaft zu machen (§ 26 Abs. 5 SVertO).

Für die nach bb) zurückbehaltenen Anteile wird ein Prüfungstermin erforderlich, wenn die Gründe, die zumindest die Schätzung des Betrages hindern (vgl. § 19 Abs. 4 SVertO), entfallen. Dieser ist in § 27 SVertO vorgesehen; die Kosten trägt in diesem Fall – abweichend von der Regelung der § 18 Abs. 2 SVertO – nicht der Gläubiger, weil § 27 SVertO lex specialis zu diesen Bestimmungen ist.

Deshalb kann, solange eine Zurückbehaltung von Anteilen auf Grund von § 19 Abs. 4 SVertO notwendig ist, das Verfahren noch nicht aufgehoben werden.

Zurückbehaltung nach aa), cc) und dd) steht dagegen der Aufhebung nicht entgegen. In den Fällen ausstehender gerichtlicher Entscheidung bedarf es bei deren Vorliegen im Verteilungsverfahren nicht mehr einer Prüfung, sondern nur noch einer Verteilung des zurückbehaltenen Betrages (§ 29 Abs. 2 SVertO). Dafür ist die Fortdauer der Verfahrenswirkungen, insbes. nach § 8 SVertO, nicht erforderlich. – Sind Ansprüche, die ein Schuldner wegen anderweitiger Inanspruchnahme im Verteilungsverfahren geltend machen will (§ 26 Abs. 5 SVertO), beim allgemeinen Prüfungstermin noch nicht feststellbar, so wird das Verfahren zu seinen Gunsten nicht aufgehalten; es bleibt ihm bis zur Schlussverteilung eine Prüfung analog § 27 SVertO (jedoch auf seine Kosten) und Verteilung nach Maßgabe des § 26 Abs. 4 SVertO.

Zurückzubehalten sind auch Anteile wegen etwaiger Kosten (§ 33 SVertO); auch diese Zurückbehaltung hindert die Aufhebung nicht.

f) Etwas kompliziert gestaltet sich das **Verhältnis der Teilnahme am Verteilungsverfahren und einer persönlichen Haftung des Schuldners.**

Die Frage, ob der Schuldner unbeschränkbar haftet, kann von schwierigen Rechtsfragen abhängig sein, namentlich von der Annahme einer bewussten groben Fahrlässigkeit. Liegen die Voraussetzungen für die Beschränkbarkeit der Haftung aber nicht vor, dann nimmt der Gläubiger nicht am Verfahren teil; er hat seinen Anspruch – der von den Wirkungen des § 8 SVertO nicht berührt ist – im Prozessverfahren geltend zu machen.

Mit Rücksicht auf mögliche Zweifel wird der Gläubiger seinen Anspruch gleichwohl oft zum Verfahren anmelden. Wird dem im Prüfungstermin mit der Begründung widersprochen, der Anspruch sei wegen der persönlichen Haftung des Schuldners nicht teilnahmeberechtigt, so kommt es zur Klärung der Frage durch Entscheidung (des Prozessgerichts) nach § 19 Abs. 3 SVertO. Wird der Anspruch jedoch mangels Widerspruchs festgestellt, so hat diese Feststellung – nur für das Verteilungsverfahren! – Feststellungswirkung; der Gläubiger kann also an der Verteilung teilnehmen. Das Gesetz belegt ihn jedoch in diesem Fall – zur Schonung der Haftungssumme im Interesse der konkurrierenden Gläubiger – mit einer Sanktion:

Nimmt der Gläubiger den in der Verteilung auf seinen Anspruch entfallenden Betrag entgegen, so erlischt die – weitergehende – persönliche Haftung des Schuldners (§ 24 Satz 1 SVertO).

Er kann dies jedoch vermeiden, indem er Klage (vor dem Prozessgericht) auf persönliche Inanspruchnahme des Schuldners erhebt (oder einen schon begonnenen Prozess fortsetzt); dies gibt ihm die Möglichkeit für den im Verfahren festgestellten Anspruch einen Anteil zurückbehalten zu lassen (s. o. e cc; § 26 Abs. 4 Nr. 3 SVertO).

Das Gesetz enthält mit dem Gebot des Nachweises dieser Klage gegenüber dem Verteilungsgericht innerhalb eines Monats nach Feststellung des Anspruchs im Verfahren (§ 24 Satz 2 SVertO) eine für die Praxis nicht ungefährliche Ausschlussfrist, die jedoch im Hinblick auf die großzügige Behandlung des Wahlrechts im Interesse der konkurrierenden Gläubiger notwendig ist.

Wird der Schuldner außerhalb des Verteilungsverfahrens zur Zahlung des gesamten Betrages verurteilt, so entfällt die Wirkung der Feststellung der Teilnahmeberechtigung am Verfahren (§ 25 Satz 2 SVertO).

Nimmt er jedoch den Betrag gleichwohl entgegen, so soll es nach § 25 Satz 3 SVertO dabei bleiben. Es entfällt dann die persönliche Haftung (§ 24 Satz 1 SVertO) trotz Feststellung im Urteil, gegen das sich der Schuldner gem. § 767 ZPO zur Wehr setzen kann.

Liegt ein auf die persönliche Haftung gestütztes rechtskräftiges Urteil gegen einen Schuldner bereits vor der Feststellung des – dennoch zum Verteilungsverfahren angemeldeten – Anspruchs im Prüfungsverfahren vor, so hindert dieses die Feststellung (§ 25 Satz 1 SVertO).

Dies kann namentlich vorkommen, wenn ein Schuldner Feststellung der Beschränkbarkeit der Haftung begehrt, jedoch damit unterliegt; für eine Feststellungsklage des Gläubigers wird in der Regel das Rechtsschutzinteresse fehlen. Wird das Urteil im Prüfungstermin – wegen Unkenntnis oder irriger Rechtsansicht – nicht berücksichtigt, der Anspruch also gleichwohl festgestellt, so erlischt auch in diesem Fall die persönliche Haftung des Schuldners mit der Entgegennahme eines Anteils bei der Verteilung der Haftungssumme (§ 25 Satz 3 SVertO). Anders als nach früherem Recht besteht jedoch die rechtskräftige Verurteilung des Schuldners auf einen nicht beschränkten Haftungsbetrag grundsätzlich auch bei späterer Einleitung des Verteilungsverfahrens fort; der Schuldner hätte die Haftungsbeschränkung in dem Verfahren nach neuem Recht stets auch im Wege der Einrede geltend machen können.

5. Sonstige Verfahrensregeln

Auf einige weitere Besonderheiten des Verfahrens kann hier nur hingewiesen werden:

a) Ist das Verfahren nur mit Wirkung für Sachschäden eröffnet worden, so kann es auf Antrag eines Schuldners, der auch für Personenschäden aus dem Ereignis beschränkbar haftet, nachträglich erweitert werden. Wegen der Einzelheiten vgl. § 30 SVertO.

§ 50 Abs. 1 SVertO (bisher § 34 SeeVertO) legt der **Errichtung eines Haftungsfonds in einem anderen Vertragsstaat des HBÜ** grundsätzlich dieselben Wirkungen bei, welche die Eröffnung des Verteilungsverfahrens nach § 8 Abs. 2 bis 5 SVertO hat. Dies gilt allerdings für die wichtigen Rechtsfolgen der Fondserrichtung nach § 8 Abs. 2, 3 SVertO – Unzulässigkeit und Unterbrechung von Einzelprozessen – in der Regel nur mit der durch Art. 13 Abs. 1 HBÜ vorgegebenen Einschränkung, dass der Gläubiger den Anspruch tatsächlich gegen den ausländischen Fonds geltend macht. Denn wegen dieser beiden Wirkungen verweist § 50 Abs. 1 Satz 2 SVertO auf die Wirkungen, welche die Fondserrichtung nach dem jeweiligen Auslandsrecht hat. Die Einschränkung musste deshalb vorgenommen werden, weil das Zusammenspiel von Erkenntnis- und Verteilungsverfahren in dem anderen Vertragsstaat anders als in Deutschland konzipiert sein kann, sodass eine Weiterführung von Einzelprozessen (etwa als Voraussetzung für die Geltendmachung der Ansprüche im Verteilungsverfahren) erforderlich sein kann. Andere Vertragsstaaten werden aber in aller Regel nicht – wie Deutschland (s. o. § 24 II 7a) – über das Gebot des Art. 13 Abs. 1 HBÜ hinausgehen und der Fondserrichtung schlechthin eine verfahrensunterbrechende Wirkung beilegen. Erkenntnisverfahren werden nur unzulässig oder unterbrochen, wenn das Recht des Staates, in dem der Haftungsfonds errichtet worden ist, eine entsprechende Rechtsfolge vorsieht; im Gegensatz zur Wirkung auf Einzelzwangsvollstreckungen ist nämlich durchaus vorstellbar, dass sich die Feststellung der an der Verteilung des Fonds teilnehmenden Ansprüche nach dem ausländischen Recht anders vollzieht als nach der SVertO, so dass die weitere Durchführung von Einzelprozessen erforderlich sein kann.

Die Vorschrift des § 50 SVertO gilt nur für Fonds in **Vertragsstaaten** des HBÜ. Ob ein in einem Nichtvertragsstaat errichteter Fonds ähnliche Wirkungen entfaltet wie ein Fonds in einem Vertragsstaat, hängt vom jeweiligen nationalen Recht ab; auch Art. 13 HBÜ gilt hierfür nicht.[13] In Deutschland schreibt jedenfalls das EuGVÜ eine Anerkennung nicht vor, weil es „Konkurse, Vergleiche und ähnliche Verfahren" ausnimmt (Art. 1 Abs. 2 Nr. 3). Zur Problematik der Wirkung ausländischer Fonds im Inland eingehend *Sinkus*, aaO.

6. Besondere Regeln für das Verfahren bei Ölschäden

Seit dem 2. SÄG sind auch Ansprüche aus dem Ölhaftungsüberkommen (ÖlHÜ; vgl. dazu o. § 22 VI 2b ee) dem Verfahren nach der SVertO in der Neufassung von 1986 unterworfen worden (§§ 611 Abs. 2, 617 Abs. 1; § 1 Abs. 4 Nr. 4 SVertO).

Die Vorgaben des ÖlHÜ bedingen einige Abweichungen von der Behandlung anderer der Haftungsbeschränkung unterliegenden Ansprüche. Wichtigster Unterschied ist, dass die Haftungsbeschränkung für Ölschadenansprüche nicht im Wege bloßer Einrede, vielmehr nur durch Errichtung des Haftungsfonds (Eröffnung des Verteilungsverfahrens) geltend gemacht werden kann. Der in einem (anderen) Vertragsstaat errichtete Fonds entfaltet – abweichend von Art. 13 HBÜ, § 50 SVertO – jedoch haftungsbeschränkende Wirkung auch gegenüber solchen Gläubigern, die ihn nicht in Anspruch nehmen; dies folgt aus § 51 SVertO iVm Art. 5 Abs. 3 ÖlHÜ, der eine dem Art. 13 HBÜ entsprechende Einschränkung der Fondswirkung nicht vorsieht.

Im Übrigen bestehen nur geringfügige Abweichungen, etwa hinsichtlich der Verfahrensvoraussetzungen (vgl. etwa § 1 Abs. 3 Nr. 1–3a letzter Satzteil SVertO: „gerichtliches Verfahren" einerseits und Nr. 4: „Klage" andererseits).

---

13 Vgl. *Herber*, Haftungsrecht, S. 102, 129.

KAPITEL 6: Beförderungsverträge

§ 26 Begriff und Arten von Seebeförderungsverträgen

Lit.: *Drews*, Zum Umschlag von Waren in einem Seehafen, TranspR 2008, 18; *ders.*, Der Umschlag von Waren unter dem neuen Seehandelsrecht, TranspR 2013, 253; *Glass*, The Boxtime Charterparty, LMCLQ 1992, 514 ff.; *Gorton/Ihre*, A Practical Guide to Contracts of Affreightment and Hybrid Contracts, London 1990; *Herber*, Seefrachtvertrag und Multimodalvertrag, RWS Skript, 2. Auflage, 2000; *Laudien*, Der Mengenvertrag im deutschen Seefrachtrecht, Schriften zum Transportrecht Bd. 5, 1992; *du Pontavice*, Observations sur la distinction entre contrat d'affrètement et contrat de transport de marchandises par mer, Annuaire de Droit Maritime et Aéro-Spatial 1987, 1 ff.; *Puls*, Der Mengenkontrakt – Jüngster Typ eines Vertrages über Seetransportleistungen, Seewirtschaft 14 (1982), 539 ff.; *ders.*, Der Mengenkontrakt in der internationalen Seeschiffahrt und Probleme seiner Ausgestaltung, Rostock 1985; *Ramming*, Umschlag von Gut als Beförderung im Sinne des § 407 Abs. 1 HGB, TranspR 2004, 56; *Rodière*, Considérations sur les affrètements et les transports en droit comparé, DMF 1979, 387 ff.; *Tetley*, Tug and Tow, DirMar. 1991, 893 ff.; *Wiegel*, Cross Charterparty und Slot Charterparty, in: Münchener Vertragshandbuch, Bd. 3 Halbbd. 2.

I. Begriff. Gliederung

1. Das neue Recht unterscheidet klarer als das frühere zwischen den **verschiedenen Arten von Beförderungsverträgen** und hebt diese zugleich ab von den **Schiffüberlassungsverträgen**, deren rechtliche Einordnung damit deutlicher geworden ist.[1]

Im 2. Abschnitt des 5. Buches sind alle Beförderungsverträge geregelt. Sie sind unterteilt in **Seefrachtverträge** (Güterbeförderungsverträge) und **Personenbeförderungsverträge**. Unter den Seefrachtverträgen unterscheidet das Gesetz wiederum zwischen **Stückgutfrachtverträgen** und **Reisefrachtverträgen**, wobei letztere nur eine Variante des für die Stückgutfrachtverträge eingehend geregelten Grundtyps des Seefrachtvertrages darstellen.[2] Die neue Struktur soll der besseren Lesbarkeit und Handhabbarkeit des Gesetzes dienen.[3]

2. Durch den **Seefrachtvertrag** verpflichtet sich der Verfrachter, die Güter mit einem Schiff über See zum Bestimmungsort zu befördern und dort an den Empfänger abzuliefern. Der Befrachter ist dagegen zur Zahlung des vereinbarten Beförderungsentgelts (der Fracht) verpflichtet.

Das Gesetz enthält jetzt (§ 481 Abs. 1, 2) – ebenso wie das allgemeine Frachtrecht (§ 407) für alle anderen Transportmittel – diese gesetzliche Definition. Sie gilt zunächst nur für den Stückgutfrachtvertrag, wird aber durch § 527 auf den Reisefrachtvertrag erstreckt. In der

---

1 Die besondere Eigenart der Schiffsüberlassungsverträge wurde auch unter der Geltung des früheren Rechts berücksichtigt, doch war die Abgrenzung zum Beförderungsvertrag mangels gesetzlicher Regelung zweifelhaft und umstritten, vgl. Voraufl. S. 349.

2 Dazu auch RegBegr. SRG S. 40 f., S. 44; *Czerwenka*, Einleitung Rn. 58 ff.; MüKoHGB/*Herber*, Einleitung Rn. 51 f.; MüKoHGB/*Pötschke* Vor § 481 Rn. 1 ff.

3 RegBegr. SRG, S. 41.

Sache gilt sie auch für den Personenbeförderungsvertrag, obgleich der Beförderungsvertrag dort nur durch Bezugnahme in den Definitionen des § 537 Nr. 1, 2 genannt ist.

Der Seefrachtvertrag ist danach, wie alle Transportverträge, seinem Typus nach ein **Werkvertrag**, der jedoch weithin eine spezialgesetzliche Regelung erfahren hat.[4] Auf diesen Grundtypus hat die Rechtsprechung etwa – allerdings ohne ihn ausdrücklich zu erwähnen – zurückgegriffen, um den vor dem TRG gesetzlich nicht geregelten Vertrag über die Beförderung von Gütern im multimodalen Verkehr über seine von Einzelgesetzen erfassten Teilstrecken hinaus rechtlich zu erfassen;[5] wegen der heutigen Regelung des Multimodalvertrages vgl. u. § 32.

3. Der Verfrachter schuldet einen **Transporterfolg.** Um diesen erbringen zu können, nimmt er die Güter in seine **Obhut.**

Diese beiden Merkmale bilden zugleich die entscheidenden Kriterien zur Abgrenzung von ähnlichen Vertragsarten, namentlich den Schiffsüberlassungsverträgen.

Die Obhut braucht allerdings nicht unbedingt durch Übernahme an Bord ausgeübt zu werden. Deshalb kann auch der Vertrag über das Schleppen eines Schiffes über See einen Seefrachtvertrag darstellen, wenn die nautische Leitung des Schleppverbandes beim Schlepper liegt, dazu u. III 6. Die Obhut des Verfrachters kann auch bereits vor Übernahme der Ladung an Bord beginnen und nach dem Löschen fortdauern.

4. Der Seefrachtvertrag muss – zur Abgrenzung von anderen Transportarten, insbesondere dem Binnenschifffahrtsrecht – stets eine **Beförderung über See** zum Gegenstand haben. Das Gesetz fügt noch hinzu „mit einem Schiff", um etwa Flugbeförderungen über See auszuschließen.

Kann die Beförderung nur zum Teil über See erfolgen – etwa weil der Abgangs- oder der Bestimmungsort im Binnenland liegt – und wurde ein einheitlicher Vertrag über die Gesamtbeförderung der Güter geschlossen, so handelt es sich um einen Frachtvertrag im multimodalen Verkehr, der Sonderregeln unterliegt (dazu u. § 32). Wegen der Abgrenzung zur Binnenschifffahrt vgl. § 1 IV.

Praktische Bedürfnisse verlangen allerdings, diese Einordnung nicht allzu wörtlich zu nehmen: Auch das Seeschiff muss, um die Güter im Hafen laden oder löschen zu können, in der Regel Binnengewässer (die Hafenbecken, Flussläufe wie etwa die Elbe) befahren; Güter werden nach Übernahme oder vor Ablieferung im Hafen oft mit Hafenbahn, VanCarrier oder Lkw befördert. Obgleich der BGH die für die Unterordnung solcher Nebenbeförderungen unter die Haupttransportleistung früher einmal entwickelte sog. Gesamtbetrachtung heute nicht mehr aufrecht erhält,[6] muss dieser Grundsatz für völlig untergeordnete Teilbeförderungen mit anderen Medien nach wie vor gelten. Diese Einheitsbetrachtung kommt auch zum Ausdruck in der Rechtsprechung des BGH[7] zum Hafenumschlag, wonach der normale Güterumschlag vor oder nach einer Seebeförderung dem Seerecht zuzurechnen ist, mag er auch mit Landtransportgeräten (Verladebrücken) erfolgen.[8] Man kann deshalb vereinfachend sagen: Eine **Seebeförderung liegt (nur) dann vor, wenn ein Transport von Seehafen zu Seehafen** vereinbart ist.

---

4 Vgl. etwa BGH, TranspR 1992, 103, 104.
5 Vgl. BGHZ 101, 172 ff. = TranspR 1987, 447 ff.
6 Vgl. BGHZ 101, 172, 177 f.
7 Vgl. BGH TranspR 2003, 253; TranspR 2007, 472; HansOLG TranspR 2008, 125; TranspR 2008, 213.
8 S. dazu u. § 32 IV 1 c); auch *Drews*, TranspR 2008, 18 u. TranspR 2013, 253.

Vollzieht sich die Beförderung (mit einem See- oder Binnenschiff) von einem zu einem anderen Seehafen **sowohl über See- als auch über Binnengewässer,** so macht § 450 die (einheitliche) Anwendung des See- oder Binnenschifffahrtsrechts davon abhängig, welche Art von Gewässern auf der längeren Strecke der Reise durchfahren wird (vgl. im Einzelnen o. § 1 IV 3).

II. Abgrenzung von anderen Vertragsarten

1. Die Seefrachtverträge sind abzugrenzen vor allem von den **Schiffsüberlassungsverträgen,** die im 3. Abschnitt besonders geregelt sind. Während beim Frachtvertrag das Gut und seine Beförderung im Vordergrund stehen, ohne dass notwendig ein bestimmtes Schiff für die Beförderung ins Auge gefasst ist, wird bei den Schiffsüberlassungsverträgen ein bestimmtes Schiff – mit oder ohne Besatzung – zur wirtschaftlichen Disposition des Ladungsinteressenten gestellt. Da auch die Schiffsüberlassung regelmäßig der Beförderung von Gütern oder Personen dient und da sowohl Reisefrachtverträge als auch Zeitcharterverträge sehr eingehend durch Bedingungen geregelt zu werden pflegen, sind die Grenzen in der Praxis fließend. Das ändert jedoch nichts an dem grundsätzlich unterschiedlichen Vertragsgegenstand.

2. Abzugrenzen ist der Seefrachtvertrag ferner vom **Speditionsvertrag** (§ 453). Voraussetzung für den Seefrachtvertrag ist, dass der Verfrachter die Pflicht zur Beförderung übernimmt und sich nicht nur – wie ein Spediteur regelmäßig – zur Besorgung der Beförderung verpflichtet.

Allerdings erlegt das Gesetz dem Spediteur, auch wenn er die Beförderungspflicht nicht als eigene übernimmt, die Pflichten eines Verfrachters auf, wenn er als Entgelt für seine Besorgung nicht nur eine Provision, sondern einen festen Betrag vereinbart (sog. Fixkostenspediteur, § 459). Er wird dann auch als „*non-vessel-owning-carrier* – NVOC“ bezeichnet und hat alle frachtvertraglichen Rechte und Pflichten gegenüber seinem Auftraggeber; wirtschaftlich trägt er jedoch ein höheres Risiko als der Verfrachter, der zugleich Reeder oder wenigstens Charterer ist und deshalb durch die besondere, reederbezogene allgemeine (globale) Haftungsbeschränkung nach § 611 ff. zusätzlich geschützt ist. Vgl. dazu § 27 II 1. a.

3. Abzugrenzen ist der Seefrachtvertrag sodann vom **Multimodalvertrag.** Dieser setzt einen einheitlichen Vertrag über die Beförderung mit verschiedenen Beförderungsmitteln voraus, bei dem zumindest zwei Teilstrecken unterschiedlichen Rechtsregeln unterlägen, wenn über die Beförderung auf diesen ein gesonderter Vertrag zwischen den Vertragsparteien des Multimodalfrachtvertrages abgeschlossen worden wäre. Vgl. dazu u. III 5 und § 32.

III. Die Seefrachtverträge

1. Vorbemerkung

Geschichtlich ist der **Raumfrachtvertrag** (heute als Reisefrachtvertrag bezeichnet)[9] die gegenüber dem Stückgutfrachtvertrag **ältere Form des Seefrachtvertrags.** Deshalb war das bis zum SRG geltende deutsche Seefrachtrecht in erster Linie auf diese Form des Seefrachtvertrages abgestellt.

---

9 *Czwerwenka*, Einleitung Rn. 60.

„Im Anfang war der Chartervertrag“, sagt *Rémond-Gouilloud*[10] mit Recht.[11] Das HGB, dessen den Seehandel betreffende Bestimmungen in der zweiten Hälfte des letzten Jahrhunderts entstanden sind, ging in seiner bis zum SRG geltenden Fassung weitgehend von dieser Urform aus. Wegen geringer Größe der Schiffe und bei der vorherrschenden Beförderung von Massengütern war – nachdem sich die Beförderung fremder Güter überhaupt erst spät entwickelt hatte – die Überlassung des gesamten Schiffsraumes oder jedenfalls eines Teiles davon in aller Regel notwendig. Erst mit dem Vordringen von Industrieprodukten als Ladung und dem Bedürfnis nach regelmäßiger Beförderungsgelegenheit entwickelte sich Ende des letzten Jahrhunderts der Linienverkehr als die für Stückgüter geeignetere Betriebsart der Seeschifffahrt. Ihren Eigenarten trug das alte deutsche Gesetz – eloquent beklagt schon von *Wüstendörfer*[12] – nur sehr beschränkt Rechnung; es regelte in den §§ 556 ff. aF primär den Raumfrachtvertrag und überließ es weithin der Auslegung, welche Vorschriften auf den Stückgutfrachtvertrag anwendbar sein sollten.

Dieses Verhältnis hat das SRG umgekehrt und die Regelung des **Stückgutvertrages in den Vordergrund** gestellt.[13] Dieser hat auch in der Praxis die klareren Konturen, weil er durch eine wenigstens teilweise zwingende Haftungsregelung und durch stark typisierte Geschäftsbedingungen eine einheitlichere Gestaltung aufweist als der Reisefrachtvertrag, welcher durch verschiedenartigste Charterformulare und Einzelvereinbarungen gestaltet wird und zudem noch in seiner Abgrenzung von anderen Formen der Charter erhebliche rechtssystematische Zweifelsfragen aufwirft.

Der Stückgutfrachtvertrag hat die meiste Ähnlichkeit mit den aus anderen Transportarten bekannten regelmäßigen Vertragsgestaltungen.

Allerdings kommen bei allen Transportarten auch Charterverträge vor, die dort jedoch – abgesehen von der Binnenschifffahrt und vom Luftverkehr – anders bezeichnet werden. Die Überlassung des Transportmittels mit Übernahme der Beförderungsleistung durch den Transportunternehmer wird beim Straßentransport als Lohnfuhrvertrag,[14] bei der Eisenbahn als Wagenladungsverkehr bezeichnet.

Die vor dem SRG sehr lückenhafte und nicht auf die modernen Transporttechniken abgestellte Regelung hat das Seefrachtrecht sehr weitgehend zum Richterrecht werden lassen.[15] Diese Entwicklung, die dem deutschen Rechtssystem nicht gemäß ist, wird sich in Zukunft angesichts moderner Normen abschwächen. Allerdings werden auf einem so sehr von technischem Fortschritt geprägten Gebiet wie dem Transport immer wieder neue Tatbestände zu beurteilen sein, die das Gesetz nicht berücksichtigen konnte. Soweit sich nicht international einheitliche Grundsätze entwickelt haben, auf die im Interesse der Einheitlichkeit des internationalen Seeverkehrs möglichst Rücksicht genommen werden sollte, wird das systematischere deutsche Gesetz künftig eine Basis für deren Entscheidung bieten können, die den heute häufigen Rückgriff auf Rechtsgedanken des englischen Rechts entbehrlich macht.

Da Stückgutfrachtvertrag und Reisefrachtvertrag in weiten Teilen, insbesondere hinsichtlich der Haftung für Schäden an den Ladungsgütern gleichen Regeln unterliegen, konnte der Stückgutvertrag vom Gesetz als Grundtypus eingehend normiert und für den Reisefrachtvertrag auf diese Regelung weitgehend Bezug genommen werden. Im Rahmen des Stückgutvertrages sind deshalb nicht nur die **Rechte und Pflichten der**

---

10 Droit Maritime, Nr. 456.

11 Dazu auch eingehend *Wüstendörfer*, S. 227 ff.

12 S. 22 f.

13 Dazu auch MüKoHGB/*Herber*, Einleitung Rn. 52.

14 Vgl. *Temme*, TranspR 2012, 419; *Lenz*, Straßengütertransportrecht, Rn. 161 ff.; § 9 VBGl.

15 So mit Recht *Prüßmann/Rabe*, 3. Aufl. § 566 Anm. E 2 a und MDR 1984, 881.

Vertragsparteien, sondern auch die **Haftung wegen Verlust oder Beschädigung des Gutes** sowie die **Beförderungsdokumente** in besonderen Untertiteln geregelt worden. Dieser Systematik folgt die Darrstellung in §§ 28 bis 30 dieses Buches.

2. Stückgutfrachtvertrag als Grundtypus

Das Gesetz regelt als Grundtyp des Seefrachtvertrages den **Stückgutfrachtvertrag**. Er entspricht dem Frachtvertrag des allgemeinen Frachtrechts und ist diesem nachgebildet, soweit nicht Besonderheiten des Seetransports oder internationale Übung auf diesem Spezialgebiet Abweichungen geboten erscheinen ließen.

Der Stückgutfrachtvertrag hat die vereinbarte **Beförderungsleistung mit Bezug auf einzelne** (oder mehrere bestimmte „Partien") **Ladungsgüter** zum Gegenstand.

Diesem Zweck entsprechend wurde auch – in Anlehnung an den Wortlaut des § 556 Nr. 2 aF – seine Vertragsbezeichnung bei der Entstehung des SRG gewählt.[16] Ein Stückgutfrachtvertrag setzt allerdings – worauf *Abraham*[17] hinweist – nicht notwendig einzelne Sachen im Sinne des Sprachgebrauchs voraus. Auch Massengüter können ausnahmsweise als Stückgüter befördert werden. So liegt etwa ein Stückgutfrachtvertrag vor wenn 20.000 t Rohkakao befördert werden. Es kommt darauf an, dass eine genau bezeichnete Menge befördert wird.[18]

Für den Stückgutfrachtvertrag werden im **1. Untertitel die Rechte und Pflichten der Vertragsparteien**, in einem weiteren, **2. Untertitel die Haftung des Verfrachters für Schäden bei der Ausführung der Beförderung** und schließlich in einem **3. Untertitel die Beförderungsdokumente** geregelt. Diese Untergliederung verdeutlicht zugleich das unabhängige Nebeneinander der Ansprüche aus dem Stückgutfrachtvertrag und dem Konnossement.[19]

Auf diese Regelungen ist im **2. Titel** mit einigen ergänzenden Bestimmungen für den **Reisefrachtvertrag** Bezug genommen worden.

3. Reisefrachtvertrag

Der Reisefrachtvertrag geht bei der Bestimmung des Leistungsinhalts nicht primär von den zu befördernden Gütern (die jedoch im Vertrag durchaus näher bezeichnet sein können), sondern von der **Zurverfügungstellung eines bestimmten Schiffes** (oder eines Teiles davon) für eine bestimmte Beförderung aus.[20] Die Überlassung des Schiffes geschieht regelmäßig für eine Reise oder für mehrere einzelne Reisen und wird dann auch als **Reisecharter** bezeichnet. Sie kann jedoch auch auf eine bestimmte Zeit erfolgen; dann ist oft fraglich, ob es sich um einen Frachtvertrag oder einen Schiffsüberlassungsvertrag (**Zeitcharter**) handelt.[21]

Das Entgelt für die Zurverfügungstellung des Schiffes kann nach Reisen oder – wie regelmäßig – nach Menge oder Gewicht der beförderten Güter bemessen werden. Beim Zeitchartervertrag spricht man nicht von „Fracht", sondern von „Chartermiete (*hire*)".[22]

---

16 *Czerwenka*, Einleitung Rn. 60.
17 S. 141, unter Hinweis auf OLG Düsseldorf, VersR 1973, 50.
18 So OLG Hamburg 5.5.1994, TranspR 1994, 398 in Abgrenzung zum damaligen Raumfrachtvertrag.
19 RegBegr. SRG S. 41; *Czerwenka*, Einleitung Rn. 61.
20 RegBegr. SRG S. 100.
21 S. auch MüKoHGB/*Pötschke*, § 527 Rn. 18.
22 § 557 Abs. 2 verwendet jedoch den durch das SRG neu eingeführten Begriff „Zeitfracht", um die Abgrenzung zur Schiffsmiete i.S.v. § 553 Abs. 2 zu verdeutlichen. Vgl. RegBegr. SRG S. 118; MüKoHGB/*Sager*, § 557 Rn. 10.

4. Mengenvertrag und Box-Charter

In neuerer Zeit haben sich weitere Sonderformen des Seefrachtvertrages entwickelt, so namentlich der **Mengenvertrag** und die sog. **Box-** (oder auch **Slot-**) **Charter**.

a) Beim **Mengenvertrag** verpflichtet sich der Verfrachter, eine bestimmte, über eine Schiffsladung hinausgehende Menge von Gütern zu befördern.[23] Je nach Vereinbarung kann er mehr dem Charter- oder dem Stückgutfrachtvertrag angenähert werden.[24]

b) Die **Slot-Charter** ist eine Form der (Reise- oder Zeit-)Charter, die sich nicht auf das Schiff im Ganzen, sondern nur auf einen Containerstellplatz (oder mehrere) bezieht. Bei der Reisecharter ist dies nichts Ungewöhnliches; hier erwähnt bereits das Gesetz (§ 527 Abs. 1 Satz 1) die Möglichkeit, einen „verhältnismäßigen Teil oder einen bestimmt bezeichneten Raum des Schiffes" zu verchartern. Bei der Slot-Charter wird nicht ein bestimmter, stets gleicher Platz, sondern eine Containerstellgelegenheit versprochen, doch kommt dies auch bei der Raumcharter im Übrigen vor.

Problematisch und wegen der Privilegierung des Charterers – nicht aber des bloßen Verfrachters – durch die allgemeine Haftungsbeschränkung nach §§ 611ff. ist die Abgrenzung der Slot-Charter vom (Stückgut-)Frachtvertrag. Entscheidend ist, dass der Befrachter bei der Charter das vereinbarte Entgelt unabhängig davon zu zahlen hat, ob er den Stellplatz in Anspruch nimmt, also das Risiko der Ausnutzung der Transportmöglichkeit trägt.[25]

Eine Sonderform der Slot-Charter ist die sog. **Cross-Charter**, die als eine Vereinbarung zur wechselseitigen Überlassung von Containerstellplätzen im Rahmen von gemeinsamen Liniendiensten durch Konsortien dient.[26]

5. Multimodaler Frachtvertrag

Eine moderne Sonderform des Frachtvertrags ist der **multimodale Frachtvertrag**, der die Beförderung von Gütern mit verschiedenen Beförderungsmitteln aufgrund eines einheitlichen Vertrages zum Gegenstand hat. Wird er von einem Verfrachter abgeschlossen, der etwa die Beförderung eines Containers von Hannover nach New York übernimmt, so handelt es sich nicht primär um einen Seefrachtvertrag, sondern um einen gemischten Vertrag *sui generis*, der in §§ 452ff. geregelt ist. Bei diesem kann auf einzelne Aspekte – namentlich die Haftung für Güterschäden – subsidiär Seerecht anzuwenden sein, wenn der Frachtführer den Beweis erbringt, dass der Schaden auf der Seestrecke eingetreten ist; wird dieser Beweis nicht geführt, so haftet er nach dem allgemeinen Frachtrecht der §§ 407ff. Im Einzelnen vgl. u. § 33.

6. Der Schleppvertrag

Seefrachtvertrag ist auch der Vertrag über das Schleppen eines Schiffes über See. Die Bedingungen werden regelmäßig besonders vereinbart oder sind, wie etwa die

---

23 Vgl. hierzu eingehend *Laudien*, aaO; *Richter-Hannes/Richter/Trotz*, S. 158ff. – auch zu der gesetzlichen Regelung, die der Mengenvertrag im Seehandelsschiffahrtsgesetz der DDR gefunden hatte.

24 Vgl. etwa BGH TranspR 1992, 103ff.

25 OLG Hamburg 5.12.2013 TranspR 2014, 228.

26 Zu beiden Formen vgl. eingehend *Wiegel*, in: Münchener Vertragshandbuch, Bd. 3 Halbbd. 2, S. 1102ff.; auch *Röhreke*, Schriften des DVIS A 55, 1985.

Schleppbedingungen für das Assistieren von Seeschiffen in den Häfen, in AGB festgelegt.

Seefrachtvertrag ist der Schleppvertrag dann, wenn der Schlepperreeder das geschleppte Schiff zum Zweck der Beförderung in seine Obhut nimmt,[27] das geschleppte Schiff also keine eigene nautische Führung hat. Dagegen ist der Vertrag über die Schlepperhilfe beim Bugsieren eines Seeschiffes („Assistenzschlepper“) in der Regel bloßer Dienst- oder Werkvertrag. Für die Verantwortlichkeit gegenüber Dritten gilt bei der Schlepperassistenz die Regel, dass die nautische Leitung beim Seeschiff liegt, dieses deshalb auch für ein Verschulden des Schleppers nach § 480 einzustehen hat („*the tug is the servant of the tow*“).

27 MüKoHGB/*Pötschke*, § 481 Rn. 22.

§ 27 Die am Seefrachtvertrag beteiligten Personen

Lit.: *Bodis*, Die Routing order – Gedanken zum Speditionsvertrag, TranspR 2009, 5; *Cashmore*, Parties to a Contract of Carriage – Or: Who can sue on a Contract of Carriage of Goods? London 1990; *Figert*, Der Non-Vessel-Operating Common Carrier in der US-amerikanischen Rechtsprechung, TranspR 2006, 269; *Herber*, Die Haftung des Unterfrachtführers gegenüber den Ladungsbeteiligten des Hauptfrachtvertrages, TranspR 2013, 1; *ders.*, Wer ist ausführender Verfrachter? TranspR 2011, 359; *ders.*, Anspruch des Empfängers gegen den Unterfrachtführer aus dem Unterfrachtvertrag? BGH I ZR 50/05 vom 14.6.2007, TranspR 2008, 239; *Hesse*, Der ausführende Verfrachter im neuen Seehandelsrecht, Hansa 2012, Nr. 6 S. 89; *Koller*, Die Haftung des HGB-Unterfrachtführers gegenüber dem Empfänger, TranspR 2009, 229; *ders.*, Der Unterfrachtführer als Schuldner und Gläubiger, TranspR 2009, 451; *ders.*, Die Haftung des Unterfrachtführers gegenüber dem Empfänger, Zugleich Anmerkung BGH VersR 88, 244, VersR 1988, 673; *Luther*, Die Haftung in der Frachtführerkette, TranspR 2013, 93; *Rabe*, Der Spediteur „as agents of the shipper“ – zugleich Anmerkung zu OLG Hamburg (TranspR 1988, 69), TranspR 1988, 51; *Ramming*, Die neuen Vorschriften über den ausführenden Verfrachter, RdTW 2013, 8; *ders.*, Ablader & Co. RdTW 2013, 464; *ders.*, Zur Frage des Schadensersatzanspruchs des frachtbriefmäßigen Empfängers gegen den Unterfrachtführer, NJW 2008, 291; *Speckmann*, Die Haftung des Unterfrachtführers gegenüber dem Empfänger und sonstigen Dritten, Schriften zum Transportrecht, Bd. 34, 2012; *Steingröver*, Die Mithaftung des ausführenden Verfrachters im Seerecht – de lege lata und de lege ferenda, Schriften zum Seehandelsrecht, Bd. 19, 2006; *Stumm*, Der Ablader im Seehandelsrecht, Schriften zum Seehandelsrecht, Bd. 20, 2010; *Thume*, Keine Rechte des Empfängers nach Art. 13 Abs. 1 CMR und § 435 HGB gegen den Unterfrachtführer? TranspR 1991, 85.

I. Allgemeines

Der Seefrachtvertrag wird zwischen dem **Verfrachter** (*carrier; transporteur*), der im allgemeinen Frachtrecht als Frachtführer bezeichnet wird, und dem **Befrachter** (*shipper, chargeur*), der im allgemeinen Frachtrecht als Absender bezeichnet wird, abgeschlossen. Sekundär am Vertrag beteiligt ist ferner der **Empfänger** (*consignee*), denn der Seefrachtvertrag ist in der Regel wie jeder Transportvertrag ein Vertrag zugunsten Dritter. Der Empfänger kann allerdings mit dem Befrachter identisch sein, wenn etwa Güter an die eigene Niederlassung des Befrachters gesandt werden; es kann auch im Vertrag auf die Benennung eines bestimmten Empfängers verzichtet werden, wenn etwa ein Orderkonnossement an die Order des Befrachters oder Abladers gestellt wird, der dann durch Begebung des Konnossements einen beliebigen Empfangsberechtigten bestimmen kann.

Weitergehend als im sonstigen Transportrecht sind im Seefrachtrecht über die den Vertrag schließenden Parteien hinaus weitere Personen in die Wirkungen des Vertrages einbezogen:

Das deutsche Recht kennt eine besondere Rechtsfigur, welche den Begriff des Befrachters ergänzt: den **Ablader**. Er ist derjenige, der das Gut dem Verfrachter zur Beförderung übergibt und als Ablader vom Befrachter zur Eintragung in das Konnossement benannt wird (§ 513 Abs. 2 Satz 1).

Das SRG hat diese, ausländischen Rechten meist unbekannte Rechtsfigur auf den Fall der Ausstellung eines Konnossements beschränkt, in dem sie praktisch gebraucht wird (dazu näher u. II 3). Allerdings wird die Funktion eines „vom Befrachter benannten Dritten“, der für diesen bestimmte Aufgaben wahrnimmt, auch im Übrigen vom Gesetz erwähnt (§ 482 Abs. 2) und mit Rechten und Pflichten ausgestattet, ohne dass jedoch insoweit noch die besondere Bezeichnung „Ablader" beibehalten wird. Der benannte Dritte ist also nicht Ablader, wenn er das Gut zwar abgeladen hat, jedoch kein Konnossement hat ausstellen lassen.[1]

Ablader und **Empfänger** werden in der Praxis auch unter dem Sammelbegriff **Ladungsbeteiligte** zusammengefasst; das neue Gesetz verwendet den Ausdruck allerdings nicht mehr (wie früher §§ 535, 485 aF). Durch vertragliche Vereinbarungen wird darüber hinaus der **Ladungsversicherer** wirtschaftlich in den Kreis der Ladungsbeteiligten einbezogen. Der in § 482 Abs. 2 genannte „Dritte", der nach altem Recht als Ablader Ladungsbeteiligter i.S. des § 485 aF war, ist diesem Kreis aber wohl nicht mehr zuzurechnen.

Eine Mehrheit von Verpflichteten kann sich auch auf der Verfrachterseite finden. Zwar besteht die quasi-vertragliche gesetzliche Haftung des **Kapitäns** für vertragliche Ansprüche der Ladungsbeteiligten, die das frühere Recht (§ 512 aF) aus der Frühzeit der Kauffahrteischifffahrt noch beibehalten hatte, nicht mehr.[2] Dafür ist neben den Verfrachter ein anderer quasi-vertraglicher Schuldner getreten, den das alte Seerecht schon im Personenbeförderungsrecht kannte und der nunmehr, nachdem er bereits in das allgemeine Frachtrecht Eingang gefunden hat (§ 437), auf den Seefrachtvertrag erstreckt wurde: Der **ausführende Verfrachter** (*actual carrier; performing carrier*).

II. Die Personen im Einzelnen

1. Verfrachter

Verfrachter ist derjenige, welcher vertraglich die Beförderung der Güter verspricht (§ 481 Abs. 1). Der Verfrachter braucht nicht Reeder zu sein; maßgeblich ist nur die schuldrechtliche Verpflichtung, mag sie auch praktisch nur durch Einschaltung eines anderen auszuführen sein (sog. *Non-Vessel-Owning-Carrier* – NVOC).

Auch der Verfrachter, der nicht zugleich Reeder (also Eigentümer des Schiffes nach § 476 oder Ausrüster nach § 477) ist, kann – anders als vor dem Seefrachtgesetz von 1937 – ein Konnossement ausstellen (sog. Verfrachterkonnossement).

a) Der Spediteur als Verfrachter

Verfrachter kann insbesondere auch ein **Spediteur** sein.

Der Spediteur, der für seinen Auftraggeber eine Beförderung besorgt (§ 453 Abs. 1), kann den dafür notwendigen Seefrachtvertrag im eigenen Namen abschließen (§ 454 Abs. 3). Er ist dann Befrachter und hat dessen volle seefrachtrechtliche Rechtsstellung. Ansprüche wegen Schäden am Gut kann er im Wege der Drittschadensliquidation für seinen Auftraggeber geltend machen.[3] Der Auftraggeber des Spediteurs (Versender, § 453, hier auch Ur-Versender genannt) kann seinerseits Ansprüche gegen den Verfrachter aus dem Vertrag nur nach Abtretung durch den Spediteur erheben.

Der Spediteur kann natürlich auch in die Stellung des Verfrachters eintreten, indem er mit dem Versender nicht (oder nicht nur) einen Speditionsvertrag, sondern einen Frachtvertrag abschließt. Dies kann auch nach Abschluss eines Speditionsvertrages, der ihn zunächst nur zur Besorgung einer Beförderungsleistung verpflichtet, im Wege des Selbsteintritts (§ 458) gesche-

---

1 MüKoHGB/*Herber*, Vor § 513 Rn. 14.

2 Hintergrund ist die Wandlung der Rolle des Kapitäns von einer unternehmerähnlichen zu einer arbeitnehmerähnlichen Stellung, s. RegBegr. SRG S. 43.

3 Vgl. zur Drittschadensliquidation im Gütertransportrecht allgemein *Rabe*, TranspR 1993, 1 ff.

hen.[4] Anhaltspunkt für den Willen, die Beförderungsleistung als eigene zu übernehmen, ist vor allem die Erwähnung des Spediteurs als Verfrachter im Konnossement. Ein bedeutender Anwendungsfall für diese Konstellation ist die Ausstellung eines Durchkonnossements (etwa des FIATA-Bill of Lading), welches ein reines Frachtdokument ist und den ausstellenden Spediteur auch hinsichtlich einer in den multimodalen Transport eingeschlossenen Seestrecke zum Verfrachter macht.

Allerdings kann der Spediteur – bei entsprechender Bevollmächtigung – den Frachtvertrag auch im Namen des Versenders abschließen (§ 454 Abs. 3).[5] Geschieht dies, so bestehen keine Besonderheiten gegenüber jedem anderen Abschluss eines Frachtvertrages durch einen Vertreter: Der Versender wird unmittelbar Vertragspartner des Verfrachters, also Befrachter. Der Spediteur haftet dem Verfrachter aus einem solchen Vertrag nur dann, wenn er seine Vertretungsmacht nicht nachweisen kann (§ 179 BGB).[6] Natürlich wird er auch bei direktem Vertragsschluss häufig die Güter als Ablader beim Schiff anliefern oder durch einen Beauftragten anliefern lassen; er hat dann gewisse Informations- und Mitwirkungspflichten und, wenn ein Konnossement ausgestellt wird und er vom Befrachter als Ablader angegeben wurde, die Rechte und Pflichten des Abladers (§ 513 Abs. 2).[7]

Unabhängig davon, wie der Spediteur nach außen gegenüber dem Verfrachter auftritt, hat er nach § 459 die Pflichten und Rechte eines Verfrachters, wenn er den Speditionsvertrag zu festen Kosten abschließt.[8] Schließt der Spediteur, der mit seinem Auftraggeber einen festen Preis für die Besorgung der Beförderung vereinbart hat (sog. Fixkostenspediteur), einen Seefrachtvertrag – wie regelmäßig, als Befrachter – ab, so ist er gleichwohl im Verhältnis zu seinem Auftraggeber Verfrachter; der von ihm beauftragte Verfrachter ist ein von ihm zur Erfüllung seiner eigenen Beförderungsverpflichtung eingeschalteter Unterverfrachter. Der Spediteur, der damit hinsichtlich der Beförderung dem Seefrachtrecht unterliegt, kann seine Haftung insoweit ebenso wie jeder andere Verfrachter nur nach Maßgabe des § 512, also nicht durch AGB abmildern; für die daneben noch bestehen bleibenden speditionellen Verpflichtungen bleibt es bei der großzügigeren Regel des Speditionsrechts (§ 466).

Schließt der Fixkostenspediteur den Seefrachtvertrag – bei erteilter Vollmacht – im Namen des Versenders ab (was selten und allenfalls für eine kleine Teilstrecke vorkommen wird, weil der Fixkostenspediteur kein Interesse daran haben wird, die Frachtkosten offenzulegen, die er bei dieser Konstellation im Verhältnis zum Versender selbst tragen muss), so haftet er aus dem Speditionsvertrag als Seeverfrachter neben dem Verfrachter.

b) Vertretung beim Vertragschluss

Der Vertrag kann nach den allgemeinen Regeln über die Stellvertretung von einem anderen im Namen des Verfrachters abgeschlossen werden, oft vom Schiffsmakler (vgl. dazu o. § 20), seit der Neuregelung des Speditionsrechts durch das TRG auch vom Spediteur (§ 454 Abs. 3).

Einen Sonderfall beabsichtigten Handelns für einen anderen stellt die sog. „***Identity-of-Carrier*-Klausel**“ dar, die heute noch vielfach in Konnossementen verwendet wird (dazu u. § 30 II 3e). Die Klausel soll dazu dienen, den Verfrachter, der nicht zugleich Reeder ist, von der vertraglichen Haftung freizustellen und diese dem Reeder anzulasten; ihren Sinn hatte diese Klausel allenfalls solange (im deutschen Recht bis 1972), wie der Charterer als Verfrachter nicht in den Genuss der gesetzlichen Haftungsbeschränkung nach §§ 486 ff. aF (heute §§ 611 ff.) kam. Heute muss sie als rechtsmissbräuchlich angesehen werden. Sie kann allerdings in einigen Auslandsrechten, die nicht an das HBÜ angepasst sind, noch Bedeutung haben, so namentlich im US-amerikanischen Recht. In anderen Staaten (etwa in den Niederlanden) wird sie jedoch anerkannt und stiftet deshalb Verwirrung.

---

4 Dazu ausführlich MüKoHGB/*Bydlinsky*, § 458.
5 Dazu auch MüKoHGB/*Bydlinski*, § 453 Rn. 109 ff.
6 Dazu ausführlich MüKoHGB/*Bydlinski*, § 453 Rn. 126 ff.
7 Dazu auch MüKoHGB/*Herber*, § 513 Rn. 20.
8 Dazu ausführlich MüKoHGB/*Bydlinski*, § 459.

c) Erfüllungsgehilfen des Verfrachters

Über die Haftung des Verfrachters für Erfüllungsgehilfen bestehen teilweise Sonderbestimmungen. Seerechtliche Besonderheiten sind namentlich die Haftung für den Lotsen, die auch dann eintritt, wenn der Lotse vom Reeder nicht frei gewählt werden kann (§ 480), sowie die gegenüber § 278 BGB erweiterte Gehilfenhaftung; nach § 501 Satz 1 haftet der Verfrachter auch für ein Verschulden der Schiffsbesatzung, die er nicht notwendig selbst eingestellt hat oder auch nur beaufsichtigen kann.

Die nach altem Recht und den HVR bestehende Einschränkung der Zurechnung eines Verschuldens der Schiffsbesatzung bei der Führung und Bedienung des Schiffes (sog. nautisches Verschulden, § 607 Abs. 2, § 485 Satz 2 aF) ist seit dem SRG entfallen; sie kann allerdings – auch durch AGB – vereinbart werden (§ 512 Abs. 2 Nr. 1).

d) Unterverfrachter

Lit.: *Herber*, Anspruch des Empfängers gegen Unterfrachtführer aus dem Unterfrachtvertrag? BGH I ZR 50/05 vom 14.6.2007 und die Folgen, TranspR 2008, 239; *ders.*, Die Haftung des Unterfrachtführers gegenüber den Ladungsbeteiligten des Hauptfrachtvertrages, TranspR 2013, 1; *Koller*, Die Haftung des HGB-Unterfrachtführers gegenüber dem Empfänger, TranspR 2009, 229; *ders.*, Der Unterfrachtführer als Schuldner und Gläubiger, TranspR 2009, 451; *Luther*, Die Haftung in der Frachtführerkette, TranspR 2013, 93; *Ramming*, Zur Frage des Schadensersatzanspruchs des frachtbriefmäßigen Empfängers gegen den Unterfrachtführer, NJW 2008, 291; *Speckmann*, Die Haftung des Unterfrachtführers gegenüber dem Empfänger und sonstigen Dritten, Diss. Hamburg 1012, Schriften zum Transportrecht Bd. 34.

Erfüllungsgehilfe des Verfrachters ist auch der **Unterverfrachter, also derjenige, der** für den Hauptfrachtführer auf Grund einer Vereinbarung die von diesem den Ladungsbeteiligten zugesagte Beförderungsleistung ganz oder teilweise durchführt.[9]

Für diesen hat der Verfrachter nach § 501 Satz 2 einzustehen.

Die Kumulation von Frachtverträgen bei einem einzelnen Beförderungsvorgang ist eine im Seefrachtrecht häufige Erscheinung. Dies hat seinen Grund vor allem darin, dass Frachtraten auf dem Chartermarkt stark schwanken. Ein Befrachter wird sich deshalb oft auf längere Zeit vertraglich Schiffsraum sichern, den er bei Nichtbedarf oder steigenden Frachtraten weiter verchartert.

Die seerechtliche Literatur bedient sich bei der Bezeichnung mehrstufiger Frachtverhältnisse häufig einer missverständlichen Terminologie: Schließt etwa der (Zeit-)Charterer des Schiffes im eigenen Namen (Stückgut-)Frachtverträge ab, so werden letztere oft als „Unterfrachtverträge", der Charterer dementsprechend als „Unterverfrachter" bezeichnet.[10] Diese Terminologie geht vom Gesamtbild der Vertragsverhältnisse aus. Sie entspricht jedoch weder dem sonst im Transportrecht üblichen Sprachgebrauch, noch der Logik. Ausgangspunkt der rechtlichen Betrachtung muss stets ein **bestimmtes** Vertragsverhältnis sein. Geht es primär um die Frage, welche Rechte und Pflichten die Parteien des Stückgutfrachtvertrages haben, so ist allein wesentlich, dass sich der Verfrachter dieses Vertrages – mangels eines eigenen Schiffes – zur Erfüllung des Zeitvercharterers bedient; der Chartervertrag ist deshalb aus dieser Sicht ein Unterfrachtvertrag. Dass dies in der seerechtlichen Literatur oft anders gesehen wird, liegt an dem verschiedenen Umfang der Verträge. Der Chartervertrag ermöglicht den Abschluss vieler Stückgutverträge. Doch ist eine solche Gestaltung weder notwendig, noch kann sie rechtlich entscheidend sein. Bei der Beurteilung seerechtlicher Sachverhalte ist deshalb stets zu bedenken, dass der Begriff „Unterfrachtführer" in verschiedenem Sinn verwendet wird. Er kann sowohl den Verfrachter des in Rede stehenden Vertragsverhältnisses bezeichnen, wenn er seiner-

---

9 Vgl. etwa *Herber*, TranspR 2013, 1.
10 Vgl. zB *Rabe*, § 607 Rn. 30; § 485 Rn. 79f.

seits das Schiff von einem anderen gechartert hat, als auch den letzteren, namentlich wenn dieser erst später in die Durchführung des Vertrags eingeschaltet wurde. Wo möglich, sollten deshalb die – neuerdings auch im Gesetz verankerten, allerdings nicht ganz identischen (vgl. §§ 546, 509, 437) – Bezeichnungen „ausführender" und „vertragschließender" Verfrachter verwendet werden.

Das Gesetz trägt der Vielfalt von Vertragsverhältnissen in einem wichtigen Punkt Rechnung: Wenn § 501 Satz 1 den Verfrachter nicht nur für Verschulden seiner Leute, sondern auch für Verschulden der Schiffsbesatzung einstehen lässt, dann wird durch diese Konstruktion erreicht, dass jeder Verfrachter – unabhängig davon, ob ihn vertragliche Vereinbarungen mit der Schiffsbesatzung verbinden – für deren Handlungen zu haften hat.

Ob der Unterverfrachter zu den Ladungsbeteiligten in einem direkten Vertragsverhältnis steht und ihnen deshalb vertraglich für Ladungsschäden haftet, ist streitig. Der BGH[11] hat sich vor kurzem – im Landfrachtrecht – der hM in der Literatur[12] angeschlossen und nimmt an, dass dem Empfänger aus dem Unterfrachtvertrag ein **direkter Schadenersatzanspruch gegen den Unterfrachtführer** zustehe, weil auch der Unterfrachtvertrag ein Vertrag zugunsten eines Dritten, des Empfängers, sei.

Damit hat der BGH seine bisherige ständige Rechtsprechung[13] aufgegeben. Die Auswirkungen im Einzelnen sind noch unklar.[14] Für die frühere restriktive Auffassung der Rechtsprechung spricht vieles, namentlich die wohl unvermeidliche Folge der neuen Auffassung, dass der Unterfrachtführer bei Annahme des Gutes durch den Empfänger gegen diesen auch einen Anspruch auf Zahlung der Fracht (nach dem Unterfrachtvertrag!) hat. Ob der Frachtvertrag ein Vertrag zugunsten des Empfängers ist, hängt von dem Willen der Parteien des Vertrages ab; beim Unterfrachtvertrag wird es in der Regel nicht dem Willen der Vertragsparteien entsprechen, dem Empfänger unmittelbare Rechte gegen den Unterfrachtführer einzuräumen.[15] Dazu u. § 31 VI.

Die Rechtsprechung des BGH dürfte aber jedenfalls nur mit großer Vorsicht auf das Seefrachtrecht übertragbar sein. Häufig wird der Stückgutfrachtvertrag mit Hilfe eines Zeitchartervertrages erfüllt, der eine große Zahl von Stückgutbeförderungen abdeckt. Dann wird in aller Regel der Vercharterer das Gut nicht an den Empfänger oder dessen Beauftragten abliefern; die Situation ist dann eher der Sammelladung beim Landtransport vergleichbar, die regelmäßig vor Ablieferung beim Empfänger endet. Für die Anwendung der Direkthaftung gegen den Unterverfrachter bleiben deshalb vor allem die Fälle, in denen der Verfrachter eines Stückgutfrachtvertrages einen weiteren (Stückgut- oder Reise-)Verfrachter mit der Durchführung der von ihm versprochenen Reise beauftragt.[16]

Zur Direkthaftung des Unterverfrachters vgl. auch u. § 29 VII 2.

Neben der Haftung aus dem Unterfrachtvertrag trifft den Unterverfrachter, sofern er die Beförderung selbst ausführt und nicht einen weiteren Unterverfrachter einschaltet, als **ausführenden Verfrachter** eine **gesetzliche (quasi-vertragliche) Verpflichtung zum Ersatz von Güterschäden**, die in seiner Obhut entstanden sind (§ 509). Dazu näher u. 5.

---

11 TranspR 2009, 130. Zuvor bereits für den Unterfrachtführer nach WA, BGH TranspR 2007, 425.

12 Vgl. etwa *Koller*, VersR 1988, 673 ff.; *Thume*, TranspR 1991, 85 ff., 89.

13 Vgl. etwa BGH TranspR 1992, 177, 178; ebenso OLG Düsseldorf TranspR 1988, 425, 427; *Herber/Piper*, CMR, Art. 13 Rn. 19.

14 Dazu im Einzelnen *Herber*, TranspR 2013, 1 *Koller*, TranspR 2009, 451.

15 Dazu eingehend MüKoHGB/*Herber*, § 498 Rn. 93; § 425 Rn. 78 ff.

16 Auch hierzu vgl. MüKoHGB/*Herber*, § 498 Rn. 94.

Für den ausführenden Verfrachter ist zwar eine vertragliche Beziehung zum vertragschließenden Verfrachter begrifflich nicht möglich, doch wird der ausführende Verfrachter in aller Regel auf Grund einer Abrede mit dem Hauptfrachtführer handeln. Gleichwohl sind beide rechtlichen Aspekte scharf zu trennen. Die Haftung des ausführenden Verfrachters ist grundsätzlich unabhängig von den Vereinbarungen im Unterfrachtvertrag, sie bestimmt sich vielmehr allein nach dem Gesetz.

Der gesetzliche Anspruch gegen den ausführenden Verfrachter hat einen anderen Inhalt als der aus dem Unterfrachtvertrag, denn der Unterverfrachter haftet insoweit nach Maßgabe des Hauptfrachtvertrages. Deshalb bestehen – wie der BGH, von seinem Standpunkt aus folgerichtig festgestellt hat – beide Ansprüche nebeneinander.

Dem kann wohl auch nicht das Argument entgegengehalten werden, der Gesetzgeber des TRG sei bei der Schaffung des § 437 davon ausgegangen, dass eine vertragliche Haftung des Unterfrachtführers gegenüber dem Empfänger nicht bestehe und habe deshalb die quasi-vertragliche Mithaftung als Ersatz hierfür angesehen. Das ist zwar als Motiv für die Regelung zutreffend, kann jedoch angesichts der Verschiedenheit der Ansprüche nicht zur Annahme eines Spezialitätsverhältnisses führen.[17] Der Gedanke könnte zudem kaum für die neue seerechtliche Mithaftung ins Feld geführt werden, weil der Gesetzgeber des SRG die neuere BGH-Rechtsprechung gekannt hat.

Zur Haftung des ausführenden Verfrachters vgl. u. § 29 VI 1.

2. Befrachter

Befrachter ist der Vertragspartner des Verfrachters. Soweit es sich um Seefrachtverträge in der Form des Reisefrachtvertrages handelt, benutzt der Verkehr regelmäßig den Ausdruck „**Charterer**", der jedoch vom deutschen Gesetz bewusst nicht verwendet wird, weil diese – auch international wenig klare, weil zu allgemeine – Bezeichnung dem Zeitcharterer (§ 557) vorbehalten bleiben sollte, der Partei eines vom Frachtvertrag verschiedenen Schiffsüberlassungsvertrages ist.

Als Befrachter tritt auch der **Spediteur** auf, der den Frachtvertrag – im eigenen Namen und für Rechnung seines Auftraggebers, des sog. Ur-Versenders – in Ausführung seiner Verpflichtungen aus dem Speditionsvertrag (die Beförderung der Güter zu „besorgen", § 453 Abs. 1) mit dem Verfrachter abschließt. Dazu auch oben § 27 II 1a.

Davon unabhängig ist die Frage zu beantworten, ob der im Seefrachtvertrag als Befrachter erscheinende Spediteur im Verhältnis zu seinem Auftraggeber – wegen §§ 458–460 oder im Hinblick auf einen (die Ausnahme darstellenden) Willen, die Verantwortung für die Beförderung selbst zu übernehmen – ebenfalls als (See-)Frachtführer anzusehen ist. Soweit das der Fall ist, handelt es sich um mehrstufige Frachtverträge. Der Verfrachter des Seefrachtvertrages ist bei dieser Konstellation Unterfrachtführer und haftet dem Befrachter – dem Auftraggeber des Spediteurs – unmittelbar wie jeder andere Unterfrachtführer, also quasi-vertraglich kraft Gesetzes nach § 509 und, folgt man der Rechtsprechung des BGH, aus dem Unterfrachtvertrag.

3. Ablader

Neben dem Befrachter kennt das deutsche Seerecht den **Ablader**. Dieser Begriff ist jedoch durch das SRG gegenüber der traditionellen Ausprägung verändert worden: Als Ablader bezeichnet das Gesetz nunmehr (nur noch) eine vom Befrachter verschiedene Person, die **das Gut dem Verfrachter zur Beförderung übergibt** und als Ablader **vom Befrachter zur Eintragung in das Konnossement benannt** wird (§ 513 Abs. 2 Satz 1). Die Institution ist also auf die Fälle beschränkt worden, in welchen man sie aus wertpapierrechtlichen Gründen benötigt. Wird ein begebbares Papier nicht ausgestellt, so verzichtet das Gesetz auf eine besondere Bezeichnung für einen

---

17 So aber *Koller*, TranspR 2009, 229, 231.

Dritten, der das Gut beim Verfrachter anliefert, weist diesem jedoch ebenfalls bestimmt Rechte und Pflichten zu (dazu u. § 28 IV 3).[18]

Die RR haben, dem wertpapierrechtlichen Bedürfnis folgend, nunmehr auch international eine vergleichbare Funktion eingeführt, den „documentary shipper" (Art. 33 RR). Deren Konzept hat der deutsche Gesetzgeber jedoch nicht übernommen, weil es einmal die Funktion nur von der Eintragung im Konnossement ohne Notwendigkeit der Benennung durch den Befrachter abhängig macht und zum anderen daran eine sehr weitgehende – mit dem Befrachter gesamtschuldnerische – Haftung knüpft.[19]

Ist ein Ablader nicht benannt, so gilt der Befrachter als Ablader (§ 513 Abs. 2 Satz 2). Die Konstruktion soll klarstellen, dass die Rechte und Pflichten, die das Gesetz dem Ablader zuweist, dann den Befrachter treffen; Bedeutung hat die Klarstellung vor allem für den Anspruch des Abladers auf Ausstellung eines Konnossementes (§ 513 Abs. 1).[20]

Zweck dieses im deutschen Recht geschaffenen besonderen Rechtsinstituts ist es, bestimmte Rechte und Pflichten aus dem Vertrag an denjenigen zu knüpfen, der – unabhängig von der rechtlichen Stellung, die er zunächst hat – dem Verfrachter die Güter tatsächlich übergibt.

Da Ablader nicht mehr jeder ist, der die Güter dem Empfänger übergibt,[21] vielmehr nur der (dem Verfrachter) vom Befrachter Benannte, entfällt die frühere Funktion des Verkehrsschutzes für den Verfrachter: Es bedarf ihrer nicht mehr, weil stets die – ausdrückliche oder auch stillschweigende – Erklärung notwendig ist. Die Rechtsstellung beginnt mit der Übergabe der Güter an den Verfrachter.[22]

Der **Ablader** hat kraft Gesetzes das **Recht, die Ausstellung des Konnossements zu verlangen** (§ 513 Abs. 1); dementsprechend kann er den Inhalt des Konnossements (§ 515 Abs. 2) und die Person des Empfängers bestimmen. Er ist, solange er das auf ihn ausgestellte Konnossement in Händen hält, allein befugt, nachträgliche Weisungen über die Beförderung zu erteilen (§§ 519 Satz 3, 520 Abs. 1 Satz 1).

Gleichwohl ist der Ablader nicht Partei des Frachtvertrages; er ist lediglich Erfüllungsgehilfe des Befrachters.[23]

Deshalb haftet er insbesondere nicht für die Zahlung der Fracht, sofern er sich hierzu nicht besonders verpflichtet.[24] Eine Mithaftung des Abladers für die Fracht kann auch nicht aus den vielfach üblichen Mithaftungsklauseln in Konnossementen entnommen werden, schon weil diese Klauseln vertragsrechtlich ins Leere gehen.[25] Kraft gesetzlicher Anordnung haftet jedoch der Ablader dem Verfrachter eigenständig für Schäden, die aus falschen Angaben über die Ladung entstehen, namentlich bei Gefahrgut (§ 488 Abs. 3).

Hinsichtlich der Durchführung des Frachtvertrages ist der Ablader Erfüllungsgehilfe des Befrachters, sodass dieser für sein vertragswidriges Verhalten haftet. Andererseits hat der Ablader häufig andere Interessen als der Befrachter. Das zeigt sich vor allem dann, wenn der Seebeförderung ein Kaufvertrag auf der Basis FOB zugrunde liegt. In einem solchen Fall hat der Käufer das Schiff vorzulegen, also den Frachtvertrag abzuschließen; er ist also Befrachter. Der Verkäufer lädt die Güter in das Schiff,

---

18 Dazu MüKoHGB/*Herber*, § 513 Rn. 19.
19 RegBegr. SRG S. 90 f. Dazu auch MüKoHGB/*Herber*, § 513 Rn. 17.
20 RegBegr. SRG S. 91. Dazu auch MüKoHGB/*Herber*, § 513 Rn. 20.
21 Vgl. dazu die Vorauflage S. 247.
22 Vgl. *Stumm*, S. 58 ff.
23 MüKoHGB/Herber Vor § 513 Rn. 14.
24 OLG Rostock TranspR 1997, 113.
25 Dazu *Ramming*, VersR 1994, 522 ff.

ohne in vertraglicher Beziehung zum Verfrachter zu stehen. Er erhält das Konnossement und muss nachträgliche Weisungen – etwa über die Umleitung oder Einlagerung der Güter – treffen können, die seiner Sicherung – etwa bei drohender Nichterfüllung des Vertrages – dienen. Deshalb muss der Ablader auch Weisungen geben können, die gegen die Interessen des Befrachters gerichtet sind.

Mit der Abspaltung des Begriffs des Abladers wird – anders als in anderen Rechtsordnungen, in denen diese Frage deshalb oft Probleme aufwirft – zugleich gewährleistet, dass die Übertragung des Konnossements vom Ablader auf den Befrachter, also etwa vom FOB-Verkäufer auf den FOB-Käufer, die Gutglaubenswirkungen des § 522 Abs. 2 auslöst: Der Käufer ist, obgleich Partei des Frachtvertrages, „Dritter“ im Sinne dieser Bestimmung, weil der Ablader in diesem Zeitpunkt (erster) Inhaber des Konnossements, im übrigen nach Geltendmachung des Rechts auf Ausstellung des Konnossements selbst Partei des Konnossementsrechtsverhältnisses und eigenständiger Ladungsbeteiligter ist.

Allerdings tritt dieser ursprüngliche Zweck nach der Reform etwas zurück, da der Konnossementsinhaber nach § 522 Abs. 1 Satz 1 auch dann Gutglaubensschutz genießt, wenn er das Konnossement nicht derivativ vom Ablader, sondern unmittelbar vom Verfrachter erhalten hat. Dieser Weg wird jedoch selten gewählt werden, wenn der Ablader ein Interesse daran hat, die Auslieferung des Gutes bis zur Zahlung des Kaufpreises zurückzuhalten.

4. Empfänger

Im Vertrag wird regelmäßig ein **Empfänger** benannt. Diesem stehen, da der Frachtvertrag ein Vertrag zugunsten Dritter ist, die Rechte aus dem Frachtvertrag Zug um Zug gegen Zahlung der Fracht (sofern diese nicht vorausbezahlt ist) zu. Zur Zahlung der Fracht wird der Empfänger (erst) verpflichtet, wenn er nach Ankunft des Gutes am Löschplatz dessen Ablieferung verlangt (§ 494 Abs. 2). Vgl. u. § 28 VI 3.

Ist die Auslieferungsverpflichtung des Verfrachters in einem Konnossement verbrieft – was heute praktisch noch die Regel darstellt –, so wird die Empfänger-Angabe regelmäßig durch die wertpapierrechtliche Verbriefung überlagert: Bei einem Order-Konnossement wird zwar häufig ein Empfänger benannt, doch steht diese Angabe unter dem Vorbehalt späterer Übertragung des Papiers. Wird bei Order-Konnossementen der Ablader als Berechtigter angegeben („an die Order des ... Abladers“), damit dieser die Möglichkeit hat, durch Übertragung des Konnossements über die schwimmende Ladung zu verfügen, so ist Empfänger der legitimierte Konnossementsinhaber, der das Papier im Löschhafen präsentiert.

5. Ausführender Verfrachter

Ausführender Verfrachter ist ein Dritter, der die Beförderung ganz oder teilweise ausführt. Er haftet für den Schaden, der durch Verlust oder Beschädigung des Gutes während seiner Obhut entsteht, ebenso, als wäre er der Verfrachter (§ 509).[26] Die Regelung hat ihr unmittelbares Vorbild in § 437.

Die Rechtsfigur des ausführenden Verfrachters wurde erstmals in dem luftrechtlichen Abkommen von Guadalajara v. 18.9.1961[27] verwendet und fand von da aus Eingang in das Athener Passagierhaftungsübereinkommen von 1974 und dementsprechend das deutsche Personenbeförderungsrecht[28] und später in die Hamburg-Regeln und die Rotterdam-Regeln.[29]

---

26 S. zum gewählten Wortlaut „So als wäre er der Verfrachter“ die Erläuterungen in RegBegr. SRG S. 86.

27 BGBl. 1963 II 1159.

28 Art. 3 der Anlage zu § 664 aF; heute § 546.

29 Vgl. Art. 10 HHR und Art. 19 RR. Vgl. RegBegr. SRG S. 86.

Die Rechtsprechung hatte zuvor gelegentlich versucht, eine Haftung des nicht am Vertrag beteiligten ausführenden Frachtführers auf andere Weise zu begründen, so etwa über die (unechte) Geschäftsführung ohne Auftrag.[30] Nachdem das 1. SÄG 1972 das Schiffsgläubigerrecht für Ansprüche wegen Ladungsschäden beseitigt hat, erschien es dringend geboten – nach dem Vorbild etwa des skandinavischen Seerechts, welches diese Regelung ebenfalls als Ersatz für das Schiffsgläubigerrecht nach Ratifizierung des Übereinkommens über Schiffshypotheken und Schiffsgläubigerrechte von 1968 geschaffen hat – eine quasi-vertragliche Mithaftung des ausführenden Frachtführers vorzusehen, um die Ladungsbeteiligten angemessen zu schützen.

Der ausführende Verfrachter braucht nicht auf Grund eines Vertrages mit dem vertragschließenden Verfrachter tätig geworden zu sein, doch wird dies in aller Regel der Fall sein. Dann entsteht ein Konkurrenzverhältnis dieses Anspruchs zu einem etwaigen Direktanspruch des geschädigten Ladungsbeteiligten gegen den Unterverfrachter (s. o. § 27 II 1d). Anders als letzterer setzt der quasi-vertragliche Anspruch gegen den ausführenden Verfrachter jedoch nicht voraus, dass der Ausführende das Gut beim Empfänger abliefert; er kann es auch nur für eine Zwischenphase der Beförderung in seiner Obhut haben. Vorausgesetzt ist jedoch, dass er zumindest einen Teil der im Hauptvertrag vereinbarten Beförderung tatsächlich übernimmt.

Ausführender Verfrachter ist danach nur derjenige, der an dem Gut unmittelbaren Besitz hat. Deshalb ist nicht jeder Unterverfrachter zugleich ausführender Verfrachter. Lässt er die Beförderung durch einen weiteren Unterverfrachter durchführen, ist dieser allein ausführender Verfrachter.[31]

Besonders problematisch ist die Frage, ob Tätigkeiten beim **Güterumschlag** die Haftung nach § 509 begründen. Da hiernach jeder Dritte ausführender Verfrachter sein kann,[32] kommt es allein darauf an, ob der Handelnde die Obhut an dem Gut erlangt und ob er eine (See-)Beförderung ausführt. Seehafenbetriebe werden an den von ihnen umzuschlagenden Gütern in aller Regel die Obhut übernehmen; anders Personen, die einzelne Tätigkeiten im Zusammenhang mit dem Laden oder Löschen vornehmen, etwa Stauen oder Befestigen von Containern. Da der BGH den Güterumschlag in Seehäfen weitgehend dem Seefrachtrecht zurechnet,[33] der Verfrachter deshalb für die Umschlagsphase nach Seerecht haftet, findet auf die Tätigkeit des Umschlagbetriebes insoweit auch § 509 Anwendung, selbst wenn man seine Tätigkeit nicht als Beförderung ansehen sollte; denn er führt einen Teil der Leistung aus, welchen der Verfrachter als Bestandteil seiner Beförderungsleistung versprochen hat. Dazu näher u. § 29 VII 1.

6. Sonstige Personen

Die Auswirkungen des Vertrages auf andere Personen (etwa **Schiffsmakler, Kaianstalten**), namentlich deren Haftung, richten sich nach allgemeinen vertragsrechtlichen Regeln; deren Anwendung ist allerdings im Einzelfall durch die besonderen Gegebenheiten des Seeverkehrs und die Problematik internationaler Sachverhalte nicht immer einfach. Vgl. dazu insbes. o. §§ 20, 21.

---

30 Dazu OLG Hamburg 4.2.1993, TranspR 1993, 306.

31 S. auch *Herber*, TranspR 2013, 1, 1; *Paschke/Ramming*, RdTW 2013, 1, 4.

32 Die Sachverständigengruppe hatte vorgeschlagen, diese Haftung nur einem den Vertrag durchführenden Reeder aufzuerlegen, um den wirtschaftlich wichtigen Hauptfall zu erfassen und schwierige Abgrenzungsprobleme zu vermeiden.

33 Vgl. dazu im Einzelnen u § 31 IV 1 b).

KAPITEL 7: Der Seefrachtvertrag

§ 28 Der Stückgutfrachtvertrag

Lit.: *Fendt*, Die Auslegung des § 488 III Nr. 1 HGB – Wie genau müssen die Gewichtsangaben sein um als „richtig“ zu gelten?, RdTW 2013, 136; *Koller*, Der Risikobereich im HGB-Frachtrrecht, VersR 2012, 949; *Meyer-Rehfueß*, Das frachtvertragliche Weisungsrecht, Schriften zum Transportrecht Bd. 14, 1995; *Rabe*, Fautfrachtanspruch bei Ausbuchung der Ladekapazität des Schiffes vor Kündigung, EWiR 1998, 787; *ders.*, Entwurf der Sachverständigengruppe und Referentenentwurf zur Reform des Seehandelsrechts – Anmerkungen zur Haftung des Reeders und zum Stückgutvertrag, TranspR 2011, 323; *Ramming*, Die Verladung des Gutes an Deck, RdTW 2013, 253; *Sonnenberger*, Rechtsfragen beim Seetransport von Stückgut durch englische Verfrachter, FS K. Firsching (1985), 295–308; *Thume*, Probleme bei der Ablieferung des Frachtguts, TranspR 2012, 85; *Tostmann*, Containerkonsortien im Seelinienverkehr, Veröffentlichungen des Instituts für Seerecht und Seehandelsrecht der Universität Hamburg Bd. 12, 1998; *Zimdars*, Fautfracht nach deutschem Recht, die reedereiinterne Umbuchung einer Ladung und der Reisebegriff nach § 588 Abs. 2 HGB, TranspR 1997, 259.

I. Allgemeines

1. Die Vorschriften des HGB über den Seefrachtvertrag sind, anders als vor der Reform, am Stückgutfrachtvertrag als dem Normalfall konzipiert.

2. Besondere Bedeutung kommt im **Linienstückgutverkehr** Allgemeinen Geschäftsbedingungen zu. Einmal den Konnossementsformularen der Reedereien, welche die Frachtverträge weithin – mehr als das gesetzte Recht – prägen. Sodann aber den Kartellvereinbarungen der Reeder untereinander, die als sog. **Linienkonferenzen** die Wettbewerbsbedingungen festlegen.

Die Linienkonferenzen sind Kartellvereinbarungen, durch welche mehrere Reedereien einen regelmäßigen Liniendienst auf bestimmten Strecken mit festen Abfahrtszeiten und zu einheitlichen Frachtraten sicherstellen. Sie binden die Ladung durch Treuerabatte und Frachtnachlässe für Befrachter, die sich verpflichten, ihr gesamtes Ladungsaufkommen der Linie anzubieten, sowie durch Kampfmaßnahmen (Preisunterbietung) gegenüber Außenseitern. Im Innenverhältnis teilen sie das Ladungsaufkommen unter sich nach Quoten auf.[1]

Diese Konferenzen, von denen es gegenwärtig über 300 gibt, stellen Tarife und Bedingungen auf, denen der einzelne Verlader praktisch nicht ausweichen kann. Sie sind seit langem Gegenstand heftiger kartellrechtlicher Auseinandersetzungen und haben zu einer völkerrechtlichen Regelung durch den **Verhaltenskodex für Linienkonferenzen**[2] geführt. Vgl. dazu o. § 8 IX 2, § 9 II.

II. Abschluss des Vertrages

1. Der Stückgutfrachtvertrag ist **formfrei.**

---

1 Vgl. dazu im Einzelnen *Beckert/Breuer*, Rn. 382 ff.
2 BGBl. 1983 II 64.

Der Anspruch auf Auslieferung der Güter am Bestimmungsort wird allerdings häufig durch ein Konnossement verbrieft oder zumindest in einem Seefrachtbrief dokumentiert. Durch deren Bedingungen wird zwar in der Regel auch der Frachtvertrag geprägt, doch stehen die Ansprüche aus dem Frachtvertrag und aus dem Konnossement grundsätzlich selbständig nebeneinander; das Verhältnis beider zueinander kann erhebliche Probleme aufwerfen (dazu u. § 30).

2. Üblich, aber keineswegs notwendig ist die Ausstellung einer sog. **Buchungsnote** (*booking note*) durch den Verfrachter oder seinen Vertreter (namentlich den Schiffsagenten), die den Vertragsabschluss schriftlich festhält.[3] Werden die Güter gleich – ohne Vorbuchung – am Kai angeliefert, so entspricht dem der (vom Ladungsoffizier ausgestellte) **Schiffszettel** (*mate's receipt*) oder (wenn eine Kaianstalt dazwischengeschaltet ist) der **Kai-Empfangsschein.**

Diese Papiere sind reine Beweisdokumente. Sie enthalten nur selten Vertragsbedingungen, zumeist nur Angaben über die Güter, namentlich Vorbehalte hinsichtlich äußerlich erkennbarer Mängel der Güter. Ein Konnossement (oder ein Seefrachtbrief) wird in der Regel erst später auf dieser Grundlage ausgestellt.

3. Der ohne Festlegung der Bedingungen im Einzelnen mit einer Linienreederei geschlossene Vertrag kommt jedoch nicht ohne weiteres nach den – dispositiven – gesetzlichen Vorschriften zustande. Vielmehr werden die Vertragserklärungen nach Handelsbrauch – also auch, wenn darüber nicht gesprochen wurde – so ausgelegt, dass ihnen die **Bedingungen** zugrunde liegen, die auf den **Konnossementsformularen** des Verfrachters, welche für den jeweiligen Transport einschlägig sind, abgedruckt sind.[4]

Die Formulare sind bei der jeweiligen Reederei und im Handel erhältlich und in den beteiligten Kreisen bekannt. Deshalb gehen die Vertragsparteien regelmäßig davon aus, dass deren Bedingungen in den Frachtvertrag einbezogen werden, auch ohne dass sie bei Vertragsabschluss dem Befrachter ausgehändigt werden. Schwierigkeiten können sich allerdings ergeben, wenn eine neue Version der Konnossementsbedingungen in Gebrauch ist, die der Befrachter noch nicht kannte.

In diesem Zusammenhang hat die Rechtsprechung des BGH zur AGB-Kontrolle von Konnossementsbedingungen eine Rolle gespielt. Unzweifelhaft sind Konnossementsbedingungen AGB, unterliegen also der Kontrolle nach §§ 305ff. BGB, abgemildert durch dessen § 310 Abs. 1 Satz 1 BGB.[5] Der BGH hat sehr verständliche Zweifel daran geäußert, ob die in aller Regel sehr klein, kaum leserlich und in englischer Sprache auf der Rückseite und auf dünnem Papier der Konnossementsformulare wiedergegebenen Konnossementsbedingungen („nur mit der Lupe und selbst dann nicht ohne Mühe zu lesen") wirksam in den Vertrag einbezogen worden waren.[6] Trotz allgemeinen Widerspruchs in der Literatur[7] hat das Gericht die grundsätzlichen Bedenken in einem weiteren Fall bestätigt, jedoch *in concreto* nicht für begründet gehalten.[8] Die Praxis der Oberlandesgerichte in Bremen[9] und Hamburg[10] ist der Meinung des BGH nicht gefolgt, weil – worauf vor allem *Rabe*[11] hingewiesen hatte – die Konnossementsbedingungen auch ohne jeden Abdruck wirksam hätten als Vertragsgegenstand einbezogen werden können; denn die Einbeziehung erfordert nicht unbedingt die Kenntnisnahme, insbesondere nicht die Übergabe der Bedingungen, vielmehr nur die Möglichkeit, sich in zumutbarer Weise – wenn auch auf eigene Initiative – Kenntnis von deren Inhalt zu verschaffen.[12] Ob

---

3 Auch MüKoHGB/*Pötschke*, § 481 Rn. 24.
4 LG Bremen TranspR 2004, 220.
5 Vgl. dazu, auch zur Revisibilität, *Rabe*, § 643 Rn. 17.
6 BGH, TranspR 1984, 23.
7 Vgl. die Hinweise in BGHZ 86, 678 und bei *Rabe*, Vor § 556 Rn. 153.
8 BGHZ 86, 678 = TranspR 1986, 293.
9 TranspR 1985, 430.
10 TranspR 1985, 90; 1986, 109.
11 RIW 1984, 589.
12 Vgl. *Ulmer/Brandner/Hensen*, AGB-Recht, 11. Aufl., § 305 Rn. 146.

diese Voraussetzung gegeben ist, bedarf jedoch der Prüfung im Einzelfall und kann keineswegs so pauschal angenommen werden, wie dies in der Literatur geschieht.

Es ist jedoch festzustellen, dass der Abdruck der Konnossementsbedingungen in der üblichen Form eine Unsitte ist, der der BGH anerkennenswerterweise entgegenzutreten versucht hat, wobei ihm jedoch auch bei der Feststellung der Lesbarkeit als Revisionsinstanz Grenzen gesetzt waren. Dies ist primär eine Frage des Konnossementsrechts und muss deshalb in jenem Zusammenhang (u. § 30) näher betrachtet werden. Sodann hatte die kritisierte Entscheidung eine Gerichtsstandsklausel zum Gegenstand, für die besonders scharfe Voraussetzungen gelten müssen (vgl. u. § 42 III 1), nimmt sie doch den Ladungsbeteiligten eine ihnen vom Gesetz zugedachte Möglichkeit der Rechtsverfolgung.

Bei der Beantwortung der Frage, ob die Konnossementsbedingungen wirksam in den Frachtvertrag einbezogen worden sind, dürfte jedoch ein wesentlicher Gesichtspunkt zu wenig beachtet werden: Das Konnossement verbrieft einen anderen Anspruch als den aus dem Seefrachtvertrag (dazu u. 4 und eingehend u. § 30 II). Es ist sicher zumeist die Absicht der Parteien des Seefrachtvertrages, zwischen beiden Rechtsverhältnissen Übereinstimmung herbeizuführen. Um den Inhalt des Frachtvertrages zu bestimmen, muss jedoch geprüft werden, ob dessen Partner, der Befrachter, in zumutbarer Weise – zur Zeit seines Vertragsschlusses[13] – von dem Konnossement, das später dem Ablader erteilt und uU nach seinen Entscheidungen auch umgestaltet wird, Kenntnis nehmen konnte. Das wird man nur dann annehmen können, wenn ein Standard-Linienkonnossement verwendet wird, das keine ungewöhnlichen Klauseln enthält. Sonst ist das Gesetz zur Ausfüllung von Lücken in den Frachtrechtsvereinbarungen heranzuziehen.

Der für das Konnossement allgemein anerkannten Konstruktion, wonach der Konnossementsinhalt grundsätzlich auf den mündlich formlos vereinbarten Frachtvertrag zurückwirkt, bedarf es für den Fall der Ausstellung eines **Seefrachtbriefs** durch den Verfrachter nicht. Denn dieser liefert, insofern weitergehend als das Konnossement, den – allerdings widerleglichen – Beweis auch für Abschluss und Inhalt des Frachtvertrages (§ 526 Abs. 2).

Wird gar kein Papier ausgestellt und ist keine ausdrückliche oder stillschweigende Vereinbarung über die Bedingungen getroffen, so gelten die gesetzlichen Bestimmungen.

4. Der **Frachtvertrag** ist trotz dieses Einflusses der auf dem Konnossementsformular abgedruckten Bedingungen **vom Konnossement scharf zu scheiden**: Maßgebend für das Verhältnis zwischen Befrachter und Verfrachter ist allein der Vertrag, nicht das Konnossement. Die Wirkungen des Konnossements sind auf das Verhältnis des aus dem Konnossement Berechtigten zu dem ausstellenden Verfrachter (§ 519 Satz 1) sowie, seit dem SRG, zu dem ausführenden Verfrachter (§§ 509, 522 Abs. 3) beschränkt.

Der Anspruch aus dem Konnossement ist nicht identisch mit dem Anspruch aus dem Vertrag. Dass diese Unterscheidung nicht immer klar gesehen wird und namentlich im englischen Rechtskreis nicht üblich ist, führt zu vielen vermeidbaren Schwierigkeiten der seerechtlichen Dogmatik.[14]

Das Konnossement begründet einen eigenständigen, wertpapierrechtlich verbrieften Anspruch des legitimierten Inhabers gegen den Verfrachter auf Ablieferung des Gutes am Löschplatz (§ 521 Abs. 1 Satz 1). Dieser Anspruch entspricht inhaltlich infolge der oben dargelegten Rückwirkungen der Konnossementsklauseln auf die vertraglichen Vereinbarungen zunächst regelmäßig demjenigen aus dem Frachtvertrag, kann jedoch – insbesondere durch wertpapierrechtlichen Einwendungsausschluss nach § 522 Abs. 1, aber auch infolge unterschiedlicher Regeln über die Passivlegitimation (vgl. namentlich § 518) – einen anderen Inhalt annehmen

13 Vgl. *Ulmer/Brandner/Hensen*, § 305 Rn. 147a, 155.

14 Vgl. den Vorschlag von *Spanjaart*, TransR 2011, 335, deshalb diesen Dualismus im deutschen Recht im Zuge der Reform aufzugeben; dagegen sprachen jedoch bereits grundsätzliche Bedenken der deutschen Wertpapierrechtsdogmatik.

als der vertragliche Anspruch. Wirtschaftlich überlagert er den Anspruch aus dem Vertrag, der für die Zeit der fortdauernden Verbriefung des Anspruchs blockiert ist (§ 519 Satz 1).[15]

Auch der Anspruch aus dem Vertrag geht allerdings mit der Übertragung des Konnossements regelmäßig auf den Empfänger über, weil seine gleichzeitige Abtretung dem Parteiwillen entsprechen wird.[16]

Das kann durchaus von praktischer Bedeutung sein, wenn etwa das Konnossement versehentlich eine geringere als die abgeladene Warenmenge ausweist. Für den Anspruch aus dem Frachtvertrag gibt es jedoch keinen Einwendungsausschluss zugunsten des gutgläubigen Indossatars.

5. Die **zwingenden Bestimmungen des HGB über die Haftung des Verfrachters (§ 525) gelten** nicht nur für die Ansprüche (des konnossementsmäßig legitimierten Empfängers) aus dem Konnossement, sondern **auch für die Ansprüche** (des Befrachters und seiner Rechtsnachfolger) **aus dem Frachtvertrag.** Diese nach altem Recht von der Rechtsprechung abgelehnte Auffassung ist jetzt im Gesetz klargestellt (§ 512); allerdings hat die Unabdingbarkeit nun einen anderen, dem allgemeinen Frachtrecht (§ 449) nachgebildeten, Charakter als früher: Sie schützt die gesetzlichen Haftungsregeln nur gegen Abmilderung durch AGB (vgl. dazu § 30 II 9). Wie bisher gilt diese Einschränkung der Vertragsfreiheit nicht für Reisefrachtverträge (§ 512 ist in § 527 Abs. 2 nicht in Bezug genommen).[17]

6. Ebenso wie die Raumfrachtverträge enthalten die Stückgutfrachtverträge in aller Regel eine große Zahl vertraglicher, vom Gesetz abweichender Bedingungen. Die entsprechenden Vertragsklauseln finden sich auf der Rückseite der **Linienkonnossementsformulare**, die von den Reedereien oder Linienkonferenzen vorformuliert werden. Sie gehen, wie dargelegt, in aller Regel auch als Bedingungen in den Vertrag ein.

An typischen Konnossementsformularen ist besonders das CONLINEBILL[18] zu nennen, das von der BIMCO entworfen wurde. Bei den einzelnen Reedereien bestehen jedoch vielfältige Abweichungen.

Anders als im Charterverkehr sind in der Linienschifffahrt verschiedene Formulare der Reedereien in Gebrauch, die sich teilweise wiederum nach Fahrtgebieten unterscheiden. Ein deutsches Formular – das Deutsche Einheitskonnossement (zuletzt 1940) – hat heute praktisch keine Bedeutung mehr.

Von besonderem praktischem Interesse sind namentlich die Klauseln, die unmittelbar oder mittelbar die Haftung des Verfrachters betreffen. Das gilt insbesondere für die sog. *paramount*-Klauseln. Diese werden deshalb im Zusammenhang mit der Haftung dargestellt. Andere betreffen die Identität des Verfrachters (sog. *Identity-of-Carrier*-[IoC-]Klauseln); auch diese sind in erster Linie für die Haftung aus dem Konnossement bedeutsam. Schließlich finden sich vor allem Rechtsanwendungs- und **Gerichtsstands- sowie Schiedsgerichtsvereinbarungen** in den Konnossementen (vgl. dazu im Einzelnen u. §§ 39, 42).

III. Pflichten des Verfrachters

1. Beförderung

a) Durch den Frachtvertrag wird der Verfrachter verpflichtet, die übernommenen Güter zum vereinbarten Bestimmungsort zu befördern und dort an den Empfänger abzuliefern (§ 481 Abs. 1).

15 Vgl. dazu ausführlich MüKoHGB/*Herber*, § 519 Rn. 10 ff.
16 Vgl. Voraufl. S. 283; MüKoHGB/*Herber*, § 519 Rn. 16; *Schaps/Abraham*, § 656 Rn. 1.
17 Zu den Gründen s. RegBegr. SRG, S. 100 f.
18 Abgedruckt in MüKoHGB Anhang nach Teil 1 B IV 2.

Das SRG hat die Verpflichtung zur Beförderung des Gutes an den Bestimmungsort in Anlehnung an das allgemeine Frachtrecht allgemein ausgesprochen.[19] Es weicht damit von dem früheren Recht ab, welches diese Pflicht entsprechend der Vorgabe der Haager Regeln und damit der englischen Gesetzgebungspraxis in einzelne Elemente zerlegte, die es jeweils mit eigenen Schadenersatzfolgen bewehrte: Der Verfrachter war verpflichtet, ein see- und ladungstüchtiges Schiff zu stellen (§ 559 aF) und beim Einladen, Stauen, Befördern, Behandeln und Ausladen der Güter die gebotene Sorgfalt walten zu lassen (§ 606 Abs. 1 Satz 1 aF). Die Rechtsfolgen bei Verletzung dieser Pflichten unterschieden sich vor allem insofern, als der Verfrachter bei der Fürsorge für die Ladung nicht für ein Verschulden der Besatzung bei der Führung und Bedienung des Schiffes einzustehen hatte (§ 607 Abs. 2 aF); zur heutigen Rechtslage insofern vgl. u. § 29.

Die Beförderung muss „über See" erfolgen. Das stellt klar, dass es für die Anwendung der Bestimmungen über den Seefrachtvertrag allein auf die befahrenen Gewässer ankommt. Wird eine Beförderung über See mit einem Binnenschiff durchgeführt, gilt Seefrachtrecht, sofern auf der Strecke überwiegend Seegewässer befahren werden (§ 450).

Die Sachverständigengruppe hatte vorgeschlagen,[20] zusätzlich noch zu verlangen, dass dies „mit einem Schiff" geschieht. Diese Einschränkung wurde für entbehrlich gehalten. Die Gefahr, dass Flugbeförderungen über das Meer einbezogen würden, erschien gering und es wäre denkbar, dass andernfalls die Beförderung durch Schleppen eines Anhangs (eines Leichters oder einer Bohrinsel) nicht darunter subsumiert werden könnte.

Bestimmungsort wird in aller Regel ein Hafen sein. Gleichwohl wurde vom Gesetz die Bezeichnung „Ort" gewählt, weil eine Ablieferung auch an einem anderen Ort, etwa einer Bohrinsel, oder durch Versenken im Meer, oder an einem bestimmten Platz im Hafen vereinbart werden kann.[21] Zu beachten ist aber stets, dass die Einbeziehung einer Pflicht zu Ablieferung im Binnenland den Seefrachtvertrag zu einem Multimodalfrachtvertrag (§§ 452 ff.) macht.

b) **Auf Verlangen** des Abladers ist der Verfrachter verpflichtet, jenem ein **Konnossement auszustellen** (§ 513 Abs. 1 Satz 1).

Der Ablader bestimmt danach den konnossementsmäßigen Empfänger. Er wird häufig ein Orderkonnossement an eigene Order verlangen, um es an den Empfänger weiter begeben zu können. Nach neuem Recht (§ 522 Abs. 2 Satz 1) wird allerdings auch der als erster Berechtigter im Konnossement benannte Empfänger in seinem guten Glauben an den Konnossementsinhalt geschützt (vgl. § 30 II 3 b); II 4 b)), sodass es dieses Umwegs[22] nicht mehr bedarf.

Der Anspruch auf Ausstellung eines Konnossements kann vertraglich ausgeschlossen werden.

c) Die Pflicht zur Beförderung des Gutes umfasst, wie nach § 407, die Verpflichtung, das Gut in jeder Hinsicht unter Anwendung der erforderlichen Sorgfalt zu behandeln. Der Verfrachter hat während der gesamten Zeit seiner Obhut eine **Pflicht zur Ladungsfürsorge.**

aa) Daraus ergibt sich die wichtigste Pflicht des Verfrachters, ein **see- und ladungstüchtiges Schiff** für die Beförderung zu verwenden.

19 RegBegr. SRG, S. 66.
20 BerSV S. 13.
21 Dazu RegBegr. SRG, S. 66.
22 Vgl. zum früheren Recht Voraufl., S. 289 f (§ 30 II 3. b)).

Diese Pflicht ist in § 485 ohne Notwendigkeit und systemwidrig ausdrücklich im Gesetz erwähnt. Dies wurde von den Vertretern der Reeder im Hinblick auf die lange Tradition des Begriffes gewünscht, vom Gesetzgeber dann allerdings auch zum Anlass genommen, bestimmte Beweislastregeln an diesen Begriff zu knüpfen (vgl. dazu § 29 II 2 d) cc)).

Seetüchtig ist das Schiff, wenn es gehörig eingerichtet, ausgerüstet, bemannt und mit genügenden Vorräten versehen ist, um die beabsichtigte Reise zu bestehen (§ 485 1. Halbsatz).

Der Begriff ist relativ: Eine Winterreise über den Atlantik stellt andere Anforderungen an die Seetüchtigkeit als eine kurze Reise im Sommer über die Ostsee. Auch die Eigenarten der Ladung und der diesen entsprechenden Stauung können durch Gefährdung der Stabilität des Schiffes (so etwa bei Schüttladungen, die breiig werden können, oder bei Getreide- oder Erzladungen, die verrutschen können) das Schiff seeuntüchtig machen. Gleiches gilt für vorschriftswidrig gestautes Gefahrgut (etwa leicht entzündliche Güter in Containern unter Deck). Die Gefahrgut- und Unfallverhütungsvorschriften werden hier oft einen Anhalt geben.

Ladungstüchtig ist das Schiff, wenn sich seine Laderäume einschließlich der Kühl- und Gefrierräume in dem Zustand befinden, der erforderlich ist, um die Güter wohlbehalten aufnehmen und während der Reise vor Beeinträchtigungen schützen zu können.

Auch der Begriff der Ladungstüchtigkeit ist ein relativer: Maßgebend sind die Erfordernisse der jeweiligen Ladung. So können bei besonders geruchsempfindlicher Ladung schon geringe Reste einer stark riechenden früheren Ladung die Ladungsuntauglichkeit begründen.

See- und Ladungstüchtigkeit müssen **während der gesamten Zeit der Obhut des Verfrachters bestehen.**[23] Deshalb hat der Verfrachter nicht nur während der gesamten Reise dafür zu sorgen und einzustehen, dass das Schiff den Anforderungen genügt, sondern bereits beim Beginn des Einladens des Gutes in das Schiff und noch während des Löschvorgangs. Denn auch beim Laden und Löschen kann die Ladung durch mangelnde Seetüchtigkeit (Kentern) oder Ladungstüchtigkeit (mangelnde Funktion der Kühlräume) Schaden nehmen.

bb) Alle anderen Maßnahmen, die der Verfrachter zur Durchführung der Beförderung vorzunehmen hat, werden vom Gesetz nicht mehr im Einzelnen erwähnt. Die Aufzählung der Pflichten, wie sie in § 606 aF nach dem Vorbild der Haager Regeln genannt war,[24] gilt inhaltlich weiter, wird aber, wie schon bisher, durch eine Reihe ungenannter Nebenpflichten[25] ergänzt.

Der Verfrachter hat das Gut auf dem vereinbarten oder dem günstigsten Weg zu befördern.

Die unklare und viel zu weit ausgelegte[26] Regel des § 636a aF, wonach zur Rettung von Menschenleben oder von Eigentum oder „sonst gerechtfertigterweise" vom vorgesehenen Reiseweg abgewichen werden durfte, ist vom SRG nicht übernommen worden; geblieben ist hiervon nur die Vermutung des § 499 Abs. 2 Nr. 8 und 9, wonach bei Schäden, die durch Maßnahmen zur Rettung von Menschen oder durch Bergungsmaßnahmen des Schiffes an der Ladung entstehen, mangels Verschuldens keine Haftung besteht.

2. Verladung

Ist nichts anderes vereinbart, hat der Verfrachter das Gut in das Schiff einzuladen, dort zu stauen und zu sichern (verladen). Dies sagt das Gesetz (§ 486 Abs. 2) jetzt

23 Anders als bisher nach § 559 aF, wonach diese Verpflichtung nur für den Beginn der Reise bestand; dazu Voraufl., S. 254.
24 *Rabe*, Vor § 606 Rn. 1.
25 Vgl. *Rabe*, § 606 Rn. 3 ff.
26 Vgl. *Rabe*, § 636a Rn. 8.

ausdrücklich und definiert damit die einzelnen Tätigkeiten als Elemente des **Begriffes „Verladen"**. Der Befrachter hat die Güter bis an das Schiff zu liefern (§ 486 Abs. 1 Satz 1; sog. Abladung).

Abweichende Vereinbarungen sind zulässig, jedoch beim Stückgutfrachtvertrag – im Gegensatz zum Reisefrachtvertrag, wo dies aber die gesetzliche Regel darstellt (§ 531) – selten.

Die Güter sind grundsätzlich unter Deck im Laderaum zu stauen. **Deckverladung** ist nur zulässig, wenn der Befrachter ausdrücklich oder stillschweigend zustimmt (§ 486 Abs. 4). Die Zustimmung wird häufig durch eine **Optionsklausel** im Konnossement erklärt, die dem Verfrachter die Möglichkeit der Verladung auf Deck einräumt.

Die Zustimmung des Befrachters – oder, wenn ein Konnossement ausgestellt wird, des Abladers – ist nicht erforderlich, wenn sich das Gut in einem Lademittel befindet, das für die Beförderung an Deck geeignet und das Deck des Schiffes für diese Art der Beförderung geeignet ist (§ 486 Abs. 4 Satz 3).

Praktisch entspricht dies der schon bisher kraft Gewohnheitsrechts geltenden Regel, wonach **Container auf speziellen Containerschiffen** auch über Deck – sofern ein solches überhaupt noch schiffstechnisch besteht – gestaut werden dürfen. Andere Ladungsmittel sind nur dann gleichgestellt, wenn sie die Anforderungen an den Schutz gegen Wetter und See vergleichbar erfüllen.

Soweit danach eine Zustimmung des Befrachters oder Abladers erforderlich ist, haftet der Verfrachter für Schäden, die infolge der unerlaubten Deckverladung entstehen, auch ohne Verschulden (§ 500 Satz 1); darüber hinaus wird die Kausalität der Deckverladung für den Schaden vermutet (§ 500 Satz 2). Handelt der Verfrachter gegen eine besondere Vereinbarung über die Beförderung unter Deck – die ausnahmsweise auch bei einem Container vorkommen kann –, haftet er weitergehend auch ohne die Beschränkungen der §§ 502 ff.

Der Verfrachter darf das Gut während der Beförderung nicht **umladen**, sofern es sich nicht in einem Container befindet (§ 486 Abs. 3).

Das gilt nicht nur dann, wenn die Beförderung auf einem bestimmten Schiff vereinbart ist, was beim Stückgutverkehr eher die Ausnahme darstellt. Denn eine Umladung ist – ebenso wie das Laden und Löschen – stets mit besonderen Gefahren für die Güter verbunden.

Verstößt der Verfrachter gegen dieses Verbot, greift allerdings nicht die verschuldensunabhängige Haftung des § 500 ein, sondern nur die normale Schadenshaftung nach §§ 498 ff. Zustimmung ist natürlich möglich, auch konkludent. Eine Zustimmung liegt namentlich in der in Aussicht genommenen Teilbeförderung durch ein Feederschiff.

3. Befolgung von Weisungen des Befrachters

Bis zur Ankunft des Gutes am Löschplatz hat der Kapitän Weisungen des Befrachters zu befolgen (§ 491).

Das Gesetz sagt, dass der Befrachter „über das Gut verfügen" kann; es nennt als Beispiele Weisungen, das Gut nicht weiterzubefördern, es an einen anderen Bestimmungsort zu befördern oder es an einem anderen Löschplatz oder an einen anderen Empfänger abzuliefern. Das neue Recht regelt dieses im Transportrecht allgemein – recht irreführend – als „Verfügungsrecht" bezeichnete Weisungsrecht in Anlehnung an das allgemeine Frachtrecht (§§ 418, 419), die CMR[27] und andere Übereinkommen[28] eingehender und klarer als das frühere Recht, nach welchem es nur aus einigen Vorschriften entwickelt werden konnte.[29]

---

27 Art. 12 CMR.
28 Etwa RR; Dazu RegBegr. SRG, S. 73; vgl. Voraufl., S. 260; *Meyer-Rehfuess*, S. 283.
29 So etwa aus § 654 aF, der das Weisungsrecht des Aladers für einen Sonderfall erwähnte.

Bei diesem Verfügungs- (oder besser: Weisungs-[30])recht handelt es sich um eine dem Transportrecht eigene Befugnis des Befrachters, den **Vertrag nachträglich nach seinen Bedürfnissen einseitig abzuändern.**[31]

Ebenso wie das Kündigungsrecht (s. u. V 1) trägt es dem Umstand Rechnung, dass der Befrachter regelmäßig Waren zu gewerblichen Zwecken befördern lässt und sich deshalb auch der Verfrachter auf dessen wechselnde kaufmännische Situation einstellen muss. Sowohl die Ausübung des Weisungsrechts als auch die des Kündigungsrechts lösen zum Ausgleich Zahlungspflichten des Befrachters aus.

Der Verfrachter braucht einer Weisung nur insoweit zu folgen, als die Ausführung weder Nachteile für den Betrieb seines Unternehmens noch Schäden für die Befrachter oder Empfänger anderer Sendungen mit sich zu bringen droht (§ 491 Abs. 1 Satz 3). Beabsichtigt er, der Weisung nicht zu folgen, hat er den Weisungsgeber unverzüglich zu benachrichtigen (§ 491 Abs. 4).

Die Ausführung einer Weisung wird im Linienverkehr mit Stückgütern oft nicht zumutbar sein. Ein Containerfrachter kann wegen einer einzelnen Sendung nicht seine Route ändern oder einen einzelnen Container unterwegs ausladen. Der Verfrachter wird aber in der Regel im Bestimmungshafen eine Einlagerung oder eine Weiterbeförderung zu einem anderen Löschhafen veranlassen können, wenn der Befrachter daran interessiert ist, die Waren dem zunächst benannten Empfänger nicht auszuliefern.

Das Verfügungsrecht des Befrachters **erlischt mit der Ankunft des Gutes am Löschplatz.** Es steht alsdann dem Empfänger zu (§ 491 Abs. 2 Satz 1, 2).

Das Gesetz berücksichtigt jedoch die Möglichkeit, dass der Empfänger nicht zu ermitteln ist oder dass er die Annahme des Gutes – zu der er frachtrechtlich nicht verpflichtet ist – verweigert; dann fällt das Weisungsrecht an den Befrachter zurück (§ 492 Abs. 1 Satz 2), der dem Verfrachter die bei einem solchen Ablieferungshindernis notwendigen Instruktionen erteilen muss.

Ist **ein Konnossement** ausgestellt, so steht das Weisungsrecht nicht dem Befrachter, sondern dem **legitimierten Besitzer des Konnossements** zu und der Verfrachter darf dessen Weisungen nur gegen Vorlage aller Ausfertigungen des Konnossements ausführen (§ 520 Abs. 1 Satz 1, 2). Diese sog. **Sperrfunktion,** die dem Konnossement kraft seines Wertpapiercharakters eigen ist, kann auch einem **Seefrachtbrief** durch Vereinbarung und Eintragung im Dokument beigelegt werden. Der Seefrachtbrief muss dann bei Ausübung des Weisungsrechts durch den Befrachter von diesem vorgelegt werden (§ 491 Abs. 3).

Der **Seefrachtbrief** wird dadurch – ebenso wie der Frachtbrief mit entsprechendem Vermerk im allgemeinen Frachtrecht (§ 418 Abs. 4)– nicht zu einem Legitimationspapier.[32] Das Weisungsrecht kann nur vom ursprünglichen Befrachter ausgeübt werden. Ist dieser nicht mehr im Besitz des Dokumentes, ist praktisch die Ausübung des Weisungsrechts ausgeschlossen; darin liegt gerade der Sinn des Sperrvermerks. Der Besitzer des Seefrachtbriefes erhält zwar nicht die Stellung des Erwerbers eines Konnossements, ist aber sicher vor späteren Verfügungen des Befrachters. Dadurch kann der Seefrachtbrief zur möglichen Grundlage eines Akkreditivs gemacht werden.

Der Verfrachter hat, wenn er die Weisung ausführt, **Anspruch auf Ersatz seiner durch die Ausführung entstandenen Aufwendungen** sowie auf eine **angemessene**

---

30 Diesen zutreffenderen Ausdruck benutzt mit Recht die (amtliche) Überschrift des § 491, behält jedoch die eingeführte Bezeichnung im Text bei.

31 Vgl. MüKoHGB/*Thume*, § 418 Rn. 2 („Direktionsbefugnisse, die der einseitigen Vertragsänderung ... dienen"); noch deutlicher *Koller*, § 418 Rn. 3, 4.

32 Näher zum Sperrvermerk beim Frachtbrief *Koller*, § 418 Rn. 36 ff.

Vergütung. Er kann hierfür einen Vorschuss verlangen; dieses Recht hat besondere Bedeutung bei Weisungen des Empfängers, den er sich nicht ausgesucht hat.

Führt der Verfrachter eine wirksame Weisung nicht aus oder folgt er der Weisung eines nicht Weisungsberechtigten, so haftet er dem Berechtigen auf **Schadenersatz.** Dieser Anspruch richtet sich nach §§ 498 ff., wenn die Fehlbehandlung zu Verlust oder Beschädigung des Gutes führt; hat sie, wie regelmäßig, eine Verspätung oder sonst einen bloßen Vermögensschaden zur Folge, ergibt sich ein Anspruch aus § 280 BGB. Während nach diesen Vorschriften eine Haftung nur bei (vermutetem) Verschulden des Verfrachters besteht, sanktioniert § 491 Abs. 5 die Missachtung der Vorlagepflicht bei einem als Sperrpapier ausgestalteten Seefrachtbrief durch eine verschuldensunabhängige Haftung.

Die Haftung des Verfrachters nach § 491 Abs. 5 kann durch AGB nicht verändert werden. Sie ist auf den **Betrag begrenzt, der bei Verlust des Gutes zu zahlen wäre** (§ 491 Abs. 5 Satz 2); eine entsprechende Begrenzung wurde durch das SRG (Art. 1 Nr. 11) auch in § 418 Abs. 6 Satz 2 eingefügt, nachdem dort bisher eine unbegrenzte Haftung für diesen Fall vorgeschrieben war.[33]

Daraus ergibt sich eine unbefriedigende Gesetzeslage: Während die Haftung in dem Fall des schwerwiegenderen, mit verschuldensunabhängiger Haftung sanktionierten Verstoßes gegen die Vorlagepflicht auch bei bloßen Vermögensschäden auf den bei Verlust zu zahlenden Betrag begrenzt ist (wobei allerdings die in diesen Fällen naheliegende Durchbrechung der Haftungsbegrenzung nach § 507 zu beachten ist), ist die Haftung für sonstige Fehler bei der Weisungsbefolgung nur dann begrenzt, wenn sich diese in Sachschäden auswirken (§§ 502 ff.); die Haftung für Vermögensschäden nach § 280 BGB ist nicht begrenzt, auch nicht auf den im allgemeinen Frachtrecht in diesem Fall wenigstens eingreifenden höheren Betrag des § 433, der im Seerecht keine Entsprechung hat. Angesichts der Vorgeschichte des § 491 Abs. 4 Satz 2 erscheint es vertretbar, die Begrenzung nach § 491 Abs. 5 Satz 2 auch auf die Haftung des Verfrachters nach § 280 BGB analog anzuwenden; sie kann und sollte jedenfalls vertraglich vereinbart werden.

4. Einholung von Weisungen bei Beförderungs- und Ablieferungshindernissen

Stellt sich nach Übernahme des Gutes durch den Verfrachter heraus, dass die Beförderung oder die Ablieferung nicht vertragsgemäß durchgeführt werden kann, hat der Verfrachter den Befrachter oder den sonst Verfügungsberechtigten hiervon zu unterrichten und seine **Weisung einzuholen** (§ 492 Abs. 1 Satz 1).

Erhält er eine Weisung des Verfügungsberechtigten, so hat er sie zu befolgen, wenn er dazu nach § 491 verpflichtet ist. Seine Aufwendungen und eine Vergütung für die Befolgung kann er in diesem Fall jedoch nur verlangen, wenn das Hindernis nicht seinem Risikobereich zuzurechnen ist (§ 492 Abs. 1 Satz 3).

Kann der Verfrachter eine Weisung nicht erlangen oder erhält er eine Weisung, die er nicht zu befolgen braucht, so hat er die Maßnahmen zu ergreifen, die ihm im Interesse des Verfügungsberechtigten die besten zu sein scheinen (§ 492 Abs. 3). Er kann etwa das Gut löschen, verwahren, bei einem Dritten auf Kosten des Verfügungsberechtigten verwahren lassen oder zurückbefördern. Handelt es sich um verderbliche Ware oder rechtfertigt der Zustand des Gutes eine solche Maßnahme, kann er das Gut auch verkaufen (§ 492 Abs. 3 Satz 3).[34] Unverkäufliche Ware kann er vernichten.

---

33 RegBegr. SRG, S. 54.
34 Gemäß § 373 Abs. 2 bis 4.

Der Verfrachter hat Anspruch auf Ersatz der ihm durch diese Maßnahmen entstehenden Kosten, es sei denn, dass das Hindernis seinem Risikobereich zuzurechnen ist (§ 492 Abs. 4).

5. Ablieferung an den Empfänger

Am Bestimmungsort sind die Güter an den Empfänger abzuliefern. Das Gesetz verwendet die Bezeichnung „Bestimmungs**ort**“, obwohl es sich in aller Regel um einen Hafen handelt.[35] Die Ablieferung kann jedoch auch an einem anderen Ort, etwa einer Bohrinsel oder durch Versenken im Meer geschuldet sein. Ferner kann – beim Stückgutvertrag selten, aber beim Reisefrachtvertrag häufig – ein bestimmter Platz im Hafen („*berth*“) für die Ablieferung vereinbart sein.

Der Verfrachter schuldet die **Übergabe des Gutes**. Diese ist – im Gegensatz zur Löschung, die nur ein beförderungsinterner tatsächlicher Vorgang ist – ein zweiseitiger Rechtsakt, durch den der Verfrachter nach Beendigung der Beförderung die Obhut aufgibt und dem Empfänger die Möglichkeit der Besitzerlangung einräumt.[36]

Deshalb erfüllt der Verfrachter seine Pflicht nicht bereits dadurch, dass er die Güter im Schiff zur Abholung bereitstellt. Es kann allerdings vereinbart werden, dass der Empfänger die Güter zu löschen hat, wie dies beim Reisefrachtvertrag die gesetzliche Regel ist (§ 531 Abs. 1 Satz 1, § 535 Abs. 1 Satz 1). Das wird praktisch bei Massengütern geschehen, über die ausnahmsweise auch ein Stückgutfrachtvertrag geschlossen werden kann. Dann findet die Übergabe bereits auf dem Schiff – etwa mit dem Öffnen des Lukendeckels zum Beginn des Löschens durch den Empfänger – statt. Eine Ölladung – bei der die der Frachtzahlung zugrunde liegende Menge regelmäßig beim Entladen festgestellt wird – wird abgeliefert, sobald das Öl mit Zustimmung des Empfängers aus den Schiffsleitungen in dessen Landleitungen fließt. Dazu im Einzelnen § 31 IV 5, 6.

6. Einschaltung von Hilfspersonen

Der Verfrachter darf und muss in der Regel Hilfspersonen in die Vorbereitung und Abwicklung des Transports einbeziehen, für deren Verschulden er einzustehen hat (§ 501).

Im Seerecht haftet der Verfrachter nicht nur für die von ihm eingeschalteten Erfüllungsgehilfen und seine Leute, sondern auch für die Schiffsbesatzung, die nicht notwendig von ihm ausgewählt und beaufsichtigt wird (§ 501 HGB, § 278 BGB), wenn er sich als Non-Vessel-Owning-Carrier (NVOC) zur Beförderung eines fremden Schiffes bedient.

Besondere Bedeutung hat bei der Übernahme, dem Laden und Löschen und der Ablieferung des Gutes die Mitwirkung von **Seehafenbetrieben**. Nach deutschem Recht wird die Kaianstalt beim einkommenden Verkehr in der Regel im Auftrag des Verfrachters tätig.[37] Der Vertrag zwischen Verfrachter und Kaianstalt ist nicht Vertrag zugunsten des Empfängers, doch kann der Verfrachter einen Schaden an den Gütern, der während der Lagerung beim Umschlagsbetrieb entsteht, als Drittschaden geltend machen und den Empfänger auch (und insbesondere stillschweigend) ermächtigen, diesen Anspruch im eigenen Namen geltend zu machen.

---

35 Dazu RegBegr. SRG, S. 66.

36 BGH TranspR 2009, 410; BGH NJW 1982, 1284. Dazu *Abraham*, S. 157; *Koller*, § 425 Rn. 24; MüKoHGB/*Thume*, § 407 Rn. 35; MüKoHGB/*Pötschke*, § 481 Rn. 17; *Thume*, TranspR 2012, 85, 85.

37 Vgl. BGHZ 44, 303; KBO abgedruckt im MüKoHGB Anhang nach Teil 1 B I 7.

IV. Pflichten des Befrachters

1. Zahlung der Fracht

Die Hauptpflicht des Befrachters besteht in der Zahlung der vereinbarten Fracht (§ 481 Abs. 2).[38] „Fracht“ ist das **Entgelt**, das der Befrachter dem Verfrachter für die Beförderung der Güter schuldet und nicht, wie häufig in der Verkehrssprache verwendet, die zu befördernde Ladung auf dem Schiff.[39]

Die **Fracht** ist gesetzlich nicht festgelegt. Ist nichts vereinbart, so wird – wie bisher nach § 619 aF – die übliche Fracht geschuldet.

Im Linienverkehr werden jedoch die Frachtraten weitgehend durch Tarife festgelegt, die von den sog. **Linienkonferenzen** – (idR internationalen) Kartellen der Seeschifffahrt – festgelegt werden (dazu o. I 2).

Das Gesetz gibt, wie bisher in § 657 Abs. 1 aF, eine Auslegungsregel für die Frachtberechnung: Ist die Fracht nach Zeit, Menge oder Gewicht oder anders angegebener Menge des Gutes vereinbart, so wird die Richtigkeit dieser Angaben für die Frachtberechnung auch dann vermutet, wenn sie im Konnossement oder Seefrachtbrief mit einem Vorbehalt versehen sind, der mit mangelnder Überprüfungsmöglichkeit begründet ist (§ 493 Abs. 5).

Die Fracht ist **fällig bei Ablieferung des Gutes**, also Zug-um-Zug gegen die Ablieferung zu zahlen (§ 493 Abs. 1 Satz 1). Daneben sind Aufwendungen zu zahlen, die der Verfrachter für das Gut gemacht hat und die er für erforderlich halten durfte (§ 493 Abs. 1 Satz 2).

Diese Reglung, die schon nach § 420 aF bestand, hat zur Folge, dass der Verfrachter die Fracht auch dann nicht verlangen kann, wenn die Ablieferung an einem Hindernis scheitert, auf das er keinen Einfluss hat, etwa an der grundlosen **Weigerung des Empfängers, das Gut entgegen zu nehmen.** Er kann dann auch noch nicht das Pfandrecht nach § 495 ausüben (dazu u. VII), sondern muss bei Ablieferungshindernissen das in § 492 vorgeschriebene Verfahren einhalten.

Der Anspruch auf die Fracht entfällt, soweit die **Beförderung unmöglich** ist (§ 493 Abs. 2 Satz 1). Der Frachtanspruch entfällt jedoch nicht, wenn die Beförderung aus Gründen unmöglich wird, die dem Risikobereich des Befrachters zuzurechnen sind oder während des Annahmeverzuges eintreten (§ 493 Abs. 3).

Der Verfrachter behält also den vollen Frachtanspruch, wenn das Gut wegen Verstoßes gegen ein Embargo nicht abgeliefert werden kann. Ebenso, wenn es wegen mangelnder Abnahme durch den Empfänger – dessen Verhalten sich der Befrachter zurechnen lassen muss – eingelagert werden muss und untergeht.

In allen anderen Fällen, in denen das Hindernis nicht im Risikobereich des Befrachters liegt – also in dem des Verfrachters oder, wenn man eine „neutrale Risikozone“ zwischen den Risikobereichen der Vertragsparteien anerkennen will,[40] in dieser – gebührt dem Verfrachter bei nur teilweiser Beförderung die anteilige Fracht für den zurückgelegten Teil der Beförderung (sog. „**Distanzfracht**“), sofern die teilweise Beförderung für den Befrachter von Interesse ist. Hat eine teilweise Beförderung nicht stattgefunden oder ist sie für den Befrachter nicht von Interesse, so entfällt der Frachtanspruch auch dann, wenn ein von außen kommendes, von keiner Partei zu beeinflussendes Ereignis (Niedrigwasser, Sturm) die Reise unmöglich macht.[41]

---

38 RegBegr. SRG, S. 66.

39 MüKoHGB/*Pötschke*, § 481 Rn. 9.

40 Dazu grundlegend BGH TranspR 2011, 362, sowie *Koller*, VersR 2012, 949 ff.

41 BGH aaO.

Neben der Fracht kann der Verfrachter für eine **Verzögerung der Beförderung**, die auf Gründen beruht, welche dem Risikobereich des Befrachters zuzurechnen sind, eine angemessene Vergütung (**Standgeld, Liegegeld**) verlangen (§ 493 Abs. 4).

Die Vertragsparteien können vereinbaren, dass der Verfrachter die **Fracht beim Empfänger erheben** soll. Geschieht dies, so ist der Verfrachter verpflichtet, Zahlung zunächst vom Empfänger zu erlangen zu suchen. Fehlt eine solche Vereinbarung, wird der Empfänger bei Annahme des Gutes zur Zahlung ausstehender Fracht nach § 494 Abs. 2 verpflichtet. Der Befrachter bleibt jedoch weiterhin daneben Frachtschuldner (§ 494 Abs. 4).

Der **Ablader** ist nicht zur Zahlung der Fracht verpflichtet, sofern er sich nicht ausnahmsweise eine solche Verpflichtung besonders übernimmt.

In Konnossementsformularen wird häufig versucht, einen **Frachtanspruch gegen den Ablader** – durch die sog. *merchant-clause* – zu begründen, indem der – frachtzahlungspflichtige – *merchant* definiert wird als „shipper, receiver, consignee, holder of the Bill of Lading and *owner of the cargo*" (etwa Klausel 1 CONLINEBILL). Abgesehen davon, dass damit der Ablader nicht sicher erfasst wird, weil er nur im deutschen Recht bekannt ist (im englischen und französischen Recht erscheint er in der Rechtsfigur eines „*agent*" des Befrachters, der per se nicht selbst haftet), ist die Klausel zu umfassend, um noch als angemessen angesehen werden zu können.[42]

Das gilt auch dann, wenn der Ablader im Konnossement – wie häufig, wenn ein Spediteur als Befrachter den Frachtvertrag für Rechnung eines Auftraggebers abschließt – als *shipper* angegeben ist.

2. Abladung

Der Befrachter hat die **Übergabe des Gutes** an den Verfrachter zur Beförderung (**Abladung**) innerhalb der vertraglich vereinbarten Frist zu bewirken (§ 486 Abs. 1 Satz 1). Bewirkt der Befrachter die Abladung des Gutes nicht oder nicht vollständig innerhalb der vertraglich vereinbarten Zeit, so kann der Verfrachter dem Befrachter eine angemessene Frist zu Abladung setzen (§ 490 Abs. 1, dazu unten § 28 V 3).

Hat – wie beim Stückgutfrachtvertrag regelmäßig (§ 486 Abs. 2) – der Verfrachter das Gut zu verladen, muss der Befrachter es an das Schiff verbringen, also „längsseits des Schiffes", in den Arbeitsbereich des für die Verladung vorgesehenen Arbeitsgerätes (vgl. Lieferklausel FAS der INCOTERMS).

Das SRG vermeidet den irreführenden, aus dem englischen Recht entlehnten Ausdruck „liefern" des § 585 aF.[43] Doch ist auch zum neuen Recht darauf hinzuweisen, dass es sich bei der Bereitstellung der zu befördernden Güter nicht, wie der Wortlaut vermuten lassen könnte, um eine Vertragspflicht, sondern um eine Mitwirkungshandlung des Befrachters handelt, deren Unterlassen keine Schadenersatzpflicht, sondern lediglich einen Annahmeverzug des Befrachters auslöst. Das soll die Beibehaltung des Wortes „bewirken" in § 486 Abs. 1 verdeutlichen.[44] Die Folgen des Annahmeverzugs sind in § 490 abschließend geregelt.

Der Befrachter hat die Güter in einem ordnungsgemäßen, zur Beförderung geeigneten Zustand abzuladen. Hierfür kann er ein schriftliches Empfangsbekenntnis verlangen, das auch in einem Konnossement oder Seefrachtbrief bestehen kann (§ 486 Abs. 1 Satz 3).

---

42 Vgl. OLG Bremen TranspR 1986, 190 ff.
43 Vgl. dazu Voraufl. S. 262 f. (§ 28 V 2.).
44 RegBegr. SRG, S. 69.

3. Angaben über das Gut

Der Befrachter hat dem Verfrachter rechtzeitig vor der Übergabe des Gutes die für die Durchführung der Beförderung erforderlichen **Angaben zum Gut** zu machen, insbesondere über seine Art sowie über Maße, Zahl, Gewicht und Merkzeichen (§ 482 Abs. 1).

Hierbei handelt es sich um eine echte Leistungspflicht.[45] Die Angaben sind in Textform (§ 126b BGB) zu machen, es genügt also eine elektronische Mitteilung.

Soll **gefährliches Gut** befördert werden, so hat der Befrachter darüber hinaus die genaue Art der Gefahr und die zu ergreifenden Vorsichtsmaßnahmen mitzuteilen, soweit dies erforderlich ist (§ 483 Abs. 1). Der Mitteilung der genauen Art der Gefahr und der Vorsichtsmaßnahmen bedarf es etwa dann nicht, wenn diese allgemein bekannt sind wie zB bei Fässern mit Rohöl, oder wenn der Verfrachter ein Spezialschiff wie einen Chemietanker oder einen Erzfrachter betreibt.

Der Begriff ist nicht identisch mit dem verwaltungsrechtlichen Begriff des „Gefahrguts", für welches auf Grund öffentlich-rechtlicher Vorschriften stets besondere Angaben vorgeschrieben sind; vgl. dazu im Einzelnen die GefahrgutVO See v. 24.7.1991. Gefährlich können auch Güter sein, die nur bei der Seebeförderung besondere Vorsicht erfordern, wie etwa selbstentzündende Güter.

4. Pflichten das Abladers

Die Mitteilungspflichten nach § 482 Abs. 1 und § 483 Abs. 1 treffen neben dem Befrachter auch einen **Dritten, der das Gut dem Verfrachter zur Beförderung übergibt** und der vom Befrachter hierfür benannt ist (§ 482 Abs. 2, § 483 Abs. 1). Der Verfrachter kann auch von diesem die allgemeinen Angaben über das Gut verlangen; die Angaben zu Gefahrgut muss er von sich aus machen.

Dieser „vom Befrachter benannte Dritte" wird nach neuem Recht nur und erst dann zum Ablader (§ 513 Abs. 2), wenn ein Konnossement ausgestellt wird. Ist dies nicht der Fall, dann bedarf es der besonderen Rechtsfigur des Abladers nicht. Wird ein Konnossement nicht ausgestellt, sondern nur ein Seefrachtbrief oder überhaupt kein Beförderungsdokument, dann treffen – etwas verminderte – Pflichten auch den **vom Befrachter benannten Dritten**. Dieser ist damit eine eigenständige Rechtsfigur geworden. Die RegBegr.[46] hebt hervor, dass diese Konstruktion insbesondere für den FOB-Verkäufer bedeutsam sei, der auf diese Weise das eigene Recht auf Ausstellung und inhaltliche Ausgestaltung eines Konnossements erlangt (§ 513 Abs. 1 Satz 1).

Aus dem Wort „Dritter" entnimmt die RegBegr., dass es sich nicht um einen Vertreter des Befrachters handeln darf.[47] Dem ist im Prinzip zuzustimmen, weil seine Erklärungen und Handlungen sonst dem Befrachter zuzurechnen sind. Allerdings wird der Verfrachter die interne Stellung eines als Ablader Benannten nicht immer einschätzen können; so etwa bei einem Spediteur, der sowohl im eigenen Namen als auch als Vertreter handeln kann (s. dazu § 27 II 1. a). Deshalb erscheint eine großzügige Auslegung des Begriffes geboten.

5. Verpackung und Kennzeichnung

Der Befrachter ist verpflichtet, die Güter, falls erforderlich, so **zu verpacken**, dass es vor Verlust und Beschädigung geschützt ist und dass dem Verfrachter keine Schäden entstehen (§ 484 Satz 1). Das neue Recht stellt klar, dass diese Pflicht **das beförde-**

---

45 RegBegr. SRG, S. 67.
46 S. 67.
47 AaO.

rungssichere Stauen und Sichern in einem Container oder auf einer Palette einschließt (§ 484 Satz 2).

Ferner ist das Gut **zu kennzeichnen**, wenn seine vertragsgemäße Behandlung eine Kennzeichnung erfordert (§ 484 Satz 3).

Dies ist bei Stückgütern regelmäßig der Fall, um eine Fehlleitung während der Beförderung zu vermeiden und die Zuordnung zu einem Beförderungsdokument zu ermöglichen.

Für den Sonderfall der Verschiffung von Frachtstücken über 1000 kg ist durch das Gesetz v. 28.6.1933 über die Gewichtsbezeichnung an schweren, auf Schiffen beförderten Frachtstücken auf der Grundlage eines entsprechenden internationalen Übereinkommens v. 21.6.1929 im Interesse des Arbeitsschutzes eine Gewichtskennzeichnung vorgeschrieben.

6. Begleitpapiere

Schließlich hat der Befrachter dem Verfrachter **Urkunden zur Verfügung zu stellen** sowie **Auskünfte zu erteilen**, die für eine amtliche Behandlung vor der Ablieferung erforderlich sind (§ 487 Abs. 1).

Das gilt besonders für die Verzollung, ferner für Herkunftsbezeichnungen im Hinblick auf Embargos. Nicht dagegen für Papiere, deren es für die Einfuhr im Bestimmungsland bedarf (was durch die Worte „vor der Ablieferung" klargestellt wird).

Der Verfrachter haftet für **Verlust, Beschädigung und unrichtige Verwendung dieser Urkunden**, sofern ihn ein Verschulden trifft. Diese Haftung ist auf den Betrag begrenzt, der bei Verlust des Gutes zu zahlen wäre. Eine Erweiterung oder Verringerung der Haftung ist nicht durch AGB zulässig, eine Verringerung bei Ansprüchen aus einem Konnossement Dritten gegenüber stets unwirksam (§ 487 Abs. 2 Satz 3, 4).

7. Haftung des Befrachters, des Abladers und des benannten Dritten

a) Der **Befrachter haftet** für Schäden und Aufwendungen, die dem Verfrachter durch nicht ordnungsgemäße Erfüllung der unter IV. genannten Pflichten entstehen, es sei denn, er hat sie nicht zu vertreten (§ 488 Abs. 1).

Das gilt zunächst für Unrichtigkeit oder Unvollständigkeit der allgemeinen Angaben zum Gut (Abs. 1 Nr. 1) und über dessen Gefährlichkeit (Nr. 2).

Diese Haftung trifft auch den **vom Befrachter benannten Dritten**, wobei jeder für die von ihm gemachten oder unterlassenen Angaben haftet (§ 488 Abs. 2).

b) Der Befrachter haftet sodann für **ungenügende Verpackung und Kennzeichnung** sowie für Fehlen, Unvollständigkeit oder Unrichtigkeit der Begleiturkunden (§ 488 Abs. 1 Nr. 3, 4).

Die Haftung des Befrachters und des benannten Ditten ist grundsätzlich eine Haftung für (vermutetes) Verschulden. Damit weicht das Gesetz von der früheren Rechtslage (§§ 563, 564b aF) bewusst ab. Denn es erschien nicht gerechtfertigt, den Befrachter ohne ein Verschulden und ohne jede Beschränkung für Pflichtverletzungen haften zu lassen, während der Verfrachter nur bei Verschulden und auch dann noch stark beschränkt haftet.[48]

c) Weitergehend, auch ohne ein Verschulden, haften der Befrachter und, wenn ein Konnossement ausgestellt wird, der **Ablader für in das Konnossement aufgenommene Angaben** nach § 515 Abs. 1 Nr. 8 über Maß, Zahl oder Gewicht sowie über Merkzeichen, sowie für das Unterlassen der Mitteilung über die Gefährlichkeit des Gutes (Abs. 3).

---

48 RegBegr. SRG, S. 70 f.

In § 488 Abs. 3 Nr. 1 sind nur die Konnossementsangaben nach § 515 Abs. 1 Nr. 8 – also die äußeren Kennzahlen – erwähnt, also nicht die Angaben, die nach § 515 Abs. 1 Nr. 7 in das Konnossement aufzunehmen sind: Die Art des Gutes und die äußerlich erkennbare Verfassung und Beschaffenheit. Zwar sind auch diese Merkmale ebenso wie die nach § 515 Abs. 1 Nr. 8 vom Verfrachter so in das Konnossement aufzunehmen, wie sie vom Ablader angegeben werden (§ 515 Abs. 2). Der Verfrachter kann seine Haftung aus dem Konnossement für diese Angaben jedoch durch einen Vorbehalt nach § 517 Abs. 2 ausschließen, wenn er die Unrichtigkeit entdeckt oder die Richtigkeit nicht überprüfen kann. Deshalb kann ihm hieraus ein Schaden nicht entstehen.

Anderes gilt bei den Angaben über Maß, Zahl und Gewicht des Gutes. Namentlich die unrichtigen Angaben über das Gewicht können die Sicherheit des Schiffes beeinträchtigen, da der Stauplan die Angaben des Befrachters oder Abladers in der Regel ungeprüft zu Grunde legt. Zwar kann das Gewicht bei der Verladung von Containern mit Verladebrücken festgestellt werden (und wird wegen der Tragfähigkeitsgrenze der Brücke in Zweifelsfällen wohl auch kontrolliert), doch ist es bei der Beladung eines großen Containerschiffes unter Zeitdruck kaum noch möglich, bei festgestellten Abweichungen den Stauplan noch zu ändern. Deshalb scheint sich die Praxis darauf zu verlassen, dass die Gewichtsabweichungen in der Regel so unbedeutend sind, dass sie sich auf die Stabilität des Schiffes und der Ladung nicht auswirken. Anders etwa bei Schwergut, bei welchem die Beteiligten sich der Problematik bewusst sind.[49] Kann ausnahmsweise aber festgestellt werden, dass ein Schiffsunfall oder auch nur der Verlust von, infolge falscher Gewichtsangaben, unzweckmäßig gestauten Containern auf grob unrichtigen Gewichtsangaben beruht,[50] trifft den Ablader für die Schäden, die dem Verfrachter hieraus entstehen – bis hin zum Schiffsverlust – die volle, verschuldensunabhängige Haftung;[51] man wird dann allerdings auch nicht umhin können, ein Mitverschulden des Verfrachters wegen ungeprüfter Übernahme der Angaben zu erwägen.

d) Die Haftung von Befrachter, Ablader und vom Befrachter benanntem Dritten ist **nicht beschränkt**, weil sich ein sachgerechtes Kriterium für die Beschränkung nicht finden ließ. Das Vorbild des § 414 aF, wonach die – dort allerdings verschuldensunabhängige – Haftung des Absenders auf einen Betrag von 8,33 SZR je kg begrenzt war, wurde als nicht sachgerecht empfunden und deshalb durch das SRG in Anlehnung an den neuen § 488 auch dort aufgegeben.

Zum Ausgleich für die darin zu Ungunsten des Befrachters im Verhältnis zur durchweg beschränkten Haftung des Verfrachters liegende Härte lässt das Gesetz jedoch eine **Beschränkung der Befrachterhaftung auch durch AGB** zu (§ 488 Abs. 5).

V. Kündigung des Vertrages

Das Gesetz trägt dem Umstand, dass es dem Befrachter oft nicht möglich ist, die Ladung rechtzeitig zur Verfügung zu stellen, durch besondere Rechtsbehelfe Rechnung, die es Befrachter und Verfrachter ermöglichen, sich entweder ganz vom Vertrag zu lösen oder diesen an eine geringere Ladungsmenge anzupassen.

---

49 Nur bei besonders schweren Frachtstücken ist – aus Gründen des Arbeitsschutzes beim Umschlag – nach dem Gesetz über die Gewichtsbezeichnung an schweren, auf Schiffen beförderten Frachtstücken von 1933 (RGBl. I 412) eine Gewichtsangabe vorgeschrieben.

50 Was zB im Falle des Untergangs des Containerschiffes „MOL Comfort" (dazu eingehend TranspR 2014 Heft 10) der Fall sein könnte, aber kaum nachweisbar sein wird.

51 Vgl. MüKoHGB/*Pötschke*, § 482 Rn. 9; zur Problematik auch *Fendt*, RdTW 2013, 136.

1. Kündigung durch den Befrachter

Dem **Befrachter** gewährt das Gesetz das Recht, den Frachtvertrag **ohne Angabe von Gründen jederzeit zu kündigen** (§ 489).
Zum Ausgleich kann der Verfrachter entweder

- die **vereinbarte Fracht** und die vom Befrachter zu ersetzenden Aufwendungen verlangen, muss sich **jedoch anrechnen lassen,** was er infolge der Aufhebung des Vertrags an Aufwendungen erspart hat oder anderweitig erwirbt oder zu erwerben böswillig unterlässt, **oder**
- ein Drittel der vereinbarten Fracht verlangen als sog. **Fautfracht.**

Die Fautfracht (auch Fehlfracht, abgeleitet von „faute de fret") ist eine gesetzlich festgelegte, pauschalierte Entschädigung für die Kündigung. Sie ist weder Entgelt für die nicht erbrachte Beförderungsleistung noch Schadensersatz, sondern eine gesetzliche Abfindung für die einseitige Vertragsaufhebung; sie wurde früher auch als „Reugeld" bezeichnet. Deshalb kommt es nicht darauf an, ob der Verfrachter wirklich einen Schaden in dieser Höhe erleidet; eine Ersatzfracht, die er verdient hat oder hätte verdienen können, braucht er sich grundsätzlich nicht anrechnen zu lassen, wenn er diese Alternative wählt. Andererseits sind weitergehende Schadensersatzansprüche ausgeschlossen. Die Fautfrachtregelung dient dazu, langwierige Schadensersatzprozesse, in denen Schaden und Ersparnismöglichkeiten abgewogen werden müssen, zu vermeiden. Der Verfrachter kann allerdings, wenn ihm das günstiger erscheint, die genaue Berechnung seines Aufwandes wählen; dafür gewährt ihm das Gesetz die Wahlmöglichkeit.

Das SRG macht keinen Unterschied mehr zwischen einer Kündigung vor und nach Antritt der Reise (wie §§ 580, 582 aF). Die Verschiedenheit der Belastung für den Verfrachter in diesen Fällen und die daraus bisher abgeleiteten unterschiedlichen Ansprüche des Verfrachters können über die erste Alternative des § 489 Abs. 2, die im alten Recht fehlte, ausgeglichen werden.

Die Fautfracht ist zu unterscheiden von der sog. Leerfracht (vgl. dazu V 3). In vielen Auslandsrechten fehlen jedoch beide Institute. Im *common law* wird die „Nichtlieferung" von Ladung allgemein als Vertragverletzung angesehen mit entsprechenden Schadenersatzfolgen (vgl. V 2). In der Praxis wird häufig eine besondere Regelung über die bei „Nichterfüllung des Vertrages" zu zahlende Entschädigung getroffen (sog. *penalty-, indemnity- oder non-performance*-Klauseln), die jedoch wegen ihrer Unklarheit zu erheblichen Problemen führen. Auch die Vereinbarung von *dead freight* kann, da § 489 dispositiv ist, zur Anwendung von Schadensersatzrecht – mit der Folge insbesondere der Anrechnung ersparter Aufwendungen und anderweitig verdienter Fracht – führen.

Macht der Befrachter von dem Kündigungsrecht Gebrauch, so kann der Verfrachter **bereits eingeladenes Gut** wieder ausladen und, wenn es der Befrachter nicht in Empfang nimmt, einlagern. Die Kosten hierfür hat der Befrachter zu tragen, es sei denn, die Kündigung beruht auf Gründen, die der Verfrachter zu vertreten hat (§ 489 Abs. 3).

Die Vorschrift weicht von der Parallelvorschrift des § 415 Abs. 3 im allgemeinen Frachtrecht insofern ab, als sie dem Verfrachter nicht das Recht einräumt, vom Befrachter das Ausladen zu verlangen. Da im Stückgutverkehr auf See regelmäßig der Verfrachter zu laden und zu löschen hat und die technischen Gegebenheiten normalerweise ein Tätigwerden des Befrachters nicht sinnvoll erscheinen lassen, wurde hierauf verzichtet.[52] Handelt es sich ausnahmsweise um Stückgut, das vom Befrachter zu laden und zu löschen ist, werden die Parteien diese Möglichkeit von sich aus wählen.

---

52 RegBegr. SRG, S. 72.

2. Kündigung durch den Verfrachter

Der Verfrachter kann seinerseits den Frachtvertrag kündigen, wenn der Befrachter die Abladung des Gutes nicht oder nicht vollständig innerhalb der vertraglich vereinbarten Zeit bewirkt (§ 490 Abs. 1, 2).[53]

Die Kündigung setzt in der Regel eine Fristsetzung voraus. Diese ist jedoch entbehrlich, wenn der Befrachter oder der von diesem für die Abladung benannte Dritte (vgl. o. IV. 4.) die Abladung ernsthaft und endgültig verweigert oder wenn Umstände vorliegen, die ihm unter Abwägung der beiderseitigen Interessen die Fortsetzung des Vertragsverhältnisses unzumutbar machen.

Das Gesetz berücksichtigt nicht ausdrücklich den Fall, dass ein fester Termin für die Abladung vereinbart wurde. Die RegBegr.[54] hält diesen nicht für bedeutsam und will eine Vereinbarung über die Folgen der Parteivereinbarung überlassen. Zwar wird im Stückgutverkehr die Abrede, dass die Beförderung mit der Abladung zu einer bestimmten Abfahrt steht und fällt, nicht allzu häufig sein. Ist dies jedoch vereinbart, wird man dem Befrachter auch ohne besondere Vereinbarung das Recht zur Kündigung mit den Folgen des § 489 Abs. 2 zubilligen können.

Nach erfolglosem Ablauf der Frist kann der Verfrachter mit den Rechtsfolgen des § 489 Abs. 2, 3 kündigen, es sei denn, dass das Gut aus Gründen nicht abgeladen wurde, die im Risikobereich des Verfrachter liegen (§ 490 Abs. 4, 5).

3. Abladung und Beförderung nur eines Teiles der Ladung

Wird nach der Fristsetzung durch den Verfrachter (vgl. o. Nr. 2) nur ein Teil der Ladung abgeladen, so kann der Verfrachter – nach seiner Wahl – diesen Teil befördern und gleichwohl die volle Fracht sowie Ersatz der Aufwendungen verlangen, die ihm durch das Fehlen der Ladung entstehen (§ 490 Abs. 3). Die Fracht für den nicht verladenen und beförderten Teil der Ladung wird auch als **Leerfracht** bezeichnet; sie ist – im Gegensatz zur Fautfracht – echte Fracht. Dieses Recht steht dem Verfrachter nicht zu, wenn das Gut aus Gründen nicht abgeladen wurde, die in seinem Risikobereich liegen (§ 490 Abs. 5).

Auf die Leerfracht ist jedoch die Fracht für die Beförderung von anderem Gut abzuziehen, welches der Verfrachter mit demselben Schiff anstelle des nicht verladenen Gutes befördert. Ferner kann der Verfrachter Ergänzung der Sicherheit verlangen, die ihm durch das Fehlen eines Teils des Gutes entgeht.

4. Kündigung aus wichtigem Grund

Die Regelung der §§ 489, 490 muss die Frage aufwerfen, ob neben diesem außerordentlichen Kündigungsrecht beider Parteien noch eine Anwendung der allgemeinen Regeln über die Kündigung aus wichtigem Grund möglich ist. Der BGH hat in einem Fall, in welchem der Verfrachter die Kündigung durch ein grobes, den Vertragszweck gefährdendes Verschulden veranlasst hatte,[55] angenommen, dass dann eine Fautfracht nicht zu bezahlen sei. Es dürfte richtiger sein, das außerordentliche Kündigungsrecht aus wichtigem Grund (das natürlich nicht zu einem Fautfrachtanspruch führen kann) parallel zu §§ 489, 490 anzuwenden.[56]

---

53 Dazu ausführlich MüKoHGB/*Pötschke*, § 490 Rn. 13 f. und zum Kündigungsrecht des Frachtführers im allgemeinen Frachtrecht MüKoHBG/*Thume*, § 417 Rn. 10 ff.
54 S. 73.
55 Vgl. BGHZ 109, 345, 351 ff. = TranspR 1990, 159, 163.
56 So auch *Koller*, zu § 417 Abs. 4, Rn. 11; auch die Voraufl. S. 269 (§ 28 VIII. 2 a).

VI. Rechte und Pflichten des Empfängers

Der Seefrachtvertrag ist wie alle Beförderungsverträge ein **Vertrag zugunsten** eines Dritten, **des Empfängers.** Dieser hat zunächst keine Verpflichtungen aus dem Frachtvertrag, jedoch das Recht, Auslieferung der Güter zu verlangen.

1. Geltendmachung des Ablieferungsanspruchs

Nach Ankunft des Gutes am Löschplatz kann der Empfänger vom Verfrachter die Ablieferung des Gutes verlangen (§ 494 Abs. 1 Satz 1).

Der Verfrachter braucht diesem Verlangen nur gegen Erfüllung aller ihm aus dem Frachtvertrag noch zustehenden Ansprüche nachzukommen; er hat also ein Zurückbehaltungsrecht, das zudem durch ein Pfandrecht am Gut abgesichert ist (dazu VII.).

Mit dem Auslieferungsverlangen tritt eine (Mit-)Haftung des Empfängers für die noch ausstehende Fracht ein (dazu u. 3.) (§ 494 Abs. 2 Satz 1). Da der Empfänger nicht verpflichtet ist, das Gut abzunehmen, kann er entscheiden, ob er den Anspruch geltend macht und damit seine Zahlungsverpflichtung auslöst. Er darf es auch vor der Abnahme auf äußere Mängel prüfen und kann beschädigtes Gut zurückweisen.

2. Geltendmachung von Schadenersatzansprüchen

Ist das Gut beschädigt oder verloren gegangen, kann der Empfänger die Ansprüche aus dem Stückgutfrachtvertrag im eigenen Namen gegen den Verfrachter geltend machen. Der Befrachter bleibt zur Geltendmachung dieser Ansprüche befugt (sog. Doppellegitimation, § 494 Abs. 1 Satz 2).

3. Zahlungsverpflichtung des Empfängers

Macht der Empfänger den Anspruch auf Ablieferung des Gutes geltend, wird er zur Zahlung noch ausstehender Fracht verpflichtet (§ 494 Abs. 2 Satz 1). Er tritt insoweit als Gesamtschuldner neben den weiterhin haftenden[57] Befrachter (§ 494 Abs. 4).[58]

Die Zahlungspflicht des Empfängers entsteht nicht schon durch die bloße Übernahme des Gutes, die nicht notwendig – aber doch möglicherweise – eine stillschweigende Geltendmachung des Herausgabeanspruchs ist.[59]

Anders als nach früherem Recht (§ 625 aF) wird der Befrachter durch das Hinzutreten der Haftung des Empfängers nicht frei. Durch Vereinbarung (sog. *cesser-clause*) wird der Regress des Verfrachters gegen den Befrachter jedoch oft ausgeschlossen; durch die sog. *cesser-lien-clause* wird der Verzicht an die Ausübbarkeit des Pfandrechts gebunden.

Der Empfänger schuldet die noch **ausstehende Fracht** nur bis zu dem Betrag, der aus dem Beförderungsdokument hervorgeht. Ist ein Beförderungsdokument nicht ausgestellt oder dem Empfänger nicht vorgelegt worden oder ergibt sich aus dem Beförderungsdokument nicht die Höhe der zu zahlenden Fracht, so hat der Empfänger die mit dem Befrachter vereinbarte Fracht zu zahlen, soweit diese nicht unangemessen ist.

---

57 Anders als nach § 625 aF, wonach der Befrachter nach Eintritt des Empfängers nur noch ausnahmsweise haftete.

58 Dazu auch MüKoHGB/*Pötschke*, § 481 Rn. 9.

59 BGH TranspR 2011, 307.

Ergibt sich aus dem Dokument, dass keine Fracht mehr aussteht – etwa durch den Vermerk *„freight prepaid"* oder „frachtfrei" –, so entsteht auch dann keine Zahlungspflicht des Empfängers, wenn die Fracht tatsächlich noch nicht bezahlt ist.

Ein **Standgeld** hat der Empfänger nur zu zahlen, wenn ihm der geschuldete Betrag bei Ablieferung des Gutes mitgeteilt worden ist (§ 494 Abs. 3).

Anders als nach früherem Recht (§ 614 aF) tritt der Empfänger nicht in sonstige Verpflichtungen des Befrachters ein, etwa Schadenersatzansprüche wegen Beschädigung des Schiffes durch gefährliche Ladung.

4. Rechte des Empfängers gegenüber dem Unterverfrachter

Nachdem der BGH[60] zum allgemeinen Frachtrecht die Auffassung vertritt, dass dem Empfänger auch ein direkter Anspruch auf Auslieferung des Gutes gegen den Unterfrachtführer zusteht, muss dies grundsätzlich auch für die Haftung des Unterverfrachters gegenüber dem Empfänger aus dem Unterfrachtverhältnis im Seerecht gelten. (Vgl. zur neuen BGH-Rechtsprechung auch § 27 II 1. d).

Unter den Verhältnissen des Seeverkehrs wird man allerdings noch seltener als im Landfrachtrecht sagen können, dass der Unterverfrachter mit dem (Haupt-)Verfrachter einen Vertrag zugunsten des Empfängers abschließt. Das mag allenfalls für den Reeder eines Feederschiffes oder den vom Fixkostenspediteur eingesetzten Verfrachter gelten können, der das Gut an den Empfänger abliefert.[61]

Liefert ein solcher Unterverfrachter das Gut an den Empfänger ab und macht der Empfänger den Anspruch auf Ablieferung gegenüber dem Unterverfrachter aus dem Unterfrachtvertrag geltend, dann kann er diesem gegenüber aus dem Unterfrachtvertrag zur Zahlung (der Unterfracht) verpflichtet werden. In der Regel dürfte der Unterverfrachter jedoch gegen seine Verpflichtung gegenüber seinem Auftraggeber, dem (Haupt-)Verfrachter, verstoßen, wenn er das Gut nicht in dessen Namen – unter Auslösung des etwaigen Frachtanspruchs aus dem Hauptfrachtvertrag – abliefert.

VII. Pfand- und Zurückbehaltungsrecht

Der Verfrachter hat für alle Forderungen aus dem Frachtvertrag ein **gesetzliches Pfandrecht** an dem ihm übergebenen Gut und dessen Begleitpapieren, sofern es dem Befrachter, dem Ablader oder einem Dritten gehört, der der Beförderung zugestimmt hat (§ 495 Abs. 1).

Das Pfandrecht an dem Gut des Befrachters sichert auch unbestrittene Forderungen des Verfrachters aus anderen mit dem Befrachter abgeschlossenen Seefracht-, Fracht-, Speditions- und Lagerverträgen (sog. inkonnexe Forderungen, § 495 Abs. 1 Satz 2).

Das Pfandrecht besteht, solange der Verfrachter das Gut in seinem Besitz hat oder mittels Konnossements, Ladescheins oder Lagerscheins darüber verfügen kann; nach der Ablieferung besteht es fort, sofern der Verfrachter es innerhalb von zehn Tagen

60 BGH TranspR 2009, 130; BGH TranspR 2007, 425, entgegen seiner früheren Rechtsprechung, BGH BGHZ 116, 15 = TranspR 1992, 177. Zu den Bedenken gegen diese Rechtsprechung vgl. *Herber*, TranspR 2013, 1 ff.

61 Vgl. dazu auch MüKoHGB/*Herber*, § 498 Rn. 93.

nach der Ablieferung gerichtlich geltend macht und der Empfänger es zu diesem Zeitpunkt noch in Besitz hat.

Steht das Gut nicht im Eigentum des Befrachters, Abladers oder des Dritten, so kann der Verfrachter das Pfandrecht auch kraft guten Glaubens erwerben. Geschützt wird auch der gute Glaube an die Verfügungsbefugnis des Handelnden, doch führt der Pfandrechtserwerb kraft einer solchen Annahme nicht zur Sicherung auch inkonnexer Forderungen (§ 366 Abs. 3).

§ 29 Haftung des Verfrachters für Schäden bei Ausführung der Beförderung

Lit.: *Bodis*, Die Vertragsstrafe im Transportrecht, TranspR 2014, 98; *Bracker*, Erstreckung der Verfrachterhaftung auf den Spediteur, in Lagoni/Paschke, 20 Jahre Seerechtswissenschaft, Hamburg 2005, S. 37 ff.; *Brons*, Die Haftung des Seebeförderers für Güter- und Verspätungsschäden nach den Rotterdam-Regeln, Diss. Hamburg 2012; *Corra Solaguren*, Haftung im Seefrachtrecht und ihre gesetzliche Fortentwicklung in den skandinavischen Staaten, Diss. Hamburg 2003; *Baumann*; Darlegungslast und Recherchepflicht im Transportrecht, TranspR 2014, 187; *Drews*, Zum Umschlag von Waren in einem Seehafen, TranspR 2008, 18; *ders.*, Der Umschlag von Waren unter dem neuen Seehandelsrecht, TranspR 2013, 253; *Eilenberger-Czwalina*, Haftung des Verfrachters nach dem Zweiten Seerechtsänderungsgesetz – Rechtshistorische und entstehungsgeschichtliche Hintergründe der Neuregelung, Diss. Hamburg 1996; *Figert*, MV Sea Joy, Art. 3 § 2 Haager Regeln und der deutsche Gesetzgeber, TranspR 2001, 108; *Frantzioch*, Vorschläge der Sachverständigengruppe zur Reform des Seehandelsrechts zur Haftung für Güterschäden, TranspR 2010, 8; *Götz*, Das Seefrachtrecht der Haager Regeln nach der anglo-amerikanischen Praxis, 1960; *Gramm*, Das neue deutsche Seefrachtrecht nach den Haager Regeln, 1938; *Gustherov*, Der Revers im Seefrachtgeschäft, Diss. Hamburg 2010; *Herber*, Das neue Haftungsrecht der Schiffahrt, Kehl 1998; *ders.*, Das zweite Seerechtsänderungsgesetz, Neues Haftungsrecht für See- und Binnenschiffahrt, TranspR 1986, 249; *ders.*, Gedanken zum Inkrafttreten der Hamburg-Regeln, TranspR 1992, 381; *ders.*, Haftung nach Haager Regeln, Haag/Visby-Regeln und Hamburg-Regeln, TranspR 1995, 261; *ders.*, Überblick über die gesetzlichen Regelungen in Deutschland und in internationalen Übereinkommen, TranspR 2004, 94; *ders.*, Vorschläge der Sachverständigengruppe zur Reform des Seehandelsrechts – Einführung, Vorgeschichte und Grundzüge, TranspR 2009, 445; *ders.*, Wer ist ausführender Verfrachter? TranspR 2011, 359; *ders.*, Die Reform des deutschen Seehandelsrechts – Balance zwischen Rechtsfortbildung und Schifffahrtstradition, TranspR 2012, 269; *ders.*, Die Haftung des Unterfrachtführers gegenüber den Ladungsbeteiligten des Hauptfrachtvertrages, TranspR 2013, 1; *Hoffmann*, Die Haftung des Verfrachters nach deutschem Seefrachtrecht, Diss. Frankfurt 1993; *Johannsen*, Anforderungen an die Organisation von Gefahrgutcontainertransporten, TranspR 1994, 45; *Kienzle*, Die Haftung des Carrier und des Actual Carrier nach den Hamburg-Regeln, Schriften zum Transportrecht Bd. 8, 1993; *Koller*, Die Bedeutung der Ersatzlieferung für die Schadensberechnung im Bürgerlichen Recht und Transportrecht, TranspR 2014,10: *ders.*, Gefälligkeiten des nicht zum Ver- und Entladen verpflichteten Frachtführers und seiner Leute, TranspR 2014, 169; *Looks/Kraft*, Die zivilrechtlichen Auswirkungen des ISM-Code, TranspR 1998, 221; *Markianos*, Die Übernahme der Haager Regeln in die nationalen Gesetze über die Verfrachterhaftung, Überseestudien Heft 26, 1960; *Meckel*, Der US Harter Act und die Haftung des Verfrachters für Ladungsschäden im internationalen Seetransportrecht der USA, Diss. Hamburg 1998; *Mittelhammer*, Verpackung und Verpackungsmängel; Pflichten und Haftungsfragen der am Transport beteiligten Personen, TranspR 2014, 140; *ders.*, Die sog. Recherchepflicht: Eine materiellrechtliche oder eine prozessuale Pflicht? TranspR 2014, 316; *de la Motte*, Die Auswirkungen des ISM-Codes auf das Seehaftungsrecht – Haftungsverschärfung durch Einführung eines gesetzlich vorgeschriebenen Qualitätsmanagementsystems für Seeschiffe? Diss. Hamburg 1998; *Pötschke*, Die Haftung des Reeders für Ansprüche aus Konnossementen unter einer Zeitcharter nach deutschem und englischem Recht, Schriften zum Seehandelsrecht Bd. 9, 1999; *Pokrant*, Die Rechtsprechung des Bundesgerichtshofs zur sekundären Darlegungslast des Frachtführers, RdTW 2013, 10; *Rabe*, Die Auswirkungen der „Supervision-Regel" in der FIOS-Klausel, TranspR 1987, 267; *ders.*, Drittschadensliquidation im Güterbeförderungsrecht TranspR 1993, 1; *ders.*, Entwurf der Sachverständigengruppe und Referentenentwurf zur Reform des Seehandelsrechts – Anmerkungen zur Haftung des Reeders und zum Stückgutvertrag, TranspR 2011, 323; *ders.*, Die Sphärentheorie im Seehandelsrecht – zugleich ein Anmerkung zu BGH, TranspR 2011, S. 263, TranspR 2012, 56; *ders.*, Ein Schiff ist kein Kraftfahrzeug, TranspR 2013, 278; *Ramming*, Der schlafende Wachoffizier und die Haftung des Verfrachters für Ladungsschäden, TranspR 2004, 439; *ders.*, Der schlafende Wachoffizier vor dem

BGH, TranspR 2007, 58; *ders.*, Zur See- und Ladungstüchtigkeit des Schiffes nach neuem Recht, RdTW 2014, 41; *ders.*, Die Verladung des Gutes an Deck, RdTW 2013, 253; *ders.*, Die Auswirkungen des SHR-ReformG auf das Recht der multimodalen Beförderung, RdTW 2014, 421; *ders.*, Die Beschränkung der Haftung durch den Slot-Charterer, RdTW 2014, 221; *Richartz*, Alte Gefahren in neuem Gewand – Die moderne Piraterie in rechtlicher Einordnung, ZfV 2009, 391; *Schwampe*, Rechtsfragen der Piraterie, TranspR 2009, 462; *Speckmann*, Die Haftung des Unterfrachtführers gegenüber dem Empfänger und sonstigen Dritten, Schriften zum Transportrecht Bd. 34, 2012; *Steinborn/Weg*, Untergang des Schadenersatzanspruchs trotz qualifizierten Verschuldens, TranspR 2014, 15; *Steingröver*, Die Mithaftung des ausführenden Verfrachters im Seerecht – de lege lata und de lege ferenda, Schriften zum Seehandelsrecht, Bd. 19, 2006; *Thume*, Zum Verlustbegriff, insbesondere bei weisungswidriger Ablieferung einer Sendung, TranspR 2001, 433; *ders.*, Die Rechte des Empfängers bei Vermischungsschäden in Tanks oder Silos als Folge verunreinigt angelieferter Güter, VersR 2002, 267; *ders.*, Probleme bei der Ablieferung des Frachtguts, TranspR 2012, 85; *ders.*, Verpackungsmängel und ihre Folgen im allgemeinen deutschen Frachtrecht und im grenzüberschreitenden Straßengüterverkehr, TranspR 2013, 8; *ders.*, Haftung für Umschlagschäden – wer haftet wem wie? TranspR 2014, 179; *Volze*, Die willkürliche Kündigung des Seefrachtvertrages im deutschen und ausländischen Recht, TranspR 1996, 15 ff.

I. Rechtsgrundlagen

1. Internationale Vorgaben

Das deutsche Recht der Haftung aus dem Seefrachtvertrag für Güterschäden ist ohne einen Blick auf die Entwicklung und Ergebnisse der internationalen Rechtsvereinheitlichung nicht zu verstehen. Nicht nur, weil die deutsche Seewirtschaft in weitem Umfang unmittelbar mit ausländischem Recht konfrontiert wird. Sondern auch, weil der deutsche Gesetzgeber beim Erlass des SRG – wie schon in anderer Konstellation beim Erlass des 2. SÄG – auf die internationale Rechtslandschaft Rücksicht nehmen musste. So wollte er die deutsche Schifffahrt keinen Haftungsregeln aussetzen, die sie im weltweiten Wettbewerb unzumutbar benachteiligen.

Die Haftung für Güterschäden beim Seetransport ist trotz der fast hundertjährigen Bemühungen um eine internationale Vereinheitlichung in den einzelnen Staaten noch sehr unterschiedlich geregelt. Zwar beruhen die Rechte der wichtigsten Schifffahrtsnationen auf einigen übereinstimmenden Grundsätzen, doch bestehen im Detail erhebliche Abweichungen.

Der gegenwärtige Stand der Rechtsvereinheitlichung ist gekennzeichnet durch vier bedeutende Übereinkommen:

a) Den ersten Vereinheitlichungsschritt bewirkte das Internationale (Brüsseler) **Übereinkommen v. 25.8.1924 zur Vereinheitlichung von Regeln über Konnossemente** (s. o. § 4 II 1c)). Dieses Übereinkommen wird auch als **„Haager Regeln“** (HR) bezeichnet, weil es auf Verhaltensregeln zurückgeht, die zuvor in Den Haag beschlossen worden waren und – anknüpfend an den nordamerikanischen Harter Act – die damals übliche völlige Freizeichnung von jeder Haftung in den Konnossementen im Interesse der Umlauffähigkeit der Konnossemente einschränken sollten.

Der **Harter Act** von 1893 erlegte Verfrachtern im Verkehr von und nach den USA erstmals eine zwingende Haftung für anfängliche Seeuntüchtigkeit und fehlerhafte Ladungsbehandlung auf. Er bildete damit ein Schutzgesetz für die amerikanischen Ladungsinteressen gegenüber den englischen Reedern, welche den Verkehr zwischen dem amerikanischen Kontinent und Europa fast ausschließlich versahen. Die Reeder schlossen ihre Haftung – selbst für verschuldete anfängliche Seeuntüchtigkeit – praktisch vollständig aus und fanden dabei die Rückendeckung der englischen Gerichte. Da die Konnossemente durchweg einen Gerichtsstand in England vorsahen, konnte sich die ladungsfreundlichere amerikanische Rechtsprechung ohne gesetzliche Hilfe nicht durchsetzen.

Der Harter Act wurde in seiner Aufteilung zwischen der Haftung für Seetüchtigkeit und Ladungsfürsorge einerseits und der Freiheit des Reeders von dem Einstehenmüssen für nautisches Verschulden der Schiffsbesatzung andererseits zum Vorbild für die HR. Diese sind allerdings nicht völlig inhaltsgleich mit dem Harter Act. Daraus ergeben sich heute für die Praxis deshalb Schwierigkeiten, weil in den USA der Harter Act auch nach Übernahme der HR weitergilt, soweit die HR nicht zwingend Anwendung finden, also vor allem bei Beförderungen unter Konnossement für die sog. Landphase.[1]

Die HR wurden 1939 vom Deutschen Reich ratifiziert, ihr Inhalt – unter Ausschluss der unmittelbaren Anwendung des Übereinkommenstextes – durch das Seefrachtgesetz v. 10.8.1937[2] in das HGB eingearbeitet. Deutschland gehört dem Übereinkommen – als einzigem der Seefrachtrechtsübereinkommen – nach wie vor an, obgleich es inhaltlich überholt ist.[3]

Die HR haben den Charakter eines **Kompromisses**. Nachdem vor ihrer Inkraftsetzung eine sehr weitgehende (sog. Rezeptums-)Haftung des Reeders bestand, die jedoch – da sie dispositiver Natur war – vertraglich fast vollständig abbedungen zu werden pflegte, legten die HR eine unabdingbare Mindesthaftung für den Fall fest, dass ein Konnossement ausgestellt wird.

Die Beschränkung der Übereinkommensregelung auf den Fall der Ausstellung eines Konnossements zeigt, dass Gegenstand des Übereinkommens nicht primär eine Regelung des Seefrachtvertrages sein sollte, sondern nur die Schaffung von Mindeststandards für die Haftung aus Konnossementen, und zwar im Interesse der Umlauffähigkeit der Konnossemente. Ist ein Konnossement nicht ausgestellt, so zeigte sich die verladende Wirtschaft an der Haftungsregelung wenig interessiert. Dem entspricht es auch, dass die Initiative zu den Haager Regeln zunächst von der Internationalen Handelskammer ausging. Allerdings fand damals eine Beförderung von Gütern im Linienverkehr praktisch nicht ohne Ausstellung eines Konnossements statt; heute ist eine Beförderung ohne Konnossement – bei Ausstellung nur eines Seefrachtbriefes oder unter elektronischer „Dokumentation" – keine Ausnahme mehr, sondern eher schon die Regel.

Der inhaltliche Kompromiss bestand vor allem darin, dass dem Verfrachter einerseits eine unabdingbare – jedoch auf 100 englische Goldpfund je Packung oder Einheit begrenzte – Haftung für schuldhafte Beschädigung der Güter auferlegt wurde, dass er aber andererseits für Handlungen der Besatzung nur insoweit einzustehen hat, wie sich diese auf die Behandlung der Ladung beziehen (sog. kommerzielles Verschulden); freigestellt war der Verfrachter dagegen – kraft Gesetzes! – von der Haftung für ein Verschulden der Besatzung bei der Führung und Bedienung des Schiffes (sog. nautisches Verschulden). Daneben wurden dem Verfrachter andere Haftungseinschränkungen gewährt, so etwa eine Freistellung von der Haftung für Feuer und Decksladung sowie eine kurze (einjährige) Ausschlussfrist für die Geltendmachung der Ersatzansprüche.

Mit den HR ist eine Haftungsregelung geschaffen worden, die das Seerecht der wichtigsten Schifffahrtsstaaten seit mehr als einem halben Jahrhundert prägt und es von allen anderen Transportrechten grundlegend unterscheidet: Da bei Schiffsunfällen ein Verschulden regelmäßig nur der Besatzung – namentlich dem Kapitän –, nicht aber dem Reeder persönlich vorzuwerfen ist, wird für Schäden durch Schiffsunfälle gegenüber der Ladung nach den HR auch bei schwerstem Verschulden in aller Regel nicht gehaftet. Es bleibt nur eine Haftung für Schäden, die durch eine zu

1 Zum Harter Act ausführlich *Meckel*, aaO; zur Vorgeschichte der HR auch *Eilenberger-Czwalinna*, aaO.
2 RGBl. I 891.
3 Wegen der rein politischen Gründe vgl. *Herber*, TranspR 2013, 368.

Beginn der Reise bestehende und schuldhaft unentdeckte See- oder Ladungsuntüchtigkeit des Schiffes oder durch schuldhaft falsche Ladungsbehandlung eingetreten sind. Auch diese Haftung des Verfrachters ist jedoch gesetzlich begrenzt; nach den ursprünglichen HR auf 100 engl. Goldpfund je Stück oder Einheit, später, nach der Revision durch die sog. Visby-Regeln (vgl. unten b) auf 2 SZR je kg oder 666,67 SZR je Stück oder Einheit.[4]

b) Nach dem Zweiten Weltkrieg setzten Bestrebungen ein, das Übereinkommen zu modernisieren. Sie führten zu einem **Protokoll v. 23.2.1968 zur Änderung des Konnossementsübereinkommens von 1924**, das auf einer Brüsseler Seerechtskonferenz – nach einer Vertagung im Jahre 1967 – beschlossen wurde (s. o. § 4 II 1q). Das Protokoll wird auch als **„Visby-Regeln"** (VR) (und die HR in der Fassung der VR als Haag-Visby-Regeln, HVR) bezeichnet, weil ein Vorentwurf, den das CMI auf seiner Stockholmer Konferenz von 1963 ausgearbeitet hatte, in der schwedischen Hansestadt Visby auf Gotland verabschiedet worden war.[5]

Die VR haben vor allem die Haftungsbegrenzung je Kilogramm – alternativ neben der auf Stück oder Einheit bezogenen Grenze – eingeführt und die Haftungsbegrenzungsregelung durch eine besondere Bestimmung über die Behandlung von Containern ergänzt. Dabei haben sie die noch auf englische Goldpfund bezogene Haftungsgrenze der HR auf Poincaré-Franken, also einen am – damals noch wenigstens rechnerisch vorhandenen – Goldwert der Währungen (sog. Leitkurs nach dem Bretton-Woods-Abkommen von 1944) umgestellt. Ferner wurde der Geltungsbereich klarer und enger gefasst und der Ausschluss von Einwendungen gegenüber einem gutgläubigen Erwerber des verbrieften Konnossementsanspruchs eingeführt.

Die durch das Brüsseler Protokoll von 1968 an die Stelle des englischen Pfundes des Jahres 1924 gesetzten Haftungsbegrenzungsbeträge – zunächst ausgedrückt in Poincaré-Francs und durch ein weiteres Protokoll vom 21.12.1978 umgerechnet in SZR – betragen 2 SZR je kg oder alternativ 666,67 SZR je Stück oder Einheit. Damit wurde die Haftung gegenüber der alten, durch Aufgabe der Golddeckung des englischen Pfundes jedoch obsolet gewordenen Haftungsbeschränkung auf 100 Goldpfund je Stück oder Einheit praktisch erheblich vermindert.

Der Betrag von 100 Goldpfund war in Anbetracht des damaligen Goldwertes des Pfundes und der recht geringen durchschnittlichen Ladungswerte und -abmessungen relativ erheblich höher. Während die ursprünglichen HR den mittleren Wert der durch die damaligen Verlademethoden vorgegebenen Packstücke (Säcke, Kisten, Fässer) in aller Regel deckten, stellt der heutige Satz – vor allem bezogen auf große Einheiten, die mit schwerem Hebezeug verladen werden, aber auch im Hinblick auf einen großen Anteil wertvoller technischer Ladung – eine zum Ladungswert regelmäßig in keinem vernünftigen Verhältnis stehende Begrenzung dar; dies gilt auch angesichts der 1968 eingeführten zusätzlichen Begrenzung je Kilogramm, weil diese so niedrig ist, dass sie praktisch kaum einen Ladungsschaden decken kann. Der Betrag von 100 englischen Goldpfund im Jahre 1924 entsprach in etwa 20 Goldmark; will man sich deren ungefähren Wert vergegenwärtigen, mag der Hinweis hilfreich sein, dass damals der durchschnittliche Wochenlohn eines qualifizierten Facharbeiters 3 Pfund betrug.[6]

---

4 Die Beträge waren zunächst in sog. Poincaré-Francs ausgedruckt und sind später durch das Protokoll vom 21.12.1979 (Einsehbar über www.transportrecht.org unter Vorschriften, Schiffstransportrecht, sowie abgedr. bei *Schadee/Claringbould*, I – 305) auf SZR umgestellt worden, jedoch ohne Wertänderung. S. dazu auch § 4 II. 1. c).

5 Zu dieser Konferenz und deren sehr viel weitergehenden Anträgen zur Revision der HR vgl. *Giermann*, Die Haftung des Verfrachters für Konnossementsangaben, Diss. Hamburg 2000, S. 54 ff.

6 *Herber*, TranspR 2004, 94.

Eine gewisse Verbesserung stellt die – jedoch ein Einverständnis des Verfrachters voraussetzende – sog. Container-Klausel dar, zumal in ihrer neueren Interpretation durch die Gerichte.[7] Insgesamt aber hat die unzulängliche Haftung die Notwendigkeit verstärkt, der Gefahr eines Güterschadens stets durch eine Transportversicherung zu begegnen, die allerdings auch bei weitergehender Haftung des Verfrachters schon im Hinblick auf die Schwierigkeiten der Durchsetzung von Ersatzansprüchen im Ausland in der Regel geboten ist. Es hat sich sogar die Auffassung gebildet, die als Kompromiss – auf dem Wege zu einer wenigstens dem Grunde nach vollständigen, wenn auch angemessen begrenzten Haftung – gedachte Regelung stelle eine sachgerechte Risikoverteilung zwischen Ver- und Befrachter dar.

Deutschland hat das Änderungsprotokoll (durch das 2. SÄG) vollständig in das HGB eingearbeitet, jedoch nicht ratifiziert, weil es nicht den Eindruck hervorrufen wollte, es sei an der weitergehenden Modernisierung des internationalen Seehandelsrechts, die durch das UN-Übereinkommen von 1978 (das in Hamburg verabschiedet wurde und den Namen dieser Stadt trägt: „Hamburg-Regeln") eingeleitet worden ist, nicht interessiert.

c) Die Vereinten Nationen haben 1978 – nach jahrelanger intensiver Vorbereitung[8] – auf einer Diplomatischen Konferenz in Hamburg ein **Übereinkommen über die Beförderung von Gütern auf See** (vgl. o. § 2 V 4 und § 4 II 2b ff.) beschlossen (das nach einer Empfehlung der Konferenz als **„Hamburg Rules" – Hamburg-Regeln** – bezeichnet wird). Es vermeidet weitgehend die rechtstechnischen Mängel des Haag/Visby-Systems, namentlich durch eine klarere Systematik.

Die Hamburg-Regeln gelten für alle (Stückgut-)Beförderungen ohne Rücksicht darauf, ob ein Konnossement ausgestellt ist. Der Verfrachter hat danach auch für nautisches Verschulden der Besatzung einzustehen und haftet – zwingend – für die gesamte Zeit seiner Obhut, sofern er nicht beweisen kann, dass ihn kein Verschulden an dem Schaden trifft. Deckladung erfährt keine besondere Haftungsregelung mehr, es gilt die allgemeine Obhutshaftung. Andererseits ist die Haftung der Höhe nach etwa auf dem Niveau des Brüsseler Protokolls von 1968 belassen worden, um die Widerstände der Wirtschaft, die bereits wegen der Verschärfung der Verfrachterhaftung bei nautischem Verschulden der Besatzung zu erwarten waren, nicht noch zu verstärken; sie wurde im Hinblick auf die Geldentwertung seit 1968 nur um etwa 25 % erhöht. Schließlich ist bemerkenswert, dass das Übereinkommen eine Mithaftung des ausführenden Frachtführers, eine Regelung der Gültigkeit von Abladerreversen und eine Gerichtsstandsregelung enthält.[9]

Die Hamburg Regeln sind, obgleich sich die großen Schifffahrtsstaaten – vor allem Großbritannien, die Niederlande, Griechenland – nach der Konferenz vehement gegen jede Verschärfung der Verfrachterhaftung wandten,[10] schließlich 1992 in Kraft getreten.[11] Es hat bis heute 34 Vertragsstaaten – und damit mehr als die Haag/Visby-Regeln (30) – allerdings nur wenige für den Seeverkehr bedeutende Mitglied-

---

7 OLG Hamburg, TranspR 2011, 112; dazu auch u. III 3 b).

8 Vgl. zu deren Verlauf *Sweeney*, JMLC 1976, 69 ff., 327 ff., 487 ff., 615 ff.; 1977, 167 ff.

9 Zu den HambR im Einzelnen vgl. insbes. *Richter-Hannes*, aaO. Im Vergleich zum Haftungssystem der Haager Regeln und der Visby Regeln, *Herber*, TranspR 1995, 261.

10 Obwohl gerade die englische und die niederländische Delegation zu denen gehörten, die auf der Konferenz besonders aktiv am Zustandekommen der Kompromisslösung – Wegfall der Freistellung von nautischem Verschulden, dafür Beibehaltung des relativ niedrigen Beschränkungsniveaus – mitgewirkt haben.

11 Dazu *Herber*, TranspR 1992, 381.

staaten gefunden. Durch diese Blockade der Schifffahrtsstaaten ist eine Modernisierung des veralteten Seefrachtrechts auch insoweit als sie unzweifelhaft notwendig ist, bisher verhindert worden.

d) Diese Entwicklung hat dazu geführt, dass sich wiederum das CMI seit Ende der 80er Jahre mit der Möglichkeit weiterer Modernisierung der HR befasste (so in der Paris Declaration von 1990 und zuletzt auf der Konferenz von Antwerpen 1997) und im Zusammenwirken mit UNCITRAL ein neues Übereinkommen ausarbeitete, das schließlich am 11.12.2008 als **UN-Übereinkommen über Verträge über die internationale Beförderung von Gütern ganz oder teilweise auf See** vom 6. Ausschuss der UN (ohne besondere Diplomatische Konferenz) verabschiedet wurde. Dieses Übereinkommen wurde auf einer Zeichnungskonferenz zur Unterzeichnung aufgelegt, die auf Einladung der niederländischen Regierung in Rotterdam stattfand und dem Übereinkommen den Namen **„Rotterdam-Rules"** (**RR**) einbrachte.

Die RR entsprechen im Haftungsniveau – einmal abgesehen von ihrer sehr mangelhaften Systematik und Redaktion – im Wesentlichen den Hamburg-Regeln.[12] Der Reeder haftet nur für Verschulden, jedoch auch für das nautische Verschulden seiner Besatzung. Dieses Haftungsregime gilt auch für Verträge ohne Konnossement. Die Haftungsbegrenzung ist etwa gleich geblieben, sieht man die Erhöhung von 2,5 SZR je kg auf 3 SZR je kg als einen Wertverfallausgleich in den letzten 30 Jahren an. Durchbrochen werden kann sie – auch insoweit in der Tradition der Visby-Regeln, aber auch der Hamburg-Regeln, die vom allgemeinen Transportrecht abweicht – nur bei persönlichem Verschulden des Verfrachters. Allerdings ist die Haftung auch in einzelnen Punkten gegenüber den Hamburg-Regeln abgeschwächt, namentlich was den (einseitig) zwingenden Charakter der Hamburg-Regeln anbetrifft. Die Haftung für sog. Mengenverträge, die jedoch nicht klar definiert werden, kann frei vereinbart werden. Freizeichnungen sind – auch in AGB – weiterhin und abweichend von den Hamburg-Regeln zulässig für die Landphase des Seetransports, vor allem also für die schadensträchtigen Operationen des Ein- und Ausladens der Güter in das Schiff und aus dem Schiff.

Ein ganz wesentlicher Unterschied zwischen Hamburg-Regeln und Rotterdam-Regeln besteht jedoch in deren Anwendungsbereich: Während die Hamburg-Regeln in der Tradition der Brüsseler Übereinkommen nur den reinen Seetransport erfassen, regeln die Rotterdam-Regeln auch den multimodalen Verkehr, indem sie das seerechtliche Haftungsregime auf die Landstrecke multimodaler Beförderungsverträge erweitern.

Diese Regelung macht das Übereinkommen besonders für ein Land in der geographischen Lage Deutschlands sehr schwer annehmbar: Es führt zu großen Schwierigkeiten mit dem bestehenden Landfrachtrecht. Deshalb wird das Übereinkommen von den Landtransportverbänden und den Spediteuren in Deutschland mit Recht abgelehnt. Die Landtransportträger würden bei Inlands-Anschlusstransporten für den über das vergleichsweise geringe seerechtliche Haftungsniveau hinausgehenden Schaden haften, von dessen Ersatz der multimodal vertragsschließende Reeder zwingend frei wäre.

Es kommen andere Bedenken gegen die zum Teil sehr nachlässig und lückenhaft formulierten Bestimmungen der Rotterdam-Regeln hinzu. So etwa die – möglicherweise nicht beabsichtigte, aber nach dem Wortlaut wohl unabweisbare – Haftung des *„maritime performing carrier"*, nach welcher der Hafenumschlagbetrieb für alle Schäden haftet, die während der gesamten Beförderung, also nicht notwendig in seinem Obhutsbereich, eintreten.

---

12 S. zum Haftungssystem nach den Rotterdam-Regeln ausführlich *Brons*, Die Haftung des Seebeförderers für Güter- und Verspätungsschäden nach den Rotterdam-Regeln, Diss. Hamburg 2012.

Gegenwärtig spricht nicht viel dafür, dass die Rotterdam-Regeln in absehbarer Zeit in Kraft treten werden. Sie sind bisher – fast sechs Jahre nach der Zeichnungskonferenz – nur von drei Staaten ratifiziert worden: Spanien, Togo und Kongo. Für das Inkrafttreten sind 20 Ratifikationen oder Beitritte erforderlich.

Andererseits sind die Schifffahrtsstaaten nach wie vor nicht bereit, die Hamburg-Regeln zu akzeptieren, obgleich die Rotterdam-Regeln außer der Erstreckung auf den Multimodalverkehr sachlich keine wesentlichen Änderungen gebracht haben. Geht man einmal davon aus, dass die großen Schifffahrtsstaaten überhaupt ein ernsthaftes Interesse an einer wirkungsvollen modernen Rechtsvereinheitlichung haben, so ist es allerdings wohl gerade dieser in das Multimodalrecht übergreifende Aspekt, der ihre Abneigung gegen eine Verschärfung der Verfrachterhaftung zu überwinden helfen sollte. Es kommt freilich hinzu, dass England sich – nach der Hamburg-Konferenz – mit der Begründung gegen die Hamburg-Regeln ausgesprochen hat, diese entsprächen nicht der Redaktionsweise des *common law* und seien mithin nicht verständlich; bei dieser Zurückhaltung spielt gewiss eine Rolle, dass England, solange ein modernes Übereinkommen fehlt, darauf vertrauen kann, dass weltweit in weitem Umfang englisches Recht angewendet wird und zu dessen Anwendung naturgemäß primär englische Gerichte und – vor allem – teure englische Schiedsgerichte berufen sind.

Es besteht also zurzeit kein allgemein anerkanntes internationales Haftungsregime, nachdem alle Versuche, das nach allgemeiner Auffassung veraltete System der HVR zu modernisieren, gescheitert sind. Die beiden, von verschiedenen theoretischen Grundpositionen ausgehenden Haftungssysteme der Haag/Visby-Regeln und der Hamburg-Regeln haben etwa eine gleiche Anzahl von Vertragsstaaten; obgleich sie inhaltlich nicht so sehr verschieden sind, ist eine Einigung auf der Basis des neuen Konzepts der Hamburg-Regeln nicht mehr zu erwarten.[13] Feststellen kann man nur, dass die Schifffahrt sich wegen des Fehlens einheitlicher Regeln praktisch – mit dem Mittel sog. *Paramount*-Klauseln – also Rechtsanwendungsklauseln – behilft, denen weitgehend die HVR zugrundeliegen.

In dieser Situation konnte der deutsche Gesetzgeber nicht mehr länger mit einer Reform seines überkommenen Rechts warten, zumal das allgemeine deutsche Frachtrecht – für alle anderen Transportmittel – im Jahre 1998 durch das TRG grundlegend erneuert worden war. Er konnte dabei nur versuchen, sich etwa im Rahmen der überwiegend noch bestehenden internationalen Auffassungen zu halten. Das ist durch das SRG geschehen.[14]

2. Das deutsche Gesetz

Das deutsche Gesetz regelt auch nach der Neufassung des 5. Buches des HGB durch das SRG die Haftung für Ladungsschäden weiterhin – wie schon das bisherige Recht, in welches durch das Seefrachtgesetz von 1937[15] die HR eingearbeitet worden waren und welches durch das 2. SÄG von 1986[16] an die VR angepasst worden war – im Wesentlichen entsprechend den HVR. Wichtige Änderungen gegenüber dieser, nach wie vor nur hinsichtlich der HR (und dort auch nur im Verhältnis zu den wenigen verbliebenen Vertragsstaaten) völkerrechtlich verbindlichen internationalen Vorgabe, sind vor allem die **Beseitigung der gesetzlichen**

---

13 Was umso erstaunlicher ist, als die RR den HambR sachlich in den wesentlichen Kritikpunkten entsprechen, von den Reedervertretern aber gleichwohl gelobt werden.
14 Zu Analyse und Lösung vgl. grundlegend auch *Herber*, TranspR 2012, 269 ff.
15 RGBl. I S. 891.
16 BGBl. I S. 1120.

Freistellung des Verfrachters von dem Einstehen für nautisches Verschulden der Besatzung einerseits und der **größere Spielraum für abweichende vertragliche Vereinbarungen** andererseits.[17]

Weitergehend als in vielen anderen Vertragsstaaten, jedoch durchaus in Übereinstimmung mit den Vorgaben der HVR gilt die Haftungsregelung in Deutschland grundsätzlich für die gesamte Zeit der Obhut des Verfrachters, also auch für die sog. Landphase, sowie unabhängig davon, ob ein Konnossement ausgestellt ist. Ferner besteht eine im Gütertransport nicht allgemein verbreitete Besonderheit in der zusätzlichen Haftung des ausführenden Verfrachters.

II. Haftung des Verfrachters für Verlust und Beschädigung des Gutes

1. Vorbemerkung

Die Haftungstatbestände des Seefrachtrechts sind durch das SRG der Systematik des allgemeinen deutschen Transportrechts angeglichen worden, wohingegen sie nach altem Recht – abweichend vom allgemeinen deutschen Vertragsrecht den HR und damit englischem Rechtsdenken folgend – in einzelne Komplexe von Pflichtverletzungen eingebettet waren.[18] Das neue Recht unterscheidet nicht mehr danach, ob eine Schaden am Gut durch Verletzung der Sorgfaltspflicht bei der Ladungsbehandlung (§ 606 aF) oder durch Stellung eines bei Beginn der Reise see- oder ladungsuntüchtigen Schiffes (§ 559 aF) verursacht wurde, sondern geht von einer Haftung des Verfrachters bei jedem in der Zeit seiner Obhut entstandenen Schaden aus (§ 498), belässt ihm jedoch den Entlastungsbeweis mangelnden von ihm zu vertretenden Verschuldens. Der Entlastungsbeweis ist, wie zumeist auch in anderen Transportrechtsarten, bei bestimmten typischen Schadensfällen zu seinen Gunsten – wie bisher (§ 608 aF) – durch die Vermutung fehlenden Verschuldens erleichtert (§ 499).

Rechtlich und wirtschaftlich im Zentrum steht die Haftung des Verfrachters für Güterschäden, die abweichend vom allgemeinen Zivilrecht geregelt ist. Sonderregeln bestehen jedoch auch für die Haftung der Bediensteten und – durch das SRG erstreckt auf das Seefrachtrecht – des ausführenden Verfrachters. Andererseits sind Ansprüche bestimmter Dritter, die am Frachtvertrag nicht beteiligt sind, den frachtvertraglichen Haftungsregeln unterworfen. Diese Haftungsverhältnisse werden im Folgenden im Zusammenhang darzustellen sein.

2. Grundregel: Obhutshaftung des Verfrachters

a) Haftungstatbestand

Nach § 498 haftet der Verfrachter **für Verlust und Beschädigung** des ihm anvertrauten Gutes in der Zeit seiner **Obhut**. Die Obhut besteht von der **Übernahme** des Gutes zur Beförderung bis zu seiner **Ablieferung**. Sie setzt voraus, dass der Verfrach-

---

17 Erläuterungen zur Frage der Anpassung der Haftungssystematik an die der Rotterdam-Regeln im Rahmen des Gesetzgebungsverfahrens bei *Czerwenka*, § 498 Rn. 3. Kritik zu dieser Frage bei *Furrer*, RdTW 2014, 85.

18 S. auch MüKoHGB/*Herber*, Vor § 498 Rn. 2.

ter zumindest mittelbaren Besitz hat, der etwa durch eine Kaianstalt oder einen Unterverfrachter vermittelt werden kann.

Die Haftung des Verfrachters entfällt, anders als im allgemeinen Frachtrecht, wenn ihm oder seinem Erfüllungsgehilfen kein Verschulden zur Last fällt. Ein solches Verschulden wird allerdings vom Gesetz vermutet; diese Vermutung ist dadurch begründet, dass der Verfrachter während der Zeit seiner Obhut die ausschließliche Einwirkungsmöglichkeit auf das ihm anvertraute Gut hat und damit die Pflicht, Beeinträchtigungen zu verhindern.[19]

Schäden am Gut, die zwar im Rahmen des Frachtvertrages, aber vor oder nach Begründung der Obhut eintreten, lösen eine Haftung nach den allgemeinen Vorschriften des BGB (§§ 280, 823 BGB) aus, die nicht durch die Spezialvorschriften des Seefrachtrechts modifiziert ist und für die deshalb auch keine gesetzliche Haftungsbegrenzung gilt.[20]

So etwa ein Ladungsschaden, der durch einen schadhaften Container verursacht wurde, welcher dem Befrachter vom Verfrachter vor der Übernahme durch diesen zum Beladen zur Verfügung gestellt wurde.[21]

Die Frage, wann ein Schaden eingetreten ist, ist nicht immer leicht zu beantworten. Werden etwa Stahlrollen während der Beförderung durchnässt oder wird die Verpackung oder Imprägnierung des Gutes beschädigt, tritt der sichtbare Schaden (Rost) aber erst nach Ablieferung in Erscheinung, so ist die ursächliche Veränderung des Gutes während der Obhut eingetreten; allerdings kann die Unterlassung von Schutzmaßnahmen nach der Ablieferung ein weiteres relevantes Verschulden des Verfrachters oder ein Mitverschulden des Empfängers darstellen, das nach § 280 oder § 254 BGB zu werten ist.[22]

b) Haftungszeitraum

Die **Obhutshaftung** besteht in der Zeit von der Übernahme bis zur Ablieferung des Gutes.

Übernahme bedeutet die **Entgegennahme der Ladung zur Beförderung.**[23] Eine Übernahme zu vorgehender Lagerung steht nur dann gleich, wenn sie bereits im Hinblick auf einen bestimmten Transport erfolgte. Die Begründung unmittelbaren Besitzes des Verfrachters ist nicht erforderlich und auch nicht die Regel.

Wird das Gut von einem **Umschlagbetrieb** zur Verladung in das Schiff angenommen, so ist entscheidend, ob dieser – wie im Linienverkehr regelmäßig – für den Verfrachter handelt. Hat der Befrachter nicht nur, wie beim Stückgutfrachtvertrag gesetzlich vorgesehen (§ 486 Abs. 1) das Gut „abzuladen" (also dem Verfrachter zum Verladen zu übergeben), sondern kraft Vereinbarung – etwa nach der Klausel „fio" (*free in free out*) – zu „verladen" (§ 486 Abs. 2), so übernimmt der Verfrachter die Obhut in der Regel erst mit dem Abschluss des Verladevorganges. Bei den verschiedenen möglichen Fallgestaltungen ist der genaue Zeitpunkt der Besitzübertragung auf den Verfrachter oft zweifelhaft.[24]

Die **Ablieferung** ist ebenso wie die Übernahme ein rechtgeschäftlicher Akt, durch den der Verfrachter die zur Beförderung erlangte Obhut über das Gut wieder auf-

---

19 Vgl. dazu auch *Czerwenka*, § 498 Rn. 7.

20 RegBegr. SRG, S. 79; OLG Stuttgart 22.1.2003, TranspR 2003, 104, 105 mN; *Koller*, § 425 Rn. 40; EBJS/*Schaffert*, § 425 Rn. 17, anders allerdings noch nach § 608 Abs. 1 Nr. 5 aF, vgl. OLG Hamburg 26.11.1987, TranspR 1988, 238.

21 Vgl. den Fall des OLG Hamburg TranspR 2011, 112.

22 Zum Problemkreis vgl. auch MüKoHGB/*Herber*, § 498 Rn. 28 ff.

23 *Rabe*, § 606 Rn. 29; Schlegelberger/*Liesecke*, § 606 Rn. 19; *Schaps/Abraham*, § 606 Rn. 19.

24 Dazu MüKoHGB/*Herber*, § 498 Rn. 32 ff.

gibt und den Verfügungsberechtigten (in der Regel den Empfänger) in die Lage versetzt, die tatsächliche Gewalt über das Gut auszuüben.[25] Hat, wie regelmäßig beim Stückgutvertrag, der Verfrachter zu löschen (§ 486 Abs. 2), so endet die Obhut des Verfrachters erst mit der Übergabe an den Empfänger.[26] Hat vertragsgemäß („fio"-Klausel) der Befrachter (und für diesen der Empfänger) zu löschen, so endet die Obhut des Verfrachters regelmäßig mit dem Ansetzen des Hebezeugs am Gut;[27] bei Massengut genügt das Öffnen der Lukendeckel am Kai, welches den Empfänger in die Lage versetzt, das Gut zu entladen und damit die Sachherrschaft zu übernehmen.

Die **Übergabe an einen Umschlagbetrieb** ist in der Regel noch keine Ablieferung an den Empfänger. Der Umschlagbetrieb ist vielmehr nach den üblichen Terminalbedingungen regelmäßig Erfüllungsgehilfe des Verfrachters, welcher das Gut in dessen Namen – und nach Freigabe durch diesen – an den Empfänger ausliefert.

c) Güterschaden

Der Verfrachter haftet nach § 498 für Güterschäden, aber auch nur für diese. Sie können in **Verlust oder Beschädigung** des Gutes bestehen und zu einem Anspruch auf **Ersatz des Wertes** führen. Erfasst von der Regelung sind **wirtschaftliche Folgeschäden**, die den Ladungsbeteiligten durch den Verlust oder die Beschädigung entstehen; deren Ersatz ist jedoch durch die Anwendung des Wertersatzprinzips gesetzlich ausgeschlossen.

Anders als mit den Güterfolgeschäden verhält es sich mit **reinen Vermögensschäden**, insbesondere Schäden wegen **Verspätung**, oder sonstigen reinen Vermögensschäden, etwa Dispositionsfehlern wegen falscher Unterrichtung über die Ankunftszeit des Gutes. Für diese haftet der Verfrachter nach den allgemeinen **Vorschriften des BGB**, also etwa wegen Verzugs oder vertraglicher Verletzung von Nebenpflichten (früher: positiver Vertragsverletzung).[28] Diese Ansprüche werden von der Sonderregelung der §§ 498 ff. nicht erfasst und auch nicht – wie zumindest zum Teil durch § 433 – durch eine Beschränkungsregelung modifiziert. Wegen der Möglichkeit vertraglicher Abbedingung durch AGB vgl. u. IX.

Verlust liegt vor, wenn das Gut zerstört oder nicht auffindbar ist, sodass eine **Ablieferung** an den Empfänger **nicht mehr möglich** ist.[29] Verlust kann auch dadurch eintreten, dass das Gut einfach außer Kontrolle gerät, etwa durch Falschauslieferung. Dabei kommt es auf ein Verschulden zunächst nicht an: Auch die Auslieferung an den Inhaber eines gefälschten Konnossements stellt einen Verlust dar, wenn das Gut nicht ohne große Mühe zurückerlangt werden kann.[30]

Ist im Vertrag eine Lieferfrist vereinbart worden, so erleichtert das Gesetz dem Ladungsbeteiligten den Beweis des Verlustes durch eine Vermutung (§ 511): Wird das Gut nicht innerhalb des Zweifachen der Lieferfrist – mindestens aber nach 30 Tagen oder 60 Tagen bei internationalen Beförderungen – ausgeliefert, so kann es als verloren angesehen werden. Der Ver-

---

25 BGH NJW 1973, 511 = VersR 1973, 350; BGH NJW 1980, 833 = VersR 1980, 181, 182; OLG Nürnberg TranspR 1991, 99 = VersR 1991, 1156; GroßkommHGB/*Helm*, § 425 Rn. 52; Baumbach/Hopt/*Merkt*, § 425 Rn. 3; Fremuth/Thume/*Fremuth*, § 425 Rn. 18; *Piper*, TranspR 1990, 357, 360.

26 OLG Hamm TranspR 2008, 405.

27 OLG Düsseldorf TranspR 1997, 70, 71; *Koller*, § 425 Rn. 27; EBJS/*Schaffert*, § 425 Rn. 24; GroßkommHGB/*Helm* § 425 Rn. 65.

28 RegBegr. SRG, S. 79.

29 MüKoHGB/*Herber*, § 498 Rn. 15; *Koller*, § 425 Rn. 4.

30 Vgl. LG Duisburg VersR 1990, 69.

frachter kann dann die Ersatzleistung nicht mehr mit der Begründung verweigern, das Gut könne immer noch aufgefunden werden, so dass nur eine Verspätung vorliege. § 511 Abs. 2 bis 4 enthalten ausführliche Regelungen für den Fall, dass das Gut nach Entschädigungsleistung wieder aufgefunden wird.

Die Bestimmung wird allerdings deshalb selten praktisch werden, weil sie – anders als ihr Vorbild im allgemeinen Frachtrecht, § 424,[31] und nach dem Vorschlag des BerSV – **nur bei vereinbarter Lieferfrist** gilt. Eine solche Vereinbarung kann zwar auch stillschweigend getroffen werden, ist aber im Seeverkehr sehr selten; Fahrpläne im Liniendienst etwa gelten nicht als zugesicherte Liefertermine.

Beschädigung ist jede äußere oder innere Substanzverletzung, welche eine Wertminderung zur Folge hat.[32]

Typische Beschädigungen sind Bruch, Nässeeinwirkung, Verunreinigung durch Beimengung von Fremdstoffen, etwa infolge schlecht gereinigter Laderäume oder Hebezeuge.[33] Eine innere – weil äußerlich nicht ohne weiteres erkennbare – Substanzverletzung kann darin liegen, dass Tiefkühlkost auch nur vorübergehend angetaut oder nicht mit der vorgeschriebenen Temperatur befördert wurde.[34] Als Beschädigung angesehen werden kann in Ausnahmefällen bereits der ernsthafte Verdacht einer inneren Verletzung, etwa durch den Sturz einer empfindlichen Maschine oder die naheliegende Gefahr einer Verunreinigung.[35] Auch rechtliche Belastungen – etwa mit einem Pfandrecht durch Große Haverei oder Bergung – können eine Beschädigung darstellen. [36]

Wodurch der Güterschaden herbeigeführt wurde, ist nach neuem Recht unerheblich. Zwar werden es in der Schifffahrt normalerweise die in § 606 Abs. 1 aF aufgeführten Tätigkeiten sein, doch ist dies nicht erforderlich. Wichtige Schadenstatbestände sind See- oder Ladungsuntüchtigkeit des verwendeten Schiffes und Fehlverhalten der Besatzung bei der Führung des Schiffes oder der Ladungsfürsorge. Diese Fälle werden vom Gesetz bei der Haftungsbegründung nicht mehr hervorgehoben, weil sie keine besonderen Rechtsfolgen mehr nach sich ziehen.

d) Verschulden; insbesondere Verantwortlichkeit für Hilfspersonen

aa) Die Haftung des Verfrachters setzt ein von diesem zu vertretendes Verschulden voraus, das jedoch – wie allgemein im Transportrecht, sofern es überhaupt Anspruchsvoraussetzung ist – bei Vorliegen einer Vertragsverletzung vermutet wird (§ 498 Abs. 1 Satz 2). Der Verfrachter kann sich also durch den Beweis, dass der Verlust oder die Beschädigung durch die **Sorgfalt eines ordentlichen Verfrachters** nicht abgewendet werden konnte, exkulpieren.

Hierfür genügt es nicht, dass der Verfrachter den Nachweis fehlenden **eigenen Verschuldens** erbringt. Ihm selbst – im Falle einer juristischen Person oder Gesellschaft deren Organen – fällt nur in Ausnahmefällen ein persönliches Verschulden zur Last. In der Praxis kommt deshalb besondere Bedeutung der Frage zu, in welchem Umfang der Verfrachter bei der Erfüllung seiner vertraglichen Verpflichtungen für Handlungen seiner Gehilfen einzustehen hat.

Ein eigenes Verschulden des Verfrachters wird insbesondere in unsachgemäßer Auswahl der Erfüllungsgehilfen oder in deren mangelnder Beaufsichtigung gesehen werden können. Zum sog. Organisationsverschulden, das die Zurechnung fremder Handlungen ermöglicht, besteht in jüngerer Zeit eine reichhaltige Rechtsprechung im Speditionsrecht,[37] die auch hier herange-

---

31 Bei dem auch die etwas vage Lieferfristbemessung nach § 423 ausreicht.

32 MüKoHGB/*Herber*, § 498 Rn. 23; *Koller*, § 425 Rn. 13.

33 Vgl. etwa OLG Hamburg TranspR 2010, 337, 338; TranspR 2011, 112, 113.

34 Vgl. etwa OLG Hamm TranspR 1990, 375, 376.

35 BGH TranspR 2000, 456, 485; OLG Karlsruhe TranspR 2011, 238.

36 *Rabe*, § 606 Rn. 28; *Schaps/Abraham*, § 606 Rn. 13; *Schlegelberger/Liesecke*, § 606 Rn. 13; HansOLG HansGZ 1905, 153 = SeuffA 62, 161.

37 Vgl. etwa BGH, TranspR 1997, 440 ff.; dazu *Starck*, TranspR 1996, 1 ff.

zogen werden kann. Praktische Bedeutung hat diese Rechtsprechung namentlich bei der Frage, ob die Haftungsbeschränkungsprivilegierung bei qualifiziertem Verschulden des Verfrachters entfällt (§ 507 Nr. 1), weil diese Rechtsfolge nur bei eigenem, persönlichen Verschulden des Verfrachters, nicht bei qualifiziertem Verschulden seiner Erfüllungsgehilfen eintritt.

bb) Die **Zurechnung von Gehilfenverschulden** ist Gegenstand einer seerechtlichen Sondervorschrift (§ 501), die für die Leute des Verfrachters und die Schiffsbesatzung Besonderheiten gegenüber der allgemeinen Gehilfenhaftung des § 278 BGB enthält, welche im übrigen jetzt in die Vorschrift einbezogen worden ist (§ 501 Satz 2), ohne insoweit Besonderheiten aufzuweisen.[38]

Als „**Leute**" des Verfrachters sind alle im Betrieb des Verfrachters angestellten Personen anzusehen, und zwar ohne Rücksicht auf ihre Einbindung in den konkreten Beförderungsvorgang.[39] Jede Erweiterung auf selbständige Gewerbetreibende ist abzulehnen; insoweit findet für die Zurechnung des Verschuldens Satz 2 Anwendung.

Die Einordnung der selbständigen Erfüllungsgehilfen ist deshalb von großer praktischer Bedeutung, weil nur die Leute und die Schiffsbesatzung bei eigener Inanspruchnahme die Vorteile der Haftungsbeschränkung genießen (§ 508 Abs. 1), selbständige Erfüllungsgehilfen demzufolge nicht.

Bedeutung und Rechtfertigung des durch das Seefrachtgesetz von 1937 aus dem Landfrachtrecht (§§ 431, 456aF) in das Seerecht übernommenen „Leute"-Begriffs liegen in der Erweiterung der Zurechnung auf Handlungen, welche die Leute nicht – wie es bei § 278 BGB vorausgesetzt wird – in Ausführung, sondern nur bei Gelegenheit ihrer Dienstverrichtungen vornehmen;[40] dabei wird allerdings vorausgesetzt, dass ein gewisser sachlicher Zusammenhang mit dem Dienstverhältnis besteht. Praktisch ist diese Erweiterung allerdings nicht mehr von allzu großer Bedeutung, nachdem § 278 BGB zunehmend– und mit Recht – erweiternd dahin ausgelegt wird, dass dem Verfrachter auch die Verletzung von Schutzpflichten, welche er für die ihm anvertrauten Güter hat, durch einen (mit diesen Gütern nicht speziell befassten) Gehilfen zuzurechnen ist. So würde man eine Haftung des Verfrachters etwa für einen Diebstahl, den ein Bediensteter in Ausnutzung der ihm durch das Dienstverhältnis gegebenen besonderen Zugriffsmöglichkeit an anvertrautem Gut verübt, auch über § 278 BGB – und damit im Seerecht jetzt über § 501 Satz 2 – begründen können.[41]

Problematischer ist die Auslegung des Begriffs der **Schiffsbesatzung**. Er überschneidet sich mit dem der Leute. Seine Bedeutung liegt darin, dass der Verfrachter für Handlungen der Mitglieder der Schiffsbesatzung auch dann haftet, wenn diese nicht bei ihm selbst angestellt sind, sondern bei einem anderen. So ermöglicht § 501 namentlich die Zurechnung von Verschulden der – vom Eigentümer angestellten – Besatzung des vom Verfrachter in Zeitcharter übernommenen Schiffes; diese könnte man allerdings nach heutiger Anschauung auch mittelbar als seine Erfüllungsgehilfen ansehen, doch ist auch hier durch die Einordnung zugleich die Frage der eigenen Haftungsbegrenzung der Besatzungsmitglieder (Kapitän!) geklärt, s. o.[42]

Nach altem Recht (§ 607 aF) war die Einordnung unter die Begriffe der Leute und der Schiffsbesatzung zugleich die Voraussetzung für die Bestimmung des Personenkreises, für dessen nautisches Verschulden der Verfrachter nicht einzustehen hatte (§ 607 Abs. 2 aF). Zwar ist diese gesetzliche Haftungsfreistellung entfallen;

---

38 Dazu ausführlich MüKoHGB/*Herber*, § 501 Rn. 5 f.

39 Zum Begriff eingehend und mit Nachweisen *Knöfel*, S. 156 ff., 175 ff.; MüKoHGB/*Herber*, § 501 Rn. 7 ff.; ferner o. § 23.

40 *Schaps/Abraham*, § 607 Rn. 1; *Hoffmann*, S. 23.

41 So mit Recht MüKoBGB/*Hanau*, § 278 Rn. 33.

42 S. auch MüKoHGB/*Herber*, § 501 Rn. 11.

doch kann die Abgrenzung immer noch Bedeutung erlangen, wenn die Freistellung nach § 512 Abs. 2 Nr. 1 vereinbart wird.[43]

Der **Begriff der Schiffsbesatzung** ist in § 478 definiert (vgl. auch o. § 23 III). Zu ihr rechnen der Kapitän, die Schiffsoffiziere, die Schiffsmannschaft sowie alle sonstigen Personen, die vom Reeder oder Ausrüster des Schiffes angestellt sind oder dem Reeder oder Ausrüster von einem Dritten zur Arbeitsleistung im Rahmen des Schiffsbetriebs überlassen werden und die den Anordnungen des Kapitäns unterstellt sind.

Diese Umschreibung weicht vom bisherigen Recht (§ 481 aF) hinsichtlich der „sonstigen Personen“ insofern ab, als sie nicht mehr verlangt, dass sie „auf dem Schiff angestellt“ sind; es genügt, dass sie in den Betrieb des Schiffes eingegliedert sind, was in Ausnahmefällen auch bei einer Tätigkeit an Land der Fall sein kann. Klargestellt ist ferner, dass diese Personen – ebenso wie Kapitän, Offiziere und Mannschaft – nicht notwendig vom Reeder oder Ausrüster angestellt sein müssen; sie haben heute oft ein Arbeitsverhältnis nur mit einem Dritten (etwa einer „crewing agency“), welche sie dem Reeder zur Arbeitsleistung im Rahmen des Schiffsbetriebs überlässt.[44] Beispiele für die sonstigen Personen sind etwa Kellner, Friseure, Verkäufer in schiffseigenen Geschäften. Eine Anwendung auf selbständige Unternehmer – auch, soweit sie auf dem Schiff tätig sind – ist nicht möglich.

Mehr noch als beim Begriff der Leute sind bei dem der Schiffsbesatzung nach § 481 aF Versuche zu seiner Ausdehnung gemacht worden.[45] Sie scheitern jetzt schon daran, dass der Begriff eine neue, auf die modernen Verhältnisse gestützte Legaldefinition erfahren hat.

Nicht erfasst sind danach selbstständig Tätige oder deren Arbeitnehmer, zB Besatzungsmitglieder eines Schleppers oder Arbeitnehmer eines Stauereiunternehmers, Wachleute, Festmacher, die nicht zur Arbeitsleistung im Rahmen des Schiffsbetriebs überlassen sind, Supercargo, beauftragt durch Zeitcharterer[46].

Wer Erfüllungsgehilfe des Verfrachters ist, hängt von den vertraglichen Vereinbarungen ab. In Betracht kommen vor allem – soweit vom Verfrachter beauftragt – Stauereiunternehmen, Hafen- und Umschlagbetriebe (vgl. dazu auch o. a.). Erfüllungsgehilfen sind aber auch der Unterfrachtführer (zur Terminologie vgl. § 27 II 1c) und der Eigentümer des in Zeitcharter vergebenen Schiffes. Bzgl. Werft und Klassifikationsgesellschaft gilt dasselbe wie bei der Haftung für anfängliche Seeuntüchtigkeit (o. 2).

cc) Der Verfrachter trägt die **Beweislast** für fehlendes von ihm zu vertretendes Verschulden.

Für diesen Entlastungsbeweis sieht das Gesetz eine **Erschwerung** vor, wenn das Gut auf einem **see- oder ladungsuntüchtigen Schiff** (dazu § 28 III 1 c) aa)) befördert wurde und wenn wahrscheinlich ist, dass der Schaden hierauf beruhte. Dann hat der Verfrachter zusätzlich den Beweis dafür zu führen, dass der Mangel der See- oder Ladungstüchtigkeit bei Anwendung der Sorgfalt eines ordentlichen Verfrachters vor Antritt der Reise nicht zu entdecken war (§ 498 Abs. 2 Satz 2).

Diese im Verlauf des Gesetzgebungsverfahrens eingefügte Regel stellt eine bedauerliche Komplizierung der Entlastungsvorschrift dar, die jedoch kaum praktische Konsequenzen haben dürfte;[47] denn in den erfassten Fällen hätte der Verfrachter auch ohne sie den Beweis erbringen müssen, dass eine wahrscheinliche Seeuntüchtigkeit nicht kausal oder nicht schuldhaft gewesen ist. Die Vorschrift bringt sogar die Gefahr einer Fehlinterpretation dahin mit sich, dass der Verfrachter – wie bisher nach § 559 aF – den Mangel der Seeuntüchtigkeit nur zu vertreten haben könnte, wenn sie vor Antritt der Reise hätte festgestellt werden können und müssen; aus der speziellen Beweislasterschwerung des Satz 2 ist jedoch keine Abmilderung der Haftung nach Absatz 1 und der allgemeinen Beweislastregel des Absatz 2 Satz 1 zu entnehmen,

43 Dazu ausführlich MüKoHGB/*Herber*, § 512 Rn. 21 ff.
44 Vgl. im Einzelnen *Czerwenka*, § 478 Rn. 4; MüKoHGB/*Pötschke*, § 478 Rn. 4 f.
45 Dazu im Einzelnen *Knöfel*, S. 160 ff., 179.
46 *Czerwenka*, § 478 Rn. 5.
47 MüKoHGB/*Herber*, § 498 Rn. 73.

wonach der Verfrachter jede, auch die während der Reise eingetretene See- oder Ladungsuntüchtigkeit des Schiffes zu vertreten hat, wenn er oder die Schiffsbesatzung sie schuldhaft nicht entdeckt oder nicht behoben haben.[48]

dd) Der Beweis mangelnden Verschuldens wird dem Verfrachter jedoch – ähnlich wie dem Frachtführer nach allgemeinem Frachtrecht (§ 427) – durch eine Reihe sog. **bevorrechtigter Haftungsbefreiungsgründe** erleichtert (§ 499). Bei Vorliegen der dort aufgeführten Tatbestände ist die Haftung ausgeschlossen, sofern dem Verfrachter ein Verschulden nicht nachgewiesen werden kann (§ 499 Abs. 1 Satz 2); weitergehend wird sogar gesetzlich vermutet, dass der Schaden aus einer solchen haftungsbefreienden Situation entstanden ist, wenn dies wahrscheinlich ist (§ 499 Abs. 2).

Diese **Kausalitätsvermutung** geht zugunsten des Verfrachters über das international Übliche hinaus,[49] findet jedoch sein Vorbild in § 608 Abs. 2 aF und § 427 Abs. 2 Satz 1. Der vom Verfrachter verlangte Beweis, dass der Schaden aus einem der in der Liste genannten Umstände **mit Wahrscheinlichkeit** entstanden ist, geht allerdings über die nach § 427 erforderte bloße Möglichkeit hinaus, doch darf der Unterschied wohl praktisch nicht überbewertet werden, obgleich der RegE SRG hier bewusst von dem Vorschlag der Sachverständigengruppe,[50] die für beide Bestimmungen einen gleichen Wortlaut vorgeschlagen hatte, abgewichen ist. Die Rechtsprechung hat auch unter der alten Fassung schon verlangt, dass die Möglichkeit eines ursächlichen Zusammenhangs konkret dargelegt wird.[51]

Die Kausalitätsvermutung ist – anders als nach früherem Recht – **eingeschränkt**, wenn das **Schiff see- oder ladungsuntüchtig** war (§ 499 Abs. 2 Satz 2). In diesem Fall muss der Verfrachter den Beweis erbringen, dass ein unter Absatz 1 fallender Umstand tatsächlich kausal für den Schaden war oder dass ihn an dem Schaden kein Verschulden trifft (§ 498 Abs. 2).[52]

§ 499 Abs. 1 führt die besonderen Gefahren, welche den Haftungsausschluss indizieren (bevorrechtigte Haftungsausschlussgründe), in einem Katalog auf.

Bei dessen Anwendung ist stets zu bedenken, dass keine dieser Gefahren materiell eine Enthaftung herbeiführen kann, wenn der Schaden durch die Sorgfalt eines ordentlichen Verfrachters hätte abgewendet werden können (§ 499 Abs. 1 Satz 2). Diese Formulierung ist weiter als die des § 608 Abs. 3 aF, die nur den Fall der verschuldeten Gefahrenlage, nicht der Unterlassung sonstiger schuldhafter Schadensabwehrmaßnahmen erfasste und die deshalb mit Recht als zu eng angesehen wurde.[53]

Von den einzelnen **Ausschlussgründen**, die sich ähnlich schon in § 608 aF fanden, bedürfen die Nrn. 1, 4, 5 und 7 etwas näherer Betrachtung, weil bei ihrer Anwendung wegen der weiten und unbestimmten Formulierung besondere Zurückhaltung geboten ist.[54]

Als **Gefahren oder Unfälle der See** (Nr. 1) können nur außergewöhnliche, für einen sorgfältigen Schiffsführer nicht vorhersehbare Gefahren angesehen werden.[55] Nur dann ist es gerechtfertigt, den Verfrachter nicht nur von der Haftung freizustel-

---

48 Zur Problematik vgl. auch MüKoHGB/*Herber*, § 498 Rn. 73.

49 Vgl. RegBegr. SRG, S. 144; ausführlich zur Kausalitätsvermutung MüKoHGB/*Herber*, § 499 Rn. 55 ff.

50 § 511 Abs. 2 BerSV.

51 BGH TranspR 2000, 459, 462.

52 RegBegr. SRG, S. 144.

53 *Wüstendörfer*, S. 277; Voraufl. S. 321.

54 Eine ausführliche Erläuterung aller Ausschlussgründe ist zu finden in MüKoHGB/*Herber*, § 499 Rn. 10 ff.

55 So auch die englische Auslegung des gleichermaßen unscharfen Begriffs der HR, vgl. *Schaps/Abraham*, § 608 Rn. 10.

len (was er in diesen Fällen durch den Beweis mangelnden Verschuldens nach § 498 Abs. 2 Satz 1 ohnehin erreichen könnte), sondern darüber hinaus das Fehlen eines von ihm zu vertretenden Verschuldens auf Grund der bloßen Erfüllung des Tatbestandes zu vermuten.[56] Weil die meisten Schäden auf See auf deren – zumeist aber durch gute Seemannschaft vermeidbare – Gefahren zurückzuführen sind, ist die Formulierung nichtssagend; die Sachverständigengruppe hat deshalb vorgeschlagen, Nr. 1 nicht wieder aufzunehmen.

Auch bei **Streik** und den – schon ihrem Begriff nach unklaren – Arbeitsbehinderungen (Nr. 4) kann der Ladungsbeteiligte den Nachweis führen, dass diese Hindernisse – zumutbar – vom Verfrachter hätten überwunden werden können.[57]

Der Haftungsausschlussgrund der **Handlungen oder Unterlassungen des Befrachters oder Abladers** (Nr. 5) entspricht Art. 4 § 2 Buchst. i HR. Er ist zu weit gefasst, um bei wörtlicher Auslegung eine sinnvolle Grundlage für eine Vermutung für Haftungsfreiheit des Verfrachters zu bilden (die ja auch in den HR nicht angelegt, sondern eine Besonderheit des deutschen Rechts ist). Bei der Einarbeitung in das HGB ist vielleicht nicht genügend bedacht worden, dass die neutralen Begriffe „*act*" und „*omission*" im englischen Recht eingegrenzt werden durch die (stillschweigende) Voraussetzung einer Rechtspflicht zu bestimmtem Handeln.

Eine Haftungsfreiheit des Verfrachters kann deshalb nur vermutet werden, wenn ein **vertragswidriges Handeln oder Unterlassen** des Befrachters oder Abladers oder anderer Personen, das dem Befrachter zuzurechnen ist, vorliegt (und, wenn nötig, auch bewiesen wird). Unterfälle (die in Art. 4 § 2 Buchst. n und o HR gesondert aufgeführt sind) stellen **ungenügende Verpackung** und **ungenügende Kennzeichnung der Frachtstücke** dar; hinzufügen lassen sich etwa Fehler beim Ein- und Ausladen sowie falsche Angaben über die Beschaffenheit der Güter.[58]

Besondere Bedeutung hat die Bestimmung in den Fällen, in denen Befrachter oder Ablader die Verladung (welche jetzt in § 486 Abs. 2 legaldefiniert ist und das Stauen und Sichern der Ladung an Bord einbezieht) übernommen haben. Dabei genügt es nicht, dass der Ablader zu laden hatte; der Verfrachter muss vielmehr einen Fehler dabei beweisen, um sich auf die Vermutung des § 499 Abs. 1 Satz 1 Nr. 5 berufen zu können; dann wird allerdings die Kausalität dieses Fehlers vermutet.

In diesem Zusammenhang ist mit Blick auf die Anwendung des § 499 Abs. 1 Satz 2 wichtig, welche **Aufsichtspflichten** den Verfrachter oder seine Leute treffen, wenn der Ablader die Verladung vornimmt. In der Regel ist dann im Vertrag eine sog. **Supervision-Klausel** vereinbart; diese besagt etwa, dass das Laden und Stauen „*under the supervision of the captain*" geschehen soll. Die Rechtsprechung hat hieraus eine Verpflichtung hergeleitet, welche den Verfrachter für Ladungsschäden infolge von Staufehlern, welche die Besatzung hätte feststellen und verhindern müssen, – anteilig, neben einem dem Ablader zuzurechnenden eigenen Anteil – haftbar macht.[59] Demgegenüber vertritt *Riehmer*[60] eine zurückhaltendere Auffassung, die sich u.a. an die Auffassung der englischen Rechtsprechung anlehnt, welche eine Haftung des Verfrachters aus der Klausel nur dann herleitet, wenn sie ausdrücklich die „*responsibility*" des

56 MüKoHGB/*Herber*, § 499 Rn. 10.
57 Zum Vertretenmüssen bei Streik der Besatzung vgl. Palandt/*Heinrichs*, § 278 Rn. 8.
58 Dazu und zur Kasuistik im Einzelnen *Rabe*, § 608 Rn. 12.
59 Vgl. OLG Hamburg, TranspR 1987, 285 ff.; im Wesentlichen zustimmend *Rabe*, TranspR 1987, 267 ff.
60 TranspR 1990, 183 ff.; ebenso *Hoffmann*, aaO, S. 41 ff.

Schiffes für die Aufsicht erwähnt;[61] auch *Hoffmann*[62] will auf die Formulierung der Klausel im Einzelfall abstellen. Die englische Auffassung erscheint – auch in diesem Fall – zu formalistisch bei der Vertragsauslegung. Das mag hier aber auch offen bleiben; denn bei der Anwendung des § 499 Abs. 1 Satz 1 Nr. 5 geht es nicht um eine Haftung des Verfrachters für die Schäden, sondern allein um die Frage, ob § 499 Abs. 1 Satz 2 die Anwendung des formularmäßigen Haftungsausschlusses der Nr. 5 ausschließt. Das ist bei der fehlerhaften Beaufsichtigung jedenfalls anzunehmen, schließt aber nicht aus, dass – unabhängig von der Beweislast – letztlich eine Schadensteilung infolge beiderseitigen Verschuldens Platz greift. Dabei ist ferner zu bedenken, dass der Verfrachter stets – auch ohne besondere Vereinbarung – für die Verkehrssicherheit des Schiffes, also seine Seetüchtigkeit, verantwortlich ist, für die Ladungssicherheit dagegen nur bei ausdrücklicher Vereinbarung (vgl. dazu auch o. § 28 IV 5).

Der Ausschlussgrund der **„natürlichen Art oder Beschaffenheit** des Gutes“ (Nr. 7) führt nicht zur Haftungsfreiheit, wenn der Verfrachter vertraglich verpflichtet war, das Gut gegen die Einwirkung von Hitze, Kälte, Temperaturschwankungen, Luftfeuchtigkeit, Erschütterungen oder ähnlichen Einflüssen besonders zu schützen; dann muss er zunächst beweisen, dass er alle ihm nach den Umständen obliegenden Maßnahmen, insbesondere hinsichtlich der Auswahl, Instandhaltung und Verwendung besonderer Einrichtungen, getroffen und besondere Weisungen beachtet hat.

Fehlt eine solche Vereinbarung, so kann sich der Verfrachter, der die besonderen Eigenschaften gekannt hat, zwar auf den Haftungsausschluss berufen; zur Geeignetheit der Gegenmaßnahmen, die er zur Vermeidung seiner Haftung nach § 498 iVm § 499 Abs. 1 Satz 2 ergreifen musste, wird ihm eine erhöhte Darlegungslast aufzuerlegen sein, die dem Anspruchsteller sachgerechten Vortrag und Beweisantritt erlaubt.

3. Sonderfall: Haftung für unerlaubte Deckverladung

Das Gesetz knüpft besondere Haftungsfolgen an die unerlaubte Verladung der Güter an Deck. **Unerlaubt** ist die Deckverladung, wenn sie nicht durch Zustimmung des Befrachters oder Abladers gedeckt ist oder es sich um einen Container oder ein ähnliches Lademittel handelt (§ 486 Abs. 4).

Der Verfrachter haftet dann auch **ohne ein Verschulden** für Schäden, die durch diese Art der Verladung verursacht wurden. Dabei wird die Verursachung vermutet (§ 500). Diese Haftung ist jedoch nach den allgemeinen Bestimmungen begrenzt, wenn die Verladung an Deck nur unerlaubt, jedoch nicht durch eine besondere Vereinbarung verboten ist; bei ausdrücklichem Verbot gilt eine unbegrenzte Haftung (§ 507 Nr. 2, vgl. u. III 4b).[63]

4. Mitverschulden der Ladungsbeteiligten

Das Gesetz erwähnt[64] – anders als vor der Reform, als sich dies nur aus § 254 BGB ergab[65] – jetzt ausdrücklich, dass ein Mitverschulden der Ladungsbeteiligten an der Schadensverursachung oder Unterlassung der Begrenzungen zu berücksichtigen ist.

---

61 Nachweise bei *Riehmer*, aaO.
62 AaO, S. 44.
63 S. zur Haftung ausführlich MüKoHGB/*Herber*, § 500 Rn. 4 ff.
64 § 498 Abs. 3.
65 *Czerwenka*, § 498 Rn. 6, 11.

Die Regelung wurde, obgleich entbehrlich, in das Gesetz aufgenommen, um im Hinblick auf die entsprechende Regelung in § 425 Abs. 2 – die zudem wegen der dort verschuldensunabhängigen Haftung des Frachtführers anders formuliert werden musste – das Missverständnis zu vermeiden, dass § 254 BGB nicht anwendbar sei.[66]

III. Begrenzung der Haftung des Verfrachters für Güterschäden

1. Vorbemerkung

a) Wie in allen Transportrechten ist auch im Seefrachtrecht die vertragliche Haftung des Verfrachters für Güterschäden auf den Handelswert der Güter (§ 502) und darüber hinaus auf bestimmte Haftungsbeträge (§ 504) begrenzt.

Eine erste und wichtige Begrenzung liegt darin, dass der Ersatzleistung grundsätzlich nur der **Handelswert der Güter** zugrunde gelegt wird, ein weitergehender Vermögensschaden – entgangener Gewinn, Betriebsunterbrechungsschaden, Affektionsinteresse – also unberücksichtigt bleibt. Diese Abweichung von Prinzip der Naturalrestitution (§§ 249ff. BGB) entspricht der Interessenlage im Transportrecht: Der Verfrachter könnte nur unter enormem Aufwand die verlorene oder beschädigte Ware beschaffen; andererseits kann der Geschädigte den ihn treffenden wirtschaftlichen Verlust oft nur schwer konkret beziffern.

Darüber hinaus ist die Ersatzleistung auf **bestimmte Summen begrenzt.** Diese Begrenzung ist im Seefrachtrecht besonders gravierend: Mit dem Betrag von 2 SZR je kg liegt das Seehandelsrecht weit unter den im sonstigen Transportrecht üblichen Haftungssätzen. Wenn auch das deutsche Landfrachtrecht heute – anders als noch vor dem TRG, als noch 100 DM je kg bei der Eisenbahnbeförderung und 80 DM bei der innerstaatlichen Straßenbeförderung die Haftungsgrenze darstellten – nur noch einen einheitlichen Haftungshöchstbetrag (entsprechend der CMR) von 8,33 SZR je kg vorsieht, liegt der seerechtliche Haftungsbetrag noch unter einem Viertel dieser Summe. Das Argument, dass Güter bei Seebeförderungen durchschnittlich weniger wert sind, trifft selbst für Massengüter nicht unbedingt zu, da diese auch auf der Eisenbahn befördert werden, überzeugt aber auch deshalb nicht, weil es nicht um eine Kürzung der Ansprüche um jeden Preis, vielmehr eine angemessene Kappung der Haftung für mittel- und höherwertige Güter geht, die allein den Zweck hat, die Beförderer vor unvorhersehbaren Haftungsrisiken zu schützen. Es ist jedoch ein weniger durch Absicht des Gesetzgebers, als durch die permanente Verschlechterung des Geldwertes entstandener Trend aller Transportrechte, dass sich die Haftungssummen teilweise bis zur Lächerlichkeit herunterentwickelt haben, ohne dass die Gesetzgeber den Mut zur Anpassung gefunden hätten. Eine solche Anpassung müsste international erfolgen, soll nicht die Wettbewerbsfähigkeit der Reeder einzelner Staaten beeinträchtigt werden.

b) Die wertmäßige Begrenzung des Schadensersatzanspruchs ist scharf zu unterscheiden von der – auch als „global" bezeichneten – **allgemeinen Haftungsbeschränkung nach §§ 611ff. in Verbindung mit dem HBÜ.**[67] Es empfiehlt sich deshalb, hier von einer Begrenzung, dort von einer Beschränkung zu sprechen (im Englischen und Französischen – „limitation" – ist eine solche Unterscheidung allerdings nicht üblich). Während erstere den vertraglichen Ersatzanspruch begrenzt, ihn also nur in der begrenzten Höhe entstehen lässt, gewährt letztere dem Reeder und einer Reihe ihm gleichgestellter Personen das Privileg, durch Einrede – mit oder ohne Errichtung eines Haftungsfonds (s. dazu o. § 24) – zu bewirken, dass sich seine Haftung für alle Ansprüche, die aus einem bestimmten Ereignis entstanden sind, auf die im HBÜ festgelegten Haftungsbeträge beschränkt. Im Ergebnis bedeutet dies, dass sich der Gläubiger eines – bereits durch die Haftungsbegrenzung des § 504 unter den Wert der verlorenen oder beschädigten Güter begrenzten – Schadensersatzanspruches aus einem Seefrachtvertrag in den Fällen, in denen aus dem schädigenden Ereignis noch andere Ansprüche hervorgegangen sind,

---

66 Dazu ausführlich *Czerwenka*, aaO.

67 Dazu ausführlich *Czerwenka*, §§ 611ff.; MüKoHGB/*Eckardt*, §§ 611ff.; und Erläuterungen oben § 24.

mit den Gläubigern aller anderen Ansprüche die Haftungssumme nach dem HBÜ teilen, also eine weitere Reduzierung seines Anspruchs hinnehmen muss. So werden etwa bei einem Schiffsuntergang nach einer Kollision die Ladungsschäden und der Schaden des geschädigten anderen Schiffes gleichrangig anteilig befriedigt. Im Extremfall kann auch der Wert einer einzelnen Ladung die Haftungssumme nach dem HBÜ überschreiten, so dass eine weitere Kürzung des Vertragsanspruchs eintritt.

Die Haftungsbeschränkung nach §§ 611 ff. in Verbindung mit dem HBÜ wird allerdings nur selten gegenüber Ansprüchen der Ladungsbeteiligten anzuwenden sein; denn Schäden des dafür erforderlichen Ausmaßes werden in der Regel nur durch Schiffsunfälle herbeigeführt werden, während Verlust oder Beschädigung einzelner Ladungen zumeist unter den bei größeren Schiffen doch recht beträchtlichen Haftungssummen bleiben werden. Für Schiffsunfälle besteht jetzt zwar nach deutschem Recht auch dann eine Verfrachterhaftung, wenn der Schaden auf nautisches Verschulden der Besatzung zurückzuführen ist, doch wird diese Haftung auch künftig häufig abbedungen werden und bei Ansprüchen, die ausländischem Recht unterliegen, oft schon kraft Gesetzes nicht bestehen.

2. Begrenzung auf den Wert des Gutes

Nach § 502 ist bei gänzlichem oder teilweisem **Verlust** der Güter deren Handelswert oder – fehlt ein solcher – der gemeine Wert zu ersetzen, den das verlorene Gut bei fristgemäßer Ablieferung am vereinbarten Bestimmungsort gehabt hätte (§ 502 Abs. 1).

Die Begrenzung gilt **nur für Güterschäden**, nicht etwa für Vermögensschäden durch Verspätung. Verdirbt jedoch die Ladung infolge der Verspätung, so handelt es sich um Verlust. Ebenso bei **Falschauslieferung** an einen Unberechtigten (bei der jedoch in aller Regel § 507 Nr. 1 eingreifen wird).

Geht Gut verloren, das Teil einer größeren, im übrigen jedoch unversehrt angekommenen Sendung war, so ist der Gesamtwert des entwerteten Gutes der Berechnung zugrundezulegen, wenn der Teilverlust wirtschaftlich gänzlicher Verlust ist (§ 504 Abs. 2 Nr. 1).

Das Gesetz regelt nunmehr zugleich (anders als bisher, vgl. Voraufl.) den bei Güterverlust keineswegs fernliegenden Fall, dass auch das Schiff den Bestimmungsort nicht erreicht: Es bleibt auch in diesem Fall dabei, dass der im Vertrag vorgesehene Bestimmungsort (fiktiv) zum vertraglich vorgesehenen Ablieferungszeitpunkt für die Schadensberechnung maßgebend ist;[68] hier wurde die nicht erfüllte Leistung geschuldet. Sofern das Schiff einen anderen Bestimmungsort erreicht, ist ebenfalls der vertraglich vorgesehene Bestimmungsort entscheidend und nicht, wie nach altem Recht, der angelaufene Ort.[69]

§ 502 Abs. 2 ergänzt die Regelung durch eine **Sondervorschrift für Beschädigung**. Hier ist die Differenz des Wertes des (beschädigten) Gutes am Ort und zur Zeit der Ablieferung und dem (fiktiven) Wert des unbeschädigten Gutes zur gleichen Zeit zu erstatten. Dies ist wie auch sonst im Transportrecht[70] kein Anspruch auf Schadensersatz – etwa wegen der Kosten einer nötigen und möglichen Reparatur, sondern auf **Ersatz des Minderwertes**. Allerdings hilft das Gesetz bei den Schwierigkeiten der Ermittlung des fiktiven Minderwertes durch eine Vermutung (§ 502 Abs. 2 Satz 2). Es wird (widerleglich) vermutet, dass die durch Schadensminderung und Schadensbehebung aufgewendeten Kosten dem Unterschiedsbetrag entsprechen.[71]

Abzuziehen sind in allen Fällen vom Ersatzberechtigten ersparte Kosten und Zölle, im Falle des Verlustes auch die etwa ersparte Fracht (§ 502 Abs. 4). Da für die Wertberechnung auf den (fiktiven Gesund-)Wert am Bestimmungsort abgestellt wird, sind in diesem die Werterhöhung durch die Fracht und die vor der Ablieferung am Bestimmungsort etwa zu zahlenden

68 *Czerwenka*, § 502 Rn. 5; vgl. auch die Voraufl. zum alten Recht (das aber bzgl. der Frage, welcher Ort bei Erreichen eines anderen Ortes maßgebend ist, abwich).

69 *Czerwenka*, § 502 Rn. 5.

70 Vgl. neuerdings § 429 HGB, angelehnt an Art.25 CMR; dazu *Herber/Piper*, Anm. 4.

71 Diese Vermutung wurde schon bisher von der Praxis verwendet, jetzt jedoch aus § 429 Abs. 2 Satz 2 übernommen.

Zölle und sonstigen Kosten enthalten; deshalb müssen diese Ausgaben, wenn sie infolge des Verlustes nicht zu zahlen sind, wiederum abgezogen werden.[72] Dazu gehören auch die Kosten der Löschung, sofern diese vor der Ablieferung erfolgt.[73] Ob im Falle des Verlustes Fracht erspart ist, hängt von der Vereinbarung im Vertrag ab; nach § 493 ist die Fracht grundsätzlich erst bei Ablieferung zu zahlen, doch kann etwas anderes vereinbart werden („*freight prepaid*").

3. Summenmäßige Haftungsbegrenzung

Die Werthaftung des Verfrachters wird – über die Haftungsgrenzen des § 502 hinaus, die den Ersatz lediglich auf den Substanzwert begrenzen sollen – auf bestimmte Geldbeträge (Haftungshöchstsummen) begrenzt. Auch dies entspricht anderen modernen Transportrechten, doch ist die Regelung im Seehandelsrecht komplizierter. Einmal, weil hier zwei verschiedene Kriterien für die summenmäßige Begrenzung vorgesehen sind, bezogen auf das Gewicht und auf „Stück oder Einheit" der Ladung (§ 504 Abs. 1 Satz 1); sodann im Hinblick auf die zusätzliche Regelung für Güter in Containern (§ 504 Abs. 1 Satz 2). Die summenmäßige Begrenzung des § 504 gilt nach dem klaren deutschen Wortlaut[74] nur für Schäden durch Verlust und Beschädigung der Güter.

Der Grund für die doppelte Haftungsgrenze ist zunächst ein historischer: Die HR in ihrer ursprünglichen Fassung kennen (Art.4 § 5) nur die Begrenzung je Stück oder Einheit („*colis ou unité*"/„*package or unit*"). Sie lautete ursprünglich auf 100 Pfund Sterling. Sowohl die Loslösung des Pfundes vom Goldwert und die dadurch bedingte völlige Auseinanderentwicklung der Haftungssummen in den Vertragsstaaten als auch die durch die modernen Transporttechniken – bis hin zum Container, aber auch schon verbesserte Lademittel – hatten zu einer unhaltbaren Uneinheitlichkeit und Reduktion der Haftung geführt. So galt in Deutschland bis zum 2. SÄG unverändert die Haftungsgrenze von DM 1250,- je Packung oder Einheit, die vom BGH mangels einer Klarstellung durch den Gesetzgeber auch auf höherwertige, schwere Maschinen und Container angewendet wurde.[75] Die Brüsseler Konferenz von 1967/68 hatte in erster Linie den Zweck, hier erneut eine international einheitliche Regelung herbeizuführen.

Dies geschah primär dadurch, dass die Haftungsbegrenzung – wie bei allen anderen Transportmitteln – auf das Gewicht bezogen wurde. Damit war theoretisch auch das Container-Problem gelöst. Da die Haftungsgrenze jedoch – mit Rücksicht auf die auf See auch beförderten geringwertigen Massengüter – außerordentlich niedrig festgelegt wurde (nämlich auf 30 Poincaré-Franken, später durch Protokoll von 1979 umgestellt auf 2 SZR je kg), entschied sich die Konferenz dafür, höherwertige Güter mit geringerem Gewicht zusätzlich dadurch zu schützen, dass eine Mindestsumme je Stück oder Einheit beibehalten wurde; diese setzte sie auf 10000 Poincaré-Franken (durch das Protokoll von 1979 umgestellt auf 666,67 SZR) fest. Damit erschien jedoch insbesondere den USA das Containerproblem immer noch nicht hinreichend gelöst; deshalb wurde – zugleich zur Klärung der Zweifelsfrage, ob ein Container überhaupt als Stück oder Einheit anzusehen sei – eine zusätzliche Regelung über Güter in Containern aufgenommen.

Die Hamburg-Regeln haben diese Begrenzungen mit einer mit der zwischenzeitlichen Geldentwertung begründeten geringfügigen Erhöhung um rd. 25% (2,5 und 835 SZR) übernommen; die Rotterdam-Regeln haben die Beträge ebenfalls im Wesentlichen – mit erneuter geringer Anpassung an die Entwicklung – übernommen (3 und 875 SZR). Unverändert ist in diesen Übereinkommen auch die Container-Klausel geblieben.

---

72 Zu Einzelheiten vgl. *Rabe*, § 658 Rn. 12 und § 659 Rn. 4; *Schaps/Abraham*, § 658 Rn. 5.

73 Anders als nach §§ 658, 659 aF, weil dort für die Wertberechnung nicht auf den Zeitpunkt der Ablieferung, sondern der Löschung abgestellt wurde.

74 Im Gegensatz zu dem unklaren Wortlaut des Art. 4 § 5 Buchst. a HVR: „or in connection with the goods"; so aber schon nach altem Recht, vgl. Voraufl.

75 Vgl. BGHZ 78, 121 = VersR 1980, 1167; anders schon damals die Vorinstanz, OLG Hamburg, VersR 1980, 577; auch BGH, VersR 1981, 34.

a) Begrenzung nach Gewicht

Die Haftung des Verfrachters für Güterschäden ist grundsätzlich begrenzt auf **2 SZR je Kilogramm** der verlorenen oder beschädigten Güter. (Zum SZR s. u. c).

Maßgebend ist das Rohgewicht der Güter; es schließt das Gewicht der vom Ablader gestellten Verpackung (nicht also das eines vom Verfrachter zur Erleichterung der Beförderung verwendeten eigenen Containers) ein. Grundsätzlich kommt es auf das Gewicht nur der verlorenen oder beschädigten Stücke an (§ 504 Abs. 2 Nr. 2); werden jedoch durch den Verlust einzelner Stücke einer Ladung[76] auch andere Stücke derselben Sendung wirtschaftlich entwertet, so ist deren Gewicht – ebenso wie bei der Wertberechnung nach § 502 – hinzuzurechnen (§ 504 Abs. 2 Nr. 1). Diese Regelung entspricht der im allgemeinen Frachtrecht, § 431 Abs. 2 Nr. 1.

Mehrere (Pack-)Stücke bilden eine Ladung, wenn sie auf Grund eines einheitlichen Vertrages für einen Absender an einen Empfänger gesandt werden. Wird ein Konnossement oder ein Seefrachtbrief ausgestellt, so bilden die darin zusammengefassten Stücke die Ladung; deshalb kann, wenn für das unter einem Vertrag aufgegebene Gut mehrere Beförderungspapiere ausgestellt werden, deren Gesamtheit auch in mehrere Ladungen zerfallen.[77]

Das Gewicht wird beim Seetransport zumeist nicht festgestellt, sondern vom Ablader angegeben (§ 515 Abs. 2). Wenn die Angabe in das Konnossement aufgenommen wird, bringt der Verfrachter in der Regel einen „Unbekannt"-Vermerk an, der die Vermutung für die Richtigkeit der Angabe nicht entstehen lässt (§ 517 Abs. 2). Für die Berechnung der Haftungsgrenze muss diese Angabe gleichwohl (ähnlich wie für die Frachtberechnung, § 493 Abs. 4) herangezogen werden, allerdings nur als eine von beiden Seiten widerlegliche Vermutung.[78] Kann später bewiesen werden, dass das Gut ein höheres oder niedrigeres Gewicht hatte, so ist dieses maßgebend.

b) Begrenzung je Stück oder Einheit

Der Berechtigte hat bei Gütern mit geringem Gewicht die Möglichkeit, einen festen Haftungssatz je Stück oder Einheit zu verlangen; diese alternative Berechnung der Summe hat praktische Bedeutung bei Stücken mit einem Gewicht unter 333,34 kg. Gehen mehrere Stücke einer Sendung verloren, so kann für jedes Stück eine andere Berechnungsart angezeigt sein.[79]

Die deutsche Fassung „Stück" ist als Übertragung des Originalterminus „*colis*" („*package*" ist ebenfalls nur eine Übersetzung) – anstelle der früheren Bezeichnung „Packung" – erst durch das 2. SÄG eingeführt worden. Die Änderung sollte deutlich machen, dass auch unverpackte Einzelstücke unter den Begriff fallen, so etwa auch die häufig versandten, durch Stahlbänder zusammengehaltenen Blechrollen („*coils*").

Schwieriger ist die Auslegung des Begriffs **„Einheit"**. Der häufig erörterte Gegensatz von „Ladungseinheit" und „Frachteinheit"[80] kann nicht darüber hinwegtäuschen, dass der Begriff von Zufälligkeiten der Frachtberechnung abhängt. Der BGH hat ihn allerdings – mit der Entscheidung, dass ein unverpackter Generator, ohne dass es

---

76 Der Begriff wurde vom SRG – abweichend von dem gleichbedeutenden Begriff „Sendung" in § 431 Abs. 2 – mit Rücksicht auf den Sprachgebrauch in der Schifffahrt gewählt. § 4.

77 Dazu MüKoHGB/*Herber*, § 504 Rn. 10.

78 Vgl. *Herber*, Haftungsrecht, S. 212.

79 Dazu *Hoffmann*, S. 156 ff.

80 Vgl. eingehend *Hoffmann*, S. 142 ff.; auch *Rabe*, § 660 Rn. 11; ferner, auch rechtsvergleichend, *Radisch*, S. 96 ff.

auf die Frachtberechnung angekommen wäre, als Einheit anzusehen sei[81] – auch als Ergänzung des damals noch zu engen Begriffs der Packung weit ausgelegt. Bedeutung könnte die Berechnung nach Einheiten – als die im Konnossement oder Vertrag auch für die Frachtberechnung zugrunde gelegte Mengenangabe – noch bei Bulkladungen haben; bei diesen wird jedoch selten ein Wert erreicht werden, der über der alternativ anzusetzenden Kilogramm-Grenze liegt.[82]

c) Die sog. „Container-Klausel"

Eine wichtige – und auf der Brüsseler Konferenz von 1967/68 sehr umstrittene – **Ergänzungsregelung zu der Begrenzungsalternative „Stück oder Einheit"** ist die in § 504 Abs. 1 Satz 2 (früher § 660 Abs. 2 aF) übernommene sog. **Container-Klausel.** Wird zur Zusammenfassung mehrer Frachtstücke ein Container, eine Palette oder ein sonstiges Lademittel verwendet, so gilt jedes Stück und jede Einheit, welche in einem Beförderungsdokument[83] als in einem solchen Lademittel enthalten angegeben wird, als Stück oder Einheit im Sinne der Begrenzung nach § 504 Abs. 2 Satz 1.

Die der Vorschrift zugrundeliegende Bestimmung des Art. 4 § 5 Buchst. c VR wurde von der US-Delegation in Brüssel verlangt, die damit die – unrichtige – Erwartung verband, nunmehr sei es (allein) Sache des Abladers (der das Konnossement verlangt und regelmäßig vorbereitet, vgl. o. § 30 II 2a), durch Angabe der einzelnen Stücke im Konnossement die Haftung für Container in dem von ihm gewünschten Sinne auszuweiten. Da jedoch der Verfrachter das Konnossement ausstellt, müssen praktisch Ablader und Verfrachter über die Angabe einig sein, so dass man eher – mit *Lord Diplock* auf der Brüsseler Konferenz[84] – von einer Möglichkeit einverständlicher Haftungserhöhung sprechen kann.

Lademittel ist ein Gerät, das mehrere Frachtstücke für die Beförderung zusammenfasst. Die Abgrenzung zum einheitlichen Frachtstück kann zweifelhaft sein, so etwa bei einer Palette, auf der mehrere Kartons mit Schrumpffolie zusammengehalten werden;[85] hier muss die Verkehrsanschauung entscheiden.

Die Regelung wirft zwei praktisch wichtige Fragen auf, zu denen die Rechtsprechung bisher nur wenig Gelegenheit zur Stellungnahme hatte. Welche Qualität müssen die Stücke im Container haben? Und, hat die Angabe der Stücke im Dokument Beweiswirkung zugunsten des Konnossementsinhabers, und nimmt sie sogar am Gutglaubensschutz teil?

Zur ersten Frage: Vor Übernahme der VR war ein wichtiges Argument gegen die schon damals vertretene Auffassung, man müsse auf die einzelnen Stücke im Container abstellen, dass diese nicht in gleicher Weise beförderungssicher verpackt werden müssen wie einzeln versendete Stücke und dass deshalb der Angabe hoher Zahlen kaum Grenzen gesetzt seien. Deshalb wurde auch für die Auslegung von § 660 Abs. 2 aF vorgeschlagen, wenn man schon nicht ein Mindestmaß an beförderungssicherer Verpackung fordern wolle (deren Ersparung gerade der Containertransport dient), zumindest zu verlangen, dass die Stücke üblicherweise auch einzeln verschifft werden; es könne nicht genügen, etwa zu schreiben „3000 Paar Schuhe".[86] Dagegen haben sich vor allem *Rabe*[87] und, unter eingehender Darlegung des Problemstandes, *Hoffmann*[88] ausgesprochen, die eine Einschränkung für unpraktikabel halten und deshalb jede Angabe genügen lassen wollen; es sei dann Sache der Vertragsparteien, die Haftungsfolge bei der Ausstellung des Konnossements zu bedenken. Das OLG Hamburg[89] hatte zunächst nur

81 BGHZ 1978, 121 ff.
82 So auch *Rabe*, § 660 Rn. 12.
83 Nach der Reform also: In einem Konnossement oder in einem Seefrachtbrief.
84 Vgl. *Herber*, Haftungsrecht, S. 214.
85 Dazu MüKoHGB/*Herber*, § 504 Rn. 17.
86 So *Herber*, Haftungsrecht, S. 214.
87 § 660 Rn. 19.
88 S. 175 ff., 188 f.
89 TranspR 1993, 111, 112.

unverpackte Schweinehälften als Einheiten (besser wäre wohl: Stücke) im Sinne des § 660 Abs. 2 aF angesehen, da sie auch einzeln verschifft werden. Neuerlich hat es sich mit der Frage ausführlicher befasst und sog. Trolleys, auf denen Herrenhosen, in einem Container befördert wurden, als Stücke anerkannt.[90] Folgt man der weiten Auslegung, kann das zu erheblicher Ausweitung der Haftungsbegrenzung führen. Diese ist besonders belastend für die Verfrachter, weil sie im Hinblick auf die neueren internationalen Sicherheitsanforderungen oft gezwungen sind, die Stücke im Container genau anzugeben, also nicht die vom Gesetz beabsichtigte Freiheit der Wahl haben.

Bei den Wirkungen der Angabe für den im Schadensfall erforderlichen Beweis, dass die Stücke tatsächlich im Container waren, ist zu unterscheiden. Das Erfordernis der Nennung der Stücke stellt zunächst einmal eine **rein formale Voraussetzung** für die Anwendung des § 504 Abs. 1 Satz 2 dar. Fehlt die Angabe, so stellt das gesamte Lademittel für die Berechnung der Haftungssumme eine einzige Einheit dar (§ 504 Abs. 1 Satz 3), auch wenn sich die Zahl der Stücke feststellen und beweisen lässt. „Ist hingegen eine Zahl angegeben, kann der Verfrachter im Schadensfall den Beweis verlangen, dass die im Konnossement angegebene Zahl von Stücken im Container tatsächlich gepackt war; für diese Tatsache spricht angesichts des § 517 Abs. 1 Satz 2 auch nicht eine Vermutung.[91] Deshalb nimmt die Angabe über die Zahl materiell auch nicht am Gutglaubensschutz des § 522 Abs. 2 teil.[92]

Auch bei Stücken im Container, die nach § 504 Abs. 1 Satz 2 zu berücksichtigen sind, kann für jedes Stück eine andere Berechnung der Haftungssumme – auf 2 SZR je kg oder auf 666,67 SZR je Stück – anzuwenden sein, je nachdem, welcher Betrag höher ist.

Liegen die Voraussetzungen des § 504 Abs. 1 Satz 2 vor, unter denen die einzelnen Stücke im Container als solche im Sinne des Abs. 1 gelten, so ist auch der vom Ablader mitgelieferte Container – und nur bei einem solchen gilt die Regelung – als ein weiteres, zusätzliches Stück für die Berechnung der Haftungsbegrenzung anzusehen.

Die Regelung hat für das deutsche Recht – allerdings schon nach dem 2. SÄG – eine erhebliche Ausweitung der Haftung gebracht; der BGH hatte zuvor auch dann, wenn die Stücke im Container im Konnossement angegeben waren, stets nur den Container als eine Packung iSd Haftungsbemessung angesehen.[93] Da auch die im Verkehr übliche – nach neuem deutschen Recht nicht mehr erforderliche – „Unbekannt-Klausel („*said to contain*") nur auf den Beweis der wirklichen Anzahl von Stücken im Lademittel, nicht aber auf die durch die Angabe eröffnete Möglichkeit des Rückgriffs auf diese Berechnungsmethode Einfluss hat, wird es dem Verfrachter bei Unterzeichnung des Konnossements häufig nicht klar sein, dass er mit der Angabe trotz Unverbindlichkeit der Inhaltsangaben dennoch eine schwerwiegende Haftungserweiterung akzeptiert.

d) Das Sonderziehungsrecht und seine Umrechnung

Wertmaßstab für die Haftungsgrenzen ist seit dem 2. SÄG das **Sonderziehungsrecht des Internationalen Währungsfonds – SZR** (§ 505). Es ist durch das Protokoll v. 21.12.1979 an die Stelle der noch in den VR zunächst festgelegten Poincaré-Franken getreten.[94]

Dieser Maßstab wird nur von den Vertragsstaaten des Protokolls angewendet. Da Deutschland dem Protokoll völkerrechtlich nicht beigetreten ist, es jedoch – ebenso wie den materiellen Regelungsinhalt der VR insgesamt – innerstaatlich voll über-

---

90 OLG Hamburg TranspR 2011, 112; zustimmend jetzt auch *Herber*, TranspR 2011, 115.

91 Dazu MüKoHGB/*Herber*, § 504 Rn. 19; auch *Herber*, Haftungsrecht, S. 214; *Hoffmann*, S. 186; Hamburger Schiedsspruch, TranspR 1992, 74, 78; zu Art.4 § 5 Buchst. c HVR auch *Diamond*, LMCLQ 1978, 243.

92 So zur Vorgängerregelung § 656 Abs. 2 Satz 2 aF: *Czerwenka*, TranspR 1988, 260; *Becker*, Die Beweiskraft des Konnossements, S. 106; *Hoffmann*, S. 192.

93 Vgl. BGHZ 78, 121 ff.

94 Zur Vorgeschichte *Hoffmann*, S. 194 ff.; *Herber*, FS Winfried Werner, S. 283.

nommen hat, sind die Haftungsgrenzen stets auf der Grundlage des SZR zu berechnen, wenn deutsches Recht anzuwenden ist (auch im Verhältnis zu Nichtvertragsstaaten des Protokolls, selbst wenn diese nur den HR und nicht dem Visby-Protokoll angehören; im Verhältnis zu letzteren gilt allerdings nur die Begrenzung je Stück oder Einheit, Art. 6 EGHGB).[95]

Die Umrechnung ist nach § 505 Satz 2 entsprechend dem Euro-Gegenwert zum Zeitpunkt der Ablieferung oder zu einem anderen, von den Vertragsparteien vereinbarten Tag vorzunehmen. Ist das Gut verlorengegangen und haben die Parteien keinen Umrechnungszeitpunkt vereinbart, muss auf den Zeitpunkt abgestellt werden, den die Wertberechnung nach § 502 Abs. 1 für diesen Fall vorsieht: Den Wert, den das Gut bei fristgemäßer Ablieferung am vertraglich vereinbarten Bestimmungsort gehabt hätte.[96]

e) Wertdeklaration

Das frühere Recht kannte die Institution der Wertdeklaration. Die summenmäßigen Beschränkungen des § 660 aF galten nicht, wenn Art und Wert der Güter vor ihrer Einladung vom Ablader angegeben worden sind und diese Angabe in das Konnossement aufgenommen worden ist (§ 660 Abs. 1 Satz 1 aF). Dessen bedarf es heute nicht mehr, weil die Begrenzungen des § 504 durch Individualvereinbarung abbedungen werden können (§ 512 Abs. 1).

Dafür bedarf es jedoch der erkennbaren Übereinstimmung der Parteien, dass von der gesetzlichen Begrenzung der Haftung abgewichen werden soll – was künftig nicht nur hinsichtlich der Summe zulässig ist. Jedoch konnte man auch bisher nicht jede Angabe von Art und Wert des Gutes im Konnossement als Wertdeklaration ansehen; die Wertdeklaration stellte stets entgegen dem ersten Eindruck nicht eine einseitige Erklärung des Abladers dar, sie bedurfte vielmehr der Zustimmung des Verfrachters,[97] die durch Aufnahme in das Konnossement erklärt werden kann und nach altem Recht erklärt werden musste.

Die Wertdeklaration hat praktisch keine Bedeutung. Stimmt der Verfrachter ihr zu, so erhebt er einen Frachtzuschlag (sog. „Wertfracht“). In Hinblick darauf, dass die frachtrechtliche Haftung auch ohne die summenmäßige Begrenzung erhebliche Lücken hat und zudem häufig die Notwendigkeit mit sich bringt, sie prozessual im Ausland geltend zu machen, ziehen die Ladungsbeteiligten in der Regel eine Transportversicherung vor.

4. Durchbrechung der Haftungsbegrenzung

Die Begrenzung der Haftung entfällt in zwei, in § 507 enumerativ aufgeführten Fällen: Einmal (Nr. 1), wenn der Schaden auf eine Handlung oder Unterlassung zurückzuführen ist, die der Verfrachter selbst vorsätzlich oder leichtfertig und in dem Bewusstsein begangen hat, dass ein Schaden mit Wahrscheinlichkeit eintreten werde, oder (Nr. 2), wenn Verfrachter mit dem Befrachter oder dem Ablader vereinbart hat, dass das Gut unter Deck befördert wird, und der Schaden darauf zurückzuführen ist, dass das Gut auf Deck verladen wurde.

a) Qualifiziertes Verschulden

Qualifiziertes Verschulden des Verfrachters lässt die Begrenzungen nur entfallen, wenn dem **Verfrachter selbst** – oder, wenn dieser eine juristische Person oder Gesell-

---

95 Zum Problemkreis auch *Klingsporn*, WM 1978, 918 ff.
96 MüKoHGB/*Herber*, § 505 Rn. 3.
97 Dazu *Rabe*, § 660 Rn. 20, 22; *Herber*, Voraufl. S. 332.

schaft ist, seinen Organen – ein solches Verschulden zur Last fällt. Ein Verschulden anderer, insbesondere der Schiffsbesatzung, ist ihm hierbei nicht zuzurechnen.

Das galt schon für die alte Fassung des § 660 Abs. 3 aF, wurde damals jedoch in Zweifel gezogen,[98] weil in § 435 das Gehilfenverschulden auch für diese Frage, nicht nur für die Haftungsbegründung (§ 428) dem Frachtführer zugerechnet wird. Im Seerecht ist dies jedoch anders, weil Art. 4 § 5 Buchst. e HVR, dem § 660 Abs. 3 aF folgte, ebenso wie Art. 4 HBÜ im Seerecht abweichend vom allgemeinen Frachtrecht die engere Durchbrechungsregel vorgab. § 507 Nr. 1 hat diese einschränkende Umschreibung nicht nur übernommen, sondern die Zweifelfrage noch durch Einfügung des Wortes „selbst" geklärt.[99]

In vielen Fällen auch qualifiziert schuldhaften Handelns, das zu Verlust oder Beschädigung der Ladung geführt hat, wird ein der Geschäftsführung zuzurechnendes Verschulden nicht feststellbar sein. Der Geschäftsführung ist das Verschulden der Besatzung oder anderer Bediensteter an einer Falschauslieferung, an falscher Stauung oder diebstahlgefährdeter Lagerung nur dann als eigenes zuzurechnen, wenn die ihre Aufsicht vernachlässigt, insbesondere geeignete Organisationsrichtlinien unterlassen hat.[100]

Der Verschuldensbegriff des § 507 Nr. 1, der im deutschen Recht meist kurz als „qualifiziertes Verschulden" oder „Leichtfertigkeit" bezeichnet wird, wurde Art. 25 WA (idF des Haager Protokolls von 1955) entnommen und hat seitdem in viele seerechtliche Übereinkommen (zunächst in das Athener Passagierhaftungsübereinkommen von 1974 und sodann in das HBÜ, die HambR, die RR und weitere Übereinkommen), aber auch in andere transportrechtliche Übereinkommen und Bedingungen Eingang gefunden.[101] Das allgemeine deutsche Transportrecht hat den Begriff schon mit dem TRG in § 435 als maßgebliches Kriterium für den Wegfall frachtrechtlicher Haftungsbegrenzungen übernommen. Die deutsche Rechtsprechung hat dem – zweifellos nicht sehr gelungenen, aber international heute völlig unangefochten, wenn auch mit praktisch sehr unterschiedlichen Ergebnissen verwendeten – Begriff inzwischen auf der Grundlage des § 435 Konturen gegeben.[102]

Danach erfordert der Begriff bei nicht vorsätzlichem Verhalten einerseits Leichtfertigkeit, die einen besonders schweren Pflichtverstoß voraussetzt, bei dem sich der Verfrachter in krasser Weise über die Sicherheitsinteressen der Vertragspartner hinwegsetzt. Dazu muss als subjektives Erfordernis das Bewusstsein von der Wahrscheinlichkeit des Schadenseintritts treten; das sieht der BGH in einer sich dem Handelnden aus seinem leichtfertigen Verhalten aufdrängende Erkenntnis, es werde wahrscheinlich ein Schaden entstehen. Dabei reicht die Erfüllung des Tatbestandsmerkmals der Leichtfertigkeit für sich allein nicht aus, um auf das Bewusstsein von der Wahrscheinlichkeit des Schadenseintritts schließen zu können; eine solche Erkenntnis als innere Tatsache sei vielmehr erst dann anzunehmen, wenn das leichtfertige Verhalten nach seinem Inhalt und nach den Umständen, unter denen es aufgetreten ist, diese Folgerung rechtfertigt.

Der Unterschied zu der teilweise abweichenden ausländischen Rechtsprechung, die oft objektive Wahrscheinlichkeit genügen lassen will,[103] kann nur dadurch überbrückt werden, dass aus einer objektiven Wahrscheinlichkeit *prima facie* auf das Bewusstsein geschlossen werden kann („muss sich aufdrängen").[104]

---

98 Vgl. etwa *Basedow*, Transportvertrag, S. 424; anders die schon damals hM, vgl. *Herber*, Haftungsrecht, S. 216 und die Voraufl. mN.

99 Vgl. RegBegr. SRG, S. 84.

100 MüKoHGB/*Herber*, § 507 Rn. 14.

101 Vgl. im Einzelnen *Herber*, TranspR 1992, 175 ff.

102 BGHZ 158, 322, 328 f. mwN, TranspR 2004, 399, 401; BGH TranspR 2006, 161, 164; MüKoHGB/*Herber*, § 435 Rn. 10 ff.

103 Vgl. *Ruhwedel*, Der Luftbeförderungsvertrag, 2. Aufl., S. 124 f.

104 Vgl. *Ruhwedel*, aaO und BGH BGHZ 74, 162, 168.

Für maßvolle Anforderungen spricht die Vorgeschichte der Formulierung: Es ist lange Zeit nicht gelungen, zwischen dem (engen) englischen Begriff des „*wilful misconduct*“ (der fast dem *dolus eventualis* entspricht) und dem kontinentalen Begriff der „*gross negligence*“ eine international akzeptierte Synthese zu finden. Deshalb haben sowohl das WA in der ursprünglichen Fassung als auch die CMR (Art. 29) die Frage, welches Verschulden dem Vorsatz gleichsteht, dem nationalen Recht überlassen; das Seerecht kannte das Problem vor 1968 nicht, weil eine Durchbrechungsvorschrift nur in dem Haftungsbeschränkungsübereinkommen von 1957 enthalten war und diese auf jedes (persönliche) Verschulden des Reeders (also auch leichte Fahrlässigkeit) abstellte. Man suchte also eine Umschreibung für grobe Fahrlässigkeit.

Die Darlegungs- und **Beweislast für das besonders schwere Verschulden** obliegt dem Anspruchsteller,[105] denn § 507 stellt eine Ausnahmeregelung zu seinen Gunsten gegenüber dem Regelfall beschränkter Haftung bei (vermutetem) Verschulden des Verfrachters oder der ihm zuzurechnenden Gehilfen dar.

Da sich die Vorgänge, aus denen ein qualifiziertes Verschulden des Verfrachters hergeleitet werden könnte, jedoch in der Sphäre des Verfrachters abspielen, genügt der Anspruchsteller seiner Darlegungspflicht bereits dann, wenn er Umstände vorträgt, die ein qualifiziertes Verschulden des Verfrachters mit einer gewissen Wahrscheinlichkeit nahe legen. Dann trifft den Verfrachter eine prozessuale Aufklärungspflicht und damit eine Einlassungsobliegenheit (sog. sekundäre Beweislast).

Der BGH hat hierzu detaillierte Grundsätze entwickelt,[106] die auch auf § 507 anzuwenden sind.[107] Dabei ist jedoch zu beachten, dass – anders als im allgemeinen Frachtrecht – der **Vortrag des Anspruchstellers** nicht nur allgemein **die Wahrscheinlichkeit** der Leichtfertigkeit im Bereich des Verfrachters begründen muss, sondern die **eines persönlichen qualifizierten Verschuldens der Geschäftsleitung.**[108] Liegt der Schadensverlauf völlig im Dunkeln und trägt der Verfrachter nichts zum Schadenshergang oder zu Sicherheitsvorkehrungen vor, kann auf ein qualifiziertes Verschulden des Verfrachters selbst nicht ohne weitere Anhaltspunkte geschlossen werden, da auch Schadensursachen in Betracht kommen, für die der Verfrachter nicht unbeschränkt einzustehen hat. Ergibt jedoch der Vortrag des Anspruchstellers oder der unstreitige Sachverhalt Anhaltspunkte für ein qualifiziertes Verschulden des Verfrachters selbst, ist der Verfrachter gehalten, durch **detaillierten Sachvortrag zur Organisation** seines Betriebes und zu den von ihm ergriffenen Sicherungsmaßnahmen Stellung zu nehmen; weigert er sich, dieser Einlassungsobliegenheit nachzukommen, oder ist ihm eine Darlegung der Details des Transports nicht möglich, so ist der Schluss auf ein qualifiziertes Verschulden sowohl in Bezug auf die Leichtfertigkeit als auch in Bezug auf dessen Bewusstsein zulässig.[109]

Der BGH[110] hat in jüngster Zeit ausdrücklich klargestellt, dass seine weitreichenden Anforderungen an die Darlegungslast des Frachtführers nicht dazu führen dürfen, die Beweislast umzukehren. Hat der Frachtführer seiner Einlassungsobliegenheit genügt, so muss der Anspruchsteller die Voraussetzungen für die unbeschränkte Haftung des Frachtführers nicht nur darlegen, sondern gegebenenfalls auch beweisen.

---

105 BGH TranspR 2010, 78.

106 Dazu eingehend *Pokrant*, RdTW 2013, 8.; MüKoHGB/*Herber*, § 509 Rn. 18 ff., § 435 Rn. 53.

107 So OLG Hamburg TranspR 2013, 35 (zu § 660 Abs. 3 aF).

108 BGH TranspR 2009, 331; BGH TranspR 2011, 161 Rn. 23; OLG Stuttgart TranspR 2011, 32.

109 BGH TranspR 2011, 220.

110 BGH TranspR 2010, 78; LG Krefeld TranspR 2013, 27.

Bei qualifiziertem Verschuldens des Verfrachters **entfallen alle gesetzlichen und vertraglichen Haftungsbefreiungen** und -begrenzungen.[111] Die Verpflichtung des Frachtführers zum Schadenersatz für Güterschäden richtet sich dann **nach** §§ 249ff. und §§ 823ff. BGB[112]: Der Geschädigte kann insbesondere Ersatz seines gesamten wirtschaftlichen Folgeschadens verlangen. Eine in den AGB vorgesehene Beschränkung, wonach er ein Verschulden der Schiffsbesatzung bei der Führung und Bedienung des Schiffes nicht zu vertreten hat (§ 512 Abs. 2 Nr. 1 oder kraft Individualvereinbarung) ist dann – als Haftungsbeschränkung nach dem Frachtvertrag – nicht mehr zu beachten.

Der Geschädigte kann allerdings wählen, ob er von diesem Privileg Gebrauch machen will. Das Wertersatzprinzip des § 502 kann im Einzelfall für ihn günstiger sein, weil er dafür einen konkreten Schaden nicht nachzuweisen braucht; wählt er diese Berechnung, muss er jedoch alle anderen gesetzlichen Haftungsbegrenzungen gegen sich gelten lassen.[113]

b) Vereinbarungswidrige Deckverladung

Vereinbarungswidrige Deckverladung ist ein weiterer, selbständiger Grund, die Haftungsbegrenzungen entfallen zu lassen (§ 507 Nr. 2).

Das Gesetz knüpft bereits an die unerlaubte Deckverladung eine **verschuldensunabhängige Haftung** für Schäden, die durch diese Verladung verursacht wurden (§ 500, vgl. oben II 3). Sie unterliegt grundsätzlich jedoch der frachtrechtlichen Haftungsbegrenzung. Wurde die Deckverladung durch eine besondere Vereinbarung verboten, so ist die Haftung unbegrenzt (§ 507 Nr. 2). Dabei ist nicht vorausgesetzt, dass die Deckverladung auch ohne Vereinbarung unerlaubt wäre.

Das schließt nicht aus, dass die Begrenzung nicht erst nach § 507 Nr. 2, sondern bereits dadurch entfällt, dass im Einzelfall die Geschäftsführung die Einhaltung der Vereinbarung grob schuldhaft nicht gewährleistet hat.

IV. Haftung des Verfrachters für andere Schäden als Sachschäden; Verspätung

Neben den Güterschäden kann sich aus dem Frachtvertrag auch eine Haftung des Verfrachters für reine Vermögensschäden ergeben. Da der wirtschaftliche Folgeschaden, den ein Ladungsbeteiligter durch einen substantiellen Güterschaden erleidet, nicht ersatzfähig ist (vgl. o. II. 2. c)), kommen praktisch nur Schäden in Betracht, die sich entweder aus Sachschäden vor oder nach Begründung der Obhut des Verfrachters ereignen und deshalb nach allgemeinen Vertragsverletzungsregeln des BGB (§ 280) zum Schadenersatz führen können, oder als Verzugsschäden, namentlich durch Verspätung der Beförderung.

Verspätungsschäden sind im Seerecht – anders als im allgemeinen Transportrecht (§ 425 Abs. 1, § 431 Abs. 3) – **nicht spezialgesetzlich geregelt** und deshalb nach den Vorschriften des BGB über den Verzug (§ 280 Abs. 2, § 286 BGB) zu beurteilen.[114] Die Haftung ist deshalb dispositiv, spielt jedoch in der Praxis keine Rolle, da einer-

---

111 Nach § 660 Abs. 3 aF entfielen nicht auch die vertraglich vereinbarten Haftungserleichterungen, sondern nur die gesetzlichen Haftungsbeschränkungen. Dazu RegBegr. SRG, S. 84.

112 MüKoHGB/*Herber*, § 509 Rn. 15; 3.

113 BGH TranspR 2010, 437 (zu Art. 29 CM); *Thume*, TranspR 2008, 78ff.

114 Anders nach allgemeinem Frachtrecht (§ 425) und – bei vereinbarter Lieferfrist – nach den RR; die Verbände haben der Einführung widersprochen, vgl. *Czerwenka*, § 498 Rn. 4.

seits – jedenfalls beim Stückgutverkehr – die Reisezeit in der Regel nicht genau festgelegt wird und andererseits die Haftung abbedungen zu werden pflegt. Dabei ist freilich zu berücksichtigen, dass die Rechtsprechung der völligen Freizeichnung durch AGB zunehmend Grenzen setzt.[115]

Führt die Verspätung zu einem Sachschaden – wie etwa bei einem vorzeitigen Reifen von Bananen oder dem Verderb von Fleisch –, handelt es sich um Güterschäden, die § 498 unterfallen.

Die nach früherem Recht nach den allgemeinen Regeln über die culpa in contrahendo (heute § 311 Abs. 2 iVm § 241 Abs. 2, § 280 Abs. 1 BGB) oder der positiven Vertragsverletzung (heute § 280 BGB) zu beurteilenden **Fehler bei der Konnossementsausstellung** (vgl. Voraufl. S. 324) sind jetzt in § 523 gesetzlich geregelt (vgl. § 30 II 3 d), II 2 e)).

Soweit der Verfrachter wegen reiner Vermögensschäden, namentlich aus positiver Vertragsverletzung haftet, kommt ihm eine Haftungsbeschränkung nicht – wie im allgemeinen Frachtrecht nach § 433 – zugute.

V. Ansprüche aus unerlaubter Handlung

Der Verfrachter kann außervertraglichen Ansprüchen, also insbesondere Ansprüchen aus §§ 823ff. BGB, die in Konkurrenz zu einem der Regelung der §§ 498ff. unterfallenden Anspruch aus einem **wirksamen Frachtvertrag** stehen, die ihm gegenüber dem vertraglichen Anspruch zustehenden Haftungsbefreiungen und Haftungsbegrenzungen entgegenhalten (§ 506 Abs. 1).

Schon seit dem 2. SÄG war dieser Vorrang der Vertragsansprüche durch § 607a Abs. 1 aF klargestellt, nachdem der BGH bis zu seiner Entscheidung BGHZ 86, 234[116] konkurrierende Deliktsansprüche unbegrenzt zugelassen hatte. Die Regelung entspricht allen anderen internationalen Transportrechtsübereinkommen und dem allgemeinen deutschen Transportrecht (§ 434).

1. Ansprüche des Befrachters und des Empfängers

Gegenüber außervertraglichen **Ansprüchen des Befrachters und des Empfängers,** die im übrigen weiterhin ihren speziellen Regeln folgen, kann der Verfrachter nicht nur die gesetzlichen Einwendungen erheben, die ihm nach §§ 498–505, 509–511 gegen den vertraglichen Anspruch zustehen, sondern auch frachtvertragliche Haftungsbefreiungen und -begrenzungen, soweit sie – als Individualvereinbarung oder durch AGB nach § 512 Abs. 2 – wirksam sind.

2. Ansprüche bestimmter Dritter

Das SRG hat eine Lücke der bisherigen Regelung geschlossen, die zuvor schon in § 434 Abs. 2[117] für das allgemeine Frachtrecht ausgefüllt worden war. § 506 Abs. 2 erstreckt die im Gesetz vorgesehenen vertraglichen Einwendungen auch auf **Ansprüche bestimmter Dritter,** die am Frachtvertrag nicht beteiligt sind.

Das im gewerblichen Gütertransport beförderte Gut gehört sehr häufig nicht dem Befrachter. So schließt etwa der Spediteur regelmäßig Frachtverträge über die Beförderung von Gut, das seinem Auftraggeber gehört oder das einem Dritten zur Sicherheit übereignet ist. Ohne die schützende Vorschrift des § 506 Abs. 2 könnte der Verfrachter von dem Eigentümer bei schuldhafter Beschädigung aus unerlaubter Handlung in Anspruch genommen werden, ohne

115 Vgl. OLG Hamburg TranspR 2012, 382.
116 Urteil vom 17.1.1983, VersR 1983, 342 = NJW 1983, 1263.
117 Diese Vorschrift wurde durch das SRG (Art. 1 Nr. 16) an die etwas davon abweichende Neuregelung des § 506 Abs. 2 angepasst, vgl. RegBegr. SRG, S. 55.

die Vergünstigungen des Frachtrechts geltend machen zu können. Das ist nicht gerechtfertigt, wenn der Eigentümer der Beförderung zugestimmt hat oder wenn der Verfrachter ohne bösen Glauben annehmen durfte, der Befrachter sei (kraft eigenen Eigentums oder kraft Zustimmung des Eigentümers) zur Versendung befugt (§ 506 Abs. 2 Satz Nr. 2). Allerdings gilt die Erstreckung der frachtvertraglichen Einreden auf Dritte nicht für frachtvertragliche Einwendungen, die über die gesetzlich vorgesehenen zu Gunsten des Verfrachters hinausgehen (§ 506 Abs. 2 Satz 2 Nr. 1); jedoch kann die Vereinbarung, dass nicht für nautisches Verschulden der Besatzung gehaftet werden soll, infolge der Rückausnahme des Absatz 2 Satz 3 dem Dritten entgegengesetzt werden, weil sie verkehrsüblich ist.[118] Geschützt werden allerdings, wie oft im Sachenrecht, Eigentümer abhanden gekommener Sachen (§ 506 Abs. 2 Satz 2 Nr. 3).

VI. Ansprüche gegen Leute, Besatzungsmitglieder und Erfüllungsgehilfen

Die Leute des Verfrachters und die Schiffsbesatzung, für die der Verfrachter einzustehen hat (§ 501 Abs. 1), können den Ladungsbeteiligten auch selbst für Güterschäden haften. Da die quasi-vertragliche Mithaftung des Kapitäns[119] durch das SRG beseitigt wurde, kommt hierfür praktisch nur eine Haftung aus § 823 BGB bei eigenem Verschulden in Betracht.

Wie schon nach § 607a Abs. 2 aF[120] werden sie vom Gesetz dadurch geschützt, dass sie sich auf die Haftungsbefreiungen und -begrenzungen berufen können, die Gesetz und Vertrag für den Verfrachter vorsehen. Haftungsverschärfungen im Frachtvertrag bleiben dabei außer Betracht. Auch das Privileg der Leute und der Besatzung entfällt bei qualifiziertem Verschulden (§ 508 Abs. 2).

Diese Regelung, die von der deutschen Rechtsprechung sehr weitgehend schon vor Erlass des § 607a Abs. 2 aF – namentlich im Binnenschifffahrtsrecht – entwickelt worden war,[121] dient einmal dem Interesse der Leute selbst. Sie hat darüber hinaus die Funktion, eine mittelbare Inanspruchnahme des Verfrachters jenseits seiner Haftungsgrenzen über einen Anspruch gegen die Leute und deren arbeitsrechtlichen Freistellungsanspruch gegen den Verfrachter zu verhindern.

Die Vergünstigung kommt nur den Leuten des Verfrachters und der Schiffsbesatzung zugute, nicht dagegen **selbständigen Erfüllungsgehilfen**, für welche der Verfrachter nach § 501 Satz 2 ebenfalls einzustehen hat.[122]

Soweit solche Erfüllungsgehilfen zugleich **die Stellung eines ausführenden Verfrachters** haben (§ 509, vgl. dazu u. VII 1), können sie sich jedoch kraft dieser auf die Haftungsbefreiungen und -begrenzungen nach dem Hauptfrachtvertrag berufen (§ 509 Abs. 3), auch gegenüber außervertraglichen Ansprüchen (§ 506); diese Einwendungen können dann auch die **Leute des ausführenden Verfrachters** erheben (§ 509 Abs. 5).

---

118 Für eine Berufung auf diesen Haftungsausschluss müssen dann jedoch die Voraussetzungen des § 512 Abs. 2 Nr. 1 erfüllt sein, vgl. *Czerwenka*, § 506 Rn. 11, mit Verweis auf die Beschlussempfehlung S. 128 f.

119 § 512 aF; Voraufl. § 17 II 3 e.

120 Und entsprechend Art. 4bis Abs. 2 VR.

121 Vgl. BGH VersR 1980, 572; Voraufl. S. 206 f. Vertragliche Klauseln, die – als Vereinbarungen zugunsten Dritter – dieses Ergebnis zu erreichen suchen, sind häufig und werden als **„Himalaya"-Klauseln** bezeichnet.

122 Das gilt deshalb auch für deren Leute.

VII. Ansprüche gegen den tatsächlichen Beförderer

Das SRG hat in Anlehnung an das allgemeine Frachtrecht und das Personenbeförderungsrecht den ausführenden Verfrachter als neue Rechtsfigur eingeführt; vgl. zum Begriff § 27 II 5. Er haftet für die Güterschäden „so, als wäre er der Verfrachter" (§ 509 Abs. 1).

Mit dieser Konstruktion löst das Gesetz die nach altem Recht ungeklärte Frage, ob und auf welchem Wege die Ladungsbeteiligten einen von dem Verfrachter eingeschalteten Unterverfrachter (zur Terminologie vgl. o. § 27 II 1d) wegen Güterschäden in Anspruch nehmen können.[123] Nachdem das Seefrachtgesetz von 1937 ermöglicht hat, dass Konnossemente nicht nur von Reedern, sondern von jedem ausgestellt werden können, der die schuldrechtliche Verpflichtung zur Seebeförderung von Gütern übernimmt (sog. *Non-vessel-owning-carrier* – NVOC), ist der Weg frei auch für Konnossemente, hinter denen dubiose Schuldner stehen mit Gerichtsständen in Ländern, in denen sie praktisch nicht zu belangen sind. Deshalb hat die Frage erhebliches Gewicht, ob bei Uneinbringlichkeit des Ersatzanspruchs bei dem Schuldner – wenn dieser nicht der Reeder ist und man ihn aus dem Konnossement überhaupt zuverlässig feststellen kann (dazu o. § 30 II 3) – auch derjenige in Anspruch genommen werden kann, der die Beförderung tatsächlich ausgeführt hat. Dies ist in aller Regel der Reeder, der aufgrund eines Bareboat-Charter-, Zeitcharter-, Raumfracht- oder auch Stückgutfrachtvertrages die Beförderung gegenüber dem (Haupt-)Verfrachter übernommen hat.

Die neue Rechtsentwicklung bietet nun gleich zwei Möglichkeiten, den tatsächlichen Beförderer wegen der in seiner Obhut entstandenen Güterschäden in Anspruch zu nehmen: Einmal die quasi-gesetzliche Haftung als ausführender Verfrachter nach § 509. Sodann die direkte Inanspruchnahme aus dem mit dem Verfrachter abgeschlossenen Unterfrachtvertrag, den der BGH neuerdings – in Abkehr von seiner früheren Rechtsprechung – als Vertrag zugunsten des Empfängers ansieht. Vgl. dazu u. 2.

1. Haftung als ausführender Verfrachter

Ausführender Verfrachter ist derjenige, der die Beförderung **tatsächlich ausführt.** Er muss hierfür das Gut in seiner Obhut haben, und zwar – anders als beim vertragschließenden Verfrachter, bei dem mittelbarer Besitz genügt – in seinem **unmittelbaren Besitz.**

In einer Kette von Unterfrachtverträgen, die in der Transportwirtschaft heute sehr häufig vorkommt, ist deshalb nur der letzte Unterverfrachter für die von ihm übernommene Beförderung und während seiner Obhut ausführender Verfrachter.

Die Haftung folgt aus dem Gesetz, sofern der Frachtvertrag deutschem Recht unterliegt[124] und § 509 anwendbar ist, es sich also um einen Stückgut- oder Raumfrachtvertrag i.S. der §§ 481 ff. handelt.

Gilt für den Hauptvertrag fremdes Recht, so scheidet die Anwendung des § 509 aus. Ob das den Hauptvertrag regelnde Recht eine Mithaftung des ausführenden Frachtführers vorsieht (wie etwa das MÜ[125]) und wie diese ausgestaltet ist, bestimmt sich allein nach diesem.

---

123 Zu der Problematik nach altem Rechtszustand vgl. Voraufl. S. 336 f; auch *Pötschke*, Die Haftung des Reeders für Ansprüche aus Konnossementen unter einer Zeitcharter nach deutschem und englischem Recht, Diss. Hamburg 1999.

124 BGH TranspR 2009, 130 = NJW 2009, 1205; *Demuth*, TranspR 1999, 100; *Ramming*, TranspR 2000, 277, 280; *ders.*, VersR 2007, 1190; *Koller*, § 437 Rn. 6; EBJS/*Schaffert*, § 437 Rn. 7; Fremuth/Thume/*Fremuth*, § 437 Rn. 8; aA *Czerwenka*, TranspR 2012, 408; dagegen *Herber*, TranspR 2013, 1; mit Einschränkung *Zapp*, TranspR 2000, 239.

125 Art. 40; in Fortführung der Regelung des ZAG.

Es bedarf keiner besonderen Vereinbarung mit dem Verfrachter; besteht, wie meist, ein Unterfrachtvertrag, kommt es auf dessen Inhalt für die Haftung aus § 509 nicht an.[126]

Ausführender Verfrachter ist nur, wer (ganz oder teilweise) eine **Beförderung über See** (§ 481) ausführt.

Entscheidend ist die Beurteilung auf der Ebene des Hauptfrachtvertrages. Unterliegt etwa die Ausführung einer Teilstrecke einer insgesamt nach Seerecht zu beurteilenden Beförderung durch ein Binnenschiff für sich gesehen dem allgemeinen Frachtrecht, so gilt gleichwohl bei Anwendung des § 509 für den ausführenden Verfrachter die Haftung nach Seerecht. Gleiches gilt, wenn beim Güterumschlag, der aus der Sicht des Hauptfrachtvertrages dem Seerecht zuzurechnen ist, ein Unfall bei einer Landbeförderung im Hafen eintritt. Zur Haftung der Umschlagbetriebe als ausführende Verfrachter vgl. § 27 II Nr. 5.

Der ausführende Verfrachter haftet **nach den gleichen gesetzlichen Regeln** wie der vertragschließende Verfrachter. Sein Anspruch wird ferner geprägt von den vertraglichen Vereinbarungen des Hauptverfrachters, die allerdings insoweit, als sie eine Erweiterung der gesetzlichen Haftung vorsehen, gegen den ausführenden Verfrachter nur wirken, wenn er ihnen schriftlich zugestimmt hat.

Der ausführende Verfrachter wird also kraft Gesetzes so angesehen, als habe er einen gleichen Frachtvertrag mit dem Absender geschlossen wie der vertragliche Verfrachter. Deshalb haftet er für Schäden, die in seinem Obhutsbereich eingetreten sind, nach den Regeln der §§ 498 ff., abgemildert durch etwa den Frachtführer begünstigende Abmachungen zwischen diesem und dem Absender.

Wie der vertragliche Verfrachter hat er sein Verschulden zu vertreten sowie das seiner Leute und Erfüllungsgehilfen und das der Schiffsbesatzung (§ 501). Nicht einzustehen hat er jedoch für ein Verschulden des vertragschließenden Verfrachters.

Eine dahingehende Regelung enthält das Luftrecht[127] und hatte die Sachverständigengruppe vorgeschlagen, um dem ausführenden Verfrachter die oft naheliegende Entlastung zu versagen, der vertragschließende habe ihn falsch oder unzureichend informiert. Ein Einstehenmüssen für Fehler von Personen, auf die der durch Gesetz verpflichtete ausführende Verfrachter keinen Einfluss hat, erschien dem Gesetzgeber jedoch als zu weitgehend, weil es auf eine verschuldensunabhängige Haftung hinauslaufe.[128]

Vertragschließender und ausführender Verfrachter haften als Gesamtschuldner (§ 509 Abs. 4).

Da die vertragsähnliche Haftung des ausführenden Verfrachters gesetzlich angeordnet ist, kann man sie als quasi-vertraglich bezeichnen.[129] Die Charakterisierung hat praktische Folgen vor allem im internationalen Privatrecht.

Nach richtiger Ansicht ist die Haftung eines ausländischen ausführenden Verfrachters, der einen deutschem Recht unterliegenden Frachtvertrag ausführt, nicht nach der Rom-I-VO, sondern als außervertraglicher Anspruch nach der Rom-II-VO, also nach dem Schadensort, anzuknüpfen.[130] Es wäre kaum zu vertreten, einen Verfrachter im Ausland, der mit seiner ausländischem Recht unterliegenden Beförderung – vielleicht sogar ohne sein Wissen – zugleich als Unterfrachtführer einen insgesamt deutschem Recht unterliegenden (See- oder

---

126 MüKoHGB/*Herber*, § 509 Rn. 39

127 Art. 41 Abs. 2 Satz 1 MÜ.

128 RegBegr. SRG, S. 87.

129 Zu Meinungsverschiedenheiten über die Rechtsnatur vgl. auch MüKoHGB/*Herber*, § 437 Rn. 14 ff.

130 Dazu *Czerwenka*, TranspR 2012, 408; *Ramming*, TranspR 2000, 277 ff. auch MüKoHGB/*Herber*, § 509 Rn. 64 f.

Multimodal-)Frachtvertrag ausführt, deshalb den deutschen Haftungsvorschriften zu unterstellen.

2. Haftung aus dem Unterfrachtvertrag

Nach der neueren Rechtsprechung des BGH[131] kann der Empfänger den Unterfrachtführer aus dem Unterfrachtvertrag als einem Vertrag zu seinen Gunsten in Anspruch nehmen. Diese Rechtsprechung zum Landtransportrecht, gegen die erhebliche Bedenken bestehen, wird auf das Seefrachtrecht übertragen werden müssen, wo allerdings die Verhältnisse komplizierter liegen.

Nach dieser Rechtsprechung haftet der Unterverfrachter, der auf Grund eines (Stückgut-)Unterfrachtvertrages das Gut beim Empfänger abliefert, diesem für Schäden, die während seiner Obhut entstanden sind, nach Maßgabe des Unterfrachtvertrages. Keine Direkthaftung aus dem Unterfrachtvertrag besteht danach wohl auch nach der Rechtsprechung dann, wenn das Gut von einem Zeitvercharterer auf Grund eines Chartervertrages befördert wird, sofern dieser nicht ausnahmsweise eine eigene Verpflichtung zur Ablieferung beim Empfänger übernimmt. Im Einzelnen ist hier vieles unklar.

Wenn ein Direktanspruch des Empfängers gegen den Unterverfrachter aus dem Unterfrachtvertrag besteht, steht dieser selbständig neben dem aus § 509; während der ausführende Verfrachter nach Maßgabe des (Haupt-)Frachtvertrags zwischen dem Befrachter und dem vertraglichen (Haupt-)Verfrachter haftet, bestimmt sich die Haftung des Unterverfrachters gegenüber dem Empfänger allein nach dem den Empfänger begünstigenden Unterfrachtvertrag (§ 494 Abs. 1 Satz 2).[132]

Dieses Nebeneinander führt zu Schwierigkeiten, die der Gesetzgeber des § 437 – des landtransportrechtlichen Vorbildes von § 509 – vermeiden wollte; der BGH lehnt jedoch den Gedanken ab, deshalb auf den Direktanspruch jedenfalls im Anwendungsbereich der §§ 437, 509 zu verzichten.[133] Die Parteien des Unterfrachtvertrages können diese auch nicht dadurch lösen, dass sie den Anspruch des Empfängers nach § 509 vertraglich ausschließen.[134]

Probleme aus dem Nebeneinanderbestehen der Ansprüche können sich vor allem bei der Frage ergeben, wessen Frachtzahlungsanspruch durch die Auslieferung des Gutes an den Empfänger gegen diesen begründet wird. Liefert der Unterverfrachter das Gut im Namen des Hauptverfrachters an den Empfänger aus, löst er einen Zahlungsanspruch gegen diesen nach Maßgabe des Hauptfrachtvertrages aus. Nimmt man dagegen an, dass der Unterverfrachter auf Grund des Unterfrachtvertrages abliefert, so würde ein Zahlungsanspruch nach Maßgabe des Unterfrachtvertrages – also in der Regel auf einen weit niedrigeren Betrag und nicht zugunsten des Hauptverfrachters – ausgelöst werden; schon hieraus ergibt sich, dass der Unterverfrachter in aller Regel gegen den Unterfrachtvertrag verstößt, wenn er das Gut in eigenem Namen abliefern würde.

---

131 Urteil vom TranspR 2007, 425 in Abkehrung von der früheren Rechtsprechung, vgl. BGH BGHZ 116, 15 = TranspR 1992, 177; jetzt auch bestätigt für den Fall der Konkurrenz mit § 437, BGH TranspR 2009, 130 Rn. 29; BGH TranspR 2012, 456; ebenso die überwiegende Lehre, vgl. *Koller*, VersR 1988, 673; *Thume*, TranspR 1991, 85, 88f. und TranspR 2007, 427; *Koller*, Art. 13 CMR Rn. 5; *Basedow*, in der 1. Aufl. Art. 13 CMR Rn. 17ff.; *Helm*, Frachtrecht II, 2. Aufl. 2002, Art. 13 CMR Rn. 2; dagegen EBJ/*Huther*, 1. Aufl. 2001, Art. 13 CMR Rn. 8; *Herber/Piper*, CMR Art. 13 Rn. 19.

132 BGH TranspR 2012, 456 Rn. 27.

133 *Koller*, TranspR 2009, 451, 455; *Herber*, TranspR 2008, 239; TranspR 2013, 1, vgl. auch MüKoHGB/*Herber*, § 425 Rn. 78.

134 BGH TranspR 2012, 110.

VIII. Schadensanzeige; Verjährung

1. Schadensanzeige

Der Berechtigte, also der Empfänger oder Befrachter, muss Verlust oder Beschädigung des Gutes spätestens bei der Ablieferung dem Verfrachter oder dessen Vertreter anzeigen. Bei äußerlich nicht erkennbaren Verlusten oder Beschädigungen genügt die Absendung der Anzeige innerhalb von drei Tagen nach Ablieferung (§ 510 Abs. 1, 2).

Da die Schadensanzeige den Zweck hat, den Verfrachter auf die Gefahr der Inanspruchnahme hinzuweisen und ihm Gelegenheit zu rechtzeitiger Schadensaufklärung zu geben, muss sie Verlust oder Beschädigung „hinreichend deutlich kennzeichnen" (§ 510 Abs. 1 Satz 2). Dafür genügt nicht die bloße Rüge der Verpackung oder allgemeine Floskeln; die Anzeige muss vielmehr erkennen lassen, um welche Art von Beschädigung es sich handelt.[135]

Die Vorschrift setzt voraus, dass die Güter überhaupt abgeliefert werden, sei es auch in einem Zustand, der wirtschaftlich als Totalverlust anzusehen ist.

Maßgebender Zeitpunkt für das Erfordernis der Anzeige ist die **Ablieferung**. Darunter ist der zweiseitige Rechtsakt zu verstehen, durch den der Frachtführer den Gewahrsam an dem beförderten Gut im Einvernehmen mit dem Empfänger aufgibt und diesen in den Stand setzt, die tatsächliche Gewalt über das Gut auszuüben.[136]

Hat, wie beim Stückgutfrachtvertrag regelmäßig (§ 486 Abs. 2), der Verfrachter das Gut zu löschen, so ist Ablieferung erst die Übergabe an den Empfänger; es genügt nicht die einseitige Besitzaufgabe durch den Verfrachter, etwa das bloße Absetzen auf dem Kai.[137] Hat kraft besonderer Vereinbarung oder nach der Übung der Empfänger zu löschen, so kann die Ablieferung schon auf dem Schiff erfolgen, etwa durch Ansetzen des Hebezeugs am Gut oder durch Öffnen der Lukendeckel am Kai.[138] Wird Schüttgut entladen, so muss es genügen, wenn Mängel, die sich während des Entladevorgangs – also nach der eigentlichen Übernahme – herausstellen, sogleich gerügt werden.

Schwierigkeiten bereitet vor allem die Anzeigefrist beim Empfang von Containern. Weisen diese keine äußerlich erkennbaren Beschädigungen auf, so stellt sich infolge des Weitertransportes häufig ein Schaden der Ladung im Inneren erst später als nach drei Tagen heraus. Geschieht der Weitertransport im Rahmen eines multimodalen Frachtvertrages, so ist als Ablieferung erst die Ablieferung an den Endempfänger, nicht schon die an den nachfolgenden Landfrachtführer anzusehen (§ 452b Abs. 1 Satz 1). Befördert jedoch der Empfänger die Güter auf eigene Rechnung weiter, übernimmt er den Container also im Seehafen, bietet das Gesetz nicht die Möglichkeit, den maßgebenden Zeitpunkt – wie etwa in der Rügeregelung der Art. 38, 39 des UN-Kaufrechtsübereinkommens – angemessen hinauszuschieben. Die schwachen Rechtsfolgen der Rügeversäumnis nach § 510 lassen allerdings die Folgen nicht unerträglich erscheinen.

Die Schadensanzeige ist **in Textform** (§ 126b BGB) zu erstatten (§ 510 Abs. 3); es genügt also eine gewöhnliche E-Mail.[139] Wird sie bereits bei Ablieferung abgegeben, kann sie gegenüber demjenigen erklärt werden, der das Gut abliefert.

Versäumt der Berechtigte die rechtzeitige Anzeige, so wird vermutet, dass das Gut vollständig und unbeschädigt abgeliefert worden ist (§ 510 Abs. 1).

Es tritt also nicht – wie bei manchen Teiltransportrechten, vgl. etwa Art. 47 § 1 CIM – ein Rechtsverlust ein, sondern nur eine Umkehr der Beweislast. Auch diese ist jedoch hinsichtlich

---

135 OLG Düsseldorf, TranspR 1997, 153.
136 BGH TranspR 2009, 410; *Thume*, TranspR 2012, 85.
137 Schaps/*Abraham*, § 611 Rn. 5 mN.
138 Vgl. MüKoHGB/*Eckardt*, § 510 Rn. 5 ff.; MüKoHGB/*Herber*, § 498 Rn. 43.
139 MüKoHGB/*Eckardt*, § 510 Rn. 30.

der Kausalität nicht sehr gravierend. Der Empfänger muss auch bei rechtzeitiger Anzeige (innerhalb von drei Tagen) beweisen, dass der Schaden während der Obhut des Verfrachters, also vor der Auslieferung entstanden ist; insofern ändert sich die Rechtslage also nicht.

Das neue Recht knüpft an die Versäumung der Anzeigepflicht nicht mehr, wie früher (§ 606 Satz 2 aF), die weitergehende Vermutung, dass der Verfrachter den Schaden nicht zu vertreten hat.[140] Der Verfrachter muss sich also, wenn der Berechtigte den Schadenseintritt während dessen Obhut, also vor Ablieferung bewiesen hat, nach § 498 Abs. 2, § 499 durch den Nachweis entlasten, dass ihn kein zurechenbares Verschulden trifft.

2. Verjährung

a) Vorbemerkung

§ 612 Abs. 1 Satz 1 idF vor 2001 sah entsprechend Art. 3 § 6 Abs. 4 HVR für **Ansprüche gegen den Verfrachter** eine **Ausschlussfrist** vom einem Jahr vor. Für diese war, da sie im deutschen Recht eine Besonderheit darstellte, Hemmung und Unterbrechung des Fristlaufs zweifelhaft.[141] Außerdem erwies sich der vom Verhalten der Parten unabhängige Lauf der Frist als bedenklich.[142] Deshalb hat der deutsche Gesetzgeber schon im Jahre 2001[143] die Ausschlussfrist des § 612 aF in eine Verjährungsfrist umgewandelt. Das SRG hat den Dualismus von § 612 aF und § 901 Nr. 4 aF beseitigt und die Verjährung von Ansprüchen aus Seefrachtverträgen in § 605 Abs. 1 einheitlich neu geregelt.

Nach neuem Recht gilt eine Verjährungsfrist von einem Jahr für alle Ansprüche aus einem Seefrachtvertrag. Sie erfasst auch die Ansprüche gegen den Befrachter oder Empfänger, die bisher weder in § 612 aF noch in der speziellen frachtrechtlichen Verjährungsvorschrift des § 901 Nr. 4 aF geregelt waren, sondern dem – für den Schuldner ungünstigeren – allgemeinen Verjährungsrecht des BGB unterfielen.[144]

Ausdrücklich klargestellt ist in § 605 Nr. 1, dass die frachtvertragliche Verjährung **auch für Ansprüche aus Konnossementen** gilt, namentlich auch für Ansprüche wegen unrichtiger Konnossementsangaben (§ 523).

b) Grundsatz: Einjährige Verjährung (§ 605 Nr. 1).

Ansprüche aus Seefrachtverträgen, also Stückgutfrachtverträgen und Reisefrachtverträgen, verjähren nach einem Jahr, beginnend mit dem Tag, an dem das Gut abgeliefert wurde oder hätte abgeliefert werden müssen. Bei Reisefrachtverträgen ist auf das Gut abzustellen, das am Ende der letzten Reise abgeliefert wurde.

Die sondergesetzliche Regelung erfasst nunmehr alle beiderseitigen Ansprüche aus dem Frachtvertrag, also auch die Ansprüche des Verfrachters gegen den Befrachter oder Empfänger, namentlich den **Anspruch auf Zahlung von Fracht oder Liegegeld.**[145] Der Kreis der betroffenen Ansprüche ist wie bei dem Vorbild, § 439, weit auszulegen; der BGH hat auch Ansprüche wegen Schäden, die nach Beendigung der Obhut entstanden sind, unter die Regelung gefasst.[146] Voraussetzung ist jedoch stets ein wirksamer Seefrachtvertrag.[147] Es würde aber wohl

---

140 Da diese nicht in den HR vorgegeben ist und eine deutsche Besonderheit war, vgl. RegBegr. SRG, S. 87; zur Bedeutung vgl. auch Voraufl. S. 339.
141 Vgl. Voraufl. S. 339 f.
142 Vgl. die Fälle bei *Rabe,* § 612 Rn. 8 ff.
143 Durch Gesetz vom 26.11.2001, BGBl. I 3138.
144 Vgl. *Rabe*, § 901 Rn. 5.
145 MüKoHGB/*Eckardt*, § 605 Rn. 7.
146 BGH TranspR 2008, 84.
147 BGH TranspR 2014, 331.

zu weit gehen, konkurrierende Ansprüche aus unerlaubter Handlung der Regelung zu unterstellen; denn § 506 Abs. 1 erklärt nur bestimmte Haftungsbefreiungen und -begrenzungen auf sie für anwendbar, darunter nicht die Verjährung;[148] Gleiches muss dann auch für Ansprüche gegen den Reeder nach § 480 gelten, selbst wenn er zugleich ausführenden Verfrachter ist.

Für den Lauf der Frist gelten die Bestimmungen des BGB. § 608 hat jedoch einen zusätzlichen Hemmungstatbestand eingeführt, der aus § 439 Abs. 3 übernommen wurde: Macht der Gläubiger eines Ersatzanspruches seine Ansprüche gegenüber dem Schuldner in Textform[149] geltend (sog. **Haftbarhaltung**), so wird deren Verjährung gehemmt, bis der Schuldner den Anspruch in Textform ablehnt. Diese Sondervorschrift schließt jedoch eine weitere Hemmung nach § 203 BGB nicht aus.[150]

c) Sonderreglung für Rückgriffsansprüche (§ 607 Abs. 2).

Wie schon § 612 aF sieht auch § 607 Abs. 2 eine Sonderregelung für Rückgriffsansprüche vor, die jedoch durch das Erfordernis einer fristgebundenen Schadensanzeige verbessert wurde.

Für Rückgriffsansprüche des Schuldners eines der Verjährung nach § 605 Nr. 1 unterliegenden Anspruchs beginnt die Verjährungsfrist erst mit dem Tag, an dem der Schuldner rechtskräftig zur Leistung verurteilt wurde oder an dem er den Anspruch erfüllt hat. Diese Vergünstigung gilt nicht, wenn der Rückgriffsgläubiger dem Rückgriffsschuldner nicht innerhalb von drei Monaten, nachdem er von dem Schaden und der Person des Rückgriffsschuldners Kenntnis erlangt hat, Mitteilung macht (§ 607 Abs. 2 Satz 2).

Durch diese Regelung wird vermieden, dass sich die Verjährung des Rückgriffsanspruchs unangemessen und für den Schuldner unvorhersehbar verlängert, wenn sich die Erledigung des Hauptanspruchs hinauszögert.

Der Anspruch gegen den Rückgriffschuldner braucht nicht auch ein Anspruch aus einem Seefrachtvertrag zu sein,[151] doch wird man einen im weitesten Sinne transportrechtlichen Anspruch verlangen müssen.

d) Exkurs: Verjährung beim Multimodalvertrag

Eine für die Praxis nicht ungefährliche Besonderheit besteht bei **Seebeförderungen, die Teil eines Multimodalfrachtvertrages** sind. Haftet der Multimodalfrachtführer bei festgestelltem Schaden während der Seebeförderung, dann gilt zwar für ihn – und **für den ausführenden Verfrachter** – grundsätzlich das Haftungsrecht der §§ 498 ff. (§ 452a) einschließlich der Verjährungsregelung der §§ 605 ff. Nach § 452b Abs. 2 Satz 2 verjährt der Anspruch gegen den Teilverfrachter jedoch nicht früher, als er nach den Vorschriften des allgemeinen Frachtrechts verjähren würde. Die Jahresfrist des § 605 Nr. 1 wird deshalb in den Fällen, in denen der Teilverfrachter leichtfertig iS des § 435 gehandelt hat, auf drei Jahre verlängert (§ 439 Abs. 1 Satz 2), obwohl die Verlängerung der Verjährungsfrist nach § 435 Abs. 3 nicht in das Seefrachtrecht übernommen wurde.

---

148 Für die es deshalb bei der regelmäßigen Verjährungsfrist von drei Jahren (§ 195 BGB) bleibt; so schon nach § 607a aF, vgl. Voraufl. S. 341.

149 § 126b BGB; anders als nach der bis zum SRG geltenden Fassung des § 439 Abs. 3, die Schriftform verlangte, BGH TranspR 2013, 156.

150 BGH TranspR 2008, 467.

151 BGH TranspR 2013, 194; so schon zum alten Recht *Herber*, Haftungsrecht S. 204.

IX. Vertragliche Abbedingung der Haftung

1. Vertragliche Änderung durch Individualvereinbarung

Die Haftungsvorschriften der §§ 498 bis 511 können grundsätzlich nicht durch vorformulierte Vertragsbedingungen (AGB) abbedungen werden, jedoch in vollem Umfang durch im Einzelnen ausgehandelte Vereinbarungen (sog. Individualvereinbarungen) (§ 512 Abs. 1).

Damit folgt das neue deutsche Recht dem Konzept des allgemeinen Frachtrechts (§ 449), der sog. **AGB-Festigkeit der grundsätzlichen Haftungsregeln.** Es stellt das **gesamte Frachtrecht,** auch das Haftungsrecht, völlig **frei von Schranken für eine individuelle Vertragsgestaltung.** Das gilt auch, wie das Gesetz ausdrücklich klarstellt, für Rahmenverträge. Die Wirksamkeit der Freizeichnung des Verfrachters – auch durch Individualvereinbarung – ist lediglich eingeschränkt gegenüber gutgläubigen Konnossementsinhabern (§ 525), weil diese das Zustandekommen der Vereinbarung nicht prüfen können.

Aus rechtssystematischen Gründen findet sich die entsprechende Norm für die **gesetzliche Haftung des Befrachters und des Abladers,** die nicht in demselben Unterabschnitt geregelt ist wie die des Verfrachters, in § 488 Abs. 5; vgl. dazu § 28 IV 7.

2. Vertragliche Änderung durch Formularverträge

Das **Verbot der Abbedingung der Haftung durch AGB** erfährt **zwei Ausnahmen** (§ 512 Abs. 2):

a) Einmal kann die Haftung des Verfrachters für Verlust oder Beschädigung auf **höhere** als die gesetzlichen **Haftungshöchstbeträge** begrenzt werden.

Diese Haftungsverschärfung, die sich nur auf die Beträge des § 504, nicht auf andere Haftungsmerkmale beziehen darf, kann auch in AGB des Befrachters vorgesehen werden.[152]

b) Sodann kann vereinbart werden, dass der **Verfrachter ein Verschulden seiner Leute und der Schiffsbesatzung** nicht zu vertreten hat, wenn der Schaden durch ein Verhalten bei der **Führung oder der sonstigen Bedienung des Schiffes** oder durch **Feuer** oder Explosion an Bord des Schiffes entstanden ist. Das Gesetz stellt dabei ausdrücklich klar,[153] dass die erleichterte Freizeichnung nicht für Maßnahmen gilt, die überwiegend im Interesse der Ladung getroffen wurden.

Damit wird die erleichterte Herbeiführung des Rechtszustandes ermöglicht, der den HVR entspricht und bisher nach § 607 Abs. 2 aF gesetzlich vorgesehen war, durch das SRG jedoch beseitigt wurde. Der Verfrachter braucht für sog. nautisches Verschulden seiner Leute, also insbesondere des Kapitäns, nicht einzustehen. Diese antiquierte Regelung gilt noch in vielen Auslandsrechten und sollte deshalb den deutschen Verfrachtern erleichtert offen stehen.[154]

Problematisch kann sein, ob es für die erleichterte Feistellungsvereinbarung nach § 512 Abs. 2 Nr. 1 des genauen Wortlauts der Bestimmung bedarf; es ist damit zu rechnen, dass häufig Konnossemente mit der international üblichen auf die HVR verweisenden Paramount-Klausel durch den Verfrachter gezeichnet werden, ohne sich über diese Frage Gedanken zu machen. Dann könnte man diese Klausel wohl als Ausdruck des Parteiwillens auslegen, von der Möglichkeit des § 512 Abs. 2 Nr. 1 Gebrauch zu machen.[155]

Stimmt der Befrachter einer dahingehenden AGB-Klausel zu, gilt praktisch die herkömmliche Unterscheidung von sog. **nautischem Verschulden** einerseits und von

---

152 Anders als nach § 449 Abs. 2 Nr. 2.
153 Entsprechend § 607 Abs. 2 Satz 2 aF.
154 RegBer. SRG, S. 89.
155 Dazu eingehend MüKoHGB/*Herber*, § 512 Rn. 25.

kommerziellem Verschulden andererseits weiter. Sie hat erhebliche praktische Bedeutung. Da die Freizeichnung vom Gesetz ausdrücklich vorgeschrieben ist, entzieht sich ihre Berechtigung der AGB-Kontrolle; deshalb findet die Freistellung auch keine Grenze bei grober Fahrlässigkeit oder gar Vorsatz des Kapitäns.[156]

Zur **Führung des Schiffes** gehört alles, was unter den Begriff Nautik fällt. *Rabe*[157] spricht anschaulich von Maßnahmen der Schiffsführung in Bezug auf die Fortbewegung. Dazu gehören nicht nur Schiffsmanöver, Ausguck, Lichterführung, sondern auch die Entscheidung über die Annahme eines Lotsen oder das Anlaufen eines Nothafens. Die **„sonstige Bedienung des Schiffes“** umfasst die technische Handhabung des Schiffes, also etwa die Bedienung und Wartung der Maschine und anderer Schiffsanlagen, soweit sie der Schiffssicherheit dienen, die Überprüfung auf Mängel und deren Beseitigung, das Schließen der Lukendeckel, sofern dadurch die Stabilität des Schiffes gesichert werden muss.

Maßnahmen im überwiegenden Interesse der Ladung sind dagegen solche, die überwiegend deshalb getroffen werden, um Schäden von der Ladung abzuwenden, die also der Ladungssicherheit dienen, ohne dass jedoch die Schiffssicherheit dadurch beeinträchtigt wird. So etwa die Reinigung der Laderäume, die Unterhaltung von Hebezeug, das Schließen der Lukendeckel (soweit es nur oder überwiegend geschieht, um die Ladung vor Regen oder Spritzwasser zu schützen). Maßnahmen zur Erhaltung der Seetüchtigkeit – etwa Wartung und Reparatur der Maschine, Abdichten eines Lecks – gehören stets zur Bedienung des Schiffes.

Durch AGB freigestellt werden kann der Verfrachter auch von dem Einstehen für Leute-Verschulden bei **Feuer.**

Hier ist die Vorbehaltsregelung jedoch enger als der frühere gesetzliche Haftungsausschluss. Die Einschränkung der Haftung gilt nur für Feuer an Bord, nicht auf dem Kai.[158]

c) Die entsprechend § 607 Abs. 2 aF vereinbarte Haftungsfreistellung gilt grundsätzlich nicht nur für die Schiffsbesatzung, sondern auch für **andere „Leute“** des Verfrachters.

Deshalb kann auch ein auf die Schiffsführung bezogenes Verschulden von Landangestellten unter die Ausnahmeregelung fallen, so etwa die (unrichtige) telefonische Auskunft des Reedereiinspektors auf eine Anfrage der Schiffsführung wegen der Behebung von Schwierigkeiten mit der Schiffsmaschine oder Mitteilungen der Schifffahrtsverwaltung über Hindernisse der Schifffahrt (Wracks, Untiefen). Bei Eingriffen von Land in die Führung und Bedienung des Schiffes ist naturgemäß besonders sorgfältig zu prüfen, ob ein (auch nur leichtes) Verschulden des Verfrachters selbst, also insbesondere auch der Organe einer juristischen Person vorliegt, welches die Berufung auf die Ausnahme ausschließt.

Die **Haftung des Verfrachters für andere Erfüllungsgehilfen** als seine Leute und die Schiffsbesatzung, auf die § 512 Abs. 2 Nr. 1 nicht anwendbar ist, kann nicht durch AGB ausgeschlossen oder beschränkt werden.

d) Nicht mehr zulässig ist nach dem SRG die zuvor weitgehend übliche, nach den HVR nicht ausgeschlossene und durch § 663 Abs. 2 Nr. 4 aF zugelassene **Landschadensklausel,** also die Freizeichnung für Schäden, die das Gut während der Obhut des Verfrachters, jedoch vor oder nach dem Einladen in das Schiff erleidet.[159]

---

156 Wie der BGH zu § 607 Abs. aF festgestellt hat, vgl. BGHZ 169, 281 = TranspR 2007, 321.

157 § 607 Rn. 11.

158 Anders noch die bemerkenswerte Entscheidung des OLG Hamburg, TranspR 2008, 261 (Brand durch Schweißarbeiten auf dem Terminal).

159 Deren Wirksamkeit wurde bisher schon kontrovers diskutiert, von der hM aber angenommen.

e) Das grundsätzliche Verbot der Haftungserleichterung durch AGB gilt nur für Stückgutfrachtverträge, nicht für **Reisefrachtverträge.**[160] Gleiches gilt für die nicht zwingend geregelte Haftung für Verspätung (vgl. o. IV).

Insoweit bleibt jedoch die Einschränkung durch § 309ff. BGB zu beachten. Die Gerichte lassen pauschale Freizeichnungen für Verspätungsschäden nicht zu,[161] ebenso wenig die Haftung für schuldhaftes Verhalten leitender Angestellter. Das grundsätzliche Verbot der Freizeichnung für auch nur leichtes Verschulden nicht leitender Angestellter bei der Verletzung sog. Kardinalpflichten wird jedoch neuerdings vom BGH relativiert, indem die leicht verfügbare Möglichkeit der Ladungsversicherung in die Beurteilung einbezogen wird.[162]

3. Durch **Individualvereinbarung** kann grundsätzlich die gesamte Haftungsregelung abbedungen werden. Hier ist allein die Sittenwidrigkeit eine Grenze, die jedoch selten überschritten werden wird.

Gesetzliche Einschränkungen ergeben sich hier lediglich aus Art. 6 EGHGB für Konnossemente, welche den HR in ihrer ursprünglichen Fassung unterliegen. Vgl. dazu § 30 II 9.

X. Räumlicher Anwendungsbereich des deutschen Rechts

Das auf einen Seefrachtvertrag anzuwendende Recht bestimmt sich – aus der Sicht eines deutschen Gerichtes – nach deutschem internationalem Schuldrecht. Dieses ist seit **dem 12. Dezember 2009**, anstelle der bisherigen Art. 27–34 EGBGB, die aufgehoben wurden, durch die **unmittelbar anwendbare Rom-I-VO der EG** geregelt.

Für vor dem 12.12.2009 abgeschlossene Verträge bleibt es jedoch beim alten Recht, das gelegentlich noch für Rahmenverträge eine Rolle spielen kann.

Die praktischen Unterschiede des neuen Kollisionsrechts vom alten autonomen sind nicht sehr erheblich. Wie bisher ist auch künftig in erster Linie auf den ausdrücklich oder stillschweigend erklärten **Parteiwillen** abzustellen (Art. 4 Rom-I-VO). Vereinbarungen des anwendbaren Rechts sind sowohl im Stückgut-, als auch im Charterverkehr die Regel; sie erfolgen allerdings häufig nicht ausdrücklich, sondern stillschweigend.

Die Rom-I-VO lässt zunächst – ebenso wie Art. 27 EGBGB aF[163] – für Güterbeförderungsverträge[164] uneingeschränkt[165] die **Rechtswahl** zu (Art. 3 Abs. 1 Satz 1 Rom-I-VO).

Die **Vereinbarung über das anzuwendende Recht** kann grundsätzlich **formfrei** getroffen werden. Sie kann ausdrücklich sein oder sich aus den Umständen des Falles ergeben (Art. 3 Abs. 1 Satz 2, 3 Rom-I-VO). Eine stillschweigende Rechtswahl ist im Zweifel in der Vereinbarung eines bestimmten Gerichtsstandes oder eines – an einem bestimmten Ort lokalisierten – Schiedsgerichts zu sehen; dabei ist allerdings

---

160 § 527 Abs. 2 verweist nicht auf § 512.

161 Vgl. etwa OLG Hamburg TranspR 2012, 382.

162 Vgl. BGH TranspR 2014, 200 m. Anm. *Herber*.

163 Besonderheiten für Verbraucherverträge (Art. 6 Rom-I-VO) werden bei Güterbeförderungsverträgen – anders als bei Personenbeförderungsverträgen – nicht anerkannt (Art. 6 IV lit. b Rom-I-VO).

164 Zum Begriff EuGH TranspR 2009, 491, m. Anm. *Mankowski*: „Als Güterbeförderungsverträge gelten für die Anwendung dieses Absatzes auch Charterverträge für eine einzige Reise und andere Verträge, die in der Hauptsache der Güterbeförderung dienen".

165 Die allgemeinen Schranken zur Umgehung des autonomen Rechts sowie des Gemeinschaftsrechts gelten allerdings auch hier.

zu beachten, dass die prozessuale Vereinbarung, die an strengere Voraussetzungen geknüpft ist, wirksam sein muss.

Praktisch bedeutsam ist die im Seerecht weithin übliche **Rechtswahl** durch **Inkorporation**, also durch Verweisung auf einen anderen Vertrag. Sie spielt vor allem im Seerecht eine beherrschende Rolle. Wird im Konnossement auf den Chartervertrag verwiesen, so erstreckt sich die darin enthaltene Rechtswahlklausel nach dem Seerechtsreformgesetz (§ 522 Abs. 1 Satz 2) nicht mehr, wie nach bisheriger Auslegung, auch ohne besondere ausdrückliche Hervorhebung auf das Konnossementsrechtsverhältnis. Vgl. dazu § 30 II 5.

Eine stillschweigende Rechtswahl liegt nicht schon in der Benutzung der englischen Sprache; diese ist im Transportwesen, namentlich im Seeverkehr, allgemein üblich.

Die Wirksamkeit der Rechtswahl ist nach dem Recht zu beurteilen, das vereinbart wird. Sie muss aber stets nach deutschem Recht zulässig sein, darf also nicht gegen den *ordre public* oder deutsche Eingriffsnormen verstoßen.

Fehlt eine Rechtswahl (muss also eine sog. **objektive Anknüpfung** vorgenommen werden), ist das Recht des Staates anzuwenden, in dem der Beförderer[166] seinen gewöhnlichen Aufenthaltsort hat,[167] sofern sich in diesem Staat auch der Übernahmeort, der Ablieferungsort oder der gewöhnliche Aufenthaltsort des Absenders[168] befindet (Art. 5 Abs. 1 Satz 1 Rom-I-VO). Die kumulative Anknüpfung soll wie die Vorgänger-Regelung des Art. 28 Abs. 4 EGBGB aF sicherstellen, dass der Bezug des Sachverhalts zum anwendbaren Recht nicht nur zufällig, sondern substanziell ist.[169] Liegen die Voraussetzungen für die kumulative Anknüpfung nicht vor, unterliegt der Vertrag dem Recht des Staates, in dem der von den Parteien vereinbarte Ablieferungsort liegt (Art. 5 Abs. 1 Satz 2 Rom-I-VO).

Hier liegt ein Unterschied zum bisherigen Recht: Nach Art. 28 Abs. 1 EGBGB – der nach allgM anzuwenden war, wenn die Voraussetzungen des Art. 28 Abs. 4 EGHGB aF nicht vorlagen – kam es auf das Recht an, zu dem der Sachverhalt die engsten Verbindungen aufweist. Eine solche, im IPR übliche „Flexibilitätsklausel" steht zwar auch in der Rom-I-VO (Art. 5 Abs. 3[170]), findet aber erst nach der Auffanglösung des Ablieferungsortes Anwendung. Im Ergebnis entspricht dies dennoch der Auslegung des Art. 28 Abs. 1, 4 EGBGB aF, weil in Deutschland für die engste Verbindung schon bisher der „Bestimmungsort" gewählt wurde.

Das so bestimmte anwendbare Recht regelt grundsätzlich alle Aspekte des Vertrages. Eine **Sonderanknüpfung** für einzelne Elemente der Gesamtbeförderung, für die ein anderes Recht in Betracht kommen könnte, findet in der Regel nicht statt. Das gilt namentlich für die Beladung oder (wenn das Recht des Abgangsortes für den Vertrag maßgeblich ist) die Löschung; dort können örtliche Gesetze (auch wenn sie

---

166 Nach Erwägungsgrund Nr. 22 Satz 3 Rom-I-VO bezeichnet der Begriff „Beförderer" in der Rom-I-VO die Vertragspartei, die sich zur Beförderung der Güter verpflichtet, und zwar unabhängig davon, ob sie die Beförderung selbst durchführt.

167 Maßgeblich ist der Zeitpunkt des Vertragsschlusses. Hierzu *R. Wagner*, TranspR 2008, 221 (223).

168 Nach Erwägungsgrund Nr. 22 Satz 3 Rom-I-VO bezeichnet der Begriff „Absender" eine Person, die mit dem Beförderer einen Beförderungsvertrag abschließt; im Seerecht ist dies der Befrachter.

169 Das war bei der Vorbereitung der Rom-I-VO sehr streitig; die Entscheidung ist jedoch zutreffend, weil sonst einseitig die Interessen des Frachtführers begünstigt worden wären.

170 "Ergibt sich aus der Gesamtheit der Umstände, dass der Vertrag im Falle fehlender Rechtswahl eine offensichtlich engere Verbindung zu einem anderen als dem nach Absatz 1 oder 2 bestimmten Staat aufweist, so ist das Recht dieses anderen Staates anzuwenden".

nicht zwingend sind, also als fremde Eingriffsnormen berücksichtigt werden könnten) oder Gebräuche Rechte und Pflichten begründen, die der *lex causae* nicht bekannt sind.

Mankowski (S. 85) befürwortet in diesen Fällen eine „Substitution", sodass die im Interesse des Funktionszusammenhangs grundsätzlich einheitlich anzuwendende *lex causae* inhaltlich das Ortsrecht berücksichtigen soll. Dem ist zuzustimmen; das deutsche Transportrecht lässt, da es in diesem Bereich durchweg dispositiv ist, sogar die Berücksichtigung von bloßen Handelsbräuchen ohne weiteres zu.

Die Rom-I-VO erkennt ebenso wie das bisherige Recht (Art. 34 EGBGB aF) sog. Eingriffsnormen des nationalen Rechts an.[171] Art. 9 Abs. 1 Rom I-VO enthält erstmals eine Legaldefinition des Begriffs „Eingriffsnorm". Dies ist danach „eine zwingende Vorschrift, deren Einhaltung von einem Staat als so entscheidend für die Wahrung seines öffentlichen Interesses, insbesondere seiner politischen, sozialen oder wirtschaftlichen Organisation, angesehen wird, dass sie ungeachtet des nach Maßgabe dieser Verordnung auf den Vertrag anzuwendenden Rechts auf alle Sachverhalte anzuwenden ist, die in ihren Anwendungsbereich fallen." Wichtige Beispiele für Eingriffsnormen im deutschen Transportrecht sind § 449 Abs. 3 und Art. 6 EGHGB.

Diese Regeln gelten grundsätzlich nur für den Seefrachtvertrag, nicht den Anspruch aus dem Konnossement. Für Ansprüche aus Konnossementen gelten zudem besondere Vorschriften, soweit es sich um Konnossemente handelt, die nach den HR von 1924 zu beurteilen sind (Art. 6 EGHGB). Auch insoweit vgl. § 30 II 9.

---

171 Allgemein zur Problematik der Eingriffsnormen im Rahmen der Rom-I-VO zB *Leible/Lehmann*, RIW 2008, 528 (542 f.), *Mankowski*, IHR 2008, 133 (146 ff.) und *Pfeiffer*, EuZW 2008, 622 (627 f.).

§ 30 Dokumente des Seefrachtvertrages

Lit.: *Bassindale*, Title to Sue under Bills of Lading – The Carriage of Goods by Sea Act 1992, JIB L. 1992, 414.; *Bästlein*, Skripturhaftung – ein in die Irre führendes Schlagwort? TranspR 1997, 404 ff.; *Becker*, Die Beweiskraft des Konnossements insbesondere nach Übernahme der sog. Visby-Regeln in das HGB durch das Zweite Seerechtsänderungsgesetz v. 25.7.1986, Schriften zum Transportrecht Bd. 3, 1991; *Boom*, Certain legal aspects of electronic bills of lading, ETR 1997, 9 ff.; *Cadwallader*, Incorporating Charterparty Clauses into Bill of Lading, London 1976; *Chandeler*, The Electronic Transmission of Bills of Lading, JMLC 20 (1989), 571.; *Czerwenka*, Die Bedeutung der Wiedereinführung der „Skripturhaftung" im Seefrachtrecht und das Zweite Seerechtsänderungsgesetz von 1986, TranspR 1988, 256; *Debattista*, The Bill of Lading as a Contract of Carriage, 1982; *ders.*, Sea Waybills and the Carriage of Goods by Sea Act 1971, LMCLQ 1989, 403; *Döser*, Inkorporationsklauseln in Konnossementen, Diss Hamburg 2004; *Dumke*, Das Konnossement als Wertpapier, Diss. Hamburg 1970; *Eckardt*, The Bolero Bill of Lading under German and Englisch law, Diss. München 2004; *Giermann*, The Evidentiary Value of Bills of Lading and Estoppel, Münster 2004; *ders.*, Die Haftung des Verfrachters für Konnossementsangaben, TranspR 2001, 7; *ders.*, § 656 Abs. 2 Satz 2 HGB und das überkommene Rechtsinstitut der Skripturhaftung – Ein Beispiel für die Inkompatibilität von internationaler Rechtsvereinheitlichung und nationalen Rechtsinstituten, TranspR 2005, 189 ff.; *Grönfors*, Cargo Key Receipt and Transport Document Replacement, Göteborg 1982; *ders.*, The Paperless Transfer of Transport Information and Legal Functions, Cambridge 1988; *ders.*, Towards See Waybills and Electronic Documents, Göteborg 1991; *Gustherov*, Der Revers im Seefrachtgeschäft, Diss. Hamburg 2010; *Herber*, Konnossement und Frachtvertrag – Bemerkungen zu wertpapierrechtlichen Entwicklungen auf einem Sonderrechtsgebiet, FS Peter Raisch (1995), 67 ff.; *ders.*, Seefrachtbriefe und das geltende Recht, TranspR 1986, 169; *ders.*, Die IoC-Klausel: Ein Ärgernis der Kautelarpraxis – Zur Entscheidung des BGH v. 22.1.1990, TranspR 1990, 147; *ders.*, Die CMI-Regeln über Seefrachtbriefe, TranspR 1991, 361; *ders.*, Die Reform des deutschen Seehandelsrechts – Balance zwischen Rechtsfortbildung und Schifffahrtstradition, TranspR 2012, 269; *ders.*, Artikel 6 EGHGB – Eine Erwiderung, TranspR 2013, 368; *ders.*, Konnossement und Multimodal-Ladeschein nach neuem Recht als Beförderungsdokumente beim Überseekauf, FS Magnus S. 673 ff.; *Jessen*, Die Auslieferung von Gütern ohne Vorlage eines Konnossements – Neuere Empfehlungen für die Praxis bei der Verwendung des „letter of indemnity", TranspR 2011, 405 ff.; *ders.*, § 522 I 2 – Die Abwendung Deutschlands vom Charter-Konnossement, RdTW 2013, 293; *Julga/Stumm*, Das englische Konnossementsrecht unter Berücksichtigung der Leitentscheidungen, TranspR 2005, 269; *Kimball*, The Validity of Letters of Indemnity Given for the Issuance of Clean Bills of Lading, Miscellanea of Maritime Law, 1988, 93 ff.; *Klemme*, Das fehlende Konnossement in der Massengutfracht des Seehandels und die Haftungsgefahren für den Reeder, TranspR 2002, 182 ff.; *Koller*, Rechtsnatur und Rechtswirkungen frachtvertraglicher Sperrpapiere, TranspR 1994, 181 ff.; *ders.*, Die Übertragung des Namensladescheins, FS Richardi (2007), S. 1121; *Kopper*, Der multimodale Ladeschein im internationalen Transportrecht, Diss. Hamburg 2007; *Lebuhn*, Das Linienkonnossement, 1958; *Liesecke*, Die Auslieferung der Güter ohne Konnossement in der neueren internationalen Rechtsprechung, Hansa 1964, 1988 ff.; *Livermore/Euarjai*, Electronic Bills of Lading: a progress report, JMLC 1997, 55; *Lloyd*, The Bill of Lading – Do we really need it? LMCLQ 1989, 47; *Mankowski*, Neue internationalprivatrechtliche Probleme des Konnossements, TranspR 1988, 410; *ders.*, Die Neufassung des Art. 6 EGHGB im System des Internationalen Privatrechts, TranspR 2014, 268; *Nielsen*, Anforderungen an die Ausstellung von Seekonnossementen durch NVOCC-Linien (non vessel owning common carriers) und Rechtsmissbrauch, TranspR 2000, 196; *ders.*, Schadensersatzpflicht von Seefrachtführern bei Falschausstellung von An-Bord-Konnossementen zwecks missbräuchlicher Inanspruchnahme von Bankakkreditiven, TranspR 2005, 145; *Paschke*, Das internationale Konnossementsrecht, TranspR 2010, 268; *ders.*, Wie hältst Du's mit dem internationalen Seehandelsrecht – Zur fehlenden Völkerrechtskonformität von Art. 6 EGHGB, RdTW 2013, 457; *Paschke/Ramming*, Reform des deutschen Seehandelsrechts, RdTW 2013, 1; *Pejovic*, The problem of the validity of „identity of carrier“ clauses, ETR 1995, 297; *Pötschke*, Die Haftung des Reeders für Ansprüche aus Konnossementen unter einer Zeitcharter nach deutschem und englischem Recht, Diss. Hamburg 1999; *Rabe*, Das Aus für Konnossementsbedingungen im Bereich der Bundesrepublik, RIW 1984, 589; *ders.*, Die IoC-Klausel – Lösung oder Diskussion ohne Ende? TranspR 1989, 81; *ders.*, Der Spediteur „as agents of the shipper“ – zugleich Anmerkung zu OLG Hamburg, TranspR 1988, 69; *ders.*, Wiedereinführung der Skripturhaftung – ein in die Irre führendes Schlagwort, TranspR 1997, 89; *ders.*, Das Seehandelsrechtsreformgesetz in der Kritik – einige wesentliche Aspekte, TranspR 2014, 309; *Ramberg*, The Vanishing Bill of Lading & the „Hamburg Rules Carrier“, 1979; *Ramming*, Die Ausstellung des Konnossements unter Umgehung des Drittabladers, TranspR 1993, 370; *ders.*, Verwendung gescannter Unterschriften auf Konnossementen, TranspR 2002, 193; *ders.*, Die Ausstellung von Konnossementen bzw. Ladescheinen durch den Unter-Beförderer, RdTW 2014, 1; *ders.*, Der neue Art. 6 EGHGB, RdTW 2013, 173; *ders.*, Der Seefrachtbrief, RdTW 2013, 373; *Richter-Hannes/Trotz*, Seefrachtvertrag und Konnossement, 1971; *Rugullis*, Die objektive Anknüpfung von Konnosementen, TranspR 2008, 102 ff.; *Schinzing*, Der Seefrachtbrief und andere Ansätze zu neuen Formen der Dokumentation im Seefrachtrecht, Diss. Hamburg 1991; *K. Schmidt*, Verfrachterkonnossement, Reederkonnossement und Identity-of-Carrier-Klausel, Hamburger Beiträge zum Handels-, Schiffahrts- und Wirtschaftsrecht Bd. 2, 1980; *ders.*, Identity of the Carrier, TranspR 1989, 41 ff.; *ders.*, Geklärte und offene Fragen der IoC-Klausel, TranspR 1991, 217; *Schnauder*, Sachenrechtliche und wertpapierrechtliche Wirkungen der kaufmännischen Traditionspapiere, NJW 1991, 1642; *Schuback*, Die Entwicklung der elektronisch übermittelten Bill of Lading, TranspR 1999, 41; *Scrutton on Charterparties and Bills of Lading*, 20. Aufl. durch Boyd/Burrows/Foxton, London 1996; *Stengel*, Die Traditionsfunktion des Orderkonnossements, 1975; *Stumm*, Der Ablader im Seehandelsrecht, Diss. Hamburg 2010; *Tettenborn*, Transferable and Negotiable Documents of Title – A Redefinition? LMCLQ 1991, 538 ff.; *Thietz-Bartram*, Der Übergang von Schadensersatzansprüchen bei unrichtiger Konnossementsausstellung mittels Indossament, WM 1988, 177 ff.; *Treitel*, Bills of Lading and Implied Contracts, LMCLQ 1989, 162.

I. Vorbemerkung

Beim Transport von Gütern auf See spielen Dokumente eine große Rolle. Zu dem – bei jedem Transport bestehenden und im allgemeinen Transportrecht durch den Frachtbrief befriedigten – Bedürfnis, die Übergabe der oft wertvollen Ladung an den Beförderer oder seinen Beauftragten sowie den Zustand des Gutes zu dokumentieren und die Bedingungen des vereinbarten Vertrages festzuhalten, treten beim Seehandel weitere Interessen der am Frachtvertrag Beteiligten hinzu, die sich durch die oft lange Dauer der Beförderung und die sich daraus ergebende Notwendigkeit, während der Reise über das Gut wirtschaftlich disponieren zu können, ergeben. Grund für die Beförderung ist in der Regel ein internationaler Kaufvertrag, bei dessen Abwicklung Dokumente zudem nicht nur zur Sicherung und Beschleunigung der Kaufpreiszahlung, sondern auch für die Erledigung von Zoll- und Einfuhrformalitäten erforderlich sind. Deshalb möchte der Ablader ein Papier in die Hand bekommen, welches er nicht nur dem Empfänger senden kann zum Beweis dafür, dass er das für diesen bestimmte Gut dem Verfrachter zur Beförderung übergeben hat. Das Papier soll darüber hinaus durch einen Schutz guten Glaubens an seinen Inhalt verlässlicher sein als der Frachtbrief mit bloßer Beweisvermutung. Es soll vor allem aber die Verfügung über das Gut während der Beförderung ermöglichen. Letzteres in einem doppelten Sinne: Das Papier muss das Gut in der Weise vertreten, dass durch seine Übertragung sowohl der Auslieferungsanspruch gegen den Verfrachter als auch dingliche Rechte am Gut – insbesondere das Eigentum – auf einen Dritten übertragen werden können; ferner soll es sicherstellen, dass nur sein Inhaber dem Verfrachter spätere Weisungen zu einer bestimmten Behandlung des Gutes – insbesondere zu einer Änderung des Beförderungszieles und des Empfängers – wirksam erteilen kann. Solche Anforderungen an das Beförderungspapier erfordern seine Ausgestaltung als Wertpapier.

Das im Landtransportrecht entwickelte und dort immer noch fast ausschließlich verwendete Dokument ist der **Frachtbrief.** Er ist eine Mitteilung des Absenders an den Frachtführer, welche die für die Beförderung wichtigen Angaben enthält, also namentlich die Beschreibung des Gutes, die Angabe des Empfängers und die wichtigsten Merkmale des Vertrages wie etwa die Höhe der bei Ablieferung geschuldeten Fracht (§ 408; Art. 6 CMR). Art. 4 Satz 1 CMR sagt anschaulich: „Der Beförderungsvertrag wird in einem Frachtbrief festgehalten". Der auch vom Frachtführer – im Original oder auf einer Kopie („Frachtbriefdoppel") – unterzeichnete Frachtbrief dient bis zum Beweis des Gegenteils als Nachweis für Abschluss und Inhalt des Beförderungsvertrages sowie für die Übernahme des Gutes durch den Frachtführer (§ 409 Abs. 1; Art. 9 Abs. 1 CMR).

Das Seerecht kannte zunächst einen Frachtbrief im Sinne des allgemeinen Frachtrechts nicht. Erst mit der Zeit haben sich im Hinblick auf die Schwerfälligkeit des herkömmlichen Dokumentenverkehrs ähnliche Formen – unter der Bezeichnung **Seefrachtbrief** – entwickelt, die jedoch noch keine klaren rechtlichen Konturen haben. Das SRG hat gleichwohl den Seefrachtbrief in seine Regelung einbezogen (§ 526). Er ist zwar in seinen Wirkungen ausgestaltet wie der Frachtbrief, also eine bloße Beweisurkunde. Anders als dieser wird der Seefrachtbrief jedoch nicht vom Absender, also dem Befrachter des Seerechts, ausgestellt, sondern vom Verfrachter. Er ist jedoch – wie der Frachtbrief – kein Wertpapier und kann nicht Gegenstand gutgläubigen, einredefreien Erwerbs sein.

Dagegen stellt das **Konnossement** ein Wertpapier dar, welches den Anspruch auf Auslieferung der Güter am Bestimmungsort verbrieft und damit die oben gekennzeichneten Erfordernisse des Warenhandels erfüllt. Eine urkundliche Verkörperung des damit handelbaren Anspruchs ist zwar auch im sonstigen Transportrecht in der Form des dem Konnossement nachgebildeten Ladescheins (§§ 443 ff.) möglich, dort aber – außer beim multimodalen Transport – nicht üblich (anders beim Lagervertrag, § 475c ff.).

Das **Konnossement** ist in allen Seerechtsordnungen der Welt bekannt. Obgleich in zunehmendem Maße auf seine Ausstellung verzichtet wird, wenn eine Übertragung der Rechte an der Ladung nicht zu erwarten oder eine dokumentenmäßige Sicherung des vorausleistenden Käufers nicht erforderlich ist, stellt es immer noch das zentrale Papier des Seefrachtvertrages dar. Gleichwohl sind seine wertpapierrechtlichen Aspekte nur zum Teil – nämlich hinsichtlich der Beweiswirkung, und auch insoweit erst seit den VR 1968 – Gegenstand internationaler Vereinheitlichung; sie bestimmen sich im übrigen nach anwendbarem nationalen, im Einzelnen sehr unterschiedlichen Recht. Das ist auf den ersten Blick erstaunlich, lautet doch der Titel des heute für das Seefrachtrecht maßgeblichen internationalen Übereinkommens (der Haager Regeln): „Übereinkommen zur Vereinheitlichung von Regeln über Konnossemente." Doch ist diese Überschrift missverständlich: Es geht in der Konvention nicht um die Konnossemente selbst, sondern allein um die hinter diesen stehende seerechtliche Haftung.

In der Praxis gleichermaßen bedeutsam wie das Konnossement ist die **Charterpartie.** Sie ist jedoch reine Beweisurkunde, welche die Bedingungen eines Chartervertrages schriftlich festhält.

II. Das Konnossement

1. Rechtsnatur

a) Wertpapier. Arten

Das Konnossement ist **Wertpapier**: Es verbrieft den Auslieferungsanspruch des Empfängers in der Weise, dass zu seiner Geltendmachung die Vorlage des Papiers erforderlich ist (§ 521 Abs. 2). Es kann als **Order- oder Inhaberkonnossement** ausgestellt werden (§§ 513 Abs. 1, 363 Abs. 2; §793 BGB) und ist dann Wertpapier im engeren Sinne: Der verbriefte Anspruch kann durch Übereignung des Papiers übertragen werden. Wird es als **Rektakonnossement** – also mit Angabe des Namens des Berechtigten ohne Orderklausel – ausgestellt, ist es nur Wertpapier im weiteren Sinne: Seine Präsentation ist notwendig, um die Auslieferung der Güter zu verlangen; es kann jedoch nicht in besonderer wertpapierrechtlicher Form übertragen werden, vielmehr folgt hier bei Abtretung des Auslieferungsanspruchs das Eigentum am Konnossement der Forderung (§ 952 BGB).

In der Praxis ist die Ausstellung des Orderkonnossements üblich. Es ist ein sog. gekorenes (im Gegensatz zu dem gesetzlichen „geborenen") Orderpapier nach § 364 Abs. 2, bedarf also einer ausdrücklichen Orderklausel. Es wird durch Einigung und Übergabe des indossierten Papiers übertragen.

b) Konstitutive Wirkung

Das Konnossement ist – jedenfalls nach seiner deutschen Rechtskonstruktion[1] – ein **konstitutives Wertpapier**,[2] das einen selbständigen, aus dem Wertpapier folgenden Anspruch des Inhabers auf Auslieferung der Güter schafft und verbrieft, der neben den Anspruch aus dem Frachtvertrag tritt.

Dieser Anspruch ist nicht identisch mit dem Auslieferungsanspruch aus dem Frachtvertrag.

Er ist allerdings in der Regel inhaltsgleich mit diesem; denn der ohne nähere Vereinbarungen geschlossene Frachtvertrag wird, wenn möglich, dahin ausgelegt, dass die Vertragsparteien die ihnen bekannten oder doch erkennbaren Bedingungen des späteren Konnossements in ihren rechtsgeschäftlichen Willen aufgenommen haben (vgl. dazu o. § 29 II 3). Es kann aber durchaus vorkommen, dass Abweichungen inhaltlicher Art zwischen beiden Ansprüchen bestehen, etwa bei unrichtigen Angaben über die Güter im Konnossement; beide Ansprüche können sich gegen verschiedene Personen richten und verschiedene Gläubiger haben.

Wird das Konnossement übertragen, so ist im Zweifel anzunehmen, dass auch der Anspruch aus dem Frachtvertrag konkludent mit abgetreten wird. Das kann ausnahmsweise praktische Bedeutung haben, etwa wenn das Konnossement eine geringere als die abgeladene Gütermenge angibt.

Das SRG hat erstmals das Verhältnis beider Ansprüche zueinander geregelt: Solange der wertpapierrechtliche Anspruch aus dem Konnossement besteht, kann der frachtvertragliche nicht von einem anderen als dem aus dem Konnossement Berechtigten geltend gemacht werden (§ 519 Abs. 1 Satz 1).

---

1 Vgl. zur Rechtslage in England *Julga/Stumm*, TranspR 2005, 269 ff.; in den Niederlanden *Spanjaart*, TranspR 2011, 335 ff.
2 Vgl. statt aller BGHZ 73, 4.

c) Halbkausales Wertpapier

Das Konnossement ist ein sog. **halbkausales Wertpapier**. Das bedeutet, dass der Inhalt des verbrieften Anspruchs zwar einerseits vom zugrunde liegenden Frachtvertrag unabhängig ist, stets jedoch durch die gesetzliche Regelung des zugrunde liegenden Rechtsverhältnisses bestimmt wird.[3] Wertpapierrechtlich ausgedrückt: Neben die Einwendungen, die die Gültigkeit der Erklärung in der Urkunde betreffen, die sich aus dem Inhalt der Urkunde ergeben, oder die dem Schuldner unmittelbar gegenüber dem legitimierten Besitzer der Urkunde zustehen (§ 522 Abs. 1), treten stets, auch gegenüber dem gutgläubigen Inhaber des Papiers, diejenigen aus den vertragstypischen Regelungen des verbrieften Anspruchs.[4] Der Verfrachter kann also auch dem gutgläubigen Erwerber des Konnossements entgegenhalten, dass dessen Anspruch ein vom anwendbaren Seerecht bestimmter ist, dass deshalb etwa kein Auslieferungsanspruch ohne gleichzeitige Zahlung der ausstehenden Fracht (§ 521 Abs. 2) besteht.

Wenn *Wüstendörfer* (S. 309) sagt, das Konnossement sei „kausal gegenüber den Abladetatsachen“, so soll damit zum Ausdruck gebracht werden, dass die Konnossementsvermutung hinsichtlich der Abladetatsachen (also namentlich der Beschreibung der abgeladenen Güter) stets, auch gegenüber einem gutgläubigen Konnossementserwerber, als widerleglich angesehen werden müsse. Diese, die gewollte Abmilderung der vor dem Seefrachtgesetz von 1937 geltenden strengen Rezeptumshaftung übertreibende und die Grundsätze des Wertpapierrechts außer Acht lassende Auffassung hat sich in der Folgezeit in Deutschland tatsächlich durchgesetzt: Eine durch die Haager Regeln nicht gebotene Fehlentwicklung, die bereits durch die Visby-Regeln und den diesen entsprechenden § 656 Abs. 2 Satz 2 aF korrigiert wurde. Der neue § 522 Abs. 2 übernimmt nicht nur diese Klarstellung, sondern erweitert die Unwiderleglichkeit der Vermutungen des § 517 auf Fälle des nicht derivativen Konnossementserwerbs.[5]

2. Ausstellung, Form und Inhalt des Konnossements

a) Das Konnossement wird – anders als der Frachtbrief des allgemeinen Frachtrechts (§ 408), der eine Erklärung des Absenders darstellt – **vom Verfrachter ausgestellt.**

Historisch geht das Konnossement (abgeleitet von lat. *cognoscere* = anerkennen) zurück auf das Empfangsbekenntnis des Kapitäns (damals noch „Schiffer“), das dieser durch seine Unterschrift auf dem Ladungsverzeichnis gab. Verpflichteter aus dem Konnossement war deshalb zunächst nur der Schiffer. Erst das ADHGB hob 1861 die alleinige Konnossementshaftung des Schiffers auf, der nur noch als Stellvertreter des Reeders handelte (allerdings bis zum SRG noch persönlich neben diesem haftete, vgl. § 512 aF). Danach – bis zum Seefrachtgesetz von 1937 – wurde der Reeder (und nur dieser) als Konnossementsschuldner angesehen und zwar selbst dann, wenn der Verfrachter das Konnossement ausgestellt hatte. Dieser rechtlich unhaltbare Zustand[6] wurde 1937 aus Anlass der Übernahme der Haager Regeln korrigiert; seitdem verpflichtet das Konnossement grundsätzlich (zu Ausnahmen vgl. u. 3) den Verfrachter.

Der **Ablader**[7] kann die **Ausstellung verlangen** (§ 513 Abs. 1); er gibt damit auch – im Rahmen der gesetzlichen Voraussetzungen und etwaiger vertraglicher Vereinbarungen – den Inhalt vor, insbesondere die Bestimmung des Empfängers. Der Emp-

---

3 Vgl. *Abraham*, S. 170.
4 Vgl. *K. Schmidt*, Handelsrecht, 4. Auflage, S. 704.
5 RegBegr. SRG, S. 90.
6 Vgl. *K. Schmidt*, S. 6 ff.; *Wüstendörfer*, S. 295.
7 **Vgl. zu diesem § 27 II 3.** Sowie MüKoHGB/*Herber*, Vor § 513 Rn. 13 und *Paschke/Ramming*, RdTW 2013, 1, 6 f. im Vergleich zur Auslegung des Begriffs nach früherem Recht.

fänger kann – und wird häufig – auch später bestimmt werden, indem der Ablader das Konnossement an seine Order stellen lässt und es indossiert. Ablader ist, wer das Gut dem Verfrachter zur Beförderung übergibt und vom Befrachter als Ablader zur Eintragung in das Konnossement benannt ist (§ 513 Abs. 2).

In der Praxis wird das Konnossementsformular meist vom Ablader ausgefüllt und vom Verfrachter oder seinem Vertreter nur unterzeichnet. Das ändert jedoch nichts daran, dass der Verfrachter Aussteller des Wertpapiers ist. Deshalb ist die Auffassung bedenklich, der Ablader sei – mit der Folge der Haftung des Befrachters, dessen Erfüllungsgehilfe. Er ist verpflichtet, darauf zu achten, dass er dem Kapitän kein Konnossement zur Zeichnung vorlegt, welches vom Frachtvertrag abweicht;[8] es ist allein Sache des Verfrachters, auf den Inhalt zu achten und dafür einzustehen, sofern dem Kapitän nicht ausnahmsweise eine falsche Erklärung in betrügerischer Absicht untergeschoben wird.

Der aus dem Seefrachtvertrag folgende Anspruch auf Ausstellung eines Konnossements kann vertraglich ausgeschlossen werden, er ist nicht zwingend. Das wird jetzt in § 513 Abs. 1 ausdrücklich klargestellt durch die Formulierung „sofern im Stückgutfrachtvertrag nicht etwas Abweichendes vereinbart ist" (vgl. zur Stellung des Abladers auch o. § 27 II 3). Dies geschieht nicht selten, weil die Pflicht, die Legitimation des Empfängers zu prüfen, für den Verfrachter belastend sein kann und an die Stelle des Konnossements deshalb ein Seefrachtbrief oder gar eine bloß elektronische Bestätigung treten soll. Dann vermeidet der Verfrachter die Verpflichtung, die Legitimation des Empfängers zu prüfen und bei Zweifeln – insbesondere, wenn das Konnossement noch nicht in der Hand des Empfängers ist – die Güter einzulagern oder auf eigenes Risiko, geschützt allenfalls durch eine Garantieerklärung des nicht legitimierten Empfängers, auszuliefern.

Einer Zustimmung des Abladers zu der Vereinbarung über die Nichtausstellung eines Konnossements bedarf es nicht. Dieser hat zwar nach § 513 Abs. 1 einen gesetzlichen Anspruch auf Ausstellung, doch handelt es sich dabei nur um die Umschreibung des Regelinhalts eines als Vertrag auch zu seinen Gunsten konzipierten Rechtsverhältnisses, dessen Abänderung – vor Entstehen des Rechts, also spätestens bei Vertragsschluss – im Belieben der Vertragsparteien steht.

Sofern der Ablader die Ausstellung des Konnossements verlangt, entstehen auch für ihn Pflichten gegenüber dem Verfrachter: Er haftet verschuldensunabhängig (§ 482 iVm § 488 Abs. 3) für unrichtige und unvollständige Angaben im Konnossement oder unterlassene Mitteilung der Gefährlichkeit des Guts (vgl. auch o. § 27 II 3). Er haftet jedoch – ohne besondere Vereinbarung – nicht für ausstehende Fracht; eine dahingehende Konnossementsklausel ist unwirksam.[9] Annahme und Anforderung des Konnossements ist keine konkludente Verpflichtung zur Schuldübernahme. Eine solche Konnossementsklausel ist idR unwirksam. Dazu auch MüKoHGB/*Herber* § 513 Rn. 17 mit Verweis auf OLG Rostock TranspR 1997, 113.

Übergibt ein anderer als der Benannte das Gut oder ist ein Ablader nicht benannt, so gilt der Befrachter als Ablader, auch wenn der Befrachter das Gut tatsächlich nicht übergeben hat.[10]

b) Das Konnossement kann – nach Anbordnahme des Gutes – als **Bordkonnossement** (§ 514 Abs. 2) oder – bereits nach Übernahme durch den Verfrachter – als **Übernahmekonnossement** (§ 514 Abs. 1) ausgestellt werden. Einem Übernahmekonnossement kann auch nachträglich – durch einen **Bord-Vermerk**, der angibt, wann und in welches Schiff das Gut an Bord genommen wurde – die Wirkung eines Bordkonnossements beigelegt werden (vgl. § 514 Abs. 2 Satz 2). Wegen der Haftung für unrichtige Ausstellung vgl. u. II 10.

---

8 So *Rabe*, § 656 Rn. 5 mit Hinweisen auf ältere Rechtsprechung.

9 OLG Rostock 27.11.1996, TranspR 97.113; auch MüKoHGB/*Herber*, § 513 Rn. 17.

10 Zu dieser Regelung kritisch *Paschke/Ramming*, RdTW 2013, 1, 6 f.

Die Praxis des Überseekaufs verlangt in der Regel ein Bordkonnossement, weil sich aus diesem die Tatsache der bereits erfolgten Verladung auf das Schiff sowie deren Zeitpunkt ergeben. Nach altem Recht und nach vielen Auslandsrechten, die entsprechend den HVR eine zwingende Verfrachterhaftung nur für die Zeit der Verfrachterobhut an Bord des Schiffes vorsehen, war damit zugleich die Erklärung verbunden, dass die Güter in den Haftungsbereich des Verfrachters gelangt sind.

c) Das Konnossement ist in so vielen Originalausfertigungen auszustellen, wie der Ablader verlangt (§ 514 Abs. 3). Üblich ist ein **Satz von drei (Original-!) Konnossementen.**

Mehrere Konnossemente (ein „Satz") werden in der Regel zusammen übertragen, da der Erwerber eines einzigen Exemplars nicht sicher sein kann, dass nicht der Inhaber eines anderen vor ihm Auslieferung der Güter verlangt. Das – wie so manche Tradition im Seeverkehr – gepflegte Prinzip der Ausstellung mehrerer Originale ist heute nur noch selten von Bedeutung (etwa bei komplizierten Genehmigungs- und Finanzierungsproblemen); es sollte sicherstellen, dass bei den früher oft langwierigen Übermittlungswegen bei Ankunft des Schiffes wenigstens ein Papier am Bestimmungsort verfügbar war. Gehen die mehreren Exemplare verschiedene Wege, so sieht § 521 Abs. 3 für den Fall, dass sich mehrere legitimierte Besitzer von Konnossementsausfertigungen melden, eine Hinterlegung vor, über die alle legitimierten Besitzer zu benachrichtigen sind.

In der Praxis werden bei Abladung größerer Ladungspartien oft **Konnossementsteilscheine** (*delivery orders*) ausgestellt, die jedoch je nach rechtlicher Konstruktion unterschiedlichen Charakter haben.[11]

d) Durch das SRG wurden in § 516 erstmals die **Formvorschriften** zusammengefasst, die für das Konnossement gelten sollen.[12] Danach ist dieses vom Verfrachter zu unterzeichnen, wobei eine Nachbildung der Unterschrift durch Druck oder Stempel genügt.

Nach dem Vorbild der Rotterdam-Regeln erlaubt § 516 Abs. 2 zudem die Ausstellung eines **elektronischen Konnossements.** Darunter ist eine elektronische Aufzeichnung zu verstehen, die dieselben Funktionen erfüllt wie das Konnossement (ua. Beweisfunktion, Sperrfunktion, Traditionsfunktion, Legitimationsfunktion), und die sicherstellt, dass die Authentizität und die Integrität der Aufzeichnung stets gewahrt bleiben.[13] Da ausreichende Praxiserfahrungen mit der Verwendung elektronischer Beförderungsdokumente noch fehlen, trifft § 516 hierzu keine detaillierteren Regelungen, sondern enthält in Abs. 3 eine Verordnungsermächtigung an das Bundesministerium der Justiz, im Einvernehmen mit dem Bundesministerium des Innern die Einzelheiten der Ausstellung, Vorlage, Rückgabe und Übertragung eines elektronischen Konnossements sowie die Einzelheiten des Verfahrens einer nachträglichen Eintragung in ein elektronisches Konnossement zu regeln. Mit einer solchen Verordnung dürfte aber in näherer Zukunft kaum zu rechnen sein, da zunächst abgewartet werden sollte, welche Formen sich in der Praxis herausbilden.

e) Der **Inhalt des Konnossements** ist in § 515 vorgeschrieben. Die dort aufgeführten Angaben kann der Ablader verlangen. Die Aufzählung ist nach dem SRG ausdrücklich als **„Soll"-Vorschrift** gekennzeichnet,[14] sagt also nicht, welche Anforderungen mindestens erfüllt sein müssen, damit ein wirksames Konnossement vorliegt. Rechtlich muss es aber jedenfalls erkennen lassen, dass die Auslieferung der Güter nur gegen Vorlage der Urkunde durch den legitimierten Inhaber verlangt werden kann;

---

11 Vgl. dazu eingehend *Rabe*, § 648 f.

12 RegBegr. SRG, S. 92.

13 Zu dieser Problematik auch schon *Schuback*, TranspR 1999, 41 ff.

14 Sie wurde aber auch schon nach früherem Recht (§ 643 aF) als solche angesehen. Vgl. RegBegr. SRG, S. 91.

sonst handelt es sich um eine bloße Empfangsbestätigung ohne Wertpapiercharakter.

Die in § 515 aufgeführten Angaben entsprechen sachlich im Wesentlichen dem früheren Recht (§ 643 aF), enthalten jedoch kleinere Modifikationen und sind in der Reihenfolge an § 408 angenähert. Danach soll das Konnossement folgende Angaben enthalten:

Nr. 1 **Ort und Tag der Ausstellung.**

Das Datum der Ausstellung ist nicht wesentlich, kann aber dem Ablader den Nachweis rechtzeitiger Versendung des Gutes erleichtern.[15] Die Angabe des Ortes kann auch für das anwendbare Recht eine Rolle spielen.

Nr. 2 **Name und Anschrift des Abladers.**

Die Angabe ist unentbehrlich, wenn das Konnossement an Order gestellt ist, außer wenn es an Order des (angegebenen) Empfängers gestellt ist (§ 513 Abs. 1). Ist der Ablader nicht zugleich Befrachter, so erscheint letzterer nicht im Konnossement, da das Konnossement nicht Grundlage für Ansprüche gegen diesen ist. Ist ein Ablader mit dem Zusatz *„as agents"* aufgeführt (was etwa beim Spediteur vorkommt), so ist anzunehmen, dass die Vollmacht auch die Weitergabe des Konnossements mittels Indossament deckt.

Nr. 3 **Name des Schiffes.**

Der Name des Schiffes ist schon deshalb notwendig, weil das – regelmäßig als Bordkonnossement ausgestellte – Konnossement die Übernahme der Güter an Bord eines bestimmten Schiffes bestätigen muss (§ 514 Abs. 2 Satz 1). Oft findet sich jedoch im Linienverkehr eine Optionsklausel, welche die Verladung auf ein anderes Schiff gestattet.

Die **Nationalität des Schiffes**, die nur noch in Ausnahmefällen wichtig ist, braucht nicht mehr (wie bisher nach § 643 Nr. 3 aF) stets angegeben zu werden, da die Staatszugehörigkeit für das Konnossementsrechtsverhältnis keine Bedeutung hat. Bei Bedarf, zB aus wirtschaftlichen oder politischen Gründen, kann die Angabe aber zusätzlich in das Konnossement mit aufgenommen werden.[16]

Nr. 4 **Name und Anschrift des Verfrachters.**

Diese Angabe ist – wie § 518 zeigt – rechtlich nicht wesentlich, doch praktisch für die Bestimmung des Verpflichteten notwendig.

Nr. 5 **Abladungshafen und Bestimmungsort.**

Die Angabe des Abladungshafens ist nicht wesentlich, geschieht aber regelmäßig. Sie kann insbesondere für den Nachweis der Abladung im Überseegeschäft und für die Bestimmung des anzuwendenden Rechts bedeutsam sein. Die Angabe des Bestimmungsortes (§ 481 Abs. 1) ist wesentlich, doch kann für diesen eine Optionsklausel vorgesehen werden. Entbehrlich kann die Angabe des genauen Bestimmungsortes auch sein, wenn eine **Meldeadresse** („notify address") (Nr. 6) angegeben ist.

Nr. 6 **Name und Anschrift des Empfängers und eine etwaige Meldeadresse.**

Beim Orderkonnossement (und beim seltenen Inhaberkonnossement) braucht er nicht angegeben zu werden, sofern nicht das Konnossement an Order des Empfängers gestellt ist (§ 513 Abs. 1). Beim Rektakonnossement ist er unverzichtbar. Eine **Meldeadresse** („notify address") gibt an, bei wem (wenn dies nicht beim Empfänger geschehen soll) Löschbereitschaftsanzeige zu erstatten ist, um eine flexiblere Vertragsabwicklung zu gewährleisten.

---

15 OLG Hamburg, VersR 1972, 936.

16 RegBegr. SRG, S. 91 f.

Nr. 7 **Art des Gutes und dessen äußerlich erkennbare Verfassung und Beschaffenheit.**

Nr. 8 **Maß, Zahl oder Gewicht des Gutes und dauerhafte und lesbare Merkzeichen.**

Die Beschreibung der Güter sowohl nach ihrer Art, als auch nach ihrer äußerlich erkennbaren Verfassung und Beschaffenheit (Nr. 7) sowie ihrer Individualisierung nach Maß, Zahl und Merkzeichen ist (Nr. 8) ist für die Beweisvermutung der §§ 517, 522 Abs. 2 von großer praktischer Bedeutung.

Nach § 515 Abs. 2 hat der Verfrachter diese Beschreibung so aufzunehmen, wie sie ihm vom Ablader in Textform (vgl. § 126b BGB) mitgeteilt wird. Diese strikte Verpflichtung weicht vom früheren Recht ab, welches dem Verfrachter gestattete, unter den Voraussetzungen des § 645 Abs. 2 aF schon die Aufnahme bestimmter Angaben des Abladers in das Konnossement zu verweigern.

Für die **Angabe von Merkzeichen** ist allerdings durch die Formulierung der Nr. 8 klargestellt, dass auch künftig Zeichen, die so angebracht sind, dass sie voraussichtlich nicht bis zum Ende der Reise lesbar bleiben, nicht aufgenommen werden müssen.

Wie bisher müssen Maß, Zahl oder Gewicht nur alternativ angegeben werden. Daraus wurde nach altem Recht gefolgert, dass bei Angabe mehrerer Mengenmerkmale bei allen bis auf eines ohne weiteres eine Unbekannt-Klausel hinzugefügt werden kann, ja sogar, dass sich die Beweisvermutung nur auf die verkehrsübliche Angabe bezieht.[17] Ob der Verfrachter nach neuem Recht alle Angaben des Abladers aufnehmen muss oder nur eine von mehreren, erscheint fraglich[18]; nimmt er mehrere Angaben auf, ist für jede zu prüfen, ob ein Vorbehalt nach § 517 Abs. 2 gerechtfertigt ist.

Das Gewicht des Gutes, insbesondere bei einem verschlossenen Container, hat besondere praktische Bedeutung für die Stauung der Ladung auf dem Schiff und damit für dessen Stabilität und Seetüchtigkeit. Ob der Reeder sich insoweit auf die Angaben des Abladers verlassen darf, ist jedoch nicht eine Frage des Konnossementsrechtsverhältnisses zwischen Verfrachter und Ablader, bei dem es nur um etwaige Ersatzansprüche des Empfängers wegen Mindergewichts gehen kann. Was zur Wahrung der Seetüchtigkeit des Schiffes vom Reeder unternommen werden muss, liegt auf einer anderen Ebene (dazu § 28 III 1 b)). Für den Verfrachter wird die Überprüfung einer Gewichtsangabe in der Regel schon deshalb nicht möglich sein, weil der Umschlagbetrieb diese Feststellung nicht anbietet.

Anders verhält es sich jedoch mit den Angaben nach Nr. 7:

Auch **wenn der Verfrachter Grund zu der Annahme hat, dass die Angaben des Absenders unrichtig sind oder wenn er keine ausreichende Gelegenheit hat, die Angaben nachzuprüfen,** muss er sie in das Konnossement aufnehmen (anders § 645 Abs. 2 Nr. 2 aF), kann – und muss (vgl. § 523) – aber die daraus gegen ihn sprechende Vermutung, er habe das Gut wie beschrieben übernommen (§ 517 Abs. 1), durch einen Vorbehalt nach § 517 Abs. 2 vermeiden.

Auf die Angaben nach Nrn. 7 und 8 gründet sich die Vermutung des § 517 Abs. 1, die in der Hand eines gutgläubigen Berechtigten unwiderleglich wird (§ 522 Abs. 2). Anders als nach § 643 Nr. 8 aF braucht das Konnossement nicht mehr stets eine Angabe über die äußerlich erkennbare Verfassung und Beschaffenheit des übernommenen Gutes zu enthalten. Fehlt eine solche Angabe, so wird vermutet, dass sie gut war (§ 517 Abs. 1 Satz 3), sofern nicht schon die Angabe im Konnossement selbst auf Mängel hinweist (etwa: „Unfall-PKW“) oder ein Vorbehalt nach § 517 Abs. 2 eingetragen ist.[19] Diese Vermutung bezieht sich stets nur auf die **äußerlich erkennbare Verfassung und Beschaffenheit des Gutes**, also bei verpackten Gütern

17 *Rabe*, § 645 Rn. 4.

18 Vgl. MüKoHGB/*Herber*, § 515 Rn. 15.

19 Vergleichbare Regelungen fanden sich schon vorher in § 409 Abs. 2 Satz 1 HGB und Art. 12 Abs. 2 CMNI. Vgl. RegBegr. SRG, S. 93 f.

darauf, dass nicht schon äußere Spuren auf eine mögliche Beschädigung des Inhalts hindeuten, bei unverpackten Gütern auf offensichtliche Artabweichungen oder Qualitätsmängel (Rost, Befall von Ungeziefer). Hat der Verfrachter berechtigten Grund anzunehmen, dass die Angabe (dh. die Bezeichnung der Güter ohne Qualitätseinschränkung) **unrichtig** ist, so **muss** er einen Vorbehalt anbringen. Damit schließt er nicht nur die sonst gegen ihn sprechende Vermutung für die Übernahme ordnungsgemäßer Güter aus (die bei Erwerb des Konnossements durch einen gutgläubigen Dritten sogar unwiderleglich wird), sondern nimmt zugleich fremde Interessen wahr: Unterlässt er den Vorbehalt, so ist das Konnossement geeignet, den Empfänger über die Menge oder Qualität der Güter zu täuschen und ihm dadurch Schaden zuzufügen, indem er etwa gegen Übergabe des Konnossements den Kaufpreis zahlt, ohne seine kaufvertraglichen Rechte geltend zu machen. Deshalb löst die Unterlassung eines Vorbehalts eine Schadenersatzpflicht des Verfrachters gegenüber dem gutgläubigen Empfänger aus, wenn der Verfrachter die nicht ordnungsgemäße Beschaffenheit des Gutes hätte erkennen müssen (§ 523 Abs. 1). Wegen des Vorbehalts vgl. u. 4 b).

In der Praxis ist es üblich, dass der Verfrachter bei – nicht seltenen – Zweifeln über Qualitätsmängel ein sog. „reines" (dh. keine Mängel anzeigendes) Konnossement gegen die Verpflichtung des Abladers ausstellt, den Verfrachter von etwaigen Ersatzansprüchen des Empfängers freizustellen (sog. **Abladerrevers**). Die Rechtsprechung[20] hat der Wirksamkeit solcher Reversverpflichtungen im Interesse des Empfängerschutzes enge Grenzen gesetzt: Wird ein reines Konnossement gegen Garantieerklärung ausgestellt, obgleich die übernommenen Güter zweifelsfrei mangelhaft sind, so ist die Garantieerklärung nach § 138 BGB nichtig; denn sie ist geeignet, den Empfänger zu täuschen und dadurch zu schädigen. Diese Grenze wird auch im englischen Recht gesehen und hat in Art. 17 Abs. 2 bis 4 HambR Eingang gefunden.[21]

Nr. 9 **Die bei Ablieferung geschuldete Fracht, bis zur Ablieferung anfallende Kosten sowie einen Vermerk über die Frachtkosten.**

Gemeint ist nicht nur[22] die Angabe darüber, ob der Empfänger überhaupt Fracht zu zahlen hat (ausgeschlossen etwa durch den häufigen Vermerk *„freight prepaid"*), sondern auch über die Höhe der noch geschuldeten Fracht. Die Formulierung „vereinbarte Fracht" des § 643 Nr. 9 aF wurde dabei durch die Formulierung „bei Ablieferung geschuldete Fracht" ersetzt, um insbesondere den legitimierten Besitzer des Konnossements darüber zu informieren, in welcher Höhe ihn noch eine Frachtzahlungsverpflichtung treffen kann.[23]

Nr. 10 **Zahl der Ausfertigungen.**

Die Zahl der ausgestellten Originale ist im Interesse der Rechtssicherheit und im Hinblick auf §§ 520, 521 Abs. 3 bedeutsam.

3. Konnossementsmäßig Verpflichteter

a) Problematik

Seit dem Seefrachtgesetz von 1937 wird das Konnossement vom Verfrachter (oder dessen Vertreter) ausgestellt und verpflichtet grundsätzlich diesen. Konnossementsverpflichteter kann also nicht mehr nur ein Reeder (oder Ausrüster), sondern jeder sein, der einen Seefrachtvertrag abschließt.

Häufig ist dies ein Zeitcharterer, der das gecharterte Schiff in eigenem Liniendienst einsetzt. Auch ein Spediteur, der – insbesondere bei Vereinbarung fester Kosten (§ 459) – als Verfrachter gilt, kann ein wirksames Konnossement ausstellen.

---

20 Dazu zB OLG Hamburg, TranspR 2000, 315 ff.
21 *Rabe*, § 656 Rn. 38 ff.
22 So aber wohl *Rabe*, § 643 Rn. 11.
23 RegBegr. SRG, S. 92.

Vor dem Seefrachtgesetz verpflichtete das Konnossement stets nur den Reeder, und zwar auch dann, wenn ein Charterer (ohne Vollmacht für den Reeder zu handeln) es ausgestellt hatte.[24] Die Konzentration der Konnossementsverpflichtung auf den Reeder diente der Sicherung der Verladerinteressen vor allem durch die Erleichterung der Identitätsfeststellung, auch durch Gewährleistung zumindest einer gewissen Bonität durch das – damals noch mit einem Schiffsgläubigerrecht haftende – Schiff.

Nach der Einführung des Verfrachterkonnossements bestehen oft erheblich größere Schwierigkeiten, den aus dem Konnossement verpflichteten Verfrachter festzustellen und einen Anspruch gegen diesen durchzusetzen. Diese wurden bis zum 1. SÄG 1972 dadurch gemildert, dass auch für den Konnossementsanspruch gegen den vom Reeder verschiedenen Verfrachter, auch wenn er nicht Ausrüster im Sinne des § 510 aF (jetzt § 477) ist, ein Schiffsgläubigerrecht bestand. Dieses Schiffsgläubigerrecht ist durch das 1. SÄG in Ausführung des Brüsseler Übereinkommens von 1967 beseitigt worden (dazu o. § 13 V 2). Seitdem kommt der Frage, wer aus dem Konnossement verpflichtet ist, für die Durchsetzung von Schadensersatzansprüchen eine entscheidende Bedeutung zu; dies umso mehr, als den Ladungsbeteiligten, wenn sie den falschen Adressaten in Anspruch nehmen, ein Anspruchsverlust nach §§ 605 Nr. 1, 607 Abs. 1 droht.

Schon der Gesetzgeber des Jahres 1937 hat versucht, möglichst Klarheit darüber zu schaffen, wer aus dem Konnossement verpflichtet ist. Er hat einerseits dem **Kapitän eine gesetzliche Vertretungsmacht zur Zeichnung der Konnossemente auch im Namen des Verfrachters** gegeben (§ 642 Abs. 4 aF, jetzt § 513 Abs. 1 Satz 2), die allerdings nicht sehr klar formuliert war. Vor allem aber hat er eine Unklarheitenregelung hinzugefügt (§ 644 aF), die § 518 aufgegriffen hat:

Ist im Konnossement der Verfrachter nicht angegeben oder wird jemand als Verfrachter bezeichnet, ohne dies zu sein, ist der Reeder anstelle des Verfrachters aus dem Konnossement berechtigt und verpflichtet.

§ 518 sieht damit im Ergebnis eine verschuldensunabhängige Einstandspflicht des Reeders für Fehler seiner Leute und Bevollmächtigten beim Handeln – auch – für den (Nur-)Verfrachter aufgrund der gesetzlichen Vertretungsmacht nach § 513 Abs. 1 Satz 2 vor.

Auch dieser Schutz ist allerdings wirtschaftlich nicht ausreichend. Denn den Ladungsbeteiligten droht selbst dann, wenn der Verfrachter richtig angegeben ist, die Gefahr der Nichtdurchsetzbarkeit ihrer Ansprüche, weil ein Zugriff auf das Schiff nach Wegfall des Schiffsgläubigerrechts nicht mehr möglich ist und der Verfrachter bei den weltweiten Aktivitäten der Schifffahrt seinen Sitz nicht selten in einem Land haben wird, in dem die Rechtsverfolgung nicht leicht ist. Zudem entstehen Probleme bereits im Vorfeld vor allem daraus, dass der Empfänger dem Konnossement oft nicht entnehmen kann, ob der angegebene Aussteller der wirkliche Verfrachter ist; nur für diesen gilt die gesetzliche Vertretungsmacht des Kapitäns und der anderen Bevollmächtigten nach § 513 Abs. 1 Satz 2.

Besonders erschwert wird die Feststellung des Verpflichteten dadurch, dass sich oft eine Reihe von Unterschriften auf dem Konnossement findet, die mit Vertretungsvermerken versehen sind, deren Bedeutung nicht ersichtlich ist; dies gilt namentlich für den Vermerk „*as agents*", der jedoch keinen Hinweis darauf enthält, für wen gehandelt wird; ist der Vertretene – direkt oder indirekt – genannt („*on behalf of the charterer*", „*on behalf of the captain*"), so ist dem Konnossement jedenfalls nicht anzusehen, ob der Unterzeichner Vollmacht hatte.

Die Unklarheit über den Verpflichteten ist für den Empfänger vor allem deshalb gefährlich, weil die Verfolgung seiner Ansprüche gegenüber demjenigen, der sich letztlich als nicht verpflichtet erweist, den Erfordernissen der Hemmung der Verjährung nach § 608 nicht genügt.

Deshalb hat der Gesetzgeber nunmehr die **gesetzliche Mithaftung des ausführenden Verfrachters** eingeführt, die zuvor bereits im Passagierhaftungsrecht (Art. 10 des

---

24 Zur früheren Rechtslage vgl. etwa *K. Schmidt*, S. 6 ff.

Anhangs zu § 664 aF) und im allgemeinen Frachtrecht (§ 437) bestand (vgl. dazu 7); diese führt zwar nur zu einer schuldrechtlichen Haftung des Reeders für Ansprüche gegen den Verfrachter, ermöglicht jedoch auf diese Weise die – allerdings nicht bevorrechtigte – Vollstreckung in das Schiff und vermeidet vor allem die erwähnten Gefahren aus Unklarheiten der Passivlegitimation.

b) Entstehung der wertpapierrechtlichen Verpflichtung

Wie bei allen Wertpapieren entsteht auch beim Konnossement die Verpflichtung durch die Begebung der Urkunde. Der **Begebungsvertrag** wird vom Aussteller mit dem Ablader geschlossen. Wird das Konnossement an die Order des Abladers gestellt, so ist dieser selbst erster Konnossementsberechtigter,[25] der das Recht weiter übertragen kann. Wird dagegen – wie häufig – sogleich der vorgesehene Empfänger als erster Nehmer des Konnossements eingetragen, so kommt der Begebungsvertrag unmittelbar zwischen dem Aussteller und dem Empfänger zustande; konstruktiv nimmt die hM an, dass der Ablader den Begebungsvertrag zugunsten des Empfängers, bedingt durch die Weitergabe des Papiers an diesen, abschließt.[26]

Die Wahl zwischen diesen Möglichkeiten des Begebungsweges hatte nach altem Recht erhebliche praktische Bedeutung.[27] Denn der Einwendungsausschluss zugunsten des Empfängers durch gutgläubigen Erwerb des Konnossements (§ 656 Abs. 2 Satz 2 aF) trat nur bei derivativem Erwerb des Papiers ein, kam also nicht dem ersten Nehmer des Konnossements zugute und deshalb niemals dem aus einem Rektakonnossement Berechtigten, weil bei diesem eine wertpapierrechtliche Übertragung nicht möglich ist.[28] Die Reform hat diese Einschränkung des Gutglaubensschutzes beseitigt: § 522 Abs. 2 gewährt den Gutglaubensschutz nunmehr nicht mehr nur dem Erwerber des Konnossements (Satz 2), sondern schon dessen erstem Nehmer (Satz 1). Damit wird auch der Inhaber eines Rektakonnossements in seinem guten Glauben bei Begebung des Papiers geschützt; allerdings bleibt es dabei, dass beim Rektakonnossement der Rechtsnachfolger des ersten Nehmers nicht weitergehend als nach früherem Recht geschützt ist, weil er seine Rechte nicht nach wertpapierrechtlichen Grundsätzen, sondern nur durch Abtretung der verbrieften Forderung erwirbt.[29] Im Einzelnen dazu u. 6b.

c) Vertretungsmacht des Kapitäns und anderer Reedervertreter

Das Konnossement wird heute in aller Regel nicht vom Verfrachter selbst, sondern von einem Vertreter ausgestellt. Bei der Beurteilung der sich aus den **verschiedenen Vertretungsverhältnissen** ergebenden Schwierigkeiten ist zunächst Folgendes im Auge zu behalten:

Der Ablader hat nach § 513 Abs. 1 einen **Anspruch gegen den Verfrachter** auf Konnossementsausstellung. Das bedeutet jedoch nicht, dass das Konnossement wirksam nur von diesem ausgestellt werden könnte. Da frachtvertraglicher Anspruch und Anspruch aus dem Konnossement voneinander verschieden sind, können sie auch gegen verschiedene Personen gerichtet sein. Deshalb kann jeder eine konnossementsmäßige Verpflichtung übernehmen, nicht nur der wahre Verfrachter. Diese Verpflichtung kann stets durch einen Vertreter begründet werden, der erkennbar für den Vertretenen handelt und Vertretungsmacht hat. Da jedoch im Wertpapierrecht mangelnde Vertretungsmacht – abgesehen von dem Fall der Begründung

25 *Wüstendörfer*, S. 316.
26 Vgl. BGHZ 33, 367; *Wüstendörfer*, aaO.
27 Vgl. Voraufl. S. 290.
28 AA Staub/*Canaris*, § 363 Anm.39; dagegen *Herber*, FS Peter Raisch, S. 67, 71.
29 Vgl. hierzu auch RegBegr. SRG, S. 97; MüKoHGB/*Herber*, § 522 Rn. 21 ff.

eines Rechtsscheins durch den Vertretenen – stets ein absoluter Einwand ist, liegt hier die Hauptgefahr für den Konnossementsinhaber: Hatte der Vertreter in Wahrheit keine Vertretungsmacht für den im Konnossement angegebenen Aussteller, so ist dieser nicht verpflichtet; allerdings haftet der Vertreter (§ 179 BGB).

Das Gesetz vermindert dieses Risiko für die Ladungsbeteiligten dadurch, dass es **bestimmten Vertretern des Reeders,** insbesondere dem Kapitän, zugleich – kraft Gesetzes – **Vertretungsmacht zur Ausstellung von Konnossementen für den Verfrachter** gewährt. Diese Regelung soll sicherstellen, dass auch für den nicht mit dem Reeder identischen Verfrachter in gleicher Weise wie für den Reeder Konnossemente wirksam gezeichnet werden können; sie versagt jedoch, wenn im Konnossement ein anderer als der wirkliche Verfrachter angegeben ist, weil der Kapitän diesen nicht wirksam vertreten kann.

Vertretungsmacht hat zunächst der **Kapitän** (§ 479 Abs. 1, § 513 Abs. 1). Die Vertretungsmacht der **sonstigen Bevollmächtigten des Reeders** ist nur eine Überleitung der Kapitänsvertretungsmacht für den Reeder – sei sie gesetzlich oder rechtsgeschäftlich begründet – auf den von diesem verschiedenen Verfrachter. Sie birgt jedoch erhebliche Gefahren für den Rechtsverkehr in sich; denn es ist dem Konnossement nicht anzusehen, ob der für den Verfrachter (oder für den Kapitän) handelnde Reedervertreter wirklich Vollmacht des Reeders hatte. Für den Rechtsverkehr verlässlich ist deshalb nur die Unterschrift des Kapitäns selbst.

d) Verfrachterkonnossement und Reederkonnossement

Das Konnossement wird in der Regel im Namen des Verfrachters („Verfrachterkonnossement“) ausgestellt. Es kann auch für den Reeder ausgestellt werden, der nicht zugleich Verfrachter ist; unter dem Schlagwort „Reederkonnossement“ wird jedoch allgemein ein besonderer, engerer Tatbestand verstanden, den das Seefrachtgesetz von 1937 zum Schutz des Gläubigers eingeführt hat und der zu einigen Auslegungszweifeln Anlass gibt: Ist in einem vom Kapitän oder einem anderen Vertreter des Reeders ausgestellten Konnossement der Name des Verfrachters nicht angegeben, so **ist der Reeder anstelle des Verfrachters aus dem Konnossement berechtigt und verpflichtet** (§ 518); ist er unrichtig angegeben, so haftet der Reeder dem Empfänger für den Schaden, der aus der Unrichtigkeit entsteht (§ 523 Abs. 3).

Der Zweck dieser Vorschriften ist klar: Kann der Empfänger aus dem Konnossement überhaupt keinen Hinweis auf den Aussteller entnehmen, tritt an dessen Stelle der Reeder, für den ja der Kapitän jedenfalls Vertretungsmacht hatte. Stellt dagegen der Kapitän ein Konnossement aus, das einen Fehler bei der Angabe des (wirklichen) Verfrachters enthält, der dem Empfänger die Durchsetzung seiner Rechte erschwert, dann haftet der Reeder für diesen Fehler seines Angestellten.

Unsicherheiten in der Auslegung des § 644 Satz 1 aF wurden durch die Neuformulierung der Vorschrift nunmehr beseitigt: In § 518 wird der Reeder nicht mehr „als Verfrachter“ fingiert; vielmehr verwendet das Gesetz nunmehr die Formulierung, dass „aus dem Konnossement anstelle des Verfrachters der Reeder berechtigt und verpflichtet“ ist. Damit wird klargestellt, dass die Regelung nur für die Verpflichtung aus dem Konnossement gilt und sich nicht auch mit der Haftung des Reeders aus dem Stückgutfrachtvertrag befasst.[30]

---

30 RegBegr. SRG, S. 94.

Schon nach altem Recht bestand kein Grund, die Fiktion auch auf den Frachtvertrag – unter Befreiung des wirklichen Verfrachters! – zu erstrecken,[31] durch die Neuformulierung wird dies nun noch einmal klargestellt. Der Empfänger hat deshalb im Fall des § 518 praktisch zwei Schuldner: Den Reeder aus dem Konnossement und den Verfrachter aus dem Frachtvertrag.[32]

Ist – in einem vom Kapitän oder einem Bevollmächtigten des Reeders unterzeichneten Konnossement – der **Name des Verfrachters unrichtig angegeben** worden, so haftet (neben dem Verfrachter, § 523 Abs. 1) auch der Reeder dem Empfänger auf Schadensersatz (§ 523 Abs. 3). Hierzu rechnen auch alle von § 518 umfassten Fälle, nämlich dass eine Angabe zum Verfrachter im Konnossement überhaupt fehlt, oder dass ein anderer als der wirkliche Verfrachter angegeben ist. Eine Haftungsregelung ist für diesen Fall zum Schutz des Empfängers geboten, da ihm ein Schaden etwa dadurch entstehen kann, dass er zunächst die im Konnossement angegebene Person verklagt und es dann zu einer Verjährung des Anspruchs gegenüber dem tatsächlich Verpflichteten kommt, oder dadurch, dass der Verfrachter möglicherweise nicht in gleicher Weise solvent ist wie der Reeder.[33]

e) Einzelfälle der Vertretung

In der Praxis finden sich bei der Unterzeichnung der Konnossemente vielfach Zusätze wie etwa „*as agents only*"; „*for and on behalf of the owner/charterer/time charterer*".

Für die Beurteilung der Wirkungen der Stellvertretung bedarf es zunächst der **Offenkundigkeit der Stellvertretung,** dh. es muss ersichtlich sein, wer verpflichtet sein soll. Dabei braucht der Vertretene nicht ausdrücklich genannt zu sein; es genügt, dass er sich aus den Umständen ergibt oder feststellbar ist, § 164 Abs. 1 Satz 2 BGB.[34] Materiell muss Vertretungsmacht des Vertreters bestehen. Beide Fragen sind scharf zu trennen.

Enthält die Unterschrift den Zusatz „*as agents*", so ist damit klargestellt, dass der Unterzeichnende sich nicht selbst verpflichten will, sondern einen anderen. Ist im Konnossement der Verfrachter angegeben, so wird die Zeichnung ohne weiteres auf die Absicht hindeuten, diesen zu verpflichten; eine Verpflichtung setzt jedoch entsprechende Vertretungsmacht voraus. Weist der Zusatz auf die Absicht hin, eine nur nach ihrer Funktion gekennzeichnete Person (Reeder, Verfrachter, Charterer) zu verpflichten, so kann nur fraglich sein, ob diese hinreichend deutlich aus dem Konnossement ersichtlich (offenkundig) ist; das ist etwa zu verneinen, wenn mehrere Personen als Verpflichtete in Betracht kommen, das Konnossement also nicht klar genug erkennen lässt, in wessen Namen im Sinne von § 164 Abs. 1 Satz 1 BGB die Willenserklärung abgegeben wurde.

Als Sonderfall ist dabei stets § 518 im Auge zu behalten: Ist aus einem von dem Kapitän oder einem sonst für den Reeder Befugten ausgestellten Konnossement der Verfrachter nicht ersichtlich, so ist der Reeder aus dem Konnossement berechtigt und verpflichtet. Unterzeichnet in einem solchen Fall der Kapitän mit dem ausdrücklichen Hinweis „*for the charterer*", welcher jedoch nicht hinreichend deutlich aus dem Papier erkennbar ist, so ändert das nichts an der Verpflichtung des Reeders, obgleich der Kapitän diesen nicht verpflichten wollte; denn § 518 greift stets ein, wenn der Verfrachter nicht ersichtlich ist.[35] Unterzeichnet dagegen der

---

31 So aber *Gramm*, S. 159, selbst für den Fall, dass allen Beteiligten die wahre Sachlage bekannt ist.

32 Vgl. auch *K. Schmidt*, S. 37 und TranspR 1989, 411, 415 f.; *Wriede*, ZHR 1982, 81, 83.

33 RegBegr. SRG, S. 98.

34 Vgl. etwa OLG Hamburg, TranspR 1988, 69, 70.

35 Vgl. MüKoHGB/*Herber* § 518.

Kapitän *„for the owner"*, ist dieser aber aus dem Konnossement nicht ersichtlich und ist als Verfrachter eine andere Person angegeben, so erscheint es mir nicht ohne weiteres möglich, den erklärten Willen, den Verfrachter nicht zu vertreten, zu negieren;[36] hier bedarf es auch keines Schutzes der Ladungsbeteiligten, da der Ablader den Mangel ohne weiteres erkennen konnte und das Konnossement hätte zurückweisen können.

Vertreter des Charterers/Verfrachters bedürfen stets dessen besonderer Vollmacht, die natürlich auch eine Anscheins- oder Duldungsvollmacht sein kann.

Häufig findet sich der Zusatz *„for the master"*. Dabei handelt es sich um eine – an sich zulässige – Untervertretung, bei der der Vertreter die gesetzliche Vertretungsmacht des Kapitäns nach § 479 Abs. 1, § 513 Abs. 1 Satz 2 in Anspruch nimmt; Voraussetzung für die Wirksamkeit ist jedoch eine wirksame Untervollmacht.

f) Identity-of-Carrier-Klausel

Ein Sonderfall ist die Identity-of-Carrier-Klausel, die sich in vielen Konnossementen findet. Sie hat – im Detail etwas variierend – folgenden Inhalt:[37] *„The contract evidenced by this bill of lading is between the merchant and the owner of the vessel"*. Die Klausel befindet sich auf der Rückseite des Konnossements in den (kleingedruckten) Bedingungen versteckt, während auf der Vorderseite der Verfrachter eingetragen und in der Regel deutlich als Aussteller des Konnossements herausgestellt ist.

Die Klausel ist ein Kuriosum, das seinen Ursprung in den USA hat: Als die US-Regierung im Zweiten Weltkrieg Schiffe in Privateigentum („Liberty"-Schiffe) charterte und für Kriegstransporte einsetzte, wollte sie die eigene Haftung aus dem Betrieb vermeiden, weil die seerechtliche Haftungsbeschränkung nur dem Eigentümer, nicht aber dem Charterer eingeräumt war. Deshalb sollte der Eigentümer haften; der Charterer verpflichtete sich zugleich, den Eigentümer wegen der (beschränkten) Inanspruchnahme zu entschädigen. Diese Konstruktion hat in den Ländern keinen Sinn mehr, in denen die Haftungsbeschränkung auch dem Charterer zugutekommt; das ist praktisch in allen Vertragsstaaten sowohl des HBÜ. v. 10.10.1957 als auch des HBÜ von 1976 der Fall. Gleichwohl wird die Klausel in vielen Konnossementen noch verwendet.

Die Wirksamkeit der Klausel ist viel erörtert worden[38] und war auch Gegenstand zweier BGH-Entscheidungen.[39] Danach muss die Rechtslage für das deutsche Recht als geklärt gelten, mag man auch gegen die Begründung Bedenken geltend machen können. Der BGH entnimmt aus dem Gesamterscheinungsbild des Konnossements auf seiner Vorderseite eine Individualvereinbarung, welche der formularmäßigen Klausel auf der Rückseite vorgehe. Deshalb kommt es auf die Frage, ob ein Vertreter des Verfrachters – aus dem Chartervertrag – Vertretungsmacht herleiten könnte, Konnossemente mit Wirkung für den Reeder zu zeichnen, nicht mehr an.

Wenn damit auch die Unwirksamkeit der Klausel für das deutsche Recht feststeht, ist doch höchst unbefriedigend, dass sie in Konnossementen weiter verwendet wird. Einmal, weil sie in vielen Rechtsordnungen – so etwa in den Niederlanden – trotz der offensichtlichen Bedenken anerkannt wird; zum anderen, weil sie die Rechtslage verunsichert. Die Gerichte sollten im Einzelfall, wenn sich aus der Klausel ein Schaden für den Gläubiger der Konnossementsforde-

---

36 So aber OLG Bremen, TranspR 1986, 153, 154.

37 Vgl. BGH, TranspR 1990, 163, 165.

38 Vgl. zB *K. Schmidt*, TranspR 1991, 217 ff.; *Rabe*, TranspR 1989, 86 ff.; *Herber*, TranspR 1990, 147 und FS Peter Raisch, S. 67, 81 f.

39 TranspR 1990, 163 ff.; TranspR 1991, 243 ff.; vgl. auch OLG Hamburg, TranspR 1989, 70 ff.

rung ergibt, eine Haftung des Ausstellers aus positiver Vertragsverletzung in Betracht ziehen; denn die bewusste Verwendung unwirksamer Klauseln dient dem Zweck, die Rechtslage durch Unklarheit – und dadurch begünstigten Ausschluss der Haftung infolge Verjährung – zugunsten des Verfrachters zu verbessern.

4. Beweiswirkung des Konnossements

a) Beim **Stückgutfrachtvertrag** enthält das Konnossement die Bedingungen des Vertrages im Einzelnen. Hierzu gehören nicht nur die Angaben über die Güter, den Bestimmungsort und die Fracht, sondern auch die vereinbarten Beförderungsbedingungen. Diese sind in den Konnossementsformularen weitgehend standardisiert. Häufig finden sich dabei auch sog. **Paramount-Klauseln,** durch welche auf die Bestimmungen der HR oder der HVR verwiesen wird.[40]

Diese Bedingungen sind AGB und unterliegen der gerichtlichen Kontrolle nach §§ 305 ff. BGB. Sie sind in der Regel klein gedruckt und in englischer Sprache abgefasst. Der BGH hat in der erschwerten Lesbarkeit zunächst einen Grund für die Nichtanerkennung gesehen.[41] Dagegen richtete sich die Kritik namentlich von *Rabe*,[42] der vor allem geltend macht, dass AGB auch ohne jede Wiedergabe in jedem einzelnen Konnossement Vertragsinhalt werden können, wenn sie nur in zumutbarer Weise eingesehen werden können. Es ist allerdings zweifelhaft, ob dies stets möglich ist und deshalb zu begrüßen, dass der BGH das Interesse des – mit den seerechtlichen Gepflogenheiten nicht notwendig vertrauten – Empfängers stärker betont. Allerdings handelt es sich bei der Lesbarkeit um eine Tatsachenfeststellung, die in der Revisionsinstanz nur unter engen Voraussetzungen nachgeprüft werden kann.

Die Übereinstimmung von Konnossementsrechtsverhältnis und Frachtvertrag wird beim Stückgutfrachtvertrag dadurch gewahrt, dass die Bedingungen des – in der Regel mündlich geschlossenen – Frachtvertrages als durch die den Vertragsparteien bekannten Bedingungen des später auszustellenden Konnossements mit geprägt angesehen werden. Zwingend ist diese Übereinstimmung jedoch nicht; wird nach Vertragsschluss ein Konnossement (oder Seefrachtbrief) mit anderen Bedingungen ausgestellt als den zuvor vereinbarten oder bei Vertragsabschluss vorhersehbaren, so haben die beiden Vertragsverhältnisse verschiedenen Inhalt. In jeden Fall kann der Inhalt später dadurch divergieren, dass die verbrieften Ansprüche aus dem Konnossement in der Hand eines gutgläubigen Empfängers über die aus dem Frachtvertrag hinausgehen.

Auf die Übereinstimmung des Konnossements mit dem Frachtvertrag zu achten, ist primär Sache des Verfrachters, nicht des Abladers. Das schließt freilich nicht aus, dass den Ablader, der dem Verfrachter einen nicht den frachtvertraglichen Vereinbarungen entsprechenden Konnossementsentwurf zur Unterzeichnung vorlegt, ein Mitverschulden an dem ihm daraus später entstehenden Schaden trifft.

Man kann danach sagen, dass das Konnossement zwar nicht (wie der Frachtbrief, vgl. § 409 Abs. 1; Art. 9 Abs. 1 CMR) Beweis für die Bedingungen des Vertrages erbringt, dass aber doch die tatsächliche Vermutung besteht, die Bedingungen des Frachtvertrages seien identisch mit den im Konnossement enthaltenen.

b) § 517 fasst die Beweiswirkung des Konnossements zusammen[43] und besagt im Wesentlichen, dass der **Empfänger sich auf den Inhalt der Urkunde verlassen kann.** Das Konnossement begründet danach die Tatsachenvermutung, der Verfrachter

40 Gelegentlich auch in der Fassung eines nationalen Gesetzes.
41 BGH TranspR 1984, 23, 25 ff.
42 RIW 1984, 589 ff.
43 RegBegr. SRG, S. 93.

habe das Gut so übernommen, wie es gemäß § 515 Abs. 1 Nrn. 7 und 8 im Konnossement im Hinblick auf die Angaben zu Art, Maß, Zahl und Gewicht des Gutes, zu dessen äußerlich erkennbaren Zustand sowie zu dauerhaften und lesbaren Merkzeichen beschrieben ist. Das entspricht dem allgemeinen Wertpapierrecht, da es sich um einen durch die Begebung der Urkunde entstandenen Anspruch handelt. Diese Vermutung ist gemäß § 522 Abs. 2 Satz 1 zugunsten des Empfängers grundsätzlich unwiderleglich, es sei denn, der Erwerber war beim Empfang des Konnossements nicht gutgläubig. Dies gilt gemäß § 522 Abs. 2 Satz 2 – wie bisher – auch zugunsten eines Dritten, an den das Konnossement in wertpapierrechtlicher Form (also beim Orderkonnossement durch Übergabe des indossierten Papiers, beim Inhaberkonnossement durch Einigung und Übergabe) übertragen wird (dazu u. 6).

Hinsichtlich der **Angaben über die Güter** erstreckt sich die Vermutung des § 517 Abs. 1 grundsätzlich auf die Beschreibung der Güter nach § 515 Abs. 1 Nrn. 7 und 8; Angaben im Konnossement nehmen an der Vermutung jedoch nicht teil, wenn das Konnossement hierzu einen Vorbehalt nach § 517 Abs. 2 enthält. Die Vermutung des § 517 Abs. 1 Satz 1 erstreckt sich außerdem grundsätzlich nicht auf den Inhalt eines geschlossenen Lademittels, es sei denn der Inhalt wurde vom Verfrachter überprüft und das Ergebnis der Überprüfung im Konnossement eingetragen (§ 517 Abs. 1 Satz 2). Einer „Unbekannt-Klausel“ (Zusatz **„Inhalt unbekannt“** oder „said to contain“), bei der es sich ohnehin um bloße Förmelei handelte, bedarf es daher nicht mehr.[44]

5. Inkorporationsklauseln

Konnossemente enthalten, namentlich dann wenn sie Ansprüche aus Reisefrachtverträgen verbriefen, regelmäßig Inkorporationsklauseln, mit denen die Bedingungen des Chartervertrages in das Konnossementsrechtsverhältnis übernommen werden sollen. Der Verfrachter versucht durch diese Verweisung, das Konnossementsrechtsverhältnis in möglichst weitgehende Übereinstimmung mit dem Frachtvertrag zu bringen. Denn die wirksam in das Konnossement einbezogenen Frachtvertragsbestimmungen können auch dem (selbst gutgläubigen) Empfänger gegenüber geltend gemacht werden (vgl. o. 4a). Solche Verweisungen wurden bisher sehr weitgehend anerkannt, sind jedoch durch das SRG erheblich eingeschränkt worden.

Bei der Neuregelung, wonach „eine Vereinbarung, auf die im Konnossement lediglich verwiesen wird, … nicht Inhalt des Konnossements ist“ (§ 522 Abs. 1 Satz 2) hat die schon bisher für Schiedsabreden geltende Regelung (§ 1031 Abs. 4 ZPO) Pate gestanden, die deshalb als bisher verschärfende Sonderbestimmung nicht mehr beibehalten zu werden brauchte und durch das SRG aufgehoben wurde.[45]

Auf der Basis der grundlegenden Entscheidung des BGH vom 18.12.1958[46] hatte die Rechtsprechung vor dem SRG angenommen, dass durch die Bezugnahme auf die Bestimmungen einer Charterparty (etwa: „*All the terms, exceptions and conditions contained in Charter Party … are herein incorporated*“) die einzelnen Klauseln auch ohne deren besondere Erwähnung Bestandteil des Konnossements werden, sofern sie nicht „aus dem üblichen Rahmen der in Frachtverträgen vereinbarten Bedingungen herausfallen und … vernünftiger Weise auf das Rechtsverhältnis zwischen Verfrachter und Empfänger angewendet werden können.“ Diese Rechtsprechung schloss zwar vermeintlich an die Rechtslage vor dem SFrG 1937 an, doch war die weite Anerkennung der Inkorporation damals keineswegs unstreitig: So vertrat etwa

44 RegBegr. SRG, S. 93.
45 Art. 6 Nr. 9. Vgl. dazu RegBegr. SRG, S. 143.
46 BGHZ 29, 120 ff.; zitiert auch in der RegBegr. SRG, S. 97.

Pappenheim die Auffassung, dass Verweisungen nur maßgeblich seien, wenn sie sich auf objektiv feststehende und öffentlich zugängliche Quellen beziehen; sei dies nicht der Fall, müsse eine in Bezug genommene Aufzeichnung mit dem Konnossement verbunden und angehängt werden. Ähnlich restriktiv beurteilte noch *Liesecke*[47] die Wirkungen der Inkorporation von Charterverträgen nach dem Rechtszustand des SFrG 1937.

Da diese großzügige Rechtsprechung auch für die Vereinbarung einer Schiedsgerichtsklausel galt, bei der sie besonders gravierende Bedeutung hat, weil dem Konnossementsberechtigten praktisch der Rechtsweg abgeschnitten wird, hat das Schiedsgerichtsreformgesetz von 1997 eine Sonderbestimmung für diesen praktisch wichtigsten Fall geschaffen.[48] Diese wurde durch das SRG aufgehoben, weil die für Schiedsklauseln vorgeschriebene schärfere Einbeziehungsregel nun nach § 522 Abs. 1 Satz 2 allgemein für jede Klausel gilt.[49]

Allerdings hat § 522 Abs. 1 Satz 2 sich mit der nur negativen Feststellung, dass eine Vereinbarung auf die im Konnossement lediglich verwiesen wird damit nicht zum Vertragsinhalt wird, wesentlich verhaltener ausgedrückt. Nach der Vorgeschichte muss man die Bestimmung aber im Sinne des früheren § 1031 Abs. 4 ZPO auslegen. Das bedeutet praktisch, dass eine allgemeine (pauschale) Verweisung auf den Chartervertrag nicht mehr genügt, dass aber andererseits auch nicht verlangt werden kann, sämtliche Details der Abrede zu übernehmen. Es muss lediglich zum Ausdruck kommen, welche wichtigen Elemente sie in Abweichung oder Ergänzung der frachtrechtstypischen gesetzlichen Reglung enthält. So genügt etwa der Hinweis „Schiedsgericht London", ohne dass nähere Einzelheiten über das Verfahren angegeben werden; ausreichend ist auch „Liegegeld trägt Empfänger", ohne dieses bereits näher zu spezifizieren.[50]

Die Neureglung ist in der Literatur erheblicher Kritik ausgesetzt. *Paschke/Ramming*[51] beklagen, dass damit eine einschränkungslose Anerkennung des sog. „Charterkonnossements" im deutschen Recht „im nationalen Alleingang" beseitigt worden sei. Diese hat jedoch in der Form nie bestanden. So prüft etwa die englische Rechtsprechung[52] die Anwendbarkeit einzelner in Bezug genommener Vertragklauseln sehr differenziert und auf den Einzelfall bezogen. Zwar hat sich in der Praxis der Typus des „Charterkonnossements" entwickelt, der die Abstraktion des Konnossements vom Grundgeschäft systemwidrig zu beseitigen versucht.[53] Das Charterkonnossement ist jedoch schon bisher für den Umlauf nicht geeignet[54];

47 Der ehemalige Berichterstatter im II. ZS des BGH; vgl. Schlegelberger/*Liesecke*, § 656 Rn. 3.

48 Nach § 1031 Abs. 4 aF ZPO wurde „eine Schiedsvereinbarung auch durch die Begebung eines Konnossements begründet, in dem ausdrücklich auf die in einem Chartervertrag enthaltene Schiedsklausel Bezug genommen" wurde.

49 RegBegr. SRG, S. 143.

50 Gerade im wichtigen Fall des Liegegeldes und der ausstehenden Fracht geben zudem § 521 Abs. 1 Satz 2, § 494 Abs. 2 und 3 dem Konnossementsverpflichteten weitgehende Rechte, auch im Konnossement nicht genannte oder bezifferte Zahlungen vom Empfänger zu verlangen.

51 RdTW 2013, 1, 5 f.

52 Vgl. etwa *K. Schmidt*, FS Herber, S. 281 ff., 302; *Rabe*, Vor § 556 Rn. 181; eingehend *Döser*, Inkorporationsklauseln in Konnossementen, S. 200 ff.; eingehend zum neuen Recht jetzt *Jessen*, RdTW 2013, 293.

53 Dazu Staub/*Canaris*, § 363 Rn. 64.

54 Welches nicht als vollwertig anerkannt wird; der Rechtsverkehr verlangt etwa bei der Klausel „Kasse gegen Dokumente" neben dem Konnossement eine beglaubigte Abschrift der in Bezug genommenen C/P.

Jessen[55] weist zutreffend darauf hin, dass die Bezugnahme auf Charterverträge zumeist im Kreise bestimmter Handelskreise verwendet wird, welche die Essentialia der in Bezug genommenen Charterverträge kennen. Man kann also künftig etwa sagen: Im Konnossement darf nicht auf ein dem Empfänger nicht bekanntes Dokument verwiesen werden, ohne es dem Konnossement als Anhang beizufügen.

Bei einer Verweisung ohne Beifügung der C/P hat der Empfänger allerdings keinen Anspruch auf Vorlegung des Chartervertrages. Man wird ihm aber das Recht zubilligen müssen, eigene Zahlungsverpflichtungen aus dem modifizierten Konnossement dadurch zu vermeiden, dass er die Annahme bis zur Vorlage und Prüfung auch des Frachtvertrages verweigert. Allerdings bedeutet dies auch für ihn einen meist unverhältnismäßigen Zeitverlust und geschieht deshalb selten.

Klauseln, welche das auf das Konnossementsrechtsverhältnis anzuwendende Recht[56] (in der Schifffahrt häufig englisches Recht) bestimmen, unterliegen insofern Besonderheiten, als ihre Wirksamkeit nach dem Recht des Landes geprüft werden muss, dessen Recht vereinbart wird (Art. 3, 12 Rom-I-VO).

Weichen Klauseln im Konnossement von den in Bezug genommenen Klauseln des Frachtvertrages ab, so haben die speziellen Konnossementsklauseln den Vorrang.

6. Übertragung des Konnossements

Die Übertragung des Konnossements ist in den internationalen Übereinkommen (sowohl in den HR und den VR als auch in den HambR) nicht behandelt und richtet sich deshalb nach nationalem Recht.

a) Orderkonnossement

aa) Ist das Konnossement wie regelmäßig (vgl. o. II 1a) als Orderkonnossement ausgestellt (§ 513 Abs. 1), so finden die Vorschriften von §§ 363 Abs. 2, §§ 364, 365; Art. 13, 14, 16, 40 Abs. 3 WG Anwendung.

Soweit das Seehandelsrecht ergänzende Regeln enthält, stellen sie vor allem Klarstellungen für die besonderen Verhältnisse des Seeverkehrs dar, so bei dem verbrieften Anspruch auf die Auslieferung von Gütern (§ 521) und bei der Einbeziehung des für das Transportrecht typischen Weisungsrechts des Versenders in die Legitimationsregelung (§ 520); oder sie tragen der seerechtlichen Besonderheit Rechnung, dass der Anspruch durch mehrere Originalkonnossemente verbrieft werden kann (§ 514 Abs. 3, § 520 Abs. 2, § 521 Abs. 3). Schließlich wird dem Konnossement eine zusätzliche Funktion zugewiesen: Die eines Traditionspapiers (§ 524; dazu u. ee), wie wir sie auch im Landtransportrecht (§ 448) und im Lagerrecht (§ 475g) finden.

bb) Das Orderkonnossement wird – wie der Wechsel – durch Übereignung des indossierten Papieres übertragen. Mit dem Eigentum am Papier geht der verbriefte Anspruch auf Auslieferung der Güter über.

Der durch eine ununterbrochene, auf ihn lautende oder mit einem Blankoindossament endende Indossamentenreihe legitimierte Inhaber des Konnossements ist berechtigt, die Güter entgegenzunehmen; der Verfrachter wird durch Auslieferung an ihn von seiner Verpflichtung frei. Verlangen kann er sie nur, wenn nicht dem Ver-

---

55 RdTW 2013, 293.

56 Zur objektiven Anknüpfung von Konnossementen vor In-Kraft-Treten der Rom-I-VO, vgl. *Rugullis*, TranspR 2008, 102 ff.; *Paschke*, TranspR 2010, 268 ff.

frachter Einwendungen zustehen, die sich entweder aus der Urkunde ergeben oder die Gültigkeit der Urkunde betreffen oder die ihm unmittelbar gegenüber dem Konnossementsberechtigten zustehen (§ 522 Abs. 1); entsprechend den im Wertpapierrecht entwickelten Grundsätzen stehen diesen Einwendungen auch die sog. nichturkundlichen Gültigkeitseinwendungen gleich, namentlich mangelnde Vertretungsmacht des Unterzeichnenden. Stets berufen kann sich der Verfrachter auch auf mangelnden Eigentumserwerb des legitimierten Inhabers.

Aus der Urkunde ergibt sich, dass der Anspruch ein solcher aus einem Seefrachtvertrag ist, also den gesetzlichen Regeln hierfür – und den aus der Urkunde ersichtlichen vertraglichen Vereinbarungen – unterliegt: Das Konnossement ist ein sog. **halbkausales Wertpapier** (s. o. 1c).

cc) Der Indossatar kann das Konnossement von einem legitimierten Inhaber mit vollem materiellen Recht erwerben, wenn er an der Berechtigung des Indossanten ohne grobe Fahrlässigkeit nicht zweifelte (also gutgläubig war). Er erwirbt es dann auch frei von Einwendungen, die der Verfrachter dem Vormann nur persönlich entgegenhalten konnte, weil sie nicht aus der Urkunde ersichtlich sind und nicht zu den nichturkundlichen Gültigkeitseinwendungen gehören. Dieser für den Frachtvertrag besonders wichtige Grundsatz wird in seiner speziellen Auswirkung auf die – von der Beweiswirkung des Konnossements erfassten (s. o. 4c) – Angaben über das Gut im Gesetz nochmals ausdrücklich bekräftigt (§ 522 Abs. 2).

Nach § 522 Abs. 2 kann der Verfrachter die Vermutung des § 517 Abs. 1, dass er das Gut so übernommen hat, wie es nach § 515 Abs. 1 Nrn. 7 und 8 im Konnossement beschrieben ist, nicht widerlegen, wenn der Empfänger oder ein Dritter, dem das Konnossement übertragen wurde, bei dessen Erwerb gutgläubig war. Damit ist der im Wertpapierrecht allgemein geltende Einwendungsausschluss nochmals ausdrücklich gesetzlich festgelegt worden, obgleich es dessen wegen § 364 Abs. 2 nicht bedurft hätte.

Nach Einführung der HR gehörte Deutschland zu den ganz wenigen Staaten, welche die Beweisvermutung des Konnossements als stets widerleglich ansahen. Diese Auslegung wurde durch Art. 1 Nr. 1 HVR und dessen Übernahme in das HGB durch das 2. SÄG korrigiert; sie war zuvor angesichts des allgemeinen wertpapierrechtlichen Prinzips und der für Orderkonnossemente unmittelbar geltenden Vorschrift des § 364 Abs. 2 eine erstaunliche Fehlentwicklung des deutschen Rechts, die von der Rechtsprechung durch die Annahme eines Schadensersatzanspruchs wegen unrichtiger Konnossementsausstellung nur zum Teil und systematisch unbefriedigend ausgeglichen wurde.[57]

Der Einwendungsausschluss wird auch als „Skripturhaftung“ bezeichnet; dagegen ist – entgegen den Ausführungen von *Rabe*[58] – nichts einzuwenden; es ist der hier angebrachte wertpapierrechtliche Begriff. Allerdings handelt es sich nicht um die Wiederbelebung des vor 1937 geltenden Rechtszustandes, wonach der Reeder aufgrund der bloßen Angabe im Konnossement, also ohne einen durch Übertragung eingetretenen Einwendungsausschluss stets (nach hM zudem ohne ein Verschulden) konnossementsmäßig zu haften hatte. Dass auch diese Haftung früher als Skripturhaftung bezeichnet wurde, besagt nur, dass die an die Skriptur anknüpfende Haftung unterschiedlich ausgestaltet sein kann.

---

57 Vgl. Schaps/Abraham § 656 Rn. 12.

58 TranspR 1997, 89ff.; dagegen auch *Bästlein*, TranspR 1997, 404ff. Der Fall lag allerdings sehr ungewöhnlich; m.E. wäre eine Haftung aus unrichtiger Konnossementsausstellung in Betracht gekommen.

Aus der wertpapierrechtlichen Einordnung des § 522 Abs. 2, der an den gutgläubigen Erwerb des Konnossements anknüpft, folgt auch, dass ein solcher nach dem anwendbaren Recht überhaupt möglich sein muss. Nach deutschem Recht ist dies – nach der Reform – der Fall nicht mehr nur beim derivativen Erwerb eines Orderkonnossements (oder eines höchst seltenen, aber zulässigen Inhaberkonnossements (§ 793 BGB)), sondern auch bereits beim Erwerb des ersten Nehmers des Papiers im Zuge seiner ersten Begebung durch den Aussteller (§ 522 Abs. 2).[59]

dd) Wie beim Wechsel hat das Indossament **Legitimationsfunktion** und Übertragungsfunktion. Es fehlt ihm jedoch die Garantiefunktion (Art. 15 Abs. 1WG).

ee) Die Übertragung des Orderkonnossements hat nicht nur die Wirkung der Übertragung des schuldrechtlichen Anspruchs auf Auslieferung der Güter, sondern daneben einen **sachenrechtlichen Aspekt**: Die Übergabe des Konnossements an den, der durch das Konnossement zur Empfangnahme legitimiert wird, hat, sobald die Güter von dem Kapitän oder einem anderen Vertreter des Verfrachters zur Beförderung übernommen worden sind, für den Erwerb von Rechten an den Gütern dieselben Wirkungen wie die Übergabe der Güter (§ 524). Diese **Traditionsfunktion** fingiert den unmittelbaren Güterbesitz für die Zwecke der Rechtsübertragung.

Eine Partie Weizen etwa kann auf der Getreidebörse von dem Konnossementsinhaber an den Käufer durch Einigung über den Eigentumsübergang und Übergabe des indossierten Konnossements übereignet werden, und zwar nach § 929 Satz 1 BGB.

§ 524 stellt nunmehr klar, dass das Gut sich im Besitz des Verfrachters befinden muss, wenn die Rechtsübertragung vorgenommen wird. Dieser Besitz braucht nicht ein unmittelbarer zu sein, er kann vielmehr auch durch den unmittelbaren Besitz einer Kaianstalt oder eines Unterverfrachters vermittelt werden.

Man wird jedoch nicht annehmen können, dass § 524 nur die Übertragung dieses mittelbaren Besitzes im Auge hat; dann wäre die Vorschrift zumindest für das deutsche Recht wegen der Möglichkeit der Rechtsübertragung durch Abtretung des Herausgabeanspruchs gegen den Verfrachter für den Konnossementsinhaber nicht notwendig. Fingiert wird vielmehr die Übertragung des unmittelbaren Besitzes für den Zweck der Übertragung dinglicher Rechte am Gut ohne Rücksicht auf die tatsächlichen Besitzverhältnisse der am Frachtvertrag Beteiligten.[60]

Wird unter diesen Voraussetzungen das Konnossement – mit dem Willen, das Eigentum zu übertragen oder ein Pfandrecht zu begründen – übertragen, so tritt die dingliche Wirkung an den Gütern (nach § 929 Satz 1, § 1205 Abs. 1 Satz 1 BGB) unmittelbar ein; es bedarf auch beim Pfandrecht nicht des Umweges über die Begründung eines Rechts am Konnossement (§ 1274 BGB).

Im Rahmen dieser Erwerbsregeln ist gutgläubiger Erwerb möglich, also nach §§ 932, 1207 BGB. Anwendbar ist deshalb auch § 935 BGB bei abhanden gekommenen Gütern, obgleich das Orderkonnossement als solches auch dann, wenn es abhanden gekommen ist, gutgläubig erworben werden kann.

Die Möglichkeit der Übertragung und Belastung des Eigentums nach § 524 schließt andere Übertragungsformen nicht aus.

---

59 Insoweit – und nur insoweit (vgl. u. b)) gilt der Einwendungsausschluss nunmehr auch für den ersten Nehmer eines Rektakonnossements.

60 Vgl. dazu und zu dem früheren Theorienstreit MüKoHGB/*Herber*, § 524 Rn. 5f. und Voraufl. S. 300f.

b) Rektakonnossement

Das (auf den Namen des Empfängers lautende und nicht mit einem Ordervermerk versehene) Rektakonnossement ist Wertpapier insofern, als die Geltendmachung des Anspruchs an die Vorlage des Papiers geknüpft ist und der Verfrachter mit befreiender Wirkung an den legitimierten Inhaber leisten kann. Es ist jedoch kein Wertpapier im engeren Sinne, weil es nicht in der besonderen Form des Wertpapierrechts übertragen werden kann, nämlich durch sachenrechtliche Übereignung des Papiers, sei es (beim Orderkonnossement) mit oder (beim Inhaberkonnossement) ohne Indossament.

Die in der Übergabe des Rektakonnossements in der Regel liegende und zulässige Abtretung des Auslieferungsanspruchs ist nach § 398 BGB zu beurteilen; geht der Anspruch auf den Zessionar über, folgt das Eigentum am Papier dem Anspruch (§ 952 BGB). Ein Einwendungsausschluss kraft guten Glaubens findet bei einer solchen „Übertragung" nicht statt, der Frachtführer kann dem „Erwerber" des Rektakonnossements alle Einwendungen, auch gegen die Beweisvermutung des § 517 Abs. 1, die auch für die Angaben in einem Rektakonnossement gilt, entgegenhalten (§ 404 BGB). Allerdings wird der Inhalt des Papiers in der Regel auch die tatsächliche Vermutung der Richtigkeit hinsichtlich der Vertragsdetails für sich haben.

Aus dieser Rechtskonstruktion ergibt sich, dass beim Rektakonnossement grundsätzlich ein gutgläubiger Erwerb des Papiers (und damit der Forderung) nach wertpapierrechtlichen Grundsätzen nicht möglich ist. Deshalb scheidet hier auch die Anwendung des Gutglaubensschutzes nach § 522 Abs. 2 Satz 2 aus, der lediglich ein besonderer Anwendungsfall des allgemeinen Einwendungsausschlusses nach § 364 Abs. 2 ist.[61]

Seit dem SRG gilt jedoch auch für den ersten Nehmer eines Rektakonnossements derselbe Gutglaubensschutz nach § 522 Abs. 2 Satz 1 wie für den ersten Nehmer eines Orderkonnossements, an dessen Order das Konnossement gestellt wurde, da er ebenso wie dieser seine Rechte durch Begebung des Konnossements erhält.[62] Bei der Begebung des Rektakonnossements an den ersten, darin benannten Nehmer tritt nunmehr auch die Traditionswirkung des § 524 ein.[63]

7. Ablieferung der Güter gegen Rückgabe des Konnossements

Der Verfrachter ist, wenn ein Konnossement ausgestellt worden ist, verpflichtet, die Güter an den hierdurch Legitimierten auszuliefern (§ 521 Abs. 1). Er hat die Legitimation nur formal – also beim Orderkonnossement nur die Ordnungsmäßigkeit der Reihe der Indossamente, nicht die Echtheit der Unterschrift – zu prüfen und wird von seiner Leistungspflicht frei, wenn ihm bei der Feststellung des Berechtigten nicht Vorsatz oder grobe Fahrlässigkeit zur Last fällt (§ 521 Abs. 2; § 365 Abs. 1 HGB; Art. 40 Abs. 3 WG).

Liefert der Verfrachter die Güter ohne Vorlage eines Konnossements aus, so verstößt er gegen eine Kardinalpflicht und haftet wie bei Güterverlust. Selbstverständlich gilt das auch dann, wenn die Auslieferung – wie regelmäßig – durch einen vom Verfrachter eingeschalteten Erfüllungsgehilfen geschieht, etwa einen Agenten oder eine (im einkommenden Verkehr regelmäßig vom Verfrachter beauftragte) Kaianstalt.

---

61 Vgl. auch *Czerwenka*, TranspR 1988, 258.
62 RegBegr. SRG, S. 97.
63 RegBegr. SRG, S. 99.

Wenn die Auslieferung ohne Vorlage des Konnossements unvermeidlich ist, weil dieses sich noch nicht im Besitz des Empfängers befindet, verlangt der Verfrachter – um die sonst notwendige, mit Zeitaufwand und Kosten verbundene Hinterlegung zu vermeiden –, in der Regel eine Erklärung des Empfängers (Empfängerrevers), wonach dieser ihn von etwaigen Ansprüchen berechtigter Dritter freihält.

Ausreichend ist die Vorlage eines Konnossements, auch wenn mehrere Originale ausgestellt worden sind (§ 521 Abs. 3 Satz 1). Melden sich jedoch mehrere legitimierte Inhaber vor Auslieferung der Güter, so hat der Verfrachter gemäß § 521 Abs. 3 Satz 2 das Gut in einem öffentlichen Lagerhaus oder in sonst sicherer Weise zu hinterlegen und die Besitzer, die sich gemeldet haben, unter Angabe der Gründe seines Verfahrens hiervon zu benachrichtigen.

Der Auslieferungsanspruch des legitimierten Konnossementsinhabers wird dadurch gesichert, dass Weisungen an den Verfrachter, die Güter an einen anderen Empfänger auszuliefern oder zurückzugeben, nur gegen Vorlage des gesamten Satzes von Konnossementen befolgt werden dürfen (§ 520 Abs. 1). Nichtbeachtung macht den Verfrachter ersatzpflichtig (§ 520 Abs. 2).

8. Haftung des ausführenden Verfrachters aus dem Konnossement

Aus einem vom vertragschließenden Verfrachter ausgestellten Konnossement kann auch der ausführende Verfrachter in Anspruch genommen werden (arg. § 522 Abs. 3). Dem steht nicht entgegen, dass sich sein Name und die haftungsbegründende Tatsache seiner Obhut nicht aus dem Dokument ergeben; dies ist auch bei dem nach § 518 konnossementsmäßig haftenden Reeder der Fall und führt lediglich zu der Besonderheit, dass der Anspruch nicht im Urkundenprozess geltend gemacht werden kann.

Das Gesetz gewährt dem ausführenden Verfrachter jedoch die Erleichterung, dass er dem Konnossementsberechtigten alle Einwendungen aus dem Frachtvertrag entgegenhalten kann, die ihm nach § 509 zur Verfügung stehen, auch wenn sie dem Haupt-Konnossementsschuldner durch gutgläubigen Erwerb des Berechtigten abgeschnitten sind (§ 522 Abs. 3). Zwar wirkt die Vermutung des § 517, dass das Gut zur Zeit der Übernahme durch den Haupt-Verfrachter den Angaben im Konnossement entsprach (§ 515 Abs. 1 Nr. 7, 8) auch ihm gegenüber, doch kann er sie widerlegen. Er kann darüber hinaus etwa geltend machen, dass das Gut bei der Übernahme durch ihn schon beschädigt war mit der Folge, dass der Anspruchsteller den ordnungsmäßigen Zustand auch in diesem Zeitpunkt zu beweisen hat.

9. Unabdingbarkeit der Haftung aus dem Konnossement

Die Haftung aus dem Konnossement ist grundsätzlich in gleicher Weise gegen vertragliche Abweichungen geschützt wie die aus dem Frachtvertrag (§§ 525, 512). Selbst soweit danach vertragliche Haftungserleichterungen möglich sind, können sie jedoch dem Konnossementsberechtigten nicht uneingeschränkt entgegengehalten werden: Nach § 525 Satz 2 können haftungsvermindernde Vereinbarungen, die nach § 512 Abs. 1 durch Individualvereinbarung wirksam getroffen worden sind, dem Konnossementsberechtigten nicht entgegengesetzt werden. Das gilt selbst dann, wenn dieser die Vereinbarung gekannt hat. Die strenge Regel hat den Schutz des Dokumentenverkehrs im Auge. Sie versagt allerdings gegenüber der – durch Individualvereinbarung, aber auch durch AGB (§ 512 Abs. 2 Nr. 1) – getroffenen Vereinbarung, dass der Verfrachter nicht für nautisches Verschulden der Besatzung haftet; diese Einwendung ist vom Gesetzgeber privilegiert worden, weil sie gegenwärtig noch in den meistern Gesetzgebungen auch ohne Vereinbarung möglich ist.[64]

10. Haftung für unrichtige Konnossementsausstellung

Das SRG hat die Fälle, in denen der Verfrachter für unrichtige Konnossementsausstellung haftet, in § 523 zusammengefasst. Sie mussten bisher aus den allgemeinen Grundsätzen der positiven Vertragsverletzung entnommen werden.

Der Verfrachter haftet danach namentlich für Verschulden bei unrichtigen Angaben über das Gut und bei Ausstellung eines Bordkonnossements vor Übernahme des Gutes an Bord; der Reeder haftet für die unrichtige Angabe des Verfrachters. Wegen der Einzelheiten vgl. o. 2b, 2e, 3d und MüKoHGB/*Herber*, § 523.

11. Besonderheiten für Konnossemente, auf welche die Haager Regeln Anwendung finden (Art. 6 EGHGB)

Art. 6 EGHGB unterwirft Konnossemente, die in einem Vertragsstaat der HR von 1924 ausgestellt werden, bestimmten, vom deutschen Konnossementsrecht der §§ 513 ff. abweichenden, durch die HR zwingend gebotenen Regeln. Ist ein Konnossement in Deutschland ausgestellt, so gelten diese Abweichungen nur, wenn das Konnossement eine Beförderung von oder nach einem Hafen in einem anderen Vertragsstaat verbrieft.

Für die von dieser Regelung erfassten Konnossemente gelten stets – unabhängig von dem im Übrigen kraft Gesetzes oder kraft Vereinbarung der Parteien (die nach Abs. 1 Satz 2 möglich bleibt) anzuwendenden Recht –, die in Satz 1 aufgeführten Vorschriften mit den dort unter Nr. 1–4 aufgeführten Modifikationen. Praktisch bedeutet dies vor allem: Zwingende Haftung nach §§ 498 ff., jedoch kein Einstehen für nautisches Verschulden der Besatzung; Begrenzung der Haftung auf 666,67 SZR je KG, nicht auch alternativ auf 2 SZR je Stück oder Einheit.

Sachlich bleiben noch einige Abweichungen der danach vorgeschriebenen Regeln von den HR in ihrer Ursprungsfassung. So etwa die Ersetzung der 100 engl. Goldpfund des Jahres 1924 durch 666,67 SZR. Doch kann man diese als nationale Fortentwicklung der insoweit obsoleten HR ansehen und rechtfertigen. Ebenso die in den HR nicht vorgesehene Verlängerung der Verjährung für Rückgriffsansprüche (§ 607 Abs. 2), die erst auf die VR zurückgeht.

Naturgemäß kann man darüber streiten, welche Kernregeln der HR, die kein Muster an Klarheit sind, wirklich gewahrt werden müssen. Der Gesetzgeber war hier mit Recht so eng wie möglich, um die Praxis nicht mehr als unvermeidbar mit Differenzierungen zwischen den verschiedenen Konnossementsarten zu belasten. Dabei ist er noch einen Schritt weitergegangen: Der Vorbehalt des Art. 6 EGHGB gilt nur gegenüber Vertragsstaaten der HR 1924, die nicht auch Vertragstaaten der VR sind.[65] Diese Einschränkung mag in der Tat völkerrechtlich anfechtbar sein, doch ist sie sachlich sinnvoll, ja geradezu geboten. Denn sollte etwa auf ein in einem Staat wie Frankreich,[66] der die VR ratifiziert hat, ohne die HR zu kündigen, bei Anwendung des § 504 nur die Haftungsbeschränkung nach Stück oder Einheit, nicht die nach Gewicht angewendet werden,

---

64 RegBegr. SRG, S. 89.

65 Eine Liste der Staaten, die ausschließlich Vertragsstaat der HR von 1924 sind, in Gegenüberstellung zu den Staaten die sowohl Vertragsstaat der HR als auch der VR sind, findet sich bei *Czerwenka*, S. 369.

66 Dieses Beispiel nennt die RegBegr. SRG, S. 138.

obwohl die alternative Gewichtsbegrenzung sowohl in Frankreich (nach den VR und nach französischem innerstaatlichem Recht) als auch in Deutschland – und hier auch schon bisher – angewendet wird? Das würde die Praxis nicht verstehen.

An der Vorschrift ist viel Kritik geübt worden. Diese bezieht sich einmal auf das Konzept einer Eingriffsnorm,[67] die konstruktiv aber auch im Transportrecht bereits Vorbilder hat (wie zB in § 449 Abs. 4). Ferner auf eine unzutreffende Auslegung des Art. 6 Abs. 1 Satz 2, der vielleicht überflüssigerweise nochmals ausdrücklich klarstellt, dass im Übrigen auch die Rechtswahl unberührt bleibt.[68] Und natürlich auf die Entscheidung des Gesetzgebers darüber, welche Prinzipien der HR er für so gravierend hält, dass sie gegenüber den deutschen Haftungsregeln vorbehalten werden müssen.[69] Zu alledem stellt *Mankowski*,[70] der sich eingehend mit rechtskonstruktiven Bedenken aus der Sicht des internationalen Privatrechts auseinandersetzt, jedoch mit Recht fest, dass die auch von ihm erhobenen völkerrechtlichen Bedenken jedenfalls die Geltung des Gesetzes nicht beeinträchtigen können.

Es bleibt danach festzuhalten, dass auf Konnossemente, die in einem der verbliebenen Vertragstaaten der alten HR, welche nicht auch die VR ratifiziert haben,[71] ausgestellt werden,[72] stets das deutsche vertragliche Haftungsrecht anzuwenden ist, jedoch mit den in Art. 6 Abs. 1 Satz 1 genannten Modifikationen. Für die Verfrachterhaftung bedeutet dies vor allem: Stets zwingend, auch gegenüber Individualvereinbarungen; ohne Einstehen des Verfrachters für nautisches Verschulden der Besatzung; begrenzt lediglich auf 666,67 SZR je Stück oder Einheit.[73]

Diese Regelung ist nicht befriedigend, jedoch eine notwendige Folge der Fehlentscheidung des Gesetzgebers, an den inhaltlich völlig überholten alten HR festzuhalten, die er jedoch – ebenso wie fast alle anderen Staaten – unverändert gar nicht anwenden will. Ein Entgegenkommen an den Wunsch der Schifffahrt, der nur mit Nostalgie zu erklären ist und niemandem nennenswerte Vorteile bringt.[74] Es ist zu hoffen, dass die zu erwartenden Schwierigkeiten bei der Anwendung bald zur Kündigung der HR auch durch Deutschland führen werden.

III. Seefrachtbriefe

In der Praxis wird heute eine Vielzahl von Seetransportdokumenten unterhalb der Schwelle des Konnossements verwendet. Soweit sie die Merkmale eines Frachtbriefes haben, die in § 408 für das allgemeine Transportrecht niedergelegt sind, werden sie regelmäßig als Seefrachtbriefe (**Sea-waybill, Express B/L**) bezeichnet. Sie unterscheiden sich vom Konnossement (und Ladeschein) dadurch, dass sie ebenso wie der Frachtbrief des § 408 nicht den Charakter eines Wertpapiers, sondern lediglich den

67 *Mankowski*, TranspR 2014, 268.

68 Vgl. dazu die Kontroverse zwischen *Ramming*, RdTW 2013, 173 und *Herber*, TranspR 2013, 368.

69 Hierzu *Ramming*, aaO.

70 *Mankowski*, TanspR 2014, 268.

71 Vgl. die Liste bei MüKoHGB/*Herber*, Art. 6 EGHGB Rn. 14; es sind gegenwärtig 25 Staaten, außer der Türkei und den USA meist geringerer wirtschaftlicher Bedeutung.

72 Für Deutschland gilt dies nur, wenn die verbriefte Beförderung von oder nach einem Hafen in einem solchen Staat führt.

73 Aber unter Anwendung der sog. Container-Klausel des § 504 Abs. 1 Satz 2, die eine logische Weiterentwicklung der Stück-Begrenzung nach den HR ist.

74 Dazu ausführlich *Herber*, TranspR 2012, 269, 275 f.

einer **Beweisurkunde** haben. Gegenüber dem Frachtbrief des Landtransportrechts besteht in der Regel die Besonderheit, dass der Seefrachtbrief nicht vom Absender, sondern vom Verfrachter ausgestellt wird.

Durch das SRG wurde der Seefrachtbrief erstmals gesetzlich normiert. Die Regelung in § 526 soll jedoch lediglich einen rechtlichen Rahmen für diese Arten von Beförderungsdokumenten darstellen,[75] die Vertragsparteien können auch ähnliche, ihren Bedürfnissen angepasste Dokumente verwenden.

Gegenwärtig stimmen die Seefrachtbriefe in ihrer formularmäßigen Ausgestaltung, vor allem hinsichtlich der Haftung, im Allgemeinen mit den entsprechenden Konnossementsformularen der Reedereien überein.

Der Seefrachtbrief, der vom Verfrachter nur ausgestellt werden darf, wenn ein Konnossement nicht ausgestellt worden ist, erbringt **Beweis für Abschluss und Inhalt des Stückgutfrachtvertrags** sowie für die **Übernahme des Gutes durch den Verfrachter.** Er begründet dieselbe Vermutung für die Richtigkeit der angegebenen Abladetatsachen wie das Konnossement (§§ 517, 526 Abs. 2), doch bleibt diese stets durch den Verfrachter widerlegbar, weil das Papier nicht wertpapierrechtlich übertragen werden kann und deshalb ein Einwendungsausschluss kraft guten Glaubens (wie beim Konnossement nach § 522 Abs. 2) nicht eintreten kann.

Die gesetzliche Haftung aus dem dokumentierten Frachtvertrag ist ebenso zu beurteilen wie bei Ausstellung eines Konnossements; auch die sog. Container-Klausel (§ 504 Abs. 1 Satz 2) findet – anders als bisher – Anwendung, wenn die Zahl der Stücke im Lademittel in den Seefrachtbrief eingetragen wurde. Im Gegensatz zum früheren Recht ist die Haftung ebenso wie die aus dem Konnossement im Rahmen des § 512 unabdingbar; die weitergehende Einschränkung der Abdingbarkeit für das Konnossement durch § 525 findet jedoch keine Anwendung, weil der Seefrachtbrief kein Umlaufpapier ist.

Der Seefrachtbrief kann **vertraglich dem Konnossement insofern angenähert** werden, als vereinbart und in das Dokument eingetragen werden kann, dass **Weisungen nur gegen Vorlage des Seefrachtbriefes** ausgeführt werden dürfen (§ 491 Abs. 3). Er ist dann ein sog. „Sperrpapier"; der Verfrachter haftet bei diesem für Verstöße gegen das Erfordernis der Briefvorlage ebenso wie bei der entsprechenden Vertragsverletzung beim Konnossement (§§ 520 Abs. 2, 491 Abs. 5).

Nicht an die Vorlage des Seefrachtbriefes gebunden werden kann allerdings die Ablieferung (wie sie beim Konnossement in § 521 zwingend vorgeschrieben ist). Wird eine dahingehende Regelung gewünscht und im Seefrachtbrief zum Ausdruck gebracht, handelt es sich nicht mehr um einen Seefrachtbrief, sondern um ein (Rekta-)Konnossement.

IV. Elektronische Dokumente

Das SRG erlaubt sowohl beim Konnossement (§ 516 Abs. 2) als auch bei Seefrachtbrief (§ 526 Abs. 4) elektronische Ausführungen. Die Regelung, die offensichtlich einem modernen Zeitgeist folgt, ist jedoch praktisch nur ein Programmsatz. Deshalb enthält das Gesetz Verordnungsermächtigungen, die es dem Justizminister erlauben, Näheres zu regeln, wenn sich in der Praxis dafür ein Bedürfnis ergibt und sich die Strukturen solcher „Dokumente" entwickelt haben.

---

75 RegBegr. SRG, S. 99.

Für das Konnossement, das nach dem heutigen Verständnis ein „Papier“ ist, welches etwa indossiert werden können soll, ist schwer vorstellbar, dass dessen Funktionen auch körperlos erfüllt werden können. Sicher lassen sich die Funktionen auch durch ein Datenübertragungsprogramm mit Übertragung und Sicherung der Zugriffsmöglichkeit erfüllen, doch handelt es sich dann nicht mehr um ein Konnossement, dem man etwa die gesetzliche Traditionswirkung zuerkennen könnte.

Eher schon ist die Ersetzung der bloßen Beweisfunktion des Seefrachtbriefs durch elektronische Übermittlung vorstellbar; hierfür bedarf es aber kaum einer eingehenden Regelung durch Gesetz.

V. Chartepartie

Die Chartepartie (zum Begriff vgl. o. § 28 III) ist eine **bloße Beweisurkunde**, in der die Bedingungen des Vertrages niedergelegt werden. Der Inhalt der Verträge ist weit weniger einheitlich als bei Konnossementen. Zwar haben sich in der Praxis feststehende Basisdokumente für bestimmte Arten von Verträgen herausgebildet, doch werden diese im Detail vielfältig durch Zusatzbedingungen abgewandelt. Das hat seinen Grund darin, dass Charterverträge als das typische Vertragsinstrument der Trampschifffahrt sehr viel mehr als das Konnossement – dessen Bedingungen vorwiegend auf die Bedürfnisse der Linienschifffahrt ausgerichtet sind – den Erfordernissen der einzelnen Reise angepasst werden müssen. Die Vielfalt der Bedingungen wird auch dadurch begünstigt, dass weltweit kein zwingendes Recht für Charterverträge gilt.

Charteparties spielen gleichwohl im seerechtlichen Dokumentenverkehr mittelbar ein wichtige Rolle, da die in ihnen niedergelegten Bedingungen des Chartervertrages häufig in Konnossementen – durch sog. **Inkorporationsklauseln** (zu deren Problematik vgl. jedoch o. II 5) – in Bezug genommen werden und damit bei wirksamer Einbeziehung auch gegenüber dem wertpapierrechtlichen Erwerber des Konnossements Wirksamkeit entfalten können.

§ 31 Der Reisefrachtvertrag

Lit.: *Atamer*, Liegezeit und Liegegeld im Seerecht, Diss. Hamburg 1999; *Becker/Dabelstein*, Klauseln des Seefrachtgeschäfts, 1987; *Capelle*, Die Frachtcharter in rechtsvergleichender Darstellung, 1940; *Cooke/Young/Ashcroft/Taylor* Voyage Charters, London 2014; *Fischer-Zernin/Becker*, Der „subject-details"-Vorbehalt – seine Bedeutung im deutschen, englischen und US-amerikanischen Recht, TranspR 1987, 211; *Gaisford*, Cancellation of Voyage Charterparties: A comparison of Chinese and English Law, JMLC 1996, 293 ff.; *Gerlach*, Fautfracht und Indemnity-Klausel, TranspR 1986, 184; *Gram*, on Chartering Documents, 2. Aufl. durch Bounick, London 1988; *Herber*, Das GENWAYBILL der BIMCO, TranspR 1987, 214; *Jessen*, § 522 I 2 HGB – Die Abwendung Deutschlands vom Charter-Konnossement, RdTW 2013, 293; *ders.*, Rechtsfragen des „safe port"/„safe berth" in Charterverträgen, TranspR 2012, 357; *Keates*, Laytime and Demurrage, P&I Int. 1996, 34 ff.; *Kintis*, Ladezeit, Löschzeit und Eilgeld, Übersee-Studien zum Handels-, Schiffahrts- undVersicherungsrecht Bd. 37, 1974; *Lebuhn*, Bemerkungen zur Ladebereitschaftsnotiz, Hansa 1953, 425; *Meyer-Rehfueß*, Das frachtvertragliche Weisungsrecht, Schriften zum Transportrecht Bd. 14, 1995; *Puchta*, Die GENCON-Charter, Diss. Hamburg 1968; *Rabe*, Die Auswirkungen der „Supervision-Regel" in der FIOS-Klausel, TranspR 1987, 267 ff.; *Ramberg*, Cancellation of Contracts of Affreightment on Account of War and Similar Circumstance, Göteborg 1970; *ders.*, Charterparties: Freedom of contract or mandatory legislation? DirMar. 1992, 1069 ff.; *ders.*, Freedom of contract in maritime law, FS Walter Müller (1993), S. 171 ff.; *Ramming*, Die Mithaftungsklausel und die Haftung der Ladungsbeteiligten für die Fracht, VersR 1994, 522; *ders.*, Die Nicht-Zurverfügungstellung des Beförderungsmittels zur vorgesehenen Zeit, TranspR 2003, 419; *Riehmer*, „Under Supervision of the Captain" – Gedanken zur Supervisions-Regel in Frachtverträgen, TranspR 1990, 183; *ders.*, Probleme bei Eisklauseln in Reisefrachtverträgen, TranspR 1995, 52 ff.; *Rossa*, Die Bedeutung des deutschen Rechts für Liege- und Überliegezeit-Klauseln in englischsprachigen Frachtverträgen, TranspR 1993, 177 ff.; *Scrutton* on Charterparties and Bills of Lading, 20. Aufl. durch Boyd/Burrows/Foxton, London 1996; *Stahl*, Aktuelle Probleme des Charterrechts, TranspR 1995, 274 ff.; *Summerskill*, Laytime, 4. Aufl., London 1989; *Trappe*, Die Liegezeit eines Charterschiffes in der neueren deutschen und englischen Rechtsprechung, ZHR 1967, 47 ff.; *ders.*, Neuere Entwicklungen im Charterrecht des Seeverkehrs, Schriften des DVIS A21, 1975; *ders.*, Entwicklungen im Charterrecht, Schriften des DVIS A 52, 1985; *ders.*, Recent developments in laytime cases, LMCLQ 1990, 383 ff.; *ders.*, Zur Zählung der Liegezeit in der Seeschifffahrt nach deutschem und englischem Recht, TranspR 2007, 437; *Volze*, Vertragsklauseln in See-Charterverträgen: Subject Stem-Klausel, Feuerklausel, Überschwemmungsklausel, Generalklausel, Jurisdiction- und Arbitration-Klausel, TranspR 1985, 121 ff.; *ders.*, Die willkürliche Kündigung des Seefrachtvertrages im deutschen und englischen Recht, TranspR 1996, 15; *Wilford*, Paramount clauses in charterparties, DirMar. 1992, 1134 ff.; *Yasuhisa*, Die Ladezeit, eine rechtsvergleichende Untersuchung nach deutschem und japanischem Recht, Diss. Frankfurt 1987.

I. Vorbemerkung

Der Reisefrachtvertrag ist, wie der Stückgutfrachtvertrag, Beförderungsvertrag. Er hat, wie dieser, die Verpflichtung des Verfrachters zum Gegenstand, Gut über See zum vereinbarten Bestimmungsort zu befördern und dort dem Empfänger abzuliefern (§ 527). Der Verfrachter nimmt das Gut zu diesem Zweck in seine Obhut.

Vom Stückgutfrachtvertrag unterscheidet sich der Reisefrachtvertrag dadurch, dass die Beförderung auf einer oder mehreren bestimmten Reisen mit einem bestimmten, vertraglich festgelegten Schiff, mit einem verhältnismäßigen Teil eines solchen Schiffes oder mit einem bestimmt bezeichneten Raum dieses Schiffes erfolgen soll,[1] während es beim Stückgutfrachtvertrag nur auf die Beförderung des Gutes ankommt. Die Abgrenzung ist naturgemäß oft schwierig, doch ist die gesetzliche Regelung für beide Vertragsarten weitgehend identisch, namentlich auch hinsichtlich der Haftung des Verfrachters für Güterschäden.

Das neue Recht geht nunmehr vom Stückgutfrachtvertrag aus und regelt den Reisefrachtvertrag weitgehend durch Verweisung.

II. Arten des Reisefrachtvertrages

Der Reisefrachtvertrag wird in der Praxis – unscharf, der englischen Bezeichnung folgend – zumeist als Chartervertrag (frz. *contrat d'affrètement*) bezeichnet. Im deutschen Recht wird er auch Raumfrachtvertrag genannt, weil er sich nicht nur auf das Schiff im Ganzen (sog. Ganzcharter), sondern auch auf einen verhältnismäßigen Teil des Schiffes, insbesondere einen bestimmten Raum des Schiffes (sog. Teilcharter) beziehen kann. Wegen der Slot-C/P vgl. o. § 26 II 4 b.

Die in der Praxis häufige Bezeichnung als „Charter" darf nicht darüber hinwegtäuschen, dass der Reisefrachtvertrag von den Schiffsüberlassungsverträgen (vgl. dazu § 35) scharf zu trennen ist: Bei letzteren wird das Schiff oder ein Teil davon zur wirtschaftlichen Verwendung durch den Charterer zur Verfügung gestellt, der das Entgelt unabhängig von der Verwendung zu zahlen hat; dort wird also nicht ein Beförderungserfolg geschuldet.[2]

III. Abschluss des Vertrages

1. Der Reisefrachtvertrag ist ebenso wie der Stückgutfrachtvertrag **formfrei** und kommt, wie jeder Vertrag, durch Angebot und Annahme zustande. Ebenso formfrei kann er geändert werden.

Sich dies vor Augen zu halten ist deshalb wichtig, weil der Vertrag in aller Regel mit der Ausstellung eines Dokumentes einhergeht. Beim Reisefrachtvertrag ist dies die sog. Chartepartie (oder ins Englische übertragen: Charterparty), eine reine Beweisurkunde, die den Abschluss des Vertrages und seine Bedingungen festhält. Jede Vertragspartei kann die Ausfertigung einer solchen Chartepartie verlangen (§ 527 Abs. 1 Satz 2, der jedoch die Bezeichnung vermeidet).

Die Bezeichnung *Chartepartie* kommt aus dem Spanischen von *carta partita*: Früher wurde die Vertragsurkunde nach Unterzeichnung unregelmäßig zerrissen oder zerschnitten, so dass man an Hand der gezackten Trennlinie feststellen konnte, ob die Teile zu derselben Urkunde gehörten. Die Verwendung des englischen Begriffs Charterparty ist für deutsche Rechtsvorstellungen oft ungenau: Chartepartie bezeichnet die Urkunde, während der Vertrag – wenn man schon den schillernden Begriff verwenden will (der, um handhabbar zu sein, wieder in Fracht- und Mietcharter aufgeteilt werden muss) – als Chartervertrag oder *charter contract* zu bezeichnen ist; das englische Recht unterscheidet jedoch nicht klar zwischen Vertrag und Urkunde;[3] daher auch die – mit Recht – oft angegriffene Formulierung in Art. 2 Abs. 3 Satz 1 HambR.

---

1 RegBegr. SRG, S. 100.

2 Vgl. dazu besonders deutlich die Ausführungen des OLG Hamburg TranspR 2014, 226 zur Slotcharter und o § 26 II 4 b.

3 Vgl. dazu etwa *Chorley & Giles'*, S. 174: „... a charterparty is a contract between the charterer and the shipowner ...".

Auch beim Reisefrachtvertrag kann ein Konnossement ausgestellt werden. Es hat jedoch einen anderen Zweck als die Chartepartie: Während die Chartepartie dem Beweis für den Abschluss des Chartervertrages dient, begründet das Konnossement einen wertpapierrechtlichen Anspruch seines legitimierten Inhabers gegen den Verfrachter auf Auslieferung der Güter am Bestimmungsort; dazu im Einzelnen u. § 30 II. Das Nebeneinanderbestehen beider Urkunden kann – umso mehr, als sich regelmäßig in dem Konnossement eine Bezugnahme auf die Chartepartie findet (sog. Inkorporationsklausel) – zu erheblicher Rechtsunklarheit führen (dazu u. § 30 II 5).

2. In der Praxis werden Reisecharterverträge regelmäßig nach **Formularbedingungen** abgeschlossen.

Solche Formulare werden von verschiedenen Organisationen vorbereitet, namentlich von der BIMCO (Baltic and International Maritime Council, einer von den Reedern eingerichteten, insbes. mit Dokumentenerstellung betrauten Organisation in Kopenhagen) und der FONASBA (Federation of National Associations of Ship Brokers and Agents). Da Charterverträge sehr verschiedenen Zwecken dienen, werden die Formulare jedoch in der Praxis häufig abgewandelt; dies geschieht durch Streichungen, Einfügungen oder – vor allem – Zusätze (sog. „rider-clauses"), die ihrerseits teils wieder formularmäßig verwendet werden. Wichtigstes Standard-Formular für eine Reisecharter ist die GENCON-C/P.[4] Zu weiteren Formularen vgl. MüKoHGB/*Pötschke*, § 527 Rn. 20. f.

Wieweit auf einen aufgrund eines Charterformulars abgeschlossenen Vertrag die §§ 305 ff. BGB anzuwenden sind, hängt vom Einzelfall ab. Häufig werden beide Parteien den Vertragsverhandlungen ein für ihren Vertrag geeignetes Formular übereinstimmend zugrundelegen und die üblichen Zusätze dazu verhandeln. Dann kann man nicht sagen, die Bedingungen seien von einer Partei gestellt im Sinne der §§ 305 ff. BGB.[5] Hat jedoch eine Vertragspartei oder deren Vertreter ein bestimmtes Formular in die Verhandlungen eingeführt, so wird die Anwendung der §§ 305 ff. BGB nicht dadurch ausgeschlossen, dass der Verwender allgemein zu Streichungen und Änderungen bereit war;[6] die §§ 305 ff. BGB sind dann auf die Teile anzuwenden, die im konkreten Fall nicht Gegenstand von Verhandlungen gewesen sind.

Das wird oft für Haftungsbestimmungen oder Schiedsgerichtsvereinbarungen gelten, über die selten im Detail gesprochen wird, während etwa Kündigungsklauseln oder Lade- und Löschzeitbestimmungen regelmäßig Gegenstand von Verhandlungen sind.

Auch Zusatzbedingungen, selbst mit der Schreibmaschine geschrieben, können – werden sie von einer der Parteien für eine Vielzahl von Verträgen einheitlich verwendet – AGB sein.

Praktische Bedeutung hat die Anwendung der AGB-Vorschriften des BGB auf Charterverträge jedoch kaum. Denn bei der Interessenabwägung nach § 307 BGB ist die Erfahrung der Beteiligten in den Gebräuchen ihres Geschäftsbereichs zu berücksichtigen; insbesondere sind Handelsbräuche zu berücksichtigen.[7] Handelsbräuche haben im Seehandel schon deshalb besonderes Gewicht, weil sie in der Regel internationalen Ursprungs sind und ihre Nichtanerkennung Nachteile für die deutschen Beteiligten mit sich brächte. Ferner ist zu bedenken, dass die Rechtsprechung eine unangemessene Freizeichnung von der Haftung – etwa für die Stellung eines see-

4 Abgedr. bei MüKoHGB Bd. 7 Anh. B III 5; die dort ebenfalls abgedruckten Charterformulare BALTIME und NYPE sind Zeitcharterformulare; dazu u. § 32 IV.
5 *Rabe*, § 663 Rn. 22; Palandt/*Heinrichs*, § 1 AGBG Rn. 7.
6 Vgl. BGH, NJW 1987, 2011.
7 *Wolf/Lindacher/Pfeifer*, § 307 Rn. 187; vgl. vor der BGB-Reform: § 24 AGBG.

tüchtigen Schiffes – in krassen Fällen (Verletzung sog. Kardinalpflichten)[8] auch bei Individualvereinbarung nicht anerkennt (§ 138 BGB); dazu auch u. § 29 IX 1.

3. Häufig werden Klauseln in den Vertrag aufgenommen, die eine **Einschränkung der vertraglichen Bindungswirkung** bewirken.

Der Vorbehalt „subject details" geht dabei am weitesten; er bringt zum Ausdruck, dass nach Auffassung der Parteien noch wesentliche Elemente der Einigung fehlen, der Vertrag also ein bloßer Entwurf ist. Beide Parteien können sich von einem solchen „Vertrag" ohne weiteres distanzieren, ohne – aus culpa in contrahendo – ersatzpflichtig zu werden,[9] sofern nicht besondere Umstände, etwa eine bewusste Täuschung, hinzutreten.

Nicht selten ist die Klausel „stem" (Abkürzung für: „subject to enough merchandise [being available]"). Sie gibt dem Befrachter das Recht, einseitig – ohne die Verpflichtung, Fautfracht zu zahlen (dazu u. VIII 2, 3) – vom Vertrag zurückzutreten, wenn er zum Zeitpunkt der vereinbarten Verladung keine Ladung zur Verfügung stellen kann; dogmatisch wird die Vereinbarung allerdings überwiegend als (auflösende oder aufschiebende) Bedingung angesehen,[10] die aber jedenfalls eine Erklärung des Befrachters erfordert.[11] Nach allgemeiner Ansicht muss sich jedoch der Befrachter bemühen, die Ladung zu beschaffen;[12] er wird sonst unter dem Gesichtspunkt der positiven Vertragsverletzung (nimmt man eine aufschiebende Bedingung an: der culpa in contrahendo) schadensersatzpflichtig. Eine darüber hinausgehende Einschränkung auf Fälle des Massenguttransports (wie sie *Volze*, aaO annimmt), ist jedoch abzulehnen; lässt sich der Verfrachter auf die Klausel ein, so geschieht ihm kein Unrecht.

IV. Rechte und Pflichten der Vertragsparteien

1. Verweisung auf das Recht des Stückgutfrachtvertrages

§ 527 Abs. 2 verweist für die Rechte und Pflichten der Parteien des Vertrages auf die entsprechenden Bestimmungen über den Stückgutfrachtvertrag, ebenso für die allgemeinen Vorschriften §§ 481 bis 497, für die Haftung für Güterschäden (§§ 498 bis 511) und für die Dokumente (§§ 513 bis 525). Nicht in Bezug genommen sind § 512 über die zwingende Haftung, die deshalb bei einer Reisecharter voll disponibel ist, und § 526 über den Seefrachtbrief, für den hier kein Raum ist.

Den Besonderheiten des Reisefrachtvertrages tragen die Modifikationen Rechung, die in §§ 528 bis 535 enthalten sind. Dies sind im Wesentlichen folgende:

2. Laden

Anders als beim Stückgutfrachtvertrag trifft die **Pflicht zum Verladen des Gutes**, dh. zum Einladen, Stauen und Sichern (§ 486 Abs. 2) grundsätzlich den **Befrachter** (§ 531 Abs. 1 Satz 1). Gleiches gilt nach § 535 für das Löschen.

Diese Pflicht kann vertraglich abbedungen werden, ist jedoch typisch für den bei Reisefrachtverträgen vorwiegenden Massengutverkehr. Auch kann sich aus den Umständen oder der Verkehrssitte etwas Anderes ergeben, so etwa bei einem Transport von Schwergut, das in einem kleinen Hafen nur mit bordeigenem Hebezeug verladen werden kann.

Der Verfrachter bleibt auch beim Laden durch den Befrachter für die Seetüchtigkeit des Schiffes verantwortlich (§ 531 Abs. 1 Satz 2). Er hat insbesondere darauf zu

---

8 Vgl. etwa BGHZ 49, 356, 363; BGH, LM Nr. 11 zu § 559 HGB; auch *Rabe*, § 559 Rn. 44.
9 Vgl. *Fischer-Zernin/Becker*, TranspR 1987, 211 ff.
10 *Rabe*, Vor § 556 Rn. 60 unter Berufung auf BGH, VersR 1974, 775.
11 *Rabe*, aaO.
12 *Rabe*, aaO; *Volze*, TranspR 1985, 121 f., auch mit Hinweisen auf ausländische Rspr.

achten, dass die Stabilität des Schiffes nicht durch unsachgemäßes Stauen gefährdet wird.

Gefährdet die Art der Stauung nicht (nur) die Ladung, sondern auch die Stabilität des Schiffes und damit die Seetüchtigkeit, so muss der Kapitän einschreiten. Das entspricht der sehr eingehenden Rechtsprechung bei anderen Verkehrsmitteln, insbesondere nach der CMR und dem neuen allgemeinen Frachtrecht (§ 412 Abs. 1 Satz 2) Aber auch im Übrigen treffen die Schiffsbesatzung (Kapitän, Ladungsoffizier) Aufsichtspflichten, wenn der Verfrachter lädt oder staut. Häufig sind diese im Chartervertrag ausdrücklich erwähnt, so zB in Form der Klausel „under the supervision (and responsibility) of the captain" (vgl. dazu o. § 29 II 2 d) cc)).

3. Vorlegung des Schiffes

Um das Einladen zu ermöglichen, hat der Befrachter das Schiff an den vom Befrachter benannten Ladeplatz – und beim Löschen an den Löschplatz – hinzulegen (§§ 528 Abs. 1, 535 Abs. 1). Der Ort kann schon im Vertrag festgelegt sein oder vom Befrachter später benannt werden. Wird nur der Ladehafen benannt, so spricht man von einer „port"-Charterparty, wird darüber hinaus der genaue Ladeplatz benannt, von einer „berth"-Charterparty.

Wird der Ladehafen oder der Ladeplatz vom Befrachter nach Abschluss des Vertrages benannt, so muss der Befrachter mit der gebotenen Sorgfalt einen sicheren Hafen oder Platz auswählen (§ 528 Abs. 2). Sicherheit setzt sowohl nautisch gefahrlose Befahrbarkeit als auch Abwesenheit politischer Gefahren wie Bürgerkrieg, Piraterie voraus.[13]

Mit der Klarstellung, dass der Befrachter bei der Benennung eines unsicheren Ladehafens oder -platzes nur Verschulden zu vertreten hat, klärt das Gesetz eine Zweifelsfrage, die sich auch im deutschen Recht mit dem Blick auf die englische Rechtsprechung zum Erfordernis der Benennung eines sicheren Hafens („safe port") durch den Befrachter und die Haftung für auch unerkennbare Gefährdungssituationen entwickelt hatte.[14]

Anders als im englischen Recht, das auch hier bei der Auslegung des deutschen Gesetzes bisher eine zu große Rolle gespielt hat, handelt es sich bei der Angabe des Hafens durch den Befrachter nicht um eine Pflicht und schon gar nicht eine *warranty* (mit verschuldensunabhängiger Einstandspflicht), sondern um eine schlichte Mitwirkungshandlung des Gläubigers der Beförderungsleistung. Ist der Abladehafen nicht – wie zumeist – bereits im Chartervertrag genannt (und deshalb Vertragsbestandteil, so dass es der Bestimmung nicht mehr bedarf), so gibt der Befrachter lediglich an, welchen Hafen und welchen Platz er aus der Sicht seiner wirtschaftlichen Interessen wünscht. Ob dieser sicher ist, haben in erster Linie Reeder und Schiffsführung zu entscheiden. Die Folge der Angabe eines „unsicheren" Hafens durch den Befrachter kann deshalb nur ganz ausnahmsweise eine Pflicht zum Ersatz für Schäden sein, die das Schiff in dem Hafen erleidet. Der Befrachter kann unter dem Gesichtspunkt der Vertragsverletzung haften, wenn ihm Mängel des Hafens bekannt sind, die die Schiffsführung nicht kennt. Im Allgemeinen hat die Benennung eines unsicheren Hafens lediglich die Folge, dass der Verfrachter die Weisung nicht zu befolgen braucht. Ist der im Vertrag bereits benannte Hafen unsicher, so stellen sich die bei Leistungsstörungen üblichen Fragen der Unmöglichkeitsfolgen (§§ 320 ff. BGB); benennt der Befrachter später einen ungeeigneten Hafen und hat er an dem Anlaufen eines anderen kein Interesse, so ist es an ihm, sich durch Kündigung (mit Fautfrachtfolge!) von dem Vertrag zu lösen.

---

13 MüKoHGB/*Pötschke*, § 528 Rn. 6 ff.
14 Vgl. Voraufl., S. 256.

Im Licht dieser Überlegungen[15] kann den Befrachter nur ausnahmsweise eine Verantwortung für die Unsicherheit eines von ihm benannten Ladeplatzes treffen. Das wird namentlich dann der Fall sein können, wenn der Befrachter einen bestimmten Ladeplatz in einem Hafen benennt, den er selbst betreibt, etwa ein Öl-, Erz- oder Kohleterminal beim eigenen Unternehmen. Soweit die Unsicherheit nautischer Natur (geringe Wassertiefe, Eisgefahr) und für den Verfrachter erkennbar ist, wird in aller Regel zumindest dessen erhebliches Mitverschulden in Betracht kommen.

Gegenstand der Benennung nach §§ 528, 535 ist auch – und praktisch in erster Linie – die genaue Stelle im Ladehafen; diese wird sich allerdings oft schon durch die für die vereinbarte Ladung vorgesehenen Einrichtungen oder auch aus Anweisungen der Hafenverwaltung ergeben.

4. Liegezeit

An dem Liegeplatz hat das Schiff eine angemessene Zeit zu warten (**Liegezeit; Wartezeit;** ***laytime***). Diese Zeit setzt sich zusammen aus

a) der **Ladezeit.** Das ist die Zeitspanne, während der das Schiff ohne besondere Vergütung auf die Ladung zu warten hat; diese Zeit ist durch die Fracht mit abgegolten (§ 530 Abs. 2). Ist sie nicht – wie jedoch in aller Regel – vereinbart, so gilt eine nach den Umständen angemessene Frist (§ 530 Abs. 4). Ferner

b) der **Überliegezeit.** Das ist die nach Ablauf der Ladezeit beginnende Frist, während welcher das Schiff darüber hinaus zu warten nach vertraglicher Vereinbarung verpflichtet ist. Für diese Zeit ist ein **Liegegeld** (***demurrage***) zu zahlen, das – wenn es nicht vereinbart ist – nach billigem Ermessen zu bestimmen ist (§ 572).

In der Praxis wird häufig auch die umgekehrte Vereinbarung getroffen: Wird die vereinbarte Ladezeit unterschritten, so erhält der Befrachter dafür eine Vergütung (sog. *Eilgeld – despatch money*).

Die **Ladezeit** beginnt an dem Tag nach der **Ladebereitschaftsanzeige** des Verfrachters zu laufen (§ 530 Abs. 1). Die Anzeige ist nur wirksam, wenn das Schiff tatsächlich ladebereit („zur Einnahme des Gutes bereit“) ist, also am vereinbarten oder angewiesenen Ladeplatz liegt und bereit ist, die Ladung aufzunehmen: Nur dann, wenn der Befrachter den Ladeplatz – also den genauen Platz im Hafen – noch benennen muss, kann die Bereitschafsanzeige bereits erfolgen, wenn das Schiff den Ladehafen erreicht hat.

Die Ladebereitschaftsanzeige (*notice of readiness*, § 529) ist formlos an den Befrachter oder seinen Vertreter zu richten, soweit nicht die Formulare genauere Bestimmungen enthalten.[16] Oft ist auch eine besondere *notify address* vereinbart.

Häufig werden schon vor dem Erreichen des Ladeplatzes Voranzeigen erstattet, welche die voraussichtliche Ankunftszeit des Schiffes (*ecpected time of arrival* – „eta“) mitteilen, um dem Befrachter die Vorbereitung zu erleichtern. Da sie vor Beginn der Ladebereitschaft abgegeben werden, setzten sie nicht die Ladefrist in Lauf; ihre Unterlassung oder Unrichtigkeit kann jedoch, wenn die Voranmeldung vereinbart ist, zu Schadenersatzansprüchen des Befrachters führen.[17]

---

15 Die schon für das alte Recht galten, vgl. Voraufl. S. 256 f., jetzt aber im Gesetz klargestellt sind.

16 Z.B Klausel 6 (c) Part II der GENCON-Charter, vgl. RegBegr. SRG, S. 102.

17 Vgl. MüKoHGB/*Pötschke*, § 529 Rn. 12.

Diese gesetzliche Regelung lässt nicht mehr die Auffassung zu, dass das Schiff bereits dann im vereinbarten Ladehafen angekommen ist, wenn es den weiteren Bereich das Hafens – unter Einbeziehung der normalen Wartebereiche („commercial area") – erreicht hat.[18]

Allerdings wird die gesetzliche Risikoverteilung – die dem Verfrachter die Gefahr einer Verzögerung bei der Erreichung des Liegeplatzes durch Hafenüberfüllung oder Wetterbedingungen auferlegt – durch Vertragsklauseln[19] häufig zuungunsten des Befrachters verändert.

Solche Klauseln liegen auch der von *Rabe* angezogenen Schiedsgerichtspraxis[20] zugrunde und führen in der Tat zu einer Annäherung an die dem Verfrachter günstigere englische Gerichtspraxis. Bei dieser spielt der Begriff des *„arrived ship"* eine zentrale Rolle; danach genügt es bei bloßer Vereinbarung des Verladehafens (sog. *„port"*-Charterparty), dass das Schiff im weiteren Gebiet des Hafens angekommen ist; im Fall „Johanna Oldendorff"[21] wurde das Erreichen eines 17sm vom Hafenzentrum gelegenen (üblichen) Warteplatzes als ausreichend angesehen. Anders bei der sog. *„berth"*-Charterparty, bei der von vornherein ein bestimmter Liegeplatz angegeben ist.[22] Fehlen besondere Klauseln im Vertrag – was aber die Ausnahme ist –, die die Risikosphären deutlich abgrenzen (wie etwa *„whether in berth or not"*), so ist bei Anwendung deutschen Rechts aber stets zu bedenken, dass die gesetzliche Auslegungsregel des § 529 das Erreichen des Liegeplatzes und die Herbeiführung der Ladefähigkeit des Schiffes voraussetzt.

Über die Berechnung der Ladezeit, insbesondere die Berücksichtigung von Zeiten, während derer wegen schlechten Wetters, Feiertagen oder Streiks nicht geladen werden kann, enthält § 530 Abs. 4 nähere Bestimmungen; hierüber werden jedoch regelmäßig eingehende Vereinbarungen getroffen.[23]

Vereinbarungen über Beginn und Berechnung von Lade- (und Lösch-)zeit bedienen sich regelmäßig bestimmter Kurzbezeichnungen, die – insofern etwa vergleichbar den Definitionen der INCOTERMS für das Kaufrecht – in einem von mehreren internationalen Organisationen (darunter BIMCO und CMI) herausgegebenen Katalog der sog. **Charterparty Laytime Definitions** (zuletzt 1980) veröffentlicht sind.[24]

Bei den Vereinbarungen ist hier besonders zu beachten, dass das englische Recht eine andere rechtliche Ausgangsbasis hat als das deutsche: Im englischen Recht stellt die Überschreitung der Ladezeit eine Vertragsverletzung dar, das Liegegeld (*demurrage*) ist deshalb Schadensersatz. Nach deutscher Auffassung ist die Inanspruchnahme der Überliegezeit jedoch ein vertragliches Recht des Befrachters, dessen Wahrnehmung allerdings – durch das Liegegeld – gesondert zu entgelten ist. Hieraus ergibt sich vor allem ein wichtiger Unterschied: Nach englischem Recht werden Umstände, die zu einer Unterbrechung der Ladezeit geführt hätten (etwa schlechtes Wetter), bei der Berechnung der Überliegezeit nicht berücksichtigt (*„once on demurrage, always on demurrage"*)[25], während nach deutschem Recht (sofern nicht durch Klauseln anders vereinbart) die Überliegezeit ebenso zu berechnen ist wie die Liegezeit.[26]

---

18 So zum alten Recht *Rabe* (§ 567 Rn. 9 ff.), wonach sich die „modernere deutsche Schiedsgerichtspraxis an der englischen Rechtsprechung" orientiere, die den Begriff „arrived ship" sehr weit auslege; aA schon bisher *Schaps/Abraham*, § 567 Rn. 1 mwN und mit Hinweis auf die der deutschen Gesetzeslage entsprechende französische Rechtsprechung; vgl. auch die Voraufl.

19 Vgl. die Beispiele bei MüKoHGB/*Pötschke*, § 529 Rn. 15 ff.

20 Vgl. namentlich Hamburger Schiedsspruch v. 4.5.1987, TranspR 1987, 310.

21 2 LLR 1973, 285.

22 Zu den Begriffen eingehend *Chorley & Giles'*, S. 226 ff.

23 Vgl. dazu im Einzelnen *Rabe*, insbes. zu § 567.

24 Abgedr. bei *Rabe*, Anh. § 604. Zu den üblichen Klauseln und deren Bedeutung vgl. *Rabe*, Anm. zu §§ 567, 568, 573 sowie eingehend *Summerskill*, aaO; *Kintis*, aaO, *Yasuhisa*, aaO.

25 Vgl. etwa *Chorley & Giles'*, S. 231 ff.; *Rabe*, § 573 Rn. 27.

26 So schon zum alten Recht *Rabe*, § 573 Rn. 28; das SRG hat hieran nichts geändert, insofern unklar MüKoHGB/*Pötschke*, § 530 Rn. 27 aE.

5. Löschen

§ 535 erklärt die Vorschriften über das Laden für anwendbar auf das Löschen der Ladung am Bestimmungsort. Auch das Löschen ist deshalb grundsätzlich – mangels abweichender Vereinbarung – Sache des Befrachters oder Empfängers. Der Verfrachter hat, wie beim Laden, die Bereitschaft des Schiffes zum Beginn der Arbeiten anzuzeigen, und die Löschzeit ist in gleicher Weise zu berechnen wie die Ladezeit. Auch kann nach Ablauf der Löschzeit eine Überliegezeit eintreten mit der Folge, dass ein Liegegeld zu zahlen ist.

6. Pflichten des Empfängers

Der Empfänger, der die Ablieferung des Gutes verlangt, wird dadurch nach den allgemeinen frachtvertraglichen Bestimmungen (§§ 494 Abs. 2, 527 Abs. 2) verpflichtet, die etwa noch ausstehende Fracht zu zahlen. Die Sonderregeln für den Reisefrachtvertrag[27] fügen dem den Anspruch des Verfrachters auf Liegegeld hinzu, sofern dem Empfänger dieser Betrag bei Ablieferung des Gutes mitgeteilt worden ist (§ 530 Abs. 3 Satz 2); für Liegegeld am Löschplatz gilt diese Erstreckung der Empfängerhaftung auf das Liegegeld auch dann, wenn dem Empfänger der Betrag nicht mitgeteilt wurde (§ 535 Abs. 1 Satz 2) – eine Mitteilung wäre nicht praktikabel und erschien nicht notwendig, weil die Entstehung eines Liegegeldanspruchs beim Löschen im Risikobereich des Empfängers liegt.[28]

Der Zeitpunkt der Geltendmachung des Auslieferungsanspruches, der die Zahlungspflicht des Empfängers auslöst, kann gerade im Massengutverkehr oft problematisch sein. Der Verfrachter wird dem Empfänger, wenn dieser löschen muss, am Löschplatz in der Regel die Ablieferung anbieten. Dies geschieht etwa durch Öffnung des Lukendeckels und damit Ermöglichung des Entladens. Der Empfänger wird häufig zunächst Proben ziehen wollen, um entscheiden zu können, ob er die Ladung annehmen will. Erst daran schließt sich der förmliche Akt der Geltendmachung des Anspruchs[29] an, die dann auch konkludent durch Beginn der Löscharbeiten erfolgen kann.

Anders als nach früherem Recht bleibt nach Entstehen der Zahlungspflicht des Empfängers die des Befrachters bestehen (§ 494 Abs. 4). Die Bedingungen sehen allerdings häufig das Erlöschen der Zahlungspflicht des Befrachters in diesem Fall vor und verweisen den Verfrachter bei Ausfall des Anspruchs gegen den Empfänger auf sein Pfandrecht wegen der Fracht.[30]

7. Kündigung durch den Befrachter

Wie den Stückgutfrachtvertrag kann der Befrachter auch den Reisefrachtvertrag jederzeit ohne Angabe von Gründen kündigen (§ 532). Der Verfrachter kann dann eine Entschädigung nach §§ 489 Abs. 2 verlangen, soweit nicht der Grund für die Kündigung seinem Risikobereich zuzurechnen ist. Die Entschädigung kann in einer Fautfracht, also pauschaliert auf ein Drittel der vereinbarten Fracht ohne jeden Nachweis seiner Aufwendungen (§ 489 Abs. 2 Nr. 2) bestehen oder in einem Aufwendungsersatz unter Anrechnung des Ersparten (§ 489 Abs. 2 Nr. 1); bei der letz-

---

27 Diese Regeln entsprechen denen für das Standgeld im allgemeinen Frachtrecht (§ 421 Abs. 3), hätten also wegen der Verweisung in § 527 Abs. 2 nicht unbedingt wiederholt zu werden brauchen; sie haben jedoch im Seerecht eine ungleiche größere praktische Bedeutung.

28 RegBegr. SRG, S. 105.

29 Der BGH hat diese mit Recht als eine rechtsgeschäftliche Willenerklärung eingeordnet, vgl. BGH TranspR 2011, 307; vgl. auch MüKoHGB/*Thume*, § 421 Rn. 37 f.

30 Sog. „*cesser-lien*"-Klausel, vgl. MüKoHGB/*Pötschke*, § 494 Rn. 7.

teren Berechnungsart ist auch das etwa bereits entstandene Liegegeld mit einzubeziehen (§ 532 Abs. 2).

Wurde im Zeitpunkt der Kündigung bereits Gut verladen, so kann der Verfrachter es ausladen und einlagern lassen; die Kosten hierfür trägt der Befrachter, sofern nicht der Grund für die Kündigung im Risikobereich des Verfrachters liegt.

Dem Risikobereich des Verfrachters sind alle Umstände zuzurechnen, die in seinem Organisationsbereich ihren Ursprung haben und die für ihn vorhersehbar und steuerbar sind.[31] Dabei kommt es auf ein Verschulden nicht an. In den Risikobereich des Verfrachters fällt deshalb etwa der Ausfall der Ruderanlage des Schiffes, aber auch ein Streik im Betrieb des Verfrachters. Schwieriger und streitig[32] ist die Frage, in wessen Risikobereich Ereignisse fallen, die alle Beteiligte unbeeinflussbar an der Leistung hindern, wie etwa Staatstrauer oder Generalstreik; jedenfalls soweit sie verkehrsbezogen sind – wie etwa ein allgemeines Fahrverbot –, sind sie dem Verfrachter zuzurechnen. Hindern solche Umstände das Heranführen der Ladung an den Hafen oder das Einladen durch den Kaibetrieb (das zu den Pflichten des Befrachters gehört), so zählt es zum Risikobereich des Befrachters.

8. Kündigung durch den Verfrachter

Der Verfrachter kann den Vertrag kündigen, wenn der Befrachter das Gut nicht innerhalb der Ladezeit oder einer vereinbarten Überliegezeit verlädt oder – wenn der Befrachter nicht zu laden verpflichtet ist – zur Verladung ablädt. Er hat zuvor eine angemessene Nachfrist zu setzen (§§ 534, 490 Abs. 1), sofern nicht offensichtlich ist, dass die Verladung oder Abladung innerhalb einer solchen Frist nicht bewirkt werden wird (§§ 534, 490 Abs. 2). Der Verfrachter kann danach die Entschädigung nach § 489 Abs. 2 (Fautfracht oder Aufwendungsersatz) verlangen.

9. Teilbeförderung

Der **Befrachter** kann jederzeit[33] verlangen, dass der Verfrachter nur einen Teil der vereinbarten Ladung befördert (§ 533 Abs. 1). Er hat dann jedoch nicht nur die volle Fracht (sog. Leerfracht) und das Liegegeld zu zahlen, sondern dem Verfrachter zusätzliche Sicherheit für die Fracht zu stellen, wenn dies wegen des geringeren Wertes der verladenen Güter notwendig ist. Ferner trägt er die Mehrkosten, die durch die Unvollständigkeit der Ladung entstehen, etwa für Aufnahme von Ballast oder veränderte Anforderungen an das Stauen. Erlaubt der Frachtvertrag dem Verfrachter, Ladung für andere Befrachter auf der Reise mitzunehmen und geschieht dies, so muss sich der Verfrachter das dadurch Verdiente anrechnen lassen.

Im Gegensatz zur Fautfracht ist die Leerfracht echte Fracht für eine bei teilweise nicht gelieferter Ladung durchgeführte Reise.

Die Teilbeförderung kann auch auf **Verlangen des Verfrachters** erfolgen, wenn der Befrachter innerhalb der Ladezeit oder einer vereinbarten Überliegezeit nach Fristsetzung kein Gut oder nur einen Teil der vereinbarten Ladung verlädt oder ablädt (§ 533 Abs. 2). Er hat dann dieselben Rechte wie bei einen Teilbeförderungsverlangen des Befrachters.

---

31 MüKoHGB/*Pötschke*, § 489 Rn. 20; eingehend auch MüKoHGB/*Thume*, § 412 Rn. 39ff.

32 Dazu MüKoHGB/*Thume*, § 412 Rn. 43.

33 Anders als nach altem Recht, nach dem dieses Recht erst bestand, wenn ein Teil der vereinbarten Ladung abgeladen war (§ 578 aF) Ladung.

§ 32 Exkurs: Die multimodale Beförderung

Lit.: *Balz*, Das UNCTAD-Übereinkommen über den internationalen multimodalen Güterverkehr, ZLW 1980, 303 ff.; *Bartels*, Der Teilstreckenvertrag beim Multimodal-Vertrag, TranspR 2005, 203 ff.; *Bydlinksi*, Multimodaltransport, bekannter Schadensort und § 452d Abs. 3 HGB, TranspR 2009, 389 ff.; *Diamond*, Liability of the Carrier in Multimodal Transport, London 1988; *Dohse*, Der multimodale Gütertransportvertrag in der Bundesrepublik Deutschland, Diss. Hamburg 1994; *Drews*, Zum anwendbaren Recht beim multimodalen Transport, TranspR 2003, 12 ff.; *ders.*, Warenumschlag im Seehafen als Teilstrecke? Zur Entscheidung des Hans. OLG Hamburg vom 19.8.2004 sowie Replik auf die Anmerkung von Herber hierzu, TranspR 2004, 450 ff.; *ders.*, Der multimodale Transport im historischen Zusammenhang, TranspR 2006, 177 ff.; *ders.*, Zum Umschlag von Waren in einem Seehafen, TranspR /2008, 18 ff.; *ders.*, Der multimodale Transport – eine Bestandsaufnahme, TranspR 2010, 327 ff.; *Erbe/Schlienger*, Der Multimodal-Vertrag im schweizerischen Recht, Ein Diskussionsbeitrag zum Transportrecht in der Schweiz, TranspR 11/12 2005, 421 ff.; *Freise*, Das Zusammentreffen von deutschem Multimodalrecht mit internationalem Einheitsrecht bei der Güterbeförderung, TranspR 2013, 1; *Fremuth*, Multimodaler Transport, in: Thume, (Hrsg.), Komm. zur CMR, 1995; *Eilenberger*, Haftung beim kombinierten Verkehr – Symposium in Hamburg am 21./22. November 1985, TranspR 1986, 12 ff.; *Ganten*, Die Rechtsstellung des Unternehmers im kombinierten Verkehr, 1987; *Harrington*, Legal Problems arising from containerisation and intermodal transport, ETR 1982, 3 ff.; *Hartenstein*, Die Bestimmung des Teilstreckenrechts im Multimodaltransportvertrag ohne gedoppelte Anwendung Internationalen Privatrechts, TranspR 2005, 9 ff.; *Heini*, Das Durchkonnossement, Diss. Freiburg (Schweiz) 1957; *Herber*, Die Haftung beim multimodalen Transport, TranspR 1990, 4 ff.; *ders.*, Haftung beim Ro/Ro-Verkehr, TranspR 1994, 375 ff.; *ders.*, Zur Berücksichtigung des Teilstreckenrechts beim multimodalen Transportvertrag, FS Piper (1996), S. 877 ff.; *ders.*, Einführung in das Übereinkommen über den internationalen multimodalen Güterverkehr, TranspR 1981, 37 ff.; *ders.*, Die Vorschläge des Kommissionsentwurfs für den multimodalen Transport, TranspR 1997, 58 ff.; *ders.*, Die Neuregelung des deutschen Transportrechts, NJW 1998, 3297 ff.; *ders.*, Probleme des Multimodaltransports mit Seestreckeneinschluss nach neuem deutschem Recht – Versuch einer Bestandsaufnahme, TranspR 2001, 101 ff.; *ders.*, Nochmals: Multimodalvertrag, Güterumschlag und anwendbares Recht, TranspR 2005, 59 ff.; *ders.*, Neue Entwicklungen im Recht des Multimodaltransports, TranspR 2006, 435 ff.; *ders.*, Reform des Seehandelsrechts – Anlass zur Überprüfung auch des Multimodalfrachtrechts, TranspR 2010, 85 ff.; *ders.*, Der Ladeschein-Renaissance eines vergessenen Wertpapiers, FS Thume, S. 177; *ders.*, Konnossement und Multimodal-Ladeschein nach neuem Recht als Beförderungsdokumente beim Überseekauf, FS Magnus, S. 673 ff.; *Hoffmann*, FIATA Multimodal Transport Bill of Lading und deutsches Recht, TranspR 2000, 243 ff.; *Ingelmann*, Dokumentäre Sicherungsübereignung bei kombinierten Transporten, Diss. Hamburg 1992; *Jaegers*, Probleme der Beförderer- und Spediteurhaftung im Container- und Trägerschiffsleichterverkehr, Diss. Nürnberg 1986; *Kirsten*, Haftungsprobleme der Haager Regeln im Container-Seeverkehr, Diss. Hamburg 1969; *Koller*, Die Rechtsnatur des Umschlagsvertrages und ihre Bedeutung für die Teilstrecke, TranspR 2008, 333 ff.; *ders.*, Vertragswidriger Multimodaltransport, TranspR 2014, 109 ff.; *ders.*, Die Bedeutung des Frachtvertrages für den Orderladeschein, TranspR 2015, 133 ff.; *Kopper*, Der multimodale Ladeschein im internationalen Transportrecht, Diss. Hamburg 2007.; *Luther*, Die Haftung in der Frachtführerkette, Transp R 2013, 93 ff.; *Müller-Feldhammer*, Die Haftung des Unternehmers beim multimodalen Transport für Güterschäden und Güterverluste aus dem Beförderungsvertrag, Diss. Leipzig 1995 (Europäische Hochschulschriften II 1926); *ders.*, Die Standarddokumente des kombinierten Transports – Hinwendung zum System der modifizierten Einheitshaftung, TranspR 1994, 272 ff.; *Norf*, Das Konnossement im gemischten Warenverkehr, insbesondere am Beispiel des Container-Verkehrs, 1976; *Radisch*, Die Beschränkung der Verfrachterhaftung beim Überseetransport von Containern, Diss. Hamburg 1986; *Ramming*, Durchbrechung der Einheitslösung (§ 452 Satz 1 HGB) im Hinblick auf besondere Durchführungsvorschriften des Rechts der (See-) Teilstrecke, TranspR 2004, 201 ff.; *ders.*, Teilstrecken einer multimodalen

Beförderung und ihre Abgrenzung – Zugleich Anmerkung zu BGH, Urteil vom 3.11.2005 – I ZR 235/02 – 1, TranspR 2007, 89ff.; *ders.*, Internationalprivatrechtliche Fragen des Multimodal-Frachtvertrages und des Multimodal-Ladescheins, TranspR 2007, 279ff.; *ders.*, Zum Abhandenkommen des Gutes bei Multimodalbeförderung, RdTW 2014, 30; *Richter-Hannes*, UN-Konvention über die Internationale Multimodale Güterbeförderung, Wien 1982; *Schimmelpfeng*, Neues FIATA Combined Transport Bill of Lading, TranspR 1988, 53ff.; *Schmidt P.*, Sattelanhänger und ähnliche Transportmittel als Beförderungsgut – fracht- und versicherungsrechtliche Überlegungen, TranspR 2013, 59ff.; *Selvig*, Through-Carriage and On-Carriage of Goods by Sea, AJCL 27 (1979), 369ff.; *Shariatmadari*, Das IPR der Multimodal-Beförderung (unter Einschluss einer Seestrecke), aus der Vortragsreihe Das neue Internationale Privatrecht der Seeschifffahrt – Die Rom-I- und Rom-II-Verordnungen, TranspR 2010, 275ff.; *Wulfmeyer*, Das niederländische Recht des multimodalen Transportvertrages, Schriften zum Seehandelsrecht Bd. 1, 1996.

I. Begriff

Seebeförderung vollzieht sich heute zunehmend im Rahmen einer **multimodalen Beförderung.** Als solche bezeichnet man eine Beförderung, bei der Güter aufgrund eines einheitlichen Frachtvertrages mit verschiedenen Beförderungsmitteln, für welche unterschiedliche Rechtsregeln gelten, befördert werden (§ 452). Die Bezeichnungen **Durchfrachtvertrag** oder **kombinierte Beförderung** sind zivilrechtlich gleichbedeutend.

Der Beförderer – der international als Multimodal Transport Operator (MTO) bezeichnet zu werden pflegt – kann sowohl selbst Beförderer auf einer Teilstrecke sein als auch, wie regelmäßig, ein (in diesem Fall jedoch notwendig – durch Vereinbarung oder nach §§ 458 bis 460 – als Frachtführer handelnder) Spediteur, der alle Teilstrecken durch Unterfrachtführer durchführen lässt. Voraussetzung ist aber stets, dass die Gesamtbeförderung als einheitliche Beförderungsleistung versprochen wurde; dies ist regelmäßig nicht der Fall bei der sog. *on-carriage* (vgl. Art. 11 HambR), bei welcher der Seeverfrachter nur die Besorgung der Weiterbeförderung am Bestimmungsort seiner Beförderung (in der Regel mit einem Küstenschiff im sog. Feeder-Service) übernimmt, also insoweit als Spediteur handelt und deshalb nur für Auswahlverschulden haftet.

Der Seeverfrachter kann also sowohl als MTO als auch als – vom MTO für eine Teilstrecke eingeschalteter – Unterfrachtführer in einen Multimodalvertrag eingebunden sein. Dann folgt seine Haftung zum Teil anderen Regeln als denen des Seefrachtrechts. Deshalb ist eine kurze Darstellung des Rechts des Multimodalvertrages angezeigt.

II. Vorgeschichte der gesetzlichen Regelung

Der **Frachtvertrag über die Beförderung mit verschiedenartigen Beförderungsmitteln** ist seit dem 1.7.1998 – durch das TRG – im HGB (§§ 452 bis 452d) geregelt. Für ihn gilt – auch wenn er eine Seestrecke einschließt und Multimodal-Frachtführer ein Seeverfrachter ist – grundsätzlich das Frachtrecht der §§ 407ff. Dieses ist mit Ausnahme bestimmter haftungsrechtlicher Bestimmungen (§§ 452d, 449) dispositiv, kann also grundsätzlich durch Vereinbarung an seefrachtrechtliche Gegebenheiten und Übungen angepasst werden. Die praktische Problematik des Multimodalvertrages liegt deshalb fast ausschließlich im Recht der Haftung für Güterschäden, weil diese – sowohl im Seefrachtrecht als auch im allgemeinen Frachtrecht – im Wesentlichen AGB-fest gesetzlich geregelt ist.

Die multimodale Beförderung auf Grund eines einheitlichen Vertrages bringt das besondere Problem mit sich, dass der Schaden je nachdem, auf welcher der verschiedenen Teilstrecken er eingetreten ist, nach unterschiedlichen Rechtsvorschriften zu beurteilen sein kann. Das stößt wiederum auf Schwierigkeiten, wenn der Schadensort nicht feststellbar ist. Die sich daraus angesichts der Vielfalt der bestehenden nationalen und internationalen Haftungsregeln für die Teiltransporte ergebenden Probleme haben nunmehr in Deutschland in §§ 452 ff. eine sachgerechte gesetzliche Regelung gefunden. Sie musste auf nationaler Ebene getroffen werden, da seit 1956 ohne Erfolg nach einer internationalen Lösung gesucht wird.

Die deutsche Rechtsprechung hatte vor dem TRAG eine unter den gegebenen Schwierigkeiten relativ befriedigende Klärung der Haftungsfragen entwickelt,[1] konnte jedoch ohne Hilfe durch den Gesetzgeber nicht alle praktischen Probleme lösen. Die grundlegende Neuordnung und Vereinheitlichung des deutschen Transportrechts durch das TRG bot die willkommene Gelegenheit, den Multimodalvertrag in enger Anlehnung an die bisherige Rechtsprechung und die international entwickelten Lösungsmöglichkeiten zu regeln. Es gab allerdings kaum Vorbilder; eine gesetzliche Regelung fand sich bis dahin nur in den Niederlanden (Buch 8, Art. 40–52 des niederländischen Zivilgesetzbuches).[2]

Ein allgemein akzeptiertes internationales Übereinkommen konnte trotz jahrzehntelanger intensiver Verhandlungen in verschiedenen Gremien nicht geschaffen werden. Nachdem die Notwendigkeit einer gesetzlichen Regelung schon 1956 bei der Verabschiedung des Übereinkommens über den internationalen Straßengüterverkehr (CMR) erkannt wurde und in einer Resolution der Konferenz Niederschlag fand, begannen Verhandlungen bei UNIDROIT, in der ECE, dem CMI und der IMCO, die zu einem gemeinsamen Konventionsentwurf von IMCO und ECE (TCM-Entwurf) führten.[3] Auf dieser Grundlage wurde vom Wirtschafts- und Sozialrat der Vereinten Nationen (ECOSOC) 1972 eine Konferenz nach Genf einberufen, welche jedoch scheiterte.[4] Diese Konferenz setzte eine gemischte Arbeitsgruppe von IMCO und ECE ein, die – nachdem das UN-Übereinkommen über die Beförderung von Gütern auf See von 1978 (HambR) eine Annäherung der seerechtlichen Haftung an das allgemeine transportrechtliche Haftungsniveau erreichbar erscheinen ließ – im Jahre 1980 zu dem im Rahmen der Welthandelskonferenz (UNCTAD) abgeschlossenen Übereinkommen über multimodale Transporte führte.[5] Dieses ist bisher nicht in Kraft getreten; mit seiner Inkraftsetzung ist auch kaum noch zu rechnen, da das Übereinkommen auf der Annahme beruhte, die HambR fänden weltweite Beteiligung.

III. Die Rechtslage vor dem TRG

In Deutschland hatten Rechtsprechung und Schrifttum die Haftungsfragen vor Erlass des TRG soweit geklärt, wie das ohne Hilfe des Gesetzgebers möglich war. Die Überlegungen gingen davon aus, dass der Vertrag über die Beförderung von Gütern im multimodalen Verkehr ein gemischter Vertrag ist, bei dem sich die Rechte und Pflichten der Parteien weitgehend nach dem Teilstreckenrecht richten, das für die Strecke gilt, auf welcher der Schaden eingetreten ist; denn dieses wird im Zweifel

1 Vgl. vor allem die in BGHZ 101, 172 ff. = TranspR 1987, 447 ff. dargelegten Grundsätze, denen sich Untergerichte und das überwiegende Schrifttum angeschlossen hatten.

2 Dazu ausführlich *Wulfmeyer*, aaO, S. 52 ff.

3 Dazu *Loewe*, ETR 1972, 650 ff. und ETR 1975, 587 ff.

4 Zu Verlauf und Ergebnis der Konferenz vgl. *Herber*, Hansa 1973, 7 ff.

5 Vgl. dazu insbes. *Richter-Hannes*, Die UN-Konvention über die Internationale Multimodale Güterbeförderung, Wien 1982; auch *Herber*, Hansa 1980, 950 ff.

den Interessen der Vertragsparteien bei der speziellen Beförderungsart am ehesten gerecht. Nach den Regeln über den gemischten Vertrag lässt sich die Anwendung des Rechts der Teilstrecke damit begründen, dass die Haftung bei bekanntem Schadensort „dem Vertragstyp zuneigt, der auf dieses Beförderungsmittel zugeschnitten ist“.[6]

Die Anwendung des Rechts der Teilstrecke, auf welcher der Schaden entstanden ist, entspricht einem – als **„network“-Prinzip** bezeichneten – Grundsatz, der in den internationalen Verhandlungen der 60er und 70er Jahre des letzten Jahrhunderts entwickelt wurde und seitdem auch die auf der Grundlage dieser zwischenstaatlichen Arbeiten entwickelten Vertragsformulare der Transportwirtschaft (namentlich das FIATA-B/L und die Uniform Rules der IHK) beherrscht. Dieses System bot sich einmal aus den genannten sachlichen Gründen an: Man sah in den Teilregelungen für die einzelnen Beförderungsmittel, die sich unter Berücksichtigung der technischen und wirtschaftlichen Gegebenheiten der jeweiligen Beförderungsart – allerdings auch in verschiedenen Kreisen und deshalb oft mehr oder weniger zufällig voneinander abweichend – entwickelt haben, die geeignetste Regelung für Schäden auf dieser Teilstrecke. Wichtigere Gründe gegen den praktisch zweifellos einfacheren und verlockenderen Gedanken einer Einheitshaftung ohne Rückgriffsmöglichkeit auf das Teilstreckenrecht waren jedoch zwei andere Überlegungen: Einmal erschien zumindest zweifelhaft, ob die Versagung der Anwendung des Teilrechts jedenfalls dann, wenn dessen Einschlägigkeit durch den Schadensort festgestellt werden kann, einen Verstoß gegen die völkerrechtliche Verpflichtung aus einem das Teilrecht regelnden Übereinkommen darstellt. Sodann setzte sich eine Reihe von Staaten für den Erhalt aller Haftungsvergünstigungen für Beförderer, allen voran für Seebeförderer, ein; für dieses Verharren beim Besitzstand, das auch die Modernisierung des Seefrachtrechts bisher verhindert und damit die Regelung des multimodalen Verkehrs weiter erschwert hat, ließ sich das völkerrechtliche Argument trefflich einsetzen.

Unterscheidet man danach zwischen dem Einheitsrecht für den Fall der Nichtaufklärbarkeit des Schadensortes und dem Rückgriff auf das jeweilige Teilstreckenrecht bei bekanntem Schadensort, so musste allerdings fraglich bleiben, ob das Teilstreckenrecht für alle Aspekte der Haftung – etwa auch für die Reklamation und die Verjährung – gelten kann. Unklar blieb, da die Teilkonventionen zumeist nur die Haftung regeln, auch, welche Regeln auf alle anderen Elemente des Frachtvertrages anzuwenden sind; hierüber finden sich jedoch in der Praxis zumeist Vereinbarungen.

Der vor dem TRG allein mögliche Rückgriff auf das Teilstreckenrecht versagte also in dem praktisch wichtigen, für die Problematik des multimodalen Vertrages typischen Fall, dass der Schadensort nicht bekannt ist. Der BGH hat in seiner Grundsatzentscheidung v. 24.6.1987[7] festgestellt, dass sich bei Nichtfeststellbarkeit des Schadensortes die Haftung des Multimodal-Frachtführers nach dem Teilstreckenrecht richtet, welches für den Berechtigten (Absender oder Empfänger) am günstigsten ist. Das Gericht begründete dies zutreffend damit, dass der Frachtführer – auch, weil er näher an der Beweismöglichkeit ist – die Voraussetzungen für besondere Haftungsvergünstigungen des Spezialfrachtrechts beweisen müsse, die von dem gesetzlichen Regelfall der Vertragshaftung, also der nicht begrenzten Haftung für vermutetes Verschulden des Werkvertragsrechts, zu seinen Gunsten abweichen.

Für die praktische Rechtsanwendung warf dieses Prinzip – das ähnlich in den Niederlanden gesetzlich verankert ist – bei konsequenter Anwendung jedoch erhebliche Probleme auf. Zwar wird die Haftung regelmäßig vertraglich vereinbart, doch stößt die Vereinbarung dort an Grenzen, wo das Teilstreckenrecht zwingenden Charakter hat. Deshalb konnte man sagen, dass auch bei Vereinbarung einer milderen Haftung – etwa, wie nach dem FIATA-B/L, der seerechtlichen Haftungssumme von 2 SZR je kg – nach dem schärfsten zwingenden Teilstre-

---

6 Vgl. *Koller*, Transportrecht, 3. Aufl. 1995, Teil D: Multimodaler Verkehr, Rn. 6; *Herber*, TranspR 1990, 4 ff. Zu anderen Lösungsversuchen, die sich mit Recht nicht durchgesetzt haben, vgl. *Herber*, TranspR 1990, 4, 9 f.
7 BGHZ 101, 172 = TranspR 1987, 447 ff.

ckenrecht gehaftet wird. Den Beweis dafür, dass das Schadensereignis auf einer Strecke mit geringerer Haftung eingetreten ist, hatte der Beförderer zu führen; eine Umkehr dieser Beweislast durch AGB verstieß nach Ansicht des BGH (aaO) gegen § 9 AGBG aF.

Um die Haftung bei Schäden mit unbekanntem Schadensort zu ermitteln, musste deshalb nach der Rechtsprechung stets festgestellt werden, welches Haftungsrecht für jede einzelne der in Betracht kommenden Teilstrecken gilt. Sodann mussten diese Teilrechte miteinander verglichen werden, um das schärfste herauszufinden. Die Anwendung des an sich richtigen Prinzips auf den Einzelfall konnte deshalb erhebliche Probleme bereiten. Vor allem auch deshalb, weil das Teilstreckenrecht – auch bei einem insgesamt deutschem Recht unterliegenden – internationalen Multimodalvertrag nicht notwendig nach deutschem Transportrecht zu beurteilen ist, sondern sich auch nach internationalen Übereinkommen (CMR, ER/CIM, WA) und ebenso nach ausländischem Recht bestimmen kann.[8] Muss – wegen abweichender Parteivereinbarung – untersucht werden, ob ausländische Rechtsvorschriften zwingend anzuwenden sind, ergeben sich weitere Schwierigkeiten.

IV. Die gesetzliche Regelung

Nach der Neuregelung des Transportrechts ist die Rechtslage einfacher und klarer. Der Multimodalvertrag (der vom Gesetz nicht mit dieser unschönen Bezeichnung versehen wird, sondern als normaler Frachtvertrag mit nur einigen Besonderheiten ausgestaltet ist), ist in §§ 452–452d, also in nur fünf Vorschriften, geregelt. Danach gilt Folgendes:

1. Auf den Multimodalvertrag sind – unabhängig davon, welche Vorschriften für die Teilstrecken gelten würden – die allgemeinen Vorschriften des Frachtrechts (§§ 407ff.) anzuwenden.

a) Unter einem Multimodalvertrag versteht das Gesetz einen einheitlichen Frachtvertrag, der mit verschiedenen Beförderungsmitteln durchgeführt wird, sofern, wenn über jeden Teil der Beförderung mit jeweils einem Beförderungsmittel (Teilstrecke) zwischen den Vertragsparteien ein gesonderter Vertrag abgeschlossen worden wäre, mindestens zwei dieser Verträge verschiedenen Rechtsvorschriften unterworfen wären (§ 452 Satz 1).

b) Es muss ein **einheitlicher Vertrag** geschlossen worden sein, der mehrere verschiedene Beförderungsarten umfasst. Ob die Güter umgeladen werden oder nicht, ist unerheblich. Ergeben sich die Beförderungsarten nicht aus dem Vertrag und auch nicht aus der Natur der Sache, so wird man dem Frachtführer – der zudem meist Spediteur ist – die Wahl des Beförderungsweges überlassen dürfen.

c) Das Gesetz bezeichnet die einzelnen Strecken als **Teilstrecken**. Hieran knüpft § 452a an, nach welchem unter bestimmten Voraussetzungen das Teilstreckenrecht anzuwenden ist.

Namentlich in zwei Fällen kann fraglich sein, welche Teile der Gesamtbeförderung eine eigene Teilstrecke bilden.

Beförderungen mit einem See- und einem Binnenschiff sind verschiedene Beförderungsarten; sie werden jedoch, wenn sie aneinander stoßen, durch § 450 einem einheitlichen Rechtsregime unterstellt.

Höchst fraglich und lange streitig war, ob und mit welcher Abgrenzung Güterumschlag als Selbständige Teilstrecke anzusehen ist.[9] Zwar ist anerkannt, dass Beladen und Entladen eines auf einer Teilstrecke eingesetzten Fahrzeugs stets der jeweiligen Teilstrecke zuzurechnen ist.[10] Doch gilt dies ohne weiteres auch für jede Zwischenphase des Umschlags, also das Verbringen von einem zum anderen Transportmittel nach dem Ende des Ausladevorgangs und bis zum Beginn des Einladevorgangs oder gar für eine transportbedingte Zwischenlagerung?

---

8 Vgl. zu dieser Problematik eingehend *Herber*, FS Henning Piper, S. 877ff.

9 Besonders instruktiv dazu *Koller*, TranspR 2008, 333ff.

10 Vgl. nur *Koller*, § 452 Rn. 15; MüKoHGB/*Herber*, § 452 Rn. 24; RegBegr. TRG S. 101.

Dies war lange Zeit streitig, nachdem das OLG Hamburg[11] die Beförderung vom Schiff zum LKW auf dem Hafengelände als eigenständige Landstrecke eingeordnet und gemäß § 452a das Recht der §§ 425 ff. angewendet hatte. Der BGH[12] ist dem nicht gefolgt und hat entschieden, dass alle Umschlagstätigkeit, auch wenn sie mit Ortsveränderung verbunden ist, im Anschluss an eine vor- oder nachgehende Seebeförderung der Seestrecke zuzurechnen sei; eine andere Beurteilung solle nur dann gelten, wenn „besondere Umstände" vorliegen, die jedoch vom Gericht nicht näher umrissen worden sind. Als Begründung dient vor allem die Verkehrsanschauung. Die Rechtsprechung hat diese Auslegung in der Folgezeit so weit ausgedehnt, dass selbst ein Schaden durch Schweißarbeiten während einer von dem Umschlagunternehmen im Interesse des Containereigners angeordneten Reparatur durch ein selbständiges Unternehmen im Hafen der Seestrecke zugeordnet und die Ersatzverpflichtung nach Seerecht beurteilt wurde.[13]

Diese Auffassung ist nicht unzweifelhaft, wird jedoch von der Rechsprechung heute durchgängig befolgt. Für sie spricht jedenfalls, dass die Umschlagsphasen am Beginn und Ende einer reinen (sog. „port-to-port"-)Seebeförderung, würden sie – ebenso wie das Vertragsverhältnis zwischen Kaianstalt und Reeder, vgl. o. § 21 II – dem Landfrachtrecht zugerechnet, jeden Seetransport zum multimodalen machen würden. Das schließt jedoch nicht aus, einen Umschlag zwischen den Teilstrecken überhaupt nicht als gesonderte Teilstrecke oder Teil einer solchen anzusehen, die ja immerhin eine „Beförderung" zum Gegenstand haben muss (§ 452 Satz 1). Die Folge wäre, dass dann § 452a auf Schäden beim Umschlag nicht anzuwenden wäre, für diese vielmehr der Multimodalfrachtführer nach § 452 ohne die Modifizierung durch § 452a haftete. Der BGH hatte eine solche Betrachtung erwogen und ausdrücklich festgestellt, sie erleichtere die Rechtsanwendung, hielt sie jedoch nicht für vereinbar mit dem System der §§ 452 ff.[14], weil dieses „ersichtlich davon ausgeht, dass sich jeder Multimodaltransport vollständig in Teilstrecken i. S. des § 452a HGB zerlegen lässt." Mir scheint diese Auslegung nicht zufriedenstellend. Einmal bleibt der Vorbehalt der „besonderen Umstände", unter denen doch eine eigenständige (Landfrachtrechts-?)Beurteilung greifen könnte. Vor allem aber ist offen, was gelten soll, wenn am Umschlag auf keiner Seite eine Seestrecke beteiligt ist. Deshalb wird die BGH-Rechtsprechung auch nicht widerspruchslos akzeptiert.[15] Nach meiner Auffassung (die allerdings vom BGH abgelehnt wurde) sollten Umschlagtätigkeiten zwischen zwei Teilstrecken, die nicht ganz ausnahmsweise den Charakter eine eigenständigen Beförderung annehmen (wie etwa die Verbringung eines Containers durch den Seehafenbetreiber per LKW von Hamburg nach Bremen oder Lübeck), weder eine Teilstrecke darstellen, noch einer solchen zugerechnet werden. Wenig spricht für die Notwendigkeit des lückenlosen Anschlusses von Teilstrecken, schließlich muss nicht jede Tätigkeit, die der Multimodalfrachtführer übernimmt, eine Beförderung sein.

d) Die Teilstecken müssten, wären hierüber eigene Frachtverträge abgeschlossen, verschiedenen Rechtsvorschriften unterworfen sein.

Maßgebend ist ein (hypothetischer) Frachtvertrag zwischen den Parteien des Multimodalvertrages (nicht: zwischen Multimodalfrachtführer und Unterfrachtführer[16]). Die auf diesen anzuwendenden Rechtsvorschriften können nationalem (deutschem oder ausländischem) Recht angehören, aber auch internationalen Übereinkommen (CMR, ER/CIM, WA, HR). Hierüber entscheidet bei internationalen Beförderungen das deutsche IPR.

2. Die Anwendung des allgemeinen Frachtrechts gilt auch für die Bestimmungen über die Haftung für Güterschäden (§ 425 ff.). Der Multimodalfrachtführer haftet

---

11 TranspR 2004, 402, 404.

12 TranspR 2007, 472.

13 OLG Hamburg, TranspR 2008, 261; mit der Folge, dass wegen des seerechtlichen Haftungsausschlusses für Feuerschäden (§ 606 Abs. 2 HGB) auch für grobe Fahrlässigkeit nicht gehaftet wurde.

14 Zurückgehend auf *Koller*, § 452 HGB Rn. 15 Fn. 47; aA *Herber*, TranspR 2006, 435, 438 und MüKoHGB/*Herber*, § 452 Rn. 27.

15 Vgl. nur MüKoHGB/*Herber*, § 452 Rn. 27 mwN.

16 Wie bei Art. 2 CMR.

danach grundsätzlich entsprechend dem allgemeinen Frachtrecht (§§ 425 ff.) für Güterschäden verschuldensunabhängig mit bestimmten, gesetzlich vorgegebenen Ausschlussgründen (§§ 426 f.) und auf 8,33 SZR je kg begrenzt (wobei sich die Haftungsbegrenzung auf Ansprüche aus positiver Vertragsverletzung und aus Delikt erstreckt, §§ 433 f.). Diese Haftung gilt auch für den ausführenden Frachtführer (§ 437).

Die Haftung für Güter- und Verspätungsschäden kann auch beim multimodalen Verkehr grundsätzlich nicht durch AGB abbedungen werden (§§ 449, 452d); allerdings kann auch diese im Rahmen eines „Korridors“ von 2–40 SZR auch durch AGB verändert werden (§ 449 Abs. 2 Satz 2); solche Änderungen unterliegen naturgemäß der Überprüfung nach §§ 305 ff. BGB.

3. Lässt sich **feststellen, auf welcher Teilstrecke der Schaden verursacht wurde,** so kann sich jede der Vertragsparteien – welche den Schadenseintritt auf dieser Strecke zu beweisen hat – auf das ihr günstigere Teilstreckenrecht berufen (§ 452a).

Die Notwendigkeit, bei bekanntem Schadensort auf das Recht der Teilstrecke zurückzugreifen, ist durch die weitgehende Vereinheitlichung des innerstaatlichen Frachtrechts durch das TRG eingeschränkt. Zunächst schon deshalb, weil die Zahl wirklicher multimodaler Beförderungen gegenüber der Zeit vor 1998 vermindert ist. Da die Teiltransportrechte des neuen deutschen Frachtrechts für Straße, Schiene, Binnenschifffahrt und Luft durch das TRG aneinander angeglichen worden sind, können Beförderungen, die nur aus Abschnitten zusammengesetzt sind, welche diesen Teilrechten unterliegen, nicht mehr als Multimodalverträge angesehen werden; denn deren Definition (§ 452) setzt nicht nur die Verwendung unterschiedlicher Transportmittel voraus, sondern auch, dass diese nach verschiedenen Haftungsregimen zu beurteilen sind.

Grundlage der Haftungsbeurteilung bei bekanntem Schadensort ist also ein hypothetischer Beförderungsvertrag zwischen Multimodalfrachtführer und Absender nur für diese Teilstrecke. Auf diesen hypothetischen Vertrag ist das Recht anzuwenden, das sich aus der Rom-I-VO ergibt.[17] Es ist sehr häufig dieselbe Rechtsordnung, welcher der Multimodalvertrag insgesamt unterliegt, also bei Anwendung der §§ 452 ff. ebenfalls deutsches Recht. Zweifelhaft, aber im praktischen Interesse zu bejahen, ist die bisher nicht entschiedene Frage, ob eine Rechtswahl für den Gesamtvertrag zugleich auch eine Rechtswahl für alle Teilstrecken bedeutet.

Das Recht beider Vertragsparteien, auf das ihnen günstigere Recht der Teilstrecke zurückzugreifen, kann nicht durch AGB ausgeschlossen werden. Doch ist die Vereinbarung zulässig, dass sich die Haftung auch bei bekanntem Schadensort auf einer bestimmten Strecke oder insgesamt stets nach dem allgemeinen Frachtrecht der §§ 425 ff. richtet (§ 452d Abs. 2); in diesem Rahmen kann dann die Haftungssumme im Bereich des Korridors nach § 449 Abs. 2 Satz 2, § 452d verändert werden. Eine solche Vereinbarung geht auch zwingendem – deutschen oder ausländischen – Teilstreckenrecht vor, sofern nicht ein für Deutschland verbindliches internationales Übereinkommen für diese Strecke anzuwenden ist (§ 452d Abs. 3); letztere Einschränkung der Gestaltungsfreiheit ist ein Zugeständnis an völkerrechtliche Verpflichtungen.

4. **Schadensanzeige** und **Verjährung** können beim Multimodalvertrag Zweifelsfragen aufwerfen. Diese sind in §§ 438 f., 452b geregelt.

Nach § 438 Abs. 5 wirkt die gegenüber dem das Gut Abliefernden abgegebene **Schadensanzeige** entgegen dem allgemeinen Prinzip des § 438 Abs. 1 auch gegenüber dem (Haupt-)Frachtführer.

---

17 BGH TranspR 2007, 472; BGH TranspR 2008, 210.

Wird das Gut von dem ausführenden Frachtführer, auf dessen Strecke eine Beschädigung oder Verzögerung eingetreten ist, abgeliefert, so wirkt die Reklamation gegenüber diesem (oder seinen Leuten) also nicht nur diesem gegenüber, sondern auch gegenüber dem vertragsschließenden Frachtführer. Es muss sich jedoch nicht um den ausführenden Frachtführer handeln, der den Schaden verursacht hat; nach § 438 Abs. 5 kann die Erklärung gegenüber jedem, der das Gut abliefert, abgegeben werden.

Beim Multimodalvertrag richten sich **Form, Frist und Wirkung der Schadensanzeige** – bei bekanntem oder unbekanntem Schadensort – nach dem allgemeinen deutschen Frachtrecht (also nach § 438). Es genügt jedoch stets, wenn Form und Frist des für die letzte Teilstrecke geltenden Teilrechts gewahrt werden. Diese kennt der Empfänger, der oft auch bei erkennbarem Schaden – bei dem der Entwurf allgemein Rüge bei Ablieferung verlangt – nicht sofort feststellen kann, welche andersartigen Beförderungen durch wen vorausgingen.

Handlungen zur Unterbrechung der **Verjährung** (§ 439 Abs. 3 und 4) wirken nur gegenüber dem (Haupt-)Frachtführer oder dem ausführenden Frachtführer, können aber und sollten deshalb gegenüber beiden vorgenommen werden. § 452b Abs. 2 trifft eine Sonderregelung für den multimodalen Transport: Er stellt klar, dass als Ablieferung auch bei bekanntem Schadensort auf einer anderen als der letzten Teilstrecke stets erst die Ablieferung an den Endempfänger anzusehen ist. Die Verjährungsfrist beträgt – auch wenn sich der Schadensort erst später herausstellt und nach dem für ihn geltenden Teilrecht eine kürzere Verjährungsfrist gilt – stets wenigstens ein Jahr (§§ 439, 452b Abs. 2) mit den in § 439 genannten Modifikationen.

5. Für einen **multimodalen Transport, der eine Seestrecke einschließt**, ergibt sich danach folgendes:

a) Kann der Schadensort nicht festgestellt werden, so gilt – bei Anwendung deutschen Rechts – stets das Frachtrecht der §§ 407ff. Es ist hinsichtlich der Haftungsregelung gegen abweichende Vereinbarungen in AGB geschützt (§§ 449, 452d), im Übrigen aber dispositiv. Auch durch AGB kann die Haftungssumme nach Maßgabe des § 449 Abs. 2 Satz 1, 2 verändert werden. Deshalb kann – was namentlich von Bedeutung ist, wenn das FIATA-B/L verwendet wird (vgl. dazu u. V) – die Haftung auf 2 SZR reduziert werden. Zwar unterliegt auch die Absenkung der Haftungssumme im Rahmen der durch § 449 vorgegebenen Marge der AGB-Kontrolle[18], doch werden unter Kaufleuten gegen die international bei multimodalen Transporten mit Seestreckeneinschluss üblichen Bedingungen keine durchgreifenden Bedenken bestehen.

b) Steht fest, dass der Schaden auf einer Seestrecke eingetreten ist, so kann sich der (Multimodal-)Frachtführer auf die Haftungsregelung des Seerechts berufen (§ 452a Satz 1). Es gelten also, sofern die Rom-I-VO zur Anwendung deutschen Rechts auf den (hypothetischen) Seefrachtvertrag führt, die Vorschriften des 5. Buches des HGB. Diese Haftungsvorschriften sind, wenn eine besondere vertragliche Vereinbarung hierüber nicht getroffen worden ist, unabhängig davon anzuwenden, ob sie für den (hypothetischen) Teilfrachtvertrag zwingend gelten würden oder nicht.

Die Regelung stellt zugleich sicher, dass nicht nur die Haftungsgrenzen des § 504, sondern auch die erleichterte Vereinbarkeit der Haftungsfreistellung für nautisches Verschulden der Besatzung (§ 512 Abs. 2 Nr. 1) anzuwenden ist; der Multimodal-Frachtführer kann also auch in seinen AGB die Freistellung für nautisches Verschulden vorsehen, die natürlich nur wirksam werden kann, wenn der Schadenseintritt auf der Seestrecke bekannt ist.

Die Vertragsparteien können jedoch die Haftung auch für die See-Teilstrecke – durch Vereinbarung über das (hypothetisch) anzuwendende Haftungsregime – regeln. Dabei sind ihnen jedoch folgende Grenzen gesetzt:

---

18 Vgl. dazu *Herber*, TranspR 1988, 344ff.

aa) Ist das halbzwingende (nur AGB-feste) deutsche Seerecht auf die Teilstrecke anzuwenden, so ist diese Einschränkung der Abdingbarkeit nach § 452d Abs. 1 Satz 2 zu beachten: Da haftungsverschärfende Vereinbarungen stets zulässig sind, könnte in demselben Umfang wie allgemein im Seehandelsrecht eine weitergehende Haftung des (Multimodal-)Frachtführers vereinbart werden. Eine Absenkung der Haftung gegenüber dem gesetzlichen Haftungsniveau ist dagegen nur durch individuelle Vereinbarung, nicht durch AGB möglich.

bb) Ist auf die Teilstrecke ausländisches Seefrachtrecht anzuwenden, das – wie das frühere deutsche See-Haftungsrecht – ohne Konnossementsausstellung dispositiv ist, so könnte der Inhalt des bei bekanntem Schadensort maßgebenden (hypothetischen) See-Frachtvertrages von den Parteien frei vereinbart werden, sowohl durch individuelle Abrede als auch durch AGB; im letzteren Falle unterläge die Vereinbarung natürlich der Kontrolle nach den §§ 305 ff. BGB.

Auch die Anwendung ausländischen zwingenden Rechts dürfte die Parteien nicht an abweichenden Vereinbarungen hindern; der zwingende Charakter wird in Deutschland nicht anerkannt, wenn er über den in Art. 6 EGHGB gezogenen Rahmen hinausgeht.

cc) Schwieriger ist eine andere Konstellation: Würde der (hypothetische) See-Teilfrachtvertrag dem zwingenden deutschen Seefrachtrecht unterfallen (und könnten deshalb die Vertragsparteien durch AGB grundsätzlich nur haftungsverschärfende Vereinbarungen treffen (s. o. aa), so gestattet § 452d Abs. 2 gleichwohl die Vereinbarung, dass für Schäden, die auf der Seestrecke entstehen, das Haftungsrecht der §§ 425 ff. angewendet werden soll. Diese Durchbrechung zwingenden Rechts dient dem Ziel, einen Rückgriff auf das Teilstreckenrecht durch die Zulassung möglichst weitgehender Egalisierung der Haftung bei unbekanntem und bei bekanntem Schadensort zu vermeiden. Sie findet jedoch zur Wahrung völkerrechtlicher Verpflichtungen ihre Grenze in (für Deutschland völkerrechtlich auf den konkreten Fall) zwingend anwendbaren internationalen Übereinkommen (§ 452d Abs. 3).

Diese Regelung wirft für See-Teilstrecken Probleme auf. Einmal ist die völkerrechtliche Situation im internationalen Seefrachtrecht höchst unbefriedigend; das gilt besonders für Deutschland, das innerstaatlich zwingend ein weitgehend den HVR nachgebildetes Haftungssystem anwendet, jedoch völkerrechtlich allein an die HR gebunden ist. Sodann ist der Anwendungsbereich der – weder in Deutschland noch in den meisten anderen Vertragsstaaten direkt angewendeten – HR in mehrfacher Hinsicht höchst unklar.

Angesichts des Zwecks von § 452d Abs. 2 (der in dessen Nr. 1 allerdings deutlicher zum Ausdruck kommt als im Wortlaut der Nr. 2) kann man schon zweifeln, ob eine Vereinbarung für die See-Teilstrecke gedeckt ist, die auf diese andere Haftungssätze anwendet als auf den Fall unbekannten Schadensortes. Denn die Bestimmung soll, wie gesagt, den Gleichlauf zwischen beiden Entschädigungssystemen ermöglichen. Nach dem ursprünglichen Konzept des Kommissionsentwurfs, dem die Vorschrift entstammt, war dieser Gleichlauf automatisch gesichert; jetzt gewährt § 449 weitere Vertragsfreiheit, die jedoch nicht unbedingt zu einer Erweiterung des – ungewöhnlichen – Vorrangs vor zwingendem Recht führen sollte.

Der Schutz der völkerrechtlichen Verpflichtung aus den HR greift deshalb nach dem SRG für die Seestrecke bei Anwendung deutschen Rechts nur noch ein, wenn ein Fall das Art. 6 EGHGB vorliegt, in welchem allein noch eine völkerrechtliche Bindung des deutschen Seefrachtrechts besteht.

Soweit die HR nicht anwendbar sind, wird man folgende Überlegungen bei der Anwendung des § 452d Abs. 2 auf eine Seestrecke mit (hypothetisch) zwingender Anwendung anstellen können: Die Vereinbarung nach § 452d Abs. 2 führt dazu, dass für die Teilstrecke nach denselben Regeln wie bei unbekanntem Schadensort gehaftet wird; für die Haftung sind das 8,33 SZR oder ein anderer (bei AGB im Rahmen des Korridors von § 449) vereinbarter Betrag. Entsprechendes muss für die Haftungsbasis gelten: Eine Erweiterung auch der Haftungsbasis ist selbst nach den HR zulässig; die Abrede nach § 452d Abs. 2 führt also (auch im Rahmen der verbliebenen Geltung der HR (Art. 6 EGHGB) dazu, dass die Haftungsregeln der §§ 425 ff. an Stelle derjenigen der §§ 498 ff. gelten. Praktisch bedeutet dies, dass die Haftungsbegrenzung nach Stück oder Einheit (§ 504) – und damit die sog. Container-Klausel – nicht gilt, obwohl die Kilogramm-Beschränkung auf 2 SZR reduziert werden kann. Damit eröffnet diese Gestaltungsmöglichkeit dem Multimodalfrachtführer die Möglichkeit, der Gefahr einer exzessiven Haftung für Containerinhalte nach § 503 Abs. 1 Satz 2 zu entgehen.

c) Der (Unter-)Seeverfrachter haftet stets nur nach Seefrachtrecht. Dies zunächst bei seiner Inanspruchnahme als ausführender Frachtführer nach § 437; denn der ausführende Frachtführer haftet nur, wenn feststeht, dass der Schaden auf seiner Teilstrecke eingetreten ist, so dass schon der Multimodalfrachtführer in diesem Fall nur nach Seerecht haftet (vgl. o. 2).

Hat der Multimodalfrachtführer die Anwendbarkeit weitergehenden Landfrachtrechts auch für die Seestrecke vereinbart (§ 452d Abs. 2), so wirkt dies nicht gegenüber dem ausführenden Frachtführer (§ 437 Abs. 1 Satz 2), es sei denn, er hätte zugestimmt.

Der Unterverfrachter haftet aber auch dann nach Seerecht, wenn er vom Empfänger – entsprechend der neueren, allerdings höchst anfechtbaren Rechtsprechung des BGH[19] – aus dem Unterfrachtvertrag in Anspruch genommen wird; denn dieser ist in dieser Konstellation stets ein Seefrachtvertrag, allerdings nicht notwenig ein dem deutschen Recht unterliegender.

d) Die Verjährung des Anspruchs gegen den See-(Teilstrecken-)Verfrachter wird – auch bei bekanntem Schadensort – nicht von §§ 605 ff. beeinflusst, sondern richtet sich allein nach § 439.

V. Formularbedingungen

In der Praxis wird der multimodale Verkehr vor allem mit dem Formularvertrag des **FIATA-Multimodal Transport Bill of Lading** abgewickelt. In seiner neuesten Fassung von 1992[20] ist er gemeinsam von der internationalen Spediteurvereinigung (FIATA) und der IHK ausgearbeitet worden.[21]

Der Formularvertrag kombiniert das frühere, auf dem TCM-Entwurf beruhende Formular der FIATA mit dem zuvor parallel verwendeten Formular der IHK, das sich an das UNCTAD-Übereinkommen von 1980 anlehnte.

Das UN-Übereinkommen von 1980 hat erhebliche Schwächen, die zum Teil darauf beruhen, dass die Konferenzstaaten von dem Inkrafttreten der HambR ausgingen, welche das Seerecht wenigstens hinsichtlich des Haftungsgrundes näher an das übrige Transportrecht heranführen sollten. Deshalb sieht es den Rückgriff auf das Teilstreckenrecht bei bekanntem Schadensort nur noch hinsichtlich der Haftungssumme vor, unterscheidet jedoch in der Basishaftung für den Fall unbekannten Schadensortes zwischen Beförderungen mit (2 SZR) und ohne (8,33 SZR) Seestreckeneinschluss. Da einigen Konferenzstaaten diese Regelung völkerrechtlich bedenklich erschien, enthält das Übereinkommen eine Vorrangklausel für internationale Teilstreckenübereinkommen (Art. 30), die zu erheblicher Rechtsunsicherheit führen muss.[22]

Das FIATA-B/L geht, wie das UN-Übereinkommen von 1980, von dem Prinzip der sog. „gespaltenen Basis-Haftung“ aus, die eine Haftung für vermutetes Verschulden des Beförderers ist, beschränkt auf 2 SZR per kg bei Seestreckeneinschluss, sonst auf

19 Vgl. TranspR 1988, 108 ff.; 1992, 177 f.
20 Vgl. TranspR 1993, 402 ff.
21 Zur Entwicklung vgl. *Müller-Feldhammer*, TranspR 1994, 272 ff.
22 Zu dem Übereinkommen im Einzelnen *Balz*, ZLW 1980, 303 ff.; *Herber*, TranspR 1981, 37 ff.; *Müller-Feldhammer*, aaO, S. 90 ff.; *Richter-Hannes*, aaO.

8,33 SZR per kg. Die Haftungsbegrenzung ist durchbrechbar nur bei grobem Verschulden des Beförderers selbst, nicht seiner Leute. Der Rückgriff auf das Teilstreckenrecht ist (nur) im Falle der Seebeförderung auch hinsichtlich des Haftungsgrundes zulässig, so dass die Haftungserleichterungen der HVR in vollem Umfang angewendet werden, auch und vor allem die Haftungsfreistellung für nautisches Verschulden der Besatzung.

Die Haftungsregelung des FIATA-B/L ist ausdrücklich unter den Vorbehalt entgegenstehenden nationalen und internationalen Rechts gestellt – für Bedingungen, die zudem in Deutschland an § 305 ff. BGB zu messen sind, eine Selbstverständlichkeit, jedoch für die Praxis eine große Unsicherheit. Sie ist in weiten Bereichen schon mit dem geltenden Übereinkommensrecht nicht vereinbar, so etwa der CMR, die – wenn der Schaden auf einer von ihr erfassten Teilstrecke eingetreten ist – zwingend eine Gewährleistungshaftung mit eng definierten Ausnahmen und einen Wegfall der Begrenzung bei schwerem Verschulden auch der Leute vorsieht.

Die Regelung des HGB bereitet für die Anwendung des FIATA-B/L in Deutschland jedenfalls insoweit keine Schwierigkeiten, als es sich darum handelt, dass die Haftungssumme – bei Seestreckeneinschluss – auf 2 SZR herabgesetzt wird. Sie stößt allerdings auf Probleme hinsichtlich der Umschreibung der Haftungsgrundlage; diese sollten aber nicht überbewertet werden, weil auch bei einer Verschuldenshaftung, wie sie dem FIATA-B/L zugrunde liegt, das Verschulden des Frachtführers vermutet wird (§ 288 BGB); kann er sich entlasten, so wird in aller Regel auch der Schadensort feststehen, so dass Teilstreckenrecht anwendbar ist. Die AGB-Kontrolle sollte berücksichtigen, dass unter Kaufleuten die Absenkung der Haftungssumme auf 2 SZR für Schäden auch mit unbekanntem Schadensort bei multimodalen Transporten unter Seestreckeneinschluss nicht nur wegen des entsprechend niedrigen Haftungsniveaus der Schifffahrt, sondern auch im Hinblick auf den internationalen Ursprung dieser Bedingungen akzeptiert werden sollte.

VI. Multimodal Transport Bill of Lading

1. Besondere Bedeutung hat beim multimodalen Transport das regelmäßig ausgestellte Multimodal Transport Bill of Lading (**Durchkonnossement**). Es ist dem Konnossement nachgebildet, deckt die gesamte Beförderung ab und wird gewöhnlich an Order gestellt.

Wichtigster Typ ist das schon genannte FIATA-B/L, doch kommen auch andere – insbesondere von Reedern eingeführte – Muster in Betracht.

Nach deutschem Recht stellte sich vor dem TRG die Frage, ob das gesetzlich nicht geregelte Durchkonnossement angesichts des *numerus clausus* der Orderpapiere (§ 363 Abs. 2) als Orderpapier anerkannt werden konnte. Trotz mancher Bedenken hinsichtlich einzelner Teiltransportregelungen (Lufttransport, Eisenbahntransport), bei denen Orderpapiere bisher nicht ausgestellt werden konnten oder bei denen dies zumindest fraglich war, konnte man die Zulässigkeit wenigstens aus einer Analogie zu § 363 Abs. 2 herleiten.[23] **Nach dem TRG ist das Durchkonnossement (als Ladeschein) ausdrücklich für alle Transportarten anerkannt (§§ 443 ff., 452)**, wodurch sich diese wertpapierrechtlichen Bedenken erledigt haben.

2. Besonderheiten gegenüber dem Konnossement

Das Recht des Ladescheins (§§ 443 ff.) ist durch das SRG leider nicht vollständig an das des Konnossements (§§ 513 ff.) angeglichen worden. Deshalb bestehen praktisch wichtige Unterschiede, die für die Praxis nicht ungefährlich sind, weil die Beteiligten beide Wertpapierarten weitgehend als gleichwertig anzusehen pflegen.[24]

---

23 Vgl. ausführlich *Ingelmann*, aaO.

24 Dazu auch *Herber*, Konnossement und Multimodal-Ladeschein nach neuem Recht als Beförderungsdokumente beim Überseekauf, FS Magnus, S. 673 ff.

Abgesehen von den materiellen Unterschieden der Haftung aus einem Ladeschein gegenüber der aus einem Konnossement[25] bestehen auch nicht unerhebliche Besonderheiten in der wertpapierrechtlichen Ausgestaltung des Ladescheins.[26]

Anders als beim Seefrachtvertrag besteht im allgemeinen Frachtrecht **keine Verpflichtung** des Frachtführers, einen Ladeschein auszustellen; sie kann und sollte deshalb im Multimodalfrachtvertrag vereinbart werden.

Der Ladeschein wird in der Regel **nur in einer Ausfertigung** ausgestellt. Wird die Ausstellung mehrerer Exemplare vereinbart, so muss darauf geachtet werden, dass entsprechend § 521 Abs. 3 auch vereinbart werden sollte, wie bei Vorlage nur eines Exemplars zu verfahren ist.

Es fehlt die Rechtsfigur des **Abladers**. Probleme, die sich daraus bisher bei fob-Verkäufen ergeben konnten, dürften allerdings durch die Erweiterung des Gutglaubensschutzes auf den ersten Nehmer auch im Ladescheinrecht (§ 444 Abs. 2) weitgehend behoben sein: Ist der Absender zugleich Empfänger und liefert ein Dritter das Gut an den Frachtführer ab, so wird man den als Empfänger angegebenen Absender als gutgläubig ansehen können, sodass auch ihm die Unwiderleglichkeit der Vermutung nach § 444 Abs. 2 zugutekommt.

Es **fehlt die gesetzliche Vertretungsmacht des Kapitäns** für den Verfrachter (§ 513 Abs. 1 Satz 2). Der für den Verfrachter ohne besondere Vollmacht zeichnende Kapitän haftet deshalb nach § 179 BGB persönlich.

Es fehlt an einer Regelung über die **Haftung für unrichtige Konnossementsausstellung**. Deshalb bleibt es insoweit bei der allgemeinen Haftung aus (positiver) Vertragsverletzung (§ 280 BGB). Diese ist verschuldensabhängig, jedoch nicht zwingend und nicht nach § 523 Abs. 4 (auf den bei Verlust zu zahlenden Ersatzbetrag), sondern auf das Dreifache dieses Betrages begrenzt (§ 433).

VII. Gesetzlich geregelte Sonderfälle des Multimodaltransports

Vor allem zwei Sonderfälle multimodalen Verkehrs sind sondergesetzlich in internationalen Übereinkommen geregelt: Der **Ro/Ro-Verkehr** und der **kombinierte Eisenbahn-See-Verkehr.**

1. Nach Art. 2 CMR haftet der Frachtführer im internationalen Straßengüterverkehr für Schäden, die sich während und wegen einer in den Gesamtbeförderungsvertrag eingebundenen Seebeförderung ereignen, nach den Vorschriften, nach welchen der Seeverfrachter gehaftet hätte, wenn lediglich ein Seefrachtvertrag abgeschlossen worden wäre.

Dem liegt der Gedanke zugrunde, dass Absender und Empfänger stets nur mit einem Vertragspartner und Schuldner zu tun haben sollen, so dass sie nicht – wie im Transportrecht häufig – im Dickicht der verschiedenen Vertragsverhältnisse den richtigen Beklagten verfehlen und die hier meist kurzen Reklamations- und Verjährungsfristen versäumen. Andererseits soll sich der auch für die Trägertransportstrecke haftende Straßenfrachtführer auf die besonderen Haftungsprivilegien berufen können, die für diese Beförderungsart spezialgesetzlich vorgesehen sind.

Der Straßenfrachtführer haftet demnach für die Phase der Seebeförderung entsprechend einem fiktiven Seebeförderungsvertrag. Im Hinblick auf die Unklarheit des Wortlauts der CMR ist dabei eine sehr grundsätzliche und für die praktische Anwendung wichtige Zweifelsfrage ungeklärt, nämlich welchen rechtlichen Charakter die anwendbaren Rechtsvorschriften haben müssen.

---

25 Vgl. dazu MüKoHGB/*Herber*, § 443 Rn. 38 ff.
26 MüKoHGB/*Herber*, § 443 Rn. 54 ff.

Die (unverbindliche) deutsche Übersetzung des Art. 2 CMR spricht von „zwingenden Vorschriften"; verlangt man diese für den fiktiven Seefrachtvertrag, so müsste die Anwendung des haftungserleichternden Privilegs dieser Vorschrift auf den CMR-Frachtführer in aller Regel scheitern: Sowohl die HR und HVR als auch das aus diesen abgeleitete deutsche Seefrachtrecht beschränken den zwingenden Charakter der seerechtlichen Haftung auf den einseitigen Schutz des Befrachters.

HR und HVR und das deutsche Recht vor dem SRG machten diesen Schutz zudem von der Bedingung abhängig, dass ein Konnossement ausgestellt worden ist; hiervon kann für den hypothetischen Seebeförderungsvertrag kaum ausgegangen werden, denn ein Konnossement ist im Ro/Ro-Verkehr weder üblich noch sinnvoll. Allerdings mag man das anders beurteilen, wenn man davon ausgeht, dass die Vorschrift die Beförderung von Stückgut (also der Güter ohne den Lkw) als Vergleich vor Augen hat, also eine völlig andere Beförderung, welche auf dem Ro/Ro-Schiff in dieser Form gar nicht möglich gewesen wäre.

Berücksichtigt man jedoch den englischen Text der CMR – was gerechtfertigt ist, weil der Antrag auf Einfügung des Art. 2 CMR von Großbritannien, bedingt durch seine Insellage, ausging – so kommt es nicht darauf an, ob die Vorschriften zwingend sind. Die englische Fassung spricht von „*conditions prescribed* by *law*". Darunter sind alle gesetzlichen Bestimmungen zu verstehen, seien sie nun für die Parteien des Vertrages zwingend oder nicht. Englische Gerichte und Autoren gehen von einem solchen Verständnis des englischen Terminus ohne weiteres aus.[27]

Deshalb ist schon in der ersten Auflage – entgegen der in Deutschland hM[28] und ausländischem Schrifttum[29] – davon ausgegangen worden, dass das Privileg des Art. 2 Abs. 1 Satz 2 CMR zugunsten des Straßenfrachtführers auch dann anzuwenden ist, wenn ein Konnossement nicht ausgestellt ist oder ausgestellt worden wäre und obwohl – was nach altem Recht auch einen Ausschluss zwingenden Rechts bedeutet hätte – der Lkw als Decksladung befördert worden ist und befördert werden durfte. Inzwischen hat sich der BGH[30] dieser damals nur vom niederländischen Obersten Gerichtshof[31] vertretenen Auffassung angeschlossen; jedes übliche – jedenfalls staatlich gesetzte – Regelwerk genügt den Anforderungen des Art. 2 CMR.

Voraussetzung für die Anwendung des Art. 2 CMR ist stets, dass die Güter auf dem Ro/Ro-Schiff **ohne Umladung** befördert werden. Das ist nur der Fall, wenn der Lkw oder zumindest ein Trailer auf das Schiff verladen wird; die Seebeförderung eines bloßen Containers oder selbst einer Wechselbrücke ohne eigenes Fahrgestell[32] reicht nicht aus. Ferner muss die Gefahr durch die Besonderheiten des Seetransports begründet worden sein.[33]

---

27 Vgl. Queens's Bench Division, 1 LLR 1981, 200ff.; *Clarke*, International Carriage of Goods by Road: CMR, 2. Aufl., London 1991, S. 83ff.

28 Vgl. OLG Hamburg, TranspR 1983, 157, 158; OLG Celle, TranspR 1987, 275, 276; *Koller*, Transportrecht, 3. Aufl., Art. 2 CMR Rn. 8.

29 Etwa *Putzeys*, Le contrat de transport routier de marchandises, Brüssel 1981, S. 98; *Theunis*, TranspR 1990, 263, 270.

30 TranspR 2012, 333ff.; auch schon OLG Hamburg TranspR 2011, 228ff.

31 TranspR 1991, 132ff.; ähnlich schon LG Köln, VersR 1985, 985ff.; eingehend zur Problematik *Herber*, TranspR 1994, 375ff.

32 Insoweit aA OLG Hamburg, TranspR 1994, 193ff.; vgl. dagegen *Herber/Piper*, CMR, Art. 2 Rn. 8.

33 Das hat OLG Hamburg TranspR 2011, 228ff. für Feuer an Bord eines eng gestauten Ro/Ro-Schiffes angenommen.

2. Eine ähnliche Regelung enthält Art. 2 ER/CIM für den internationalen **Eisenbahn-Seeverkehr**. Hier wird jedoch die Bezugnahme auf einen fiktiven Vertrag vermieden. Die Wiederholung der Grundsätze seefrachtvertraglicher Haftung schafft zwar einerseits Klarheit, hat aber den Nachteil, dass die Regelung bei Änderungen des internationalen Seerechts angepasst werden muss und nationale Besonderheiten nicht berücksichtigt.

3. Schließlich ist zu beachten, dass internationale Übereinkommen im Eisenbahn- und Lufttransportrecht Teilaspekte des Multimodalverkehrs mitregeln, die dem deutschen Multimodalrecht vorgehen;[34] dabei ist im Detail manches streitig.

34 Dazu MüKo/*Herber*, § 452 Rn. 57 ff.

KAPITEL 8: Der Personenbeförderungsvertrag

§ 33 Die gesetzliche Regelung

Lit.: *Androulidakis-Dimitriadis*, Der Passagiervertrag auf See, Eine rechtsvergleichende Darstellung, Berlin 1967; *Basedow*, Passagierschiffahrt, ZHR 1984, 238 ff.; *Czerwenka*, Passagierschaden im Binnenschiffsverkehr, NJW 2006, 1250 ff.; *Freise*, Das Transportrecht – Stand und Entwicklungslinien, RdTW 2013, 41 ff.; *Führich*, Reiserecht (insbes. § 39: Schiffsbeförderung), 1990; *Gare*, Passengers – Personal Injury and other Claims, P&I Int. 1995, 144 ff.; *Haak*, Haftung bei der Personenbeförderung, Rechtliche Entwicklungen im Bereich der internationalen Personenbeförderung, TranspR 2009, 162; *Hasche*, Grenzfragen zwischen See- und Reiserecht, Schriften des DVIS A 77, 1990; *Herber*, Das Athener Übereinkommen v. 13.12.1974 über die Beförderung von Reisenden und ihrem Gepäck auf See, ZEV 1976, 150 ff.; 1977, 2 ff.; *ders.*, Das neue Haftungsrecht der Schiffahrt, 1989; *ders.*, Vorschläge der Sachverständigengruppe zur Reform des Seehandelsrechts – Einführung, Vorgeschichte und Grundzüge, TranspR 2009, 445 ff.; *ders.*, Die Reform des deutschen Seehandelsrechts – Balance zwischen Rechtsfortbildung und Schifffahrtstradition, TranspR 2012, 269 ff.; *Hetherington*, Contract to Carry Passengers by Sea, LMCLQ 1990, 164 ff.; *Kienzle*, Die Haftung des Carrier und des Actual Carrier nach den Hamburg-Regeln, Schriften zum Transportrecht Bd. 8, 1993; *Klingsporn*, Das neue Haftungsrecht der Schiffahrt, WM 1991, 1105 ff.; *Kröger*, Die Passagierbeförderung auf See – Eine rechtsvergleichende Darstellung der internationalen Haftungsregeln in der Luft- und Seefahrt, Diss. Hamburg 2009; *Lagoni*, Die Haftung des Beförderers von Reisenden auf See und im Binnenschiffsverkehr und das Gemeinschaftsrecht – Die EG auf Konfrontationskurs mit dem Völkerrecht, ZEuP 2007, 1079; *Müller-Rostin*, Neue Entwicklung bei den Passagierhaftungsgrenzen in der internationalen Luftfahrt, TranspR 1996, 5 ff.; *Nöll*, Zur Modernisierung des deutschen Seehandelsrechts, Hansa 1986, 1309 ff., 1717 ff.; *ders.*, Seetouristik, in: Klatt, Recht der Touristik (Loseblatt); *Rabe*, Das Zweite Seerechtsänderungsgesetz, VersR 1987, 429 ff.; *Ray*, Carrier's liability in the passengers and luggage contract, FS Walter Müller, S. 267 ff.; *Schilling*, Die Rechte des Passagiers im maritimen Schiffsverkehr, TranspR 2013, 401 ff.; *Schlotmann*, Das Reisevertragsgesetz oder: Der BGH maritim, TranspR 1996, 328 ff.; *Schreiber*, Die Auswirkungen des Seetransportrechts auf das Reiserecht, TranspR 2012, 369 ff.; *Schubert*, Die Haftung für Reisende und ihr Gepäck auf Schiffen, Diss. Frankfurt 1981.

I. Begriff

Der Personenbeförderungsvertrag (auch Passagierbeförderungsvertrag, Seepassage- oder Überfahrtsvertrag) hat die Beförderung von Personen und deren Gepäck auf See zum Gegenstand. Er ist in §§ 536 ff. geregelt, deren Bestimmungen im Rahmen der Reform des Seehandelsrechts grundlegend überarbeitet wurden. Vorläufer waren die §§ 664 ff. aF, die durch das 2. SÄG und die Anlage dazu an das Athener Übereinkommen (AthenÜ) von 1974 angepasst worden waren. Das SRG nahm die Anpassung an das Protokoll von 2002 zum AthenÜ vor.[1]

---

1 Protokoll von 2002 zum Athener Übereinkommen von 1974 über die Beförderung von Reisenden und ihrem Gepäck auf See.

II. Geschichte

Das HGB übernahm im Jahre 1897 in §§ 664–678 aF im Wesentlichen die Bestimmungen des ADHGB von 1861. Die Haftung für Gepäckschäden war durch Verweis auf die Haftungsregeln des Seefrachtrechts geordnet. Die Haftung wurde in der Schifffahrtspraxis vertraglich ebenso wie im Seefrachtrecht weitestgehend abbedungen oder zumindest beschränkt.[2]

Das Gesetz bezeichnete den Personenbeförderungsvertrag damals als „Frachtgeschäft zur Beförderung von Reisenden".

Diese Bezeichnung ließ noch die Ursprünge des Vertrages erkennen: Das Auswanderungswesen, welches in der zweiten Hälfte des 19. Jahrhunderts erstmals große Passagierzahlen auf die Weltmeere brachte. Damals wurde das **Gesetz zum Schutz der Auswanderer v. 26.3.1875**[3] erlassen, das vor allem als Rechtsgrundlage für – dringend notwendige – Verordnungen über die Mindestanforderungen an Einrichtung, Ausrüstung und Bordvorräte der Auswandererschiffe diente (§ 4 AuswG).

Die alte Bezeichnung deutet auch auf die im Verhältnis zur Güterbeförderung untergeordnete wirtschaftliche Bedeutung der Beförderung von Reisenden auf See hin. Die Passagierbeförderung hat im Seeverkehr erst sehr spät eingesetzt. Jahrhundertelang spielte nur der Gütertransport eine Rolle. Allerdings reisten mit den Gütern oft Beauftragte des Befrachters (des „*merchant*", wie er heute noch im Charterverkehr heißt), sog. Kargadöre; heute kommt dies nur noch auf Fähren vor, bei denen der Lkw-Fahrer die Ladung begleitet. Deshalb ist das Seetransportrecht seinem Ursprung und Schwergewicht nach Gütertransportrecht – ganz im Gegensatz etwa zum Lufttransportrecht, das mit der Personenbeförderung begann und sich daraus über Post- und Reisegepäckbeförderung zum Gütertransport entwickelt hat.

Nach einer verhältnismäßig kurzen Zeit der lebhaften Überseebeförderung von Reisenden, vor allem auf dem Nordatlantik, ist diese seit Mitte des 20. Jahrhunderts weitgehend durch den Flugverkehr ersetzt worden. Heute spielen jedenfalls in Europa fast nur noch Kreuzfahrten und Fährverkehre (namentlich auf der Ostsee und zu den britischen Inseln) eine Rolle. Bei den Kreuzfahrten kommt eine rechtliche Komplikation hinzu: Das Seebeförderungsrecht wird hier zum Teil überlagert vom Recht der Reiseveranstaltung (§§ 651a ff. BGB), da regelmäßig auch andere Leistungen als die Beförderung vereinbart werden; dazu u. V.

Durch das 2. SÄG erfuhr das Recht der Personenbeförderung eine grundlegende Neuregelung. Unter Einarbeitung der wesentlichen Bestimmungen des AthenÜ von 1974 in das HGB wurde im deutschen Recht erstmals eine eigenständige gesetzliche Haftung geschaffen.[4]

Diese Regelung wurde in eine bemerkenswerte äußere Form gekleidet: Eine Anlage zum HGB, auf die in § 664 aF verwiesen wurde. Diese Anlage hatte jedoch denselben Gesetzesrang wie das HGB selbst. Der Grund für die ungewöhnliche Anordnung lag in Folgendem: Die Bundesregierung beabsichtigte zunächst, das AthenÜ von 1974 (dazu o. § 4 II 2 d) dd)) zu ratifizieren. Entsprechend der damals vorherrschenden Auffassung sollte – wie bei dem zugleich ratifizierten und in das deutsche Recht übernommenen HBÜ – das Übereinkommen in seinem Originalwortlaut transformiert und angewendet und im HGB lediglich in Bezug genommen werden. Dieser Plan wurde jedoch aufgegeben, da das Land Schleswig-Holstein Bedenken gegen die niedrigen Haftungssummen geltend machte, die auch von den skandinavischen Staaten – also den Ostsee-Fährhäfen auf der anderen Seite – nicht akzeptiert wurden. Deshalb entschloss man sich im Gesetzgebungsverfahren, die materielle Haftungsregelung des Übereinkommens in das innerstaatliche Recht zu übernehmen, jedoch höhere Haftungssummen festzusetzen, die für Personenschäden am Luftrecht orientiert waren. Abweichend vom AthenÜ wurden die

---

2 Vgl. MüKoHGB/*Schmidt*, §§ 536 ff. Rn. 1; *Basedow*, ZHR 148, 242.
3 RGBl. 774.
4 Vgl. hierzu auch *Basedow*, IPRax 1987, 333, 335; *Herber*, Haftungsrecht, S. 147 ff.

Haftungshöchstbeträge, orientiert an § 46 LuftVG, auf 320.000 DM je Reisenden und Beförderung festgesetzt (Art. 5 Anlage zu § 664 aF). Zudem sollte der Beförderer das Recht auf Haftungsbeschränkung auch bei grobem Verschulden seiner Bediensteten verlieren, nicht nur bei eigenem.[5]

Im Rahmen der Reform des Seehandelsrechts 2013 wurde das Recht der Personenbeförderungsverträge erneut modernisiert. Es ist nunmehr in die neue Struktur des 5. Buches als Zweiter Unterabschnitt der „Beförderungsverträge“ (und damit in Abgrenzung zu den im ersten Unterabschnitt enthaltenen „Seefrachtverträgen“) als §§ 536ff. eingegliedert worden.[6] Sachlich diente die Neuregelung vor allem der Einarbeitung des AthenÜ 2002.

Im Zuge der Einarbeitung in das deutsche Gesetz wurden die Bestimmungen des AthenÜ 2002 nicht nur redaktionell anders gefasst und gegliedert; es wurden solche Regelungen nicht ausdrücklich aufgeführt, die sich bereits aus anderen, allgemeineren Bestimmungen des HGB oder des BGB ergeben.[7] Andererseits wurde mit Blick auf die VO Athen eine besondere Regelung über die Entschädigung für Mobilitätshilfen aufgenommen.[8]

III. Internationale Rechtsvereinheitlichung

1. Brüsseler Seerechtsübereinkommen; IMCO

Schon früh, auf der Basis von Vorarbeiten des CMI (auf dessen Konferenzen von 1909 in Bremen, 1951 in Neapel, 1955 in Madrid) wurde auf einer Diplomatischen Seerechtskonferenz in Brüssel am 29.4.1961 ein Übereinkommen über die Beförderung von Passagieren auf See abgeschlossen.

Die Haftungsregelung ist eng an die der HR und des WA von 1929 angelehnt. Sie sieht eine Verschuldenshaftung des Beförderers bis zu einem Höchstbetrag von 250.000 Goldfranken für Personenschäden vor. Das Verschulden wird vermutet, wenn der Schaden durch Strandung, Schiffbruch, Schiffszusammenstoß, Explosion oder Feuer entstanden ist. Das Recht auf Haftungsbeschränkung entfällt bei qualifiziertem Verschulden des Beförderers, welches der Geschädigte zu beweisen hat.

Die großen Schifffahrtsstaaten, vor allem England, lehnten jedoch die Ratifizierung auch dieses Übereinkommens ab, weil eine Regelung über die Gepäckhaftung fehle. Das Übereinkommen trat deshalb nur unter wenigen Staaten in Kraft.

Deshalb kam es nach erneuter Vorbereitung im CMI auf einer weiteren Diplomatischen Seerechtskonferenz in Brüssel zu dem erwarteten Übereinkommen vom 27.5.1967 über die Vereinheitlichung von Regeln über die Beförderung von Reisegepäck auf See. Dieses trat niemals in Kraft, weil die Staaten, welche die starke Einschränkung der bis dahin in der Schifffahrt weitgehend üblichen fast vollständigen Freizeichnung von jeder Haftung ablehnten, nunmehr verlangten, dass zunächst wiederum das Übereinkommen von 1961 an die neueren Regelungen des Gepäckhaftungsübereinkommens angepasst werden müssten.

Hierbei blieb es, bis die Brüsseler Diplomatischen Konferenzen 1968 ihr Ende fanden und die Vorbereitung und Verabschiedung seerechtlicher Übereinkommen –

5 Vgl. ausführlich zur Rechtslage nach dem 2. SÄG: Vorauflage, S. 368 ff.
6 Vgl. RegBegr. SRG, S. 105.
7 Vgl. im Einzelnen RegBegr. SRG, S. 105.
8 Die Regelungen der VO Athen über Vorschusszahlungen und Informationspflichten (dazu § 34 III 2 wurden hingegen vorerst nicht in das HGB übernommen). Sie gelten deshalb außerhalb des Anwendungsbereichs der VO Athen nicht.

zunächst – auf die IMCO überging. In diesem staatlichen Rahmen gelang es, die Regelungen über die Haftung für Personen und für deren Gepäck in einem einheitlichen (Athener) Übereinkommen vom 13.12.1974 über die Beförderung von Reisenden und ihrem Gepäck auf See (AthenÜ) zusammenzuführen.[9]

Wie im Brüsseler Übereinkommen von 1961 sieht es für Personenschäden eine Verschuldenshaftung – mit Verschuldensvermutung bei Schiffbruch, Schiffszusammenstoß, Strandung, Explosion, Feuer oder Mängeln des Schiffes – vor und erstreckt diese Regelung auf Schäden an Kabinengepäck; für vom Beförderer in seine Obhut übernommenes Gepäck gilt stets eine Verschuldensvermutung. Die Haftungshöchstsummen wurden wesentlich höher angesetzt als bei den früheren Übereinkommen; die Begrenzung entfällt bei qualifiziertem Verschulden.

Das AthenÜ ist 28.4.1987 in Kraft getreten. Es hat gegenwärtig 35 Vertragsstaaten, ist aber nur für neun EU-Mitgliedsstaaten verbindlich. Deutschland hat es nicht ratifiziert, weil ihm die Haftungssummen, wie dargelegt, als zu gering erschienen. Es hat die Regelung mit höheren Summen durch das 2. SÄG in das HGB und einen Anhang hierzu übernommen und ist international für eine Revision zur Erhöhung der Haftungsbeträge eingetreten. Nach mehreren Protokollen führte schließlich ein Protokoll vom 1.11.2002 zu einem revidierten Übereinkommen (AthenÜ 2002), welches am 23.4.2014 in Kraft getreten ist. Deutschland wird es demnächst ratifizieren. Auch die EU ist im Dezember 2011 dem AthenÜ 2002 beigetreten.

2. Europäische Union

Die EU hat am 23.4.2009 die Verordnung[10] über die Unfallhaftung von Beförderern von Reisenden auf See erlassen. Da die Ratifizierung des AthenÜ 2002 nur schleppend vor sich ging, griff die EU-VO dessen Regelung 2002 auf und hat sie inhaltlich für die EU-Mitgliedstaaten bereits am 31.12.2012 in Kraft gesetzt; diese EU-VO wird deshalb auch als „VO Athen" bezeichnet. Als EU-VO ist sie in den Mitgliedstaaten unmittelbar geltendes Recht. Sie geht der Regelungen des HGB vor (§ 536 Abs. 2 Nr. 1), beschränkt also deren Anwendung auf die Ausfüllung des verhältnismäßig geringen Bereichs, den die VO Athen nicht erfasst; wegen des Geltungsbereichs und sachlichen Inhalts der VO Athen vgl. u. § 34.

IV. Die sachliche Regelung des Personenbeförderungsvertrages nach neuem deutschem Recht

1. Beschränkung der Regelung auf Schadenersatzansprüche

Wie schon das bisherige Sonderrecht des HGB beschränken sich §§ 536 ff. auf die Regelung von Schadenersatzansprüchen der Fahrgäste sowohl wegen Personen- als auch wegen Gepäckschäden.

Das Gesetz enthält **keine Vorschriften über die gegenseitigen Rechte und Pflichten der Parteien**. So ist etwa das Entgelt, wenn nichts vereinbart ist, nach § 632 BGB zu bestimmen. Eine Ausnahme bildet lediglich § 552, der ein **Pfandrecht des Beförderers** wegen des Beförderungsentgelts an den Sachen des Passagiers vorsieht. Im Übrigen gelten daher die allgemeinen Vorschriften, insbesondere die §§ 631 ff. BGB, da ein Beförderungsvertrag regelmäßig als Werkvertrag einzuordnen ist. Anders als das Recht der Haftung für Personen- und Gepäckschäden (IV 4) sind die Regeln über die sonstigen Rechte und Pflichten nicht zwingend gesetzlich normiert und deshalb häufig durch AGB eingeschränkt, deren Wirksamkeit nach §§ 307 ff. BGB zu prüfen ist.

---

9 Vgl. dazu *Herber*, ZIEV 1976, 150 ff.; 1977, 2 ff.
10 VO (EG) Nr. 392/2009.

2. Anwendungsbereich; Begriffsbestimmungen

Für eine deutsche Kodifikation ungewöhnlich stellen §§ 536, 537 den sachlichen Vorschriften Bestimmungen über den Anwendungsbereich voran. Das ist formal auf den Ursprung in dem AthenÜ 2002 zurückzuführen,[11] hat aber besondere sachliche Bedeutung im Hinblick auf die unmittelbare Geltung der VO Athen, deren Vorrang vor nationalem Recht zu beachten ist. Der neben der VO Athen verbleibende Anwendungsbereich der Bestimmungen über die Personenbeförderungsverträge ist in § 536 geregelt.

a) Sachlicher Anwendungsbereich:

Vorausgesetz ist zunächst, dass es sich um eine **Beförderung von Fahrgästen und ihrem Gepäck über See** handelt, die aufgrund eines Personenbeförderungsvertrags befördert werden oder mit Zustimmung des Beförderers ein Fahrzeug oder lebende Tiere, die aufgrund eines Seefrachtvertrags befördert werden, begleiten. Das Gesetz verlangt also einen wirksamen Beförderungsvertrag, der jedoch nicht notwendig entgeltlich sein muss.[12]

Blinde Passagiere genießen den Schutz der Regeln deshalb nicht.

Die **Beförderung** muss **über See** erfolgen. Anders als nach der alten Rechtslage (§ 664 Abs. 1 aF iVm Art. 1 Nr. 3 der Anlage zu § 664 aF), welche die Beförderung durch ein Seeschiff voraussetzte, fällt auch die Beförderung durch ein Binnenschiff unter die Regelung. Es genügt, dass sowohl See- als auch Binnengewässer auf einer durchgehenden Reise befahren werden; § 450, der bei gemischten Frachtreisen eine überwiegende Seestrecke verlangt, findet auf Personenbeförderungsverträge keine Anwendung.

Für reine Binnenreisen von Binnenschiffen oder Seeschiffen gelten gem. § 77 BinSchG die §§ 536 ff. entsprechend.[13]

b) Subsidiäre Anwendung

aa) Vorrang europäischer Regelungen

Die deutsche Regelung tritt zurück hinter der VO Athen, soweit deren Anwendungsbereich reicht. Das folgt bereits aus Gemeinschaftsrecht[14], ist aber erfreulicherweise in § 536 Abs. 2 Satz 1 Nr. 1 ausdrücklich klargestellt.

Nach Art. 2 der VO Athen umfasst deren Anwendungsbereich jede internationale Beförderung iSv Art. 1 Nr. 9 AthenÜ 2002 und jede Seebeförderung innerhalb eines Mitgliedsstaates auf größeren Seeschiffen, wenn ein Bezug zu einem Mitgliedsstaat, etwa durch das Führen der Flagge eines Mitgliedsstaates oder die Registrierung in einem Mitgliedsstaat, durch Vertragsschluss in einem Mitgliedsstaat, oder dadurch besteht, dass der Abgangs- oder der Bestimmungsort in einem Mitgliedsstaat liegt.[15]

---

11 Ähnliche Regeln fanden sich schon bisher in der Anlage zu § 664 aF, dort jedoch nicht im Kerntext des HGB.
12 Vgl. MüKoHGB/*Schmidt*, §§ 536 ff. Rn. 31.
13 Und damit weitergehend als nach AthenÜ 2002 und VO-Athen.
14 Art. 288 Abs. 2 AEUV.
15 Vgl. RegBegr. SRG, S. 106.

Daraus ergibt sich eine unmittelbare Anwendbarkeit der §§ 536ff. für innerdeutsche Beförderungen über See auf kleineren Seeschiffen[16], für internationale Beförderungen über See mit Seeschiffen, sofern kein Bezug zu einem Mitgliedsstaat im Sinne von Art. 2 VO Athen gegeben ist und die Anwendung deutschen Rechts vertraglich vereinbart wurde, sowie für Beförderungen über See mit Binnenschiffen.[17]

bb) Vorrang völkerrechtlicher Regelungen

§ 536 Abs. 2 Satz 1 Nr. 2 statuiert ferner ausdrücklich den Vorrang völkerrechtlicher Übereinkünfte, die unmittelbar anwendbares innerstaatliches Recht geworden sind. Hierunter fallen vor allem die einheitlichen Rechtsvorschriften für den Vertrag über die internationale Eisenbahnbeförderung von Personen (CIV): Art. 31 § 2 CIV sieht bei gemischten Eisenbahn-Seebeförderungen auf Seeschiffen besondere Haftungsregeln vor.

cc) Vorrang spezieller Bestimmungen bei nuklearem Ereignis

Schließlich sieht § 536 Abs. 2 Satz 2 einen Vorrang der atomrechtlichen Sondervorschriften des Übereinkommens vom 29.7.1960 über die Haftung gegenüber Dritten auf dem Gebiet der Kernenergie[18] oder des Atomgesetzes vor. Damit schließen diese Regelungen, die eine Kanalisierung der Haftung auf den Inhaber der Atomanlage vorsehen, die Anwendung der §§ 536ff. aus.[19]

3. Die Regelung der Haftung für Personenschäden der Fahrgäste

Anspruchsgrundlage der Haftung des Beförderers für Personenschäden ist § 538. Die Bestimmung hat ihr Vorbild in Art. 3 AthenÜ 2002, wurde jedoch mit einer davon abweichenden, eigenen Systematik in das HGB eingearbeitet.

a) **Haftungszeitraum.** Der Beförderer haftet für den Schaden, der durch den Tod oder die Köperverletzung eines Fahrgastes entsteht, wenn das den Schaden verursachende Ereignis während der Beförderung eingetreten ist (§ 538 Abs. 1).

Zur Beförderung rechnet der Zeitraum, in dem der Fahrgast an Bord des Schiffes ist, einschließlich der Zeit seiner Ein- und Ausschiffung (§ 538 Abs. 3 Satz 1 Nr. 1); ferner die Zeit, in der der Fahrgast auf dem Wasserweg vom Land zum Schiff oder umgekehrt befördert wird, sofern die Kosten dafür im Beförderungsentgelt inbegriffen sind oder das zur Beförderung benutzte Fahrzeug dem Fahrgast vom Beförderer zur Verfügung gestellt worden ist (§ 538 Abs. 3 Satz 1 Nr. 2). Die Zeiten, in der sich der Fahrgast in einer Hafenstation, am Kai oder auf einer sonstigen Hafenanlage befindet, sind vom Haftungszeitraum nicht umfasst (§ 538 Abs. 3 Satz 2).

Der Zeitraum der Beförderung endet entsprechend dann, wenn der Fahrgast im Rahmen der Ausschiffung die Obhut des Verfrachters wieder verlässt.

Die Einschiffung beginnt unmittelbar vor Antritt der Fahrt, wenn sich der Fahrgast der Obhut des Beförderers anvertraut.[20] Dies kann bereits mit Betreten der Gangway des Schiffs oder des reedereigenen Kais der Fall sein. Ein Kriterium für die Abgrenzung zu den Hafenanlagen kann sich daraus ergeben, dass letztere öffentlich zugänglich sind.[21]

---

16 Seeschiffe der Klassen C und D gemäß Art. 4 der RL 98/18/EG.

17 Vgl. MüKoHGB/*Schmidt*, §§ 536ff. Rn. 35.

18 In der Fassung der Bekanntmachung vom 5.2.1976 (BGBl. II S. 310, 311) und des Protokolls vom 16.11.1982 (BGBl. II S. 690).

19 Dies ist in Art. 20 AthenÜ 2002 zugelassen.

20 Vgl. RegBegr. SRG, S. 108.

21 MükoHGB/*Schmidt*, §§ 536ff. Rn. 40 mit Verweis auf BGH 16.4.1959, NJW 1959, 1366.

b) **Allgemeiner Haftungsgrund.** Die Haftung des Beförderers setzt grundsätzlich voraus, dass diesen ein eigenes oder von ihm zu vertretendes **Verschulden** an dem Schadensereignis trifft. Der Beförderer haftet gem. § 540 Satz 1 für eigenes Verschulden und das seiner Leute und der Schiffsbesatzung, sofern diese in Ausübung ihrer Verrichtung handeln.

Zu den Leuten rechnen alle in den Betrieb eingegliederten Personen. Sie müssen nicht notwendig durch ein wirksames Dienstverhältnis mit dem Beförderer verbunden sein, jedoch muss dieser eine erhöhte Einwirkungsmöglichkeit auf ihr Handeln haben;[22] so etwa auf Subunternehmer an Bord, nicht aber gegenüber dem Schiffsarzt.

Andere Personen, derer er sich bei der Ausübung der Beförderung bedient sind gemäß Satz 2 den Leuten und der Schiffsbesatzung gleichgestellt.

Das Gesetz schließt damit eine Regelungslücke des AthenÜ 2002, welches die Einstandspflicht für weisungsunabhängige Personen nicht ausdrücklich erwähnt.

Das **Verschulden des Beförderers** oder seiner Gehilfen ist grundsätzlich **von dem Geschädigten zu beweisen.**

Diese für eine Vertragshaftung ungewöhnliche Beweislastregelung ist dadurch gerechtfertigt, dass die Fahrgäste sich während der Reise mehr oder weniger frei an Bord bewegen können und deshalb nicht ohne weitere Anhaltspunkte bei Unfällen von einem Verschulden des Beförderers ausgegangen werden kann. Allgemein kann eine Wahrscheinlichkeit des Beförderer-verschuldens nur bei besonderen Schadensursachen angenommen werden, auf welche der Fahrgast keinen Einfluss hatte.

Deshalb wird bei bestimmten **Schifffahrtsereignissen,** in denen ein eigenes Verschulden des Fahrgastes regelmäßig nicht in Betracht kommt, das **Verschulden** des Beförderers **vermutet.** Er muss sich in diesen Fällen also, um seine Haftung zu vermeiden, entlasten.

Als solche **Schifffahrtsereignisse** sind nach § 537 Nr. 5 Schiffbruch, Kentern,[23] Zusammenstoß oder Strandung des Schiffes, sowie eine Explosion oder ein Feuer im Schiff anzusehen. Schließlich ein Mangel des Schiffes, der in § 537 Nr. 6 definiert wird als eine Funktionsstörung, ein Versagen oder eine Nichteinhaltung von anwendbaren Sicherheitsvorschriften in Bezug auf einen Teil des Schiffes oder seiner Ausrüstung, wenn dieser Teil oder diese Ausrüstung verwendet wird. Nach Ansicht der RegBegr. SRG[24] fallen allgemein auch See- und Fahruntüchtigkeit des Schiffes darunter.

c) **Gewährleistungshaftung.** Bis zu einem Schaden von 250.000 SZR je Fahrgast und Ereignis haftet der Beförderer **für Schäden aus einem solchen Schifffahrtsereignis auch ohne ein Verschulden** (§ 538 Abs. 2 Satz 1). Von dieser Gewährleistungshaftung sind Schäden ausgenommen, die auf einem der in § 538 Abs. 2 Satz 2 Nr. 1 und 2 genannten **Ausnahmetatbestände** beruhen,[25] nämlich auf Feindseligkeiten, Kriegshandlungen, Bürgerkrieg, Aufstand, Naturereignissen oder vorsätzliche Handlungen Dritter.

---

22 *Koller*, § 428 Rn. 4; MükoHGB/*Schmidt*, §§ 536 ff. Rn. 67.

23 Kentern galt nach alter Rechtslage nicht als Schifffahrtsereignis (Art. 2 Abs. 3 Satz 1 Anlage zu § 664 aF).

24 RegBegr. SRG, S. 108.

25 Eine Haftung im Falle eines solchen Ausnahmetatbestandes hat der Gesetzgeber als unzumutbar angesehen; RegBegr. SRG, S. 108.

Liegt ein Schaden vor, der 250.000 SZR übersteigt, haftet der Beförderer also bis zu dem Betrag von 250.000 SZR verschuldensunabhängig, für den darüber hinausgehenden Betrag nur bei (vermutetem) Verschulden. Der Beförderer muss sich der strengen Haftung somit lediglich bis zu dem Betrag von 250.000 SZR stellen. Der Gesetzgeber hat die Formulierung „soweit“ gewählt, um diese Staffelung unmissverständlich zu verdeutlichen.[26]

d) **Art und Umfang des Schadensersatzes.** Die Ersatzleistung bestimmt sich nach den §§ 249 ff. BGB. Bei einer Körperverletzung kommen in der Regel Geldersatz gemäß § 249 Abs. 2 Satz 1 BGB für den materiellen Schaden (Behandlungskosten, Fahrtkosten Angehöriger zum Krankenhaus, Kur- oder Pflegekosten, Betreuungsaufwand, Kosten für berufliche Rehabilitation) und Schmerzensgeld gemäß § 253 Abs. 2 BGB für den immateriellen Schaden in Betracht.[27]

Unklar ist, ob auch §§ 843 ff. BGB Anwendung finden. Nach altem Recht wurde dies angenommen.[28] Doch konnten diese Ansprüche, da der Umfang der Haftung allgemein den allgemeinen Schadenersatzregeln überlassen worden war, jedenfalls auf konkurrierende Ansprüche aus unerlaubter Handlung gestützt werden.[29] Auf dieser Grundlage waren im Falle des Todes eines Fahrgastes insbesondere die Beerdigungskosten und auch Schmerzensgeld erstattungsfähig.[30] Dieser Ausweg ist jedoch nach neuer Rechtslage nicht mehr gangbar, weil nunmehr in § 548 konkurrierende außervertragliche Ansprüche ausdrücklich ausgeschlossen sind. Deshalb wird heute eine analoge Anwendung der §§ 843 ff. im Rahmen der Haftung des § 538 vorgeschlagen.[31] Das wird vor allem mit § 541 Abs. 1 Satz 2 begründet, der den Haftungshöchstbetrag des Satzes 1 auch auf den Kapitalwert einer als Entschädigung zu leistenden Rente erstreckt. Daraus lasse sich ableiten, dass der Gesetzgeber auch Schadensersatz des Beförderers in Form einer Geldrente iSd § 843 BGB mit einbezogen habe. Zudem umfasse nach deutschen Rechtsgrundsätzen die Haftung wegen Todes regelmäßig die Beerdigungskosten; das müsse auch im Seerecht gelten.[32] Zweifel scheinen mir aber begründet, ob wirklich eine so weitgehende Interpretation vertretbar ist, die Schmerzensgeld einschließt; diese Ansprüche können, namentlich auch im Hinblick auf die Vererblichkeit des Schmerzensgeldanspruches, erhebliches wirtschaftliches Gewicht haben. Jedenfalls aber müssten die in erweiterter Auslegung einbezogenen Nebenansprüche – anders, als bei ihrer Begründung auf Delikt – in die vertragliche Haftungsbegrenzung einbezogen werden.

e) **Haftungsbegrenzung.** Die **Haftung für Personenschäden** ist gemäß § 541 Abs. 1 in der Höhe **begrenzt** auf 400.000 SZR je Fahrgast und Schadensereignis.[33]

Beruht die Haftung des Beförderers auf Krieg, Bürgerkrieg, Revolution, Aufruhr, Aufständen oder dadurch veranlassten inneren Unruhen oder feindlichen Handlungen durch oder gegen eine Krieg führende Macht, auf Beschlagnahme, Pfändung, Arrest, Verfügungsbeschränkung oder Festhalten sowie deren Folgen oder dahingehenden Versuchen, auf zurückgelassenen Minen, Torpedos, Bomben oder sonstigen zurückgelassenen Kriegswaffen, auf Anschlägen von Terroristen oder Personen, die die Anschläge böswillig oder aus politischen Beweggründen begehen und auf Maßnahmen, die zur Verhinderung oder Bekämpfung solcher Anschläge ergriffen wer-

26 Vgl. RegBegr. SRG S. 108.
27 MüKoHGB/*Schmidt*, §§ 536 ff. Rn. 46.
28 Vgl. BGH, TranspR 2006, 478; BGH, TranspR 1997, 158, 159; *Rabe*, Anl. § 664 Art. 2 Rn. 10; *Puttfarken*, Rn. 494.
29 *Herber*, Haftungsrecht, S. 167.
30 BGH, TranspR 1997, 158, 159; *Puttfarken*, Rn. 494.
31 So MüKoHGB/*Schmidt*, §§ 536 ff. Rn. 47.
32 MüKoHGB/*Schmidt*, §§ 536 ff. Rn. 47, unter Hinweis auf BGH, TranspR 1997, 158, 159.
33 Daneben bleibt dem Beförderer, soweit die Voraussetzungen dafür vorliegen, die allgemeine (sog. „globale“) Haftungsbeschränkung nach §§ 611 ff.

den, sowie auf Einziehung oder Enteignung, so haftet der Beförderer lediglich auf 250.000 SZR je Fahrgast und Schadensereignis, § 541 Abs. 2.[34]

Sind aufgrund der in Abs. 2 genannten Umstände mehrere Fahrgäste getötet oder verletzt worden, haftet der Beförderer, anstelle des in Abs. 2 genannten Betrages pro Fahrgast und Ereignis gemäß § 541 Abs. 3 mit einem Gesamtbetrag von 340 Mio. SZR je Schiff und Schadensereignis, sofern dieser Betrag niedriger ist und unter den Ersatzberechtigten im Verhältnis der Höhe ihrer Ansprüche und in Form einer einmaligen Zahlung oder in Form von Teilzahlungen aufgeteilt werden kann.

Die **Haftungsbegrenzung entfällt**, wenn den Beförderer (persönlich, nicht nur seine Bediensteten oder Erfüllungsgehilfen) ein qualifiziertes Verschulden iS des § 545 trifft; dazu unten IV 5 a).

4. Die Regelung der Haftung für Gepäck- und Verspätungsschäden

Anders als das internationale Vorbild des AthenÜ 2002 hat sich der deutsche Gesetzgeber dafür entschieden, im Interesse besserer Übersichtlichkeit auch dem Haftungsgrund für Sach- und Verspätungsschäden der Fahrgäste in § 539 eine eigene Bestimmung zu widmen.[35]

a) Verschuldenshaftung

Die Haftung des Beförderers für Schäden am Gepäck oder wegen dessen verzögerter Aushändigung von Gepäck ist, ebenso wie die Haftung für Personenschäden (jedoch ohne die Verschärfung nach oben, o. 3 b), als eine Haftung für Verschulden des Beförderers ausgestaltet. Dazu oben 3 a.

b) Gepäckschäden

aa) Haftungsgrund. Ein Schaden am Gepäck kann durch **Verlust oder Beschädigung** begründet sein. Daneben wird der (Vermögens-)Schaden durch verspätete Ablieferung des (vom Beförderer übernommenen) Gepäcks als eigener Haftungstatbestand genannt, jedoch in gleicher Weise geregelt wie der Sachschaden (vgl. unten c)).

Bei Schäden an dem Gepäck, dem alle Gegenstände zuzurechnen sind, die aufgrund des Personenbeförderungsvertrags befördert werden (§ 537 Nr. 3), ist zwischen Schäden am Kabinengepäck und Schäden an anderem Gepäck zu unterscheiden. Als **Kabinengepäck** ist das Gepäck anzusehen, das ein Fahrgast in seiner Kabine oder sonst in seinem Besitz hat, einschließlich der Sachen, die er am Körper trägt oder die sich in oder auf seinem Fahrzeug befinden (§ 538 Nr. 4). Das Gesetz unterscheidet zwischen den Schäden an diesen, nicht in die Obhut des Beförderers übergebenen persönlichen Gegenständen und dem sonstigen, vom Gesetz so genannten **anderen Gepäck** im Hinblick auf die gebotene verschiedene Beweislastregelung. Das jetzt sog. **andere Gepäck**, das früher oft als „aufgegebenes Gepäck“ bezeichnet wurde, übernimmt der Beförderer während der gesamten Beförderung oder zumindest zeitweise (etwa in einem nur zu bestimmten Zeiten und mit Zugangskontrolle zugänglichen Aufbewahrungsraum oder gar in einem Safe) in seine Obhut. Deshalb ist hinsichtlich dieses Gepäcks die grundsätzlich bei Obhut des Beförderers angemessene Vermutung anwendbar, dass ein Schaden auf dessen Verschulden beruht. Anders beim Kabinengepäck, das sich auch während der Reise in der Obhut und

---

34 Diese Ereignisse sind in der Regel von einer Kriegsversicherung gedeckt.
35 RegBegr. SRG, S. 109.

unter der Aufsicht des Fahrgastes befindet und für das er grundsätzlich selbst verantwortlich ist.[36] Für Schäden an diesem besteht – insofern analog der Beweislastregelung bei Personenschäden – eine Verschuldensvermutung nur bei Schäden, die durch ein Schifffahrtsereignis verursacht worden sind.

Generell ausgenommen von der Haftung sind **Wertsachen** wie Geld, Schmuck, Wertpapiere und Kunstgegenstände sowie **lebende Tiere**. Wertgegenstände sind jedoch in die Haftung (für anderes Gepäck) einbezogen, wenn sie bei dem Beförderer zur sicheren Aufbewahrung hinterlegt worden sind. Eine Verpflichtung des Beförderers, dem Fahrgast eine solche Aufbewahrung an Bord anzubieten, wird man bei normalen Fahrgastschiffen nicht annehmen können; sie ist allenfalls bei Kreuzfahrten, welche jedoch regelmäßig dem Reiseveranstaltungsrecht unterliegen, im Rahmen der Verkehrssitte für den während der Reise verwendeten Schmuck zu verlangen.

bb) **Haftungszeitraum.** Der Beförderer haftet, wie für Personenschäden, für Schäden, die in der Zeit der Beförderung eintreten. Gemäß § 539 Abs. 4 wird dieser Zeitraum jedoch erweitert um die Zeitspanne, in der sich der Fahrgast auf einer Hafenanlage befindet und sich das Kabinengepäck in der Obhut des Beförderers bzw. seiner Beauftragten befindet. Darunter fällt in diesem Zusammenhang nicht das Gepäck, das der Fahrgast in oder auf seinem Fahrzeug hat, wenn die Beförderung etwa auf einer Autofähre erfolgt. Für anderes Gepäck erstreckt sich der Haftungszeitraum gemäß § 539 Abs. 4 Nr. 2 von der Übernahme durch den Beförderer bis zur Wiederaushändigung an den Fahrgast.

cc) **Haftungsbegrenzung.** Die Haftungssummen für Gepäckschäden richten sich nach der Art des Gepäcks.

Nach § 542 haftet der Beförderer für alle Schäden am **Kabinengepäck** bis zu 2.250 SZR je Fahrgast und Beförderung. Diese Summe umfasst nicht das Gepäck, welches in oder auf einem Fahrzeug befördert wird; dieses fällt unter die gesonderte Begrenzung der Haftung für das **Fahrzeug**, die auf 12.700 SZR festgesetzt ist.

Der Haftungshöchstbetrag für Schäden an **anderem Gepäck beträgt** 3.375 SZR je Fahrgast und Beförderung.

§ 542 Abs. 4 gestattet den Parteien, einen **Selbstbehalt** zu vereinbaren. Der vereinbarte Betrag darf jedoch für die Beschädigung von Fahrzeugen 330 SZR, für die Beschädigung anderen Gepäcks[37] 149 SZR nicht übersteigen. Die Regelung dient der Vermeidung von Streitigkeiten über Bagatellschäden.

Die Vereinbarung eines Selbstbehalts ist jedoch für **Wertsachen**, die zur sicheren Aufbewahrung beim Beförderer hinterlegt wurden, nicht zulässig; für die hinterlegten Wertsachen haftet der Beförderer im Rahmen des Betrages für anderes Gepäck (3.375 SZR).

Eine – aus der VO Athen in das deutsche Recht übernommene – Sonderregelung gilt für den Ersatz von **Mobilitätshilfen oder Spezialausrüstung,** die von einem Fahrgast mit eingeschränkter Mobilität verwendet werden (und in der Regel Kabinengepäck sind). Bei diesen hat der Beförderer den vollen Wiederbeschaffungswert oder die Reparaturkosten zu ersetzen.

Der Begriff Mobilitätshilfe umfasst sämtliche mechanischen Hilfsmittel, die dem Fahrgast dazu dienen, durch Krankheit, Alter oder Behinderung bedingte Einschränkungen seiner Mobilität ganz oder teilweise zu überwinden, zB Gehstöcke, Krücken, Gehwagen, Rollstühle und Prothesen. Als Spezialausrüstung im Sinne des Abs. 5 sind Gegenstände anzusehen, die

---

36 RegBegr. SRG, S. 109.

37 Die Bezeichnung „anderes Gepäck“ dürfte hier nicht im engen Sinne des § 539 zu verstehen sein; vielmehr muss der Selbstbehalt auch und gerade bei Kabinengepäck möglich sein.

zwar nicht direkt zur Überwindung von Mobilitätseinschränkungen dienen, aber dennoch in einem Zusammenhang mit einer solchen Einschränkung stehen. Darunter fallen insbesondere medizintechnische Geräte, die aufgrund der Krankheit bzw. Behinderung, die die Mobilität des Fahrgasts einschränkt, mitgeführt werden müssen.[38] Nicht jedoch Spezialausrüstungen, die anderen, insbesondere sportlichen Zwecken dienen, wie etwa Tauchausrüstungen.

c) Verspätungsschäden

Als Verspätungsschaden definiert § 539 Abs. 2 den Schaden, der dem Fahrgast durch verspätete Auslieferung des Gepäcks, das auf dem Schiff befördert wurde oder werden sollte, entsteht. Verspätet ist die Auslieferung, wenn sie nicht innerhalb einer angemessenen Frist nach Ankunft des Schiffes erfolgt.

Haftungsvoraussetzungen und -begrenzungen entsprechen denen für Gepäckschäden. Eine Ausnahme von der Haftung besteht jedoch bei einer Verzögerung aufgrund von Arbeitsstreitigkeiten.

5. Gemeinsame Bestimmungen für Personen- und Gepäckschäden

a) **Wegfall der Haftungsbeschränkungen.** Der Beförderer oder ausführende Beförderer kann sich auf die in den § 541 und § 542 festgesetzten Haftungshöchstbeträge nicht berufen, wenn der Schaden durch eine Handlung oder Unterlassung entstanden ist, die er selbst entweder in der Absicht, einen solchen Schaden herbeizuführen oder leichtfertig und in dem Bewusstsein, dass ein solcher Schaden mit Wahrscheinlichkeit eintreten werde, unternommen hat (sog. qualifiziertes Verschulden).

Diese in § 545 verankerte Grundregel entspricht der in Art. 13 Abs. 1 AthenÜ 2002 und ist in ihrem Wortlaut an der Parallelvorschrift im Seehandelsrecht, § 507, orientiert.[39] Abweichend hiervon sieht § 545 jedoch als erste Verschuldensalternative nicht Vorsatz vor, sondern Absicht. Somit ist der bedingte Vorsatz zwar nicht unter der ersten Alternative erfasst, im Ergebnis ist jedoch auch dieser erfasst, da er zumindest als leichtfertige Handlung eingeordnet werden kann.[40]

Ebenso wie § 507 bezieht sich § 545 auch auf vertragliche Haftungsbeschränkungen. § 545 gilt nur für eigenes qualifiziertes Verschulden des Beförderers. Ein qualifiziertes Verschulden seiner Leute oder von Schiffsbesatzungsmitgliedern braucht sich der Beförderer seit dem SRG nicht mehr entgegenhalten zu lassen.

Sofern sowohl der Beförderer oder ausführende Beförderer, als auch einer der Leute oder ein Mitglied der Schiffsbesatzung für den Schaden verantwortlich sind, haften sie gesamtschuldnerisch (§ 547 Abs. 3).

b) **Vorbehalt der sog. globalen Haftungsbeschränkung.** Bei der Haftungsbegrenzung muss man sich stets vor Augen halten, dass die begrenzten Summen im Falle von gravierenden Schiffsunfällen zusätzlich einer Beschränkung nach Bestimmungen des Haftungsbeschränkungsübereinkommmens (HBÜ; §§ 611 ff.) unterliegen. Auch diese ist allerdings ausgeschlossen, wenn den Beförderer (selbst) qualifiziertes Verschulden an dem Unfall trifft.[41]

---

38 RegBegr. SRG, S. 111; vgl. auch MükoHGB/*Schmidt*, §§ 536 ff. Rn. 60.

39 RegBegr. SRG, S. 111.

40 Vgl. MüKoHGB/*Schmidt*, §§ 536 ff. Rn. 52, mit Verweis auf BGH, NJW 1979, 2474; *Rabe*, § 607a Rn. 20.

41 Insofern ist eine Änderung nach früherem Recht eingetreten, nach welchem die globale Haftungsbeschränkung schon bei grober Fahrlässigkeit auch der Besatzung ausgeschlossen war, vgl. dazu MüKoHGB/*Schmidt*, §§ 536 ff., Rn. 54.

Der Vorbehalt der globalen Haftungsbeschränkung nach §§ 611 ff. ist in § 536 Abs. 1 Satz 2 ausdrücklich erwähnt. Dort ist auch die entsprechende binnenschifffahrtsrechtliche Reglung der §§ 4 ff. BinSchG genannt, weil auch Binnenschiffe von der Haftungsregelung des HGB erfasst sein können (vgl. o. IV 2 a)). Dabei ist zu beachten, dass das HBÜ in Art. 7 eine Sondervorschrift für Personenschäden von Reisenden enthält, wonach der Schiffseigentümer bis zu einem Betrag von 175.000 SZR multipliziert mit der Anzahl der Reisenden, die das Schiff nach dem Schiffszeugnis befördern darf, haftet; dazu im Einzelnen u. §§ 25 II 1 b), 2 a).

c) **Zinsen und Verfahrenskosten** fallen nicht unter die Höchstbeträge (§ 543); das kann bei den häufig langen Verfahrensdauern erhebliche praktische Bedeutung haben.

d) Schadensanzeige, Erlöschen von Schadensersatzansprüchen, Verjährung

Gepäckschäden muss der Fahrgast bei Aushändigung des Gepäcks **anzeigen**; sind sie äußerlich nicht erkennbar, bedarf es der Anzeige in Textform innerhalb von 15 Tagen. Unterbleibt die Anzeige, wird (widerleglich) vermutet, dass das Gepäck unbeschädigt ausgeliefert wurde.

Schadenersatzansprüche wegen Personen- und Sachschäden **verjähren** in zwei Jahren. Die Verjährungsfrist beginnt zu laufen bei Ansprüchen wegen Körperverletzung mit dem Tag der Ausschiffung (§ 607 Abs. 5 Nr. 1), bei Ansprüchen wegen Todes am Tag der beabsichtigten Ausschiffung oder, wenn dieser später ist, mit Tag des Todes, jedoch spätestens ein Jahr nach der Ausschiffung (§ 607 Abs. 5 Nr. 2). Bei Ansprüchen wegen Gepäck- und Verspätungsschäden beginnt die Verjährung mit dem Tag der Ausschiffung oder der beabsichtigten Ausschiffung, je nachdem, welcher Zeitpunkt später liegt (§ 607 Abs. 5 Nr. 3).

Neben der Verjährung sieht das Gesetz entsprechend Art. 16 Abs. 3 AthenÜ 2002 den Tatbestand des – **von Amts wegen zu berücksichtigenden – Erlöschens** der Schadensersatzansprüche nach §§ 538, 539 vor (§ 550): Sie erlöschen drei Jahre, nachdem der Gläubiger von dem Tod, der Körperverletzung oder dem Sachschaden Kenntnis erlangt oder fünf Jahre nach der Ausschiffung des Fahrgasts oder der vorgesehenen Ausschiffung. Der Anspruch muss in dieser Zeit gerichtlich geltend gemacht werden.

Diese zusätzliche Erlöschensfrist dient dem Interesse des Beförderers daran, in Fällen, in denen die Verjährung sich – etwa durch Verhandlungen oder Absprachen – über Gebühr lange hinauszieht, nach sehr langer Zeit noch in Anspruch genommen zu werden. Sie wird sich in Deutschland kaum je praktisch auswirken.[42] Anders als bei der Verjährung erfolgt das Erlöschen von Ansprüchen von Amts wegen.

e) **Konkurrierende Ansprüche.** Die Haftungsregelung der §§ 536 ff. geht allen anderen Schadenersatzregelungen vor (§ 548), schließt also insbesondere weitergehende Ansprüche nach §§ 823 ff. BGB aus.

Sofern der Beförderer zugleich Reiseveranstalter im Sinne der §§ 651a ff. BGB ist, wird er nach den Bestimmungen hierüber in der Regel für Ansprüche wegen Tod oder Körperverletzung eines Fahrgasts oder wegen Verlusts, Beschädigung oder verspäteter Aushändigung von Gepäck nur auf Grundlage der Bestimmungen der §§ 536 ff. haften; vgl. dazu u. V.

f) Besonderheiten bei Großer Haverei und Bergung

Das **Reisegepäck** erfährt in der **großen Haverei** eine besondere Behandlung: Nach § 591 Abs. 1 besteht grundsätzlich keine Beitragspflicht für Fahrgäste.[43] Werden

42 Vgl. RegBegr. SRG, S. 114.
43 Dies entspricht § 723 Abs. 1 Nr. 3 aF, vgl. auch RegBegr. SRG, S. 128.

Gegenstände des Reiseguts aufgeopfert oder in großer Haverei beschädigt, wird für sie jedoch eine Vergütung gewährt.

Gerät des Schiff in Seenot und wird es daraus durch ein Bergungsunternehmen gerettet, so muss auch der Eigentümer des geretteten Reisegepäcks bis zur Höhe des Wertes des Gepäcks zum Bergelohn beitragen; sein Gepäck ist mit einem Pfandrecht belegt, was dazu führt, dass der Kapitän es nach Ankunft im Bestimmungshafen nicht ohne Sicherheitsleistung freigeben wird.

Für Aufwendungen des Bergers zur Rettung der Reisenden braucht dagegen ein Bergelohn nicht entrichtet zu werden.

g) Abweichende Vereinbarungen

Nach § 551 ist jede Vereinbarung vor Eintritt des Schadensereignisses unwirksam, durch die die Haftung des Beförderers wegen Personenschäden oder wegen Gepäck- und Verspätungsschäden ausgeschlossen oder beschränkt wird. Ausgenommen hiervon ist nur die Vereinbarung eines Selbstbehalts im Rahmen des § 542 Abs. 4 (dazu o. IV 4 b)). Abweichende Haftungsvereinbarungen zugunsten des Fahrgastes sind dagegen stets zulässig.[44]

6. Haftung anderer neben dem Beförderer

a) Haftung des ausführenden Beförderers

Wie schon nach Artikel 3 der Anlage zu § 664 aF und in Übereinstimmung mit Artikels 4 Abs. 2 AthenÜ 2002 sieht § 546 eine Mithaftung des ausführenden Beförderers vor. Dessen Rechtsstellung ist der des ausführenden Beförderers nach §§ 437 und 509 nachgebildet.[45]

Ausführender Beförderer ist jeder Dritte, der die Beförderung an Stelle des vertraglichen Beförderers ausführt, zumeist, aber nicht notwendig, in dessen Auftrag. In der Regel handelt es sich dabei um den Schiffseigentümer, einen Charterer, den Reeder oder den Ausrüster.[46] Der ausführende Beförderer haftet so als wäre er der Beförderer, also für Personen- und Gepäckschäden, sowie Schäden wegen verspäteter Aushändigung von Gepäck gemäß §§ 538, 539. Die vertraglichen Vereinbarungen zwischen Fahrgast und Beförderer sind grundsätzlich für ihn maßgebend. Vertragliche Haftungserweiterungen braucht er sich aber nur entgegenhalten zu lassen, wenn er ihnen schriftlich zugestimmt hat (§ 546 Abs. 1 Satz 2).

Der ausführende Beförderer kann gegenüber dem Geschädigten alle Einreden und Einwendungen geltend machen, die dem vertraglichen zustehen. Beförderer und ausführender Beförderer haften gesamtschuldnerisch.

b) Haftung der Leute und der Schiffsbesatzung

Werden die Leute des Beförderers oder des ausführenden Beförderers oder Mitglieder der Schiffsbesatzung wegen Personenschäden oder wegen Gepäck- oder Verspätungsschäden eines Fahrgasts auf außervertraglicher Grundlage, insbesondere der §§ 823 ff. BGB, in Anspruch genommen, so können auch sie sich auf die Einreden und Haftungsbeschränkungen berufen, die dem Beförderer und ausführenden Be-

44 RegBegr. SRG, S. 114.
45 Vgl. dazu im Einzelnen RegBegr. SRG, S. 112.
46 RegBegr. SRG, S. 112.

förderer zustehen (§ 547).[47] Insbesondere gelten auch für Ansprüche gegen diese Hilfspersonen die Haftungshöchstbeträge der §§ 541, 542. Das Recht der Haftungsbeschränkung entfällt jedoch auch für diese, wenn dem in Anspruch Genommenen selbst ein qualifiziertes Verschulden zur Last fällt, wenn er also selbst vorsätzlich oder leichtfertig und in dem Bewusstsein, dass ein solcher Schaden mit Wahrscheinlichkeit eintreten werde, gehandelt hat.

Selbstständige Erfüllungsgehilfen fallen nicht unter § 547. Sofern sie jedoch die Voraussetzungen eines ausführenden Beförderers erfüllen, können sie sich nach § 546 auf die Haftungsbeschränkungen berufen.

V. Reiseveranstaltung

Verträge über die Beförderung von Reisenden auf See sind häufig Bestandteil eines Reisevertrages, für den die Vorschriften der §§ 651a ff. BGB gelten. Dann entstehen im Einzelnen Abgrenzungsschwierigkeiten.

Begrifflich ist von Folgendem auszugehen: Ein Reisevertrag liegt vor, wenn „eine Gesamtheit von Reiseleistungen" Gegenstand des Vertrages ist (§ 651a Abs. 1 BGB). Jeder Personenbeförderungsvertrag enthält auch Elemente, die nicht unmittelbar der Beförderung dienen, wie etwa die Unterbringung während einer Fährschiffsüberfahrt. Eine Gesamtheit von Reiseleistungen bilden sie jedoch nur dann, wenn die anderen Einzelleistungen nicht von völlig untergeordneter Bedeutung sind.

Reiseverträge sind danach bei Seebeförderungen stets **Kreuzfahrten**, bei denen nicht nur Unterkunft und Verpflegung zur Beförderung hinzutreten, sondern zumeist auch touristische Programme, bei denen die reine Beförderung auch in der Vorstellung der Reisenden meist nicht die größte Bedeutung hat. Andererseits sind Fährschiffsüberfahrten selbst dann reine Beförderungsverträge, wenn eine Kabine mit inbegriffen ist. Schwierig kann die Abgrenzung auf längeren Fährrouten sein – etwa von Kiel nach Oslo oder Helsinki – die vielfach auch als Vergnügungsreisen gebucht werden; hier vermeidet die Praxis regelmäßig die Anwendung des Reiserechts, indem sie die Verpflegung nicht in den Reisepreis einschließt.

Erfüllt die Beförderung auch die Merkmale des Reisevertrages, so gelten die §§ 651a ff. BGB – zwingend (§ 651m BGB) – für die darin begründeten besonderen Rechte des Reisenden, also hinsichtlich der Minderung des Reisepreises (§ 651d BGB), der Kündigung (§ 651e BGB) und des Schadensersatzes (§ 651f BGB) bei Reisemängeln. Insofern sind die vertraglichen Rechte und Pflichten aus dem Beförderungsvertrag modifiziert.

Die Ansprüche der Reisenden wegen Personen- oder Gepäckschäden im Rahmen der Beförderung bestimmen sich nach hM[48] jedoch auch dann, wenn der Beförderer zugleich Reiseveranstalter ist, ausschließlich nach §§ 536 ff. Die Rechtsprechung hat zum alten Recht aus Art. 11 der Anlage zu § 664 HGB aF hergeleitet, dass weitergehende Ansprüche aus Delikt oder wegen Schmerzensgeld ausgeschlossen seien.[49] Diese Rechtsprechung müsste auf das neue Recht übertragen werden, da § 548 in gleicher Weise wie Art. 11 der Anlage zu § 664 aF konkurrierende Ansprüche gegen den Beförderer ausschließt.

---

47 Diese Bestimmung wird in Anlehnung an die entsprechende Klauseln in Beförderungsverträgen auch als „Himalaya-Klausel" bezeichnet, vgl. RegBegr. SRG, S. 112.

48 OLG Rostock, TranspR 2011, 189.

49 OLG Rostock, aaO; die RegBegr. SRG, S. 113 zu § 548 bestätigt, dass der Reiseveranstalter nicht haften soll.

Der Reiseveranstalter, der die Seebeförderung durch einen Erfüllungsgehilfen durchführen lässt, kann sich nach § 651h Abs. 2 BGB auf die Beschränkungen und Ausschlüsse des für den Erfüllungsgehilfen – den sog. „Leistungsträger" – geltenden seerechtlichen Haftungsrechts berufen, sofern diese „auf einem internationalen Übereinkommen beruhen" – eine höchst unpräzise Gesetzesregel, die aber wohl für die §§ 536 ff. und die VO Athen bejaht werden muss, wenn man sie schon für die Anlage zu § 664 aF für gegeben hielt.[50]

Erwähnung verdient in diesem Zusammenhang die Rechtsprechung, welche auch professionell angebotene Einzelleistungen, die der Urlaubsgestaltung dienen, selbst dann dem Reiserecht – analog – unterstellt, wenn nicht eine Mehrzahl von Reiseleistungen angeboten wird.[51]

Die Rechtsprechung wendete das Reiserecht zunächst auf die Miete von Ferienwohnungen, Wohnwagen und Segelyachten an. Der BGH[52] hat zwar versucht, die – wenig überzeugende, aber von der Literatur weithin unterstützte[53] – Analogie durch das Erfordernis einzuschränken, dass der Erfolg der Reise geschuldet werden müsse; diese Einschränkung ist jedoch, wie *Schlotmann*[54] mit Recht kritisiert, für die Praxis zu unbestimmt. Kürzlich hat der BGH[55] wieder bei einer einzelnen Hotelbuchung Informationspflichten aus einer Analogie zum Reiserecht entnommen. Angesichts dieser Rechtsprechung erscheint es naheliegend, dass zumindest bestimmte Aspekte des Reiserechts – wie vor allem die Informationspflichten des Veranstalters – auch auf Schiffsreisen (wie etwa die Ostsee-Fährfahrten und die Postschiffsreise entlang der norwegischen Küste), die in Prospekten (auch) als Urlaubserlebnis angeboten werden, dem Reisevertragsrecht unterstellt werden.

---

50 Vgl. etwa Erman/*Schmid*, 14. Aufl., § 651h Rn. 7.
51 Vgl. etwa BGH, NJW 1985, 906 – Ferienhaus.
52 TranspR 1995, 400 ff.
53 Dazu *Schlotmann*, TranspR 1996, 328, 329 f. mwN.
54 AaO, S. 328 f.
55 BGH, NJW 2014, 2955.

§ 34 Die EU-Verordnungen

Lit.: *Schilling*, Die Rechte des Passagiers im maritimen Schiffsverkehr, TranspR 2013, 401 ff.

I. Einleitung

Für den Bereich des Personenbeförderungsrechts auf See sind im Jahre 2012 auf EU-Ebene zwei Verordnungen in Kraft getreten, die umfangreiche einheitliche Sekundärrechte für die Reisenden begründen. Zum einen die bereits erwähnte **VO Athen**[1] (§ 33 III 2) und zum anderen die Verordnung Nr. 1177/2010 über die Fahrgastrechte im See- und Binnenschiffsverkehr (**Fahrgastrechte-VO**).[2] Aufgrund des sehr beschränkten Anwendungsbereichs der §§ 536 ff. (§ 33 IV 2 b)) kommt den EU-Verordnungen eine große praktische Bedeutung zu. Daher sollen sie im Folgenden zumindest in Grundzügen dargestellt werden.

II. VO Athen

Die VO Athen enthält Haftungsnormen für Personen- und Gepäckschäden, die bei der Beförderung auf See entstehen. Wie bereits erläutert (§ 33 III 2), hat sie die Vorschriften des AthenÜ 2002 inhaltlich übernommen und sie so als sekundäres Gemeinschaftsrecht in allen EU-Mitgliedstaaten verbindlich eingeführt. Ihre Regelungen entsprechen weitgehend denen der §§ 536 ff., sodass im Wesentlichen auf die Ausführungen zu dem Personenbeförderungsrecht des HGB (§ 33) verwiesen werden kann. Insbesondere aber in systematischer Hinsicht gibt es nennenswerte Unterschiede.

1. Anwendungsbereich

Der sachliche Anwendungsbereich entspricht dem der §§ 536 ff. Gem. Art. 2 VO Athen ist die Verordnung nur auf Beförderungen auf See anwendbar.

Auch der räumliche Anwendungsbereich ist in Art. 2 VO Athen geregelt. Danach ist die Verordnung zum einen auf internationale Beförderungen, also solche mit grenzüberschreitendem Bezug,[3] anwendbar. Dies entspricht dem Anwendungsbereich des AthenÜ 2002 (Art. 2 Nr. 1, Art. 1 Nr. 9 AthenÜ 2002). Zum anderen, und damit geht die Verordnung über das AthenÜ hinaus, ist die VO Athen bei bestimmten größeren Seeschiffen auch auf nationale Beförderungen anzuwenden. Voraussetzung ist jedoch in beiden Fällen, dass die Beförderung einen Bezug zu einem Mitgliedsstaat hat. Ein solcher liegt vor, wenn das Schiff die Flagge eines Mitgliedsstaates führt oder in einem solchen registriert ist (Art. 2 lit. a VO Athen), der Beförderungsvertrag in einem Mitgliedsstaat geschlossen wurde (Art. 2 lit. b VO

1 Verordnung (EG) Nr. 392/2009 vom 23.4.2009 über die Unfallhaftung von Beförderern von Reisenden auf See, ABl. 2009 L 131, 24.

2 Verordnung (EU) Nr. 1177/2010 vom 24.11.2010 über die Fahrgastrechte im See- und Binnenschiffsverkehr, ABl. 2010 L 334, 1.

3 *Schilling*, TranspR 2013, 401, 402.

Athen) oder der Abgangs- oder Bestimmungsort der Beförderung in einem Mitgliedsstaat liegt (Art. 2 lit. c VO Athen).

2. Systematik

Der Text der VO Athen selbst enthält keine eigenständigen Fahrgastrechte. Vielmehr verweist sie in ihrem Art. 3 auf das AthenÜ, welches in Anhang I der Verordnung wiedergegeben ist und so einen unmittelbaren Teil der Verordnung darstellt.

Das AthenÜ hat, anders als der deutsche Gesetzgeber (§ 33 IV 3 und 4), sowohl die Haftung für Personen-, als auch für Gepäck- und Verspätungsschäden in Art. 3, also in einer einzigen Bestimmung, geregelt. Dadurch büßt das Übereinkommen und mit ihm auch die Verordnung an Übersichtlichkeit ein. Dies gilt umso mehr, als die unterschiedlichen Haftungsgründe auch unterschiedliche Voraussetzungen haben (s. u.).

3. Inhalt

Sämtliche Haftungsregelungen der VO Athen gelten gem. Art. 3 Abs. 6 AthenÜ, wie auch die deutschen Haftungsnormen, nur für solche Schäden, die durch ein während der Beförderung eingetretenes Ereignis entstanden sind.

a) Personenschäden

Die europarechtliche Haftung für Personenschäden entspricht der der §§ 538 ff.

Für Schäden, die durch den Tod oder die Körperverletzung eines Reisenden aufgrund eines Schifffahrtsereignisses entstanden sind, haftet der Beförderer gemäß Art. 3 Abs. 1 AthenÜ verschuldensunabhängig bis zu einem Betrag von 250.000 SZR je Reisenden und Vorfall. Der Begriff des Schifffahrtsereignisses entspricht dem des HGB (§ 33 IV 3 b)). Seine Haftung ist jedoch ausgeschlossen, wenn der Beförderer nachweist, dass das Ereignis infolge einer Kriegshandlung, von Feindseligkeiten, eines Bürgerkrieges, eines Aufstandes, eines Naturereignisses oder einer absichtlichen Handlung Dritter eingetreten ist, Art. 3 Abs. 1 lit. a und b AthenÜ. Im letzten Fall ist die Absicht im Sinne einer europarechtskonformen Auslegung und in Übereinstimmung mit den Enthaftungstatbeständen des HGB (siehe oben § 33 II 3 a)) als Vorsatz zu verstehen.[4]

Über die Summe von 250.000 SZR hinaus haftet der Beförderer nur verschuldensabhängig, wobei sein Verschulden gem. Art. 3 Abs. 1 AthenÜ aE vermutet wird.

Verschuldensabhängig haftet der Beförderer gem. Art. 3 Abs. 2 AthenÜ auch für den Schaden, der durch den Tod oder die Körperverletzung eines Passagiers aufgrund eines anderen Ereignisses als eines Schifffahrtsereignisses entstanden ist. In solchen Fällen obliegt die Beweislast hinsichtlich des Verschuldens dem Anspruchsteller.

In beiden Fällen umfasst das Verschulden des Beförderers gem. Art. 3 Abs. 5 lit. b AthenÜ auch das Verschulden seiner Bediensteten.

Sowohl im Falle des Absatzes 1 als auch im Falle des Absatzes 2 ist die Haftung gem. Art. 7 Abs. 1 AthenÜ jedoch auf 400.000 SZR je Reisenden und Vorfall beschränkt. Allerdings gibt Art. 7 Abs. 2 AthenÜ den Mitgliedstaaten die Möglichkeit,

---

4 Die Unterscheidung zwischen drei Vorsatzarten ist eine deutsche Besonderheit und daher nicht ohne Weiteres auf das EU-Recht übertragbar. Dies ergibt sich auch aus einem Vergleich mit der englischen Fassung der VO Athen; darin ist von „*intent*" die Rede.

die Haftungsbeschränkung abweichend zu regeln, soweit dies nicht zu Lasten des Passagiers erfolgt. Die Haftungsbeschränkung ist wiederum ausgeschlossen, wenn der Beförderer oder seine Erfüllungsgehilfen den Schaden vorsätzlich oder leichtfertig verursacht haben, Art. 13 AthenÜ.

b) Gepäckschäden

Wie im deutschen Recht unterscheidet auch die VO Athen bzw. das AthenÜ 2002 bei der Haftung des Beförderers für Gepäckschäden zwischen Kabinengepäck und sonstigem Gepäck (siehe, auch zum Begriff, § 33 IV 4 b) aa)). Dabei ist jedoch in Abweichung von den Vorschriften des HGB die Haftung für die Verspätung des Gepäcks nicht in der VO Athen enthalten.

Für den durch den Verlust oder die Beschädigung des Kabinengepäcks entstandenen Schaden haftet der Beförderer gem. Art. 3 Abs. 3 AthenÜ, wenn er (oder über Art. 3 Abs. 5 AthenÜ seine Bediensteten) das den Schaden verursachende Ereignis verschuldet hat. Dabei wird das Verschulden des Beförderers vermutet, wenn ein Schifffahrtsereignis für den Schaden ursächlich geworden ist. Die Haftung ist gem. Art. 8 Abs. 1 AthenÜ jedoch auf 2.250 SZR je Reisenden und Beförderung beschränkt.

Für den Verlust oder die Beschädigung anderen Gepäcks haftet der Beförderer zwar ebenfalls verschuldensabhängig (Art. 3 Abs. 4 AthenÜ), jedoch wird sein Verschulden in jedem Fall vermutet. Für dieses Gepäck ist die Haftung auf 3.375 SZR je Reisenden und Beförderung beschränkt, Art. 8 Abs. 3 AthenÜ.

c) Haftungsbefreiung und Mitverschulden

Gemäß Art. 6 AthenÜ ist der Beförderer von seiner Haftung befreit, soweit der Tod oder die Körperverletzung bzw. der Gepäckschaden von dem Passagier selbst verursacht wurde. Die Beweislast diesbezüglich liegt beim Beförderer.

d) Ausführender Beförderer

Ebenso wie im deutschen Recht haftet der ausführende Beförderer auch in dem Geltungsbereich der VO Athen neben dem Beförderer für die oben beschriebenen Schäden als Gesamtschuldner, Art. 4 AthenÜ.

III. Fahrgastrechte-VO

Mit der Fahrgastrechte-VO will der europäische Gesetzgeber den Passagieren im See- und Binnenschiffsverkehr ein Mindestmaß an Schutz gewähren.[5] Dazu sieht die Verordnung in ihrem Kapitel II zum einen Rechte für behinderte Menschen und Personen mit eingeschränkter Mobilität vor. Durch diese Regelung bezweckt sie die Gewährleistung vergleichbarer Möglichkeiten zur Nutzung der Beförderungsmittel auf See oder auf Binnenwasserstraßen für diese Menschen.[6] Im Wesentlichen wird dies durch Antidiskriminierungsvorschriften sowie Hilfeleistungspflichten erreicht.

---

5 Siehe Beweggrund (2) der Verordnung (EU) Nr. 1177/2010 v. 24.11.2010 über die Fahrgastrechte im See- und Binnenschiffsverkehr.

6 Beweggrund (4) der Verordnung (EU) Nr. 1177/2010 v. 24.11.2010 über die Fahrgastrechte im See- und Binnenschiffsverkehr.

Zum anderen regelt die Fahrgastrechte-VO in ihrem Kapitel III die Rechte der Passagiere im Falle der Verspätung oder Annullierung der Reise. Anders als hinsichtlich der Befördererhaftung im Falle von Personen- und Gepäckschäden kennt das deutsche Recht in der Seefahrt keine äquivalenten Regelungen. Aufgrund der Schwerpunktsetzung dieses Buchs soll im Folgenden nur auf diese Rechte eingegangen werden.

Sämtliche in dieser Verordnung begründeten Ansprüche stehen dem Passagier nicht nur gegen den Beförderer zu, sondern nach Art. 5 Fahrgastrechte-VO auch gegen den ausführenden Beförderer.

1. Anwendungsbereich

Die Verordnung ist gemäß ihres Art. 2 Abs. 1 auf Personenverkehrsdienste und unter Einschränkungen[7] auf Kreuzfahrten anwendbar, wenn der Einschiffungshafen in einem Mitgliedsstaat liegt (lit. a und c), sowie auf Personenverkehrsdienste, bei denen der Ausschiffungshafen im Hoheitsgebiet eines Mitgliedsstaates liegt, sofern sie von einem Beförderer aus der EU[8] angeboten wird (lit. c).

Anders als die VO Athen gilt die Fahrgastrechte-VO nicht nur für die Beförderung auf See, sondern auch für die Beförderung auf Binnenwasserstraßen.[9] Dies ergibt sich aus der Legaldefinition der Personenverkehrsdienste in Art. 3 lit. f Fahrgastrechte-VO.

2. Informationspflichten

Bei der Verspätung oder der Annullierung der Abreise ist der Beförderer oder ggf. der Terminalbetreiber gem. Art. 16 Abs. 1 der Fahrgastrechte-VO verpflichtet, die Fahrgäste so schnell wie möglich über die Lage und die voraussichtlichen An- und Abfahrzeiten zu unterrichten. Beinhaltet die Beförderungen mehrere Etappen, erstreckt sich die Informationspflicht darüber hinaus auf alternative Anschlussverkehrsdienste (Abs. 2).

3. Hilfeleistung

Bei lange andauernden Verspätungen sind den Fahrgästen gem. Art. 17 der Fahrgastrechte-VO über die Informationspflichten hinausgehende Hilfeleistungen zu erbringen. Dasselbe gilt selbstverständlich auch für Annullierungen.

Bei einer Annullierung oder einer Verspätung von mehr als 90 Minuten sind den wartenden Reisenden in den Hafenterminals kostenlos Imbisse, Mahlzeiten oder Erfrischungen anzubieten, soweit diese verfügbar oder ohne unverhältnismäßigen Aufwand zu beschaffen sind (Abs. 1).

Sollte aufgrund der Verspätung oder Annullierung ein Aufenthalt von mindestens einer Nacht erforderlich werden, ist der Beförderer gem. Art. 17 Abs. 2 Fahrgastrechte-VO zusätzlich verpflichtet, den Fahrgästen kostenlos eine Unterbringung an Bord oder an Land sowie den Transport zwischen der Unterbringung und dem Ha-

7 Gem. Art. 2 Abs. 1 lit. c FahrgastR-VO gelten bei den erfassten Kreuzfahrten die Art. 16 Abs. 2, 18, 19, 20 Abs. 1 und Abs. 4 FahrgastR-VO nicht.

8 Als Beförderer aus der EU gelten alle Beförderer, die in einem Mitgliedsstaat niedergelassen sind oder Beförderungen in das oder aus dem Hoheitsgebiet eines Mitgliedsstaates anbieten, Art. 3 lit. e FahrgastR-VO.

9 *Schilling*, TranspR 2013, 401, 403.

fenterminal anzubieten. Er kann jedoch die Kosten der Unterbringung einschließlich des Transports auf 80 Euro pro Nacht/Fahrgast beschränken.

4. Anderweitige Beförderung und Fahrpreiserstattung

Fahrgäste von Personenverkehrsdiensten[10] haben gegen ihren Beförderer bei einer Annullierung oder Verspätung von mehr als 90 Minuten außerdem einen Anspruch auf anderweitige Beförderung zum vertraglich vereinbarten Endziel (Art. 18 Abs. 1 lit a) oder auf Erstattung des Fahrpreises und ggf. Rückfahrt zum Abfahrtsort (Art. 18 Abs. 1 lit. b) nach ihrer Wahl.

5. Fahrpreisnachlass

Schließlich enthält Art. 19 der Fahrgastrechte-VO ein differenziertes Entschädigungssystem, das neben die Fahrgastrechte der Art. 16 bis 18 der Verordnung und vor allem neben den Anspruch auf Durchführung der Beförderung tritt.[11] Danach sollen die Fahrgäste im Falle der verspäteten Ankunft am vertraglich vereinbarten Endziel durch die Reduzierung des Fahrpreises entschädigt werden. Ziel dieser wirtschaftlichen Belastung der Beförderer ist es, eine zuverlässigere Einhaltung der Fahrpläne zu erreichen.[12]

Die Höhe der Entschädigung hängt von der Länge der Verspätung in Relation zu der vereinbarten Fahrzeit ab. Gemäß Art. 19 Abs. 1 Satz 2 lit. a Fahrgastrechte-VO ist der Beförderer beispielsweise bei einer Fahrtdauer von bis zu vier Stunden verpflichtet, eine Entschädigung in Höhe von mindestens 25% des Fahrpreises zu zahlen, wenn die Verspätung eine Stunde beträgt. Weitere zeitliche Staffelungen sind in den Buchstaben b bis d enthalten.

Verdoppelt sich die in Art. 19 Abs. 1 der Verordnung vorgesehene Verspätung, hat der Fahrgast gem. Abs. 2 sogar Anspruch auf eine 50%ige Entschädigung.

6. Ausnahmen

Art. 20 der Fahrgastrechte-VO regelt Ausnahmen von den soeben erläuterten Rechten der Passagiere für den Fall der Schutzwürdigkeit des Beförderers. Lediglich die Informationspflicht bleibt in jedem Fall bestehen.

Sämtliche andere Rechte sind ausgeschlossen, wenn der Fahrgast einen Fahrschein mit offenen Reisedaten besitzt (Art. 20 Abs. 1). In einem solchen Fall hat der Fahrgast nämlich die Möglichkeit, die Reise zu einem anderen Zeitpunkt anzutreten.

Gem. Art. 20 Abs. 2 Fahrgastrechte-VO hat der Passagier darüber hinaus weder Anspruch auf Hilfeleistung noch auf Entschädigung, wenn er vor dem Kauf des Fahrscheins über die Annullierung bzw. Verspätung informiert wurde oder er die Verspätung zu vertreten hat.

Schlechte Wetterbedingungen, die die Sicherheit des Schiffsbetriebs beeinträchtigen, schließen außerdem die Anwendung des Art. 17 Abs. 2 sowie die Entschädigung des Art. 19 der Verordnung aus. Letztere findet darüber hinaus auch dann keine Anwendung, wenn die Annullierung oder die Verspätung durch außergewöhnliche Umstände verursacht wurden, die auch durch das Ergreifen aller zumutbaren Maßnahmen nicht hätten vermieden werden können.

---

10 Nicht aber solche von Kreuzfahrten (s. o. Fn. 7).
11 *Schilling*, TranspR 2013, 401, 404.
12 *Schilling*, TranspR 2013, 401, 405.

KAPITEL 9: Schiffsüberlassungsverträge

§ 35 Begriff und Arten der Schiffsüberlassungsverträge

Lit.: *Albrecht*, Schiffsleasing und Schiffsüberlassungverträge, Schriften des DVIS A 37, 1979; *Athanassopoulou*, Schiffsunternehmen und Schiffsüberlassungsverträge, Diss. Hamburg 2002, Studien zum ausländischen und Internationalen Privatrecht Bd. 151; *Canaris*, Interessenlage, Grundprinzipien und Rechtsnatur des Finanzierungsleasing, AcP 190 (1990), 410 ff.; *Fuchs*, Die Finanzierung eingetragener Seeschiffe durch geschlossene Schiffsfonds unter besonderer Berücksichtigung der gesellschaftsrechtlichen Strukturen, Diss. Hamburg 2014; *Rabe/Trappe*, Neuere Entwicklungen im Charterrecht des Seeverkehrs, Schriften des DVIS A 21, 1975.

I. Allgemeines

Das Seehandelsrecht ist geprägt von einer Vielfalt der Vertragstypen. Sie haben ihre Konturen vielfach durch – zumeist internationale – Formulare erhalten, die oft auf englischem Rechtsdenken beruhen. Dem Gütertransport dienen neben den eigentlichen Beförderungsverträgen, bei denen der Verfrachter die Pflicht zur Beförderung der Güter übernimmt, auch Verträge, bei denen dem Ladungsinteressenten ein ganzes Schiff zur eigenen wirtschaftlichen Disposition zur Verfügung gestellt wird.

1. Bareboat-Charter und Zeitcharter

Das Gesetz regelt diese beiden wichtigsten Formen der vertraglichen Schiffsüberlassung. Die Überlassung kann auf der Grundlage einer Vermietung des bloßen Schiffes („bare" boat) geschehen, welches der Mieter mit eigener Besatzung ausrüstet und das er nach seinem Belieben – natürlich im Rahmen bestimmter, vor allem der Sicherheit des Schiffes dienender, Grenzen – einsetzen kann, um eigene oder fremde Ladung zu befördern. Bei dieser Form der Überlassung, der sog. **Bareboat-Charter**, ist der – in der Praxis in Anlehnung an den englischen Sprachgebrauch auch als „Charterer" bezeichnete – Mieter Ausrüster iS des § 477; er betreibt das fremde Schiff eigenverantwortlich und wirtschaftlich für eigene Rechnung und hat allein die nautische Herrschaft über die von ihm gestellte Besatzung.

Eine andere, den Beförderungsverträgen wirtschaftlich näher stehende Form der Schiffsüberlassung ist die sog. **Zeitcharter**. Bei dieser stellt der Vercharterer das Schiff mit Besatzung dem Charterer zur wirtschaftlichen Disposition für eine bestimmte Zeit zur Verfügung, behält jedoch die Direktionsbefugnis über die von ihm gestellte Besatzung. Bei dieser Gestaltung wird der Charterer nicht Ausrüster, ihm steht allein die vertragliche Befugnis zu, den Einsatz des Schiffes zu bestimmen; deren Umfang wird in den Charterverträgen durch ein sog. „Employment-Klausel" festgelegt.

Bareboat-Charter und Zeitcharter werden vom Gesetz unter dem Oberbegriff der **Schiffsüberlassungsverträge** zusammengefasst. Diese schon zuvor in der Literatur verwendete[1] Einordnung wurde vom SRG übernommen und hebt sie ab von den

---

1 Vgl. die Voraufl. § 32; auch *Athanassopoulou*, S. 105 ff.

Beförderungsverträgen. Während bei letzteren die Beförderung eines bestimmten Guts den Gegenstand des Vertragsinhalts bildet, tritt bei den Schiffüberlassungsverträgen die Pflicht zur Gewährung des Gebrauchs eines bestimmten Schiffes zur Beförderung von Gütern in den Vordergrund.

Allerdings darf diese theoretische Einordnung nicht darüber hinwegtäuschen, dass die Übergänge von Reischarter und Zeitcharter in der Praxis fließend sein können: Auch bei Beförderung einer bestimmten Ladung auf einer bestimmten Strecke können die Parteien etwa daran interessiert sein, dem Charterer das Risiko von Verzögerungen dadurch zuzuweisen, dass sie eine Berechnung der Fracht nach der insgesamt in Anspruch genommenen Zeit vereinbaren. Vertraglicher Gestaltung sind hier keine Grenzen gesetzt. Gleichwohl ist es für die Auslegung der Verträge wichtig, von den verschiedenen Grundstrukturen auszugehen.

Eine in der Praxis häufige Zwischenform ist die sog. **Slot-Charter**. Bei dieser wird dem Charterer auf einem Containerschiff ein Stellplatz – häufig auch auf mehreren Linien wechselseitig – zur Verwendung zur Verfügung gestellt. Ist das Entgelt – die „Miete“ – unabhängig davon zu zahlen, ob die Option ausgenutzt wird, handelt es sich um einen Chartervertrag, der in seiner Einordnung zwischen Bare-Boat- und Zeitchartervertrag steht: Der Charterer hat das Recht, seinen Container auf einem bestimmten Schiff, auf einer bestimmten Strecke und mit Hilfe der vom Vercharterer gestellten Besatzung befördern zu lassen, jedoch keine Entscheidung über sonstige Modalitäten der Reise. Ist das Entgelt jedoch nur bei Ausnutzung der Option zu zahlen, handelt es sich um einen Frachtvertrag.[2]

2. Andere Formen der Schiffsüberlassung

Außer den gesetzlich geregelten Vertragsverhältnissen sind andere rechtliche Formen der Schiffsüberlassung denkbar, die sich jedoch weitgehend außerhalb des HGB vollziehen.

a) So namentlich das **Schiffs-Leasing**. Es bedient sich in der Regel der Grundform der Bareboat-Charter, die jedoch erweitert wird durch Klauseln über den späteren Erwerb des Schiffes. Aus der Sicht des Seehandelsrechts ist der Leasingnehmer Bareboat-Charterer; es treten also haftungsrechtlich die Wirkungen des § 477 ein, sofern der Leasingnehmer das Schiff zum Erwerb durch Seefahrt einsetzt. Allerdings lassen sich auch andere Gestaltungen denken, zB eine Zeitcharter; ob diese die steuerlich erwünschten Wirkungen (Übergang in das wirtschaftliche Eigentum des Leasingnehmers, um diesem die Abschreibungsmöglichkeiten zu verschaffen) entfalten kann, ist eine andere, hier nicht zu erörternde Frage.[3] Hier kann nicht auf die Besonderheiten der verschiedenen Leasing-Vertragsarten eingegangen werden; dazu eingehend *Athanassolpoulou*.[4]

Das neue spanische Seegesetz[5] regelt den Schiffsleasingvertrag auf der Basis der Bareboat-Charter. Es schreibt die Pflicht des Leasingnehmers zum Bericht über Unfälle und zu Versicherung zwingend fest (Art. 311, 312).

b) Nicht als Schiffüberlassungsverträge sind jedoch die vielfältigen sog. **Managementverträge** oder auch **Bereederungsverträge** anzusehen.

---

2 Zur Abgrenzung vgl. OLG Hamburg, TranspR 2014, 228.
3 Vgl. zum Leasing *Albrecht*, aaO.
4 S. 112 ff.
5 S. § 5.

Der praktische Schiffsbetrieb wird heute häufig nicht durch einen Reeder oder Ausrüster allein durchgeführt, sondern durch von diesen mit bestimmten Funktionen Beauftragte. Gegenstand dieser Funktionen, die auch als Bereederung bezeichnet werden, können die kommerzielle oder technische Betreuung des Schiffes sein, etwa die Bemannung und Verproviantierung, die Organisation von Reparaturen, der Abschluss von Versicherungen. Denkbar ist aber auch die Betrauung eines sog. Vertragsreeders mit dem gesamten wirtschaftlichen Einsatz des Schiffes.

Diese Hilfspersonen werden auf Grund von Dienstverträgen tätig und sind in der Regel nicht selbst Unternehmer. Selbst wenn ihr Entgelt – sehr ausnahmsweise – allein oder überwiegend vom Erfolg des Schifffahrtsbetriebes abhängt und sie deshalb als unternehmerisch tätig angesehen werden könnten,[6] bleibt Schifffahrtsunternehmer stets der sie beauftragende Reeder oder Ausrüster. Für die Einordnung als Ausrüster – Reeder können diese Personen schon mangels Eigentums am Schiff nicht sein – kommt es entscheidend darauf an, wer nach außen erkennbar als Schifffahrtsunternehmer auftritt (vgl. dazu § 15 III).

Dem steht nicht entgegen, dass Art. 1 Abs. 2 HBÜ den „manager“ neben dem Reeder gleichberechtigt als beschränkungsberechtigt aufführt. Der englische Begriff hat im deutschen Recht keine klaren Konturen und ist deshalb nicht in die (allerdings nicht verbindliche) amtliche deutsche Übersetzung aufgenommen worden. Auch wenn man darunter Personen versteht, die „selbständig“ für das Schiff verantwortlich sind[7], ist damit nicht notwendig das Auftreten als Unternehmer nach außen verbunden. Das HBÜ privilegiert im Übrigen nicht nur Reeder und Ausrüster, sondern eine Vielzahl von mit dem Schiffsbetrieb befassten Personen wie namentlich die Besatzung, sonstige Hilfspersonen, Berger (vgl. Art. 1 Abs. 3, 4 HBÜ).

Eine andere Frage ist, ob Personen, die eine Teilfunktion selbständig ausüben, Dritten gegenüber für Schäden haften; eine solche Haftung kann sich namentlich sowohl aus unerlaubter Handlung als auch aus konzernrechtlichen Grundätzen ergeben.[8]

3. Charter by demise

Im englischen Recht wird neben dem der Timecharter – deren Beurteilung der der Zeitcharter entspricht – der Begriff der *charter by demise* verwendet. Dabei handelt es sich um eine mit Besitzübertragung verbundene Vermietung des Schiffes, die rechtlich der Bareboat-Charter entspricht. Allerdings wird hierbei oft noch vereinbart, dass der Reeder als Agent des Charterers das Schiff ausrüstet und bemannt; dadurch soll sich der rechtliche Charakter jedoch nicht ändern.[9]

---

6 So *Athanassopoulou*, S. 249.
7 So *Rabe*, Art. 1 LondonHBÜ Rn. 9 mN.
8 Das neue spanische Seegesetz (Fn. 5) sieht eine Dritthaftung des Managers vor, Art. 318.
9 Dazu *Rabe*, § 510 Rn. 14.

§ 36 Die Bareboat-Charter

Lit.: *Athanassopoulou*, Schiffsunternehmen und Schiffsüberlassungsverträge, Diss. Hamburg 2002, Studien zum ausländischen und Internationalen Privatrecht Bd. 151; *Kröger*, Praktische Erfahrungen mit Bareboat-Charter-Registern, TranspR 1988, 173 ff.

I. Allgemeines

Die einfachste Form der Überlassung eines Seeschiffes auf Zeit ist die **Vermietung**. Sie wird in der Seeschifffahrt als **Bareboat-Charter** bezeichnet und unterliegt primär den mietrechtlichen Vorschriften des BGB. Gegenstand ist die vollständige Übertragung des Besitzes am Schiff ohne Besatzung. Der Charterer verwendet das Schiff wie ein eigenes, heuert eine Besatzung an, die allein seinen (nautischen und kommerziellen) Weisungen unterliegt. Deshalb ist er Ausrüster im Sinne des § 477, also im Verhältnis zu Dritten als Reeder anzusehen (vgl. dazu o. § 15 III).

Da die mietrechtlichen Vorschriften des BGB jedoch, zumal in jüngerer Zeit, sehr stark auf die Wahrung der Mieterinteressen ausgerichtet sind, hat das SRG einige Sonderregeln geschaffen, die für den Handelsverkehr und insbesondere für die Überlassung des Gebrauchs eines Schiffes angemessener sind; diese gelten jedoch nur für Schiffsmietverträge, bei denen der Mieter das Schiff zum Erwerb durch Seefahrt benutzt.

Mit der grenzüberschreitenden Bareboat-Charter ist in der Praxis oft auch ein Flaggenwechsel verbunden (vgl. dazu o. § 12 II 6, § 11 IV). Viele Länder haben deshalb sog. Bareboat-Register für fremde Schiffe eingerichtet, deren zivilrechtliche Rechtsverhältnisse – wie Eigentum und Hypotheken – jedoch weiterhin allein aus dem Heimatregister ersichtlich bleiben.[1] Deutschland kennt ein solches besonderes Register nicht.

II. Die Regelung des SRG

Das SRG hat den Bareboat-Chartervertrag – nach dem eingangs Gesagten konsequent als **Schiffsmietvertrag** bezeichnet – mit wenigen Bestimmungen (§§ 553–556) ergänzend zum BGB geregelt.

1. Begriff. Rechte und Pflichten der Parteien

a) Der **Vermieter** ist verpflichtet, dem Mieter ein bestimmtes Seeschiff ohne Besatzung zu überlassen und ihm den Gebrauch während der Mietzeit zu gewähren.

Die Regelung gilt nur für Seeschiffe; für Binnenschiffe ist sie allerdings in § 27 Abs. 1 BinSchG in Bezug genommen. Das Schiff kann auch voll ausgerüstet sein;[2] lediglich die Besatzung muss vom Mieter gestellt werden. Dieser wird dadurch, wenn er das Schiff zum Erwerb durch Seefahrt betreibt, zum Ausrüster (§ 477); dieser Zweck ist Voraussetzung für die Anwendung der Sonderregeln des HGB (§ 553 Abs. 3).

---

1 Dazu *Kröger*, TranspR 1988, 173 ff.

2 Insofern folgt das SRG, wie auch in anderen Punkten, dem Vorbild des SHSG der DDR.

Notwendig ist nicht, worauf der Wortlaut hindeuten könnte, die Vereinbarung einer bestimmten Mietzeit; die Überlassung kann auch auf unbestimmte Zeit erfolgen.

Der Vermieter muss dass Schiff in einem zum vertragsgemäßen Gebrauch geeigneten Zustand übergeben (§ 554 Abs. 1). Es muss insbesondere see- und ladungstüchtig sein; dazu gehören auch die zum Betrieb des Schiffes notwendigen Dokumente, etwa das Zertifikat der Klassifikationsgesellschaft und der Registrierungsbehörde.[3] Er hat es jedoch nicht auch während der Mietzeit in diesem Zustand zu erhalten; vielmehr obliegt die Wartung des Schiffes, insbesondere auch die Erhaltung seiner See- und Ladungstüchtigkeit, dem Mieter.

Diese Pflichtenverteilung unterscheidet die Bareboat-Charter von der Zeitcharter, bei welcher der Vercharterer während der Vertragsdauer für die Unterhaltung und Wartung des Schiffes verantwortlich ist.

b) Der **Mieter** ist verpflichtet, die vereinbarte Miete zu zahlen. Das Gesetz stellt die dispositive Regel auf, dass dies halbmonatlich im Voraus zu geschehen hat (§ 553 Abs. 2).

Der Mieter darf das Schiff nicht ohne Zustimmung des Vermieters untervermieten; mangels einer dem § 561 Abs. 3 für die Zeitcharter entsprechenden gesetzlichen Erlaubnis hierzu gilt insofern § 540 BGB.[4]

Der Mieter ist verpflichtet, die Rechte des Vermieters gegenüber Dritten zu sichern (§ 555). Diese aus § 86 Abs. 3 SHSG entnommene[5] Regelung trägt dem Umstand Rechnung, dass während der Nutzung des Schiffes Ereignisse eintreten können, welche die Rechte des Vermieters beeinträchtigen oder gefährden, ohne dass dieser davon rechtzeitig Kenntnis erhält oder sichernde Maßnahmen ergreifen könnte.

So etwa bei einem Zusammenstoß, durch den das vermietete Schiff schuldhaft durch einen Dritten beschädigt wird. Oder bei Schäden, die das Schiff beim Verladen durch einen Dritten erleidet.

Der Umfang der gebotenen Sicherungsmaßnahmen hängt vom Einzelfall ab; Maßstab muss sein, was ein gewissenhafter Reeder in einer solchen Situation für sein Schiff getan hätte.[6]

In jedem Fall muss der Mieter den Vermieter informieren und Weisungen einholen. Er hat die vorgeschriebenen Formalitäten am Schadensort, etwa polizeiliche Schadensaufnahme, einzuhalten. Sofern geboten, muss er Beweise – wenn am Ort verfügbar, durch ein Beweissicherungsverfahren oder auch einen Seeprotest[7] – sichern.

Zur Schadensbeseitigung ist er nicht verpflichtet; eine dahingehende Pflicht, die § 86 Abs. 1 SHSG vorsah, hat das SRG mit Recht als zu weitgehend nicht übernommen.

Das schließt aber nicht aus, dass Notreparaturen, die zur Erhaltung unumgänglich notwendig sind, vom Mieter veranlasst werden müssen; die Kosten hierfür kann er auch ohne die im SHSG ausdrücklich vorgesehene Ersatzregelung als Aufwendungen nach den Regeln der Geschäftsführung ohne Auftrag ersetzt verlangen.

---

3 So mit Recht MüKoHGB/*Sager*, § 554 Rn. 12, sog. „organisatorische Seetüchtigkeit“.
4 Vgl. MüKoHGB/*Sager*, § 553 Rn. 17.
5 Vgl. RegBegr. SRG, S. 117.
6 MüKoHGB/*Sager*, § 555 Rn. 17.
7 Der im Ausland noch vielfach vorgeschrieben oder zumindest zugelassen ist.

2. Kündigung. Rückgabe des Schiffes

Das Gesetz enthält in § 556 Fristen für die (ordentliche) Kündigung des Mietvertrages. Sie dürften in der Praxis keine große Rolle spielen, weil Schiffsmietverträge in aller Regel für eine bestimmte Zeit abgeschlossen oder zumindest Kündigungsfristen vereinbart werden. Gleichwohl konnte das Gesetz für den Fall, dass ausnahmsweise ein unbefristeter Vertrag geschlossen wird, auf eine Kündigungsregelung nicht verzichten.

Neben diesen Regeln bleibt das Recht zu außerordentlichen Kündigung aus wichtigem Grund nach § 543 BGB unberührt.[8]

Das Schiff ist in dem Zustand zurückzugeben, in dem es sich bei der Übergabe befand, jedoch unter Berücksichtigung der Abnutzung durch den vertragsgemäßen Gebrauch (§ 554 Abs. 2 Satz 2). Ein bestimmter Ort ist für die Rückgabe nicht vorgeschrieben; ist er im Vertrag nicht vereinbart, kann der Mieter ihn wählen.[9]

3. Veräußerung des Schiffes durch den Vermieter

Für ein in einem deutschen Schiffsregister eingetragenes Seeschiff gelten die ergänzend zu den HGB-Vorschriften anwendbaren §§ 566, 578a BGB, wonach der Schiffsmietvertrag bei Veräußerung des Schiffes durch den Vermieter auch gegenüber dem Erwerber Gültigkeit hat („Kauf bricht nicht Miete").[10]

Dieser Grundsatz, der 1940 mit dem Schiffsrechtegesetz aus dem Wohnungsmietrecht übernommen wurde, ist vom SRG jedoch nicht auf die Veräußerung nicht eingetragener Schiffe erstreckt worden; vgl. dazu die ausführliche Begründung in der RegBegr. SRG S. 115 f.[11]

8 MüKoHGB/*Sager*, § 556 Rn. 6.
9 MüKoHGB/*Sager*, § 554 Rn. 15.
10 MüKoHGB/*Sager*, § 553 Rn. 10, 11.
11 Auch MüKoHGB/*Sager*, aaO.

§ 37 Die Zeitcharter

Lit.: *Breitzke*, Die Rechtsnatur der Zeitcharter, Diss. Hamburg 2005; *Frommelt*, Die Rechtsnatur der Zeitcharter, 1975; *Ganie*, Die Zeitfrachtzahlung und das Zurückziehungsrecht, Diss. Hamburg 1982; *Holtappels*, Beschreibung von Geschwindigkeit und Verbrauch von Seeschiffen in Zeitcharter, Schriften des DVIS A 75, 1990; *Rabe*, Der Zeitchartervertrag nach dem Entwurf der Sachverständigengruppe zur Reform des Seehandelsrechts, TranspR 2010, 1 ff.: *ders.*, Nochmals: Der Zeitchartervertrag nach dem Entwurf der Sachverständigengruppe zur Reform des Seehandelsrechts, TranspR 2010, 61 ff.; *ders.*, Vorteilsausgleichung im Zeitcharterrecht – Betrachtungen zum Hamburger Schiedsspruch v. 1.6.1989, TranspR 1989, 356 ff.; *Ramming*, Ausgewählte Fragen zum neuen Recht der Zeitcharter, RdTW 2013, 333 ff.; *Reynolds*, Time charterparties: Is the owner a carrier? DirMar. 1992, 1083 ff.; *Riehmer*, Zahlungsunfähigkeit des Zeitcharterers und deren Auswirkung für Schiff und Ladung, TranspR 1987, 89 ff.; *Stahl*, Die Zeitcharter nach englischem Recht, Veröffentlichungen des Instituts für Seerecht und Seehandelsrecht der Universität Hamburg Bd. 3; *Wilford/Coghlin/Kimball*, Time Charters, London 1989; *Willner*, Die Zeitcharter, Übersee-Studien zum Handels-, Schiffahrts- und Versicherungsrecht Bd. 22, 1953; *Zschoche*, Die Rechtsnatur der Zeitcharter, VersR 1994, 389 ff.

I. Allgemeines

Beim Zeitchartervertrag überlässt der Eigentümer eines Seeschiffes sein Schiff mit Besatzung für einen bestimmten Zeitraum dem Charterer zu dessen wirtschaftlicher Verwendung. Während die Besatzung – namentlich der Kapitän – von dem Reeder angestellt ist und dessen nautischen und technischen Weisungen unterliegt, erhält der Charterer im Chartervertrag das Recht, den wirtschaftlichen Einsatz des Schiffes zu bestimmen (durch eine sog. Employment-Klausel). Der Charterer kann also insbesondere bestimmen, welche Reisen durchgeführt und welche Güter befördert werden sollen. Allerdings kann und wird der Chartervertrag in der Regel die Reisen nach Fahrtgebieten, ebenso wie hinsichtlich der Art der zu befördernden Güter, Beschränkungen unterwerfen.

Die Weisungsbefugnis des Zeitcharterers findet in den Verträgen und Formularen Ausdruck in der sog. „Employment-Klausel“[1], die in den verschiedenen Charterformularen unterschiedlichen Wortlaut hat, jedoch im Kern stets zum Ausdruck bringt, dass „*the master shall be under the orders of the charterer as regards employment of the vessel*“.[2] Das deutsche Gesetz nimmt sie jetzt in § 561 Abs. 1 auf.

Beim Zeitchartervertrag steht nicht die Beförderung von Gütern, sondern die Überlassung der Beförderungskapazität des Schiffes im Vordergrund, mit anderen Worten: Die Erbringung einer Leistung, nicht deren Erfolg.[3] Es handelt sich um einen Vertrag *sui generis*, sodass die Vorschriften des BGB über die Miete ebenso wenig wie die des HGB über den Frachtvertrag ergänzend anwendbar sind. Das Gesetz vermeidet deshalb auch die Bezeichnungen „Vermieter“ und „Mieter“ und die – in der Praxis gebräuchlichen – Ausdrücke „Vercharterer“ und „Charterer“; um die

---

1 Mit dem missverständlichen Ausdruck „Employment“ ist die wirtschaftliche Verwendung des Schiffes gemeint, vgl. auch *Athanassopoulou*, S. 173.

2 Vgl. zu Gestaltung und Bedeutung im Einzelnen *Ramming*, TranspR 1993, 267 ff.

3 MüKoHGB/*Sager*, § 557 Rn. 3; RegBegr. SRG, S. 557; aA *Ramming*, RdTW 2013, 333, 340.

Abgrenzung gegenüber dem Bareboat-Chartervertrag einerseits und dem Reisefrachtvertrag andererseits deutlich zu machen, verwendet das Gesetz durchgehend die Bezeichnungen „Zeitvercharterer“ und „Zeitcharterer“.

Die Praxis bezeichnet den Zeitvercharterer regelmäßig als „*owner*“, obgleich er nicht notwendig Eigentümer des Schiffes zu sein braucht. Der Zeitcharterer wird dagegen zumeist als „*merchant*“ bezeichnet; schon darin kommt zum Ausdruck, dass Zeitcharterer typischerweise nicht ein Reeder ist, der das Schiff seinerseits unterverchartert – ein in der Praxis heute allerdings häufiger Fall –, sondern ein nicht schifffahrtskundiger Kaufmann, der ein zuverlässiges und flexibles Mittel für die Beförderung seiner Güter sucht. Das deutsche Gesetz trägt der daraus folgenden regelmäßig geringeren Schifffahrtskenntnis des Zeitcharterers dadurch Rechnung, dass es die übersteigerten Anforderungen des englischen Rechts an seine Sorgfalt etwa bei der Benennung eines Hafens[4] nicht übernimmt.

Bis zum Erlass des SRG war die **systematische Einordnung** des Zeitchartervertrages umstritten.

Da es sich im Gegensatz zur Bareboat-Charter nicht um die bloße Überlassung des Schiffes handelt, sondern Vertragsgegenstand die Durchführung von Reisen unter der technisch-nautischen Leitung des Eigentümers ist, nahm die hM an, dass es sich nicht um eine Schiffsmiete, sondern – um einen gemischten Vertrag, jedoch wegen seines überwiegend beförderungsorientierten Charakters eher – um einen Frachtvertrag handelt.[5]

Diese Auffassung spielt auch im Ausland eine große Rolle, obwohl einige Gesetze auch dort den Zeitchartervertrag als eine Sonderform, als sog. Schiffsüberlassungsvertrag einordnen; so zB Italien, Frankreich, Skandinavien.[6] Allerdings bezweifelt auch dort die Lehre die Richtigkeit dieser Einordnung.[7] Diese Gesetze sind wohl eher so zu verstehen, dass es sich bei dem Zeitchartervertrag um einen Vertrag *sui generis* handelt (als der er zB im sowjetischen Seegesetzbuch ausdrücklich bezeichnet wird), auf den durchaus auch Elemente des Frachtvertrages anzuwenden sein können.

Die dogmatische Einordnung des Vertrages wird erschwert durch die Übung, nicht nur die Anwendung englischen Rechts zu vereinbaren, sondern auch ein Schiedsgericht in England (Arbitrage London ist in den meisten Formularen vorgedruckt; soweit dies nicht direkt geschieht, ist London zumindest als hilfsweiser Austragungsort angegeben). Es ist gleichwohl notwendig, sich über die Rechtsnatur Rechenschaft abzulegen, weil die den Parteien zur Verfügung stehenden Rechtsbehelfe, die Beurteilung der Zulässigkeit davon abweichender Bedingungen nach deutschem AGB-Recht und vor allem die Verjährung davon abhängig sein können. Richtig ist allerdings, dass diese dogmatische Frage deshalb wenig Bedeutung hat, weil Charterverträge in der Regel sehr eingehende Bedingungen enthalten, die von englischen Schiedsgerichten kaum in Frage gestellt werden.

Die Vorauflage ist – vor Erlass des SRG – bereits davon ausgegangen, dass Bareboat-Charter und Zeitcharter als neben den Beförderungsverträgen stehende, damals im Gesetz nicht geregelte Sonderformen der Schiffsüberlassungsverträge anzusehen sind. Der Gesetzgeber ist dem gefolgt und hat die wichtigsten Grundsätze des Zeitchartervertrages klarstellend geregelt. Sie sind freilich dispositiv und werden in der Praxis vielfältig abgewandelt.

---

4 In die es eine „warranty“ für die Gefahrlosigkeit der Passage hineininterpretiert, vgl. u. II 3 c).

5 Vgl. zum letzten Stand der Diskussion vor dem SRG insbes. *Zschoche*, VersR 1994, 389 ff. und *Breitzke*, Die Rechtsnatur der Zeitcharter, Diss. Hamburg 2005.

6 Vgl. dazu *Frommelt*, aaO, S. 52 ff.; *Richter-Hannes/Richter/Trotz*, S. 154.

7 Vgl. etwa *Rémond-Goullioud*, Nr. 458.

II. Die Regelung des SRG

Das SRG hat den **Zeitchartervertrag** in den §§ 557–569 in Grundzügen geregelt.

Die Vorschriften gehen davon aus, dass die Vertragsparteien – regelmäßig auf der Grundlage üblicher Formulare – die Einzelheiten eingehend diskutieren und ergänzend oder abweichend regeln. Deshalb spielen auch künftig die herkömmlichen **Vertragsklauseln** in der Praxis eine beherrschende Rolle; vgl. dazu sehr eingehend *Athanassopoulou*, S. 155 ff. Das Gesetz hat nur die wichtigsten Aspekte herausgegriffen und diese auch nur dispositiv geregelt.

1. Begriff. Hauptpflichten

a) Der **Zeitvercharterer** ist verpflichtet, dem Zeitcharterer ein **bestimmtes Seeschiff mit Besatzung auf Zeit zu dessen Verwendung zu überlassen** und mit dem Schiff Güter oder Personen zu befördern oder andere vereinbarte Leistungen zu erbringen (§ 557 Abs. 1).

Ebenso wie bei der Bareboat-Charter muss es sich um ein Seeschiff handeln und der Zeitcharterer muss zumindest die Absicht haben, dieses zu Seebeförderungen oder Leistungen auf See – etwa Schlepperdienste oder Baggerarbeiten – einzusetzen. Handelt es sich um ein Binnenschiff, gelten die Bestimmungen allerdings nach § 27 Abs. 2 BinSchG entsprechend.[8]

Die Überlassung bedeutet nicht, dass der Zeitcharterer Besitz an dem Schiff erlangt; dieser bleibt in der Hand des Zeitvercharterers, ausgeübt durch den Kapitän. Auch an den Laderäumen des Schiffes besteht kein Besitz des Charterers, wie *Athanassopoulou* annimmt;[9] er kann mit diesen nicht „nach Belieben verfahren“, vielmehr nur über ihren wirtschaftlichen Einsatz bestimmen. Auch die im Auftrag des Zeitcharterers vom Schiff zur Beförderung übernommene Ladung gelangt in den Besitz des Zeitvercharterers; deshalb ist der Zeitvercharterer ausführender Verfrachter der vom Zeitcharterer abgeschlossenen Stückgutfrachtverträge.

b) Der **Zeitcharterer** ist verpflichtet, die vereinbarte **Zeitfracht** (in der Praxis „hire“) **zu zahlen** (§ 557 Abs. 2).

Das Gesetz enthält dispositive Regeln über die Fälligkeit: Die Zeitfracht ist halbmonatlich im Voraus zu zahlen (§ 564 Abs. 1).

Die Zahlungspflicht entfällt für die Zeit, in der das Schiff infolge von Mängeln oder sonstigen Umständen, die dem Risikobereich des Zeitvercharterers zuzurechnen sind, dem Zeitcharterer nicht zur vertragsgemäßen Verwendung zur Verfügung steht (§ 565 Abs. 2) – sog. **„off-hire“**.

Die in den Formularen gebräuchlichen „off-hire“-Klauseln enthalten Aufzählungen der Fälle, in denen die Zweitfrachtzahlung ausgesetzt werden darf.[10] Das neue deutsche Recht setzt an deren Stelle eine abstrakte Definition, die aber natürlich durch Einzelaufzählungen ersetzt oder ergänzt werden kann.

Nach § 565 Abs. 2 Satz 2 ist die Zeitfracht angemessen zu mindern, wenn die vertragsgemäße Verwendung des Schiffes gemindert ist.

Diese Vorschrift erlaubt es wohl auch, eine dauerhafte Zeitfrachtminderung bei mangelnder Vertragsgemäßheit zu begründen, ohne auf das Leistungsstörungsrecht des BGB zurückgreifen zu müssen. So etwa, wenn das Schiff eine geringere Ladekapazität als vereinbart hat.

---

8 Dazu im Einzelnen *Ramming*, RdTW 2013, 333, 338 f.

9 AA *Athanassopoulou*, S. 161; die gekünstelte Aufteilung von Besitz an den Laderäumen und an dem Schiff im Übrigen (S. 160) dient dort wohl vor allem der Abgrenzung von Miete und Frachtvertrag (S. 198), die jedenfalls durch das SRG überholt ist, dazu u. 3 f).

10 Vgl. dazu etwa *Athanassopoulou*, S. 181.

Zur Durchsetzung des Zahlungsanspruchs steht dem Zeitvercharterer ein **Zurückbehaltungsrecht** zu (§ 568), das bereits bei nicht fristgemäßer Leistung einsetzt: Der Zeitvercharterer kann alsbald jede Leistung verweigern, insbesondere (aber nicht nur) die Einnahme von Gut oder seine Auslieferung sowie die Ausstellung von Konnossementen.

2. Vertragsschluss; Beurkundung

Der Abschluss des Vertrages ist formfrei, doch kann jede Partei die schriftliche Beurkundung verlangen (§ 558). Diese geschieht oft durch eine Chartepartie (dazu o. § 30 V); sie ist bloße Beweisurkunde, enthält aber regelmäßig die vollständigen Bedingungen.

Zeitcharterverträge werden praktisch in aller Regel an Hand bestimmter C/P-Formulare abgeschlossen, die durch Zusätze ergänzt werden. Die wichtigsten Formulare sind die *New York Produce Exchange* C/P und die Baltime C/P.[11] Die meist eingehenden Verhandlungen werden heute häufig auch durch E-Mail-Korrespondenz von Befrachtungsmaklern geführt und durch ein sog. „recap" – eine Art Schlussnote oder Bestätigungsschreiben – abgeschlossen.[12]

Ist nichts anderes vereinbart, darf der Zeitcharterer das Schiff an einen Dritten weiter verchartern (§ 561 Abs. 3).

3. Rechte und Pflichten der Parteien im Einzelnen

a) Bereitstellung des Schiffes

Der **Zeitvercharterer** hat das Schiff dem Zeitcharterer zur vereinbarten Zeit am vereinbarten Ort in einem zum vertragsgemäßen Gebrauch geeigneten Zustand, insbesondere also see- und ladungstüchtig, zur Verfügung zu stellen (§ 559 Abs. 1). In diesem Zustand hat er es während der gesamten Vertragsdauer zu erhalten (§ 560).

Ist ein bestimmter Termin für die Bereitstellung vereinbart, kann der Zeitcharterer auch ohne Nachfristsetzung vom Vertrag zurücktreten, wenn der Zeitvercharterer seiner Pflicht nicht nachkommt oder wenn offensichtlich ist, dass er dies nicht tun wird (§ 559 Abs. 2). Ein Rücktrittgrund kann auch darin liegen, dass das rechtzeitig zur Verfügung gestellte Schiff nicht vertragsgemäß ist.[13]

b) Verteilung der Kosten des Schiffsbetriebs

Der **Zeitvercharterer** trägt die fixen Kosten des Schiffsbetriebs; er stellt und bezahlt die Besatzung, organisiert und bezahlt die Ausrüstung und Unterhaltung des Schiffes sowie dessen (Kasko-)Versicherung (§ 564 Abs. 1).

Da der Zeitvercharterer für die Führung und die sonstige Bedienung des Schiffes verantwortlich bleibt (§ 561 Abs. 2) und insoweit auch die alleinige Anordnungsbefugnis gegenüber dem Kapitän behält, ist der Zeitcharter nicht Ausrüster iS des § 477.

Der Zeitcharterer trägt dagegen die variablen Kosten des Schiffsbetriebs, insbesondere Hafengebühren, Lotsgelder, Schlepperhilfen oder zusätzliche Versicherungen für Sonderrisiken (§ 564 Abs. 2).

---

11 Beide abgedr. bei MüKoHGB/*Sager*, § 557 Anh. B.
12 Dazu eingehend MüKoHGB/*Sager*, § 558 Rn. 7f.
13 MüKoHGB/*Sager*, § 559 Rn. 8f.

Der Zeitcharterer hat ferner den erforderlichen Treibstoff in handelsüblicher Qualität zu beschaffen (§ 564 Abs. 3).

Der Treibstoff bleibt deshalb in der Regel auch an Bord sein Eigentum. Das kann für Gläubiger des Zeitcharterers von Bedeutung sein, wenn sie auf die oft wertvollen „Bunker" im Wege der Zwangsvollstreckung zugreifen wollen.

c) Verwendung des Schiffes

Der Zeitcharterer bestimmt über die (wirtschaftliche) Verwendung des Schiffes (§ 561 Abs. 1).

Dazu gehört insbesondere auch das Recht, das Anlaufen eines bestimmten Hafens oder Liegeplatzes zum Laden oder Löschen der Ladung anzuweisen. Weist der Zeitcharterer einen Hafen oder Liegplatz an, so ist er verpflichtet, dessen Sicherheit mit der gebotenen Sorgfalt zu prüfen (§ 561 Abs. 1).

Das Gesetz löst damit eine bisher unklare Problematik, die sich aus dem Blick auf das englische Recht ergab: Nach englischem Recht haftet der Charterer bei Benennung eines Hafens für dessen Sicherheit auch ohne Verschulden, die Benennung wird als „warranty" angesehen.[14] Eine so weitgehende Haftung des typischerweise nicht schifffahrtskundigen Zeitcharterers („merchant"!) erscheint jedoch nicht angemessen; es ist primär Sache des Kapitäns, die Sicherheit eines Hafens oder Liegplatzes zu beurteilen, sofern es sich nicht ausnahmsweise um spezielle Risiken etwa eines Hafens von nur lokaler Bedeutung oder gar um einen privaten Liegeplatz handelt.

Entsprechendes muss gelten für die Anweisung, bestimmte Ladung an Bord zu nehmen, die sich als gefährlich erweist.

d) Laden und Löschen

Wird das Schiff, wie regelmäßig, zur Beförderung von Gütern verwendet, hat der Zeitcharterer das Gut zu verladen und zu löschen (§ 563 Abs. 1).

Wird Gut vom Zeitcharterer verladen, so ist der Zeitvercharterer dafür verantwortlich, dass die Art der Verladung die Seetüchtigkeit des Schiffes nicht beeinträchtigt (§ 563 Abs. 2). Die Pflicht des Kapitäns zur Beaufsichtigung des Ladens durch den Zeitcharterer schließt nur ausnahmsweise die Pflicht ein, auf Fehler bei der Ladungssicherung hinzuweisen; eine solche kann sich allerdings in krassen Fällen aus Treu und Glauben ergeben. Eine Verstärkung der Haftung auch für die Ladungssicherung kann sich jedoch aus vertraglichen Abmachungen ergeben, namentlich aus der häufigen Klausel, dass die Verladung nicht nur „*under the supervision*", sondern auch „*under the responsiblity of the master*" erfolgt.[15]

Diese Risikoverteilung wird wiederum häufig überlagert von der Vereinbarung des sog. „*Inter-Club Agreement*", einer Vereinbarung unter P&I-Clubs über die pauschale Zurechnung bestimmter Schadensursachen an den einen oder anderen Versicherer. Wird diese Verteilung in Charterverträgen in Bezug genommen, ist dagegen wohl unter Kaufleuten auch im Hinblick auf die AGB-Kontrolle nichts einzuwenden;[16] soweit die Schadenspauschalierung über die Bezugnahme in die Haftung aus Konnossementen übergeht, wird sie jedoch häufig nach §§ 512, 525 unwirksam sein.

---

14 Vgl. auch die entsprechende Problematik beim Reisefrachtvertrag, o § 31 IV 3.

15 Im Einzelnen dazu MüKoHGB/*Sager*, § 563 Rn. 8 ff.

16 Obgleich sie im Einzelfall ein grob unbilliges Ergebnis haben kann. Vgl. etwa den Schiedsspruch GMAA TranspR 2005, 130 m. Anm. *Herber*.

e) Ausstellung von Konnossementen

In der Praxis setzt der Zeitcharterer das gecharterte Schiff und die vom Vercharterer gestellte und seiner technischen und nautischen Weisungsbefugnis unterliegende Besatzung häufig zur Erfüllung einer von ihm aufgrund eines Stückgutfrachtvertrages zu erbringenden Leistung ein, etwa indem er das Schiff in seinen eigenen Liniendienst einstellt. Der Zeitvercharterer ist dann bei der Durchführung der Stückgutfrachtverträge sein Erfüllungsgehilfe und zugleich ausführender Verfrachter, denn das vom Schiff auf Weisung des Zeitcharterers übernommene Gut befindet sich in dem – durch die Besatzung vermittelten – Besitz des Zeitvercharterers.

Der Zeitvercharterer ist nach dem Vertrag in der Regel verpflichtet, auf Wunsch des Zeitcharterers für die übernommenen Güter Konnossemente auszustellen.

Der Kapitän ist kraft gesetzlicher Vertretungsmacht[17] befugt, Konnossemente für den Zeitcharterer – in dessen Funktion als Verfrachter des Stückgutfrachtvertrages – zu zeichnen. Er kann auf Grund seiner Vertretungsmacht für den Reeder die Konnossemente auch für diesen ausstellen (sog. Reederkonnossemente); das wird vom Zeitcharterer und vom Ablader häufig gewünscht, um ihnen größeres Gewicht zu geben. Der Zeitcharterer verpflichtet sich in diesen Fällen, den Reeder von Ersatzansprüchen der Ladungsbeteiligten aus solchen Konnossementen freizustellen, sofern sie auf einem von dem Charterer zu vertretenden Umstand beruhen.

Wird dagegen der Charterer aus dem Frachtvertrag oder aus einem für ihn ausgestellten Verfrachterkonnossement in Anspruch genommen, hat er einen Regressanspruch gegen den Reeder, wenn die Schadensursache von diesem zu vertreten ist (§ 567).

Nach neuem Recht tritt das Bedürfnis der Ablader nach Reederkonnossementen deshalb zurück, weil der Zeitvercharterer auch aus einem Verfrachterkonnossement als ausführender Verfrachter haftet, vgl. § 30 II 8.

f) Haftung für Pflichtverletzungen

Die Rechtsfolgen bei Pflichtverletzungen der Vertragspartner bestimmen sich nach den allgemeinen Regeln des BGB für Schuldverhältnisse, also nach §§ 241 ff. BGB.

Das Gesetz hat dies in § 567 klargestellt, um auszuschließen, dass unter Berufung auf den früheren Streit über die Rechtsnatur der Zeitcharter die Auffassung vertreten wird, der Ersatzanspruch richte sich nach Mietrecht oder nach Frachtrecht.

g) Insbesondere: Haftung für Güterschäden

Die Haftungsregelung der §§ 241 ff. BGB gilt auch für Schäden, die durch Verschulden des Zeitvercharterers oder seiner Leute an dem im Auftrag des Zeitcharterers beförderten Gut entstehen. Auch diese Haftung ist unbegrenzt. Insofern sind Überlegungen vor dem SRG, auf die Beförderungspflicht des Vercharterers Seefrachtrecht anzuwenden,[18] überholt.

Eine Begrenzung nach Frachtrecht kann sich allerdings praktisch daraus ergeben, dass der Zeitcharterer seinerseits aus den Stückgutfrachtverträgen nur nach Frachtrecht haftet, also keinen weitergehenden Schaden geltend machen kann.

---

17 § 513 Abs. 1 Satz 2.

18 So etwa *Athanassopoulou*, die Gebrauchsüberlassungs- und Beförderungspflicht trennt, S. 198.

Neben den Regressansprüchen des aus den Stückgutfrachtverträgen in Anspruch genommenen Zeitcharterers kommt allerdings auch eine direkte Haftung des Zeitvercharterers gegenüber den Ladungsbeteiligten des Zeitcharterers in Betracht.

Sie wird sich regelmäßig aus § 509 ergeben, wenn der Schaden während der Zeit des Besitzes des Zeitvercharterers als ausführendem Verfrachter eingetreten ist und er sich nicht entlasten kann;[19] die Haftung folgt dann dem Frachtrecht, ist also entsprechend begrenzt.

Die Ladungsbeteiligten des Zeitcharterers könnten den Zeitvercharterer ferner für den über die frachtrechtliche Haftung des Zeitcharterers hinausgehenden Schaden auch im Wege der Drittschadensliquidation in Anspruch nehmen.[20]

Schließlich käme eine unmittelbare Inanspruchnahme aus dem Zeitchartervertrag in Betracht, wenn man diesen als Vertrag zugunsten auch der Ladungsbeteiligten des Zeitcharterers ansehen wollte, wie es der BGH[21] für den Unterfrachtvertrag getan hat; das wird jedoch allenfalls dann der Fall sein, wenn der Zeitvercharterer das Gut dem Empfänger abliefert.

Aus diesen Überlegungen folgt, dass es sich für den Zeitvercharterer empfiehlt, die Haftung für Güterschäden auch im Verhältnis zum Zeitcharterer vertraglich auf das frachtrechtliche Niveau zu reduzieren, um nicht bei dessen beschränkter Haftung im Wege der Drittschadensliquidation oder aus dem Zeitchartervertrag von den Ladungsbeteiligten weitergehend in Anspruch genommen zu werden.

h) Pfandrecht

Der Zeitvercharterer hat wegen seiner Forderungen aus dem Zeitchartervertrag ein gesetzliches Pfandrecht an den an Bord befindlichen Sachen, die im Eigentum des Zeitcharterers stehen (§ 566 Abs. 1).

Zu den gesicherten Forderungen gehören neben der Zeitfracht auch alle anderen Ansprüche gegen den Zeitcharterer, insbesondere auf Kostenersatz (§ 564 Abs. 2) und auf Schadenersatz (§ 567), vorausgesetzt, sie sind fällig (§ 566 Abs. 3).

Die Sachen müssen im Eigentum des Zeitcharterers stehen; es genügt hier nicht, dass sie mit Zustimmung des Eigentümers an Bord gelangt sind. Die Erweiterung auf Gut Dritter, das sich im Frachtrecht (§ 440 Abs. 1, § 495 Abs. 1) sowie beim Spediteur (§ 464) findet, erschien bei der Zeitcharter nicht geboten, weil der Zeitvercharterer – anders als die anderen Pfandgläubigern – durch den Anspruch auf Vorauszahlung der Zeitfracht (§ 565 Abs. 1) bereits besser gesichert ist.[22] Er hat zudem das Druckmittel eines Zurückbehaltungsrechts bei Zahlungsverzug (vgl. o. II 1 b)).

Das Pfandrecht kann nicht gutgläubig erworben werden (§ 566 Abs. 1 Satz 2).

Das neue Recht hat das Pfandrecht auf fällige Forderungen erstreckt, die dem Zeitcharterer aus den von ihm abgeschlossenen Fracht- und Charterverträgen zustehen, soweit sie mit dem Schiff erfüllt werden (§ 566 Abs. 2).

Die Regelung dient der Absicherung der Pfandrechtsklauseln in Charterverträgen, welche nach deutschem Recht nur wirksam sind, wenn das Pfandrecht dem Drittschuldner mitgeteilt wird (§ 1280 BGB).[23] Das geschieht jedoch regelmäßig nicht. Nach § 566 Abs. 2 ist eine solche Mitteilung nicht erforderlich, doch wird der Drittschuldner solange geschützt, bis er von dem Pfandrecht Kenntnis hat (§ 566 Abs. 2 Satz 2).[24]

---

19 MüKoHGB/*Herber*, § 509 Rn. 12.
20 MüKoHGB/*Herber*, § 509 Rn. 44.
21 BGH 14.6.2007 TranspR 2007, 425; dazu MüKoHGB/*Herber*, § 509 Rn. 40 mwN.
22 RegBegr. SRG, S. 120.
23 RegBegr. SRG, S. 121.
24 Zur Kenntniserlangung vgl. MüKoHGB/*Sager*, § 566 Rn. 12 f.

i) Beendigung des Vertrages, Rückgabe des Schiffes

Nach Beendigung des Vertragsverhältnisses ist das Schiff am vereinbarten Ort zurückzugeben.

Das Gesetz geht davon aus, dass der Rückgabeort stets im Vertrag geregelt wird. Ist das ausnahmsweise nicht der Fall, müssen sich die Parteien über den Ort einigen, da – anders als beim Bare-Boat-Chartervertrag[25] – dem Zeitcharter in diesem Fall kein Bestimmungsrecht zusteht.[26]

Bei außerordentlicher Kündigung ist das Schiff dort zurückzugeben, wo es sich gerade befindet.

Nachteile, die der kündigenden Partei dadurch entstehen können, dass das Schiff an einem für die weitere Beschäftigung ungünstigen Ort liegt oder dass sich noch Ladung auf dem Schiff befindet, werden durch eine umfassende Schadenersatzpflicht dessen, der den Grund für die außerordentliche Kündigung zu vertreten hat, ausgeglichen. In diesem Rahmen ist auch ein Verlust des Zeitverscharterers wegen entgangener Zeitfracht für den Rest der Laufzeit des Vertrages zu entschädigen.[27]

Die Rückgabe des Schiffes ist nicht im Sinne einer Besitzübertragung zu verstehen, denn der Zeitcharterer hat den Besitz am Schiff nie erlangt. Gemeint ist eine Freigabe – die RegBegr. SRG[28] versteht die Rückgabe als den Gegenbegriff zu dem in § 559 verwendeten Begriff der „Bereitstellung."

Praktisch bedeutet das vor allem, dass der Zeitcharterer seine an Bord verbrachten Güter ausladen muss.

j) Gegenseitige Unterrichtung

Eine praktisch wichtige Nebenpflicht der Parteien legt das Gesetz in § 562 fest: Sie müssen sich gegenseitig über alle das Schiff und die Reisen betreffenden Umstände von Bedeutung unterrichten.

Diese bei dem Dauerschuldverhältnis schon aus Treu und Glauben folgende Verpflichtung ist ausdrücklich hervorgehoben, weil bei einer so komplexen und wechselvollen, unvorhersehbaren Umständen ausgesetzten Aktivität wie dem Seehandel die Kenntnis auftretender Probleme für die Beurteilung der Sach- und Rechtslage von besonderer Bedeutung ist. Schuldhafte Unterlassung der gebotenen Mitteilung löst eine Schadenersatzpflicht aus (§ 567).

---

25 MüKoHGB/*Sager*, § 554 Rn. 15.
26 MüKoHGB/*Sager*, § 569 Rn. 4.
27 Wegen der Berechnung vgl. MüKoHGB/*Sager*, § 569 Rn. 8.
28 S. 121.

KAPITEL 10: Reisenotlagen

§ 38 Zusammenstoß von Seeschiffen

Lit.: *Beitzke*, Deliktsort und anwendbares Recht beim Schiffszusammenstoß, NJW 1961, 1993 ff.; *Graf/Steinicke*, Seeschiffahrtsstraßenordnung – kommentierte Textausgabe, mit den Internationalen Kollisionsverhütungsregeln und sonstigen Verkehrsvorschriften, Herford 2001; *Healy/Sweeney*, The Law of Marine Collision, Centreville, Maryland, 1998; *Herber*, Gefährdungshaftung in der Schiffahrt? VersR 1982, 405 ff.; *Jasper*, Die Fernschädigung in der Rechtsprechung des Hanseatischen Oberlandesgerichts, MDR 1984, 898 ff.; *Klein*, Haftungsrechtliche Aspekte bei Sportbootunfällen, VersR 1978, 197; *Marsden* (Hrsg. Gault, Simon), Marsden on Collisions at Sea, London 2013; *Ullmann*, Gefährdungshaftung in der Schiffahrt?, VersR 1982, 1020; *Warot*, A Comment on The Lisbon Rules on Compensation for Damages in Collision Cases, JMLC 1987, 583; *Wassermeyer*, Der Kollisionsprozeß in der Binnenschifffahrt, Köln 1971; *Weber*, Neuerungen im Seeverkehrsrecht, Hansa 1990, 259; *Zschoche*, Das Haftungsprivileg des § 21 Abs. 3 SeeLG und die Bedienung von Manöverelementen durch den Lotsen, VersR 2012, 1088 ff.; *ders.*, Das Bedienen von Manöverelementen durch den Lotsen, Hansa 2009, 83 ff.

I. Allgemeines

Die Haftung für Schäden, die durch den Zusammenstoß von Schiffen entstehen, ist in §§ 570 ff. besonders geregelt.

Die Regelung geht auf das **Internationale Übereinkommen von 1910 zur einheitlichen Feststellung von Regeln über den Zusammenstoß von Schiffen** (vgl. o. § 4 II 1 a)) – häufig abgekürzt zitiert als IÜZ – zurück, welches durch Gesetz v. 7.1.1913 in das HGB eingearbeitet wurde. Das seitdem unveränderte Übereinkommen wurde 1952 durch das **Internationale Übereinkommen zur Vereinheitlichung von Regeln über die zivilgerichtliche Zuständigkeit bei Schiffszusammenstößen** (vgl. o. § 4 II 1 h)) und durch das Internationale **Übereinkommen über die strafgerichtliche Zuständigkeit bei Schiffszusammenstößen** (vgl. o. § 4 II 1 i)) ergänzt. Das Übereinkommen über die zivilgerichtliche Zuständigkeit wurde durch das 1. SÄG in das HGB eingearbeitet (§§ 738–738b aF); diese Vorschriften wurden durch das SRG nicht übernommen, das Übereinkommen bleibt jedoch im Rahmen seines Anwendungsbereichs unmittelbar anwendbar.[1]

Sachlich enthält die Regelung der §§ 570 ff. nur eine wesentliche Abweichung vom deutschen Deliktsrecht: Wird ein Schaden durch Verschulden mehrerer beteiligter Schiffe verursacht, so haften die Reeder der schuldigen Schiffe für den den Schiffen und den an Bord befindlichen Sachen entstandenen Schaden nicht als Gesamtschuldner (wie nach § 840 BGB), sondern *pro rata* ihres Verschuldens, im Zweifel je zur Hälfte (§ 571 Abs. 1).

1 Vgl. RegBegr. SRG, S. 122.

II. Begriff des Zusammenstoßes

Zusammenstoß setzt grundsätzlich die körperliche Berührung zweier (oder mehrerer) Schiffe voraus. Es ist jedoch nicht notwendig, dass sich die Schiffsrümpfe berühren, vielmehr genügt die Berührung mit Aufbauten oder auch nur der Ankerkette.

§ 572 stellt dem Zusammenstoß die sog. **Fernschädigung** gleich: Die Bestimmungen der §§ 570 ff. sind (entsprechend) auf Schäden anzuwenden, die ein Schiff einem anderen Schiff oder den an Bord befindlichen Sachen „durch Ausführung oder Unterlassung eines Manövers oder durch Nichtbeachtung einer Schifffahrtsregel" zufügt, ohne dass eine körperliche Berührung stattfindet.

Beispiele für die Fernschädigung sind etwa die Schädigung am Ufer liegender Schiffe durch Wellenschlag infolge unerlaubt hoher Fahrgeschwindigkeit oder das Auflaufen auf eine Sandbank infolge eines falschen Ausweichmanövers des Gegenkommers. Das OLG Hamburg[2] hat sogar die Schädigung eines dritten Schiffes durch Auflaufen auf ein nach einer (auch von diesem Schiff schuldhaft verursachten) Kollision gesunkenes Schiff unter den Begriff subsumiert; dem ist insoweit zuzustimmen, als die Haftung für das gesunkene Schiff (selbst dann, wenn es inzwischen zum Wrack geworden ist) nicht weiter gehen sollte als die für das schwimmende Schiff; während insoweit eine echte Kollision vorliegt, dürfte es jedoch trotz des weiten Wortlauts nicht dem Sinn der Bestimmung entsprechen, auch andere an der vorhergehenden Kollision beteiligte Schiff für den nachfolgenden Kollisionsschaden unter dem Gesichtspunkt der Fernschädigung verantwortlich zu machen.

Die beteiligten Schiffe müssen selbstständig sein. Sind sie in einem Schleppverband vereinigt, so gelten die Besonderheiten der §§ 570 ff. nach allgM[3] nicht.

Selbstverständlich gelten die Sondervorschriften aber bei einer Kollision des Schleppverbandes mit einem anderen Schiff. Deshalb spielt die umstrittene Frage, ob der – heute wegen § 573 von den Vorschriften des HGB bei der Kollision mit Seeschiffen mit erfasste – Schubverband in der Binnenschifffahrt eine nautische Einheit bildet, in diesem Zusammenhang keine Rolle: Dritten gegenüber ist er als ein Schiff anzusehen; stoßen Teile des Schubverbandes (etwa beim Zusammenstellen des Verbandes oder nach dem Lösen einer Verbindung) zusammen, so muss dasselbe gelten wie beim Schleppverband. Eine andere Frage ist die, wie die Haftungsbeschränkung nach den §§ 611 ff. entsprechenden binnenschifffahrtsrechtlichen Haftungsbeschränkungsregeln der §§ 4 ff. BinSchG zu beurteilen ist (vgl. dazu § 5e Abs. 2 BinSchG).

III. Voraussetzung des Verschuldens

Das IÜZ schreibt fest, dass die Haftung des Reeders für Zusammenstöße eine Verschuldenshaftung ist. Ferner, dass die Beweislast für das Verschulden bei dem Anspruchsteller liegt. Das ist in § 570 in das HGB umgesetzt worden.

Damit ist es völkerrechtlich dem deutschen Gesetzgeber untersagt, in diesem Bereich eine Gefährdungshaftung einzuführen. Die Bestimmung gilt jedoch nur für Zusammenstöße und Fernschädigungen, nicht für Schäden an Landanlagen.

Abweichend von dem zu engen Wortlaut des § 735 aF, der nur auf den Regelfall eines Verschuldens der Besatzung abstellte, stellt § 570 klar, dass auch ein Verschulden des Reeders selbst die Voraussetzung erfüllt,[4] etwa als Führer des Schiffes oder durch Einwirkung (man-

---

2 VersR 1972, 1118; dazu auch die Revisionsentscheidung BGH, VersR 1974, 543 und *Rabe*, § 738c Anm. B 1.

3 Vgl. etwa MüKoHGB/*Steingröver*, § 570 Rn. 4.

4 So aber auch schon nach altem Recht BGH v. 14.7.1980, VersR 1980, 968.

gelnde Unterrichtung über Schifffahrtshindernisse, mangelhafte Ausrüstung oder unzulängliche Bemannung des Schiffes) von Land aus.

Die Beweislastregel des IÜZ schließt die Anwendung der Grundsätze des deutschen Rechts über die freie Beweiswürdigung des Richters und damit vor allem auch über den *prima-facie*-Beweis nicht aus, weil es sich insoweit um von dem IÜZ nicht geregelte prozessrechtliche Fragen handelt. Gerade bei Unfällen muss beim Nachweis des Verschuldens häufig der Beweis des ersten Anscheins herangezogen werden, so etwa bei einer Kollision mit einem stillliegenden Schiff, für dessen Verschulden (falsche Lichter, gefährlicher Ankerplatz) besondere Umstände geltend gemacht werden müssen.

Verschulden ist Vorsatz und (jede Form der) Fahrlässigkeit (§ 276 BGB). Erforderlich ist Widerrechtlichkeit des Handelns, weil nur dann von Verschulden gesprochen werden kann.

Ein Verschulden ergibt sich sehr häufig aus einer Zuwiderhandlung gegen die Seeverkehrsregeln, namentlich die **SeeSchStrO** und die **KVR** (vgl. dazu o. § 8 VI). Zu der reichen Kasuistik bei Verstößen gegen Schifffahrtsregeln vgl. Rabe, § 735 Rn. 15.

Der Reeder haftet im Rahmen der §§ 570 ff. für sein Verschulden und das Verschulden aller in § 480 genannten Personen, also neben der Schiffsbesatzung auch des **Lotsen**. Er haftet ohne die Exkulpationsmöglichkeit des § 831 BGB. Soweit jedoch die eigene Ladung von dem Zusammenstoß betroffen ist, geht die Haftung nicht weiter als nach dem Frachtvertrag (§ 480 Satz 2); sie erstreckt sich bei entsprechender Vereinbarung im Frachtvertrag (§ 512 Abs. 2 Nr. 1) nicht auf nautisches Verschulden.

IV. Rechtsfolgen

1. Der Reeder des Schiffes, welches den Zusammenstoß verursacht hat, haftet auf Ersatz des vollen **Sachschadens** (§§ 249 ff. BGB), also auf den wirtschaftlichen Wert, den das Schiff für den geschädigten Reeder hatte. Hierzu gehören Reparaturkosten und Nutzungsausfall, gegebenenfalls auch Hebungskosten. Einen Anhalt sollen die vom CMI in Lissabon 1987 beschlossenen Lisbon Rules[5] geben.

Bei **Personenschäden** ist auch Schmerzensgeld zu zahlen und auch Unterhaltsberechtigte haben einen Anspruch (§ 844 BGB).

Ein **Mitverschulden des Geschädigten** ist nach § 254 BGB ersatzmindernd oder -ausschließend zu berücksichtigen. Im Verhältnis der beteiligten Schiffe untereinander stellt § 571 jedoch eine Sonderregel dar, welche das flexible Prinzip des § 254 durch eine Verteilung nach festen Quoten ersetzt.[6]

2. **Mehrere schuldige Schiffe** haften Dritten, also sowohl Reedern anderer geschädigter Schiffe als auch Personen oder Sachen an Bord eines beteiligten Schiffes, gemeinsam. Diese Haftung ist bei Personenschäden gesamtschuldnerisch. Bei Sachschäden tritt jedoch eine *pro-rata*-Haftung ein, jedes Schiff haftet also nur im Umfang seines anteiligen Verschuldens.

Diese den Reeder über das allgemeine Recht hinaus begünstigende Regelung wird von Nichtvertragsstaaten des IÜZ, vor allem den USA, in der Regel nicht anerkannt. Dort kann deshalb der Reeder auch wegen Schäden an der eigenen Ladung über die Grenzen der §§ 571, 480 in Anspruch genommen werden. Zwar gilt die Beschränkung der Haftung nach dem Frachtvertrag auch dort, jedoch kann das andere Schiff von der Ladung als Gesamtschuldner auf 100% des Schadens in Anspruch genommen werden und dann beim Reeder des die Ladung befördernden Schiffes Regress nehmen. Dieser Regress kann nicht nur über den dem anteiligen

---

5 CMI Yearbook Lisbon II, 1987.

6 Vgl. *Schaps/Abraham*, § 736 Rn. 6 mN.

Verschulden entsprechenden Betrag liegen (wenn etwa wie in den USA im Innenverhältnis ein fester Verteilungsschlüssel von 50:50 unabhängig von der Schwere des jeweiligen Verschuldens gilt); er kann vor allem eine Umgehung der Freistellung von der Haftung für nautisches Verschulden[7] ermöglichen: Die Ladung nimmt das andere kollisionsbeteiligte Schiff in Anspruch, dessen Regressanspruch der Reeder/Verfrachter den Haftungsausschluss nicht entgegenhalten kann.

Diese Belastung vermeidet eine Standard-Klausel, die sich in allen gängigen Konnossementen findet, die sog. **„both-to-blame-collision-clause"**. Sie verpflichtet den Ladungsbeteiligten zur Freihaltung des Verfrachters von solchen Regressansprüchen des Kollisionsgegners.[8] Die Klausel wird in den USA in der Regel als gegen den *ordre public* verstoßend angesehen.[9] In Deutschland wird sie bisher nicht beanstandet, obgleich es nicht unbedenklich erscheint, dass hier die an sich heute schon veraltete und nicht mehr gerechtfertigte Haftungsfreistellung des Verfrachters von der Haftung selbst für schweres Verschulden seiner Leute durch eine schwer verständliche Klausel in Bedingungen, denen sich praktisch kein Befrachter entziehen kann, einseitig unangemessen erweitert wird.

Zu den Konstellationen, die sich bei Beteiligung mehrerer Schiffe ergeben können, vgl. eingehend *Schaps/Abraham*, § 736 Rn. 35 ff.; zu Kollisionen mit Schleppzügen besonders *Rabe*, Anhang § 736.

3. Die Haftung der Schiffseigentümer ist eine persönliche; sie ist jedoch durch ein Schiffsgläubigerrecht gesichert (§ 596 Abs. 1 Nr. 3) und unterliegt der Haftungsbeschränkung nach §§ 611 ff.

V. Beteiligung von Binnenschiffen

Die Vorschriften der §§ 570 ff. gelten auch für den **Zusammenstoß von Seeschiffen mit Binnenschiffen.**

Allerdings richtet sich die Haftung des Binnenschiffseigners dann nach § 4 BinSchG, ist also nach den – den §§ 611 ff. im Prinzip, jedoch nicht in den Haftungssummen entsprechenden – binnenschifffahrtsrechtlichen Beschränkungsregeln beschränkbar.

Für Zusammenstöße, an denen nur Binnenschiffe beteiligt sind, gelten die §§ 570 ff. nicht[10], auch nicht auf Seegewässern.[11]

Eine solche Auslegung ist durch den Wortlaut sowohl des deutschen Gesetzes als auch des IÜZ (Art. 1) nicht geboten. Seitdem die §§ 92–92f BinSchG auf der Grundlage des Übereinkommens v. 15.3.1960 über den Zusammenstoß von Binnenschiffen durch Gesetz v. 30.8.1972[12] eigenständige – wenn auch weitgehend dem seerechtlichen Vorbild entsprechende – Regeln über den Zusammenstoß von Binnenschiffen erhalten haben, besteht hierfür auch keine sachliche Notwendigkeit.

Allerdings ist der Unterschied praktisch sehr gering; eine wichtige Abweichung betrifft etwa die Einbeziehung von Kollisionen innerhalb von Schleppverbänden (§ 92e BinSchG), die jedoch heute keine praktische Bedeutung mehr hat.

---

7 Soweit diese nach anwendbarem Recht, wie nach den meisten Rechtsordnungen, noch besteht oder nach § 512 Abs. 2 Nr. 1 vereinbart worden ist.

8 Wegen der Einzelheiten vgl. *Schaps/Abraham*, § 736 Rn. 62; eingehend *Wilson*, Carriage of Goods by Sea, 7. Aufl., *Haslow* ua. 2010, S. 267 f.

9 Dazu *Schaps/Abraham*, aaO.

10 RegBegr. SRG S. 123.

11 *Rabe*, § 739 Rn. 1; *v. Waldstein/Holland*, Binnenschiffahrtsrecht, 5. Aufl., Berlin 2007, § 92 Rn. 3.

12 BGBl. II 1005.

VI. Anwendungsbereich der deutschen Regelung

Allgemein wird angenommen, dass die §§ 570 ff. nur subsidiär gegenüber der unmittelbaren Anwendung des IÜZ gelten.

Daran kann man – aus der Sicht des deutschen Rechts – durchaus zweifeln, da der deutsche Gesetzeber sich bemüht hat, die lückenhaften Übereinkommensbestimmungen sachgerecht auszulegen und in das deutsche Gesetz einzubinden; das wird besonders nach den Klarstellungen des SRG deutlich. Die Frage hat auch materiell kaum praktische Bedeutung. Sie spielt jedoch eine Rolle bei der Bestimmung des anwendbaren Rechts, dass sich in den vom IÜZ erfassten Fällen nicht nach der Rom-II-VO richtet, weil die Haftungsregeln dann unmittelbar dem Übereinkommen zu entnehmen sind.[13] Denn außerhalb des Geltungsbereichs des IÜZ ist die international-privatrechtliche Anknüpfung außerordentlich problematisch.

Unzweifelhaft ist zunächst, dass bei Kollision von Schiffen zweier Vertragstaaten des IÜZ dessen Haftungsregeln anzuwenden sind[14]. Ebenso, dass bei Kollision zweier Schiffe gleicher Flagge an dessen Flaggenrecht anzuknüpfen ist[15]; dies selbst dann, wenn sich der Zusammenstoß in nationalen Hoheitsgewässern ereignet, sodass für ihn normalerweise das Küstenstaatsrecht als *lox loci* gelten würde.[16]

Völlig ungeklärt ist jedoch der (nicht seltene!) Fall, dass zwei oder mehrere Schiffe auf hoher See zusammenstoßen, die nicht (alle) die Flagge eines Vertragsstaates führen. Hier hat das Reichsgericht schon 1910 den Grundsatz aufgestellt, dass es auf die Flagge des schuldigen Schiffes ankomme; bei beider- oder mehrseitigem Verschulden unterlägen dann die wechselseitigen Ansprüche verschiedenen Rechtsordnungen.

Steingröver[17] hat sich eingehend mit den verschiedenen Lösungsmöglichkeiten auseinandergesetzt und kommt zu dem Ergebnis, dass die Auffassung des RG noch die sachgerechteste sei. Er schlägt angesichts der Unsicherheiten vor, das anwendbare Sachrecht zu vereinbaren, was häufig auch nach dem Unfall im Zusammenhang mit den Verhandlungen der Parteien über Sicherheiten durchaus noch möglich sei.

Hier sei nur bemerkt, dass die Problematik überschattet ist von der Vorfrage, an welches Heimatrecht der Schiffe anzuknüpfen sei. Die Flagge ist heute oft nur Ausdruck steuerlicher Überlegungen, nicht mehr der wirklichen Zugehörigkeit des Schiffes zu einem Staat. Deshalb wird vorgeschlagen,[18] an den Heimathafen anzuknüpfen. Auch dieser ist bei den heutigen arbeitsteiligen Verhältnissen nicht immer sicher. Es erscheint auch nicht sachgerecht, die Flaggenwahl des Reeders – aus welchen Gründen immer sie erfolgt sein mag – einfach beiseite zu schieben. Das Ergebnis ist auch nicht unbillig: Das Recht der sog. „Billigflaggen“ ist häufig, wie *Steingröver* bemerkt, dem der Schifffahrtsstaaten in Sicherheitsfragen nicht unterlegen.

Vgl. hierzu auch u. § 42 III 2.

VII. Zivilgerichtliche Zuständigkeit

Nachdem das SRG die §§ 738–738c aF als überflüssig[19] nicht übernommen hat, gilt das diesen zugrunde liegende Übereinkommen von 1952 zur Vereinheitlichung von Regeln über die zivilgerichtliche Zuständigkeit bei Schiffszusammenstößen[20] inner-

13 Vgl. dazu MüKoHGB/*Steingröver*, Vor § 570 Rn. 18.
14 MüKoHGB/*Steingröver*, Vor § 570 Rn. 18.
15 MüKoHGB/*Steingröver*, Vor § 570 Rn. 15.
16 MüKoHGB/*Steingröver*, Vor § 570 Rn. 11.
17 MüKoHGB/*Steingröver*, Vor § 570 Rn. 20 ff.
18 Etwa von Staudinger/*von Hoffmann*, Art. 40 EGHGB Rn. 226; dazu mit Recht kritisch *Steingröver*, aaO, Rn. 16 f.
19 Vgl. RegBegr. SRG, S. 122.
20 BGBl. 1972 II S. 663.

halb seines Geltungsbereichs unmittelbar. Dieses Übereinkommen beschränkt die Zuständigkeit für Schiffszusammenstöße, um das sog. *forum shopping* – die Wahl eines materiell günstigen Gerichtsstandes – möglichst einzudämmen. Angesichts dessen jedoch, dass unter den zur Verfügung stehenden Gerichtsständen neben denen des Aufenthaltortes, des Zusammenstoßortes und des Sachzusammenhangs auch der des Arrestes anerkannt ist und dass in vielen Ländern ein Arrest mühelos zu erlangen ist, spielt die Einschränkung in der Praxis weltweit keine große Rolle.

Außerhalb des Anwendungsbereichs dieses Übereinkommens richtet sich die internationale Zuständigkeit, soweit der Beklagte seinen Wohnsitz in einem Mitgliedstaat der EU hat, in erster Linie nach den Bestimmungen der Brüssel-I-VO; insoweit ist der deutsche Gesetzgeber an einer eigenen Regelung gehindert gewesen.[21]

VIII. Strafgerichtliche Zuständigkeit

Zusammen mit dem Übereinkommen über die zivilgerichtliche Zuständigkeit bei Schiffszusammenstößen wurde auf der Diplomatischen Konferenz von 1952 ein **Übereinkommen über die strafgerichtliche Zuständigkeit bei Schiffszusammenstößen** verabschiedet, das die Bundesrepublik Deutschland ebenfalls 1972 ratifziert hat (s. o. I); es wurde jedoch nicht in ein deutsches Gesetz übernommen, ist vielmehr nur als solches im Rahmen seines völkerrechtlichen Geltungsbereichs unmittelbar anzuwenden.

Nach dem Übereinkommen hat grundsätzlich nur der Flaggenstaat das Recht strafrechtlicher und disziplinarischer Verfolgung von Straftaten, die mit der nautisch-technischen Führung des Schiffes zusammenhängen; ein Vorbehalt (von dem die Bundesrepublik Deutschland Gebrauch gemacht hat) lässt es jedoch zu, Straftaten auf fremden Schiffen zu verfolgen, die in den eigenen Hoheitsgewässern begangen worden sind.[22]

---

21 Dazu RegBegr. SRG S. 122; MüKoHGB/*Steingröver*, Vor § 570 Rn. 29 ff.
22 Einzelheiten in der RegBegr. SÄG und *Herber*, Hansa 1972, 508, 511.

§ 39 Exkurs: Untersuchung von Seeunfällen

Lit.: *Ehlers*, Seesicherheits-Untersuchungs-Gesetz, Kommentar, 2. Aufl. 2014; *v. Gerlach*, Die Seesicherheiutsuntersuchung, 2005; *Grau*, Goodbye Seeamtsverfahren? Maritimer Sachverstand im parlamentarischen Raum, TranspR 2001, 441 ff.; *Henriksen*, Neuordnung der Seeunfalluntersuchung – Wie der Gesetzgeber ein bewährtes Verfahren handstreichartig abschaffen will, TranspR 2000, 396 ff.; *John*, Seesicherheitsuntersuchungsgesetz, 2012; *Lau*, Transportunternehmen als Beteiligte in der Seeunfalluntersuchung nach dem Gesetz v. 6.12.1985, TranspR 1986, 267 ff.; *ders.*, Zur Beweisaufnahme der Seeunfalluntersuchung, TranspR 1988, 145 ff.; *Scholz*, Europäischer Rahmen für die Untersuchung von Seeunfällen, NordÖR 2007, 97 ff.; *v. Unruh*, Das Seeamtsverfahren, 1995; Seeunfalluntersuchung heute – erfüllt das neue Verfahren den Gesetzeszweck?, Hansa 2005, S. 16 ff.

Seeunfälle können unter bestimmten Voraussetzungen in einem besonderen Verwaltungsverfahren untersucht werden. Seit 2002 neu eingeführt ist die Gliederung der Untersuchung von Seeunfällen in zwei getrennte Verfahren. Das objektive Verfahren zielt auf eine Aufklärung des Unfallgeschehens ab. Die darin im öffentlichen Interesse gewonnenen Erkenntnisse sollen der Verbesserung von Sicherheitsbestimmungen zugutekommen. Daneben besteht ein subjektives Verfahren vor den Seeämtern. In diesem werden Ordnungswidrigkeiten verfolgt und die Entziehung von Befähigungszeugnissen überprüft.

Das Verfahren ist in allen Fällen geregelt in dem Gesetz über die Untersuchung von Seeunfällen (Seesicherheits-Untersuchungs-Gesetz – SUG) v. 16.6.2002.[1] Durch Gesetz vom 22.11.2011[2] traten noch einmal umfassende Änderungen ein, die der Umsetzung von EU-Recht[3] dienten.

Die Seeunfalluntersuchung hat eine lange Vorgeschichte, die in das vorige Jahrhundert zurückreicht. Nach dem Zweiten Weltkrieg wurde sie neu geregelt, doch erst nach mehreren Änderungen und verfassungsrechtlichen Disskussionen wurde 1986 das in Grundzügen noch heute geltende Regelungswerk eingeführt. Umstritten war vor allem, ob die Seeämter und das Bundesoberseeamt die Qualität von Gerichten haben, oder ob sie bloße Verwaltungsbehörden sein sollten. Schon das SeeUG vom 6.12.1985[4] hat sich klar für die zweite Lösung entschieden (§ 10 SeeUG). Danach ist das Untersuchungsverfahren ein reines, an das VwVfG angelehntes, Verwaltungsverfahren. Mit der Gesetzesänderung zum 1.12.2011 wurden die, vorher durch Verweis inkorporierten, Normen des FlUUG[5] in das SUG eingearbeitet und an die Bedürfnisse der Schifffahrt angepasst.

Eine Untersuchung von Seeunfällen ist heute auch in mehreren internationalen Übereinkommen vorgeschrieben, etwa in SOLAS, MARPOL, dem Freibordübereinkommen und den EU-Vorschriften über die Überprüfung von Ro/Ro-Fahrgastschiffen. Diesen Anforderungen entspricht die nationalstaatliche Umsetzung durch das SUG.

Beide Verfahren sind grundsätzlich bei Seeunfällen von Seeschiffen **anwendbar**. Dabei ist in § 1 SUG eine Reihe von Ausnahmen vorgesehen. Voraussetzung ist in der Regel, dass sich der Unfall in deutschen Gewässern ereignet hat oder, dass – wenn der Unfall auf Hoher See, in der

---

1 BGBl. I 1815, 1817; neu gefasst durch Bek. vom 1.3.2012 (BGBl. I 390); zuletzt geänd. BGBl. 2013 I 3836.

2 BGBl. I 2279.

3 Richtlinie 2009/18/EG des Europäischen Parlaments und des Rates vom 23.4.2009 zur Festlegung der Grundsätze für die Untersuchung von Unfällen im Seeverkehr und zur Änderung der RL 1999/35/EG des Rates und der RL 2002/59/EG des Europäischen Parlaments und des Rates.

4 BGBl. I S. 2146; es wurde durch Art. 9 Abs. 1 des Zweiten Seeschifffahrtsanpassungsgesetzes von 2002 (BGBl. I S. 1815) zugleich mit dem Erlass des SUG 2002 aufgehoben.

5 BGBl. 1998 I S. 2470.

Ausschließlichen Wirtschaftszone oder in fremden Hoheitsgewässern stattgefunden hat – ein Seeschiff mit Befugnis zur Führung der Bundesflagge oder ein Binnenschiff mit Eintragung im deutschen Register oder der Inhaber eines deutschen Kapitäns- oder Schiffsoffizierszeugnisses oder einer deutschen Lotsenzulassung beteiligt war (§ 1 Abs. 1 SeeUG).

Ein Seeunfall liegt vor, wenn ein Schiff gesunken, verschollen oder aufgegeben worden ist, wenn es einen erheblichen Schaden erlitten oder verursacht hat, wenn bei seinem Betrieb ein Mensch getötet wurde oder wenn durch das Verhalten, den Zustand oder den Betrieb des Schiffes eine erhebliche Gefahr für die Sicherheit oder den Zustand von Gewässern eingetreten ist (§ 1 Abs. 2 SeeUG).

Eine Untersuchung wird grundsätzlich nur eingeleitet, wenn ein öffentliches Interesse daran besteht. § 11 SUG legt im Zuge der Umsetzung europäischer Vorgaben verschiedene Kriterien für die Beurteilung des Interesses in gravierenden Fällen fest, abgestuft ua. nach Kategorien sog. „schwerer Seeunfälle" und „sehr schwerer Seeunfälle". Stets vorgeschrieben ist danach ein Untersuchungsverfahren bei sog. „sehr schweren Seeunfällen"; dies sind solche, bei denen ein Schiff verloren gegangen ist, ein Mensch getötet wurde oder eine erhebliche Verschmutzung stattgefunden hat (§ 1a Abs. 2 SUG). Beantragt die Wasser- und Schifffahrtsdirektion Nordwest eine Untersuchung, so besteht stets eine Untersuchungspflicht (§§ 41, 42 SUG).

Der **Bundesstelle für Seeunfalluntersuchungen (BSU)** mit Sitz in Hamburg obliegt die Durchführung des **objektiven Verfahrens** nach Abschnitt 3 des SUG. Die BSU führt die Untersuchung nach dem in den §§ 9 bis 37 SUG geregelten Verfahren durch. Ziel dieser Untersuchung ist die objektive Ermittlung der Umstände und Ursachen für den Seeunfall sowie die Herausgabe von Untersuchungsberichten (§ 27 SUG) sowie die Ausarbeitung von Sicherheitsempfehlungen (§ 29 SUG). Die Feststellung von Verschulden- oder Haftungsfragen ist ausdrücklich nicht Bestandteil der Seeunfalluntersuchung (§ 9 Abs. 2 Satz 2 SUG). Die Entscheidung ob eine Untersuchung durchgeführt wird obliegt dem BSU nach Maßgabe des § 11 SUG.

Die **Seeämter** bleiben für die Durchführung des **subjektiven Verfahrens**, also der personenbezogenen Untersuchung von Seeunfällen nach Abschnitt 4 des SUG, verantwortlich. Die in Hamburg, Kiel, Bremerhaven, Emden und Rostock eingerichteten Seeämter sind Ausschüsse der jeweiligen Wasser- und Schifffahrtsdirektionen (§ 43 Abs. 1 SUG). Sie sind besetzt mit einem Vorsitzenden, der die Befähigung zum Richteramt haben muss, einem ständigen Beisitzer, welcher ein Kapitänspatent und seemännische Erfahrung besitzen muss, sowie zusätzlich zwei ehrenamtlichen Beisitzern. Der Spruch des Seeamtes hat den Charakter eines Verwaltungsaktes und kann mit Widerspruch angefochten werden (§ 52 SUG). Über diesen entscheidet die Wasser- und Schifffahrtsdirektion Nord. Gegen dessen Spruch steht, sofern es sich um einen belastenden Verwaltungsakt handelt, dem Betroffenen die Anfechtungsklage vor den Verwaltungsgerichten zur Verfügung.

§ 40 Bergung

Lit.: *Bahnsen*, Internationales Übereinkommen von 1989 über Bergung, Schriften zum Seehandelsrecht Bd. 5, 1997; *ders.*, Das internationale Bergungsrecht, TranspR 2010, 317 ff.; *Bilat*, Développement dans le secteur du sauvetage et de l'avarie commune, FS Walter Müller, S. 281; *Brice*, Maritime Law of Salvage, London 1983; *Darling/Smith*, LOF 90 and the New Salvage Convention, London 1991; *Douay*, Le régime juridique de l'assistance en mer selon la Convention de Londres du 28 avril 1989, DMF 1990, 211; *Gaskell*, The 1989 Salvage Convention and the LLOYD'S Open Form (LOF) Salvage Agreement 1990, TMLJ 16 (1991), 1 ff.; *Kastenbauer*, Bergung und Hilfeleistung in Seenot von Sportschiffen, VersR 1980, 305 ff.; *Kerr*, The International Convention on Salvage 1989 – How it came to be, ICLQ 1990, 530 ff.; *Lau*, Die Gefahrengemeinschaft auf See, Hilfeleistung und Umweltschutz, TranspR 1993, 173 ff.; *Rossi*, Die Revision der „Salvage Convention" aus der Sicht eines Transportversicherers, FS Walter Müller, S. 293; *Schimming*, Bergung und Hilfeleistung im Seerecht und im Seeversicherungsrecht, Diss. Hamburg 1970; *Schrock*, Das internationale Übereinkommen über Bergung v. 28.4.1989, TranspR 1989, 301 ff.; *Schwampe*, Die Bergung in der Transportversicherung, VersR 2007, 1177 ff.; *Vincenzini*, International Salvage Law, London 1992.

I. Allgemeines

1. §§ 574–587 enthalten seehandelsrechtliche Sondervorschriften über die Vergütung, welche demjenigen zusteht, der ein Schiff, auf diesem befindliche Sachen oder andere Vermögensgegenstände aus einer Seegefahr rettet.

Die Vorschriften sind vom SRG im Wesentlichen unverändert aus den §§ 740–753 aF übernommen worden, die auf der Novellierung durch das 3. SÄG vom 16.5.2001[1] beruhten, welches das Internationale Übereinkommen vom 29.4.1989 über Bergung (IÜB) in das deutsche Recht eingearbeitet hat. Schon dieses Gesetz hat die frühere deutsche Unterscheidung zwischen **Bergung** und **Hilfsleistung aufgegeben**, der schon lange keine Bedeutung mehr zukam.[2]

Der Vergütungsanspruch ist gesetzlicher Natur und schließt als *lex specialis* die Anwendung der allgemeinen Vorschriften über den Auftrag und die Geschäftsführung ohne Auftrag aus.

Er ist unabhängig davon, ob über die Bergung ein Vertrag geschlossen wurde oder nicht. Allerdings kann, da die Regelung nicht zwingend ist, in einem Bergungsvertrag die Vergütung abweichend geregelt werden; dies ist jedoch nicht üblich. Bergungsverträge werden häufig auf der Grundlage des „Lloyd's Standard Form of Salvage Agreement" – kurz auch als „Lloyd's Open Form" (LOF)[3] bezeichnet – geschlossen, wonach es bei dem gesetzlichen Grundsatz des „no cure – no pay" (s. u. II 5) bleibt. Zu unterscheiden vom Bergungsvertrag ist jedoch ein Vertrag über die Hebung oder „Bergung" eines nicht (mehr) in Seenot befindlichen, sondern gesunkenen oder gestrandeten Schiffs oder Wracks; hier handelt es sich um einen normalen Werkvertrag.

Im HGB sondergesetzlich geregelt sind vor allem der Anspruch auf Vergütung (§ 576), deren Bemessung (§ 577) und die Haftung hierfür sowie Ausgleichsansprüche zwischen mehreren Bergern; seit dem 3. SÄG finden sich auch einige Grundsätze über die Pflichten des Bergers (§ 574) und eine Sondervergütung für bestimmte Fälle

1 BGBl. I S. 898.
2 Vgl. die Voraufl. S. 390, 394.
3 Vgl. MüKoHGB Anhang B II 2.

erfolgloser Bergungsbemühungen (§ 578). Alle anderen Fragen, die sich bei der Beurteilung eines Bergungsvertrages ergeben können, richten sich nach allgemeinem bürgerlichen Recht.

2. **Historisch** ist bemerkenswert, dass die Gewährung einer Vergütung für Bergung sich erst in jüngerer Zeit durchsetzte. Ursprünglich spielte, da eine Bergung auf See technisch kaum möglich war, nur das mit dem Bergungsrecht verwandte **Strandrecht** eine Rolle.

Schon seit dem römischen Recht versuchten Gesetze, die Interessen des Eigentümers gestrandeter Sachen zu wahren, indem sie eine Pflicht des Finders oder Bergers zur Ablieferung statuierten.[4] Doch setzte sich dieser von vielen Gesetzgebern angestrebte Schutz vor allem an den nördlichen Küsten lange Zeit nicht durch. Das Strandgut wurde als Geschenk des Himmels betrachtet, wobei man dem Eintritt des gewinnbringenden Ereignisses einer Strandung auch gelegentlich durch irreführende Leuchtzeichen, durch Plünderung bis hin zur Tötung Überlebender und – als milderes, aber bis in das 18. Jahrhundert weitgehend übliches Mittel – durch Kirchengebet um einen „gesegneten Strand“ nachhalf. Die Aussicht auf Strandgut bildete sogar häufig den Gegenstand eines sog. „Strandregals“.[5]

Im Mittelalter, namentlich aber durch die Hanse, wurde die Bewahrungs- und Ablieferungspflicht mit einem Anspruch auf Belohnung für die Hilfe bei einem Schiffbruch verbunden. Dieser Gedanke setzte sich schließlich – in Deutschland im Preußischen ALR und dann in der Strandungsordnung von 1874 – durch und fand in der zweiten Hälfte des 19. Jahrhunderts Eingang in das ADHGB und in die Seerechtsgesetze anderer Länder, so etwa in den Merchant Shipping Act 1862 und in den Codice della Marina Mercantile von 1883. Während jedoch die **Strandungsordnung** noch in erster Linie die Bergung von Strandgut im Auge hatte (und deshalb durch Gesetz v. 28.6.1990 als veraltet und heute überflüssig aufgehoben wurde), legten die neuen Gesetze nun das Gewicht auf die Vermeidung von Strandung durch Bergung und Hilfeleistung in Seenot.

3. Das Recht der „Bergung und Hilfsleistung“ wurde 1910 durch eines der ältesten seerechtlichen Übereinkommen international vereinheitlicht: Das **Internationale Übereinkommen v. 23.9.1910 zur einheitlichen Feststellung von Regeln über Hilfsleistung und Bergung in Seenot** – häufig abgekürzt zit. als IÜS (vgl. o. § 4 II 1 b)). Das deutsche Recht (§§ 740ff. aF) ist durch das Vertragsgesetz v. 7.1.1913[6] an das IÜS angepasst – aber leider nicht vollständig angeglichen – worden. 1989 wurde das IÜS durch das **(IMO-)Übereinkommen vom 18.4.1989 über die Bergung (IÜB)**[7] (vgl. § 4 II 1 b)) ersetzt, welches für Deutschland seit 2002 verbindlich ist und durch das 3. SÄG in das HGB eingefügt wurde.[8]

Das neue Bergungsrecht vermeidet die Schwierigkeiten, die sich für die Beurteilung des **Verhältnisses der Vorschriften des IÜS zum Recht des HGB** ergaben, weil der Gesetzgeber eine Klärung dieser Frage unterlassen hatte. Wie beim Zusammenstoßübereinkommen hat der Gesetzgeber bei der Ratifikation dieses ersten seerechtlichen Übereinkommens die Problematik des Nebeneinanderbestehens von Übereinkommensvorschriften und angepasstem innerstaatlichen Recht, die heute bei der Inkorporation jedes Übereinkommens eine Rolle spielt, noch nicht klar genug gesehen. Daraus ergab sich eine merkwürdig unsichere Auslegung.[9] Das 3. SÄG hat die unmittelbare Anwendung des IÜB in Deutschland ausgeschlossen.

---

4 Vgl. dazu im Einzelnen *Bahnsen*, aaO, mN.

5 Dazu auch *Wüstendörfer*, S. 410.

6 RGBl. 66.

7 International Convention on Salvage, 1989 BGBl. 2001 II 510; dazu *Schrock*, TranspR 1989, 301ff.

8 Das IÜS ist seitdem für Deutschland nicht mehr in Kraft, vgl. Bek. BGBl. 2002 II 33.

9 Vgl. dazu etwa *Mankowski*, Seerechtliche Vertragsverhältnisse im Internationalen Privatrecht (1995), S. 444ff.; *Rabe*, Vor § 740 Rn. 8 und § 740 Rn. 21ff.; *Schaps/Abraham*, § 740 Rn. 59ff.

4. Das IÜB geht auf Vorarbeiten des CMI (Entwurf von Montreal von 1981) und des Rechtsausschusses der IMO zurück. Ausgelöst waren die Revisionsarbeiten durch die Katastrophe des Tankers „Amoco Cadiz“ am 16.3.1978; das Schiff brach mit 200.000 t Rohöl vor der französischen Küste auseinander;[10] dabei dürfte die verspätete Annahme von Schlepperhilfe durch den Kapitän eine wichtige Rolle gespielt haben. Deshalb verlangten die Regierungen – insbesondere Frankreichs – stärkere Garantien für die rechtzeitige Einleitung von Bergungsmaßnahmen. Das neue Übereinkommen enthält stärkere Anreize für den Berger, sich ebenso in den Fällen einer (für ihn freiwilligen und mit starken Risiken, auch der Haftung verbundenen) Bergung zu widmen, in denen die Aussicht auf die Bergung von Schiff oder Ladung (und damit bei Anwendung des herkömmlichen Grundsatzes eines erfolgsabhängigen Bergelohns) gering ist: Es gewährt dem Berger einen erfolgsunabhängigen Ersatzanspruch für Aufwendungen, die er zur Verhütung von Umweltschäden gemacht hat. Im Einzelnen s. u. II 7.

II. Das Bergungsrecht im Einzelnen

1. Gegenstand der Bergung

Gegenstand der Bergung können ein Schiff, die an Bord befindlichen Sachen (namentlich die Ladung, aber nicht nur diese) sowie sonstige im Wasser treibende Gegenstände sein.

§ 575 präzisiert dies dahin, dass Voraussetzung der Bergung Hilfeleistung ist, entweder für ein in Seegewässern in Gefahr befindliches See- oder Binnenschiff oder einen sonstigen Vermögensgegenstand, oder für ein in Binnengewässern in Gefahr befindliches Seeschiff oder für ein in Binnengewässern in Gefahr befindliches Binnenschiff oder sonstigen Vermögensgegenstand, dem von einem Seeschiff aus Hilfe geleistet wird.

Nach neuem Recht können also auch Vermögensgegenstände Objekt einer Bergung sein, die nicht – wie etwa Anker, Fischereiausrüstung – als Zubehör eines Schiffes, sondern unabhängig von einem Schiff in ein Gewässer geraten sind, zum Beispiel Flugzeuge.

Schließlich erwähnen IÜB und § 574 Abs. 2 Satz 2 **gefährdete Ansprüche auf Fracht**. Die RegBegr. 3. SÄG legt dem offenbar über die Bemessung des Bergelohns hinaus nur wenig Bedeutung bei, weil nur körperliche Sachen Gegenstand der Bergung sein könnten und der Frachtanspruch nicht notwendig dem Eigentümer des Schiffes – dem Schuldner des Bergelohnspruchs – zustehe. Das trifft wohl zu: Ist die Fracht nicht vorausbezahlt, ginge sie also bei Schiffsverlust für den Verfrachter verloren, so kann die Bergung des Schiffes durchaus auch eine für diesen frachterhaltende Maßnahme darstellen, doch wird der Eigentümer selten Verfrachter sein. Man könnte allerdings erwägen, den Wegfall der Zeitfracht zumindest analog gleich zu achten.

Die im BinSchG verbliebene, seit dem 3. SÄG in einer bloßen Inbezugnahme der seerechtlichen Bergungsvorschriften bestehende Bergungsregelung gilt nur noch für die Rechte und Pflichten des nicht von einem Seeschiff aus tätigen Bergers, der einem in Binnengewässern in Gefahr befindlichen Binnenschiff oder sonstigen Vermögensgegenstand Hilfe leistet, sowie für die Rechte und Pflichten der sonstigen an den Bergungsmaßnahmen beteiligten Personen (§ 93 BinSchG).

Gegenstand der Bergung kann auch ein **Nichterwerbsschiff** sein (Art. 7 Abs. 1 Nr. 3 EGHGB).

Dies gilt sowohl für Sportboote als auch für Schiffe im öffentlichen Dienst. Soweit Schiffe im hoheitlichen Dienst tätig sind, entsteht an ihnen jedoch kein Schiffsgläubigerrecht wegen des Bergelohns (§ 585 Abs. 3 Nr. 2).

---

10 Vgl. dazu auch o. § 22 VI 2 und *Pfennigstorf*, VersR 1988, 1201. ff.

2. Gefahr

Die Gegenstände müssen sich in **Gefahr** befinden, um Objekt einer Bergung sein zu können.

Der vor dem 3. SÄG vom deutschen Recht (§ 740 Satz 1 aF) verwendete Begriff der **Seenot** war zu eng und fand schon im amtlichen Text des IÜS („danger") keine Stütze. Es muss sich zwar um eine **Gefahr der Schifffahrt** handeln, die sich jedoch nicht notwendig auf See verwirklicht. Eine Gefahr für das Schiff kann auch in einem Hafen oder Binnengewässer eintreten, wenn es beim Beladen zu kentern droht oder durch ein Feuer in einem Kaischuppen bedroht wird.

Anders als bei der Großen Haverei braucht die Gefahr für Schiff und Ladung keine gemeinsame zu sein.

Auch ein bereits gesunkenes oder gestrandetes Schiff, das noch reparaturfähig ist und deshalb noch kein Wrack darstellt, kann sich noch in Gefahr befinden, wenn eine weitere Verschlechterung des Zustandes (etwa durch Auseinanderbrechen oder Versanden) des bergungsfähigen Schiffes droht.

3. Bergungsmaßnahmen

Bergung ist jede Maßnahme, die der Behebung der Gefahr dient, in welcher sich das Schiff oder der sonstige Gegenstand befindet.

Die Gefahr braucht durch die Maßnahme nicht vollständig beseitigt worden zu sein; es genügt, dass eine Verbesserung der Lage eingetreten ist. So etwa, wenn das vor einer Klippe hilflos treibende Schiff in ruhigere Gewässer geschleppt wird, in denen es den Sturm mit größerer Wahrscheinlichkeit überstehen wird.

4. Pflichten des Bergers und sonstiger Personen

In Ausführung des IÜB normieren §§ 574 Abs. 2, 3 und 575 bestimmte Pflichten des Bergers gegenüber dem Eigentümer des Schiffes oder der sonstigen Gegenstände. Er hat die Bergung „mit der gebotenen Sorgfalt" durchzuführen; diese nichtssagende Formulierung stammt aus dem IÜB und ist so auszulegen, dass der Berger die im Verkehr erforderliche Sorgfalt anzuwenden hat.[11] Besonders ist hervorgehoben, dass er bei der Bergung Umweltschäden zu vermeiden hat. Schiffseigentümer und Kapitän andererseits müssen den Berger bei seinen Maßnahmen unterstützen (§ 574 Abs. 4). Die Vorschriften sagen nichts über eine Verpflichtung zur Bergung oder zur Annahme des Bergungsangebots; diese bleiben freiwillig. Allerdings soll der Berger bei Bedarf andere Berger hinzuziehen und darf Konkurrenten nicht behindern; die Erwähnung dieser Verpflichtung zeigt, dass im Bergungsgewerbe ein heftiger Wettbewerb herrscht.

5. Anspruch auf Bergelohn

Der Anspruch auf Bergelohn ist das Herzstück der gesetzlichen Regelung.

a) Voraussetzung des Anspruchs ist zunächst, dass die Bergungsmaßnahmen einen Erfolg gehabt haben; für erfolglose Dienste kann kein Bergelohn beansprucht werden (§ 576 Abs. 1 Satz 1; „no cure – no pay").

Bei erfolglosen Hilfsdiensten, mögen sie auch noch so aufwendig gewesen sein, steht dem Berger auch nicht ein Anspruch aus § 683 BGB zu; § 576 ist demgegenüber *lex specialis*, kann allerdings vertraglich abbedungen werden.

---

11 RegBegr. 3. SÄG, S. 14.

Das Erfordernis des „Erfolges“ geht (schon in dem das IÜS umsetzenden § 740 aF) auf eine ungenaue Übersetzung der internationalen Übereinkommen zurück: Art. 2 IÜS und Art. 12 IÜB sprechen von einem *„useful result“*. Daraus folgt, dass der Begriff des Erfolges weit auszulegen ist: Es genügt, dass die gefährliche Situation verbessert worden ist (vgl. dazu auch o. 3).[12]

b) Die **Höhe des Bergelohns** ist, sofern eine Vereinbarung hierüber fehlt, unter Berücksichtigung der Umstände des Falles nach billigem Ermessen so festzusetzen, „dass er einen Anreiz für Bergungsmaßnahmen schafft“ (§ 577).

Auch hier wird wieder das Bestreben des IÜB deutlich, nicht nur eine angemessene Vergütung zu gewährleisten, sondern vor allem einen Anreiz zu Bergungen im öffentlichen, namentlich Umweltinteresse zu geben, ohne dass man sich jedoch zu einer Bergungspflicht hätte entschließen können.

§ 577 gibt für die Festsetzung einige Anhaltspunkte.

Maßgebend ist danach der **Wert des geborgenen Schiffes**, die Sachkunde und die Anstrengungen des Bergers in Bezug auf die **Verhütung oder Begrenzung von Umweltschäden**, das **Ausmaß des Erfolgs**, die **Art und Erheblichkeit der Gefahr, die Sachkunde und die Anstrengungen des Bergers** in Bezug auf die Bergung; die **aufgewendete Zeit** und die **Kosten** und **Verluste**, die Haftungs- oder sonstige **Gefahr, der der Berger** oder seine Ausrüstung **ausgesetzt war**, die **Unverzüglichkeit**, mit der die Leistungen erbracht wurden, die **Verfügbarkeit und** der **Einsatz von Schiffen oder anderen Ausrüstungsgegenständen** für die Bergung und die **Einsatzbereitschaft und Tauglichkeit der Ausrüstung des Bergers** sowie deren Wert.

Obergrenze des Bergelohnes stellt stets der **Wert der geretteten Gegenstände** dar (§ 577 Abs. 2). In diesem Umfang besteht seit dem 1. SÄG eine persönliche Haftung des Eigentümers der geborgenen Gegenstände. Mehrere haften – jeweils aber begrenzt durch den Wert des eigenen Gegenstandes – als Gesamtschuldner.

Eine weitere Beschränkung der Haftung nach §§ 611 ff. ist in der Regel nicht möglich, weil nach § 612 Abs. 1 nur Ansprüche aus Hebung, Beseitigung, Vernichtung oder Unschädlichmachung eines gesunkenen, havarierten, gestrandeten oder verlassenen Schiffs der Beschränkung unterliegen; in diesen Fällen liegt regelmäßig keine Gefahr mehr vor, so dass es sich um einen bloßen Werkvertrag, nur ausnahmsweise um eine Bergung handelt.

Ein Bergelohnanspruch kann auch bei Bergung eines Schiffes durch ein anderes Schiff desselben Eigentümers (also ein sog. **Schwesterschiff**) entstehen (§ 576 Abs. 1 Satz 2). Der praktische Sinn dieser Regelung besteht darin, dass der Reeder in diesem Fall ein Schiffsgläubigerrecht am eigenen Schiff erwirbt und dass die Besatzungsmitglieder des bergenden Schiffes Ansprüche nach § 581 geltend machen können.

c) Das Gesetz sieht vor, dass **bestimmten Personen ein Lohnanspruch nicht zusteht** (§ 579):

Dies gilt zunächst für denjenigen, der dem Schiff **gegen das ausdrückliche und vernünftige Verbot des Kapitäns Beistand geleistet** hat. Da eine Pflicht zur Annahme von Bergungsdiensten nicht besteht, sind an die Ausnahme „vernünftig“ keine allzu strengen Anforderungen zu stellen; der Kapitän ist Inhaber des Hausrechts und kann in der Regel die Lage seines Schiffes besser beurteilen als ein Außenstehender.

---

12 Zu eng wohl *Rabe*, § 741 Rn. 1, der eine vollständige Beseitigung der (konkreten) Gefahr verlangt.

Ferner steht der **Schiffsbesatzung des geborgenen Schiffes** kein Lohnanspruch zu, auch wenn sie sich an der Bergung aktiv beteiligt hat. Dies gehört zu ihren Dienstpflichten.

Aus demselben Grund kann der **Schlepper**, der das in Gefahr geratene Schiff aufgrund eines Vertrages schleppt, nur dann Bergelohn verlangen, wenn er Dienste erbringt, die nicht zur Erfüllung seines Schleppvertrages gehören.[13]

Ferner kann ein Berger seinen Lohnanspruch **verwirken**: Der Anspruch kann nach § 580 herabgesetzt oder gänzlich versagt werden, wenn der Berger die Notwendigkeit der Bergung schuldhaft herbeigeführt hat oder sich bei der Bergung des Diebstahls, der Verheimlichung oder anderer unredlicher Handlungen schuldig gemacht hat.

d) Die **Festsetzung des Bergelohnanspruchs** geschieht durch das zuständige Gericht; da es sich oft um ausländische Beklagte handelt, die im Inland keinen Gerichtsstand haben, eröffnet § 30a ZPO hierfür eine örtliche Zuständigkeit am Gerichtsstand des Klägers. Üblich ist jedoch die Vereinbarung eines Schiedsgerichts; in Deutschland ist dies durchweg das Deutsche Seeschiedsgericht in Hamburg.

e) Sind an der Bergung **mehrere selbstständige Berger** beteiligt, so wird der Lohn unter ihnen nach denselben Kriterien verteilt, die für die Bemessung des Bergelohns gelten (§ 582).

f) **Schuldner des Bergelohnanspruchs** ist der **Eigentümer** des jeweils geretteten Gegenstandes (§ 576 Abs. 3). Für das Schiff bedeutet dies, dass nicht der Ausrüster (§ 477), sondern nur der sachenrechtliche Eigentümer Lohnschuldner ist.

Seit dem 1. SÄG besteht eine persönliche Haftung des Eigentümers der geborgenen Gegenstände. Mehrere haften – jeweils aber begrenzt durch den Wert des eigenen Gegenstandes – als Gesamtschuldner. Die Ansprüche, die vor 1972 nur dinglicher Natur waren, sind jedoch auch nach der Begründung persönlicher Haftung durch ein Schiffsgläubigerrecht gesichert (§ 585 Abs. 1).

g) Auf der Seite des bergenden Schiffes steht der Lohnanspruch stets dem Reeder oder Ausrüster zu.

Erfolgt die Bergung nicht durch ein Schiff, so ist derjenige lohnberechtigt, der die Bergung durchgeführt hat.

Im Falle der Bergung durch ein Schiff haben jedoch die Besatzungsmitglieder einen Anspruch gegen den Reeder auf Beteiligung am Bergelohn. Wegen der Einzelheiten vgl. § 581. Diese Vorschrift ist zwingend, gilt jedoch nicht für gewerbliche Bergungs- und Schleppschiffe (§ 581 Abs. 3, 4).

h) **Vereinbarungen über den Bergelohn** sind möglich. Sie können jedoch vom Gericht geändert oder für nichtig erklärt werden, wenn der Vertrag zur Zeit und unter dem Einfluss der Gefahr geschlossen worden ist und die vereinbarten Bedingungen unbillig sind oder wenn die vereinbarte Vergütung im Verhältnis zu den tatsächlich erbrachten Leistungen übermäßig hoch oder gering ist (§ 584).

---

13 Vgl. dazu BGH, ZfB 1961, 28, bei dem der Kläger im Inland seinen allgemeinen Gerichtsstand hat.

6. Bergungskosten

Neben dem Bergelohn sind nur bestimmte Kosten des Bergers zusätzlich zu erstatten (sog. **Bergungskosten**), die in § 576 Abs. 2 Satz 2 enumerativ aufgeführt sind.

Hierzu rechnen Gebühren und Zölle sowie die Kosten der Erhaltung und Veräußerung der geborgenen Gegenstände. Diese Kosten sind bei der Festsetzung des Bergelohnes nicht zu berücksichtigen, aber vom Bergelohnschuldner ebenfalls zu bezahlen (§ 576 Abs. 3). Die Obergrenze des Wertes des geborgenen Gegenstandes gilt hierfür nicht, § 577 Abs. 2.

7. Sondervergütung

Das (IÜB) enthält eine Reihe von Änderungen und Präzisierungen, die der Verstärkung des Umweltschutzes dienen sollen.

Dieser Schutz kommt zunächst schon darin zum Ausdruck, dass bei der Bemessung des Bergelohnes künftig die Sachkunde und die Anstrengungen des Bergers in Bezug auf die Verhütung oder Begrenzung von Umweltschäden zu berücksichtigen sind (vgl. o. § 40 II 5 b)). Da es jedoch bei dem das Bergungsrecht beherrschenden Grundsatz des „no cure – no pay" und bei der Begrenzung des Bergelohnes auf den Wert der geborgenen Sachen geblieben ist, kommt dieser Zuschlag zum normalen Bergelohn nur dann zum Zuge, wenn ein Erfolg hinsichtlich der Sachbergung überhaupt eingetreten ist.

Deshalb ist der Anreiz, den dieser Zuschlag dem Berger geben soll, nur begrenzt. Erkennt etwa der Berger, dass ein in Seenot befindlicher Tanker letztlich nicht zu bergen sein wird, so wird seine Bereitschaft, Mühen auf die Vermeidung von Umweltschäden zu verwenden, gering sein, wenn er damit rechnen muss, nicht einmal die Kosten ersetzt zu erhalten und möglicherweise auch noch für die Schäden haftbar gemacht zu werden.

§ 575 sieht nun in Ausführung von Art. 14 IÜB bei Schiffen, die als solche (wie etwa Atomschiffe) oder durch ihre Ladung (wie etwa Öl- oder Chemikalientanker) eine Gefahr für die Umwelt darstellen, einen selbstständigen Anspruch des Bergers auf eine sog. **Sondervergütung** vor, wenn seine Bergungsmaßnahmen hinsichtlich der zu bergenden Gegenstände erfolglos waren, er jedoch einen Umweltschaden verhütet oder begrenzt oder dies zumindest versucht hat.

Dieser Anspruch richtet sich gegen den Schiffseigentümer, der ja auch in der Regel für die Umweltschäden – insbesondere bei Ölschäden nach dem ÖlHÜ von 1969 – haftet.

Der Anspruch soll die Unkosten des Bergers decken (§ 578 Abs. 2 Satz 2). Hat die Bergung Erfolg gehabt und steht dem Berger deshalb ein Bergelohnanspruch zu, dann besteht der Anspruch auf Sondervergütung nur auf den den Bergelohn übersteigenden Betrag der Unkosten. Andererseits kann die Sondervergütung bei Erfolg der Umweltschutzbemühungen um 30% der Kosten, in besonderen Ausnahmefällen bis zu 100% der Kosten erhöht werden. Zu den Einzelheiten der Berechung vgl. *Schrock*, TranspR 1989, 301, 305f. und *Bahnsen*, S. 195ff.

Die Sondervergütung braucht – im Gegensatz zum Bergelohn, dessen durch den Umweltschutzgesichtspunkt erhöhter Betrag gleichfalls von der geborgenen Ladung (auch, soweit sie nicht umweltschädlich ist) mitgetragen werden muss – nur von dem Eigentümer des Schiffes gezahlt zu werden. Zwar bleiben Rückgriffsansprüche des Eigentümers unberührt (Art. 14 Abs. 6 IÜB), doch soll der Eigentümer nach Auffassung der Konferenz von 1989 die von ihm zu tragende Vergütung nicht ohne Weiteres auf die Ladung umlegen können, wenn es sich bei der Gefahrenlage, die Anlass zur Bergung gegeben hat – wie regelmäßig – um einen Fall Großer Haverei handelt. Dies ist inzwischen durch eine Änderung der York-Antwerp-Rules ausgeschlossen worden.[14]

Diese Regelung des Bergungsübereinkommens von 1989 hat in die Neufassung der LOF von 1990 Eingang gefunden, zu der eine Zusatzklausel, die sog. SCOPIC-Klausel („Special Compensation P&I Clause") nicht nur die Sondervergütung („special compensation") vorsieht, sondern zugleich auch genauere Kriterien für deren Bemessung nach Arbeitsaufwand enthält. Dazu *Vincenzini*, S. 275 ff.

8. Pfandrecht des Bergers

Der Berger hat wegen des Bergelohns, der Sondervergütung und der Bergungskosten ein Pfandrecht am Schiff und wegen des Bergelohns und der Bergungskosten an den geborgenen Sachen (§ 585 Abs. 1 und 2).

Dieses ist hinsichtlich des Schiffes ein **Schiffsgläubigerrecht** (§§ 596 Abs. 1 Nr. 4, 585 Abs. 1), so dass sich die Regeln über die Befriedigung und den Rang aus dem Fünften Abschnitt ergeben. Das Pfandrecht an den sonstigen geborgenen Sachen findet in § 586 eine nähere Regelung; es deckt nicht die Sondervergütung, für welche nur der Schiffseigentümer haftet.

Der Gläubiger hat ferner ein Zurückbehaltungsrecht (§ 585 Abs. 3), zu dessen Geltendmachung der Kapitän in seinem Interesse verpflichtet ist (§ 587).

9. Rettung von Menschenleben

Die **Rettung von Menschenleben** begründet keinen Bergelohnanspruch. Insoweit kann jedoch ein Anspruch aus Auftrag oder Geschäftsführung ohne Auftrag gegeben sein,[15] der jedoch nur den Ersatz der Aufwendungen zum Gegenstand hat, keinen darüber hinausgehenden Lohn.

Das Gesetz sieht die Rettung von Personen als eine sittliche Pflicht an; der Berger soll nicht auf Kosten eines Schiffbrüchigen einen Gewinn erzielen.

Im Anschluss an § 749 aF räumt jedoch § 583 den Personen, die sich bei Gelegenheit eines Unfalls, der Anlass zur Bergung von Sachen gibt, Handlungen zur Rettung von Menschenleben unternehmen, einen Anspruch gegen den oder die Berger von Sachwerten auf einen billigen Anteil an dem diesen zustehenden Bergelohnanspruch ein.

Dadurch soll der Gefahr vorgebeugt werden, dass ein Berger der Versuchung erliegt, der lohnversprechenden Bergung von Sachwerten den Vorrang vor der Rettung von Menschenleben zu geben.

Der Schutz des Menschenretters durch § 583 ist allerdings deshalb ein unvollkommener, weil er leer ausgeht, wenn den Bergern mangels Erfolges ihrer Bemühungen kein Bergelohnanspruch zusteht. Nur für den Wegfall des Bergelohnanspruchs aus den persönlichen Gründen des § 580, etwa wegen Veruntreuung von Bergungsgut, räumt § 583 Abs. 2 dem Menschenretter einen unmittelbaren Anspruch gegen den von der Bergung begünstigten Eigentümer in der Höhe ein, in welcher der Anspruch gemindert ist.

10. Haftung des Bergers

Der Berger haftet für Schäden, die durch Fehler bei den Bergungsmaßnahmen eintreten. Nach neuem Recht bietet § 574 Abs. 3 dafür eine Rechtsgrundlage und den Haftungsmaßstab.

---

14 Vgl. TranspR 1990, 353, 356.
15 Vgl. BGHZ 67, 368.

Er wird in solchen Fällen durch das Privileg der Haftungsbeschränkung nach § 611 iVm Art. 1 Abs. 1 und 3 HBÜ geschützt.[16]

11. International-privatrechtliche Anknüpfung der Bergung

Durch das 3. SÄG wurden, entsprechend den Vorgaben der IÜB, Vorschriften über die kollisionsrechtliche Anknüpfung des Bergungsrechts in Art. 8 EGHGB eingefügt,[17] die durch das SRG sachlich unverändert übernommen wurden.

Danach ist das Bergungsrecht grundsätzlich nach der ***lex fori***, also bei Verfahren in Deutschland nach deutschem Recht, zu beurteilen.

Dies gilt jedoch nur, **soweit die Ansprüche in §§ 570 ff. geregelt sind**. Soweit diese Regelung Lücken aufweist, bestimmt sich das anwendbare Recht bei vertraglicher Bergung gem. Art. 4 Abs. 2 Rom-I-VO nach dem Recht am Sitz des Bergers.[18] Bei Bergung ohne einen besonderen Vertrag folgt die Anknüpfung Art. 11 Rom-II-VO;[19] die objektive Anknüpfung führt zum Recht des Ortes der Bergung, sofern diese im Küstenmeer geschieht, bei Bergung auf hoher See zum Recht der Flagge des geborgenen Schiffes.[20]

Die Aufteilung des Bergelohns und der Sondervergütung zwischen dem Berger und seinen Bediensteten bestimmt sich jedoch, wenn die Bergung von einem Schiff aus durchgeführt wird, nach dem Recht des Staates, dessen Flagge das Schiff führt, sonst nach dem Recht, dem der zwischen dem Berger und seinen Bediensteten geschlossene Vertrag unterliegt.

Die Beteiligten können – auch nach der Bergungsaktion – frei eine andere Rechtsordnung wählen und den Gerichtsstand vereinbaren. Der **Kapitän** hat eine **gesetzliche Vollmacht**, diese Vereinbarung für den Eigentümer des Schiffes und für die Ladungsbeteiligten zu treffen (§ 584).

Solche Vereinbarungen sind im Rahmen von Bergungsverträgen üblich und sinnvoll, um die Unsicherheit über das anwendbare Recht schon im Hinblick auf die Flaggenproblematik und auf das Statut für Ansprüche gegen die Ladung[21] zu beseitigen.

---

16 Vgl. dazu *Herber*, Haftungsrecht der Schiffahrt, S. 25, 48 f.; ferner o. § 24 II 4b.

17 Dazu im Einzelnen RegBegr. 3. SÄG S. 25.; *Bahnsen*, TranspR 2010, 317 ff.

18 Dieser erbringt die vertragstypische Leistung, vgl. auch *Bahnsen*, TranspR 2010, 317, 320.

19 So mit Recht *Bahnsen*, TranspR 2010, 317, 321, der das Bergungsrechtsverhältnis hier dem der Geschäftsführung ohne Auftrag gleich achtet.

20 In entsprechender Anwendung der Regeln über die Anknüpfung beim Schiffszusammenstoß – mit allen Problemen der Flaggenanknüpfung (dazu MüKoHGB/*Steingröver*, Vor § 570 Rn. 16); aA *Bahnsen*, TranspR 2010, 317, 321: Recht des Heimathafens.

21 Ob dieses einfach dem des Status der Ansprüche gegen das Schiff gleichgesetzt werden kann (so wohl *Bahnsen*, TranspR 2010, 317, 321), erscheint fraglich.

§ 41 Große Haverei

Lit.: *Bemm*, Rechtsprobleme der großen Haverei und des Dispacheverfahrens, Schriften zum Seehandelsrecht Bd. 3, 1997; *Grau*, Havarie-Grosse nach YAR und die Neuerungen durch Sydney 1994, TranspR 1998, 279 ff.; *Hebditch/Macdonald*, York Antwerp Rules, An Analysis, London 1994; *Holzer*, Das Dispacheverfahren nach dem FamFG, TranspR 2013, 357 ff.; *Hudson*, The York Antwerp Rules – The Principles and Practice of General Average Adjustment in Accordance with the York Antwerp Rules 1994, 2nd ed., London 1996; *Kouladis*, The legal status of average adjusters, JBL 1994, 488 ff.; *Landwehr*, Die Haverei in den mittelalterlichen deutschen Seerechtsquellen, in: Berichte aus den Sitzungen der Joachim Jungius Gesellschaft der Wissenschaften, 1985 Heft 2; *ders.*, Zur Begriffsgeschichte der Haverei vom 16. bis zum 18. Jahrhundert, FS Hubert Niederländer (1991), S. 57 ff.; *Lorenz*, Versicherungsrechtliche Fragen zur großen Haverei in der Binnenschiffahrt, in: Probleme des Binnenschiffahrtsrechts V, 1988, S. 39 ff.; *Lowndes/Rudolf*, The Law of General Average and the York Antwerp Rules, 11th ed., London 1990; *Plön/Kreutziger*, Das Recht der großen Haverei, 2 Bd. 1965/68; *Rémé*, Abschaffung oder Vereinfachung der Großen Haverei, Schriften des DVIS A 13, 1970; *Siccardi*, The York Antwerp Rules 1994, DirMar. 1995, 103 ff.; *Taylor*, Review of the law of general average and York-Antwerp-Rules 1974, DirMar. 1994, 360 ff.; *Ulrich/Brüders/Hochgräber*, Große Haverei, 3. Aufl. 1930; *Voet*, Le droit des avaries communes, un droit propre à la navigation, FS Walter Müller, S. 273 ff.; *Wüst*, Havereiausgleich und Beteiligtenverschulden, TranspR 1987, 365 ff.; *ders.*, Die große Haverei auf Hoher See und in der Binnenschiffahrt, in: Probleme des Binnenschiffahrtsrechts V, 1988, S. 1 ff.

I. Begriff

Die **Große Haverei** (General Average, Havarie Grosse) beruht auf einem alten Rechtsgedanken, der bis in die Zeit der Phönizier zurückzuverfolgen ist und in der *lex Rhodia de iactu* seinen Niederschlag fand: Geraten Schiff und Ladung in gemeinsame Seegefahr und ergreift der Kapitän zur Errettung aus dieser Gefahr Maßnahmen, die Schiff oder Ladung Schaden zufügen, so werden diese Schäden sowie die durch die Maßnahmen verursachten Kosten von Schiff, Ladung und Fracht gemeinsam getragen.

Das Rechtsinstitut ist heute weltweit anerkannt und wird in aller Regel nach vom Comité Maritime International ausgearbeiteten und periodisch reformierten Bedingungen, den sog. York-Antwerp-Rules, abgewickelt, deren letzte Fassung aus dem Jahr 2004 stammt.[1]

Das veraltete, umständliche frühere deutsche Recht (§§ 700 ff. aF) spielte in der Praxis wegen der durchgängigen Vereinbarung der YAR keine Rolle. Der Gesetzgeber stand deshalb vor der Frage, ob er es unter diesen Umständen beibehalten und modernisieren sollte. Eine völlige Beseitigung erschien jedoch nicht angemessen, weil immerhin Fälle denkbar sind, in denen – zumal bei zunehmend formlosen Vertragsabschlüssen – die Vereinbarung der YAR unterbleibt. Eine gesetzliche Verweisung auf die YAR schied schon aus verfassungsrechtlichen Gründen aus. Deshalb entschied sich der Gesetzgeber dafür, eine stark vereinfachte Regelung in §§ 588 ff. beizubehalten.

Diese Regelung hat folgende Grundzüge:

---

1 In der Praxis scheint jedoch die Fassung von 1994 noch zu dominieren, vgl. *H.-C. Engel/Schwampe*, Transportversicherung, 4. Aufl. 2012, S. 73, 77. Das CMI bereitet bereits eine Neubearbeitung vor.

a) § 588 Abs. 1 stellt eine gesetzliche Definition der Großen Haverei voran, an der sich die Auslegung von Einzelfragen orientieren kann.

„Werden das Schiff, der Treibstoff, die Ladung oder mehrere dieser Sachen zur Errettung aus einer gemeinsamen Gefahr auf Anordnung des Kapitäns vorsätzlich beschädigt oder aufgeopfert oder werden zu diesem Zweck auf Anordnung des Kapitäns Aufwendungen gemacht (Große Haverei), so werden die hierdurch entstandenen Schäden und Aufwendungen von den Beteiligten gemeinschaftlich getragen."

Dies ist die im neuen Recht klarer ausgedrückte Grundidee der Großen Haverei, zeigt aber auch deren Grenzen auf. Während das alte Recht eine Liste typischer Havereifälle kannte (§ 706 aF), muss nach neuem Recht jeder Einzelfall unter dem Tatbestand geprüft werden.[2] Dadurch werden alle Fälle, in denen nach Beendigung der Gefahr noch Aufwendungen gemacht werden, von vornherein ausgeschlossen; allerdings war in dieser Hinsicht auch § 706 aF restriktiver als die YAR, insbesondere bei der sog. Nothafelung (s.u. VII).

b) Die Große Haverei wurde im alten Recht in einen Gegensatz gesetzt zur Besonderen Haverei (§§ 701, 704, 705, 707 aF), zur uneigentlichen Haverei (§§ 635, 732, 733 aF) sowie zur kleinen Haverei (§ 621 Abs. 2 aF); diese Begriffe[3] hatten keine eigenständige Bedeutung und wurden deshalb vom SRG nicht übernommen.[4]

c) Die Vorschriften – jetzt §§ 588–595 – sind dispositiv und werden in der Praxis in aller Regel durch die Vereinbarung der sog. York-Antwerp-Rules (YAR) abbedungen.

Die York-Antwerp-Rules sind internationale AGB, die heute praktisch in jedem Konnossement und in jeder Chartepartie in Bezug genommen werden. Sie gehen auf eine lange Geschichte zunächst in der International Law Commission (ILA) und dann im CMI zurück und werden seit 1950 in gewissen Zeitabständen überarbeitet. Die heute noch vielfach angewendeten YAR 1974 (beschlossen auf der Hamburger Konferenz des CMI 1974) sind 1994 durch die Fassung von Sydney[5] und danach noch einmal 2004 in Vancouver ersetzt worden. Die Reedereipraxis hat offenbar die Fassung von 2004 nicht angenommen;[6] diese hatte sich zum Ziel gesetzt, die starke Erweiterung der Vergütung, die in der Fassung von 1994 vorgenommen worden war, etwas zurückzunehmen. Deshalb wird gegenwärtig bereits eine Revision für 2016 vorbereitet.

Die YAR gehen nach der ihr vorangestellten „Rule of Interpretation" Gesetzen und Gebräuchen vor. Das kann natürlich, da es sich nicht um Rechtsnormen handelt, nicht gegenüber zwingendem nationalen Recht gelten, vor allem auch der deutschen AGB-Kontrolle nach §§ 305 ff. BGB. Doch sind angesichts des dispositiven deutschen Rechts der §§ 588 ff. sowie im Hinblick darauf, dass die Grundsätze der YAR, mit denen des deutschen Rechts weitgehend übereinstimmen, wenig Bedenken insbesondere unter den §§ 305 ff. BGB ersichtlich; allenfalls könnte man Zweifel wegen der weiten Erstattung von Nothafenkosten (s.u. VII) haben. Die Auslegungsregel schließt auch nicht aus, deutsches Recht zur Füllung von Lücken anzuwenden, welche die YAR nicht regeln. Zu den YAR auch u. VIII.

2 BerSV S. 166; RegBegr. SRG, S. 125.
3 Vgl. Voraufl. S. 375 f.
4 BerSV S. 165; RegBegr. SRG, S. 125.
5 Abgedr. in TranspR 1994, 488 ff.; dazu eingehend *Grau* und *Taylor,* aaO.
6 BerSV S. 164, 165; *H.-C. Enge/Schwampe*, aaO.

II. Voraussetzungen der Großen Haverei

1. Es muss eine **gegenwärtige Gefahr** vorliegen, die Schiff, Treibstoff und Ladung **gemeinsam** droht. Der drohende Schaden darf nicht unerheblich sein, doch braucht nicht notwendig ein Totalverlust bevorzustehen. Erforderlich ist aber stets, dass dieselbe Gefahr für Schiff, Treibstoff und Ladung besteht. Denn der Grundgedanke der Großen Haverei ist die Gefahrengemeinschaft.

Ob die ernste Gefahr eines Schadens besteht, hat in Zweifelsfällen der allein für die Schiffsführung verantwortliche Kapitän zu entscheiden; seine Beurteilung kann nur dann außer Betracht bleiben, wenn er offensichtlich übertrieben reagiert hat.

Anders als nach früherem Recht wird auch der **Treibstoff** (der „Bunker") gesondert als zu berücksichtigende Sache aufgeführt. Der Treibstoff hat bei den großen Schiffen erheblichen Wert und steht meist im Eigentum eines sonst nicht an der Großen Haverei Beteiligten, nämlich des Zeitcharterers.

2. Der **Kapitän** muss zur Abwendung der Gefahr vorsätzlich **Opfer** gebracht haben. Diese können darin bestehen, dass er das Schiff (etwa durch auf Grund setzen) oder die Ladung (etwa durch Überbordwerfen) vorsätzlich schädigt oder dass er Maßnahmen ergreift, welche Kosten (etwa Schlepp- oder Bergelohn) oder bewusst in Kauf genommene Schäden an Schiff oder Ladung (etwa durch risikoreiche Manöver) verursachen. Stets ist erforderlich, dass die Maßnahme der Rettung von Schiff und Ladung dient; deshalb ist die Aufopferung der gesamten Ladung zur Rettung des Schiffes (oder umgekehrt die Aufgabe des Schiffes zur Rettung nur der Ladung) kein Fall der Großen Haverei.

Im Einzelnen wirft die Abgrenzung von Aufwendungen zur Überwindung gewöhnlicher Reisehindernisse und zur Abwendung außerordentlicher Gefahren Schwierigkeiten auf.[7] Naturgemäß besteht für den Reeder eine gewisse Versuchung, die Kosten des normalen Schiffsbetriebs (etwa Bodenreparaturen infolge von leichter Grundberührung, Reparatur einer defekten Maschine) auch der Ladung anzulasten.

3. Die Havereimaßnahmen des Kapitäns müssen – wenigstens teilweise – Erfolg gehabt haben. Nur dann, wenn wenigstens eine haftende Sache – Schiff, Treibstoff oder Ladung – zumindest teilweise gerettet worden ist, hat deren Belastung mit einer Beitragspflicht Sinn, denn jeder Beteiligte haftet nur mit dem Wert des für ihn geretteten Gegenstandes.

III. Verhältnis zu Schadensersatzansprüchen

Die Große Haverei wird grundsätzlich nicht dadurch ausgeschlossen, dass ein Dritter oder einer der Beteiligten die Gefahr schuldhaft herbeigeführt hat (§ 589 Abs. 1 Satz 1). Hinsichtlich Dritter ist dies selbstverständlich. Hat ein Beteiligter die Haverei schuldhaft herbeigeführt, so kann er seinerseits Vergütung nicht verlangen und haftet den anderen Beteiligten auf Schadensersatz (§ 589 Abs. 1 Satz 2, Abs. 2).

Dabei ist dem Reeder ein Verschulden der Schiffsbesatzung nach Maßgabe des § 480 zuzurechnen. Gegenüber den Ladungsbeteiligten hat er deshalb bei gesetzlicher Frachtvertragsregelung auch nautisches Verschulden der Schiffsbesatzung zu vertreten; es bleibt jedoch bei der bisherigen Situation, wonach nautisches Verschulden dem Reeder nicht zuzurechnen ist, wenn dies im jeweiligen Frachtvertrag vereinbart worden ist (§ 512 Abs. 2 Nr. 1).

---

7 Vgl. dazu *Rabe*, § 700 Rn. 24 ff.

Nach bisherigem Recht und bei Frachtverträgen nach ausländischem Recht oder nach deutschem Recht mit Vereinbarung nach § 512 Abs. 2 Nr. 1 führt die weitgehende Haftungsfreiheit des Reeders dazu, dass die Kosten selbst der vom Kapitän grob fahrlässig verursachten Gefahrenlagen auf die Ladung umgelegt werden können. Allerdings muss der Fehler bei der Führung oder Bedienung des Schiffes während der Reise unterlaufen sein; ist das Schiff mit erkennbaren Mängeln (defekter Maschine, Mangel an Treibstoff) ausgelaufen, so haftet der Reeder auch für ein Verschulden der Besatzung.

Die Diskussion um die Erhaltungswürdigkeit des Rechtsinstituts der Großen Haverei ist vor diesem Hintergrund zu sehen: Für die Verteilung von Opfern, die zur Errettung aus Gefahrenlagen erbracht worden sind, die keiner der Beteiligten hätte vermeiden können und sollen, ist die *ratio legis* nach wie vor zutreffend. Durch die weitgehende Haftungsbefreiung des Reeders ist jedoch eine Pervertierung des Rechtsinstituts eingetreten, die zugleich einen weiteren wichtigen Grund dafür bildet, dass sich die Schifffahrt so vehement gegen die Einführung der HambR wehrt, welche der Großen Haverei erheblich geringere Bedeutung lassen.

Ansprüche gegen einen Beteiligten auf Schadensersatz müssen außerhalb des Dispacheverfahrens geltend gemacht werden.[8] Gegenüber dem Vergütungsanspruch des schuldigen Beteiligten kann die Einwendung nach § 589 Abs. 2 im Widerspruchsverfahren nach §§ 406 f. FamFG geltend gemacht werden.

IV. Die Havereirechnung

Die Darstellung der Havereirechnung ist im neuen Recht sehr vereinfacht worden und in drei Vorschriften zusammengefasst, §§ 590–592.

1. Beteiligte

Das Gesetz spricht durchgängig von Beteiligten, die in § 588 Abs. 2 definiert sind und sowohl vergütungsberechtigt als auch beitragspflichtig sein können. Vermieden wird auch, – wie nach altem Recht und YAR – von der Vergütungsberechtigung und Beitragspflicht der Sachen zu sprechen. § 592 macht klar, dass der jeweilige Beteiligte als Träger des Sachinteresses Gläubiger des Vergütungsanspruchs und Schuldner der Beitragspflicht ist. Es handelt sich seit dem 1. SÄG um persönliche Rechte und Verbindlichkeiten mit dinglicher Absicherung und Beschränkung.

Beteiligter ist danach, wer im Zeitpunkt des Havereifalls Eigentümer des Schiffes oder Eigentümer des Treibstoffs ist oder wer die Gefahr trägt, dass ein zur Ladung gehörendes Frachtstück oder eine Frachtforderung untergeht.

Das neue Recht stellt hier bewusst nicht mehr auf das Eigentum an der Ladung, sondern auf die Gefahrtragung ab; reist ein Ladungsstück auf Gefahr des Käufers – weil dieser auch im Falle des Untergangs den Kaufpreis zahlen muss –, so ist dieser der Beteiligte. Die RegBegr. SRG (S. 126) weist mit Recht darauf hin, dass praktische Einwände gegen diese sachgerechtere Regelung, die Feststellung der Gefahrtragung könne im Einzelfall schwierig sein, wenig verfangen. Die Feststellung, wer Eigentümer schwimmender Ladung ist, gestaltet sich in Anbetracht der verschiedenen gesetzlichen Regeln in den Staaten und der Unwägbarkeiten des IPR nicht einfacher.

Beteiligter hinsichtlich einer in Gefahr befindlichen Frachtforderung (dazu u. IV 2) ist nicht notwendig der Schiffseigentümer. Hat dieser das Schiff verchartert und ist der Charterer Verfrachter eines Stückgutfrachtvertrages, so ist er insoweit Beteiligter.[9]

---

8 Vgl. dazu vor allem *Wüst*, aaO.
9 So mit Recht zum alten Recht *Rabe*, § 715 Rn. 3.

2. Bemessung der Vergütung (§ 590)

Die Vergütung, welche für die Aufopferung des Schiffes, des Treibstoffs und der Ladung anzusetzen ist, bemisst sich nach dem Verkehrswert, den die Sachen am Ort und zur Zeit der Beendigung der Reise gehabt hätten; sind die Sachen nur beschädigt, bemisst sich die Vergütung nach dem Unterschied zwischen dem Verkehrswert der beschädigten Sachen am Ort und zur Zeit der Beendigung der Reise und dem Verkehrswert, den die Sachen in unbeschädigtem Zustand an diesem Ort und zu dieser Zeit gehabt hätten.

Die Vergütung folgt also dem Wertersatzprinzip, welches das Transportrecht auch für den Ersatz beim Transport verlorener oder beschädigter Güter durchweg kennt (vgl. etwa § 502 Abs. 1, 2); auf den konkreten Schaden des Beteiligten kommt es nicht an, selbst wenn dieser geringer sein sollte.

Dem Frachtrecht (§ 502 Abs. 2 Satz 2, Abs. 3 Satz 2) sind auch die Vermutungen entlehnt, die § 590 Abs. 2 Satz 2, Abs. 4 für die Bemessung der Havereivergütung aufstellt: Ist die Sache unmittelbar vor der Reise Gegenstand eines Kaufvertrages gewesen oder nach dem Havereifall repariert worden, so wird (widerleglich) vermutet, dass der Kaufpreis dem wirklichen Wert oder die Reparaturkosten der Wertminderung entsprechen.

Die Vergütung für den Untergang einer Frachtforderung bemisst sich nach dem Betrag, der dem Verfrachter infolge der Großen Haverei nicht geschuldet ist (§ 590 Abs. 3).

Das entspricht § 715 aF: Eine Frachtforderung des Reeders ist nur „aufgeopfert“, wenn sie durch den Havereifall verloren ist. Das ist bei Verlust des Frachtgutes regelmäßig der Fall, wenn die gesetzliche Regel unverändert geblieben ist, wonach die Fracht bei Ankunft des Gutes fällig wird. Ist allerdings im Frachtvertrag vereinbart, dass die Fracht ohne Rücksicht auf die Ankunft des Schiffes endgültig vorausbezahlt ist („freight prepaid“), findet naturgemäß keine Vergütung statt.

3. Bemessung der Beiträge (§ 591)

Die Beiträge, aus denen die Vergütungen bezahlt werden, sind ebenfalls von den Beteiligten aufzubringen. Soweit Sachen verloren gegangen oder beschädigt worden sind, ergibt die Differenz zwischen beiden Beträgen die für jeden Einzelnen letztlich zu beanspruchende Vergütung oder den zu zahlenden Beitrag nach Maßgabe des § 592.

Nicht beizutragen haben Schiffsbesatzung und Fahrgäste. Dieser Ausnahme hätte es vielleicht nicht bedurft, weil sie sich bereits aus der Definition des Beteiligten in § 588 Abs. 2 ergibt, die man wohl als abschließend ansehen muss.

Maßgebend für die Beitragsbemessung sind dieselben Werte, die für die Bemessung der Vergütung anzusetzen sind, allerdings mit gewissen Korrekturen (vgl. dazu im Einzelnen RegBegr. SRG, S. 128).

4. Havereirechnung (§ 592)

Zur Ermittlung des Vergütungsanspruchs eines Beteiligten oder seiner Beitragpflicht ist das Verhältnis der Gesamt-Vergütungsmasse zur Gesamt-Beitragsmasse festzustellen. Gestaltet sich dieses Verhältnis für einen einzelnen Beteiligten günstiger oder ungünstiger, so ergibt sich daraus seine Beitragspflicht oder sein Vergütungsanspruch (vgl. im Einzelnen RegBegr. SRG, S. 128 f.).

§ 592 führt erstmals die Beteiligten als Gläubiger oder Schuldner in die Regelung ein. Er sagt zugleich (Abs. 2), dass die **Haftung** jedes Einzelnen stets **auf den Wert** des **geretteten Gegenstandes begrenzt** ist. Da hierfür der Wert am Ende der Reise maßgebend ist, dürfte die Beitragspflicht auch künftig entfallen (§ 704 aF), wenn ein zunächst geretteter Gegenstand während der Reise durch ein späteres Ereignis vollständig zerstört wird und dem Eigentümer aus dieser Zerstörung nicht ein Ersatzanspruch erwächst.

V. Pfandrecht

Gesichert ist der Beitragsanspruch durch ein **gesetzliches Pfandrecht**, welches im Falle des Schiffes ein Schiffsgläubigerrecht ist. Auch das Ladungsgläubigerrecht, das sich im Übrigen heute nach den allgemeinen Pfandrechtsvorschriften des BGB richtet, hat jedoch – wie das Schiffsgläubigerrecht – Vorrang vor anderen (früher entstandenen) dinglichen Rechten an den Gegenständen (§ 594 Abs. 2 Satz 1).

Das Pfandrecht an der Ladung erlischt nicht schon mit der Auslieferung, sondern erst nach einem Jahr seit Entstehung des Anspruchs (§ 594 Abs. 3). Für die Geltendmachung gilt § 600 Abs. 2 entsprechend. Da die Güter jedoch nach der Auslieferung von gutgläubigen Dritten lastenfrei erworben werden können, stellt das Pfandrecht an den Gütern praktisch nur solange eine Sicherheit dar, wie sich die Güter in der Hand des Kapitäns befinden. Dieser liefert sie deshalb nur gegen Zahlung oder – regelmäßig – **Sicherheitsleistung (sog. Havarie-Bonds)** aus; § 594 Abs. 5 verpflichtet den Kapitän zur Sicherstellung der Beitragsansprüche im Interesse der übrigen Havereibeteiligten.

VI. Dispacheverfahren

Lit.: *Holzer*, Das Dispacheverfahren nach dem FamFG, TranspR 2013, 357 ff.

Zur Feststellung und Verteilung der Schäden wird eine Dispache aufgemacht; dabei handelt es sich um einen Verteilungsplan, aus dem sich die Ansprüche der Vergütungsberechtigten gegen die Vergütungspflichtigen ergeben.

Jeder Beteiligt hat das Recht, die Aufmachung der Dispache am Bestimmungsort oder in dem Hafen, in dem die Reise endet, zu veranlassen. Wurde Treibstoff oder Ladung vorsätzlich beschädigt, oder aufgeopfert, so ist der Reeder verpflichtet, die Aufmachung der Dispache zu veranlassen; unterlässt er dies, so ist er zum Ersatz des daraus entstehenden Schadens verpflichtet (§ 595 Abs. 1).

Die Dispache wird in Deutschland durch einen öffentlich bestellten Sachverständigen oder durch eine vom Gericht besonders ernannte sachverständige Person (einen sog. Dispacheur) aufgemacht, im anglo-amerikanischen Rechtsbereich durch einen privaten Sachverständigen (general average adjuster).

Der Vertrag zwischen Reeder und Dispacheur ist ein Geschäftsbesorgungsvertrag, der Schutzpflichten des Dispacheurs gegenüber den an dem Havereiverfahren Beteiligten begründet.

Das Verfahren bestimmt sich nach § 595 HGB, §§ 375 Nr. 2, 402–409 FamFG.

Die Dispache enthält regelmäßig zunächst eine Darstellung des Ablaufs der Geschehnisse, aus der sich insbesondere die Voraussetzungen der Großen Haverei ergeben, sodann die Feststellung der Schäden und Kosten und der beitragspflichtigen Werte und schließlich die Berechnung der Vergütungen und Beiträge.

Die Dispache kann in einem eigenen gerichtlichen Dispacheverfahren (§§ 405 ff. FamFG) bestätigt werden. Der Bestätigungsbeschluss (§ 406 Abs. 1 FamFG) steht einem Urteil gleich

(§ 95 Abs. 2 FamFG, §§ 704f. ZPO) und bildet dann einen Vollstreckungstitel (§ 409 FamFG). Streitige Ansprüche werden – ähnlich wie im Seerechtlichen Verteilungsverfahren – nicht im amtsgerichtlichen FGG-Verfahren, sondern vor dem Prozessgericht geklärt (§ 407 FamFG; §§ 878f. ZPO). Das deutsche Dispacheverfahren steht auch für eine Dispache zur Verfügung, die in erster Linie nach den YAR und nur sekundär nach den Vorschriften des HGB aufgemacht ist.

VII. York-Antwerp-Rules

Die YAR (s. auch o. II), die in aller Regel vereinbart werden, sind wesentlich komplizierter und unübersichtlicher aufgebaut als das deutsche Gesetz. Dies beginnt mit dem Nebeneinander von drei Kategorien von Regeln: Nach einer Rule of Interpretation (die Vorrang und Reihenfolge der Anwendung der Regeln festlegt) und einer Rule Paramount (die allgemein den Grundsatz voranstellt, dass die zu vergütenden Opfer und Aufwendungen tatsächlich entstanden sein müssen und dass sie – was erstaunlicherweise in der englischen Rechtsprechung zuvor nicht selbstverständlich war – „reasonable" gewesen sein müssen) folgen mit Buchstaben (von A bis G) überschriebene Regeln für den Normalfall, denen jedoch die sich anschließenden Ziffernregeln (I bis XXII, YAR 2004; I – XXIII) als Spezialregeln vorgehen sollen.

Die Revision von 1994 hat eine Reihe von Klarstellungen gebracht, die aus dem sehr ins Detail gehenden Bericht über die Konferenz von *Taylor*[10] ersichtlich sind. Bereits auf der Konferenz des CMI von 1990 wurde eine wichtige Ergänzung der Regel VI vorgenommen: Sie stellt klar, dass die besondere Vergütung nach Art. 14 des Bergungsübereinkommens von 1989 nicht Gegenstand der Verteilung in Großer Haverei ist (Regel VI Abs. 3), vielmehr von dem Reeder allein zu tragen ist. Durch die Rule VI a der YAR 2004 wurde dann die Berücksichtigung der Bergungskosten in Großer Haverei weiter eingeschränkt.

Besonders hingewiesen sei hier nur auf einen praktisch sehr häufigen und rechtspolitisch in besonderem Maße bedenklichen Sonderfall, die sog. **Nothafelung**. Während das alte deutsche Recht (§ 635 aF) eine Umlage von Hafenkosten nur unter sehr engen Voraussetzungen zuließ und das neue Recht sie gar nicht zulässt, haben die YAR dieses Prinzip – welches mit dem Gedanken der **gemeinsamen** Haverei kaum noch etwas zu tun hat – unerträglich ausgeweitet: Nach Regeln X, XI YAR 1994 werden die nach einem außergewöhnlichen Schifffahrtsereignis (gleich welchen Ursprungs) – etwa einem Maschinenschaden – in einem angelaufenen Hafen entstehenden Kosten in Großer Haverei umgelegt. In Rule XI YAR 2004 wurde dieses Vergütungsrecht insofern eingeschränkt, als es beim Anlaufen eines Nothafens nicht mehr möglich ist, auch die Heuern und die Lebensunterhaltskosten für die Besatzung in GA umzulegen. Diese Regeln haben enorme praktische Bedeutung; viele der Einwendungen, die gegen die Beibehaltung des überkommenen Prinzips der Großen Haverei erhoben werden, sind gerade durch diesen Missbrauch des an sich gesunden Schadensteilungsprinzips begründet.

Während die – wenn schon nicht Abschaffung, so doch starke – Vereinfachung der Großen Haverei und ihre Rückführung auf den Gedanken der Abwendung wirklicher gemeinsamer Gefahr immer wieder gefordert wird[11] und im deutschen Recht nunmehr verwirklicht wurde, ging die Tendenz im CMI zu einer Ausweitung – sicher auch eine Folge davon, dass die wenigen Sachverständigen, die sich mit den

---

10 *Taylor*, DirMar. 1994, 360ff., vgl. auch *Grau*, TranspR 1998, 279ff.
11 Vgl. etwa *Rémé*, aaO.

Reformarbeiten befassen wollen und können, an Fortbestand des Instituts und Vermehrung der Anwendungsfälle beruflich interessiert sind. Die YAR 2004 haben dieser Tendenz, wohl vor allem im Hinblick auf die Kritik an den YAR 1994, durch eine Reduktion der Vergütungsfälle etwas nachgegeben. Mit der Folge, dass die YAR 2004 praktisch nicht angenommen werden: Die Reedereiverbände haben sich gegen diese Version der YAR ausgesprochen. Kein Vertragsformular der BIMCO sieht die Geltung der YAR 2004 vor.[12]

Der Gesetzgeber wird hier wenig Einhalt gebieten können, doch würde die weltweite Einführung einer zwingenden Haftung bei Verschulden des Verfrachters und seiner Leute das Rechtsinstitut auf die wirklich berechtigten Ausnahmefälle gemeinsamer Gefahr infolge höherer Gewalt ohne Weiteres zurückführen.

Allerdings kommt den YAR auch heute – in jenen Fällen, in denen die Tatbestände nach den YAR, insbesondere mangels gemeinsamer Gefahr für Schiff und Ladung, nicht unter den Begriff der Großen Haverei nach § 588 zu subsumieren sind (vgl. o.) – nach deutschem Recht kein Vorrang vor zwingendem Haftungsrecht zu.

---

12 So *H.-C. Enge/Schwampe*, S. 77.

KAPITEL 11: Internationales Privatrecht

§ 42 Internationales Privatrecht

Lit.: *Asariotis*, Contracts for the Carriage of Goods by Sea and Conflict of Laws: Some Questions regarding the Contracts (Applicable Law) Act 1990, JMLC 1995, 293 ff.; *Asser*, Maritime Liens and Mortgages in the Conflict of Laws, Göteborg 1963; *Basedow*, Rechtswahl und Gerichtsstandsvereinbarungen nach neuem Recht. Zum Einfluß von IPR-Reform und GVÜ-Novelle auf Vertragsverhältnisse des Seerechts, Schriften des DVIS A 64, 1987; *ders.*, Kollisionsrechtliche Aspekte der Seerechtsreform von 1986, IPRax 1987, 333 ff.; *ders.*, Billigflaggen, Zweitregister und Kollisionsrecht in der Deutschen Schiffahrtspolitik, in: *Drobnig/Basedow/Wolfrum*, Recht der Flagge und „Billige Flaggen" – Neuere Entwicklungen im Internationalen Privatrecht und Völkerrecht, 1990, S. 75 ff.; *Birk*, Das Arbeitskollisionsrecht der BR Deutschland, RdA 1984, 129 ff.; *ders.*, Das Internationale Arbeitsrecht der BR Deutschland, RabelsZ 46 (1982), 384 ff.; *Braekhus*, Choice of Law Problems in International Shipping (Recent Developments), Rec. des Cours 164 (1979 III), 251 ff.; *Czerwenka*, Die Anwendung des § 437 HGB bei grenzüberschreitenden Transporten, TranspR 2012, 408 ff.; *Danilowicz*, „Floating" Choice-of-Law Clauses and Their Enforceability, Int'l. Lawyer 20 (1986), 1005 ff.; *Dannemann*, Das staatsvertragliche Kollisionsrecht der DDR nach der Vereinigung, DtZ 1991, 130 ff.; *Däubler*, Das neue Internationale Arbeitsrecht, RIW 1987, 249 ff.; *ders.*, Das Zweite Schiffsregister – Völkerrechtliche und verfassungsrechtliche Probleme einer deutschen „Billig-Flagge", 1988; *ders.*, Wahl des anwendbaren Arbeitsrechts durch Tarifvertrag, NZA 1990, 673 ff.; *Denninger*, Die Traditionsfunktion des Seekonnossements im internationalen Privatrecht, Arbeiten zur Rechtsvergleichung Bd. 6, 1959; *Dörr*, Das Zweitregistergesetz, ArchVR 26 (1988), 366 ff.; *Drobnig*, Billigflaggen im Internationalen Privatrecht, 1990; *Ebenroth*, Kollisionsrechtliche Anknüpfung der Vertragsverhältnisse von Händlervertretern, Kommissionsagenten, Vertragshändlern und Handelsmaklern, RIW 1984, 165 ff.; *Ebenroth/Fischer/Sorek*, Das Kollisionsrecht der Fracht-, Passage- und Arbeitsverträge im internationalen Seehandelsrecht, ZVglRWiss 88 (1989), 124 ff.; *Ebenroth/Sorek*, Der Geltungsbereich des zwingenden deutschen Konnossementsrechts im internationalen Seetransport, RIW 1989, 165 ff.; *Erbguth*, Die Zweitregisterentscheidung des Bundesverfassungsgerichts, Schriften des DVIS A 87; *Eßlinger*, Die Anknüpfung des Heuervertrages unter Berücksichtigung von Fragen des internationalen kollektiven Arbeitsrechts, 1991; *Flessner*, Reform des Internationalen Privatrechts: Was bringt sie dem Seehandelsrecht? Schriften des DVIS Heft A 59, 1987; *Fudickar*, Die nachträgliche Rechtswahl im Schuldvertragsrecht, Diss. Bonn 1983; *Heilmann*, Das Arbeitsvertragsstatut, 1991; *Gamillscheg*, Internationales Arbeitsrecht (Arbeitsverweisungsrecht), 1959; *Geffken*, Internationales Recht im Seeleutestreik, NJW 1979, 1739 ff.; *ders.*, Internationales Seeschiffahrtsregister verstößt gegen geltendes Recht, NZA 1989, 88 ff.; *Hartenstein*, Rom I-Entwurf und Rom II-Verordnung: Zur Bedeutung zukünftiger Änderungen im Internationalen Privatrecht für das Seerecht, TranspR 4/2008, 143 ff.; Die Rom-I- und Rom-II-Verordnungen, TranspR 7/8 2010, 261 ff.; *Hasche*, Das IPR der Passagierbeförderung, – Die Rom-I- und Rom-II-Verordnungen, TranspR 7/8 2010, 282 ff.; *Häußer*, Das IPR des Stückgutfrachtvertrages – Die Rom-I- und Rom-II-Verordnungen, TranspR 7/8 2010, 246 ff.; *Herber*, Ist das „Zweitregister" verfassungs- oder völkerrechtswidrig? Hansa 1988, 645 ff.; *Hickl*, Arbeitsverhältnisse mit Auslandsberührung, NZA 1987, Beil. 1/1987, 10 ff.; *Hönsch*, Die Neuregelung des Internationalen Privatrechts aus arbeitsrechtlicher Sicht, NZA 1988, 113 ff.; *von Hoffmann*, Inländische Sachnormen mit zwingendem internationalen Anwendungsbereich, IPRax 1989, 261 ff.; *Hoffmeyer*, Die Gerichtswahlklausel im Konnossement – Eine rechtsvergleichende Studie, 1962; *von Hülsen*, Stillschweigende Rechtswahl bei Inkorporation der Chartepartie ins Konnossement und Abschluß von Schiedsgerichtsvereinbarungen durch Verweisung, AWD 1967, 267 ff.; *Hoh-*

loch, Arbeitsverhältnisse mit Auslandsbezug und Vergütungspflicht, RIW 1987, 353 ff.; *Jayme*, Allgemeine Geschäftsbedingungen und internationales Privatrecht, ZHR 142 (1978), 105 ff.; *Junker*, Internationales Arbeitsrecht – Vertragsstatut, Haftung, Arbeitnehmervertretung, RdA 1990, 212 ff.; *Kostka*, Zweitregister für Seeschiffe – eine historisch-rechtsvergleichende Betrachtung, Diss. Münster 1992; *Koukakis*, Schiffsgläubigerrechte im deutschen und griechischen internationalen Privatrecht, Diss. Bonn 1988; *Kraushaar*, Die Auslandsberührungen des deutschen Arbeitsrechts, BB 1989, 2121 ff.; *Kröger*, Anmerkungen zur Einführung eines Deutschen Internationalen Seeschiffahrtsregisters (ISR), Liber amicorum Walter Hasche (1989), 119 ff.; *Kühl*, Das Gesetz zum deutschen „Internationalen Seeschiffahrtsregister", TranspR 1989, 89 ff.; *Leffler*, Das Heuerverhältnis auf ausgeflaggten deutschen Schiffen, 1986; *Lorenz*, Die Rechtswahlfreiheit im internationalen Schuldvertragsrecht, RIW 1987, 569 ff.; *Magnus*, Zweites Schiffsregister und Heuerstatut, IPRax 1990, 141 ff.; *ders.*, Englisches Kündigungsrecht auf deutschen Schiffen – Probleme des internationalen Seearbeitsrechts, IPRax 1991, 382 ff.; *ders.*, Seearbeitsverhältnisse und die Rom I- und II-Verordnungen, FS W. Posch (2011), 443 ff.; *Mankowski*, Seerechtliche Vertragsverhältnisse im Internationalen Privatrecht, 1995; *ders.*, Neue internationalprivatrechtliche Probleme des Konnossements, TranspR 1988, 410 ff.; *ders.*, Arbeitsverträge von Seeleuten im deutschen Internationalen Privatrecht, RabelsZ 53 (1989), 487 ff.; *ders.*, Das Statut der Schiffsgläubigerrechte, TranspR 1990, 213 ff.; *ders.*, Internationalprivatrechtliche Aspekte der IoC-Problematik, TranspR 1991, 253 ff.; *ders.*, Kollisionsrechtsanwendung bei Güterbeförderungsverträgen, TranspR 1993, 213 ff.; *ders.*, Himalaya Clause, independent contractor und internationales Privatrecht, TranspR 1996, 10 ff.; *ders.*, Neues aus Europa zum Internationalen Privatrecht für Transportverträge: Art. 5 Rom I-VO, TranspR 2008, 339 ff.; *ders.*, Konnossemente und die Rom I-VO, TranspR 2008, 417 ff.; *ders.*, Speditionsverträge im Internationalen Privatrecht, TranspR 2015, 17 ff.; *Mann*, Die Gültigkeit der Rechtswahl- und Gerichtsstandsklausel und das Internationale Privatrecht, NJW 1984, 2740 ff.; *Necker*, Zur Statutenkollision im Seefrachtrecht, FS R. Stödter, 1979, 89 ff.; *Paschke*, Das internationale Konnossementsrecht, – Die Rom-I- und Rom-II-Verordnungen, TranspR 2010, 268 ff.; *Ramming*, Internationalprivatrechtliche Fragen des Multimodal-Frachtvertrages und des Multimodal-Ladescheins, TranspR 2007, 279 ff.; *ders.*, Internationalprivatrechtliche Fragen der Haftung des Reeders, – Die Rom-I- und Rom-II-Verordnungen, TranspR 2010, 284 ff.; *Regel*, Schiffsgläubigerrechte im deutschen, englischen und kanadischen internationalen Privatrecht – Zugleich eine Darstellung des englischen und kanadischen materiellen Rechts des „maritime lien", Diss. Bonn 1983; *Reithmann*, Seefrachtverträge im deutschen internationalen Privatrecht, AWD 1959, 245 ff.; *Reithmann/Martiny*, Internationales Vertragsrecht, 4. Aufl. 1988; *Roth*, International zwingender Rechtsschutz – materiell und prozessual, IPRax 1985, 198 ff.; *Schack*, Keine stillschweigende Rechtswahl im Prozeß! IPRax 1986, 272 ff.; *Schmitthoff*, Invalidity of Foreign Choice of Law and Jurisdiction Clauses Contravening Hague-Visby Rules, JBL 1982, 221 ff.; 1983, 67 ff.; *Schultsz*, Choice of maritime law – a Dutch venture, FS Walter Müller, S. 331 ff.; *Schurig*, Die Gesetzesumgehung im Privatrecht, FS Murad Ferid (1988), S. 375 ff.; *ders.*, Zwingendes Recht, „Eingriffsnormen" und neues IPR, RabelsZ 54 (1990), 217 ff.; *Shariatmadari*, Das IPR der Multimodal-Beförderung (unter Einschluss einer Seestrecke)– Die Rom-I- und Rom-II-Verordnungen, TranspR 2010, 275 ff.; *Siehr*, Maritime Law and Private International Law, in: Miscellana of Maritime Law – D. Markianos, Athen 1988, 175 ff.; *Siesby*, What Law Governs Carrier's Liability According to a Bill of Lading? AfS 5 (1961–64), 417 ff.; *Stahl*, Das IPR der Charterverträge (Reise-, Zeit- und Bareboat-Charter) – Die Rom-I- und Rom-II-Verordnungen, TranspR 2010, 258 ff.; *Stödter*, Zur Statutenkollision im Seefrachtrecht, in: Liber amicorum to Algot Bagge, Stockholm 1956, 220 ff.; *Tetley*, Shipowners' Limitation of Liability and Conflicts of Law: The Properly Applicable Law, JMLC 1992, 585 ff.; *ders.*, Charterparties and Choice of Law, DirMar. 1992, 1146 ff.; *ders.*, The cross-defences (set-off, recoupment, compensation and counterclaim) and freight in the conflict of laws, FS Walter Müller, S. 253 ff.; *Wagner*, Neue kollisionsrechtliche Vorschriften für Beförderungsverträge in der Rom I-Verordnung, TranspR 2008, 221 ff.; *Werbke*, Die neue Rechtslage nach der Einführung des Internationalen Seeschiffahrtsregisters, Schriften des DVIS A 69, 1989; *Zweigert*, Das Statut der Schiffsgläubigerrechte, VersR 1971, 571 ff.

I. Allgemeines

Das Seehandelsrecht ist ein internationales Rechtsgebiet. Kaum ein Sachverhalt hat nicht internationale Bezüge. Deshalb spielt die Frage nach dem auf einen Sachverhalt anzuwendenden Recht fast immer eine beherrschende Rolle.

Nachdem das deutsche Internationale Privatrecht durch Gesetz v. 25.7.1986[1] – also etwa zugleich mit dem 2. SÄG – hinsichtlich des auf Schuldverhältnisse anzuwendenden Rechts auf der Grundlage des EG-Übereinkommens v. 19.6.1980 über das auf vertragliche Schuldverhältnisse anzuwendende Recht[2] (EVÜ) grundlegend neu geregelt worden war, ist das auf vertragliche Schuldverhältnisse anzuwendende Recht durch die Rom-I-VO der EU vom 17.6.2008[3] und das auf außervertragliche Schuldverhältnisse anzuwendende Recht durch die Rom-II-VO der EU vom 11.7.2007[4] durch autonomes EU-Recht ersetzt worden. Die entsprechenden Vorschriften des EGBGB wurden ersatzlos aufgehoben; im EGBGB finden sich jedoch noch Vorschriften über das internationale Sachenrecht (Art. 43–46).

Obwohl die Rom-I-VO und die Rom-II-VO Rechtsinstrumente der Europäischen Gemeinschaft sind, erfassen sie nicht nur EU-interne Sachverhalte. Sie gelten – als *lex fori* – stets bei Klagen vor deutschen Gerichten; auch etwa bei Klagen gegen einen Nicht-EU-Ansässigen aus einem nicht in der EU abgeschlossenen Vertrag. Sie sind nach Art. 2 Rom-I-VO, Art. 3 Rom-II-VO auch anwendbar, wenn sie das Recht eines Nicht-Mitgliedstaats der EU betreffen.[5]

Soweit materielles Recht durch internationale Übereinkommen vereinheitlichend geregelt ist und diese in das deutsche Recht transformiert worden sind, ist im Rahmen ihres Anwendungsbereichs nicht mehr zu prüfen, welche Rechtsordnung zur Beurteilung des Sachverhalts berufen wäre: Das Einheitsrecht erübrigt gerade die Vorschaltung des IPR, es ist Sachrecht für internationale Sachverhalte. Dabei ist es stets in der Auslegung anzuwenden, die es durch die deutschen Gerichte erfährt, die sich allerdings möglichst an der Auffassung auch der Gerichte anderer Vertragsstaaten orientieren soll.

Obgleich danach auf international geregelten Rechtsgebieten die Vorschaltung des IPR entfällt, ist im Einzelfall sorgfältig zu prüfen, ob das Übereinkommen bestimmte Fragen sachlich regelt; ist das nicht der Fall – kommt etwa neben einer Regelung der Haftung für Güterschäden noch die Anwendung der Grundsätze der *culpa in contrahendo* oder der positiven Vertragsverletzung in Betracht und sieht man diese nicht als geregelt an –, so ist zu entscheiden, welchem Recht der Vertrag insgesamt unterläge und diesem Recht die Antwort auf die ungeregelten Fragen zu entnehmen.

Im Folgenden können nur einige Aspekte des IPR angesprochen werden, die für das Seehandelsrecht von besonderer Bedeutung sind. Im Übrigen muss auf das reichhaltige Schrifttum zu diesem Rechtsgebiet verwiesen werden. Für das IPR der seerechtlichen Vertragsverhältnisse liegt mit dem Werk von *Mankowski* eine außerordent-

---

1 BGBl. I 1142.

2 BGBl. 1986 II 809.

3 VO (EG) Nr. 593/2008 des Europäischen Parlaments und des Rates, ABl. L 177/6 vom 4.7.2008 über das auf vertragliche Schuldverhältnisse anzuwendende Recht.

4 VO (EG) Nr. 864/2007 des Europäischen Parlaments und des Rates, ABl. L 199/40 vom 31.7.2007 über das auf außervertragliche Schuldverhältnisse anzuwendende Recht.

5 Genau genommen ist zwischen der Frage zu unterscheiden, ob die Verordnung nur für Sachverhalte mit Bezug zu ihren Mitgliedstaaten gilt, und der weiteren Frage, ob auch das Recht von Nicht-Mitgliedstaaten der Verordnung anwendbar sein kann. Hierzu *R. Wagner*, RabelsZ 68 (2004) 119, 139ff.

lich inhaltsreiche Gesamtdarstellung vor, die allerdings vor den beiden EU-Verordnungen verfasst wurde; zum neuen Recht vgl. vor allem *Mankowski*, TranspR 2008, 339ff. und *Wagner*, TranspR 2008, 221ff.

II. Internationales Seefrachtrecht

1. Rechtswahl durch die Parteien

Allgemein gilt das Prinzip, dass **Parteivereinbarungen über das anzuwendende Recht** den Vorrang vor allen gesetzlichen Regelungen haben (Art. 3 Abs. 1 Rom-I-VO).

Hiervon bestehen Ausnahmen nur soweit zwingendes Kollisionsrecht gilt. Hält ein Staat die Einhaltung einer zwingenden Vorschrift seines nationalen Rechts für entscheidend wichtig für seine öffentlichen Interessen, insbesondere seine wirtschaftliche Organisation, so kann er anordnen, dass sie ohne Rücksicht auf das im Übrigen auf den Sachverhalt nach der Rom-I-VO anzuwendende Recht anzuwenden ist (Art. 9 Rom-I-VO, sog. **Eingriffsnorm**). Beispiele dafür sind im deutschen Recht etwa Art. 6 EGHGB[6] und § 449 Abs. 4 (Kabotage).

Die **Vereinbarung über das anzuwendende Recht** kann grundsätzlich **formfrei** getroffen werden. Sie kann ausdrücklich sein oder sich aus den Umständen des Falles ergeben (Art. 3 Abs. 1 Satz 2, 3 Rom-I-VO). Eine stillschweigende Rechtswahl ist im Zweifel in der Vereinbarung eines bestimmten Gerichtsstandes oder eines – an einem bestimmten Ort lokalisierten – Schiedsgerichts zu sehen; dabei ist allerdings zu beachten, dass die prozessuale Vereinbarung, die an strengere Voraussetzungen geknüpft ist, wirksam sein muss.

Praktisch bedeutsam ist die im Seerecht weithin übliche **Rechtswahl** durch **Inkorporation**, also durch Verweisung auf einen anderen Vertrag. Wird im Konnossement auf den Chartervertrag verwiesen, so erstreckt sich die darin enthaltene Rechtswahlklausel nach dem Seerechtsreformgesetz (§ 522 Abs. 1 Satz 2) allerdings nicht mehr ohne ausdrückliche Hervorhebung auch auf das Konnossementsrechtsverhältnis.

Eine stillschweigende Rechtswahl liegt jedoch nicht schon in der Benutzung der englischen Sprache; diese ist im Transportwesen, namentlich natürlich im Seeverkehr, allgemein üblich.

Die Wirksamkeit der Rechtswahl ist nach dem Recht zu beurteilen, das vereinbart wird. Sie muss aber stets nach deutschem Recht zulässig sein, darf also nicht gegen den *ordre public* (Art. 21 Rom-I-VO) oder deutsche Eingriffsnormen verstoßen, sofern ein deutsches Gericht angerufen wurde.

Nicht um Rechtswahl, sondern um eine normale materiell-rechtliche Vereinbarung handelt es sich bei der häufigen – im englischen Recht als ***paramount-clause*** bezeichneten – Verweisung auf Abkommenstexte (etwa „The Hague Rules shall apply"). Rechtswahl kann sich nur auf die Anwendung einer Rechtsordnung beziehen: Deshalb ist Rechtswahl zB die Verweisung auf „Any legislation incorporating the Hague Rules". Wird dagegen nur auf ein Übereinkommen verwiesen, so ist dies ähnlich zu beurteilen wie eine Verweisung auf Musterklauseln oder AGB: Das unabhängig hiervon festzustellende anwendbare Recht hat zu entscheiden, ob diese ausschließlich materiell-rechtliche Vereinbarung wirksam ist.[7]

---

6 Zu dessen Problematik vgl. o. § 30 II 9.

7 Vgl. auch MüKoBGB/*Martiny*, Art. 5 Rom-I-VO, Rn. 124 mwN; auch *Mankowski*, S. 224ff., der jedoch die Fälle der im Übereinkommen vorgeschriebenen „Vermerke" über die Anwendung von Übereinkommen nach Art. 23 Abs. 3 HambR und Art. 6 Abs. 1 Buchst. k CMR ihrem Zweck entsprechend als Vereinbarungen über anwendbares Recht ansehen will; nach dem Wortlaut handelt es sich dabei nur um eine deklaratorische Feststellung.

Ist also bei Anwendbarkeit deutschen Rechts eine sog. *paramount-clause* zugunsten der HR für einen Fall vereinbart, in dem zwingend deutsches Haftungsrecht gilt, so ist die Vereinbarung des Haftungsrechts der HR nach §§ 512, 525 nichtig; allerdings kann die Bezugnahme möglicherweise als Vereinbarung nach §§ 512 Abs. 2 Nr. 1, 525 gewertet werden (vgl. dazu o. § 30 II 9).

2. Mangels Rechtswahl anzuwendendes Recht

Im Gegensatz zum früheren deutschen Recht (in dem sich lediglich Art. 28 Abs. 4 EGBGB aF mit diesem Sonderfall befasste) findet sich in der Rom-I-VO eine **eigenständige Vorschrift für die Beförderungsverträge, Art. 5 Rom-I-VO.** Sie unterscheidet zwischen der Personen- und der Güterbeförderung.

a) Güterbeförderungsverträge (Art. 5 Abs. 1 Rom-I-VO)

Danach gilt für **Güterbeförderungsverträge** Folgendes:

Fehlt eine Rechtswahl (muss also eine sog. **objektive Anknüpfung** vorgenommen werden), ist das Recht des Staates anzuwenden, in dem der Beförderer[8] seinen gewöhnlichen Aufenthaltsort hat,[9] sofern sich in diesem Staat auch der Übernahmeort, der Ablieferungsort oder der gewöhnliche Aufenthaltsort des Absenders[10] befindet (Art. 5 Abs. 1 Satz 1 Rom-I-VO). Die kumulative Anknüpfung soll, wie die Vorgängerregelung des Art. 28 Abs. 4 EGBGB aF, sicherstellen, dass der Bezug des Sachverhalts zum anwendbaren Recht nicht nur zufällig, sondern substanziell ist.[11] Liegen die Voraussetzungen für die kumulative Anknüpfung nicht vor, unterliegt der Vertrag dem Recht des Staates, in dem der von den Parteien vereinbarte Ablieferungsort liegt (Art. 5 Abs. 1 Satz 2 Rom-I-VO).

Hier besteht ein Unterschied zum bisherigen Recht: Nach Art. 28 Abs. 1 EGBGB aF – der nach allgM anzuwenden war, wenn die Voraussetzungen des Art. 28 Abs. 4 EGHGB aF nicht vorlagen – kam es auf das Recht an, zu dem der Sachverhalt die engsten Verbindungen aufweist. Eine solche, im IPR übliche „Flexibilitätsklausel" steht zwar auch in der Rom-I-VO (Art. 5 Abs. 3[12]), findet aber erst nach der Auffanglösung des Ablieferungsortes Anwendung. Im Ergebnis entspricht dies dennoch der Auslegung des Art. 28 Abs. 1, 4 EGBGB aF, weil in Deutschland für die engste Verbindung schon bisher der „Bestimmungsort" – als Erfüllungsort, der nach deutscher Tradition wesentlich ist – gewählt wurde.[13]

---

8 Nach Erwägungsgrund Nr. 22 Satz 3 Rom-I-Verordnung bezeichnet der Begriff „Beförderer" in der Rom-I-VO die Vertragspartei, die sich zur Beförderung der Güter verpflichtet, und zwar unabhängig davon, ob sie die Beförderung selbst durchführt.

9 Maßgeblich ist der Zeitpunkt des Vertragsschlusses. Hierzu *Wagner*, TranspR 2008, 221, 223.

10 Nach Erwägungsgrund Nr. 22 Satz 3 Rom-I-VO bezeichnet der Begriff „Absender" eine Person, die mit dem Beförderer einen Beförderungsvertrag abschließt; im Seerecht ist dies der Befrachter. Auf den Sitz des Abladers kommt es nicht an.

11 Das war bei der Vorbereitung der Rom-I-VO sehr streitig; die Entscheidung ist jedoch zutreffend, weil sonst einseitig die Interessen des Frachtführers begünstigt worden wären.

12 "Ergibt sich aus der Gesamtheit der Umstände, dass der Vertrag im Falle fehlender Rechtswahl eine offensichtlich engere Verbindung zu einem anderen als dem nach Absatz 1 oder 2 bestimmten Staat aufweist, so ist das Recht dieses anderen Staates anzuwenden".

13 MüKoBGB/*Martiny*, Art. 5 Rom-I-VO, Rn. 128.

Der **Begriff des Güterbeförderungsvertrags**[14] schließt nicht nur Stückgutfrachtverträge und Reisefrachtverträge ein, sondern – ausnahmsweise – auch Zeitcharterverträge „für eine einzige Reise und andere Verträge, die in der Hauptsache der Güterbeförderung dienen."[15] Entscheidend ist, dass Hauptgegenstand des Vertrags nicht die bloße Zurverfügungstellung des Beförderungsmittels, sondern die Beförderung der Güter im eigentlichen Sinne ist. Denn die bloße Zurverfügungstellung eines Schiffes im Rahmen einer Zeitcharter ohne Bezug auf eine bestimmte Reise ist Dienstleistung, nicht Beförderung.[16]

Das so bestimmte anwendbare Recht regelt grundsätzlich alle Aspekte des Vertrages. Eine **Sonderanknüpfung** für einzelne Elemente der Gesamtbeförderung, für die ein anderes Recht in Betracht kommen könnte, findet in der Regel nicht statt. Das gilt namentlich für die Beladung oder (wenn das Recht des Abgangsortes für den Vertrag maßgeblich ist) die Löschung; dort können allerdings örtliche Gesetze (auch wenn sie nicht zwingend sind, also als fremde Eingriffsnormen berücksichtigt werden könnten) oder Gebräuche Rechte und Pflichten begründen, die der *lex causae* nicht bekannt sind. *Mankowski*[17] befürwortet in diesen Fällen eine „Substitution", was wohl trotz der dem IPR angemessenen anspruchsvollen Bezeichnung nichts anderes bedeutet, als dass die im Interesse des Funktionszusammenhangs grundsätzlich einheitlich anzuwendende *lex causae* inhaltlich das Ortsrecht berücksichtigen soll. Dem ist zuzustimmen; das deutsche Transportrecht lässt, da es in diesem Bereich durchweg dispositiv ist, auch die Berücksichtigung von bloßen Handelsbräuchen ohne Weiteres zu.

Zweifelhaft ist auch nach der Rom-I-VO, welche Anknüpfung für **Ansprüche aus Konnossementen** gilt.

Schon zu Art. 28 EGBGB wurde die Auffassung vertreten, die Sonderregelung für Seefrachtverträge sei nicht anzuwenden, wenn ein Konnossement ausgestellt worden ist. Dann führe Art. 37 Nr. 1 EGBGB aF zur Unanwendbarkeit des Art. 28 EGBGB aF nicht nur auf die Ansprüche aus dem Konnossement, sondern auch auf die aus dem Frachtvertrag.[18] Diese Auffassung war mit dem – an sich schon zu weit geratenen – Wortlaut der Ausnahmevorschrift des Art. 37 Nr. 1 EGBGB jedoch nicht zu vereinbaren; sie war auch nicht geboten, um ein Auseinanderfallen der Anknüpfung von Ansprüchen aus Konnossement und Frachtvertrag zu vermeiden, welches in der Tat unerfreulich wäre.

Art. 37 Nr. 1 EGBGB aF war gesetzessystematisch verfehlt und in seinem Wortlaut zu weit. Verfehlt, weil er – in Übernahme des Art. 1 Abs. 2 Buchst. c EVÜ, in welchem eine bloße Ausnahmeregelung einen guten Sinn hat – lediglich die Nichtanwendung der neuen Anknüpfungsregeln statuiert, nicht jedoch kraft autonomen Rechts angeordnet hat, was für diese Fälle gelten soll, obwohl dies in einer Kodifikation geboten gewesen wäre. Er war zu weit, weil das Übereinkommen neben Wechsel und Scheck „andere handelbare Wertpapiere" erwähnt, die im englischen Text als „*negotiable instruments*" bezeichnet werden: Als solche sind jedoch im

---

14 Erwägungsgrund Nr. 22 Satz 1 Rom I-Verordnung stellt klar, dass die Rom-I-VO auch ohne entsprechende Regelung nicht von Art. 4 I Abs. 4 Satz 3 EVÜ abweichen will. Demzufolge gelten im Rahmen der Rom-I-VO auch Charterverträge für eine einzige Reise und andere Verträge, die in der Hauptsache der Güterbeförderung dienen, als Güterbeförderungsverträge (Erwägungsgrund Nr. 22 Satz 2 Rom-I-VO).

15 Das war in Art. 4 Abs. 4 Satz 3 EVÜ ausdrücklich gesagt und sollte durch die Rom-I-VO nicht geändert werden (vgl. Erwägungsgrund 22). Vgl. auch EuGH TranspR 2009, 491 m. Anm. *Mankowski*; *Stahl*, TanspR 2010, 258 ff.

16 Dazu auch *Mankowski*, aaO.

17 S. 85.

18 So *Basedow*, IPRax 1987, 340.

anglo-amerikanischen Recht Konnossemente nicht anzusehen; sie sind *documents of title*, nicht *negotiable instruments* (weshalb dort Konnossemente nicht unter Art. 1 Abs. 2 Buchst. c EVÜ subsumiert werden).[19]

Leider wiederholt Art. 1 Abs. 2 Buchst. d Rom-I-VO diese Ausnahme, und der Erwägungsrund Nr. 9 erstreckt sie ausdrücklich auch auf Konnossemente. Nach wie vor bleibt jedoch unklar, welche Ansprüche aus der Handelbarkeit entstehen und was für sie gelten soll. Die hM[20] nimmt wiederum wohl an, dass alle Ansprüche – jedenfalls aus einem begebbaren Konnossement – erfasst sind.

Der deutsche Gesetzgeber hat die Lücke wiederum nicht geschlossen. Vielfach wird angenommen, es komme auf den Bestimmungsort an, weil das dem früher in Deutschland geltenden Anknüpfungskriterium entspreche. Obgleich nach der Rom-I-VO der Bestimmungsort wiederum ein Kriterium für die Anknüpfung ist, gilt es nach Art. 5 nur hilfsweise. Da die Begründung, diese Anknüpfung beruhe auf Gewohnheitsrecht,[21] kaum überzeugt – denn gewohnheitsrechtlich scheint mir eher ein Gleichlauf von Frachtvertrag und Konnossement angestrebt worden zu sein –, halte ich auch unter der Rom-I-VO eine Anknüpfung entsprechend Art. 5 Rom-I-VO für vorzugswürdig.

b) Personenbeförderungsverträge (Art. 5 Abs. 2 Rom-I-VO)

Verträge über die Beförderung von Personen sind ebenfalls primär nach Vereinbarung der Parteien anzuknüpfen. Dieser Vereinbarung sind allerdings in Art. 5 Abs. 2 Unterabsatz 2 Rom-I-VO Grenzen gesetzt. Sie können nur das Recht des Staates wählen, in dem die zu befördernde Person ihren gewöhnlichen Aufenthalt hat oder in dem der Beförderer seinen gewöhnlichen Aufenthalt hat oder in dem der Beförderer seine Hauptverwaltung hat oder in dem sich der Abgangsort befindet oder in dem sich der Bestimmungsort befindet.

Haben die Parteien keine Rechtswahl getroffen, ist das Recht des Staates anzuwenden, in dem die zu befördernde Person ihren gewöhnlichen Aufenthalt hat, sofern sich in diesem Staat auch der Abgangsort oder der Bestimmungsort befindet; sind diese Voraussetzungen nicht erfüllt, ist das Recht des Staates anzuwenden, in dem der Beförderer seinen gewöhnlichen Aufenthalt hat.

III. Internationales Deliktsrecht

Die Rom-II-Verordnung regelt das auf *außervertragliche* Ansprüche anwendbare Recht. Sie ist seit dem 11.1.2009 in allen EG-Mitgliedstaaten mit Ausnahme Dänemarks anwendbar. Sie gilt – wie die Rom-I-VO – nicht nur für EU-interne Sachverhalte, sondern auch für Ereignisse mit Drittstaatenbezug.

Da bestimmte außervertragliche Rechtsverhältnisse vom Anwendungsbereich ausgenommen sind, konnten die Art. 38–42 EGBGB nicht aufgehoben werden. Sie werden jedoch von der unmittelbar anwendbaren Rom-II-VO überlagert.

Im Seehandelsrecht spielen vor allem zwei Arten außervertraglicher Ansprüche eine Rolle: Ansprüche aus unerlaubter Handlung (§§ 823 ff. BGB) und Ansprüche aus Schiffszusammenstößen (§§ 570 ff.).

---

19 Vgl. *Tetley*, Marine Cargo Claims, Volume I, 4. Aufl. 2008, S. 532 f. mwN.
20 *Mankowski*, TranspR 2008, 417 ff.; *Hartenstein*, TranspR 2008, 143, 155; *Rabe*, § 643 Rn. 33.
21 So aber *Mankowski*, S. 177 f., 192.

1. Recht des Schadensortes als zentraler Anknüpfungspunkt

Die Grundregel für außervertragliche Ansprüche (Art. 4 Rom-II-VO) lautet abweichend vom bisherigen deutschen Recht, dass entweder – wenn die Beteiligten ihren gewöhnlichen Aufenthalt bzw. ihre Hauptverwaltung in demselben Staat haben – das Recht des gemeinsamen Aufenthaltsortes maßgebend ist oder – wenn dies nicht der Fall ist – das **Recht am Schadensort.** Abweichend vom geltenden deutschen Recht (Art. 40 EGBGB) kommt es also nicht mehr (kumulativ) auf den Handlungsort an.

Ist der Schaden während eines internationalen Transports eingetreten, der genaue Ort jedoch unbekannt, so könnte – was unklar ist – der Ort der Auslieferung angenommen werden.[22]

Auch hier gilt, dass eine offensichtlich engere Verbindung mit einer anderen Rechtsordnung vorrangig beachtet wird (Art. 4 Abs. 3 Satz 1 Rom-II-VO). Das ist für das Transportrecht wichtig, weil sich eine solche offensichtlich engere Verbindung nach dem Wortlaut der Rom-II-VO insbesondere aus einem zwischen den Parteien bestehenden Vertrag ergeben kann, der mit der betreffenden unerlaubten Handlung „in enger Verbindung steht" (Art. 4 Abs. 3 Satz 2 Rom-II-VO). Diese Verbindung hat Bedeutung etwa bei **Ansprüchen aus *culpa in contrahendo*,** welche die VO den außervertraglichen Ansprüchen zurechnet;[23] ebenso bei Ansprüchen der Passagiere aus unerlaubten Handlungen im Zusammenhang mit dem Beförderungsvertrag.

Auch bei außervertraglichen Ansprüchen kann die Rechtsanwendung unter Kaufleuten stets, sonst nach dem Schadensfall, vertraglich geregelt werden (Art. 14 Abs. 1 Buchst. a Rom-II-VO).

Sicherheits- und Verhaltensregeln am Ort und zum Zeitpunkt des haftungsbegründenden Ereignisses sind zu beachten (Art. 17 Rom-II-VO).

2. Ansprüche aus Schiffszusammenstoß

Obgleich der **Anspruch aus Schiffszusammenstoß** nach §§ 570ff. nur eine besondere Ausgestaltung des allgemeinen deliktischen Anspruchs darstellt, folgt die Anknüpfung gewohnheitsrechtlich eigenen, jedoch vielfach unklaren Grundsätzen. Diese sind dadurch bestimmt, dass im Interesse der sachgerechten Schadensabwicklung versucht werden muss, möglichst ein einheitlich anwendbares Recht zu finden. Das gelingt jedoch nur sehr unvollkommen. Dazu auch o. § 38 VI.

Als Grundsatz gilt, dass bei **Kollisionen in Hoheitsgewässern das Ortsrecht** Anwendung findet. Stoßen also Schiffe in deutschen Hoheitsgewässern zusammen, so gilt (vorbehaltlich der Anwendung des IÜZ) deutsches Recht.[24]

Dieser Grundsatz, der natürlich auch für fremde Hoheitsgewässer gilt, wird durchbrochen, wenn Schiffe gleicher Flagge zusammenstoßen; dann gilt das Recht der Flagge – sowohl in Hoheitsgewässern als auch auf hoher See.

Nun ist dieser Fall – Schiffe gleicher Flagge –, der von der Literatur in den Vordergrund gestellt wird,[25] ja nicht allzu wahrscheinlich. Beim Zusammenstoß von Schiffen verschiedener Flagge auf hoher See werden unterschiedliche Anknüpfungen

---

22 So *Wagner*, TranspR 2009, 281, 285, 289.
23 EuGHE 2002, I/7357; dazu *Wagner*, TranspR 2009, 281, 289.
24 BGHZ 3, 321, 324; *Rabe*, Vor § 734 Rn. 28.
25 Vgl. etwa Bamberger/Roth/*Spickhoff*, Art. 4 Rom-II-VO Rn. 23; MüKoHGB/*Junker*, Art. 4 Rom II-VO, Rn. 141.

erwogen; die alte Rechtsprechung[26] stellte auf das Recht der **Flagge des schuldigen Schiffes** ab: Trifft beide Schiffe ein Verschulden, so ist nach hM auf die wechselseitigen Ansprüche dementsprechend verschiedenes Recht anzuwenden.

Die neuere Literatur[27] stellt stattdessen auf das Recht **der Flagge des beschädigten Schiffes** ab: Auch nach dieser Auffassung gelten jedoch verschiedene Rechtsordnungen für die beiderseitigen Ansprüche. *Steingröver*[28] hält mit Recht die frühere Rechtsprechung für die zweckmäßigste, zumal sie sich eingebürgert hat. Die Rom-II-VO, auf die sich die prozessuale Literatur beruft, ist angesichts der Flexibilität der IPR-Normen (Vorbehalt anderer „engerer Beziehungen“) kein Hindernis.

Zu beachten ist jedoch, dass auch bei deliktischen Ansprüchen die **Rechtswahl** Vorrang hat.[29] Diese ist in der Tat in der Praxis häufig: Nach einem Unfall sind die Streitparteien häufig an einer verlässlichen Rechtsgrundlage interessiert und einigen sich auf eine Rechtsordnung – bei der Zweifelhaftigkeit der objektiven Anknüpfung, wie so oft, der empfehlenswerte Ausweg aus dem Dickicht des IPR.

Wegen der Problematik der Flaggenanknüpfung vgl. o § 38 VI.

In jedem Falle geht das IÜZ von 1910 (vgl. o. § 38 I) den nationalen Rechten vor, wenn die beteiligten Schiffe Vertragsstaaten des Übereinkommens angehören und die Frage in dem Übereinkommen geregelt ist.

IV. Internationales Seesachenrecht

Das internationale Seesachenrecht wurde durch Gesetz vom 21.5.1999[30] neu gefasst. Hier sind für das Transportrecht vor allem Art. 43 Abs. 1 und Art. 45 Abs. 2 EGBGB von Bedeutung.

Nach Art. 43 Abs. 1 EGBGB unterliegen Rechte an einer Sache dem Recht des Staates, in dem sich die Sache befindet. Absatz 2 modifiziert dies dahin, dass solche Rechte in einem anderen Staat, in den die Sache später gelangt, nicht im Widerspruch zu dessen Rechtsordnung ausgeübt werden können.

Dies gilt für Rechte an den Fahrzeugen, aber auch an den Gütern, namentlich für das Frachtführerpfandrecht.

Der Gesetzgeber wollte allerdings bewusst[31] auf eine Regelung der sog. „*res in transitu*“ verzichten – mit der bemerkenswerten Begründung, dass sich der Deutsche Rat für Internationales Privatrecht nicht auf eine Lösung habe einigen können. Es handelt sich hier um eine Problematik von einiger praktischen Bedeutung, in der zudem eine internationale Regelung notwendig wäre und seit langem vergeblich angestrebt wird. Jedoch ist hier – wie gelegentlich! – das Gesetz klüger als seine Verfasser; es hat – gewissermaßen eigenmächtig über den begrenzten Willen seiner zaghaften Eltern hinaus – tatsächlich die Frage doch geregelt.

Art. 45 EGBGB betrifft praktisch im Transportbereich nur **Schiffsgläubigerrechte**.

Danach richten sich diese (ausschließlich) nach der *lex causae*.

Damit ist der endlose Streit um die Anknüpfung der Schiffsgläubigerrechte (vgl. Voraufl., S. 410 ff.) erledigt, allerdings mit einem nicht ganz befriedigenden Ergebnis:

---

26 Vgl. dazu eingehend MüKoHGB/*Steingröver*, Vor § 570 Rn. 20 ff.
27 Vgl. Fn. 25.
28 AaO.
29 Art. 14 Rom-II-VO.
30 BGBl. I 1026.
31 Vgl. die RegBegr. BT-Drucks. 14/343.

Die Neuregelung hat die Folge, dass in Deutschland Schiffsgläubigerrechte, die nach einem fremden Recht an einem deutschen Schiff entstanden sind, auch dann anerkannt werden müssen, wenn sie nach deutschem Recht nicht bestehen würden. So etwa ein Schiffsgläubigerrecht wegen Ladungsschäden, wenn der Frachtvertrag US-amerikanischem Recht unterliegt. Dazu eingehend o. § 13 IV und *Herber*, TranspR 1999, 294 ff.

V. Anknüpfung der Haftungsbeschränkung

Seit dem 2. SÄG gilt für die Haftungsbeschränkung nach §§ 611 ff. – gleichgültig, ob sie im Wege der Einleitung eines Seerechtlichen Verteilungsverfahrens oder einer bloßen Einrede geltend gemacht wird (vgl. § 617) – stets das Recht des Gerichtsstaates (*lex fori*; Art. 15 HBÜ).

Die Regelung weicht vom früheren Recht ab, welches die Haftungsbeschränkung an das Schuldstatut anknüpfte.[32] Nachdem das 1. SÄG auf diesem Boden eine (damals *de lege lata* zu Unrecht kritisierte)[33] komplizierte Lösung finden musste, hat die grobe Regel des Art. 15 HBÜ die Beurteilung stark vereinfacht. Sie gilt auch für innerstaatliche Tatbestände und für die Geltendmachung von Ansprüchen, die nicht deutschem Recht oder dem Recht eines Vertragsstaates des HBÜ unterliegen.[34]

Fraglich kann allein noch sein, ob damit ein völliger Verzicht auf jede anspruchsbezogene Anknüpfung angeordnet ist.[35] Wird ein deutschem Recht unterliegender Anspruch in einem Vertragsstaat des HBÜ geltend gemacht, so ist das fremde Gericht ebenfalls an die *lex-fori*-Anknüpfung gebunden. Wird der Anspruch dagegen in einem Nichtvertragsstaat erhoben, so wird dieser die Anknüpfung nach seinem IPR vornehmen; verweist dieses jedoch – wie vor dem HBÜ das deutsche Recht und viele ausländische – auf die *lex causae*, so sollte er das Beschränkungsprinzip des deutschen Rechts anwenden. Umgekehrt ist das Recht eines Nichtvertragsstaates, das keine oder eine schwächere Haftungsbeschränkung vorsieht, als *lex causae* – ebenso wie eine Vereinbarung über oder ein Verzicht auf das Privileg – zu berücksichtigen.[36]

VI. Internationale Anknüpfung von Heuerverhältnissen und Einfluss des Zweitregistergesetzes v. 23.3.1989

Die Arbeitsverhältnisse (Heuerverhältnisse) auf einem Schiff sind bis zur Entwicklung der Billigflaggen nach dem Recht der Flagge beurteilt worden (§ 1 SeemG aF).[37] Seit Flagge und Register häufig auseinanderfallen, ist in diese Auslegung Unsicherheit gekommen. Das Seearbeitsgesetz hebt nunmehr zwar wieder auf die Führung der deutschen Flagge ab (§ 1 SeeArbG), was im Interesse der Klarheit zu begrüßen ist, doch wird § 1 SeeArbG von der hM nicht mehr als Kollisionsnorm oder zwingende Eingriffsnorm angesehen.[38] Das nationale Recht wird nunmehr von dem

---

32 Vgl. BGHZ 34, 227; so noch heute, jedoch für Verfahren in Deutschland durch die Neuregelung überholt, MüKoBGB/*Kreuzer*, Art. 38 EGBGB Rn. 166.
33 Vgl. *Herber*, Haftungsrecht, S. 107.
34 So auch *Rabe*, LondonÜ 1976 Art. 15 Rn. 1.
35 Zweifelnd *Herber*, aaO; dagegen bejahend *Rabe*, aaO.
36 *Herber*, aaO; aA *Rabe*, aaO.
37 *Rabe*, § 481 Rn. 4.
38 MüKoBGB/*Martiny*, Art. 8 Rom-I-VO Rn. 83 mwN.

unmittelbar anwendbaren und vorrangigen Gemeinschaftsrecht in Form der Rom-I-VO verdrängt.[39]

Diese hat in Art. 8 Rom-I-VO in Umsetzung des Art. 6 Abs. 2 EVÜ eine eigenständige Kollisionsregel für Arbeitsverträge gebracht; sie stellt, wie die meisten IPR-Regeln, primär auf die Parteivereinbarung ab (Art. 8 Abs. 1 S. 1, 3 Rom-I-VO). Fehlt eine solche, so geben die Absätze 2–4 Anhaltspunkte für die gesetzliche Anknüpfung, die jedoch sehr vage sind, ganz besonders in Bezug auf die Schifffahrt. Ferner enthält Absatz 1 eine bedeutsame Einschränkung der Rechtswahl. Auch bei einer Rechtswahl gelten stets die zwingenden Bestimmungen, welche die Rechtsordnung zum Schutz des Arbeitnehmers vorsieht, welche nach den Absätzen 2–4 ohne Rechtswahl anzuwenden wäre; dabei handelt es sich um eine dem Art. 6 EGHGB ähnliche Eingriffsnorm, die hier jedoch auch eine ausländische Norm sein kann.

Während für § 1 SeemG und unter der Geltung des Art. 30 EGBGB aF noch umstritten war, ob § 21 Abs. 4 FlRG die Anwendung des § 1 SeemG als Kollisionsnorm generell ausschließt,[40] dürfte sich dieser Streit durch die Einführung der Rom-I-VO erledigt haben. Da § 1 SeeArbG nicht mehr als Kollisionsnorm angesehen wird, kann die Bestimmung als solche auch nicht verdrängt werden.

Im Anwendungsbereich des § 21 Abs. 4 FlRG reicht trotz der entsprechenden Anordnung in Art. 8 Abs. 2 Rom-I-VO das Führen der deutschen Flagge nicht für die Anwendung deutschen Rechts aus.[41] Auf die freie Rechtswahl oder die übrigen Anknüpfungsmerkmal des Art. 8 Rom-I-VO hat § 21 Abs. 4 FlRG hingegen keinen Einfluss.

---

39 *Magnus*, FS Posch, 443, 445.
40 Vgl. Voraufl., S. 413 f.
41 MüKoBGB/*Martiny*, Art. 8 Rom-I-VO Rn. 99.

KAPITEL 12: Benachbarte Rechtsgebiete

§ 43 Seeversicherung

Lit.: *Bodis*, Das Quotenvorrecht im deutschen und englischen Transportversicherungsrecht – Auswirkungen auf den Regress des Transportversicherers, TranspR 2008, 1 ff.; *Büchner/Jürss*, VVG-Reform: Die Seeversicherung unter der Flagge des § 203 nF (§ 187 aF) VVG? VersR 2004, 1090 ff.; *Colinvaux/Merkin*, Law of Insurance, London 1990; *Ehlers*, DTV-Güterversicherungsbedingungen 2000, 2. Aufl. 2003; *ders.*, Brauchen wir noch ein Recht der Seeversicherung? Sonderbeilage TranspR 3/2004, XIV ff.; *ders.*, Transportversicherung, Güterversicherung, Versicherung politischer Gefahren, TranspR 2006, 7 ff.; *ders.*, Auswirkungen der Reform des Versicherungsvertragsgesetzes (VVG) auf das Transportversicherungsrecht, TranspR 2007, 5 ff.; *Enge*, Transportversicherung, 3. Aufl. 1995; *ders.*, Erläuterungen zu den DTV-Kaskoklauseln 1978 (1980); *Enge/Bauer/Groth/Jochheim/Korfmacher/Lange/Scheele/Sellschopp/Zimmermann*, Erläuterungen zu den ADS Güterversicherung 1973 und dazugehörigen DTV-Klauseln, 1973; *H.-C. Enge/Schwampe*, Transportversicherung, 4. Aufl. 2012; *Franck*, Die Strukturen der Seeversicherung, TranspR 1997, 215 ff.; *Georgacopoulos*, Die vom Seeversicherer getragenen Gefahren, Diss. Hamburg 1973; *Gerhard*, Ausgewählte Rechtsprechung zur Wassersport-Kaskoversicherung 2010–2012, TranspR 2014, 112 ff.; *Griese*, Internationales Seeversicherungsrecht, VersWissArch 1959, 129 ff.; *Gross*, Die Anknüpfung des Versicherungsvertrages im Internationalen Privatrecht in rechtsvergleichender Sicht, Europäische Hochschulschriften II 593, 1987; *Hahn*, Die „europäischen“ Kollisionsnormen für Versicherungsverträge, Beiträge zum Privat- und Wirtschaftsrecht Bd. 80, 1992; *Hartenstein*, Gerichtsstand und anwendbares Recht bei Direktansprüchen gegen Versicherer, TranspR 2013, 20 ff.; *Hazelwood*, P&I Clubs – Law and Practice, London 1989; *Hill/Robertson/Hazelwood*, An Introduction to P&I, London 1988; *Hoffmann/Tüngler/Kirchner*, Das neue Seeversicherungsnachweisgesetz, RdTW 2013, 264 ff.; *Hohler*, Die Versicherung eines Seeschiffes unter besonderer Berücksichtigung der Küstenschiffs-Gilden, Der Seewart 1973, 89 ff.; *Hudson/Allan*, The Institute Cargo Clauses Handbook, London 1986; *Johannsen*, Zur Einbeziehung des Seeversicherungsrechts in die VVG-Reform, VersR 2005, 319 ff.; *Kebschull*, Grundsätze der Protection- und Indemnity-Versicherung, Diss. Hamburg 1967; *Kingsley*, Hand-book on P&I Insurance, London 1988; *Koh Soon Kwang*, Marine Insurance and the New Institute Cargo Clauses, Singapore 1989; *Kreuzmann*, Transportversicherung, Leitfaden für die Praxis, 1997; *Kroh*, P&I-Versicherung – eine Notwendigkeit im internationalen Seeverkehr, Seeversicherungs-Lissabon-Regeln 1987, 1989; *Kühl*, P&I Versicherung heute – morgen, Hansa 1983, 784a–c, 872 ff.; *Mankowski*, Auswirkung ausländischer (nigerianischer) Zoll- und Einfuhrbestimmungen auf einen See-Versicherungsvertrag, RIW 1994, 688 ff.; *Mittelbach*, Die Verdienstausfallversicherung für See- und Binnenschiffe, 1997; *Lange*, Transportversicherung – Mannigfache Abgrenzungsfragen unter den EG-Regelungen, VersWi 1977, 1506 ff.; *Looks*, Der Kapitän – Repräsentant des Reeders in der Seekaskoversicherung? VersR 2003, 1509 ff.; *ders.*, Die Verletzung der Rettungspflicht des Versicherungsnehmers in der Seeversicherung, VersR 2008, 883 ff.; *ders.*, Der Havariekommissar in der Seeversicherung, VersR 2009, 1467 ff.; *Nintemann*, Die Nebeninteressenfrachtausfallversicherung, Alle Risiken, TranspR 2009, 70 ff.; *Nöll*, Kommentierung zum Schiffsrechtegesetz, in: Staudinger, Kommentar zum BGB, 2009; *Post*, Charterers' Liability Insurance, Hansa 1984, 1193 ff.; *Noussia*, Subrogation Rights in Marine Insurance Contracts: A Comparative Analysis, TranspR 2005, 443 ff.; *Rehders*, Kasko-Versicherung von Seeschiffen in Deutschland, Hansa 1985, 413 ff.; *Remé*, P&I-Versicherung, in: Deutsche Gesellschaft für Transportrecht, Gütertransport und Versicherungen, Schriften zum Transportrecht Bd. 2, 1990; *ders.*, Die Rechtswissenschaft und das deutsche Seeversicherungsrecht, FS Herber (1999), 241 ff.; *ders.*, Gehören See- und Binnenversicherungsrecht unter einen Hut? Sonderbeilage TranspR 3/2004, XXXII ff.; *ders.*, Das Seeversicherungsrecht bleibt Kaufmannsrecht, VersR

2008, 756 ff.; *Richartz*, Die Auswirkungen der verabschiedeten Neuregelung des VVG auf das Seeversicherungsrecht, TranspR 2007, 300 ff.; *dies.*, Die Schiffsbetriebsunterbrechungsversicherung in der Seeversicherung, Hamburg 2012; *Ritter/Abraham*, Das Recht der Seeversicherung, 2. Aufl. 1967; *Sieg*, Versicherte Interessen bei der Güterversicherung des FOB-Käufers, TranspR 1995, 19 ff.; *ders.*, Rechtsfragen zum Havariekommissar, TranspR 1993, 93 ff.; *ders.*, Charterers' Liability Insurance, VersR 1998, 1 ff.; *ders.*, Betrachtungen zur Gewinndeckung in der Seeversicherung, VersR 1997, 649 ff.; *Schleif*, Die Seerechtsschutzversicherung: Freight, Demurrage & Defence Insurance, Karlsruhe 2008; *ders.*, Die Seeversicherung in der VVG-Reform, TranspR 2009, 18 ff.; *ders.*, Die Seeversicherung nach altem und neuem VVG, VersR 2010, 1281 ff.; *Schwampe*, Charterer's Liability Insurance, 1984; *ders.*, Versicherungen der gewerblichen Seeschifffahrt, TranspR 2006, 55 ff.; *ders.*, Die Bergung in der Transportversicherung, VersR 2007, 1177 ff.; *ders.*, Die Auswirkung der VVG-Reform auf die Versicherung von Seeschiffen in „Vertrieb, Versicherung, Transport", FS Thume (2008), S. 251 ff.; *ders.*, Seekaskoversicherung, Kommentierung der DTV-Kaskoklauseln, 2009; *ders.*, Die Taxe in der Schifffahrtskrise – Möglichkeiten vertraglicher Gestaltung, TranspR 2009, 239 ff.; *ders.*, Shipmanagement und Versicherung, VersR 2009, 316 ff.; *ders.*, Arrest von Versicherungsforderungen gegen Versicherer von Seeschiffen, VW 2010, 999 ff.; *ders.*, Die DTV-ADS 2009 – Neue Bedingungen für die Versicherung von Seeschiffen im deutschen Markt, VersR 2010, 1277 ff.; *ders.*, Wenn nicht zusammenwächst, was zusammen gehört. Rechtsfolgen unterschiedlicher Laufzeiten und Bedingungen der Mitversicherung in der Seekaskoversicherung, RdTW 2013, 49 ff.; *Stahl*, Die Taxe in der Seeversicherung. Ist das Recht des Versicherers auf Herabsetzung der Taxe noch zeitgemäß? VersR 2004, 558 ff.; *Stamer*, Mortgagees Interest Insurance – Absicherung der Schiffshypothekengläubiger, Hansa 1989, 1524 ff.; *Starosta*, Fragen zur Güterschaden-Europa-Deckung, TranspR 1991, 373 ff.; *Thume*, Versicherungen des Transports – Einführung, TranspR 2006, 1 ff.; *ders.*, Transportrechtliche Erfahrungen mit dem neuen VVG, TranspR 2012, 125 ff.; *Thume/de la Motte*, Transportversicherungsrecht, Kommentar, 2. Aufl. 2011; *Trölsch*, Die Obliegenheiten in der Seeversicherung, Karlsruhe 1998; *Wöhrn*, Das Inter-Club New York Produce Agreement und die Praxis, TranspR 1992, 161 ff.; *Zeller*, Die Deckung von Haftpflicht-Risiken im Rahmen der Seekaskoversicherung, 1987; *Zocher*, Protection and Indemnity – Die Haftpflichtversicherung im Bereich der Seeschiffahrt, Hansa 1983, 115 ff., 347 ff., 443 ff., 667 ff., 1099 ff., 1197 ff., 1303 ff., 1474 ff.

I. Begriff und Arten der Seeversicherung

1. Die Seeversicherung ist Teil der **Transportversicherung**, die neben der Seeversicherung die Binnen- (wiederum untergliedert in Fluss- und Landtransportversicherung) und die Lufttransportversicherung umfasst.[1]

Im weiteren Sinne wird darüber hinaus eine Reihe von mit dem Transport zusammenhängenden Sonderversicherungen der Transportversicherung zugerechnet, so etwa die Wassersporthaftpflichtversicherung, die Reisegepäckversicherung und sogar die Reiserücktrittskostenversicherung.[2]

2. Wie die Transportversicherung im Allgemeinen, so deckt auch die Seeversicherung vielfältige und ganz unterschiedliche Interessen, die im Zusammenhang mit dem Seetransport von Gütern berührt sein können. Die wichtigsten zu versichernden Interessen sind: Das Schiff, die Ladung, die Haftpflicht für das Schiff.

a) Das Interesse des Eigentümers an der Erhaltung des Schiffes wird durch die **Schiffskaskoversicherung** (*hull insurance*) abgedeckt. Sie entspricht der Kraftfahrzeug-Kaskoversicherung der Landtransportversicherung, doch ist die Seekaskoversi-

1 Eine gute Einführung in die verschiedenen Versicherungsarten im Bereich des Transportwesens findet sich bei *Thume*, TranspR 2006, 1, 2 ff.

2 Vgl. *H.-C. Enge/Schwampe*, S. 14, 16.

cherung nach den üblichen Bedingungen aufgrund der historischen Entwicklung des Haftungsrechts in der Schifffahrt auf einzelne Tatbestände der Haftpflichtversicherung (namentlich Kollisionshaftpflicht) erweitert (dazu u. V 1).

b) Die **Güterversicherung** (*cargo insurance*) – auch Warenversicherung genannt – deckt das Interesse der an der wohlbehaltenen Ankunft der Güter Interessierten, also namentlich des Befrachters und des Empfängers (dazu u. V 2).

c) Die **Seehaftpflichtversicherung** (*carrier's liability insurance*) deckt die Haftpflichtrisiken des Verkehrsträgers (also des Reeders, aber auch des Verfrachters) ab. Sie kommt im Seeverkehr praktisch nur in der speziellen Form der *Protection-and-Indemnity*-(P&I)-Versicherung vor, die sich zu einer eigenen Versicherungsform durch von den Reedern gebildete Clubs entwickelt hat (dazu u. V 3).

II. Entstehung der Seeversicherung

Historisch ist die Seeversicherung aus dem wachsenden Bedürfnis entstanden, die mit der technischen und wirtschaftlichen Entwicklung zunehmenden finanziellen Risiken des Seetransports auf mehrere Schultern zu verteilen. In der Anfangszeit der Schifffahrt lag das Risiko einer Seereise praktisch ausschließlich beim Reeder, der das Schiff bauen ließ, ausrüstete und auf eigene Rechnung aussandte. Bei zusätzlichem Kapitalbedarf genügte es zunächst, den Kapitalgeber am Risiko der Reise zu beteiligen. Das geschah durch eine schon im Altertum bekannte Form des Seedarlehens (*foenus nauticum* des römischen Rechts), das noch heute in vielen Rechtsordnungen in dem Rechtsinstitut der Bodmerei fortlebt.

Beim Seedarlehen verzichtet der Darlehensgeber auf die Rückzahlung des Darlehens, wenn die Reise keinen Erfolg hat, insbesondere bei Schiffsverlust; andernfalls erhält er einen dem Risiko entsprechend hohen Gewinn (in Form von Zinsen bis zu 30%). Im deutschen Recht wurde die Bodmerei durch das 1. SÄG beseitigt, weil das der Sicherung des Bodmereidarlehens dienende Schiffsgläubigerrecht wegen seines Vorrangs vor den Schiffshypotheken zu Missbräuchen Anlass geben konnte, nachdem das bis dahin ebenfalls vorgesehene Schiffsgläubigerrecht für Notgeschäfte des Kapitäns aus diesem Grunde aufgegeben wurde; eine wirtschaftliche Notwendigkeit besteht heute in Hinblick auf andere Formen der Risikoverteilung und der Kreditsicherung nicht mehr.

Schon im 13. Jahrhundert traten an die Stelle des partiarischen Seedarlehens erste Versicherungen. Das war vor allem auf das kanonische Zinsverbot zurückzuführen, aber auch auf die größer und vor allem differenzierter werdenden zu deckenden Risiken. Seeversicherungsordnungen entstanden zunächst in Barcelona, der damals wichtigsten Seehandelsstadt, später auch in Flandern, England und den Hansestädten.[3]

Bemerkenswert und von heute andauernder Bedeutung ist eine Sonderentwicklung des englischen Versicherungsmarktes: *Lloyd's*. Ende des 17. Jahrhunderts entstand aus dem Kaffeehaus *Edward Lloyd's* in der Londoner City, dessen Besitzer seine Kunden durch Schifffahrtsnachrichten an sein Haus binden wollte, zunächst eine Versicherungsbörse und im Gefolge davon auch eine Sammlung von Daten über die zu versichernden Schiffe (*Lloyd's Register of Shipping*) und schließlich das heute noch wichtigste Informationsblatt für die Schifffahrt: *Lloyd's List*.

Lloyd's Underwriters wurden erst 1871 zur *Lloyd's Corporation* organisatorisch zusammengefasst, nachdem die Institution ohne geschriebene Regeln bereits fast zwei Jahrhunderte funktionierte: Zeichnungswillige Einzelversicherer (sog. „*names*"), die nach bestimmten finanziellen Kriterien zugelassen werden, bilden „*syndicates*", die durch „*underwriting members*" im Börsenraum („*the room*") vertreten werden und regelmäßig nur zu bestimmten Bruchteilen Versicherungsengagements zeichnen. Die erste Unterschrift auf einer Versicherungsbestätigung (dem sog. „*slip*") bezeichnet zugleich den „*leading underwriter*", der für

3 Vgl. *Franck*, TranspR 1997, 215.

weitere Zeichnungen – im *„room"* oder auch außerhalb *Lloyd's* – Sorge trägt und bei der Abwicklung des Geschäfts, insbesondere eines Schadensfalles, federführend ist.[4]

Obgleich das *Lloyd's*-Versicherungssystem, bei dem die *„names"* für die Deckung *pro rata* mit ihrem gesamten Vermögen einstehen müssen, heute in England noch etwa die Hälfte des Versicherungsmarktes abdeckt, tritt es auch dort zugunsten großer Kapitalgesellschaften zurück, die ihr Risiko durch Mitversicherer und – vor allem – durch Rückversicherungen mindern.

III. Strukturen des Versicherungsmarktes

Seeversicherungsmärkte sind international. Der bei weitem bedeutendste, auch für deutsche Versicherungsnehmer, ist der englische. Das gilt in besonderem Maße für die P&I-Versicherung, die – mit ganz wenigen Ausnahmen (so namentlich Skuld in Oslo) – fast ausschließlich in England beheimatet ist; in jüngerer Zeit entstehen allerdings auch Clubs in den USA, in Japan und in China.

Wegen der Besonderheiten von *Lloyd's* vgl. o. II.

Der deutsche Versicherungsmarkt ist vor allem dadurch gekennzeichnet, dass die durch Aktiengesellschaften angebotenen Versicherungen durch **Assekuranzmakler** „platziert" werden. Die ursprünglich für eigene Rechnung und im eigenen Namen versichernden Assekuradeure treten zwar heute noch vielfach unter dieser Bezeichnung auf, sind jedoch – nach einer Übergangszeit der gemischten Tätigkeit – heute praktisch durchweg nur noch als Vertreter der Versicherungsgesellschaften tätig. Sie wickeln jedoch die von ihnen abgeschlossenen Versicherungsverträge sehr selbstständig aufgrund einer ihnen regelmäßig erteilten unbeschränkten Vollmacht für den Versicherer ab; ihr starke Stellung gegenüber den von ihnen vertretenen Versicherern beruht auf ihrer regelmäßig besseren Kenntnis des Marktes und der Schifffahrtsgegebenheiten.[5]

Der **Versicherungsmakler** wird dagegen regelmäßig für den Versicherungsnehmer tätig. Er vertritt auch dessen Interessen gegenüber der Versicherung.

Zu erwähnen ist schließlich der **Havariekommissar.**[6] Er übernimmt für die Versicherung die Aufklärung und Ermittlung von Schäden, ist also technischer Sachverständiger.

Eine Besonderheit des deutschen Versicherungsmarktes sind die sog. **Gilden**, Gegenseitigkeitsvereine der Küstenschifffahrt.

IV. Rechtsquellen

1. Bis zur Reform des Versicherungsrechts 2008

Die Seeversicherung war bis zur Reform des Versicherungsrechts im Jahre 2008 gesetzlich umfassend – unter Ausschluss der Anwendung des VVG (§ 186 VVG) – in den §§ 778–900, 905 ff. aF geregelt. Diese Vorschriften waren allerdings dispositiv und wurden in der Praxis durch die ADS ersetzt, zu denen wiederum eine Reihe von

---

4 Zum Verfahren im Einzelnen *H.-C. Enge/Schwampe*, S. 27 ff. und *Franck*, TranspR 1997, 216 f.

5 Im Einzelnen vgl. *H.-C. Enge/Schwampe*, S. 23 f.

6 Zu dessen Stellung vgl. *Sieg*, TranspR 1993, 93 ff.; *Looks*, VersR 2009, 1467 ff. mit einer Stellungnahme zu der strittigen Frage, wer den Havariekommissar im Regelfall zu bezahlen hat; dazu auch OLG Hamburg, VersR 1992, 869.

Zusatz-Bedingungswerken für die einzelnen Seeversicherungssparten besteht (so etwa die DTV-Kaskoklauseln, die DTV-Klauseln für die Versicherung von Schiffbau und Reparatur von Schiffen, die ADS – Besondere Bestimmungen für die Güterversicherung).

Die ADS sind – ähnlich wie die ADSp – aus einer Vereinbarung von Verbänden der Reeder, der Versicherer und des Außenhandels hervorgegangen und erstmals bereits 1919 beschlossen worden. Die vom Deutschen Transportversicherungs-Verband (DTV; 1995 aufgegangen im Verband der Schadensversicherer) entwickelten Zusatzklauseln sind jedoch wesentlich jünger und zumeist mehrfach revidiert worden; so die DTV-Kaskoklauseln 1978, die ADS-Güterversicherung 1994.

Wie bei den ADSp wird auch für die ADS im Hinblick auf die Beteiligung mehrerer Verbände an der Entstehung und auf die allgemeine Anwendung eine verstärkte Bestandskraft gegenüber der AGB-Kontrolle in Anspruch genommen. Zwar wird – wie bei den ADSp – die Anwendbarkeit des AGBG – und jetzt der §§ 305 ff. BGB – nicht grundsätzlich bestritten; doch wird – unter Hinweis auf ältere Rechtsprechung vor Erlass des AGBG – etwa die Auffassung vertreten, die ADS seien „wie ein Gesetz auszulegen“, also nach objektiven Kriterien und insbesondere bei Unklarheiten nicht zulasten des Verwenders.[7] Der Auffassung, dass sie – wie Gesetze, etwa nach § 134 BGB – sogar in Ausnahmefällen unabdingbar sein können,[8] ist aber jedenfalls nicht zu folgen. Die ADS sind nicht mehr als zwar weithin angewendete und in ihrem Inhalt von den beteiligten Handelskreisen offenbar gebilligte, vielleicht auch hier und da zum Handelsbrauch erstarkte private Geschäftsbedingungen, die sich – soweit sie nicht ausnahmsweise Gewohnheitsrecht geworden sind – die richterliche Kontrolle in vollem Umfang gefallen lassen müssen. Das gilt vor allem für die DTV-Zusatzklauseln, die allerdings in ihren gegenwärtigen Fassungen wohl wenig Grund zu Beanstandungen geben. Doch sind namentlich Beweislast- und Obliegenheitsklauseln im Einzelfall auf ihre Angemessenheit zu prüfen. Allerdings fehlt der AGB-Kontrolle durch die Gerichte nach Aufhebung der §§ 778 ff. aF ein spezifisches Leitbild; *H.-C. Enge/Schwampe*[9] sehen die Grenzen für AGB „in den Gesetzen, die dem Vertrag als *lex generalis* zugrunde liegen (zB Verstoß gegen § 134, § 138 oder § 276 Abs. 2 BGB).“

Eine Zusammenstellung der wichtigsten Bedingungen findet sich bei *Kreuzmann*, aaO.

2. Seit der Reform des Versicherungsrechts 2008

Nach der Reform besteht eine eigentümliche Rechtslage: Die ausführlichen, aber zweifellos veralteten Vorschriften des HGB (§§ 778–900, 905 aF) wurden nicht etwa modernisiert, sondern durch das SRG ersatzlos aufgehoben. Das war systematisch sachgerecht, denn sie gehören in das Versicherungsrecht, nicht in das HGB.

Auch im VVG wurde die Seeversicherung jedoch nicht geregelt, im Gegenteil: Es blieb bei § 209 VVG (der dem § 186 VVG aF entspricht), wonach das VVG auf die Seeversicherung keine Anwendung findet.

Die Seeversicherung hat also seit 2008 in Deutschland keine gesetzliche Grundlage mehr. Die Gesetzesbegründung[10] sagt dazu erstaunlicherweise: „Für die Seeversicherung soll es beim bisherigen Rechtszustand verbleiben.“ Gemeint ist damit wohl die Vertragsfreiheit.

Die Folgen dieser Zurückhaltung des Gesetzgebers sind noch unklar. Gewiss war auch die bisherige Regelung dispositiv und daher jeder vertraglichen Änderung

7 Vgl. noch *Enge*, S. 36; *H.-C. Enge/Schwampe*, S. 46, reduzieren diese Sonderstellung darauf, dass § 305c Abs. 2 BGB (Zweifel gehen zu Lasten des Verwenders) erst nach sorgfältiger Prüfung des Verständnisses der beteiligten (Versicherer-) Kreise zur Anwendung kommen sollte.

8 So *Enge*, S. 36.

9 S. 46.

10 BT-Drucks. 16/3945, S. 115.

zugänglich, auch durch AGB. Insofern war die Seeversicherung immer „Kaufmannsrecht."[11] Aber das Gesetz kann und sollte wenigstens Leitbilder vorgeben, welche der AGB-Kontrolle eine Richtschnur an die Hand geben.

Da kein Zweifel daran besteht, dass die Bedingungen auch weiterhin der AGB-Kontrolle nach §§ 305 ff. BGB unterliegen, werden die Gerichte diese Leitbilder in Zukunft aus den allgemeinen Prinzipien des Versicherungsrechts – also auch dem VVG – entwickeln müssen.[12] Für die Versicherungswirtschaft, die grenzenlose Freiheit angestrebt hat, kann dies durchaus eine gefährliche Unvorhersehbarkeit richterlicher Kontrolle bedeuten.[13] Eine Gefahr, die sich für die Wirtschaft auch in anderen Rechtsbereichen ohne hinreichende gesetzliche Vorgaben zeigt – man denke nur an die Schwierigkeiten, angesichts des Fehlens gesetzlicher Leitgedanken die Haftung bei Lieferung von Industriegütern angemessen AGB-fest zu regeln. Diese Gefahr wird auch in der Seeversicherungswirtschaft durchaus gesehen.[14] Allerdings wäre es eine mühevolle Aufgabe gewesen, die veralteten Vorschriften des HGB zu modernisieren, der sich wohl so recht niemand unterziehen wollte.

V. Die Versicherungsarten im Einzelnen

1. Schiffskaskoversicherung

a) Schiffskaskoversicherung wird auf dem deutschen Versicherungsmarkt auf der Basis der DTV-Kaskoklauseln 1978 (geändert 1984, 1992, 1994 und 2004) angeboten;[15] dazu tritt eine Vielzahl von Zusatzklauseln und Maklerklauseln. Seit 2009 ist ein neues, eigenständiges Bedingungswerk hinzugetreten, die DTV-ADS 2009.[16] Es scheint jedoch, dass die Fassung der DTV-Seekaskoklauseln idF von 1992 gegenwärtig noch am weitesten verbreitet ist.[17]

Nach den Kaskoklauseln ist das Schiff – je nach Vereinbarung mit seinem vollen Wert oder mit einem Teilwert – gegen Verlust oder Beschädigung versichert. Die Deckung ist grundsätzlich eine Allgefahrendeckung (§ 28 ADS), enthält jedoch bestimmte Ausschlüsse (insbes. für Kriegsrisiken, § 35 ADS; ferner eigenes Verschulden des Versicherungsnehmers, § 33 ADS) und einen Selbstbehalt von 3% (§ 34 ADS).

Das unterscheidet die deutsche Kaskoversicherung vom **englischen Recht**, nach dem gemäß Marine Insurance Act 1906 nur *„named perils"* versichert werden können. Deshalb gilt dort auch im Schadensfall eine andere Beweislastregel: Der Versicherungsnehmer muss beweisen, dass der Schaden durch eine bestimmte, gedeckte Gefahr verursacht wurde, während nach deutschem Recht das Vorliegen eines Ausschlussgrundes vom Versicherer darzutun ist.

---

11 So mit Recht *Remé*, VersR 2008, 256 ff., der die von der Seeversicherungswirtschaft durchgesetzte völlige Gesetzlosigkeit begrüßt; für die völlige Regelungsfreiheit auch *Büchner/Jürss*, VersR 2004, 1090 ff.; *Schleif*, TranspR 2009, 18, 19 ff.; *Schwampe*, FS Thume (2008), S. 251 ff.

12 Zurückhaltender *Schwampe*, FS Thume (2008), S. 251 ff.: Die Vorschriften des VVG dürften bei der AGB-Kontrolle der allgemeinen Versicherungsbedingungen (AVB) der Seekaskoversicherung künftig überhaupt keine Rolle spielen, da sie keinen Leitbildcharakter für die Seeversicherung hätten.

13 Der Wegfall der Regelung wird deshalb auch durchaus von Fachleuten kritisiert, vgl. *Ehlers*, TranspR 2004, XIV ff.; *ders.*, TranspR 2007, 5 ff.; *Johannsen*, VersR 2005, 319 ff.; *Richartz*, TranspR 2007, 300 ff.

14 Vgl. zB *Richartz*, TranspR 2007, 300, 303.

15 Auf dem deutschen Markt spielt allerdings naturgemäß die Güterversicherung die weitaus wichtigere Rolle, vgl. *H.-C. Enge/Schwampe*, S. 19, 21.

16 Vgl. dazu *Schwampe*, VersR 2010, 1277 ff.

17 *H.-C. Enge/Schwampe*, S. 48, 231.

Die im englischen Recht angewendeten Bedingungen sind in jüngerer Zeit mehrfach geändert worden; die letzte Fassung der Institute Time Clauses stammt von 1995. Wegen der Einzelheiten vgl. ausführlich *H.-C. Enge/Schwampe*, S. 273 ff. – Auch bei im Übrigen in Deutschland versicherten Schiffen wird die Deckung für Kriegsrisiken oft in England genommen.

b) Die Versicherung umfasst das Schiff, die maschinellen Einrichtungen, das Zubehör (soweit im Eigentum des Versicherungsnehmers) und die Ausrüstung (bei Teilschäden nur wegen Feuer oder Explosion), Nr. 4 DTV-Kaskoklauseln 1978/2004. Sie kann auf das Interesse an der Fracht erstreckt werden, Nr. 6. DTV-Kaskoklauseln 1978/2004.

c) Einbezogen in die Kaskodeckung sind Beiträge des Schiffes zu oder Aufwendungen in **Großer Haverei** (§ 29 ADS). Für Aufopferung des Schiffes bei besonderer Haverei gelten die Regeln für Verlust (§ 31 ADS); eine Deckung wird also insbesondere durch ein Verschulden an der Gefahrensituation ausgeschlossen.

d) Ein systematischer Fremdkörper in der Kaskoversicherung ist die darin **eingeschlossene Deckung** bestimmter **Haftpflichtrisiken.** Nach Nr. 34 DTV-Kaskoklauseln 1978/2004 ist gesetzliche Haftpflicht aus Schiffszusammenstoß oder Anfahrung von Gegenständen (ohne Personenschaden) und für Schäden durch Verletzung ortsüblicher Vereinbarungen in Schleppverträgen und mit Werften mit der Kaskodeckung versichert.

Zu erklären ist diese Erweiterung der Kaskodeckung einmal dadurch, dass Schiffe, von denen weitere Haftpflichtrisiken nicht ausgehen (weil sie keine Ladung befördern oder insoweit die Haftung völlig ausschließen), auf eine eigene Haftpflichtversicherung verzichten können. Besteht, wie regelmäßig, neben der Kaskoversicherung eine P&I-Versicherung, so deckt letztere nur den nicht schon von der Kaskoversicherung übernommenen Haftpflichtschaden. Ferner dürfte der Gedanke eine Rolle gespielt haben, dass historisch in den meisten Rechtsordnungen (in Deutschland bis 1972) für Schäden durch den Betrieb des Schiffes nur mit dem Schiffswert gehaftet wurde, so dass das Gesamtrisiko des Verlustes des Schiffes und der Haftung für Schäden aus dessen Betrieb den Schiffswert nicht übersteigen konnte.

Im englischen Recht findet sich eine ähnliche Klausel (sog. *running-down-clause*).

e) Die Kaskoversicherung setzt die Erteilung und Erhaltung der **Klasse** durch eine anerkannte Klassifikationsgesellschaft voraus (vgl. dazu o. § 21 III). Diese wird – wie auch die Versicherung selbst – regelmäßig auf bestimmte Fahrtgebiete beschränkt.

f) Die Kaskoversicherung dient nicht nur dem Schutz des Schiffseigentümers, sondern vor allem auch der **Sicherheit der Schiffshypotheken.** Nach § 32 SchRG erstreckt sich die Schiffshypothek kraft Gesetzes auf die Kaskoversicherungsforderung.

Der darin liegende Schutz des Hypothekars kann sogar noch verstärkt werden, indem der Hypothekengläubiger dem Versicherer das Bestehen der Hypothek – die dieser allerdings ohnehin kraft der Eintragung im Register gegen sich gelten lassen muss – ausdrücklich anzeigt: Dann ist der Versicherer verpflichtet, den Hypothekar zu unterrichten, wenn der Versicherungsnehmer die Prämie nicht zahlt oder das Vertragsverhältnis kündigt (§ 34 SchRG); damit bekommt der Hypothekar Gelegenheit, die zur Erhaltung des Versicherungsschutzes notwendige Zahlung rückständiger Prämien seinerseits vorzunehmen, sodass der Versicherer dem Hypothekar nur noch die anderen ihm gegenüber nach § 36 SchRG möglichen Einwendungen (Seeuntüchtigkeit des Schiffes und Abweichung vom angegebenen Reiseweg) entgegensetzen kann. In der Praxis verlangen die Hypothekare nicht nur stets eine Kaskoversicherung, sondern den zusätzlichen Verzicht der Versicherung auf die ihr nach § 36 SchRG möglichen Einwendungen aus dem Versicherungsverhältnis gegenüber dem Hypothekengläubiger (sog.

Hypothekenklausel);[18] für Schiffshypothekenbanken ist ein solchermaßen erweiterter Versicherungsschutz sogar gesetzlich (§ 11 Abs. 1 SchiffsbankG) vorgeschrieben.

g) Für die deutsche Küstenschifffahrt übernehmen heute noch **Gilden** (vgl. o. III) auf Gegenseitigkeitsbasis Kaskoversicherungsschutz für ihre Mitglieder.

2. Güterversicherung

a) Der Güterversicherung liegen in Deutschland regelmäßig die **ADS Güterversicherung 1973/1984** zugrunde.

Die 1973 eingeführten ADS Güterversicherung haben die §§ 80–99 ADS ersetzt (vgl. Ziff. 9.6 ADS Güterversicherung). Die ADS Güterversicherung wurde 1984 revidiert; 1994 folgten geringfügige Anpassungen, um den Erfordernissen der Gruppenfreistellungsverordnung der EG-Kommission gerecht zu werden.

Zu weiteren Neufassungen ist es nicht gekommen; stattdessen ist im Jahre 2000 ein neues Regelungswerk, die DTV Güter 2000 (geändert 2004, 2008, 2011), ins Leben gerufen worden.[19]

b) Auch die Güterversicherung ist nach deutschem Recht (Nr. 1.2 ADS Güterversicherung 1973/1984) **in der Regel eine Allgefahrendeckung,** die jedoch eine Reihe von Einschränkungen erfährt. Daneben ist die sog. **Strandungsfallversicherung** möglich, welche nur bestimmte Risiken deckt, deren Katalog jedoch weit über die eigentliche Strandung hinausgeht.[20]

Diese Regelung stellt eine erhebliche Vereinfachung gegenüber früherem Recht dar. Auch im Verhältnis zum englischen Recht, das ebenso wie in der Güterversicherung häufig in Kaufverträgen vorgeschrieben wird. Zwar haben auch die englischen Institute Cargo Clauses 1982 die frühere Dreiteilung in FPA-Deckung (*free of particular average*), WA-Deckung (*with average*) und *All Risks*-Deckung aufgegeben. Im Einzelnen ist die Neuregelung jedoch kaum weniger kompliziert und unübersichtlich.[21]

Die **Ausschlüsse** nach ADS Güterversicherung betreffen im Wesentlichen Mängel des Gutes und der Verpackung. Sonderbestimmungen gelten für die Decksverladung. Vereinbart wird häufig das höchstzulässige Alter des Schiffes (sog. Altersklausel).[22]

c) Besondere Bedeutung hat bei der Güterversicherung die Feststellung des **versicherten Interesses.** Versichert werden kann zwar grundsätzlich jedes Interesse an den Gütern, das des Eigentümers an unversehrter Ankunft und auch das des Verkäufers am Erhalt des Kaufpreises. Gleichwohl bieten insbesondere die vielfältigen Probleme des kaufrechtlichen Gefahrübergangs hier erhebliche Gefahren für den Versicherten, zumal der Kaufvertrag sich oft nach einem den Parteien bei Abschluss des Versicherungsvertrages selbst nicht bekannten fremden Recht richtet.

---

18 Dazu *H.-C. Enge/Schwampe*, S. 315; Staudinger/*Nöll*, § 32 SchRG Rn. 12, § 36 SchRG Rn. 6.

19 Die DTV-Güter 2000 wird nach Schätzungen bereits in etwa 50% aller Warenversicherungsverträgen vereinbart (*H.-C. Enge/Schwampe*, S. 8 – Vorwort zur vierten Auflage). Der andere Teil der Verträge basiert nach wie vor auf den ADS Güterversicherung 1973, wobei im Markt am weitesten verbreitet die Fassung von 1984 zu sein scheint (vgl. *H.-C. Enge/Schwampe*, S. 131).

20 Dazu *H.-C. Enge/Schwampe*, S. 131 ff.

21 Vgl. *H.-C. Enge/Schwampe*, S. 148 ff.

22 Vgl. *H.-C. Enge/Schwampe*, S. 135 f.

Hat etwa der Verkäufer mit der Lieferung auf das Schiff seine Lieferpflicht erfüllt, so steht ihm der Kaufpreis unabhängig von der Ankunft der Güter beim Empfänger/Käufer zu (§ 447 BGB), ihm fehlt also während des Transports ein durch die Güterversicherung versichertes Interesse an den Gütern. Während im Schadensersatzrecht in solchen Fällen die Konstruktion der Drittschadensliquidation weiterhilft, ist das Versicherungsrecht formal und verlangt eine genaue Umschreibung des jeweils versicherten Risikos. Fehlt ein Interesse des Versicherten im Einzelfall – ging also etwa nach dem anzuwendenden Kaufrecht nach Übergabe der Güter an den Beförderer durch den versicherten Verkäufer die Kaufpreisgefahr auf den Käufer über –, so soll sogar nach § 2 Abs. 1 ADS der Versicherungsvertrag nichtig sein (eine wohl nicht ganz ernst gemeinte Klausel, bleibt doch die Prämienzahlungspflicht nach Abs. 2 unberührt!), und so erhält auch der Empfänger keinen Ersatz, sofern die Versicherung nicht ausdrücklich (auch) „für seine Rechnung“ genommen wurde. Diese Form der Versicherung ist allgemein möglich (§§ 52 ff. ADS) – die Bezeichnung, die allerdings auch §§ 74 ff. VVG entspricht, ist allerdings grob irreführend: Es handelt sich nicht um einen Vertrag „für Rechnung“, sondern „zugunsten“ eines anderen. Dieser Konstruktion bedarf es insbesondere dann, wenn der Verkäufer/Versender beim CIF-Vertrag das Güterinteresse des Käufers/Empfängers gegen Schäden auf dem Transport versichern muss.

Die Praxis vermeidet diese Gefahren durch die Klausel, dass Versicherung „für denjenigen, den es angeht“ – also auch zugunsten eines anderen als des Versicherungsnehmers oder eines benannten anderen – vereinbart wird. In der Regel wird die Versicherung zudem in einer an Order gestellten Versicherungspolice (§ 363 Abs. 2) verbrieft, die es ermöglicht, die Rechte aus dem Versicherungsvertrag mit dem im Konnossement verbrieften Anspruch auf Auslieferung der Güter zu übertragen.

Der Versicherte trägt dafür, dass er selbst ein versichertes Interesse hatte, die Beweislast, doch kann diese – durch besondere Klausel – abbedungen werden.[23] Besonderer Vereinbarung (nämlich einer sog. Exportschutzversicherung)[24] bedarf selbst der Ersatz des Schadens des (nur das eigene Interesse versichernden) Versenders, den dieser wirtschaftlich dadurch erleidet, dass er den Kaufpreis wegen der Transportschäden nicht oder nur mit großem Aufwand erhält, obgleich der Käufer zur Zahlung verpflichtet ist, weil die Preisgefahr auf ihn übergegangen ist.

d) Das deutsche Recht kennt – anders als etwa das englische – ein spezielles **Schiedsgutachterverfahren** im Schadensfall, das für beide Parteien verbindlich ist (Nr. 8.2 ADS Güterversicherung). Es stellt ein gewisses Korrektiv dafür dar, dass der Schaden grundsätzlich von einem von dem Versicherer allein beauftragten Havariekommissar festgestellt wird (Nr. 8.2 ADS Güterversicherung).

Wegen der **Schadensberechnung** in der Güterversicherung, die auf einer Gegenüberstellung von sog. Gesundwert und Krankwert beruht und bei der gewisse Nebenkosten (Lagerung und Sicherung beschädigter Güter) berücksichtigt werden, muss auf die eingehenden Ausführungen von *H.-C. Enge/Schwampe* (S. 217 ff.) und vertiefend auf *Ritter/Abraham* verwiesen werden.

3. Seehaftpflichtversicherung

a) Die Haftpflichtversicherung kommt in der Seeschifffahrt praktisch ausschließlich in der Form der sogenannten P&I-Versicherung vor. Die P&I-Clubs sind Versicherungsvereine auf Gegenseitigkeit, die in England entstanden und auch dort heute noch weit überwiegend beheimatet sind; außerhalb Englands bestehen nur wenige Clubs. In Hamburg besteht ein kleiner, vorwiegend für Küstenschiffe bestimmter Versicherungsverein auf Gegenseitigkeit; Rechtsschutz für die Schifffahrt versieht

---

23 *H.-C. Enge/Schwampe*, S. 58.
24 Vgl. *H.-C. Enge/Schwampe*, S. 186 f.

der Schutzverein Deutscher Rheder V.a.G., ebenfalls ein gemeinnütziger Verein auf Gegenseitigkeit.

Grund für den Zusammenschluss der Reeder, die Mitglieder und Träger dieser Clubs sind, war die Begrenzung der Haftpflichtversicherungsdeckung durch die Kaskoversicherer, die grundsätzlich auch das Kollisionsrisiko mit decken, jedoch zunehmend hohe Selbstbeteiligung verlangten. Übernahm der Kaskoversicherer nur – wie regelmäßig – höchstens $3/4$ der Kollisionshaftung, so deckten die Reeder selbst das restliche $1/4$-Risiko durch eine gemeinschaftliche Schadenskasse ab. Zum Kollisionsrisiko kamen später auch andere, in der Anfangszeit der Schifffahrt noch wenig entwickelte Haftungsrisiken wie Haftung für Güterschäden und neuerdings vor allem Umwelthaftung hinzu. Die Verschiedenheit der Risiken bestimmter Schiffsarten – besonders deutlich bei Tankern – hat zur Bildung spezieller Clubs geführt.

b) Die Struktur der P&I-Clubs, ihre Leistungen und Beiträge werden in den **Club Rules** festgelegt, gleichen sich aber bei allen Clubs. Mitglied kann werden, wer ein Interesse an einer Versicherungsdeckung der Risiken aus dem Betrieb eines Schiffes hat. Neben dem Reeder und Ausrüster kann das auch ein Charterer sein; allerdings haben sich eigene Charterer's Clubs gebildet, weil deren Haftungsrisiken andere (insbes. durch die Gefahr der Haftung auch gegenüber dem Reeder) sind und sich deshalb nicht gut zur gemeinschaftlichen Deckung eignen.

Die **Organisation** liegt in der Hand von Managern, die unter der Aufsicht eines Board of Directors die Beiträge festlegen und die Schäden regulieren. An allen wichtigen Hafenplätzen unterhalten die Clubs Korrespondenten.

Die von den Clubs gewährte **Deckung** wird in drei Klassen unterteilt, die allerdings nicht juristisch sauber voneinander geschieden sind. Die Clubs gewähren namentlich

- **Protection.** Darunter fällt im Wesentlichen die Übernahme von Haftungsrisiken aus außervertraglicher Haftung für Personen- und Sachschäden, insbesondere für Kollisionsschäden. Eingeschlossen sind jedoch auch die Haftung gegenüber Besatzungsmitgliedern und Kosten der Heimschaffung sowie Wrackbeseitigungskosten.

Soweit eine Überschneidung mit Risiken besteht, welche die Kaskoversicherung übernimmt, tritt der P&I-Club nur ergänzend ein.

- **Indemnity.** Hierunter wird vor allem die Freistellung von der (vertraglichen) Haftpflicht für Ladungsschäden verstanden. Hinzu kommen gewisse Havereibeiträge, auch – soweit nicht einziehbar – der Ladung.

  Wichtig in der Praxis ist, **dass die P&I-Clubs** in der Regel **keine Haftung gegenüber den dritten Geschädigten** übernehmen, sondern ihre Mitglieder lediglich nach Befriedigung des Anspruchs entschädigen („***pay to be paid***"). Nur in Norwegen besteht auf Grund zwingenden nationalen Rechts ein Direktanspruch des Geschädigten gegen die örtlichen P&I-Clubs.

- **Defence.** Im Zusammenhang mit Schadenshaftungsfällen bei gegen ein Mitglied erhobenen Ansprüchen wegen Liegegeld, Bergelohn oä. gewährt der Club Rechtsschutz durch örtliche Rechtsanwälte.

Die zur Deckung der Entschädigungsleistung erforderlichen **Beiträge** werden als sog. **Calls** im Umlageverfahren von den Mitgliedern erhoben; die Clubs arbeiten ohne Gewinnerzielungsabsicht. Die vorhersehbaren Ausgaben, auch für die Verwaltung, werden durch sog. Initial Calls, später erhöhter Bedarf infolge ungünstigeren Schadensverlaufs wird durch Additional Calls befriedigt. Die P&I-Clubs müssen zudem in zunehmendem Maße **Rückversicherungen** abschließen, weil die Risiken sprunghaft wachsen. Denn gedeckt wird jede – gesetzlich, auch durch nationales Recht vorgeschriebene – Haftung; besonders auf dem Gebiet der Umwelthaftung haben nicht nur die USA in letzter Zeit scharfe Gesetze erlassen.

4. Versicherungen im Zusammenhang mit Charterverträgen

Im Zusammenhang mit Charterverträgen treten auf beiden Seiten besondere Risiken auf, für die eine Versicherungsdeckung erstrebt wird. Hier können nur einige Hinweise, insbesondere auf spezielle Literatur gegeben werden.

Der Deckung der besonderen Haftpflichtrisiken des Charterers – die, da sie auch gegenüber dem Schiff bestehen, nur zum Teil identisch sind mit denen des Reeders – dienen spezielle Charterer-Haftpflichtversicherungen.[25]

Umgekehrt ist der Reeder als Vercharterer daran interessiert, das Risiko der Uneinbringlichkeit der Chartermiete („*hire*“) so weit wie möglich abzusichern; dem dient die *Loss-of-Hire*-Versicherung.[26]

---

25 Dazu eingehend *Schwampe*, Charterers' Liability Insurance und *Sieg*, VersR 1998, 1 ff.

26 Dazu *Sieg*, VersR 1997, 649; zur Gesamtproblematik der Risiken aus Vercharterung *ders.*, TranspR 1998, 9 ff.; zur Gesamtproblematik der Versicherung von Verdienstausfall *Mittelbach*, aaO.

§ 44 Überseekauf

Lit.: *Nielsen*, *ICC* Uniform Customs and Practices für Documentary Credits, ICC-Publ. Nr. 600 ED, TranspR 7/8 2008, 269ff.; *Trappe*, Maritime Law Problems under a Sale Contract Overseas, TranspR 2012, 99ff.

I. Allgemeines

Die Beförderung von Gütern zur See hat in aller Regel ihren wirtschaftlichen Grund in der Erfüllung eines Güteraustauschvertrages, zumeist eines Kaufvertrages. Wenn auch beide Vertragsverhältnisse getrennt zu beurteilen sind und oft verschiedene Vertragspartner haben, bestehen doch mannigfaltige Wechselbeziehungen.

1. Das Frachtrecht, insbesondere das Seefrachtrecht, hat eine Reihe von Rechtsinstituten entwickelt, welche der **Notwendigkeit der Erfüllung kaufrechtlicher Pflichten** Rechnung tragen. Hierzu gehört vor allem die Ausbildung des Konnossements als eines übertragbaren und die Ware vertretenden Wertpapiers, welches der Zahlungssicherung dient. Ferner die institutionalisierte Möglichkeit, Zahlung der Fracht durch den Empfänger vorzusehen, sodass die Frachtzahlungspflicht von den Parteien des Frachtvertrages entsprechend dem jeweiligen Kaufvertrag gestaltet werden kann. Schließlich das Weisungsrecht des Befrachters gegenüber dem Verfrachter, das es ihm ermöglicht, bei Störungen in seinem Verhältnis zum Empfänger die Güter noch während der Reise umzudirigieren, den Frachtvertrag also einseitig zu ändern.[1] Dem Umstand, dass der Ablader regelmäßig Handelsware verschifft und diese oft kurzfristig nicht verfügbar ist, trägt die Regelung des jederzeitigen Kündigungsrechts mit pauschalierter Entschädigung (§§ 489, 532) Rechnung.

Praktische Auswirkungen auf das Frachtrecht hat das Kaufrecht zudem insofern, als häufig Vertragsklauseln, die für den Kaufvertrag entwickelt wurden, in das Frachtgeschäft übertragen werden. Beispiele bilden etwa die Klauseln COD (*cash on delivery*) oder FIO (*free in and out*), die ursprünglich zur Umschreibung der Rechte und Pflichten der Kaufvertragsparteien entwickelt, später jedoch auch zur Bestimmung der diesen entsprechenden frachtvertraglichen Pflichten verwendet wurden.

Einer besonderen kaufrechtlichen Konstellation, dem FOB-Vertrag, trägt das deutsche Seefrachtrecht durch ein Rechtsinstitut Rechnung, das in den meisten Auslandsrechten unbekannt ist: die Rechtsfigur des Abladers (dazu o. § 27 II 3). Diese ermöglicht es, dem FOB-Verkäufer, der die Kaufsache auf das Schiff liefert, welches der Käufer (als Befrachter) gechartert oder durch Stückgutfrachtvertrag zur Beförderung der Güter verpflichtet hat, den Anspruch auf das Konnossement einzuräumen und ihn dadurch zum ersten Konnossementsberechtigten zu machen; dadurch wird sichergestellt, dass der Empfänger, obgleich als Befrachter auch Partei des Frachtvertrages, dritter Erwerber des Konnossements sein kann, also in den Schutz des gutgläubigen Erwerbs einbezogen wird. Diese Funktion der Abladerkonstruktion ist allerdings nach dem SRG nicht mehr unverzichtbar, weil nunmehr nicht mehr erst der derivative Erwerber des Konnossements, sondern bereits der erste Nehmer in seinem guten Glauben an den Inhalt geschützt wird (§ 517 Abs. 1, § 522 Abs. 2). Damit wurde ein Lücke gefüllt, die für die Kaufvertragsparteien eine Gefahr bedeu-

---

1 Dazu im Einzelnen *Meyer-Rehfueß*, Das frachtvertragliche Weisungsrecht, Schriften zum Transportrecht Bd. 14, 1995.

tete, wenn sie die Notwendigkeit der Rechtsübertragung nach bisherigem Recht nicht beachteten oder sich eines Rektakonnossements bedienten.

2. Nachdem diese Aspekte des Seefrachtvertrages im Rahmen der Darstellung des Frachtrechts bereits behandelt worden sind, soll hier noch ergänzend gezeigt werden, wie das Kaufrecht von den ihm durch den Transportvertrag gebotenen Möglichkeiten Gebrauch macht und wo aus seiner Sicht Mängel des Frachtrechts bestehen, vielleicht notwendig bestehen müssen.

Dabei soll nur der Kauf interessieren, zu dessen Erfüllung es einer Seebeförderung bedarf, also der weithin sog. „Überseekauf". Er ist, jedenfalls bei Streitigkeiten vor deutschen Gerichten, ebenso wie die Seebeförderung in aller Regel international; denn die deutsche Küste ist, auch nach der Wiedervereinigung Deutschlands, nicht so ausgedehnt, dass Seebeförderungen von einem deutschen Hafen zu einem anderen allzu häufig wären.

II. Frachtrechtlich relevante Regeln des Kaufrechts

1. Das auf den Überseekauf anwendbare Recht; CISG

Lit.: *Czerwenka*, Rechtsanwendungsprobleme im internationalen Kaufrecht, 1988; *Ferrari/Kieninger/Mankowski ua.*, Internationales Vertragsrecht 2. Aufl. 2012; *Herber/Czerwenka*, Internationales Kaufrecht, 1991; *Karollus*, UN-Kaufrecht, Wien 1991; *Piltz*, Internationales Kaufrecht, 2. Aufl. 2008; *Schlechtriem*, Einheitliches UN-Kaufrecht, 1981; *Schlechtriem/Schwenzer*, Kommentar zum Einheitlichen UN-Kaufrecht, 6. Aufl. 2013; Staudinger/*Magnus*, Wiener UN-Kaufrecht (CISG), Neubearbeitung 2013.

Internationale Kaufverträge sind, sofern nicht ein internationales Übereinkommen eingreift, vom deutschen Richter nach dem Recht des Staates zu beurteilen, in welchem der Verkäufer seinen gewöhnlichen Aufenthalt hat (Art. 4 Abs. 1 Buchst. a Rom-I-VO). In aller Regel wird das innerstaatliche Recht jedoch durch das **UN-Übereinkommen v. 11.4.1980 über Verträge über den internationalen Warenkauf** (UN-Kaufrechtsübereinkommen,[2] nach seinem englischen Titel „Convention on Contracts for the International Sale of Goods", oft als CISG abgekürzt zitiert) verdrängt, welches die Rechte und Pflichten der Kaufvertragsparteien im Rahmen des Geltungsbereichs des Übereinkommens im Wesentlichen abschließend regelt. Allerdings ist das Übereinkommen dispositiv und wird in Deutschland – in bedauerlicher Verkennung seiner Vorzüge – oft abbedungen; dabei ist jedoch zu beachten, dass – wenn die Parteien die Anwendung deutschen Rechts vereinbaren – das Übereinkommen als Teil des deutschen Rechts anzuwenden ist, soweit sein Anwendungsbereich betroffen ist.

Nur wenige bedeutende Handelsstaaten sind dem Übereinkommen ferngeblieben, namentlich England und Japan. Im Übrigen gilt es praktisch weltweit, vgl. die Vertragsstaaten im Fundstellenverzeichnis B zum BGBl.[3]

2. Die INCOTERMS

Lit.: *Bredow/Seiffert*, INCOTERMS 1990, 2. Aufl. 1994; *Bridge*, Commercial Sales, F.O.B. Contracts: recent developments, JBL 1993, 375 ff.; *Eisemann/Melis*, Incoterms 1980, Wien 1981; *Hermann*, International Trade Terms – Standard Terms for Contracts for the Interna-

---

2 BGBl. 1989 II 586, 588.
3 Und IHR 2014, 258 ff.

tional Sale of Goods, London 1993; *Renck*, Der Einfluß der Incoterms 1990 auf das UN-Kaufrecht, Diss. Hamburg 1995; *Sassoon*, C.I.F. and F.O.B. Contracts, 3. Aufl. London 1984; *Schneider*, Incoterms 1990, Auslegungsregeln für den internationalen Handelsverkehr in Neuauflage, RIW 1991, 91ff.; *Schütze*, Praktizierte Lieferbedingungen im internationalen Geschäftsverkehr, DZWiR 1992, 89ff.; *Vassilios/Digenopoulos*, Die Abwandlung der CIF- und FOB-Geschäfte im modernen Überseekaufrecht, 1978.

Die – dispositiven – Regeln der CISG (oder des – in aller Regel ebenfalls dispositiven – anwendbaren nationalen Kaufrechts) werden beim Überseekauf regelmäßig ergänzt durch Vertragsklauseln, die zumeist den sog. INCOTERMS der Internationalen Handelskammer entnommen werden. Die INCOTERMS (letzte Fassung 2010) enthalten für eine Reihe typisierter Vertragsgestaltungen genaue Definitionen der jeweils korrespondierenden Rechte und Pflichten von Verkäufer und Käufer. Zu den Klauseln für Kaufverträge mit Einschluss einer Seebeförderung gehören insbesondere FAS (*Free Alongside Ship*), FOB (*Free on Board*), CFR (*Cost and Freight*) und CIF (*Cost, Insurance and Freight*).

3. Das Dokumentenakkreditiv

Lit.: *v. Bar*, Kollisionsrechtliche Aspekte der Vereinbarung und Inanspruchnahme von Dokumentenakkreditiven, ZHR 1988, 38ff.; *Debattista*, Sale of Goods Carried by Sea, London 1990; *Ellinger*, The Uniform Customs and Practice for Documentary Credits – the 1993 Revision, LMCLQ 1994, 377ff.; *Eschmann*, Der einstweilige Rechtsschutz des Akkreditiv-Auftraggebers in Deutschland, England und der Schweiz, Schriften zum Transportrecht Bd. 11, 1994; *Gutteridge/Megrah*, The Law of Banker's Commercial Credits, 7. Aufl. London 1984; *Krauß*, Die Konformität der Dokumente im Akkreditivgeschäft, Diss. München 1989; *Kurkela*, Letters of Credit under International Trade Law: UCC, UCP and Law Merchant, New York 1985; *Nielsen*, Import- und Exportsicherung auf dokumentärer Grundlage, 1988; *ders.*, Grundlagen des Akkreditivgeschäfts (Revision 1983), 1985; *ders.*, Neue Richtlinien für Dokumentenakkreditive, 1994; *ders.*, Die Revision der Einheitlichen Richtlinien und Gebräuche für Dokumentenakkreditive (ERA 500) zum 1. Januar 1994, WM 1994, Sonderbeilage 2; *ders.*, Die Aufnahmefähigkeit von Transportdokumenten im Akkreditivgeschäft, WM 1993, Sonderbeilage 3; *Plett/Welling*, Überblick über die Abwicklung des Dokumentenakkreditivs und die Rechtsstellung der beteiligten Parteien, DB 1987, 925ff.; *Roland*, Le transfert de la propriété dans les ventes maritimes, FS Walter Müller, S. 245ff.; *Schmitthoff*, Export Trade, 9. Aufl. London 1990; *Schütze*, Das Dokumentenakkreditiv im internationalen Handelsverkehr, 4. Aufl. 1996; *Stapel*, Die Einheitlichen Richtlinien und Gebräuche für Dokumentenakkreditive der Internationalen Handelskammer, Revision 1993, Schriften zum Transportrecht Bd. 20, 1998; *Timmermann*, INCOTERMS 1990, Schriften des DVIS A 81, 1992; *Todd*, Bills of Lading and Bankers Documentary Credits, London 1990; *Trappe*, Übersee-Kaufvertrag und Seefrachtvertrag, VersR 1981, 718f.; *ders.*, Maritime Aspects under an International Contract of Sale and Purchase, ETR 1992, 3ff.; *Wessely*, Die Unabhängigkeit der Akkreditivverpflichtung von Deckungsbeziehung und Kaufvertrag, 1975; *Zahn/Everding/Ehrlich*, Zahlung und Zahlungssicherung im Außenhandel, 1986.

Ein wichtiges Mittel zur Abwicklung der Zahlung bei internationalen Kaufverträgen – das weder im UN-Kaufrecht noch in den INCOTERMS selbst geregelt ist, aber aufgrund besonderer Vereinbarungen der Vertragsparteien häufig gewählt wird – ist das **Dokumentenakkreditiv**. Es kann sachgerecht nur verwendet werden, wenn das Transportrecht ein verlässliches Transportdokument zur Verfügung stellt, gegen welches die Bank ohne großes Risiko für ihren Kunden, den Empfänger, die Zahlung des Kaufpreises vornehmen kann.

Das Dokumentenakkreditiv (Letter of Credit – L/C) ist eine – in der Regel unwiderrufliche – Anweisung des Bankkunden an seine Bank, für seine Rechnung einen bestimmten Geldbetrag an einen Dritten gegen Vorlage von (im Akkreditivvertrag näher bezeichneten) Dokumenten zu zahlen. Der Käufer beauftragt also die Bank, für ihn den Kaufpreis an den Verkäufer (oder den Konnossementsinhaber oder deren Bank) zu zahlen, wenn ihr bestimmte Dokumente, zu denen beim Überseekauf stets auch die Frachtpapiere gehören, übergeben worden sind.

Wirtschaftlich erfüllt das Dokumentenakkreditiv mehrere Funktionen: Zunächst ermöglicht es die bargeldlose Zahlung des Kaufpreises. Sodann schützt es den Verkäufer vor dem Risiko der Zahlungsunfähigkeit (oder -unwilligkeit) des Käufers; denn er erhält den Kaufpreis bereits in einem Zeitpunkt, in welchem er – in aller Regel – die Auslieferung der Ware an den Käufer noch verhindern könnte. Den Käufer andererseits sichert es dagegen, dass er den Kaufpreis zahlt, ohne zugleich wenigstens einen Anspruch auf Auslieferung der Güter gegen den Frachtführer (und – wenn es sich um ein Traditionspapier handelt – auch das Eigentum an der Ware) zu erhalten. Schließlich hat das Akkreditiv oft auch eine Kreditfunktion: Die Bank kann ihrem Kunden – dem Käufer – die Erstattung des verauslagten Betrages stunden; dies ist ihr um so leichter möglich, als sie mit den von dem Verkäufer erhaltenen Papieren (und einem meist vereinbarten dinglichen Recht an der Ware) eine Sicherung in der Hand hat.

In der Praxis wird in die Akkreditivvereinbarungen oft eine zweite Bank eingeschaltet, um die Abwicklung auf größere Distanzen zu erleichtern. Ferner verlangt der Verkäufer – weil er schon vor Präsentation der Papiere Kosten aufwenden muss – eine Bestätigung der Akkreditivbank, dass sie die Akkreditivsumme bei Vorlage der vereinbarten Papiere zahlen wird. Zum Akkreditivgeschäft im Einzelnen vgl. insbes. *Nielsen*, aaO und *Stapel,* aaO.

a) Die Bank übernimmt in der Akkreditivvereinbarung nur die Verpflichtung, die äußerliche Ordnungsmäßigkeit der Dokumente zu prüfen. Die Bank hat nur offenkundige Mängel formeller Natur der Dokumente zu beanstanden;[4] eine Prüfung der ordnungsmäßigen Durchführung des Grundgeschäftes oder der Beschaffenheit der Ware wäre mit der banktechnischen Handhabung der Kontrolle nicht vereinbar. Der Umschreibung der Dokumente in den Akkreditivbedingungen, welche danach allein den Maßstab für die Prüfung der Dokumente durch die Bank bildet, kommt deshalb entscheidende Bedeutung zu.

Um zu vermeiden, dass die Banken mit einer Vielzahl unterschiedlicher Weisungen konfrontiert werden, hat die IHK in Paris Standardbedingungen für Akkreditivvereinbarungen ausgearbeitet, die erstmals 1933 und deren aktuelle Fassung (ERA 600) am 1.7.2007 in Kraft trat. Diese **Einheitlichen Richtlinien und Gebräuche für Dokumentenakkreditive (ERA)** haben den Charakter von AGB, hinsichtlich einzelner Bestimmungen auch den von Handelsbräuchen.

Über den Rechtscharakter der ERA ist viel gestritten worden; eine Mindermeinung sieht darin „Rechtsnormen *sui generis*", wobei der unscharfe und romantische Gedanke der sog. *lex mercatoria* eine Rolle spielt. Eine solche – mit einem Terminus und Begriff aus dem Mittelalter gekennzeichnete – Rechtsquelle kann jedoch unter den modernen staats- und völkerrechtlichen Verhältnissen nicht anerkannt werden; heute nehmen staatliche Gesetzgeber die (ausschließliche) Gesetzgebungshoheit für sich in Anspruch. Es besteht auch kein Bedürfnis für eine solche Rechtsschöpfung, da mit den bestehenden Institutionen eine Anwendung der ERA ohne Weiteres zu rechtfertigen ist. – Allerdings ergibt sich für Deutschland das Problem, daß die ERA der Kontrolle nach §§ 305 ff. BGB unterliegen; im Ausland ist dies regelmäßig nicht

---

4 BGH, ZIP 1989, 1451.

der Fall, weil dort – auch entsprechend der EG-Richtlinie über unlautere Vertragsbedingungen – die AGB-Kontrolle nicht auf Handelsgeschäfte angewendet wird. Die deutsche Rechtsprechung sollte dies bei der Anwendung internationaler Vertragsbedingungen wie der ERA bedenken und die Kontrolle großzügig handhaben; in der Praxis geschieht dies auch, so etwa durch erleichterte Anforderungen an die Einbeziehung der Klauseln in den Vertrag und eine erweiterte Bereitschaft zur sog. geltungserhaltenden Reduktion.

b) Die nach den ERA akkreditivfähigen Papiere müssen dem Käufer – und der Bank, die sich regelmäßig die entgegengenommenen Papiere zur Sicherheit für ihre Ansprüche gegen ihren Auftraggeber zunächst selbst übereignen lässt – die größtmögliche Sicherheit dafür geben, dass er die bestellte Ware nach Zahlung des Kaufpreises wirklich bekommt. Denn die Akkreditivvereinbarung führt zu einer Vorleistung des Käufers: Dieser zahlt den Kaufpreis, ohne zuvor die Ware prüfen zu können; er muss sich deshalb auf die Beschreibung der Ware im Dokument verlassen.

Nur ausnahmsweise kann die Auszahlung der Akkreditivsumme blockiert werden, nämlich wenn der Käufer – vor Auszahlung – beweisen kann, dass der Verkäufer betrügerisch unrichtige Dokumente vorlegt; auch dann freilich berücksichtigt die Bank bei einem unwiderruflichen Akkreditiv (durch dessen Nichtausführung sie sich wegen ihrer Bestätigung schadensersatzpflichtig machen könnte) das Hindernis nicht von sich aus, kann jedoch durch eine einstweilige Verfügung hierzu angehalten werden.[5]

c) Von den **Frachtpapieren**, die hier allein erwähnt werden sollen (in Betracht kommen darüber hinaus etwa Herkunftszeugnisse und – vor allem – die Transportversicherungspolice, welche den Konnossementsinhaber gegen Verluste schützt, die durch Ersatzansprüche gegen den Verfrachter nicht ausgeglichen werden), spielen im Seeverkehr das Konnossement, der Seefrachtbrief und das Multimodal Transport Bill of Lading (in verschiedenen Ausgestaltungen und Bezeichnungen) eine Rolle; dazu im Einzelnen o. §§ 30, 32 V, VI.

aa) Als wichtigstes und klassisches Dokument für den internationalen Dokumentenverkehr ist das **Konnossement** entwickelt worden. Das heute noch weltweit das seefrachtrechtliche Haftungsregime prägende System der HR wurde praktisch ausschließlich im Hinblick auf diese Funktion des Konnossements geschaffen (vgl. dazu o. § 29 I 1 a)).

Die ERA enthalten jedoch einige spezielle Anforderungen an die Ausgestaltung des Konnossements, um es andienungsfähig zu machen (Art. 20 ERA 600).

Hierzu gehört zunächst und vor allem, daß es sich um ein **Bordkonnossement** handelt. Es muss also bestätigen, dass die Güter tatsächlich bereits an Bord eines bestimmten Schiffes verladen worden sind. In der Praxis wird, da das Konnossement heute nicht mehr vom Kapitän am Schiff, sondern vom Agenten in dessen Büro ausgefertigt wird, gelegentlich ein Bordkonnossement schon vor Abladung der Güter ausgestellt. Geschieht dies, so haftet der Verfrachter für allen daraus entstehenden Schaden unbeschränkt (§ 523 Abs. 2; vgl. auch o. § 30 II 2 b)).[6]

Sodann muss das Konnossement erkennen lassen, wer der Frachtführer ist; es muss – auch insoweit immer nur nach dem Erscheinungsbild der Urkunde – die Unterschrift des Frachtführers oder des Kapitäns oder eines für eine dieser Personen handelnden Vertreters enthalten. Hier wird ein Aspekt angesprochen, der in der

5 Dazu im Einzelnen, auch rechtsvergleichend, *Eschmann*, aaO.
6 *Hoffmann*, aaO, Lit. zu § 29, S. 131 ff.

Praxis außerordentliche Gefahren mit sich bringt: Die Identifizierung des Konnossementsverpflichteten ist ebenso wichtig (namentlich deshalb, weil die Rechtsverfolgung gegen einen anderen die Verjährungsfrist nicht wahrt) wie meist schwierig. Auch die Formel des Art. 20 ERA 600 löst sie nicht vollständig, weil der Kapitän – jedenfalls nach deutschem Recht – Vertretungsmacht sowohl für den Eigentümer als auch für den etwa von diesem verschiedenen Verfrachter hat. Man hätte sich hier klarere Vorgaben gewünscht, die insbesondere Konnossementen mit der immer noch in manchen Ländern anerkannten „identity-of-carrier"-Klausel die Andienungsfähigkeit versagen. Die gegenwärtige Praxis der Verwendung von oft – zum Nachteil der Ladungsbeteiligten – unerträglich unklaren Konnossementen könnte nur auf dem Wege der Nicht-Honorierung seitens der Ladungsbeteiligten und ihrer Banken verbessert werden. Denn nähme man das Gebot der ERA wörtlich, so dürfte heute eine Bank kaum eines der üblichen Konnossemente annehmen.

Ein Konnossement, aus dem sich ergibt, dass die Fracht noch zu zahlen ist (die Verpflichtung zur Zahlung also vom Empfänger übernommen wird), ist mangels abweichender Vereinbarung im Einzelfall andienungsfähig. Anders dagegen ein Konnossement mit einem Vermerk über die Zulässigkeit der Verladung an Deck.

Schließlich muss das Konnossement – wie jedes Frachtpapier – „**rein**" sein, darf also keine Klauseln – seien es sog. Marginalklauseln, seien sie im Text des Konnossementsformulars – enthalten, welche auf Mängel des äußerlich erkennbaren Zustandes der übernommenen Güter oder ihrer Verpackung hinweisen (Art. 27 ERA 600). Einfache Unbekannt-Klauseln („*shippers load and count*", „*said to contain*", „*weight unknown*") hindern die Andienungsfähigkeit nicht (Art. 26b ERA 600); sie entsprechen der gesetzlichen Begrenzung der Beweiswirkung des Konnossements (dazu o. § 30 II 4 b)).

An dieses Erfordernis knüpft sich die Problematik des sog. **Ablader-Revers** (*Letter of Indemnity*): Bestehen über die ordnungsgemäße Beschaffenheit der abgeladenen Güter Zweifel, so führen diese oft dazu, dass der Verfrachter ein reines Konnossement ausstellt, vom Ablader jedoch die Erklärung (Revers) verlangt, daß er den Verfrachter von allen ihm durch den Verzicht auf die Klausel (die in der Praxis auch als „Abschreibung" bezeichnet wird) entstehenden Schaden freistellt. Der Schaden kann vor allem darin liegen, dass der Empfänger vom Verfrachter Ersatz nach Maßgabe der Beschreibung der Güter im Konnossement verlangt. Die Rechtsprechung erkennt solche Reversverpflichtungen nur insoweit an, als sie der Behebung eines vertretbaren Zweifels dienen; hat der Verfrachter Grund zu der Annahme, dass der Ablader den Konnossementserwerber über eine erhebliche Eigenschaft der Ware täuschen will, verstößt nicht nur die Unterlassung des Vermerks im Konnossement, sondern auch die Reversverpflichtung gegen die guten Sitten mit der Folge, dass der Verfrachter vom Ablader nicht deren Erfüllung verlangen kann.[7]

bb) In zunehmendem Maße werden Güter heute ohne Konnossement befördert. Soweit überhaupt ein Papier ausgestellt wird, ist dies oft ein **Seefrachtbrief** (vgl. dazu o. § 30 III). Auch dieser ist – obgleich er sehr viel weniger Sicherheit bietet – andienungsfähig, wenn er im Akkreditiv bezeichnet wird (Art. 21 ERA 600). Die formalen Anforderungen sind dieselben wie beim Konnossement. Gleichwohl ist die Rechtsposition des Empfängers wesentlich schwächer als bei diesem, weil weder ein

7 BGH, NJW 1973, 465, 466; *Rabe*, § 656 Rn. 34ff., mN zu der ähnlichen englischen Rechtsprechung.

gutgläubiger Erwerb möglich ist, noch ein Schutz gegen Auslieferung der Güter an einen anderen als den Zahlenden besteht.

cc) Besondere Bedeutung kommt heute dem Multimodal Transport Document (Durchkonnossement, insbesondere in der Form des FIATA-B/L) zu. Es ist wie das Seekonnossement andienungsfähig (Art. 19 ERA 600). Dabei – wie auch bei allen anderen Papieren – ist jedoch zu beachten, dass ein von einem **Spediteur** ausgestelltes Dokument nur dann akzeptiert wird, wenn es die Verpflichtung des Ausstellers zur Durchführung der Beförderung in eigener Verantwortung (nicht nur zu deren Besorgung, § 453 Abs. 1) festlegt.

d) Die Konnossementsklausel, dass der Empfänger die Fracht zu zahlen hat (sog. „Überweisung" der Frachtzahlung auf den Empfänger) – oder das Fehlen eines Hinweises darauf, dass die Fracht bereits gezahlt ist – schließt die Andienungsfähigkeit nicht aus. Die ERA geben dem Verkäufer also die Möglichkeit, die Fracht von demjenigen zahlen zu lassen, der sie nach dem Kaufvertrag letztlich zu tragen hat.

4. Verhältnis von Kaufvertrag und Frachtvertrag

Die enge Wechselwirkung zwischen Kaufvertrag und Frachtvertrag darf den Juristen nicht dazu verleiten, die Verschiedenheit beider Verträge zu verwischen. Es handelt sich um gesonderte Rechtsverhältnisse zwischen anderen Vertragsparteien. Hat etwa der Verkäufer nach dem anwendbaren Kaufrecht wegen Vermögensverfalls des Käufers das Recht, die Übergabe der Güter noch während der Beförderung zu verhindern (vgl. etwa Art. 71 CISG), so braucht ihm nicht unbedingt auch nach dem Frachtvertrag die Befugnis zuzustehen, von dem Frachtführer das Festhalten der Güter zu verlangen. Beide Verträge sind streng zu trennen; Art. 71 Abs. 2 Satz 2 CISG stellt das, weil es häufig übersehen wird, ausdrücklich klar. Sie müssen vom Verkäufer, will dieser seine Rechtsposition nach dem Kaufrecht voll ausnutzen können, aufeinander abgestimmt werden. Das Gesetz trägt dazu bei, indem es die Möglichkeit entsprechender Vereinbarungen – etwa über den Vorbehalt nachträglicher Weisungen – einräumt, kann jedoch nicht alle Divergenzen vermeiden; das ist allein Sache der vertraglichen Vereinbarungen, nicht der Gesetzesauslegung.

III. Anforderungen an den Frachtvertrag beim Versendungskauf

Wenig erörtert wird die Frage, wie der Frachtvertrag beschaffen sein muss, wenn der Kaufvertrag eine Versendung der Ware durch den Verkäufer zum Gegenstand hat (Versendungskauf, § 447 BGB). Die INCOTERMS „CFR" und „CIF" sehen vor, daß der Verkäufer den Vertrag über die Beförderung der Ware auf dem üblichen Wege und in der üblichen Weise bis zum benannten Bestimmungshafen in einem Seeschiff der Bauart, die normalerweise für die Beförderung der im Vertrag genannten Ware verwendet wird, abzuschließen hat. § 447 BGB schweigt dazu.

Häufig werden die Anforderungen an das Schiff im Einzelnen im Vertrag näher umschrieben, etwa hinsichtlich der Klassifizierung und des zulässigen Alters des Schiffes. Auch Umladung (transshipment) wird gelegentlich ausgeschlossen, um Gefahren zu vermeiden und einen einzigen Verfrachter zu haben. Wenn jedoch nichts gesagt wird, ist der Hinweis auf die „üblichen" Bedingungen des Frachtvertrages reichlich vage; während im Handelsverkehr häufig bestimmte Bräuche bestehen werden, können sich bei einem Versendungskauf ohne Vereinbarung der IN-

COTERMS erhebliche Zweifel ergeben. Richtlinie muss sein, dass jede Abweichung von der gesetzlichen Haftung den Übergang der Gefahr mit Übergabe an den Beförderer nicht eintreten lässt, zumindest aber den Verkäufer schadenersatzpflichtig macht; Ausnahmen (etwa Zustimmung zur Decksverladung) können nur durch Gebräuche oder Verkehrssitte in dem jeweiligen Verkehr gerechtfertigt sein, deren Bestehen der Verkäufer zu beweisen hat.[8]

Durch das SRG ist eine weitere Klippe für die Beteiligten beim FOB-Vertrag entstanden: Ablader ist nur mehr jemand, der vom Befrachter als solcher benannt ist (§ 513 Abs. 2 Satz 1); nur dann kann der Käufer, der die Güter auf das Schiff bringt, ein Konnossement verlangen.[9] Unterbleibt die Bennennung im Frachtvertrag, so stellt dies eine Verletzung der kaufrechtlichen Pflicht des Käufers dar, die ihn zum Ersatz verpflichtet, wenn der Verfrachter dem Ablader kein Konnossement ausstellt, welches diesem als Grundlage für die Einlösung des Akkreditivs dient.

Zu erwähnen ist noch eine Besonderheit beim Versendungskauf mit Multimodalbeförderung. Hier hat das sog. Multimodal-Konnossement den rechtlichen Charakter eines Ladescheins. Dieser unterscheidet sich in manchen Details vom Konnossement.[10] Die Vertragsparteien müssen sich dessen bewußt sein und die Regeln, soweit gewünscht und zulässig, an das Konnossementsrecht anpassen.

---

8 Vgl. zur Problematik auch *Trappe*, ETR 1992, 3 ff.
9 Auf diese Problematik hat jüngst *Harbs*, TranspR 2014, 398 hingewiesen; vgl. auch o. § 30 II 2 a).
10 Vgl. *Koller*, TranspR 2015, 133 ff.; MüKoHGB/*Herber*, § 443 Rn. 35 ff., 54 ff.

§ 45 Seeprozessrecht

Lit.: *Ambrose/Maxwell*, London Maritime Arbitration, London 1996; *Asariotis*, Urteile nach den Hamburg-Regeln unter Verletzung vertraglicher Gerichtsstands- und Schiedsgerichtsklauseln, TranspR 1995, 266 ff.; *dies.*, Implications of a „British" Jurisdiction Clause, JBL 1992, 321 ff.; *Basedow*, Das forum conveniens der Reeder im EuGVÜ, IPRax 1985, 133 ff.; *Berger*, Die Regelung der gerichtlichen Anfechtbarkeit internationaler Schiedssprüche in europäischen Schiedsgerichtsgesetzen, RIW 1989, 850 ff.; *Briggs*, The Validity of „Floating" Choice of Law and Jurisdiction Clauses, LMCLQ 1986, 508 ff.; *Burckhardt*, Wirkungen von Schiedsklauseln in Konnossementen und Charterverträgen nach schweizerischem Recht, FS Walter Müller, Zürich 1993, S. 219 ff.; *von Hülsen*, Die Gültigkeit von internationalen Schiedsvereinbarungen nach Konventionsrecht mit Hinweisen auf deutsches, französisches, englisches und US-amerikanisches Recht, 1973; *Jackson*, Civil Jurisdiction and Judgments – Maritime Claims, London 1987; *Jarvis*, Lay or law-trained maritime arbitrators? Some new light on an old question, JMLC 1995, 601 ff.; *Kohler*, Internationale Gerichtsstandsvereinbarungen, Liberalität und Rigorismus im EuGVÜ, IPRax 1983, 265 ff.; *Kühl*, Schiedsgerichtsbarkeit im Seehandel, Veröffentlichungen des Instituts für Seerecht und Seehandelsrecht der Universität Hamburg, Bd. 5, 1990; *Lustenberger*, Die Übereinkommen von Brüssel, Lugano und Rom, SJZ 1990, 192 ff.; *Mankowski*, Jurisdiction Clauses and Paramount Clauses nach dem Inkrafttreten der Hamburg Rules, TranspR 1992, 301 ff.; *Osterthun*, Das neue deutsche Recht der Schiedsgerichtsbarkeit, TranspR 1998, 177 ff.; *Perry*, Arrest and Conflicts of Jurisdiction under the 1968 Brussels Convention, P&I Int. 1995, 230 ff.; *Prinzing*, Internationale Gerichtsstandsvereinbarung nach § 38 ZPO, IPRax 1990, 83 ff.; *Puttfarken*, Beschränkte Reederhaftung – Das anwendbare Recht, Hamburger Beiträge zum Handels-, Schiffahrts- und Wirtschaftsrecht Bd. 3, 1981; *Rabe*, Gerichtsstandsklauseln in Konnossementen, TranspR 1985, 83 ff.; *Rüßmann*, Gerichtsstandsvereinbarungen in Konnossementsbedingungen und kein Ende? VersR 1987, 226 ff.; *Sieg, O.*, Internationale Gerichtsstands- und Schiedsklauseln in Allgemeinen Geschäftsbedingungen, RIW 1998, 102 ff.; *Sinkus*, Die grenzüberschreitende Haftungsbeschränkung des Reeders, Diss. Hamburg 1995; *Stöve*, Gerichtsstandsvereinbarung nach Handelsbrauch, Diss. Hamburg 1992; *Sturley*, Bill of Lading Choice of Forum Clauses, LMCLQ 1992, 248 ff.; *Tetley*, Jurisdiction Clauses – Forum Non Convenience, ETR 1986, 287 ff.; *ders.*, Arbitration Clauses in Ocean Bills of Lading, YbMarL 2 (1985/86), 51 ff.; *Trappe*, Zulässigkeit von Gerichtswahlklauseln im Konnossement, IPRax 1985, 8 ff.; *Wagner*, Die Brüssel Ia-Verordnung, TranspR 2015, 45 ff.; *Wirth*, Gerichtsstandsvereinbarung im internationalen Handelsverkehr, NJW 1978, 460 ff.

I. Allgemeines

Für seerechtliche Streitigkeiten gelten grundsätzlich die allgemeinen prozessualen Regeln, die hier nicht umfassend dargestellt werden können. Einzelne Rechtsinstitute des Prozessrechts haben jedoch wegen der fast durchweg internationalen Bezüge seerechtlicher Rechtsverhältnisse im Seehandelsrecht besondere praktische Bedeutung. Sie sollen deshalb ohne Anspruch auf Vollständigkeit hier kurz erwähnt werden.

Dazu gehören außer den bereits in § 14 eingehender dargestellten Instituten des **Arrestes** und der **Zwangsvollstreckung** in Seeschiffe vor allem Probleme der **Anerkennung und Vollstreckung ausländischer gerichtlicher Entscheidungen** sowie von **Schiedssprüchen. Schiedsgerichtsvereinbarungen** spielen im Seehandelsrecht aus verschiedenen Gründen eine große Rolle; da sie oft in Konnossementen oder Charterverträgen vereinbart werden, birgt die Beurteilung der Wirksamkeit ihres Zustandekommens oft erhebliche Probleme, zumal sie sich nach verschiedenen Rechtsordnungen vollziehen muss.

II. Spezielle seerechtliche Vorschriften

1. Besondere prozessrechtliche Vorschriften finden sich im Seerecht nur selten. Soweit sie vorkommen, enthalten sie durchweg nur Bestimmungen über die gerichtliche Zuständigkeit, gelegentlich allerdings auch über die Anerkennung von Rechtskraft und Rechtshängigkeit.

Hier sind vor allem zu nennen:

a) § 30 ZPO, der einen **besonderen Gerichtsstand bei Beförderung am Übernahme- oder Ablieferungsort bzw. am Abgangs- oder Bestimmungsort** begründet;

b) § 30a ZPO über die **örtliche Zuständigkeit für Ansprüche aus Bergung von Schiffen oder sonstigen Vermögensgegenständen in einem Gewässer.**

c) **Internationale Übereinkommen** enthalten nur vereinzelt prozessuale Vorschriften. Außer dem Übereinkommen von 1952 über die Zivilgerichtliche Zuständigkeit bei Schiffszusammenstößen (o. § 4 II 1 h) finden sich vereinzelt Regeln über internationale Zuständigkeit und Urteilsanerkennung. So etwa in Art. IX, X ÖlHÜ und Art. 7 ÖlFÜ (Zuständigkeit der Gerichte des Schadensortes für Klagen gegen den Tankereigentümer und gegen den Internationalen Entschädigungsfonds), in Art. 11 HBÜ (Zuständigkeit für die Errichtung des Haftungsfonds; im deutschen Recht § 2 SeeVertO) und in Art. 7 ArrestÜ (Zuständigkeit der Gerichte des Arreststaates für die Klage zur Hauptsache).

Das **gerichtliche Verfahren** wird in den Übereinkommen praktisch immer dem nationalen Recht überlassen, weil das Zivilverfahren international grundlegende Verschiedenheiten aufweist und selbst in der EU bisher nur zaghafte – und angesichts der weitgehenden Anerkennung von Urteilen und Rechtshängigkeit durch die EuGVVO völlig unzureichende – Versuche zu einer Harmonisierung unternommen worden sind. So überlassen etwa Art. 6 Abs. 2 ArrestÜ und Art. 10 Abs. 3, Art. 14 HBÜ die Regelung der Gerichtsverfahren im Einzelnen völlig dem innerstaatlichen Recht der Vertragsstaaten.

2. **Zwingende Vorschriften** über die internationale Zuständigkeit von Gerichten sind auf dem Gebiet des Seefrachtrechts erstmals in Art. 21 der **HambR von 1978** enthalten; sie sind darüber hinaus auf schiedsgerichtliche Verfahren ausgedehnt worden (Art. 22 HambR). Sie können, obgleich sie unmittelbar nur für die Vertragsstaaten der HambR gelten, auch für Verfahren in anderen Ländern Bedeutung haben.

Die Regelung ist neben dem Wegfall der Haftungsbefreiung bei nautischem Verschulden der Besatzung der wichtigste Grund dafür, dass die HambR von der Schifffahrt abgelehnt werden; sie erschwert es den Verfrachtern, in den von ihnen redigierten Konnossementsformularen die Zuständigkeit eines ihnen genehmen Gerichts oder Schiedsgerichts vorzusehen. Die Bestimmungen haben ihr Vorbild in Art. 31 CMR.

Nach Art. 21 Abs. 1 HambR sind für Klagen, die die Beförderung von Gütern nach dem Übereinkommen betreffen, nach Wahl des Klägers zuständig das Gericht

- der Hauptniederlassung oder des gewöhnlichen Aufenthalts des Beklagten;
- des Ortes des Vertragsschlusses, sofern der Beklagte dort auch eine Niederlassung hat, durch welche der Vertrag abgeschlossen wurde;
- des Lade- oder Löschhafens;
- welches im Vertrag vereinbart ist.

Daneben ist – mit gewissen Kautelen (vgl. Art. 21 Abs. 2 HambR) auch der Gerichtsstand des Arrestes in ein Schiff des Verfrachters begründet.

Diese Gerichtsstände stehen den Parteien **zwingend zur Wahl**; wird also ein Gerichtsstand vereinbart, so ist dieser zwar zusätzlich als Wahlgerichtsstand wirksam begründet, doch kann der Beklagte seine Beachtung nicht erzwingen. Dies übrigens auch nicht im Geltungsbereich der EuGVVO, in der nach der noch zur EuGVÜ ergangenen Rechtsprechung des EuGH, TranspR 1996, 190 – „Maciej Rataj" (Rechtssache C-406/92) auch der als Schuldner in Anspruch Genommene die Wahl zwischen mehreren Gerichtsständen durch negative Feststellungsklage treffen kann. Denn Art. 21 Abs. 1 HambR gewährt das Wahlrecht ausdrücklich dem Kläger und meint damit nach dem Sinnzusammenhang offenbar den Kläger der Leistungsklage. Freie Vereinbarung des Gerichtsstandes ist jedoch nach der Entstehung des Anspruchs möglich (Art. 21 Abs. 5 HambR), damit auch die Prorogation.

Entsprechende Bestimmungen trifft Art. 22 HambR für **Schiedsgerichte**. Zusätzlich ist ausdrücklich gesagt, dass das Schiedsgericht die Bestimmungen des Übereinkommens anzuwenden hat und dass dies als in der Schiedsklausel vereinbart anzusehen ist (Art. 22 Abs. 4 und 5 HambR).

Ob die Verletzung des Gebotes, die HambR im Rahmen ihres Geltungsbereichs anzuwenden, eine Aufhebung des Schiedsspruchs rechtfertigt, hängt vom jeweiligen nationalen Verfahrensrecht ab; für die Vertragsstaaten der HambR dürfte dies durch die Bestimmung des Übereinkommens vorgeschrieben sein.

Die HambR sehen eine weitere Absicherung ihres zwingenden Mindestgehalts vor, indem sie – auch insoweit inspiriert von Art. 6 Abs. 1 Buchst. k CMR – vorschreiben, dass das Konnossement oder sonstige Beförderungspapier (also auch ein Seefrachtbrief) den **Vermerk** (in seerechtlicher Terminologie oft, wenngleich unscharf, vgl. o. § 42 II 1, als Paramount-Klausel bezeichnet) enthalten muss, dass die Beförderung den HambR unterliegt (Art. 23 Abs. 3 HambR); unterbleibt der Vermerk, so ist der Beförderer schadensersatzpflichtig (Art. 23 Abs. 4 HambR).

Diese Klausel soll und wird regelmäßig ein Gericht in einem Nichtvertragsstaat der HambR veranlassen, die HambR in Fällen, in denen diese nach ihrem Geltungsbereich anwendbar sind, kraft Parteivereinbarung anzuwenden.

In der Literatur ist erörtert worden, wie die Klausel gefasst werden muss, um eine Ersatzpflicht in einem Mitgliedstaat der HambR zu vermeiden.[1] Dabei muss berücksichtigt werden, dass die P&I-Clubs ihren Mitgliedern mitgeteilt haben, dass sie für Ersatzforderungen der Ladung nach den HambR nicht eintreten, wenn diese aufgrund einer Vereinbarung angewendet werden. Die Klausel muss, um den Anforderungen der HambR zu genügen, jedenfalls so gefasst werden, dass die HambR im Rahmen ihres Geltungsbereichs Anwendung finden; auf die zwingende Anwendung der HambR abzustellen – wie es die P&I-Clubs empfehlen – genügt nicht, weil sich der zwingende Charakter nach der *lex fori* bestimmt.[2] Ein deutsches Gericht würde bei solcher Formulierung die HambR anzuwenden haben.

Fälle der Anwendbarkeit der HambR werden trotz des noch geringen Beteiligungsstandes schon deshalb nicht ganz selten und jedenfalls nicht immer leicht ersichtlich sein, weil unter die HambR auch die Beförderung auf einer Teilstrecke aufgrund eines Unterfrachtvertrages fallen kann (vgl. Art. 10 HambR).

Fehlt die Klausel, so können Probleme im Verhältnis zu Vertragsstaaten der HambR auftreten. Bei einer Beförderung etwa von Valparaiso nach Hamburg durch einen deutschen Verfrachter wird das deutsche Gericht die Haftungsnormen des HGB (also materiell der HVR) anwenden, das chilenische die HambR. Das deutsche Urteil würde wahrscheinlich in Chile nicht anerkannt, jedoch das chilenische in Deutschland (weil ein Verstoß gegen den *ordre public* offenbar nicht vorliegt).

Besondere Schwierigkeiten der rechtlichen Beurteilung treten dann auf, wenn ein **Gerichtsstand oder ein Schiedsgericht vereinbart** worden ist. In Konnossementen geschieht dies regelmäßig – zumeist zugunsten Londons. Wird ein deutsches Gericht oder Schiedsgericht vereinbart, so wendet dieses das nach deutschem IPR maßgebende Recht (also HambR oder deutsches Recht) an; enthält die Vereinbarung, wie in aller Regel, auch die Vereinbarung der Anwendung deutschen materiellen Rechts (Art. 3 Rom-I-VO), so stehen dieser die für Deutschland nicht verbindlichen HambR nicht entgegen.

Ein Gericht in einem Vertragsstaat der HambR würde natürlich Gerichts-, Schiedsgerichts- und Rechtsanwendungs-Vereinbarungen nicht anerkennen. Deshalb kann der Ladungsinteres-

---

1 Vgl. etwa *Herber*, TranspR 1995, 261, 264; *Mankowski*, TranspR 1992, 301 ff.
2 So mit Recht *Mankowski*, TranspR 1992, 301, 310.

sent versucht sein, nach einem Schaden etwa infolge nautischen Verschuldens der Besatzung unter Missachtung der Vereinbarung ein Gericht in einem Mitgliedsstaat der HambR anzurufen, um in den Genuss der für ihn günstigeren Haftungsregel zu kommen. Ob das unter Verletzung der Vereinbarung zustande gekommene ausländische Urteil in Deutschland anerkannt würde, ist fraglich; es liegt nahe, hier eine Schadensersatzpflicht des Klägers anzunehmen. Im englischen Recht besteht darüber hinaus bei einer (üblichen) Vereinbarung englischer Gerichts- oder Schiedsgerichtsbarkeit die – unter dem Gesichtspunkt des Territorialitätsprinzips nicht unbedenkliche und mit deutschen prozessrechtlichen Vorstellungen kaum zu vereinbarende – Möglichkeit, dem Kläger durch einstweilige Verfügung – bei Strafandrohung – aufzugeben, den Prozess im Ausland zu unterlassen.[3]

Ein Blick auf die – allerdings noch nicht in Kraft befindlichen – **Rotterdam-Regeln** zeigt, dass diese zwar ebenfalls verbindliche Gerichtsstandsregeln enthalten, dass die Vertragsparteien diesen jedoch durch eine Art. 67 oder 72 RR entsprechende ausschließliche Gerichtsstandsvereinbarung ausweichen können; danach ist es namentlich möglich, den Sitz des Beförderers als ausschließlichen Gerichtsstand vorzusehen.

III. Allgemeine prozessrechtliche Vorschriften von besonderer Bedeutung im Seerecht

1. Gerichtsstandsvereinbarungen

Vereinbarungen eines Gerichtsstandes bedürfen, sofern sie unter Kaufleuten getroffen werden, nicht der Schriftform. Sie können sowohl durch Korrespondenz als auch mündlich oder – wie damals vom EuGH[4] schon für Art. 17 Abs. 1 Satz 2 EuGVÜ anerkannt worden ist – sogar durch den vorgedruckten Hinweis in einem kaufmännischen Bestätigungsschreiben getroffen werden, wenn eine solche Art der Vereinbarung einem Handelsbrauch entspricht.

Die Vereinbarung eines ausschließlichen Gerichtsstandes ist – was die Wirkung sowohl einer einen deutschen Gerichtsstand begründenden als auch einer durch Vereinbarung eines ausländischen Gerichtsstands die Einrede der Unzuständigkeit deutscher Gerichte begründenden Abrede anbetrifft – nach deutschem Recht zu beurteilen. Deshalb begründet die Vereinbarung eines ausländischen Gerichtsstandes in Deutschland nicht eine prozesshindernde Einrede, wenn sie gegen § 134 BGB verstößt. Das ist namentlich dann der Fall, wenn nicht damit zu rechnen ist, dass das vereinbarte Gericht zumindest den Haftungsstandard der HR anwenden wird.[5] Bei diesem Mindeststandard kann es wohl bleiben, auch wenn das deutsche Recht jetzt andere, wirtschaftlich weitergehende Haftungsfolgen vorsieht, die aber über den internationalen Mindeststandard hinausgehen, der jedoch zumindest nach § 134 BGB gesichert werden sollte.

2. Schiedsgerichtsvereinbarungen

Schiedsgerichtsvereinbarungen bedürfen der Schriftform. Diese kann jedoch nach der Klarstellung in § 1031 Abs. 2 ZPO auch durch Austausch von Briefen oder sogar Fernkopien erfüllt werden. Allerdings ist aus praktischer Sicht darauf zu achten, dass nach dem New Yorker Abkommen (u. 3) nur solche Schiedssprüche vollstreckbar sind, die auf einem schriftlich – nicht durch Faxaustausch – geschlossenen Schiedsvertrag beruhen.

---

3 Dazu eingehend mit Nachweisen aus der jüngeren englischen Rechtsprechung *Asariotis*, TranspR 1995, 266, 270 ff.

4 TranspR 1997, 183 ff.

5 Vgl. *Rabe*, Vor § 556 Rn. 163 mwN.

Wird in einem Konnossement auf eine Schiedsgerichtsvereinbarung in der zugrunde liegenden Charterparty verwiesen (sog. Inkorporationsklausel, vgl. o. § 30 II 5), so ist die Vereinbarung nur dann auch gegenüber dem (gutgläubigen) Erwerber des Konnossements wirksam, wenn **ausdrücklich** (also nicht nur generell, etwa *„all terms and conditions as per charterparty"*) auf **die Schiedsklausel Bezug genommen** wird. Nachdem diese ursprüngliche Zweifelsfrage zunächst durch § 1031 Abs. 4 ZPO aF speziell für Schiedsklauseln geklärt wurde, folgt die Antwort seit dem SRG nunmehr für sämtliche Bestimmungen außerhalb des Konnossements aus § 522 Abs. 1. Die Regelung wurde allerdings im Hinblick auf die große Bedeutung der den Zugang zu den ordentlichen Gerichten blockierenden Klausel auch vor ihrer gesetzlichen Klarstellung schon überwiegend angenommen.

Für die Unwirksamkeit der Vereinbarung eines Schiedsgerichts, welches voraussichtlich nicht zumindest den Haftungsstandard der HR anwenden wird, gilt Entsprechendes wie für die Gerichtsstandsvereinbarung (vgl. o. 1). Schiedsvereinbarungen enthalten deshalb in der Regel eine Vereinbarung auch über das anwendbare Recht und, wenn zusätzlich erforderlich, über die Anwendung der HR oder HVR. Vgl. dazu o. § 42 II 1.

3. Anerkennung und Vollstreckung ausländischer Urteile

Für die Anerkennung und Vollstreckung gerichtlicher Entscheidungen und Schiedssprüche gelten im Seehandelsrecht grundsätzlich keine Besonderheiten. Die Anerkennung richtet sich deshalb nach § 328 ZPO, die Vollstreckbarkeit nach §§ 722f. ZPO, die jedoch vielfach durch Staatsverträge modifiziert werden. Die in Europa wichtigste internationale Sonderregelung findet sich in dem **Übereinkommen v. 20.12.2012 über die gerichtliche Zuständigkeit und die Anerkennung und Vollstreckung von Entscheidungen in Zivil- und Handelssachen;**[6] dessen Art. 36 Abs. 1 enthält eine praktisch unbeschränkte und nicht an ein besonderes Verfahren geknüpfte Anerkennung von Urteilen aus anderen EU-Staaten, während die allgemeine Anerkennungsregelung die Anerkennung von einem Exequatur-Verfahren abhängig macht, in dem eine Reihe von Einwendungen (§ 328 Abs. 1 ZPO) erhoben werden können.

Über die EU hinaus sind die Grundsätze der EuGVVO in dem im Wesentlichen gleichlautenden **Lugano-Übereinkommen** v. 16.9.1988 über die gerichtliche Zuständigkeit und Vollstreckung gerichtlicher Entscheidungen in Zivil- und Handelssachen[7] auf die EFTA-Länder erstreckt worden. Im Jahr 2007 wurde ein überarbeitetes Lugano-Übereinkommen beschlossen;[8] es gilt nun gegenüber der Schweiz und Norwegen. Das Lugano-Übereinkommen aus 1988 gilt weiterhin im Verhältnis zu Island.

Wegen der Einzelheiten muss auf die Spezialliteratur verwiesen werden, namentlich *Schack*, Internationales Zivilverfahrensrecht, 1991; *Schütze*, Deutsches Internationales Zivilprozessrecht, 1985; zur EuGVVO und Lugano-Übereinkommen *Kropholler*, Europäisches Zivilprozessrecht, 9. Aufl. 2011.

Für **Schiedssprüche** ist international vor allem das UN-(New Yorker) Übereinkommen v. 10.6.1958 über die Anerkennung und Vollstreckung ausländischer Schiedssprüche (**New Yorker Übereinkommen**)[9] maßgebend.

---

6 ABl. EG Nr. L 351/1; EuGVVO.
7 BGBl. 1994 II 2658.
8 ABl. EG 2009 Nr. L 147, 5.
9 BGBl. 1961 II 121.

Das Seehandelsrecht enthält keine besonderen Anerkennungsvorschriften, jedoch Bestimmungen über verfahrenshindernde Wirkungen ausländischer Prozesse.

4. Prozesshindernde Wirkung ausländischer Gerichtsverfahren

Ausländische Gerichtsverfahren hindern Prozesse in Deutschland aufgrund ausdrücklicher Vorschriften, die sich in der EuGVVO (Art. 29 ff.) und im Lugano-Übereinkommen (Art. 21 ff.) finden.

Bemerkenswert und von großer praktischer Bedeutung ist dabei, dass nach der Rechtsprechung des EuGH[10] eine negative Feststellungklage des Schuldners denselben Streitgegenstand hat wie die später erhobene Leistungsklage. Anders als nach der bisher in Deutschland hM[11] kann deshalb auch der Schuldner des Anspruchs durch frühzeitige Erhebung einer negativen Feststellungsklage den endgültigen Gerichtsstand auch für die spätere Leistungsklage bestimmen; die deutsche Rechtsprechung[12] und Literatur[13] haben sich der Auffassung des EuGH inzwischen angeschlossen.

Das Seehandelsrecht enthält eine besondere Regelung namentlich in Art. 1 Abs. 3 des Brüsseler Übereinkommens v. 10.5.1952 zur Vereinheitlichung von Regeln über die zivilgerichtliche Zuständigkeit bei Schiffszusammenstößen (IÜZZ).[14] Die Regelung, die vor dem SRG in § 738a aF übernommen war, jetzt jedoch nur noch in der Form und mit dem Geltungsbereich des Übereinkommens gilt, sperrt praktisch – auch nach dem Urteil – neue Prozesse, ohne jedoch selbst eine Anerkennung und Vollstreckung zu gewährleisten; deshalb hat der deutsche Gesetzgeber – analog der Klagerücknahme vor der Entscheidung – ein Korrektiv für den Fall geschaffen, dass der Gläubiger aus dem fremden Urteil aus rechtlichen oder tatsächlichen Gründen nicht vollstrecken kann: Durch Verzicht auf die Rechte aus dem fremden Urteil kann er den Rechtsweg in Deutschland wieder eröffnen.

5. Wirkung der Haftungsbeschränkung nach dem HBÜ

Schon nach dem alten, durch das 1. SÄG geschaffenen Beschränkungsrecht war die Beurteilung der grenzüberschreitenden Wirkung der Errichtung des Haftungsfonds im Ausland schwierig, doch immerhin vom deutschen Gesetzgeber im Zuge der Übernahme des Haftungsbeschränkungsübereinkommens von 1957 geklärt worden. Das Gesetz ging damals von der bis dahin gefestigten deutschen Rechtsprechung aus, dass sich die Haftungsbeschränkung nach der *lex causae* richtet.[15] Deshalb musste allerdings für Ansprüche nach ausländischem Recht eine Zusatzregel geschaffen werden, um den übereinkommensgemäßen Schutz des Reeders auch in diesem Fall sicherzustellen (Art. 3 § 1 Abs. 1 1. SÄG).

Seit dem 2. SÄG knüpft das Haftungsbeschränkungsrecht, durch welches das HBÜ für unmittelbar anwendbar erklärt worden ist, ohne weitere deutsche Ausführungsgesetzgebung an die **lex fori** an (Art. 15 Abs. 1 HBÜ).

Deshalb sind die gegen die frühere Regelung insbesondere von *Puttfarken*[16] lebhaft – jedoch zu Unrecht[17] – erhobenen Bedenken heute gegenstandslos.

---

10 Vgl. v. 8.12.1987 – Rs. C-144/86, NJW 1989, 655 und v. 13.7.1994 – Rs. C-406/92, TranspR 1996, 190, 195.
11 Vgl. BGHZ 99, 340, 342 f.
12 Vgl. OLG München, RIW 1994, 511.
13 Vgl. *Kropholler*, aaO, Art. 21 EuGVÜ Rn. 7; *Schack*, IPRax 1989, 139, 140.
14 BGBl. 1972 II 653.
15 BGHZ 34, 227.
16 AaO, S. 108 ff.
17 Vgl. *Herber*, Haftungsrecht, S. 107.

Auch die neue Regelung löst jedoch keineswegs alle Probleme. Klar ist danach nur, dass das deutsche Gericht die Haftungsbeschränkung des HBÜ stets anzuwenden hat, wenn die Haftungsbeschränkung hier – aufgrund der Einleitung eines Verteilungsverfahrens oder der Errichtung eines Haftungsfonds in einem anderen Vertragsstaat oder auch nur durch bloße Einrede – geltend gemacht wird, ohne dass es darauf ankäme, welchem Recht der Anspruch selbst unterliegt.

Unterliegt der Anspruch dem Recht eines Vertragsstaates des HBÜ, so bestehen gegen das Ergebnis keine Bedenken, hätte doch der Gläubiger bei Geltendmachung in seinem Land auch die Beschränkung hinnehmen müssen. Doch soll die Beschränkung – da das HBÜ ohne jede (nach Art. 15 Abs. 2 und 3 mögliche) Einschränkung transformiert und in § 611 in Bezug genommen ist – auch für Ansprüche gelten, die gegen einen Angehörigen eines Nichtvertragsstaates nach dem Recht eines Nichtvertragsstaates geltend gemacht werden?[18] – Ob es sachgerecht ist, einen solchen Anspruch, der keine Beziehung zu einem Vertragsstaat hat, der Haftungsbeschränkung zu unterwerfen, nur weil er in Deutschland geltend gemacht wird, selbst wenn das auf ihn anwendbare Recht im gegebenen Fall eine Beschränkung ausschließt, ist sehr zweifelhaft; die hM[19] nimmt dies an. Allerdings kann und muss man das Ergebnis der nur auf den Wortlaut gestützten hM wohl jedenfalls korrigieren durch – nicht vorgeschriebene, aber zulässige – Berücksichtigung eines Beschränkungsverbotes der *lex causae* des Nichtvertragsstaates als Eingriffsnorm.

Diese strenge Bindung der Beschränkung an das Verfahrensrecht – die rechtssystematisch ungewöhnlich und nur auf die Absicht absoluten Reederschutzes zurückzuführen ist – bringt es aber andererseits mit sich, dass es aus der Sicht eines (Nichtvertrags-)Staates, vor dem ein deutschem Recht unterliegender Anspruch geltend gemacht wird, kein Haftungsbeschränkungselement gäbe, an das das dortige Gericht kollisionsrechtlich anknüpfen könnte, wenn es – wie außerhalb des HBÜ weitgehend üblich – das Beschränkungsrecht nach der *lex causae* beurteilt; dieses Ergebnis ist[20] nicht sachgerecht, hängt allerdings letztlich von der Verständigkeit des ausländischen IPR ab.

Die Errichtung eines **Haftungsfonds in einem anderen Vertragsstaat des HBÜ** hat zur Folge, dass die Beschränkung auch in Deutschland anerkannt werden muss, jedoch mit einer wichtigen Einschränkung im Verhältnis zur Einleitung eines Verteilungsverfahrens in Deutschland: Voraussetzung ist, dass der Gläubiger seinen Anspruch gegenüber dem Haftungsfonds geltend macht (Art. 13 Abs. 1 HBÜ).

Die Kritik *Basedows*[21] gegen die entsprechende Feststellung in der RegBegr. 2. SÄG (S. 28) ist unverständlich. Es kommt hier allein darauf an, dass das HBÜ – was die Konferenz leider bewusst entschieden hat, obwohl man es für falsch halten kann – dem Fonds nach dem Übereinkommen ausdrücklich nicht ohne Weiteres haftungsbeschränkende Wirkung beigelegt hat.[22] Ist allerdings das Verteilungsverfahren in Deutschland eingeleitet (also in der Terminologie des HBÜ: ist der Haftungsfonds hier errichtet) worden, so kommt es auf das Verhalten des Gläubigers nicht an; das Verfahren wirkt für alle Ansprüche gegen den Schuldner, gleichgültig, ob der Gläubiger sie in diesem geltend macht und auch, wenn es sich um Ansprüche

18 So auch *Rabe*, LondonÜ 1976 Art. 15 Rn. 1.

19 *Rabe*, aaO; *Basedow*, IPRax 1987, 336; *Czempiel*, VersR 1987, 1069; aA *Herber*, Haftungsrecht, S. 107.

20 Im Gegensatz zur Auffassung von *Rabe*, aaO.

21 IPRax 1987, 333, 337.

22 Vgl. dazu eingehend *Sinkus*, aaO.

nach ausländischem Recht gegen den Angehörigen eines anderen Vertragsstaates handelt (§ 8 Abs. 1 und 2 SeeVertO).

Problematisch ist die Wirkung der Errichtung des **Haftungsfonds in einem Nichtvertragsstaat**. Dieser Fall ist praktisch nicht so unwahrscheinlich, weil das Haftungsbeschränkungsübereinkommen von 1957 – ohne Beteiligung Deutschlands – weitergilt und auch in anderen Staaten ähnliche Beschränkungsverfahren angewendet werden, die Zahl der Vertragsstaaten des HBÜ 1976 jedoch verhältnismäßig gering ist. Nach richtiger Ansicht kann ein solcher Fonds mangels einer dem Art. 13 Abs. 1 und 2 HBÜ entsprechenden gesetzlichen Anordnung in Deutschland keine Wirkung entfalten.[23]

Worauf eine bloße „Tatbestandswirkung" (die *Basedow*, aaO, S. 337 erwägt) gerichtet sein sollte, ist nicht erkennbar. Selbstverständlich kann und muss aber bei der Beurteilung eines Sicherungsbedürfnisses sowohl im Verteilungsverfahren als auch außerhalb dessen ein etwa errichteter und dem Gläubiger tatsächlich zur Verfügung stehender Haftungsfonds angemessen berücksichtigt werden.

IV. Schiedsgerichtsbarkeit im Seehandel

Schiedsgerichte spielen im Seehandel eine große Rolle. Unverhältnismäßig häufig werden Schiedsgerichte in London – unter gleichzeitiger Vereinbarung englischen Rechts – gewählt.

Gerade im Seehandelsrecht, in welchem oft schwierige international-privatrechtliche Vorfragen auftreten, hat die Wahl englischen Rechts und die Vereinbarung einer mit diesem vertrauten Schiedsinstanz den Vorzug einer gewissen Vorhersehbarkeit der Entscheidung. Es kommt hinzu, dass Verträge und Schriftwechsel im internationalen – ja sogar häufig im innerdeutschen – Seehandel durchweg in englischer Sprache abgefasst werden und dass sich die (namentlich P&I-)Versicherung häufig in England befindet. Das Schiedsgerichtsverfahren ist flexibler als das vor staatlichen Gerichten; die Schiedsrichter sind gerade in England oft nicht Juristen, sondern erfahrene Kaufleute; viele Schiedsgerichtsvereinbarungen schließen Rechtsanwälte vom Schiedsrichteramt ausdrücklich aus und schreiben *„commercial men, not being lawyers"* vor. Zudem bleibt das Verfahren jedenfalls in seinen Einzelheiten vertraulich, da die Verhandlung nicht öffentlich ist und die Schiedssprüche nur mit Zustimmung der Parteien veröffentlicht werden. Wohl wichtigster Aspekt ist aber, dass Schiedssprüche im Ausland in der Regel problemloser zu vollstrecken sind als staatliche Urteile.

Auf der anderen Seite ist nicht zu übersehen, dass Schiedsklauseln in Konnossementen für den Ladungsbeteiligten oft erhebliche Nachteile mit sich bringen. Wenn bei einer Beförderung zwischen zwei von England weit entfernten Orten in dem von den Verfrachtern und ihren Organisationen (BIMCO) entworfenen Bedingungen Londoner Schiedsgerichtsbarkeit formularmäßig vereinbart wird, ist die Rechtsverfolgung sehr erschwert; deshalb sehen die HambR die o. aufgeführten gesetzlichen Garantien gegen unangemessene Wahl des Schiedsortes vor. Es kommt hinzu, dass das englische Gerichtsverfahren ungewöhnlich schwerfällig und kostspielig ist; zwar werden Schiedsgerichte zumeist einfacher gehandhabt, doch strahlt die schwerfällige Gerichtspraxis vieler Staaten allzu oft auch auf das Schiedsverfahren aus.

---

23 *Sinkus*, aaO, S. 143 ff.

Vor diesem Hintergrund hat sich eine Reihe von mehr oder weniger institutionalisierten Schiedsgerichtszentren gebildet, die jeweils besondere Schiedsverfahrensordnungen aufgestellt haben und bei der Wahl von Schiedsrichtern in meist wenig formalisierter Form behilflich sind. Wichtigste Organisation dieser Art für den Seeverkehr ist die **London Maritime Arbitration Association (LMAA)**. In Deutschland steht die **German Maritime Arbitration Association (GMAA)** mit Doppelsitz in Hamburg und Bremen für Seeschiedsgerichtsverfahren mit einer straffen und besonders kostengünstigen Schiedsordnung zur Verfügung. Das **Deutsche Seeschiedsgericht** ist – entgegen seiner umfassenden Bezeichnung – praktisch nur für Bergungsfälle von Bedeutung und wird auch insoweit nur noch selten gewählt, da in den Bergungsverträgen heute regelmäßig englische Arbitrage vorgesehen ist. Die **Hamburger Freundschaftliche Arbitrage** (bei der Handelskammer Hamburg) ist eine reine Qualitätsarbitrage, hat also rechtlich die Bedeutung eines Schiedsgutachtens.

Wichtige Plätze für die Seeschiedsgerichtsbarkeit sind ferner New York (Society of Maritime Arbitrators) und Paris (Chambre Arbitrale Maritime), auch Moskau und Gdynia. Die großen Zentren der Handelsschiedsgerichtsbarkeit (Internationale Handelskammer in Paris, London Court of International Arbitration, Schiedsgericht der Wirtschaftskammer Wien) spielen auf dem Spezialgebiet des Seehandelsrechts eine geringere Rolle.

Die Eigentümlichkeiten, Vor- und Nachteile und vor allem Kosten mehrerer bedeutender Seeschiedsgerichtsplätze (Deutschland, Großbritannien, USA, Frankreich) sind eingehend behandelt bei *Kühl*, Schiedsgerichtsbarkeit im Seehandel, 1990.

In Erkenntnis der praktischen Bedeutung der internationalen Handelsschiedsgerichtsbarkeit haben die Staaten ihre Gesetze in neuerer Zeit den Bedürfnissen angepasst und das Schiedsverfahren, welches praktisch in allen Ländern anerkannt wird und sogar eine gewisse Förderung erfährt (gelegentlich, wie vor allem in England, durchaus mit dem Blick auf die staatliche Leistungsbilanz), gestrafft und modernisiert. Nachdem bereits das New Yorker Übereinkommen von 1958 (o. III 3) eine heute fast weltweit geltende Regelung über die Anerkennung und Vollstreckung von Schiedssprüchen getroffen hat, wird nun auch das Verfahrensrecht der Schiedsgerichte zwar nicht völlig vereinheitlicht, aber doch in vielen Staaten auf der Basis des UNCITRAL-Modellgesetzes für die Internationale Handelsschiedsgerichtsbarkeit von 1985 harmonisiert. Deutschland hat die Grundsätze dieser UN-Empfehlungen durch das Schiedsverfahrens-Neuregelungsgesetz v. 22.12.1997[24] in das deutsche Recht übernommen, dessen Kernstück eine Neufassung des 10. Buches der ZPO ist.

Wegen der Einzelheiten und des Standes der Übernahme dieser Grundsätze des UNCITRAL-Modellgesetzes in anderen Staaten vgl. insbes. die eingehende RegBegr.[25]

Damit besteht in Deutschland erstmals eine umfassende Kodifikation des Schiedsverfahrensrechts und des Zusammenspiels zwischen Schiedsgericht und zuständigem staatlichem Gericht.

---

24 BGBl. I 3224.

25 BT-Drucks. 13/5274; ferner den Bericht der Kommission zur Neuordnung des Schiedsverfahrensrechts, hrsg. vom BMJ. Auch *Osterthun*, TranspR 1998, 177 ff. und *Kronke*, RIW 1998, 257 ff.

§ 46 Schiffskaufverträge und Schiffsbauverträge

Lit.: *Breitzke*, Die Norwegian Saleform, Probleme der freiwilligen Seeschiffsveräußerung, dargestellt am Standardformular der Norwegian Saleform, Diss. Hamburg 1970; *Clarke* (ed.), Shipbuilding Contracts, 2. Aufl., London 1992; *Curtis*, The Law of Shipbuilding Contracts, 3. Aufl., London 2002; *Fischer-Zernin*, Die Haftung der Werft aus dem Schiffbauvertrag für Mängel des Schiffes, Schriften des DVIS A 19, 1974.

I. Allgemeines

Schuldrechtliche Verträge über den Kauf, den Bau oder die Reparatur von Schiffen folgen, soweit sie nach deutschem Recht zu beurteilen sind, den allgemeinen Regeln des BGB über Kauf- und Werkvertrag. Es haben sich jedoch in der Schifffahrt gewisse Übungen für die Ausgestaltung dieser Verträge herausgebildet, auf die hier nur hingewiesen werden kann. Die internationale Rechtsvereinheitlichung hat sich von diesem Gebiet bisher ferngehalten, weil die allgemeinen Grundsätze des Obligationenrechts zu verschieden sind und nicht anzunehmen ist, dass Staaten bereit sein würden, die Einheit ihres Rechts nur für den Sonderfall von Schiffen zu durchbrechen.

II. Schiffskaufverträge

Kaufverträge sind, wenn die Parteien ihren Sitz in verschiedenen Staaten haben, nach deutschem Internationalen Privatrecht und dem der anderen EU-Staaten nach dem Recht zu beurteilen, in dem der Verkäufer seinen Sitz hat (Art. 4 Abs. 1 Buchst. a, Abs. 2 Rom-I-VO). Das CISG[1] findet auf den Verkauf von Schiffen keine Anwendung (Art. 2 Buchst. e); seine Anwendung kann jedoch vereinbart werden.

Wegen der erheblichen Werte und einer normalerweise notwendigen Finanzierung werden die Kaufverträge regelmäßig schriftlich geschlossen, obgleich sie nach deutschem Recht nicht formbedürftig sind. Die Bedingungen werden im Einzelnen ausgehandelt. Besondere Aufmerksamkeit muss dabei dem Umstand gewidmet werden, dass sich der Eigentumsübergang nach den verschiedenen Rechtsordnungen ganz unterschiedlich vollzieht. Während es nach deutschem Recht stets eines neben dem Kaufvertrag selbständigen Eigentumsübertragungsvertrages bedarf (mag dieser auch bei eingetragenen Seeschiffen sehr vereinfacht sein, vgl. dazu o. § 13 II 2), geht nach vielen Auslandsrechten – so etwa nach englischem Recht bei entsprechender Vereinbarung im Kaufvertrag – das Eigentum mit dem Kaufvertrag über.

Die Schifffahrtspraxis bedient sich angesichts dieser rechtlichen Verschiedenheiten und Unsicherheiten durchweg und weltweit eines von der BIMCO entwickelten Kaufvertragsformulars: Der **Norwegian Salesform (NSF)**. Die letzte Fassung dieses Vertragsformulars stammt aus dem Jahr 2012.[2]

Hervorzuheben ist hier, dass zwar die Preisgefahr danach grundsätzlich erst mit der Übergabe auf den Käufer übergeht, dass aber bei – auch verschuldetem – Unter-

---

1 BGBl. 1989 II 588; vgl. auch o. § 41 II 1.

2 Ausgearbeitet durch die Norwegian Shipbrokers' Association, in Zusammenarbeit mit der BIMCO, https://www.bimco.org/en/Products/Shop/SALEFORM_2012.aspx (besucht am: 28.8.2015).

gang des Schiffes zwischen Kaufvertragsschluss und Übergabe beide Parteien frei werden. Der Käufer hat also einen Schadensersatzanspruch wegen Nichterfüllung nur dann, wenn diese auf anderen Gründen als dem Verlust des Schiffes beruht.[3] Eine Sachmängelhaftung ist grundsätzlich ausgeschlossen, doch kann der Käufer rechtzeitig vor Übergabe des Schiffes nicht nur eine Besichtigung der oberhalb der Wasserlinie erkennbaren Beschaffenheit, sondern auch die Unterwasserschiffsbesichtigung in einem Trockendock verlangen.

III. Schiffsbauverträge

Schiffsbauverträge sind regelmäßig Werklieferungsverträge, Verträge über den Umbau oder die Reparatur von Schiffen Werkverträge.

Gilt – kraft Vereinbarung oder weil die Werft ihren Sitz in Deutschland hat (Art. 4 Abs. 1 Buchst. a, Abs. 2 Rom-I-VO) – deutsches Recht, bilden §§ 631ff., 651 BGB die Grundlage des Vertrages. Sie werden jedoch in aller Regel durch eingehende Vertragsbedingungen abgewandelt.

International stehen einige Empfehlungen für AGB zur Verfügung, doch haben sich diese schon wegen der Verschiedenheit der tatsächlichen und rechtlichen Gestaltung nicht durchgesetzt. Im Hinblick auf staatliche Beihilfen muss auch der Finanzierungsteil des Vertrages auf die jeweilige Gesetzgebung abgestimmt werden.

Im Folgenden können nur einige Kernfragen erwähnt werden, die sich bei Schiffsbauverträgen in der Regel stellen.

1. Neubauverträge

Der Vertrag über den Neubau eines Schiffes ist in der Regel Werklieferungsvertrag über eine nicht vertretbare Sache, so dass § 651 Abs. 1 Satz 2 Halbs. 2 BGB Anwendung findet. Dem Vertrag ist regelmäßig eine eingehende technische Beschreibung des zu bauenden Schiffes beigefügt, die insbesondere auch Angaben über Geschwindigkeit und Treibstoffverbrauch enthält. Letztere sind zugesicherte Eigenschaften im Sinne des § 633 Abs. 2 Satz 1 BGB; werden die Vorgaben nicht erreicht, so kann der Besteller die Rechte aus § 634 BGB geltend machen, also insbesondere Nacherfüllung verlangen oder, regelmäßig nach Fristsetzung, vom Vertrag zurücktreten oder den Kaufpreis mindern; bei Verschulden der Werft kann er darüber hinaus Schadensersatz verlangen. Die Verträge regeln diese Rechte jedoch regelmäßig genauer, da die Einhaltung der vorgegebenen Spezifikationen für beide Parteien große Bedeutung hat: Mängel können einerseits die wirtschaftliche Verwendbarkeit des Schiffes in Frage stellen, andererseits aber auch der Werft allein durch Nichtabnahme des Schiffes außerordentlich hohen Schaden verursachen.

Häufig werden deshalb für Geschwindigkeit und Verbrauch bestimmte Toleranzgrenzen vereinbart, innerhalb derer das Rücktrittsrecht ausgeschlossen ist, jedoch – gelegentlich wiederum gestaffelt – ein pauschalierter Schadensersatz vereinbart wird. Daneben kommen Vertragsstrafen vor, die vor allem die Nichteinhaltung des Liefertermins sichern sollen. Oft werden auch Garantien vereinbart, die innerhalb bestimmter Grenzen die Haftung der Werft auf nicht zu vertretende Mängel ausdehnen.

---

3 Dazu *Breitzke*, S. 110ff., 211ff.

Auch bei verschuldeten Mängeln des Schiffes hat die Werft die Möglichkeit, der Schadensersatzpflicht durch Nachbesserung zu entgehen, die sie jedoch nur einmal versuchen darf. Anders verhält es sich dagegen, wenn der Schaden durch eine positive Vertragsverletzung verursacht wurde, also ein Baufehler weitergehenden Schaden verursacht.[4]

Ohne besondere Vereinbarung haftet die Werft dem Besteller nicht unbedingt für die Anwendung des letzten Standes der Technik. Ob dieser angewendet wird, ist oft auch eine Frage des Preises und schon deshalb Gegenstand besonderer Vereinbarung. Soweit jedoch Fragen der Schiffssicherheit betroffen sind, müssen stets die gesetzlichen Vorschriften (SOLAS) eingehalten werden.

Zur Vermeidung der eigenen Haftung nach dem ProdHG, welche die Werft bei Nichtbeachtung des Standes von Wissenschaft und Technik trifft, wird die Werft diesen jedoch berücksichtigen müssen und Bauaufträge ablehnen, die aus Kostengründen von einem niedrigeren Sicherheitsstandard ausgehen.

In der Regel begleitet eine Klassifikationsgesellschaft bereits den Bau eines später zu klassifizierenden Schiffes.

Die Abnahme des Schiffes (§ 640 BGB) geschieht normalerweise in Form einer Probefahrt, auf der auch Geschwindigkeit und Treibstoffverbrauch festgestellt werden. Nach der Abnahme kann – sofern nicht etwas anderes vereinbart ist – der Besteller nicht mehr (Neu-)Herstellung des Schiffes verlangen, sondern nur noch die Gewährleistungsrechte geltend machen.[5]

Mit der Abnahme geht die Preisgefahr auf den Besteller über (§ 644 BGB).

Die Werft kann für ihre Forderungen aus dem Bau oder der Reparatur des Schiffes die Einräumung einer Schiffshypohek an dem Schiffsbauwerk oder dem Schiff verlangen (§ 648 Abs. 2 Satz 1 BGB).

Ein großes wirtschaftliches Risiko liegt für eine Werft darin, dass sie beim Bau des Schiffes in erheblichem Umfang Lieferungen und Leistungen anderer Unternehmer verwenden muss. Für Fehler dieser Zulieferungen haftet sie einerseits vertraglich dem Besteller (§ 278 BGB), andererseits auch Dritten gegenüber nach dem ProdHG.

Die Werft wird versuchen, insoweit die Gewährleistung gegenüber dem Besteller vertraglich einzuschränken; gelingt dies nicht, stehen ihr praktisch nur wenig Möglichkeiten zur Verfügung, Rückgriffsansprüche gegen die Lieferanten sicherzustellen. Vor allem können die von der Werft heute zumeist verlangten hohen Vertragsstrafen bei Lieferfristüberschreitung schon nach §§ 305 ff. BGB nicht in nennenswertem Umfang auf die Zulieferer abgewälzt werden; kleine Zulieferer würden dieses Risiko auch kaum tragen können. Vertraglich gar nicht abdingbar ist die Haftung der Werft nach dem ProdHG auch für Fehler von Einrichtungen, die von Zulieferunternehmen eingebaut worden sind; insoweit bleibt der Werft bei Inanspruchnahme durch geschädigte Dritte allenfalls der Rückgriffsanspruch im Innenverhältnis.

2. Reparaturverträge

Reparaturverträge sind Werkverträge. Bei der Haftung für Schäden am Schiff ist wichtig, ob während der Reparaturarbeiten Besatzung an Bord bleibt: Ist dies der Fall, so trifft diese eine Aufsichtspflicht etwa bei Schweißarbeiten, die ein Feuer an Bord verursachen können; dann ist dem Besteller ein Mitverschulden zuzurechnen. Wird das Schiff in einem Trockendock repariert, so ist die Werft stets für sicheren

4 Zu dieser Problematik vgl. *Fischer-Zernin*, S. 6 f.

5 Vgl. BGH, NJW 1976, 143.

Stand des Schiffes verantwortlich. Eine Freizeichnung von der Haftung für ein Verschulden hinsichtlich dieser Hauptpflicht ist in aller Regel unwirksam, auch wenn sie nur leichtes Verschulden einfacher Angestellter betrifft;[6] es wird zudem stets ein Organisationsverschulden leitender Angestellter vorliegen, wenn diese sich um einen für die Sicherheit des Schiffes so bedeutsamen Vorgang nicht selbst kümmern.

3. Umbauverträge

Schiffsumbauverträge – die etwa bei Schiffsverlängerung sehr weit in die Schiffssubstanz eingreifen können – sind ebenfalls Werkverträge. Die Einordnung unter den Werklieferungsvertrag scheitert regelmäßig daran, dass nicht die „Lieferung" von Material im Sinne einer Übereignung geschuldet wird, vielmehr der Werkerfolg; das Eigentum an dem verwendeten Material geht durch Einbau über.

4. Formularverträge

Für Schiffsbauverträge bestehen einige Standard-Formulare. Wichtigstes aus neuerer Zeit ist das der Shipbuilders' Association of Japan („**SAJ form**") von 1974; zu nennen sind ferner das Vertragsmuster der Association of West European Shipbuilders („**AWES form**") von 1972 und das der Maritime Subsidy Board der Maritime Administration des U.S. Department of Commerce („**MARAD form**") von 1980.[7]

5. Schiffbauhilfen

Die staatlichen Beihilfen für den Schiffbau sind Gegenstand der EG-Richtlinie 90/684 v. 21.12.1990[8] und der Verordnung (EG) Nr. **3094/95** des Rates vom 22.12.1995 über Beihilfen für den Schiffbau.[9]

---

6 So besonders klar BGH, TranspR 1998, 372 ff.

7 Wegen der Einzelheiten vgl. *Curtis*, aaO, S. 13 ff.; dort auch zu den Typen der Schiffbauversicherung. Die Formulare sind auch wiedergegeben bei *Clarke*, aaO, Anlagen I–III, der die Rechtsprobleme bei Schiffbauverträgen nach den Rechtsordnungen der wichtigsten Staaten gegenüberstellt.

8 Vgl. *Clarke*, aaO, S. 249 ff.

9 ABl. L 332 v. 30.12.1995.

Sachregister

www.ingramcontent.com/pod-product-compliance
Lightning Source LLC
LaVergne TN
LVHW081356011026
849161LV00013BA/2830

* 9 7 8 3 8 9 9 4 9 2 1 1 8 *